D1729591

PROSAISCHE
PASSIONEN

PROSAISCHE PASSIONEN

DIE WEIBLICHE MODERNE IN 101 SHORT STORYS

Herausgegeben
und mit einem Nachwort von
Sandra Kegel

Mit Erst- und Neuübersetzungen
aus dem Arabischen, Chinesischen,
Dänischen, Englischen, Finnischen,
Französischen, Griechischen, Hebräischen,
Italienischen, Japanischen, Katalanischen,
Koreanischen, Norwegischen, Persischen,
Polnischen, Portugiesischen, Russischen,
Schwedischen, Spanischen, Tschechischen,
Türkischen, Ukrainischen, Ungarischen,
Urdu und Walisischen

MANESSE VERLAG

Sofja Tolstaja

EINE GANZ ÜBERFLÜSSIGE BEKANNTSCHAFT

«Saschenka, dieser Nachbar ist ein ganz feiner Mensch. Ich war heute mit ihm schwimmen und habe ihm Radieschen versprochen», verkündete Pjotr Afanassjewitsch, als er zu Sascha auf den Balkon trat. In der Hand hielt er ein nasses Handtuch, und seine nassen Haare klebten schwarz an den Schläfen seines strahlenden Gesichts.

«Ich bin erfreut, dass wir uns kennengelernt haben. Und er ist Musiker, vielleicht spielt er ja einmal für dich. Du liebst doch die Musik.»

Sascha schwieg und errötete, als ob ihr Geheimnis etwas Verbotenes wäre. Sie war nicht eben froh über die Bekanntschaft ihres Mannes mit dem rätselhaften Musiker. Wozu sollte dies gut sein? Der Eindruck seiner Kunst, die ihr so viel Glück und Trost gegeben hatte, sollte nicht vom Eindruck seiner Person zerstört werden.

Gerade in diesem Moment näherte sich die Kinderfrau mit Aljoscha und tat kund: «Gnädige Frau, der Nachbar hat nach einer Kaffeemühle geschickt, sie haben keine. Soll ich ihm unsere leihen?»

«Mama, gib sie ihm, er hat mir gestern Schokolade geschenkt, er ist nett.»

Sascha lächelte. Dieser Zauberer der Musik trinkt Kaffee und isst Schokolade!

«Natürlich, geben Sie ihm jederzeit alles, wonach er fragt.»

«Bei dieser Gelegenheit werde ich gleich etwas Salat schneiden und Radieschen für ihn ernten, schicken Sie sie dem Nachbarn, erfragen Sie seinen Namen und richten Sie ihm aus, wir geben uns die Ehre und laden ihn für morgen zum Essen ein.»

«Nein! Das ist eine ganz überflüssige Bekanntschaft», sagte Sascha hastig. Sie war verstimmt und den Tränen nahe. «Ich pflege gar keine Kontakte, und nun soll ich plötzlich einen gänzlich Fremden einladen!»

«Nun, alle waren ja einmal Fremde», antwortete Pjotr Afanassjewitsch gekränkt; er langweilte sich auf dem Land und wollte allzu gern mit dem Nachbarn nähere Bekanntschaft schließen.

Indessen besaß Pjotr Afanassjewitsch nicht die Angewohnheit, seiner Gattin zu widersprechen, und verzichtete deshalb großmütig darauf, den Mieter des gelben Hauses einzuladen, fügte aber hinzu, es sei reinweg unnötig, den Nachbarn zu fürchten, denn er sei ein vollkommen anständiger und taktvoller Mensch.

Pjotr Afanassjewitsch eilte in den Garten, um Radieschen zu ernten. Sascha wusste, dass zu dieser Stunde wohl keine Musik erklingen würde, denn dies war die Zeit, zu der der Nachbar seine Spaziergänge zu unternehmen pflegte.

Daher beschloss sie, ebenfalls spazieren zu gehen. Lange streifte sie allein durch das nahe gelegene Wäldchen und erfreute sich an den ihr noch unbekannten Orten. Sie pflückte einen großen Strauß heller, duftender Veilchen und lief dann zu einem kleinen Wasserlauf hinunter, um die Stiele der Blumen zu befeuchten.

In der Mulde, die ein klarer Bach schnurgerade in den Waldgrund geschnitten hatte, befeuchtete sie die Blumen und trank Wasser aus der Hand. Es war kühl und angenehm, Sascha war glücklich, so ganz für sich zu sein; sie setzte sich, las die Veilchen aus und band sie zu einem Strauß. Nur der Bach mit seinem eintönigen leichten Murmeln unterbrach die Stille. Doch plötzlich waren da noch andere Geräusche, das Umblättern der Seiten eines Buches, jemandes Atem … Und Sascha erblickte, barhäuptig auf einem Baumstumpf sitzend, den Nachbarn aus dem gelben Sommerhaus. Er hatte Sascha nicht gehört, sein Gesicht war geradezu finster. Sascha wusste nicht, was tun. Weglaufen – warum? Das war allzu peinlich. Bleiben – dann müsste man ein Gespräch beginnen, indes – sie wünschte ja diese Bekanntschaft nicht. Was also tun? Noch während sie schwankte, erhob sich der Unbekannte, verneigte sich vor Sascha und sagte: «Ihnen gefällt dieser Ort auch? Hier ist es nicht so heiß.»

«Ich bin zum ersten Mal hier, mir ist die Gegend ganz unbekannt», antwortete Sascha und fühlte, wie ein Schauer ihren Körper durchfuhr. «Ich gehe jetzt nach Hause …»

«Wenn es Ihnen recht ist, begleite ich Sie», sagte schlicht und ruhig der Unbekannte.

«Gern. Darf ich fragen, wie Sie heißen?»

«Iwan Iljitsch. Und Sie?»

«Alexandra Alexejewna.»

«Sie lieben die Musik? Sie kamen, um mir zu lauschen. Möchten Sie, dass ich für Sie spiele?»

«Nein ... Ja, ich danke Ihnen, irgendwann einmal ...» Saschas Herz pochte vor Aufregung. Wie nahe war nun das Glück, das ihr doch unerreichbar erschienen war ...

Sie gingen eine Anhöhe hinauf, über eine kleine, solide Brücke aus Ästen, die über den Graben führte, stiegen auf ein Hügelgrab, und es eröffnete sich ein wunderbarer Blick auf den schmalen Fluss, den Sonnenuntergang in der Ferne zur Linken, den alten Wald zur Rechten.

«Wie schön! Ich war noch nie zuvor hier. Und da, ein Boot auf dem Fluss, wie vergnüglich!», rief Sascha aus. «Wem gehört es?»

«Ich weiß nicht. Doch wenn Sie wollen, lassen Sie uns Boot fahren, ich werde rudern.»

«Danke, das freut mich ...» Unbedacht willigte Sascha ein und eilte voran zum Fluss.

Iwan Iljitsch hatte kräftige, schöne Hände, die harte Arbeit nicht gewohnt waren. Ein wenig ungeschickt machte er die Kette los, stieß das Boot ab und sprang hinein. Er reichte Sascha die Hand, und wenige Minuten später schon fuhr das Boot in Richtung der Stadt.

Der feurige Strahl der untergehenden Sonne spiegelte sich im Wasser, bevor er versank; es war still, der Abendnebel legte sich über den Fluss, am Ufer war wie durch einen Schleier die Stadt zu sehen, und sie glitten nahezu wortlos im Boot dahin.

Sascha wurde von ruhigem Wohlbehagen erfasst. Die Schlichtheit und stille Zärtlichkeit dieses Menschen besänftigten ihr Herz und lähmten ihren Widerstand augenblicklich; es tat ihr wohl, sich zu ergeben. Sascha kehrte recht spät mit Iwan Iljitsch nach Hause zurück. Pjotr Afanassjewitsch war beunruhigt und bereits losgelaufen, sie zu suchen; er war erleichtert, als er sie mit dem Nachbarn erblickte.

«Sie haben sich bekannt gemacht, wie bin ich froh! Lassen Sie uns schnell Tee trinken, uns aufwärmen, es ist ziemlich feucht.»

«Heiß ist es, wozu sich aufwärmen? Wir sind ganz wunderbar Boot gefahren», sagte Sascha.

«Boot gefahren? Ach so ist das!» Pjotr Afanassjewitsch wurde nachdenklich.

Iwan Iljitsch griff mit großem Appetit zu Brot, Butter und grünem Käse und trank bereits die dritte Tasse Tee mit viel Sahne.

«Haben Sie hier ein Klavier?», fragte er.

«Ja, sogar einen sehr guten Flügel, einen Bechstein. Ich habe selbst einmal viel gespielt. Aber Pjotr Afanassjewitsch mag die Musik absolut nicht, ja, er leidet geradezu unter dem Lärm, wie er zu sagen pflegt, sodass ich fast ganz damit aufgehört habe.»

«Kann ich einmal probieren?» Iwan Iljitsch stimmte ein Motiv an, dachte dann kurz nach, senkte den Kopf, als ob er sich an etwas zu erinnern suchte, rückte ein wenig vom Flügel ab, setzte sich auf den äußersten Rand des Stuhls und schlug einen Akkord an – Beethovens Klaviersonate op. 31[1].

«Was ist das?», fragte sich Sascha. Sie glühte über und über, als ob sie von einer warmen Wolke eingehüllt würde. «Ja, ich kenne dieses Werk. Aber wie er die Sonate spielt! Alles, alles ist wie neu. Wie schön, nein, wie wunderbar, der Teure, Teure!» Sascha verlor vor Aufregung fast den Verstand, ein verzücktes Zittern erschütterte ihren Körper. Dieses erste *Largo*, *pianissimo*, und dann das *Allegro*, so ausdrucksvoll. Wie, wo hatte Beethoven Saschas Gefühle erlauscht?

«Er hat *alles* verstanden, und der Interpret versteht Beethoven, und ich verstehe sie beide, fühle sie und liebe sie …» Sascha blickte Iwan Iljitsch an, seine hin und her eilenden, ernsten Augen, seinen konzentrierten Gesichtsausdruck, seine schönen Hände. Unvermittelt schwand alles um sie herum.

«Bei Gott! Wohin?» Sascha war, als ob jemand sie, die Blinde, Schwache, in eine ihr unbekannte Welt entführt hätte …

Die Sonate erklang unter den Händen des Interpreten in ungekannter Schönheit, bedeutungsvoll und ergreifend.

«Dies alles ist mir derart nah …», fuhr es Sascha durch den Sinn. «Dereinst war alles so glücklich und gut. Doch wo war dies? Wann? Vielleicht an jenem Ort, von dem ich in dieses Leben gekommen bin,

---

1   Die berühmte *Sturmsonate* (Nr. 17 in d-Moll, op. 31 Nr. 2) Ludwig van Beethovens (1770–1827), angeblich inspiriert von Shakespeares Drama *Der Sturm*.

an dem alles unbestimmt, grenzenlos und außerhalb jeglicher Zeit ist? ...»

Sascha versuchte, einen Blick Iwan Iljitschs zu erhaschen; doch seine ausdrucksvollen, ernsten Augen sahen nichts und niemanden. «Wohin? Wohin?», wiederholte Sascha in Gedanken, und langsam erhob sich in der Tiefe ihrer Seele ein feierliches Gefühl der Andacht. Sie richtete ihren Blick auf die Ikone, wie sie es als Kind getan hatte, und Gedanken über Gott, über das Glück des Glaubens, über die Unendlichkeit, den Tod und die Unsterblichkeit, über all das, was jenseits von Raum und Zeit liegt, erfüllten sie; sie gedachte ihrer verstorbenen Mutter, die in jene Unendlichkeit eingetreten war, und ihre Überlegungen fanden ein trostreiches Ende: Der Schmerz über den Verlust verging, es löste sich die wüste, peinigende Verzweiflung über die Vergänglichkeit und das menschliche Leben, das so voller Leiden, Verführungen und Übel war, alles wurde klar wie der Himmel nach einem Gewitter, wenn die Strahlen der Sonne die erfrischte Natur erleuchten.

Immer ausdrucksvoller und ergreifender strömten die Klänge unter der begnadeten Hand. Sascha spürte, wie die Tränen sie erstickten; sie sprang auf und lief ins Nebenzimmer, und den Kopf auf dem Spiegeltisch in die Hände vergraben, löste sich ihr Zittern unter stillem Schluchzen.

Sascha wollte vor diesem Menschen, der die Kunst in solcher Vollkommenheit verkörperte, auf die Knie fallen. Wie eine Heidin in alten Zeiten vor dem Götzenbild, so wollte sie sich bis zum Boden vor jener Kraft verneigen, die in ihr den Sinn für das Schöne wiedererweckt und sie ins Leben zurückgerufen hatte. «Das also ist Musik?», dachte Sascha verwundert. «Warum nur habe ich dies nicht schon früher erkannt?»

Iwan Iljitsch kam zum Ende, schwieg eine Weile, sah dann auf die Uhr und sagte in gleichgültigem, gelangweiltem Ton: «Zeit, schlafen zu gehen. Leben Sie wohl.»

Und es war, als wäre er geradezu verloschen; das Feuer, das Sascha in seinem Spiel gespürt hatte, war verglüht, Energie und Kraft waren dahingegangen, der Quell dieser Kostbarkeiten war jäh versiegt. Als ob Iwan Iljitsch ganz bewusst wieder prosaisch, fassbar und langweilig geworden wäre. Sascha jedoch konnte er nicht täuschen. Sie verstand diesen Ton, verstand, dass er sagen wollte: «Berühre mich nicht, wenn ich es nicht wünsche, blicke nicht in das Allerheiligste meiner Welt – die Kunst, die ich mehr als alles auf der Welt liebe.»

Sascha wollte ihm danken, doch sie vermochte es nicht. Sie reichte ihm die Hand, und ihre feuchten, von Tränen und Erregung glänzenden Augen sagten ihm mehr, als Worte hätten sagen können. Es schien Sascha, dass Iwan Iljitsch ihre Hand etwas länger als nötig in der seinen hielt, und nachdem er etwas unschlüssig stehen geblieben war und voller Neugier in ihre kindlichen, bezaubernden Augen geblickt hatte, trat er auf die Terrasse hinaus, ohne recht zu begreifen, ob seine neue Bekannte die begeisterte Liebhaberin der Musik nur spielte oder ob sie tatsächlich so empfindsam und verständig war.

Kate Chopin

DIE GESCHICHTE EINER STUNDE

Da man wusste, dass Mrs. Mallard unter Herzproblemen litt, ver-
hielt man sich äußerst vorsichtig, um ihr die Nachricht vom Tod ihres
Mannes so schonend wie möglich beizubringen.

Es war ihre Schwester Josephine, die es ihr in stockenden Worten
mitteilte; mit verschleierten Hinweisen, die halb enthüllten und zugleich
verbargen. Auch der Freund ihres Mannes, Richards, war zugegen und
in ihrer Nähe. Er war es gewesen, der sich in der Zeitungsredaktion aufgehalten hatte, als die Kabelnachricht von der Eisenbahnkatastrophe
dort eintraf, und der Name Brently Mallard stand zuoberst auf der Liste
der «Getöteten». Er hatte sich noch die Zeit genommen, sich durch ein
zweites Telegramm von der Richtigkeit der Information zu überzeugen,
und sich dann beeilt, um möglicherweise weniger besorgten, weniger
innigen Freunden beim Überbringen der traurigen Nachricht zuvorzukommen.

Sie nahm den Bericht nicht so auf, wie es vielen anderen Frauen er-
ging, die etwas Vergleichbares erfahren mussten, nämlich in lähmender
Unfähigkeit, dessen Bedeutung zu erfassen. Sie brach sofort in Tränen
aus und warf sich ihrer Schwester in wilder Verzweiflung in die Arme.
Als der erste Sturm der Trauer sich gelegt hatte, zog sie sich allein in ihr
Zimmer zurück. Sie wollte von niemandem begleitet werden.

Dort, mit Blick auf das geöffnete Fenster, stand ein geräumiger,
bequemer Sessel, in den sie sich sinken ließ, niedergedrückt von physi-
scher Erschöpfung, die ihrem Körper zusetzte und bis in ihre Seele zu
reichen schien.

Auf dem offenen Platz vor ihrem Haus konnte sie die Baumkronen
sehen, die alle vor neuem Leben des beginnenden Frühlings bebten.
Ein köstlicher Hauch von Regen lag in der Luft. Unten auf der Straße
rief ein Hausierer seine Waren aus. Der Klang eines fernen Liedes, das

irgendjemand sang, drang schwach an ihr Ohr, und unzählige Spatzen zwitscherten in den Höhlen.

Inseln von blauem Himmel zeigten sich hier und da zwischen den Wolken, die sich im Westen, wohin ihr Fenster zeigte, zusammengeballt und aufgetürmt hatten.

Sie hatte ihren Kopf auf das Polster im Sessel zurückgeworfen und saß fast bewegungslos da, nur wenn ein Schluchzen in ihrer Kehle aufstieg, schüttelte es sie wie ein Kind, das sich in den Schlaf geschrien hat und in seinen Träumen immer weiter schluchzt.

Sie war jung, hatte ein schönes, ruhiges Gesicht, dessen Linien Anspannung und sogar eine gewisse Strenge verrieten. Jetzt aber war ein dumpfes Starren in ihren Augen, deren Blick ins Nirgendwo ging, weit fort zu einem dieser blauen Himmelsflecken. Es war nicht ein Blick voller Nachdenklichkeit, vielmehr zeigte er die Abwesenheit jedes intelligenten Gedankens.

Da kam etwas auf sie zu, und sie wartete darauf, voller Angst. Was war es? Sie wusste es nicht, es war zu subtil und flüchtig, um es zu benennen. Aber sie fühlte, wie es vom Himmel herabgekrochen kam und durch die Klänge, die Gerüche und die Farben, von denen die Luft erfüllt war, nach ihr griff.

Nun hob und senkte sich ihre Brust in heftiger Erregung. Langsam begann sie zu erkennen, was da auf sie zukam, um von ihr Besitz zu ergreifen, und sie bemühte sich, es kraft ihres Willens zurückzustoßen – so machtlos ihre schlanken weißen Hände gewesen sein mögen. Als sie sich diesem Gefühl ergab, entfuhr ihren leicht geöffneten Lippen ein kleines geflüstertes Wort. Sie sagte es immer und immer wieder im Rhythmus ihres Atems: «frei, frei, frei!» Das leere Starren und der schreckerfüllte Blick, die daraufhin eingesetzt hatten, wichen nun aus ihren Augen. Sie blieben wach und strahlend. Ihr Herzschlag ging schnell, und das wallende Blut wärmte und entspannte jeden Zentimeter ihres Körpers.

Unaufhörlich fragte sie sich, ob sich da nicht eine gespenstische Freude in ihr breitmachte. Eine klare, überhöhte Wahrnehmung befähigte sie, die Vermutung als belanglos wegzuwischen. Sie wusste, dass sie wieder in Tränen ausbrechen würde, wenn sie die freundlichen, zärtlichen Hände, im Tode gefaltet, sähe; das Gesicht, das immer nur voller Liebe auf sie geblickt hatte, erstarrt, grau und tot. Doch über diesen bitteren Augenblick hinaus spürte sie eine lange Abfolge von Jahren auf sich zukommen, die ausschließlich nur ihr gehören würden. Und sie öffnete die Arme und breitete sie aus, um diese willkommen zu heißen.

Es würde niemanden geben, für den sie in den kommenden Jahren zu leben hätte; sie würde nur für sich allein leben. Es würde keinen starken Willen geben, der den ihren mit jener blinden Beharrlichkeit beugen würde, mit der Männer und Frauen glaubten ein Recht zu haben, ihren persönlichen Willen einer anderen Person aufzuzwingen. Ob mit freundlicher oder grausamer Absicht, in jedem Fall wäre ein solches Verhalten gleichermaßen falsch, das wurde ihr in diesem kurzen Moment der Erleuchtung klar.

Und doch hatte sie ihn geliebt – bisweilen. Oft aber auch nicht. Was machte das schon aus! Was konnte Liebe, dieses ungelöste Geheimnis, schon bedeuten angesichts des Besitzes von Selbstbehauptung, die sie plötzlich als den stärksten Antrieb ihres Daseins erkannte!

«Frei! Körper und Seele frei!», wiederholte sie immer wieder flüsternd.

Josephine kniete vor der verschlossenen Tür mit den Lippen am Schlüsselloch und flehte um Einlass. «Louise, öffne die Tür! Ich bitte dich, öffne die Tür – du quälst dich doch nur. Was tust du dort, Louise? Um Himmels willen, öffne die Tür.»

«Geh weg. Ich quäle mich nicht.» Nein, sie trank durch das geöffnete Fenster vom wahren Elixier des Lebens.

Ihre Fantasie spielte verrückt bei der Vorstellung der vor ihr liegenden Tage. Frühlingstage, Sommertage und alle anderen Arten von Tagen, die nur ihr gehören würden. Sie stieß ein kurzes Gebet aus, dass sie ein langes Leben haben möge. Erst gestern hatte sie mit einem Schaudern gedacht, dass sie ein langes Leben haben könnte.

Sie erhob sich und öffnete die Tür auf das beharrliche Drängen ihrer Schwester hin. In ihren Augen lag ein fiebriges Triumphieren, und unbewusst präsentierte sie sich wie eine Siegesgöttin. Sie fasste ihre Schwester um die Taille, und gemeinsam stiegen sie die Treppe hinab. Am Fuße der Stufen wurden sie von Richards erwartet.

Jemand öffnete die Eingangstür mit einem Haustürschlüssel. Es war Brently Mallard, der eintrat, ein wenig staubig von der Zugfahrt, aber

gelassen mit Reisetasche und Schirm in der Hand. Er hatte sich weit
entfernt vom Unfallgeschehen befunden und wusste nicht einmal, dass
sich ein solches ereignet hatte. Er blieb erstaunt stehen, als er Jose-
phines durchdringenden Schrei vernahm und auch Richards' schnelle
Wendung bemerkte, weil der ihn vor dem Blick seiner Frau abschirmen
wollte.

Als die Ärzte eintrafen, stellten sie fest, dass sie an Herzversagen
gestorben war – an der Freude, die tötet.

Emilia Pardo Bazán

DIE FEMINISTIN

Die Bekanntschaft mit jenem Ehepaar machte ich im Badekurort Aguasacras: Der Mann, ein widerwärtiger, lästiger Griesgram, schleppte ein
unheilbares Leiden mit sich herum, das ihn zwei Jahre später ins Grab
bringen sollte; die Frau, hübsch von Angesicht, pflegte ihn mit heiterer,
ergebener Miene und ging beflissen auf seine Launen ein, die wie bei
allen Kranken eigentlich eine Rache an den Gesunden sind.

Bei aller Kränklichkeit hatte er doch Kraft genug, mit mürrischer
Gereiztheit und unnachgiebigem Missmut über Gott und die Welt her-
zuziehen und mit verbissener Sturheit seine Theorien zu entwickeln.
Seine Denkweise war teils inquisitorisch, teils jakobinisch, eine gar
nicht so seltene Mischung, wie man vielleicht vermuten könnte: Die
Gegensätze haben sich hier nicht nur berührt, sie sind zu einer un-
auflöslichen Verbindung verschmolzen. Geistige Beweglichkeit und
Feingefühl, die liebenswürdige Gelassenheit erzeugen, sind bei uns stets
seltene Kleinode gewesen, und unser ohrenbetäubendes Geschrei, wenn
wir in Cafés, an Stammtischen, bei Zusammenkünften auf Plätzen oder
in Schenken miteinander reden, wäre genug Beweis, wenn andere Anzeichen es nicht zur Genüge bekunden würden.

Der Kranke, den ich hier meine, ließ nichts und niemanden ungescho-
ren. Es gab kaum jemanden, den er nicht mit größter Härte aburteilte.
Die Zeiten waren verhängnisvoll und der Sittenzerfall erschreckend. In
den Familien herrschte die Anarchie, denn das Autoritätsgefüge war
zerfallen, die Frau wusste nicht mehr, was es heißt, Gattin zu sein,
der Mann übte seine Befugnisse als Gatte und Vater nicht mehr aus.
Die modernen Ideen wirkten zersetzend, und die Aristokratie trug das
Ihrige zum Ärgernis bei. Solang nicht etliche Löcher in den Socken
gestopft würden, war keine Rettung in Sicht. Die Verweichlichung der
Männer erklärte das schamlose Geschnatter der Weiber, die sich nicht

mehr daran erinnern wollten, dass sie geboren waren, um Pflichten zu erfüllen, Kinder zu säugen und die kochende Suppe abzuschäumen. Da ich merkte, dass der Mann sich in meiner Gegenwart noch mehr in seine Strafpredigten hineinsteigerte, machte ich es mir zur Gewohnheit, ihm recht zu geben, damit er sich nicht zu sehr ereifere.

Ich weiß nicht, was meine Aufmerksamkeit mehr fesselte, der endlose kampflustige Redeschwall des Ehemanns oder das stille geheimnisvolle Lächeln seiner Gemahlin. Ich habe bereits gesagt, dass sie hübsch, klein und schlank war und pechschwarze Augen hatte; ihr zierlicher Körper verriet jene Zähigkeit, die langes Leben verspricht und die Greisinnen in Gesundheit vertrocknen lässt wie zuckersüße Weinbeeren. Gewöhnlich schnitten ihre Anwesenheit, einer ihrer Blicke die Schmähreden und Strafpredigten ihres Gatten jäh ab, sie brauchte nicht einmal zu beschwichtigen: «Erhitze dich nicht, Nicolás, du weißt, was der Arzt gesagt hat.»

Meist stand der Kranke auf, bevor es so weit kam, und humpelte am Arm seiner Ehehälfte weg, zog sich zurück oder ging zu einem kleinen Spaziergang unter den saftgrünen Platanen.

Ich hatte das Ehepaar vollständig vergessen (wie man liebenswürdige oder unsympathische Gäste eines Badekurorts, die während zweier Wochen wie im Film an einem vorüberziehen, eben vergisst), als ich auf einer hinteren Zeitungsseite die Anzeige las: «Seine Exzellenz, Don Nicolás Abréu y Lallana, Vorsteher der Verwaltung … Seine untröstliche Witwe, Ihre Exzellenz Doña Clotilde Pedregales …» Zufällig begegnete ich zwei Tage später auf der Straße dem leitenden Arzt von Aguasacras, dem klugen und feinsinnigen Beobachter, der aus beruflichen Gründen nach Madrid gekommen war, und wir gedachten neben andern Verstorbenen auch des verdrießlichen Herrn mit dem versauerten Geschwätz.

«Ach, Señor Abréu? Der mit den Hosen!», lächelte der Arzt.

«Der mit den Hosen?», fragte ich verwundert.

«Aber kennen Sie denn die Geschichte nicht? Das erstaunt mich, denn in Badeorten gibt es keine Geheimnisse, und diese Begebenheit war nicht nur allgemein bekannt, sondern wurde auch genüsslich breitgeschlagen … Na so was! Allerdings reisten Sie einige Tage vor dem Ehepaar Abréu ab, und das Gelächter der Leute fing erst am Schluss so richtig an, als alle wussten … Sie fragen sich, wie man Dinge erfährt, die sich hinter verschlossenen Türen abspielen? Das ist in der Tat verwunderlich: Man könnte glauben, es gebe Kobolde … Die Zimmermädchen mussten wohl ausgespäht haben, was im Badehotel vorfiel, denn sie sind keine schlechten Spioninnen, oder die Nachbarn Wand an Wand, oder … Kurz und gut, Hexenwerk im wirklichen Leben.

Die Vorgeschichte scheint bekannt gewesen zu sein, denn Abréu, der in seiner Jugend ein Nichtsnutz gewesen sein soll, prahlte gleich nach seiner Vermählung überall damit herum, ja gab sie sogar als besonders gelungene Tat aus und fand, dass es eigentlich alle Männer ihm gleichtun sollten, um die Herrschaftsrechte des Familienoberhaupts unmissverständlich zu zementieren. Und siehe da: Die beiden Vorfälle ergänzen sich. Abréu hatte nämlich, wie alle, die mit vierzig Jahren zu strengen Moralisten werden, eine vergnügte und bewegte Jugend hinter sich. Kleinere Unpässlichkeiten und Beschwerden riefen ihn zur Ordnung, und da kam ihm das Heiraten in den Sinn, so wie man auf die Idee kommt, in eine gesündere Wohnung umzuziehen. Er fand das hübsche, wohlerzogene Mädchen Clotilde, und da es keinerlei gesellschaftlichen Rang hatte, willigten seine Eltern gern ein, denn Abréu verfügte über ausgezeichnete Beziehungen und kam immer zu erstklassigen Ämtern. Sie heirateten, doch als Clotilde am Morgen nach der Hochzeit erwachte, erschrak sie über die Änderung ihres Schicksals, denn ihr Angetrauter befahl ihr mit gebieterischer Stimme, aber mit einem Lächeln: ‹Meine liebste Clotilde, steh auf!›

Sie gehorchte, und sogleich befahl der Ehemann noch gebieterischer: ‹Und jetzt … zieh meine Hosen an!›

Sprachlos entschied sich die junge Frau, nun ihrerseits zu lächeln, in der Meinung, es handle sich um einen Flitterwochenscherz … einen groben und unangebrachten zwar … aber wer weiß, vielleicht war es ein Brauch bei Hochzeitspaaren …?

‹Hast du gehört?›, wiederholte er. ‹Zieh dir sofort meine Hosen an, meine Liebste!›

Verwirrt und beschämt, dem Weinen schon näher als dem Lächeln, gehorchte Clotilde. Gehorchen ist Gesetz!

‹Setz dich dorthin!›, gebot der Ehemann nun feierlich und gewichtig und zeigte auf einen Ohrensessel. Kaum hatte das behoste Mädchen sich hineinfallen lassen, sprach der Gatte: ‹Ich wollte, dass du die Hosen in diesem bedeutsamen Augenblick anziehst, damit du weißt, liebe Clotilde, dass du sie nie mehr in deinem ganzen Leben tragen wirst. Denn es ist an mir, sie zu tragen, mithilfe Gottes, zu jeder Stunde und an jedem Tag, solange unsere Verbindung besteht, und das sind hoffentlich viele Jahre in heiligem Frieden, Amen. Nun weißt du Bescheid. Du darfst sie wieder ausziehen.›

Was meinte Clotilde zu dieser Mahnung? Sie ließ nie etwas darüber verlauten, hüllte sich in das vollkommen undurchdringliche Schweigen, worin so viele zerbrochene Ideale eingewickelt sind, bescheiden ehrenhafte weibliche Jugendideale, welche Liebe fordern und nicht Knechtschaft ... Sie lebte still und ergeben, und wenn man den Leitspruch ‹Hüte den Herd, und spinn eifrig Wolle› der römischen Matrone nicht auf sie anwenden konnte, so, weil heute die Textilindustrie mit dem Spinnrocken und der Stopfkugel aufgeräumt hat.

Aber Abréu hatte trotz seiner ehelichen Gesundheitsmaßnahmen das Blei in den Flügeln. Die Reste und Überreste seines früheren ausschweifenden Lebens waren ihm als chronische Beschwerden geblieben, und als er sich in Aguasacras zum ersten Mal an mich wandte, sah ich, dass ihm nicht zu helfen war, dass es nur darum ging, zu lindern, was nicht zu heilen war, außer in einem Jungbrunnen ... Und wo der sprudelt, wissen wir nicht!

Seine Frau pflegte ihn mit wahrer Selbstlosigkeit. Sie umsorgte ihn, wir wissen es, sie opferte sich auf für ihn, und anstatt sich zu vergnügen, schließlich war sie noch jung, kümmerte sie sich um seine Tränklein und Pillen. Aber jeden Morgen hörte der Gatte beim Aufstehen vom weichen Ruhelager ihr honigsüßes Flötenstimmchen mit dem – wenn auch wie Vogelgesang klingenden unnachsichtigen – Befehl: ‹Zieh dir meine Unterröcke an, lieber Nicolás, zieh dir sofort meine Unterröcke an!›

Unwillkürlich verfinsterte sich die Miene des Kranken; unhörbare Flüche drängten sich auf seine Lippen ... der Befehl wiederholte sich, stets mit Vogelstimme, der Mann senkte den Kopf und schnürte sich linkisch die Bänder der spitzenbesetzten Unterröcke um den Leib. Dann fügte die zärtliche Gattin in ebenso musikalischen wie lieblichen Flötentönen hinzu: ‹Damit du dir stets bewusst bist, dass du sie schon trägst, seit ich deine liebe kleine Krankenschwester bin. Verstehst du?›

Noch blieb Abréu eine Weile in weiblicher Unterwäsche dasitzen – mit Flüchen zwischen den Zähnen –, ob aus Wut oder weil das Rheuma ihn zwickte, weiß man nicht. Unterdessen ging Clotilde im Zimmer umher und richtete alles Nötige für die umständlichen und schmerzhaften Kuren, die wirksamen Einreibungen und die vorsorglichen Wickel.»

Adela Zamudio

DIE ERSTE EISENBAHN

«Hört, hört, da kommt das Große Pferd», sagte plötzlich der Älteste
des Haufens, ein unter den Mühen auf den gewundenen Andenpfaden
gealtertes Maultier. Die auf der Weide verstreuten Maulesel und Maul-
eselinnen, Pferde und Esel hörten auf zu grasen und richteten erhobenen
Hauptes ihre Ohren auf das kolossale Wiehern in der Ferne aus, das
ihnen das Erscheinen des Monstrums ankündigte.

«Da kommt das Große Pferd», wiederholte der Alte. «Es kommt
in gestrecktem Galopp; hört sein schnelles, glühendes Hecheln, den
weithallenden Lärm seiner Hufe, wie sie plötzlich abbremsen; es
schnauft ein paarmal, stößt, Schaum vorm Maul, ein schrilles Wiehern
aus, niest, knirscht auf dem Zügel und bleibt stehen. Habt ihr das gesehen?»

«Ich hab es aus der Ferne gesehen, immer wieder tauchte es, schnell
wie der Blitz, in den Waldlichtungen auf», bestätigte ein begeistertes
Fohlen. «Auf dem Kopf trägt es einen rauchenden Federbusch, was ist
das?»

«Das ist sein Atem, der Atem eines Titanen. Er hat sehr, sehr viel
Wasser geschluckt, und das Feuer, das er in seinen Eingeweiden trägt,
macht aus dem Wasser Dampf, ein mächtiger Atem, der ihm Schwung
gibt, ohne den könnte er nicht Hunderte von Passagieren und tonnen-
weise Fracht bewegen.»

Ein schönes Pferd von andalusischer Rasse, herausgeputzt nach alter
Art mit sehr lang gewachsener Mähne und Schwanzhaar und einem
runden, glänzenden Rumpf, ergriff das Wort und fuhr, im Diskant
wiehernd, den alten Maulesel und seine Zuhörer an: «Bewundert nur,
ihr Törichten, bewundert den Ausländer», sagte er. «Den Eindringling,
der kommt, unseren Platz zu usurpieren und damit unseren Anteil am
zivilisatorischen Werk des Menschen.

Lobet den Abenteurer, der da kommt, euch zur Untätigkeit und Bedeutungslosigkeit zu verdammen. Diese fatale Erfindung, dank der sich Räder drehen, macht unsere Anstrengungen in Fabriken und Werkstätten überflüssig. Ihr Blinden! Seht ihr nicht, dass er zudem Passagiere und Fracht befördert und mit seiner unerreichbaren Geschwindigkeit die Entfernungen verkürzt, also mit ebendiesen Vorzügen jedes Lasttier, jedes Gefährt ersetzt? Für uns bleibt nichts zu tun übrig. Als Nutzlose wird man uns ausstoßen, und wir werden Schutz suchend in die Wälder fliehen. Unser Ruhm in den Schlachten, unsere Meisterschaft in den Turnieren, unsere Würde als Teilhaber an den großen menschlichen Unternehmungen wird bald vergessen sein. Heruntergekommen und wild wird unsere Rasse keine anderen Spuren hinterlassen als die Zebras und Wildesel in den Steppen.»

Das alte Maultier hob die von den Jahren und der Arbeit traurig gewordenen Augen und blickte einen Augenblick streng den sprachgewandten Redner an. «So sprichst du, weil du bei allen Unwettern unter dem Dach der Futterkrippe gestanden hast; weil dich im Winter immer eine gemütliche Wolldecke gewärmt hat; weil du während der fürchterlichen Hungerjahre stets einen Futtersack voll saftigem, nahrhaftem Korn hattest, extra für dich zurückgelegt; weil die Spazierritte deines Herrn, der genauso verhätschelt ist wie du, sich auf bekömmliche Übungen beschränkten und bei Bedarf unterbrochen wurden, damit dein dicker Bauch nicht platzte ... Nie haben sich deine Glieder gebogen unter gewichtigen Lasten, nie hast du dich abgerackert mit riesigen Wägen unter dem Brand des Mittags, auf dem glühenden Sand der Landstraße.

Du kennst weder die Qualen des Durstes noch die Sehnsucht nach der letzten Müdigkeit, noch die Atemnot, die den Schlund in Blut badet beim dauerhaften Anstieg auf die Berge. Du hast nicht, verstört und zögerlich, die Ränder des Abgrunds betreten; hast nicht dort oben bei den Gipfeln die Nächte im Freien verbracht, von Schneestürmen und schrecklichen Blitzen umtost. Unten in den Schluchten hast du nicht gezittert unter der brutalen Peitsche, die unsereins mit Schlägen aus dem Morast treibt ... nach einem endlosen Arbeitstag zu Tode erschöpft und entschlossen, keinen einzigen Schritt mehr zu tun, wurden deine abgemagerten Muskeln nicht durch Steinwürfe weich gemacht, noch deine Augen für den Fremden geschlossen, den wir, die bescheidenen Lasttiere, segnen. Wir wissen wohl, dass seine Gegenwart uns nicht um eine anständige und erträgliche Arbeit bringen wird.»

«Und ihr, edle und tapfere Gefährten des Menschen», fügte er hinzu mit Blick auf einen Trupp Militärpferde, der sich ebenfalls dort tummelte, «ihr wisst auch, dass ihr auf dem Feld der Ehre immer euren Platz an seiner Seite haben werdet.»

Und stolz standen die starken Schlachtrösser mit gestutztem Schwanzhaar und harten Hufeisen stramm und führten die Salve des Wieherns an. «Salut dem Großen Pferd. Bahn frei für den Befreier der Unterdrückten und Märtyrer. Bahn frei für den Zug.»

Olive Schreiner

IN EINER FERNEN WELT

Es gibt eine Welt auf einem fernen Stern, wo die Dinge sich nicht so
verhalten wie hier.

In dieser Welt lebten ein Mann und eine Frau; sie hatten dieselbe
Arbeit und gingen oft nebeneinander einher. Sie waren Freunde – und
das kommt auch in unserer Welt ab und zu vor.

Doch etwas in dieser Sternenwelt war anders als hier. Es gab dort
einen dichten Wald, und wo die Bäume am engsten zusammenstanden
und die Stämme fast ineinanderwuchsen und die Sommersonne niemals
schien, stand ein Altar. Tagsüber herrschte dort Stille, doch wer nachts,
wenn die Sterne leuchteten oder der Mond auf den Baumwipfeln gleißte
und darunter alles still war, ganz alleine angeschlichen kam, sich auf
die steinernen Stufen kniete, seine Brust entblößte und sich eine Wunde
zufügte, sodass das Blut auf die Altarstufen tropfte, der hatte einen
Wunsch frei. Und all das, weil diese Welt, wie gesagt, weit entfernt ist
und sich die Dinge dort oft anders verhalten als hier.

So gingen der Mann und die Frau nun zusammen einher, und die
Frau meinte es gut mit dem Mann. Eines Nachts, als im Mondschein
die Blätter der Bäume funkelten und das Meer glitzerte, ging die Frau
alleine in den Wald. Dort war es finster; nur hier und da fiel Mondlicht
auf das Laub zu ihren Füßen, und über ihr bildeten die Äste ein Dach.
Je weiter sie vordrang, desto dunkler wurde es, und bald schien kein
Quäntchen Licht mehr. Beim Altar angekommen, kniete sie nieder und
betete. Nichts geschah. Also machte sie ihre Brust frei und ritzte sich
mit einem scharfen, zweischneidigen Stein, der herumlag, die Haut.
Langsam tropfte das Blut auf die Stufen, und eine Stimme rief: «Was
wünschst du dir?»

«Es gibt einen Mann», antwortete die Frau, «den ich über alles liebe.
Deshalb möchte ich, dass ihm ein großes Glück widerfährt.»

«Was genau meinst du?», fragte die Stimme.

«Ich weiß nicht», sagte die junge Frau, «aber er soll das bekommen, was für ihn am besten ist.»

Daraufhin sagte die Stimme: «Dein Gebet wurde erhört; er soll es haben.»

Die Frau stand auf und zog sich wieder an. Sie raffte ihr Gewand vor der Brust zusammen, und das Laub unter ihren Füßen stob auf, als sie aus dem Wald eilte. Jenseits der Bäume wehte im Mondschein ein leiser Wind, und der Sandstrand schimmerte. Sie lief am sanft abfallenden Ufer entlang, dann blieb sie plötzlich stehen. Draußen auf dem Wasser bewegte sich etwas. Die Frau legte die Hand schützend über die Augen und sah, dass es sich um ein Boot handelte; zügig trieb es über die mondbeschienenen Wellen aufs offene Meer hinaus. Darin stand aufrecht eine Gestalt. Ihr Gesicht war im Mondlicht nicht zu erkennen, aber die Frau wusste sofort, wer es war. Schnell glitt der Kahn dahin, und das scheinbar ganz ohne Rudersmann. Im Schimmer des Mondscheins war alles nur schemenhaft auszumachen, und das Boot befand sich weit vom Ufer entfernt, aber es sah fast so aus, als säße noch jemand im Heck. Immer schneller jagte es übers Wasser davon, davon. Die Frau rannte am Strand entlang und kam ihm doch nicht näher. Der Stoff, den sie eben noch vor der Brust fest zusammengehalten hatte, flatterte jetzt im Wind; sie streckte die Arme aus, und der Mond schien auf ihr langes, offenes Haar.

Da flüsterte neben ihr eine Stimme: «Was ist?»

Sie rief: «Mit meinem Blut habe ich ihm das schönste Geschenk der Welt erkauft. Nun wollte ich es ihm bringen, doch er fährt mir davon!»

«Dein Gebet wurde erhört», raunte die Stimme. «Er hat sein Geschenk bekommen.»

«Was war es?», fragte die Frau.

«Dass er dich verlasse», antwortete die Stimme.

Die Frau blieb stehen. Draußen auf dem Meer hatte das gleißende Mondlicht den Kahn verschluckt.

Leise sprach wieder die Stimme. «Seid Ihr nun glücklich?»

«Ich bin glücklich», sagte die Frau.

Zu ihren Füßen rollten die Wellen behäbig kräuselnd ans Ufer.

Gabriela Zapolska

GANZ DER VATER!

Er stand auf dem Bahnsteig in seinem grünlichen abgetragenen Paletot. Um sie und Pita an den Zug zu bringen, hatte er das Büro verlassen. Er kam ihr seltsam kümmerlich und gealtert vor. «Fahr, kurier dich und pass auf dich auf!», sagte er zu ihr, die sich aus dem Abteilfenster lehnte. Seine Stimme war matt und belegt. Er schaute sie mit seinen blassen Augen an, die von einem Netz kleiner Falten umgeben waren, aber er schien sie nicht zu sehen. «Und schreib!»

Auch sie wollte etwas sagen, irgendetwas Herzliches, doch fiel ihr auf die Schnelle nichts Passendes ein. «Falls dir das Essen im Restaurant nicht zuträglich ist ...», begann sie.

Er lächelte nur flüchtig. «Ach, nein ...», warf er lässig ein. «Bevor die Jungen nicht in Kalinówka eingetroffen sind, lasse ich die Köchin nicht gehen. Sie werden daheim essen. Im Übrigen dauert das kaum noch eine Woche.»

«Ich rede auch nicht von den Jungen, mir geht es um dich ...»

Ein wenig verblüfft schaute er sie an und lächelte sogleich verbindlich, wenn auch etwas gezwungen. Er senkte den Kopf. «Ich danke dir, mach dir keine Sorgen um mich. Ich habe einen robusten Magen ...»

Ein Junge mit illustrierten Zeitschriften kam vorbei.

«Soll ich dir irgendetwas kaufen?», fragte Żebrowski.

Genau in diesem Moment schaute Pita aus dem Abteil. Ihr zerstreuter Blick wanderte über den Perron, über den abgetragenen Mantel ihres Vaters, sein flüchtiges Lächeln. Ihre Backe war prall von englischen Bonbons, die sie unentwegt lutschte.

«Aber vielleicht möchte Pitaja eine Orange?», fragte Żebrowski.

Augenblicklich antwortete das Mädchen sehr höflich: «Danke, Papa!»

Er rief den Händler herbei und suchte zwei große, reife Orangen aus.

Er prüfte sorgfältig, befühlte die Schale mit dürren Fingern. Schließlich bezahlte er und trug die Orangen zum Fenster, das noch immer Pitas blasses Gesicht einrahmte. «Bitte, mein Kind ...»

Doch Pita hielt es für angebracht, sich zu zieren. «O nein ... Nein, danke ...»

Frau Tuśka mischte sich höflich ein: «Aber, mein Kind, nimm nur, wenn Papa doch so freundlich ist.»

«Mach mir die Freude», bat der Vater.

Pita nahm die Orangen, verschwand mit ihnen aber nicht im Wageninneren, sondern blieb am Fenster stehen. Vor dem Hintergrund ihres grauen Mäntelchens zogen die feuerfarbenen Früchte dank des malerisch hübschen Kontrastes das Augenmerk auf sich.

Dieser Austausch von Artigkeiten schien die ganze Familie für den Moment erschöpft zu haben. Man schwieg und hatte sich im Augenblick des Abschiednehmens nichts mehr zu sagen.

Frau Tuśka dachte, dass sie für unterwegs ein besseres Kleid hätte wählen sollen; die Damen, die in den Zug stiegen, waren modisch und elegant gekleidet. In Krakau würde sie sich für die Bahnstrecke Chabówka–Zakopane ebenfalls elegant und «fesch»[1] anziehen.

Das Schweigen zog sich in die Länge, jeder von den dreien war offenbar in seine eigene Welt versunken.

Plötzlich ein schriller Pfiff, hastiges Türenzuschlagen, jemand rannte von der anderen Zugseite herbei, rief mit heiserer Stimme.

Gleichzeitig erwachten beide Żebrowskis aus der gedanklichen Ferne, in der sie trotz körperlicher Nähe schon weilten.

«Fahren wir?»

«Ja ...»

Ketten klirrten, die Waggons setzten sich in Bewegung. Pita, Tuśka und Żebrowski lächelten in gleicher Weise: flüchtig und höflich.

«Bleibt gesund!»

«Küss die Jungen!»

«Ja ... ja!»

Tuśka streckte die Hand aus, Żebrowski drückte sie, Pita winkte er mit dem Hut. Die gesamte Familie war bedeutend liebenswürdiger

1   Im Original dt.

als sonst. Offensichtlich wollte man ein gewisses Maß an Artigkeiten aneinander loswerden, um sich nichts schuldig zu bleiben.

Der Zug begann immer schneller zu werden, röchelte und ratterte verdrießlich.

Żebrowski verharrte auf dem Perron. Unausgesetzt weiterlächelnd, entbot er dem davonfahrenden Zug seinen Gruß. Zwei Kinderhände erwiderten ihn für einen kurzen Augenblick, dann winkte ihm der Arm der Gattin im weiten Ärmel der sandfarbenen Wollbluse, bis der Zug schließlich außer Sichtweite war.

Żebrowski hörte auf zu lächeln. Es schien, als nehme er dieses förmliche Lächeln wie eine Maske vom Gesicht, um es tief in seiner Brust zu bergen. Er machte auf der Stelle kehrt und verließ mechanischen, gedankenverlorenen Schritts den Bahnsteig.

Frau Tuśka hatte indessen in dem Abteil zweiter Klasse Platz genommen.

Pita, ihr vis-à-vis, war in ihrer Art dazusitzen, elegant, steif, ungerührt, geradezu der Inbegriff von einem «entzückend wohlerzogenen Mädchen». Der Manteltasche entnahm sie ein blütenreines Taschentuch, breitete es auf den Knien aus und begann mit ihren weißen Fingerchen die Orange zu schälen.

Frau Tuśka ließ den Blick auf der Tochter ruhen.

Als der Zug unvermutet auf freies Feld hinausfuhr, erschien das makellos glatte Gesicht eines blutjungen Mädchens im hellen Licht. Der kleine verkniffene Mund verschmolz geradezu mit dem elfenbeinernen Teint eines präraffaelitischen[2] Engels. Feine Strähnchen vorwitzigen Haares rahmten eine ovale, gewölbte Stirn. Helle Wimpern verhüllten blassblaue, rötlich gesprenkelte Augen. Das Mädchen war durch und durch kühl, verschlossen – schon eine richtige Persönlichkeit.

«Wem sie wohl ähnelt?», überlegte Tuśka. «Die Augen hat sie von mir ... bei der Haarfarbe weiß man nicht genau, das Gesicht ist allzu schmal.»

---

2 Die in Anknüpfung an Vor- und Frührenaissancemaler schaffenden Künstler der Präraffaelitischen Bruderschaft, 1848 gegründet, bevorzugten lichtvoll-entstofflichte, gleichsam überirdische Gestalten.

Unverhofft hielt ihr das Kind auf seiner Handfläche die geschälte, in Viertelchen geteilte Orange hin, bot sie der Mutter wie eine blutrote Rose dar. «Bitte, Mama», sagte es höflich. Ein förmliches Lächeln, dieses dort in der Warecka wie eine Treibhausblume herangezüchtete Lächeln, umspielte flüchtig die schmalen und so eigenartig zusammengekniffenen Lippen des Mädchens. «Bitte, Mama.»

Mechanisch griff Tuśka nach einem Viertel der Frucht, und auf ihren Lippen zeigte sich, wie in einem Spiegel, das Lächeln der Tochter: «Ich danke dir!» Gleichzeitig dachte sie: «Aber das ist doch sein Lächeln, ganz der Vater!» Sie sah sich selbst in diesem Moment nicht und ahnte daher nichts von der Präzision, mit der sich der töchterliche Gesichtsausdruck auch auf ihrem eigenen Gesicht zeigte.

Neel Doff

PROSTITUIERT

«Meine Tochter
hat den gelben Schein.»
Dostojewski[1]

Wieder waren wir ohne Essen. Hein hatte zwei Tage lang mit seinem
schweren Schmiedehammer auf den Amboss geschlagen, ohne etwas zu
sich genommen zu haben; er war auf einem Stuhl zusammengesackt,
blass, mit hängendem Kopf und leblos an seinem Körper herabbau-
melnden Armen, und sagte immer wieder: «Ich kann nicht mehr, ich
kann nicht mehr.»

Klaasje hockte mit eingezogen Beinen gegen die Wand gelehnt auf
dem Boden; die anderen Kinder, allesamt krank vor Hunger, waren
übers Zimmer verteilt. Das Gesicht meiner Mutter glühte vor Fieber,
und am Flackern ihrer Augen konnte man sehen, wie elend es ihr ging;
Taumel erfasste mich.

Meine älteste Schwester hatte uns verlassen, und wir erwarteten
Vater, der sich morgens auf die Suche nach etwas Rettendem gemacht
hatte. Er kam betrunken nach Hause und verlangte nach Essen.

Ich blickte mich um und verstand, dass ein Unglück geschehen
würde, falls ich nicht auf der Stelle einen Ausweg fände. Mein Entschluss stand fest. Ich zog meinen Rock tiefer, frisierte mir die Haare in
die Stirn, machte mich zurecht, so gut ich konnte, wobei ich bedauerte,

---

1 Satz aus Fjodor M. Dostojewskis (1821–1881) Roman *Verbrechen und Strafe*, mit
dem der Säufer Marmeladow bekennt, dass sich seine Tochter prostituiert (nämlich
um die Familie durchzubringen). Im vorrevolutionären Russland war der «gelbe
Schein» eine Legitimation für Prostituierte.

keine Schminke zu haben, wie ich es bei Prostituierten gesehen hatte, und sagte Mutter, dass ich ausginge. Sie wollte mich begleiten, um die Nahrungsmittel schneller heimbringen zu können.

In der Stadtmitte angekommen, bat ich sie, sich von mir fernzuhalten. Nicht lange, und ein Mann forderte mich auf, ihm in ein Stundenhotel zu folgen. Als ich hinterher mein Geld haben wollte, fragte er, ob ich mich etwa über ihn lustig machen wolle. «Für fünf Franc kann ich eine richtig schicke Frau kriegen, während du nur ein Bettelweib bist und auch noch dreckig. Zieh ab! Lass mich durch.»

Unten weigerte er sich, für das Zimmer zu bezahlen. Die Vermieterin drohte, die Polizei zu rufen, so ließ er sich schließlich herbei. Am Ausgang schrie die Frau mich an: «Dreckige Schlampe, wenn du's noch einmal wagst, dich hier blicken zu lassen, mach ich dich fertig!»

Auf der Straße erwartete Mutter mich. Als ich ihr berichtete, was passiert war, wurde sie ganz starr.

«Was hätte ich tun können? Was hätte ich tun können? Ich habe riskiert, von einem Fremden geschwängert zu werden und mir die verdammte Seuche zu holen; man hat mich beschimpft, und das alles für nichts und wieder nichts. Und die Kinder, mein Gott, die Kinder!»

«Wenn wir mit leeren Händen zurückkommen, werden sie sterben», sagte Mutter.

Ich weinte, das Gesicht gegen einen Baum gewendet. Aber der Gedanke an unsere Kinder, die auf uns warteten, gab mir meine Lebenskraft zurück. «Ich werde weitermachen», sagte ich; «aber du musst weitergehen, du folgst mir auf den Fersen.»

Ich hatte kein Taschentuch, und als ich meine Tränen mit den Händen abwischte, beschmutzte ich mein Gesicht.

Schon bald hörte ich ein Flüstern hinter mir: «Kleine, Kleine!»

Ich wandte mich um und sah, dass mir ein Hüne folgte.

«Kleine, komm mit.»

Ich folgte ihm.

Er brachte mich zu einem anderen Haus und gab mir einige Franc im Voraus.

Er behandelte mich überaus behutsam, schien offensichtlich besorgt zu sein, mich zu zerbrechen. Er lachte über mein schwarzes Gesicht, er lachte über meine Magerkeit und amüsierte sich darüber, dass ich eine halbe Portion war. Und immer wieder sagte er: «Kleine, Kleine!» zu mir.

Nach einer Weile wurde an der Tür geklopft und gerufen: «He, Leute, eure Zeit ist rum, wir warten schon, wir brauchen das Zimmer.»

Im Glauben, es wäre die Polizei, warf ich mich erschrocken dem Hünen an die Brust, was ihn noch mehr amüsierte. Er schlang seine Arme um mich und flüsterte leise lachend: «Komm schon, Kleine! Komm schon, Kleine!»

Wie wohl war mir an dieser mächtigen Brust! Zum ersten Mal in meinem Leben fühlte ich mich beschützt. Alle Schergen dieser Stadt hätten die Arme, die mich umschlungen hielten, nicht lösen können. Er hätte ihnen amüsiert gesagt: «So seht, es ist doch noch so 'ne Kleine!»

Zurück auf der Straße, stürmte ich auf meine Mutter zu. Wir kauften armseliges Essen und riefen bereits unten an der Treppe zu den Kindern hinauf: «Wir haben Brot! Wir haben Brot!»

Nach ein paar Tagen lief unser Haushalt so geregelt, wie er nie zuvor gelaufen war. Die Kinder aßen regelmäßig, wurden gewaschen, gingen zur Schule; meine Mutter kümmerte sich um den Haushalt; mein Vater trank nicht mehr: Er bereitete Kaffee zu und schälte Kartoffeln. Bloß ich lag auf dem alten Sofa, das mir als Bett diente, und tobte und weinte.

Die Leichtigkeit, mit der sich meine Eltern an diesen Zustand gewöhnten, nährte in mir einen Überdruss, der mit jedem Tag wuchs. Sie hatten vergessen, dass ich, die Hübscheste ihrer Brut, mich Abend um Abend für jeden, der vorüberkam, prostituierte. Zweifellos gab es für uns keine andere Möglichkeit, dem Hungertod zu entgehen, doch ich konnte es nicht ertragen, dass diese Gefälligkeit einfach so hingenommen wurde, ohne jene Empörungen und Verwünschungen, die mich Tag und Nacht umtrieben.

Ich war zu jung, um zu verstehen, dass das elende Schicksal an ihnen sein Werk vollendet hatte, während ich noch meine ganze Jugend und Lebenskraft besaß, um mich gegen das Schicksal aufzulehnen.

Selma Lagerlöf

ROMAN EINER FISCHERSFRAU

Am Rand des Fischerdorfs stand auf einem flachen Hügel aus weißem
Meeressand eine kleine Hütte. Sie passte in ihrer Bauweise nicht
zwischen die gleich hohen, ordentlichen, gewöhnlichen Häuser, die
die breite grüne Fläche umgaben, wo die braunen Fischernetze zum
Trocknen auslagen, sondern schien vielmehr aus der Reihe gedrängt
und auf den Sandhaufen geschoben worden zu sein. Die arme Witwe,
die sie errichtet hatte, war ihre eigene Baumeisterin gewesen und hatte
die Wände ihrer Hütte niedriger gemacht als die aller anderen Hütten
und das steile Strohdach höher als jedes andere Dach im Fischerdorf.
Der Fußboden lag tief in der Erde. Die Fenster waren weder hoch noch
groß, reichten jedoch vom Sims bis zum Boden hinab. Für Ofen und
Gänsestall war in dem einzigen engen Raum kein Platz mehr gewesen,
und man hatte deswegen kleine viereckige Vorsprünge anmauern
müssen. Im Garten wuchsen nicht wie bei den anderen Hütten mit
Ackerwinden umschlungene Stachelbeersträucher und halb von Kletten
erstickte Holunderbüsche. Von der ganzen Vegetation des Fischerdorfs
hatten es allein die Kletten mit auf den Sandhügel geschafft. Im Sommer, wenn sie frische dunkelgrüne Blätter trugen und ihre stacheligen
Körbchen mit purpurnen Blüten gefüllt waren, waren sie recht hübsch
anzusehen. Aber im Herbst, wenn die Stacheln hart wurden und die
Samen reif, vernachlässigten sie ihr Äußeres und standen ganz hässlich
und vertrocknet da, ihr zerrissenes Laub in ein kümmerliches Gewand
aus staubigen Spinnweben gehüllt.

Die Hütte hatte nur zwei Besitzer gehabt, denn mehr als zwei Generationen trugen ihre Wände aus Schilf und Lehm das schwere Dach
nicht. Solange sie stand, wurde sie jedoch von armen Witwen bewohnt.
Die zweite Witwe betrachtete die Kletten mit großem Vergnügen,
besonders im Herbst, wenn sie trocken und anhänglich wurden. Sie

erinnerten sie an die Erbauerin der Hütte. Auch die war dürr und vertrocknet gewesen und hatte die Fähigkeit besessen, sich festzuklam-
mern und hängenzubleiben, und all ihre Kraft hatte sie auf ihr Kind
verwendet, dem sie den Weg durchs Leben hatte ebnen müssen. Ihr,
die jetzt einsam dort saß, war bei diesem Gedanken gleichzeitig nach
Weinen und Lachen zumute. Wäre die Klettennatur der Alten nicht
gewesen, wie anders wäre dann alles gekommen! Doch wer weiß schon,
ob es besser gekommen wäre?

Die einsame Frau saß oft da und grübelte über das Schicksal nach,
das sie an diese flache Küste von Schonen verschlagen hatte, an diesen
schmalen Sund, zu diesen stillen Menschen. Denn geboren war sie
in einer norwegischen Küstenstadt an einem schmalen Uferstreifen
zwischen schroff abfallenden Bergen und dem offenen Meer, und obwohl sie, nachdem ihr Vater, ein Kaufmann, gestorben war und seine
Familie in Armut zurückgelassen hatte, in bescheidenen Verhältnissen
gelebt hatte, so war sie doch Leben und Fortschritt gewohnt. Immer
und immer wieder erzählte sie sich ihre Geschichte, wie man auch ein
schwer verständliches Buch mehrmals liest, um seine Bedeutung zu ergründen.

Das Merkwürdige, das ihr zugestoßen war, hatte damit begonnen,
dass sie eines Abends auf dem Heimweg von der Schneiderin, bei der
sie arbeitete, von zwei Matrosen überfallen und von einem dritten
gerettet worden war. Dieser Dritte kämpfte für sie unter Einsatz seines
Lebens und brachte sie anschließend nach Hause. Sie stellte ihn ihrer
Mutter und ihren Geschwistern vor und erzählte ihnen begeistert, was
er getan hatte. Es war, als hätte ihr Leben plötzlich einen neuen Wert
für sie, weil jemand anderes so viel gewagt hatte, um es zu verteidigen.
Ihre Familie hatte ihn sofort freundlich aufgenommen und eingeladen
wiederzukommen, sobald und sooft er wollte.

Er hieß Börje Nilsson und war Matrose auf dem schonischen Einmaster «Albertina». Solange das Schiff im Hafen lag, kam er fast jeden Tag
zu ihr nach Hause, und da konnten sie bald nicht mehr glauben, dass
er nur ein einfacher Matrose war. Stets bestach er mit einem sauberen,
akkurat umgeschlagenen Hemdkragen und trug eine blaue Seemanns-
tracht aus feinem Stoff. Frei und offen war er mit ihnen, als sei er es
gewohnt, sich in derselben Gesellschaft zu bewegen wie sie. Auch wenn

er es nie direkt aussprach, setzte sich bei ihnen die Vorstellung durch, dass er aus angesehenem Haus stammte, der einzige Sohn einer reichen Witwe, den jedoch seine unstillbare Sehnsucht nach dem Seemannsleben dazu bewogen hatte, als einfacher Matrose anzuheuern, um seiner Mutter zu beweisen, dass es ihm ernst war. Wenn er seine Prüfungen abgelegt hatte, würde sie ihm gewiss ein eigenes Schiff kaufen.

Die einsame Familie, die sich von all ihren früheren Freunden zurückgezogen hatte, hieß ihn ohne das geringste Misstrauen willkommen. Und er wiederum beschrieb leichten Herzens und ohne Zögern sein Zuhause mit dem hohen spitzen Dach, dem großen offenen Kamin im Esszimmer und den kleinen Fensterscheiben, auch die ruhigen Straßen seiner Heimatstadt und die Reihen gleich hoher, ebenmäßiger Häuser, von denen sein Haus sich mit seinen ungewöhnlichen Anbauten und Vorsprüngen angenehm abhob. Da meinten seine Zuhörer, er käme aus einem dieser alten Bürgerhäuser mit verzierten Giebeln und vorspringenden Obergeschossen, die ihnen den imposanten Anschein von Wohlstand und ehrwürdigem Alter verliehen.

Schon bald hatte sie bemerkt, dass sie ihm gefiel, und das bereitete der Mutter und den Geschwistern große Freude. Dieser reiche junge Schwede war gekommen, um sie alle aus der Armut zu befreien. Selbst wenn sie ihm nicht so zugetan gewesen wäre, hätte sie nie erwogen, seinen Antrag abzulehnen. Wäre da ein Vater oder erwachsener Bruder gewesen, hätte der sich wohl eingehend nach Herkunft und Verhältnissen des Fremden erkundigt, doch weder sie noch ihre Mutter kamen auf den Gedanken, genauere Nachforschungen anzustellen. Im Nachhinein wurde ihr klar, dass sie ihn schier zum Lügen genötigt hatten. Zu Beginn hatte er lediglich zugelassen, dass sie sich seinen Reichtum selbst ausmalten, ohne böse Absicht, doch als er dann merkte, wie froh sie darüber waren, hatte er sich aus Angst, sie zu verlieren, nicht mehr getraut, die Wahrheit zu sagen.

Bevor er wieder fuhr, waren sie verlobt, und als das Schiff wiederkam, heirateten sie. Sie war enttäuscht, dass er auch nach seiner Rückkehr noch als Matrose auftrat, aber sein Vertrag verpflichtete ihn dazu. Auch hatte er keinen Gruß von seiner Mutter dabei. Sie habe erwartet, dass er eine andere Wahl treffen würde, werde sich jedoch von Herzen freuen, sagte er, wenn sie Astrid erst zu Gesicht bekomme. – Trotz all seiner Lügen wäre es doch ein Leichtes gewesen, ihn als armen Mann zu entlarven, hätten sie nur die Augen aufgemacht.

Der Bootsführer schlug vor, ihr seine Kabine zu überlassen, wenn sie die Überfahrt mit seinem Schiff machen wollte, und das Angebot wurde dankend angenommen. Börje wurde fast ganz von der Arbeit freigestellt und saß meist an Deck und unterhielt sich mit seiner Frau. Und da schenkte er ihr das Glück der Fantasie, von dem er selbst sein Leben lang gezehrt hatte. Je mehr er an die kleine Hütte dachte, halb im Sandhügel vergraben, desto höher errichtete er den Palast, den er ihr gerne geboten hätte. In Gedanken ließ er sie in einen Hafen einlaufen, der mit Flaggen und Blumen geschmückt war, zu Ehren von Börje Nilssons Braut. Er ließ sie die Begrüßungsansprache des Bürgermeisters hören. Er ließ sie durch eine Ehrenpforte schreiten, während die Blicke der Männer ihr folgten und die Frauen vor Neid erblassten. Und er führte sie in das herrschaftliche Haus, wo silbergelockte Diener, sich verbeugend, am Geländer der breiten Treppe Spalier standen und der mit festlichen Speisen gedeckte Tisch sich unter dem alten Familiensilber bog.

Als sie die Wahrheit herausfand, glaubte sie zunächst, der Bootsführer hätte sich mit Börje verbündet, um sie zu täuschen, musste dann jedoch feststellen, dass das nicht stimmte. Alle auf dem Einmaster hatten sich angewöhnt, von Börje als einem großen Herrn zu reden. Es war der Witz schlechthin gewesen, ganz ernsthaft über seine Reichtümer und seine vornehme Herkunft zu sprechen. Sie dachten, Börje hätte ihr die Wahrheit gesagt und sie würde wie alle scherzen, wenn sie sein großes Haus erwähnte. Nur so war es möglich, dass sie sich noch in dem Moment, als sie im Hafen in der Nähe von Börjes Zuhause vor Anker gingen, für die Frau eines reichen Mannes hielt.

Börje bekam einen Tag Landgang, um seine Frau in ihr zukünftiges Heim einzuführen und mit ihrem neuen Leben vertraut zu machen. Als sie nun am Kai anlegten, wo die Flaggen hätten wehen und Menschenscharen die Frischvermählten hätten bejubeln sollen, herrschte dort nur Leere und Alltagsruhe, und Börje merkte, wie seine Frau sich mit einem gewissen Unmut umsah.

«Wir sind zu früh», hatte er da gesagt. «Die Reise ist wegen des schönen Wetters ungewöhnlich schnell gegangen. Jetzt wartet auch keine Kutsche, und wir haben einen langen Weg vor uns, denn das Haus liegt außerhalb.»

«Das macht nichts, Börje», hatte sie geantwortet. «Etwas Bewegung wird uns guttun, nachdem wir so lange an Bord gesessen haben.»

Und so begannen sie mit ihrer Wanderung, jener grauenhaften Wanderung, an die sie selbst auf ihre alten Tage nicht denken konnte, ohne vor Angst aufzustöhnen und vor Schmerz die Hände zu ringen. Sie liefen durch breite, leere Straßen, die sie nach seiner Beschreibung sofort wiedererkannte. Sie glaubte, sowohl in der dunklen Kirche als auch in den gleichförmigen Fachwerkhäusern alte Freunde auszumachen; doch wo waren die glänzenden, mit Bildern verzierten Giebel und die Marmortreppe mit dem hohen Geländer?

Da hatte Börje ihr zugenickt, als hätte er ihre Gedanken erraten. «Es ist noch ein ganzes Stück», hatte er gesagt.

Wenn er doch nur Erbarmen gehabt und ihre Hoffnung mit einem Schlag zunichte gemacht hätte! Sie hatte ihn damals so sehr geliebt. Wenn er ihr aus freien Stücken alles gestanden hätte, so wäre in ihrer Seele kein Groll gegen ihn erwacht. Doch dass er ihre Angst, betrogen zu werden, sah und sie dennoch weiter betrog, hatte sie zu tief verletzt. Das hatte sie ihm nie ganz verziehen. Sie konnte sich zwar sagen, dass er sie so lang wie möglich hatte bei sich halten wollen, damit sie ihm nicht mehr entfliehen konnte, doch sein Betrug rief eine solche Todeskälte in ihr hervor, dass keine Liebe sie mehr völlig auftauen konnte.

Sie durchquerten die Stadt und erreichten die angrenzende Ebene. Dort verliefen mehrere Reihen dunkler Gräben und hoher, grüner Erdwälle, Erinnerungen an eine Zeit, als die Stadt noch befestigt gewesen war, und an der Stelle, wo sich all das um eine Festung gruppierte, sah sie einige alte Gebäude und große runde Türme. Sie warf einen scheuen Blick in diese Richtung, doch Börje bog zu den Wällen entlang des Ufers ab.

«Das ist eine Abkürzung», sagte er, als sie sich über den schmalen Pfad zu wundern schien.

Er war jetzt ganz einsilbig geworden. Später wurde ihr klar, dass es ihm nicht so viel Freude bereitet hatte wie erwartet, seine Frau in das arme kleine Fischerdorf zu bringen. Es war ihm plötzlich nicht mehr so großartig erschienen, die Tochter eines Reicheren heimzuführen. Er fürchtete sich davor, wie sie reagieren würde, wenn sie die Wahrheit herausfand.

«Börje», sagte sie schließlich, nachdem sie eine ganze Weile den in scharfen Kurven verlaufenden Strandwällen gefolgt waren. «Wo gehen wir hin?»

Da hob er die Hand und deutete auf das Fischerdorf, wo seine Mutter in dem Haus auf dem Sandhügel wohnte. Sie aber meinte, er zeigte auf eins der schmucken Landgüter, die am Rand der Ebene auftauchten, und wurde wieder froh.

Als sie zu den verlassen daliegenden Gemeindeweiden hinabstiegen, kehrte ihre Verzagtheit zurück. Dort, wo jedes Büschel Gras, wenn man nur hinsieht, Schönheit und Vielfalt bietet, sah sie nur ein hässliches, sumpfiges Feld. Und der dort ununterbrochen wehende Wind fuhr ihnen zischelnd entgegen und flüsterte von Unglück und Verrat.

Börjes Gang wurde immer schneller, und schließlich erreichten sie das Ende der Felder und kamen zum Fischerdorf. Sie, die es zuletzt nicht mehr gewagt hatte, Fragen zu stellen, fasste neuen Mut. Hier war wieder eine regelmäßige Häuserreihe, und die kannte sie sogar noch besser als die in der Stadt. Vielleicht, vielleicht hatte er doch nicht gelogen!

Ihre Hoffnungen waren inzwischen so abgeebbt, dass sie von Herzen glücklich gewesen wäre, hätte sie an einem dieser kleinen ordentlichen Häuschen Halt machen können, wo hinter den blanken Fensterscheiben Blumen und weiße Gardinen zu sehen waren. Sie war traurig, als sie an ihnen vorbeigehen musste.

Da erblickte sie plötzlich ganz am Rand des Fischerdorfs die jämmerlichste Hütte, und ihr war, als hätte sie sie schon vor ihrem inneren Auge gesehen, lange bevor sie tatsächlich einen Blick darauf geworfen hatte. «Ist es hier?», fragte sie und blieb direkt am Fuße des kleinen Sandhügels stehen.

Er senkte unmerklich den Kopf und hielt weiter auf die kleine Hütte zu.

«Warte!», rief sie ihm nach. «Wir müssen miteinander sprechen, bevor ich dein Haus betrete. Du hast gelogen», fuhr sie drohend fort, als er sich zu ihr umdrehte. «Du hast mich schlimmer behandelt als deinen ärgsten Feind. Warum nur hast du das getan?»

«Ich wollte dich zur Frau haben», antwortete er mit leiser, bebender Stimme.

«Ach, wenn du mich doch nur mit Maßen getäuscht hättest! Warum musstest du alles so bunt und reich ausschmücken? Was sollte das mit den Dienern und Ehrenpforten und der ganzen Pracht? Dachtest du, ich sei so erpicht auf Geld? Hast du nicht gesehen, dass ich verliebt genug in dich war, um dir überallhin zu folgen? Wie konntest du nur denken, du müsstest mich täuschen! Und dass du es übers Herz gebracht hast, deine Lügen bis zum Schluss durchzuhalten!»

«Willst du nicht reinkommen und mit meiner Mutter sprechen?», fragte er ganz hilflos.

«Ich gehe da nicht rein.»

«Wirst du dann wieder nach Hause gehen?»

«Wie kann ich denn wieder nach Hause gehen? Wie kann ich denn denen zu Hause eine solche Enttäuschung bereiten, zurückzukehren, wo sie mich doch glücklich und reich glauben? Aber bei dir werde ich auch nicht bleiben. Für den, der arbeiten kann, gibt es immer ein Auskommen.»

«Warte!», flehte er. «Ich habe das doch nur getan, um dich zu gewinnen.»

«Hättest du mir die Wahrheit gesagt, wäre ich geblieben.»

«Wäre ich ein reicher Mann und hätte mich als arm ausgegeben, wärst du auch geblieben.»

Sie zuckte mit den Schultern und wollte eben gehen, als die Hüttentür aufsprang und Börjes Mutter heraustrat. Sie war eine kleine, verhutzelte Frau mit wenigen Zähnen und vielen Falten, aber nicht so alt an Jahren und Geist, wie sie aussah.

Sie hatte wohl einiges mitangehört und den Rest erraten, denn sie wusste, warum sie stritten. «Na», sagte sie. «Eine feine Schwiegertochter hast du mir mitgebracht, Börje! Und wie ich höre, bist du wieder nicht ehrlich gewesen.» Auf Astrid aber kam sie freundlich zu und tätschelte ihr die Wange. «Komm mit mir hinein, du Ärmste! Ich kann mir vorstellen, wie müde und erschöpft du bist. Das ist meine Hütte. Er darf nicht mit hinein. Aber du, komm! Du bist jetzt meine Tochter, da kann ich dich doch nicht zu Fremden gehen lassen.»

Sie tätschelte ihre Schwiegertochter, redete auf sie ein und schob sie ganz unmerklich auf die Tür zu. Schritt für Schritt lockte sie sie weiter und bekam sie schließlich in ihre Hütte. Börje aber schloss sie wirklich aus. Drinnen setzte sich die Alte mit ihr hin und fragte sie, wer sie sei und wie sich alles zugetragen habe. Und sie weinte über ihr Schicksal und brachte sie dazu, auch darüber zu weinen. Gegen ihren Sohn war die Alte furchtbar streng. Sie, Astrid, habe recht, bei so einem könne sie nicht bleiben. Es stimme, er sei schon immer ein Lügner gewesen, ja, gewiss, so sei es.

Sie erzählte ihr, wie es für sie mit dem Sohn gewesen war. Er sei schon als kleines Kind so schön an Gesicht und Gestalt gewesen, dass sie es kaum habe glauben können, dass er der Sohn eines armen Mannes sein sollte. Wie ein kleiner verirrter Prinz habe er ausgesehen. Und nachher habe es immer den Anschein gehabt, als sei er nicht dort, wo er hingehörte. Er habe alles so groß gesehen, habe sich nie angemessen einschätzen können. Seine Mutter habe deshalb schon viele Tränen vergossen. Aber nie zuvor habe er mit seinen Lügen etwas Böses getan. Hier, wo man ihn kenne, lache man nur über ihn. Doch nun sei er wohl so schrecklich in Versuchung geraten ... Wundere sie, Astrid, sich nicht auch darüber, wie dieser Fischerjunge sie hatte täuschen können? Er habe schon immer so viel von feinen Dingen verstanden, als wäre es ihm angeboren. Er sei wohl am falschen Ort zur Welt gekommen. Dafür spreche doch auch, dass er nie erwogen hatte, sich eine Frau seines eigenen Standes auszusuchen.

Die Alte redete und redete. Astrid schwieg und dachte nach.

«Schau», sagte die Alte etwa, «ich werde ihm seinen Hochmut und seine Prahlerei nicht mehr austreiben, aber einer Klügeren gelingt es vielleicht. Und er ist tüchtig und gut, mein Junge, sodass es die Mühe wert wäre. Aber du kannst ruhig morgen gehen. Ja, geh nur.»

«Wo schläft er denn heute Nacht?», fragte Astrid plötzlich.

«Ich denke, er legt sich wohl draußen in den Sand. Weit wird er sich kaum wegtrauen.»

«Er sollte lieber reinkommen», sagte Astrid.

«Mein liebes Kind, du kannst ihn doch jetzt unmöglich sehen wollen! Er kommt da draußen schon zurecht, wenn ich ihm nur eine Decke bringe.»

Tatsächlich ließ sie ihn die Nacht über im Sand schlafen und schickte ihn am nächsten Tag frühmorgens in die Stadt, hielt es für das Beste, wenn Astrid ihm nicht begegnete. Und mit ihr sprach und sprach sie und behielt sie bei sich, nicht mit Zwang, sondern mit Klugheit, nicht mit Schmeicheleien, sondern mit echter Güte.

Als sie es endlich geschafft hatte, die Frau ihres Sohnes zum Bleiben zu bewegen, die jungen Leute miteinander zu versöhnen und Astrid beizubringen, dass es ihre Lebensaufgabe war, Börje Nilssons Ehefrau zu sein und ihn so glücklich zu machen, wie sie konnte – und das hatte sie nicht nur einen Abend, sondern viele Tage Arbeit gekostet –, da hatte sich sie Alte zum Sterben hingelegt.

«In diesem Leben mit seiner treuen Fürsorge für den Sohn hat ein Sinn gelegen», dachte Börje Nilssons Frau.

In ihrem eigenen Leben sah sie indes keinen Sinn. Ihr Mann war nach wenigen Ehejahren ertrunken, ihr einziges Kind früh gestorben. Eine grundlegende Veränderung hatte sie in ihrem Mann nicht bewirkt. Ernst und Ehrlichkeit hatte sie ihn nicht lehren können. Vielmehr veränderte sie sich selbst, nachdem sie nach und nach eine von den Fischersleuten geworden war. Von den Ihren wollte sie niemanden sehen, denn sie schämte sich, dass sie nun in jeder Hinsicht einer Fischersfrau glich. Wenn all das doch nur zu etwas gut gewesen wäre! Wenn sie, die davon lebte, die Netze der Fischer zu flicken, doch nur wüsste, warum sie so am Leben hing! Wenn sie doch nur jemanden glücklich oder besser gemacht hätte!

Niemals fiel ihr ein, dass sie, die ihr Leben als verfehlt ansah, weil sie niemandem je etwas Gutes getan hatte, womöglich gerade durch diesen Gedanken der Demut ihre eigene Seele gerettet hatte.

George Egerton

EIN LEERER RAHMEN

Das einfache, hübsche Rähmchen sah aus wie eines, das man überall auf Basaren kaufen kann. Es war aus geriffeltem Holz, weiß lackiert, mit einem inneren Rahmen aus blassblauem Plüsch. Einzig bemerkenswert daran: Es war leer. Und trotzdem stand es mitten auf dem Kaminsims im Schlafzimmer.

Das Zimmer war nicht luxuriös eingerichtet, die Möbel passten nicht zusammen; ein typisches Pensionsschlafzimmer.

Jeder, der sich die kindliche Angewohnheit bewahrt hatte, leblose Dinge mit menschlichen Eigenschaften auszustatten, konnte sich einbilden, dass die flackernden Flammen des Feuers Freude daran fanden, in dieser schäbigen Umgebung die glänzenden Dinge hervorzuheben. Denn sie tanzten über die silbernen Rücken der Bürsten und die geschliffenen Parfüm-Flakons auf der Frisierkommode; sie spielten auf den glänzenden Perlen an den Spitzen kleiner, koketter Schuhe und den Metallverschlüssen einer Reisetasche in der Ecke und vermittelten so eine zwanglose Atmosphäre der Behaglichkeit, wie sie die Aura gewisser eleganter Frauen einem gewöhnlichen Zimmer verleiht.

Eine Frau betritt das Zimmer, eine Frau mit wunderbar leichten, schnellen Bewegungen. Sie scheint sich fortzubewegen, ohne dass man sähe, wie; keine Bewegung von Ellbogen oder Knie verrät es. Ihre Finger gleiten flink über die Knöpfe ihres Kleides; im Nu hat sie sich von ihrer Umhüllung befreit. Kleidungsstück um Kleidungsstück fällt von ihr ab, bis sie fast nichts mehr am Körper trägt. Sie zieht ihr Nachthemd und einen weiten, wollenen Morgenmantel an. Mit einer Bewegung, die unendliche Befreiung von einem Zwang ausdrückt, schlüpft sie mit ihren nackten Füßen in pelzgefütterte Pantoffeln. Was sie auch tut, verrichtet sie so flink, dass man nur das Ergebnis, nicht aber die Ausführung ihrer Handlungen wahrnimmt.

Sie sinkt in einen Sessel vor dem Kamin, verschränkt die Hände hinterm Kopf und starrt in die leuchtende Glut. Der Schein des Feuers, der ihr Gesicht von unten erhellt, berührt es grausam. Unbarmherzig wie eine Rivalin sucht und betont er die Spuren, die vergangene Erschütterungen auf ihrem Antlitz hinterlassen haben, vertieft die Mulden der zarten, nachdenklichen Schläfen und die beiden tiefen Linien zwischen ihren klugen, unregelmäßigen Augenbrauen. Ihr Gesicht ist eher interessant als schön. Neun Männer würden daran vorübergehen, aber der zehnte würde seine unsterbliche Seele für sie geben. Das Kinn ist kräftig, die Linie des Kiefers entschlossen, und unterhalb der Kinnspitze wölbt sich eine kleine füllige Rundung. Ihre Augen verraten wenig. Sie sind wach und forschend und ergründen eher die Gedanken anderer, als dass sie die eigenen enthüllten. Das ganze Gesicht drückt ungewöhnliche Kraft und Selbstsicherheit aus. Im Widerspruch dazu steht der Mund. Die leidenschaftliche Linie der Oberlippe mit ihren beweglichen Winkeln und die zarte, kleine Unterlippe, die ängstlich darunter Schutz sucht, wirken im Gegensatz zu der Kraft des Gesichts wie ermutigende Versprechungen.

Ein starkes Gefühl lässt ihr Gesicht erblassen, ein leichtes Zittern läuft durch ihre Gestalt. Ihr innerer Kampf wirkt wie eine starke Entwicklerflüssigkeit auf einer hochsensiblen Fotoplatte; Zorn, Verachtung, Mitleid und Geringschätzung jagen einander wie Schatten auf ihrem Gesicht. Ihr Blick ruht auf dem leeren Rahmen, und diese weiße Leere wird für sie lebendig. In Gedanken füllen ihre Augen ihn mit dem Bild, das einmal darin steckte. Ein edler Männerkopf, einer der edelsten, die Mähne aus der hohen Stirn zurückgeworfen, mit der stolzen Haltung und dem Stempel des großen, selbstsicheren Genies, das sich offenbart, ohne dass man genau weiß, wie, während um den Mund und die starke Kehle die gefährliche Andeutung eines ungezähmten, naturhaften Mannes lauert. Sie fühlt das bezwingende Lächeln seiner Augen, das sie immer schwach wie ein Kind und zahm wie einen hungrigen Vogel werden ließ. Mit einer mitleiderregenden kleinen Geste streckt sie ihre Hände aus, und dann, während sie sich erinnert, lässt sie sie sinken und ballt sie zu Fäusten, bis die Knöchel weiß hervortreten. Sie schließt die Augen, und eine Träne nach der anderen rinnt unter ihren Augenlidern hervor, rollt ihre Wangen hinab und tropft in ihren Schoß.

Sie weint still, ohne Schluchzen, und sie sieht die Worte vor sich, die ihr Schicksal bestimmt haben, so als hielte sie den Brief noch immer in der Hand.

«Du liebst mich. Ich weiß es, Du meine andere Hälfte. Du willst, dass ich Dein Leben vervollkomme, wie ich es mir von Dir wünsche, Du liebe, süße Frau. Du zierliches, schwaches Ding mit Deinem starken Willen und Deinem großen, großartigen Herzen. Du Hexe, mit einer Seele aus reinem, weißen Feuer. Ich küsse Deine Hände (noch nie habe ich solche gesehen), schmale Kinderhände, die einen kühl und sanft berühren wie eine Schneeflocke. Du Liebe, komm zu mir, ich will Dich, jetzt und immer. Sei bei mir, arbeite mit mir, teile mit mir, lebe mit mir, Du, die Du mir als Mensch ebenbürtig bist, aber über mir stehst als meine Königin aller Frauen. Ich liebe Dich, ich verehre Dich, aber Du kennst meine Ansichten. Ich kann und will mich nicht durch irgendein gesetzliches oder religiöses Band an Dich binden. Frei und ungefesselt muss ich dem folgen, was ich für mich als richtig erachte. Wenn Du voller Vertrauen zu mir kommst, kann und werde ich mich Dir geben im besten Glauben, Dein sein, so viel Du willst, auf ewig! Ich werde vor Dir niederknien. Nicht weil ich Furcht vor Dir hätte oder überhaupt je den Drang verspürte niederzuknien; nur vor Dir und vor Dir allein drängt es mich dazu. Komm! – Ich will vor Dir im Staub liegen und schwören, dass ich für immer Dir gehöre!»

– und sie hatte «Nein!» geantwortet und in der Einsamkeit ihrer Seele aus der Schar ihrer Bewunderer den Mann geheiratet, der sie, so schien es, am meisten brauchte …

Die Tür öffnet sich, und er kommt herein. Er schaut sie fragend an, fast zögernd berührt er ihr Haar und steht dann da, die Hände in den Taschen, und nagt an seinem Schnurrbart. «Bist du böse, kleine Frau?»

«Nein» (sehr ruhig), «warum sollte ich?»

Wieder schließt sie die Augen, und nach fünf Minuten des Schweigens beginnt er sehr langsam, sich auszukleiden, wobei er sie ratlos betrachtet. Als er fertig ist, steht er mit dem Rücken zum Feuer, eine linkische Gestalt im Schlafanzug. «Möchtest du ihren Brief lesen?»

Sie schüttelt den Kopf.

«Ich denke, ich hätte ihre Briefe schon früher zurückschicken sollen, weißt du. Sie wusste nicht, dass ich geheiratet hatte.»

«Ja», wirft sie ein, «es wäre besser gewesen, gleich am Anfang reinen Tisch zu machen. Aber warum jetzt noch darüber Worte verlieren?»

Er schaut sie eine Weile an, geht dann ins Bett und beobachtet sie über die Seiten der Zeitschrift *The Field*[1] hinweg. Es ist ungewöhnlich still. Nur die Uhr in der Tasche seiner Weste, die über dem Stuhl hängt, scheint den ganzen Raum mit ihrem nervösen Ticken zu erfüllen.

Er schleudert die Zeitung zu Boden. Sie schaut auf, erhebt sich, dreht das Gaslicht ab, sinkt wieder in ihre alte Haltung zurück und starrt ins Feuer. Er steht auf, geht zu ihr hinüber und kniet sich neben sie. «Es tut mir wirklich leid, dass du verstimmt bist, altes Mädchen. Ich hab's gemerkt, als ich dir so geantwortet habe, aber ich fühlte mich eben ein bisschen getroffen, verstehst du? Sie hat so einen schrecklich netten Brief geschrieben, weißt du, und wünschte» – «dir alles erdenkliche Glück» (in schnippischem Ton) «und hofft, dass ihr euch in einer besseren Welt wiedertrefft?»

Er richtet sich auf und starrt sie in sprachlosem Erstaunen an. Woher konnte sie das wissen? Sie lächelt mit einer Spur boshafter Befriedigung, als sie die Wirkung ihres Zufallstreffers erkennt.

«Ist es nicht wirklich schade, dass ihr beide noch so lange warten müsst?»

Er meint, einen Lichtblick zu sehen, und stolpert wacker vorwärts. «Ich hätte ihr die Sachen nicht zurückgeschickt, wenn ich geahnt hätte, dass dich das stört. Du bist eifersüchtig! Lieber Gott, auf den Gedanken bin ich gar nicht gekommen.»

«Eifersüchtig?» (Wie ein weiß glühender Blitz fährt sie aus dem Sessel hoch.) «Ich, eifersüchtig auf sie?» (Jedes Wort ist betont.) «Auf sie könnte ich nie eifersüchtig sein. Nur die Dummen sind bescheiden. Das Mädchen ist ja nicht wert, mir die Schuhe zuzuschnüren!»

Das ist zu viel; er spürt, er muss protestieren. «Du kennst sie nicht», sagt er matt. «Sie ist ein schrecklich nettes Mädchen.»

---

1 Brit. Magazin über *country affairs* und Feldsport, gegründet als *Country Gentleman's Newspaper*.

«Nettes Mädchen! Das bezweifle ich nicht, und sie wird auch eine schrecklich nette Frau werden, und in jeder Lebenslage wird sie sich wie ein schrecklich netter Mensch benehmen. Eifersüchtig. Glaubst du, ich hätte geweint, weil ich eifersüchtig war? Du lieber Himmel, nein! Ich habe geweint, weil ich mir selbst leidtat, weil ich mir unendlich leidtat. Sie...» (mit feiner, spitzer Geringschätzung) «... hätte besser zu dir gepasst als ich. Eifersüchtig. Nein, nur traurig. Traurig, weil jedes nette, durchschnittliche Mädchen wie sie, das seine Kleider aus Modezeitschriften wie *Lady's Pictorial*[2] kopiert, von dem berühmten Theaterzaren Mr. Irving[3] schwärmt, Melkschemel anpinselt, Brandmalereien ausprobiert oder jede andere modische Spielerei mitmacht, genauso gut für dich gewesen wäre. Und aus mir wäre vielleicht» (mit einem Stocken in der Stimme) «mit einem großen Mann eine große Frau geworden. – Nun halten die, die mich kennen und verstehen» (bitter), «mich für eine große Enttäuschung.»

Müde endet sie; das Feuer erlischt in ihren Augen und in ihrer Stimme. Halblaut, wie zu sich selbst, fügt sie hinzu: «Ich habe das erst begriffen, als ich sah, wie du den Brief aufnahmst. Ich habe dein Gesicht beobachtet, während du ihn gelesen hast. Und die Tatsache, dass du sie mit mir auf eine Stufe stellen konntest, dass sie dir genauso lieb gewesen wäre wie ich, wenn kein Fehler passiert wäre, ließ mich erkennen – verstehst du? –, dass ich besser zu einem anderen gepasst hätte!»

Restlos verwirrt schaut er sie an, und sie lächelt, als sie seinen Ausdruck sieht. Sanft berührt sie seine Wange und lehnt ihren Kopf an seinen Arm. «Schon gut, mein Junge, zerbrich dir nicht den Kopf über mich. Ich habe eben eine etwas komplizierte Natur. Selbst wenn du es versuchtest, könntest du mich nicht verstehen. Also versuch es besser gar nicht erst.»

Während sie spricht, ist sie mit ihrem nackten, warmen Fuß aus dem Pantoffel geschlüpft und reibt damit seine kalten Füße. «Du bist ja ganz kalt! Geh lieber wieder ins Bett. Ich komme auch sofort.»

---

2 Laut Untertitel: *A Fashion and Society Paper for the Home.*
3 Sir Henry Irving (1838–1905), bedeutender brit. Theatermann und Shakespeare-Darsteller.

Während er sich umdreht und gehorcht, bleibt sie einen Augenblick lang still stehen, nimmt dann den Rahmen, kniet sich hin und legt ihn sanft in das hohle, rote Herz des Feuers. Es knackt und knistert, kleine Feuerzungen flammen auf, und bei ihrem Schein geht sie zu Bett.

Als das Feuer heruntergebrannt ist und er mit seinem Lockenkopf an ihrer Brust schläft wie ein Kind, schläft auch sie ein und träumt, sie säße auf einem glühenden Ball, der ins Universum hinausrollt. Ihr Kopf ist eingezwängt in einen riesigen Rahmen. Oben stößt er an den Rand und rechts und links an die Seiten. Und der Rahmen wird immer größer und größer und ihr Kopf mit ihm, bis es ihr vorkommt, als säße sie im Innern ihres eigenen Kopfes, in dem gähnende Leere herrscht.

Charlotte Perkins Gilman

WENN ICH EIN MANN WÄRE

Mollie war der «charakteristische Typus». Sie war die schönste Verkörperung dessen, was man ehrfürchtig eine «echte Frau» nennt.
Klein, denn selbstverständlich kann keine echte Frau groß sein wollen.
Hübsch, denn selbstverständlich kann eine echte Frau auf keinen Fall
unansehnlich sein. Launisch, kapriziös, bezaubernd sprunghaft in schicke Kleidung vernarrt, die ihr immer «gut stand», wie die Phrase der
Eingeweihten lautet. (Das hat nichts mit der Kleidung zu tun – die steht
niemandem von sich aus gut –, sondern mit der besonderen Anmut, sie
anzuziehen und sich darin zu bewegen, die offenbar nicht allen gegeben
ist.) Sie war auch eine liebevolle Ehefrau und hingebungsvolle Mutter
samt der «Begabung zur Geselligkeit» und der damit verbundenen Vorliebe für die «feine Gesellschaft», und bei alledem war sie mit ihrem
Zuhause glücklich und stolz darauf und kümmerte sich so gut darum
wie die meisten Frauen.

Wenn es je eine echte Frau gab, so war es Mollie Mathewson, und
dennoch wünschte sie sich von ganzem Herzen, sie wäre ein Mann.

Und unversehens war sie einer!

Sie war Gerald, ging aufrecht und breitschultrig dahin, wie immer in
Eile, um den Morgenzug zu erwischen, und, wie wir gestehen müssen,
nicht in allerbester Laune ...

Ein Mann! Wirklich ein Mann mit gerade genug unterschwellig
verbliebener Erinnerung, dass sie sich an den Unterschied zu vorher
erinnern konnte.

Zuerst war da das merkwürdige Empfinden von Körpergröße und
Gewicht und dickerer Haut, Füße und Hände fühlten sich ungewohnt
groß an, und ihre langen, geraden, losen Beine schritten in einer Gang-
art dahin, die ihr vorkam, als liefe sie auf Stelzen.

Das ging schnell vorbei, doch stattdessen stellte sich ein neues und köstliches Gefühl ein, das den ganzen Tag über zunahm, wo sie sich auch aufhielt, das Gefühl, die richtige Größe zu haben.

Alles passte auf einmal. Ihr Rücken gemütlich an der Rücklehne des Sitzes, ihre Füße bequem auf dem Boden. Ihre Füße? ... Seine Füße! Sie studierte sie sorgfältig. Nie zuvor, seit den ersten Schultagen, hatte sie solche Freiheit und Bequemlichkeit empfunden, was Füße betraf – fest und solide, wenn sie ging; schnell, federnd, sicher – so wie morgens, als sie, von einem unerkennbaren Impuls geleitet, hinter dem Zug hergelaufen war, ihn eingeholt hatte und aufgesprungen war.

Ein anderer Impuls ließ sie in einer zweckmäßigen Hosentasche nach Kleingeld fischen – sofort und unwillkürlich, was ein Fünfcentstück für den Schaffner und einen Penny für den Zeitungsjungen zutage förderte.

Diese Taschen waren eine Offenbarung. Natürlich hatte sie gewusst, dass sie existierten, hatte sie gezählt, sich über sie lustig gemacht, sie gestopft und hatte sogar Neid empfunden; aber sie hätte sich nie träumen lassen, wie es sich anfühlte, Taschen zu besitzen.

Hinter ihrer Zeitung ließ sie ihr Bewusstsein, dieses merkwürdig gemischte Bewusstsein, von Tasche zu Tasche wandern, in der verbrieften Gewissheit, all diese Dinge zur Hand zu haben, sofort erreichbar, für alle Notfälle griffbereit. Das Zigarrenetui flößte ihr ein warmes Wohlgefühl ein, denn es war gefüllt; der Füllfederhalter solide an seinem Platz, es sei denn, sie machte einen Kopfstand; die Schlüssel, Bleistifte, Schriftstücke, Unterlagen, Notizbuch, Scheckheft, Brieftasche – und plötzlich spürte sie mit einem tief empfundenen Gefühl von Macht und Stolz, was sie nie zuvor in ihrem Leben gespürt hatte – was es hieß, Geld zu besitzen, selbst verdientes Geld – das sie nach eigenem Gutdünken ausgeben oder behalten konnte, um das sie nicht betteln musste, das sie nicht erschmeicheln oder jemandem abschwatzen musste ...

Als er seinen Zug bestiegen und seinen Sitzplatz im Raucherabteil eingenommen hatte, erwartete ihn eine neue Überraschung. Ringsum saßen die anderen Männer, Pendler wie er, darunter viele seiner Freunde.

Für sie wären sie «Mary Wades Ehemann», «Belle Grants Verlobter», «der reiche Mr. Shopworth» oder «der nette Mr. Beale» gewesen. Und sie hätten alle den Hut vor ihr gelüpft, sich verbeugt und höflich mit ihr unterhalten, wenn sie nahe genug saßen – vor allem Mr. Beale.

Nun stellte sich das Gefühl unangestrengter Vertrautheit ein, das Gefühl, Männer als solche zu kennen. Das Ausmaß dieses Wissens war überraschend – der ganze Hintergrund des Geredes seit Knabenjahren, der Klatsch beim Barbier und im Club, die Gespräche morgens und abends im Zug, das Wissen um politische Einstellungen, um geschäftliche Beziehungen und Aussichten, um Charaktereigenschaften – all das in einem Licht, in dem sie es nie zuvor gesehen hatte.

Sie kamen einer nach dem anderen und unterhielten sich mit Gerald. Er schien recht beliebt zu sein. Und während sie sprachen, gelangte mit diesem neuen Gedächtnis und diesem neuen Begreifen, das den Geist all dieser Männer zu erfassen schien, ein neues und verstörendes Wissen in das unterschwellige Bewusstsein – das Wissen, was Männer wirklich von Frauen halten.

Es waren achtbare, durchschnittliche Amerikaner, die meisten von ihnen verheiratet und glücklich nach allgemeinen Glücksbegriffen. Im Kopf von jedem Einzelnen und bei allen zusammen existierte offenbar ein Untergeschoss, das nichts mit den übrigen Gedanken zu tun hatte, ein abgesonderter Ort, der ihre Gedanken und Gefühle Frauen gegenüber enthielt.

Im Obergeschoss wohnten die zärtlichsten Empfindungen, die hehrsten Ideale, die süßesten Erinnerungen, alle lieblichen Gefühle in Verbindung mit dem «Zuhause» und der «Mutter», alle zartfühlenden verehrenden Adjektive, in einer Art Heiligtum, in dem eine verschleierte Statue, blindlings angehimmelt, sich den Platz mit geliebten, aber alltäglichen Erfahrungen teilt.

Im Untergeschoss – und hier erwachte das verborgene Bewusstsein zu heftiger Betrübnis – horteten sie ein ganz anderes Sortiment an Ideen. Dort gab es sogar im ehrbaren Geist ihres Ehemannes die Erinnerung an Geschichten, die bei Herrenabenden erzählt wurden, schlimmere Geschichten, die auf der Straße oder im Zug mit angehört wurden, an hässliche Gepflogenheiten, ordinäre Sprüche, vulgäre Erfahrungen – von denen man wusste, auch wenn man sie nicht teilte.

Und all das in der Abteilung «Frauen», während in den restlichen Geistesregionen ... das war in der Tat neues Wissen.

Die Welt erschloss sich ihr. Nicht die Welt, in der sie aufgewachsen war, in der das Wort «Zuhause» fast die ganze Landkarte ausgefüllt hatte, während der Rest «Fremdland» oder «unerforschtes Terrain» gewesen war, sondern die wirkliche Welt, eine Männerwelt, die Männer geschaffen hatten, in der sie lebten, eine Welt, wie sie sie sahen.

Es machte einen schwindelig. Die Häuser, die so schnell am Zugfenster vorbeizusausen schienen, in Fachbegriffen aus dem Bauherrenjargon zu sehen und mit einem gewissen Verständnis von Materialien und Arbeitsmethoden; an einem Dorf vorbeizukommen mit dem bedrückenden Wissen, «wem es gehörte», und dass derjenige, der dort den Ton angab, politisch auf dem Weg nach oben war, oder dass das Straßenpflaster in schlechtem Zustand war, Läden nicht als Vitrinen für Objekte der Begehrlichkeit zu betrachten, sondern als geschäftliche Unternehmungen – sinkende Schiffe die einen, erfolgversprechend die anderen –, diese neue Welt war verwirrend.

Sie – als Gerald – hatte die Rechnung schon vergessen, über die sie – als Mollie – zu Hause noch immer weinte. Gerald unterhielt sich mit dem einen über Geschäfte, mit dem anderen über Politik und empfand angesichts der vertraulich geäußerten Sorgen eines Nachbarn Mitgefühl.

Mollie hatte zuvor immer Mitgefühl für dessen Ehefrau empfunden. Sie begann sich heftig gegen dieses dominierende Bewusstsein zu wehren. Mit plötzlicher Klarheit fielen ihr Dinge ein, die sie gelesen, Vorträge, die sie gehört hatte, und sie ärgerte sich immer mehr über die Selbstverständlichkeit, mit der Männer die Welt vom männlichen Standpunkt aus sahen.

Mr. Miles, der kleine aufgeregte Mann, der auf der gegenüberliegenden Straßenseite wohnte, hatte jetzt das Wort ergriffen. Er hatte eine beleibte, selbstgefällige Frau; Mollie hatte sie nie besonders leiden können, ihn aber immer nett gefunden – er war so aufmerksam mit seinen kleinen Höflichkeiten.

Und hier sagte er solche Dinge zu Gerald!

«Musste noch hier rein», sagte er, «und ich musste meinen Sitzplatz einer dummen Gans überlassen, die meinte, er stehe ihr zu. Wenn sie sich was in den Kopf setzen, hat man keine Chance – oder?»

«Keine Bange!», sagte der dicke Mann neben ihm. «Sie haben nicht viel Grips, wissen Sie – und wenn sie sich etwas einbilden, ändern sie ihre Meinung bald wieder.»

«Die eigentliche Gefahr», begann Reverend Alfred Smythe, der neue episkopalische Geistliche, ein dünner, nervöser, großer Mann mit einem Gesicht, das Jahrhunderte hinter der Zeit zurück war, «ist die, dass sie die Grenzen ihres gottgegebenen Wirkungsbereichs überschreiten.»

«Ihre natürlichen Beschränkungen halten sie hoffentlich davon ab», sagte der heitere Dr. Jones. «An der Physiologie lässt sich nicht rütteln, das können Sie mir glauben.»

«Ich habe jedenfalls noch nie Beschränkungen erlebt, wenn sie irgendwas haben wollen», sagte Mr. Miles. «Hauptsache, einen reichen Ehemann und ein schönes Haus und Hüte und Kleider ohne Ende und das neueste Automobil und ein paar Diamanten und so weiter. Hält einen ganz schön auf Trab.»

Auf der anderen Seite des Gangs saß ein müder, graugesichtiger Mann. Er hatte eine sehr nette Frau, die immer elegant gekleidet war, und drei ledige Töchter, ebenfalls elegant – Mollie kannte sie. Sie wusste auch, dass er sehr schwer arbeitete, und blickte jetzt etwas besorgt zu ihm hinüber.

Aber sie lächelte ermutigend.

«Kann Ihnen nicht schaden, Miles», sagte er. «Wozu soll ein Mann sonst arbeiten? Eine gute Frau ist fast das Beste, was es auf der Welt gibt.»

«Und eine schlechte ist das Übelste, so viel steht fest», erwiderte Miles.

«Sie ist ein ziemlich schwaches Geschöpf, jedenfalls aus fachmännischer Sicht», äußerte Dr. Jones würdevoll, und Reverend Alfred Smythe fügte hinzu: «Sie hat das Böse in die Welt gebracht.»

Gerald Mathewson richtete sich auf seinem Sitz auf. Etwas regte sich in ihm, das er nicht benennen, aber auch nicht abweisen konnte. «Kommt mir vor, als würden wir uns alle wie Noah anhören», sagte er trocken, «oder wie die alten Schriften der Hindus. Frauen haben ihre Beschränkungen, aber wir auch, weiß Gott. Haben wir nicht Mädchen in der Schule und am College gekannt, die genauso clever waren wie wir?»

«Sie können nicht beim Sport mithalten», erwiderte der Geistliche hochnäsig.

Gerald bedachte seine hagere Gestalt mit einem wissenden Blick. «Ich war selbst nie besonders gut im Football», räumte er bescheiden ein, «aber ich habe Frauen erlebt, die in puncto Ausdauer jedem Mann überlegen waren. Im Übrigen ist das Leben kein Athletikwettbewerb.»

Das war traurig, aber wahr. Alle blickten den Gang entlang, wo ein schwerfälliger, schlecht gekleideter Mann ganz allein saß. Früher hatte sein Name in allen Zeitungen gestanden, in Schlagzeilen und unter Fotos. Und jetzt verdiente er weniger als jeder Einzelne von ihnen ...

«Ja, wir verargen ihnen, dass sie uns das Geld aus der Tasche ziehen, aber wären wir bereit, unsere Frauen arbeiten zu lassen? Das sind wir keineswegs. Es verletzt unseren Stolz, jawohl. Wir werfen ihnen dauernd vor, auf Geldheiraten aus zu sein, aber was sagen wir von einem Mädchen, das einen Habenichts heiratet? Dass sie dumm genug ist, sich für nichts und wieder nichts wegzuwerfen, jawohl.

Was unsere Stammmutter Eva betrifft, so war ich nicht dabei und kann zu der Sache nichts beitragen, aber etwas will ich sagen. Wenn sie das Böse in die Welt gebracht hat, dann haben wir Männer seit ewigen Zeiten den Löwenanteil an seinem Fortbestehen – oder etwa nicht?»

Sie kamen in der Stadt an, und den ganzen Tag über war Gerald sich in seiner Arbeit vage neuer Ansichten und eigenartiger Gefühle bewusst, und die überwältigte Mollie lernte und lernte dazu.

Tekahionwake

EINE HEIDIN IN ST. PAUL'S CATHEDRAL

Impressionen der Irokesendichterin in der Londoner Kathedrale

Es ist ein weiter Weg von einem Wigwam nach Westminster, von einem Präriepfad zur Tower Bridge, und London ist ein exotischer Ort für den Indianer[1], dessen Augen, selbst wenn sie sie über Strand schweifen lassen, immer noch zahllose Waldbäume sehen, und dessen Füße immer noch die sich eng anschmiegenden Mokassins spüren, selbst unter den Dutzenden von klickenden Absätzen, die die Durchgangsstraßen des Siedlungsplatzes der Bleichgesichter entlangeilen.

Dies ist also der Ort, an dem der Große Weiße Vater, Beherrscher vieler Länder, Behausungen und Stämme, wohnt und im Hohlraum seiner Hände den Frieden zwischen den einst miteinander verfeindeten Roten und Weißen bewahrt. Sie nennen ihn den König von England, aber für uns, das mächtige Irokesenvolk des Nordens, wird er immer der «Große Weiße Vater» bleiben. Dereinst kam er zu uns in die fernen Gebiete Kanadas und steckte mit eigener Hand Orden und Medaillen an die Wildledermäntel unserer ältesten Häuptlinge, nur weil sie und ihre Väter ihre Tomahawks im Kampf für England geschwungen hatten.

So bin ich, als eine loyale Verbündete, gekommen, um seinen Lagerplatz zu sehen, der unter Weißen als London bekannt ist, seine Ratsversammlung, vom weißen Mann als Parlament bezeichnet, wo seine Sachems[2] und Häuptlinge die Gesetze seiner Stämme beschließen, und seinen Wigwam, von den Bleichgesichtern Buckingham Palace genannt, aber vom roten Mann das «Tipi des Großen Weißen Vaters». Und das ist, was ich sehe – was die Indianerin sieht:

---

1 Im Original: «*Red Indian*», von den Weißen übernommene Selbstbezeichnung der Native Americans.
2 Von Narragansett *sâchim*: «Stammesanführer».

Himmelwärts streben riesige steinerne Aufbauten, nicht von jener Art Stein, aus der meine Ahnen ihre geschnitzten Pfeifen und Maisstößel gefertigt haben, sondern ein graueres, schmutzigeres Gestein, ohne den Glanz, den wir ihm mit unseren in Störfett getauchten Fingern und durch tagelanges Polieren mit feinem Sand und Wildleder verleihen.

Ich stehe vor dem großen palastartigen Wigwam, dem riesigen Versammlungshaus am Fluss. Mit meinen sehenden Augen mag ich sie fixieren, doch die Augen meines Herzens blicken über all das Staunen hinaus zurück in das Land, das ich hinter mir gelassen habe. Ich stelle mir die Tipis im fernen Saskatchewan vor; auch dort streben Zeltstangen himmelwärts, und der Rauch, der sie von den schwelenden Feuern durchzieht, kräuselt sich sanft in der Sommerbrise. Gegen den verschwimmenden Horizont zeichnen sich die Umrisse anderer Lager ab, andere Gruppen roter Männer, die mit ihren Wildrinderherden das Flussland aufsuchen. Ich höre ihre Hufe, ungezähmt, die Präriepfade hinaufdonnern.

Aber die Klänge der Prärie verwehen, und meine Ohren fangen andere Stimmen ein, die sich über das unaufhörliche Pochen um mich herum erheben – Stimmen, klar, hoch und rufend, schweben über der Stadt wie Musik von tausend Zugvögeln, die die ganze Nacht hindurch mit ihren Flügeln schlagen, die heulen und jammervoll murmeln, während sie gen Norden ziehen. Es sind die Stimmen der Anrufung des heiligen Paulus, mich anrufend – St. Paul's, wo das Bleichgesicht den Großen Geist anbetet und durch dessen Pforten er die glückseligen Jagdgründe zu erreichen hofft.

Der Große Geist.

Als ich durch seinen Eingang trat, war mir, als sei es die immerwährende Siedlungsstätte des Großen Geistes vom weißen Mann.

Musik nistete allüberall. Sie dröhnte mir in den Ohren wie die fernen Kadenzen der Sault-Ste.-Marie-Stromschnellen, die aufsteigen und emporspringen und hochbranden – wie ein Sturm, der den Tannenwald durchtost –, wie das ferne Anschwellen eines indianischen Schlachtgesangs; sie wogte diese mächtigen Torbögen hinauf, bis die graue Kuppel über mir verschwand und an ihrer Stelle die Sterne aufzogen, die herableuchteten – nicht auf diese bleichgesichtigen knienden Anbeter, sondern auf eine Gruppe von tapferen, kraftstrotzenden, kupferfarbenen Verehrern, auf mein eigenes Volk in meinem eigenen Land, die sich ebenfalls versammelt hatten, um dem Manitu aller Nationen die Ehre zu erweisen.

Die tiefkehlige Orgel und die Stimmen des Jungen waren verklungen; stattdessen vernahm ich die melancholischen Beschwörungen unserer heidnischen Gläubigen. Die edle Erhabenheit unserer großartigen Opferriten schien sich um mich herum niederzulassen und mich in sein Kleid der Feierlichkeit und urtümlichen Pracht einzuhüllen.

Der Schlag der Trommel.

Die Atmosphäre pulsierte im Takt der indianischen Trommel, dem unheimlichen, durchdringenden Laut der Schildkrötenrassel, die den Füßen der Tänzer den Rhythmus vorgab. Tanz? Es ist kein Tanz, diese wunderbar langsame, schlangengleiche Darstellung mit dem geschmeidigen Schleichen, dem Schleichen von in Mokassins gehüllten Füßen, und dem leisen Geklingel der Elchzahnarmbänder, die bei jedem Schritt den Rhythmus angeben. Es ist kein Tanz, sondern eine Beschwörung des Bewegtseins. Warum dürfen wir nicht mit der anmutigen Bewegung unserer Füße huldigen? Das Bleichgesicht huldigt, indem es seine Lippen und Zunge bewegt; es ist nur ein minimaler Unterschied.

Die Altarlichter von St. Paul's erstrahlten nicht mehr für mich. An ihrer Stelle loderten die Lagerfeuer des Onondaga-«Langhauses»[3], und der harzige Duft der brennenden Kiefer legte sich über die übel riechende Londoner Luft. Ich sah den großen, kupferhäutigen Feuerhüter des Irokesenrats eintreten, der Lichtkreis hob sich bebend vom Schwarz der umgebenden Wälder ab. Ich habe ihre weißen Bischöfe gesehen, aber keinen so majestätisch, so erhaben wie ihn. Seine Gewandung aus fransenbesetztem Wildleder und Hermelin war nicht grotesker als das Ornat, das die hochrangigen weißen Heilsverkünder trugen; er hatte kein Buch oder ein leuchtend goldenes Sinnbild bei sich, stattdessen hing um seine prächtigen Schultern ein schneeweißer lebloser Hund.

In die rote Flamme senkten sich gemächlich die starken Hände, Dutzende von ehrfürchtigen eingehüllten Gestalten standen stumm, überwältigt, da es das höchste, heiligste Fest des Jahres ist. Dann erhob

---

3 Onondaga war der «mittlere Stamm», auch «Vermittler», der Irokesen, die sich selber *Haudenosaunee*, «Menschen des langen Hauses», nannten.

sich der wilde, außergewöhnliche Gesang – das große heidnische Ritual wurde vom Feuerhüter angestimmt, in übernatürlichem, monotonem Singsang sprach er diese Formel:

«Der Große Geist wünscht kein Menschenopfer, aber wir, Seine Kinder, müssen ihm darbringen, was unserem Herzen und unserem Leben am nächsten liegt. Nur das Makellose und Untadelige kann in Seine Gegenwart eintreten, nur das, was durch das Feuer gereinigt wird. So wie dieser weiße Hund – ein Mitglied unseres Haushalts, ein Mitbewohner unseres Wigwams –, und mit dem Rauch, der von den reinigenden Feuern aufsteigt, werden auch die Danksagungen all derer aufsteigen, die wünschen, dass der Große Geist in Seinen glückseligen Jagdgründen für immer Seine Friedenspfeife rauchen wird, denn Frieden herrsche zwischen ihm und Seinen Kindern für alle Zeiten.»

Die klagende Stimme verklingt. Wieder das dumpfe Pulsieren der indianischen Trommel, der katzengleich geschmeidige Schritt gedämpfter Füße. Ich erhebe meinen Kopf, gebeugt über dem Stuhl vor mir. Es ist immerhin St. Paul's – und die klaren Knabenstimmen erheben sich über den prächtigen Widerhall des Orgelklangs.

Gabriela Preissová
LIEBESTOD

Die Mittagssonne bestrahlte die beiden Felswände des Gebirgspasses. Dem satten, stattlichen Frosch gingen von dem goldenen Licht die Augen über. Er musste sie eine Weile schließen. Doch als in seiner Nähe ein großer Vogel mit den Flügeln rauschte, öffnete der Frosch blitzschnell seine Augen und hüpfte erschrocken in ein Grasbüschel, das im nahen Felsspalt wuchs. Obwohl er ein erfahrener Frosch war, der sich im Leben auskannte, ließ er sich von einem unerwarteten Anblick überrumpeln. Der Atem stockte ihm vor Bewunderung, und sein Herz klopfte, als fielen Regentropfen auf ein Blatt nieder.

Am Rande des Ufers, von der Sonne bestrahlt, hockte eine junge, schlanke Fröschin; sie war hellgrün wie das Blatt des Maiglöckchens im Mai. Ihre lachenden Korallenäuglein sahen mit unschuldigem Vertrauen auf den neuen Bekannten. Noch nie hatte der Frosch eine so zarte Schönheit gesehen. Er wollte sie ansprechen, wollte lispeln: «Wie sind Sie hergekommen, Liebliche?» Aber seine Stimme versagte, nur das Mäulchen bebte und öffnete sich in Begeisterung und unbeschreiblicher Sehnsucht. In seiner trunkenen Bewunderung hätte er das Froschfräulein beinahe geschnappt und ganz verschluckt.

Aber die Fröschin ahnte die Gefahr und sprang rasch weiter; der verzückte Frosch ihr nach. Er fürchtete nicht, dass sie ihm entwischen könnte; schnell wollte er sie einholen und – er würde sie einholen, da gab es keinen Zweifel.

«Wahrscheinlich will die reizende Fröschin ins Wasser», dachte er, denn die Hitze war groß. Gern hätte er gewusst, wo sie am liebsten badete. Hopp – hopp – die Schöne wird ihm nicht entfliehen – das ist gewiss –, aber die goldene Flut der Sonne, die alle Felsen übergoss, blendete ihn. Auch das frische, murmelnde Wasser leuchtete in der flammenden Sonne.

Der Frosch schaute jetzt unverwandt auf die Sternchen und die feuchte Erde, aber überall flimmerten Funken, alles Grün war nun verräterisch in den Felsenrissen verschwunden. Er zitterte. Wo war die schöne Fröschin hingeraten? Da – jetzt sah er sie, wie sie geschmeidig wie eine Eidechse weiterhuschte. Sie eilte zum Wasser, um sich am Ufer unter einem Stein zu verstecken und ihm das Suchen zu erschweren.

Er musste lächeln; die törichte Kleine, ein halbes Kind noch! Er, von seinen Kameraden «Seladon»[1] genannt, war ihr weit überlegen. Das Mädelchen verließ sich auf Schlankheit und Schnelligkeit, er aber war ein vorzüglicher Springer. Er wird ihr in den Weg hüpfen und sie ganz verwirren. Sie wird schon sehen!

Hopp – hopp – er wollte zeigen, was er konnte. «Hoppsa – hopp – mein Schätzchen, ja, du sollst sehen, was ich kann! Es lebe die Liebe, es lebe die Jugend, solange das Herz im Leibe klopft …» Jetzt – jetzt hatte er sie beinahe erreicht. Ein Sprung noch! Er wird ihr in die Augen lachen – in die entzückenden, dummen Korallenaugen.

Jetzt kam der letzte Sprung; er war ein ungeheurer, über einen hohen Berg hinweg. Ganz benommen von seiner großen Tat saß der Frosch auf einer Platte, die mit ihm weitersegelte.

Sie glitt mit ihm über das Wasser zu einem Brunnen. Das Wasser drehte sich im Kreis immer weiter rundherum, und die Wände ringsum waren seltsamerweise voll kleiner, grüner Fröschinnen.

Absonderliches Spiel! Ein Fröschlein saß neben dem andern; der Brunnen war zum Teil im Schatten, zum Teil in der Sonne gelegen. Unzählige kleine Fröschinnen wuchsen jetzt aus dem Boden, wie das Gras, das im Schatten aus der Erde sprießt.

Wo nur seine Fröschin war? Wie konnte er sie in der Menge erkennen? Es war ihm nicht möglich, eine der Schönen ruhig zu betrachten. Die Platte, auf der er saß, ging immer im Kreis herum – immer weiter rundherum. Der Fluss aber wollte mit dem Brunnen nichts zu schaffen haben; er lief immer weiter …

Welch ein Blendwerk! – Des Frosches Augen wurden von der Anstrengung, mit der sie die Umgebung musterten, größer und größer.

---

1 Von frz. *céladon*: «meergrün»; nach dem Helden des Schäferromans *L'Astrée* von Honoré d'Urfé (1576–1625) Bezeichnung für einen schmachtenden Liebhaber.

Der untere Teil seines grünen Körperchens klammerte sich immer fester an die weitergleitende Platte.

Der arme Frosch versuchte, einen vernünftigen Gedanken zu fassen, nur einen Augenblick Rast zu finden in dem tollen Wirbel, um die nötige Kraft zu einem neuen Sprung zusammenzuraffen, um dieser rätselhaften Platte, auf der er saß, zu entfliehen …

Er wusste nun schon, dass ihm Gefahr drohte, eine Gefahr, von der ihm Freunde und Lehrer nie erzählt hatten, in hellen oder dunklen Nächten. Alle Dinge der Welt waren von seinen Kameraden besprochen worden, nur von dieser Gefahr hatten sie nichts gewusst … Hier gab es kein Aufhalten, der Weg hatte kein Ende. Hier galt ein festes, furchtbares Gesetz: Immer im Kreis herum, immer im Kreis herum!

Der Frosch schloss die Augen und neigte den Kopf. Vielleicht träumte er nur wie an schwülen Tagen, da er sich nirgends vor der glühenden Sonne verstecken konnte, sein Körper wie im Fieber kochte und die halb geschlossenen Augen von einem Storchenschnabel erschreckt wurden … Könnte er doch jetzt an etwas anderes denken als an den quälenden und mächtigen Befehl: im Kreis herum, im Kreis herum!

Die schöne, zierliche Fröschin, die quakenden Kameraden, eine gemästete Fliege auf dem Kelch einer Dotterblume, der weithin tönende Chor seiner Sippe – nichts konnte die grauenhafte Vision des Brunnens mit dem ewigen Gesetz verscheuchen: im Kreis herum, im Kreis herum!

Der Frosch schloss die Augen. Als er sie nach einer Weile wieder öffnete, sah er, dass die besonnte Uferseite verschwunden und alles in Schatten getaucht war. Langsam verschwanden auch die grünen Fröschlein mitsamt den Grasbüscheln, nur die feuchten Steinwände blieben zurück. Er eilte, von Schwindel erfasst, auf der rasenden Platte dahin. Der Schoß des mütterlichen Wassers schien doch so nah, der bekannte Bergquell, dessen Murmeln und Plätschern er hörte, hüpfte munter weiter.

Er schloss nun abermals schnell die Augen, und als er sie öffnete, rief er verzweifelt: «Helft eurem Frosch, o Freunde! Liebe und Sehnsucht nach Schönheit sind ihm zum Verhängnis geworden.»

Er rief vergebens. Das krampfhaft geöffnete Mäulchen wollte noch einen Schrei ausstoßen, aber er konnte in dem wahnsinnigen Wirbel nicht mehr Atem schöpfen … Hoch über ihm glitzerten gut bekannte goldene Punkte, Freunde der Froschsippe. Jetzt waren die Augen nicht mehr geblendet, sahen keine Visionen mehr. Eine barmherzige Apathie ergriff vom Frosch Besitz, und eine unsichtbare Peitsche jagte ihn immer weiter: im Kreis herum, im Kreis herum. Gab es denn keine Freude am Leben mehr, keine jauchzende, innige Liebe?

Die ganze Welt war verrückt, toll jagte die rasende Platte unter ihm weiter – im Kreise herum, im Kreise herum. Nicht einmal am Morgen machte sie halt, als die prächtige Sonne den ganzen Brunnen überflutete, und auch am Abend nicht, als die kleinen Lichtlein der Nacht und der gute Mond am Himmel erstrahlten. Der Mond, der Freund der Frösche ... Der arme Körper des Fröschleins drehte sich ergeben weiter. Er gehorchte dem Gesetz.

Edith Wharton

DAS VERDIKT

Ich hatte Jack Gisburn immer für einen Mann von eher mittelmäßiger
Begabung gehalten – wenn auch für einen netten Kerl –, daher war es
keine große Überraschung für mich zu hören, dass er auf der Höhe
seines Ruhms das Malen aufgegeben, eine reiche Witwe geheiratet und
sich in einer Villa an der Riviera niedergelassen hatte. (Allerdings war
ich der Meinung, es hätte eher Rom oder Florenz sein sollen.)

«Auf der Höhe seines Ruhms» – so hatten die Damen es genannt.
Ich höre noch Mrs. Gideon Thwing, sein letztes Chicagoer Modell,
wie sie seine unfassbare Abdankung beklagt. «Natürlich wird es den
Wert meines Bildes in die Höhe treiben, aber daran denke ich nicht, Mr.
Rickham, ich denke ausschließlich an den Verlust für die Kunst.» Die
Worte auf Mrs. Thwings Lippen vervielfachten die «Ks», als würden sie
in einer endlosen Abfolge von Spiegeln reflektiert. Es waren aber nicht
nur Damen wie Mrs. Thwings, die ihr Bedauern äußerten. Hatte mich
nicht die unvergleichliche Hermia Croft auf der letzten Ausstellung in
der Grafton Gallery vor Gisburns «Mondtänzern» abgefangen, um mir
mit Tränen in den Augen zu sagen: «Etwas Vergleichbares werden wir
nicht wieder zu sehen bekommen»?

Nun ja! Selbst durch die Prismen von Hermias Tränen fühlte ich
mich in der Lage, dieser Tatsache mit Gleichmut zu begegnen. Armer
Jack Gisburn! Die Damen hatten ihn nach oben gebracht, nun war es
recht und billig, dass sie um ihn trauerten. Seitens seiner Geschlechts-
genossen war weniger Bedauern zu hören und in seinem eigenen Gewerbe nicht einmal ein Murmeln. Berufsbedingte Eifersucht? Vielleicht.
Gleichwohl wurde die Ehre des Handwerks von dem kleinen Claude
Nutley wiederhergestellt, der, natürlich mit den besten Absichten, im
Burlington Magazine einen wunderschönen «Nachruf» auf Jack veröffentlichte – einen jener auf Wirkung zielenden Artikel, überhäuft mit

beliebigen technischen Details in Bezug auf Gisburns Malerei, wie mir berichtet wurde (ich möchte nicht sagen, von wem). Da seine Entscheidung offensichtlich unwiderruflich war, erstarb die Diskussion um ihn allmählich und, wie Mrs. Thwing es vorausgesagt hatte, ging der Preis für «Gisburns» in die Höhe.

Erst drei Jahre später, während ich ein paar Wochen müßiggängerisch an der Riviera verbrachte, überkam es mich plötzlich, darüber nachzusinnen, warum Gisburn wohl seine Malerei aufgegeben hatte. Bei genauerem Nachdenken erwies es sich wirklich als eine herausfordernde Fragestellung. Seine Frau zu beschuldigen wäre zu einfach gewesen – seinen auf Gerechtigkeit bedachten Modellen war der Trost vorenthalten worden, sagen zu können, Mrs. Gisburn habe «ihn runtergezogen». Mrs. Gisburn jedoch hatte es noch gar nicht gegeben, sondern erst etwa ein Jahr nachdem Jack seine Entscheidung gefällt hatte. Mag sein, dass er sie geheiratet hatte – denn er liebte seine Bequemlichkeit –, weil er mit seiner Malerei nicht weitermachen wollte; es wäre aber schwer zu beweisen gewesen, dass er seine Malerei aufgegeben hatte, weil er sie geheiratet hat.

Gewiss, wenn sie ihn schon nicht runtergezogen hatte, so hatte sie es gleichwohl, wie Miss Croft sich ereiferte, nicht geschafft, «ihn hochzuziehen» – sie hatte ihn nicht zurück an die Staffelei gebracht. Ihm den Pinsel wieder in die Hand zu geben, welch eine Berufung für eine Ehefrau! Doch Mrs. Gisburn scheint dies verschmäht zu haben – und es erschien mir interessant, den Grund dafür herauszufinden.

Das unbeschwerte Leben an der Riviera führt wohl wie von selbst zu solch rein akademischen Spekulationen; und als ich auf dem Weg nach Monte Carlo einen Blick auf Jacks von Balustraden umgebene Terrassen inmitten von Pinien hatte werfen können, beschloss ich, mich am nächsten Tag dorthin zu begeben.

Ich traf das Paar beim Tee unter ihren Palmen an; Mrs. Gisburns Empfang war so liebenswürdig, dass ich in den folgenden Wochen häufiger davon Gebrauch machte. Es lag nicht daran, dass meine Gastgeberin «interessant» war: In diesem Punkt hätte ich Miss Croft völlig zustimmen können. Es lag daran, dass sie gerade nicht interessant war, wenn man mir diese kühne Behauptung gestattet, darum suchte ich sie auf. Jack hingegen war sein Leben lang von interessanten Frauen umgeben gewesen: Sie hatten seine Kunst günstig beeinflusst, sodass diese sich im Treibhaus ihrer Verehrung entwickeln konnte. Daher war es aufschlussreich zu beobachten, welche Wirkung die «abstumpfende Atmosphäre von Mittelmäßigkeit» (ich zitiere Miss Croft) auf ihn hatte.

Ich habe erwähnt, dass Mrs. Gisburn reich war; und es war sofort erkennbar, dass ihr Ehemann aus diesem Umstand eine feinsinnige, aber handfeste Befriedigung zog. Es gilt als Regel, dass diejenigen Leute, die Geld verachten, das meiste daraus machen; und Jacks elegante Art der Verachtung des hohen Kontostands seiner Frau ermöglichte es ihm, diesen, unter Wahrung des Anscheins einer vorbildlichen Erziehung, in Kunst- und Luxusgegenstände zu verwandeln. Letzteren gegenüber, das muss ich hinzufügen, blieb er relativ gleichgültig; aber er kaufte Bronzefiguren aus der Renaissance und Gemälde aus dem 18. Jahrhundert mit einer Kennerschaft, die auf beträchtliche finanzielle Mittel schließen ließ.

«Die einzige Rechtfertigung dafür, Geld zu haben, ist, Schönheit in Umlauf zu bringen», lautete einer seiner Grundsätze, die er angesichts des Sèvres-Porzellans und Tafelsilbers an einem exquisit gedeckten Mittagstisch von sich gab, als ich ein paar Tage später, von Monte Carlo kommend, erneut dort eingekehrt war; und Mrs. Gisburn, die ihm einen strahlenden Blick zuwarf, ergänzte, um mich ins Bild zu setzen: «Jack ist so krankhaft empfänglich für jede Form von Schönheit.»

Armer Jack! Es war immer schon sein Schicksal gewesen, sich von Frauen solche Dinge über sich anhören zu müssen: Dieser Tatbestand sollte zur Strafmilderung herangezogen werden. Was mich jetzt aber erstaunte, war, dass er zum ersten Mal über den Ton verärgert war. Ich hatte ihn so oft erlebt, wie er in solchen Anerkennungen schwelgte – war es jetzt die eheliche Bemerkung, die sie ihres köstlichen Geschmacks beraubte? Nein, denn seltsamerweise wurde es offensichtlich, dass er Mrs. Gisburn sehr gernhatte, so gern, dass er ihre Absurdität nicht wahrnahm. Es war seine eigene Absurdität, unter der er zusammenzuzucken schien – seine eigene Haltung als Anlass für Girlanden und Weihrauch.

«Meine Liebe, seit ich das Malen aufgegeben habe, sagen die Leute nicht mehr solche Sachen über mich – sie sagen es über Victor Grindle», lautete sein einziger Einspruch, wobei er sich vom Tisch erhob und auf die sonnige Terrasse hinaustrat.

Ich sah ihm hinterher, erstaunt über seine letzten Worte. Victor Grindle galt tatsächlich gerade als Mann des Augenblicks, so wie Jack selbst, so könnte man es ausdrücken, der Mann der Stunde gewesen war. Von dem jüngeren Künstler sagte man, er habe sich im Schatten meines Freundes entwickelt, und ich fragte mich, ob der geheimnisvollen Abdankung des Älteren nicht ein Quäntchen Eifersucht innewohnte. Aber nein – denn erst nach diesem Ereignis hatte es in den Rose-Dubarry-farbenen[1] Wohnräumen damit angefangen, dass man dort seine «Grindles» vorführte.

Ich wandte mich Mrs. Gisburn zu, die sich erhoben hatte, um ihrem Spaniel im Speisezimmer ein Stück Zucker zu geben.

«Warum hat er die Malerei hingeworfen?», fragte ich unvermittelt.

Sie hob die Augenbrauen mit Anzeichen von amüsiertem Erstaunen.

«O nein, das hat er bis heute nicht, müssen Sie wissen, und ich möchte, dass er sich wohlfühlt», sagte sie in aller Einfachheit.

Ich sah mich in dem geräumigen, weiß getäfelten Raum mit den lindgrünen Vasen um, in denen sich die Farbtöne der blassen Damastvorhänge wiederholten, und mit seinen Pastellkreidezeichnungen aus dem 18. Jahrhundert in ihren leicht verblichenen Rahmen.

«Hat er auch seine Bilder verworfen? Ich habe nicht ein einziges in diesem Haus gesehen.»

Ein Anflug von Anspannung zog sich über Mrs. Gisburns offenes Gesicht. «Das liegt an seiner lächerlichen Bescheidenheit, wissen Sie. Er sagt, sie seien es nicht wert, sie um sich zu haben. Er hat sie alle weggeschafft bis auf eines – mein Porträt –, und das muss ich in der oberen Etage aufbewahren.»

Seine lächerliche Bescheidenheit – Jacks Bescheidenheit bezüglich seiner Bilder? Meine Neugierde wuchs ins Unermessliche. Beschwörend sagte ich zu meiner Gastgeberin: «Wissen Sie, ich muss unbedingt Ihr Porträt sehen.»

Sie schaute ein wenig ängstlich auf die Terrasse hinaus, wo ihr Mann,

---

1   Ein Rosenrot, benannt nach der frz. Königsmätresse Madame Marie Jeanne Dubarry (1743–1793).

in einem überdachten Liegestuhl ruhend, sich eine Zigarre angezündet hatte und den russischen Jagdhund zwischen seinen Knien hielt.

«Na gut, kommen Sie, solange er nicht herschaut», sagte sie mit einem Lachen, mit dem sie ihre Nervosität zu verbergen suchte. Ich folgte ihr zwischen den marmornen Kaisern durch die Eingangshalle und über die breite Treppe mit den Terrakotta-Nymphen, die man auf jedem Treppenabsatz zwischen Blumen arrangiert hatte.

In der düstersten Ecke ihres Damenzimmers, inmitten einer Ansammlung von köstlichen und auserlesenen Objekten, hing eine der vertrauten ovalen Leinwände im unvermeidlichen blumenumkränzten Rahmen. Allein der Umriss des Rahmens brachte Gisburns gesamte Vergangenheit zurück!

Mrs. Gisburn zog die Vorhänge an den Fenstern zurück, schob eine Pflanzschale voll rosafarbener Azaleen zur Seite, rückte einen Sessel weg und sagte: «Wenn Sie sich hier hinstellen, können Sie es recht gut sehen. Ich hatte es über den Kamin gehängt, aber er wollte es dort nicht haben.»

Ja, ich konnte es tatsächlich recht gut sehen – das erste Porträt von Jacks Hand, das mir je unter die Augen gekommen war! Üblicherweise hatten sie einen Ehrenplatz inne, etwa im Zentrum der Wandtäfelung in einem blassgelben oder Rose-Dubarry-farbenen Salon oder auf einer monumentalen Staffelei, die so aufgestellt war, dass sie Licht durch die Vorhänge aus alter venezianischer Spitze bekam. Der weniger anspruchsvolle Platz erwies sich für das Gemälde als vorteilhaft. Nachdem meine Augen sich an das Halbdunkel gewöhnt hatten, kamen alle charakteristischen Eigenarten zum Vorschein – all die Zögerlichkeiten im Gewand von Kühnheiten, die Taschenspielertricks, mit denen er es schaffte, und zwar mit vollendeter Kunstfertigkeit, die Aufmerksamkeit vom eigentlichen Sinn und Zweck des Bildes auf irgendwelche hübschen, aber irrelevanten Details zu lenken. Mrs. Gisburn, die sich im Entstehen des Werks ein fassadenhaftes Aussehen gegeben hatte – und damit genau genommen unausweichlich den Hintergrund für ihr eigenes Bildnis bestimmte –, hatte sich in ungewöhnlich hohem Maße der Vorführung dieser falschen Virtuosität zur Verfügung gestellt. Das Gemälde war eines von Jacks «stärksten», wie seine Bewunderer es formuliert hätten – zeigte es doch kräftig hervortretende Muskeln, sich abzeichnendes Geäder, ein Balancieren, Spreizen und Zusammen-ziehen, das an das komische Abmühen von Zirkusclowns beim Hoch-heben einer Feder erinnerte. Es erfüllte, kurz gesagt, in jeder Hinsicht das Verlangen einer hübschen Frau, als «stark» dargestellt zu werden, weil sie es leid war, «niedlich» gemalt zu werden – dabei jedoch nicht ein Quäntchen ihrer Lieblichkeit einzubüßen.

«Es ist das letzte Bild, das er gemalt hat, müssen Sie wissen», sagte Mrs. Gisburn mit verzeihlichem Stolz. «Das vorletzte», korrigierte sie sich, «aber das andere zählt nicht, weil er es zerstört hat.»

«Zerstört?» Ich wollte gerade auf dieses Stichwort eingehen, als ich Schritte hörte und Jack in der Tür stehen sah.

Wie er dort stand, die Hände in den Taschen seines samtenen Man-tels, die Wellen dünnen braunen Haars aus der blassen Stirn zurück-gekämmt, die hageren, sonnengebräunten Wangen durchzogen von Lachfalten, mit denen sich die Spitzen eines selbstbewusst zur Schau getragenen Schnauzbarts hoben, wurde mir klar, in welchem Maße er dieselbe Eigenschaft hatte wie seine Bilder – die Eigenschaft nämlich, klüger auszusehen, als er war.

Seine Frau sah missbilligend zu ihm hinüber, doch seine Augen wan-derten an ihr vorbei zum Porträt.

«Mr. Rickham wollte es gerne sehen», sagte sie, als müsste sie sich entschuldigen. Er zuckte mit den Schultern und lächelte weiter.

«Oh, Rickham ist mir schon vor langer Zeit auf die Schliche ge-kommen», sagte er leichthin; und dann, indem er mich unterhakte: «Kommen Sie und sehen sich den Rest des Hauses an.»

Er zeigte es mir mit einer Art naivem Stolz des Vorstädters: die Badezimmer, die Sprechröhren, die Ankleidezimmer, die Pressen zum Hosenbügeln – all die komplizierten Vereinfachungen der Hauswirt-schaft eines Millionärs. Und wann immer ich mit meinem Staunen den erwarteten Tribut zollte, reckte er ein wenig die Brust: «Seltsam, ich verstehe wirklich nicht, wie Leute ohne all das ihr Leben meistern können.»

Nun gut, es war genau das Ende, das man für ihn vorausgesehen haben könnte. Nur war er, durch all das und trotz alledem – was er aufgrund seiner Bilder und trotz dieser durchgemacht hatte –, so gut aussehend, so charmant, so entwaffnend, dass man am liebsten ausgerufen hätte: «Sei unzufrieden mit deinem Nichtstun!», so wie man einst am liebsten gesagt hätte: «Sei unzufrieden mit deinem Werk!»

Jedoch, mit diesem Ausruf auf den Lippen, wurde meine Diagnose einer unerwarteten Prüfung unterzogen.

«Dies ist mein eigener Schlupfwinkel», sagte er und führte mich am Ende der Besichtigung all der überladenen Zimmerfluchten in einen dunklen, schlichten Raum. Er war quadratisch, braun und ledern: nichts «Effektvolles»; kein Durcheinander, nichts, was den Anschein erweckte, wöchentlich in einem seiner Gemälde als Vorlage aufzutauchen – vor allem aber nicht das geringste Anzeichen dafür, jemals als Atelier genutzt worden zu sein.

Die Bestandsaufnahme brachte mir die Erkenntnis ein, dass Jacks Bruch mit dem alten Leben endgültig war.

«Klecksen Sie überhaupt nicht mehr mit Farbe herum?», fragte ich und suchte weiter nach irgendeiner Spur solcher Tätigkeit.

«Niemals», sagte er kurz und bündig.

«Auch kein Aquarell – oder eine Radierung?»

Sein selbstbewusster Blick trübte sich ein, und seine Wangen wurden unter ihrer schönen Sonnenbräune ein wenig blasser. «Denken Sie nicht an so was, lieber Freund, sondern sehen Sie mich so, als hätte ich niemals einen Pinsel in der Hand gehalten.»

Sein Ton machte mir blitzartig klar, dass er nie mehr einen Gedanken an etwas anderes verschwenden würde.

Ich entfernte mich, denn meine unerwartete Entdeckung verstörte mich tief; als ich mich umdrehte, fiel mein Blick auf ein kleines Bild über dem Kamin – den einzigen Gegenstand, der auf der schlichten Eichentäfelung des Raums hervorstach.

«Ich glaub' es nicht!», sagte ich.

Es war eine Skizze von einem Esel, einem alten, erschöpften Esel, der im Regen unter einer Mauer stand.

«Ich glaub's nicht – ein Stroud!», rief ich aus.

Er blieb stumm; ich spürte ihn dicht hinter mir, sein Atem ging etwas schneller.

«Welch ein Wunderwerk! Mit nur wenigen Strichen hingeworfen, aber in unvergänglicher Könnerschaft. Sie Glücklicher, wo haben Sie es her?»

Er antwortete bedächtig: «Mrs. Stroud hat es mir überlassen.»

«Ach so, ich wusste gar nicht, dass Sie die Strouds überhaupt kannten. Er war ein so unbeirrbarer Einsiedler.»

«Habe ich auch nicht – erst nach ... sie bat mich zu sich, um ihn zu malen, als er tot war.»

«Als er tot war? Sie?»

Ich hatte, als ich mich so überrascht zeigte, offensichtlich etwas zu viel Verwunderung durchblicken lassen, denn er antwortete mit einem missbilligenden Lachen: «Ja, wissen Sie, sie ist schrecklich einfältig, diese Mrs. Stroud. Ihr ganzes Bestreben war es, ihn von einem modischen Maler verewigen zu lassen – ach, armer Stroud! Sie hielt es für den sichersten Weg, seine Größe öffentlich kundzutun – sie einem kurzsichtigen Publikum aufzunötigen. Und zu jenem Zeitpunkt war ich der modische Maler.»

«Ach, armer Stroud – wie Sie schon sagten. War das seine Geschichte?»

«Das war seine Geschichte. Sie glaubte an ihn, glorifizierte ihn oder meinte zumindest, es zu tun. Aber sie konnte es nicht ertragen, nicht alle Salons auf ihrer Seite zu haben. Sie konnte die Tatsache nicht ertragen, dass man an ungetrübten Tagen immer nahe genug herantreten konnte, um seine Bilder zu betrachten. Arme Frau! Sie ist lediglich ein Fragment, das nach anderen Fragmenten Ausschau hält. Stroud ist der einzige Ganzgebliebene, den ich je kennengelernt habe.»

«Kennengelernt? Aber Sie sagten doch gerade ...»

Gisburn hatte ein sonderbares Lächeln in seinen Augen. «O ja, ich kannte ihn, und er kannte mich – jedoch erst nachdem er tot war.»

Instinktiv senkte ich meine Stimme. «Als sie nach Ihnen geschickt hat?»

«Ja, sie hatte überhaupt keinen Sinn für die Ironie. Sie wollte ihn rehabilitiert sehen, und zwar durch mich!»

Er lachte erneut und warf den Kopf zurück, um auf die Skizze von dem Esel zu blicken. «Es gab Tage, da konnte ich mir das Ding nicht ansehen – konnte mich ihm nicht aussetzen. Ich habe mich aber gezwungen, es hier aufzuhängen; und jetzt hat es mich geheilt – wirklich geheilt. Das ist der Grund, warum ich nicht mehr herumdilettiere, mein lieber Rickham, oder vielmehr, Stroud selbst ist der Grund.»

Zum ersten Mal verwandelte sich meine gefällige Neugier auf meinen Begleiter in den ernsthaften Wunsch, ihn besser zu verstehen. «Ich würde gern von Ihnen hören, wie es dazu gekommen ist», sagte ich.

Er stand da und schaute auf die Zeichnung, drehte dabei eine Zigarette zwischen seinen Fingern, die er vergessen hatte anzuzünden. Plötzlich wandte er sich zu mir um. «Ich würde Ihnen lieber erzählen – ich habe Sie nämlich immer im Verdacht gehabt, dass Sie meine Arbeiten nicht ausstehen konnten.»

Ich machte eine abwehrende Geste, die er mit einem freundlichen Schulterzucken zurückwies.

«Keinen Pfifferling habe ich darauf gegeben, solange ich an mich selbst geglaubt habe – doch jetzt ist es ein zusätzliches Band zwischen uns!» Er lachte leichthin, ohne Bitterkeit, und rückte einen der tiefen Sessel weiter vor. «Bitte sehr, machen Sie es sich bequem, und hier sind die Zigarren, wenn Sie mögen.»

Er platzierte sie neben meinem Ellenbogen und fuhr fort, im Zimmer auf und ab zu gehen, wobei er hin und wieder vor dem Bild stehen blieb. «Wie es dazu gekommen ist? Das kann ich Ihnen in fünf Minuten erzählen – und viel länger hat das Ganze tatsächlich nicht gedauert ... Jetzt kann ich mich gut daran erinnern, wie überrascht und erfreut ich war, als ich Mrs. Strouds Nachricht erhielt. Es stimmt, tief in meinem Inneren war ich immer davon überzeugt, dass es so einen wie ihn nicht noch einmal gab – nur war ich mit dem Strom geschwommen, hatte die üblichen Plattitüden über ihn nachgeplappert, bis ich halbwegs daran glaubte, dass er ein Gescheiterter war, einer von denen, die den Anschluss verpasst hatten. Meine Güte, und wie er den Anschluss verpasst hatte – denn er war gekommen, um zu bleiben! Der Rest von uns musste sich weiter vorwärtstreiben lassen oder untergehen, er aber schwebte über dem Hauptstrom – mit seiner unvergänglichen Könnerschaft, wie Sie es formuliert haben.

Nun gut, ich machte mich also auf den Weg zu dem Haus, war in der aufgewühltesten Stimmung – vor allem bewegt von dem Mitgefühl, der Herr vergebe es mir, über die gescheiterte Karriere des armen Stroud, die nun aber durch den Ruhm gekrönt werden sollte, dass ich ihn malte! Natürlich beabsichtigte ich, das Bild umsonst anzufertigen – das teilte ich Mrs. Stroud mit, als sie irgendetwas über ihre Armut zu stammeln begann. Ich erinnere mich, dass ich mit einer großspurigen Bemerkung herausplatzte, die Ehre sei doch ganz auf meiner Seite – o ja, ich gab mich fürstlich, mein lieber Rickham! Ich posierte vor mir selbst wie eines meiner Modelle.

Dann wurde ich nach oben geleitet und mit ihm allein gelassen. Meine sämtlichen Utensilien hatte ich zuvor dorthin bringen lassen, nun musste ich nur die Staffelei aufstellen und an die Arbeit gehen. Er war erst seit vierundzwanzig Stunden tot, und er war ganz plötzlich gestorben, an einer Herzattacke, der kein körperliches Zerstörungswerk vorausgegangen war – sein Gesicht wirkte klar und unversehrt. Ich war ihm ein- oder zweimal begegnet, vor Jahren schon, und hatte ihn für unbedeutend und fragwürdig gehalten. Jetzt sah ich, dass er großartig war.

Zuerst war ich froh, empfand eine Art ästhetischer Befriedigung: war froh, Hand an ein solches «Sujet» legen zu dürfen. Dann begann seine befremdliche Lebensechtheit mich seltsam anzurühren – als ich die Umrisse des Kopfes skizzierte, kam es mir vor, als würde er mich dabei beobachten. Auf diese Empfindung folgte der Gedanke: Wenn er mich beobachtete, was würde er zu meiner Arbeitsweise sagen? Meine Pinselstriche wurden zusehends unkontrollierter – ich fühlte mich fahrig und unsicher.

Einmal, als ich hochschaute, meinte ich ein Lächeln hinter seinem dichten, ergrauten Bart wahrzunehmen – als kennte er das Geheimnis und amüsierte sich darüber, es mir gegenüber für sich behalten zu haben. Das regte mich noch mehr auf. Das Geheimnis? Wieso, ich hatte ein Geheimnis, das zwanzigmal so gut war wie seines! Wild entschlossen stürzte ich mich auf die Leinwand und erprobte einige meiner bravourösen Kunstkniffe. Doch sie misslangen mir, sie zerbröselten. Ich erkannte, dass er nicht die effekthaschenden Partien betrachtete – darauf konnte ich seine Aufmerksamkeit nicht lenken; er hielt seine Augen auf die heiklen Stellen dazwischen gerichtet. Es waren genau solche, denen ich immer ausgewichen war oder die ich mit einer Schicht Farbe überdeckt hatte. Wie genau er meine Lügen durchschaute!

Ich blickte wieder auf, und dabei fiel mir die Zeichnung von dem Esel ins Auge, die an der Wand neben seinem Bett hing. Seine Frau erzählte mir später, es sei die letzte Sache gewesen, die er gemacht hatte – nur eine Skizze, mit zittriger Hand hingeworfen, als er in Devonshire war, um sich von einer vorherigen Herzattacke zu erholen. Nur eine Skizze! Sie erzählt aber seine ganze Geschichte. Darin liegen Jahre geduldigen, verächtlichen Beharrens auf jedem Strich. Ein Mensch, der mit dem Strom geschwommen ist, kann niemals dieses machtvolle Sich-Stemmen gegen den Strom kennengelernt haben …

Ich wandte mich erneut meiner Arbeit zu und machte einfach weiter damit, herumzustümpern und mich durchzuwursteln; dann sah ich noch einmal auf zu dem Esel. Ich erkannte, dass Stroud, wenn er den ersten Strich setzte, bereits wusste, wie das Bild am Ende aussehen würde. Er hatte sein Sujet in Besitz genommen, es verinnerlicht, es neu erschaffen. Wann war mir das bei einer meiner Sachen gelungen? Sie waren nicht aus mir heraus entstanden – ich hatte sie nur übernommen …

Zum Henker, Rickham, mit diesem Gesicht, das mich beobachtete, konnte ich keinen weiteren Strich mehr setzen. Die schlichte Wahrheit lautete, dass ich nicht wusste, wohin ich ihn hätte setzen sollen – das hatte ich noch nie gewusst. Nur war es so, dass bei meinen Modellen und meinem Publikum ein effektvoller Farbspritzer diese Tatsache überdeckte – ich warf einfach Farbe in ihre Gesichter … Ja, Farbe war das eine Medium, durch das diese toten Augen hindurchsehen konnten – direkt bis zu den schwankenden Fundamenten darunter. Kennen Sie das nicht auch, wenn man eine fremde Sprache spricht, und sei es noch so fließend, sagt man die meiste Zeit nicht, was man eigentlich sagen wollte, sondern nur das, was man sagen kann? Nun – genauso erging es mir beim Malen; und während er dort lag und mich beobachtete, stürzte das, was sie meine ‹Technik› nannten, wie ein Kartenhaus in sich zusammen. Er machte sich nicht lustig, der arme Stroud, verstehen Sie? Er lag einfach still da und beobachtete, und aus seinem Mund unter dem grauen Bart meinte ich die Frage zu hören: ‹Sind Sie sicher zu wissen, wohin Sie das führt?›

Wenn ich dieses Gesicht hätte malen können, mit dieser Frage auf den Lippen, hätte ich etwas Großartiges vollbracht. Die zweitgrößte Sache war, zu erkennen, dass ich es nicht konnte – und diese Gnade wurde mir zuteil. Aber ach, Rickham, gab es in diesem Augenblick irgendetwas auf Erden, das ich nicht dafür gegeben hätte, Stroud lebendig vor mir zu haben und ihn sagen zu hören: ‹Es ist nicht zu spät – ich werde Ihnen zeigen, wie das geht›?

Es war zu spät – und das selbst dann, wenn er noch am Leben wäre. Ich packte meine Utensilien ein, ging hinunter und sagte Mrs. Stroud Bescheid. Natürlich nannte ich ihr den wahren Grund nicht – es wäre Chinesisch für sie gewesen. Ich sagte einfach, ich könnte ihn nicht malen, ich wäre zu betroffen. Ihr gefiel diese Vorstellung recht gut – sie ist so romantisch veranlagt! Das nahm sie zum Anlass, mir den Esel zu schenken. Aber sie war schrecklich enttäuscht, das Porträt nicht zu bekommen – sie wünschte es sich so sehr von der Hand eines spektakulären Künstlers! Zuerst befürchtete ich, sie würde mich nicht aus der Sache rauslassen, und als ich nicht mehr weiterwusste, schlug ich ihr Grindle vor. Ja, ich war es, der Grindle ins Spiel brachte: Ich erzählte Mrs. Stroud, er wäre der ‹kommende Mann›, und sie erzählte es anderen, und so wurde es schließlich wahr ... Er malte Stroud, ohne mit der Wimper zu zucken; und sie hängte das Bild zwischen die Arbeiten ihres Mannes ...»

Er ließ sich in den Sessel neben meinem fallen, lehnte den Kopf zurück und verschränkte die Arme über der Brust, dann schaute er hinauf zu dem Bild über dem Kaminsims. «Mir gefällt die Vorstellung, Stroud selbst hätte es mir überlassen, falls er in der Lage gewesen wäre, mir zu sagen, was er an jenem Tag gedacht hat.»

Und dann, als Antwort auf eine Frage, die ich fast unbewusst gestellt hatte – «Noch einmal von vorne anfangen?», brauste er auf. «Wo es die eine Sache gibt, die mich ihm irgendwie nahebringt, nämlich, dass ich genug wusste, um es aufzugeben?»

Er stand auf und legte mir lachend die Hand auf die Schulter. «Die Ironie an der Sache ist aber, dass ich noch immer male – seit Grindle es für mich macht! Die Strouds sind einzigartig, so was gibt es nur einmal – aber unsere Art von Kunst ist nicht auszurotten.»

Olha Julianiwna Kobyljanska
DIE BETTLERIN

Ein sonniger, warmer Vormittag im Juni.

Das Fenster meines künstlerisch eingerichteten Zimmers war weit geöffnet, ich saß davor am Schreibtisch.

Eine der allerschönsten, der allerwildesten Karpatenlandschaften breitete sich stolz vor meinem Fenster aus. Ein großmächtiger, pyramidenartiger, dicht bewaldeter Berg erhob sich zum Himmel. Daneben eine dunkle, enge Schlucht zwischen verschiedenartig bewaldeten Bergen und Felsen. Dazu das unaufhörliche Rauschen der Fichtenwälder, das an das Meer erinnerte, und viel, viel Sonne.

Überall möglichst viel Sonne.

Nie war mir das Waldesgrün so frisch, so kräftig erschienen; der wolkenlose, klare Himmel nie so blau, so mild. Ich war in diesem Anblick ganz verloren ...

Verloren! ...

Das sagt zu wenig.

Ich fühlte diese prachtvolle Schönheit der Natur in jeder Faser wieder; ich sog sie mit Blicken ein, ich berauschte mich an ihrem Dasein; dabei wusste ich auch, dass alle Kräfte, die meine Seele bildeten, sie geweckt, dass ihre, ganz allein ihre Liebe sie hervorgebracht hatte ...

Glücklich, der sie zu verstehen imstande ist.

Eine unbezähmbare Lust, heute eine lang gehegte Idee niederzuschreiben, bemächtigte sich meiner. Förmlich mit Gewalt wandte ich meine Blicke von der Natur ab und schickte mich an, die Gedanken zu sammeln. Sie ergeben sich, aber sie leisten auch Widerstand, sie zerstreuen sich, sie treiben Spott mit mir ... ich kann nicht!!

Unweit vom Haus – hundert Schritte ungefähr – sitzt seit dem frühesten Morgen eine Bettlerin und bittet die Vorbeigehenden um Almosen. Sie bettelt nicht, wie es solche Leute in der ihnen eigenen Art tun. Sie singt auch nicht. Sie hat nicht einmal diesen Bettlerton, an den man bei Menschen dieser Art so sehr gewöhnt ist und der gerade nur so lange Rührung hervorruft, als man diese Geschöpfe vor sich sieht. Nein; auch den hat sie nicht. Sie wimmert. Immer von Anfang an im gleichen Tempo von den höchsten bis zu den niedrigsten Tönen. In der Mitte der Skala eine kaum merkliche Abweichung und hernach wieder: «Erbarmet euch der Unglücklichen, Gott wird's euch vergelten!»

Ich fühle dieses Wimmern am ganzen Körper, vom Scheitel bis zur Sohle. Ich versuche darauf nicht zu achten, ich stelle mich taub. Nicht möglich! – «Erbarmt euch der Unglücklichen, Gott wird's euch vergelten!»

Es war erpicht auf mich, es hatte es auf mich abgesehen, und ich hörte nervös auf dieses Wimmern, ja mit einer an Wahn grenzenden Lust. «Bravo! Bravo!» – flüstern meine Lippen in unbeschreiblichem Spott. – «Bravo!» – und bis aufs Blut gereizt, schleuderte ich die Feder auf den Tisch.

Vielleicht wird sie denn doch einmal aufhören!

Ich horche mit eingehaltenem Atem eine Minute, zwei, drei, und plötzlich: «Erbarmt euch der Unglücklichen, Gott wird's euch vergelten!»

Das konnte einen Menschen zur Verzweiflung treiben.

Ich stürze zum Fenster, um sie zu sehen. Mich drängt es, sie zu sehen! Dort! ...

Sie sitzt vor der Brücke, die zum Marktplatz führt, und wimmert. – Nun, man mag denken, was man will, eine Wohltat ist das Verbot des Bettelunwesens doch. In keiner einzigen Stadt existiert diese Strafe Gottes noch, obwohl auch dort Unterstützungen für sie vorhanden sind. Aber ich will allem eine Ende bereiten. Ich will ihr Geld hinschleudern, um sie zum Schweigen zu bringen, dass sie mindestens im Bettlerton bitten sollte, oder dass sie ... oder dass sie ... ach! dass sie verstumme! ...

«Erbarmt euch der Unglücklichen, Gott wird's euch vergelten!»

In mir wallt es auf, und ich lächelte hässlich.

Ich ergreife den Hut und laufe zu ihr hin.

Sie sitzt, das Profil der Seite zugewandt, von der ich herkam. Als sie meine Schritte hörte, schwieg sie. Diese ganze dünne, gebückte Gestalt, das Haupt auf die Brust geneigt, nimmt plötzlich einen gespannten Ausdruck an. Ich mäßige meine Schritte, ich will sie ansehen. – Ein wachsgelbes, abgemagertes, aber jugendliches und ungewöhnlich ebenmäßiges Profil neigt sich auf die Brust. Den oberen Teil des Gesichts sehe ich noch nicht genau; der untere zeigt Spuren eines längst verglühten Schmerzes ...

Jetzt erhebt sie den Kopf – ich glaube, etwas zu hoch –, und ich sehe, dass sie blind, vollständig blind ist. Lange, schwarze Seidenwimpern beschatten die Augen ...

Mit Angst, mit einem plötzlichen Schrecken hielt ich die Blicke auf sie gerichtet und steckte schnell das Geld in ihre kleine, sonnenverbrannte Hand. Ihre blutlosen, melancholisch geschlossenen Lippen kräuseln sich wie zu einem Lächeln: «Gott segne euch, Herr! ... Gott segne euch vieltausendmal! Seit Sonnenaufgang, den ich nicht sehe und nie wieder sehen werde, sitze ich hier, und ihr seid der Erste, der sich meiner erbarmte. Gott segne euch!»

Ein unsäglich hässliches Gefühl hatte sich meiner bemächtigt.

Ricarda Huch

DIE MAIWIESE

Da ich jetzt, nach zehn Jahren der Verbannung, beim Begräbnis des Prinzen Asche das alte Schloss wieder betrete, kommt mir die vergangene Zeit ins Gedächtnis, und ich finde keine Ruhe vor den Phantomen, die aus allen Winkeln zusammenfließen und mir nachschleichen. Die letzte Nacht, die ich in dem großen Spiegelsaale zubrachte, wo die Leiche des Prinzen aufgebahrt stand, lag mir eine liebliche, oder soll ich sagen traurige oder lächerliche Szene im Sinne, ich spreche nämlich von der Maiwiese. Aus den Fenstern, die der sommerlichen Wärme wegen offen standen, konnte ich sie zu einem großen Teile überblicken, ich sah die Trauerbirke, unter der die kleine Ulla lag und heimlich weinte, die Spitzen der schwarzen Zypressen, da wo Prinz Asche und Reine zusammen philosophierten, und die Kastanienallee, wo der arme Graf Leo steif in seinem Blute gefunden wurde. Die grüne Welt lag totenstill eingehüllt in die reine Bläue der Mondnacht und mahnte mich an den Garten des Paradieses, nachdem das erste Menschenpaar daraus vertrieben war. Anders sah der Park aus an jenem Maitage, im Geflimmer der Seide, unter Früchten und Blumen, überwogt von einem Äthermeere seligen Gelächters, und fast möchte ich es alles für einen Traum halten, wenn nicht durch das Blätterdickicht der genannten Allee die weiße Mauer des Findelhauses durchschiene, das jenen Aberwitz verewigt, zu dem ich selber Anlass gegeben habe. Folgendermaßen.

Dass Prinz Asche – für mich nämlich blieb er immer, wie als Kind, Prinz Asche – die Weltverbesserungssucht an sich hatte, war mir von jeher zuwider gewesen. Denn ich bin der Meinung, dass man die Leute in ihrem Schlamme soll sitzen lassen, nicht gerade damit sie darin ersticken, sondern damit sie sich selber herausarbeiten, wenn es ihnen endlich übel geworden ist. Wem würde es einfallen, Kröten in die gute reine Luft zwischen die Vögel zu werfen, da sie ja doch nur in ihren Dreck

wieder herunterplumpsen würden. Dagegen betrachtete Prinz Asche
die Welt als eine große Zwangs- und Verbesserungsanstalt, in welcher
er der Oberaufseher wäre, und modelte in seinem Geiste beständig
Mustereinrichtungen, eine Mustergesellschaft voll Mustermenschen,
die er vermöge seiner einflussreichen Stellung nun auch in Szene zu
setzen dachte. Man hätte ihn für einen Menschenfreund halten können,
als was er selbst sich auch ansah, aber im Grunde konnte er die Menschen samt und sonders nicht leiden, sie waren ihm nur wert wie dem
Schuster das Leder, woraus er die Stiefel anfertigen soll. Mich täuschte
die junge Gestalt, die sich biegen konnte wie eine Zypresse im Winde,
und das bescheidene Lächeln in seinem Herrengesichte nicht. Ja, ein
Herrengesicht hatte er! Der ganze Hochmut eines seit Menschen-
gedenken regierenden Geschlechtes war auf der unduldsamen Stirn und
der vollen, weichlich und verächtlich gesenkten Unterlippe abgebildet,
und war auch in seiner Seele, wenn er sich auch anders äußerte als bei
seinen Ahnen. Denn seiner Geburt und seiner bevorzugten Stellung
schämte er sich von Natur, und erst meine häufigen Vorträge über den
Nutzen der Ansammlung gewisser Geschlechtseigenschaften und Sitten
in einer kastenartigen Klasse hatten einen theoretischen Aristokratis-
mus in ihm geweckt, sodass er sich über die unabsehbare Reihe seiner
Vorfahren sogar auf drollige Weise freuen konnte. Und doch besaß er
einen Stolz und eine Menschenverachtung! Es nahm mich oft wunder,
dass seine Umgebung unter diesem eiskalten Hauche nicht zusammen-
schrumpfte und in unauffälliges Nichts zerbröckelte; aber es tat den
Feiglingen sogar wohl, sich unter seiner Veredlungsrute zu winden.
Vielleicht zauberte ihn das gerade so fest an Reine, meine Nichte, dass
er ihres Geistes auf diese Weise nicht habhaft werden konnte. Denn
einmal lag es in ihrer friedfertigen Natur, die Dinge, deren Mängel sie,
unkritisch, wie sie war, nicht betrachtete, zu nehmen, wie sie sind; sie
war immer mehr geneigt, Ja als Nein zu sagen. Dazu kam es, dass sie
durch eine Verkettung von Umständen, die ich hier nicht zu berühren
gedenke, jahrelang in Amerika gelebt hatte, wo man mit dem Fort-
schritte weniger Federlesen macht als bei uns, sodass ihr vieles, was
hier für umstürzlerisch gilt, abgetragen und selbstverständlich vorkam.
Dass er im Angesichte des Hofes Tee, Wasser oder Limonade statt
Wein trank, in breiten, platten Reformschuhen einherging, vor Tage

mit seinem Zweirade die entsetzten Bürgersleute vor sich herfegte, war ihr kaum der Bemerkung wert; eher noch erschien ihr die Neuigkeitssucht als etwas Lächerliches, wenn nicht Plebejisches. Dadurch wurde Prinz Asche aufs Äußerste gereizt, sich selber mit staunenerregenden Verbesserungsplänen zu übertrumpfen, um sie von der Richtigkeit und Wichtigkeit seiner Ideale zu überzeugen; indessen so viel er sich mit großen Reden aufregte, kam es nie zu einer ernstlichen Disputation, da Reine sich begnügte, gutmütig zu lächeln oder etwa einmal ein scherzendes Gegenwort einzuwerfen. Ein wenig Koketterie mag dabei im Spiele gewesen sein, aber die Bequemlichkeit war doch die Hauptsache. Man musste sie nur sehen, wenn sie wie eine Körper gewordene Wasserwelle in meinem großen violetten Sammetsessel geschmiegt lag. Wenn sie sprach, und das liebte ich am meisten an ihr, war es, als ob einem schwere, goldene Honigtropfen über die Seele glitten. Überhaupt, welchen Zauber barg sie nicht in ihrem unergründlichen Gemüte? Sie wusste alles und schien nichts zu wissen, und wiederum schien sie allwissend, wo sie unwissend war.

Erst als er eines Tages durchsetzte, dass sie sich an den modernen Bewegungsspielen beteiligte, die er im Parke veranstaltete, bemerkte ich eine plötzliche Veränderung ihrer Stimmung gegen ihn. Es war aber auch eine Augenweide, Prinz Asche zuzusehen, wenn er lief, sprang, flog und seinen tannenschlanken Körper herüber- oder hinüberbeugte, um den fliegenden Bällen auszuweichen. Alle anderen erschienen plump neben ihm oder allzu zierlich. Einer oder der andere hätten einen vielleicht an Siegfried, das ungeschlachte Germanenkind, erinnern können, da er mit den Burgunderkönigen wettete und sie alle samt Hagen besiegte. Aber keinen außer Prinz Asche hätte man sich bei den Olympischen Spielen denken mögen. Achilles, den hurtigen Renner, oder mehr noch Hermes mit den geflügelten Füßen, den geschmeidigen, beredten, listvollen, den schien er mir in seiner gebildeten Schönheit darzustellen.

Die Frauen sahen jetzt nicht mehr bewundernd zu wie damals Kriemhild aus dem Fenster ihrer Kemenate, sondern tummelten sich munter mit den Männern, und es gefiel mir wohl, die feinen Gestalten in ihren losen Spielgewändern über das kurz geschnittene grüne Gras eilen zu sehen. Meine arme Reine war gegen die übrigen im Nachteil; denn sie war wohl hoch und schlank gewachsen, aber ohne große Körperkraft und vor allen Dingen ohne Kenntnis der Spiele und gänzlich ungeübt, sodass sie nicht aus noch ein wusste unter den andern. Zwar war ihr Prinz Asche ritterlich zur Seite, aber seine feinen grauen Augen bemerkten gleich, was in ihr vorging, und er war klug genug, das Wachstum ihrer keimenden Liebe mit einem Dorn der Eifersucht anzustacheln. Deswegen beschäftigte er sich angelegentlicher, als er sonst zu tun pflegte, mit den andern Damen, vorzugsweise mit der kleinen Ulla, die er überhaupt als geschickte Partnerin bei den Spielen bevorzugte. Sie war nämlich nicht eben besonders graziös, aber so leicht und beweglich mit ihrem hageren Figürchen, dass sie wie ein Federbällchen in die Luft stieg und man meinen musste, die Wolken übten mehr Anziehungskraft auf sie aus als die Erde. Manchmal, wenn ich sie so sah, dachte ich: «Die geflügelten Fantasien, die sie in ihrem Kopfe hat, streben gegen den Himmel und tragen den gewichtlosen Körper mit.» Ihre braunen Augen nämlich sahen aus, als ob sie beständig nach innen auf schöne, fremdartige Dinge schauten, wovon sie aber nichts äußerte; trat einmal einer mit Fragen an sie heran, so begegneten ihm ihre Augen mit dem Blick eines scheuen Waldtieres, und sie fertigte ihn mit einer trotzigen Antwort ab. Im Grunde war das nichts als eine versteckte Bitte, man möchte sie fangen und zähmen, aber die Männer in ihrer Umgebung waren keine grünen Jägersleute mit Hifthorn und Fangseil, oder wenigstens, wenn sie jagen wollten, gingen sie hinaus in Wald und Heide, stellten den Damen der Halbwelt nach und hetzten sich zu Tode um eine grausame Sängerin; im Salon wollten sie keine Leidenschaften, sondern graziöses Aneinanderklingen gläserner Herzen, ohne dass ein Tropfen verschüttet würde. Das war das kleine Trauerspiel ihres Lebens, was aber eigentlich nicht zur Sache gehört, da ich nur von dem Prinzen und Reine sprechen wollte, die doch die Holdseligste von allen war. Sie trug ihren Kopf, als umspannte ihn das Diadem einer Prinzessin, und ging, als trügen Pagen ihre Schleppe. Wenn das zum Spiel auch eben nicht geeignet war, so war doch diese stolze Unbeholfenheit rührend, zumal sie sich ihrer innigst zu schämen schien.

Seit diesem Tage war es offenbar, dass Prinz Asche sterblich in meine Nichte verliebt war. Während sie in ihrer heiteren Kühle verharrte, hatte er zwar seinen stillen Eigensinn darauf gesetzt, sie sich zuzuwenden, und sich dabei auch genug erregt, war aber doch Meister seiner selbst geblieben. Nun er ihre Zuneigung empfand, verlor er die Besinnung, das heißt auf seine Weise, sodass die Gedankenmühle in seinem Kopfe sich noch reißender drehte als gewöhnlich und durch das Geschwirr der Räder nicht ohne Lebensgefahr hindurchzukommen war. Zu verwundern war es freilich nicht, dass ihre Nähe ihn rasend machte. Ihre ganze Gestalt, von Kopf bis zu Füßen, schien in Zärtlichkeit gelöst zu sein, eine schmelzende Müdigkeit dämmerte in ihren Augen, auf ihren Lippen, in allen ihren Bewegungen, und sie mochte gehen oder stehen, tun oder sprechen, was sie wollte, es war immer, als neige sich ihr Körper ein wenig dahin, wo er war, unwillkürlich, wie gewisse Blumen es nach der Sonne zu tun pflegen. In dieser Zeit begab sich nun das, was eigentlich Veranlassung zur Maiwiese war, nämlich, dass ein junger Offizier, der bei Hofe wohlbeliebt gewesen war, sich mit einem Mädchen aus niedrigem Stande das Leben nahm, indem er erst sie und dann sich durch einen Revolverschuss tötete. Er hatte ihr wohl anfänglich in unreiner Absicht nachgestellt, sich dann ernstlich in sie verliebt und an der Möglichkeit verzweifelt, sie in Ehren zu der Seinigen zu machen. Hierüber wurde hin und her gesprochen, die Männer hielten ihn im Grunde für einen dummen Teufel, sprachen aber nur von der Unmöglichkeit glücklicher Ehen zwischen höheren und niedrigen Ständen; von den Frauen beklagten einige das Liebespaar, andere sahen das Ganze nur für verdammenswerte Hitze der Sinne an, und alle waren unsicher, weil sie gewohnt waren, das Losungswort von Prinz Asche zu empfangen, der aber diesmal vermied, sich zu äußern. Da mir nun des Geredes zu viel wurde und ich ohnehin anfing, mir Sorgen zu machen, was aus dem Prinzen und Reine mit ihrer unüberlegten Verliebtheit werden sollte, nahm ich schließlich das Wort und sagte ein Langes und Breites über die Liebe, was alles in allem etwa auf Folgendes mag herausgekommen sein: Es ist mit der Liebe ungefähr wie mit den Nesseln, welche nur brennen, wenn man sie behutsam anfasst. Diese zahllosen Unglücksfälle, die die Liebe anstiftet, könnten gar wohl vermieden werden, wenn man erst eine vernünftige Ansicht von ihrem Wesen hätte und dann fest anpackte, ohne sich durch überspannte Empfindeleien stören zu lassen. Es gibt hysterische Frauen, die glauben, sie müssen sterben, wenn sie nicht augenblicklich Erdbeeren, Krebse oder Straußeneier zu essen bekommen, manche haben vollends wahnsinnige Gelüste auf Papier, alte Nägel oder glühende Kohlen. Da ist kein anderer Rat, als sie mit den gewünschten Raritäten vollzustopfen, bis sie genug haben, und ebenso ist es mit der Liebe. Wie viele Herzen und Köpfe sind gebrochen worden, weil der Peter durchaus die Hanne haben wollte und nicht bekommen konnte. Hundert andere hätte er ohne Beschwerlichkeit haben können, aber er wollte die Hanne oder den Tod. Hätte man ihm die Hanne gegeben, würde er zweifellos bald eingesehen haben, dass es sich mit einer andern ebenso wohl oder besser leben ließe, ja vielleicht hätte er nach drei Tagen keinen Menschen so gehasst wie sie; denn es ist die Art der Liebe, gerade diejenigen aufeinander zu reizen, die geboren sind, einander das Leben zu vergällen. Was für ein Satan treibt die Menschen, sich aus den angenehmsten Lockungen der Natur eine Hölle zu machen? Anstatt dass die Liebe ein balsamisches Marmorbad wäre, in dem der staubige Leib sich kühlte, ist sie ein Kessel siedenden Öles, in dem er gesotten wird. Warum ist denn keine Wahl zwischen Unehrbarkeit oder Heirat? Ist es ein Verdienst, sich für sein ganzes Leben mit einer fremden Person zu behaften, um sie vielleicht zu martern oder sich von ihr martern zu lassen bis zum Grabe? Diejenigen, die sich einbilden, nicht ohne einander leben zu können, sollte man es doch gleich versuchen lassen. Man sollte wenigstens einmal im Jahre, im Mai etwa, wo das Blühen in der Ordnung ist, der Natur ihren Lauf lassen. Eine große Wiese wäre während einiger Tage allen Menschen zugänglich, wo sie sich unbekümmert ihrem Herzen hingeben und derselben Freiheit genießen dürften wie Schmetterlinge, Mücken und Käfer, die sich im Kelch einer Blume paaren. Hernach würde jeder wieder leichten Sinnes an seine Arbeit gehen und sein Liedchen pfeifen. Man soll doch davon ausgehen, dass die Liebe eine große Schelmin ist, die den Menschen ein schönes, buntes Bildchen hinhält, damit sie danach schauen und greifen, und sie unterdessen aus ihren Taschen holen kann, was ihr beliebt. Deswegen man auf der Hut sein und sie wiederum hintergehen sollte, anstatt sich von ihrem Eigennutz ausplündern zu lassen.

Von zwei Frauen erntete ich für diesen Mundvoll Dummheiten sogleich einen lebhaften Beifall, nämlich von der kleinen Ulla und von der Baronin Stephanie. Ja, ebendiese war die Erste, die das Wort «Maiwiese» aussprach und Entwürfe machte, wie es denn dabei gehalten werden könnte. Ein feines Geschöpf war sie; wenn sie in den Saal trat, war es, als ob alle elektrischen Lampen sich von selbst erleuchteten, so hell wurde es mit einem Male. Wo ihr stattlicher Körper gewandelt war, stand das Gras nicht wieder auf; aber es war so viel Wohlwollen und Mütterlichkeit in dem Schritte, mit dem sie die kleinen Kräuter gleich völlig zu Tode trat! Sie war eine rechte Majestät, und wenn man sie als solche gelten ließ, immer bei guter Laune. Ihr Geist war wie ein kleiner Herkules, dessen Arme beständig darauf gespannt sind, einige Schlangen zu erwürgen.[1] Sie hätte ein Volk träger Barbaren zu zivilisieren haben sollen wie Katharina die Große.[2] Der arme Baron Leo, der nichts war als hübsch, tapfer, leichtsinnig und gutartig, gab ihr nichts zu tun; er war wie eine einzige Bohne in die Kaffeemühle einer Riesenküche geworfen. Aber lieb hatte sie ihn; und wenn sie, was sie öfters tat, leichtfertige und kaltherzige Reden führte, tat sie es eigentlich nur, um ihn zu bestrafen, dass er diesen äußerlichen Gebärden nicht glaubte und ihr Herz nicht besser kannte, das ihm in unweigerlicher Treue ergeben war. Was nun die Maiwiese betrifft, so traf dieser Anreiz damit zusammen, dass es eine kühne, abenteuerliche Unternehmung war, und sie konnte mich nicht genug wegen des staatsmännischen Einfalls loben. Die Liebe, sagte sie, spiele eine viel zu große Rolle im modernen Leben. Die Alten hätten einen viel freieren Geist gehabt, weil sie ihn nicht damit belastet hätten. Man müsse die Liebe auf eine gewisse Zeit beschränken, sich ausrasen, um hernach wieder unbehelligt zu sein. Dadurch würde viel Kraft für die Kulturarbeit gewonnen werden. Die Ehe müsse ja aus diesen und jenen Gründen bestehen bleiben, aber wenn man dem Geistgotte diente, sollte man nicht vergessen, bisweilen auch den alten Naturgöttern zu opfern, damit sie nicht furchtbare Rache nähmen. Die kleine Ulla sagte nichts, aber in der Tiefe ihrer Augen konnte man die ganze Maiwiese blühen sehen, wo sanfte Gestalten mit feurigem Antlitz Arm in Arm geschlungen wandelten. Die Männer, denen nichts abging, da sie stets eine ehrbare Ehewelt und eine

---

1 Nach griech. Mythos sandte Hera als böse Stiefmutter dem neugeborenen Herkules zwei Schlangen, die ihn erwürgen sollten, doch der drehte den Spieß um.
2 Katharina II. (1729–1796), Kaiserin von Russland, sorgte im Rahmen der Gouvernementsreform für die innere Kolonialisierung des riesigen Zarenreichs.

andere voll dreister Freuden nebeneinander gehabt hatten, machten saure Mienen oder lächelten mitleidig und würdevoll. Womit sich das Gespräch im Sande verlaufen haben würde, wenn Prinz Asche nicht davon besessen worden wäre. Besessen war er in der Tat, und ich möchte den Heiligen sehen, der dieses Teufelaustreiben bewältigt hätte. Bis dahin hatte er sich über Frauen und Liebe wenig geäußert, oder denn mit einer anmutigen Pedanterie, denn er war reinlich von Gesinnung, ja beinahe zimperlich zu nennen. Da er nun doch seine Untertanen und nächste Umgebung in einem so wichtigen Punkte nicht unbelehrt lassen konnte, empfahl er kurzweg Heiratslust und Gattenliebe, brandmarkte jede Verletzung der Ehe als Blasphemie und bereitete sich selbst auf eine Musterehe vor, die er dem Volke vorbildlich darzustellen im Sinne hatte. Man hätte also füglich erwarten dürfen, dass er das Geschwätz von der Maiwiese gleich im Keime erstickte, wohingegen er still und in einiger Unruhe zuhörte, da augenscheinlich die Idee anfing, sich seines Geistes zu bemächtigen. Mehrere Tage lang durchkaute er sie ununterbrochen, bis sie ihm in Fleisch und Blut übergegangen und seinem Kopfe angepasst war. Er hatte sie gewissermaßen zwischen das Räderwerk seines Gehirns geworfen, sie darin zermahlen und dann in einen Teig geknetet, den er für seine eigene Ausgeburt ansehen konnte. Keine Kunst, Überredung oder Gewalt hätte ihn mehr davon abbringen können, dass auf der Maiwiese ein Lebensbaum wachse voll mit Äpfeln, die den Schaden jenes ersten, als eine Art Gegengift, wiedergutmachen würden. Gemäß seiner Gründlichkeit studierte er alles, was über Fragen dieser Art jemals geschrieben worden war, und trat dann, mit umfassender Sachkenntnis gerüstet, predigend unter der Hofgesellschaft auf. Die meisten, da sie auf altrömische Strenge und Heilighaltung der Ehe eingeschult waren, hatten anfänglich Mühe, sich in den fröhlichen Naturdienst zu schicken, der ihnen plötzlich zugemutet wurde, und die Männer fühlten sich in ihrem frivolen Schlendrian viel zu behaglich, als dass sie sich zu der stolzen und kindlichen Unbefangenheit, die dem Prinzen vorschwebte, gleich ein Herz hätten fassen können. Indessen, weil sie gewohnt waren, sich ihr inneres Leben von ihm vorschreiben zu lassen, bildeten sie sich bald ein, für die Maiwiese zu schwärmen, und sammelten allmählich auch einen Sentenzenschatz, um die Notwendigkeit und den Nutzen dieser Einrichtung zu beweisen.

Eines Tages erschien denn wirklich, wie sich noch jedermann erinnern wird, in den öffentlichen Blättern eine fürstliche Verordnung,
die Prinz Asche selbst verfasst hatte und worin er nach langen und
breiten Erörterungen anzeigte, dass wie im Spätherbst ein Tag den Toten gewidmet sei, so im Mai drei Tage und drei Nächte den Liebenden
frei sein sollten. Alt und jung, arm und reich, ledig, vermählt oder verwitwet wurde ermuntert, sich zu dieser Zeit in dem großen königlichen
Parke einzufinden, der als Maiwiese instand gesetzt werden würde.
Damit niemand Bedenken trüge, der Aufforderung Folge zu leisten,
verkündete der Prinz am Schlusse, dass er selbst und sein Hof an dem
allgemeinen Frühlingsfeste teilnehmen wolle.

Diese wohlmeinende Anordnung brachte anfangs nicht die erwartete
Erschütterung hervor, denn unsere Bürger lasen sie wie eine besonders
frech aufgeblasene Reklame oder anderen Zeitungshumbug, etwa
mit dem Nebengedanken, dass die Narrheit der hohen Herrschaften
nun einmal etwas Hergebrachtes und mit in den Kauf zu nehmen
sei. Erst als allmählich durch Gespräche und Weitersagen die Wahrheit in ihrem vollen Umfange an den Tag kam, verbreitete sich ein
panischer Schrecken, nicht anders als hätte es geheißen, das Theater
stehe in Flammen, oder die Juden hätten die Brunnen vergiftet. Man
hielt es für eine ausgemachte Sache, dass man einen tollgewordenen
Prinzen auf dem Throne sitzen hatte, der jeden Augenblick mit einem
neuen, mörderischen Aberwitz hervorbrechen könnte; was ja auch
nicht unmöglich gewesen wäre. Einige wenige meinten, dass er nur
ein schwacher Verführter sei, dem ein teuflischer Ratgeber, was denn
auf mich ging, in die Ohren bliese. Es bildeten sich nun schleunigst
mehrere Vereine zur Hebung der Sittlichkeit und Bekämpfung der
Maiwiesen-Grundsätze, und man konnte zu jeder Zeit feste Männer
mit Ernst und Wichtigkeit in die Wirtshäuser eilen sehen, wo die
Versammlungen abgehalten wurden. Sie hielten Reden, welche von
Gemeinplätzen strotzten, und beschmierten und begossen jeden Fetzen
Papier mit ihrer faden, dünnfließenden, fettaugigen Moral, sodass
ich mich nicht genug verwundern konnte, mit wie viel Dummheiten
und Gemeinheiten sich eine vernünftige Sache verteidigen lässt. Das
Ergebnis dieser Revolution war, dass eine Abordnung an Prinz Asche
beschlossen wurde, um gegen die Maiwiese zu petitionieren. An der

Spitze derselben stand ein gewisser Kommerzienrat oder, wie ich ihn
für mich nannte, Ober-Makkabäer[3], dessen natürlicher Beruf es war,
das Staatswesen zu retten. Bei dieser Beschäftigung hatte er sich ein he-
roisches Auftreten erworben, das ihn, der sonst ein runder, freundlicher
Mann war, gewissermaßen auf einen Sockel hob. Er trat auch ganz
unerschrocken in das Audienzzimmer, warf ein Auge voll ehrerbietigen
Mitleidens auf den wahnsinnigen Fürsten, mit dem andern versuchte
er mich, als dessen bösen Dämon und Umgarner, niederzublitzen. Ich
hatte mir nämlich vom Prinzen erbeten, bei der Unterredung anwesend
sein zu dürfen, und wirklich war es kein kleines Vergnügen, die beiden
Widersacher einander gegenüber zu sehen, meinen schlanken Prinzen
und den appetitlich blühenden Makkabäer. Prinz Asche mit dem
kinderhaft unsicheren Lächeln, womit er unwillkürlich seine Majestät
zu verhüllen und den zitternden Untertan sicher zu machen suchte,
der andre breit und fest auf den Boden gegründet, die Brust bis oben
voll von Gerechtigkeit und den edelsten Gesinnungen. Ohne Zaudern
feuerte er seine Sache geläufig in stolzierenden Ausdrücken, wie eine
Salve von Bomben und Granaten, auf den Prinzen ab, der aber aufrecht
vor seinen Gegnern stehen blieb, ein feiner, stolzer Sonnenstrahl, den
solche plumpen Geschosse nicht treffen können. Als er nun seinerseits
anfing zu sprechen und die scharfen, schneidenden Worte wie lauter
Pfeile von seinen hochmütigen Lippen schnellte, öffnete der Volks-
mann seine Augen weit und suchte die Worte, wie wenn ihm mit einem
Male das ganze Abc aus dem Kopfe gefallen wäre. Überhaupt konnte
man bald bemerken, dass unter seiner strahlenden Oberfläche eine
unbewusste Unruhe bebte, es könne ihm etwa so gehen wie Alladins
Schwiegervater, der eines Morgens, als er ans Fenster trat, wahrnehmen
musste, dass das ganze Prachtschloss und Glücksgebäude, das er gegenüber zu sehen gewohnt war, über Nacht verschwunden war. Wenn ihn
ein Einwurf aus dem Zusammenhang seines Redens brachte, sah er
aus, als ob er soeben entlarvt und überführt wäre, alle seine Orden,
Titel und Ämter erschwindelt zu haben, doch gab er sich nach kurzer
Pause jedes Mal wieder einen Schwung und wiederholte dasselbe, was
er vorher gesagt hatte, was die hinter ihm aufgestellten Männer, als

---

3 Rädelsführer einer jüd. Revolte gegen das Seleukidenreich (1 und 2 Makk).

ihnen vertraut und verständlich, mit beifälligem Murmeln zu begleiten pflegten. In dieser Weise steigerte sich der Zweikampf, bis Prinz Asche einen Haupttrumpf auszuspielen dachte, indem er sagte, er hoffe, dass die gewährte Freiheit dem schändlichen Handel mit Liebe, der unsre Kultur befleckte, ein Ende machen werde. Ob sie nicht lieber wollten, fragte er, dass ihre Söhne ihre jungen, brausenden Gefühle mit einem guten liebenden Mädchen teilten, als dass sie sie erstickten und vergifteten in den Häusern des Lasters. Dieser Angriff auf die Heiligkeit des Bestehenden wirkte aber gerade umgekehrt, als der Prinz erwartet hatte, indem er den Makkabäern ihre ganze Überzeugung und Zuversicht zurückgab: Der Kommerzienrat nahm eine Haltung an, als stände er vor dem Herde seines Hauses voll Hausgötter, Laren und Manen[4] und erwartete den ruchlosen Feind. Prinz Asche aber, der bis dahin im Grunde nur mit sich und den andern etwas Theater gespielt hatte, geriet nun in echten Zorn und wurde dadurch erst recht gewaltig und furchtbar, so wie Dietrich von Bern[5] seiner Gegner unweigerlich Herr wurde, wenn ihm der Atem in Flammen aus dem Munde zu schlagen anfing. Je weniger er gewohnt war, stark und hinreißend zu empfinden, desto lieber wärmte er sich an dem göttlichen Wutfeuer in seinem Innern und stand seinen Widersachern so gesund, stolz, glücklich, ernsthaft und herrlich gegenüber, dass er mich an die Davide und St. George erinnerte, wie sie die Künstler der Renaissance bildeten, fromme Heilige mit antiken Leibern, jungen und schönen.

Entschieden wurde der Streit zwar dadurch nicht, aber die Folge war, dass die beiden Feinde einander lieb gewannen, in der Weise, dass der Kommerzienrat sich mit der Anhänglichkeit eines geprügelten Hundes an den Prinzen klammerte und dieser nicht lassen konnte, an dessen formlosem und weichlichem Seelenteige zu kneten und zu modeln. Dass alles beim Alten und jeder bei seinen Ansichten verblieb, machte den Prinzen nicht irre, vielmehr fühlte er sich durch die Bearbeitung dieses feuchtelastischen Lehmes so angenehm beschäftigt, dass er die ganze Maiwiese als eine beiläufig zu behandelnde Nebensache anzusehen anfing. Auf Anfrage der Bürgerschaft, ob der Besuch der Maiwiese nur

4 Bei den Römern die Seelen verstorbener Ahnen, als Schutzgeister verehrt.
5 Dt. Sagengestalt des Hochmittelalters.

solchen gestattet sei, die sich ausdrücklich zu freier Liebe verpflichte-
ten, erklärte der Prinz, auch die Gegner seien willkommen, sofern sie
nur nicht die Anhänger in ihrer Festfreude störten, ja um jedes Ärgernis
zu vermeiden, sollte einer jeden Partei die Hälfte des Parkes eingeräumt
werden. Durch diese Teilung gewann es den Anschein, als handle es sich
eigentlich nur noch darum, welches Vergnügungskomitee das stattliche
Fest zuwege bringen würde, und die beiden Häupter suchten sich durch
die unerhörtesten Veranstaltungen auszustechen, wobei sie sich so ge-
bärdeten und auch ersichtlich so vorkamen wie bedächtige Personen,
die eine sehr vernünftige und wichtige Sache zum Besten des Volkes
ausführen.

Seinen Grundsätzen gemäß traf nun der Prinz die Verordnung, dass
auf der Maiwiese weder Wein noch Bier noch andere Spirituosen sollten
getrunken werden dürfen, da die Tage zwar der Liebe, keineswegs aber
der Genusssucht sollten gewidmet sein. Diese Anordnung erneuerte
den Aufruhr in verdoppeltem Grade und ließ die freie Liebe vollends
in den Hintergrund treten. In zahllosen Audienzen beschwor der Kommerzienrat den Prinzen, dem Volke nicht die Säulen unter dem Leibe
wegzuziehen, auf denen sein Glück ruhe, ihm nicht die Quellen zu verstopfen, woraus es sich Labung schöpfe; worauf der Prinz empfahl,
man solle sich an edlen Gesprächen erquicken und mit Betrachtung von
Kunstwerken entzünden; worauf der Kommerzienrat wiederum den
Prinzen anflehte, kein Antiochus oder Kambyses zu sein,[6] der das Volk
seiner heiligsten Güter beraubt, und sich an seinem Jammer zu weiden.
(Seit welcher Zeit ich den Kommerzienrat für mich den Ober-Makkabäer benannt habe.) Das Ende war, dass der Prinz diesem bewilligte,
sich mit den Seinigen auf ihrer Maiwiese in Gottes Namen zu Tode zu
trinken, welche Botschaft, als ein Funken unter die Menge geworfen,
sich in wenigen Minuten zu einem unermesslichen Freudenfeuer ausdehnte. Wie ein beliebter Schauspieler nach einer Erstaufführung den
frenetischen Beifall des Publikums mit feinem Lächeln und einer lässigen
Handbewegung auf den im Hintergrunde sich krümmenden Dichter

6 Der Seleukidenherrscher Antiochos IV. Epiphanes (215–165 v. Chr.) quittierte einen
   Putschversuch der jüd. Hohepriester mit scharfen Vergeltungsmaßnahmen, der le-
   gendenhafte Perserkönig Kambyses II. (um 558–522 v. Chr.) ging als grausamer und
   hinterlistiger Tyrann in die Geschichte ein.

ablenkt, wies der Kommerzienrat, als ihn die Huldigungen der Menge umbrausten, auf die Gnade des Prinzen hin, welcher eigentlich alles zu verdanken sei. Dies bewirkte einiges Hochrufen auf den Prinzen, und man kann wohl sagen, dass nunmehr alle, abgesehen von wenigen Weisen, die als Duckmäuser und Feiglinge verlacht wurden, sich auf die Maiwiese wie auf einen noch nie da gewesenen Glückszauber freuten.

Wahr ist, dass es eine rechte Maiwonne war, als ich an jenem Morgen mit dem Prinzen und Reine durch den Park ging, um alles in Augenschein zu nehmen. Auf dem glatten, goldgrünen Rasen waren seidene Zelte aufgespannt, die aussahen wie ganz aufgeblühte Rosen oder Päonien; weiße, erdbeerfarbene, burgunderrote und andere mit großen springenden Mustern, auch golddurchwirkte, die sich in dem durchdringenden Sonnenschein aufzulösen schienen. Da es in dem nach englischer Art angelegten Garten keine Blumen gab, stand dieser künstliche Flor ihm wohl an, und wenn das Auge sich so recht davon vollgetrunken hatte, wanderte es gern über den gleichförmigen Rasen, der, von braunen Wegen durchschlängelt, sich unabsehbar verbreitete. Hier und da verdunkelten ihn dickes Gebüsch und einzeln stehende Pappeln, Eichen und Linden, deren umfangreiche Zweige dicht über dem Grase schwebten und einen kreisförmigen Schatten darauf warfen. Aber man muss denken, dass viele Bäume blühten; denn es war der erste Mai. Ich besinne mich auf einen Haselnussstrauch, der ganz voller Blüten hing, gelbwollige, die man Schäfchen heißt. Und da Reine, während wir stehen blieben, um es zu betrachten, einen Zweig davon brechen wollte, stäubte von dem erschütterten Stamme eine Wolke leichten Goldes in die Luft und über sie hin. Ich sagte: «Bäumchen rüttel dich, Bäumchen schüttel dich, wirf Gold und Silber über mich!» Da ich mich des allbekannten Märchens[7] erinnerte und sie in ihrer Schlankheit und träumerischen Glückseligkeit so lieblich unter dem Frühlingsbaume stand, dass der Prinz in diesem Augenblick sein ganzes Fürstentum wie einen Pfifferling unter die Füße getreten hätte, wenn sie dafür die Seine geworden wäre. Wenigstens ich sah, dass er es sich einbildete.

Um die Mittagszeit fing eine unermessliche Menge Volks an hinauszuströmen. Etwas später, als es kühler wurde, kam ein Häuflein Ge-

---

7 Aschenputtel.

sinnungstüchtiger, die durch ein entrüstetes Davonrauschen beim Einbruch der Dämmerung ihre Missbilligung bekannt machen wollten. Gerade um diese Zeit traf der Hof ein.

Die Abteilung der Makkabäer hatte etwas von Schützenfesten und Vogelwiesen: Gläsergeklirr, Gedröhn von Männerstimmen und Weibergekicher durchdrangen sich mit Bierdunst und Fettgerüchen zu einem üblen Gemenge. Nicht unmalerisch waren die lustig züngelnden Feuerstellen zu sehen, an denen rot bestrahlte festliche Mädchen geschäftig waren mit Rösten und Braten. Diese Plätze waren ganz umlagert von jungen Männern, die ihre Bierfässer dahin gewälzt hatten und verliebte Scherze machten; in einem Hühnerhof oder Gänsekäfig hätte das Schnattern und Gackern nicht ärger sein können. Es gab auch einige bretterne Tanzplätze, wo Musikbanden gefühlvolle Walzer und wilde Galoppaden spielten. An einem mit dicken Girlanden bekränzten Tische saß der Kommerzienrat, fest und glühend wie ein Leuchtturm, und flocht eine Rede an die andere mit Schlagwörtern von Bürgertugend, wahrer Liebe und Sittlichkeit, die sich wie platzende Feuerraketen in majestätischen Bogen weit über den Festplatz schwangen. Ich glaubte so deutlich ein Kränzlein kichernder Amoretten über seinem Haupte tanzen zu sehen, irrlichterähnlich das Auge täuschend, dass es mir schien, als ob auch die jungen Leute, wenn sie kamen, um mit dem Redner die Gläser anzuklingen, dorthin blickten und verstohlen lächelten.

Als ich von meinem Besuche bei den Makkabäern nach der eigentlichen Maiwiese zurückkehrte, da es gegen Mitternacht sein mochte, war es dort ganz still. Ich konnte deutlich das Rascheln der seidenen Frauenkleider hören, die langsam über das kurze Gras schleppten, denn einige müde Paare gingen noch schweigend auf und ab. Aus den Zelten, die in der anhauchenden Nachtluft zu atmen schienen, hörte ich im Vorübergehen ein unbeschreibliches Rauschen und Knistern tönen, ein unkörperliches Geräusch, möchte ich sagen, wie von Küssen und Champagnerschäumen; die Herren hatten nämlich einige Sektflaschen eingeschmuggelt, die in verstohlenem Übermut getrunken wurden. Sie konnten sicher sein, von dem Prinzen nicht ertappt zu werden. Unter den Zypressen, wo eine hohe Pyramide von Orangen aufgeschichtet war, wie denn überall Haufen der köstlichsten Früchte mit Blumen bedeckt sich befanden, die jetzt zum Teil umgeworfen und über den Rasen zerstreut waren, saß er neben Reine, der man es eben nicht ansah, dass ihr die ganze Maiwiesentheorie ein Gräuel war. In dem Augenblick, als ich auf die Lichtung trat, die von einer elektrischen Lampe hell gemacht wurde, sah ich, wie sie dem Prinzen in der geöffneten Hand eine Orange hinhielt, deren Schale in Form eines Sternes geschnitten war, und ihn dabei mit Augen und Lippen lächelnd und lockend ansah. Wie ihr Gesicht in der elektrischen Beleuchtung sehr weiß erschien, wirkten ihre Lippen dagegen mit unnatürlicher Röte; der ganze zarte Leib mahnte mich an einen hohen venezianischen Glaskelch, in dem eine Flamme brennt, die ihn im nächsten Augenblicke zerspringen machen kann. Ja, als ob er schon anfinge, in der Glut zu schmelzen, neigte er sich zitternd zu dem Prinzen hinüber. Sie schienen mir in dieser Stellung ein eigenartiges, modernes Bild von Adam und Eva darzustellen. Wie ich mich nun langsam näherte, um ihnen diesen Einfall mitzuteilen, konnte ich den Inhalt ihres Gespräches vernehmen; denn der Prinz war gerade bei Wiederholung einer seiner Reden über die freie Liebe, die mir von mehrmaligem Zuhören schon ganz geläufig war. Die Stelle lautete ungefähr so: Es ist in der Natur des Menschen, dass der Anblick eines jeden Exemplares des entgegengesetzten Geschlechtes zur Liebe reizen kann. Jeder kann jede lieben, wenn die Umstände günstig sind. Die Natur konnte sich nicht deutlicher gegen das monogamische Prinzip aussprechen. Es ist das Gesetz der Trägheit, das die Ehe hat entstehen lassen. Man gewöhnt sich an die Person, die einem täglich dieselben Sinneseindrücke erneuert. Gibt es aber etwas Niedrigeres als die Gewohnheit? Worauf ich Reine antworten hörte: «Es ist auch Gewohnheit, dass die Erde sich um die Sonne dreht und der Mond um die Erde», bei welchen Worten sie sich unterbrach, da sie meiner gewahr geworden war, um mir zu winken. Ich hielt es aber für besser, weiterzugehen, denn ich sah dem Prinzen von Weitem an, wie überreizt er war, wenn er auch dasaß wie aus Eisen gemacht, und wusste, es würde ihm unlieb sein, sich beobachtet zu fühlen. Seit seiner Kindheit war es sein Leiden gewesen, dass er sich nicht äußern konnte, wie ihm denn auch das Weinen versagt zu sein schien. Dabei hatte er nichts von einem Stoiker an sich, vielmehr hatte seine Seele beim kleinsten Schmerzensreize Lust zu weinen, und seinen Augen war ein gewisser, tränengieriger

Ausdruck eigen, der einem bis ins Eingeweide ging. Mit eben solchen verschmachteten, frierenden Augen hatte er Reine angesehen, während er wie ein Schulmeister vor ihr saß und streng wachte, dass keiner ihrer sehnsüchtigen Gedanken aus dem Schulkäfig ins Freie flog.

Nachher habe ich noch Folgendes gesehen: Die Baronin Stephanie, die noch fortglänzte, als Mond und Sterne schon untergegangen waren, stolz und lustverbreitend auf einer Moosbank saß wie auf einem damastenen Sessel und den Herren, die um sie herumstanden, eine mit Humor und Schärfe gewürzte Rede hielt, warum aus der Maiwiese nichts Rechtes hätte werden können. Denn wie es schien, hatte sie es sich doch anders vorgestellt. «Ihr habt zu lange mit der Natur gebuhlt», sagte sie, «als dass ihr sie noch lieben könntet. Wenn der liebe Gott plötzlich an vier goldenen Fäden das Paradies in unsere Kultur hinabließe, es würde keiner hineingehen als ein paar kleine Kinder, ein paar verträumte Mädchen und überzählige Greise.» Dann fand ich die kleine Ulla. Sie lag unter einer Trauerbirke, die ganz vereinzelt, wie ein sentimentales Bildchen aus alter Zeit, auf einer Rasenfläche stand, recht gemacht, dass zärtliche Kinder ein totes Vögelchen darunter begrüben. Nicht viel anders lag sie auch da, außer, dass sie an den lang herabhängenden Zweigen zupfte, sodass der klagende Baum wirklich seine grünen Arme über ihr zu neigen schien. Wie ein Kind kam sie mir vor, das sich beim Spiel allzu gut versteckt hat, sodass die andern müde wurden, es zu suchen, und es nun allein bleibt, während die Kameraden draußen sich tummeln und lachen.

Nicht weit von dieser Birke ist die Kastanienallee, von der ich gesprochen habe. Sie grenzte an den Festplatz der Makkabäer und dehnte sich, still, dunkel und verlassen wie ein Nirwana zwischen Himmel und Erde. Als ich dem Baron Leo dort begegnete, schien er mir auch gar nicht ein Mensch mit Blut und Leben zu sein, sondern ein armer, zu ewiger Unruhe verdammter Geist. Ich schob meinen Arm unter seinen, suchte seinen Schritt zu zügeln und erzählte ihm, dass ich soeben seine Frau gesehen hätte, wobei ich so von ihr sprach, wie es mir geeignet schien, um seine Eifersucht vor ihm selber lächerlich zu machen. Übrigens glaube ich, dass er weniger selbst Zweifel in ihre Treue setzte, als unter dem Bewusstsein litt, dass in andern ein solcher Zweifel sein könne, der auf keine Weise zu widerlegen war, da sie nun einmal die

Maiwiese besucht hatte. Diese Schwäche und Eitelkeit an ihm wahrzunehmen, machte mich ungeduldig, und ich ließ ihn in seiner hilflosen Verzweiflung allein, wo er sich bald hernach erschossen haben mag; denn früh am Morgen, als die Gärtner in den Park kamen, fanden sie seinen Leichnam schon ganz erstarrt. Nun war die Maiwiese voll von dunkeln, hässlichen Blutflecken, und niemand bei Hofe sprach mehr davon, geschweige denn, dass jemand sich hingetraut hätte. Besonders als die Dunkelheit kam, schien ein übel machender Mordgeruch davon in die Höhe zu steigen und durch alle Ritzen und Fugen in das Schloss einzudringen. Es war infolgedessen das seltsamste Schauspiel, das ich mich erinnere, gesehen zu haben, wie das tolle Fest nun weiterging, weil der Prinz den Mut nicht hatte oder nicht daran dachte, den Besuch des Parkes für die folgenden zwei Tage und Nächte, die einmal anberaumt waren, zu verbieten. Es mag sein, dass sich die Bürgerschaft im Ganzen ebenso fernhielt wie der Hof und dass es allerhand verzweifeltes Gesindel und kecke Abenteurer waren, die, die Umstände benützend, den verödeten Park überschwemmten. Denn am Tage blieb es totenstill, bei Nacht hingegen raste die tolle Ausgelassenheit über den ganzen Platz ohne Unterschied, wie es nicht wilder und fantastischer sein könnte, wenn die Toten aus den Gräbern kämen, um sich in einer Mitternacht für die Bitterkeit des Totseins zu entschädigen. Prinz Asche saß bei geschlossenen Fenstern, ohne ein Wort über das, was er empfand, zu äußern, wie er denn überhaupt seit der Maiwiese gegen keinen Menschen mehr aus dem Innern heraus gesprochen hat. Dies darf ich wohl glauben, da ich von jeher der Einzige gewesen war, vor dem er sich ganz gehen ließ, soweit er es nämlich konnte. Er fuhr äußerlich fort, so zu leben, wie er gewohnt war, spielte sogar seine Ball- und Laufspiele im Parke, aber er schien mir kein lebendiger Organismus mehr zu sein, sondern eine künstliche Figur, und eine solche, in der die Federn schlaff geworden sind. Es war mir deshalb erwünscht, dass der Prinz mich bat, die Residenz zu verlassen, was wohl weniger geschah, um das Volk in seiner Meinung zu bestärken, als ob ich der Anstifter der Maiwiese gewesen wäre, als weil er nicht durch mich an Reine, meine Nichte, erinnert sein wollte. Bei dieser Gelegenheit, da er wie in früheren Zeiten spätabends in mein Zimmer kam, um mir seinen Willen mitzuteilen, schien es mir einen Augenblick, als wolle sich mir sein Herz auftun.

Aber es schloss sich wieder zu, ohne dass ich einen Versuch machte, ihm zu Hilfe zu kommen, ich weiß nicht, warum.

Als er klein war, pflegte er seinen gemessenen Fürstenschritt, den er schon früh angenommen hatte, wenn er ihm nicht von Natur eigen war, zu beschleunigen, wenn er den langen Gang hinunter in mein Studierzimmer kam, sodass er im vollen Laufe bei der Tür anlangte. Von dieser Gewohnheit war ihm so viel geblieben, dass ich den charakteristischen Rhythmus selbst in den letzten Tagen, wo er müde und verwischt herauskam, doch noch erkannt hatte. Damals klang er mir die ganze Nacht in den Ohren; denn ich hatte lange gehorcht, ob der Prinz nicht wiederkäme, wie er so viele Male getan hatte, um mir einen letzten und allerletzten Einfall mitzuteilen. Aber ich habe ihn lebend nicht wieder gesehen.

Kurz ehe ich die Residenz verließ, hat sich das ereignet, was mich eigentlich bewog, diese Erinnerung niederzuschreiben. Es wurde nämlich, bei grauendem Morgen, in warme Tücher eingewickelt, ein kleines, augenscheinlich neugeborenes Kind im Parke gefunden, und da man näher zusah, zeigte es sich, dass eine ganze Anzahl über der großen Fläche verstreut war, gerade als ob über Nacht ein Schnee von kleinen Menschenseelen gefallen wäre. Es war Februar, ein Tag, wie es solche im Vorfrühling gibt, ebenso wonnig wie traurig, über den unabsehbaren Wiesen schwebte eine dunstige Feuchtigkeit und umschleierte die braunen Gerippe der Bäume. Die Lauheit der tauigen Luft schien zum Blühen locken zu wollen, aber die Erde ließ sich die Liebkosung wehmütig gefallen, ohne ihr glauben zu können. Es blühte noch nichts ringsumher als diese winzigen Wesen, die wie verfrühte, zitternde Anemonen oder Schneeglöckchen unter den Bäumen lagen, einige ganz still, andere wimmernd wie junge Kätzchen. Da natürlich keine Möglichkeit war, der leichtfertigen und listigen Eltern habhaft zu werden, und Prinz Asche sich für die Sprösslinge der Mainacht verantwortlich fühlen mochte, stiftete er den Teil des Parkes, wo die Makkabäer ihr Fest gefeiert hatten, zu einem Findelhause, das sich jetzt inmitten eines weiten Gartens stattlich erhebt. Durch das eiserne Gitter hindurch habe ich die kleinen Namenlosen gesehen, wie sie lustig über ihren grünen Rasen flatterten und mit silbernen Kinderstimmen jauchzten und schrien.

Ich verfehle niemals, die Jahresberichte der Findelhausverwaltung zu lesen, in welcher der Kommerzienrat, seiner Bedeutung gemäß, eine Hauptrolle spielte: erstlich wegen der historischen Einleitung, die, in einem gelbspiegelnden Fettglanz von Selbstzufriedenheit und Tugendlust schimmernd, die vorgefallenen Irrtümer und Irrungen berichtigt; und zweitens, weil am Schlusse die neu hinzugekommenen Findlinge aufgezählt werden, welche die in Betracht kommende Bevölkerung sich gewöhnt hat, auf der einstmaligen Maiwiese niederzulegen: kleine Opfer unschuldigen Blutes, die die Menschheit der furchtbar geheimnisvollen Gottheit darbringt, die sie Liebe nennt.

Sui Sin Far

DIE AMERIKANISIERUNG DER PAU TSU

I

Als Wan Hom Hing nach Seattle kam, um dort eine Zweigstelle des
Handelsunternehmens aufzubauen, das seine Firma bereits mit großem
Erfolg in den diversen Häfen Chinas betrieb, brachte er seinen Neffen
Wan Lin Fo mit, der zu diesem Zeitpunkt achtzehn war. Wan Lin Fo
war ein gebildeter junger Chinese, mit klarem Blick und scharfem
Ohr. In nur wenigen Jahren eignete er sich ebenso viel Wissen über
die Geschäfte an, wie es die Seniorchefs besaßen. Zudem erlernte er
die Sprache Amerikas so fließend in Wort und Schrift, dass er nie um
eine Antwort verlegen war, wenn Weiße ihn, wie es mitunter vorkam,
hochnehmen wollten. Doch wie für einen jungen Amerikaner lautet die
Devise auch für einen jungen Chinesen: «Erst die Arbeit, dann das Vergnügen», und so verbrachte Lin Fo den einen oder anderen Abend beim
chinesischen Literaturzirkel, gleich über dem chinesischen Restaurant,
wo er mit ein paar handverlesenen Gefährten die Werke und die Ver-
dienste weiser chinesischer Männer erörterte – und noch manches
mehr. Am Neujahrstag, oder besser: in der Neujahrswoche, sah man
ihn, alles Geschäftliche aus dem Sinn, angetan mit seiner Landestracht
aus feinster Seide und vom «Blau des Himmels nach dem Regen»[1], seine
Freunde aufsuchen, chinesische wie amerikanische, und Silber- und
Goldmünzen unter den jüngsten Mitgliedern der besuchten Familien
verteilen.[2]

---

1 Im Chin. Farbbezeichnung einer Lasierung, die für Vasen aus der Song-Dynastie verwendet wurde.
2 Es gehört zu den Traditionen des chin. Neujahrsfests, Kinder mit Geld zu beschen-
   ken (traditionell in roten Umschlägen).

Im Rahmen eines solchen Neujahrsbesuchs bei der Familie des stillen amerikanischen Teilhabers seiner Firma, Thomas Raymond, war es auch, dass Wan Lin Fo erstmals wissen ließ, er sei verlobt. Dazu kam es, weil eine der jungen Damen des Hauses, voller Liebreiz, von offenem Antlitz und freundlichem, fröhlichem Wesen, einige Wehmut in Lin Fos Blick bemerkte, als sie ihm eine Tasse Tee reichte, und sich nach dem Grund erkundigte: «Miss Adah», entgegnete Lin Fo, «darf ich Ihnen etwas erzählen?»

«Aber sicher, Mr. Wan», sagte die junge Frau. «Sie wissen doch, wie gern ich Ihre Geschichten höre.»

«Aber um eine Geschichte handelt es sich nicht. Miss Adah, Sie haben Liebe in mir erweckt...»

Adah Raymond erschrak.

Wan Lin Fo sprach bedachtsam weiter. «Zu dem jungen Mädchen in China, mit dem ich verlobt bin.»

«Ach, Mr. Wan! Was für schöne Neuigkeiten. Aber was hat das mit mir zu tun?»

«Nun, dies, Miss Adah! Jedes Mal wenn ich hierher zu Ihnen ins Haus komme, dann sehe ich Sie, so gut und so schön, wie Sie alle mit Tee und Frohsinn versorgen, und ich denke mir, hätte doch auch ich jemand so Gutes, so Schönes in meinem Haus und auf ewig an meiner Seite, wie voll von Glück wäre dann mein Leben!»

«Sie dürfen mir nicht so schmeicheln, Mr. Wan!»

«Alles, was ich sage, kommt aus tiefstem Herzen. Aber ich werde nicht mehr von Ihnen sprechen. Ich spreche nun von Pau Tsu.»

«Pau Tsu?»

«Ja. So lautet der Name meiner Zukünftigen. Er bedeutet ‹Perle›.»

«Wie reizend! Erzählen Sie mir von ihr!»

«Ich wurde Pau Tsu anverlobt, bevor ich aus China fortging. Meine Eltern haben sie zu sich genommen, damit sie meine Frau wird. In meiner Erinnerung hat sie strahlende Augen und die Farbe des Glücks[3] auf den Wangen. Ihr Mund war wie rotes Weinlaub, ihre Brauen von edelstem Schwung. Sie war so schlank wie eine Gerte, und wenn sie sprach, verwob ihre Stimme Ton für Ton zur süßesten Melodie.»

---

3   In der chin. Tradition ist Rot die Farbe des Glücks.

Adah Raymond klatschte sacht in die Hände. «Oh! Sie liebten sie damals schon.»

«Nein», entgegnete Lin Fo versonnen. «Ich war noch zu jung, um zu lieben – sechzehn Jahre erst. Pau Tsu war dreizehn. Aber wie ich Ihnen bereits gestanden habe, gaben Sie mir Anlass, ihrer zu gedenken und sie zu lieben.»

Adah Raymond war nicht leicht in Verlegenheit zu bringen, doch sie wusste beim besten Willen nicht, was sie Lin Fo darauf erwidern sollte.

«Ich bin nun zweiundzwanzig Jahre alt», fuhr er fort. «Pau Tsu ist achtzehn. Morgen werde ich meinen Eltern schreiben und sie überreden, sie zum Frühlingsanbruch zu mir zu schicken. Vergangenes Jahr hat mein älterer Bruder geheiratet, seine Frau lebt nun mit meinen Eltern unter einem Dach, und sie können Pau Tsu, die so viele Jahre die Tochter des Hauses war, entbehren und mir überlassen.»

«Was für ein reizendes kleines Ding sie sein muss», bemerkte Adah Raymond.

«Das werden Sie wohl sagen, wenn Sie sie erst sehen!», erwiderte Lin Fo voller Stolz. «Meine Eltern berichten, sie sei immer froh. Kein Vogel, keine Blume, nicht einmal ein Tautropfen, an dem sie nicht ihre Freude hätte.»

«Ich freue mich schon so darauf, sie kennenzulernen. Spricht sie denn Englisch?»

Lin Fos Miene wurde düster. «Nein», antwortete er, «aber» – sein Gesicht hellte sich wieder auf – «wenn sie erst hier ist, dann soll sie lernen, so zu sprechen wie Sie – und so zu sein wie Sie.»

II

Pau Tsu kam mit dem Frühling, und kaum ein Bräutigam hätte glücklicher und stolzer sein können als Wan Lin Fo. Die kleine Braut war ausgesprochen hübsch – selbst für amerikanische Augen. Mit ihren pfirsich- und pflaumenfarbenen Gewändern, den zierlichen Armen und Händen, die von Edelsteinen funkelten, und dem glänzend schwarzen Haar, von entzückenden Kämmen und Spangen geschmückt, war sie wie ein fernöstlicher Farbfleck im Licht- und Schattenspiel des Westens.

Sie hatte Lin Fo nicht vergessen, und ihre Augen unter den gesenkten Lidern entdeckten ihn gleich in der Gruppe junger chinesischer Kaufleute an Deck des Schiffes, wo er sie erwartete.

Die Wohnräume, die er für sie vorbereitet hatte, waren in amerikanischem Stil eingerichtet, und die vogelgleiche, kleine Gestalt im traditionellen Gewand wirkte dort zunächst recht fehl am Platz. Doch es dauerte nicht lange, da hatte sie aus der großen Kiste, die mit ihr übers Meer gereist war, Wandschirme und Fächer, Vasen, Stoffe, chinesische Matten, künstliche Blumen und Vögel sowie eine Anzahl erlesener Schnitzereien und antiken Porzellans hervorgeholt. Damit verwandelte sie die amerikanische Wohnung in ein fernöstliches Gemach und errichtete in dem Zimmer, in dem sie schlief, sogar einen kleinen Schrein, der ein Abbild der Göttin der Gnade[4], zwei Ahnentafeln und weitere Embleme ihres Glaubens an die Gottheiten ihrer Väter beherbergte.

Die Schwestern Raymond statteten ihr bald nach der Ankunft einen Besuch ab, und sie lächelte und schien erfreut. Scheu überreichte sie jeder der jungen Frauen eine chinesische Tasse samt Unterteller und dazu einige antike Väschen, mit wunderlichen Bildern verziert, die Lin Fo sich nach Kräften zu erläutern bemühte.

Die jungen Frauen waren von den Gaben begeistert, und weil sie sich, wie sie es ausdrückten, sofort in die kleine Braut verliebt hatten, luden sie sie über ihren Mann zu einer Bootspartie ein, die sie am darauffolgenden Mittwoch auf dem Lake Washington abhalten wollten.

Lin Fo nahm die Einladung für sich und seine Frau an. Er gab sich ganz vertraut mit den Amerikanerinnen, und jung, wie er war, genoss er die überschwängliche Wertschätzung, mit der sie ihm als gebildetem Chinesen begegneten. Zudem war er der Ansicht, Pau Tsu werde von der Gesellschaft der jungen amerikanischen Damen profitieren und mit ihrer Hilfe die Sitten und die Sprache des Landes erlernen, in dem er ein Vermögen zu machen hoffte.

Wan Lin Fo war ein treuer Sohn des Reichs der Mitte und bedauerte insgeheim alle, die fern seiner Einflusssphäre geboren waren; und doch hatten Amerikaner etwas an sich, das er bewunderte. Zudem hegte er

---

4 Guan Yin, eigentlich eine buddhistische Bodhisattva, die aber im Volksglauben bis heute als Göttin der Barmherzigkeit und der Gnade verehrt wird.

große Hochachtung für einen Wahlspruch, der in seinem Zimmer hing und dessen weise Worte lauteten: «Bist du in Rom, tu es den Römern gleich.»[5]

«In diesem Land ist das, was für den Mann das Beste ist, auch das Beste für die Frau», erklärte er Pau Tsu, als sie auf seinen Vorschlag hin, sie solle Englischstunden bei einer Weißen nehmen, zu weinen anfing.

«Für einen Mann, der hinaus auf die Straße geht», entgegnete sie schluchzend, «mag es das Beste sein, diese neue Sprache zu erlernen, aber was nützt es einer Frau, die doch nur im Haus und im Herzen ihres Mannes wohnt?»

Es kam jedoch nur selten vor, dass sie gegen Lin Fos Wünsche aufbegehrte. Sie war, wie ihre Schwiegermutter es angekündigt hatte, ein gefügiges, frohes kleines Geschöpf. Vor allem aber liebte sie ihren Mann.

Doch je mehr Tage und Wochen vergingen, desto mehr fühlte sich die junge Braut, die ihr Leben bis dato in der Stille und Zurückgezogenheit eines chinesischen Haushalts und mit der Erfüllung ihrer töchterlichen Pflichten verbracht hatte, mit Stickarbeiten und Lauteschlagen, beim Tee und im Gespräch mit sanften jungen Gefährtinnen, von all dem Unbekannten verwirrt, von der Geschäftigkeit dieser neuen Welt, in die sie sich geworfen sah. Trotz Lin Fos Erläuterungen konnte sie nicht begreifen, weshalb von ihr verlangt wurde, die Sprache dieser Fremden zu erlernen und sich ihr Verhalten anzueignen. Ihr Mann sprach doch dieselbe Sprache wie sie. Desgleichen ihr Dienstmädchen. Es brachte sie durcheinander, ständig dies und jenes zu sehen und zu hören – Anblicke und Laute, die für sie noch keine Bedeutung hatten. Wozu war es bloß gut, nahezu jeden Abend Gäste zu empfangen? Gäste, die sie weder verstanden noch sich ihr verständlich machen konnten, allem Lächeln, allen neugierigen Blicken zum Trotz, die sie einer zweiten Waschti – oder besser: Ester[6] – gleich ertrug. Und warum nur, ach,

5 Lat. *«si fueris Romae, Romano vivito more; si fueris alibi, vivito sicut ibi»*; dem heiligen Ambrosius zugeschriebene Sentenz.

6 Beide Frauengestalten sind dem alttestamentarischen Buch *Ester* entnommen: Waschti, die Gemahlin des Perserkönigs Ahasveros, verweigert die Teilnahme am Festmahl ihres Gatten und wird daraufhin von ihm verstoßen. Der König nimmt stattdessen die junge Waise Ester zur Frau, die ihm ihre jüdische Abstammung aber verheimlicht.

warum wurde sie genötigt, ihre Mahlzeiten mit diesem schwerfälligen, mordinstrumentgleichen amerikanischen Werkzeug einzunehmen anstatt mit ihren eigenen eleganten und so leicht zu handhabenden Essstäbchen aus Elfenbein?

Adah Raymond, die ihr auf Lin Fos Bitten hin häufig ihre Aufwartung machte, konnte nicht umhin zu bemerken, dass Pau Tsus schmales Gesicht täglich noch schmaler und magerer wurde und das Lächeln, mit dem Pau Tsu sie stets empfing, zwar reizend blieb, jedoch von Trübsinn gezeichnet war. Ihr weiblicher Instinkt sagte ihr, dass etwas im Argen lag, doch was es war, blieb dem Licht in ihr verborgen. So griff sie nur zu Pau Tsu hinüber, nahm deren schmale, bebende Finger in ihre starke, weiße Hand und drückte sie ebenso liebevoll wie mitfühlend; und die kleine Chinesin blickte in das schöne Gesicht hinauf, das sich über ihres neigte, und dachte sich: «Kein Wunder, dass er sich wünscht, ich wäre wie sie!»

Kam Lin Fo herein, bevor Adah Raymond sich verabschiedet hatte, verwickelte er die Besucherin in eine fröhliche, angeregte Unterhaltung. Sie hatten so vieles von gemeinsamem Interesse zu besprechen, wie es bei jungen Menschen, die schon seit geraumer Zeit in aufstrebenden westlichen Städten leben, stets der Fall ist. Doch für Pau Tsu, die Tee ausschenkte und Konfekt kredenzte, waren es lauter böhmische – oder vielmehr: amerikanische – Dörfer.

«Sieh nur, meine Perle, was ich dir mitgebracht habe», sagte Lin Fo eines Nachmittags, als er die Räume seiner Frau betrat, begleitet von einem Botenjungen, der einen großen Pappkarton mitten ins Zimmer stellte.

Mit Lauten des Erstaunens trat Pau Tsu heran, und nachdem der Botenjunge sich wieder entfernt hatte, durchschnitt Lin Fo die Schnur und zog ein wunderschönes Abendkleid aus Spitze und ein dunkelblaues Kostüm hervor, beide in amerikanischem Stil.

Einen Augenblick lang blieb es still im Zimmer. Lin Fo musterte seine Frau überrascht. Ihr Gesicht war bleich, ihr schmaler Körper bebte, die Hände hatte sie tief in die Ärmel geschoben.

«Aber Pau Tsu!», rief er aus. «Ich glaubte, dir eine Freude zu machen!»

Bei diesen Worten beugte sich die junge Frau über den hauchzarten Spitzenstoff, raffte den Volant in der Hand zusammen und strich ihn auf ihren Knien glatt; dann zeigte sie ihrem Mann ein lächelndes Gesicht und sagte: «Ach, wie gut du doch bist, wie großzügig gegenüber deiner nichtswürdigen Pau Tsu. Mir fehlen die Worte, so sehr überwältigt mich das Glück.» Dann hob sie unter freudigen, bewundernden Rufen die Kleider aus dem Karton und breitete sie sorgsam auf dem Sofa aus.

«Ich möchte, dass du dich wie eine Amerikanerin kleidest, wenn wir ausgehen oder Besuch empfangen», sagte ihr Mann. «Hier in Amerika ziemt es sich, es den Amerikanern gleichzutun. Sicherlich hast du, Licht meiner Augen, bemerkt, dass ich selbst nur zu Neujahr und an unseren traditionellen Feiertagen unsere Landestracht trage und mir einen Zopf anlege. Die Frau hat ihrem Mann in allem zu folgen.»

Ein perlendes Lachen entfuhr Pau Tsu. «In diesem Kleid», sagte sie und berührte das Kostüm, «werde ich aussehen wie deine Freundin, Miss Raymond.»

Sie klatschte fröhlich in die Hände, doch als ihr Mann gegangen war, um sich wieder seinen Geschäften zuzuwenden, sank sie zu Boden und weinte bitterlich.

III

Zur Regenzeit wurde Pau Tsu von einem schlimmen Husten befallen. Als Tochter des südlichen China setzte das kühle, feuchte Klima der Puget-Sound-Region[7] ihrer zarten Lunge empfindlich zu. Lin Fo war in großer Sorge um ihre Gesundheit, und als er eines Nachmittags Adah Raymond auf der Straße begegnete, erzählte er ihr von seiner Angst. Die weichherzige junge Frau folgte ihm umgehend ins Haus. Pau Tsu lag fiebrig und schwer atmend auf ihrem Sofa. Die junge Amerikanerin befühlte ihr Hände und Stirn.

«Sie braucht einen Arzt», sagte sie und nannte den Namen des Hausarztes ihrer Familie.

Pau Tsu schauderte. Inzwischen verstand sie ein wenig Englisch. «Nein! Nein!», rief sie. «Keinen Mann, *keinen* Mann!»

Adah Raymond sah zu Lin Fo empor. «Ich verstehe», sagte sie. «Es

---

7 Rund um eine Bucht im Nordwesten des US-Bundesstaats Washington.

gibt auch etliche Ärztinnen in der Stadt. Lassen wir eine von ihnen rufen.»

Doch Lin Fos Miene war unerbittlich. «Nein!», konstatierte er. «Wir sind in Amerika. Pau Tsu wird sich von Ihrem Arzt behandeln lassen.»

Adah Raymond wollte gegen dieses Machtwort Einspruch erheben, doch die kranke Ehefrau, die es ebenfalls gehört hatte, fasste nach ihrer Hand und flüsterte: «Ich nichts dagegen. Mann ist gut.»

Und so schloss die andere wieder den Mund, denn wenn die Ehefrau nicht gegen den Willen ihres Mannes aufbegehrte, stand ihr selbst das, so empfand sie es, auch nicht zu; dennoch wurde ihr vor Mitleid weh ums Herz, als sie Pau Tsus Brust dem Stethoskop entblößte.

«Es war, als würde ich ein Lamm zur Schlachtbank führen», erzählte sie später ihrer Schwester. «Pau Tsu war ganz starr, die Augen geschlossen, die Lippen zusammengepresst, solange der Arzt im Raum war; doch kaum war er weg und wir beide waren wieder allein, hat sie gestöhnt und gezittert, als hätte es sie um den Verstand gebracht. Ich glaube wirklich, die Untersuchung war für diese kleine Chinesin schlimmer als der Tod. Das Schamgefühl ganzer Generationen weiblicher Vorfahren wurde ans Kreuz genagelt, als ich den Ausschnitt ihres Seidenhemds herunterzog.»

Eine Woche nach der Visite des Arztes schlug Pau Tsu, deren Husten sich dank der Behandlung gelegt hatte, auch wenn sie längst noch nicht wiederhergestellt war, ihre Laute und sang mit leiser Stimme das folgende kleine Lied, das, wie es heißt, auf einem Fächer geschrieben stand, den ein alter chinesischer Kaiser von einer seiner Ehefrauen als Präsent empfing:

«Aus feinster Seide, weiß wie Schnee,
hab ich meinem Herrn einen Fächer gemacht,
rund wie der Vollmond, ungeteilt,
wenn er hell erstrahlt in sternklarer Nacht.

Und wenn mein Herr den Fächer dann
ganz nah dem Herzen schwingt, so fühlt
er sicherlich, wie sanft, wie zart,
wie zärtlich kosend er ihn kühlt.

Nur fürchtet er, dass man im Herbst
ihn gnadenlos ins Kästchen schließt –
und wenn die kalten Stürme wehn,
den armen Fächer ganz vergisst.» [8]

«Warum so trübsinnig, meine Perle?», fragte Lin Fo, der von der Straße hereinkam.

«Wenn ein Vogel sterben muss, klingt sein Lied traurig», entgegnete Pau Tsu.

«Aber du gehörst nicht dem Tod – du gehörst dem Leben», konstatierte Lin Fo, zog sie an sich und blickte in ihr Gesicht, das von Tag zu Tag zarter und durchscheinender erschien.

IV

Ein chinesischer Botenjunge kam die Straße entlanggeeilt, betrat das Geschäft der Firma Wan Hom Hing & Co. und verlangte nach dem Juniorchef. Als Lin Fo vor ihm stand, überreichte er ihm ein zierliches, blumenverziertes Schreiben, sorgsam gefaltet und adressiert. Der Empfänger öffnete es und las:

«Geliebter und hochverehrter Ehemann – Deiner nichtswürdigen
Pau Tsu fehlt es an Mut, sich der Tortur zu stellen, die vor ihr liegt.
Daher hat sie Dich nun verlassen und bittet Dich, wie es in Amerika
Brauch ist, um die Scheidung, auf dass Du mit jener Schönen glück-
lich wirst, die Deiner Pau Tsu so haushoch überlegen ist. Das muss
sie selbst gestehen, denn sie sieht mit Deinen Augen, in denen die
Schöne hell erstrahlt wie ein Stern. Warum sonst solltest Du wün-
schen, dass Deine Pau Tsu ihrem Beispiel folgt? Sie hat sich bemüht,
Deinem Willen zu genügen und wie eine Amerikanerin zu sein; nun

8 Gedicht von Ban Jieyu (48–2 v. Chr.), die Konkubine des Han-Kaisers Cheng, nicht seine Ehefrau. Sie gilt als einzige Dichterin der Han-Dynastie. Die dt. Übersetzung *Der runde Seidenfächer* stammt von Ernst Schwarz (erschienen in: Volker Klöpsch, *Chinesische Liebesgedichte*. Frankfurt am Main 2009, S. 20).

*aber ist sie so müde geworden, und die Furcht vor dem, was vor ihr
liegt, obsiegt.*

Der Stachel in Deinem Fleisch,[9]
Pau Tsu»

Mechanisch faltete Lin Fo den Brief wieder zusammen und stopfte ihn
in seine Brusttasche. Ein Kunde fragte ihn nach dem Preis eines Lack-
tabletts.

«Einen schönen Tag wünsche ich», entgegnete Lin Fo und griff nach
seinem Hut. Verblüfft sahen Kunde und Verkäufer ihm nach, als er den
Laden verließ.

Draußen auf der Straße begegnete er, wie das Schicksal es wollte,
Adah Raymond. Hätte sie ihn nicht angesprochen, er hätte sich abgewandt.

«Fehlt Ihnen etwas, Mr. Wan?», fragte sie. «Sie sind ja kaum wiederzuerkennen.»

«Die Schwere meiner Bedrängnisse könnten Sie kaum ermessen»,
antwortete er und wollte an ihr vorbei.

Doch Adah Raymond blieb hartnäckig. Sie war schon länger in Sorge
um Pau Tsu. «Mit Ihrer Frau liegt etwas im Argen», konstatierte sie.

Lin Fo fuhr herum. «Wissen Sie, wo sie ist?», fragte er mit rasch
erwachtem Misstrauen.

«Aber nein!», rief die junge Frau erstaunt.

«Nun, sie hat mich verlassen.»

Einen Augenblick lang stand Adah Raymond fassungslos da, dann
herrschte sie den verlassenen Ehemann an. «Das geschieht Ihnen
recht!», rief sie. «Ich sehe mir das schon seit einer Weile an: die grausame Willkür, mit der Sie das liebenswürdigste, hinreißendste Wesen
auf der ganzen Welt behandeln!»

«Verzeihen Sie, Miss Adah», erwiderte Lin Fo, «aber ich verstehe
nicht ganz. Pau Tsu ist das Herz meines Herzens. Wie könnte ich da
grausam zu ihr sein?»

«Ach, Sie Dummkopf!», ereiferte sich die junge Frau. «Sie mögen
Chinese sein, aber Sie sind fast so dumm wie ein Amerikaner. Ihre

9 Eine traditionelle chin. Ehrerbietungsformel der Ehefrau.

Grausamkeit bestand darin, dass Sie Pau Tsu zu etwas zwingen wollten, wozu die Natur sie niemals bestimmt hat: Amerikanerin zu werden, sich anzupassen, sich in wenigen kurzen Monaten all unsere Sitten und Gebräuche anzueignen. Mir ist das schon lange klar, aber Pau Tsu war viel zu lieb und sanft, um auch nur einen Fehler an ihrem Mann zu finden, da habe ich es nicht übers Herz gebracht, ihr die Augen zu öffnen – oder Ihnen. Hat sie Sie etwa nicht aus diesem Grund verlassen?»

«Doch», murmelte Lin Fo. Er war vollkommen niedergeschlagen.

«Und aus ein paar anderen Gründen.»

«Aus welchen?»

«Sie ... fürchtet ... den ... Arzt.»

«Das stimmt!» – erbittert – «Schämen Sie sich!»

Lin Fo wollte weitergehen, doch die junge Frau blieb neben ihm und fuhr fort: «Sie wollten, dass Ihre Frau zur Amerikanerin wird, während Sie selbst Chinese bleiben. Denn auch wenn Sie so schlau waren, sich unserem amerikanischen Verhalten anzupassen, sind Sie doch durch und durch Chinese. Glauben Sie, ein Amerikaner würde es wagen, seine Frau so zu behandeln wie Sie die Ihre?»

Wan Lin Fo gab keine Antwort. Er fragte sich, wie er sich bloß hatte wünschen können, seine sanfte Pau Tsu solle werden wie diese zornige Person. Und nun war seine Pau Tsu fort. Die Qual ließ ihn die Gefährtin neben sich und alles, was sie sagte, für den Moment vergessen. Sein Schweigen begütigte die Amerikanerin. Schließlich waren Männer, auch Chinesen, doch nichts als zu groß geratene, tollpatschige Knaben, und sie hielt nichts davon, einen Mann noch zu treten, der bereits am Boden lag. «Aber nur Mut, Sie finden sie bestimmt wieder», sagte sie und schlug unvermittelt einen anderen Ton an. «Sicher hat ihr Dienstmädchen Bekannte in Chinatown, die sie bei sich aufgenommen haben.»

«Wenn ich sie nur finde», sagte Lin Fo voller Inbrunst, «dann ist es mir gleich, ob sie auch nur ein amerikanisches Wort spricht, und ich werde mit ihr nach China reisen, damit unser Sohn dort im Land, das der Himmel liebt, zur Welt kommen kann.»

«Sie können kaum zu viel Abbitte leisten für alles, was sie erlitten hat. Und was Pau Tsus Amerikanisierung betrifft – das kommt schon noch mit der Zeit. Ich bin überzeugt, würde man mich in Ihr Land verpflanzen und mir auftragen, in einem Zeitraum von zwei oder drei Monaten zur Chinesin zu werden, ich wäre eine herbe Enttäuschung für all jene, die solche Hoffnungen in mich setzen.»

Viele Stunden verstrichen, bis sich endlich eine Spur der Verschwundenen fand. Alle Freunde und Bekannten der kleinen Pau Tsu, von denen man wusste, wurden aufgesucht und befragt; doch selbst wenn sie ahnten, wo die junge Frau sich verbarg, gaben sie es nicht preis. Und obwohl Lin Fos Miene vor unterdrückter Angst tiefernst war, galt ihr Mitgefühl gewiss nicht ihm.

Sie waren schon drauf und dran, die Suche verzweifelt abzubrechen, da fiel dem jungen Ehemann ein kleiner Junge auf, der eine Schnur mit blauen Perlen durch die Finger gleiten ließ. Diese Kette, das wusste er, war ein Geschenk Pau Tsus an A-Toy, das Dienstmädchen, gewesen. Er hatte sie selbst gekauft. Als er den Kleinen nun aufhielt und befragte, erfuhr er zu seiner großen Freude, dass seine Frau sich mit ihrem Dienstmädchen im Haus des Jungen aufhielt, in der Obhut seiner Großmutter, die in der Kräuterkunde bewandert war.

Die große Erleichterung ihres Gefährten entlockte auch Adah Raymond ein mitfühlendes Lächeln. «Jetzt wird alles wieder gut», sagte sie, während sie Lin Fo zu dem Haus folgte, das der Kleine ihnen gezeigt hatte. Dort angekommen, schlug sie vor, der junge Mann solle zunächst allein hineingehen. Sie werde in ein paar Minuten nachkommen.

«Miss Adah», sagte Lin Fo, «ich bitte Sie tausendfach um Vergebung, aber vielleicht würden Sie meine Frau ja ein andermal besuchen – nicht gerade heute?» Dann schwieg er, peinlich berührt und beschämt.

In diesem Moment des Schweigens begriff Adah Raymond, was all die Aufregungen des Vormittags – was all das Unglück Pau Tsus eigentlich bedeuteten. «Gott, wie töricht wir Sterblichen doch sind!», sprach sie zu sich selbst, als sie sich allein auf den Heimweg machte. «Ich hätte es ahnen müssen. Was sonst hätte Pau Tsu auch glauben sollen? Sie kommt aus einem Land, wo eine Frau mit keinem anderen Mann als ihrem Ehemann befreundet ist. Wie muss sie hinter ihrem Lächeln gelitten haben! Armes, tapferes kleines Geschöpf!»

Adelaide Casely-Hayford
MISTA COURIFER

Kein Ton war in der Werkstatt des Sargmachers zu hören, das heißt
kein menschlicher Laut. Mista Courifer, ein geachteter Bürger Sierra
Leones, war kein Mann vieler Worte. Seine Lehrlinge wussten das und
wagten nur, das Wort an ihn zu richten, wenn er zuerst sprach. Dann
setzten sie ihre Unterhaltung nur flüsternd fort.

Doch Mista Courifer wusste sehr wohl seine Zunge zu gebrauchen.
Sie pendelte ständig bei jedem Hammerschlag in seinem Mund hin und
her. Aber sein Geschäft im Herzen von Freetown war ein Teil seines
Hauses, und wie er einmal einem Freund gestand, war er aus Notwendigkeit ein schweigsames Mitglied seiner Familie. Seine Frau, die
viel redete, hatte immer das letzte Wort.

«Hat keinen Zweck, mit Frau zu streiten», sagte er bedächtig. «So
wie's kein Zweck hat, Frau Schreinern beizubringen; die wird nie den
Nagel auf den Kopf treffen. Wenn wir streiten, trifft sie alles, nur nicht
den Nagel; und so ist's mit dem Schreinern.»

So blieb sein Mund in Gegenwart seiner Frau meist zu, aber seine
Zunge bewegte sich ständig wie ein Pendel darin. Doch jegliche Form
dieser in seinem Heim praktizierten Selbstbeherrschung geriet völlig
außer Kontrolle in seiner offiziellen Funktion als Prediger des örtlichen
Gotteshauses. Schließlich war Mista Courifer einer der Pfeiler seiner
Kirche. Er verstand es gleichermaßen, eine Gebetsstunde zu leiten, die
Sonntagsschule zu betreuen oder von der Kanzel herab zu predigen.

Seine Stimme zeichnete sich durch einen wunderbaren Umfang der
Tonlagen aus: Er bestand darauf, die meisten Lieder selbst anzustim-
men. Folglich endeten sie fast immer in einem Solo. Wenn er mit einem
Basston begann, stieg er in solch ein *de profundis*[1] hinab, dass seine

---

1 Lat. «aus der Tiefe», der für die Liturgie vielfach vertonte Psalm 130.

Gemeinde sich nur noch in einer darüberliegenden Tonhöhe verhaspeln konnte; wenn er im Sopran begann, schwebte er so hoch hinaus, dass die Kinder ihn mit offenem Mund anstarrten und die Älteren sich in Verwunderung und Erstaunen verloren. Bei seinen Gebeten brüllte, donnerte und überschlug sich seine Stimme so sehr, dass die armen kleinen Schäflein schnell in einen Zustand der Ohnmacht verfielen und aus schierer Angst zu flüstern begannen.

Aber am meisten fühlte er sich auf der Kanzel zu Hause. Gut, alle seine Aufgaben waren auf die entlegenen ländlichen Bezirke von Regent, Gloucester und Leicester beschränkt,[2] womit er keinesfalls zufrieden war. Aber eine dörfliche Gemeinde ist besser als gar keine.

Seine Lieblingsthemen waren Jona und Noah, und er wurde nicht müde, die große Ähnlichkeit zwischen den beiden hervorzuheben. Üblicherweise beendete er seine Ansprache auf diese Art und Weise: «Seht ihr, meine lieben Brüder, diese zwei Männer sind sich sehr gleich. Beide lebten in einer sündhaften und ehebrecherischen Generation. Einer begab sich in eine Arche, der andere in einen Wal. Beide suchten Zuflucht vor den anschwellenden Wellen.

Und so ist es heute, meine lieben Brüder. Es ist egal, ob wir uns in einen Wal oder in eine Arche begeben, solange wir an einem sicheren Ort sind – solange wir Zuflucht finden können, irgendein Versteck vor dem Bösen des Teufels.»

Doch seine Gemeinde war keineswegs überzeugt. Mr. Courifer trug immer Schwarz. Er war einer der Gentlemen in Sierra Leone[3], die glaubten, alles Europäische sei nicht nur eine richtige Sache, sondern das einzig Richtige für die Afrikaner; und da er irgendwo gelesen hatte, dass englische Bestatter im Allgemeinen in gedeckter Kleidung erscheinen, folgte er diesem Beispiel sofort.

Er ging sogar so weit, ein europäisches Haus zu bauen. Während seines kurzen Aufenthalts in England waren ihm der Bau und die Einrichtung der Häuser aufgefallen, und so hatte er sich selbst eines nach dem anerkannten Muster errichtet – ein Haus mit stickigen kleinen Gängen, engen kleinen Treppenfluren und winzigen Zimmern, alle vollgestopft

2 Von der brit. Insel adoptierte Bezirksnamen der Kolonie.
3 Bis 1961 brit. Kronkolonie.

mit Satteltaschen und mit Axminster-Teppichen[4] ausgelegt. Kein Wunder, dass seine Frau reden musste. Es war so hoffnungslos ungemütlich, stickig und unhygienisch.

Mr. Courifer trug also Schwarz. In keinem Augenblick kam ihm der Gedanke, dass Rot angemessener gewesen wäre, viel kleidsamer, weniger teuer und viel nationaler. Nein! Es musste Schwarz sein. Blauschwarz hätte ihm gefallen, aber aus Sparsamkeit trug er ein rostbraunes Schwarz.

Es gab ein Thema, über das Mr. Courifer selbst zu Hause sprechen konnte, obwohl das sonst niemand erwähnte: sein Sohn, Tomas. Mista Courifer hatte große Erwartungen an seinen Sohn. Tatsächlich hegte er insgeheim die Hoffnung, ihn die Spitze der Bürokratie erreichen zu sehen, denn Tomas war im Staatsdienst. Nun gut, nicht ganz oben, aber immerhin war er drin. Es war eine Ehre, von der sein Vater tief beeindruckt war, aber unglücklicherweise schien Tomas nicht ganz so viel davon zu halten. Der Junge, um den es ging, behielt allerdings in Gegenwart seines Vaters seine Meinung für sich. Zwar kleidete er sich irgendwie feminin, aber seine Art zu sprechen war ausgesprochen männlich. Seine Neutralität war keine Frage der Wahl. Schließlich durfte niemand in der Courifer-Familie, außer dem Paterfamilias selbst, irgendetwas wählen.

Von Anfang bis Ende war Tomas' Karriere durchgeplant, und trotz der Tatsache, dass die Natur ihn mit schwarzer Haut und afrikanischem Temperament ausgestattet hatte, sollte Tomas ein Engländer sein. Selbst in seiner äußeren Erscheinung.

Folglich kamen einmal im Jahr mysteriöse Bündel mit der Post. Geöffnet, offenbarten sie die Mode eines Liverpooler Händlers: wundervolle Schottenstoffe in lebhaftem Grün und Blau, extrem dekorative Westen mit kühnen Mustern und Reihen von Messingknöpfen, Socken, die mit dem Regenbogen um die Wette strahlten, und sehr exquisit aussehende Schuhe von sehr feiner Beschaffenheit.

Tomas war aber jetzt kein Jugendlicher mehr und nahm es ziemlich übel, dass seine Kleidung für ihn ausgewählt wurde, als sei er ein kleiner Junge am ersten Schultag. Einmal, wäre seine Schwester nicht

---

4 Teppiche mit samtiger Oberfläche.

rechtzeitig eingeschritten, hätte er die ganze Kollektion fast ins Feuer geworfen.

Die liebe kleine Keren-Happuch, acht Jahre jünger als er und gar nicht attraktiv, mit einem sehr kleinen Körper und einem äußerst großen Herzen. Welch ein Fehler! Die Herzen der Menschen sollten immer in Proportion zu ihrer Größe stehen, sonst geraten die Dimensionen der ganzen Struktur durcheinander und enden oftmals in totalem Kollaps.

Keren war der Typ einer kleinen Person, die von niemandem verehrt wurde, folglich verstand sie sich auf die Kunst, andere hingebungsvoll zu verehren. Tomas war das Objekt ihrer Bewunderung. Ihn überschüttete sie mit dem ganzen Vorrat ihres grenzenlosen Reichtums. Was auch immer Tomas schmerzte, empfand Keren-Happuch als wahre Tortur.

«Tomas!», sagte sie und klammerte sich mit der Hartnäckigkeit einer Bärin an ihn, als sie die zur Verbrennung aufgestapelten Bündel sah. «Willst du! Nicht verbrennen, oh! Der alte Mann wird dich schlagen, oh! Die Sachen sind so schön! Sie gefallen mir selbst viel zu sehr. Ich wollt» – fügte sie wehmütig hinzu –, «ich wär 'n Junge; ich wollt, ich könnte sie gebrauchen.»

Das war eine ganz neue Sichtweise, die Tomas noch nie in den Sinn gekommen war. Keren-Happuch hatte noch nie in ihrem Leben ein Bündel mit englischer Kleidung erhalten. Deshalb schätzte sie diese so sehr.

Zuerst lachte Tomas nur – das überlegene, tollkühne Sich-einen-Dreck-um-die-Folgen-bekümmernde-Lachen der Mutigen vor der Tat. Aber nachdem er diese sehnsüchtigen kleinen Sätze gehört hatte, vergaß er seinen eigenen Ärger und stellte sich seiner Verantwortung als älterer Bruder.

Ein paar Sonntage später marschierte Tomas Courifer, Jr., in seiner ganzen Liverpooler Pracht den Gang der kleinen Kapelle in Wesley entlang, begleitet von einer freudig erregten kleinen Keren-Happuch, deren natürliche Unattraktivität durch ein leuchtend kirschrotes Kostüm – eine heterogene Masse aus Fransen und Pelzen – noch verstärkt wurde. Aber der Glanz ihrer Kleidung konnte bei Weitem nicht ihr strahlendes Lächeln übertreffen. Tatsächlich schien es die ganze Kirche zu erleuchten und die übliche Melancholie zu vertreiben, die der Erzählung von Jonas Leidensweg vorausging.

Leider hatte Tomas eine sehr schlechte Meinung vom Staatsdienst und Keren im Affekt anvertraut, er beabsichtige, bei der erstbesten Gelegenheit hinzuschmeißen. Seine Schwester protestierte vergeblich. Sie hob die mit seiner Arbeit verbundenen Vorteile hervor – die Ehre, die Pension – und die furchtbare Nemesis über dem Haupt eines jeden, der den Zorn des Familienoberhauptes auf sich zieht.

«Warum willstu sie aufgeben, Tomas?», fragte sie verzweifelt.

«Weil ich noch nie einen richtigen Urlaub hatte. Ich bin seit viereinhalb Jahren in dem Büro und habe bisher noch keine ganze Woche freigehabt. Und», fuhr er vehement fort, «diese weißen Kerle kommen und gehen, und ein Neuer stößt um, was sein Vorgänger aufgebaut hat, und dessen Nachfolger stößt um, was er aufbaut. Alle bleiben nur eineinhalb Jahre. Dann sind sie vier Monate weg und beziehen die ganze Zeit über ein fettes Gehalt, von Reisespesen ganz zu schweigen, während ein armer Afrikaner wie ich das ganze Jahr durcharbeiten muss, ohne die geringste Aussicht auf eine anständige Atempause. Aber du brauchst keine Angst zu haben, liebe Keren», fügte er tröstend hinzu. «Ich kündige nicht. Ich werde mich einfach so schlecht benehmen, dass sie mich rausschmeißen, und dann kann mein Alter nicht mehr viel sagen.»

So kam es, dass, als Tomas eine Zigarette paffend zum vierten Mal um 9 Uhr statt um 8 Uhr morgens ins Büro schlenderte, Mr. Buckmaster, der bis dahin diskretes Schweigen gewahrt und seine Augen geschlossen gehalten hatte, sie jetzt weit öffnete und ihm eine scharfe Rüge erteilte. Tomas' Gewissen war zutiefst erschüttert.

Mr. Buckmaster war einer der wenigen weißen Männer, die er zutiefst respektierte. Ja, im Grunde seines Herzens empfand er tatsächlich ein heimliches Bedauern. Aus Furcht, ihn zu verletzen, war er so lange auf seinem Posten geblieben. Erst vor Kurzem hatte er erfahren, dass sein Chef in Urlaub gehen würde. Da hatte er beschlossen, sich für immer von einem Dienst zu verabschieden, in dem er so schäbig behandelt worden war. Er war ein eifriger Leser von Groschenzeitungen … und er wusste, dass der einfachste Verkäufer in England ein Recht auf zwei Wochen Urlaub im Jahr hatte. Deshalb war es lächerlich, sich darüber zu streiten, ob er als Afrikaner, der in Afrika arbeitete, keinen Urlaub brauchte. Alle seine Urlaubsanträge verschwanden stillschweigend in Schubladen, vertagt auf einen passenderen Zeitpunkt.

«Courifer!», sagte Mr. Buckmaster streng. «Kommen Sie bitte in mein Privatbüro.»

Und Courifer wusste, dass dies der Anfang vom Ende war.

«Ich nehme an, Sie wissen, dass die Bürostunden täglich von 8 Uhr morgens bis 4 Uhr nachmittags sind», begann Mr. Buckmaster mit frostiger Stimme.

«Ja, äh – Sir!», stammelte Courifer, das Herz in seinem Mund, geschürzt zu einem festen Seemannsknoten.

«Und ich nehme an, Sie wissen auch, dass Rauchen im Büro strengstens verboten ist?»

«Ja, äh – äh – Sir!», stotterte der junge Mann.

«Nun, bisher» – der Tonfall blieb der gleiche – «habe ich in Ihnen immer einen mustergültigen Angestellten gesehen, zuverlässig, pünktlich, genau und ehrlich, aber in den letzten zwei oder drei Wochen habe ich nur Klagen über Sie gehört. Was ich selbst bemerkt habe, lässt mich befürchten, dass diese nicht unberechtigt sind.»

Während er sprach, stand Mr. Buckmaster auf, nahm einen Schlüsselbund aus seiner Tasche, öffnete die Schublade seines Schreibtisches und zog einen Stapel Papiere hervor. «Das ist Ihre Arbeit, nicht wahr?», sagte er zu dem jungen Mann.

«Ja, äh – äh – Sir!», stotterte dieser und sah beschämt auf die verschmutzten, mit Tintenflecken beschmierten, getippten Seiten.

«Also dann, was, um Himmels willen, ist los mit Ihnen, so eine Arbeit zu liefern?»

Tomas schwieg für ein oder zwei Momente. Er nahm seinen Mut zusammen, um in das strenge Gesicht seines Chefs zu blicken. Als er aufsah, schien die Strenge dahinzuschmelzen, und er sah dort echte Besorgnis.

«Bitte, äh – Sir!», stammelte er. «Darf – ich – äh – Ihnen einfach alles sagen?»

Eine halbe Stunde später verließ ein sehr stiller, kleinlauter, reumütiger Tomas Courifer das Büro durch eine Seitentür. Mr. Buckmaster folgte etwas später mit wachsendem Respekt vor der Stärke und Beständigkeit, die dieser westafrikanische Heranwachsende an den Tag gelegt hatte.

Sechs Wochen danach war Mista Courifer gerade wieder damit beschäftigt, seine Zunge hin- und herpendeln zu lassen. Als er von seiner Arbeit aufblickte, stand ein Europäer in der Tür.

Der Bestatter fand gleichzeitig seine Sprache und einen Stuhl. «Guten Tag, Sah!», sagte er und staubte den Stuhl ab, bevor er ihn seinem Besucher anbot. «Ich hoffe, Sie wollen keinen Sarg, Sah!», sagt er. Das war eine bodenlose Lüge, denn nichts erfreute ihn mehr, als für einen Europäer einen Sarg zu machen. Da konnte er sich immer des Geldes sicher sein. So gutes Geld – wenn auch nach etwas Lamentieren bezahlt, aber auf den Punkt und ohne jeglichen Abzug. Mit seinen eigenen Leuten war es anders. Sie ließen sich Zeit, handelten, feilschten, rechneten ihm detailliert alle ihre anderen Ausgaben vor, und dann, nachdem sie ihn wochenlang hatten warten lassen, schickten sie ihm schließlich die Hälfte des Betrags, mit der ernst gemeinten Ermahnung, er solle dafür dankbar sein.

Mr. Buckmaster nahm den angebotenen Stuhl und antwortete liebenswürdig: «Nein, danke. Ich habe noch nicht die Absicht zu sterben. Ich kam zufällig vorbei und dachte, ich könnte mal mit Ihnen über Ihren Sohn sprechen.»

Mr. Courifer jubelte innerlich vor Freude und Erwartung. Vielleicht wollten sie seinen Sohn zu so etwas wie einen Unterstaatssekretär machen. Was für eine unerwartete Ehre für die Courifer-Familie. Was für ein Aufstieg in ihrem sozialen Status. Was für eine Erhöhung gegenüber ihren Nachbarn. Wie gütig Gott war!

«Sie wissen doch, dass er in meinem Büro ist?»

«O ja, Sah. Er spricht oft von Ihnen.»

«Nun, ich fahre bald nach Hause, und da ich vielleicht nicht nach Sierra Leone zurückkehre, wollte ich Ihnen sagen, dass ich ihm jederzeit gerne ein anständiges Zeugnis ausstellen würde.»

Mr. Courifer verlor fast die Fassung. Was für ein Absturz! «Ja, Sah», antwortete er ziemlich verunsichert.

«Ich kann ihn als beständig, ausdauernd, zuverlässig und vertrauenswürdig sehr empfehlen. Sie können sich jederzeit an mich wenden, wann immer Sie so etwas benötigen.»

War das alles? Was für eine Enttäuschung! Immerhin könnte so etwas nützlich sein.

Mr. Buckmaster war Engländer, und ein Zeugnis von ihm wäre gewiss ein wertvoller Besitz. Er presste seine Handflächen aneinander, als er sagte: «Nun, ich bin Ihnen sehr verpflichtet, Sah, äußerst verpflichtet. Da die Zeit knapp ist und wir nie wissen, was der nächste Tag bringt, würde es Ihnen etwas ausmachen, das Zeugnis jetzt zu schreiben, Sah?»

«Gewiss nicht. Wenn Sie mir ein Blatt Papier geben, mache ich das sofort.»

Noch bevor Tomas am Abend von der Arbeit nach Hause kam, war das Zeugnis schon gerahmt und hing inmitten des mottenzerfressenen Samtes im Wohnzimmer.

Am darauffolgenden Montagmorgen platzte Courifer, Jr., in die Werkstatt seines Vaters und brachte sowohl die Bank des Tischlers als auch den schweigsamen, in seine Arbeit vertieften Lehrling aus dem Gleichgewicht.

«Nun, Sah?», stieß sein Vater hervor und musterte ihn empört. «Du bist sehr spät dran. Warum gehst du heut Morgen nicht ins Büro?»

«Weil ich zwei ganze Monate Urlaub habe, Sir! Stellen Sie sich vor – zwei ganze Monate, in denen ich nichts tun muss, als mein Leben zu genießen!»

«Tomas», sagte sein Vater feierlich und musterte ihn über seinen Brillenrand hinweg, «du musst lernen, Särge zu machen. Jetzt ist eine gute Gelegenheit dafür.»

Sotto voce: «Ich will verdammt sein, wenn ich das mache!» Laut: «Nein, danke, Sir. Ich werde lernen zu lieben, und danach lerne ich, wie ich mir eine schöne Lehmhütte baue.»

«Und wer ist dieses Mädchen, das du heiraten willst?», donnerte sein Vater und ging ganz bewusst nicht auf den zweiten Teil der Mitteilung ein.

Ein breites Lächeln erhellte Tomas' Gesicht. «Sie ist ein sehr nettes Mädchen, Sir, ein sehr nettes Mädchen. Sehr ruhig – und zärtlich und süß, und sie redet nicht zu viel.»

«Verstehe. Ist das alles?»

«O nein. Sie kann nähen und sauber machen und ein schönes kleines Heim schaffen. Und sie ist sehr vernünftig. Sie wird eine gute Mutter sein.»

«Ja, nichts besser als das!»

«Sie ist lange zur Schule gegangen, liest schöne Bücher, und sie schreibt, oh, so einen schönen Brief», sagte Tomas und tätschelte liebevoll seine Brusttasche.

«Verstehe. Nehme an, sie kann gut kochen?»

«Das weiß ich nicht, aber ich glaube nicht, und es ist auch nicht so wichtig.»

«Was?», brüllte der alte Mann. «Du willst mir sagen, du denkst daran, dir eine Frau zu nehmen, die nicht kochen kann?»

«Ich will sie heiraten, weil ich sie liebe, Sir!»

«Das ist ja gut. Aber in unserem Land geht die Liebe immer durch den Magen. In unserem Land will der schwarze Mann keine Frau, die nicht kochen kann! Das ist die erste Voraussetzung. Deine Mutter kann kochen.»

«Deshalb war sie all die Jahre für dich nichts anderes als eine erbärmliche Arbeitssklavin», dachte der junge Mann. Er blickte sehr ernst, als er wieder sprach: «Diese Art Leben in unserem Land ist überhaupt nicht schön, Sir. Ich will keine Frau als Küchensklavin, die immer die besten Koteletts für ihren Mann zubereitet, der sich dann alleine hinsetzt und das Beste von allem selbst isst, während sie und die Kinder nur bekommen, was er übrig lässt. Nein, danke! Und überhaupt, Sir, Sie sagen mir ständig, ich soll wie ein Engländer sein. Deshalb versuche ich ja, im guten Englisch mit Ihnen zu sprechen.»

«Ja, das ist in Ordnung. Das ist sehr gut. Aber ich will, dass du wie ein Engländer aussiehst. Ich sage nicht, du musst sie in allem nachmachen!»

«Nun, Sir, selbst wenn ich mich bis zu meiner letzten Stunde darum bemühen würde, werde ich nie wie ein Engländer aussehen, und ich weiß auch nicht, ob ich das will. Aber es gibt einige englische Gebräuche, die mir wirklich sehr gut gefallen. Ich mag die Art und Weise, wie weiße Männer ihre Frauen behandeln. Mir gefällt ihr Familienleben; ein Leben, in dem Mutter und Vater und die kleine Familie alle beisammensitzen und gemeinsam essen.»

«Verstehe», entgegnete sein Vater sarkastisch. «Und wer wird das Essen zubereiten? Willst du sagen, mit deinen vier Pfund im Monat könntest du eine professionelle Köchin anstellen?»

«Oh, das sage ich nicht, Sir. Und ich bin sicher, wenn Accastasia jetzt noch nicht kochen kann, wird sie es noch vor unserer Heirat können. Ich möchte, dass Sie nur eins verstehen: Ich werde sie heiraten, ganz gleich ob sie kochen kann oder nicht.»

«Sehr gut!», schrie sein Vater, voller Zorn, «aber anstatt eine Lehmhütte zu bauen, fängst du am besten damit an, ein Irrenhaus zu planen.»

«Danke, Sir, aber ich weiß, was ich will. Eine Lehmhütte wird fürs Erste genau das Richtige für uns sein.»

«Eine Lehmhütte!», stieß sein Vater voll Abscheu hervor. «Du bist an ein feines englisches Haus mit Treppen und Balustraden und dicken Teppichen und schönen Möbeln gewöhnt. Willst du in einer Lehmhütte wohnen? Du undankbarer Junge, du bringst Schande über mich, oh!»

«Meine Güte, nein, Sir, ich will Sie nicht beschämen. Es wird eine schöne, saubere, geräumige Lehmhütte sein. Was wichtiger ist, es wird ein gemütliches, kleines Zuhause sein, gerade groß genug für zwei. Ich werde die Wände hellgrün tünchen, so wie die Räume der Direktorin von Kerens Schule.»

«Woher kennst du die Zimmer der Frau?»

«Weil Sie mich zwei- oder dreimal dorthin geschickt haben, um Kerens Schulgebühren zu bezahlen. Da habe ich mir die Wände angesehen, und sie haben mir sehr gut gefallen.»

«Aha, und was wirst du sonst noch machen?», fragte sein Vater ironisch.

«Ich werde ein paar schöne Korbsessel von den Inseln bestellen und ein paar Stücke gutes Linoleum für den Boden und dann ...»

«Und dann was?»

«Dann führe ich meine Braut heim.»

Mr. Courifers Vorbehalte wurden mit jedem Moment größer. Eine Lehmhütte! Das war sein Sohn – die Hoffnung seines Lebens! Ein Regierungsangestellter! Fast ein Engländer! In einer Lehmhütte wohnend! Seine Abscheu kannte keine Grenzen. «Du undankbarer Kerl!», bellte er. «Du bringst Schande über mich. Du erniedrigst deinen armen Vater. Du wirst deine Stellung im Büro verschlechtern.»

«Tut mir leid, Sir», antwortete der junge Mann. «Ich möchte Sie nicht kränken. Ich bin Ihnen dankbar für alles, was Sie für mich getan haben. Aber ich habe eine Gehaltserhöhung erhalten, und ich will mein eigenes Heim haben, was doch nur natürlich ist, und» – er blickte seinem Vater direkt ins Gesicht, während er unbeirrt fortfuhr – «ich kann Ihnen auch gleich sagen, dass Sie keine Anzüge aus Liverpool mehr für mich zu bestellen brauchen.»

«Warum nicht?», donnerte sein wütender Vater und nahm seine Brille ab, um sie nicht auch noch zu beschädigen.

«Nun, es tut mir leid, Ihnen Kummer zu machen, Sir, aber ich habe die ganze Zeit versucht, nach Ihren europäischen Standards zu leben. Jetzt werde ich das ein für alle Mal sein lassen. Ich wende mich wieder der traditionellen Kleidung des Volkes meiner Mutter zu. Wenn ich das nächste Mal in die Kirche komme, dann als ein Wolof.»

Schon am nächsten Sonntag sah der zutiefst schockierte Mista Courifer seinen Sohn den Gang der Kirche entlangkommen. Er trug weite Hosen und den hellen losen Überwurf eines Wolofs aus Gambia. An seinem Arm schritt eine schöne junge Braut mit schokoladefarbener Haut, ebenfalls in traditioneller Kleidung. Der Anblick entnervte Mr. Courifer so sehr, dass er keinen klaren Gedanken mehr fassen konnte. Er erinnerte sich noch nicht einmal mehr an Jona und den Wal, und aus seinem Mund kam kein einziges Wort mehr. Der Gottesdienst musste in eine Gebetsstunde umgewandelt werden.

Mister Courifer ist nun nicht mehr der örtliche Prediger. Er macht jetzt nur noch Särge.

Else Lasker-Schüler

PARADIESE

Überall hängt noch ein Fetzen Paradies. Gehst du auch daran vorüber –
nur einige Menschen erkennen wieder das schimmernd erhaltene
Beet allererster Heimat. Die ganze Welt war einmal ... Paradies, eine
glühende Melone am Zweig der Ewigkeit und fiel Gott in den Schoß.
Bis die Angst das erste Menschenpaar erfasste, sich unsere paradiesische Welt verfinsterte und aus dem Gleichgewicht kam. Angst dunkelt
und Gleichgewichtverlieren erzeugt angstvolle Finsternis. So erlosch
die noch zarte Erlichtung im Kelch der Paradieswelt. Blauangedeutet
hing der Himmel über die junge Erde, auf der Gott das Wasser von
Land getrennt. Aus einer Handvoll Erde schuf Er nach Seinem Bilde
den ersten Menschen. Hellsieht wohl jeder einmal im Traum, gar im
Wachen jene Landschaft, die ihm vorbekannt erscheint. Aber sie selbst
ist es ja gar nicht, die den Träumenden oder den Wanderer überrascht.
Es blendet uns immer nur ihre ungetrübte paradiesische Beleuchtung, die unser Auge verlernt hat zu ergreifen, das Urlicht, das innige
Gesicht des Ursprungs. Früher zogen wir manchmal zusammen durch
den Wald. Einmal brach einer von uns jäh zusammen mit dem Ausruf:
«Hier war ich ja schon einmal vor dem Leben!! ...» Beinahe wäre er
uns in den kleinen plätschernden Bach gefallen; kein Hysteriker etwa,
der ohnmächtig wurde, aber ein aus seines Herzens kühlstem Grund
hervorgeholter und erwachter Skeptiker. Gerade den überwältigte läh-
mend der Urblitz der Erkenntnis. Vom Einband der Welt holen sich
die Menschen ihre Weltanschauung. Es sind die Menschen mit der
Weltanschauung. Aber die Welt schaut uns an. Wie unkindlich sind
eigentlich diese gelehrten Menschen mit der Festlegung ihrer Welt.
Nicht wahr? Nur der sich öffnet den Möglichkeiten, zu dem kommen
die Möglichkeiten, die Wandlungen der Zeit: Gottvaterlandschaften.
Ich will dir noch was erzählen. Eine Indianersage. Kann sein, dass sie

wahr ist. Der unwirsche Hirschkäfer bemerkte einmal einen Baum zwischen anderen Bäumen stehen; sie waren eigentlich allgleich und der Wind vermittelte ihre Unterhaltung untereinander. Und als der Indianer dabei war, sich auf dem Gras unter den Ästen des einen Baumes auszustrecken, schlängelte sich eine Flamme über seinen Körper, wie er nie weißer und weiser eine vorher gesehen hatte. Da erkannte er, wie recht seine kupferrote Freundin, «die beflaggte Windeseile» hat, wenn sie meint: «Es gibt noch was, wovon wir keinen Schimmer haben.» Wie gesagt, fast jeder Mensch erlebt einmal das Gesicht des Paradieses. Ich meine, er erkennt das liebende Licht ungetrübt über unserer Welt. Unser aller Korn war ja schon gesäet am sonnigen Abhang der ersten Menschin und eine Begegnung mit dem Paradiesfetzen bedeutet ein Wiedersehen der Heimat. Überall hängt noch ein Überbleibsel Edens, selbst am Lärm der Stadt. Ein lichtes Wort, ein magisches Blatt, die silberne Wolke hoch, in der Kleinodie Liebender, im Kusse der Lippe liebentlang. Die noch lichte Welt war die gestaltgewordene Liebe, die junge Gottheit selbst. Wir alle suchen nach dem Fetzen Paradies mit der Inbrunst unserer ganzen Kraft. Sein verfinstertes Licht ist Gottesgeheimnis. Aber das Licht ist die Liebe, die nicht ganz auszulöschen ist. Darum hängt überall noch ein Strahl zauberisch, der deinen Kuss küsst. Hüte sich der Skeptische, dass sein Fetzen Paradies nicht einschrumpft oder bittert auf seiner Waage. Liebe ist nicht zu erwägen.

Wer nicht an einen Menschen sein Paradies verschenken kann, wird seine Liebe auch nur notdürftig der Menge reichen. Darum prahle mir niemand mit seiner Weltenliebe, mag auch der einzelne Mensch nur ein Blutsternlein sein; oft zwar repräsentiert er ein ganzes Volk. Wer vom Paradies lernen will, setze sich unter die Bäume, unter einem einzigen paradiesischen Blatt lässt sich schon säumen. Sein ganzer Zweig sehnt sich nach dem Ewigkeitslichte. Seiner Ehrwürden Pflanzlichkeit dem Ahorn bin ich zum höchsten Dank verpflichtet für seine Paradiesweisheit: das winzige Leben der Welt sehnt sich zu entdunkeln. Der Fisch erhellt den Fluss, der Berg strebt nach der blauen Wolke Umarmung. Der Plan zur Welt trug schon im Umriss der Liebe erkennendes Licht als Exlibris. Wir alle suchen nach dem Fetzen Paradies, er birgt den ungetrübten Glanz der Welt der Liebe. Alle möchten wir wie Weihnachtsbäume angezündet werden. Wenn schon ein Lichtchen brennt, gar wenn wir ganz im Lichte stehen!! Im Keller aber lagern schon die meisten Menschen, die Armen!! Selbst die Dirne sehnt sich im Unterbewusstsein nach dem Paradiesüberbleibsel. Ihr Gewerbe ist nur Vorwand. Die Liebe ist immer ein psychischer Besitz, die Sexualität ihr Kelch. Die Sexualität zu verwerfen also, hieße den Leib nicht achten, der die Seele beherbergt. Irrig geschieht dies des Öfteren. Aber zu verdammen dünkt mich die Sexualität, die nicht nach der Liebe Paradies sucht, ebenso der Körper, der seine Seele ungastlich birgt und verkommen lässt. Die romantisch angehauchte Jungfrau, sollte es noch ein paar geben, verachte nicht die nächtliche Draufgängerin; die zweite schon jagt im Grunde nur dem Paradiesfetzen nach. Ich lobe mir den Don Juan, der durch alle Herzen hindurch nur die eine Paradiesische sucht! Selbstverständlich gibt es eine Liebe, zubereitet im Liebeslichte Gottostens, die des Kelches nicht bedarf. Sie entsteht im Gespräch, das zum Konzert wird. Solcher Engelwerdung war ich selbst Zeugin. Aus dem Worte der Gottheit prangten die großen Erzengel. Der Paradiesfetzen jeder Lichtnuance hinterlässt dem Offenbarten bedeutsame Spur. Die Folge aber unserer verfinsterten Paradieswelt ist: Kurzsichtigkeit bis zur Blindheit, Fehde, Herrschsucht, Hass und Krieg, und das Erkennen der Liebe scheint nur mager über die Welt und durch die Herzen der Menschen. Aber das Paradies lebt, wenn auch heimlich, in der Ampel der Welt. Nur sein ungetrübter Strahl vermag die Welt wieder zu erlösen, seine Liebe die Menschheit. Ja, wenn wir alle bemüht wären, den kleinen übrig gebliebenen Fetzen Paradies wieder zur Entfaltung zu bringen, spielten wir bald im Paradiese. Aber wir Menschen würden uns sicher schon gegenseitig umgestoßen haben, wenn wir nicht wie die Sterne ein astrologisches Gesetz befolgen müssen. Wir müssen doch wohl schon von ehemals her ein Juwel zu bewahren haben, den Rubin der Liebe des Paradieses! Ich kenne Freunde, die an Paradiesangst leiden, einer Angst, die sich nur von der Verfinsterung der Welt ableiten lässt. Dumpfe Gewohnheit unterschlägt der Mehrzahl der Menschen diese Urqual. Gelingt es dem Gequälten, sich umzublättern in die Gegenwart, so genügt das Auflehnen einer kleinen Blutwelle seines Herzens, die vergilbte Seite vom Vorerinnern wieder aufzuschlagen. Und wie es unserer verfinsterten Welt geschah, gerät auch der von Angst verdunkelte Mensch aus dem Gleichgewicht. Wer diese Urqual erlebte, weiß, wie die Erde litt, als ihr der Paradiesschein – die Liebe! – vom Haupte glitt.

Es fragte mich ein ganz reiner Mensch, ob ich lieben könne, wie Gott liebe. Ich antwortete «nein». Aber er habe allein die Berechtigung, mich danach zu fragen, denn in seinem Auge leuchte mein Paradies.

Grazia Deledda

DER MUFFLON

Der Knecht stammte aus den Bergen; er hieß Proto. Klein und gedrungen von Statur, sah er mit seinem wallenden, viereckigen Bart von röt-
licher Farbe und seinen grünlichen Augen fast wie ein Mönch aus. Da
er in der Tat sehr fromm und einfachen Gemüts und von angeborener
franziskanischer Güte war, erzählte er auch immer Heiligenlegenden,
obwohl Andrea und Cosima lieber Räubergeschichten gehört hätten.
Doch die überließ er dem andern Knecht, der mit den von der Polizei
verfolgten Flüchtlingen und mit den Banditen befreundet war. Um seine
kleinen Herrschaften zufriedenzustellen, wählte Proto den Mittelweg
und erzählte lange Märchen, die wie Romane klangen.

«Was ich heute erzähle», begann er eines Abends, «ist nicht erfunden; es hat sich wirklich zugetragen, als ich Kind war. In meinem Dorf
ist der Winter länger und härter als hier, denn wir leben in den Bergen.
Die Hirten müssen mit den Herden zum Überwintern ins Tal hinab-
ziehen, die Frauen verlassen das Tal nie, und die Mufflons steigen von
den Höhen hinunter, um Nahrung zu suchen.»

«Auch die Wölfe?», will Andrea wissen.

«Nein, Wölfe gibt es dort keine. Wir sind gute Menschen, und auch
die Tiere sind gut. Kein Tier ist sanfter als der Mufflon, eine Art wilde
Ziege, nur schöner und behänder als die Hausziege, und völlig harmlos.
Die Jäger, die ihn erlegen und oft von weit her kommen, sind viel grausamer als der wildeste Mufflon. Eines Tages drang eines dieser guten
Tiere, von Hunger getrieben, bis zum letzten Haus des Dorfes vor und
strich die ganze Nacht ums Haus herum. Nun müsst ihr wissen, dass in
diesem Hause ein Mädchen lebte, dessen Verlobter, ein reicher Schaf-
hirt, vor einem Monat zu den Weideplätzen im Süden aufgebrochen
war. Während der Reise aber war er krank geworden und hatte eine
Lungenentzündung bekommen und lag nun in einem fernen Dorf dar-

nieder, während seine Knechte mit der Herde weiterzogen. Das Mädchen litt schweren Kummer, weil es seinen Verlobten hatte aufsuchen
wollen, aber die Eltern hatten es nicht erlaubt. Nun weinte sie unaufhörlich und konnte des Nachts keinen Schlaf finden. So hörte sie das
leise Rascheln, das der Mufflon verursachte, als er um das Haus strich.
Im ersten Augenblick erschrak sie, weil sie meinte, es seien Diebe; dann
dachte sie, der Verlobte sei vielleicht gestorben und sein Geist zur Stätte
ihres Glücks zurückgekehrt, um sie aufzusuchen. Da stand sie auf und
öffnete das Fenster. Die Nacht war kalt, aber klar und ohne Schnee.
Der Mond beleuchtete den Berghang, der sich bis zum Haus hinunter
ausdehnte. Und in der Helle erblickte das Mädchen den Mufflon, der
auf der Suche nach Nahrung bald hier, bald da schnupperte. Es war
ein anmutiges Tier. Sein kupferfarbenes Fell glänzte in der Kälte, und
seine großen, sanften Augen funkelten im Mondlicht. Sie dachte: ‹Das
ist bestimmt sein Geist, der diese Gestalt angenommen hat, um von
mir Abschied zu nehmen, ehe er in die andere Welt eingeht.› Sie stieg
in die Diele hinab und machte die Tür halb auf, doch das Tier lief weg.
Da setzte sie ihre Kapuze auf und ging zu einem verfallenen Mäuerchen
unten am Berghang. Doch der Mufflon kam nicht zurück, und sie war
überzeugt, dass es sein Geist nicht gewesen sein konnte. Sie kehrte ins
Haus zurück und stellte einen Korb mit Heu und Gerste vor die Tür;
bald darauf hörte sie das Wiederkäuen des ausgehungerten Tieres. Die
Nacht darauf wiederholte sich das Gleiche. In der dritten Nacht ließ sie
die Tür offen und stellte den Korb auf die Schwelle. Neben dem Herd
sitzend sah sie, wie das Tier näher kam, zurückwich, wieder näher kam
und schließlich fraß. In der vierten Nacht stellte sie den Korb in die
Küche neben die geöffnete Tür, und das Tier überwand seine Scheu und
trat herein. So wurden sie allmählich zu Freunden; sie gewann ihren
Schützling so lieb, dass sie darüber ihren eigenen Kummer beinahe vergaß. Jede Nacht wartete sie auf ihn, und wenn er sich einmal verspätete,
wurde sie unruhig. Aus Angst, jemand könne das Tier verjagen, sprach
sie mit keinem Menschen über ihr Abenteuer; nur ihrem Verlobten erzählte sie es, als der im Frühjahr gesund zurückkehrte. Der Mufflon
stieg jetzt nicht mehr von den Bergen herunter; er litt keinen Hunger
mehr, auch hielten sich die Leute bei schönem Wetter im Freien auf und
hätten Jagd auf ihn machen können. Das Mädchen glaubte, sie würde

ihn nie mehr wiedersehen. Im Herbst heirateten sie, und mit Beginn des Winters musste ihr Mann mit der Herde, den Knechten und den Hunden wieder davonziehen. Und noch in derselben Nacht, einer eiskalten Nacht, kam der Mufflon wieder. Sie hörte, wie er mit den Hörnern an die Tür stieß, und stand auf, um ihm klopfenden Herzens zu öffnen ...

Die Geschichte begann von Neuem. Der Mufflon bewegte sich vertraut in der Küche und legte sich wie ein Hund neben das Feuer, die junge Frau aber erzählte ihm halblaut alles, was sie erlebt hatte. Sie war nicht abergläubisch; sie glaubte nicht wie die anderen Frauen des Dorfes, dass sich die Geister und oft auch lebende Menschen, vor allem des Nachts, in Tiere verwandeln. Einen Augenblick lang hatte sie daran geglaubt, als der Mufflon das erste Mal erschienen war und sie sich wegen der Krankheit ihres Verlobten Sorgen gemacht hatte. Jetzt aber, da sie glücklich war, hielt sie das Tier zwar für ein ungewöhnliches Wesen, aber doch nur für ein schlichtes Tier, das ihr zugetan war. Und auch sie war ihm zugetan; sie hätte es am liebsten bei sich behalten; es tat ihr aber leid, dass es gefangen bleiben sollte. So öffnete sie ihm nach dem üblichen Besuch wieder die Tür.

Und jetzt kommt das Merkwürdige. Zu Weihnachten kehrte ihr Mann zurück. Sie wusste nicht, ob sie ihm ihr Erlebnis erzählen sollte oder nicht; sie konnte jedoch eine gewisse Unruhe nicht verbergen und stellte wie in den ersten Nächten den Korb mit Heu und Gerste vor die Tür. Am nächsten Morgen fand sie ihn unberührt, ein Zeichen, dass das Tier nicht da gewesen war. Und alle Nächte hindurch, als der Mann im Dorf weilte, erschien es nicht. Da konnte sich die junge Frau eines abergläubischen Gefühls nicht erwehren. Der Mufflon musste doch etwas Menschliches an sich haben; für ein wildes Tier hatte er zu viel Verstand. Anderseits dachte sie, man habe ihn vielleicht getötet, und empfand einen leisen Schmerz. Der Mann merkte es und wusste nicht, ob er darüber lachen oder ihr zürnen sollte. Man hatte ihm nämlich berichtet, im Dorf gehe das Gerücht um, seine Frau habe, obwohl erst wenige Wochen verheiratet, des Nachts einem geheimnisvollen Fremden die Tür geöffnet, der von weit her gekommen sei und so rasch laufe, dass man ihn nicht erkennen könne.

Und wieder zieht der junge Ehemann davon. Wieder ist die Hütte ohne ihn verlassen, das Dorf liegt in tiefem Schnee. Die junge Frau wacht, sie wartet auf ihren Freund, doch ohne große Hoffnung, ihn wiederzusehen. Aber der Mufflon kommt, wie von einem übernatürlichen Instinkt getrieben. Zitternd empfängt sie ihn, gibt ihm zu fressen, liebkost ihn und fühlt, wie er bebt und keucht; beinahe erwartet sie, dass er mit ihr spricht. Und ihr fällt auf, dass das Tier diesmal keine Eile zeigt, wieder fortzugehen, und sie ist von Neuem versucht, ihn dazubehalten. Was wäre denn auch Schlimmes dabei? Endlich entschließt sie sich, die Tür wieder zu öffnen, und der Freund trollt davon. Eine Weile vergeht – dann fällt hinter der verfallenen Mauer, die weiß von Schnee ist, ein Schuss: Das Tier stürzt zu Boden. In der großen Einsamkeit hört man die Hunde bellen, da und dort öffnet sich ein Fenster. Die junge Frau ahnt Böses. Sie wartet ab, bis alles wieder ruhig ist; dann geht sie hinaus, schreitet im hellen Schnee bis zur Mauer und findet den getöteten Mufflon; in seinen weit geöffneten Augen funkelt noch der Schmerz.

Mit ihren bloßen Händen bedeckte sie ihn mit Schnee; die ganze Nacht hindurch weinte sie. Niemand erwähnte das Abenteuer. Als der Schnee taute und die Überreste des Mufflons gefunden wurden, glaubte man, er sei vor Hunger und Kälte umgekommen. Sie sprach nicht mehr darüber, nicht einmal mit ihrem Mann, als er wieder daheim war ...»

Franziska zu Reventlow

DAS JÜNGSTE GERICHT

Es war am Vorabend des Jüngsten Gerichts.

Petrus und der liebe Gott pflogen Rat miteinander. Sie waren in einiger Verlegenheit, wie die Sache gehen sollte.

«Petrus, wie soll es nur werden?», seufzte der liebe Gott. «Wir sind gar zu sehr aus der Zeitanschauung herausgekommen. Und da kommen nun alle diese modernen Menschen und sind eine ganz andere Art von Rechtsprechung gewöhnt und wir …»

Petrus hatte erst schweigend zugehört, dann seufzte er: «Gott-vater, wir sollten einen Staatsanwalt zum Beistand haben. Siehst du, die Leutchen auf Erden können sich keine Gerichtsverhandlung ohne Staatsanwalt vorstellen. Und sie haben recht. Wer soll denn anklagen? Für dich schickt sich das nicht. Der oberste Richter kann doch nicht die Anklage führen. – Das Prinzip der Milde und Gerechtigkeit würde darunter leiden. Und ich? Man weiß ja, wie die Leute sind. Sie könnten mich für parteiisch oder am Ende gar für bestechlich halten. Und dann träfe es sich gerade gut. Gerade gestern haben wir einen Staatsanwalt in die Juristenabteilung des Fegefeuers bekommen. – Die Herren sollen ja heutzutage Kolossales in der Rechtsprechung leisten.»

Aber der liebe Gott wollte nicht recht dran. Er meinte, es müsse auch so gehen. Die Zuziehung eines Staatsanwalts sei ja doch im göttlichen Weltplan von Anbeginn nicht vorgesehen.

Sankt Petrus wagte nicht weiter zu widersprechen. Die Sache hatte ja auch immerhin ihre Bedenken.

Der Jüngste Tag brach an. Auf Erden herrschte ein furchtbares Durcheinander, die Erde drehte sich nicht mehr, die Sonne hatte auf-gehört zu scheinen. Die Gräber taten sich auf, und mit Entsetzen sah man seine guten Freunde wieder auferstehen. Die recht gesinnten Menschen erfassten sofort die Sachlage und fingen an zu beten und sich zu bekehren. Die Lasterhaften und Verstockten dagegen beeilten sich noch, die wüstesten Gelage und Orgien zu veranstalten, weil sie in ihrem sträflichen Materialismus meinten, es sei ja nun doch alles vorbei.

Im Himmel war die Konfusion womöglich noch größer. Der liebe Gott und Petrus saßen vor ihren großen Büchern, suchten, zählten und verglichen um die Wette. Da waren die Geburts- und Todesregister, die Himmel-, Höllen- und Fegefeuerlisten. Da waren die Kontobücher – auf der einen Seite standen die Sünden, auf der anderen die guten und verdienstlichen Werke der Menschheit aufgezeichnet.

Manches Mal konnte der liebe Gott sich nicht durchfinden, und Petrus schlug das Gewissen. Die Buchführung war seine schwache Seite, und er hatte es manchmal nicht ganz genau damit genommen. Gewöhnlich hatte er sich dabei beruhigt, dass es am Ende gar nicht zum Jüngsten Gericht kommen würde. Und nun war es da. – Kalter Angstschweiß trat dem armen Petrus auf die Stirn. Verstohlen blickte er zu Gottvater hinüber. Der legte gerade die Feder aus der Hand und sagte nach längerem Nachdenken: «Petrus, weißt du, ich glaube, die Idee mit dem Staatsanwalt wäre doch nicht ganz ohne. Wir finden uns da sonst nicht zurecht. Die Rechtsanschauungen haben sich gerade in letzter Zeit so sehr verschroben.» – Der liebe Gott versprach sich, er meinte «verschoben» – Petrus merkte es, aber wagte nicht, ihn zu verbessern.

Voller Freude suchte er den Schlüssel zur Juristenabteilung und begab sich ins Fegefeuer. Als er zurückkam, erschien mit ihm ein Herr in der üblichen Büßertracht, der mit kalten, unbestechlichen Blicken um sich schaute. Er stellte sich dem lieben Gott als Staatsanwalt Donnerschlag vor. «Freut mich, klingt sehr vielversprechend», sagte der liebe Gott, die Verbeugung erwidernd, «Petrus, du magst einstweilen die Leute versammeln und eine provisorische Scheidung vornehmen, du weißt ja, die Schafe zur Rechten, die Böcke zur Linken.» – «Wir pflegen uns hier nämlich bildlich auszudrücken, das ist so die Tradition», fügte er zum Staatsanwalt gewendet hinzu.

«Sie, Herr Donnerschlag, sind wohl so freundlich, einstweilen die Register durchzusehen und sich etwas zu orientieren. Petrus hat Ihnen wohl schon gesagt, was uns veranlasst hat, Sie um Ihren fachmännischen Beistand anzugehen. – Ich habe jetzt noch alle Hände voll zu tun. Auf Wiedersehn!»

Der Gerufene setzte sich vor die Bücher, zog eine Miniatur-Westentaschenausgabe des Strafgesetzbuches hervor, las, schlug auf und machte Notizen.

Endlich war alles so weit. Das Jüngste Gericht konnte beginnen.

Petrus hatte die provisorische Einteilung in Gerechte und Ungerechte sehr geschickt arrangiert.

Die Gerechten begannen vorlaut ein Halleluja anzustimmen. Ein Teil der Verdammten betete und flehte um Gnade, andere tobten, ein paar alte Schiffskapitäne fluchten sogar. Als man es ihnen verwies, behaupteten sie, man gewöhne es sich im Fegefeuer an.

Die Glocke des Präsidenten erscholl, und der liebe Gott hielt eine der Gelegenheit angemessene Thronrede, in welcher er sein Programm kundtat. Dann stellte er der Versammlung den Staatsanwalt Donnerschlag vor, was mit allgemeinem Gemurmel begrüßt wurde. Herr Donnerschlag ignorierte diese zweifelhafte Kundgebung vollkommen. Er glaubte, die Beförderung zum himmlischen Justizminister schon ganz sicher in der Tasche zu haben.

Nun intonierte das Orchester «Heulen und Zähneklappern» nach einem eigens für diesen Tag von einer einflussreichen Persönlichkeit komponierten Motiv.

Petrus musste das Buch des Lebens herbeibringen, und die Verhandlung konnte beginnen.

«Es geht nach dem Alphabet, Herr Staatsanwalt», bemerkte der liebe Gott.

«Adam», begann Herr Donnerschlag mit weithin vernehmlicher Stimme.

Ein Gemurmel äußersten Unwillens erhob sich von allen Seiten. Im Hintergrunde wurde sogar gezischt. Sankt Petrus konnte sich eines Lächelns nicht erwehren. Da standen sie ja, die beiden Sünder, die so viel Unheil angerichtet hatten. Eva hatte die eine Hand, in der sie den berühmten Apfel hielt, auf dem Rücken versteckt, und beide waren äußerst verlegen. Sie schienen sich in der großen Versammlung zu schämen, da sie so wenig anhatten. «Passons là-dessus»,[1] warf der liebe Gott in jovialem Ton ein und sagte dann leise zum Juristen, als er

---

1 Frz. «Gehen wir es durch».

dessen Brillengläser verwundert auf sich gerichtet sah: «Entschuldigen Sie, Herr Staatsanwalt, mit Adam und Eva ist das so eine besondere Sache. Sie verstehen – der göttliche Weltplan …»

Herr Donnerschlag wollte etwas entgegnen, aber jetzt hatte Eva sich halb umgewandt und warf ihm über die Schulter einen Blick zu, der ihn entwaffnete. «Gut denn, lassen wir die Sache ruhen, handelt sich ja auch nur um leichte Delikte – Mundraub.»

Er murmelte noch etwas vor sich hin und fuhr dann mit der Verlesung fort: «Abel! – Hat sich früh der himmlischen Gerechtigkeit entzogen, indem er vorgab, von seinem Bruder Kain, einem notorischen Mordbuben, umgebracht worden zu sein. – Ich beantrage die Vorführung.»

Petrus und der Herrgott wechselten einen ratlosen Blick, aber Petrus fasste sich schnell und erklärte kurz und bündig, die Sache habe längst eine andere Aufklärung gefunden. Man habe Abel seinerzeit einen Abonnementsplatz im Himmel eingeräumt und er sei unbedingt unter die Gerechten zu klassifizieren – was auch geschah.

«Bebel», las der Staatsanwalt mit einem tiefen Seufzer der Befriedigung – endlich fing er an, sich heimisch zu fühlen.

«Gehört doch nicht hierher», rief der liebe Gott entrüstet, «bitte, im Alten Testamente fortzufahren.»

Petrus bekam einen zornigen Blick, diese unordentliche Buchführung. Es war wirklich zu arg.

Das eben aufgeflammte Feuer in den Augen des Staatsanwaltes erlosch. Enttäuscht und abgekühlt las er weiter: «Abraham.»

Wieder wurde interpelliert. Der Himmelvater war hinter den Verlesenden getreten und raunte ihm zu: «An Abraham dürfen wir nicht rühren. Bedenken Sie doch, der Stammvater des Volkes Israel. Sie begreifen, es sind die Prinzipien, die aufrechterhalten werden müssen.»

Und die Musik spielte einen Tusch, während Abraham unangefochten zu den Gerechten passierte. Jakob und Esau machten einen Versuch, sich ihm anzuschließen, wurden aber zurückgehalten. Ihnen ahnte Schlimmes.

Jetzt wurde eine Schar verwilderter Zuchthäusler durch einen Gendarmen vorgeführt. Sie hatten rote Kokarden an den Hüten und sangen die Marseillaise. Es waren die Kinder Korah.

«Korah und Genossen», begann Herr Donnerschlag, «mehrfach vorbestraft wegen Aufruhrs und Zusammenrottung.»

Es wurde beraten. Der Staatsanwalt beantragte lebenslängliche Höllenstrafe und Stellung unter Polizeiaufsicht wegen Gemeingefährlichkeit der infrage kommenden Individuen. Auch seien denselben die bürgerlichen Ehrenrechte abzuerkennen.

Petrus warf sich zum Verteidiger auf. Er meinte, man müsse mit der noch besserungsfähigen Jugend nicht so hart verfahren. Aber Herr Donnerschlag hielt ihm entgegen, es könne der zunehmenden Entsittlichung und inneren Zersetzung des Volkes durch dergleichen rot angehauchte Bestien nicht scharf genug entgegengearbeitet werden. Er wusste diese Anschauung so plausibel zu machen, dass einstimmig auf Vollstreckung des Urteils erkannt wurde.

Man machte kurzen Prozess mit der Rotte. Die Höllenversenkung wurde in Tätigkeit gesetzt, und die Kinder Korah verschwanden mit einem Hoch auf die Anarchie in der Tiefe.

«Nun hat es doch endlich mal jeklappt», ließ sich ein Eckensteher aus der Schar der Gerechten vernehmen.

Plötzlich entdeckte man, dass auch der Gendarm mitverschwunden war. Jemand wollte gesehen haben, wie ein Kind Korah ihn böswillig mit hinabgezogen habe.

Der Staatsanwalt beantragte Wiederaufnahme des Verfahrens, aber Petrus erklärte ihm, dass das bis zur nächsten Höllenrevision warten müsse. Augenblicklich würden weder die Angeklagten noch die Opfer vernehmungsfähig sein.

Herr Donnerschlag war just in seinem Element und begann Exempel zu statuieren, dass es eine Lust war. So wütete er mit verfassungsmäßiger Schneidigkeit durch die zwei Bücher Josua und das Buch der Richter hindurch, dass dem lieben Gott angst und bange wurde.

Heimlich rief er Petrus beiseite, um Rücksprache mit ihm zu nehmen. «Petrus, was sollen wir machen, der Mann wächst uns über den Kopf. Dein Rat war gut, aber ich wollte, du hättest ihn mir nicht gegeben. – Wo der Donnerschlag nur all die Paragrafen hernimmt. Für jeden hat er einen, der für ihn passt. Was sollen wir denn anfangen, wenn er an die Könige kommt mit den fatalen Weibergeschichten. Das gibt noch den reinen Kolonialskandal.»

«Es ist recht peinlich», sagte Petrus nachdenklich. «Im schlimmsten Falle müssen wir den Teufel durch Beelzebub austreiben und ...»

«Das geht nicht», antwortete Gottvater entsetzt, «das wäre doch zu mittelalterlich possenhaft.»

«Ich meine es ja nur bildlich», sagte Petrus mit Würde.

Die Unterhaltung wurde jäh unterbrochen durch ein wüstes Getöse, Musik, Lärmen, Durcheinanderrufen.

«Um Gottes willen», schrie Petrus, «sie sind schon bei David, und wir haben nicht aufgepasst.»

Es hatte seine Richtigkeit. Schon hatte Herr Donnerschlag seine Anklagen vorgebracht, die in schwerer Menge auf den König von Israel herabregneten. David ließ sich aber nicht einschüchtern, sondern tanzte mit seinen Hofschranzen vor der Bundeslade, während das Getöse der Harfen, Zymbeln und Pauken durch den Himmel erschallte.

Petrus hatte seine schwere Mühe, alles wieder zur Ruhe zu bringen. Mehrmals musste die Glocke des Präsidenten ertönen, bis die Verhandlung weitergehen konnte.

Nun begann Sankt Peter mit Gewandtheit die Verteidigung, aber es war ihm nicht möglich, den eklatanten Beweisen gegenüber durchzudringen, die Herr Donnerschlag auf den Tisch des Hauses niederlegte. Da war der Uriasbrief[2]. Petrus und Gottvater konnten nur mit Mühe ihr Erstaunen darüber ausdrücken, wie der in die Hände der Staatsanwaltschaft gelangt sein konnte.

Der Staatsanwalt beantragte für den König David eine halbe Ewigkeit schwerer Höllenpein wegen Ehebruchs und Totschlag.

Vergebens suchte Petrus darzutun, dass Ehebruch Privatsache sei und nur auf Antrag des armen seligen Urias hätte verfolgt werden können und dass man an dem Tode des Letzteren doch nicht unbedingt den König beschuldigen könne. Derselbe habe nur angeordnet, dass Urias während der Schlacht an einem exponierten Platz Posten stehen solle. Das müsse jeder Soldat. Es könne hier also höchstens von einem Dolus eventualis die Rede sein.

«Der Petrus hat wirklich schon etwas profitiert», dachte der liebe

---

2 2 Sam 11; sprichwörtlich für einen Brief, der dem Überbringer Unglück bringt, benannt nach dem Hethiter, mit dessen Frau Batseba König David Ehebruch beging.

Gott, der ganz verwundert dem glänzenden Plädoyer zugehört hatte. Aber gegen Herrn Donnerschlag kämpfte selbst Petrus vergebens. Mit dem kostbaren Beweisstück, mit einem Hagel von Paragrafen und mit der festen Absicht, dem lasterhaften Judenkönig eins auszuwischen, trug der findige Mann des Rechts den Sieg davon, und das Unerhörte geschah. David musste zur Hölle fahren. Für Sack und Asche war es zu spät. Nun hatten ihm alle seine Psalmen doch nichts geholfen. Verstimmt trat er die Fahrt an, mit seinen Zymbeln und Pauken zu einem letzten Tanz aufspielend.

Der ganze Himmel war skandalisiert. Petrus und der liebe Gott schauten sich verzagt an. Jetzt sollte Hiob drankommen.

«Gottvater», flüsterte Petrus, «lass mich nur machen, ich werde Rat schaffen.»

«Mach, was du willst», sagte der liebe Gott ganz apathisch, «nur rette mir meinen Knecht Hiob.»

Sankt Peter entfernte sich schleunigst.

Während seiner Abwesenheit saß der liebe Gott wie auf Kohlen und musste zuhören, wie der Staatsanwalt fortfuhr, ihm sein bestes Himmelsmaterial mithilfe dieses entsetzlichen Strafgesetzbuches zur Höllenware zu stempeln.

Hiob, der hart mitgenommene alte Mann, dem er, der Himmelsvater, längst ein Rentengut zugesichert hatte, wo er sich von den Strapazen seiner Heimsuchung erholen konnte, wurde der Majestätsbeleidigung geziehen. Und da sollte man noch ruhig sitzen und zuhören. Empört sprang der liebe Gott auf und übernahm dieses Mal selbst die Verteidigung: Da hätte er denn doch noch ein Wort mitzureden. Die Sache sei überhaupt zwischen ihm und Hiob längst zur beiderseitigen Zufriedenheit beigelegt worden, da man sie nun aber noch einmal an die Öffentlichkeit gezerrt habe, so müsse er denn doch die Ansicht betonen, dass sich Hiob allerdings im Übermaß seiner Schmerzen einer Gotteslästerung schuldig gemacht, aber wenn er selbst – Gottvater …

«Gotteslästerung mit Gefängnis bis zu drei Jahren bestraft, § 16,6», warf der Staatsanwalt ein.

Der liebe Gott konnte vor Zorn nicht weiterreden, und der Staatsanwalt setzte nun auseinander, wie hier nach seiner Auffassung unbedingt eine Majestätsbeleidigung zu konstruieren sei, insofern als für

Hiob in diesem speziellen Fall eine Identität der himmlischen und irdischen Staatsgewalt vorgelegen habe.

Petrus war inzwischen wieder erschienen. In seiner Begleitung erblickte man einen allgemein bekannten Nervenarzt, der seinerzeit auf Erden durch seine tiefsinnigen Lehren über Suggestion und Gegensuggestion manchen Raubmörder den Händen der strafenden Gerechtigkeit entrissen hatte.

Ein alter Russe mit Heiligenschein und apostolischen Allüren machte die Umstehenden auf die ausgeprägte Schurkenphysiognomie des neuen Ankömmlings aufmerksam.

Jetzt unterbrach Petrus den Staatsanwalt mitten im schönsten Reden, was dieser nicht gern sah, aber er hatte längst gemerkt, dass man es mit dem Alten nicht verderben dürfe. So ließ er resigniert die Zeugen abtreten. Es waren die drei Freunde Hiobs, die mit ihren langen Reden und weisen Bemerkungen die Versammlung schon aufs Höchste irritiert hatten.

Es wurde eine Erholungspause gemacht und während derselben die landesüblichen Erfrischungen herumgereicht, welche aus Heuschrecken und wildem Honig bestanden.

Dann ertönte wieder die Glocke, und diesmal ergriff Petrus zuerst das Wort. Er redete erst von der hohen Bedeutung des Tages, sprach dann über Gerichtswesen im Allgemeinen und über das Wesen des Jüngsten Gerichtes im Speziellen, erwähnte ferner, dass eine nicht zu verkennende Missstimmung über einige der heute gefällten Urteile in der Versammlung herrsche. – Einige scheelsüchtige Böcke hätten zwar triumphiert, aber unter den Schafen herrsche große Trauer.

Hier lächelte Herr Donnerschlag satanisch. – Er, Petrus, mache deshalb den Vorschlag, dass ein Schwurgericht zusammentreten solle, das jedes Mal nach eingehender Beratung den endgültigen Urteilsspruch zu fällen habe.

Ein beifälliges Gemurmel ging durch die Versammlung. Der liebe Gott atmete auf: Wenn man die Geschworenen richtig zusammenstellte, konnte Hiob noch gerettet werden. Und vielleicht waren auch noch Aussichten für David. Man musste ihm sofort telefonieren, dass er Revision gegen das vorhin gefällte Urteil einlege.

Der Staatsanwalt protestierte heftig. Aber der Redner war noch nicht zu Ende. Nachdem der Beifall sich gelegt, fuhr er fort: er habe außerdem die Absicht, eine anerkannte ärztliche Autorität als Sachverständigen heranzuziehen – hier machte der Arzt eine tiefe Verbeugung gegen die Anwesenden. – Als Sachverständiger, der vor und nach jedem Urteilsspruch den Geisteszustand aller Beteiligten aufs Genaueste zu untersuchen habe. Es sei in letzter Zeit so oft nachträglich die geistige Zurechnungsfähigkeit eines Verurteilten oder seines Richters angezweifelt worden. Hierzu komme noch, dass die Leute durch den Aufenthalt im Fegefeuer sehr oft ihre geistige Frische einbüßten. Man kann nicht nachsichtig genug vorgehen.

Ein rasender Beifallssturm machte den Himmel erbeben und übertönte die Worte des Herrn Donnerschlag, der sich Gehör zu verschaffen suchte. Er war der Erste, der sich der Untersuchung durch den skeptisch blickenden Arzt unterziehen musste, während Petrus und der liebe Gott sich mit der Auswahl der Geschworenen beschäftigten. Die bewährte Einteilung in Böcke und Schafe wurde auch hier festgehalten.

Als alles arrangiert war, wurde der Fall Hiob von Neuem aufs Tapet gebracht. Der Arzt stellte zeitweilige geistige Störungen fest, an denen der alte Mann gelitten habe, und die Geschworenen verneinten die Schuldfrage.

Das Urteil erregte allgemeine Befriedigung. Die Gerechten frohlockten, und manchem Verdammungskandidaten wurde leichter ums Herz. Der liebe Gott telefonierte an David, und der degradierte König beging in der Hölle einen Freudentanz.

Herr Donnerschlag war außer sich. Seine Ausdrucksweise war fast unehrerbietig.

«Petrus», sagte der liebe Gott leise zu diesem, «wir müssen sehen, ihn loszuwerden. Er macht sich unmöglich und kompromittiert uns.»

«Nur abwarten», meinte Petrus, «vielleicht können wir ihn unter Kuratel stellen lassen.» – Er nahm den Arzt beiseite und besprach sich mit ihm. Aber sie wurden gleich wieder unterbrochen.

Ratlos stürzte der liebe Gott herbei: «Um Himmels willen, Petrus, wo bleibst du? Alles steht auf dem Kopf. Nun sieh selbst, was du angerichtet hast mit deinen Geschworenen. Eben haben sie die Jesabel freigesprochen, und jetzt ist Kain dran. Den bringen sie mir womöglich auch noch in den Himmel, deine Geschworenen!»

Dem armen Petrus wirbelte der Kopf. Heute musste auch alles schiefgehen.

Allgemeine Panik hatte die Versammlung ergriffen. Jesabel wandelte mitten unter den Gerechten und zog drei Foxterriers an der Leine hinter sich her. Vor den Geschworenen stand Kain mit rohen Landstreichermienen und leugnete hartnäckig. Seine Manieren hatten einen unangenehm arbeitslosen Anstrich.

Auch aus der Hölle ertönte wilder Aufruhr. David tanzte, und die Kinder Korah brachten ein dröhnendes Hoch auf das Proletariat der Zukunft aus. Nur der Geistesgegenwart Sankt Peters gelang es, die Situation zu retten. Er erklärte der gespannt aufhorchenden Versammlung, das Jüngste Gericht müsse unlösbarer Schwierigkeiten wegen einstweilen vertagt werden.

Alles atmete auf. Nur Herr Donnerschlag stand wie angewurzelt da.

Der liebe Gott begann die nötigen Befehle zu erteilen, und die himmlischen Heerscharen flatterten geschäftig hin und her.

Tausende von weißbeschwingten Engeln stießen in ihre Posaunen. Petrus drückte auf einen Knopf, und das große Schwungrad, der Dynamo, die das Weltsystem zu bewegen hatten, begann sich langsam zu drehen. Mit donnerartigem Getöse fingen die Planeten wieder an, ihre vorschriftsmäßigen Bahnen zu wandeln.

Noch ein rasender Posaunenstoß, alles drehte sich – alles versank und verschwand. – – –

Mit einem lauten Ausruf des Schreckens fuhr der Rechtspraktikant Guido Kusbohrer aus dem Schlaf empor.

Neben seinem Bett rasselte der Wecker. Es war höchste Zeit aufzustehen, wenn er nicht zu spät in den Gerichtssaal kommen wollte. Er kleidete sich rasch an. Der Kopf wirbelte ihm. Seine erste Verteidigung – Himmelherrgott, ob er seinen Klienten wohl durchbringen würde?

Higuchi Ichiyo

MOND ÜBERM DACHFIRST

«Auch heute Abend kommt mein Mann erst spät nach Hause. Er wird enttäuscht sein, dass ich unser Kind schon früh schlafen gelegt habe, wenn er kommt. Eine eisige Mondnacht mit Reif auf den Wegen, wie kalt werden seine Füße auf dem Heimweg sein! Da wird ihm die Glut des Heizbeckens besonders guttun. Ich brauche nur noch den Sake aufzuwärmen. Wie spät ist es eigentlich? Ah, das ist der Glockenschlag von Ueno, der da aus der Ferne zu hören ist![1] Zwei, drei, vier… acht Uhr? Nein, sogar schon neun? Da ist er heute aber spät dran! Neun Uhr hören wir es doch sonst immer beim Abendessen schlagen! Ach so, er hatte ja gesagt, dass er ab heute eine Stunde länger arbeiten und unserem Kind zuliebe ein bisschen mehr verdienen will! Von der Arbeit in der Fabrik mit ihren Hochöfen wird ihm der Nacken schmerzen, und vom Schwingen des schweren Hammers werden ihm auch die Handgelenke wehtun!»

Die Frau öffnete das Schiebefenster mit seiner geflickten Papierbespannung und blickte hinaus. Der Mond stand genau über dem Dachfirst des Hauses gegenüber, und das Licht, das er durch das Fenster warf, schien so weiß, als bringe es den Raureif mit herein. Ihr Leib erzitterte, die Kälte stach ihr wie Nadelstiche in die Haut. Eine Weile blieb sie sinnend in den Anblick vertieft, als hätte sie alles um sich herum vergessen, und der lange Seufzer, der ihr dann entwich, malte rauchgleiche Atemwolken in das Mondlicht.

«Der Herr in Sakuramachi wird jetzt schon zu Bett gegangen sein. Oder er wird beim Licht einer Lampe ein Buch aufgeschlagen oder auf seinem Schreibtisch Briefpapier zurechtgelegt haben und lautlos

---

1 Die Glocke des auf einer Anhöhe liegenden Tempels Kan'eiji von Ueno schlug jeweils zur vollen Stunde.

den Pinsel darüber gleiten lassen. Was mag er wohl schreiben? Trifft er irgendeine Verabredung mit einem guten Freund? Oder verfasst er einen Brief an seine Frau Mutter, in dem er sich nach ihrem Befinden erkundigt? Oder schreibt er nur Gedanken nieder, die sein Herz bedrängen, Lyrik, Poesie? Oder ... oder taucht er etwa in vergeblicher Mühe seinen Pinsel in die Tusche, um *mir* einen Brief zu schreiben, auf den er nie eine Antwort erhalten wird? Wie viele Briefe hat er mir schon gesandt, die ich nicht einmal geöffnet habe? Wie übel wird er mir das nehmen! Läse ich sie, so würde mir das Herz zerspringen; ich fürchte, meine Standhaftigkeit könnte ins Wanken geraten. Verzeihen Sie, mein Herr, ich werde es Ihnen auch nicht verdenken, wenn Sie mir böse sind und mich geringschätzig für ein unwissendes Mädchen halten. Da ich nun einmal unter einem schlechten Stern auf diese Welt gekommen bin, unter einem so schlechten Stern, dass ich mir Ihren Zorn zuziehen muss, bitte ich Sie untertänigst um Verzeihung, aber versuchen Sie bitte nicht, mich zur Untreue zu verleiten, mein Herr!

Ich bin von niederem Stand und in Armut aufgewachsen. Anfangs kannte ich nichts anderes. Ich war davon überzeugt, dass die Welt an der Wand unsrer armseligen Behausung ende, und da ich mir nicht vorstellen konnte, dass es darüber hinaus noch etwas geben könnte, brannte mein Herz auch nicht vor eitlen Wünschen. Doch seit es mir vergönnt war, eine kurze Weile an Ihren gesellschaftlichen Kreisen teilzuhaben, war mir, als schwebte ich im Traum in himmlischen Sphären, die mir in der Erinnerung nun ferner vorkommen denn je. Ich war auf Ihrem Anwesen in Sakuramachi, wo das Personal jährlich mehrmals wechselt, zwar nur ein Dienstmädchen, doch Ihre gütige Fürsorge für mich fiel nicht geringer aus als Ihre Liebe zu den Hunden und Katzen, die es sich auf Ihrem Schoße bequem machten.

Ihnen gegenüber müsste ich mich gewiss meines Ehemannes schämen. Als ich jedoch zuletzt um meine Entlassung ersuchte und in mein Elternhaus zurückkehrte, erfuhr ich, dass mir als Bräutigam ein Arbeiter ausgesucht worden war, der in einer Fabrik tätig ist. Der Vergleich ist natürlich müßig, aber in Anbetracht Ihres vorzüglichen Standes, mein Herr, war mir dabei zumute wie einer Himmelsfee, der das Federgewand geraubt worden war. Wohl war mir diese eheliche Bindung nicht willkommen, aber wer würde schon mit einer schlichten

Feldblume wie mir die Vase einer Schreibstube zieren? Wenn ich mich widersetzt hätte, so hätte ich damit nur meinen gütigen Eltern Sorgen gemacht, und da ich auf genauso einfache Weise wie er mein Dasein friste, passe ich wohl schwerlich in Ihre himmlischen Sphären. Selbst wenn es gut ginge, wäre eine Beziehung zwischen uns ein Unrecht. Wie beschmutzt und liederlich würde ich in den Augen rechtschaffener Leute dastehen, wie würde ich verachtet werden! Und könnte ich mich auch damit abfinden, wie leid täte es mir, wenn ich dadurch Ihren Ruf ruinierte und Sie übelster Nachrede aussetzte! Schauen Sie nur, wie verhasst ich den Blicken Ihrer Frau Gemahlin wäre, und mit welcher Verachtung sie Ihnen begegnen würde!»

Mit einem tiefen Seufzer verschaffte die Frau ihrem Herzen Luft und schloss mit einem Ruck das Fenster, durch welches das Mondlicht hereingefallen war. Bei diesem Geräusch erwachte der Säugling und begann zu weinen.

«Ach, mein liebes Kind, was hast du denn geträumt? Komm her, ich will dich stillen!» Als sie sich entblößte, lächelte das Kleine und suchte begierig nach den Brüsten.

«Das arme Kind, wie niedlich es ist! Damit es ihm wie auch mir an nichts fehlt, auf dass wir keine Not leiden und um ein wenig finanziellen Spielraum zu haben, steht mein Mann am Morgen früher auf als andere Leute und erträgt wie jetzt des Nachts die frostige Kälte.

‹Sode, auch wenn uns die derzeitige Mühe schwerfällt, wir wollen es eine Zeit lang ertragen. Wenn ich erst einmal zum Vorarbeiter befördert werde und die Aufsicht über einen Schmelzofen bekomme, können wir uns eine etwas größere Wohnung und ein Mädchen für kleine Besorgungen leisten, und dann brauchst du mit deinem schwachen Körper kein Wasser mehr zu holen. Halte mich nicht für einen Taugenichts. Ich habe Arbeit und bin körperlich gesund, da werden wir nicht für alle Zeit so arm bleiben!›, sagt er immer. Vielleicht stehen mir meine Überlegungen ja ins Gesicht geschrieben, und er fasst es so auf, als würde ich ihn geringschätzen. Wie schrecklich, bei einem so gutherzigen Ehemann derlei Gedanken zu hegen und sie sich, und sei es nur ganz flüchtig, ansehen zu lassen!

Als vorletztes Jahr mein Vater starb, und auch im letzten Jahr, als ich meine Mutter verlor, hat er sich mit solcher Inbrunst um sie geküm-

mert,[2] dass er nicht einmal nachts seinen Obi[3] löste. Bei jedem Husten-
anfall hat er den Sterbenden den Rücken massiert und sie eigenhändig
umgebettet.

Wie glücklich war ich, dass er sich, um keine fremden Leute damit beauftragen zu müssen, mehr als drei Monate lang so eifrig um
sie gekümmert hat! Kann es denn angehen, dass ich meinem Mann,
dem ich allein dafür mein ganzes Leben lang größten Dank schulde,
eine unzufriedene Miene zeige? Und falls es unbewusst doch einmal
vorkommen sollte, was tun? Wenn ich meinen flüchtigen Tagträumen
von funkelnden Palästen nachhing, war es mir ja vielleicht das eine
oder andere Mal lästig, dass er sie durch sein Rufen ‹Sode, tu dies,
Sode, tu jenes› störte, und ich habe mir womöglich meinen Ärger über
die unterbrochenen Gedanken anmerken lassen. Dieses Verschulden
ist einzig meinem Herzen zuzuschreiben, denn wenn das Abbild jenes
Herrn aus Sakuramachi nicht darin wohnte, dann könnte mein Gesicht
solche Gefühle auch nicht widerspiegeln. Ist es meine Schuld oder die
Schuld jenes Herrn? Wenn er nicht existierte, könnte mein Herz seine
Ruhe finden. Nein, so etwas darf ich nicht denken! Es könnte ein Fluch
daraus werden, das ist ein Tabu!

Mein Kind, das nicht ahnt, wohin die Gedanken seiner Mutter
eilen, ist sorglos eingeschlafen, satt vom Trinken, sein Gesicht an die
Mutterbrust geschmiegt. Wie niedlich ist es mit seinen Wangen, die
rosa eingefärbter Seide gleichen, mit seinem kleinen Mund, der sich
manchmal bewegt, als wollte er etwas erzählen, mit seinem rundlichen
Doppelkinn!

Geht es denn an, dass ich, die Mutter eines so reizenden Kindes,
die Liebe zu zwei Männern im Herzen trage? Und dass ich, auch ohne
solche Hintergedanken, an meinem Gatten irgendetwas auszusetzen
hätte? – Umsonst, umsonst! Solange ich den Namen des Herrn von
Sakuramachi nicht vergessen kann, bin ich eine unaufrichtige, treulose
Ehefrau!»

2 In Japan wird seit dem Altertum der Fürsorge um die Schwiegereltern großer Wert
   beigemessen.
3 Schärpe aus besticktem Brokat oder Seidenpongé, mit dem der Kimono gegürtet
   wird.

Die Frau legte das Kind sachte zum Schlafen hin und stand unvermittelt auf. Wohin wollte sie gehen mit diesem entschlossenen Blick und fest zusammengepressten Lippen, den Schritt sorgsam setzend, damit ihr Fuß nicht über die zerschlissenen *tatami*[4] strauchelte? Sie hob ein oder zwei Kleidungsstücke an, die auf dem Boden des Kleiderkastens zusammengefaltet lagen, und holte zwischen den Obi-Schnüren aus gelbem Seidenkrepp fünf, sechs, nein, genau gezählt sogar zwölf Briefe hervor und begab sich damit wieder an ihren Platz. Sie drehte den Docht der schwach glimmenden Petroleumlampe ein wenig höher. Auf den Briefen in ihrer Hand stand der Name jenes Herrn.

«Selbst wenn er unter falschem Namen geschrieben hätte, ich würde beim Anblick seiner Schrift ganz genau das Gleiche fühlen. Wie lachhaft, auf meine Standhaftigkeit, die Briefe ungeöffnet gelassen zu haben, stolz gewesen zu sein! Ich tat dies doch nur aus Feigheit, aus Angst, dass die an mich gerichteten Worte mein kummervolles Herz wie Pfeile durchbohren könnten. Mag ich auch körperlich rein geblieben sein, bin ich doch eine untreue Ehegattin, solange ich mich nicht von der Verkommenheit meiner Gefühle befreien kann! Nur zu, ich werde die Briefe lesen, als Probe auf meine Standhaftigkeit! Mein Herr, erkennen Sie bitte meine Absicht, und mein Ehegatte, schauen auch Sie auf mich! Und falls es einen Gott geben sollte, so geruhe er, sich zu diesem Haus zu begeben und mir zuzusehen, und falls es einen Buddha geben sollte, so geruhe er, mir auf die Hände zu blicken und zu beurteilen, ob mein Herz rein ist oder befleckt!»

Sie öffnete einen Umschlag. Mehr als eine ganze Seite lang standen da in seiner Pinselschrift nicht etwa formelle Floskeln, sondern Liebesbeteuerungen ohne Zahl, sehnsuchtsvolle Wendungen zuhauf, darin eingestreut «denke an dich», «sehne mich», «unvergesslich», «heiße Tränen», oder «brennendes Herz». Diese Worte tönten ihr bald heftig im Ohr. Mit bebender Hand faltete sie den ersten Brief wieder zusammen.

Der zweite Brief war ganz von der gleichen Art, und beim dritten und vierten, ja bis zum fünften und sechsten Brief hatte es den Anschein, als

---

4 Mit Binsen bespannte Holzrahmen, die in eine Vertiefung eingepasst den Fußboden bilden.

sei ihr Angesicht blass geworden, aber ab dem achten und neunten, bis zum zwölften Brief lief es mechanisch ab: Sie öffnete ein Schreiben und las es, las es und faltete es wieder zusammen; es war, als ob die Schrift ihr Auge nicht erreichte oder, wenn sie es denn erreichte, nicht in ihren Kopf gelangte.

Ihr prachtvolles Haar, schlicht zu einem Knoten zusammengebunden, ein schäbiger Obi um ihren abgetragenen Kimono, ihre abgehärmte Gestalt – und doch würde jedermann anerkennen, dass sie ein wirklich schönes Gesicht hatte.

«Ich hatte mir vorgenommen, nichts Schändliches, keine Unreinheit zuzulassen, selbst wenn mich in meinem armseligen Heim das Schicksal einmal locken sollte. Ach, ich muss wohl von einem Dämon besessen sein, dass mich solche ungehörigen Gedanken beherrschen! Wohl denn, wenn es schneien will, so schneie es, wenn es stürmen will, so stürme es! Wird sich das kleine Fischerboot auf dem Ozean meiner Seele in den Wogen der Gefühle verirren, oder werde ich die sanfte Ruhe eines windstillen, wolkenlosen Frühlingstages wiedergewinnen? Mag das Abbild jenes Herrn von Sakuramachi nun auf ewig meine Sinne beherrschen! Ich kann über die kindischen Bemühungen meines Mannes nicht mehr stumm hinwegsehen. Wenn alles Leid und alle Sorgen von allein verschwinden werden, weshalb sollte ich mich dann noch plagen? Wenn das Blut sieden will, so siede es, und wenn die Flammen lodern wollen, so lodern sie eben!»

Mit einem Lächeln auf dem Antlitz las sie bis zum Ende, und die Gefühle bestürmten sie gleich einer mächtigen Kaskade. Ihr war zumute wie jenem Mönch, der versuchte, sich unter den Strömen eines eisigen Wasserfalls vom Schmutz der Welt reinzuwaschen.[5] Die Schriftzeichen «Tränen um die Geliebte» trafen sie ebenso heftig wie den Mönch das

---

5 Anspielung auf eine Episode im historischen Roman *Heike monogatari* (1371). Der Mönch Mongaku (1120–1199), der aufgrund eines Missverständnisses seine Geliebte Kesa Gozen enthauptet hat, stellt sich zur Buße im tiefsten Winter unter einen Wasserfall und betet um Vergebung. Diese berühmte Szene, der die religiöse Symbolik von Wasser als Mittel zur Purifikation zugrunde liegt, beruht auf einer Praxis, die durch die buddhistische Shingon-Sekte aus China übernommen und im Zen als Meditationsform vertieft wurde.

eisige Wasser, und wenn sie eine schwache Frau gewesen wäre, so wäre sie zweifellos ohnmächtig der Verlockung erlegen.

Neben ihr lag schlummernd ihr süßes Kind. Von ihren Knien tönten ihr aus den Briefen die Worte «Grausame Liebste, willst du mich wirklich verlassen?» wie eine lebendige Stimme ins Ohr. Jeden Augenblick konnte ihr Gatte hereinkommen, und der Mond stand hoch am frostigen Nachthimmel.

«Selbst wenn mein Mann jetzt zurückkäme: Würde ich etwa vor Scham erröten und die Briefe auf meinen Knien verstecken? Scham kennt nur ein Herz, das Unrechtes tut, aber was habe ich denn zu verbergen? Mein Herr, selbst wenn Sie jetzt hier wären, selbst wenn Sie wie stets Ihre dankenswert liebevollen Worte äußerten, oder mir aber mit harscher Stimme zürnten und böse würden oder gar sagten, keine Gegenliebe zu finden bedeute für Sie das Ende Ihres Lebens, es würde meine Blicke nicht bannen, mein Herz nicht in Aufruhr versetzen. Meine Blicke zu bannen vermag nur das Verlangen, Sie zu sehen, das Herz in Aufruhr zu versetzen vermag nur eine Liebe, die in ihm wohnt.»

Eine Weile verharrte die Frau wie betäubt. Sie starrte die rußgeschwärzte Zimmerdecke an, wo der Schein, den die Lampe schwach bis nach oben warf, so trostlos wirkte, als spiegele er den Zustand ihres Herzens wider. Die Stille ringsumher zerriss das lang anhaltende Gebell eines Hundes in der eisigen Nacht, und die Kälte, die lautlos durch die Ritzen kroch, drang ihr tief in den Leib.

Die Frau hatte offenbar alles um sich herum vergessen und war ganz in ihre Träume versunken, doch mit einem Mal war ihr, als erklinge ein Ruf in der Wüste ihres Herzens. Sie wandte sich um und brach in lautes Lachen aus; sie blickte ihren eigenen Schatten an und lachte schallend. «Mein Herr, mein Ehegatte, mein Kind, und was wird aus euch?», rief sie unter irrem Gelächter.

Sie sammelte die Briefe ein, die verstreut um sie auf dem Boden lagen, und sprach: «Nun gut, mein Herr, der Augenblick des Abschieds ist gekommen!»

Ohne eine Träne zu vergießen, ohne sich einen Ruck geben zu müssen, mit einem Lächeln auf dem Gesicht, mit Händen, die nicht zitterten, riss sie alle Briefe, vom ersten bis zum allerletzten, in kleine

Fetzen und warf sie, einen nach dem andern, in die Glut, die hell auf-
loderte. Nichts blieb davon übrig als Asche, und der Rauch stieg empor
und verlor sich im Nachthimmel.

«Wie schön, mein Herz ist von allen Fesseln befreit!»

Während sie dem Rauch nachblickte, wehte der Wind über jenen
Dachfirst hin, über dem der Vollmond stand, und sein Rauschen klang
rein.

Willa Cather

TOMMY, DIE UNSENTIMENTALE

«Dein Vater sagt, er habe überhaupt keinen Geschäftssinn, und das ist natürlich höchst bedauerlich.»

«Geschäfte», antwortete Tommy, «er ist wie ein Kleinkind in Geschäftsdingen; er ist zu nichts zu gebrauchen auf dieser Welt, außer für sein straff gescheiteltes Haar zu sorgen und eine weiße Nelke im Knopfloch zu tragen. Diese lässt er sich zweimal die Woche aus Hastings liefern, genauso regelmäßig, wie die Post kommt, aber die Wechsel, die er einkassiert, bleiben in seinem Safe liegen, bis sie verfallen sind oder jemand sie findet. Gelegentlich gehe ich hinauf und versende einen Packen an seiner Stelle. Deine Mitteilungen wird er einigermaßen zügig beantworten, aber seine Geschäftsbriefe – ich glaube, er vernichtet sie ungeöffnet, um die Verantwortung für die Erledigung von sich abzuschütteln.»

«Es macht mich ratlos, mit anzusehen, wie du so viel Geduld mit ihm aufbringen kannst, Tommy, er ist in so vielen Hinsichten völlig unzulänglich.»

«Nun ja, die Liebenswürdigkeit eines Mannes hängt keineswegs von seinen Tugenden oder seinen Fähigkeiten ab, die einer Frau genauso wenig, leider. Du magst sie oder du magst sie nicht, das ist alles, was es dazu zu sagen gibt. Für das Warum musst du ein höheres Orakel anrufen als mich. Jay ist ein liebenswürdiger Geselle, und das ist seine eine und einzige Fähigkeit, aber letztlich eine ziemlich erfreuliche.»

«Ja, das ist er sicherlich», antwortete Miss Jessica, wobei sie geflissentlich den Gasstrahl ausstellte und daranging, die Pflegeartikel für ihre Morgentoilette zurechtzulegen. Tommy beobachtete sie dabei aufmerksam, dann wandte sie sich mit einem verstörten Gesichtsausdruck ab.

Überflüssig zu sagen, dass Tommy kein Junge war, wenn auch ihre

wachen grauen Augen und ihre breite Stirn nur wenig mädchenhaft
wirkten und sie die schlaksige Figur eines sportlichen heranwachsenden
Burschen hatte. Ihr richtiger Name war Theodosia, doch während Thomas Shirleys häufiger Abwesenheiten von der Bank hatte sie sich um
seine Geschäfte und seine Korrespondenz gekümmert und dabei stets
mit «T. Shirley» unterzeichnet, bis jeder in Southdown sie «Tommy»
nannte. Diese unverblümte Vertraulichkeit ist im Westen ziemlich verbreitet, und sie ist im Grunde nett gemeint. Die Leute dort erwarten
gewisse geschäftliche Fähigkeiten von einem Mädchen, und sie haben
enormen Respekt davor. Über die verfügte Tommy zweifellos, und hätte
sie diese nicht gehabt, wäre es in der Southdown National mit vielem
drunter und drüber gegangen. Denn Thomas Shirley besaß in Wyoming
größere Ländereien, die ihn ständig von zu Hause fortriefen, und sein
Kassierer, der kleine Jay Ellington Harper, war, in der örtlichen Um-
gangssprache, ein unnützer Geselle in der Bank. Er war der Sohn eines
Freundes vom alten Shirley, den sein Papa in den Westen geschickt hatte,
weil er eine traurige Bruchlandung in seiner College-Karriere hingelegt
hatte, außerdem hatte er zu viel Geld ausgegeben und war allzu leichtfertig Richtung Osten vorangeschritten. Die Verhältnisse veränderten
das Leben des jungen Mannes, denn es war einfach unmöglich, verschwenderisch oder mit hoher Geschwindigkeit in Southdown zu
leben, seine übergeschnappten Gewohnheiten oder Neigungen konnten
sie jedoch nicht wesentlich beeinflussen. Er wurde als Kassierer von
Shirleys Bank eingestellt, weil sein Vater den halben Aktienbestand dort
aufkaufte, Tommy aber erledigte seine Arbeit für ihn.

Die Beziehung zwischen diesen beiden jungen Leuten war eigenartig;
Harper war auf seine Weise sehr dankbar dafür, dass sie ihn vor der
Blamage gegenüber ihrem Vater bewahrte, und bewies ihr dies durch
unzählige kleine Aufmerksamkeiten, die für sie neu und sehr viel angenehmer waren als die Arbeit, die sie für ihn erledigte und die etwas
Ärgerliches hatte. Tommy wusste, dass sie ihn unglaublich gernhatte,
und sie wusste zugleich, dass dies völlig närrisch von ihr war. Sie war
nicht von seiner Art, wie sie es ausdrückte, und sie würde es niemals
sein. Sie gab sich nicht oft die Mühe, tiefer nachzudenken, doch wenn
sie es tat, sah sie die Dinge ziemlich klar; sie verfügte über einen seltsam unweiblichen Verstand, der sie nicht davor bewahrte, eine logische

Schlussfolgerung zu ziehen und diese anzuerkennen. Gleichwohl hatte sie Jay Ellington Harper weiterhin gern. Harper war allerdings der einzige törichte Mann unter Tommys Bekanntschaften. Sie kannte etliche aktive junge Geschäftsmänner wie auch kräftige Viehzüchter, wie man sie trifft, wenn man in einer Stadt im Westen lebt, und sie bekundete kein sonderliches Interesse an ihnen, möglicherweise darum, weil sie praktisch und vernünftig waren und ihr vollkommen ebenbürtig. Sie kannte fast keine Frauen, weil es zu jener Zeit nur wenige Frauen in Southdown gab, die in irgendeiner Hinsicht interessant waren oder sich für etwas anderes interessierten als für Kinder und Kochrezepte. Ihre besten Freunde waren alte Geschäftsfreunde ihres Vaters, ältere Männer, die schon eine ganze Menge von der Welt gesehen hatten und sehr stolz und fürsorglich mit Tommy umgingen. Sie erkannten eine Art von Aufrichtigkeit und Ernsthaftigkeit in der geistigen Haltung des jungen Mädchens, die Jay Ellington Harper niemals entdeckte oder, sofern er es tat, zu wenig über deren Seltenheit wusste, um sie hoch einzuschätzen. Jene alten Spekulanten und Geschäftsmänner hatten immer eine gewisse Verantwortung für Tom Shirleys kleines Mädchen empfunden und sozusagen den Platz ihrer Mutter eingenommen; sie waren aber auch in vielen Bereichen ihre Ratgeber, selbst in solchen, in denen sich Männer einem Mädchen gegenüber nur selten frei genug fühlen. Sie war ganz einfach eine von ihnen; sie spielte mit ihnen Whist und Billard und mixte ihnen ihre Cocktails, wobei sie es nicht verachtete, sich hin und wieder selbst einen zu genehmigen. Tommys Cocktails genossen tatsächlich eine gewisse Berühmtheit in Southdown, und die professionellen Mixer von Drinks verbeugten sich immer respektvoll vor ihr, als wollten sie dadurch eine fähige Rivalin anerkennen.

All diese Dinge missfielen Jay Ellington Harper und verstörten ihn, und Tommy wusste es nur allzu gut, klammerte sich aber mit einer dickköpfigen Beharrlichkeit an ihre bisherige Lebensweise, denn irgendwie hatte sie das Gefühl, dass eine Änderung nicht nur dämlich, sondern auch illoyal gegenüber den alten Knaben wäre. Im Laufe der Jahre beanspruchten die sieben alten Knaben aber immer mehr von ihrer Zeit, denn die meisten von ihnen waren gewitzte Männer und hatten nicht fünfzig Jahre auf dieser Welt zugebracht, ohne ein paar Dinge dazuzulernen und ein paar andere zu verlernen. Und während

Tommy in der seligen Selbsttäuschung weiterlebte, dass sie ihre Rolle der Gleichgültigen perfekt und ohne Schwächen spielte, beobachteten die Alten argwöhnisch, wie die Dinge weitergingen, und waren verblüfft, wie es am Ende ausgehen sollte. Noch aber war ihr Vertrauen durch nichts erschüttert, und so konnte Joe Elsworth an einem Abend beim Billardspielen zu Joe Sawyer sagen, «ich meine, wir können uns bedenkenlos auf Tommys gutes Gespür verlassen».

Sie waren zu weise, irgendetwas zu Tommy zu sagen, sie sagten aber ein oder zwei Worte zu Thomas Shirley senior und bezweckten damit, Mr. Jay Ellington Harper unter Druck zu setzen.

Mit der Zeit wurden ihre Beziehungen zu Harper dermaßen angespannt, dass der junge Mann es vorzog, die Stadt zu verlassen, und daher brachte ihn sein Vater in einer kleinen Bank in Red Willow unter, die ihm gehörte. Red Willow befand sich jedoch nicht gerade in sicherer Entfernung, lag es doch nur etwa fünfundzwanzig Meilen nördlich an der Flussgrenze, dem Divide, und Tommy fand gelegentlich eine Ausrede, auf ihrem Fahrrad loszufahren, um die Geschäfte des jungen Mannes für ihn geradezurücken. Als sie sich dann plötzlich entschied, für ein Jahr auf eine Schule weiter östlich zu gehen, stieß Thomas senior einen Seufzer großer Erleichterung aus. Doch die sieben alten Knaben schüttelten die Köpfe; es gefiel ihnen nicht, sie Richtung Osten abwandern zu sehen; es war ein Zeichen der Schwäche, wie sie sagten, und zeugte von einer Neigung, mit einem anderen Lebensstil zu experimentieren, in der Art von Jay Ellington Harper.

Tommy aber ging zur Schule, und allen Berichten zufolge benahm sie sich dort höchst schicklich; sie mixte keine Cocktails mehr, spielte nicht mehr Billard und schlug einen recht eigenwilligen Weg in ihrem Studienplan ein; im Sportunterricht war sie herausragend, was in Southdown wesentlich höher bewertet wurde als Bildung.

Ihre unverkennbare Freude bei der Rückkehr nach Southdown wurde von jedermann wohlwollend zur Kenntnis genommen. Sie ging herum und schüttelte allen Leuten die Hand, ihr scharf geschnittenes Gesicht, das eher dem eines schlauen, gesund aussehenden Jungen glich, wirkte strahlend vor Glück. Eines Morgens sagte sie zum alten Joe Elsworth, als sie, von seinem Hengst gezogen, durch ein kleines Dickicht von Schwarzpappeln fuhren, die entlang der von der Sonne ausgedörrten Steilhänge unregelmäßig verteilt standen: «Es ist alles ganz herrlich dort im Osten, und die Hügelketten sind großartig, aber man bekommt mächtig Heimweh nach unserem Himmel, diesem vertrauten intensiven Blau, wissen Sie. Der Himmel da unten ist blass und verhangen. Und dann dieser Wind, dieser verhasste, geliebte, ewig wehende Wind, der wie ein Schwall Kavallerie runterfegt und niemals gezähmt oder eingedämmt werden kann. Ach Joe, immer wieder hatte ich solche Sehnsucht nach diesem Wind! In der leblosen Stille da unten konnte ich nicht schlafen.»

«Wie waren die Leute dort, Tom?»

«Oh, das waren ganz anständige Typen, aber wir sind nicht von ihrem Holz, Joe, und können es niemals sein.»

«Du hast das ziemlich klar begriffen, nicht wahr?»

«Einigermaßen klar, danke, Joe.» Sie lachte etwas kläglich, und Joe trieb sein Pferd mit der Peitsche an.

Das einzig Unbefriedigende an Tommys Rückkehr war, dass sie ein Mädchen mitgebracht hatte, das sie an der Schule lieb gewonnen hatte, ein zierliches weißes Ding, so ein schwächliches halbes Pfund, das Veilchenduft benutzte und einen Sonnenschirm trug. Die alten Knaben sagten, es sei ein schlechtes Zeichen, wenn sich ein rebellisches Mädchen wie Tommy lieb und freundlich zu einer Person ihres eigenen Geschlechts verhielte, das sei das schlimmste Zeichen in der Welt.

Kaum war das neue Mädchen in die Stadt gekommen, da zeigte sich eine neue Komplikation. Es bestand kein Zweifel darüber, welchen Eindruck sie auf Jay Ellington Harper machte. Sie verfügte unverkennbar über all die kleinen Beweise einer guten Herkunft, die mit zu den einzigen Dingen gehörten, die den schüchternen, vom Unglück verfolgten jungen Mann berühren konnten, der so sehr aus seiner Bahn geworfen worden war. Für ihn war es ein klarer Fall, aber die Seelen der sieben Alten waren im tiefsten Inneren getroffen. Joe Elsworth sagte zu dem anderen Joe: «Das Herz des gemeinen Kerls ist zu dem kleinen Dummerchen gewandert, was gut und richtig ist und im Einklang mit der ewigen Fügung der Dinge steht. Aber da ist das andere Mädchen, das von seiner Blindheit wohl nicht geheilt werden kann, und sie bekommt nun die Abreibung. Das ist für nichts gut, aber ich kann ihr nicht helfen, und ich reise in Kürze für eine längere Zeit nach Kansas

City. Ich kann nicht hierbleiben und dieser bedrückenden Leidensgeschichte zusehen.» Doch er reiste nicht ab.

Es gab nur eine weitere Person, die die Hoffnungslosigkeit der Situation genauso gut verstand wie Joe, und das war Tommy. Das heißt, sie verstand Harpers Verhalten. Was Miss Jessica betraf, war sie sich nicht ganz so sicher, denn Miss Jessica war, wenn auch blass und träge und süchtig nach Sonnenschirmen, eine höchst verschwiegene junge Dame. Unterhaltungen über dieses Thema endeten gewöhnlich ohne weitere Auskünfte zu Miss Jessicas Gefühlen, und Tommy fragte sich wiederholt, ob sie überhaupt zu solchen fähig war.

Schließlich brach das Unheil, das Tommy schon lange vorausgesagt hatte, über Jay Ellington Harper herein. Eines Morgens erhielt sie ein Telegramm von ihm, in dem er sie bat, sich bei ihrem Vater für ihn einzusetzen. Es gab großen Andrang auf seine Bank, und er benötigte Hilfe noch vor der Mittagszeit. Jetzt war es halb elf Uhr, und der einzige kleine Bummelzug, der täglich nach Red Willow tuckerte, hatte vor einer Stunde den Bahnhof verlassen. Thomas Shirley senior war nicht zu Hause.

«Und es ist von Vorteil für Jay Ellington, dass er nicht da ist, er könnte hartherziger sein als ich», bemerkte Tommy, wobei sie das Kassenbuch schloss und sich der erschrockenen Miss Jessica zuwandte. «Natürlich sind wir für ihn die einzige Chance, niemand anderes würde seine Hand ausstrecken, um ihm zu helfen. Der Zug ist vor einer Stunde abgefahren, und er sagt, er müsste um die Mittagszeit dort ankommen. Es ist die einzige Bank in der Stadt, telegrafisch kann also nichts erledigt werden. Es bleibt keine andere Möglichkeit, als das Fahrrad zu nehmen. Vielleicht schaffe ich es, vielleicht auch nicht. Jess, spring schnell hinauf zu unserem Haus und hole mein Fahrrad, die Reifen müssten wohl kontrolliert werden. Ich werde in Kürze bereit sein.»

«Oh, Theodosia, kann ich nicht mitkommen? Ich muss es tun!»

«Mitkommen, du! Ach ja, natürlich, wenn du es unbedingt willst. Aber du weißt, auf was du dich da einlässt. Es sind fünfundzwanzig Meilen bergauf und über Hügel, und es bleibt nur eine Stunde und fünfzehn Minuten Zeit, das zu schaffen.»

«Oh, Theodosia, ich kann jetzt alles schaffen!», rief Miss Jessica, legte ihren Sonnenschirm ab und rannte überstürzt los. Tommy lächelte und packte eilig Banknoten in eine Leinentasche. «Vielleicht schaffst du es, meine Liebe, vielleicht auch nicht.»

Die Straße von Southdown nach Red Willow ist keineswegs eine beliebte Fahrradstrecke; sie ist holprig, hügelig und führt in unaufhörlicher Steigung von den Flussniederungen hinauf zur großen Divide, verläuft öde und der Hitze ausgesetzt durch versengte Maisfelder und Weideland, wo die langhornigen texanischen Rinder in den ehemaligen Büffelsümpfen grasen. Miss Jessica erkannte schon bald, dass bei dem ständigen In-die-Pedale-Treten, das erforderlich war, kaum Zeit für irgendwelche Gefühle blieb und auch kaum eine Empfindung für irgendetwas anderes als die pochende, brennende Hitze, die es auszuhalten galt. Weiter unten im Tal vibrierten und tanzten die fernen Steilhänge in der heißen Luft, das völlig ermattete Vieh hatte sich unter den schützenden Uferschrägen versteckt, und die Präriehunde hatten in der Tiefe ihrer Erdlöcher Zuflucht gesucht, von denen es heißt, dass sie bis zum Grundwasser reichen. Das Sirren der siebzehnjährigen Zikaden war das Einzige, was auf Belebtheit schließen ließ, wie auch der Erdboden, aus dem sie kommen, als würde er nur von der krank machenden, zerstörerischen Hitze aufgeweckt und lebendig gemacht. Die Sonne war wie heißes Messing, und der Wind, der vom Süden her wehte, war noch heißer. Tommy wusste, dass Wind ihre einzige Chance war.

Miss Jessica wurde langsam klar, dass sie, wenn sie nicht anhalten könnte und Wasser zu trinken bekäme, nicht viel länger in diesem Tal der Tränen würde durchhalten können. Dies gab sie Tommy zu verstehen, doch die schüttelte nur den Kopf, «braucht zu viel Zeit», und beugte sich wieder über ihren Lenker, ohne je ihre Augen von der vor ihr liegenden Straße abzuwenden. Blitzartig kam es Miss Jessica in den Sinn, dass Tommy nicht nur sehr unfreundlich war, sondern dass sie auch sehr unpassend auf ihrem Rad saß und auf aggressive Weise männlich und geschäftsmäßig aussah, wie sie ihre Schultern hinunterbeugte und sich völlig verausgabte. Genau in dem Augenblick wurde Miss Jessica das Atmen besonders schwer, und die steilen Flussufer begannen Schlangenlinien zu bilden und an den Rändern zu tanzen, und andere wichtige und persönliche Überlegungen ergriffen von der jungen Dame Besitz.

Als sie gut die Hälfte der Wegstrecke hinter sich gebracht hatten, holte Tommy ihre Uhr hervor. «Muss mich beeilen, Jess, ich kann nicht auf dich warten.»

«Oh, Tommy, ich kann nicht mehr», keuchte Miss Jessica, stieg ab und setzte sich auf einen kleinen Erdhaufen am Straßenrand. «Fahr weiter, Tommy, und sage ihm – sag ihm, ich hoffe, dass es nicht schiefgeht, und ich würde alles tun, um ihn zu retten.»

Zu diesem Zeitpunkt hatte sich die besonnene Miss Jessica völlig in Tränen aufgelöst, und Tommy nickte ihr zu und verschwand über den Hügel, wobei sie in sich hineinlachte. «Arme Jess, genau das wird er nicht gebrauchen können. Na gut, jemand wie du verfügt allgemein gesehen über die besten Fähigkeiten, aber in so kleinen Belangen kann sich jemand wie ich stärker bewähren. In solchen Sachen sind wir einfach besser als beim Tanzen. Es ist nur gerecht, die eine Seite sollte nicht alles kriegen.»

Genau um zwölf Uhr, als Jay Ellington Harper mit zerdrücktem und feuchtem Kragen um seinen Hals, die Brillengläser beschlagen vom Schweiß, die Haare schlaff in die Stirn hängend und sogar mit tropfnassen Spitzen seines Schnauzbarts sich abmühte, mit einer Menge aufgebrachter Böhmen herumzustreiten, trat Tommy ruhig durch die Tür, mit dem Vermögen in der Hand. Sie schritt direkt hinter das Gitter, stellte sich, abgeschirmt durch das Pult des Buchhalters, in den Raum und übergab Harper die Tasche, und dann wandte sie sich an den Sprecher der Böhmen. «Was hat diese ganze Aufregung zu bedeuten, Anton? Kommt ihr alle auf einmal heute zur Bank?»

«Wir wollen Geld, wollen unser Geld, er hat's nicht, rückt's nicht raus», brüllte der breite bierselige Böhme.

«Oh, halt sie nicht länger zum Narren, gib ihnen ihr Geld, damit du sie loswirst. Ich möchte dich sprechen», sagte Tommy unbesorgt und begab sich in den Besprechungsraum.

Als Harper eine halbe Stunde später, nachdem der Ansturm sich gelegt hatte, zu ihr hereinkam, waren von seiner sonst so fleckenlosen Erscheinung nur noch die Brillengläser und die weiße Blume im Knopfloch übrig geblieben.

«Das war schrecklich!», schnaufte er. «Miss Theodosia, ich kann Ihnen gar nicht genug danken.»

«Nein», unterbrach ihn Tommy. «Das kannst du nicht, und ich möchte keinen Dank. Das war aber eine ziemlich heikle Situation, nicht wahr? Du hast ausgesehen wie ein Gespenst, als ich hier eintraf. Was hat die Leute dazu gebracht?»

«Woher soll ich das wissen? Sie kamen hier angerannt wie Wölfe, die auf eine Schafsherde losgehen. Es hörte sich an, als käme ein Geistertanz auf mich zu.»

«Und du hattest natürlich keine Reserven im Haus? O ja, ich habe dir immer wieder gesagt, dass dies passieren würde, es war unvermeidlich bei deinen charmanten Methoden. Übrigens lässt dir Jess ihr Bedauern ausrichten und dir sagen, dass sie alles tun würde, um dich zu retten. Sie war mit mir losgefahren, ist dann aber am Straßenrand liegen geblieben. Oh, mach dir keine Sorgen, sie ist nicht verletzt, nur außer Atem. Ich habe sie völlig erledigt an der Straße zurückgelassen, wie ein kleines weißes Kaninchen. Ich vermute, dass es der Mangel an Romantik bei dieser Eskapade war, der ihr mehr zugesetzt hat als alles andere; sie ist zutiefst romantisch veranlagt. Wenn wir auf schaumsprühenden feurigen Rössern gesessen hätten, dann hätte sie es geschafft, glaube ich, aber ein Fahrrad hat sie in ihrer Würde verletzt. Ich kümmere mich um die Bank, und du nimmst jetzt besser dein Fahrrad und fährst los; mach sie ausfindig und tröste sie. Und sobald der passende Augenblick gekommen ist, Jay, fände ich es gut, wenn du sie heiratetest und dann mit allem im Reinen wärest, ich möchte diese Angelegenheit aus meinem Kopf bekommen.»

Jay Ellington Harper ließ sich auf einen Stuhl fallen und wurde zunehmend bleicher. «Theodosia, was meinen Sie damit? Erinnern Sie sich nicht, was ich im letzten Herbst zu Ihnen gesagt habe, an dem Abend, bevor Sie zur Schule abgereist sind? Erinnern Sie sich nicht, was ich Ihnen geschrieben habe…?»

Tommy setzte sich neben ihn an den Tisch und schaute ernsthaft und freimütig in seine Augen. «Schau mal, Jay Ellington, wir haben ein nettes Spielchen miteinander gespielt, und nun ist es an der Zeit, damit aufzuhören. Irgendwann müssen wir erwachsen werden. Du bist schrecklich aufgewühlt wegen Jess, und warum es leugnen? Sie passt gut zu dir und ist ganz vernarrt in dich, also bleibt da nur eins zu tun. Das ist alles.»

Jay Ellington strich sich über die Augenbraue und fühlte sich unbehaglich in dieser Situation. Vielleicht kam er tatsächlich gerade den Tiefen seines eigenen schwerfälligen Inneren näher, als er es je zuvor gewesen war. Seine Stimme hörte sich zittrig an und war sehr leise, als er ihr antwortete.

«Sie sind sehr gütig zu mir gewesen, ich habe nicht geglaubt, dass eine Frau gleichzeitig so freundlich und so klug sein kann. Sie haben sogar aus mir fast einen Mann gemacht.»

«Na ja, es ist mir sicherlich nicht gelungen. Aber mich dir gegenüber gütig zu verhalten, das war eher eine Ausnahme, weißt du. Ich bin freundlich, aber schließlich bin ich auch nur aus Fleisch und Blut. Seit ich dich kannte, bin ich überhaupt nicht gütig gewesen, in jedem Sinne des Wortes, und ich befürchte, dass ich alles andere als klug war. Jetzt hab Erbarmen mit Jess – und mir – und geh. Mach dich auf den Weg, durch diese Fahrradtour beginne ich langsam etwas zu verstehen. Solche Dinge zerren einem an den Nerven. Zum Glück ist er endlich gegangen und war einsichtig genug, nichts weiter zu sagen. Die Sache wurde allmählich problematisch. Ich habe es ihm gesagt, ich bin keineswegs übermenschlich.»

Nachdem Jay Ellington Harper sich verabschiedet hatte und Tommy allein in dem dunkel gewordenen Büro saß, die klappernden Fensterläden betrachtete und die Bankbücher vor sich hatte, bemerkte sie eine weiße Blüte auf dem Fußboden. Es war die Nelke, die Jay Ellington Harper in seinem Mantel getragen und vor lauter nervöser Erregung fallen gelassen hatte. Sie hob sie auf und hielt sie einen Moment in der Hand, dabei biss sie sich auf die Lippe. Dann warf sie sie auf den Feuerrost und wandte sich achselzuckend ab.

«Sie sind schreckliche Idioten, jedenfalls die Hälfte von ihnen, und über ihr leibliches Wohl hinaus denken sie an nichts anderes. Aber ach, wie sehr lieben wir sie doch!»

Colette

MIR IST HEISS

Rühr mich nicht an! Mir ist heiß ... Halt dich fern von mir. Aber bleib nicht auf der Türschwelle stehen. Du unterbindest, du stiehlst mir den schwachen Luftzug, der vom Fenster zur Tür flattert, wie ein unbeholfener, gefangener Vogel ...

Mir ist heiß ... Ich kann nicht schlafen. Ich starre in die Finsternis meines abgedunkelten Zimmers, wo ein goldener Kamm mit ebenmäßigen Zähnen dahingleitet und langsam, ganz langsam das Gras des Teppichs schert. Wenn der gestreifte Schatten der Jalousien das Bett erreicht, werde ich aufstehen – vielleicht. Bis dahin ist mir heiß.

Mir ist heiß. Die Hitze beschäftigt mich wie eine Krankheit und wie ein Spiel. Sie reicht aus, alle Stunden des Tages und der Nacht zu füllen. Ich spreche nur von ihr; mit Leidenschaft und Zärtlichkeit beklage ich mich über sie wie über eine schonungslose Liebkosung. Schau, von ihr stammt dieser rote Fleck am Kinn und diese geohrfeigte Wange, und meine Hände können nicht aus den roten Kettenhandschuhen schlüpfen, die sie mir aufgemalt hat. Und diese Handvoll brennend heißer Goldkörner; sie hat sie mir übers Gesicht gesät, sie und noch einmal sie ...

Nein, geh nicht hinunter in den Garten; du raubst mir meine Nerven. Der Kies wird unter deinen Schritten knirschen, und ich werde glauben, dass du eine Schicht kleiner, glühender Kohlen zertrittst. Lass es gut sein, damit ich den Springbrunnen höre, der spärlich aufspritzt und gleich versiegen wird, und das Keuchen der Hündin, die auf dem heißen Stein liegt. Halt ein! Seit heute Morgen lauere ich auf das Erwachen des ersten Windhauchs unter den ohnmächtigen, schlaff herabhängenden Blättern der Osterluzei.

Ach! Mir ist heiß! Ach, einmal um unser Haus das seidige Geräusch eines Fächers zu hören, der sich öffnet und wieder schließt, Flügelschlag einer Taube, die fliegt!

Ich mag es schon nicht mehr, das feine, zerknitterte Laken, das eben noch so kühl unter meinen nackten Fersen war. Doch hinten in meinem Zimmer ist ein Spiegel, tiefblau von Schatten, getrübt von Spiegelungen.

Welch verlockendes kühles Nass ... Wenn du dich darin spiegelst, so stell dir vor, es sei das Wasser der Teiche meiner Heimat! So ruhen sie während des Sommers, hier lauwarm, dort eisig durch den Strahl einer Quelle aus der Tiefe. Sie sind undurchsichtig und bläulich, voll heimtückischen Lebens, und die kleine Natter schlängelt sich um den langen Stiel von Seerose und Pfeilkraut ... Sie riechen nach Schilf, nach Moschus im Schlamm, nach grünem Hanf ... Gib mir ihre Kühle zurück, ihren Nebel, worin das Fieber sich wiegt, gib mir ihren Hauch zurück, mir ist so heiß ...

Oder leg mir lieber – aber das wirst du nicht tun – ein klitzekleines Stück Eis tief in mein Ohr und ein anderes auf meinen Arm, als Aderlass ... Du willst nicht? Du lässt mich vergeblich hoffen? Du raubst mir meine Nerven ... Sieh nach, ob sich nunmehr die Farbe des Tages zu verändern beginnt, ob die blendenden Streifen der Jalousien unten blau und oben orange werden. Neig dich über den Garten, beschreib mir die Hitze, wie man eine Katastrophe beschreibt! Sag, wird der Kastanienbaum sterben? Er streckt geröstete Blätter zum Himmel empor wie achatfarbene Schuppen ... Und nichts wird die Rosen retten können, die vor dem Aufblühen von der Flamme ergriffen wurden ... Rosen ... benetzte Rosen, prall vom nächtlichen Regen, kühl zu küssen ... Ach, geh weg vom Fenster! Komm wieder her! Betrüg mein Schmachten, indem du von Blumen sprichst, die sich unter dem Regen neigen! Gaukle mir was vor, sag, dass dort hinten das Gewitter einen violetten Hügel schwellen lässt, sag mir, dass der kriechende Wind sich plötzlich am Haus emporrichtet und den Weinstock und die Glyzinie gegen den Strich bürstet, sag, dass die ersten bleifarbenen Tropfen schräg durchs offene Fenster hereinkommen. Ich werde sie aus meinen Händen trinken, ich werde den Staub ferner Straßen, den Dunst einer tief hängenden Wolke schmecken, die über der Stadt zerplatzt.

Erinnere dich an das letzte Gewitter, an das bittere Wasser, das die klaren Quellen trübte, an den süßlichen Regen, den das Geißblatt weinte, und an das silberbestäubte Haar des Fenchels, aus dem wir in tausend Tröpfchen die Würze feinsten Absinths saugten ...

Mehr, mehr! Mir ist so heiß! Schildere mir die ruhelosen Quecksilbertropfen, die in der Mulde der Kapuzinerkresse und über die samtene Pfefferminze rollen, wenn der Regenschauer davonzieht ... Lass mich wieder an den Tau denken, an die luftige Brise, die die Baumwipfel neigt und mein Haar nicht berührt ... Lass mich an die von Mücken umzingelte Lache und an den Laubfroschreigen denken ... Oh, ich wünschte mir auf jede Hand den kalten Bauch eines kleinen Frosches! ... Mir ist so heiß. Wenn du wüsstest ... Sprich weiter ...

Sprich weiter, erlöse mich vom Fieber! Lass es Herbst werden für mich: Gib mir schon jetzt die kühle Weintraube, die man im Morgengrauen pflückt, und die letzten Oktobererdbeeren, die nur auf einer Seite reif sind ... Ja, ich wollte, ich hätte eine am Spalier vergessene, vom Frost schon etwas runzlige Traube, um sie in meinen trockenen Händen zu zerdrücken ... Wenn du mir doch zwei edle Hunde mit sehr kühlen Nasen brächtest! Du siehst, ich bin ganz krank, ich fantasiere nur noch.

Verlass mich nicht! Setz dich und lies mir das Märchen vor, das so beginnt: «Die Prinzessin wurde in einem Land geboren, wo der Schnee niemals die Erde entblößt, und ihr Palast war aus Eis und Raureif ...» Aus Raureif, hast du gehört? Aus Raureif! ... Wenn ich dieses funkelnde Wort wiederhole, so ist mir, als würde ich in einen knirschenden Schneeball, in einen schönen, mit eigenen Händen geformten Winterapfel beißen ...

Ach, mir ist heiß! ...

Mir ist heiß, aber ... irgendetwas hat sich da bewegt in der Luft ... Ist es nur diese blonde Wespe? Kündigt sie das Ende dieses langen Tages an? Ich überlasse mich ganz dir. Wünsch du die Wolke, den Abend, den Schlaf für mich herbei. Deine Finger entwirren in meinem Nacken ein feuchtes Knäuel von Haaren ...

Beug dich zu mir, kühle meine Nasenflügel mit deinem Atem und presse das saure Blut der Johannisbeere, auf die du beißt, gegen meine Zähne ... Ich murmle kaum noch, und du wirst niemals sagen können, ob ich es aus Wohlbehagen tat. Geh nicht fort, wenn ich schlafe: Ich werde so tun, als spürte ich nicht, dass du meine Handgelenke und meine Arme küsst, die nun kühl sind, von Perlen übersprüht, wie der Hals brauner, spanischer Tonkrüge ...

Gertrude Stein
DIE SANFTE LENA

Lena war geduldig, sanft, nett und deutsch. Sie war seit vier Jahren Hausmädchen, und es gefiel ihr sehr gut.

Lena war von einer Cousine aus Deutschland nach Bridgepoint gebracht worden und arbeitete dort seit vier Jahren im selben Haushalt.

Diese Stelle gefiel Lena sehr gut. Die Hausherrin samt ihren Kindern war freundlich und anspruchslos, und alle mochten Lena sehr.

Es gab da auch eine Köchin, die viel mit Lena schimpfte, aber Lenas deutsche Geduld ließ sich durch nichts bekümmern, und die gute, unbeirrbare Frau schimpfte ja nur zu Lenas Bestem.

Lenas deutsche Stimme, wenn sie morgens klopfte und die Familie weckte, war so erquickend, wohltuend und angenehm wie eine leichte, sanfte Mittagsbrise im Sommer. Morgen für Morgen stand sie in ihrer erwartungslosen, klaglosen Geduld ewig lang in der Diele und rief den Kindern zu, sie sollten aufstehen. Sie rief und wartete endlos und rief dann wieder, immer gleich sanft und geduldig, während die Kinder oft in jenen festen letzten Schlaf zurücksanken, der den Jungen gegenüber den allzeit bereiten Mittelaltrigen den Vorzug freudigen Elans beim Erwachen verschafft.

Lena hatte den ganzen Morgen hindurch tüchtig und hart zu arbeiten, und an den freundlichen, sonnigen Nachmittagen schickte man sie in den Park hinaus, wo sie die zweijährige Jüngste der Familie beaufsichtigen sollte.

Die anderen Mädchen, die ganze nette, untätige Schar, die an Sommernachmittagen im Park die Kinder beaufsichtigt, mochten die einfache, sanfte, deutsche Lena alle sehr gern. Und alle mochten es auch sehr, sie zu necken, denn es war so leicht, sie durcheinanderzubringen und völlig hilflos zu machen, denn sie kam nie dahinter, was die anderen pfiffigeren Mädchen mit ihren schrägen Bemerkungen meinten.

Die zwei, drei Mädchen, bei denen Lena immer saß, taten sich immer zusammen, um sie konfus zu machen. Trotzdem war es nett, dieses ganze Leben, für Lena.

Das kleine Mädchen fiel manchmal hin und weinte, und dann musste Lena es trösten. Wenn das kleine Mädchen seinen Hut fallen ließ, musste Lena ihn aufheben und an sich nehmen. Wenn das kleine Mädchen unartig war und seine Spielsachen wegwarf, sagte Lena ihm, es könne sie nicht wiederhaben, und hortete sie, bis das kleine Mädchen sie wieder brauchte.

Es war ein rundum friedliches Leben für Lena, fast so friedlich wie ein netter Zeitvertreib. Die anderen Mädchen neckten sie natürlich, aber das rief bloß eine sanfte Unruhe in ihr hervor.

Lena war ein brünettes, anmutiges Geschöpf, so braun, wie es die Brünetten bei blonden Völkern häufig sind, kein Braun mit einem Anflug Gelb, Rot oder Schokoladenbraun wie in den sonnenverbrannten Ländern, sondern ein gedämpftes Braun auf hellem Teint darunter, ein schlichtes, scheues Braun, zu dem Haselnussaugen goldrichtig passen, und nicht allzu volles, glattes, helles Haar, erst allmählich vom Strohblond einer deutschen Kindheit nachgedunkelt.

Lena hatte den flachen Busen, geraden Rücken und die hängenden Schultern einer geduldigen und ausdauernden Arbeiterin, obwohl ihr Körper noch anmutig mädchenhaft war und die Arbeit diese Züge noch nicht allzu deutlich hervorkehrte.

Lenas Besonderheit zeigte sich in der gleichbleibenden Gemessenheit all ihrer Bewegungen, am meisten aber in ihrer geduldigen, altmodischen Tumbheit und der erdigen Reinheit ihres braunen, flachen, sanft modellierten Gesichts. Lena hatte ungemein buschige Brauen. Sie waren schwarz und breit und sehr markant in ihrer dunklen Schönheit, und darunter leuchteten die menschlich-unschuldigen Haselnussaugen in der erdhaften Geduld der arbeitsamen und sanften Deutschen.

Ja, Lena führte ein rundum friedliches Leben. Die anderen Mädchen neckten sie natürlich, aber das rief bloß eine sanfte Unruhe in ihr hervor.

«Was hast du da an deinem Finger, Lena?», fragte sie Mary, eins der Mädchen, mit denen sie immer zusammensteckte, eines Tages. Mary war gutmütig, aufgeweckt, klug und Irin.

Lena hatte soeben die hübsche Papiermundharmonika aufgehoben, die das kleine Mädchen neben sich fallen gelassen hatte, und entlockte ihr einen kläglichen Ton, als sie mit ihrem braunen, kräftigen, ungeschickten Finger daran zog.

«Ach, was ist denn das, Mary, Farbe?», sagte Lena und steckte den Finger in den Mund, um an dem Schmutzfleck zu lecken.

«Die ist schrecklich giftig, Lena, weißt du das denn nicht?», sagte Mary, «diese grüne Farbe, an der du eben geleckt hast.»

Lena hatte das meiste von der grünen Farbe an ihrem Finger weggelutscht. Sie hielt inne und starrte auf ihren Finger. Sie wusste nicht recht, ob Mary ernst gemeint hatte, was sie da sagte.

«Ist die etwa nicht giftig, Nellie, diese grüne Farbe, die Lena da abgelutscht hat?», sagte Mary. «Aber sicher doch, Lena, die ist richtig giftig. Diesmal mache ich keinen Witz.»

Lena, leicht verstört, starrte auf die Stelle am Finger, wo die Farbe gewesen war, und fragte sich, ob sie ihn wirklich abgelutscht hatte.

Er war noch etwas feucht an den Rändern, und sie rieb ihn lange unter ihrem Kleid ab, und dazwischen betrachtete sie ihren Finger nachdenklich und fragte sich, ob sie da wirklich Gift geleckt hatte.

«Schlimm, nicht wahr, Nellie, dass Lena daran geleckt hat?», sagte Mary.

Nellie lächelte nur und gab keine Antwort. Nellie war dunkel und schlank und sah italienisch aus. Sie hatte eine schwarze Haarpracht, die sie hochgesteckt trug, wodurch ihr Gesicht sehr zart wirkte.

Nellie lächelte die ganze Zeit und sagte nicht viel, und wenn sie Lena ansah, brachte sie sie sofort aus der Fassung. Und so saßen sie alle drei mit ihren kleinen Schutzbefohlenen lange in der freundlichen Sonne. Und Lena warf oft einen Blick auf ihren Finger und fragte sich, ob sie da wirklich Gift geleckt hatte, und rieb sich den Finger noch etwas energischer an ihrem Kleid ab.

Mary lachte sie aus und neckte sie, und Nellie lächelte leise und sah sie schräg an.

Dann wurde es kühler und damit Zeit für sie, die Kleinen, die allmählich eigene Kreise zogen, einzusammeln und zu ihren Müttern zurückzubringen. Und Lena konnte nie sicher sein, ob es wirklich giftig war, das grüne Zeug, an dem sie geleckt hatte.

Während ihrer vier Jahre als Dienstmädchen verbrachte Lena den Sonntag immer im Haus ihrer Tante, die sie damals nach Bridgepoint mitgenommen hatte.

Diese Tante, die Lena vor vier Jahren nach Bridgepoint mitgebracht hatte, war eine barsche, ehrgeizige, wohlmeinende Deutsche. Ihr Ehemann war Lebensmittelhändler in der Stadt, und sie waren sehr wohlhabend. Mrs. Haydon, Lenas Tante, hatte zwei Töchter, die eben erst dabei waren, zu jungen Damen zu werden, und einen kleinen Jungen, der unaufrichtig und sehr widerspenstig war.

Mrs. Haydon war eine kleine, dicke, grobschlächtige Deutsche. Sie trat beim Gehen immer sehr fest und energisch auf. Mrs. Haydon war eine einzige feste, grobschlächtige Masse, bis hin zu ihrem einstmals hellen, rötlich nachgedunkelten Gesicht mit seinen kräftigen, glänzenden Wangen und dem Doppelkinn, das sich unter dem Wulst ihres kurzen, gedrungenen Halses verbarg.

Ihre beiden vierzehn- und fünfzehnjährigen Töchter wirkten neben ihr wie ungeknetete, unförmige Fleischgebirge.

Die ältere, Mathilda, war blond und dumpf und einfältig und richtig dick. Die jüngere, Bertha, war fast so groß wie ihre Schwester, dunkler und aufgeweckter, und zwar auch stämmig, aber nicht wirklich fett.

Diese beiden Mädchen hatte ihre Mutter mit energischer Hand großgezogen. Sie waren auf ihre Stellung gut vorbereitet. Beide waren sie immer gut gekleidet und trugen dieselben Hüte und Kleider, wie es sich für zwei deutsche Schwestern schickt. Die Mutter kleidete sie gern in Rot. Ihre besten Sachen waren rot, aus gutem, schwerem Tuch und reich verziert mit glitzernden schwarzen Borten. Sie hatten steife rote Filzhüte auf, garniert mit schwarzem Samtband und einem Vögelchen. Die matronenhaft in Schwarz mit Haube gekleidete Mutter saß stets zwischen ihren beiden großen Töchtern, streng, gebieterisch und beherrscht.

Der einzige Schwachpunkt im Betragen dieser tüchtigen Deutschen war die Art und Weise, wie sie ihren Jungen verwöhnte, der unaufrichtig war und sehr widerspenstig.

Der Vater dieser Familie war ein biederer, ruhiger, korpulenter und zurückhaltender Deutscher. Er versuchte dem Jungen seine Unarten auszutreiben und ihm Ehrlichkeit beizubringen, aber die Mutter mochte dem Vater das Feld nicht überlassen, und so wurde der Junge sehr schlecht erzogen.

Mrs. Haydons Töchter waren eben erst dabei, zu jungen Damen zu werden, also war die Verheiratung ihrer Nichte Lena einstweilen Mrs. Haydons vordringlichste Aufgabe.

Mrs. Haydon war vor vier Jahren nach Deutschland gereist, um ihre Eltern zu besuchen, und hatte ihre Mädchen mitgenommen. Dieser Besuch war für Mrs. Haydon ein voller Erfolg gewesen, obwohl es ihren Kindern nur mäßig gefallen hatte.

Mrs. Haydon war eine gute und hochherzige Frau, und sie erwies ihren Eltern Wohltaten im großen Stil, und ebenso allen Anverwandten, die von nah und fern zu Besuch kamen. Mrs. Haydons Verwandte gehörten dem ländlichen Mittelstand an. Sie waren keine Kleinbauern und lebten in einer Stadt, die etwas auf sich hielt, aber Mrs. Haydons in Amerika geborene Töchter fanden das alles sehr armselig und muffig.

Mrs. Haydon gefiel alles. Es war ihr vertraut, und sie war hier so vermögend und wichtig. Sie hörte zu und entschied und gab all ihren Verwandten Ratschläge, wie sie erfolgreicher sein könnten. Sie regelte Gegenwart und Zukunft für sie und hielt ihnen vor, dass sie in der Vergangenheit alles ganz verkehrt angestellt hatten.

Mrs. Haydons einzige Sorge waren ihre beiden Töchter, die sie nicht dazu bringen konnte, ihre Eltern anständig zu behandeln. Die beiden Mädchen waren sehr gemein zu ihrer ganzen weitläufigen Verwandtschaft. Ihre Mutter konnte sie kaum dazu überreden, ihre Großeltern zu küssen, und jeden Tag wurden die Mädchen gescholten. Aber Mrs. Haydon war so überaus beschäftigt, dass sie keine Zeit fand, ihre eigensinnigen Töchter wirklich zu bändigen.

Ihre arbeitsamen, erdig-ungehobelten deutschen Verwandten schienen diesen in Amerika geborenen Kindern hässlich und schmutzig und so weit unter ihrem Stand wie italienische oder schwarze Arbeiter, und sie begriffen nicht, wie ihre Mutter sie überhaupt anfassen konnte, und zudem zogen die Frauen sich alle so merkwürdig an und waren ganz abgearbeitet und so völlig anders.

Die beiden Mädchen waren hochnäsig zu allen und unterhielten sich auf Englisch darüber, wie sehr sie all diese Leute verabscheuten und wie sehr sie sich wünschten, ihre Mutter würde das alles nicht mitmachen.

Die Mädchen konnten zwar etwas Deutsch, aber sie ließen sich nie herbei, es zu sprechen. Am meisten interessierte sich Mrs. Haydon für die Familie ihres ältesten Bruders. Er hatte acht Kinder, und fünf davon waren Mädchen.

Mrs. Haydon fand, es wäre ein nobler Zug, eins dieser Mädchen nach Bridgepoint mitzunehmen und ihm dort einen guten Start zu verschaffen. Das gefiel ihnen allen, und man war sich einig, dass es Lena sein sollte.

Lena war das zweitälteste Mädchen dieser kinderreichen Familie. Sie war damals gerade siebzehn Jahre alt. Lena war keine Tochter, die für ihre Familie von Belang war. Sie war immer irgendwie verträumt und abwesend. Zwar arbeitete sie hart und sehr zuverlässig, aber auch wenn sie tüchtig zupackte, wirkte sie wie entrückt.

Von ihrem Alter her war Lena für Mrs. Haydons Zwecke goldrichtig. So konnte Lena zunächst in Stellung gehen und sich Kenntnisse aneignen, und wenn sie dann ein wenig älter war, konnte ihr Mrs. Haydon zu einem guten Ehemann verhelfen. Und Lena war ja so ruhig und fügsam, dass sie nie auf ihrem eigenen Willen beharren würde. Und zudem war Mrs. Haydon bei all ihrer Härte verständig und spürte, dass an Lena etwas Besonderes war.

Lena war einverstanden damit, Mrs. Haydon zu begleiten. Lena gefiel ihr deutsches Leben nicht besonders. Es war nicht die harte Arbeit, sondern das Ungehobelte, das sie verstörte. Die Leute waren nicht sanft, und die Männer waren sehr ungestüm, wenn sie in Fahrt kamen, und hielten sie fest und trieben ihre groben Späße mit ihr. Man meinte es zwar rundum ganz gut mit ihr, aber ihr kam alles derb und trostlos vor.

Doch eigentlich war Lena gar nicht bewusst, dass es ihr hier nicht gefiel. Es war ihr nicht bewusst, dass sie stets so verträumt und abwesend war. Sie machte sich keine Gedanken, ob das Leben für sie dort in Bridgepoint ein anderes sein würde. Mrs. Haydon nahm sie mit und besorgte ihr neue Kleider und nahm sie dann mit auf den Dampfer. Lena wurde noch kaum bewusst, wie ihr geschah.

Mrs. Haydon samt ihren Töchtern und Lena fuhren zweiter Klasse auf dem Dampfer. Mrs. Haydons Töchtern gefiel es gar nicht, dass ihre Mutter Lena mitnahm. Es missfiel ihnen, eine Cousine zu haben, die in ihren Augen wenig besser war als ein Nigger, und alle auf dem Dampfer würden sie sehen. Mrs. Haydons Töchter sagten solche Dinge zu ihrer Mutter, aber die hörte sie sich nicht an, und die Mädchen wagten es nicht, allzu deutlich zu werden. Also blieb ihnen nichts anderes übrig, als Lena weiterhin zutiefst zu verabscheuen, mit vereinten Kräften. Sie konnten nichts daran ändern, dass sie mit ihnen nach Bridgepoint zurückkehren würde.

Lena wurde auf der Reise richtig seekrank. Ihr war, sie müsse gewiss sterben, ehe sie überstanden sei. Ihr war so übel, dass sie nicht einmal wünschen konnte, sie hätte die Reise nicht angetreten. Sie konnte nicht essen, sie konnte nicht jammern, in ihr war nur blankes Entsetzen, und sie war sich sicher, dass sie jeden Augenblick sterben müsse. Sie konnte nicht an sich halten und wusste sich auch nicht zu helfen. Sie blieb einfach da, wo man sie zurückgelassen hatte, bleich und erschrocken und schwach und elend und sicher, dass sie jetzt sterben müsse.

Mathilda und Bertha Haydon hatten keine Scherereien damit, Cousine Lena zur Reisegefährtin zu haben, bis zu ihrem letzten Tag an Bord, und zwischenzeitlich hatten sie schon ihre Bekanntschaften geschlossen und konnten die Sache erklären.

Mrs. Haydon stieg tagtäglich zu Lena hinunter, gab ihr Medizin und hielt ihr wenn nötig den Kopf und war ganz allgemein freundlich und erfüllte ihr gegenüber ihre Pflicht.

Die arme Lena hatte nicht die Kraft, in solchen Schwierigkeiten stark zu sein. Sie konnte sich ihrer Übelkeit weder ergeben noch sie ertragen. Sie verlor in ihrem Elend ihr ganzes bescheidenes Lebensgefühl. Sie war so mitgenommen, und selbst im besten Fall rang sich die so geduldige, liebe und ruhige Lena nicht zu Gelassenheit oder zu tatkräftigem Mut durch.

Die arme Lena war so mitgenommen und schwach und überzeugt davon, dass sie jeden Augenblick sterben würde.

Aber ein Weilchen, nachdem Lena wieder an Land gegangen war, hatte sie ihr ganzes Elend vergessen. Mrs. Haydon fand für sie die gute Stelle bei der freundlichen, anspruchslosen Hausfrau samt ihren Kindern, und Lena begann ein paar Brocken Englisch zu lernen und war bald sehr glücklich und zufrieden.

All ihre freien Sonntage verbrachte Lena in Mrs. Haydons Haus. Lena hätte zwar viel lieber ihre Sonntage mit den Mädchen verbracht, mit denen sie immer zusammensteckte und die sie auch oft einluden und sie neckten und eine sanfte Unruhe in ihr hervorriefen; aber in ihrer anspruchslosen, klaglosen deutschen Art fiel es Lena nie ein, etwas anderes zu tun als das, was man von ihr erwartete, nur weil sie das vorgezogen hätte. Mrs. Haydon hatte gesagt, Lena solle jeden zweiten Sonntag zu ihr kommen, also ging Lena immer dorthin.

Mrs. Haydon war die Einzige in ihrer Familie, die sich überhaupt für Lena interessierte. Mr. Haydon hielt nicht viel von ihr. Sie war die Verwandte seiner Frau, und er war gut zu ihr, doch er hielt sie für dumm und etwas einfältig und sehr langweilig, und bestimmt würde sie eines Tages Hilfe brauchen, wenn sie in der Patsche saß. Man konnte darauf wetten, dass alle armen jungen Verwandten, die man aus Deutschland nach Bridgepoint brachte, früher oder später in Schwierigkeiten geraten und Hilfe brauchen würden.

Der kleine Haydon-Junge war immer sehr gemein zu ihr. Er war für alle schwer zu bändigen, und seine Mutter verwöhnte ihn ziemlich arg. Mrs. Haydons Töchter freundeten sich mit den Jahren auch nicht mehr mit Lena an. Lena war nicht einmal bewusst, dass sie sie gleichfalls nicht mochte. Es war ihr nicht bewusst, dass sie nur bei den anderen pfiffigeren Mädchen glücklich war, mit denen sie immer im Park saß und die sie immer auslachten und neckten.

Mathilda Haydon, der einfältigen, fetten, blonden älteren Tochter, missfiel es sehr, dass sie sagen musste, das sei ihre Cousine Lena, diese Lena, die für sie kaum besser war als ein Nigger.

Mathilda war eine zu groß geratene, träge und schwabbelige, dumme und dicke Blondine, die eben erst zur Frau wurde: mit schwerer Zunge und von dumpfem, simplem Gemüt und sehr eifersüchtig auf ihre ganze Familie und andere Mädchen und stolz, dass sie schöne Kleider und neue Hüte bekam und Musikunterricht, und furchtbar ungehalten, dass sie eine Cousine hatte, die ein gewöhnliches Dienstmädchen war. Und dann dachte Mathilda mit Abscheu an das schmutzige, hässliche Loch, aus dem Lena kam und über das Mathilda derart die Nase gerümpft hatte und so schrecklich zornig geworden war, weil ihre Mutter mit ihr geschimpft hatte und sie all diese nach Kuhstall riechenden Trampel mochte.

Mathilda konnte auch sehr böse werden, wenn ihre Mutter Lena zu ihren Partys einlud und sich dann gewissen deutschen Müttern gegenüber darüber ausließ, wie tüchtig Lena war, wohl in der Hoffnung, sie könnte unter deren Söhnen einen guten Mann für Lena finden. All dies pflegte die dumpfe, blonde, dicke Mathilda sehr aufzubringen. Manchmal ereiferte sie sich so, dass sie ihre Mutter in ihrer schwerzüngigen, verstockten Art und voll eifersüchtiger Wut, die ihr aus den hellblauen Augen sprühte, anfuhr, ihre Sympathie für diese hässliche Lena sei ihr einfach unbegreiflich; woraufhin ihre Mutter Mathilda tadelte und ihr vorhielt, sie wisse doch, wie arm ihre Cousine Lena sei, und dass Mathilda zu armen Leuten gut sein müsse.

Mathilda Haydon mochte keine armen Verwandten. Sie erzählte all ihren Freundinnen, was sie von Lena hielt, sodass die Mädchen an Mrs. Haydons Partys nie etwas zu Lena sagten. Aber Lena begriff in ihrer klaglosen, anspruchslosen Geduld nie so richtig, dass man sie schnitt. Wenn Mathilda mit ihren Freundinnen auf der Straße oder im Park unterwegs war und Lena sah, rümpfte sie immer die Nase und grüßte sie kaum, und dann erzählte sie ihren Freundinnen, wie absonderlich es von ihrer Mutter doch sei, sich um Leute wie diese Lena zu kümmern, und dass Lenas ganze Verwandtschaft in Deutschland drüben gleich Schweinen hauste.

Die jüngere Tochter, die dunkle, stämmige, aber nicht dicke Bertha Haydon, die sehr flink im Denken und Handeln und der Liebling ihres Vaters war, mochte Lena ebenso wenig. Sie mochte sie nicht, weil Lena so dumm und einfältig war, dass sie sich von diesen jungen Irinnen und Italienerinnen auslachen und necken ließ und alle sich die ganze Zeit über Lena lustig machten, ohne dass sie böse wurde oder überhaupt imstande war zu begreifen, wie schrecklich man sie zum Narren hielt.

Bertha Haydon mochte keine Dummköpfe. Auch ihr Vater hielt Lena für einen Dummkopf, darum schenkten weder Vater noch Tochter Lena je die geringste Beachtung, obwohl sie jeden zweiten Sonntag zu ihnen ins Haus kam.

Lena wusste nicht, wie es den Haydons zumute war. Sie kam jeden freien Sonntag zu ihrer Tante, weil Mrs. Haydon ihr gesagt hatte, das müsse sie. Dazu passte, dass Lena stets ihren ganzen Lohn sparte. Sie dachte nie daran, dass sie ihn ausgeben könnte. Die deutsche Köchin, die gute Frau, die Lena immer ausschimpfte, half ihr dabei, ihn jeden

Monat auf die Bank zu bringen, sobald sie ihn bekommen hatte. Manchmal, ehe die Bank sich darum kümmern konnte, bat jemand Lena darum. Der kleine Haydon-Junge fragte manchmal und bekam ihn, und manchmal brauchten ein paar der Mädchen, mit denen Lena immer zusammensteckte, mehr Geld; aber die deutsche Köchin, die immer mit Lena schimpfte, sah zu, dass dies nicht sehr oft vorkam. Und wenn doch, schimpfte sie heftig mit Lena und ließ sie ihren Lohn monatelang nicht mehr anrühren, sondern brachte ihn, sobald Lena ihn bekommen hatte, noch am selben Tag zur Bank.

Also sparte Lena immer ihren Lohn, weil sie ihn nicht auszugeben verstand, und verbrachte ihre freien Sonntage stets im Haus ihrer Tante, weil sie nicht wusste, was sie sonst damit anstellen könnte.

Mrs. Haydon war von Jahr zu Jahr mehr überzeugt, dass sie gut daran getan habe, Lena mitzunehmen, denn es entwickelte sich alles genauso, wie sie erwartet hatte. Lena war tüchtig und beharrte nie auf ihrem Willen, sie lernte Englisch und sparte ihren ganzen Lohn, und bald würde Mrs. Haydon einen guten Ehemann für sie finden.

In diesen ganzen vier Jahren hatte Mrs. Haydon in ihrem deutschen Bekanntenkreis nach dem passenden Ehemann für Lena Ausschau gehalten, und jetzt war sie zu guter Letzt ziemlich entschlossen.

Der Mann, den Mrs. Haydon für Lena im Auge hatte, war ein junger deutsch-amerikanischer Schneider, der bei seinem Vater arbeitete. Er war tüchtig, und die ganze Familie war sehr sparsam, und Mrs. Haydon fand dies ideal für Lena, und überdies tat dieser junge Schneider stets, was seine Eltern wollten.

Dieser alte deutsche Schneider und seine Frau, Vater und Mutter von Herman Kreder, der Lena Mainz heiraten sollte, waren sehr haushälterische, besonnene Leute. Herman war das einzige Kind, das noch bei ihnen lebte, und er tat wie immer alles, was sie wollten. Herman war inzwischen achtundzwanzig, aber seine Eltern tadelten ihn nach wie vor und erteilten ihm Anweisungen. Und jetzt wollten sie ihn verheiratet sehen.

Herman Kreder legte keinen großen Wert darauf, zu heiraten. Er hatte ein sanftes Gemüt und war etwas ängstlich und auch missmutig. Er gehorchte seinen Eltern, und er arbeitete tüchtig. Samstagabends und sonntags ging er mit anderen Männern aus. Er war gern mit ihnen zusammen, ohne dass er je so recht fröhlich wurde. Er war gern mit Männern zusammen und verabscheute es, wenn auch Frauen dabei waren. Er gehorchte seiner Mutter, aber ihm lag nicht viel am Heiraten. Mrs. Haydon und die Eltern Kreder hatten oft über eine mögliche Heirat gesprochen. Der Gedanke gefiel allen dreien gut. Lena würde alles tun, was Mrs. Haydon wollte, und Herman gehorchte seinen Eltern stets in allem. Sowohl Lena als auch Herman waren sparsam und tüchtig, und beide bestanden nie auf ihrer Eigenart.

Die alten Kreders hatten, wie jeder wusste, ihr ganzes Geld gespart, sie waren barsche, anständige Deutsche, und Mrs. Haydon war sich sicher, dass Lena mit diesen Leuten nie Schwierigkeiten haben würde. Mr. Haydon wollte sich nicht dazu äußern. Er wusste, dass der alte Kreder viel Geld hatte und einige gute Liegenschaften besaß, und was seine Frau mit dieser einfältigen, dummen Lena anstellte, kümmerte ihn nicht, solange sie bloß keine Hilfe benötigte oder in der Patsche saß.

Lena legte keinen großen Wert aufs Heiraten. Ihr Leben an ihrer Arbeitsstätte gefiel ihr ganz gut. Sie dachte nicht viel an Herman Kreder. Sie hielt ihn für einen guten Mann, der immer sehr still war. Sie sprachen nie viel miteinander. Und Lena lag gerade nicht viel am Heiraten.

Mrs. Haydon unterhielt sich sehr oft mit Lena darüber. Lena gab nie eine Antwort. Mrs. Haydon dachte, dass Lena Herman Kreder ja vielleicht nicht mochte. Mrs. Haydon konnte nicht glauben, dass der Gedanke ans Heiraten irgendein Mädchen kaltlassen könnte, nicht einmal Lena.

Mrs. Haydon sprach mit Lena sehr oft über Herman. Und manchmal wurde Mrs. Haydon sehr zornig auf Lena. Sie befürchtete, dass Lena sich für einmal sträuben könnte, wo doch ihre Heirat längst eingefädelt war.

«Was stehst du so dumm da und gibst keine Antwort, Lena», sagte Mrs. Haydon eines Sonntags, nachdem sie lange auf Lena eingeredet hatte wegen Herman Kreder und dass Lena ihn heiraten sollte. «Ja, Ma'am», sagte Lena, und da wurde Mrs. Haydon böse auf diese dumme Lena. «Warum gibst du mir nicht eine vernünftige Antwort, Lena, wenn ich dich frage, ob du Herman Kreder denn nicht magst. Du stehst bloß einfältig da und gibst keine Antwort, als hättest du kein einziges Wort von dem gehört, was ich zu dir gesagt habe. So eine wie du ist mir noch nie begegnet, Lena. Wenn du rumschreien willst, warum tust du's nicht gleich, statt so dumm dazustehen und keine Antwort zu geben? Und ich mein's so gut mit dir und will dir einen guten Ehemann finden, damit du ein eigenes Heim bekommst. So antworte schon, Lena, magst du Herman Kreder nicht? Er ist ein feiner junger Mann, fast zu gut für dich, Lena, wo du doch nur so einfältig rumstehst und gar keine Antwort gibst. Es gibt nicht viele arme Mädchen, die so viel Glück haben wie du und heiraten können.»

«Ach, ich tu doch alles, was du sagst, Tante Mathilda. Doch, ich mag ihn. Er spricht zwar nicht viel mit mir, aber ich denke schon, er ist ein guter Mann, und ich tu alles, was du mich heißt.»

«Ja, aber warum stehst du dann die ganze Zeit so dumm rum und gibst keine Antwort, wenn ich dich frage?»

«Ich hab nicht gehört, dass du eine Antwort haben wolltest. Ich hab nicht gewusst, dass ich was sagen sollte. Ich tu alles, was du für richtig für mich hältst. Ich heirate Herman Kreder, wenn du das willst.»

Und folglich stand fest, dass Lena Mainz heiraten würde.

Die alte Mrs. Kreder besprach die Sache mit ihrem Herman nicht. Es kam ihr nie in den Sinn, derlei Dinge mit ihm zu besprechen. Sie sagte bloß zu ihm, dass er Lena Mainz heiraten solle, die sehr arbeitsam sei und sparsam und nie eigensinnig, und Herman gab ihr wie üblich ein kurzes Brummen zur Antwort.

Mrs. Kreder und Mrs. Haydon setzten den Tag fest und trafen alle Hochzeitsvorbereitungen und luden alle ein, die bei der Eheschließung dabei sein sollten.

In drei Monaten sollten Lena Mainz und Herman Kreder heiraten.

Mrs. Haydon sah zu, dass Lena ihre Aussteuer beisammenhatte. Lena musste viel Näharbeit verrichten. Lena nähte nicht besonders gut. Mrs. Haydon schimpfte, weil sie es nicht besser konnte, aber dann meinte sie es doch sehr gut mit Lena und stellte ein Mädchen ein, das kam, um ihr zu helfen. Lena blieb weiterhin bei ihrer freundlichen Dienstherrin, aber alle Abende und ihre freien Sonntage verbrachte sie bei ihrer Tante mit Nähen.

Mrs. Haydon besorgte Lena ein paar hübsche Kleider. Das gefiel Lena sehr gut. Und neue Hüte gefielen ihr noch besser, und Mrs. Haydon ließ von einer echten Modistin, die viel Geschick dafür hatte, ein paar für sie anfertigen.

Lena war nervös in diesen Tagen, aber sie machte sich keine großen Gedanken über das Heiraten. Sie wusste eigentlich gar nicht, was das war, das da immer näher rückte.

Lena gefiel es an ihrer Stelle mit der freundlichen Hausherrin und der guten Köchin, die immer schimpfte, und sie mochte die Mädchen, mit denen sie immer zusammensteckte. Sie fragte sich nicht, ob ihr der Ehestand denn überhaupt besser gefallen würde. Sie tat wie stets das, was ihre Tante sagte und von ihr erwartete, aber wenn sie die Kreders mit ihrem Herman sah, war sie auch stets nervös. Sie war aufgeregt und mochte ihre neuen Hüte, und alle neckten sie, und jeden Tag rückte ihre Hochzeit näher, und sie wusste noch immer nicht, was es war, was da mit ihr geschehen sollte.

Herman Kreder wusste besser, was eine Ehe bedeuten würde, und es gefiel ihm nicht besonders. Er mochte keine Mädchen und wollte nicht dauernd eins in seiner Nähe haben. Herman tat alles, was seine Eltern wollten, und jetzt wollten sie, dass er heirate. Herman hatte ein missmutiges Wesen; er war sanft und sagte nie viel. Er ging gern mit anderen Männern aus, aber Frauen hatte er nicht gerne dabei. Die Männer neckten ihn alle wegen der Hochzeit. Herman machten die Neckereien nichts aus, aber die Aussicht aufs Heiraten gefiel ihm nicht besonders und dass er dann immer ein Mädchen um sich haben würde.

Drei Tage vor der Hochzeit fuhr Herman an seinem freien Sonntag aufs Land. Er und Lena sollten am Dienstagnachmittag heiraten. Als der Tag kam, war von Herman nichts zu sehen und nichts zu hören.

Die alten Kreders waren nicht sehr besorgt. Herman tat wie immer alles, was sie wollten, und bestimmt würde er rechtzeitig zur Hochzeit zurücksein. Aber als es Montagabend wurde und Herman sich nicht blicken ließ, gingen sie zu Mrs. Haydon, um ihr zu erzählen, was vorgefallen war.

Mrs. Haydon war sehr aufgebracht. Als ob es nicht mühsam genug wäre, alles vorzubereiten, und dann lief dieser dumme Herman davon, und niemand wusste, was nun daraus werden sollte. Lena und alles Übrige war bereit, und jetzt würden sie die Hochzeit verschieben müssen, damit sie sicher sein konnten, dass Herman zur Stelle sein würde.

Mrs. Haydon war sehr aufgebracht, aber sie konnte nicht viel zu den alten Kreders sagen. Sie wollte sie nicht verärgern, denn inzwischen wollte sie unter allen Umständen, dass Lena ihren Herman heiraten sollte.

Schließlich kamen sie überein, die Hochzeit um eine Woche zu verschieben. Der alte Kreder würde nach New York zu Herman fahren, denn es war sehr wahrscheinlich, dass Herman dorthin zu seiner verheirateten Schwester geflohen war.

Mrs. Haydon teilte allen Gästen mit, dass die Hochzeit um eine Woche verschoben sei, und bat Lena dann am Dienstagmorgen zu sich.

Mrs. Haydon war sehr wütend auf die arme Lena, als sie sie erblickte. Sie schimpfte sie aus, weil sie so dumm war, und jetzt sei Herman verschwunden und niemand wisse, wohin, und das alles nur, weil Lena immer so wortkarg und einfältig war. Und Mrs. Haydon sei doch ganz wie eine Mutter zu ihr, und Lena stand immer nur so einfältig rum und gab keine Antwort, wenn man sie fragte, und Herman war auch so dumm, und jetzt musste sein Vater ihn aufspüren. Mrs. Haydon fand, die Alten sollten nicht so gut zu ihren Kindern sein. Ihre Kinder waren immer so undankbar und achtlos, und dabei mühten sich die Älteren immer so für sie ab. Ob Lena denn finde, es bereite Mrs. Haydon Freude, sich für Lenas Glück so aufzureiben und ihr einen guten Ehemann zu besorgen, wenn Lena dann so undankbar war und sich gegen alles sträubte, was man von ihr verlangte. Es sollte der armen Mrs. Haydon eine Lehre sein, sich für andere aufzuopfern. Dann sollten nur alle ruhig für sich selber schauen und sie nicht mit ihren Sorgen behelligen; sie mochte sich nicht mehr einmischen, um andere glücklich zu machen. Es gebe ja doch nur Scherereien, und ihrem Mann gefiel das gar nicht. Er sagte immer, sie sei allzu gut und niemand danke es ihr, und dann stand Lena auch noch die ganze Zeit dumm in der Gegend rum und reagierte einfach auf nichts, was irgendwer von ihr wollte. Aber mit diesen albernen Mädchen schwatzen, die sie so mochte und mit denen sie immer zusammensteckte, das konnte sie, dabei rührten die keinen Finger für sie, außer wenn es darum ging, sie um ihr Geld zu bringen, im Gegensatz zu ihr, Lenas Tante, die sich so viel Mühe gab und so gut zu ihr war und sie behandelte wie ein eigenes Kind, und dann stand Lena einfach nur rum und gab nie eine Antwort oder wollte nichts tun, um ihrer

Tante auch mal zu gefallen, tat nichts ihrer Tante zuliebe. «Nein, das bringt jetzt gar nichts, einfach so rumzustehen und zu heulen, Lena. Es ist jetzt zu spät, dir plötzlich was aus diesem Herman zu machen. Das hättest du früher einsehen können, dann müsstest du jetzt hier nicht rumstehen und heulen und mich so enttäuschen, dass mein Mann mit mir schimpfen muss, weil ich mich immer um alle kümmere und keiner es mir je dankt. Ich bin ja noch froh, dass du so vernünftig bist und es dir jetzt leidtut, Lena, und ich will mein Möglichstes tun, um dir aus der Patsche zu helfen, auch wenn du es nicht verdienst, dass jemand für dich einen Finger rührt. Aber vielleicht wird es dir ja eine Lehre sein. Du kannst jetzt nach Hause gehen, und pass auf, dass du deine Kleider und diesen neuen Hut nicht ruinierst; was ist dir überhaupt eingefallen, den heute Morgen zu tragen, aber du hast einfach gar nichts im Kopf, Lena. Ich hab im Leben noch keinen solchen Dummkopf gesehen!»

Mrs. Haydon hielt inne, und die arme Lena stand da in ihrem mit Blumen so hübsch garnierten Hut, und die Tränen schossen ihr aus den Augen, dabei wusste sie doch gar nicht, was sie verbrochen hatte, außer dass ihre Heirat jetzt ins Wasser fiel und es für ein Mädchen eine Schande war, wenn man sie ausgerechnet an ihrem Hochzeitstag sitzen ließ.

Lena ging ganz allein nach Hause und weinte in der Straßenbahn.

Die arme Lena weinte sehr heftig allein in der Straßenbahn. Fast hätte sie ihren neuen Hut ruiniert, weil er beim Schluchzen gegen das Fenster schlug. Dann fiel ihr die Ermahnung ein.

Der Schaffner war ein freundlicher Mann, und es tat ihm sehr leid, sie weinen zu sehen. «Sei nicht so traurig, du bekommst schon noch einen anderen, bist so ein nettes Mädchen», sagte er, um sie aufzumuntern.

«Aber Tante Mathilda hat doch gesagt, jetzt werd ich nie heiraten», schluchzte die arme Lena bloß.

«Ach, so schlimm ist das», sagte der Schaffner, «ich wollte dich ja nur necken. Hätt nie im Traum gedacht, dass einer dich sitzen gelassen hat. Das muss aber ein dummer Kerl sein. Aber lass gut sein, der taugte nicht viel, wenn er sich einfach so aus dem Staub machen konnte, und dabei bist du doch so ein nettes Mädchen. Du kannst mir ruhig dein Herz ausschütten, dann helf ich dir.» Die Straßenbahn war menschenleer, und der Schaffner setzte sich neben sie, um seinen Arm um sie zu legen und sie zu trösten. Lena besann sich plötzlich darauf, wo sie war, und dass ihre Tante mit ihr schimpfen würde, wenn sie so was tat. Sie rückte von dem Mann in die Ecke weg. Er lachte. «Keine Angst», sagte er, «ich wollte dir nichts Böses. Aber lass dich nicht unterkriegen. Du bist ein richtig nettes Mädchen und bekommst bestimmt mal einen richtig guten Mann. Lass dich nicht übers Ohr hauen. Du bist in Ordnung, und ich will dir keine Angst machen.»

Der Schaffner kehrte auf seine Plattform zurück und half einem Fahrgast beim Einsteigen. Doch solange Lena in der Straßenbahn saß, kam er ständig wieder vorbei, um sie aufzumuntern: Sie solle sich doch einen Kerl nicht so zu Herzen nehmen, der so dumm war, wegzulaufen und sie sitzen zu lassen. Sie werde bestimmt noch einen guten Mann kriegen, keine Sorge, beruhigte er sie immer wieder.

Er schwatzte mit dem anderen Fahrgast, der eben zugestiegen war, einem sehr gut gekleideten alten Herrn, und mit einem zweiten, der später einstieg, einem tüchtigen Arbeiter, und schließlich mit einer dritten, einer freundlichen Dame, und er erzählte ihnen Lenas ganzen Kummer und wie schlimm es sei, dass es Männer gebe, die ein armes Mädchen so schlecht behandelten. Und allen in der Straßenbahn tat die arme Lena leid, und der Arbeiter versuchte sie aufzuheitern, und der alte Herr musterte sie und sagte, sie sehe aus wie ein braves Mädchen, aber sie müsse vorsichtiger sein, nicht so arglos, dann würde ihr so was nicht zustoßen, und die nette Dame kam, um sich neben sie zu setzen, und das gefiel ihr, obwohl sie vor ihrer Nähe zurückschreckte.

Danach fühlte Lena sich ein wenig besser, als sie ausstieg, und der Schaffner half ihr und rief ihr nach: «Also, verlier bloß den Mut nicht. Der war nix wert, der Kerl, und du kannst froh sein, wenn du ihn los bist. Du bekommst schon noch einen richtigen Mann, der besser ist für dich. Lass gut sein, so ein nettes Mädchen wie du und hat solche Probleme» – und der Schaffner bestieg kopfschüttelnd wieder seine Straßenbahn, um sich mit den anderen Fahrgästen über die Sache auszulassen.

Die deutsche Köchin, die immer mit Lena schimpfte, war sehr zornig, als sie die Geschichte hörte. Sie habe nie gefunden, Mrs. Haydon helfe Lena so schrecklich viel, obwohl sie immer damit angab, wie viel sie für alle ausrichten könne. Die gute deutsche Köchin hatte ihr immer ein wenig misstraut. Leute, die sich so viel auf sich einbildeten, konnten einem nie wirklich helfen. Mrs. Haydon sei ja keine schlechte Frau. Mrs. Haydon war eine richtig tüchtige Deutsche, und sie meinte es wirklich gut mit ihrer Nichte Lena. Das wisse die Köchin wohl und habe es auch immer gesagt und hatte Mrs. Haydon, die stets sehr anständig zu ihr war, gemocht und geschätzt, und Lena war ja auch so scheu, wenn sie mit einem Mann reden sollte, und es war für Mrs. Haydon ein harter Brocken gewesen, sie verheiraten zu wollen. Mrs. Haydon sei eine gute Frau, bloß dass sie manchmal den Mund zu voll nehme. Vielleicht würde diese Aufregung sie lehren, dass es nicht immer so leicht zu erreichen war, dass alle nach ihrem Willen tanzten. Der Köchin tat Mrs. Haydon auf einmal sehr leid. Das alles musste für sie so enttäuschend und ein großer Verdruss sein, dabei hatte sie es immer so gut mit Lena gemeint. Aber jetzt gehe Lena sich lieber umziehen und solle aufhören zu weinen. Das helfe ihr jetzt rein gar nichts, und wenn Lena brav sei und richtig geduldig, werde ihre Tante zusehen, dass alles noch ein gutes Ende finde für sie. «Und zu Mrs. Aldrich sage ich einfach, Lena, dass du noch ein wenig hierbleibst. Du weißt ja, sie meint es immer so gut mit dir, Lena, und ich weiß, sie wird einverstanden sein, und ich werde ihr haarklein von diesem dummen Herman Kreder erzählen. Ich ertrag es ja gar nicht, Lena, wenn einer so dumm ist. Und jetzt lässt du das Heulen sein, Lena, und ziehst deine schönen Kleider aus und legst sie beiseite, damit sie nicht schmutzig sind, wenn du sie brauchst, und dann hilfst du mir beim Geschirrspülen, und es wird alles schon wieder besser kommen für dich. Du wirst sehen, ob ich nicht recht habe. Und jetzt hörst du ganz schnell auf zu flennen, Lena, sonst muss ich mit dir schimpfen.»

Lena schnüffelte noch ein wenig und fühlte sich sehr elend, aber sie tat, was die Köchin sie geheißen hatte.

Den Mädchen, mit denen Lena immer zusammensteckte, tat es sehr leid, Lena so niedergeschlagen zu sehen. Die irische Mary konnte manchmal sehr wütend werden auf sie. Mary ereiferte sich immer sehr über Lenas Tante Mathilda, die sich für so vornehm hielt, und dabei so strohdumme, hochnäsige Töchter hatte. Mary wollte um nichts in der Welt so dick und dumm sein wie diese übellaunige Mathilda Haydon – um keinen Preis! Warum Lena dort immer noch so oft hinging, wenn die sie alle immer nur wie ein Stück Dreck behandelten, blieb Mary ein ewiges Rätsel. Aber Lena verstand einfach nicht, die Leute für sich einzunehmen, das war das ganze Problem mit ihr. Und die arme Lena war auch noch so dumm, es zu bedauern, dass sie diesen Bauerntölpel verlor, der nicht wusste, was er wollte, und zu Mama und Papa bloß Ja sagte wie ein Baby und Angst hatte, ein Mädchen geradewegs anzuschauen, und sich dann am letzten Tag verdrückte, als trachte ihm jemand nach dem Leben. Schande, wie konnte Lena da bloß von Schande sprechen! Eine Schande war es, wenn ein Mädchen sich mit seinesgleichen blicken ließ, und erst recht, wenn sie einen solchen Kerl heiratete. Aber die arme Lena schaffte es einfach nicht, sich so zu geben, wie sie wirklich war. Eine Schande, dass so einer sie sitzen ließ: Mary hätte es dem Kerl liebend gerne gezeigt. Wenn Lena nicht fünfzehn Herman Kreders wert war, wollte Mary ja einen Besen fressen. Lena solle sich freuen, diesen Herman Kreder und seine geizigen, schäbigen Eltern los zu sein, und wenn Lena deswegen noch eine einzige Träne vergoss – war ihr Marys Verachtung sicher.

Die arme Lena wusste recht gut, wie Mary das, was sie ihr da die ganze Zeit sagte, meinte. Trotzdem fühlte Lena sich sehr elend. Sie spürte, wie schändlich es für ein anständiges deutsches Mädchen war, wenn ein Mann sich verdrückte und sie sitzen ließ. Lena wusste sehr wohl, dass ihre Tante recht gehabt hatte mit ihrer Bemerkung, Hermans Benehmen ihr gegenüber sei eine Schande für alle, die sie kannten. Mary und Nellie und die anderen Mädchen, mit denen sie immer zusammensteckte, meinten es ja immer sehr gut mit Lena, aber das machte den Skandal auch nicht besser. Die Art, wie Lena sitzen gelassen worden war, war für jede anständige Familie eine Schande, und das konnte man ihr nicht ausreden.

Und so zogen die Tage zäh vorüber, ohne dass Lena Tante Mathilda zu Gesicht bekommen hätte. Schließlich brachte ihr am Sonntag ein Junge die Nachricht, dass sie ihre Tante Mathilda aufsuchen solle. Lenas Herz raste, denn all diese Geschehnisse hatten sie sehr nervös gemacht. Sie ging so schnell sie konnte zu ihrer Tante Mathilda.

Sowie Mrs. Haydon Lena erblickte, begann sie auch schon mit ihr zu schimpfen, weil sie ihre Tante so hingehalten habe und sich die ganze Woche gar nicht blicken ließ, um herauszufinden, ob ihre Tante sie brauche, sodass diese schließlich nach ihr schicken lassen musste. Doch selbst Lena merkte ihrer Tante mühelos an, dass sie nicht wirklich wütend auf sie war. Es liege ja nicht an Lena, fuhr Mrs. Haydon fort, wenn alles doch noch gut herauskomme für sie. Mrs. Haydon habe es ja satt, sich für sie so viel Mühe zu geben, wenn Lena sich nicht einmal zu ihrer Tante bemühen mochte, um herauszufinden, ob sie ihr etwas zu sagen habe. Aber Mrs. Haydon nahm dergleichen nie jemandem krumm, wenn sie ihm helfen konnte. Sie war unterdessen erschöpft von der ganzen Mühe, die sie auf sich genommen hatte, um Lena zu helfen, aber wenn Lena das jetzt erfuhr, würde sie sich vielleicht doch noch ein wenig dankbar erweisen. «Mach dich bereit, am Dienstag zu heiraten, Lena, hörst du?», sagte Mrs. Haydon zu ihr. «Komm am Dienstagmorgen her, und ich werde alles bereithaben für dich. Zieh das neue Kleid an, das ich dir besorgt habe, und den Hut mit all den Blumen drauf, und pass gut auf unterwegs, dass du deine Sachen nicht total schmutzig machst, wo du doch die ganze Zeit so nachlässig bist, Lena, und so unbekümmert und dich manchmal anstellst, als hättest du gar keinen Verstand. Jetzt gehst du nach Hause und sagst deiner Mrs. Aldrich, dass du sie am Dienstag verlässt. Und vergiss nicht, Lena, was ich dir alles eingeschärft habe. Sei jetzt ein braves Mädchen, Lena. Und heirate Herman Kreder am nächsten Dienstag.» Und das war alles, was Lena je über Herman Kreders Verbleib während dieser ganzen Woche erfuhr. Lena vergaß ganz, dass es da etwas zu wissen gab. Sie sollte am Dienstag tatsächlich heiraten, und Tante Mathilda sagte, sie sei ein braves Mädchen und jetzt bliebe keine Schande mehr an ihr hängen.

Lena fiel jetzt in ihre alte Verträumtheit und Geistesabwesenheit zurück und wurde wieder zu der, die sie immer gewesen war bis auf die paar aufgeregten Tage, da ein Mann sie am geplanten Tag ihrer Hochzeit verlassen hatte. Lena war in letzter Zeit immer ein wenig nervös, aber sie machte sich nicht groß Gedanken über ihr künftiges Eheleben.

Herman Kreder war nicht so zufrieden. Er war still und missmutig und wusste, dass nichts daran zu ändern war. Er wusste jetzt, dass er diese Hochzeit über sich ergehen lassen musste. Nicht dass Herman Lena Mainz nicht gemocht hätte. Sie war ihm so recht wie irgendein Mädchen. Womöglich war sie sogar noch ein wenig besser als andere Mädchen aus seiner Bekanntschaft, weil sie so still war, aber Herman mochte einfach nicht dauernd ein Mädchen um sich haben müssen.

Herman hatte immer alles getan, was seine Eltern wollten. Sein Vater hatte ihn in New York aufgespürt, wo Herman zu seiner verheirateten Schwester geflohen war.

Als Hermans Vater ihn gefunden hatte, redete er lange auf ihn ein und machte ihm Vorhaltungen, besorgt, aber sanft und geduldig, und beschwor ihn, wie sich sein Sohn Herman benehmen solle, nämlich stets so, wie seine Mutter es von ihm erwartete, und stets blieb ihm Herman die Antwort schuldig.

Der alte Mr. Kreder wiederholte unablässig, er begreife nicht, wie Herman glauben könne, er habe noch eine Wahl. Wenn man einen Handel abschließt, muss man dabei bleiben, etwas anderes gab es für den alten Mr. Kreder nicht, und wenn man versprach, ein Mädchen zu heiraten und sie sich für alles rüstete, so war das ein Handel wie jeder andere im Geschäftsleben, und Herman hatte ihn abgeschlossen, und jetzt müsse er ihn eingehen, eine andere Möglichkeit sah der alte Mr. Kreder für einen braven Jungen wie seinen Herman nicht. Und außerdem war diese Lena Mainz doch so ein nettes Mädchen, und Herman hätte es seinem Vater wirklich ersparen können, eigens nach New York fahren und ihn aufspüren zu müssen, wobei sie beide so viel Arbeitszeit verloren, wenn er sich doch bloß für eine Stunde hinzustellen bräuchte und dann, schwupp, verheiratet wäre, und alles wäre in Butter, und zu Hause würde alles genauso weitergehen wie immer.

Und dann fing sein Vater an von seiner armen Mutter, die doch immer sagte, dass ihr Herman alles tat, noch bevor sie selbst es wollte, und jetzt, nur weil er den Rappel bekommen habe und allen zeigen wollte, wie eigensinnig er sein konnte, mache er ihr diese ganzen Scherereien, und sie müssten so viel Geld ausgeben, bloß um in der Gegend rumzurennen und ihn zu finden. «Du hast ja keine Ahnung, Herman, wie sehr deiner Mama dein Betragen zusetzt, Herman», hielt ihm der alte Mr. Kreder vor. «Sie kann einfach nicht begreifen, wie du so undankbar sein kannst, Herman, sagt sie. Dein Eigensinn schmerzt sie sehr, und dabei hat sie dir doch ein so nettes Mädchen gefunden mit dieser Lena Mainz, die immer so still ist und sparsam und die nie ihren Willen durchsetzen will, wie manche Mädchen es die ganze Zeit tun wollen, und deine Mama hat alles gegeben, Herman, damit du bedenkenlos heiraten kannst, und dann bist du so verstockt, Herman.

Du bist auch nicht besser als all die anderen jungen Leute, Herman, und denkst nur an dich selbst und an das, was du gerade willst, aber deine Mama will doch nur dein Bestes und denkt an deine Zukunft. Oder glaubst du etwa, deine Mama möchte um ihretwillen ein Mädchen im Haus haben, Herman, das ihr nur lästig fällt? Nein, sie denkt immer nur an dich, Herman, und daran, wie es sie freuen wird, ihren Herman mit einem netten Mädchen verheiratet zu sehen, und als sie es dann so gut eingefädelt hat, dass die Sache dir nie lästig würde, ganz nach deinen Wünschen, und du ja auch schon zugestimmt hast, gehst du hin und sträubst dich so und bereitest allen so viele Scherereien und Kosten, und ich muss in der Gegend rumreisen, um dich aufzuspüren. Du kommst jetzt mit mir nach Hause, Herman, und heiratest, und ich sag deiner Mama, sie soll nicht mehr davon reden, wie viel mich diese ganze Fahrt hierher gekostet hat, bloß um dich aufzuspüren – hörst du, Herman», redete sein Vater ihm zu. «Hör zu, du kommst jetzt nach Hause und heiratest. Du brauchst dich ja nur eine Stunde hinzustellen, Herman, und dann sind alle Scherereien vorüber – hörst du, Herman! – du kommst jetzt morgen mit mir nach Hause und heiratest. Hörst du, Herman.»

Hermans verheiratete Schwester mochte ihren Bruder Herman gern und hatte immer versucht, ihm zu helfen, wenn sie wusste, dass er irgendwas wollte. Es gefiel ihr, dass er so folgsam war und immer tat, was seine Eltern wollten, aber trotzdem hätte sie ihm ein Leben mehr nach seinem eigenen Willen gewünscht, falls er überhaupt je etwas wirklich wollte.

Aber diese Sache mit Herman und seinem Mädchen fand sie sehr komisch. Ja, Herman sollte nur heiraten. Sie fand, es würde ihm mächtig guttun, zu heiraten. Sie lachte Herman aus, als sie die Geschichte hörte. Bis ihr Vater ihn aufspüren kam, hatte sie nicht einmal gewusst, warum Herman ausgerechnet jetzt nach New York zu Besuch gekommen war. Als sie die Geschichte hörte, lachte sie ihren Bruder Herman aus und neckte ihn ausgiebig, weil er davongelaufen war und nicht die ganze Zeit über ein Mädchen um sich haben wollte.

Hermans verheiratete Schwester mochte ihren Bruder Herman und hatte nichts übrig dafür, dass er nicht mit Frauen zusammen sein wollte. Er war brav, ihr Bruder Herman, und es würde ihm sicher guttun, zu heiraten. Es würde ihm helfen, sich besser für sich zu wehren. Hermans Schwester lachte ihn immer aus und versuchte zugleich, ihn zu ermutigen: «So ein netter Mann wie mein Bruder Herman und benimmt sich, als ob er vor Frauen Angst hätte. Ich sag dir, die Mädchen mögen doch alle einen wie dich, Herman, wenn du bloß nicht gleich davonlaufen würdest, wenn du eins siehst. Das Heiraten wird dir echt guttun, Herman, und dann kannst du jemanden rumkommandieren, wann immer du willst. Heiraten wird dir guttun, Herman, du wirst schon sehen, wenn du es erst hinter dir hast. Geh jetzt nur heim mit Papa, Herman, und heirate diese Lena. Du hast ja keine Ahnung, Herman, wie gut es dir gefallen wird, wenn du es erst einmal versucht hast. Du brauchst dich vor gar nichts zu fürchten, Herman. Du bist gut genug für jede, die dich heiraten will, Herman. Jedes Mädchen kann froh sein, einen wie dich ständig an ihrer Seite zu haben, Herman. Geh jetzt nur heim mit Papa und sieh zu, ob ich nicht recht habe, Herman. Wie albern von dir, Herman, da rumzusitzen und dann wegzulaufen und dein Mädchen im Stich zu lassen. Ich bin sicher, sie heult wie ein Schlosshund um dich. Sei nicht so grausam zu ihr, Herman. Du gehst jetzt heim mit Papa und heiratest, Herman. Ich würde mich ja schrecklich schämen, Herman, wahrhaftig einen Bruder zu haben, der nicht genug Mumm zum Heiraten hat, wenn ein Mädchen so darauf brennt, ihn sich zu schnappen. Du hast doch auch nie was gegen meine Gesellschaft, Herman. Da sehe ich nicht ein, warum du sagst, du willst nicht die ganze Zeit ein Mädchen um dich haben. Du bist immer gut gewesen zu mir, Herman, und ich weiß, dass du auch immer gut sein wirst zu dieser Lena und es dir bald vorkommen wird, als sei sie schon immer mit dir zusammen gewesen. Sei kein Schlappschwanz, Herman. Auch wenn ich dich auslache, Herman: Du weißt, dass ich dich so gern richtig glücklich sehen möchte. Du gehst jetzt heim und heiratest diese Lena, Herman. Sie ist ein richtig hübsches Mädchen und richtig nett und brav und still, und sie wird meinen Bruder Herman sehr glücklich machen. Hör auf, an Herman herumzunörgeln, Papa. Er wird morgen mit dir gehen, Papa, und du wirst sehen, das Eheleben wird ihm so gefallen, dass alle nur so strahlen werden, ihn so glücklich zu sehen. Wahr und wahrhaftig, so wird es sein mit dir, Herman. Hör mir mal bloß gut zu, Herman.» Und so lachte seine Schwester ihn aus und ermutigte ihn, und sein Vater hielt ihm unablässig vor, was die Mutter immer über ihren Herman sagte, und er redete ihm gut zu, und Herman gab keine Antwort, und seine Schwester packte seine Sachen und ermunterte ihn sehr und küsste ihn und lachte und küsste ihn, bis sein Vater die Fahrkarten für den Zug kaufen ging und er Herman schließlich sonntagabends spät mit sich nach Bridgepoint zurückbrachte.

Es war immer sehr schwierig, Mrs. Kreder davon abzuhalten, Herman ihr Herz auszuschütten, aber ihre Tochter hatte ihr einen Brief geschrieben und sie davor gewarnt, ihm Vorhaltungen zu machen, und ihr Mann kam mit Herman zur Tür herein und sagte: «Da sind wir wieder, Mama, Herman und ich, und wir sind sehr müde, denn da war ein solches Gedränge unterwegs», und er flüsterte ihr zu: «Sei gut zu Herman, Mama, er wollte uns nicht so viel Umstände machen», und so hielt die alte Mrs. Kreder sich zurück und verschwieg ihrem Herman, was ihr auf der Zunge brannte. Sie sagte nur sehr gequält zu ihm: «Ich bin froh, dass du heute heimgekommen bist, Herman.» Dann ging sie, um mit Mrs. Haydon alle Vorkehrungen treffen.

Herman war jetzt wieder, wie er immer gewesen war: missmutig und ganz brav und ganz still und immer bereit, das zu tun, was seine Eltern von ihm verlangten. Der Dienstagmorgen kam, und Herman zog seine neuen Kleider an und verließ mit seinen Eltern das Haus, um sich für eine Stunde hinzustellen und zu heiraten. Lena war da in ihrem neuen Kleid samt Hut mit all den hübschen Blumen, und sie war sehr nervös, denn sie wusste, jetzt würde sie wirklich sehr bald heiraten. Mrs. Haydon hatte alles perfekt vorbereitet. Alle, die da sein sollten, waren da, und im Nu waren Herman Kreder und Lena Mainz verheiratet.

Als alles vorüber war, gingen sie zusammen zum Haus der Kreders zurück. Sie sollten jetzt alle miteinander dort leben, Lena und Herman mit den alten Eltern, im selben Haus, in dem Mr. Kreder so viele Jahre als Schneider gearbeitet hatte, stets unterstützt von seinem Sohn Herman.

Die irische Mary hatte oft zu Lena gesagt, sie könne nicht begreifen, wie Lena sich überhaupt auf Herman Kreder und seine schäbigen, geizigen Eltern einlassen konnte. Die alten Kreders waren für eine richtige Irin ein geiziges, schäbiges Paar. An ihnen haftete nicht der freimütige, unbekümmerte, rebellische, kleckernde, lumpige, torfgeräucherte Hüttenschmutz, wie die irische Mary ihn kannte und den sie verzeihen und lieben konnte. An ihnen haftete der Schmutz deutscher Knausrigkeit und Nachlässigkeit, mit der sie schlampige, dreckige Kleider anhatten, um sie und sich beim Waschen zu schonen, und fettiges Haar, um sich die Seife und das Trocknen zu sparen, und so trugen sie ihre schmutzigen Kleider nicht in aller Freiheit, sondern weil es so billiger war, und hockten in stickigen, übel riechenden Löchern, weil es weniger kostete, diese warm zu bekommen, und lebten so erbärmlich, nicht nur um Geld zu sparen, sondern um selbst kaum zu wissen, dass sie es hatten, und arbeiteten ständig, nicht nur weil dies ihrem Wesen entsprach und sie nicht anders konnten und auch noch reich wurden dabei, sondern um niemals versucht zu sein, ihr Geld auszugeben.

Dies war der Ort, der zu Lenas Zuhause wurde, und sie reagierte ganz anders darauf, als eine irische Mary es getan hätte. Auch sie war deutsch und sparsam, obwohl doch stets so verträumt und geistesabwesend. Lena ging stets sorgsam mit ihrem Hab und Gut um und sparte ihr Geld immer, weil sie es gar nicht anders kannte. Sie hatte sich nie um ihr eigenes Geld gekümmert und keinen Gedanken daran verloren, wie sie es verwenden könnte.

Lena Mainz, als sie noch nicht Mrs. Herman Kreder war, hatte stets auf Sauberkeit und Schicklichkeit ihrer Kleidung und ihres Äußeren geachtet, aber nicht, weil sie je einen Gedanken daran verschwendet hätte oder aus innerer Notwendigkeit, sondern weil die Leute in ihrer deutschen Heimat es so gehalten hatten und ihre Tante Mathilda und die gute, immer schimpfende deutsche Köchin sie auf Trab hielten und mit ihrem Tadel erreichten, dass sie immer mehr auf Reinlichkeit achtete und darauf, sich fleißig zu waschen. Doch einen tiefen, inneren Drang dazu kannte Lena nicht, und darum hielt Lena die alten Kreders, obwohl ihr dies verborgen blieb, nicht für geizige, schäbige Leute.

Herman Kreder war reinlicher als die Alten, einfach weil es in seinem Wesen lag, mehr auf Reinlichkeit zu achten, aber er hatte sich an seine Eltern gewöhnt und dachte nie, sie sollten auf mehr Sauberkeit achten. Und auch Herman sparte immer sein ganzes Geld, bis auf das Bierchen, das er immer trank, wenn er abends mit anderen Männern ausging, nach seiner lieben Gewohnheit, und andere Möglichkeiten, Geld auszugeben, fielen ihm gar nicht ein. Sein Vater hatte stets ihr ganzes Geld verwahrt und machte stets seine Geschäfte damit. Und eigentlich hatte Herman gar kein Geld, denn er hatte immer für seinen Vater gearbeitet, und dem war es nie eingefallen, ihn zu entlohnen.

Und so begannen sie alle vier im Haus der Kreders zusammenzuleben, und Lena begann bald nachlässig und etwas schmuddelig zu wirken und apathischer überdies, und niemand achtete groß darauf, was Lena wollte, und sie wusste selbst nicht recht, was sie brauchte.

Die einzige echte Plage für Lena im Zusammenleben der vier war das Geschimpfe der alten Mrs. Kreder. Lena war es immer schon gewohnt gewesen, ausgeschimpft zu werden, aber Mrs. Kreders Geschimpfe unterschied sich stark von allem, was sie je hatte ertragen müssen.

Herman mochte Lena nun, da er mit ihr verheiratet war, tatsächlich gut leiden. Es lag ihm nicht viel an ihr, aber sie fiel ihm auch nie lästig, außer wenn seine Mutter nörgelte und sie drangsalierte, weil Lena so sorglos sei und nicht am Essen sparen konnte und das Geld nicht so zusammenhielt wie die Alte.

Herman Kreder hatte immer alles getan, was Vater und Mutter wollten, aber er liebte seine Eltern nicht innig. Herman mied einfach nur jegliche Auseinandersetzungen. Alles war jeweils in Ordnung für ihn, wenn er nur im selben Trott fortfahren und immer dieselbe Arbeit machen konnte, ohne dass ihm etwas zu Ohren kam und er sich den Ärger der Leute anhören musste. Und jetzt handelte er sich mit seiner Heirat Scherereien ein, er hatte es ja gewusst. Er hörte jetzt zwangsläufig öfter zu, was seine Mutter mit ihrem Geschimpfe sagen wollte. Er musste es einfach hören, weil Lena da war und sie immer so erschrocken und wie betäubt war, wenn sie es vernahm. Herman wusste sehr wohl, wie viel seiner Mutter daran lag, dass man ganz wenig aß und sich den ganzen Tag abrackerte, und er achtete nicht auf ihr Geschimpfe, wie er es immer getan hatte, bevor sie sich seine Heirat in den Kopf gesetzt hatten und er ständig ein Mädchen um sich hatte, dem er jetzt helfen musste, damit auch sie lernen konnte, das Geschimpfe seiner Mutter zu ignorieren und nicht so erschrocken dreinzublicken und wenig zu essen, immer auf Sparsamkeit bedacht.

Herman wusste wirklich nicht, was er tun könnte, um Lena zu helfen, all dies zu verstehen. Er konnte sich nicht gegen seine Mutter auflehnen, um Lena zu helfen, das würde ihr auch nicht helfen, und er wusste auch nicht, wie er Lena trösten und bestärken könnte, damit sie auf Mutters schreckliches Geschimpfe einfach nicht mehr hörte. Herman war bloß bekümmert, dass es die ganze Zeit so zuging um ihn herum. Herman wusste nicht, wie ein Sohn sich gegen seine Mutter auflehnen oder ihr Einhalt gebieten könnte, und überhaupt hatte Herman nie viel davon verstanden, wie man es mit jemandem, der etwas unbedingt wollte, aufnehmen konnte. Herman hatte sein ganzes Leben lang nie etwas so unbedingt gewollt, dass er darum hätte kämpfen mögen. Von klein auf war Herman nur darauf bedacht gewesen, in schöner Regelmäßigkeit und unauffällig dahinzuleben, nicht viel zu reden und Tag für Tag seine gewohnte Arbeit zu verrichten. Und jetzt hatte seine Mutter ihn zur Heirat mit dieser Lena genötigt, und weil sie immer so schimpfte, hatte er jetzt ständig diesen ganzen Ärger und diese ganze Sorge am Hals.

Mrs. Haydon sah ihre Nichte Lena inzwischen nicht mehr besonders oft. Zwar hatte sie nicht das Interesse an ihr verloren, aber Lena konnte sie jetzt nicht mehr so oft besuchen, das würde sich für eine verheiratete Frau nicht gehören. Und zudem war Mrs. Haydon gerade vollauf mit ihren beiden Töchtern beschäftigt, die sie darauf vorbereitete, gute Partien zu machen, und zudem lag ihr der eigene Ehemann in den Ohren, dass sie ihren Jungen zu sehr verwöhne, sodass bestimmt nichts aus ihm werden könne und er seiner deutschen Familie Schande machen würde, nur weil seine Mutter ihn immer so verwöhnte. All dies bedrückte Mrs. Haydon sehr, aber sie meinte es immer noch gut mit Lena, auch wenn sie sie nicht sehr oft sehen konnte. Sie sah sie nur, wenn Mrs. Haydon Mrs. Kreder besuchte oder umgekehrt, und das war nicht allzu oft möglich. Und jetzt konnte Mrs. Haydon auch nicht mehr mit Lena schimpfen, denn Mrs. Kreder war immer dabei, und es wäre nicht recht, mit Lena zu schimpfen, wenn Mrs. Kreder auch da war, der dies jetzt eigentlich zustand. Also sagte ihre Tante nun immer Nettigkeiten zu Lena, und obwohl Mrs. Haydon manchmal etwas beunruhigt war, Lena so traurig und ungepflegt zu sehen, hatte sie gerade nicht wirklich Zeit, sich allzu große Sorgen zu machen.

Lena sah jetzt die Mädchen nie mehr, mit denen sie früher immer zusammengesteckt hatte. Sie hatte keine Möglichkeit mehr, sie zu treffen, und es war nicht Lenas Art, sich neue Gelegenheiten auszudenken, und sie dachte auch nicht mehr oft an die Tage, als sie sie noch regelmäßig gesehen hatte. Keins der Mädchen hatte sie je bei den Kreders besucht. Nicht einmal der irischen Mary war es je eingefallen, sie bei den Kreders besuchen zu kommen. Sie hatten Lena bald vergessen. Und Lena waren sie bald entglitten, sodass Lena nicht einmal mehr in den Sinn kam, dass sie sie jemals gekannt hatte.

Die einzige ihrer alten Freundinnen, die wirklich wissen wollte, was Lena gefiel und was sie brauchte und die Lena immer zu einem Besuch einlud, war die gute deutsche Köchin, die sie immer ausgeschimpft hatte. Sie schimpfte jetzt heftig mit Lena, weil sie sich so gehen ließ und sich nicht zurechtmachte vor dem Ausgehen. «Ich weiß, dass du ein Baby erwartest, Lena, aber das ist keine Entschuldigung für dein Aussehen. Ich schäme mich sehr für dich, wenn du zu mir in die Küche kommst und so schlampig aussiehst wie früher nie, Lena. Ich werd nicht schlau aus dir, Lena. Herman ist sehr gut zu dir, sagst du immer, und er behandelt dich nicht schlecht, obwohl du diese Freundlichkeit gar nicht verdienst, Lena, wenn du dich immer so gehen lässt, als würde dir nie jemand sagen, wie du auf dich halten solltest. Nein, Lena, ich weiß gar nicht, warum du dich so gehen lässt und so ungepflegt aussiehst, Lena, und deine Hässlichkeit, wie du so dasitzt, Lena, ist mir peinlich. Nein, Lena, so hat noch nie eine Frau etwas besser gemacht, wenn sie sich derart gehen lässt und die ganze Zeit flennt wie in echter Not. Ich wollte ja nie, dass du Herman Kreder heiratest, Lena. Ich wusste, was du ständig bei dieser Alten aushalten musst, und auch der Alte ist ein Geizhals und redet zwar nicht von der Leber weg, doch tief im Herzen ist er auch nicht besser als seine bösartige Frau. Ich weiß ja, Lena, ich weiß, dass sie dir kaum genug zum Essen geben, Lena, und du tust mir echt leid, Lena, weißt du, Lena, aber das ist noch lange kein Grund, so ungepflegt rumzulaufen, Lena, selbst wenn du all diese Scherereien hast. Das siehst du nie bei mir, Lena, obwohl ich manchmal solche Kopfschmerzen habe, dass ich kaum noch arbeiten kann und mir meine ganze Kocherei misslingt, aber auf mein Aussehen achte ich immer, Lena. Das ist das Einzige, was ein deutsches Mädchen ausrichten kann, Lena. Jetzt hör mir mal richtig zu, Lena. Und iss was Feines, Lena, ich hab es schon fertig für dich, und wasch dich und pass auf dich auf, Lena, und du bekommst dein Baby schon, und dann sehe ich zu, dass deine Tante Mathilda begreift, dass du bald in einem Haus ganz allein leben solltest, nur mit Herman und deinem Baby, und dann wird alles besser für dich. Jetzt hör mir mal zu, Lena. Und sieh zu, dass du dich nie mehr so nachlässig bei mir blicken lässt, Lena, und hör auf damit, immer zu flennen. Du hast keinen Grund, hier einfach rumzusitzen und zu flennen; ich weiß noch von keinem Unglücksraben, dem es guttat, sich so zu benehmen wie du, Lena. Hörst du mich, Lena. Du gehst jetzt nach Hause und benimmst dich, wie ich dir geraten habe, Lena, und dann sehe ich zu, was ich tun kann. Ich will schauen, dass deine Tante Mathilda dafür sorgt, dass die alte Mrs. Kreder dich in Ruhe lässt, bis du dein Baby bekommst. Jetzt erschrick mal nicht und hab dich nicht so, Lena. Ich mag dieses Getue nicht, Lena, wo du doch einen so netten Mann hast und so vieles, wofür jedes Mädchen dankbar sein sollte. Jetzt gehst du heim, Lena, für heute und tust, was ich dir sage, und ich sehe zu, was ich tun kann, um dir zu helfen.»

«Ja, Mrs. Aldrich», sagte die gute Deutsche später zur Hausherrin. «Ja, Mrs. Aldrich, so geht es mit diesen Mädchen, wenn sie unbedingt heiraten wollen. Sie wissen nicht, wann sie es gut haben, Mrs. Aldrich. Sie wissen gar nie, was sie eigentlich wollen, wenn sie es schon haben, Mrs. Aldrich. Da ist diese arme Lena, die war eben hier und hat geweint und sah so ungepflegt aus, dass ich mit ihr schimpfte, aber jedenfalls hat das Heiraten der amen Lena nicht gutgetan, Mrs. Aldrich. Sie sieht so blass und so traurig aus, Mrs. Aldrich, dass ihr Anblick mir fast das Herz bricht. Sie war ein gutes Kind, diese Lena, Mrs. Aldrich, und ich habe nie ein arbeitsameres Mädchen gesehen als unsere Lena, und jetzt muss sie es die ganze Zeit bei dieser alten Mrs. Kreder aushalten. Ach, Mrs. Aldrich, sie ist ihr gegenüber eine böse Alte. Es ist mir ein Rätsel, Mrs. Aldrich, wie Alte so böse sein können zu jungen Mädchen und keinerlei Geduld mit ihnen haben. Wenn Lena nur mit ihrem Herman zusammenleben könnte, er ist für einen Mann nicht übel, Mrs. Aldrich, aber er fügt sich eben immer seiner Mutter und hat keinen Mumm, darum sehe ich wirklich keinen Ausweg für diese arme Lena. Ich weiß ja, ihre Tante, Mrs. Haydon, meinte es gut mit ihr, Mrs. Aldrich, aber die arme Lena, es wäre besser gewesen für sie, wenn ihr Herman damals in New York geblieben wäre, als er sie verließ. Mir gefällt Lenas Aussehen nicht, Mrs. Aldrich. Sie sieht aus, als ob kaum noch Leben in ihr wäre, Mrs. Aldrich, und schleppt sich durch die Gegend und sieht so schmuddelig aus, und das nach der vielen Mühe, die ich mir gegeben habe, um sie zu unterweisen und für ein manierliches Betragen und Aussehen zu sorgen. Es tut diesen Mädchen nicht gut, zu heiraten, Mrs. Aldrich, sie sind viel besser dran – wenn sie es bloß wüssten –, an ihrer guten Stelle zu bleiben, wenn sie eine haben, und fleißig zu arbeiten. Lenas Aussehen gefällt mir nicht, Mrs. Aldrich. Ich wünschte, ich wüsste, wie man dieser armen Lena helfen könnte, Mrs. Aldrich, aber das ist eine böse Alte, diese Mrs. Kreder, Hermans Mutter. Ich werd mich ganz bald an Mrs. Haydon wenden, Mrs. Aldrich. Dann sehe ich zu, wie wir dieser armen Lena helfen können.»

Es waren richtig schlimme Tage für die arme Lena. Obwohl Herman immer recht gut zu ihr war und manchmal sogar versuchte, seine Mutter davon abzuhalten, mit Lena zu schimpfen. «Es geht ihr jetzt nicht gut, Mama, lass sie jetzt in Frieden, hörst du. Du kannst mir sagen, was du von ihr willst, und dann richte ich es ihr aus. Ich sorge dafür, dass sie es genauso macht, wie du willst, Mama. Aber hör auf damit, Mama, Lena immer auszuschimpfen. Lass gut sein, sag ich, und warte, bis es ihr wieder besser geht.» Herman machte sich richtig stark für sie, denn er sah, dass Lena mit dem strampelnden Baby im Bauch seine Mutter und ihr schreckliches Geschimpfe wirklich nicht mehr ertrug.

Es war ein neues Gefühl, das Herman in sich entdeckte, dass er stark genug war für einen Kampf. Es war neu für Herman Kreder, dass er etwas wirklich wollte, aber jetzt wollte Herman mit aller Macht Vater werden, und er wollte unbedingt, dass sein Baby ein gesunder Junge wäre. Herman war nie wirklich viel an seinen Eltern gelegen, obwohl er sich sein Leben lang ihrem Willen gefügt hatte, und auch an seiner Frau Lena war ihm nie viel gelegen, obwohl er immer sehr gut zu ihr gewesen war und immer versucht hatte, seine Mutter mit ihrem schrecklichen Geschimpfe von ihr fernzuhalten; aber dass er wirklich der Vater eines kleinen Babys werden sollte, war für Herman ein überwältigendes Gefühl. Fast war er, um sein Baby vor allen Widrigkeiten zu schützen, dazu bereit, sich gegen seine Mutter heftig aufzulehnen, und auch gegen seinen Vater, wenn der ihm nicht half, seine Mutter in die Schranken zu weisen.

Manchmal suchte Herman sogar Mrs. Haydon auf, um all diese Probleme zu besprechen. Sie kamen überein, es sei besser, noch zu

viert auf das Baby zu warten, und Herman konnte ja Mrs. Kreders Geschimpfe gewisse Grenzen setzen, und wenn Lena dann etwas kräftiger
war, sollte Herman für sie ein eigenes Haus bauen, gleich neben dem
seines Vaters, damit er ihm jederzeit bei der Arbeit helfen konnte, aber
essen und schlafen würden sie dann in einem Haus, in dem sie nicht
unter der Fuchtel der Alten standen und ihr schreckliches Geschimpfe
nicht hören mussten.

Und so ging alles noch etwas länger im selben Trott weiter. Die arme
Lena freute sich gar nicht auf ihr Baby. Sie war nur verschüchtert wie
damals, als sie auf dem Meer seekrank geworden war. Sie erschrak jetzt
jedes Mal, wenn etwas sie bedrohte. Sie war verschüchtert, teilnahmslos und still und überzeugt davon, dass sie jederzeit sterben könnte.
Lena hatte nicht die Kraft, in diesen Widrigkeiten zu erstarken, sie
konnte nur still und erschrocken und matt und teilnahmslos dasitzen
und überzeugt sein, dass sie jeden Augenblick sterben würde.

Es dauerte nicht sehr lange, und Lena bekam ihr Baby. Es war ein
strammer, gesunder kleiner Junge, das Baby, und Herman lag sehr viel an
ihm. Als Lena etwas kräftiger war, bezog er mit ihr ein Haus neben dem
alten Ehepaar, sodass er und seine Familie nach eigenem Belieben essen
und schlafen und für sich sein konnten. Doch dies schien inzwischen
für Lena keinen großen Unterschied mehr zu machen. Sie war noch
genau die Gleiche wie in ihrer Schwangerschaft. Sie schleppte sich nur
herum und vernachlässigte ihre Kleidung und war ganz apathisch und
werkelte und lebte vor sich hin, als hätte sie gar keine Empfindungen.
Ihre Arbeit verrichtete sie regelmäßig, nach ihrer gewohnten Art, aber
die Lebensgeister kehrten nicht mehr zurück. Herman war immer gut
und freundlich und half ihr stets bei der Arbeit. Er tat, was er konnte,
um ihr zu helfen. Er übernahm immer das, was im Haus und für das
Baby an neuen Aufgaben anfiel. Lena tat, was sie tun musste, und zwar
so, wie man es ihr stets beigebracht hatte. Sie tat stets mehr schlecht als
recht alles Nötige und war immer schlampig und schmuddelig und ein
wenig benommen und teilnahmslos. Dieser Zustand, in dem Lena seit
ihrer Heirat dahindämmerte, besserte sich nie.

Mrs. Haydon sah ihre Nichte Lena nicht mehr. Mrs. Haydon hatte
jetzt so viel Ärger mit ihrem eigenen Haus und der Verheiratung ihrer
Töchter und ihrem halbwüchsigen Jungen, der immer widerspenstiger

wurde. Sie wusste, dass sie Lena nichts schuldig geblieben war. Herman Kreder war ein guter Mann, und manchmal dachte sie, es wäre ein Glück, einen wie ihn für ihre eigenen Töchter zu gewinnen, und jetzt hatten sie ja ein Heim für sich, getrennt von den alten Leuten, die ihnen das Leben schwer gemacht hatten. Mrs. Haydon fand, sie habe ihre Pflicht an ihrer Nichte Lena mehr als erfüllt, und es fiel ihr nicht ein, dass sie sie noch besuchen sollte. Lena würde jetzt gut zurechtkommen, ohne dass ihre Tante sich weiterhin einmischte.

Die gute deutsche Köchin, die immer mit ihr geschimpft hatte, versuchte weiterhin, ihre stellvertretenden Mutterpflichten an der armen Lena zu erfüllen. Es war inzwischen sehr schwierig, das Richtige für Lena zu tun. Lena schien gar nicht mehr zu hören, was man zu ihr sagte. Herman tat stets, was er konnte, um ihr zu helfen. Herman kümmerte sich immer vorbildlich um das Baby, wenn er zu Hause war. Herman kümmerte sich gern um sein Baby. Lena kam es nie in den Sinn, mit ihm spazieren zu gehen oder irgendetwas zu tun, was sie nicht tun musste.

Die gute Köchin bat Lena manchmal zu sich. Dann kam Lena mit ihrem Baby und saß in der Küche und sah der guten Frau beim Kochen zu und hörte manchmal ein wenig auf sie wie früher, wenn die gute Deutsche mit ihr schimpfte wegen ihres nachlässigen Aussehens, wo sie jetzt doch keine Probleme mehr habe, und dass sie so teilnahmslos dasaß und immer so undankbar war. Dann wachte Lena manchmal ein wenig auf, und ihre alte, sanfte Geduld und stoische Freundlichkeit kehrten in ihr Gesicht zurück, aber meistens schien Lena nicht viel aufzunehmen, wenn die gute Deutsche sie schalt. Es gefiel Lena immer, wenn Mrs. Aldrich, die gütige Hausherrin, freundliche Worte an sie richtete, und dann schien sie wieder zu ihrem alten Leben als Dienstmädchen zu erwachen. Aber meistens lebte Lena einfach so vor sich hin, kümmerte sich nicht um ihre Kleider und war gleichgültig und teilnahmslos.

Nach und nach bekam Lena noch zwei weitere Babys. Lena war jetzt nicht mehr so erschrocken ihretwegen. Sie schien von den Geburtsschmerzen kaum Notiz zu nehmen, und sie schien überhaupt kaum noch etwas von dem zu empfinden, was ihr geschah.

Alle drei Babys, die Lena zur Welt brachte, waren sehr süß, und Herman kümmerte sich stets vorbildlich um sie. An seiner Frau Lena war Herman nie viel gelegen. Das Einzige, woran Herman wirklich lag, waren seine Kinder. Herman war immer sehr gut zu ihnen. Stets nahm er sie sanft und fürsorglich in den Arm. Er entwickelte großes Geschick im Umgang mit ihnen. Er verbrachte all seine freie Zeit mit ihnen. Allmählich begann er den ganzen Tag daheim zu arbeiten, damit er seine Kinder immer im selben Raum bei sich hatte.

Lena wurde immer apathischer, und Herman dachte jetzt meist gar nie mehr an sie. Er kümmerte sich immer mehr ausschließlich um alle drei Kinder. Er sah zu, dass sie richtig aßen und sich wuschen, und er zog sie jeden Morgen an und unterrichtete sie in manchem und brachte sie zu Bett und war inzwischen fast jede Minute bei ihnen. Dann erwarteten sie ein viertes Kindchen. Lena ging ins nahe gelegene Krankenhaus, um zu gebären. Sie schien sich sehr schwerzutun damit. Als das Baby schließlich zur Welt kam, war es ebenso leblos wie seine Mutter. Beim Gebären war Lena ganz blass und immer schwächer geworden. Dann war alles vorüber, und auch Lena war tot, ohne dass jemand genau wusste, was ihr widerfahren war.

Die gute deutsche Köchin, die immer mit Lena geschimpft und ihr bis zum letzten Tag zu helfen versucht hatte, war die Einzige, die sie je vermisste. Sie erinnerte sich daran, wie nett Lena ausgesehen hatte in ihrer Dienstmädchenzeit, an ihre sanfte, melodische Stimme und wie sie immer so brav gewesen war und sie nie Ärger mit ihr gehabt hatte wie mit den anderen Mädchen, die man aufgenommen hatte, damit sie ihr in der Küche helfen sollten. So sprach die gute Köchin von Lena, wenn sie Zeit für einen Schwatz mit Mrs. Aldrich hatte, und weiter erinnerte man sich nicht an sie.

Herman Kreder lebte nun sehr glücklich, sanft und still und sehr zufrieden allein mit seinen drei Kindern. Er hatte nie mehr die ganze Zeit über eine Frau um sich. Er kümmerte sich immer um die gesamte Hausarbeit daheim, wenn er mit seinem Tagewerk für seinen Vater fertig war. Herman blieb immer allein, und er arbeitete immer allein, bis sein Nachwuchs groß genug war, um ihm zu helfen. Herman Kreder war jetzt hochzufrieden, und er lebte in schöner Regelmäßigkeit und friedlich dahin, wobei jeder Tag dem nächsten glich, inzwischen immer allein mit seinen drei braven, sanften Kindern.

Alice Dunbar-Nelson

EINE GESCHICHTE VON RACHE

Ja, Eleanor, ich bin grauer geworden. Ich bin jünger als du, das weißt
du, aber was sollte dich auch schneller altern lassen? Ein netter Ehemann, reizende Kinder, ich dagegen – ich bin nur eine einsame Frau.
Die Zeit vergeht langsam, so langsam für mich.

Warum ich nie geheiratet habe? Bitte schieb diesen Schirm ein wenig
zur Seite; meine Augen vertragen kaum mehr helles Licht. Bernard?
Oh, das ist eine lange Geschichte.

Ich erzähle sie dir, wenn du möchtest; eine Stunde mag darüber
schon vergehen.

Rufst du dir manchmal unsere Schulzeit in Erinnerung? Wir haben
damals so viele dumme Dinge geglaubt, nicht wahr? Jede von uns hat
sich vorgestellt, wir bräuchten nur an die Pforten des Ruhms zu klopfen, und schon würden sie weit aufschwingen, um uns in ihr magisches
Reich einzulassen. In der Nacht unserer Abschlussfeier tuschelten wir
fröhlich auf der Bühne darüber, dass uns unser Lieblingsplanet – die
Venus, natürlich – durch ein hohes, offenes Fenster anlächelte, um
«ihrer Sternenkunde-Klasse Grüße zu entbieten», wie wir es formulierten.

Dann bist du weggegangen, um dich in die wunderbarsten, auf-
regendsten Kreise der Gesellschaft zu stürzen, und ich blieb in der
schönen alten Stadt zurück, um zu arbeiten.

Bernard war damals sehr präsent. Er mochte dich sehr, denn du
warst meine «Busenfreundin», wie es unter der Jugend damals hieß.
Du sagst – nein danke, keinen Tee, das erinnert mich nur daran, dass ich
eine alte Jungfer bin –, du sagst, du weißt, was es bedeutet, glücklich zu
sein – mag sein; aber ich glaube nicht, dass irgendeine lebendige Seele
mein Glück in dieser Zeit nachempfinden kann; bisweilen war es sogar
fast schmerzhaft.

Byron[1] und seinesgleichen sind dem weiblichen Herzen immer lieb und kostbar, egal in welchem Alter. Eben ein solcher Mann war er, schwermütig, misanthropisch, der Welt müde, mit ein paar Dutzend gescheiterter Liebschaften nebst anderen wechselvollen Erfahrungen. Natürlich betete ich ihn heimlich an – welches romantische, einfältige Mädchen meines Alters hätte das bei diesem fortwährenden Kontakt mit ihm nicht getan?

Eines Tages schloss er mich fest in die Arme und sagte: «Mein Kleines, ich habe dir für deine unschätzbare Liebe nichts zu bieten als ein Herz, das schon einer anderen zu Füßen lag, und ein gescheitertes Leben – aber darf ich dich trotzdem darum bitten?»

«Sie ist bereits dein», gab ich zurück. Ich lasse den Vorhang vor der Szene fallen, die darauf folgte; du kennst sie, du «warst dabei».

Dann begannen die glücklichsten Stunden, die die gute alte Sonne oder der liebeskranke Mond mit seinen Silberstrahlen je bescheinen durften. Mich betrogen? Nein, nein. Er gestand, dass er die alte Liebe zu Blanche noch immer in seinem Herzen trage, aber dass er jeglichen Glauben und Respekt ihr gegenüber verloren habe und ihr niemals wieder mehr als ein Freund sein könne. Nun, ich war dumm genug, mich mit solchen Krumen zufriedenzugeben.

Wir hatten fünf Monate des Glücks. Ich wurde wunderbar zahm in dieser Zeit – ließ mich sogar darauf ein, mir die einzigartige Blanche zum Vorbild zu nehmen. Ich ließ all meine ehrgeizigen Pläne und lang gehegten Vorhaben fahren, denn ihm waren Frauen, deren Name ständig jeder im Munde führte, zuwider. Ich wurde ruhig, bedächtig, gediegen und sagte mich sogar von einigen meiner engsten und liebsten Freunde los. Ich lebte, atmete, dachte und handelte nur für ihn; für mich gab es nur eine einzige Seele im ganzen Universum – Bernards. Und trotz allem, was ich durchlitten habe – ich wäre bereit, alles noch einmal durchzumachen, nur um diese fünf Monate ein weiteres Mal erleben zu können. Jeden Tag zusammen, nachts am Seeufer dem sanften Plätschern der Wellen lauschen, während sich der silberne Schimmer des Mondes über die anmutigen kleinen Wellen ergießt; manchmal

---

1 Der romantische Weltschmerzdichter und Freiheitskämpfer Lord Byron (1788–1824).

in einer Hängematte zwischen den Bäumen von Liebe sprechen und Gedichte lesen. Nenn es den Himmel! Ich kann mir einfach nicht vorstellen, dass es inmitten der Engel schöner sein soll.

Doch alles hat einmal ein Ende. Als eine grausame Krankheit seinem Vater zusetzte, ließ der nach dem missratenen Sohn schicken. Ich werde immer daran glauben, dass er mich liebte, doch er brannte darauf, zu seiner Mutter zurückzukehren, und war darauf erpicht, Blanche im Licht ihrer neuen Verbindung zu begegnen. Es gab eine ganze Reihe von Abschiedsszenen, bei denen Tränen, Schwüre und Küsse ausgetauscht wurden. Wir klammerten uns aneinander, nach allen Regeln der Kunst, und schworen uns, einander nie zu vergessen, uns jeden Tag zu schreiben. Dann kam der schmerzliche letzte Abschied. Ich kehrte in mein altes Leben zurück – und er nach Hause.

Eine Zeit lang war ich zufrieden, jeden Tag bekam ich einen Brief von ihm; seine konstanten Ermahnungen, fleißig zu üben, mit seinen vielen kleinen Zeichen geschmückt – bis eine Veränderung eintrat: Die Briefe kamen seltener, immer öfter war die Rede von Blanche und seiner Liebe zu ihr, immer seltener von seiner Liebe zu mir, bis ich die Wahrheit nicht mehr ignorieren konnte. Ich wurde kühl und stolz und riss mir mit eisernem Willen meine ganze Liebe zu ihm aus dem Herzen und begehrte Rache.

Ja, sehr melodramatisch, nicht wahr? Aber es ist nun mal eine dramatische Geschichte.

Also legte ich alle Zurückhaltung ab und begab mich wieder unter Männer und Frauen und nahm meine längst vergessenen Pläne wieder auf. Ich muss dir nicht von meinem Erfolg berichten. Es war wirklich ganz wunderbar, nicht wahr? Als hätte die launische Schicksalsgöttin mich mit jedem Segen übergossen außer dem einen. Ein Erfolg reihte sich an den nächsten, Triumph folgte auf Triumph. Ich wurde umschwärmt, gefeiert, gehätschelt und verwöhnt von der Gesellschaft und der Literaturwelt. Oft hast du dich in diesen Jahren gefragt, wie ich das alles aushalte. Weiß Gott; durch den tieftraurigen Weltschmerz und den glühenden Hass, der in mir loderte, ich weiß es selbst nicht.

Aber bedenke, Eleanor, ich war gut vorbereitet. Dem Anschein nach hatte ich alles, wonach sich ein Mensch sehnen kann, aber ich litt, und bei den Göttern, ich schwor mir, dass auch er leiden sollte. Blanche wandte sich von ihm ab und heiratete seinen Bruder. Eine unglückliche Verkettung widriger Umstände führte dazu, dass er aus dem Haus seines Vaters verbannt wurde, gebrandmarkt als Falschmünzer. Seltsam, nicht wahr? Doch Geld ist eine starke Waffe, mit einem langen Arm, der über unzählige Meilen von Land und Wasser reicht.

Eines Tages fand er mich in einer fernen Stadt und flehte um meine Liebe, um Güte und Vergebung. Blanche sei nichts, bloß ein Fehler gewesen, sagte er, er liebe nur mich und so weiter. Ich erinnerte mich all seiner wunderbaren Worte und zärtlichen Blicke, doch hätten sie mittlerweile eher einen Stein erweichen können als mich. Er fiel vor mir auf die Knie und bettelte wie ein Verurteilter, der um sein Leben bangt. Ich lachte ihn aus, spottete über sein Leid und sagte ihm, was er für mein Glück getan hatte und was ich im Gegenzug für das seine.

Eleanor, bis zum letzten Tag meines Daseins werde ich sein Gesicht nicht mehr vergessen, als er sich daraufhin erhob und mit einem schrecklichen, unvergesslichen Blick voller Hass, Kummer und Verachtung das Zimmer verließ. Als er bei der Tür angekommen war, stieg in mir die alte Liebe wieder hoch wie eine Flut, ertränkte die Trauer der vergangenen Jahre und überwältigte mich in Sturzbächen von Mitleid. So große Mühe ich mir auch gab, ich konnte sie nicht zurückhalten; die Liebe einer Frau ist zu mächtig, um sie mit ein wenig Verstand zu bändigen. Ich rief voller Schmerz: «Bernard, Bernard!» Er drehte sich nicht um; ließ sich nicht anmerken, dass er mich gehört hatte.

«Bernard, komm zurück; ich habe es nicht so gemeint!»

Mit gesenktem Kopf ging er langsam von mir, aus dem Haus und aus meinem Leben. Seither habe ich ihn nicht wieder gesehen, nicht mehr von ihm gehört. Vielleicht wandelt er irgendwo über Gottes grüne Erde, verstoßen, einsam, ungeliebt. Mein ist die Rache, aber sie gleicht der Frucht des Toten Meeres, schmeckt nur nach bitterer Asche. Ich bin ein armseliges, herzenstrauriges Wrack – eine Frau mit Ruhm, doch ohne Liebe.

«Rache ist ein Pfeil, der allzu oft die Hand dessen trifft, der ihn ausgesandt hat.»

Chawa Schapira

DIE TRÄUMERIN

Schon als kleines Kind zeichnete sich bei ihr eine Neigung zu Träumereien ab. Sie entfernte sich zuweilen von der Gesellschaft der Kinder, setzte sich in einen Winkel, ohne sich um die Vergnügungen ihrer Altersgefährten zu kümmern, und alle Bemühung der Kleinen, sie dazu zu bewegen, an ihren Spielen teilzunehmen, waren vergebens.

Sie rückten von ihr ab und hießen sie «Trauerweide», doch wenn sie ihre Bitten erhörte, ihnen «Märchen» zu erzählen, wurden alle in ihren Bann gezogen und scharten sich um sie.

Und sie besaß eine wunderbare Befähigung für ihre Geschichten. Sie erzählte unerklärliche Dinge, Geschehnisse, die ihnen nahezu unbegreiflich waren, und doch schilderte sie all dies in so leuchtenden Farben und mit solch machtvoller Begeisterung, dass auch die Zuhörer, ohne es gewahr zu werden, den Fantasien der Erzählerin folgten, und es war ihnen, als sähen sie all die herrlichen Bilder, die sie ihnen beschrieb, leibhaftig vor ihren Augen.

Als sie größer wurde, wuchs auch ihre Neigung zu Träumereien; doch nun erzählte sie nicht nur, sondern verteidigte ihren Traum auch: in einem Satz – gleiches Recht für beide Geschlechter in der Gesellschaft. Sie empörte sich gegen jedwede Beschränkung, Vorschrift wie Gesetz, die zu einer Herabsetzung des Werts des schwachen Geschlechts führte.

Die übliche vornehme Hochachtung, die nur den Frauen vorbehalten war, stellte in ihren Augen einen unverhüllten Beweis dafür dar, wie gering geschätzt sie in den Augen der Männer wurden und dass die Schmeicheleien und Aufmerksamkeiten vonseiten der jungen Männer Lug und Trug waren, die nur verkappte Absichten und verborgenen Spott verdeckten.

Alles Klägliche, jedes Mitleid und Erbarmen, das speziell ihnen als schwachen Geschöpfen galt, erweckte ihren energischsten Widerstand.

Sie erhitzte sich, revoltierte mit flammenden Augen, ihr Gesicht erbleichte und erglühte abwechselnd. «Ihr, nur ihr habt den Mut und die
Kühnheit in unsrem Innern abgetötet mit euren Mitleidsgefühlen zu
eurem Nutzen und Frommen!», rief sie immer wieder, ganz und gar
bebend. «Lasst zu, dass wir uns entfalten, unterdrückt nicht unseren
Geist, beschränkt nicht unsren Horizont und steht uns nicht behin-
dernd im Weg, dann werdet ihr unsere Vorzüge erkennen!»

Und sie träumte und predigte, der Tag würde schon noch kommen,
an dem es kein Gesetz gäbe, das das schwache Geschlecht auf einer
niedrigeren Stufe festhielte und es in einem eng begrenzten Zirkel
einkerkere. Keinerlei Hemmnisse und keinerlei Beschränkungen bezüglich ihrer Rechte gäbe es dann mehr, und sie würden jeden hohen Rang
in der Gesellschaft, in der Menschheit einnehmen.

* * *

Zahllose Tage verstrichen, das Mädchen wurde zur Ehefrau, wurde
Mutter.

Von ihren einstigen Forderungen, ihrem Streben und ihren Träumen
blieb nichts als eine Erinnerung, die nur noch ein kleines Lächeln auf
die Lippen der Menschen zauberte, die sie von früher her kannten ...

Die Freude und den Kummer in ihrem Innern verbarg sie nun; ihre
Träume posaunte sie nicht mehr aus: Sie wurden geboren, wuchsen und
wurden begraben – in ihrem Herzen drinnen.

Alle Offenbarungen des Herzen hielt sie für eine Entweihung ihres
Allerheiligsten.

Sie träumte auch jetzt noch, nur hatten ihre Träume sich gewandelt ...

* * *

«Sag mir doch bitte, meine Freundin, weshalb hast du dich so verändert?», fragte ihre Gefährtin, die ihren früheren Ansichten treu
geblieben war. «Wie hast du deine Meinungen und deine Natur von
Grund auf gewechselt?»

Auf den Lippen der Träumerin zeichnete sich Spott ab. «Nur die
Frau, die sich als Frau unglücklich fühlt, kann sich solchen Ansichten

und Bestrebungen hingeben, wie ich sie damals verbreitet habe», gab sie zur Antwort.

«Oder richtiger, ist noch fähig, für die Durchsetzung ihrer hehren Rechte zu kämpfen», erwiderte ihre Gefährtin stichelnd.

«Haha, das nun waren meine früheren Träume: hehre Rechte – lasst sie fahren! Wir haben andere Rechte, und ihrer haben wir uns zu bedienen!»

«Wie, du leugnest also auch die Berechtigung dieser Forderungen?», fragte ihre Gefährtin erzürnt.

«Nein, aber wir haben besondere Rechte, und wir dürfen keinen Verrat an ihnen üben», antwortete sie mit sicherer Stimme.

Ihre Gefährtin schäumte immer mehr: «Der enge Zirkel ...», entfuhr es ihr, während sie ihre Gefährtin mitleidig anblickte. «Aber warum hast du damals für deine Ansichten gekämpft?», fragte sie mit einem Mal.

«Weil mich die schönen und klingenden Phrasen entzückten, an die ich, dumm, wie ich war, glaubte, ohne das wahre Wesen der Frau zu kennen.»

«Und nun kennst du es wohl?», fragte ihre Gefährtin mokant.

«Ja, nicht nur ihr Wesen, sondern auch ihre wahre Bestimmung», antwortete sie mit Entschiedenheit.

«Wenn das so ist, könntest du auch mir dieses Geheimnis offenbaren?», scherzte ihre Gefährtin.

Da wandte die Träumerin sich von ihr ab, ohne ein weiteres Wort. Ihr tiefstes Verborgenes würde sie ihr nicht enthüllen.

* * *

Drei Töchter hatte sie, und ihr größter, geheimster Traum war jetzt ... ein Sohn.

Sie spottete nun der Frau, die Rechte erhoffte und nach anderen Bestimmungen strebte, die ihrem Wesen fremd waren ...

Keiner ihrer Träume war so sehr eingefordert, so erwartungsgemäß, so innig erwünscht wie ihr letzter.

Yosano Akiko
LAIENTHEATER

Die Theaterbegeisterung der Maler vom Meiji-Kunstverein hatte in diesem Jahr einen neuen Höhepunkt erreicht. Man gab sich nicht mehr damit zufrieden, etwa bei geselligen Zusammenkünften nach Ausstellungen oder bei Partys anlässlich der Verabschiedung eines einflussreichen Mitglieds oder dessen Rückkehr aus dem Westen, den Saal eines Restaurants als provisorischen Bühnenraum herzurichten und dort ein, zwei Szenen zu spielen. Im Juni hatte man sich entschlossen, nunmehr das Theater Yūraku-za zu mieten, unter dem Namen «Kunstverein»-Bühne eine halb öffentliche Theateraufführung zu veranstalten und viele Eintrittskarten zu verteilen. Beteiligt waren siebzehn oder achtzehn Mitglieder. Auch die tonangebende Person dieses Vereins, Meister Matsui, sollte diesmal seinen ersten Bühnenauftritt haben. So versammelte er die Mitwirkenden um sich, mietete zwei Räume im angesehenen Gasthof «Tokiwa Kadan» und pendelte täglich von zu Hause aus zur Probe.

«He ... he ... hör mal, ich hab was ...!», rief Herr Matsui aus dem Atelier heraus seiner Frau Natsuko zu, die draußen auf der Veranda weilte.

«Ja ...»

Natsuko schob sich vorsichtig durch die offene Tür des Ateliers. Herr Matsui hatte offenbar gerade vor, das Haus zu verlassen. Er saß in einem auffällig gestreiften Anzug, mit dem Strohhut in der Hand, am Ende des Rattan-Kanapees.

«Ich wollte es dir eigentlich schon gestern sagen, aber hab's wieder vergessen. Ich trete jetzt wieder in einer anderen Rolle auf», verkündete er, ohne sie anzuschauen. Wenn es um seine Theaterangelegenheiten ging, war er nicht fähig, seiner Frau direkt ins Gesicht zu sehen, als hätte er in seinem Innern irgendwo etwas Beschämendes zu verbergen.

«Du spielst also nicht einen Doktor der Literatur?», fragte Natsuko, indem sie mit dem Finger gegen die Primelblüte schnipste, die auf dem Tisch am Fenster stand – ebenfalls ohne ihn anzublicken.

«Was soll denn das mit diesem Doktor der Literatur …?»

«Na ja, doch Tsuyukos Vater …» Dabei sah sie ihrem Mann erstmals in die Augen.

«Ach so was Dummes! Seither wurde der Text ja schon dreimal umgeschrieben.»

Wie sie das Leuchten in seinen Augen bemerkte, schlug sie den Blick nieder. «Hab ja keine Ahnung …»

«Brauchst du auch nicht …! Ich soll nun die Rolle eines Studenten übernehmen.»

«Ach so.» – «Das ist aber eine jugendliche Rolle!», hätte sie beinahe gesagt, aber sie verkniff sich die Bemerkung.

«Darum brauche ich eine Studentenuniform.»

«Ah …»

«Hör doch bitte zu! He …»

«Ja, ja, ich höre.»

«Tu nicht so gleichgültig … könntest doch ein bisschen Mitgefühl zeigen für das, was ich unternehme», sagte Herr Matsui leicht pikiert.

«Mitgefühl? Eine ungebildete Person wie ich hat doch keinerlei Ahnung von Kunst und so was.» Bei diesen Worten huschte ein einsames Lächeln über Natsukos Gesicht. Tief in ihren Augen zeigte sich ein Schatten von Scham über ihre tatsächlich fehlende Bildung und übertrug sich unbewusst als leise Trauer auch auf den empfindsamen Herrn Matsui. Unvermittelt stand er auf und näherte sich ihr. «Steh nicht so da. Komm, setz dich.»

«Ja.»

Beide ließen sich nebeneinander auf das Rattan-Kanapee nieder.

«Tut mir leid, aber könntest du nicht Shimazus Studentenuniform für mich ausleihen?»

«Na gut, dann geh ich mal hin und leihe sie aus … möchte ohnehin wieder einmal meine Schwester sehen.» Shimazu, das war ein Jura-Student und der Mann von Natsukos jüngerer Schwester Ochiyo.

«Würdest du sie mir bitte noch an diesem Vormittag ins ‹Tokiwa Kadan› bringen?»

«Ich selbst, meinst du?»

«Nimm doch das Dienstmädchen mit. Bring mir die Uniform und schaue dir gleichzeitig mal die Probe an.»

«Da schäme ich mich doch.» Natsukos bleiches Gesicht überzog sich dabei erstmals mit einem Hauch von Röte.

«Was soll denn das! Es sind ja alles Leute, die du kennst, Inoue, Yamada … – solche, mit denen du gut auskommst.»

«Aber ich habe doch Hemmungen, mit den Frauen dort zusammenzutreffen.»

«Was sagst du denn da! Eine Frau wie du, Mutter eines Kindes, hat doch überhaupt keinen Grund, von Hemmungen zu sprechen. Wir werden was essen gehen, und wenn du die Schwester Ochiyo mitbringst, umso besser. Ich werde euch auch in die Ausstellung führen, wenn die Probe vorbei ist.»

«Ach wirklich? Na, dann will ich mal gehen.»

«Wird mir Shimazus Uniform wohl passen?»

«Das nehme ich an.»

«Dann also, ich bitte dich.» Herr Matsui verließ das Atelier, setzte sich auf den Rand der niederen Vorlaube und rief, während er in die Schuhe schlüpfte, seinem Söhnchen Takeo zu, das im Garten spielte: «He Junge, du kommst dann mit der Mutter nach Ueno!» Dann verschwand er durchs Gartentor.

Natsuko hatte zwar keine große Lust, dachte aber, das sei eine Gelegenheit, sich nach längerer Zeit wieder einmal mit ihrer jüngeren Schwester auszutauschen. So überwand sie sich, begann ihre Soku-hatsu-Frisur[1] in Ordnung zu bringen und sich umzuziehen. Dann beauftragte sie den Studiosus, der bei ihnen wohnte und aushalf, das Haus zu hüten, hieß das Dienstmädchen Masa, den kleinen Takeo auf den Rücken zu schnallen, und verließ das Haus. Von der Haltestelle Aoyama ging es mit der Straßenbahn Richtung Hongō. Im spärlich besetzten Wagen sitzend, sinnierte Natsuko über die Theaterproben, während sie gleichzeitig den hin- und herrennenden Takeo im Auge behielt. Was Frauen betraf, waren zwei Models beteiligt sowie die

---

1 Nach hinten gekämmtes und am Hinterkopf breitwulstig aufgestecktes Haar. Bei Japanerinnen um 1900 populäre Frauenfrisur nach westlichem Vorbild.

Tochter aus einer Sake-Handlung in Nihonbashi. Was war das wohl für eine Frau? Yukiko, eine Schülerin von Meister Matsui, hatte sich vor rund vier Tagen die Proben angeschaut und dann behauptet, die Darstellerin der weiblichen Hauptfigur Tsuyuko sei eine minderwertige Person. Als Natsuko dies ihrem Mann weitererzählte, geriet er in Rage und gab zurück: «Was sollen solche Unhöflichkeiten! Sie ist die einzige Tochter aus einem angesehenen Sake-Geschäft in Nihonbashi. Ihre verwitwete Mutter begleitet sie jedes Mal zur Probe. Sag bitte der Yukiko, sie solle sich fortan weder bei den Proben noch bei der Aufführung sehen lassen!» Daran erinnerte sich Natsuko. Und weil es bei der geringsten Kritik zu solchen Szenen kam, verging auch ihr die Lust, sich die Aufführung anzuschauen. Sie stiegen bei Yon-chōme aus. Als sie das Haus der Schwester in Oiwake erreichten, empfing sie das Ehepaar mit Freude; sie hätten sich gerade überlegt, zusammen irgendwohin auszugehen, sagten sie.

«Ich komme mit einer etwas komischen Bitte.»

«Na, was wird's wohl sein?», fragte Ochiyo mit einem leicht verunsicherten Blick auf ihren Mann.

«Worum geht's denn, Schwägerin?», fragte er seinerseits.

«Ach, keine Sorge! Es ist was Komisches», erwiderte Natsuko lachend. «Aber wenn ich es als komisch bezeichne, wäre mein Mann wahrscheinlich ungehalten. Es geht um das Theater!»

«Ach ja, ach ja, es soll ein Theater geben! Da hat doch mal irgendjemand von einer Theatervorstellung des Meiji-Kunstvereins gesprochen, oder nicht?», sagte Ochiyo, indem sie sich an ihren Mann wandte.

«Hm, irgendeiner hat was erwähnt. Will denn Matsui-san selbst dabei auftreten?», fragte Shimazu und zog dabei die Nase kraus.

«Ja, komisch … und er sagt, er spiele einen Studenten. Darum bat er mich, deine Uniform auszuleihen. Deswegen bin ich heute gekommen.»

«Einen Studenten … ha, ha, ha … Nun, ich ziehe meine Uniform ohnehin kaum je an. Er soll sie nur anziehen, sooft es ihm beliebt.» Natsuko richtete sich jetzt wieder an ihre Schwester.

«Ich sollte sie gleich heute ausleihen und ihm direkt von hier aus überbringen.»

«Wo findet denn die Probe statt?»

«Im ‹Tokiwa Kadan›. Kommt doch auch mit. Er sagte was von einer Einladung zum Essen.» Die ängstliche Natsuko vermochte die Gefühle ihrer Schwester nicht zu lesen und verfiel in einen bemüht aufmunternden Ton.

«Wollen wir mal hingehen, was meinst du?», wandte sich Ochiyo an ihren Mann.

«Na, wenn ich mitginge, wäre das doch etwas seltsam. Auch für Schwager Matsui wäre das eher peinlich. Ich werde das Haus hüten. Geht ihr beide zusammen! Und ihr solltet euch beeilen mit der Uniform. Nicht wahr, Schwägerin?»

«Ja, dann komm doch bitte mit!», rief Natsuko freudig.

Das kleine Kindermädchen im Haus Shimazu packte also den Säugling zusammen mit dem Uniformbündel in den Kinderwagen, und während Takeo daneben quengelte, er wolle auch mitfahren, machte sich die Gruppe auf den Weg, von Oiwake über Nezu bis zur Anhöhe von Ueno.

«Es gibt doch da auch die Ausstellung vom Meiji-Kunstverein, nicht wahr?», sagte Ochiyo, als sie vor dem Tor ankamen, und machte Anstalten, sich gleich mal darin umzusehen.

«Natürlich könnten wir schon jetzt einen Blick hineinwerfen, aber mein Mann deutete an, er würde uns persönlich hinführen.»

«Ach so … wenn du meinst», pflichtete Ochiyo ihr fröhlich bei.

Sie betraten das Anwesen des «Tokiwa Kadan» von der Gartenseite her und schauten von draußen suchend in verschiedene Räume hinein. Im Zimmer neben dem großen Salon erkannte Natsuko einen jungen Maler namens Takeda, den sie bereits zwei-, dreimal flüchtig getroffen hatte und der sich gerade anschickte, einen Schnauz anzuprobieren. Sie näherte sich, stieg auf die Veranda und kniete an der Kante des Schiebefensters nieder. «Darf ich Sie um eine Auskunft bitten?»

«Kommen Sie doch herein …!» Takeda erhob sich.

«Ach, das ist ja die Frau Gemahlin! Bitte eintreten. Alle sollen heraufkommen!» Takeo hatte bereits die Schuhe ausgezogen und sich hinaufgehievt. Schon stürmte er, eine Eisenbahn nachahmend, über die Veranda.

«He, benimm dich anständig, bitte!», tadelte ihn Natsuko. Zu Ochiyo gewandt, die im Garten stand, sagte sie: «Bitte, komm doch hierher zu mir.» Und den Dienstmädchen befahl sie: «Auch ihr beiden, steigt rauf!» Ochiyo nahm neben ihrer Schwester auf dem Sitzkissen Platz, das Herr Takeda für sie zurechtgelegt hatte.

«Ist denn mein Mann noch nicht eingetroffen?»

«Doch, doch, er scheint da gewesen zu sein. Aber da die anderen Herren notorische Faulpelze sind, regte sich der Meister auf und scheint sich für eine Weile entfernt zu haben, gerade als ich hereingeschneit kam. Ha, ha ha …»

«Nun, wird er denn wohl kommen, wenn wir warten?»

«Aber sicher! Er kommt, denn er ist mit Eifer bei der Sache!» Natsuko errötete leicht und lachte verlegen, indem sie ihrer Schwester ins Gesicht sah.

«Und was ist mit der Darstellerin?»

«Die Dame scheint sich heute auch verspätet zu haben … jawohl.»

«Ho, ho, ho.» Auch Ochiyo brach unversehens in Lachen aus, weil Herr Takeda auf so komische Weise den Mund verzog.

«Oh, der gnädige Herr!», verkündete das Dienstmädchen Masa und erhob sich von der dünnen Matte auf der Veranda. Auch Natsuko schaute unwillkürlich hinaus und sah, wie Herr Matsui in Begleitung einer ihr völlig unbekannten, etwa fünfzigjährigen Dame mit kurzen, hinten hochgesteckten Haaren, zusammen mit ihrer ungefähr zwanzigjährigen korpulenten Tochter, den Garten durchquerte.

«Mutter! Vater kommt!»

Takeo zog sie an der Hand auf die Veranda hinaus. «Schön, dass du endlich da bist … ich hab's mitgebracht!»

«Ach so.» Das war alles, was er erwiderte. Er stieg auf die Veranda und betrat das Zimmer, zog sein Brillenetui aus dem Ärmel und deponierte es auf dem Stufenregal in der Wandnische. Nachdem er Ochiyo begrüßt hatte, deutete er auf die Dame mit der Witwenfrisur, die soeben auf dem freien Sitzkissen Platz genommen hatte. «He, heiße sie doch bitte willkommen. Das ist Frau Urata, die Mutter von Sumako-san!»

Natsuko verbeugte sich höflich.

«Und hier die Darstellerin Sumako-san!»

«Ah wirklich …? Sehr erfreut!»

Wiederum verbeugte sich Natsuko, wie verlangt. Auch Ochiyo erwies den beiden ihre Reverenz.

«Wo sind Sie denn gewesen?», fragte Takeda Herrn Matsui und machte dabei ein ernsthaftes Gesicht.

«Frau Urata sagte, sie habe die Ausstellung noch nicht gesehen, darum haben wir sie zusammen angeschaut.»

Als Natsuko das hörte, entfuhr ihr beinahe ein «Oho!».

«Wie, du hast also die Ausstellung schon besucht?»

«Ja, habe ich.»

«Wirklich?!» In ihrer Stimme lag große Enttäuschung.

«Sooft man auch hingeht, das Bild von Collin[2] dort ist einfach gut, nicht wahr!», wandte sich Herr Matsui an Takeda.

«So ist es …», gab dieser zurück, aber aus seiner Stimme klang wenig Anteilnahme.

Gerade in dem Augenblick näherte sich vom Eingang her eine Gruppe von fünf, sechs Männern, die polternd durch den Korridor liefen und das Zimmer betraten. «Hallo … hallo …», riefen alle durcheinander, und Natsuko verbeugte sich wieder vor jedem einzeln.

«Na, fangen wir also an?» Herr Matsui öffnete die Schiebetüren zum großen Salon. Dann trat er nahe zu Natsuko. «Und, wo hast du das Gewand?»

«Hier ist es.» Sie zeigte auf das Furoshiki[3] hinter der Schiebetür.

«Er hat's lange nicht getragen. Vielleicht ist es in schlechtem Zustand», meldete sich Ochiyo von der Seite.

«Ach was denn! Das ist schon recht. Damit ist ja alles bestens. Könntest du jetzt Ochiyo-san in die Ausstellung führen …»

«Haa …»

«Bei mir wird's wohl etwas spät. Du kannst ja dann vorher nach Hause gehen.»

«Ja.»

Natsuko brachte Takeo, der wieder Eisenbahn spielte und auf der Veranda bis weit nach drüben gerannt war, auf den Armen zurück, ließ ihn in die Schuhe schlüpfen und begab sich unter dem Blätterdach des Gartens dorthin, wo der Kinderwagen stand.

2 Der Maler Louis-Joseph-Raffaël Collin (1850–1916) war einer der letzten Vertreter des frz. Akademismus. Als Lehrer hatte er entscheidenden Einfluss auf jap. Maler, die in Paris studierten und dann zu Beginn des 20. Jh. die Kunstszene von Tokio prägten.
3 Kunstvoll gewickeltes Tuchbündel.

«Die Ausstellung wollen wir auf das nächste Mal verschieben», sagte Ochiyo. «Ich hab noch was vor und gehe nach Hause. Schwester, komm doch mit und iss etwas bei uns.»

«Ach, ich kehre auch nach Hause zurück.» Und mit traurigem Tonfall fügte sie hinzu: «Tut mir leid, dass nun tatsächlich aus der Einladung zum Essen und anderem nichts geworden ist!»

«Ach, keine Sorge, das macht überhaupt nichts. Aber wenn ihr jetzt bis Harajuku zurückkehrt, dann habt ihr sicher Hunger.»

«Nein, nein, kein Problem!»

«Dann also, auf Wiedersehen!»

«Auf Wiedersehen!» Schon hatte sich Ochiyo mit dem Mädchen, das den Kinderwagen vor sich herschob, ein paar Schritte in Richtung des Kiyomizu-Kannon-Tempels entfernt, als Natsuko ihr noch einmal hinterhergeeilt kam.

«Treffen wir uns im Yūraku-za! Ich gebe dir Eintrittskarten. Bitte komm!»

«Ja, ich komme. Ganz sicher!» Die Schwestern nickten sich zu und gingen auseinander. Mit einem Gefühl der Beschämung gegenüber dem Dienstmädchen Masa bestieg Natsuko die Straßenbahn nach Aoyama. Es war zwei Uhr, als sie zu Hause anlangten. Herr Matsui seinerseits traf gegen fünf Uhr ein.

«Schönen Dank für deine Mühe!», sagte er zu seiner Frau, während er den Anzug mit dem Hauskimono tauschte.

«Keine Ursache!» Natsuko schaute zur Seite.

«Und … habt ihr die Ausstellung gesehen?»

«Nein.»

«Warum denn nicht …?»

«Ich verstehe ja ohnehin nichts davon. Hat denn Frau Sumako einen Sinn dafür?»

«Wie sollte sie auch!»

«Aber so ahnungslos wie ich ist sie doch wohl nicht!»

«Na, da gibt's wohl keinen großen Unterschied … Ach ja, man hat mich übrigens um etwas gebeten …» Herr Matsui warf Natsuko, die gerade dabei war, seinen Anzug in Ordnung zu bringen, einen scharfen Blick zu.

«Soll ich wieder was ausleihen gehen?!»

«Nein, nein, diesmal nicht ...» Herr Matsui hatte sich auf die Schwelle zur Veranda niedergelassen. Er streckte die Beine weit von sich, und es bereitete ihm offenbar Mühe, mit der Sprache herauszurücken.

«Ja, worum geht's denn? So sag doch!»

«... Nun, der Kimono mit dem Obi-Gürtel, den du heute getragen hast ... das wäre für ihre Rolle genau das Richtige, sagte Sumako-san und lässt fragen, ob sie ihn sich ausleihen könnte ...»

«Aber natürlich ...!»

Natsuko trug den Anzug ins Nebenzimmer. Bei sich dachte sie: «Wenn ich meinen schweren Seidenkimono samt dem doppelseitigen Obi-Gürtel aus Seidenkrepp – das Einzige, was ich besitze – ausleihe, dann habe ich ja einen guten Vorwand, zu diesem Kunstvereinstheater im Yūraku-za gar nicht mehr hinzugehen.»

Eloïse Bibb Thompson

MASKEN. EINE GESCHICHTE

Paupet, ein frei geborener Octoroon[1], war ein Mann von beträcht-
lichem Verstand. Das lag daran, dass er Grips hatte und davon Gebrauch machte. Der Grund für den Kummer seiner Frau Julie blieb ihm
nicht verborgen, wenngleich er sich ihm erst nach ihrem Tod voll und
ganz offenbarte. Dann diktierte er die Worte, die auf ihrem Grabstein
stehen sollten. Die Inschrift sollte sich als einzigartig erweisen, ganz so
wie die Friedhöfe des alten New Orleans selbst. Die Zeilen, eingraviert
im Jahre 1832, lauteten: «Weil sie mit den Augen ihres Großvaters sah,
starb sie beim Anblick ihres Babys.»

Dieser Großvater, Aristile Blanchard[2], war für das ganze Quadroon
Quarter von New Orleans ein Rätsel gewesen. Für Paupet dagegen
nicht, obwohl er ihn nie mit eigenen Augen gesehen hatte. Das war
gar nicht nötig gewesen, denn Paupet hatte Aristiles gesamte Lebensgeschichte von Paul erfahren, Julies Bruder, dessen Bekanntschaft er
in Mobile gemacht hatte, noch bevor er Julie kennenlernte. Paul war
ein Tunichtgut, der das warme, heimatliche Nest schon früh verlassen
hatte, seinen Großvater jedoch ungemein bewunderte. Und so hatte es
ihm in seiner Jugend Vergnügen bereitet, dem alten Mann die Gegeben-
heiten seines Lebens zu entlocken, die sich später als so interessant für
Paupet erweisen sollten.

Nun war Paupet von Natur aus – unter anderem – ein Seelenforscher,

---

1 Die Übersetzung folgt in der Benennung der Hautfarben dem englischsprachigen
   Original. «*Octoroon*» und «*Quadroon*» sind Begriffe, die nur im historischen Kon-
   text zu verstehen sind und verwendet wurden, um die Abstammung von Menschen
   gemischter Rassen, in der Regel von afrikanischer und europäischer Herkunft in den
   Sklavengesellschaften Amerikas, zu definieren. Octoroon bedeutet, dass eine Person
   ein Achtel schwarze Abstammung hat, Quadroon entsprechend ein Viertel.
2 Sprechender Name: im Altfrz. «der Weißliche».

wenn auch unbewusst. Er hatte es sich zur Gewohnheit gemacht, über die Beweggründe der Menschen nachzusinnen, über ihre ganz speziellen Wesenszüge und wie sehr sie denen ihrer Eltern glichen, so er diese zufällig kannte. Niemand interessierte Paupet mehr als seine eigene Frau Julie. Und so dachte er natürlich viel über sie nach. Doch um eine Seele zu ergründen, bedarf es stets einer günstigen Gelegenheit, und die Gelegenheit, um Julie wirklich kennenzulernen, ergab sich erst, als sie Nachwuchs erwartete. Aber selbst dann hätte Paupet nicht gewusst, wo die Schuld für ihre Eigenart zu suchen war, hätte er nicht, wie vorhin erwähnt, bereits alles Wissenswerte über Aristile Blanchard erfahren gehabt.

Dieser Aristile war ein bemitleidenswerter Mensch, das stand für Paupet außer Frage. Denn verdient nicht jeder Mann unser Mitleid, der seinen liebsten Traum schnell wie eine Rakete vom sternenerleuchteten Himmel in mitternachtsschwarze Dunkelheit stürzen sieht? Kein Wunder, dass sich Halluzinationen seiner bemächtigten. Bei einem Charakter wie dem seinen war das nicht anders zu erwarten. Aber dass der Einfluss eines solchen Trugbilds Julies junges Leben zerstören sollte, darüber klagte Paupet bitterlich.

Aristile stammte aus Haiti, wie Paupet von Paul erfuhr. Er war 1795 nach New Orleans gekommen, als der Sklavenaufstand am heftigsten tobte,[3] und verbreitete den Geist der Revolution so energisch, wie er es in seinem alten Leben auf der Insel getan hatte. Natürlich war, als Julie diese Welt betrat, die Revolution lange vorbei; Toussaint L'Ouverture[4] hatte seine Tauglichkeit als Anführer unter Beweis gestellt, war irgendwann in einen erbärmlichen Kerker geworfen worden und moderte schon seit fünf Jahren oder noch länger im Grab. Paupet allerdings bekümmerte vor allem, dass Aristile weitergelebt und seinen unheilvollen Einfluss auf seine Enkelin, die ihm ihre Mutter auf dem Sterbebett anvertraute, übertragen hatte.

3 In der frz. Kolonie Saint-Domingue war 1791 die Haitianische Revolution losgebrochen, die 1804 in die Unabhängigkeit mündete.
4 François-Dominique Toussaint Louverture (1743–1803), Sohn eines aus dem westafrikan. Königreich Dahomey (dem heutigen Benin) verschleppten Afrikaners, der zum Brigadegeneral und hait. Nationalhelden aufstieg, war 1802 gefangen genommen und nach Frankreich deportiert worden.

Von allen freien Schwarzen Haitis hatte zu dieser Zeit keiner ein glücklicheres Schicksal als Aristile. Als Quadroon von attraktiver Erscheinung, zudem mit etwas Kapital ausgestattet, hatte ihn seine in ihn vernarrte Mutter ins französische Bordeaux geschickt, damit er dort die schönen Künste studiere, für die er ein ausgeprägtes Faible zeigte, wie man zu erkennen meinte. In Wahrheit war er jedoch nichts weiter als ein Dilettant, der schließlich mit einer gewissen Grundkenntnis verschiedener Künste, etwa der Bildhauerei, Malerei, Holzschnitzerei und so weiter, zurückkehrte, aber ohne profunde Kenntnisse in einer bestimmten Disziplin. Eins jedoch war ihm nicht entgangen – und zwar der Geist der Freiheit, denn zu dieser Zeit war Frankreich die Brutstätte der Revolution, die schließlich zur Erstürmung der Bastille führen sollte. «Freiheit, Brüderlichkeit, Gleichheit» erfüllte die Luft, die er atmete. Den Kopf voller revolutionärer Vorsätze, kehrte er aus Frankreich zurück, darin jedem freien Schwarzen auf der Insel weit voraus, Vorsätze, die nur darauf warteten, zur stärksten Ausprägung des Heldentums zu erblühen.

Obwohl er bei seiner Rückkehr in sein Heimatland darauf brannte, seinem Volk von Nutzen zu sein, zwang er sich dazu, dem gewohnten Lauf der Dinge zu folgen. Er bewarb sich als Lehrling bei einem orientalischen Maskenbauer, einem einzigartigen Meister seiner Profession, den die französischen Siedler zur Vorbereitung ihrer Maskeraden und Feiertagsfestlichkeiten aufzusuchen pflegten. Masken übten auf Aristile seit jeher eine eigenartige Faszination aus. Oft saß er gedankenverloren neben dem Maskenbauer, während in seinem Geist widersprüchliche Gefühle miteinander rangen. Doch als sich die französischen Sklavenhalter in Cap-Haïtien versammelten, um Maßnahmen gegen die freien Schwarzen zu beschließen, denen die französische Nationalversammlung volle Staatsbürgerschaft zuerkannt hatte, vergaß er alles, ließ sein Werkzeug fallen und führte unverzüglich die nun folgende Revolte an.

Mit Rigaud[5], dem Mulatten-Hauptmann der Sklaven, verschrieb er sich ganz der Sache Frankreichs und bot an, die Engländer unter Le-

5 André Rigaud (1761–1811), Sohn eines weißen Plantagenbesitzers und einer schwarzen Sklavin.

bensgefahr auszuspionieren, als diese kamen, um die alteingesessenen französischen Siedler bei der Wiedereinführung der Sklaverei auf der Insel zu unterstützen.

So gut wie möglich als Weißer verkleidet, ging er mutig im Hafen von Jérémie an Land, in dem die Engländer seit Kurzem vor Anker lagen. Seine List hätte Erfolg gehabt, wäre er nicht von einem der alteingesessenen weißen Siedler anhand der so wohlbekannten afrikanischen Züge erkannt und noch im selben Augenblick enttarnt worden. Ohne Vorwarnung wurde Aristile ergriffen, gnadenlos ausgepeitscht und zum Sterben in einen Kerker geworfen. Aber es dauerte nicht lange, und er wurde von einem gütigen Engel gerettet, in Gestalt eines Octoroon-Siedlers, der schon sein ganzes Leben lang für einen Weißen gehalten wurde, weil sein Gesicht einer Entlarvung trotzte; und er wurde nicht nur gerettet, sondern auch mit dessen Tochter auf ein Schiff nach New Orleans in Sicherheit gebracht. Dann übernahm der Octoroon-Retter den Posten als Spion unter den Engländern, den Aristile hatte aufgeben müssen. Sein Erfolg ist bezeugt in dem nachfolgenden Werk Toussaint L'Ouvertures,[6] der durch seine Hilfe bald darauf in der Lage war, alle Truppen der Engländer zusammenzutreiben, ihre Bollwerke zu belagern, ihre Festungen zu bestürmen und sie letztendlich vernichtend zu schlagen.

Dieser Vorfall sollte Aristile sein Leben lang verfolgen. Niedergeschlagen und zutiefst enttäuscht über seinen Fehlschlag bei der Aufgabe, der er sich mit dem Enthusiasmus und der Glut eines Märtyrers verschrieben hatte, kreisten all seine Gedanken um die Gesichtszüge, die zu dieser Niederlage geführt hatten. «Geprellt!», rief er verbittert aus. «Um die Möglichkeit zum höchsten Dienst geprellt, wegen eines Gesichts, vier Abstufungen entfernt von dem Garanten für Erfolg. Das Schicksal war gegen mich. – Die Natur war gegen mich. Es war mir nie bestimmt, das zu tun, wofür ich doch so brannte. – Oh, warum hat mir die Natur nicht das Gesicht meines Vaters gegeben? – Dann wäre mir alles möglich gewesen. Andere Quadroons hatten dieses Glück. Hunderte – Tausende! Außer einer leichten Färbung verriet nichts, ab-

6 Dokumentiert in *Mémoires du général Toussaint Louverture, écrits par lui-même*, 1853.

solut gar nichts, ihre afrikanische Herkunft. Aber die Natur hat mich durch meine vorstehenden Lippen und meine breite Nase von ihnen unterschieden und zum Gespött der Welt gemacht. – Die Alten haben nichts als Lügen verbreitet mit ihrer Behauptung, die Götter hätten die Gesichter der Menschen von der Nase an aufwärts geformt und dem Menschen den unteren Teil selbst überlassen. Was ich auch tue, ich werde nie in der Lage sein, die Maske zu wechseln, die mir die Natur aufgebürdet hat.»

Tag und Nacht verfolgten ihn diese Gedanken. So beschrieb es Paul und erklärte, dass seine Mutter damals um Aristiles Geist gefürchtet hatte. Nach einiger Zeit schlug dessen Stimmung plötzlich in ein Hochgefühl um, und er erhob sich von seinem Bett als neuer Mensch.

«Ich habe die Formel gefunden, um wahre Größe zu erlangen!», verkündete er allen, die es hören wollten. «Sie lautet: Du sollst mit dem Gesicht eines weißen Mannes gesehen werden. – Da aber nur ein Bruchteil von uns diesem Rezept zu folgen vermag, ist es an mir, ein Bild zu erschaffen, eine derart perfekte Nachahmung der Natur, dass die übrige Menschheit ebenso einen Platz an der Sonne finden wird. Meine Brüder und ich sollen nicht mehr länger als Nichtswürdige gebrandmarkt sein. Ich werde eine Maske erschaffen, die der Natur selbst trotzt, ohne eindeutige und unverwechselbare Merkmale, die darüber entscheiden, ob ein Mensch Herr oder Sklave sei. Allen Menschen soll in Zukunft das Privileg zukommen, das zu sein, was sie sein wollen.»

Mit diesem Ziel vor Augen begab er sich in das Quadroon Quarter von New Orleans und errichtete eine Werkstatt, über die wegen der seltsamen Dinge, die sich darin befanden, bald im ganzen Viertel gesprochen wurde. Paupet konnte sich für ihre Sonderbarkeit verbürgen, denn sie waren noch vorhanden, als er dort hinkam. An den Wänden zeugten zahlreiche Versuche von der Vision, der sich Aristile verschrieben hatte. Es gab Masken aus Papier, die geduldig aus kleinen Fitzelchen zusammengeklebt waren, in dem tapferen Versuch, ein weißes, von der Natur geschaffenes Gesicht nachzuahmen. Ebenso Masken aus Holz, Pappmaschee und einem weichen, klebrigen, blättrigen Material, das er höchstwahrscheinlich in Louisianas wundersamen Wäldern gefunden hatte. Interessant waren sie allesamt, jede einzelne, doch die meisten blieben weit hinter seinen Vorstellungen zurück; ein paar wenige jedoch, die in ihrer hautähnlichen Beschaffenheit die Möglichkeit boten, dass ein Mensch sie sich übers Gesicht spannte, wären womöglich perfekt geworden – wer weiß, man hat schon größere Wunder erlebt –, wäre ihre Vollendung nicht so plötzlich unterbrochen worden. Der ganze Raum verströmte eine unverkennbare Schwermut, eine Atmosphäre zerschlagener Hoffnungen, als hätte sich der Schöpfer dieser Objekte erfüllt von hohen Ambitionen ans Werk gemacht und wäre plötzlich von einem unerwarteten Ereignis unterbrochen worden, das ihn in die Verzweiflung getrieben hatte. Und genau so war es geschehen. Während in seiner geliebten Heimat die Schwarzen die Vormachtstellung innehatten, arbeitete Aristile mit wachsendem Enthusiasmus an seinem lang gehegten Traum. Er sagte sich, er sei wegen dieser Gesichtszüge, die ihm die Natur auferlegt hatte, zwar nicht in der Lage gewesen, seinen Brüdern als Soldat zur Seite zu stehen. Aber er würde ihnen einen Talisman schenken, wie Aladins Lampe, der Wunder wirken würde in einer Welt, in der das Glück allein darin lag, weiß zu sein. Doch als ihn die Nachricht erreichte, dass Toussaint, der Retter seines Volkes, ausgetrickst worden war und in einem französischen Gefängnis sterben sollte, verfiel er in tiefsten Kummer, und sein Streben schlug in Verzweiflung um. Er legte sein Werkzeug beiseite und konnte lange nicht dazu bewegt werden, an irgendetwas Anteil zu nehmen. Als schließlich seine Mittel zu schwinden begannen, wurde ihm nahegelegt, dass der Mensch arbeiten muss, wenn er leben will. Und so wandte er sich der Herstellung dieser biegsamen Figuren in ausladenden Gewändern zu, die Paupets Meinung nach zweifellos Aristiles verschrobenem Geist entsprungen waren, dafür geschaffen, im fernsten Winkel des Zimmers zu stehen – groteske Figuren mit grausigen Masken, Spiegelbild, Clown und Schauspieler der Komödie.

Es dauerte nicht lange, bis ihn die Patrone der «Voodoo Carousals» – der afrikanischen Freilufttänze und -orgien am Congo Square – und der Quadroon-Maskenbälle aufsuchten. Später beehrten ihn Schauspieler der French Opera. Dann kam ihm die Idee, dass seine Tochter Clotile, schon in jungen Jahren eine Meisterin mit der Nadel, für die Figuren des Masken- und Bühnenspiels, die man gegen eine geringe Gebühr mieten konnte, Gewänder und Umhänge instand setzen sollte, wenn die hinter den Glastüren ihrer Schränke zerfielen. Aber obgleich er unablässig arbeitete, gelang es ihm nicht, auf andere Gedanken zu kommen. Sein Geist verweilte stets bei der Katastrophe, die sein Leben zerstört hatte.

Julie erschien in dieser schwermütigen Stimmung gerade zur rechten Zeit, um die Arbeit zu übernehmen, deren Weiterführung das Schicksal Clotile versagte. Mit der Nadel ebenso geschickt wie ihre verstorbene Mutter, war sie in der Lage, den von Alter und Krankheit geschwächten Großvater und sich selbst zu versorgen. Und dies wurden die prägenden Jahre für die junge Julie, in denen sie den halb verrückten Tiraden ihres Großvaters lauschen musste, der über den Lauf der Natur klagte, die einen Mann durch die Farbe seiner Haut an seine Sippe band. Zwar nicht an unabhängiges Denken gewöhnt, konnte sie dennoch wegen der strengen Gesetze, mit denen sie in New Orleans zu kämpfen hatte,[7] die Unglückseligkeit des Ganzen erkennen. Sosehr sie sich auch danach sehnte, wagte sie es doch nicht, irgendeinen Kopfschmuck dieser Zeit zu tragen, obwohl sie viele davon mit ihren eigenen Händen angefertigt hatte, denn es war per Gesetz verboten; allen freien schwarzen Frauen war ein Bandana-Kopftuch vorgeschrieben,[8] damit sie auf den ersten Blick von weißen Damen zu unterscheiden waren. Und das war nur eines der minder schweren Gesetze. Es gab andere, noch weitaus gravierender und katastrophaler. Diese Umstände zwangen sie schon früh zu der Erkenntnis, dass ihr Großvater aus gutem Grund lamentierte. Auch sie beklagte das Versagen seiner Idee – die Herstellung einer Maske, die die verriegelten und verschlossenen Pforten des Privilegs für jeden öffnete, der dort anklopfte. Ohne jede Bitterkeit gegenüber diesen Umständen kam sie mit der Zeit zu dem Schluss, dass Hautfarbe und nicht die Geistesgaben oder ein erhabenes Wesen das Format eines Menschen bestimmten. Denn bestimmte nicht allein die Hautfarbe das

---

7 Mit dem «*Bando du buen gobierno*» («Edikt für eine gute Regierung») wurde in Spanisch-Louisiana 1786 ein strenger Verhaltenskodex für Angehörige der *gens de couleur libres* festgeschrieben, um das «aufreizende» Gebaren nicht-weißer Frauen zu unterbinden. Besonders hellhäutige Kreolinnen, nicht auf den ersten Blick als «Schwarze» zu erkennen, zogen mit ihren eleganten kreolischen Roben und Kopfbedeckungen die Blicke weißer Männer auf sich, was nach Ansicht des Gouverneurs die soziale Ordnung der span. Kolonie gefährdete.

8 Mit den «Tignon-Gesetzen» (von *tiyon* für turbanartigen Kopfschmuck) wurde schwarzen Frauen vorgeschrieben, ihr Haar in der Öffentlichkeit mit Stofftüchern zu bedecken.

Schicksal? Man war reich oder arm, glücklich oder unglücklich wegen seines Hauttons und nicht aufgrund seines Strebens. Und deshalb hingen die Worte «höherwertig» und «minderwertig» unabänderlich von der Farbe der Haut ab. Sie als brünette Quadroon, das Gegenstück zu ihrem Großvater, war weit höherwertiger als die Sklavenhausierer, die gelegentlich ins Quadroon Quarter kamen und um Herberge bettelten. Deshalb schützte das Viertel seinen Bereich so eifersüchtig vor allen schwarzen Bewohnern, so frei diese auch sein mochten, denn sie wünschten nur höherwertige Menschen in ihrer Mitte zu haben.

Eines Morgens, einige Monate nach dem Tod ihres Großvaters, erwachte sie zitternd mit einer tiefen Erkenntnis: Jahrelang, überlegte sie staunend, hatte ihr verehrter Verwandter versucht, eine Maske zu fertigen, die, dem Gesicht eines Menschen angepasst, seine ganze Zukunft verändern würde, und war damit gescheitert. Aber sieh! Das Geheimnis war ihr gerade zugetragen worden. «Mir», flüsterte sie euphorisch bei sich, «meinem armen kleinen Ich. Und ich weiß, es ist wahr, ja. Es muss wahr sein. Weil mir Mutter Natur bei dem Werk helfen wird, und was will man mehr?» Denn der Lebensgefährte, den sie sich suchen würde, sollte ein Octoroon sein, hell wie eine Lilie. Mit ihrer Hautfarbe und seiner, das wusste sie, würde sie ihren Kindern die Maske schenken können, die ihr Großvater so sehr ersehnt hatte. Sie erkannte jetzt, warum er gescheitert war. Zweifellos war es Männern nicht zugedacht, etwas darüber zu erfahren. Das stand allein den Müttern zu. «Jetzt werden wir es sehen», sagte sie sich jubelnd. «Wenn meine Tochter ein Kopftuch tragen muss wie ich, soll es mir gleich sein. Ich kann es nicht ändern. Doch ob mein Sohn König eines Carnivals wird – jetzt passt auf, was ich tue.»

Und als dann Paupet, der weißeste Octoroon, den sie je zu Gesicht bekommen hatte, ihr Viertel betrat, zeigte sie ihm sofort ihre Zuneigung. Bald nach ihrer Hochzeit erwartete sie ihr erstes Kind, und sie glich einer schrecklich nervösen Wissenschaftlerin beim Kreuzen von Arten, ganz erfüllt von größter Aufregung über den Ausgang eines Ereignisses, das sie bereits so lange geplant hatte. Und was für Vorbereitungen sie traf! Sie stattete ein Zimmer nur für diesen Zweck aus. Bei der Auswahl der Kleider wurde sie zur Extravaganz in Person und kaufte genügend Stoff, um ein halbes Dutzend Säuglinge auszustaffieren. Sie füllte in

Vorbereitung auf die Taufe die Deckblätter der Bibel buchstäblich mit männlichen und weiblichen Namen und ging für alle möglichen Einkäufe unzählige Male in die Stadt, sodass Paupet sich schon beinah vor dem Resultat zu fürchten begann.

Mit ihm sprach sie jetzt recht offen über die Beweggründe, aus denen sie ihn geheiratet hatte – denn es ging ihr ja um das Wohl des Kindes, das ihnen geschenkt werden sollte. Die Prüfungen, die ihr das Leben auferlegt hatte, sollten dem Kind erspart bleiben. Dafür hatte sie gesorgt. Er würde aussehen wie Paupet und konnte sich also seine eigenen Wege im Leben suchen, unbehelligt von Sitte oder Gesetz.

Auch der Hebamme teilte sie ihre Hoffnungen und Erwartungen mit, erging sich ausführlich über die Zukunft des Kindes, dessen blasse Haut ein Zaubermittel gegen alles herrschende Übel sein würde. Dieser Optimismus verhieß der Hebamme, die sich selbst kaum zu einem Wort herbeiließ, nichts Gutes. Als das Kind schließlich zur Welt kam, zögerte die Hebamme lange, bevor sie es Julie in die Arme legte. Und es war ihr Mitleid, das für die Verzögerung sorgte. Aber Julie konnte es nicht begreifen. Mitten in ihren schlimmsten Schmerzen bestaunte sie es, bis sie schließlich einen Blick auf das Gesicht des Kindes erhaschte. Dann schrie sie. Mit Entsetzen sah sie, dass es identisch war mit dem, das sie in ihrem Amulett um den Hals trug. Ich war das Abbild ihrer schokoladenbraunen Mutter.

Rokeya Sakhawat Hossain

SULTANAS TRAUM

Eines Abends ruhte ich auf einem Sessel in meinem Schlafzimmer und dachte träge und ganz im Allgemeinen über die Situation der Frau im heutigen Indien nach. Ich weiß nicht, ob ich dabei eingedöst bin oder nicht. Aber soweit ich mich erinnere, war ich hellwach. Ich erinnere mich deutlich an den mondhellen Himmel, der von tausend Sternen glitzerte wie von Diamanten.

Auf einmal stand da eine Frau vor mir; keine Ahnung, wie sie hereingekommen ist. Ich hielt sie für meine alte Freundin, Schwester Sara.

«Guten Morgen», sagte Schwester Sara.

Ich lächelte in mich hinein, weil ich ja wusste, dass da draußen gar nicht Morgen war, sondern eine Nacht voller Sterne. Trotzdem sagte ich nichts, sondern antwortete bloß: «Wie geht es dir?»

«Mir geht's gut, danke vielmals. Komm doch bitte mit raus und schau dir unseren Garten an.»

Ich warf durch das offene Fenster erneut einen Blick auf den Mond und dachte, ein kleiner Spaziergang um diese Uhrzeit könne nicht schaden. Die männlichen Hausangestellten schliefen jetzt alle fest, und so könnte ich draußen mit Schwester Sara schön spazieren gehen.

Als wir noch in Darjeeling waren, bin ich oft mit Schwester Sara spazieren gegangen. Wir gingen Hand in Hand und unterhielten uns fröhlich im botanischen Garten dort. Ich nahm an, Schwester Sara hatte vermutlich vor, mich zu einem ganz ähnlichen Garten mitzunehmen, und so ging ich auf ihren Vorschlag ein und verließ mit ihr das Haus.

Unterwegs merkte ich zu meiner Überraschung, dass es ein schöner Morgen war. Die Stadt war erwacht, und die Straßen wimmelten von Menschen. Ich war ziemlich eingeschüchtert bei dem Gedanken, dass ich am helllichten Tag auf der Straße unterwegs war, aber es war kein einziger Mann zu sehen.

Einige Passanten machten Witze über mich. Obwohl ich ihre Sprache nicht verstand, war ich mir sicher, dass sie sich über mich lustig machten. Ich fragte meine Freundin: «Was haben sie gerade gesagt?»

«Die Frauen sagen, du wirkst sehr männlich.»

«Männlich?», fragte ich. «Was wollen sie damit sagen?»

«Sie meinen, du bist so schüchtern und ängstlich wie ein Mann.»

«Schüchtern und ängstlich wie ein Mann?» Das sollte ja wohl wirklich ein Witz sein. Ich wurde ziemlich nervös, denn ich merkte, dass meine Begleiterin gar nicht Schwester Sara war, sondern eine völlig Fremde. Wie hatte ich nur so dumm sein können und diese Frau mit meiner guten alten Freundin Schwester Sara verwechseln!

Und da wir Hand in Hand gingen, spürte sie, wie meine Finger in ihrer Hand zitterten. «Was ist denn los, meine Liebe?», fragte sie freundlich.

«Ich bin ein bisschen verlegen», sagte ich entschuldigend, «als Purdanashin[1] bin ich nicht daran gewöhnt, unverschleiert herumzulaufen.»

«Du brauchst keine Angst zu haben, hier einem Mann zu begegnen. Dies ist Ladyland, frei von Sünde und Gefahr. Die Tugend selbst regiert hier.»

Nach und nach fing ich an, mich an der Landschaft zu freuen. Sie war wirklich sehr schön. Ein kleines Rasenstück hatte ich zunächst für ein samtenes Kissen gehalten, und ich hatte auch das Gefühl, als ob ich auf einem weichen Teppich liefe. Und als ich nach unten blickte, sah ich, dass der Weg mit Moos und Blumen bedeckt war. «Das ist aber hübsch», sagte ich.

«Gefällt's dir?», fragte Schwester Sara. (Ich redete sie weiterhin mit «Schwester Sara» an, und sie mich mit meinem Namen.)

«Ja, sehr – aber ich möchte nicht gerne auf die schönen zarten Blümchen treten.»

«Keine Sorge, Sultana, das macht ihnen nichts aus; es sind Straßenblumen.»

---

1 Frau, die «Purdah» befolgt, jene muslimische Praxis, den weiblichen Körper durch Verschleiern oder durch Isolation im inneren, privaten Teil des Hauses, der «Zenana», den Blicken fremder Männer zu entziehen.

«Die ganze Stadt sieht aus wie ein Garten», sagte ich voller Bewunderung. «Ihr habt alle Pflanzen so geschickt arrangiert.»

«Euer Kalkutta könnte ein noch viel schönerer Garten sein, wenn deine Landsleute es nur wollten.»

«Sie würden bloß denken, dass es unnötig ist, so viel Zeit auf die Gärtnerei zu verwenden, wo sie doch so viel Wichtigeres zu tun haben.»

«Eine bessere Ausrede wird ihnen wohl nicht einfallen», sagte sie lachend.

Ich wurde allmählich neugierig, wo wohl die Männer sein mochten. Ich war bestimmt hundert Frauen begegnet, seit ich hier unterwegs war, aber noch keinem einzigen Mann. «Wo sind denn die Männer?», fragte ich.

«An ihrem Platz; wo sie hingehören.»

«Aber erklär mir doch bitte, was du damit meinst – ‹an ihrem Platz›.»

«Ach so, mein Fehler, du kannst ja unsere Sitten und Gebräuche nicht kennen, du warst ja noch nie hier. Wir schließen unsere Männer zu Hause ein.»

«Genauso, wie wir in der Zenana gehalten werden?»

«Ganz genauso.»

«Das ist aber komisch», sagte ich und brach in Gelächter aus.

Schwester Sara lachte auch. «Aber liebe Sultana, es ist doch unfair, die harmlosen Frauen einzuschließen und die Männer frei herumlaufen zu lassen.»

«Warum? Außerhalb der Zenana ist es für uns nicht sicher, wo wir doch von Natur aus schwach sind.»

«Ja, natürlich ist es nicht sicher, solange Männer auf den Straßen unterwegs sind oder wenn ein wildes Tier auf dem Marktplatz herumläuft.»

«Natürlich nicht.»

«Und wenn nun ein paar Verrückte aus der Anstalt ausbrechen und Menschen, Pferden oder anderen Geschöpfen Schaden zufügen, was würden deine Landsleute dann tun?»

«Sie würden versuchen, sie wieder einzufangen und in die Anstalt zurückzubringen.»

«Danke! Dann hältst du es also nicht für vernünftig, die geistig Gesunden in einer Anstalt zu halten und die Verrückten frei herumlaufen zu lassen?»

«Natürlich nicht!», lachte ich leichthin.

«Aber im Grunde ist das genau das Gleiche, was ihr in eurem Land tut! Männer, die eine Menge Unheil anrichten – oder zumindest dazu imstande sind –, werden frei laufen gelassen und die unschuldigen Frauen in der Zenana eingesperrt! Wie könnt ihr nur die Männer unbeaufsichtigt draußen sich selbst überlassen?»

«Wir haben doch keinen Einfluss auf die Organisation unserer Gesellschaft. In Indien ist der Mann der Herr und Meister, er hat sich alle Macht und alle Privilegien angeeignet, und die Frau hat er in der Zenana eingeschlossen.»

«Und warum lasst ihr euch einschließen?»

«Dagegen kann man nichts machen, schließlich sind Männer stärker als Frauen.»

«Ein Löwe ist auch stärker als ein Mensch, aber das versetzt ihn noch nicht in die Lage, die menschliche Spezies zu unterdrücken. Ihr habt eure Pflicht euch selbst gegenüber vernachlässigt und euer Naturrecht verwirkt, indem ihr die Augen vor euren ureigensten Interessen verschlossen habt.»

«Aber meine liebe Schwester Sara, wenn wir alles selber machen, was sollen dann die Männer noch tun?»

«Gar nichts sollen sie tun, tut mir leid; sie sind ja zu nichts zu gebrauchen. Einfach einfangen und in die Zenana stecken.»

«Aber wäre es denn so einfach, sie einzufangen und in ihren vier Wänden einzusperren?», sagte ich. «Und selbst wenn es klappen würde, würden dann nicht alle ihre Aufgaben, politische wie wirtschaftliche, mit ihnen in der Zenana landen?»

Schwester Sara gab keine Antwort. Sie lächelte nur milde. Vielleicht dachte sie, es wäre nutzlos, mit jemandem zu diskutieren, der nicht mehr wert war als ein Frosch in einem Brunnen.

Inzwischen hatten wir Schwester Saras Haus erreicht. Es lag in einem wunderschönen herzförmigen Garten. Es war nur ein Bungalow mit Wellblechdach, aber er war kühler und angenehmer als unsere Villen. Ich kann gar nicht beschreiben, wie ordentlich und hübsch eingerichtet und geschmackvoll ausgestattet er war.

Wir saßen nebeneinander. Sie holte aus ihrem Wohnzimmer eine Stickarbeit und fing mit einem neuen Muster an.

«Kennt ihr Stricken und Stickerei?»

«Ja, wir haben in der Zenana ja sonst nichts zu tun.»

«Nun, wir überlassen die Stickerei nicht unseren Zenana-Bewohnern!», sagte sie lachend. «Ein Mann hat ja nicht mal genug Geduld, eine Nadel einzufädeln!»

«Hast du alle diese Arbeiten selber gemacht?», fragte ich sie und deutete auf viele verschiedene bestickte Tischdeckchen.

«Ja.»

«Woher nimmst du bloß die Zeit dafür? Du musst doch auch noch ins Büro, oder?»

«Schon, aber ich verbringe ja nicht den ganzen Tag im Labor. In zwei Stunden bin ich fertig.»

«In zwei Stunden! Wie schaffst du das bloß? In unserem Land arbeiten die Beamten – in der Verwaltung, zum Beispiel – sieben Stunden am Tag.»

«Ich habe gesehen, wie die arbeiten. Glaubst du etwa, sie arbeiten die ganzen sieben Stunden?»

«Aber sicher!»

«Nein, liebe Sultana, das tun sie nicht. Sie verplempern ihre Zeit beim Rauchen. Manche rauchen zwei oder drei Choroots[2] während der Arbeitszeit. Und sie reden viel über ihre Arbeit, aber sie tun wenig. Nehmen wir mal an, eine Choroot dauert eine halbe Stunde, bis sie heruntergebrannt ist, und ein Mann raucht zwölf Choroots am Tag; dann verschwendet er sechs Stunden pro Tag allein aufs Rauchen.»

Wir redeten noch über verschiedene Themen, und ich erfuhr, dass es bei ihnen keine ansteckenden Krankheiten gab und auch keine Moskitostiche, unter denen wir so leiden. Ich hörte mit großer Überraschung, dass in Ladyland niemand jung starb, außer bei seltenen Unfällen.

«Möchtest du mal unsere Küche sehen?», fragte sie mich.

«Aber gern», sagte ich, und wir gingen sie anschauen. Den Männern war natürlich gesagt worden, sie sollten sich entfernen, bevor ich eintrat. Die Küche befand sich in einem schönen Gemüsegarten. Jede

---

2 Eine Variante von «Cheroot»: billige, filterlose Zigarre mit abgeflachten Enden.

Kletterpflanze, jede Tomate war eine Zierde für sich. Es gab keinen Rauch, ja nicht einmal einen Schornstein in der Küche, alles war sauber und hell, und die Fenster waren mit Blumentöpfen geschmückt. Nirgends war Kohle oder Feuer zu sehen.

«Wie kocht ihr denn?», fragte ich.

«Mit Sonnenenergie», sagte sie und zeigte mir das Rohr, durch das das konzentrierte Sonnenlicht und die Wärme geleitet wurden. Und sie kochte auch gleich auf der Stelle etwas, um mir den Vorgang zu demonstrieren.

«Wie ist es euch gelungen, die Wärme der Sonne zu sammeln und zu speichern?», fragte ich sie erstaunt.

«Da muss ich dir ein bisschen aus unserer Geschichte erzählen. Vor dreißig Jahren, als unsere jetzige Königin dreizehn Jahre alt war, bestieg sie den Thron. Königin war sie aber nur dem Namen nach, in Wirklichkeit regierte der Premierminister das Land. Unsere gute Königin interessierte sich sehr für Naturwissenschaft. In einem Rundschreiben ordnete sie an, dass alle Frauen in ihrem Land unterrichtet werden sollten. Also wurde eine Anzahl Mädchenschulen gegründet und von der Regierung gefördert. Die Frauenbildung verbreitete sich weithin. Und die frühe Heirat wurde auch abgeschafft. Keine Frau durfte heiraten, bevor sie einundzwanzig war. Ich muss dazu sagen, dass wir zuvor in strenger Purdah gelebt hatten.»

«Da hat sich die Welt ja ganz schön verkehrt», warf ich lachend ein.

«Aber die Geschlechtertrennung blieb erhalten», sagte sie. «Nach einigen Jahren hatten wir unsere eigenen Universitäten, zu denen Männer nicht zugelassen wurden. In der Hauptstadt, wo unsere Königin lebt, gibt es zwei Universitäten. Eine hat einen wundervollen Ballon entwickelt, an dem sie eine Anzahl Rohre angebracht haben. Mithilfe dieses Fesselballons, den sie oberhalb der Wolken schweben lassen, können sie der Atmosphäre so viel Wasser entziehen, wie sie brauchen. Und da das Wasser ununterbrochen durch die Universitätsmitarbeiterinnen extrahiert wird, bilden sich keine Wolken, und auf diese Weise hat die geniale Rektorin Regen und Gewitter abgeschafft.»

«Ach so! Na dann ist mir klar, wieso es hier keinen Matsch gibt!», sagte ich. Aber ich verstand immer noch nicht, wie es möglich war, das Wasser in den Rohren zu sammeln. Sie erklärte mir, wie das funktionierte, aber ich konnte es nicht verstehen, weil meine wissenschaft-lichen Kenntnisse sehr begrenzt waren.

Jedenfalls fuhr sie fort: «Als die andere Universität davon erfuhr, wurden sie außerordentlich neidisch und versuchten, etwas noch Au-ßergewöhnlicheres zu tun. Sie erfanden ein Gerät, mit dem sie so viel Sonnenwärme sammeln konnten, wie sie wollten. Und sie speicherten die Hitze, sodass sie ganz nach Bedarf verteilt werden konnte. Während die Frauen mit der Forschung befasst waren, beschäftigten sich die Männer unseres Landes damit, ihre militärische Macht zu vergrößern. Als sie erfuhren, dass die Frauenunis imstande waren, Wasser aus der Atmosphäre zu extrahieren und Sonnenwärme zu sammeln, lachten sie nur über die Mitglieder dieser Universitäten und nannten das Ganze einen ‹sentimentalen Albtraum›!»

«Eure Errungenschaften sind wirklich wunderbar! Aber sag mal, wie habt ihr es geschafft, die Männer eures Landes in die Zenana zu ste-cken? Habt ihr sie erst mal eingefangen?»

«Nein.»

«Aber es ist doch sehr unwahrscheinlich, dass sie ihr freies Leben freiwillig aufgegeben haben und sich mit den vier Wänden der Zenana begnügen! Sie müssen überwältigt worden sein.»

«Sind sie auch.»

«Von wem? Von Kriegerinnen, nehme ich mal an?»

«Nein, nicht durch Waffengewalt.»

«Ach ja, natürlich nicht. Bewaffnete Männer sind ja so viel stärker als Frauen. Wie dann?»

«Durch Verstand.»

«Aber ihre Gehirne sind auch größer und schwerer als die von Frauen, oder?»

«Na und? Ein Elefant hat auch ein größeres und schwereres Gehirn als ein Mensch. Trotzdem kann ein Mensch einen Elefanten in Ketten legen und für die Arbeit abrichten.»

«Klingt gut, aber erzähl mir doch bitte, wie sich das alles tatsächlich abgespielt hat. Ich möchte es so gerne erfahren!»

«Die Gehirne der Frauen arbeiten schneller als die der Männer. Vor zehn Jahren, als die Offiziere der Armee unsere wissenschaftlichen Ent-deckungen als ‹sentimentale Albträume› bezeichneten, wollten einige unserer jungen Damen ihnen gerne eine passende Antwort geben. Aber die beiden Rektorinnen hielten sie zurück und sagten, sie sollten statt Worten Taten sprechen lassen, wenn sich die Gelegenheit je ergeben sollte. Und auf die Gelegenheit brauchten sie nicht lange zu warten.»

«Das ist ja großartig!» Ich klatschte begeistert in die Hände. «Und jetzt träumen diese eingebildeten Herren selber sentimentale Träume.»

«Kurz darauf kamen einige Menschen aus einem Nachbarland und suchten bei uns Zuflucht. Sie waren wegen irgendeines politischen Vergehens in Schwierigkeiten. Ihr König, dem es mehr um Macht ging als um gutes Regieren, verlangte von unserer gütigen Königin, sie solle diese Personen an seine Offiziere ausliefern. Sie weigerte sich, weil es gegen ihre Prinzipien war, Flüchtlinge auszuweisen. Daraufhin erklärte der König unserem Land den Krieg.

Unsere Heerführer waren sofort auf den Beinen und zogen gegen den Feind ins Feld. Der Feind aber war stärker. Unsere Soldaten haben zweifellos tapfer gekämpft, aber trotz all ihrer Tapferkeit rückte die feindliche Armee Schritt für Schritt vor, um unser Land einzunehmen. Fast alle Männer waren zum Kampf ausgezogen, nicht mal sechzehnjährige Jungen blieben zu Hause. Die meisten unserer Kämpfer wurden getötet, der Rest wurde zurückgeschlagen, und der Feind stand bereits fünfundzwanzig Meilen vor unserer Hauptstadt.

Ein Kriegsrat einer Gruppe weiser Frauen wurde im Palast der Königin abgehalten, um zu beraten, was man tun solle, um das Land zu retten. Einige schlugen vor, zu kämpfen wie Soldaten, woraufhin andere entgegenhielten, dass Frauen nicht für den Kampf mit dem Schwert und am Gewehr ausgebildet seien und auch keine Übung im Kampf an der Waffe hätten. Eine dritte Gruppe bemerkte bedauernd, dass sie leider körperlich hoffnungslos schwach seien.

‹Wenn ihr unser Land nicht mit Körperkraft retten könnt›, sagte die Königin, ‹dann versucht es doch mal mit der Kraft des Verstandes.›

Ein paar Minuten lang war es totenstill. Ihre Königliche Hoheit sagte erneut: ‹Ich muss Selbstmord begehen, wenn mein Land und meine Ehre verloren sind.›

Die Rektorin der zweiten Universität (die, die die Sonnenwärme gesammelt hatte) war während der ganzen Besprechung schweigend in Gedanken versunken gewesen. Jetzt sagte sie, dass sie alle so gut wie verloren seien und kaum noch Hoffnung bestehe. Es gebe jedoch eine Möglichkeit, die sie gerne ausprobieren wolle, und das wäre ihr erster und letzter Versuch, und wenn es schiefgehen würde, gäbe es keinen anderen Ausweg mehr als Selbstmord. Alle Anwesenden gelobten feierlich, dass sie sich nie in die Sklaverei begeben würden, egal was passierte.

Die Königin dankte ihnen von Herzen und forderte die Rektorin auf, ihren Plan in die Tat umzusetzen. Die Rektorin erhob sich erneut und sagte: ‹Aber bevor wir aufbrechen, müssen die Männer in die Zenana. Diese Bedingung stelle ich im Namen der Purdah.›

‹Ja, natürlich›, antwortete Ihre königliche Hoheit.

Am darauffolgenden Tag forderte die Königin alle Männer auf, sich in die Zenana zurückzuziehen, im Namen von Ehre und Freiheit. Verwundet und erschöpft, wie sie waren, betrachteten sie diese Anordnung eher als eine Vergünstigung. Sie verbeugten sich und begaben sich ohne ein Wort des Widerspruchs in die Zenana. Sie waren sowieso überzeugt, dass es für dieses Land keine Hoffnung mehr gab.

Dann marschierte die Rektorin mit ihren zweitausend Studentinnen ins Feld, und als sie dort ankamen, richteten sie die Strahlen der konzentrierten Sonnenenergie gegen den Feind. Die Hitze und das Licht konnten diese nicht ertragen. Sie rannten alle voller Panik davon und wussten vor lauter Verwirrung gar nicht, was sie gegen diese sengende Hitze unternehmen sollten. Bei der Flucht ließen sie ihre Gewehre und ihre Munition zurück, die von derselben Sonnenhitze eingeäschert wurden. Seitdem hat nie mehr jemand versucht, in unser Land einzumarschieren.»

«Und eure Männer haben auch nicht mehr versucht, die Zenana zu verlassen?»

«Doch, sie wollten schon gerne frei sein. Einige Polizeikommissare und Bezirksrichter wandten sich an die Königin etwa in dem Sinne, dass die Offiziere der Armee es natürlich verdienten, wegen ihres Versagens eingesperrt zu werden, doch sie selbst hätten stets ihre Pflicht getan und verlangten daher, wieder auf ihre bisherigen Posten eingesetzt zu werden.

Ihre königliche Hoheit sandte ihnen ein Rundschreiben, in dem sie ihnen zu verstehen gab, man werde sich bei ihnen melden, falls ihre Dienste je benötigt werden sollten; in der Zwischenzeit sollten sie bleiben, wo sie seien. Jetzt, wo sie sich an dieses Purdah-System gewöhnt haben und sich nicht mehr über ihre Isolation beklagen, nennen wir das System ‹Mardana›[3] statt ‹Zenana›.»

«Aber wie kommt ihr ohne Polizei und Richter zurecht», fragte ich Schwester Sara, «zum Beispiel in Fällen wie Diebstahl oder Mord?»

«Seit das Mardana-System eingerichtet wurde, gibt es kein Verbrechen und keine Sünde mehr, deshalb brauchen wir auch keinen Polizisten, um den Schuldigen zu finden, und auch keinen Richter, um einen Kriminalfall zu verhandeln.»

«Das ist wirklich sehr gut. Ich denke mir, wenn es doch irgendwo eine unehrliche Person gäbe, könntet ihr sie ganz einfach disziplinieren. Wenn ihr schon einen entscheidenden Sieg errungen habt, ohne einen Tropfen Blut zu vergießen, solltet ihr auch problemlos imstande sein, Verbrechen und Verbrecher aus dem Weg zu räumen.»

«Und nun, liebe Sultana, wollen wir hier sitzen bleiben, oder möchtest du gerne in mein Wohnzimmer kommen?», fragte sie mich.

«Deine Küche kann es mit dem Gemach einer Königin aufnehmen!», antwortete ich mit einem gewinnenden Lächeln, «aber wir sollten sie jetzt doch verlassen, sonst beklagen die Herren sich noch, dass ich sie so lange von ihrer Küchenarbeit abhalte.» Darauf lachten wir beide herzlich.

«Da werden sich meine Freundinnen zu Hause aber amüsieren und sich wundern, wenn ich ihnen bei meiner Rückkehr erzähle, dass im fernen Ladyland die Frauen das Land regieren und alle gemeinschaftlichen Angelegenheiten regeln, während die Männer in der Mardana sitzen, Kinder hüten, kochen und die ganze Hausarbeit machen und dass das Kochen selbst so einfach ist, dass es geradezu ein Vergnügen ist.»

«Ja, du musst ihnen alles erzählen, was du hier siehst.»

«Dann erzähl mir doch bitte noch, wie ihr das Land kultiviert, wie ihr pflügt und andere schwere körperliche Arbeit bewältigt.»

«Unsere Felder werden mit Elektrizität gepflügt, und die versorgt uns auch mit Energie für andere schwere Arbeit. Wir nutzen sie auch

3 Im Gegensatz zur «Zenana» der äußere, öffentliche Teil des Hauses, wo sich die Männer aufhalten.

für unseren Luftverkehr. Wir haben hier keine Straßen oder Eisen-
bahnen.»

«Und daher gibt es auch keine Unfälle auf der Straße oder Schiene»,
sagte ich. «Habt ihr nie Probleme mit Wassermangel?», fragte ich.

«Nie mehr, seit der ‹Wasserballon› installiert wurde. Sieh mal den
großen Ballon mit den Rohren daran. Mit ihrer Hilfe können wir so
viel Regenwasser abzapfen, wie wir benötigen. Und wir werden auch
nie von Sturmflut oder Gewittern heimgesucht. Wir sind alle damit
beschäftigt, der Natur so viel abzuringen, wie sie uns geben kann.
Wir haben keine Zeit, uns zu streiten, weil wir nie Langeweile haben.
Unsere edle Königin liebt die Botanik sehr; ihr Ziel ist es, das ganze
Land in einen einzigen großen Garten zu verwandeln.»

«Das ist eine hervorragende Idee. Was ist euer Hauptnahrungs-
mittel?»

«Obst.»

«Und wie kühlt ihr euer Land bei heißem Wetter? Wir betrachten
den Regen im Sommer als einen himmlischen Segen.»

«Wenn die Hitze unerträglich wird, besprengen wir den Boden mit
reichlichen Schauern aus künstlichen Brunnen. Und bei kaltem Wetter
heizen wir unsere Zimmer mit Sonnenwärme.»

Sie zeigte mir ihr Badezimmer, dessen Dach sich hochklappen ließ.
So konnte sie duschen, wann immer sie Lust dazu hatte, einfach indem
sie das Dach entfernte (das wie der Deckel einer Schachtel war) und
einen Hahn an der Duschleitung aufdrehte.

«Ihr seid wirklich ein glückliches Volk!», rief ich aus. «Euch fehlt es
aber auch an nichts. Was für eine Religion habt ihr, wenn ich das mal
fragen darf?»

«Unsere Religion beruht auf Liebe und Wahrheit. Es ist unsere heilige Pflicht, einander zu lieben und absolut aufrichtig zu sein. Wenn
jemand lügt, dann wird er oder sie …»

«Mit dem Tode bestraft?»

«Nein, nicht mit dem Tod. Wir haben kein Vergnügen daran, ein
Geschöpf Gottes zu töten, vor allem kein menschliches Wesen. Der
Lügner wird aufgefordert, dieses Land für immer zu verlassen und
niemals zurückzukehren.»

«Und einem Verbrecher wird niemals vergeben?»

«Doch, wenn diese Person aufrichtig bereut.»

«Dürft ihr denn gar keine Männer sehen außer euren Verwandten?»

«Keine, außer engen Verwandten.»

«Bei uns ist der Kreis der engen Verwandtschaft sehr begrenzt, selbst Cousins ersten Grades zählen nicht dazu.»

«Bei uns ist dieser Kreis sehr groß; ein entfernter Cousin steht uns ebenso nahe wie ein Bruder.»

«Das ist sehr gut. Wie ich sehe, regiert die Reinheit selbst in eurem Land. Ich würde ja gerne einmal die gute Königin kennenlernen, die so weise und umsichtig ist und all diese Regeln aufgestellt hat.»

«In Ordnung», sagte Schwester Sara.

Daraufhin schraubte sie ein paar Sitze auf ein rechteckiges Brett. An dieses Brett montierte sie zwei glatte, polierte Kugeln. Als ich sie fragte, wofür diese Kugeln gut seien, sagte sie, das wären Wasserstoffkugeln, und sie dienten dazu, die Schwerkraft zu überwinden. Diese Kugeln hatten unterschiedliche Volumina, je nach dem Gewicht, das sie zu tragen hatten. Dann befestigte sie an diesem Luftwagen noch zwei Propellerblätter als Flügel, die, wie sie sagte, mit Elektrizität betrieben wurden. Sobald wir bequem saßen, drückte sie einen Knopf, woraufhin die Flügel sich zu drehen begannen, von Sekunde zu Sekunde immer schneller und schneller. Zunächst stiegen wir bis auf eine Höhe von etwa eineinhalb bis zwei Metern, und dann flogen wir davon. Und kaum hatte ich gemerkt, dass wir uns zu bewegen begonnen hatten, da hatten wir auch schon den Garten der Königin erreicht.

Meine Freundin senkte den Luftwagen ab, indem sie die Maschine rückwärtslaufen ließ, und als der Wagen den Boden berührte, hielt die Maschine an, und wir stiegen aus.

Aus dem Luftwagen hatte ich schon die Königin gesehen, die auf dem Gartenweg mit ihrer kleinen Tochter (sie war vier Jahre alt) und ihren Hofdamen spazieren ging.

«Hallo, ihr da oben!», rief die Königin Schwester Sara zu. Ich wurde Ihrer königlichen Hoheit vorgestellt, und sie empfing mich herzlich ohne jedes Hofprotokoll.

Ich war höchst erfreut, ihre Bekanntschaft zu machen. Im Verlauf der Unterhaltung, die ich mit ihr führte, teilte die Königin mir mit, dass sie keinerlei Einwände dagegen hätte, wenn ihre Untertanen mit anderen

Ländern Handel trieben. «Aber», so fuhr sie fort, «natürlich war der Handel mit Ländern unmöglich, in denen die Frauen in der Zenana gehalten wurden und dadurch außerstande waren, herzukommen und mit uns zu verhandeln. Was Männer angeht, so haben wir die Erfahrung gemacht, dass sie moralisch minderwertig sind, und daher machen wir nicht gerne Geschäfte mit ihnen. Wir begehren nicht anderer Leute Land, und wir streiten uns auch nicht um einen Diamanten, und wäre er tausendmal strahlender als der Koh-i-Noor[4], noch missgönnen wir dem Herrscher seinen Pfauenthron. Stattdessen tauchen wir hinab in das Meer des Wissens und suchen die kostbaren Perlen, die die Natur für uns bereithält. Wir erfreuen uns an den Gaben der Natur, so viel wir nur können.»

Nachdem ich mich von der Königin verabschiedet hatte, besichtigte ich die berühmten Universitäten und wurde durch einige ihrer Manufakturen, Labore und Observatorien geführt.

Nachdem wir diese Sehenswürdigkeiten gesehen hatten, stiegen wir wieder in den Luftwagen. Aber als der sich in Bewegung setzte, rutschte ich irgendwie herunter, und dieser Sturz weckte mich aus meinem Traum. Und als ich die Augen öffnete, da befand ich mich doch noch immer in meinem eigenen Sessel im Schlafzimmer!

---

4 Wörtlich «Berg des Lichts»: berühmter Diamant ind. Herkunft, ehemals Bestandteil des Pfauenthrons der Mogulkaiser, später Teil der Kronjuwelen Königin Victorias.

Mary MacLane

EIN GEBRAUCHSFERTIGES DIAPHRAGMA

Morgen[1]

Ich bin weder eine anständige noch eine kultivierte Person noch eine von gutem Geschmack.

Ich beziehe aus diesen Tatsachen eine delikate M.-MacLane-Freude.

Ich bezweifle, dass sie mich zu etwas Besonderem machen, aber sie fühlen sich an wie ein gleichsam köstlich-geheimer Sachverhalt: etwas, das ich ganz für mich allein genießen darf.

Es ist nur schwer vorstellbar, dass eine Frau in ihrem Inneren, auf der Seite, die nur ihr selbst zugewandt ist, wirklich anständig ist. Und ganz gewiss ist keine Frau kultiviert: Es fühlt sich wie etwas Unmögliches an. (Es gibt noch Winkel im Landesinneren, wo dieses Wort in seiner selbstgefälligen Bedeutung verwendet wird und wo man daran glaubt.) Und keine Frau außer einer, die tot in ihrem Sarg liegt, ist eine von ganz und gar gutem Geschmack. Jede lebende Frau hat zum Beispiel ein gebrauchsfertiges Diaphragma: Und an einem Diaphragma ist bei Lichte besehen rein gar nichts Geschmackvolles.

(Was die Menschen angeht – ausgenommen die Dichter – ich meine *Dichter*, und vielleicht noch Wissenschaftler – sie sind so unauthentisch: eine Gattung besonnener, banger Marionetten, Holzpuppen, die sich bewegen, wenn an ihren Fäden gezogen wird, mit nichts in ihrem Inneren, was so real wäre wie ihr Äußeres – was bringt es, sich näher mit ihnen zu befassen?)

Nahezu alle Frauen sind als menschliche Wesen verblüffend interessant. Und ich bin so ziemlich das interessanteste menschliche Wesen,

---

1 Anspielung auf das «*To-morrow, and to-morrow, and to-morrow*» aus William Shakespeares (1564–1616) *Macbeth* (V,5).

das ich kenne: und damit das ansprechendste, das aufrichtigste – nach meiner eigenen falschen Fasson, und das aufschlussreichste.

Das ist ganz wesentlich darauf zurückzuführen, dass ich weiß und fühle, dass ich weder eine anständige noch eine kultivierte Person bin noch eine von gutem Geschmack: zuallerletzt eine von gutem Geschmack.

An einem Herbstabend in Boston war ich bei einem Mann in seiner Wohnung in der Beacon Street zum Essen. Er ist Bergbauingenieur, und ich kenne ihn seit unseren Kindertagen. Er hatte mich in seiner spontanen Ingenieursart zum Abendessen eingeladen, aber als ich in seiner Bude eintraf, war er nicht da. Er kam auch nicht. Stattdessen wartete ein Abendessen, ein japanischer Diener, um zu servieren, und ein Fremder, der zufällig hereingeschneit war. Der Fremde hatte stahlgraues Haar, eine Stirn wie Apollo, eine Kieferpartie wie Bill Sikes[2] und viel zu erzählen. Er sagte, dass er eben aus China, Südafrika und Ägypten komme und dass er in seinem Leben schon sieben Mal standesamtlich und kirchlich getraut worden sei. Wir ließen uns gemeinsam das Abendessen munden und unterhielten uns angeregt im Lichtschein farbiger chinesischer Lampenschirme. Zu essen gab es Vögelchen und zu trinken chinesischen Wein – starken aus Reis destillierten Sam Shu[3]: Schon ein bisschen davon, und man hat zu viel. Nach dem Abendessen standen wir an einer Teakholz-Anrichte, und der Fremde hielt mich fest umschlungen, zog mich gegen eine große glatte abendlich-festliche Hemdbrust und küsste mich mit gehöriger Inbrunst auf meinen Mund. Ich mochte es nicht. Ich dachte an all die Frauen, die er geehelicht hatte, und fragte mich, ob es ihnen gefallen hatte. Und ich grübelte in meinem unbeteiligten Gehirn: «Als ich nach St. Ives ging, traf ich einen Mann mit sieben Ehefrauen.» Es war der einzige Gedanke in meinem Kopf, indes ich gelangweilt darauf wartete, dass er es hinter sich brachte. (Es ist zwecklos, dagegen anzukämpfen.) Und dieser Vorfall war, dessen bin ich mir bewusst, nicht anständig.

Und an einem Sommertag ritt ich in den Bergen Montanas eine steile Schlucht hinauf. Es war ein heißer, staubiger Ritt. Ich kam zu einem

---

2 Abstoßende Romanfigur aus Charles Dickens' (1812–1870) *Oliver Twist* (1838).
3 Traditioneller Reiswein aus der Stadt Shaoxing in der chin. Provinz Zhejiang.

Gebirgsbach, der sich in einer wunderschönen, kleinen, weiß-blauen Kaskade über einen hohen Felsen auf glatte Kieselsteine ergoss. Ich stieg von meinem Pferd, zog meinen staubigen kakifarbenen Anzug und meine restlichen Kleider aus und stellte mich in das herabrauschende Wasser der kleinen Kaskade, weiß in meiner Blöße, ohne auch nur ein Feigenblatt als Bedeckung. Es war köstlich und heidnisch, was mit meinen kapriziösen Gedanken zu tun hatte, die mir kamen, als ich mich unter dem prickelnden Plätschern zusammenkauerte. Und ich bin mir dessen bewusst, dass daran nichts Anständiges war.

Und eines schönen Abends vor einer Woche, zwischen neun und zehn. Ich wanderte durch das weite öde Tal östlich von Butte[4]. Es ist Ende November, und die Nacht war stürmisch. Ein heftiger Starkwind fegte über die Ebene. Dann regnete es. Ich befand mich auf dem Rückweg und hatte noch ein oder zwei Meilen zu gehen. Der Regen wurde stärker. Schwere schwarze Wassergüsse peitschten und wirbelten auf mich herab und hüllten mich in ihre nassen Flügel. Ich mag jedes Wetter, wenn es milde ist, und noch mehr, wenn es rau ist, es sei denn, es prasselt zu sehr herab: Dann macht es mich stumpf. Während ich die dunkle Straße dahinspazierte, ohne mich zu beeilen, aber auch ohne zu bummeln, dachte ich mir: «Warum suche ich Zuflucht vor diesem starken prasselnden Regen? Warum bin ich keine obdachlose Bettlerin, die im ganzen Leben nichts Sanfteres hat als diesen Novembersturm? Und das nicht, weil ich Sanfteres verdienen würde.» Und mit einem jähen heftigen Erschaudern flüsterte ich: «Ich wünschte, ich wäre eine Bettlerin! Ich wünschte, ich hätte kein Dach über dem Kopf, um in dieser kalten nächtlichen Schwärze Zuflucht zu suchen. Dies wäre lauter: Ich wäre entblößt bis zu meiner Ödnis. Und ich wünschte, es wäre so – dieser strömende Regen, dieser erdrückende Wind – nichts sonst – Zuflucht, Geld, Behagen, Selbstzufriedenheit, wie verdient sie scheinbar auch sein mögen, sind unlauter – gestohlen. Was ich sein sollte – eine zerlumpte Bettlerin – trüben Auges – in schmuddeligem Unterrock – mit einem stinkenden Loch voller Ratten zum Verkriechen – Hunger – körperliches Elend – das ganze Programm Ausgestoßener – Wenn Gott mich erhören würde – ich würde mit erwartungsvollem Beben augen-

---

4 Bergbausiedlung im Silver Bow County.

blicklich mein Leben mit dem einer Bettlerin tauschen. Ich würde – ich würde –!» Das ist ein Stückchen offensichtlicher innerer Wahrheit über mich selbst. Und ich bin mir bewusst, dass sich daran erweist, welch schlechten Geschmack ich habe.

Es ist eine Frage der Einstellung. Jeder einzelne dieser Vorfälle könnte jeder Frau widerfahren – bis auf den letzten vielleicht. Ich habe nur ein einziges Mädchen kennengelernt, das ein solches Gefühl mit mir teilte. Und auch nicht genau dieses Gefühl. Sie hatte mit einem fürchterlichen alten Herrn viel Geld erheiratet und war beiden überdrüssig geworden. Aber die anderen zwei Episoden könnten leicht jeder Frau mit *esprit* passieren, die nach außen hin sowohl anständig als auch kultiviert wäre: sogar einer Anwältin.

Aber meine innere Einstellung bei dem Vorfall mit dem stahlgrauen Fremden, selbst wenn ich ihn auf gelangweilte Weise brutal hätte erstechen können, zeugte nicht von Anstand. Ich war gelangweilt und versponnen, wo ich doch vor lauter Wut ganz außer Atem hätte sein müssen. Aber meine atemlose Wut ist eine viel zu außergewöhnliche und schöne Empfindung, um sie an läppische stahlgraue Fremde zu verschwenden.

Bei dem Vorfall mit der prickelnden Kaskade war meine Einstellung schamlos: oder etwas in der Art. Es ist für eine Frau niemals verwerflich, in der Abgeschiedenheit und aus Gründen der Gesundheit eine kalte Dusche zu nehmen. Aber meine Stimmung stieg und fand Vergnügen an der Blöße meines Leibs und wuchs dann nymphengleich und ohne Feigenblatt ganz von selbst ins Unermessliche. Mein Geschlecht verausgabte sich in bewussten Fantasien von Leda und dem Schwan[5] und von mir selbst als einer zierlichen, garstigen schottischen Aphrodite, hervorgebracht von einem verwegenen, absonderlichen Tizian. Und ohne jeden Zweifel hätte ich mich in den Weiten sonnenbeschienener Berge ängstlich fühlen sollen oder wie ein geschlechtsloses Kind (oder einfach nur «kerngesund» wie William Muldoon und

5   Das berühmteste Gemälde, das dieses von etlichen Künstlern in Szene gesetzte Verführungsmotiv aus der antiken Mythologie zeigt, stammt von Antonio da Correggio (1489–1534); es wurde schon im 18. Jh. als anstößig empfunden und durch Zerschneiden und Übermalen entschärft. Dennoch standen um 1900 Reproduktionen des Gemäldes unter Pornografie-Verdacht.

Bernarr McFadden)[6]. Aber der plötzliche Reiz der Situation und die himmlische Pein des eisigen Wassers und mein schöner Leib und meine seltsamen moralbefreiten Träumereien waren viel zu berückend, um sie einfach so zu verschwenden.

Die nasse, nächtliche Straße und der Bettlerinnenwunsch: Sie sind von trister Wirklichkeit für mich. Obwohl ich zwei schlichte, anmutige Kleider trage in einem Haus – in mir, trommelnd, trommelnd, prasselnd, ist ein kalter, wüster, starker Regen: und zu meinen Füßen eine lange, einsame, matschige Straße. Wenn sie zu mir gehören – dann sei es so. Ich liebe mein Ich umso mehr, da ich sie spüre.

Und ich spüre sie, weil ich noch nicht tot bin und in meinem Sarg liege, sondern am Leben und mit einem gebrauchsfertigen Diaphragma: Solche Diaphragmas zeugen nicht von gutem Geschmack.

6 Zwei Ikonen der modernen Körperkultur: William Muldoon (1852–1933) – im
   Original zu Luldoon verballhornt –, Ringerlegende und Betreiber einer Gesund-
   heitsfarm in Westchester County, sowie der Fitness- und Ernährungspapst Bernarr
   Macfadden (1868–1955).

Galatia Kazantzaki

MÄNNER

Quälende Gedanken überkamen eines Abends, plötzlich und unerwartet, den Schriftsteller Pavlos Pavlidis zum ersten Mal seit seiner Hochzeit vor acht Jahren.

Sie aßen mit Freunden auswärts, und Mitsi sagte, es sei unglaublich, wie gleichmütig man sich doch oft an Ereignisse erinnere, von denen man einst geglaubt hatte, sie würden fortan das ganze Leben beeinflussen. Dabei streichelte sie ihm den Nacken am Haaransatz.

Zweifelsohne, grübelte Pavlidis seitdem unaufhörlich, dachte Mitsi dabei an eine eigene Liebesaffäre. Nur aus Erfahrung gelangt man zu solchen Erkenntnissen. Aber wann, wo und mit wem? Bis zu jenem Augenblick war Pavlidis davon überzeugt, dass keine Frau mehr in ihren Mann verliebt sei als seine eigene. Außerdem lebten sie ja nicht zurückgezogen; manchmal bleibt eine Frau nur deswegen tugendhaft, weil sich ihr keine Gelegenheit bietet.

Im Gegenteil, sie hatten immer am gesellschaftlichen Leben teilgenommen. Ganze vier Jahre hatten sie in Paris verbracht, umgeben von den verrücktesten jungen Leuten. Männer, jeder Klasse, jeder Berufssparte und jeder Hautfarbe bildeten allabendlich, bis weit nach Mitternacht, Mitsis Hofstaat. Außerdem war ihm niemals aufgefallen, dass sie für irgendeinen je eine Vorliebe gehabt hätte; dass sie etwa irgendeinem auch nur im Geringsten geschmeichelt hätte. Und das, obwohl einer schöner als der andere gewesen war... Besonders ein gewisser Rikakis, ein Auslandsgrieche, hätte selbst eine Heilige in Versuchung gebracht... Mitsi musste jedoch so etwas gemeint haben...

Er ließ acht Tage verstreichen, ohne sich irgendetwas anmerken zu lassen. Er durchsuchte nur ihre Schubladen. Sobald Mitsi ausgegangen war, machte er sich daran, ihre Sachen zu inspizieren. Doch als er irgendwann endlich ein Päckchen mit Briefen entdeckt hatte und es mit zitternden Händen öffnete, erkannte er seine eigenen Briefe.

Von da an suchte er nicht mehr. Er kam zu dem Schluss, dass Mitsi nicht unbedingt Briefe bekommen haben musste, und wenn dem so wäre, würde sie diese Briefe wohl vorsorglich zerrissen haben.

Mitsis Bemerkung erweckte den Anschein, als ob ihr Abenteuer länger zurückläge. Daran hegte er keine Zweifel. Vor zwei oder drei Jahren in Paris. Natürlich war es dort geschehen. Aber mit wem? Mit Rikakis, mit wem sonst? Er spielte auch noch den Blasierten. Die Blasierten ziehen die Frauen stark an ...

Aber interessierte Pavlidis sich letztendlich etwa dafür, mit wem seine Frau ihn betrogen hatte? Er interessierte sich bloß dafür, ob sie ihn betrogen hatte ... Das Tragische war, dass ihn nicht nur die mutmaßliche Untreue seiner Frau quälte, sondern auch seine eigene Haltung! Denn Pavlidis war ein Mensch mit fortschrittlichen Ansichten, ein Radikaler, ein Moderner. Ein Hypermoderner. Besonders wenn es um die Beziehungen zwischen den beiden Geschlechtern ging. «Nieder mit der Ehe. Nieder mit der Versklavung der Frau. Nieder mit der Verehrung der Jungfräulichkeit. Die Frau soll die Liebe frei genießen, so wie es auch der Mann tut. Der Mann, diese Bestie, der zwar von der Frau erwartet, dass sie in der Hochzeitsnacht noch unberührt ist, sie aber selbst wie ein Menschenfresser verschlingt, wenn sie ihm in die Hände fällt!»

Sein gesamtes literarisches Werk, Romane, Dramen, Erzählungen, handelten von diesem Problem. Die moralische Unterjochung der Frau vonseiten des Mannes. Eins seiner ergreifendsten Dramen war einer Frau gewidmet, die einen anderen liebt, obwohl sie verheiratet ist. Ihr Mann erfährt davon, lässt sich aber nichts anmerken. Er wird es sich nie anmerken lassen. Unzählige Male zuvor hat er das Gleiche getan. Und er weiß auch, dass Verliebtheit ein seelisches Bedürfnis ist und dass jede verheiratete Frau, die jung ist, dieses Bedürfnis verspürt, gerade wenn ihr dieses Gefühl nicht mehr von ihrem Mann entgegengebracht wird. Die Frau, von ihrem Wesen her gefühlsbetont und folglich romantisch, verlangt nach der Illusion, nach irgendeinem Ideal, nach irgendeiner Vollkommenheit. Sie dürstet nach dem, was der eigene Mann ihr zu Zeiten der Liebe gegeben hat.

Also, fragte sich Pavlidis, wenn ich doch diese so widernatürliche Verurteilung der Frau kritisiere, warum erlaube ich mir selbst, mich von diesem Verdacht aufzehren zu lassen? Mitsi hat die Liebe nicht abgeschrieben, bloß weil sie mich geheiratet hat: Sie liebt mich, ist stolz darauf, mich zum Mann zu haben, aber es reicht nicht, um all ihre Sehnsüchte zu erfüllen.

Außerdem: War ich ihr denn treu? Hab ich sie etwa nicht unzählige Male betrogen, selbst mit ihren Dienstmädchen? Argumente gab es in Hülle und Fülle, sie waren jedoch nicht in der Lage, den despotischen Ahnen in ihm, der zum Leben erweckt worden war und brüllte, zum Schweigen zu bringen. Seine Frau hatte sich einem anderen hingegeben!

Hatte sie denn wirklich? Vielleicht hatte sie auch nicht. Das könnte durchaus sein. Woher aber sollte er es wissen? Als er sie vorgestern – angeblich zum Spaß – fragte, welche Ereignisse sie eigentlich an jenem Abend in der Taverne gemeint habe, antwortete sie, sie könne sich nicht erinnern, jemals etwas so Gewichtiges gesagt zu haben.

«Lügt sie mich an, oder hat sie es tatsächlich so dahingesagt und vergessen?», fragte sich Pavlidis. Wie erleichtert er doch wäre, wenn er sie geradeheraus fragen könnte, ob sie ihn betrogen hat, und sie antworten würde: «Nein, niemals!» Wie lächerlich er doch war! Als ob sie ihm jemals das Gegenteil sagen würde. Er wusste aber auch nicht, wie er eine solche Frage rechtfertigen sollte. Drei Jahre waren vergangen, seit sie Paris verlassen hatten. Ein solches Anrecht war seit Langem verjährt. Aber konnte er denn sicher sein, dass es in Paris passiert war? Nein, das konnte er nicht. Das Einzige, was er mit Sicherheit wusste, war, dass es sich um eine alte Sache handelte. So spricht man nicht über Dinge, die sich gerade ereignet haben. Der Verarbeitungsprozess braucht Zeit, erst dann kommt es zu solchen Verallgemeinerungen.

Wie sollte er aber herausfinden, wann es ungefähr geschehen war, falls es geschehen war?

Hatte es denn eine Phase gegeben, in der Mitsi anders wirkte als sonst? Niemals, seit dem Augenblick ihrer Hochzeit bis gerade eben, als sie freudestrahlend hereinkam, um ihm vorzulesen, was in einer ausländischen Zeitung über ihn stand, war sie auch nur eine Minute verändert. Immer noch von gleicher Zärtlichkeit, von gleicher Hingabe, von gleicher Verliebtheit. Unwillkürlich kam ihm wieder der Gedanke,

sie zu fragen, ob sie ihn jemals betrogen habe. Warum auch nicht. Eine
Frage müsste doch wohl erlaubt sein ... Aber er dachte wieder an die
Antwort, die er bekommen würde, die auf jeden Fall negativ wäre.

Jetzt tröstete er sich wenigstens damit, dass sein Verdacht unbe-
gründet war, wenn sie ihm aber sagte, «Nein, ich habe dich nicht ange-
logen», dann würden seine Zweifel zur Sicherheit werden. Was aber,
wenn sie wirklich unschuldig war und ihre Antwort ehrlich? Woher
sollte er denn wissen, ob sie ehrlich war? Sie könnte ihm aber auch
sagen, «Ja, ich habe dich betrogen». Was sollte er dann machen? Wenn
sie ihm sagte, «Ja, ich habe dich betrogen»? Aber das wäre ja schrecklich!

Während sie gestern Mittag ihren Kaffee tranken, erzählte Mitsi von
einem russischen Buch, das sie gerade las, und erwähnte eine Szene,
die in einer Taverne spielte. Ein Mann gesteht vor allen Anwesenden
ein Verbrechen, das er begangen hat. Er hatte seine Tochter verkauft.
Nachdem er zu Ende erzählt hatte und Ekel und Verachtung auf allen
Gesichtern sah, wurde er von einer unbeschreiblichen Freude erfasst.
Er tanzte, lachte, und umarmte jeden, wobei ihm unaufhörlich Tränen
aus den Augen liefen. Er war befreit, rein, geläutert! Er war seiner persönlichen Hölle entkommen.[1]

Mitsi war, während sie dies erzählte, ergriffen, und Pavlidis fasste
sofort den teuflischen Plan, diesen Augenblick auszunutzen, in dem
ihre Seele so wehrlos war.

«Was du da erzählst, klingt wirklich großartig...», sagte er schein-
bar gerührt. «Damit so etwas geschehen kann, braucht man aber die
Seele eines Russen. Wer hat sonst das Bedürfnis nach Läuterung durch
Erniedrigung? Wer verspürt den Drang, neu geboren zu werden ... den
Himmel in der Hölle, in der wir hier unten leben, zu erfahren?»

«Tatsächlich», sagte Mitsi, «man muss aber auch etwas zu sagen
haben. Je großartiger das Bekenntnis eines Menschen erscheint, der

---

1 Vermutlich Anspielung auf das berühmte Kneipengeständnis, das der Säufer Marmeladow im 2. Kapitel von Fjodor M. Dostojewskis Roman *Verbrechen und Strafe*
gegenüber Raskolnikow ablegt: Er habe seine Tochter Sonja, die sich prostituieren
muss, um Geld zum Weitertrinken gebeten. Gelacht wird in besagter Szene allerdings nur von anderen Gästen des Lokals.

eine schreckliche Sünde beichtet, desto lächerlicher erscheint die Tat desjenigen, der irgendein harmloses Vergehen beichtet. Denn nicht jeder», fügte sie lachend hinzu, «hat das Glück, wegen schrecklicher Verbrechen vom Gewissen geplagt zu werden!» Pavlidis lachte nicht.

«Es kommt auf das Gewissen an», sagte er ernst. «Der eine denkt, er würde durch eine harmlose Lüge sündigen, der andere begeht Verbrechen, ohne dass es ihm auch nur eine einzige schlaflose Nacht bereitet.»

«Wir sollten hier die Gestörten außer Acht lassen. Die du meinst, sind gestört. Derjenige, der ein harmloses Vergehen als eine schreckliche Sünde betrachtet, ist seelisch gestört, und derjenige, der Verbrechen ruhigen Gewissens begeht, ist pervers und degeneriert. Nein, es geht nicht um solche. Es geht um den normalen Menschen ... obwohl unsere Taten, seien sie nun gut oder schlecht, wichtig oder unwichtig, nach dem Schaden oder dem Nutzen, den sie ausrichten, beurteilt werden sollten», fügte sie hinzu.

«Wenn also eine Frau ihren Mann betrogen hat, sollte sie ihm dann ihren Fehler gestehen? Oder hältst du es etwa für ein harmloses Vergehen?»

«Es kommt darauf an. Wenn er sie leidenschaftlich liebt und ihr blindlings vertraut, dann sollte sie ihm die Wahrheit sagen ... falls er sie aber nur noch als seine Ehefrau liebt und falls er seinerseits auch fremdgeht, dann gibt es keinen Grund für ein derartiges Geständnis.»

«Das heißt also, du akzeptierst sozusagen den gegenseitigen Betrug der Ehepartner.»

«Da ihr noch nicht an dem Punkt angelangt seid, die Seitensprünge eurer Frauen hinzunehmen, so wie sie die euren hinnehmen, wird dieses Elend gezwungenermaßen weiter bestehen. Vielleicht wird sogar nie das Wunder geschehen, dass ihr euren Frauen das erlaubt, was ihr ruhigen Gewissens macht und als euer ausschließliches Privileg betrachtet. Ich fürchte sogar, dass auch du keine Ausnahme von der Regel bilden würdest. Du würdest dich, darin bin ich mir sicher, nicht an das, was du so schön schreibst, erinnern können: dass unser Herz schwach sei und wir ihm nicht vertrauen können.» Mitsi schwieg, wurde ernst; dann setzte sie nachdenklich hinzu ... «Sag mal, Pavlos, was meinst du eigentlich dazu: Warum zum Beispiel kommt ein Augenblick, in dem man das tut, was man bis vor Kurzem noch für unmöglich hielt? Ein

Augenblick, in dem man aufhört, sich dagegen zu wehren? Erklär mir unsere seelische Verwirrung, die Unfähigkeit der Vernunft, die Oberhand zu behalten, damit nicht alles zu Schutt und Asche wird.»

«Wenn du mir also alles offen sagen könntest», sagte Pavlidis und kam damit auf das zurück, was sie vorher gesagt hatte, «wäre es nicht ausgeschlossen, dass du einen Freund hast?»

«Ich habe keinen Freund, weil ich keinen brauche ... da ich dich liebe ... wenn ich einen bräuchte, hätte ich jemanden ... so wie du jemanden hast.»

«Und würdest du es mir sagen?»

Mitsi wurde nachdenklich und schaute ihn an; dann sagte sie lächelnd: «Hm ... ich weiß selbst nicht, ob ich es dir sagen würde.» Dann änderte sich ihr Tonfall. «Es ist wahr, ich habe oft darüber nachgedacht. Eine Frau, die einen Intellektuellen zum Mann hat ... einen Psychologen ... einen Philosophen, der die menschlichen Leidenschaften und ihre Ursprünge analysiert, müsste ihm alles anvertrauen, was ihr durch den Kopf geht, alles, was sie tut, auch die größten Geheimnisse, wie etwa ihr Verhältnis mit einem anderen Mann. Sie sollte ihm alles mutig und ehrlich anvertrauen. Denn er könnte ihr Verhalten verstehen, nachempfinden, rechtfertigen. Nur auf diese Weise wäre die Verständigung zwischen zwei Menschen vollkommen ... Wie schön wäre es, wenn wir einander alles sagen könnten ...» Dann schwieg sie und lachte: «Schön, aber so schwer ... Man riskiert, weißt du, solche Gesten nicht ohne Weiteres ...»

«Warum?» Pavlidis' Stimme war belegt vor Ergriffenheit.

«Weil sogar der Überlegenste, der Klügste, der Fortschrittlichste in seinem Blut den Rost der Ahnen hat. Welcher Mann würde vom Liebesabenteuer seiner Frau erfahren, ohne einen Aufstand zu machen?»

Pavlidis lachte: «Wie schade», sagte er und setzte eine Miene zärtlicher Enttäuschung auf, «dass du so ausschließlich mir gehörst, sonst würde ich dir beweisen, wie wenig du mich kennst ... wie schade ...»

Mitsi war besiegt. Die Farbe wich aus ihrem Gesicht, und indem sie ihre Hand ausstreckte, verschloss sie ihm den Mund. «Schweig», sagte sie leise, «nicht ... fahre nicht fort ...»

Pavlidis wurde bleich und dachte sofort an Rikakis in der absoluten Gewissheit, dass er es gewesen war. «Warum?», fragte er sie.

«Es geschah», begann Mitsi leise, «als wir in Paris waren. Ich hatte ein Rendezvous mit unserer Vermieterin in irgendeinem Café. Wir wollten ins Kino gehen. Als ich dort ankam, fand ich stattdessen ihren Neffen vor. Du hast ihn nie kennengelernt! Er lebt in Marseille und kam sehr selten ... Ich hatte ihn gelegentlich bei seiner Tante gesehen. Er sagte mir, seine Tante sei leider verhindert und habe ihn geschickt, um mich zu benachrichtigen. Wir gingen zusammen ins Kino, und dann woandershin ... als ich abends nach Hause kam, warst du noch nicht zurück ...»

«So war das also? Ihr seid ins Kino gegangen und anschließend woandershin ... ohne Vorgeschichte, ohne irgendeine Rechtfertigung ...»

«Ich hatte eine Rechtfertigung ...», sagte Mitsi, «aber ich sagte sie dir nicht, weil ich sie nicht für wichtig genug hielt, als ich mich später fragte, warum das passiert sei ...»

«Was für eine Ausrede?»

«Es ist passiert, als du ein Verhältnis mit Hortense, Adamos Modell, hattest. Just an jenem Nachmittag kam ich ins Atelier und fand euch dort eingeschlossen; ich konnte von draußen euer Lachen und eure Zärtlichkeiten hören ... Ich weiß, jede andere hätte ihr Abenteuer so gerechtfertigt, ich habe es nicht getan, weil ich glaube, ich würde lügen ... Und ich möchte die Wahrheit sagen.»

«War denn dieser Herr wenigstens *costaud*[2]?», fragte Pavlidis, und das Lachen, das die Frage begleitete, verwandelte sein Gesicht in eine japanische Maske.

«Er war sehr schön ...»

«Ein Schwachkopf also ...»

«Nein, er war kein Schwachkopf.»

«Ha, ha, ha! Und ich wette, dass er ein Schwachkopf war», lachte Pavlidis höhnisch, während ihm das Blut in den Kopf schoss.

«Wenn du es für notwendig erachtest, ihn für einen Schwachkopf zu halten ...»

«Schrecklich!», flüsterte er. «Denk dir nur! Alle Frauen sind also Huren ... alle ...»

Mitsi sah ihn durchdringend an und ging hinaus.

2 Frz. «rüstig», «kräftig».

Den ganzen Nachmittag lang dachte er über dieses empörende Ereignis nach. Um zu sehen, ob es bei anderen einen ähnlichen Eindruck erwecken würde, erzählte er es Petropulos, einem befreundeten Arzt. Angeblich sei es einem Bekannten passiert. «Na? Ist es nicht schrecklich?», fragte er, als er fertig war.

Petropulos sah ihn verwundert an. «Ist es dein Ernst?», sagte er. «Was tun denn die Frauen sonst, die du in deinen Büchern beschreibst und die wir in der Gesellschaft namentlich kennen? Tun sie nicht immer dasselbe?... Warum schockiert dich derart das harmlose und rührende Abenteuer dieser romantischen Frau mit der Seele eines Schulmädchens? Sie hat ihm also tatsächlich alles erzählt?... Die Arme! Und diese Bestie ist wohl wild geworden und über sie hergefallen. Siehst du, das ist der Grund, warum ich nicht heirate... damit keine arme Frau Ärger bekommt! Sogar du als Revolutionär findest es erschreckend.»

Sie trennten sich, nachdem Petropulos ihm empfohlen hatte, in dieser Sache so viel wie möglich einzugreifen. «Du mit deiner Autorität... Ich bin mir sicher, du wirst ihn überzeugen, sich seiner Frau gegenüber zivilisiert zu verhalten...»

Und Pavlidis antwortete: «Ja... ja... ich werde mein Bestes tun!»

Mitsi hatte also einen Liebhaber gehabt... Dann gingen seine Gedanken in eine andere Richtung... Er versuchte, sich daran zu erinnern, wie ihm zumute war, als er herauszufinden suchte, ob seine Frau ihn betrogen hatte, und wie er darauf zu reagieren gemeint hatte, aber es gelang ihm nicht. Jedenfalls war es nicht das, was er jetzt empfand... das Einzige, was klar war, war die Tatsache, dass er im Grunde nie an ihre Untreue geglaubt hatte. Wie die Hypochonder, die, obwohl sie der Gedanke an eine Krankheit plagt und obwohl sie jedes einzelne Stadium dieser Krankheit mit Kummer und Schmerzen durchleben, im Grunde nie wirklich glauben, daran erkrankt zu sein. Ja, sicher, das war es! Er glaubte nicht daran... er hatte nie daran geglaubt! Sonst würde er sich jetzt nicht in diesem katastrophalen Zustand befinden. Als ob die Welt auf dem Kopf stünde... Merkwürdig! Aber warum ist es so? Fühlen also alle Männer, die so etwas erfahren, wie er? Dann müsste alles, was er schreibt, Blödsinn sein. Wieso hat es ihm denn keiner gesagt? Ist also all das, was wir in der Kunst für wahr halten, auf das Leben vollkommen unanwendbar?... So ist es... Mitsis Untreue zerstört ihn, und doch hält er unerschütterlich daran fest, auch jetzt noch, dass sie das Recht gehabt hatte, diese unvergleichliche Seelenfreude zu erleben, da er sie ihr nicht mehr bieten kann ... Dasselbe tut auch seine Leserschaft. Sie applaudiert ihm, bewundert ihn, folgt ihm, setzt aber keine seiner Predigten in die Praxis um ... Ein intellektuelles Gebilde ohne Verbindung zum Leben und zur Wirklichkeit ... das ist die Kunst. Ein bloßer Zeitvertreib. Plötzlich atmete er auf ... Blödsinn ... Es sind seitdem drei Jahre vergangen ... Außerdem war die ganze Episode kindisch. Mitsi vergöttert ihn doch ... Es war also das Abenteuer eines Schulmädchens ...

Das Einzige, was ihm übrig blieb, war der Versuch, es zu vergessen.

Als er zurückkam, war Mitsi nicht zu Hause. Er fand es nicht richtig, dass sie weg war. So als ob nichts geschehen wäre ... Das heißt es also, zur eigenen Meinung zu stehen! ... Es war neun Uhr vorbei. Er ordnete an, das Essen aufzutragen. Er würde allein essen, die gnädige Frau könnte sich verspäten.

Er hatte kaum damit begonnen, als Mitsi kam. Sie sagte trocken «Guten Abend», und nachdem sie ihre Handschuhe abgestreift und ihren Hut abgelegt hatte, setzte sie sich an den Tisch, ohne irgendetwas anzurühren.

«Isst du nicht?», fragte ihr Mann. «Der Fisch ist großartig.»

«Ich verstehe», sagte sie und lachte.

«Du bist zweifellos verwundert, nicht? Es ist nicht natürlich, einen solchen Appetit zu haben. Normal wäre es, wenn du essen würdest und ich nicht.» Er lachte.

«Das heißt?»

«Was bedeutet ‹das heißt›? ... Sag nicht, du hättest den heutigen Nachmittag völlig vergessen. Obwohl dir alles ganz egal zu sein scheint, da du so bald darauf weggegangen bist. Als ob nichts geschehen wäre ... Na ja, das ist auch eine Einstellung.»

Mitsi stand auf, nahm ihren Hut und ihre Handschuhe und ging in ihr Zimmer.

Als Pavlidis später im Arbeitszimmer schrieb, hörte er, wie das Wasser im Badezimmer lief. Mitsi nahm ein Bad. Er sah den nackten Körper seiner Frau vor sich, jede einzelne Stelle, ganz besonders eine ... Er ging aus dem Arbeitszimmer zum Bad. Er klopfte laut an die Tür und fragte, von Lust erfüllt: «Mitsi, nimmst du ein Bad?»

Keine Antwort ... Das Geräusch des fließenden Wassers hatte wohl seine Stimme übertönt.

Er klopfte erneut und rief lauter: «Mitsi ...»

«Ja ...», erwiderte sie.

«Nimmst du ein Bad?»

«Ja ...»

Sein Herz machte einen Sprung. Mitsi hatte dieses «Ja» mit jenem besonderen Unterton gesagt, der ihre Einwilligung zu seinem Ruf verriet.

Pavlidis kam später, vor dem Einschlafen, zu dem Schluss, dass Frauen nur körperlich erobert werden können. Alles andere zählte nicht.

Mitsi gehörte ihm! Ausschließlich ihm, weil er ihr die völlige sexuelle Befriedigung gab.

Der nächste Tag war ein Sonntag, und wie immer sollte der Journalist Rosakis, einer ihrer engsten Freunde, mit ihnen zusammen essen. Eine gute Gelegenheit, um Mitsi zu zeigen, dass er ihren Fehltritt als ungeschehen betrachtete. Nachdem er sich angezogen hatte – Mitsi schlief noch –, ging er im Garten spazieren. Dabei beschloss er, dass er verpflichtet sei, sie unbedingt in Ruhe zu lassen, da er sie beinahe gezwungen hatte, es ihm einzugestehen. Was für großspurige Worte er über die Größe desjenigen, der gesteht, gebraucht hatte! Und Mitsi war in die Falle gegangen! Es ist wirklich unglaublich, wie sie hineingetappt war ... Aber stelle sich einer vor! Sie gingen ins Kino und danach ... es ist wirklich erstaunlich. Ist es denn so leicht, eine Frau zu verführen? Es ist so leicht! Als ob er es nicht aus eigener Erfahrung wüsste. Hatte er nicht mit Julia genau das Gleiche erlebt? Hatte sie sich ihm nicht ohne Weiteres hingegeben? Sie hatten mit den anderen einen Ausflug gemacht, und auf dem Rückweg nahm er sie auf seinem Moped mit. Sie waren etwas früher zurück, und bis die anderen kamen ... dort auf der Esszimmercouch ... Der Unterschied war, dass er es damals nicht erstaunlich fand ... im Gegenteil, er fand es schön, natürlich, moralisch ... jung sein ... was bedeutete, jung zu sein, sonst? Wenn nicht *das*, was dann? Sicher ... aber ... aber ... aber ... Er hob seinen Spazierstock, und mit einer kräftigen schnellen Bewegung schlug er auf die duftenden Sträucher ein, die die Beete umsäumten ...

Bei Tisch trug Mitsi ein rotes Kleid, und Rosakis, der den Ästheten spielte, fragte sie, ob es das Kleid aus Paris sei.

«Ja, das ist es», sagte Mitsi.

«Erinnerst du dich? Wir hatten es zusammen gekauft. Nach meinem Geschmack.»

«Du kannst dir nicht vorstellen, wie sehr ich es liebe. Nur dass es sich hier», und sie zeigte zur Achselhöhle, «aufzulösen beginnt. Gestern habe ich es stundenlang gestopft ...», und sie schüttelte traurig den Kopf.

«Warum liebst du es?», mischte sich Pavlidis in sarkastischem Tonfall ein.

Rosakis sah ihn erstaunt an ... «Warum sollte sie es nicht lieben? Was soll das ...»

«Ah ... was das betrifft ...»

Mitsi sagte nichts, sondern fragte Rosakis, ob er dieses Jahr ins Ausland fahren würde. Ja, sie würden ihn nach London schicken. Nein, Mitsi mochte nicht dorthin fahren. «Du ziehst Paris vor ...», bemerkte Rosakis.

«Paris», sagte Mitsi wehmütig. «Meine Güte!»

«Aha! Du vermisst Paris also», sagte Pavlidis ironisch. «Du hast nie so etwas gesagt ... Ich dachte sogar, du ziehst Athen vor ... Stell dir vor ... auf immer und ewig ahnungslos in Halandri³ zu sitzen ...» Er lachte ein falsches, künstliches Lachen. Rosakis schälte gerade eine Apfelsine und war zerstreut. Pavlidis' Lachen schreckte ihn auf: «Was ist los? Warum lachst du so?»

«Ich sagte, dass kein Mensch jemals alles gesteht, nie! Immer behält man etwas für sich ...»

«Natürlich ...», sagte Rosakis. «Das ist sogar eine vorsorgliche Maßnahme ... besonders zwischen eng verbundenen Leuten ... nicht alles! Um Gottes willen! Meine alte Dame gab ihren Enkelinnen sogar folgende Weisheit mit auf den Weg: Dein Mann soll dich nur von der Taille abwärts kennen, mein Kind, von der Taille aufwärts nicht!»

---

3 Ausgehviertel im Norden Athens.

Mitsi lachte. «Großartig... So etwas sagte also deine alte Dame?»

«Ja, das war der einzige Rat, den sie sowohl Ledigen als auch Verheirateten gab...»

«Pavlos hält nichts davon... Er hält den, der seine Taten gesteht, für einen moralisch höherstehenden Menschen.»

«Ha, ha, ha!», lachte Rosakis von Herzen. «So etwas erzählt er?... So ein Tartuffe[4]!»

«Du lachst... wenn du ihn aber hören würdest, ich versichere dir, du würdest dich», und sie machte eine Geste, als ob sich ihr der Magen umdrehte, «erbrechen.»

«Komm jetzt... lass den Blödsinn... genug», sagte Pavlidis grob.

Es folgte ein Augenblick peinlichen Schweigens, das er selbst wieder unterbrach... «Es ist wirklich unglaublich, wie zynisch Frauen doch sind! Man kann jahrelang mit einer Frau zusammen sein, und plötzlich entdeckt man, dass man, was Lüge und Verstellung betrifft, neben einem Ungeheuer gelebt hat.»

«Ich verstehe gar nichts...», bemerkte Rosakis. «Bin ich etwa mitten in einen Zank geraten?»

«Zynisch...», wiederholte Pavlidis, als würde er eine Rede fortsetzen.

«Und was sollen die Frauen sagen, wenn sie diese Entdeckung über ihre Männer schon zu Beginn ihrer Bekanntschaft machen mussten?»

«Du hast Glück, dass wir nicht allein sind, sonst...»

«Kommt... hört auf zu provozieren... reißt euch zusammen.»

«Sonst?», fragte Mitsi und sah ihn dabei ironisch an.

«Hier hast du es!» Und Pavlidis nahm sein volles Bierglas und schüttete es Mitsi ins Gesicht.

«Ah, ah», rief sie und sprang völlig durchnässt auf...

«Also, du bist verrückt...», sagte Rosakis und erhob sich.

«Ich bin nicht verrückt, aber ich lasse nicht zu, dass sie mich lächerlich macht! Es reicht! Hörst du, was ich sage?», schrie er und drehte sich zu Mitsi um. «Es reicht!» Plötzlich verlor er vollends die Fassung und stürzte sich mit geballten Fäusten auf Mitsi. «Du Luder, du Biest...»

4 Molière-Figur: der Inbegriff des Heuchlers.

Rosakis drängte sich zwischen die beiden. «Pavlos! Bist du wahnsinnig ... was machst du!»

«Weißt du denn, was sie mir angetan hat? Häh? Weißt du es? Sie hat mir in Paris mit einem Idioten Hörner aufgesetzt ... diese ...», und er ging wieder auf sie los.

«Mitsi! Geh doch raus ...», schrie Rosakis ... «lass ihn wieder zu sich kommen ... jetzt ist er wahnsinnig ...»

Mitsi ging hinaus.

«Komm, beruhige dich ... Was zum Teufel ist in dich gefahren?»

«Sie hat es mir freiwillig erzählt.»

«Pff, was soll's jetzt ... Komm, nimm eine Zigarette ...» Er hielt ihm sein geöffnetes Zigarettenetui hin ...

Pavlidis nahm mechanisch eine und zündete sie an. Das laute Geräusch der Haustür vervollständigte die Mattigkeit, die seiner Erregung folgte. Mitsi war gegangen. «Geh und sieh nach, wo sie hingeht ... Los, lauf ... und bring sie zurück ...»

Warum ist das alles geschehen ... Wo kann sie hingegangen sein ... Er holt sie nicht ein ... Sie hat bestimmt ein Taxi vom Stand an der Ecke genommen. Wo soll er sie denn finden? Nein, er findet sie nicht. Rosakis wird allein zurückkommen, die Stunden werden vergehen, und er wird dieses unerträgliche Gefühl verspüren, dass nichts wiedergutzumachen ist. Er hat sie erniedrigt, er hat sie gedemütigt. Es klingelte ...

Mitsi trat wortlos ein. Sie setzte sich aufs Sofa und begann nachdenklich ihre Handschuhe abzustreifen. Rosakis merkte, dass er überflüssig war.

Sie blieben allein.

«Ich möchte, dass du mir verzeihst», sagte Pavlidis ernsthaft und zerknirscht.

«Du hast mir nichts getan», sagte sie. «Was geschehen ist, war normal. So würden sich neunundneunzig von hundert Männern verhalten. Allein ich habe das getan, was nur eine Frau von tausend tun würde ... Romantik ...» Sie lächelte. «Das Schreckliche ist, dass du mich betrogen hast. Ich werde es dir nie verzeihen.»

«Ich bitte dich, mir zu verzeihen», wiederholte Pavlidis, da ihm nichts Passenderes einfiel. «Ich sagte dir bereits, ich habe dir nichts zu verzeihen. Meine Gutgläubigkeit ist unverzeihlich. Du aber hast die Rolle eines Menschen, der sich von jeglichen Tabus befreit hat, so gut gespielt. Ich fühlte plötzlich, wie ich mit dir zusammen in die reine Atmosphäre einer nie gekannten Welt aufstieg ... Indem ich alles sagte, würde ich zu dir emporsteigen. Nein, nein, du hast nichts Schlimmes getan. Wie könnte es anders sein? Der Fehler liegt einzig und allein bei mir ... nicht der Fehler, die Blödheit. So etwas sollte man nicht erzählen. Denn wenn es einmal gesagt ist, ist es zu spät, die Folgen sind nicht rückgängig zu machen!» Sie lachte, dann schüttelte sie traurig den Kopf.

«Arme Frauen ...» Sie stand auf, als wäre sie todmüde.

«Wohin gehst du?»

«Mich hinlegen ... Ich bin erledigt ... Ich weiß nicht, wahrscheinlich habe ich mich gestern im Bad erkältet.»

Pavlidis setzte eine besorgte Miene auf. «Du hast dich bestimmt erkältet. Nimm sofort etwas Chinin und ein Aspirin. Hast du Fieber gemessen?»

«Nein, ich glaube aber nicht, dass ich Fieber habe.»

«Man weiß ja nie ...»

«Es ist nichts Ernstes. Ich werde mich für eine Viertelstunde hinlegen.» Dann ging sie hinaus.

Pavlidis hatte sich nun völlig beruhigt.

Der Ausgang der Diskussion war wirklich großartig! Sie täuschte Unwohlsein vor, damit sie die Gelegenheit hatten, auf eine andere Art auseinanderzugehen.

Es folgten Tage völligen Friedens. Nur, dass ihre Umgangsformen strenger und gewissermaßen mehr nach der Etikette waren. Wie bei einem angelsächsischen Ehepaar. Spärliche Worte, keine Überschwänglichkeiten und Höflichkeiten vonseiten Pavlidis', die eher übertrieben waren. Mitsi fand das alles unerträglich, es widerstrebte ihr.

«Was machen wir uns vor?», fragte sie. «Warum versuchen wir, durch all diese unsinnigen Höflichkeiten zu verbergen, was wirklich los ist. Es ist vorbei, das Spiel ist aus. Das Zusammenleben ist unmöglich ... Was nun folgt, ist unsinnig und blöd.»

Inzwischen hatte Pavlidis wieder mit dem Schreiben begonnen. Eingesperrt in seinem Arbeitszimmer, bereitete er irgendein neues Werk vor. Freude und Befriedigung hatten jedes andere Gefühl beseitigt. Er war vom Schaffensdrang gepackt worden.

Er wachte morgens auf, nahm hastig sein Frühstück ein und begann sofort mit der Arbeit. Wenn er sich früher in solch einer fruchtbaren Phase befunden hatte, nahm Mitsi ihr Strickzeug, schlüpfte geräuschlos ins Arbeitszimmer, setzte sich neben das offene Fenster und strickte stundenlang, ohne sich zu bewegen oder ein Wort zu sagen. Sie wartete auf den Augenblick, an dem Pavlos ihr etwas vorlesen würde. Dann hörte sie mit dem Stricken auf und lauschte ihm gebannt... Es waren die Augenblicke, die sie am meisten in ihrem Zusammenleben liebte.

Jetzt war schon ein Monat vergangen, und sie dachte gar nicht daran, so etwas zu tun.

Eines Tages lud er sie von sich aus ein. – «Soll ich dir etwas vorlesen?», fragte er, als sie an der Türschwelle erschien. «Wenn jemand zuhört, kann ich das, was ich schreibe, besser beurteilen», erklärte er ihr. «Oder hast du keine Lust dazu?»

«Doch», sagte Mitsi und setzte sich hin. Pavlos nahm die Manuskripte und begann vorzulesen. Er las mit Ergriffenheit und betonte die Sätze, indem er die Stimme entsprechend hob oder senkte. Während er las, blickte er hoch und schaute Mitsi an. Er suchte ihre Zustimmung, ihre Teilnahme an seiner Zufriedenheit. Aber jedes Mal wurde er enttäuscht: Mitsi hörte mit gesenktem Kopf zu, ohne dass ihre Miene auch nur eine Regung gezeigt hätte.

Als er irgendwann aufgehört hatte, vorzulesen, und sie ihn die Manuskripte hinlegen sah, fragte sie, ob er fertig sei.

«Ja», sagte Pavlidis knapp, durch ihr Schweigen beleidigt. Mitsi stand auf und ging zur Tür.

«Es hat dir nicht gefallen», sagt er scheinbar gleichgültig und zündete sich eine Zigarette an. Seine Hand zitterte leicht.

«Nein, nicht dass es mir nicht gefallen hätte», antwortete sie ruhig.

«Aber... du hast also Einwände? Lass mal hören...» Der Ton war unmerklich ironisch...

«Ich habe keine Einwände. Es ist mir nur nicht gelungen, mich und den Schriftsteller zu vergessen... Du hast mir von einem großartigen Menschentyp vorgelesen. Ehrlich gesagt, habe ich mich beim Zuhören sehr unwohl gefühlt. Während ich dir zuhörte, kamst du mir wie ein berufsmäßiger Betrüger vor, dessen Arbeit es ist, die Gutgläubigen hereinzulegen. Du hast versucht, mich wieder einmal zu überlisten.

Nein, nein, deine Texte interessieren mich nicht ... so wie mich auch die Tricks eines Betrügers nicht interessieren. Da du meinen Glauben an den Menschen getötet hast, bin ich an dem Schriftsteller nicht interessiert. Jetzt sehe ich dich durch dein Werk, wie Dorian Gray sein Gesicht im Spiegel sah.[5] Je schöner deine Worte, desto ...»

«Desto widerlicher findest du mich», ergänzte Pavlidis lachend.

«Deswegen», fuhr Mitsi fort, «ist es besser, sich zu trennen. Ich finde, dass ein Zusammenleben für beide unmöglich geworden ist.»

Pavlidis sagte kein Wort. Den Kopf auf die eine Hand gestützt, hörte er zu, während er mit der anderen auf dem Löschpapier herumkritzelte.

«Findest du, dass es so ausgehen soll?», sagte er, ohne aufzublicken oder im Zeichnen innezuhalten.

«Die ganze Zeit denke ich an nichts anderes. Aber von allen Möglichkeiten, die es gibt, diesen Zustand zu beenden, empfinde ich allein die Trennung als das für beide Seiten Richtige ...»

«Trotz des Schmerzes, den mir deine Worte bereiten, muss ich auch zugeben, dass es keinen anderen Weg gibt. Nein, ich kann nicht das, was ich in meinem Werk vertrete, ausleben ... Es geht über meine Kräfte ... Nie werde ich vergessen, dass du dich einem anderen hingegeben hast ... Nie!»

Sein Ton war hart und sein Gesichtsausdruck voller Bosheit. Er war aber selbst nicht in der Lage zu unterscheiden, ob die Ursache seines Hasses der Betrug seiner Frau war oder aber seine Unfähigkeit, ihr zu verzeihen.

---

5 In Oscar Wildes (1854–1900) Roman *The Picture of Dorian Gray* erblickt der jugendlich gebliebene Held sein Porträtbild, das nicht nur an seiner statt gealtert ist, sondern auch Züge seiner moralischen Verkommenheit trägt, und zückt ein Messer, um es zu zerstören.

Virginia Woolf

DER FLECK AN DER WAND

Es war vielleicht gegen Mitte Januar dieses Jahres, als ich zum ersten Mal aufblickte und den Fleck an der Wand sah. Um ein Datum bestimmen zu können, muss man sich daran erinnern, was man gesehen hat. Deshalb denke ich nun an das Feuer, an den beständigen Schleier gelben Lichts auf der Seite meines Buchs, an die drei Chrysanthemen in der kugelförmigen Glasschale auf dem Kaminsims. Ja, es muss Winter gewesen sein, und wir hatten gerade den Nachmittagstee hinter uns, denn ich entsinne mich, dass ich eine Zigarette rauchte, als ich aufblickte und den Fleck an der Wand zum ersten Mal sah. Ich blickte durch den Rauch meiner Zigarette auf, und für einen Augenblick verweilte mein Blick auf den brennenden Kohlen, und mir kam die alte Vorstellung von der blutroten Fahne in den Sinn, die am Schlossturm flattert, und ich dachte an die Kavalkade roter Ritter, die den schwarzen Felsen hinaufreiten. Zu meiner nicht geringen Erleichterung riss mich der Anblick des Flecks aus meinen Gedanken, aus einer alten, einer unwillkürlichen Fantasie, vielleicht in meiner Kindheit entstanden. Der Fleck war ein kleiner runder Fleck, schwarz an der weißen Wand, etwa sechs oder sieben Zoll über dem Kaminsims.

Wie leicht unsere Gedanken sich auf einen neuen Gegenstand stürzen, ihn eine Weile mitnehmen, wie Ameisen einen Strohhalm eifrig davontragen, und ihn dann fallen lassen ... Wäre dieser Fleck durch einen Nagel entstanden, so hätte dieser nicht für ein Gemälde bestimmt gewesen sein können, sondern nur für eine Miniatur – die Miniatur einer Dame mit gepuderten Locken, puderbestäubten Wangen und Lippen wie roten Nelken. Selbstverständlich eine Fälschung, denn die Leute, die dieses Haus vor uns bewohnten, hätten Bilder auf diese Weise ausgesucht – ein altes Bild für ein altes Zimmer. So waren sie – sehr interessante Leute, und ich denke so oft an sie und an den befremdlichsten Orten, weil man sie nie wiedersehen wird, nie wissen wird, wie es mit ihnen weiterging. Sie wollten das Haus aufgeben, weil sie ihren Einrichtungsstil ändern wollten, sagte er, und er stand im Begriff zu sagen, seiner Ansicht nach sollte Kunst einen geistigen Hintergrund haben, als wir abrupt voneinander getrennt wurden, wie man von der alten Dame, die gerade Tee einschenken will, oder von dem jungen Mann, der gerade in dem Garten der Vorortvilla den Tennisball zurückschlagen will, abrupt getrennt wird, wenn man im Zug vorbeisaust.

Aber was den Fleck betrifft, so bin ich mir nicht sicher; letzten Endes glaube ich doch nicht, dass er von einem Nagel herrührt; dafür ist er zu groß und zu rund. Ich könnte aufstehen, aber stünde ich auf und sähe nach, wäre ich zehn zu eins nicht imstande, mich zu entscheiden, denn sobald etwas einmal geschehen ist, weiß niemand mehr, wie es dazu kam. Ach, herrje!, die Rätselhaftigkeit des Lebens, das Vage des Denkens! Die Ahnungslosigkeit der Menschen! Um zu zeigen, wie wenig wir über unsere Besitztümer verfügen – was für eine zufällige Sache unsere Lebensweise bei aller Zivilisation ist –, will ich nur einige der Dinge aufzählen, die in einem Leben verloren gegangen sind, angefangen mit dem, was immer zu den unerklärlichsten Verlusten gehört – welche Katze würde es zerbeißen, welche Ratte daran knabbern –, drei blassblaue Blechbüchsen mit Buchbinderwerkzeug. Dann gab es die Vogelkäfige, die Eisenreifen, die Schlittschuhe mit Stahlkufen, den Queen-Anne-Kohlenkasten, das Tivolibrett[1], die Drehorgel – allesamt verschwunden, und auch Schmuck. Opale und Smaragde, sie liegen bei den Wurzeln der Rüben. Was für ein Schaben und Schnipseln, wenn man sich vergewissern will! Das Erstaunliche ist eigentlich, dass ich überhaupt etwas anhabe, dass ich in diesem Augenblick inmitten greifbarer Möbel sitze. Nun ja, wenn man das Leben mit irgendetwas vergleichen will, dann müsste man es so sehen, als würde man mit fünfzig Meilen je Stunde durch die Untergrundbahn geschleudert – und am anderen Ende ohne eine einzige Haarklammer in der Frisur ankommen! Völlig nackt zu Füßen Gottes ausgespuckt werden! Hals über Kopf in die Asphodeloswiesen stürzen, wie braune Papierpakete

---

1 Geschicklichkeitsspiel mit rollender Kugel, Vorform des Flipperautomaten.

im Postamt in Schächte geworfen werden! Und die Haare fliegen dabei wie der Schwanz eines Rennpferds. Ja, das erklärt vielleicht die Geschwindigkeit des Lebens, das ständige Vergehen und Erneuern; alles so beiläufig, so zufällig ...

Aber nach dem Leben. Das langsame Herabziehen dicker grüner Stängel, bis die Krone der Blume uns im Sinken mit purpurnem und rotem Schein überströmt. Warum sollte man schließlich nicht dort geboren werden, wie man hier geboren wird, hilflos, sprachlos, unfähig, den Blick auf etwas zu richten, nach den Graswurzeln tastend, nach den Zehen der Riesen? Zu sagen, was Bäume sind und was Männer und Frauen, oder ob es solche Dinge gibt, dazu wäre man in nicht einmal fünfzig Jahren in der Lage. Es wird nichts geben als Räume aus Licht und Dunkelheit, unterbrochen von dicken Stängeln, und vielleicht weiter oben rosenförmige Klumpen von undefinierbarer Farbe – schwache Rosa- und Blautöne –, die im Verlauf der Zeit deutlicher werden und – ich weiß nicht, was werden ...

Aber dennoch ist dieser Fleck an der Wand ganz gewiss kein Loch. Vielleicht war sogar eine kleine dunkle Substanz die Ursache, ein kleines Rosenblatt, vom Sommer übrig geblieben, und ich als nachlässige Hausfrau – sehen Sie nur den Staub auf dem Kaminsims, den Staub, der Troja dreimal begrub, wie es so schön heißt, als nur Bruchstücke von Tonwaren sich der völligen Vernichtung widersetzten, wie man sich vorstellen kann. Doch ich kenne eine Haushälterin, eine Frau, deren Profil das eines Polizisten sein könnte, dessen kleine runde Knöpfe sich sogar vom Rand ihres Schattens abheben, eine Frau mit dem Besen in der Hand, dem Daumen an den Bilderrahmen, dem Blick unter die Betten, und diese Frau redet immer von der Kunst. Sie kommt immer näher, deutet nun auf gewisse Flecken gelblichen Rosts am Kaminvorsetzer und wird so bedrohlich, dass ich aufstehen und selbst nachsehen muss, was es mit diesem Fleck auf sich hat, um sie zu verscheuchen ...

Doch nein. Ich will mich nicht geschlagen geben. Ich werde mich nicht von der Stelle rühren. Ich werde ihre Existenz nicht anerkennen. Man sehe, schon entschwindet sie. Fast bin ich sie und ihre Einflüsterungen los, die ich ganz deutlich hören kann. Und dennoch eignet ihr alle Jämmerlichkeit jener, die sich arrangieren wollen. Und warum sollte ich ihr verargen, dass sie in ihrem Haus ein paar Bücher hat und ein oder zwei Bilder? Was mir an ihr tatsächlich nicht passt, ist, dass ich ihr nicht passe – schließlich ist das Leben ein Hin und Her aus Angriff und Verteidigung. Ein andermal werde ich die Sache mit ihr ausfechten, aber nicht diesmal. Sie muss jetzt verschwinden. Der Baum vor dem Fenster klopft ganz sacht an die Glasscheibe … Ich will in Ruhe denken, friedlich, mäandernd, ohne jede Unterbrechung, ohne meinen Stuhl verlassen zu müssen, unbeschwert von einem Gegenstand zum andern wandern können, ohne jeden Eindruck von Feindseligkeit oder Widerstand. Ich will mich immer tiefer versenken, fort von der Oberfläche mit ihren harten feststehenden Tatsachen. Um mich zu stählen, will ich den ersten Gedanken festhalten, der mir durch den Kopf geht… Shakespeare … Nun ja, er eignet sich genauso gut wie jeder andere. Ein Mann, der sich gewichtig in einen Sessel setzte und in das Feuer blickte, und … Ein Regenschwall von Einfällen prasselte von einem sehr hohen Himmel unablässig auf seinen Geist hernieder. Er beugte seine Stirn in die Hand, und Leute, die durch die offene Tür hineinsahen – denn als Schauplatz ist ein Sommerabend zu denken … Aber wie öde ist diese historische Romanschreiberei! Sie interessiert mich kein bisschen. Ich wünschte, mir käme ein erfreulicher Gedankengang in den Sinn, ein Gedankengang, der mir indirekt schmeicheln würde, denn das sind die angenehmsten Gedanken, sogar sehr häufig in den Köpfen bescheidener mausgrauer Leute, die allen Ernstes glauben, sie hörten nicht gerne ihr Lob gesungen. Diese Gedanken sind nicht so beschaffen, dass man sich selbst ungeniert lobt; das ist ihr Verdienst; sie lauten eher so:

«Und dann kam ich in das Zimmer. Sie sprachen über die Botanik. Ich erzählte, dass ich eine Blume gesehen hätte, die auf einem Müllhaufen auf dem Grundstück eines alten Hauses am Kingsway wuchs. Der Samen, sagte ich, muss zur Zeit der Regierung Karls I.[2] gesät worden sein. Was für Blumen blühten zur Zeit Karls I.?», fragte ich … (aber der Antwort kann ich mich nicht entsinnen). Vielleicht große Blumen mit purpurnen Troddeln. Und so immer fort. Ohne Unterlass putze ich in meiner Vorstellung das Bild meiner selbst heraus, liebevoll, beharrlich, ohne es allzu ungeniert zu schönen, denn täte ich das, käme ich mir auf die Schliche und würde sofort aus reinem Selbsterhaltungstrieb nach

---

2 Zwischen 1625 und 1649 König von England, Schottland und Irland.

einem Buch greifen. Es ist tatsächlich merkwürdig, wie instinktiv man das Bild, das man von sich hat, vor Götzendienst oder jedem anderen Brimborium bewahrt, das es lächerlich machen oder dem Original so unähnlich gestalten könnte, bis niemand mehr daran glauben würde. Oder wäre das alles in allem gar nicht so sonderbar? Es ist eine Sache von großer Wichtigkeit. Angenommen, der Spiegel zerschellte, das Bild schwände und die romantische Erscheinung im Grün tiefer Wälder wäre nicht mehr vorhanden, sondern nur die Hülse einer Person, wie andere sie sehen – wie luftleer, seicht, kahl, vordergründig würde die Welt! Eine Welt, in der man nicht leben wollte. Wenn wir im Omnibus oder in der Untergrundbahn einander gegenübersitzen, blicken wir in den Spiegel; das erklärt die Leere und das Glasige unseres Blicks. Und künftige Romanciers werden die Bedeutung dieser Reflexionen immer deutlicher erkennen, denn es gibt nicht nur eine Reflexion, sondern schier unendlich viele; das sind die Tiefen, die sie ergründen werden, das die Phantome, die sie verfolgen werden, wobei sie in ihren Geschichten zunehmend auf die Beschreibung der Wirklichkeit verzichten und das Wissen darum als gegeben betrachten, wie es die Griechen taten und vielleicht auch Shakespeare – doch solche Generalisierungen sind völlig sinnlos. Der militärische Anklang des Wortes genügt. Er lässt an Leitartikel, an Kabinettsmitglieder denken – wahrlich eine ganze Gattung von Dingen, die man als Kind für das Ding an sich hielt, das Normale, das Echte, von dem man nicht abweichen durfte, wollte man nicht unaussprechlicher Verdammnis anheimfallen. Generalisierungen rufen unversehens Sonntage in London in Erinnerung, Sonntagnachmittagsspaziergänge, Sonntagsmittagessen und ebenso die Art, wie man von Toten sprach, Kleidung und Gepflogenheiten – wie die, bis zu einer bestimmten Uhrzeit gemeinsam in einem Zimmer zu sitzen, obwohl es niemandem behagte. Für alles gab es Regeln. Die Regel für Tischtücher zu jener bestimmten Epoche besagte, dass sie aus Tapisserie gefertigt sein mussten, mit kleinen gelben Kassetten auf der Oberfläche, wie man es auf Fotografien der Teppiche der Flure in den königlichen Palästen sehen kann. Alle anderen Tischtücher waren keine echten Tischtücher. Wie erschreckend und zugleich herrlich war es, festzustellen, dass diese wirklichen Dinge – Sonntagsmittagessen, Sonntagsspaziergänge, Landhäuser und Tischtücher – nicht zur Gänze

wirklich waren, sondern tatsächlich zur Hälfte Phantome, und dass die
Verdammnis, die den Ungläubigen ereilte, nur ein Gefühl unstatthafter
Freiheit war. Was nimmt heute den Platz dieser Dinge ein, so frage
ich mich, den Platz jener echten normalen Dinge? Vielleicht Männer,
sollte man eine Frau sein; der männliche Standpunkt, der unser Leben
bestimmt, der vorgibt, was sich gehört, der *Whitaker's Almanack*[3]
einführte, der, wie ich vermute, seit dem Krieg für viele Männer und
Frauen eine Art Phantom geworden ist und, wie man hoffen darf, bald
auf die Müllhalde gelacht werden wird, wo die Phantome landen, die
Mahagonianrichten und die Landseer-Drucke[4], Götter und Teufel, die
Hölle und so weiter, uns allen ein berauschendes Gefühl unerlaubter
Freiheit bescherend ... So es denn Freiheit geben sollte ...

Unter bestimmten Lichtverhältnissen scheint der Fleck an der Wand
sich geradezu von der Wand zu lösen. Und er ist auch nicht kreisrund.
Ich kann mir nicht sicher sein, aber er scheint mir einen sichtlichen
Schatten zu werfen, als wäre, betastete ich mit dem Finger die Wand,
an einer bestimmten Stelle eine kleine Erhebung fühlbar, eine gleichmäßige Erhebung wie die Hügel in den South Downs, von denen es
heißt, sie seien entweder Grabmale oder Überreste von Siedlungen. Vor
die Wahl gestellt, würde ich Grabmale vorziehen, mit der Melancholie
der meisten Engländer, die es mir angemessen erscheinen lässt, am Ende
eines Spaziergangs an die Gebeine zu denken, die unter dem Rasen
hingebreitet liegen ... Darüber muss es irgendein Buch geben. Irgendein
Altertumsforscher hat diese Knochen sicherlich ausgegraben und ihnen
einen Namen gegeben ... Was für ein Mensch ist ein Altertumsforscher,
frage ich mich. In der Regel Oberste im Ruhestand, vermute ich, die
Grüppchen betagter Landarbeiter zur Kuppe dieses Hügels führen,
Klumpen aus Erde und Steinen untersuchen und mit den Geistlichen
aus der Nachbarschaft korrespondieren, die zur Frühstückszeit gast-
frei sind und ihnen ein Gefühl der eigenen Wichtigkeit vermitteln, und
das Vergleichen von Pfeilspitzen erfordert Reisen landauf, landab zu
Städten in anderen Grafschaften, eine erfreuliche Obliegenheit für sie
und ihre nicht mehr jungen Ehefrauen, die gerne Pflaumenmarmelade

3 Brit. Jahrbuch, erstmals 1868 erschienen.
4 Werkreproduktionen des engl. Romantikers Edwin Henry Landseer (1802–1873).

kochen oder das Arbeitszimmer aufräumen würden und jeden Grund haben, die große Frage der Siedlung oder des Grabmals in fortgesetzter Schwebe zu halten, während der Oberst sich behaglich philosophisch wähnt beim Sammeln der Beweise für beide Erklärungen. Es steht außer Frage, dass er letzten Endes dazu neigt, sich für die Siedlung zu entscheiden; und angesichts gegenteiliger Ansichten verfasst er ein Pamphlet, das er bei der vierteljährlichen Tagung der örtlichen Gesellschaft vortragen will, als ein Schlaganfall ihn fällt, sodass seine letzten bewussten Gedanken weder seiner Frau noch seinen Kindern gelten, sondern der Siedlung und der Pfeilspitze dort, die sich heute im örtlichen Museum in einem Schaukasten befindet, zusammen mit dem Fuß einer chinesischen Mörderin, einer Handvoll elisabethanischer Nägel, einer ganzen Menge Tudor-Pfeifen, ein wenig römischer Keramik und dem Weinglas, aus dem Nelson trank – was beweist, nun ja, ich weiß nicht, was.

Nein, nein, nichts ist bewiesen, nichts ist gesichert. Und stünde ich in ebendiesem Augenblick auf und vergewisserte mich, dass der Fleck an der Wand wirklich – was wollen wir sagen? – der Kopf eines riesigen alten Nagels wäre, vor zweihundert Jahren in die Wand getrieben, der heute dank des fleißigen Bearbeitens seitens vieler Generationen von Hausmädchen seinen Kopf über den Anstrich erhoben hätte und seinen ersten Eindruck des modernen Lebens von einem weiß getünchten, kaminfeuerbeschienenen Raum erhielte, welchen Nutzen hätte ich davon? – Wissen? Material für weiteres Spekulieren? Ich kann im Sitzen so gut denken wie im Stehen. Und was ist Wissen? Was sind unsere Gelehrten anderes als die Nachfahren von Hexen und Eremiten, die in Höhlen und Wäldern kauerten, Kräutersude brauten, Spitzmäuse befragten und die Sprache der Sterne aufschrieben? Und je weniger wir sie in Ehren halten, während unser Aberglaube schwindet und unser Sinn für die Schönheit und für die Gesundheit alles Geistigen wächst… Ja, man könnte sich eine sehr erfreuliche Welt vorstellen. Eine ruhige, geräumige Welt mit tiefroten und -blauen Blumen auf den weiten Wiesen. Eine Welt ohne Professoren, ohne Spezialisten, ohne Haushälterinnen mit dem Profil von Polizisten, eine Welt, durch die man in Gedanken gleiten könnte, wie ein Fisch mit seiner Flosse durch das Wasser gleitet, die Stängel von Wasserlilien berührend, über Nestern weißer Meereseier schwebend ... Wie friedlich ist es hier unten, wo man im Mittelpunkt der Welt wurzelt und durch das graue Wasser mit seinen plötzlichen Lichtblitzen und ihrem Widerschein nach oben blickt – wäre da nicht *Whitaker's Almanack* – wäre da nicht das Verzeichnis der Rangfolge!

Ich muss aufspringen und mich vergewissern, worum es sich bei diesem Fleck an der Wand tatsächlich handelt – um einen Nagel, ein Rosenblatt, ein Loch in der Wand?

Da haben wir die Natur wieder bei ihrem alten Kniff der Selbsterhaltung. Dieser Gedankengang, so erkennt sie, droht in Energieverschwendung auszuarten, sogar in einen gewissen Widerstreit mit der Wirklichkeit, denn wer wagte jemals den geringsten Einspruch gegen das Verzeichnis der Rangfolge in *Whitaker's*? Der Erzbischof von Canterbury hat Vorrang vor dem Lordkanzler; der Lordkanzler hat Vorrang vor dem Erzbischof von York. Jeder folgt auf jemanden, das ist der Leitgedanke von *Whitaker's*, und worauf es ankommt, ist, zu wissen, wer auf wen folgt. *Whitaker's* weiß es, und dies möge, wie die Natur rät, uns trösten, statt uns zu erzürnen; und wer sich nicht trösten lassen, sondern den Frieden dieser Stunde zerschmettern will, der möge den Fleck an der Wand bedenken.

Ich verstehe den Kniff der Natur – ihre Neigung, das Handeln zu benutzen, um jeden Gedanken, der erregen oder schmerzen könnte, im Keim zu ersticken. Daher rührt, wie ich vermute, unsere leise Verachtung für Männer der Tat – Männer, die nicht denken, wie wir annehmen. Aber es ist nach wie vor nicht falsch, den eigenen unangenehmen Gedanken ein Ende zu bereiten, indem man einen Fleck an der Wand betrachtet.

Wahrhaftig ist mir nun, da ich den Blick darauf gerichtet halte, zumute, als hätte ich eine Planke im Meer erhascht; ich empfinde ein befriedigendes Gefühl der Wirklichkeit, das die zwei Erzbischöfe und den Lordkanzler im Handumdrehen ins Schattenreich der Phantome verweist. Hier haben wir etwas Greifbares, etwas Wirkliches. So schaltet man hastig das Licht an und bleibt ruhig liegen, wenn man aus einem mitternächtlichen Albtraum erwacht ist, huldigt der Kommode, huldigt dem Gegenständlichen, huldigt der Wirklichkeit, huldigt der unpersönlichen Welt, diesem Beweis einer Existenz, die sich von

der unseren unterscheidet. Dessen will man versichert sein … Holz ist
ein erfreulicher Gegenstand. Es stammt von einem Baum; und Bäume
wachsen, aber wir wissen nicht, wie sie wachsen. Sie wachsen jahrelang, ohne sich um uns zu scheren, auf Wiesen, in Wäldern und an
Flüssen – lauter Dinge, an die man gerne denkt. Unter ihnen wedeln die
Kühe an warmen Nachmittagen mit dem Schwanz; sie färben die Flüsse
so grün, dass man beim Anblick eines Moorhuhns, das ins Wasser
taucht, fast erwartet, es mit grünem Gefieder wieder auftauchen zu
sehen. Gerne denke ich an Fische, die sich wie geblähte Flaggen gegen
den Strom stemmen, und an Gelbrandkäfer, die im Flussbett bedächtig
Schlammberge auftürmen. Gerne denke ich an den Baum selbst: zuerst
das straffe trockene Gefühl des Holzes, dann das Knirschen im Sturm,
und dann das langsame, köstliche Sickern der Säfte. Ich denke auch
gerne an den Baum auf bloßem Feld in Winternächten, alle Blätter dicht
eingerollt, nichts Empfindliches den Eisengeschossen des Mondes ausgesetzt, ein kahler Mast auf einer Erde, die die ganze Nacht über unablässig taumelt. Vogelgesang muss im Juni sehr laut und befremdlich
klingen; und wie kalt müssen sich die Füße der Insekten an dem Baum
anfühlen, die sich die Ritzen der Rinde hinaufmühen oder sich auf den
dünnen grünen Markisen der Blätter sonnen und mit diamantförmigen
roten Augen geradeaus blicken … Eine nach der anderen reißen die
Fasern unter dem unermesslichen kalten Druck der Erde, und dann
kommt der letzte Sturm, und im Fallen graben sich die höchsten Äste
wieder tief in den Boden. Und dennoch ist es mit dem Leben nicht
vorbei; einen Baum erwarten zahllose geduldige, aufmerksame Leben
in aller Welt, in Schlafzimmern, in Schiffen, auf dem Straßenpflaster,
als Wandverkleidung von Zimmern, in denen Männer und Frauen nach
dem Tee sitzen und Zigaretten rauchen. Dieser Baum ist voller fried-
voller Gedanken, glücklicher Gedanken. Ich würde sie mir gerne einen
nach dem anderen vergegenwärtigen – aber etwas kommt mir in die
Quere … Wo war ich? Worum ging es? Um einen Baum? Einen Fluss?
Die Downs? *Whitaker's Almanack*? Asphodeloswiesen? Ich kann mich
an nichts erinnern. Alles bewegt sich, fällt, entschlüpft, verschwindet …
Materie wird in großem Maßstab umgewälzt. Jemand beugt sich über
mich und sagt: «Ich gehe eine Zeitung kaufen.»

«Ja?»

«Obwohl es keinen Sinn hat, Zeitungen zu kaufen … Nie ereignet sich etwas. Dieser unselige Krieg; dieser verdammte Krieg …! Aber trotzdem wüsste ich nicht, warum wir eine Schnecke an der Wand haben sollen.»

Ach, der Fleck an der Wand! Es war eine Schnecke.

Sigrid Undset
MÄDCHEN

Sif Selmer und Elna Jacobsen haben in derselben Straße gewohnt, Elna ist jedoch im Herbst in einen anderen Stadtteil gezogen.

Die Straße, von der ich erzähle, ist eine ziemlich stille Seitenstraße, verbindet aber zwei größere Verkehrsadern, die vom Zentrum zum Stadtrand führen. Es ist eine düstere, unfreundliche Straße; man sieht dort nichts Grünes, keinen Halm und kein Blatt; die großen grauen Mietskasernen öffnen klaffend ihre schwarzen Toreinfahrten zu noch graueren Hinterhöfen. Am Ende der Straße aber steht vor einem Eckhaus, einem alten Fachwerkbau, niedrig und gemütlich und schön, der zwischen den neuen hässlichen Geschäftshäusern aus Stein und Spiegelglasscheiben erhalten geblieben ist, eine große Linde. Und am entgegengesetzten Ende, wo die Straße anfängt, bei dem freien Platz rund um die Kirche, zeichnet ein alter Friedhof seine Baumkronen an den Himmel. In den Augen der Erwachsenen ist es eine triste Straße, für Kinder aber ist sie ein ebenso guter Spielplatz wie jeder andere. Jede dunkle Toreinfahrt hat für die Kinder ihre eigene Physiognomie. Toras Tor eignet sich am besten zum Seilspringen, in Sifs Tor gibt es da, wo die Treppe anfängt, einen breiten Absatz, der wie geschaffen für Hüpfspiele ist. Wo Ingeborg wohnt, ist die Frau im obersten Stock eine furchtbare Schreckschraube; wenn die Kinder in der Toreinfahrt Krach machen, kommt sie schimpfend angestürzt, und es ist wahnsinnig spannend und spaßig, sie zu ärgern. In Mosses Hof aber duftet es aus der Bäckerei im Keller immer nach frischem Plundergebäck, so lecker, dass einem förmlich das Herz in der Brust wehtut. Und in Lillis Hof wohnt ein bezaubernd süßes Schoßhündchen, und manchmal kommt es heraus.

Unter den Häusern gibt es finstere Keller. Es sind ganz prosaische Waschkeller, Haushaltskeller, Kohlen- und Holzkeller. Für die Kinder aber ist es ein geheimnisvolles unterirdisches Labyrinth mit Räumen, die stets mit Hängeschlössern verschlossen sind, und Räumen, leer und schwarz, die stets weit offen stehen. Dort gibt es überraschende Vertiefungen in der Mauer, wo ein Kind stehen kann, ohne entdeckt zu werden, wenn Versteck mit Anschlagen gespielt wird. Es geht die Sage von einer Frau, die versucht haben soll, in diesen Kellern Hühner zu halten, und ein paar gefundene Federn – von einem ausgedienten Deckbett – fördern die Mythenbildung. Die Hausfrauen klagen, weil die Keller feucht sind. Für die Kinder aber hat der undefinierbare muffige und modrige Geruch dort unten etwas Geheimnisvolles und Grauenerregendes, das sie genießen. Denn er soll vom Grundwasser des Friedhofs stammen.

Den Erwachsenen erzählt die Gegend von der gebildeten, armen Mittelklasse, die einen traurigen Kampf führt, um den feinen Schein zu wahren. Die am wenigsten dunklen Räume zur Straße hin sind die ungenutzten guten Stuben, dort bittet das Dienstmädchen die Fremden hinein. In düsteren Zimmern zum Hof hin isst und schläft die Familie; dort rattern die Nähmaschinen der Mütter, und dort rattern die Kinder herunter, was sie auswendig zu lernen haben. Die Tante-Emma-Läden leben kümmerlich von Kunden, die jede Öre umdrehen müssen. Für die Kinder aber sind sie voll begehrenswerter Dinge, die sie sich – Monat um Monat träumen sie davon – das nächste Mal von ihrem Zensurengeld kaufen werden: die Schokoladenstangen im Milchladen, die Hefte in grellbunten Umschlägen im Geschäft, wo sie sich Schulhefte und Schreibfedern besorgen. Wenn wir tausend Bände von Literatur gelesen und wieder vergessen haben, erinnern wir uns noch immer der schillernden Umschlagbilder von *Chingaruru, der Schatten des Urwalds* und *Der Gentlemandieb Lord Stanford*, die wir uns im nächsten Monat nie kaufen konnten, in die wir aber eine wunderbare Geschichte hineingedichtet haben.

Es stimmt nicht, dass das Kindergemüt zwischen Großstadtsteinen keine Wurzeln schlagen kann. Kinder schlagen überall Wurzeln, wenn sie nur wissen, dass sie irgendwo bleiben werden – dass hier ihre Zukunft liegt. Und mag es auch ein noch so kurzes Stück Zukunft sein – ein Sommerferienaufenthalt –, eine Woche ist für Kinder im Voraus gesehen ein langes Stück Leben. Wenn Kinder einen Schulweg ein paar Tage lang gegangen sind oder für Mutter ein paarmal in ein und demselben Laden eingekauft haben, fühlen sie sich meistens schon heimisch und haben ihre Landmarken – jemand, der sich in einem Fenster hinter einem Blumentopf versteckt, ein Busch in einem Vorgarten, ein Margarineplakat vor einem Laden werden zu einem Teil ihres Lebens; sie träumen davon, lieben und begehren es und lesen Märchen hinein. Das Unglück ist, dass Kinder in der Stadt so oft herausgerissen werden, in eine andere Gegend umziehen und dort Wurzeln schlagen. Das Kind empfindet dabei selten Schmerz, im Gegenteil, es genießt es, sich die Stimmung eines neuen Ortes anzueignen. Die meisten Kinder haben eine raffinierte, künstlerische Freude daran, sich an Stimmungen zu sättigen – einige unbewusst, doch viel mehr Kinder, als erwachsene Menschen glauben, genießen es bewusst. Stadtkinder bekommen nur so oft viel zu viel von diesem Genuss – lange bevor sie erwachsen sind, haben sie gelernt, ihr Leben als eine Reihe von stimmungsgefärbten Episoden zu leben.

Doch wir wollten von Sif und Elna hören.

Die Jungen in der Straße spielten, wie Jungen stets spielen, in Horden. Auf ewig maskuline Weise scharten sie sich um einen Anführer – der Anführer geworden war, weil er vom Gesichtspunkt der Jungen aus irgendwie hervorragend war – den verwegensten oder frechsten, in dieser oder jener Hinsicht besser oder schlechter als die anderen Jungen der Straße. Die Jungen spielten also in Scharen mit Anführern, prügelten sich mit den Jungenbanden anderer Straßen, begaben sich auf Expeditionen zu fernen, unbebauten Grundstücken, unternahmen geheimnisvolle Razzien oder wahnsinnig lustige Ausflüge aufs Land.

Die Mädchen halten paarweise zusammen. Sie können zwar in größeren Gruppen auftreten – wenn sie mit den Jungen spielen, wenn in den Kellern Versteck mit oder ohne Anschlagen oder wenn an den ersten sonnenwarmen Frühlingstagen auf dem Bürgersteig Himmel und Hölle gespielt wird oder wenn sie sich vor der Kirchentür herumdrücken und sich Hochzeitsgesellschaften ansehen, die in seidenen Kleidern aus den Wagen steigen. Ein einzelnes Mädchen kann in der Straße eine herausragende Stellung einnehmen – entweder weil es den schicksten Frühlingsmantel oder den vornehmsten Vater hat oder weil es bald seinen Geburtstag feiert. Ein Anführer wie der der Jungen aber wird es nie werden. Seine Untertanen bestehen aus paarweise zusammengekitteten besten Freundinnen, und paarweise kritisieren sie es und haben Geheimnisse, von denen es nichts wissen darf, und bei der erstbesten Gelegenheit sinnen sie auf Aufruhr und Ausbruch aus der Gruppe. Mädchen haben keine Veranlagung für Parteiwesen – sie besitzen selten die schöne Fähigkeit der Jungen, ihre eigenen Interessen um der Kameradschaft willen aufzugeben, aber sie haben viel öfter als Jungen den moralischen Mut, auf ihr Gewissen zu hören, auch wenn die Spielkameraden sie damit aufziehen.

Ein Mädchen mit einem sehr schicken Mantel oder einer unmittelbar bevorstehenden Kindergesellschaft und einer gut ausgewählten besten Freundin, auf die es sich stützt, kann mitunter ein wahres Schreckensregiment in der Straße ausüben. Doch es weiß selbst, dass seine Herrschaft auf wackligen Füßen steht – sie kann jederzeit von einem Mädchen, das neidisch auf sie ist oder das Vater und Mutter nicht anlügen will, gestürzt werden. Und ein Mädchen, das keine beste Freundin hat, ist das einsamste kleine Wesen auf Gottes schöner Welt, weil es nicht einmal mit den anderen zusammen sein und spielen darf.

Solch eine kleine Einsame war Sif Selmer gewesen, obgleich sie Vater und Mutter und drei Brüder hatte. Aber sie hatte, bevor Frau Jacobsen in Nummer acht einzog und Elna kam, keine beste Freundin. Elna kam aus dem Osten der Stadt, und da, wo sie herkam, hatte sie genug Freundinnen gehabt – sie war ein niedliches zwölfjähriges Mädchen mit zwei dicken schwarzen Zöpfen, die ihr über den Rücken herabfielen, und einem feinen blassen Gesicht mit stahlgrauen Augen, die einen merkwürdig erwachsenen und wissenden Blick hatten. Aber Elnas Mutter hatte eine Schneiderei und vermietete drei ihrer fünf Zimmer, und die meisten Eltern der anderen Kinder hier in der Straße gehörten zu höheren Kasten der unbemittelten Mittelklasse, in der die Kastengrenzen abgrundtief sind. Deshalb nahm Elna froh Ministerialrat Selmers Tochter als beste Freundin an – obgleich Sif ein Jahr jünger und für ihr Alter erstaunlich kindisch war; sie war ein kleines pummliges Kind mit roten Wangen, winzigen blauen Augen und einer üppigen, ausgeblichenen Haarpracht.

Die Mädchen hatten sich meistens bei Jacobsens aufgehalten. Bei Ministerialrats durften die Kinder nur im Ess- und Schlafzimmer spielen, und dort hielten sich auch alle Jungen auf. Ministerialrats sind vielleicht etwas besser bemittelt als die Schneiderin – sie müssen aber mehr sparen, weil sie so viele Ausgaben haben, für die die Kinder nicht das nötige Verständnis aufbringen. Im Hinterzimmer der Schneiderin gibt es für die Mädchen jedenfalls viel mehr Naschzeug und Freiheiten. Deshalb halten sie sich dort auf.

Während der letzten Woche vor Elnas Umzug wurde die Freundschaft rot glühend. Die Mädchen gingen eng umschlungen und versprachen einander, *immer* die beste Freundin der anderen zu bleiben, sich jeden Sonntag zu besuchen und so weiter.

Seit dem Umzugstag haben sie sich natürlich nicht mehr als das eine Mal in den Weihnachtsferien gesehen, als Sif ein paar Mädchen einladen durfte und Elna eine schriftliche Einladung erhielt.

Doch nun ist es Frühling. Die jungen Kastanienbäume in der Anlage oben bei der Kirche stehen mit zum Platzen prallen, hellen Knospen da und schwitzen Harz aus, und die Birken haben Mäuseohren. Gegen die Sonne gesehen, sind die klitzekleinen Blätter fast unsichtbar, blass und klar wie Kerzenflammen bei Tageslicht; ist man aber an dem Baum vorbeigegangen und blickt zurück, liegt gleichsam ein feiner, gelbgrüner Schleier darüber – solche Dinge sieht Sif, wenn sie zur Schule geht, und wundert sich. In den Schulstunden steckt ihr Kopf voller Frühling, und sie ist auf die Idee gekommen, Elna zu schreiben – ob sie beide am Sonnabendnachmittag nicht nach Bygdø hinausfahren und Leberblümchen pflücken wollen. Und Elna schreibt zurück, o ja, das wolle sie gern.

Sif wandert durch die Zimmer und wartet in äußerster Anspannung und Vorfreude. Zwar ist Margit Holm seit Weihnachten sozusagen ersatzweise ihre beste Freundin, aber noch ist in ihrem Herzen kein Zweifel erwacht, dass Elna ihre einzige richtige Freundin ist. Und dann hat Sif vor vierzehn Tagen von Onkel Lars aus Trondheim, als er hier auf der Durchreise war, eine ganze Krone erhalten. Sif ist nicht gewohnt, so viel Geld zu besitzen. Und sie hat es genutzt, um damit den Tag festlich zu gestalten. Sie und Elna sind oft bei dem Obstjuden in Pilestredet gewesen und haben für fünf Öre Schokolade oder Johannisbrot gekauft. Und da auf dem Ladentisch haben sie in einer Schachtel eine seltsame Delikatesse gesehen, die sie so rasend gern einmal probiert hätten – dicke viereckige Stangen, die weiß und zuckerartig glitzerten und mit braunen, roten und grünen Flocken durchsetzt waren, aus Schokolade und Fruchtgelee, wie die Kinder annehmen. Unzählige Male haben sie sich ausgemalt, sich einmal, wenn sie Geld bekommen, eine solche Stange zu kaufen; daraus ist aber nie etwas geworden, denn die Stangen kosten fünfunddreißig Öre. Nun hat Sif *zwei* gekauft – eingerollt in Silberpapier liegen sie mit einem Päckchen belegter Brote in dem kleinen Spankorb, den sie mitnehmen will, um darin Blumen zu pflücken.

Dreimal hat es schon an der Flurtür geläutet, und dreimal ist Sif hinausgestürzt und hat geöffnet: dem Postboten und einem Mann mit einer Rechnung sowie Tante Herborg. Doch dann läutet es wieder, und es ist Elna! Elna mit einem neuen, karierten Frühjahrsmantel und einem neuen Hut – viel größer und hübscher, als Sif sie in Erinnerung hatte.

«Komm doch herein! O nein, wie spät du kommst – o nein, was für ein schöner Mantel!»

Eigentlich haben sie keinen Grund zu warten, sie brauchen aber eine ganze Weile, ehe sie aufbrechen. Jede fühlt sich der anderen gegenüber ein wenig fremd, und während sie gleichsam darauf warten, dass das Eis zwischen ihnen von selbst schmilzt, probieren sie vor dem Flurspiegel gegenseitig ihre Frühlingshüte.

Frau Selmer kommt heraus und treibt sie zur Eile. «Nein, nun müsst ihr wirklich los, Mädchen, sonst wird es für euch zu spät. Wie geht es deiner Mutter, Elna?»

Während sie im warmen, gelben Nachmittagssonnenschein die Straße hinabwandern, sind die beiden Mädchen noch still und haben sich wenig zu sagen. Seit sie sich zuletzt gesehen haben, ist ja so viel Zeit vergangen. Aber sie verspüren das gleiche Glücksgefühl, als sie die Pflastersteine nackt und sonnengewärmt daliegen sehen und das erste Mal den Staubgeruch in der Luft wahrnehmen. Sie kommen zum Schlosspark und entdecken, dass dort winzige rötliche Pompons an den Ulmen hängen und dass die Spierlingsbüsche ganz glänzend grün sind; sie gehen den Drammensveien hinunter, und im schwarzen Humus der Vorgärten stehen gelbe und blaue Krokusse, und der Kies auf den Gartenwegen ist frisch geharkt.

Und dort begegnen sie einer Dame, die vertraulich «Guten Tag!» zu Sif sagt.

Elna mustert die Dame, die auffällig schick gekleidet ist und Schwaden von Parfümduft hinter sich herzieht, mit einem merkwürdig prüfenden Kennerblick. «Du liebe Güte, was ist denn das für eine, Sif?»

Sif erklärt, dass das die Tochter des neuen Tabakhändlers an der Ecke ist, wo früher Larsens Bügelanstalt war. Elna berichtet, dass unten in dem Mietshaus, in dem sie nun wohnen, ein Obstladen ist und dass die Tochter dort… Die Mädchen rücken dichter zusammen und reden miteinander, leise und eifrig.

Als sie an Bord der Fähre sind, ist es zwischen ihnen fast wie in alten Tagen. Sie kichern und lachen und stoßen sich an und flüstern sich Bemerkungen über die anderen Passagiere zu. Und das Wasser ist blau, mit hüpfenden kleinen weißen Lichtblitzen darauf, und der Fichtenwald drüben auf Bygdø ist mit luftigen, knospengoldenen Laubkronen gesprenkelt, die roten Dächer der Villen leuchten und die blauschwarzen glänzen, und Oscarshall liegt frisch gekalkt und kreideweiß oberhalb des Strandes und sieht aus wie das niedlichste Zuckerschlösschen im Schaufenster des Konditors.

Arm in Arm gehen die Mädchen die Villenwege in Richtung Kongeskogen hinauf. Das Eis zwischen ihnen ist nun völlig geschmolzen. Sif erzählt von Margit Holms diversen Absonderlichkeiten; sie hat zwar das vage Gefühl, eine Art von Verrat zu begehen, denn Margit ist in vieler Hinsicht sehr nett – aber sie erzählt es ja nur Elna, und in diesem Augenblick ist Sif wieder überzeugt, dass Elna ihre einzige wirkliche und wahrhafte Freundin für ewige Zeiten ist.

Doch hier gibt es Goldsterne – im Gebüsch stehen kleine schlanke gelbgrüne Lilien und schweben auf feinen Stängeln, die sich quer durch das aschbleiche, welke Laub des Vorjahres gebohrt haben. Die Mädchen lassen einander los und stürzen zwischen die Büsche; sie knien sich hin und pflücken begierig. Und da am äußeren Rand des Unterholzes findet Sif die ersten Buschwindröschen. Nein, sieh da, ein Büschel Veilchen, drei – vier – sechs – sieben! Und in dem Gebüsch gegenüber, wo der Fichtenwald anfängt, am Hang, leuchten Leberblümchen himmlisch schön und blau.

Sie kriechen herum und pflücken. Es ist ein Genuss, die Finger in den weichen lockeren Humus zu bohren. Der Frühlingsduft berauscht die Mädchen, ihre Herzen öffnen sich für die sonnenwarmen, flaumigen

Stängel. Sie haben kein Gefühl mehr für die Zeit, die vergeht – sie nehmen wahr, dass auf dem Feld am Waldrand ein Mann pflügt, dass dort Dunghaufen liegen und auf dem grauen Acker samtbraun glänzen, dass Lerchen über ihnen trillern, sie aber pflücken und pflücken und denken an nichts weiter; sie wollen eine Masse, Masse, Masse Leberblümchen mit nach Hause nehmen.

Erst als sie vor einer kleinen rot gestrichenen Hütte an einem Holztischchen unter Fichten sitzen, entdecken die Mädchen, dass es sich eingetrübt hat. Der Himmel ist perlgrau, die Sonne ist hinter den Wolken verschwunden, und das Licht ist nicht mehr golden, sondern silbrig verschleiert.

Sie spüren die Veränderung, denken aber nicht darüber nach. Sie sind in übermütiger Laune; es geht ihnen so wunderbar – sie trinken Brause und essen Butterbrote, und sie bekleckern den Tisch, und sie lachen über nichts und ordnen ihre Blumen zu Sträußchen und lassen die Sträußchen wieder auseinander- und in die Körbe fallen.

Und nun ist Sifs großer Augenblick gekommen. Sie wickelt das Stanniolpapier auf. Da liegen die beiden Stangen mit den bunten Pünktchen und glitzern zuckerweiß – die sehnsüchtig begehrten, geheimnisvollen Leckerbissen. Sif sagt kein Wort, schiebt nur eine zu Elna hinüber.

«O nein!», sagt Elna. «Nein, wie spendabel du bist!»

Sif beißt ein großes Stück ab. Während sie knabbert und genießt, erzählt sie von Onkel Lars aus Trondheim. Sie bemerkt nicht, dass Elna einmal abgebissen hat und seitdem die Hand mit der Zuckerstange im Schoß ruhen lässt. Erst als sie ihre ganze Stange aufgegessen hat, entdeckt sie, dass Elna von ihrer kaum gekostet hat.

«Na so etwas! Schmeckt dir das nicht?»

«O doch», sagt Elna hastig. «Ich bin nur so satt, deshalb ...» Etwas so Abscheuliches hat Elna noch nie probiert. Nun weiß sie, wie das aussieht – es erinnert an gesprenkelte Wollwaschseife. Und so schmeckt es auch.

Sif ist mit Naschzeug viel weniger verwöhnt als Elna und hat deshalb ihre Zuckerstange genossen. Obgleich sie ebenfalls fand, dass sie nicht *so* gut schmeckte, wie sie angenommen hatte. Sie ahnt aber, dass Elna ... Sie fühlt sich sehr klein und armselig.

Elna weiß das, und sie ist so verlegen und unglücklich, dass sie rot wird. Sie sitzt mit ihrer Zuckerstange da und wünscht sich, sie könnte Sif auch ihr Stück anbieten – sie weiß jedoch, dass das unmöglich ist. Und es aufzuessen, *bringt sie nicht über sich,* so widerlich, wie das schmeckt.

Tödlich verlegen sitzen die beiden da – fangen in ihrer Not wieder an, ihre Blumen zu ordnen.

Da taucht plötzlich ein paar Schritte von ihrem Tisch entfernt ein kleiner Junge mit blonden Locken und Rotznase auf. Er mag vielleicht zwei Jahre alt sein, hat einen blauen Kittel an und schmutzige Unterhosen, die ihm über die O-Beine herabhängen. Gedankenvoll steckt er den Finger in das eine Nasenloch und kommt ein paar Schritte näher gewackelt.

Die beiden Mädchen stürzen sich auf ihn. Sie hocken sich vor ihn hin und fragen und reden in Kleinkinderkauderwelsch auf ihn ein, sie putzen ihm die Nase und ziehen ihm die Hose hoch – die, wie sich zeigt, sehr nass ist. Sie können ihm kein anderes Wort als «Oka» entlocken – Sif findet jedoch heraus, dass das bestimmt «Oscar» bedeutet und dass er so heißt.

Voll Leidenschaft stellen sie fest, dass er wunderschön ist – obgleich alles an dem Kleinen, mit Ausnahme der Locken, selten hässlich ist. Aber sie sind zwölf, dreizehn Jahre alt, deshalb ist der Kleine für sie eine willkommene Beute, und sie überschütten ihn mit umsichtiger Zärtlichkeit. Ja, es fehlt nicht viel, und die beiden angehenden Frauen schlagen sich fast um die Beute; sie sind eifersüchtig, wenn Oka eine von ihnen ein wenig vorzuziehen scheint.

Sif hat fast vom ersten Moment an die Oberhand. Sie hat zu Hause jüngere Geschwister und ist ein mütterliches kleines Wesen – und sie hat ein Stück von ihrem Butterbrot übrig behalten, das sie Oka gibt und das er gierig aufisst. Elna betrachtet neidisch die Freundin, die Oka nun auf ihrem Schoß hat und ihn füttert; er trinkt den letzten Rest aus ihrem Brauseglas. Da schlägt Elna vor, dass sie ihre letzten Öre für eine neue Flasche Brause zusammenlegen.

Elna muss hineingehen und sie bestellen, denn Oka schreit, wenn Sif ihn absetzen will. Und Sif muss Oka auch zu trinken geben – dagegen ist an sich nichts zu sagen, denn Sif hat zu Okas Bewirtung zwanzig und Elna nur zehn Öre beigetragen.

Die Frau des Hauses kommt heraus, und sie kennt Oka nicht und weiß auch nicht, wo er hingehört. Aber ihr ist so, als hätt sie den Bengel schon mal vorn Baracken unnen anne Anlejestell jesehn; vielleicht isser von da und hat sich vabiestert?

Ja, dann ruht also auf den Mädchen die große Verantwortung, herauszufinden, wo Oka zu Hause ist, und ihn dorthin zurückzubringen. Und dabei ist es schon so spät, du liebe Güte!

Sif setzt den kleinen Jungen ab, schüttelt Krümel und Laubreste vom Schoß und rückt ihren Hut zurecht. Und nun wagt Elna sich vor – sie hat dagesessen und sehnsüchtig darauf gebrannt, den Kleinen auf den Arm nehmen zu können, auch sie...

Als sie sich aber vor Oka hinhockt, schlägt er nach ihr und drängt sich an Sif. Da bricht Elna ein Stückchen von ihrer Zuckerstange ab, legt es auf die flache Hand und streckt sie vor, als lockte sie einen Vogel. Und dem widersteht Oka nicht.

Ihm scheint die marmorierte Delikatesse jedenfalls zu schmecken. Und er scheint ein wankelmütiger kleiner Herr zu sein. Als sie gehen wollen, klammert er sich an Elnas Rock fest. Elna soll ihn tragen.

Sie nimmt ihn auf den Arm. Er ist schwer, und seine Hose ist so nass, dass es ihrem hellen Mantelärmel kaum guttun wird. Seite an Seite gehen die beiden Mädchen den Weg am Waldrand hinunter, wo der Himmel nun hinter den Bäumen schwach kupferfarben schimmert.

Sie können kein Wort zueinander sagen. Sif fühlt sich so unendlich armselig und bedrückt, weil sie all ihr Geld ausgegeben hat für diese Zuckerstangen, die nicht das Geringste taugten, und weil Elna ihre nicht einmal aufessen wollte – und da noch mehr ist, das sie nicht versteht.

Der hoch aufgeschossenen, schmächtigen Elna tut vom Tragen schon alles weh. Aber nicht einen Moment lang denkt sie daran, den schweren Jungen abzugeben. Es ist, als hätte sie über die Freundin gesiegt – obgleich sie bisher keinen einzigen Augenblick lang gewusst hat, dass sie jemals über Sif siegen wollte. Auf dem Arm den Kleinen, der bei ihr sein will und nicht bei Sif – das ist so, als behauptete sie sich gegenüber der anderen, die zu Hause Vater und Mutter und Geschwister hat und dazu zwei Schlafzimmer und ein Esszimmer und ein Wohnzimmer und manchmal Gesellschaften, zu denen Leute in schwarzen Mänteln und hellen Seidenkleidern kommen – während Elna nur eine Mutter hat, die sich mit Schneidern und Vermieten durchschlägt. Und trotzdem hat Elna bis zu diesem Augenblick nie geahnt, dass sie das Bedürfnis hatte, sich zu behaupten. Und mitten in diesem triumphierenden Gefühl verspürt sie einen Stich schmerzvoller Demütigung – auf gemeine Weise hat sie Sif den Kleinen weggenommen, mithilfe der Zuckerstange, die ihr Sif geschenkt hat, und dabei weiß sie, wie stolz und froh Sif war, als sie sie ihr spendiert hat.

Unten auf der Landstraße begegnen sie einer Frau, die auf der Suche nach Oka ist. Er kommt tatsächlich aus den Arbeitermietskasernen und ist weggelaufen, während seine Mama Besorgungen machte, und nun suchen Frauen und Kinder laut rufend nach ihm.

Die Mädchen haben nicht einmal mehr Geld, um mit der Straßenbahn nach Hause zu fahren. Sie trotten den ganzen Drammensvei hinauf. Er liegt so hell und lang und staubig im klaren Dämmerlicht des Frühlingsabends da. Aus den Gärten duftet es nach altem Laub und Humus, und Leute in hellen Frühjahrsmänteln spazieren zur Stadt hinaus, und niemand beachtet die beiden Mädchen, die dahintrotten, müde und still, mit gesenkten Köpfen – ein Paar lange braune Zöpfe, die über den einen Rücken herabhängen, und ein kurzer fahlblonder Wuschelkopf über dem anderen.

Sie sagen nicht mehr zueinander als «O nein, wie spät!» und «O nein, wie böse sie zu Hause sein werden!». Und an Sifs Toreinfahrt verabschieden sie sich kurz voneinander. Und danach treffen sie sich nie mehr.

Halide Edip Adıvar

RABIA

Wie alle ihrer Altersgenossinnen jener Zeit begann auch Rabia mit fünf Jahren Aschenbecher zu leeren und Kaffeetassen zu spülen. Mit sieben Jahren war sie ein Mädchen, das gehörig im Haushalt mithalf. Insbesondere oblag es ihr, den Großvater zu bedienen. Im Viertel Sinekli Bakkal waren solche Dinge für Mädchen damals selbstverständlich. Was Rabia von den anderen Kindern unterschied, war, dass sie schon so früh unter dem Einfluss des Imams stand.

Andere Kinder lernten in dem Alter die Jahrmarktsschaukel oder das Puppenspiel kennen, Rabia dagegen jene Orte, die man Paradies und Hölle nennt. Mit diesen beiden Orten machte der Imam Hacı İlhami Efendi seine Enkelin dem eigenem Gutdünken nach genauestens bekannt. Die Hölle erweckte das tiefere Interesse in ihr. Während ihr Großvater sprach, presste es ihr die Zähne zusammen, und kalte Schauer liefen ihr über den Rücken. Doch sie lauschte mit geweiteten Augen. Erst ließ der Imam dieses Reich der Qualen in einem Grauen vor ihr erstehen, das Dante[1] blass aussehen ließ, dann erklärte er mit unanfechtbarer Gewissheit, dass sich die ewige Wohnstätte ihres Vaters eben dort befände. Die Hölle machte dem Mädchen Angst, doch das Paradies, wie es der Imam beschrieb, erschien ihr auch nicht sonderlich verlockend. In ihrer Fantasie erschien eine Wiese, durch deren Mitte still ein Bach floss, und dort sah sie Imame mit riesigen Turbanen und verkniffenen Gesichtern, die ihrem Großvater ähnelten, und Frauen mit ungnädigen Mienen, die ihrer Mutter ähnelten, gemeinsam von früh bis spät in einschläferndem Singsang Gebete rezitieren.

In diesem Umfeld also, einer von Mauern aus Verboten umgebenen

---

1 Anspielung auf *Inferno*, den ersten Teil von Dante Alighieris (1265–1321) *Divina Commedia*.

Welt, verbrachte das Mädchen, dessen jungen Verstand derart starre Vorstellungen prägten, ihre ersten Lebensjahre. Vielleicht sah sie sich aus diesem Grund gezwungen, kindliche Luftschlösser in ihrem Kopf zu verbergen, sich bis hin zu ihrem Minenspiel in allem zu kontrollieren, sich also in Selbstbeherrschung zu üben. Ein einziges Aufbegehren gegen ihre Umgebung gab es in jener Phase. Das bestand darin, sich entgegen dem Gebot ihres Großvaters, dem das Anfertigen einer «Puppe» als ebenso schlimme Sünde galt, wie die, sich «Abbilder» zu erschaffen, eine Flickenpuppe mit langem Haar aus Maisbart, Augen aus blauen Glasperlen und einem Mund aus einer einzigen roten Perle zu basteln und diese dann zu verstecken. Als Emines scharfe Augen diese Sünde entdeckten, musste sich Rabia ihrem Großvater stellen. Die ersten und letzten Hiebe, die ihr Hacı İlhami Efendi mit dem Rohrstock, den er noch aus seinen Tagen als Schullehrer besaß, beibrachte, vergaß sie mit den Jahren. Doch den Anblick ihrer im Feuer unter dem Waschkessel verbrennenden Puppe vergaß sie nie. Wie das gelbe Maishaar sich in den Flammen kräuselnd zerfiel und sich die blauen Perlen vom weißen Stoff lösten, gaben ihr das Gefühl, als verbrenne tatsächlich ein Kind. Einen bitteren Kloß im Hals, die Augen staubtrocken, warf sie sich wimmernd auf den steinernen Küchenboden.

Nach diesem einschneidenden Ereignis gab sie ihrer Mutter und ihrem Großvater nie wieder Anlass zur Klage. Sie hatte die Kräfte ihres Umfelds ausgelotet und ihre eigene Machtlosigkeit erfasst. Sie wurde derart folgsam, dass alle Mütter in der Nachbarschaft sie ihren Töchtern als Vorbild hinstellten. Wie jene Vögel und Käfer, die zu ihrer Selbsterhaltung die Farbe ihrer Umgebung annehmen, verlieh sie ihrer Mimik, ihrem Gebaren und ihrer Stimme einen schwermütigen Anstrich bar von Frohsinn und Heiterkeit.

Hacı İlhami Efendi unterließ es, seine Enkelin in die Schule des Viertels zu schicken. Er nahm die Ausbildung Rabias selbst in die Hand – und begriff sofort, dass dieses Mädchen ein außergewöhnliches Geschöpf war. Er hatte noch keinen Koranrezitator gesehen, der die Gebetsverse dermaßen schnell auswendig behielt. Zudem machte ihn Emine darauf aufmerksam, dass das Kind, während es seine Hausarbeiten verrichtete, Lieder nachsang, die es nur ein einziges Mal gehört hatte, und das mit lieblicher und für sein Alter sonorer Stimme.

Vater und Tochter überlegten reiflich und beschlossen dann, aus dem Mädchen einen Hāfiz[2] zu machen. Und war der Imam in Istanbul nicht berühmt dafür, Koransänger auszubilden?

Es kam die Zeit, da Rabia jeden Morgen vor ihrem Großvater an einem kleinen Lesepult kniend, die zarten Hände im Schoß, ihre honigfarbenen Augen auf die des Imams gerichtet, sich hin- und herwiegend den Koran auswendig lernte.

Anfangs fiel es ihr etwas schwer, sich so lange Passagen in der fremden Sprache einzuprägen. Doch das ging schnell vorüber. Der Wohlklang der arabischen Sprache, die durch die Vortragsweise bedingte Wirkung der über Halbtöne verlaufenden Tonfolgen, die einem fiebrigen Pulsschlag gleichende Betonung der letzten Silbe am Ende eines Koranverses, all dies versetzte sie stets in eine musikalische Ekstase. Ihre grün gesprenkelten goldenen Augen verschleierten sich, ihr schmales Gesicht erblasste, ihre Lippen wurden trocken, ihre bis ins Herz dringende, makellose Stimme ergoss sich einem Wasserfall gleich in Wohlklang, und ihr kleiner Körper wiegte und wiegte sich mit der Gleichmäßigkeit eines Uhrpendels weit von einer Seite zur anderen, nach vorne und nach hinten.

Mit elf Jahren legte Tevfiks Tochter ihre Prüfung ab und wurde bald als jüngste, dabei in ihrem Stil anmutige und dank ihrer Stimme berückendste Koranrezitatorin Istanbuls bekannt. Man engagierte sie gegen reiche Entlohnung für religiöse Feiern, und sie sang zu Ramadan in den Moscheen.

Beim ersten Ramadan verdiente sie so viel Geld wie der Imam in zwei Jahren nicht. Hacı İlhami Efendi rieb sich vor Freude die Hände und verkündete überall voll Stolz, das Mädchen sei eben mehr nach ihm geraten als nach Tevfik. In jenen Tagen war auch Rabia zufrieden. Die vielen Menschen, die sich in den Moscheen um sie scharten, und das Aufsehen, das ihre Stimme erregte, ließen sie die Beglückung eines Künstlers empfinden, der unvermutet reüssierte.

---

2 Titel für Personen, die den Koran auswendig rezitieren können. Der Vortrag erfolgt in einer Art Sprechgesang und ist traditionell eher Männern vorbehalten.

Tania Blixen

ZWEI ALTE HERREN ERZÄHLEN SICH GESCHICHTEN

Zwei alte Herren, beide Witwer, saßen in einem kleinen Salon neben dem Ballsaal und spielten Pikett. Als die Partie zu Ende war, drehten sie ihre Stühle, sodass sie durch die offenen Türen den Tanzenden zuschauen konnten. Zunächst schlürften sie behaglich ihren Wein und sogen mit der melancholischen Überlegenheit des Alters den Duft der Jugend ein, die sich da vor ihnen tummelte. Sie erinnerten sich längst vergangener Geschichten, die einst die gute Gesellschaft schockiert hatten; denn sie waren von Kindesbeinen und durch ihre ganzen jungen Jahre miteinander vertraut gewesen; dann sprachen sie von dem traurigen Schicksal gemeinsamer Freunde, über politische und dynastische Fragen und schließlich über das verwickelte Wesen der Schöpfung überhaupt. Als sie so weit gekommen waren, entstand eine Pause.

«Mein Großvater», sagte einer der alten Herren schließlich, «der ein sehr glücklicher Mensch gewesen war und besonders glücklich in seiner Ehe, hatte sich eine eigene Philosophie gebildet, an die ich im Laufe meines Lebens von Zeit zu Zeit habe denken müssen.»

«Deines Großvaters erinnere ich mich recht gut, mein lieber Matteo», sagte Taddeo. «Er war eine außerordentlich korpulente, dabei aber anmutige Erscheinung mit glattem, rosigem Gesicht. Er hat nie viel geredet.»

«Er hat nie viel geredet, mein lieber Taddeo», stimmte Matteo zu, «denn er hielt, in Übereinstimmung mit seiner Philosophie, alle Argumentation für nutzlos. Meine Vorliebe für Streitgespräche habe ich von meiner geistvollen Großmutter, seiner Frau, geerbt. Eines Abends aber, ich war noch ein ganz junger Bursche, ließ er sich freundlich dazu herab, mir seine Theorie zu entwickeln. Es war, wie ich mich erinnere, auf einem Ball wie diesem, und ich dachte die ganze Zeit: ‹Wenn ich mich nur vor der Schulstunde drücken könnte!› Doch wenn mein Großvater einmal in Fahrt war, entließ er seinen jungen Zuhörer nicht eher, als bis er ihm seine ganze Ideenfolge auseinandergesetzt hatte.

‹Wir müssen viel leiden›, sagte er. ‹Wir gehen durch trübe Stunden des Zweifels, der Furcht und Verzweiflung, weil wir unsere Vorstellung vom göttlichen Wesen nicht mit dem Zustand der Dinge in der uns umgebenden Schöpfung in Einklang bringen können. Als junger Mensch habe auch ich viel darüber nachgegrübelt. Später bin ich zu der Überzeugung gelangt, dass wir leichter und klarer, als wir es tun oder je getan haben, die Gesetze des Kosmos verstehen würden, wenn wir dessen Schöpfer und Erhalter von Anfang an als dem weiblichen Geschlecht zugehörig betrachteten.

Wir sprechen von Vorsehung und verkünden: ‹Der Herr ist mein Hirte, mir wird nichts mangeln.›[1] Aber im Herzen wissen wir, dass wir von unsern eigenen Hirten –› (denn mein Großvater», unterbrach sich der Erzähler, «bezog den größten Teil seines Einkommens aus den ausgedehnten Schafherden in den Marken), ‹– dass wir von ihnen eine ganz andere Art der Vorsorge für unsere Schafe verlangen als die, die uns selbst zuteilwird und die hauptsächlich darin zu bestehen scheint, uns mit Blut und Tränen zu versorgen.

Sagst du aber stattdessen von der Vorsehung: ‹Sie ist meine Hirtin›, so wirst du sofort erkennen, was du von dieser Vorsehung zu gewärtigen hast.

Denn für eine Hirtin sind Tränen nützlich und kostbar wie Regen – erinnere dich an das alte Lied *Il pleut, il pleut, bergère!*[2] – oder wie Perlen oder Sternschnuppen am Firmament, die allesamt in sich göttliche Phänomene sind und Symbole für die höchsten und tiefsten Erkenntnisse der Menschheit. Was weiter das Blutvergießen angeht, so ist es für unsere Hirtin, wie für jede Frau, ein hohes Vorrecht und unzertrennlich mit den erhabensten Augenblicken des Daseins verknüpft, mit ihrer Höherentwicklung und Seligsprechung. Welches kleine Mädchen würde nicht freudig sein Blut vergießen, um Jungfrau zu werden, wel-

---

1 Ps 23.
2 Frz.: «Es regnet, es regnet, Schäferin!» – Kinderlied aus der einaktigen Opéra comique *Laure et Pétrarque* (1780) von Fabre d'Églantine (1750–1794), das der Theaterdichter Edmond Rostand in sein Stück *L'aiglon* (1900) übernahm.

che Braut nicht das ihrige, damit sie Frau, welche junge Frau nicht das ihre, damit sie Mutter wird.

Der Mann, den das Verhältnis zwischen der Gottheit und den Menschen in Ratlosigkeit stürzt, wird sich einen festen Standpunkt dadurch zu gewinnen suchen, dass er auf seine normalen Lebenserfahrungen zurückgreift. Er denkt an das Verhältnis zwischen Lehrer und Schüler, zwischen Offizier und Soldat, und vor lauter Grübeln und Forschen gehen ihm Atem und Herz aus. Die Frauen, deren Natur der Natur der Gottheit nähersteht, machen sich solche Sorgen nicht, sondern sehen die Beziehung zwischen dem Kosmos und dem Schöpfer ganz schlicht als ein Liebesverhältnis an. In einem Liebesverhältnis aber ist Grübeln und Nachforschen absurd und schlechthin unschicklich. Echte weibliche Atheisten gibt es somit auch nicht. Sagt dir eine Frau, sie sei Atheistin, so ist sie entweder noch der Anbetung würdig, und dann ist es Koketterie, oder sie ist eine verdorbene Person, und es ist eine Lüge. Die Frauen wundern sich über die Hartnäckigkeit, mit der der Mann zu fragen nicht müde wird, denn sie wissen im Voraus, dass er doch keine andere Antwort bekommt als die, die Alexander der Große von der babylonischen Sibylle[3] bekam! Da du die Geschichte vielleicht vergessen hast, werde ich sie dir erzählen.

Bei der Rückkehr von seinem Eroberungszug nach Indien hörte König Alexander in Babylon von einer jungen Sibylle, die die Zukunft weissagen konnte, und ließ sie vor seinen Thron holen. Als die dunkeläugige Person eine Belohnung verlangte, ließ er von einem Soldaten einen Schrein voll herrlicher Edelsteine bringen, die in der halben Welt zusammengerafft worden waren. Die Sibylle wühlte in dem Schrein, suchte sich zwei Smaragde und eine Perle aus und erklärte sich dann bereit, den Wunsch des Königs zu erfüllen und ihm anzuvertrauen, was sie noch niemandem gesagt hatte.

Sehr langsam und gewissenhaft, immer mit erhobenem Finger ihm einschärfend, er solle ihr – da sie kein Wort wiederholen dürfe – mit größter Aufmerksamkeit zuhören, setzte sie ihm auseinander, mit

3 Wahrsagerinnenfigur aus der jüd. Sibyllendichtung (Orac. Sibyll. III 808), auch «hebräische Sibylle» genannt, mit den Namen Sambethe oder (bei Pausanias) Sabbe bezeichnet.

welchen seltenen Hölzern der heilige Scheiterhaufen zu errichten, mit welchen Anrufungen er anzuzünden sei und welche Teile von einer Katze und einem Krokodil man darauflegen müsse. Danach schwieg sie lange. ‹Nun, König Alexander›, sagte sie endlich, ‹komme ich zu dem Kern meines Geheimnisses. Doch ich sage kein Wort mehr, wenn du mir nicht den großen Rubin gibst, den du dem Soldaten, der den Schrein brachte, befohlen hast, vorher beiseitezulegen.› Alexander trennte sich ungern genug von dem Stein, den er zu Hause Thais, seiner Geliebten, hatte schenken wollen, doch glaubte er nicht mehr leben zu können, wenn er nicht den Rest ihrer Zauberweisheit erführe. Also ließ er den Stein bringen und gab ihn der Sibylle.

‹Höre denn, Alexander›, sagte die Frau, indem sie den Finger auf des Königs Lippen legte. ‹Im Augenblick, da du in den Rauch schaust, darfst du nicht an das linke Auge eines Kamels denken. An das rechte Auge zu denken ist schon gefährlich genug. Aber an das linke zu denken bedeutet Verderben.›

So viel über die Philosophie meines Großvaters», sagte Matteo.

Taddeo lächelte freundlich zu dem Bericht seines Freundes.

«Der Anblick der jungen Damen hat mich heute wieder darauf gebracht», fing Matteo nach einer Weile erneut an, «die da ihre streng festgelegten Tanzfiguren mit so vollkommener Freiheit ausführen. Wie du weißt, sind sie fast alle im Kloster erzogen und erst vor ein paar Jahren, vor einem Jahr, vielleicht erst vor einer Woche von dort geholt worden, um zu heiraten.

Welche Vorstellung vom Kosmos bekommt nun so ein Mädchen in der Klosterschule eingetrichtert? Von meiner Cousine, die Äbtissin der ältesten solcher Schulen ist, habe ich einiges darüber erfahren. In dem ganzen Gebäude, lieber Freund, wirst du auch nicht *einen* Spiegel finden, und ein Mädchen kann also zehn Jahre dort leben und beim Herauskommen nicht wissen, ob sie hübsch oder hässlich ist. Die kleinen Zellen sind weiß gekalkt, die Nonnen sind schwarz und weiß gekleidet, und die jungen Schülerinnen stecken in grauen Kitteln, als gäbe es auf der Welt nur die zwei Farben und die freudlose Mischung aus beiden. Der alte Gärtner des Klostergartens hat eine kleine Schelle am Bein, deren Geklingel die Mädchen vor der Annäherung eines Mannes warnt und sie verscheucht wie Rehkitze, wenn der Jäger kommt. Kleine,

schwesterliche Küsse oder Zärtlichkeiten unter Schulfreundinnen –
diese leichten, unschuldigen Schmetterlinge des Eros – werden von den
Nonnen entsetzt mit Fliegenklatschen aus dem Haus gejagt, als wären
es Wespen.

Aus diesem Bollwerk der Unweltlichkeit wird eine blühende, jung-
fräuliche Asketin in die Welt gebracht und verheiratet. Worum dreht
sich nun, vom ersten Tag an, ihr Leben? Darum, sich allen Männern
begehrenswert zu machen und einem davon als Verkörperung aller
Sehnsüchte zu erscheinen. Der Spiegel ist ihr Vertrauter und Lehrer, ihr
Hauptstudium sind die Moden, Seidenstoffe, Spitzen und Fächer; die
Pflege ihres schönen Körpers, vom Bürsten und Locken des Haares bis
zum Polieren der Zehennägel, ist ihre Tagesbeschäftigung, und die Umarmungen und Liebkosungen eines verliebten jungen Gatten belohnen
sie für ihre Gelehrigkeit. Lieber Freund, ein Knabe, den man auf eine
so unangemessene Weise für seine Lebensaufgabe erzöge, würde protestieren, streiten und sich gegen seinen Lehrer empören – wie eben alle
Männer protestieren, streiten und sich empören. Ein junges Mädchen
stimmt mit seiner Mutter, seiner Großmutter und der gemeinsamen,
göttlichen Himmelsmutter darin überein, dass es nur durch Kloster-
erziehung möglich ist, eine blendende, anbetungswürdige Weltdame
heranzubilden.

Ich könnte dir», sagte er nach einer Pause, «eine Geschichte erzählen, die beweist, auf wie vertrautem Fuß ein junges Mädchen mit dem
Paradoxon steht:

Ein Aristokrat heiratete ein junges, frisch aus dem Kloster gekom-
menes Mädchen, in das er unsterblich verliebt war, und fuhr am Abend
des Hochzeitstages mit ihr zu seiner Villa. Im Wagen sagte er zu ihr:
‹Meine Geliebte, heute Abend werde ich in meinem Haushalt einige
Veränderungen vornehmen und Ihnen einen Teil meines Eigentums
übergeben. Doch muss ich Ihnen vorher sagen, dass es in meinem
Hause einen Gegenstand gibt, den ich mir vorbehalte und auf dessen
Besitz Sie nie Anspruch erheben dürfen. Ich bitte Sie: Fragen Sie nichts
weiter und forschen Sie der Sache nicht nach.›

In dem mit Fresken geschmückten Raum, in dem er sich mit seiner
Braut zum Abendessen niedersetzte, ließ er den Stallmeister kommen
und sagte zu ihm: ‹Höre, was ich befehle, und merke es dir. Von dieser

Stunde an gehören meine Ställe mit allem, was darinnen ist, meiner Gattin, der Prinzessin. Keines meiner Pferde, keine meiner Kutschen, kein Sattel, kein Geschirr, nicht einmal eine Kutscherpeitsche gehört in Zukunft mir.›

Darauf ließ er seinen Haushofmeister rufen und sagte zu ihm: ‹Merke dir, was ich dir sage. Von dieser Stunde an gehören alle Kostbarkeiten im Hause, alles Gold und Silber, alle Bilder und Statuen meiner Gattin, der Prinzessin, und ich habe nicht mehr darüber zu bestimmen.›

Ebenso musste die Haushälterin der Villa vor ihm erscheinen, und er sagte zu ihr: ‹Von heute an gehört alles seidne und leinene Bettzeug, gehören alle Spitzen- und Satinvorhänge in meinem Hause meiner Gattin, der Prinzessin, und ich selbst verzichte auf alle Eigentumsrechte. Vergiss das nicht und richte dich danach.›

Schließlich schickte er nach der alten Frau, die seiner Mutter und seiner Großmutter als Jungfer gedient hatte, und unterrichtete sie: ‹Hör zu, meine treue Gelsomina. Aller Schmuck, den meine Mutter, meine Großmutter oder irgendeine frühere Herrin des Hauses besessen hat, gehört von heute Abend an einzig meiner Gattin, der Prinzessin, die ihn mit ebenso viel Anmut tragen wird wie Mama und Großmama. Sie kann darüber verfügen, wie sie will.›

Hiermit küsste er seiner Frau die Hand und bot ihr den Arm. ‹Kommen Sie nun mit, liebes Herz›, sagte er, ‹damit ich Ihnen den einzigen Gegenstand zeigen kann, den ich mir von allen meinen Besitztümern vorbehalte.›

Mit diesen Worten führte er sie die Treppe hinauf in das Schlafzimmer und ließ sie, verwirrt, wie sie war, mitten darin stehen. Er hob ihr den Brautschleier vom Kopf und nahm ihr die Perlen und Diamanten ab. Er öffnete ihr schweres Brautkleid mit der langen Schleppe, ließ sie heraussteigen und nahm ihr Stück für Stück die Röcke, das Korsett, die Unterkleidung ab, bis sie, errötend und verschämt, vor ihm stand, lieblich wie Eva im Paradies in ihrer ersten Stunde vor Adam. Sanft drehte er sie zu dem hohen Spiegel und sprach: ‹Das ist das einzige meiner Besitztümer, das mir allein vorbehalten bleibt.›

Lieber Freund», sagte Matteo weiter, «ein Soldat, der von seinem Kommandeur Proben ähnlicher Befehle erhielte, schüttelte den Kopf und erklärte, dass das gewiss keine empfehlenswerte Strategie sei und dass er, wenn es möglich wäre, desertieren möchte. Eine junge Frau aber nickt dazu einfach mit dem Kopf.»

«Aber», fragte Taddeo, «hat der junge Aristokrat deiner Erzählung, lieber Matteo, seine Frau auch glücklich gemacht?»

«Lieber Taddeo», antwortete Matteo, «für einen Mann ist es immer schwer zu wissen, ob er seine Frau glücklich macht oder nicht. Doch was dieses Ehepaar betrifft, die Dame griff an ihrem zwanzigsten Hochzeitstag nach der Hand ihres Mannes, blickte ihm listig in die Augen und fragte ihn, ob er sich noch des ersten Abends ihrer Ehe entsänne. ‹Mein Gott›, sagte sie, ‹wie erschrocken war ich doch da in der ersten halben Stunde, wie hab ich gezittert. Ach›, rief sie aus und warf sich in seine Arme, ‹hätten Sie in Ihrer Anweisung nicht die letzte Klausel eingeschlossen, ich wäre mir verachtet und betrogen vorgekommen! Mein Gott, ich wäre verloren gewesen!›»

Hier ging der Kontertanz vor den alten Herren in einen Walzer über, und der Ballsaal wogte wie ein Garten im Sommerwind. Nicht lang, da erstarb die verführerische Wiener Melodie wieder. «Ich möchte dir», sagte Taddeo, «eine andere Geschichte erzählen. Vielleicht, vielleicht auch nicht, bestätigt sie deines Großvaters Theologie.

Ein Mann von ehrgeizigem Charakter, der eine glänzende Karriere hinter sich hatte, entschloss sich, als er nicht mehr ganz jung war, zu heiraten, und sah sich nach einer Frau um. Bei einem Besuch in Bergamo lernte er eine Familie von bestem alten Adel kennen, die aber verarmt war. In dem düsteren, großen Palazzo lebten nicht weniger als sieben Töchter, und am Ende der hübschen Sieben kam ein einziger Sohn, der noch im Kindesalter stand. Die sieben jungen Schwestern waren sich klar darüber, dass ihre persönliche Existenzberechtigung aus guten Gründen angefochten oder gar geleugnet werden konnte, da sie als missglückte Versuche, den Stammhalter zu erzeugen, in die Welt gesetzt worden waren und sozusagen als Nieten zu gelten hatten, die die alte Familie bei ihrem Glücksspiel um Leben und Tod gezogen hatte. Doch war ihr Familiendünkel groß genug, dass sie ihr trauriges Los erhobenen Hauptes trugen, als ein gewöhnlichen Sterblichen unerreichbares Vorrecht.

Das Auge unseres Edelmannes fiel zufällig auf die jüngste Schwester, diejenige, deren Ankunft, wie auch er spürte, für das arme prinzliche

Elternpaar gewiss der härteste Schlag gewesen sein musste. Sein Auge fiel auf sie, und er kehrte immer wieder in den Palazzo ein.

Das Mädchen, damals erst siebzehn Jahre alt, konnte keineswegs als die hübscheste der Schwestern gelten. Doch war der Besucher ein Kenner weiblichen Liebreizes und sah in ihrem jungen Gesicht und in ihrer Figur das Versprechen künftiger ungewöhnlicher Schönheit. Überdies war an dem Mädchen ein eigentümlicher Zug, der ihn noch besonders fesselte. Hinter ihrem zurückhaltenden, beherrschten Wesen, der Frucht ausgezeichneter Erziehung, ahnte er einen Ehrgeiz, dem seinigen verwandt, jedoch stärker, weil weniger blasiert, eine Sehnsucht – und eine Energie, diese Sehnsucht zu erfüllen, die weit über das Gewöhnliche hinausgingen. Es müsse, meinte er, hübsch und unterhaltend sein, diesen jugendlichen, kaum schon bewussten Ehrgeiz zu ermutigen, den jungen Schwan flügge zu machen und sein Aufsteigen zu beobachten. Gleichzeitig überlegte er, eine junge Frau von hoher Geburt, spartanisch erzogen, begierig nach Ehre und Glanz, werde höchst vorteilhaft für seine künftige Karriere sein. Er hielt um die Hand des Mädchens an, und die Eltern, überrascht und entzückt, ihre Tochter eine so glänzende Partie machen zu sehen, gaben ihr Einverständnis.

Unser Mann hatte allen Grund, sich zu seinem Entschluss zu beglückwünschen. Dem jungen Vogel wuchsen die Schwungfedern überraschend schnell. Bald gab es in seinem glänzenden Bekanntenkreis keine schönere, anmutigere Frau, keine, die vornehmer und würdiger aufzutreten verstand oder die einen unfehlbareren Takt bezeigt hätte. Die schweren Schmuckstücke, die er ihr gab, trug sie so selbstverständlich wie ein Rosenstock seine Rosen, und wäre er imstande gewesen, ihr eine Krone aufs Haupt zu setzen, so hätte die Welt gewiss das Gefühl gehabt, sie sei damit geboren. Dabei war sie immer noch im Aufstieg begriffen, getragen sowohl wie auch hingerissen von ihrem Erfolg. Er selbst erhielt in den ersten beiden Jahren seiner Ehe zwei hohe Orden von seinem eigenen und von einem ausländischen Hof.

Als sie aber drei Jahre verheiratet waren, bemerkte er an seiner Frau eine Veränderung. Sie wurde nachdenklich, als sei sie bewegt von einem neuen starken Gefühl, das ihm verborgen blieb. Manchmal hörte sie überhaupt nicht, was er zu ihr sagte. Es schien ihm auch, als ziehe sie es jetzt vor, sich der Welt bei Gelegenheiten zu zeigen, wo er nicht bei ihr war, und anderen fernzubleiben, bei denen sie an seiner Seite hätte erscheinen müssen. ‹Ich habe sie verwöhnt›, überlegte er, ‹möglicherweise verlocken ihr Ehrgeiz und ihre Eitelkeit sie zu dem Wunsch, gegen die Ordnung der Natur ihren Ehemann zu überstrahlen, dem sie doch alles verdankt.› Der Gedanke an eine solche Undankbarkeit verletzte seine Gefühle begreiflicherweise sehr, und als sie eines Abends allein waren, entschloss er sich, sie zur Rechenschaft zu ziehen.

‹Sie sind sich gewiss darüber klar, meine Liebe›, sagte er zu ihr, ‹dass ich nicht die Absicht habe, die Rolle des Ehemanns im Märchen zu spielen, der, kraft seiner Verbindung mit höheren Mächten, seine Frau zum Rang einer Königin und Kaiserin erhob, nur um schließlich von ihr zu hören, dass sie sich wünschte, die Sonne nach ihrem Befehl aufgehen lassen zu können. Erinnern Sie sich, aus welchen Verhältnissen ich Sie geholt habe, und denken Sie an die Antwort, die der allzu nachsichtige Ehemann von den höheren Mächten erhielt, als er den Wunsch seines Weibes vorbrachte, und die da lautete: ‹Geh nur heim, sie sitzt schon wieder in ihrer Hütte.›[4]

Die Frau gab lange keine Antwort; schließlich erhob sie sich von ihrem Sitz, als wolle sie das Zimmer verlassen. Sie war groß, biegsam wie ein Weidenzweig, und ihre weiten Röcke raschelten leise bei jeder Bewegung.

‹Mein Gemahl›, sagte sie mit ihrer tiefen, klingenden Stimme, ‹Sie sind sich gewiss klar darüber, dass es einer ehrgeizigen Frau hart ankommt, beim Betreten eines Ballsaals das Bewusstsein zu haben, dass sie am Arm eines Hahnreis erscheint.›

Als sie, ruhig und ohne ein weiteres Wort zu verlieren, hinausgegangen war, blieb unser Aristokrat sitzen und verharrte in einem ihm bis dahin unbekannten Staunen über das verzwickte Wesen der Schöpfung.»

4 Aus dem Volksmärchen *Vom Fischer und seiner Frau.*

Lorna Moon

DIE SÜNDE DER JESSIE MACLEAN

I

Jessie MacLean fand, sie habe auch Anteil an dieser Liebe, denn sie hatte die beiden bei ihrem ersten Stelldichein gesehen. Es war an einem Sonntagvormittag nach dem Gottesdienst, auf dem Rückweg ging Jessie an Skillys Wald entlang. Behutsam schritt sie in ihrem Sonntagskleid aus knisternder Alpakawolle dahin, in Gedanken bei der Goldkette an ihrem Hals. Ob die abgefärbt hatte und ob Mistress MacKenty es mit ihren Luchsaugen erspäht hatte, als sie in der Kirche hinter ihr saß? (Ist ja kein reines Gold, erhob Jessie stumm Widerrede gegen sich. «Reines Gold ist zu weich, da muss man was beimischen.»)

An warmen Sonntagen war es immer ein Wettlauf zwischen Kette und Predigt; war der Pfarrer bei dem «Dritten» und «Letzten» angekommen, rutschte Jessie in ihrer Bank längst hin und her. Bei kühlem Wetter konnte sie die Kette auch nur anderthalb Stunden tragen, ohne dass sie abfärbte; an diesem Sonntag jedoch war es sehr warm. Als sie vor neugierigen Blicken geschützt war, blieb sie stehen und schob ihr Taschentuch zwischen Kette und Hals. Dann bog sie auf den Weg neben Skillys Bach ein, den sie an den Trittsteinen überqueren wollte, und hier sah sie die beiden. In ihrer Aufregung vergaß sie auf das an ihrem Hals hängende Tuch, aber sie hätte auch Widderhörner auf dem Kopf haben können, und die zwei hätten es nicht gemerkt.

Linkisch und schüchtern wechselten sie ihr erstes «Ist warm heute» und «Warum hast du's so eilig», was in Drumorty bedeuten konnte: «Wer ist der fesche junge Bursch, bei dem mein Herz geschwinder schlägt?», oder: «Die Ewigkeit, du schöne Maid, wär noch zu kurz, könnt ich so lang nur dir ins Auge schau'n.»

Jessie hatte Verständnis, errötete aus Mitgefühl mit den Verlegenen und neigte ihren Schirm zwischen sich und sie. Statt den Bach an den Trittsteinen zu überqueren, ging sie, und das Herz hüpfte ihr im Leibe, denn sie war nun Mitwisserin eines Geheimnisses, weiter am Ufer entlang, bis sie außer Sichtweite war; erst dann setzte sie sich nieder, zog Schuhe und Strümpfe aus, raffte das Kleid bis zu den Knien hoch und watete durch das Wasser.

Beim Gedanken an die beiden regte sich Jessies eigene, im Lavendel der Erinnerung bewahrte Liebe. «Wer mochte der junge Bursche sein?», sinnierte sie beim Gehen. Er war fremd in Drumorty. Das Mädchen war Bella Tocher, die Küchenmagd auf Skillys Farm, ein recht ansehnliches Ding, arbeitsam und rosig, mit vollem Busen, obwohl gerade mal sechzehn.

Jessie war so in Gedanken, dass sie den ganzen Heimweg darauf vergaß, das verräterische Taschentuch vom Hals zu nehmen. Es fiel ihr erst wieder ein, als sie zu ihrer Tür einbog und Mistress MacKenty sich über den Zaun beugte und hinterhältig säuselte, damit Jessie wusste, dass es ihr nicht entgangen war: «Schön Obacht geben, sonst kriegst du Blutvergiftung, Jessie-Schatz.»

Am Sonntag darauf tat Jessie etwas noch nie Dagewesenes. Sie ließ den morgendlichen Gottesdienst aus und hielt an der Straße zu Skillys Farm Ausschau, ob der junge Bursche wiederkäme. Sie hatte sich gegen Enttäuschungen gewappnet und Fleischklößchen in Brühe gekocht. So bitter eine Enttäuschung auch ausfallen mochte, Fleischklößchen in Brühe, das war bereits erwiesen, halfen Jessie ein wenig dagegen.

Sie hatte schon den ganzen Vormittag mit einer um den Hals gewickelten Binde, die Neugierigen kundtat, dass Halsweh sie vom Kirchgang abhielt, am Fenster gesessen und wollte sich gerade den tröstlichen Fleischklößchen zuwenden, da kam er pfeifend anspaziert und bog auf die Straße zu Skilly ein.

«Grundgütiger!», rief Jessie und gab sich fassungslos bei so viel Feuer. «Ist er wieder da, das Dingelchen kann ja keinen Atemzug mehr allein tun.»

Sie brauchte jemanden, der sich mit ihr freute, und gab der Katze ein Klößchen. Die schnupperte daran und schritt zum Zeichen der Verachtung solcher Nichtigkeiten zur anderen Seite des Kamins, wo sie sich niederließ und Jessie den Rücken zukehrte. Jessie nahm die

Abfuhr ungewohnt leicht und konterte: «Du bist eine miesepetrige alte Schachtel, kein romantisches Haar auf dem Kopf.» An so einem Freudentag würde sie sich nicht von der Katze einschüchtern lassen, öffnete mit lautem Knacken die Glastür des Eckschranks und aß die Klößchen später von ihrem besten Chinablau-Porzellan.

Diesen Winter brauchte Jessie die Fleischklößchen nicht mehr. Der junge Bursche war Stärkung genug. Sie sah die beiden bei den Heuschobern oder am Bach, wo sie jeden Sonntagabend mit ineinandergeschlungenen Fingern spazieren gingen. Im Frühjahr aber kam er nicht mehr. Stundenlang stand Bella da und behielt die leere Straße im Blick, während Jessie, von Bangnis und Mitleid erfüllt, von ihrem Eckfenster aus das Mädchen und die Straße im Blick behielt.

Bella war apathisch und bleich. Sie war ein Bild des Jammers, machte keinen Hehl aus ihrem Warten. Jessie konnte das nicht ertragen, sie wollte, dass sich das Mädchen seinen Stolz bewahrte, und flüsterte, wenn sie eine Nachbarin kommen sah, eindringlich: «Geh weiter, als würd'st du Gänseblümchen suchen, lass dir nicht anmerken, dass du auf den Burschen wartest», doch nur die Musselinvorhänge hörten Jessies Rat. Bella, verstört und verzweifelt, hatte kein Ohr für Gerede.

Dann hieß es, Bella Tochers Liebschaft sei «nach Edinburgh gegangen, zu den Soldaten». Von da an hielt Bella nicht mehr Ausschau an der Straße.

Es war Mistress MacKenty, die sagte: «Skilly wird wohl noch vor Pfingsten eine neue Küchenmagd haben müssen, und manche werden begreifen, dass es nie ein gutes Ende nimmt, wenn man am Sonntag mit Fremden herumpoussiert.» Nach dieser düsteren Prophezeiung spitzte sie mit hämischer Wonne die dürren Lippen und wollte mehr nicht sagen, fügte nur hinzu: «Ich hab selbst Töchter, es steht mir nicht zu, mich zu äußern, aber denkt an meine Worte, nur wenige Wochen, dann kommen die Kirchenältesten von Drumorty zusammen.»

Nun verstand Jessie, was es mit Bellas bleichem spähendem Gesicht auf sich hatte, und sie verstand auch, dass es Verzweiflung war, weswegen sie ihr Warten nicht verbarg. «Armes Dingelchen», flüsterte sie. «Hält Ausschau nach ihrem Mann, und der auf Nimmerwiedersehen fort.»

Als Mistress MacKenty an dem Abend zu ihr hereinkam und sagte:

«Skilly will die schamlose Metze morgen früh vor die Tür setzen», versteckte Jessie hastig etwas kleines Weißes, an dem sie genäht hatte. Sie stand bei Mistress MacKentys Worten auf, und weder einer ihrer Gebärden noch dem Ton ihrer Stimme hätte man entnehmen können, dass sie dem Besuch einen Stuhl anbot.

«Es ist eine Schande für die ganze Gemeinde, und Skilly kommt es noch härter an, wo er doch Kirchenältester ist.» Mistress MacKenty flötete regelrecht vor Mitleid mit dem Kirchenältesten. Sie sah sich nach einem Platz um, auf dem sie sich niederlassen und weiter lamentieren konnte, als ihr das kühle Schweigen der sonst so teilnahmsvollen Jessie etwas merkwürdig vorkam. Sie stand nur da, faltete und löste immer wieder die Hände vor der schmalen Taille, und ihre Augen funkelten. Konnte es sein, dass die sanftmütige Jessie MacLean ihre Hände nur mit Mühe davon abhielt, in Mistress MacKentys Gesicht zu fliegen? Mistress MacKenty hatte wohl gerade denselben verrückten Gedanken, denn sie verstummte bei Jessies Anblick, entsann sich plötzlich, dass bei ihr ja «ein Topf Kohl auf dem Feuer stand», und stob davon, ohne auch nur die Tür zu schließen.

Jessie schloss die Tür hinter ihr, schob den Riegel vor und zog die Rollläden herab. Die kleine weiße Näharbeit kam aus ihrem Versteck hervor. Mistress MacKenty schwor am nächsten Tag Stein und Bein, bei Jessie habe die ganze Nacht Licht gebrannt, und fügte hinzu, den Grund dafür wisse sie allerdings nicht, denn «Jessie MacLean tut so heimlich, dass ihre Rollläden ringsherum dicht am Fenster anliegen».

Jessie saß den ganzen Vormittag am Fenster und sah auf Skillys Straße hinaus, den Kopf müde aufgestützt, einen leuchtend roten Fleck auf den runzligen Apfelbäckchen. Ganz Drumorty sah auf Skillys Straße hinaus, aber nicht mit dem zarten Sinn, den Jessie MacLean im Herzen trug. Drumorty schwoll vor gerechtem Zorn. Die Tugend von Drumorty empörte sich, sie wartete darauf, ihre fromme Entrüstung auf die «schamlose Metze» niedergehen zu lassen. Jessie, allein in ihrem verriegelten Haus, wusste nichts davon.

Zur Mittagsstunde erschien Bella auf dem Weg zur Dorfstraße, ein Bündel mit ihrer Habe über den Arm geschlungen. Taumelnd und schlingernd lief sie ein paar Schritte, blieb schwankend stehen, sammelte neue Kraft und lief abermals ein paar Schritte. Manchmal ließ sie ihr Bündel fallen und musste es, unter Mühen auf ein Knie niedersinkend, aufheben.

Dann sah Jessie das, wovon ihr das Herz für einen Moment stillstand. Als Bella auf die Straße einbog, fielen die Rollläden an Mistress MacPhersons Haus herab und blieben unten, wie Augenlider im Tode. In rachsüchtigem Eifer sanken die Rollläden am nächsten Haus herab; Bella hörte es und schaute um sich, als links und rechts von ihr Rollläden auf gerechte Fensterbänke niederrauschten. Sie hielt inne, wankte kraftlos, und dann warf sie, als prasselten Schläge auf sie hernieder, einen Arm vors Gesicht, zog den Kopf ein und rannte.

«Ratsch», machte der Rollladen an Mistress MacKentys Fenster, als Bella daran vorbeilief; mit lodernden Augen sprang Jessie auf. Sie stürmte auf die Straße hinaus und lief der Fliehenden nach: «Bella – Bella Tocher», rief sie.

Im Glauben, jemand folge ihr, um sie zu verhöhnen, nahm das Mädchen abermals alle Kraft zusammen und rannte noch schneller. Schluchzer stiegen in Jessies Kehle auf, als sie Bella, die nur fortwollte, schlingern sah, und sie rief noch einmal ihren Namen, laut und schmeichelnd zugleich. Als sie sie eingeholt hatte und am Arm berührte, blieb Bella stehen und sah sie keuchend an, eine Getriebene, bereit, sich zu wehren, wenn es sein musste.

«Komm zu mir ins Haus zurück, Bella», bat Jessie atemlos.

«Damit du mir in aller Ruhe sagen kannst, dass ich Schande über die Gemeinde Drumorty gebracht hab? – Damit du mir sagen kannst, dass das die gerechte Strafe für meine Sünden ist?» Bellas Stimme erhob sich in hysterischen Japsern, das weiße Gesicht zuckte zum Steinerweichen.

«Nein, nein», drang Jessie besänftigend in sie. «Komm mit, damit ich dir die weißen Leibchen zeigen kann, die ich genäht hab.»

Es waren der Ton von Jessies Stimme und die Tränen auf ihren Wangen, nicht ihre Worte, die einen Schluchzer in Bellas Kehle aufsteigen ließen und das Abwehrende ihrer Gestalt milderten.

«Komm mit und bleib bei mir.» Jessies Ton war liebevoll.

Nun flossen Bella die Tränen übers Gesicht, doch sie schüttelte den Kopf. «Ich bleib nicht hier und tret den Ältesten entgegen. Lieber lauf ich, bis ich umfall.»

«Das tust du nicht – den Ältesten entgegen tret ich für dich. Komm weg von hier», redete Jessie ihr zu und mahnte dann flüsternd: «Sie haben zwar die Rollläden unten, lugen aber drunter hervor.» Sie legte den Arm um das Mädchen, griff nach dem Bündel und sagte leise: «Bist doch selber noch ein Kind – komm.»

Bella überließ das Bündel Jessies energischer Hand und ging, wie ein müdes Kind zockelnd, mit ihr die Straße mit den herabgezogenen Rollläden zurück.

2

Mit wie viel Angst oder mit wie viel Tapferkeit die zwei diese turbulente Nacht durchstanden, können wir nicht wiedergeben. Ebenso wenig können wir die tapferen Worte wiedergeben, mit denen eine gütige alte Jungfer einem auf Abwege geratenen Kind in der Stunde seiner großen Prüfung Mut zusprach. Derlei wird von Engeln geschrieben, und nur Mütter können es lesen.

Wir aber können bei Morgengrauen einen Blick hineinwerfen und sehen den runzligen samtig-rosa Sohn von Bella Tocher, der auf Jessies Schoß liegt und schreit, weil er noch nicht begreift, wie nahe Jessies Schoß dem Himmel ihres liebevollen Herzens ist. Doch wir begreifen es und sind beschämt, weil wir ungebeten auf den Glanz im Gesicht einer alten Jungfer schauen, in deren Brust sich Mutterliebe regt.

3

Es war etwas Keckes in Jessies Schritt, als sie an dem Abend vor dem Tor von Mistress MacPhersons Kuhstall erschien. Sie klapperte herausfordernd mit den Kannen und kam allen Kommentaren Mistress MacPhersons zu der zweiten Kanne dadurch zuvor, dass sie fröhlich sagte: «Ich brauch jetzt alle Tage ein Quart extra.»

Mit ihrer Forschheit nahm sie Mistress MacPherson den Wind aus den Segeln, hatte die doch schon den ganzen Tag auf die Melkzeit gelauert, damit sie «Jessie MacLean einmal gründlich die Meinung sagen» konnte. «Wenn sie angekrochen kommt und Milch für das Flittchen haben will ...» Nach dieser Ankündigung hatte Mistress MacPherson finster genickt, als sie am Vormittag mit Mistress Mac-Kenty besprochen hatte, was hier «eigentlich vorging».

Jessie war aber nicht «angekrochen» gekommen, und Mistress MacPherson, zum Angriff bereit, stutzte verwirrt wie ein Hund, schon drauf und dran, einer Katze nachzusetzen, die allerdings nicht wegrennt. Innerlich frohlockend, hielt Jessie wie nebenbei Mistress MacPherson die Kannen hin, und die, aus dem Konzept gebracht, griff danach und murmelte nur: «Oh, ja.»

Doch wenn es ein Sieg für Jessie war, so fachte er nur die moralische Entrüstung an, die Drumorty Bella gegenüber empfand. Wäre Bella an dem Vormittag sterbend in einem Graben aufgefunden worden, hätten die rechtschaffenen Frauen von Drumorty in ihren Herzen Mitleid mit ihr entdeckt. Doch dass Bella, als ihre Stunde kam, ein Dach über dem Kopf hatte, ein Bett und eine freundliche Hand, die das Nötige tat, war in Drumortys Augen nichts weniger als ein «Rühmen der Übeltäterin».

«Ergötzt sich an ihren Sünden», «bedient und umsorgt, als ob sie eine ehrbare Frau wär», diese und andere Anwürfe grassierten auf dem Markt und in der Kirche, während die Wochen vergingen, und es hieß, Jessie MacLean schliefe «auf Stroh, indes die Metze sich wie eine Königin in Jessies Federbett suhlt». Aber das wusste man nur vom Hörensagen, denn Jessie ließ niemanden über die Schwelle, kein einziges Mal, obwohl Mistress MacKenty oft unter einem Vorwand Zutritt begehrte, angefangen von dem Ei, das sie borgen wollte und am nächsten Tag zurückbrachte (genau dasselbe Ei, wie Jessie beweisen konnte, sie hatte es nicht umsonst markiert; außerdem, welche Verwendung sollte Mistress MacKenty für ein Ei haben, drei Tage vor Sonntag?), bis zu der Flasche Himbeeressig, die sie mitbrachte und fragte, ob Jessie einen Korkenzieher hätte, mit dem man den Korken herausbekam.

All das registrierte Bella mit finsterem Groll, und der stand ihr ins Gesicht geschrieben, wenn das Schreien des Kleinen ihr sein Dasein noch drastischer vorführte. Sie verabscheute ihre Mutterschaft. Eine Mutterschaft, ihr grausam aufgedrängt, als sie selbst noch ein Kind war; eine Mutterschaft, die ihr die Ehre raubte und Schande einbrachte; eine Mutterschaft samt ihrem Schmerz, doch bar jener Liebe, die aus ihren Qualen etwas Herrliches macht. Das war die Mutterschaft, die Bella kennenlernte, und ihr Herz verschloss sich dagegen. Sie fühlte sich in die Enge getrieben. Das Kind, das hilflos in ihren Armen lag und sie weinend um Nahrung anflehte, hätte sie vielleicht davor bewahren und in ihrem Kinderherzen das Mitleid mit einem hilflosen Geschöpf wachrufen können, das Mutterliebe ist. Doch Jessie, eifrig bemüht, es Bella bequem zu machen, nahm ihr die Pflege des Säuglings ab, und je mehr die Liebe zu ihm in ihrem Herzen Wurzeln schlug, desto weniger ertrug sie es, wenn andere Hände ihn berührten. Das morgendliche Baden war ein Ritual, das unter Jauchzern des Staunens und Entzückens in die Länge gezogen wurde. Wenn Jessie merkte, dass Bella ihre Begeisterung nicht teilte, fand sie das nicht befremdlich, denn sie hatte sich schon bald abgewöhnt, Bella als die Mutter des Kindes zu betrachten. Ihr Empfinden für Bella war, wenn auch schwächer ausgeprägt, dasselbe wie ihr Empfinden für das Kind. Sie fühlte sich als Mutter beider. Und so wie Jessies Herz durch die Sorge für beide weiter und kräftiger wurde, wurde Bella, um den rettenden Ausweg des Daseins für andere gebracht, von Tag zu Tag missmutiger. Die Erinnerung an die herabgelassenen Rollläden loderte in ihr, und sie wusste, bald würde der Tag kommen, an dem sie Drumorty wieder unter die Augen treten musste. Jessie gegenüber fühlte sie so gut wie keine Dankbarkeit und staunte nur kühl darüber, dass eine rechtschaffene Frau auch gütig sein konnte.

Das Kind war ungefähr sechs Wochen alt, als Jessie eines Tages mit rosig überhauchtem Gesicht nach Hause kam, ihr Schritt forsch vor Aufregung. Sie öffnete die Hand; darin lagen drei Sovereigns und ein Half-Sovereign. «Drei Pfund zehn, Bella; die Leute aus dem Herrenhaus haben ihre Nährechnung bezahlt.» Mit kurzem Blick auf den Kleinen gurrte sie: «Jetzt braucht Jessies Lämmchen nicht mehr im Wäschekorb zu schlafen; jetzt kriegt es einen Kinderwagen und eine Wiege.»

Jessie ließ die Münzen in den Bierkrug auf dem Kaminsims fallen und schickte sich an, das Kind aus dem Wäschekorb zu heben, als draußen auf dem Weg Schritte zu hören waren. Sie warf einen Blick aus dem Fenster und wich zurück. «Es ist Skilly», flüsterte sie warnend.

Im Nu hatte sie die Haube aufgesetzt, sich einen Einkaufskorb gegriffen und trat ruhig zur Tür hinaus, als Skilly gerade die Hand zum Anklopfen hob.

«Grundgütiger, Skilly!», rief Jessie aus, zog die Tür behutsam hinter sich zu und blieb vor ihm auf der Stufe stehen. «Wer würd denn denken, dass du um diese Zeit zu Besuch kommst?»

«Ich will mit Bella Tocher sprechen», sagte Skilly mit vielsagendem Blick auf die geschlossene Tür, vor der Jessie sich postiert hatte.

«Ach, das tut mir jetzt leid für dich», murmelte Jessie. «Bella ist irgendwo unterwegs, und ich bin auf dem Weg zum Fleischer.»

Skilly ließ sich nicht täuschen, und damit hatte Jessie auch nicht gerechnet. Sie lächelte finster, als sein Blick suchend zum Fenster flog, wo sich die Musselinvorhänge durch Bellas Berührung bewegten, versperrte ihm aber weiterhin den Weg zur Tür, die Arme resolut durch den wie ein Schild vor die Brust gehaltenen Korb geschoben.

Skilly reckte seine schlaksigen Glieder zu einer noch eindrucksvolleren Demonstration von Erhabenheit und sagte, ohne auf Jessies ablehnende Haltung einzugehen, in dem hohen Ton, den er sonst bei der ersten Lesung aus der Schrift anschlug: «Als Kirchenältester ist es meine Pflicht, mit Bella Tocher über ihr uneheliches Kind zu sprechen, darüber, wen wir als Vater eintragen können.»

«Und als Ältester war es deine göttliche Pflicht, nicht wahr, sie vor die Tür zu setzen und am Straßenrand sterben zu lassen.» Jessies Ton war der Inbegriff von süßem Gift.

Skilly jedoch dachte nicht daran, seine zweifelsfreie Überlegenheit aufs Spiel zu setzen, indem er mit einer Frau disputierte, und erwiderte gleichmütig: «Ich hab keine Veranlassung, eine liederliche Frau zu beherbergen, die keine Reue zeigt; wenn Bella Tocher gewillt ist, den Ältesten gegenüberzutreten und ihre Sünden einzubekennen ...»

«Ihre Sünden!», warf Jessie ein. «Es sind nicht ihre Sünden, für die Drumorty sie bestraft, sondern der sichtbare Beweis dafür, Skilly. Es ist das Kind. Es sitzen welche auf der Ältestenbank und fällen Urteile, die mehr von Sünde wissen als Bella Tocher, die aber werden nicht angeprangert. Ihr Silber auf dem Kollektenteller blendet den Pfarrer.»

Der Hieb saß, Skilly errötete auch prompt, schwang sich aber wieder zur Würde seines Amtes auf und dröhnte priesterlich: «Es ist unsere Pflicht, denen mit Güte zu begegnen, die bereuen. Wenn Bella Tocher demütig im Geiste und reuig im Herzen ist, sorge ich persönlich dafür, dass ihr Kind im Armenhaus untergebracht wird, und nehme sie wieder auf ...» Dann fiel Skilly ein, dass er bei der Gelegenheit ein Geschäft machen konnte, und er ließ von seinem Kanzelton ab und fügte hastig hinzu: «Nicht zum alten Lohn, wohlgemerkt; ich zahl ihr die Hälfte.»

Darüber lachte Jessie betrübt, und ihre Augen funkelten kampfeslustig. «Du bist mir ein frommer und gottgleicher Mann, Skilly, mit einem Herzen voller Sanftmut und Milde. Jetzt, wo das Mädchen wieder arbeiten kann, willst du ihr Kind ins Armenhaus geben, was dich nichts kostet, und sie soll deinen Schweinen die Futtersuppe hintragen zur Hälfte des Lohns, den du einer anderen zahlen müsstest; wahrhaftig, ein verzeihendes, weiches Herz hast du ...»

Skilly warf unwirsch den Kopf zurück und wandte sich ab; die Frau strapazierte die Geduld eines Heiligen!

«Ja! Geh nur, Skilly, geh», drängte Jessie spöttisch. «Denn sonst kriegst du von mir noch zu sehen, wer du bist, und von dem Anblick wird dir übel.»

Das war zu viel! So was ertrug ein Kirchenältester nicht länger. Skilly kehrte ihr den Rücken und stakste mit stocksteifem Kreuz den Weg hinab.

Innerlich aufgewühlt, ging Jessie ins Haus zurück. Sie war von Natur aus keine Kämpferin; zu ihrer eigenen Verteidigung hätte sie keinen Mucks herausgebracht, doch der Zufall hatte es gefügt, dass sie Mutter sein musste, und deshalb konnte sie kämpfen wie eine Löwin, mochten ihr davon auch noch stundenlang die Knie zittern.

«Hast du gehört, Bella?», fragte sie das Mädchen, das stumpfsinnig auf der Bank am Fenster hockte, ohne auf das Gewimmer aus dem Wäschekorb zu achten.

«Ja.» Der Ton des Mädchen ließ nicht erkennen, woran es denken mochte. Kurz darauf wanderten seine Augen zu dem Krug auf dem Kaminsims, und es sagte: «Was möchten der Kinderwagen und die Wiege wohl kosten?»

Jessie, die ihre Aufmerksamkeit vor allem auf die Unruhe im Korb richtete, erwiderte: «Den Kinderwagen krieg ich für dreißig Shilling, und ich kann Maggie Duncans Wiege für umsonst benutzen, das ist versprochen – es wär ihr aber recht, wenn ich ihr dafür das nächste Kleid näh.»

4

Am nächsten Morgen schob Jessie im ersten Licht des Morgens ein langes dünnes Bein aus dem Bett, und wie Katzen tasteten ihre Zehen vorsichtig nach einem gehäkelten Pantoffel und schlängelten sich, als er gefunden war, in die wollene Tiefe.

Jessie machte einen ihrer zahllosen Gänge zum Wäschekorb vor dem Kamin im Nebenzimmer und sah nach, ob auch alles in Ordnung war. Sie hielt den langen Morgenmantel aus rosa Flanell vorn zusammen, damit er nicht über den Boden schleifte, und schlich leise an Bellas Bett vorüber, als seine ungewöhnliche Flachheit sie ein zweites Mal hinschauen ließ.

Es war leer! Jessie hastete beunruhigt ins Nebenzimmer. Bestimmt tat Bella etwas, was für das Kind nicht gut war.

Doch auch da war Bella nicht! Ihr Hut hing nicht an der Rückseite der Tür, wo er sechs Wochen gehangen hatte. Ihre Schuhe standen nicht auf der Torfkiste, auf der sie sie am Abend zuvor abgestellt hatte.

Das Kind! Jessie stieß einen Schrei aus, der in einem erstickten Laut, halb Lachen, halb Schluchzen, endete, als sie zum Wäschekorb sprang und davor niedersank. Das Kind war da. Ihr Herzschlag setzte wieder ein, sie beugte sich über den Korb und berührte sacht das warme Gesicht des schlafenden Säuglings; dann kehrten ihre Gedanken zu Bella zurück. Sie suchte noch einmal nach einem Beweis dafür, dass sie wirklich fort war.

Am Bierkrug auf dem Kaminsims lehnte ein Blatt Papier. Jessie griff danach und trat ans Fenster. Starrte im ergrauenden Licht auf die niedergeschriebenen Worte, bis sie einen Sinn ergaben. Und las:

«*Ich gehe nach Edinburgh. Ich habe mir zwei Pfund aus dem Krug genommen, damit bleibt für den Kinderwagen genug übrig. Es ist nicht recht von mir, aber ich bleibe nicht in Drumorty. Wenn ich eine Anstellung finde, schicke ich das Silber zurück, und wenn Geordie mich heiratet, komme ich und hole das Kind ab. Sie waren gütiger zu mir, als ich es verdient habe, und das vergesse ich Ihnen nicht. Sie können den Kleinen ins Armenhaus geben; dort wird es ihm besser ergehen als bei mir, wenn Geordie mich nicht haben will.*»

Jessie las es mit Zittern. Bella war fort! Und das Kind war hier – sie durfte es behalten! Das Herz hüpfte ihr vor Freude im Leibe. Sie drehte sich um und sank vor dem Wäschekorb auf die Knie, schlang gierige Arme darum und flüsterte dem schlafenden Kind zu: «Sie kommt nicht wieder. Sie kommt nicht wieder – und du bist mein, bist mein kleines Lämmchen.»

Dann, im ersten Überschwang ihres Reichtums, noch auf Knien im grauen Morgenlicht, dachte sie an Bella und ihre Armut. Bella, die sich ungeliebt in der Nacht fortgestohlen hatte. Bella, die das Leid und die Schande ertragen hatte. Bella, mit leeren Händen. Und eine tiefe Reue ob der Gier ihres Frohlockens zerriss ihr die Brust, sie rang die Hände und rief voller Pein: «Gott sei ihr gnädig! – Und vergib mir habsüchtigen Sünderin.»

May Ziadeh

DIE GESCHICHTE EINER FRAU
MIT GESCHICHTE

Jeder Mensch hat eine Vorgeschichte, eine Vergangenheit. Verwandte und Bekannte nah und fern fassen sie unterschiedlich auf, spinnen sie weiter und verweben sie mit anderen Geschichten. Da erzählt jemand einem anderen diese Vorgeschichte von seinem Opfer und malt sie aus, indem er sich persönlich in das Geschehen hineindichtet: «Mit der Person hatte ich mal zu tun, und mein Kollege auch, und ein anderer noch viel mehr» – und so weiter, und so fort. Des Langen und Breiten führt er seine Geschichte aus, schmückt sie aus, bauscht sie auf. Die Zuhörer lauschen verwundert, mit gerümpfter Nase, rufen «Großer Gott!» und witzeln und spötteln, als wäre weder ihnen noch anderen vor ihnen jemals etwas dergleichen passiert. In der Beurteilung anderer sind sie selbstverständlich nicht so großzügig wie bei sich selbst, denn die goldene Regel, die da lautet, den Nächsten zu lieben und ihn zu behandeln, wie man selbst behandelt werden möchte, ist zwar immer noch eine goldene Regel, mehr aber auch nicht.

Die Leute lassen bei anderen nicht dasselbe gelten wie bei sich, sondern urteilen nach starren Regeln aus dem Kodex der guten Sitten, mit denen sie sich gegeneinander wappnen. Sobald in diesem Markt der Versteigerungen, der keinerlei Überbieten zulässt, Fehler aufgedeckt werden, wenden sie sich – jeder Einzelne nach seinem Standpunkt recht-schaffen, rein, fromm und tugendhaft – diesem moralischen Kodex zu, der streng ist wie ein Scharfrichter. Wie der Satz des Pythagoras als ein Regelwerk der Mathematik, genauso steht die Ordnung der guten Sitten über den Verfehlungen der Menschheit und richtet über sie.

Ich traf Frau Gh. B. des Öfteren an den unterschiedlichsten Orten, in der Kirche, auf Konzerten, in großen Läden. Oft begegnete ich ihr im Ismailiya-Viertel; wahrscheinlich wohnte sie dort oder irgendwo in der Nähe. War ich mit einer Freundin unterwegs, wurden stets diese zwei Worte geflüstert, die Frauen miteinander wechseln – und, mit Verlaub, Männer ebenso –, wenn eine Frau mit Besonderheiten vorbeigeht: «Schau mal!» Denn diese Frau war für etwas Besonderes bekannt – für ihre schöne Stimme. Ich hatte sie auch bereits auf zwei Feiern singen gehört. Sie war elegant gekleidet und gehörte zu denjenigen, die der neuesten Mode in Kairo stets ein Stück voraus waren. Noch dazu war sie eine Schönheit.

Schon von Weitem erregte dieses besondere Etwas, das es in jedem Menschen gibt, meine Aufmerksamkeit. Es lag nicht an ihrer Aufmachung, ihren Gesichtszügen oder Bewegungen und auch nicht an ihrem Schweigen. Es war etwas Hintergründiges, das sich bei jedem Menschen anders äußert. Einige scharfsinnige Leute behaupten, es liege zwischen den Augen, andere, in der Pupille, um den Mund herum, in den Lippen oder am Kinn. Ich weiß nur, dass es vorhanden ist und den größten Teil einer Persönlichkeit ausmacht. Bei einigen ist dieses Etwas so stark und beeindruckend, dass es sich dem Betrachter einprägt und er diese Person und ihre Persönlichkeit nicht mehr vergessen kann.

Den Worten «Schau mal!» folgt unweigerlich die Geschichte über das, was man betrachtet hat. Und so hörte ich zahlreiche Geschichten über diese Frau, die mich nachdenklich stimmten. Ich fragte mich, was ihre Persönlichkeit ausmachte, die mich so sehr beeindruckte: Welche dieser Gerüchte, die über sie erzählt wurden, sollte ich glauben? Mein Interesse für sie nahm zu, je mehr Geschichten über sie im Umlauf waren. Mir erging es wie dem Mann, der sich einer berühmten Persönlichkeit mit folgenden Worten vorstellte: «Man spricht so abfällig von Ihnen, dass ich Sie unbedingt selbst kennenlernen wollte.»

Am meisten blieben mir ihre Augen in Erinnerung, die sich stets veränderten: Manchmal wie die Augen einer leidenden standhaften Frau, schienen sie ein anderes Mal versonnen, von sämtlichen Erscheinungen des Lebens abgewandt. Zuweilen bargen sie einen abgrundtiefen Blick und schauten durch die Dinge hindurch, als sähen sie in der Luft Zeichen einer unsichtbaren Hand. Wieder andere Male erschienen sie wie Augen einer geselligen Person, die sich mit ganz gewöhnlichen Vergnügungen begnügt, ohne sich etwas zu wünschen, was noch besser wäre. Dann wieder erstrahlten sie zufrieden, als habe das Leben ihr stille, heitere Freuden beschert und all ihre Wünsche erfüllt. Ich mochte sie, wenn sie umflort und erloschen waren, als sei die Frau in den letzten zwei Wochen um fünfzig Jahre gealtert. Dann wieder, ein weiteres Mal, begegnete ich ihr in ihrem rosafarbenen Kleid und mit einem Hut, der auf ihrem Kopf flatterte, und sie wirkte auf mich wie ein junges Mädchen, das vom Leben jedes erdenkliche Glück erwartete.

Eines Tages richteten einige Musikliebhaber ein Konzert im großen Festsaal des «Shepheard Hotel» aus. Es wurde von zwei bekannten Lehrern organisiert, von Frau K., eine der besten ausländischen Gesangslehrerinnen, die in ihrem Haus Gesellschaften abhielt, auf denen sie die Frauen und Männer mit den schönsten Stimmen Kairos um sich scharte, und von Signore F., der seit Jahren in der Stadt wohnte und jede Menge Schülerinnen und Schüler der verschiedensten Nationalitäten hatte; die Zahl seiner Freunde und Bewunderer, die von seinen Meisterleistungen am Klavier begeistert waren, nahm ständig zu.

Auf dieser Feier sang auch die Frau mit Geschichte, doch ich fand keinen, der mir etwas über sie erzählt hätte. Das mag daran gelegen haben, dass die meisten Anfänger waren, denn jedes Mal wenn jemand ein Musikstück spielte oder ein Lied sang, applaudierten alle Angehörigen, um sicherzugehen, dass die anderen ebenfalls Beifall spendeten, wenn ihre eigenen Kinder sangen oder spielten. Diese Frau hatte keine Angehörigen, doch nichtsdestotrotz beeindruckte ihr Gesang und rief frenetischen Applaus hervor, den sie schweigend entgegennahm. Ihre Augen flammten dunkel auf und verliehen ihrem Gesicht etwas Gebieterisches, das sie weder jung noch alt erscheinen ließ, wie eine Statue, deren Gestalt auf ewig unveränderlich bleibt.

An jenem Abend dachte ich lange über sie nach. Ich reimte mir aus dem, was ich gehört hatte, eine traurige Erzählung über sie zusammen. Ich dachte, wie schade es sei, dass diese Frau so verschlossen ist. Warum vergisst sie nicht einfach, wie schön sie ist, und steigt zur Spitze auf, die sie mühelos erreichen könnte?

Am nächsten Tag sollte Signore F. wie verabredet um elf Uhr zu meiner Musikstunde kommen, doch er traf erst kurz vor zwölf Uhr ein. Händereibend und mit glänzenden Augen hinter den Brillengläsern trat er ein. Ich monierte sein Zuspätkommen: «Sie vergeuden meine

Zeit, Maestro, Sie haben meinen Morgen, nein, meinen ganzen Tag ruiniert!»

Er brach in ein tiefes Gelächter aus, das mit einem vogelähnlichen Piepsen endete: «Ich bin kein Mathelehrer, der sich an genaue Zeiten halten muss.» Erneut rieb er sich die Hände und zitierte ein französisches Sprichwort: «Manche Verwirrung ist notwendig, um die Kunst noch schöner zu machen.» Meinen Einwand «Aber meine Zeit ...» unterbrach er: «Und nun auf zum Unterricht!» Eine geschlagene Stunde lang hörten die Nachbarn das Klimpern der Übungen und Wiederholungen, das so typisch für Klavierstunden ist.

Als die Stunde mit Müh und Not endlich um war, verlangte ich, was mir zustand, denn wenn Signore F. seinen Schülern wohlgesinnt war, spielte er ihnen immer noch ein Stück ihrer Wahl vor. Ich wünschte mir an jenem Tag ein russisches Musikstück, das er auf der Feier tags zuvor gespielt hatte.

Er setzte sich ans Klavier. Doch bevor er begann, plauderten wir noch über das Konzert und die Stimmen der Sänger und Sängerinnen. Ich fragte ihn, ob die Frau mit Geschichte seine Schülerin sei.

«Nein», antwortete er, «sie ist die Schülerin von Frau K. Ich habe sie schon des Öfteren bei ihr getroffen.»

Ich fragte: «Manchmal wird sie mit ‹Madame› und manchmal mit ‹Mademoiselle› angesprochen; ist sie verheiratet oder alleinstehend?»

Seufzend antwortete er: «Ach, die arme Frau!»

«Sind es ihre Lebensumstände, die so großes Mitleid hervorrufen?»

«Wie könnte man kein Mitleid haben mit einer Frau, die alles in sich vereint, Schönheit, Intelligenz, Güte, dazu geschaffen, glücklich zu sein und glücklich zu machen, und doch ist ihr Schicksal nur Elend.»

«Welches Elend meinen Sie denn?», erkundigte ich mich.

«Ach, sagen Sie bloß, Sie kennen ihre Geschichte nicht?»

Ich erwiderte, dass ich nur hier und da etwas gehört hätte, doch wer kann sich schon von dem, was die Leute reden, ein klares Bild von einem Menschen machen?

Der Maestro seufzte noch einmal auf, und seine Fingerspitzen glitten über die Tonleiter, als wolle er sein Bedauern zerstreuen oder als versuche er, eine altbekannte Geschichte neu zu erzählen. Sein Blick trübte sich ein: «Der Vater dieser Frau war Richter an den Gemischten

Gerichtshöfen[1], sehr kenntnisreich und klug. Er ließ seiner Tochter die beste Erziehung angedeihen. Als die Zeit kam zu heiraten, erging es ihr wie anderen jungen Frauen: Ihre Eltern wählten einen Bräutigam aus, Ausländer so wie sie, der ihren gesellschaftlichen Ansprüchen entsprach. Der Bräutigam sah gut aus, und so widersprach sie nicht. Wie so viele erfreute sie sich an Kleidern, Schmuck und an der zu erwartenden Freiheit und ließ es dabei bewenden. Sie richteten eine prächtige Hochzeitsfeier aus, zu der alle wichtigen Personen der europäischen Gemeinschaften[2] eingeladen waren. Doch kaum war er in den Besitz der vereinbarten Mitgift der Braut gekommen ...»

Hier hielt der Maestro inne. Auf seinem Gesicht zeichneten sich zugleich Scham, Mitleid und Verachtung ab. Nach einer kurzen Pause fuhr er fort: «Wie viele Männer wurden von Frauen ins Unglück gestürzt, von ihren Liebsten getrennt, wie viele Herzen gebrochen! Aber eine Frau ist arm dran, wenn sie nicht auch ein wenig boshaft ist! Wie hoch auch immer ihr Selbstgefühl ist, wie sehr sie sich auch von ihren Fesseln befreit hat, wie beharrlich sie ihre Rechte einfordert und es dem Mann gleichtun möchte, so bleibt doch ihr Leben für immer in der Hand des Mannes, dem ebenbürtig zu sein sie behauptet. In Wirklichkeit ist sie aber nur das, was er sie sein lässt. Wenn der Mann frei und edelmütig ist, lässt er sie auch frei und edelmütig sein, wenn er aber armselig und verachtenswert ist, erniedrigt und verachtet er sie auch, denn sie ist sein Spielzeug, seine Sklavin, ein Ding, über das er jederzeit frei verfügen kann. Einige Männer, die das Herz am rechten Fleck haben, erschreckt diese Macht über die Frauen. Es ist eine Kraft, die sich über politische und gesellschaftliche Veränderungen hinwegsetzt und lustig macht, denn sie ist stärker als Politik und Gesellschaft, sie beruft sich auf die Natur. Solche Männer schrecken aus Angst vor sich selbst vor einer Heirat zurück.»

Diese Kommentare bedrückten mich, doch weil ich den Rest noch hören wollte, fragte ich, was dann geschehen sei.

---

1 Die zwischen 1876 und 1949 aus zwei Instanzen bestehenden Gerichtshöfe in Alexandria, Kairo und al-Mansura waren sowohl mit ausländischen als auch mit einheimischen Richtern besetzt.

2 Vor allem die Briten als ehemalige Besatzer und Italiener.

«Dieser Halunke war insgeheim mit einer anderen Frau liiert und brauchte Geld. Die Heirat war der leichteste Weg für ihn, um an welches ranzukommen. Nach drei Wochen verschwand er.»

«Wie meinen Sie das, ‹verschwand er›?»

«Er verließ das Haus und kehrte nie mehr zurück. Zunächst wurde seine Frau fast verrückt, da sie fürchtete, ihm sei etwas zugestoßen. Doch mit der Zeit erfuhr sie, dass er mit seiner ersten Frau abgereist war. Sie suchten ihn in Italien, seiner Heimat», hier räusperte sich Signore F. unbehaglich, denn er war selbst Italiener, «doch die Bemühungen der Polizei verliefen im Sand. Man fand keinerlei Spur von ihm, weder in Italien noch anderswo in Europa. Kurz darauf starb der Vater dieser Frau, die um ihre Jugend und ihre Liebe, um ihr Vermögen und ihre gesellschaftliche Stellung betrogen worden war. Seither ist sie einsam und mittellos. Die Kirche weigerte sich, ihre Ehe zu annullieren, da der Mann mit seiner ersten Frau nicht kirchlich getraut war, sondern nur auf Basis einer privaten Übereinkunft mit ihr zusammenlebte. Gesetzlich hat er sich strafbar gemacht, aber was kann das Gesetz jemandem anhaben, der sich in Luft aufgelöst hat? Hätte die Kirche die Ehe der Frau für ungültig erklärt, hätten die Leute trotzdem an ihrer Integrität gezweifelt. Denn der, dem Unrecht geschieht, ist mehr Zweifeln und Unterstellungen ausgesetzt als derjenige, der Unrecht begeht, vor allem wenn es eine Frau ist, der Unrecht angetan wird, und ein Mann es begeht. Die Leute zerreißen sich das Maul über jede ihrer Bewegungen, das ist für sie ein gefundenes Fressen. Selbst wenn sie ihre Tage mit Fasten, Beten und Selbstkasteiung zubringen würde, wäre man nicht gerecht zu ihr. Und wie viel Geld sie ihnen auch zahlen würde, nie brächten sie ihr auch nur den Anschein von Hochachtung entgegen, mit dem sie sich bei Leuten von Rang und Namen, bei Reichen, Mächtigen oder denjenigen, die Eindruck schinden können, einschmeicheln. Welches Ziel hat diese Frau noch in ihrem Leben? Sie ist keine geschiedene Frau, die frei über ihre Tage verfügen kann, aber auch keine Gefangene, die Trost und Vergnügen darin finden könnte, ihre Fesseln abzuwerfen. Dies ist das verstümmelte Leben einer Frau, die vom Mann ins Unglück gestürzt wurde, wie so viele vor ihr schon!»

«Aber wieso hat sie in der Zeit ihrer Verlobung nicht bemerkt, dass er sie täuscht?»

«Ich weiß nicht, wieso sie das nicht gesehen hat; auch ihre Familie ahnte ja nichts davon.»

«Vielleicht hat er sie in bester Absicht geheiratet und konnte trotzdem die andere nicht vergessen. Vielleicht war die andere ja sehr schön.»

Der Maestro erwiderte: «Nein, man sagt, sie sei alt und grauhaarig gewesen. Jeder wunderte sich darüber, wie sich dieser elegante feurige Mann mit ihr abgeben konnte.» Gesenkten Hauptes fügte er hinzu: «Jugend und Schönheit haben mit dieser ganzen Angelegenheit nichts zu schaffen. Schönheit sucht man in den Salons, im Theater, in den Gesellschaften, auf der Straße. Eine hübsche Frau zieht den Blick eher auf sich als eine weniger hübsche. Doch Attraktivität ist nicht alles, und die Geschichte gibt mir recht. Den letzten Beweis, den die Geschichte uns liefert, finden wir im österreichischen Thronfolger, auf dessen Ermordung hin der Krieg ausbrach. Denn er hatte sich allen vor Schönheit erstrahlenden österreichischen Erzherzoginnen verweigert, allen Prinzessinnen der Monarchien. Er hätte auf Thron und Krone verzichtet, um diese Frau zu ehelichen, die nicht halb so schön und anmutig war, die Comtesse von Chotek, die Hofdame einer seiner Verwandten, die nach ihrer Eheschließung zur Herzogin von Hohenberg wurde. Sie wurde mit ihm im Attentat von Sarajevo getötet.» Signore F. richtete sich in seinem Stuhl auf und spielte dann das leidenschaftliche traurige Beethoven-Stück, die *Marcia funebre d'un eroe*[3].

Gestern sah ich in einem Park in einem Vorort Kairos die Frau mit Geschichte. Jetzt begreife ich, warum der Ausdruck ihrer Augen stets wechselt. Auch wenn ich noch nicht vollends die Bedeutung eines «verstümmelten Lebens» erfasst habe, verstehe ich, dass manchen Menschen ein Schicksal beschert ist, das sie sich nie hätten vorstellen können. Hätten sie es geahnt, hätten sie mit allen Mitteln versucht, ein solches Schicksal abzuwenden. Ich verstand, dass in dieser hohen Gestalt voll Kraft und Stolz ein Herz schlägt, das von Liebe verletzt worden war und noch jetzt von einem tief sitzenden Krebs gepeinigt wird, der sich überallhin ausbreitet und den man nicht entfernen kann: der Verachtung des Lebens und des Misstrauens gegen die Menschen.

---

3 Eigentlich: *Marcia funebre sulla morte d'un eroe*, der 3. Satz aus Ludwig van Beethovens Klaviersonate Nr. 12 in As-Dur.

H. D.

OHRRING

Es hatte sie jemand mit zwei Diamanten gekauft, und die Implikationen
eilten ihr voraus, als Köpfe sich dezidiert und eine Spur zu desinteres-
siert nicht nach ihr umdrehten. Man spürte ihr Kommen (genau wie
gestern), aber nach zwei Abenden genau desselben Auftritts fühlte sich
Madelon Thorpe schon ein klein wenig immun. Sie dachte: Dies ist mein
dritter Abend in Athen. Madelon maß die Zeit nach den Diamanten, sie
akzentuierten etwas, waren anderes als der Anschein (nicht hinsehen),
waren natürlich Rufzeichen, waren Briefbeschwerer an zwei Ecken
der wogenden Textur ihrer Wahrnehmung dieses Ballsaals, Speisesaal
des «Hôtel Acropole et Angleterre», in erhabenem Golddruck auf der
Speisekarte. Madelon maß die Zeit nach den Steinen; ich bin jetzt drei
Tage hier; ich bin im Londoner Hafen an Bord und im Athener Hafen
von Bord gegangen; es muss jetzt fast vier Wochen her sein, dass wir weg
sind. An irgendwas musste man sich halten.

Archie Rowe war ihr Gast, vielmehr Eleanors Gast, ich bin Eleanor
Eddingtons Gast. Wenn doch Eleanor nur gerade sitzen würde (in
diesen Kreisen hier für sie «Eleanor» und nicht «E. E.» oder «Edd»,
wie sie sie zu nennen gelernt hatte). Wenn doch Eleanor nicht alles
mir überließe. Archie Rowe, Halbgrieche, hatte aberwitzige Vorstellungen, wie sich Leute aus London zu benehmen hatten. Hier wusste
jeder alles. Sollte sie es wagen, nach den Diamanten zu fragen? Er
würde sich nicht deutlich äußern. Sie würde abwarten müssen. Die
Diamanten säbelten Löcher in den Small Talk, dichte Magnetpole um
kleine und dazwischen vereinzelt größere Tische, zentriert nach einem
Gesetz gegenseitiger Anziehung. Auch wenn sie sonst alles schied in
obere, untere, mittlere Gesellschaften, in Konstantinisten[1] und Venize-

---

1 Royalistische Anhänger von Konstantin I. (1868–1923).

listen², blieben sie doch nach einem ungeschriebenen Pakt, der bloße Proklamationen von Königen und Kaisern transzendierte, gegen eines verschworen: den nicht allzu reizvollen noch allzu reizlosen Gast von jenseits des Schwarzen Meeres. Obwohl sie fast durchweg Gäste waren, überließen sie sich ihren jeweiligen Kreisen (kleinen Tischen und dazwischen vereinzelt größeren) und das hier anderen. Über unfassbare Disparitäten und Antipathien hinweg, gesellschaftlich, ethnisch, politisch, verband sie doch eines – ihre Distanz zu den Diamanten.

Die Diamanten, mehr als die Frau, die sie trug, heischten Anerkennung. Oder waren vielmehr die Diamanten selbst in ihrer Gleichgültigkeit anmaßend, zwangen vielleicht sie durch eine dunkle Macht diese menschlichen Wesen, sie zu schmähen? Archie Rowe kannte bestimmt die Hintergründe. Vielleicht waren sie en passant aus einem fürstlichen Diadem gebrochen oder, anders, vielleicht waren sie aus einem heiligen byzantinischen Schrein stibitzt worden. Oder, noch erstaunlicher, vielleicht waren sie der bezifferte und ureigene Besitz des größeren Gefährten, Koloss im edlen Zwirn, Begleiter des Shiftkleids aus Satin, über dem sich ein Kopf hob, eine Katastrophe, bleich, abgetrennt und ohne Bezug zu dem in Schwarz gehüllten Körper darunter. Der Kopf war in keiner Weise bemerkenswert. Madelon kannte ihn (ohne hinzusehen) vom vorigen Abend und dem davor. Schultern und Kopf waren eine Marmorkopie, Klytie³, auf schwarzem Sockel; dieser Kopf würde sich drehen, wenn man den Sockel etwas verrückte, nach links, nach rechts. Fast glaubte man in dem breiteren Begleiter, der genauso gut Butler wie Großfürst sein mochte, den Kurator dieses fragwürdigen Schatzes zu sehen – eines nicht sonderlich guten Kopfs einer zweitklassigen Klytie aus minderwertigem Marmor. Das Haar, über den Schläfen lose, ge-

---

2 Republikanische Anhänger von Eleftherios Venizelos (1864–1936), der die *Megali Idea* eines Groß-Griechenlands vertrat und wegen seiner ententefreundlichen Politik von Konstantin I. zum Rücktritt gezwungen wurde; 1916 rief er in Saloniki eine republikanische Gegenregierung aus, drängte 1917 den griech. König ins Exil und erreichte 1919 als Verhandler bei den Pariser Vorortkonferenzen Gebietsgewinne für sein Land.

3 Nach griech. Mythologie Geliebte des Sonnengotts Helios, die nach dem Verrat an ihrer Rivalin Leukothoe in eine (Sonnen-)Blume – den Heliotrop, der seine Blüten stets der Sonne zuwendet – verwandelt wurde.

hörte keiner bestimmten Epoche an; die späte Edwardische[4] mochte Pate gestanden haben. Das schwarze Samtband am Hals ließ an einen Bruch in der Büste denken, der nicht richtig restauriert worden war. Insgesamt lohnte näheres Hinsehen nicht; ein ungeschriebenes und doch überstrapaziertes gesellschaftliches Gebot besagte zudem, dass man nicht hinsehen durfte.

Die Diamanten waren, ohne Frage, unverhältnismäßig, doch daran allein konnte es nicht liegen. Archie Rowe hätte sicher alles haarklein parat. Die zwei, die hier sozusagen im Kielwasser der Steine schwammen, konnten sonst wer sein. Wo aber jeder wer war und alle unverbunden und extravagant individuell, wie kam es, dass diese zwei, in Schwarz und im ganzen Auftreten korrekt, diese Art implizite und ungute Aufmerksamkeit auf sich zogen? Die Kellner hatten eine schmale Laufbrücke frei gelassen. Doch zwischen ihrer Reihe und den anderen dort in intimen Abständen vor die tief maronifarbenen Vorhänge geschobenen Tischen verlief Lethe oder Styx.[5] Lag das allein an den Diamanten? Wem gehörten sie? Wer hatte sie getragen? Sie waren Suchscheinwerfer. Kreisende Lichter eines kompakten Leuchtturms streiften kleine Tische und größere Tische, wo alle persönlichen Eigenarten diesem einen Punkt zustrebten, ihrem äußersten Desinteresse. Was immer überall dort heimlich geflüstert wurde, wo eine Serviette gleichsam ein Husten kaschierte, eines bestimmt nicht: Diamanten. Bildete Madelon es sich ein? Die Leugnung des Eindrucks schien alles in ihre Richtung zu bündeln. Sie würde selbst (wenn sie dem Einfluss nicht auswich wie die anderen) in den gemeinsamen Fokus gezogen werden und verkohlen.

Aber das war doch albern. Sie maß ihnen zu viel Wert bei. Es gab so viel anderes zu bedenken. Die Gespräche gingen hoch; ganz gleich wie gesittet der Unterton, man witterte Hochspannung, eine hochexplosive Kraft in der kleinsten Bemerkung. Man sah förmlich epigrammatische Funken wie einen Magnesiumbrandsatz von Tisch zu Tisch zünden;

4   Epoche von der Thronbesteigung Edwards VII. im Jahr 1901 bis zum Ausbruch des Ersten Weltkriegs.
5   Unterweltflüsse der griech. Mythologie. Wer am Eingang zur Totenwelt vom Wasser Lethes trank, verlor seine Erinnerung; der eiskalte Styx durchfließt das Totenreich des Hades.

große Tischrunden und kleinere Runden schienen kollektive Botschaften weiterzugeben, in verschiedenen Sprachen. Es herrschte ein unglaubliches Babel der Zungen; sie alle schnitten sich: Französisch, Englisch, Englisch-Französisch, Französisch-Englisch. Gelegentlich gab es einen unvorhersehbar kehligen Unterton; irgendwo weiter unten musste der holländische Botschafter sitzen, denn Archie Rowe sagte soeben: «Miss Eddington, morgen Abend wird in der holländischen Gesandtschaft zum Ball geladen; tanzen Sie gern?»

Gesprächsthema alles außer Diamanten. Die Frau war im Begriff, sich zu setzen. Na gut, ich weiß nicht, worum es hier geht, aber irgendjemand muss sie doch ansehen. Es macht es zu wichtig, dass niemand hinsieht. Fast so, als hypnotisierten sie die Diamanten, sah Madelon hoch. An dem Anblick war nichts Neues. Die schwarzen, recht massigen Tuchschultern des männlichen Begleiters neigten sich, wie üblich, etwas vor, während er darauf wartete, dass seine Gefährtin Platz nahm. Das Shiftkleid aus schwarzem Satin war ohne Kniff oder Falte, als wäre eine perfekt geschulte Zofe eben noch mit dem Bügeleisen drübergefahren. Das Kleid bekam Querstriche, als ein Knie sich leicht beugte. Die Besitzerin der Diamanten schob ein Knie um die Tischkante und fasste Fuß am anderen Ufer von Lethe. Über den Styx warf sie ein Lächeln aus.

Keiner erwiderte das Lächeln. Der Erdölmagnat direkt oberhalb der Diamanten sprach weiter mit seiner Sekretärin. Sie trug stets denselben Hut. Dann und wann bog sie die vorwippende Feder daran affektiert vor ihre Augen und ließ sie ebenso affektiert zurückschnellen. Sie und die Frau des Militärattachés aus Washington trugen unweigerlich Hut. Öl und Attaché saßen oberhalb von Eleanor, Archie Rowe und Madelon; auf Ellbogenhöhe gegenüber saß England und richtete das Wort französisch an einen Nebenmann mit traurigen Mandelaugen, der Perser sein mochte. Eine junge Frau an einem Einzeltisch war, beim Lunch, als eben vom aus Serbien wieder eingetroffenen Hilfskomitee identifiziert worden.[6] Etwas weiter unten Holland und ein noch anderer Kehllaut.

---

6 Im Ersten Weltkrieg erlitt Serbien die höchsten Verluste an Menschenleben: rund 540 000 Opfer, was etwa 11 Prozent der Bevölkerung entsprach. Das «Hilfskomitee für die Griechen Kleinasiens» und die 1915 ins Leben gerufene amerik. «Near East Relief» halfen mit einem Netzwerk von Konsuln, Freiwilligen und Missionaren.

Dahinter begann Niemandsland, Leute, vor denen nicht einmal Archie Rowe eine Verbeugung für nötig befand. Und alles redete und niemand redete, nahm sie an, von Diamanten. Eleanor, die erkannt hatte, dass sich hier Unruhe stiften und Archie Rowe ärgern ließe, starrte nun endlich ausdauernd hin. Madelon, die den fraglichen Diamanten so gut wie zugelächelt hatte, fand, sie könne ebenso gut etwas sagen. Sie öffnete die Lippen zu einer Frage, die Archie bang unterbrach – «Ah…» –, indem er sich den flachen Suppenlöffel entgleiten ließ, sich halb abwandte, um vom Kellner die Weinkarte entgegenzunehmen und mehr hauchte als flüsterte: «die sagenhaften R-russen.»

Das doch sicher mindestens.

Welche Russen wären nicht sagenhaft, die über ein Schwarzes Meer einer roten Revolution entkommen waren, einschließlich Diamanten? Es kamen hier im Hotel sonst keine Russen infrage, vielleicht auf der ganzen Welt nicht. Wer «Russe» sagte, sagte «sagenhaft». Archie hatte damit nichts verraten. Er schien alles zu spüren, es separat über seine beiden Gesichtshälften aufzunehmen wie ein Fisch.

* * *

Die Diamanten wurden weniger. Einer war jetzt von dem rosa Lampenschirm abgeschnitten; auf allen Tischen standen identische Lampen. Der Diamant hing funkelnd in der Leere vor dem tief maronifarbenen Vorhang. Er lag senkrecht auf dunklem Samt wie ein Diamant in einem Schaukasten, stellte die Gemeinplätze schlichter Schwerkraft auf den Kopf. Er müsste herunterfallen, oder sie müssten herunter- oder hinauffallen. Kriegstaumel und jüngst Londoner Krieg und Reise, erst drei Tage vorbei, auf winterlicher See vom Londoner Hafen zum Athener Hafen machten es plausibel. Alles in diesem Brack, Rückstau der Sturmflut der Zeiten, drehte sich im Kreis. Der Diamant allein blieb statisch, er bildete den Mittelpunkt eines mystischen Kreises, ein Problem der Geometrie. Der kopfstehende Museumsschaukasten enthielt, genau besehen, ein Haupt, guillotiniert von einer schmalen Samtschwellung (Französische Revolution, Russische Revolution), schien das einzig Reale in der überspannten Atmosphäre eines Raums, in dem alles jeden Moment über den Rand des Nichts rutschen konnte ins Nirgendwo. An irgendwas festhalten. Archie benannte für Eleanor diverse Notabeln, deutete ihre Position mit einer Schulterneigung oder dem fast unmerklichen Rucken eines Ellbogens an. Selbst diese leisesten Indiskretionen kaschierte er mit beiläufig auf Griechisch an einen Kellner gerichteten Bemerkungen, seine Worte gingen bei genauerem Hinhören über in die Silben des Paars jenseits des schmalen Gangs. Russisch und Neugriechisch – unterschieden sie sich denn so sehr?

Wo so viele Fragen zu stellen waren, warum nicht, da alle anderen darauf versessen schienen, es zu übergehen, beim Offensichtlichen bleiben? Wo kamen die Diamanten her? Niemand, nicht einmal Russen, nicht einmal neunzehnzwanzig, nicht einmal in Athen trug Edelsteine groß wie Eier des Vogel Roc[7] an den Ohren spazieren.

Madelon sagte sich eine Zahl vor, dachte «neunzehnzwanzig», und schon katapultierte sie das Faktische der vier konkreten Ziffern der Reihe (1–9–2–0) in praktikablen Kontakt mit den anderen hier. Sie wiederholte die Zahlen stumm hinweg über die bemüht geistreichen Bemerkungen Archie Rowes auf Kosten des ehemaligen Direktors der British School at Athens. Seine verdeckten Spitzen waren sorgsam für die Ohren des gegenwärtigen Direktors gedacht, zu dem, wie Archie sie zuvor hatte wissen lassen, die geradezu sarggleichen, geradezu diplomatenkorpsartigen Schultern zwei Tische weiter links gehörten. War die Tischordnung genau kalkuliert, oder hatte man sie einfach alle irgendwohin gepflanzt? Ganz sicher war bei ihnen selbst hoher Rang vorausgesetzt worden; nur wie hatten die besagten Russen dann den begehrten Ecktisch ergattert? Oder war alles Zufall? Der Anordnung ihrer Tischnachbarn diesseits des Gangs schien, in der Tat, eine lose Logik zugrunde zu liegen. Sie alle waren, sozusagen, englischsprachig, ein bunter, keine Frage, Haufen, und doch irgendwie zu scheiden von balkanischen, russischen, einheimisch griechischen, reisenden rumänischen Gästen; die die untere Hälfte des Saals bevölkerten, waren schlicht undefinierbar. Die Russen mit den Diamanten waren quasi die Hochwassermarke der Balkanflut. Neunzehnzwanzig, wiederholte Madelon wie ein Abrakadabra (1–9–2–0), Spruch, um alles irgendwie

7 Fabelwesen aus arab. Legenden (etwa *Tausendundeine Nacht*).

ins Verhältnis zu zaubern. Ich bin in Athen, sagte sie sich, wir haben neunzehnzwanzig; sie wiederholte es wie eine Telefonnummer.

In dem Maß, sagte sie sich, wie das Gestalt annahm, fand Madelon noch anderen Halt als die Diamanten. Eins, neun, zwei, null. Als Reihe geschrieben, wie eine Summe nach Kinderarithmetik oder mit Strichen wie ein Morsesignal. Es war irgendeine Art Signal. Die ganze Welt war in einem Malstrom von Babelzungen untergegangen, lange schon. Das hier war ein Strudel im Rückstrom, eine Miniaturausgabe davon. Es war Relikt, schon neunzehnzwanzig längst Vorkrieg. Vor-Lustige-Witwe[8] gar.

Die Gesellschaft glich trotz des zufälligen Anscheins dem sorgsam komponierten Schlussbild einer Operette. Aber sie ist in Wirklichkeit etwas ganz anderes, dachte sie, sie ist Chemie, ist reine Geometrie. Sie ergaben, alle zusammen, eine sagenhafte Mischung in einem Reagenzglas (dem Hotelsaal). An kleinen Tischen und größeren brodelte ein jeweils eigenes alchemistisches Prinzip. Die Diamanten waren zwei Radium-Punkte[9], etwas Unauflösliches, während alles andere brodelte. Die übrigen Komponenten setzten sich in Schwingungen chemischen Missfallens ab, wollten mit ihnen nichts zu tun haben. «*Prophilia?*»,[10] fragte Archie Rowe leicht spöttelnd, wie um sie daran zu erinnern, wo sie war, und zerrte sie von den Diamanten zurück.

«O ja», sagte sie rasch, «sehr gern. Ich mag ihn sehr.» Das alles hatte sie schon mal gesagt, sie wusste genau, was sie sagen würde, sie wusste, dass er sagen würde: «Ach, Sie mögen den *retsinato?*» Ehe er überhaupt das Wort aussprach, wusste sie, dass er fragen würde, ob sie den geharzten griechischen Wein möchte, als würde sie für ihn denken, für sich. Es war hier eine gängige Frage, und es gab eine gängige Antwort, doch indem sie sie gab, schien sie sie wieder und wieder gegeben zu haben, ihr Leben lang, ohne Interim, ohne Schiffe und Häfen und

8 Anspielung auf Franz Lehárs (1870–1948) Bühnenwerk *Die lustige Witwe* (1905).

9 Bei H.D. ist Radium, entdeckt von der von ihr verehrten frz. Physikerin Marie Curie, eine Metapher für den kreativen Prozess.

10 Von Philia, der antiken Freundesliebe der Antike; möglicherweise Anspielung auf *Athis und Prophilias*, eine mittelalterliche Novelle, in der ein Mann des Freundes Gattin liebt.

einen Korb blauer Hyazinthen in Gibraltar. Sie wusste, dass sie es sagen musste, also sagte sie es: «Man braucht etwas *Zeit*, sich zu gewöhnen. Er hat eine angenehm *herbe* Note, nicht wahr? Das heißt, wenn man sich erst gewöhnt *hat*» usw. Sie sagte es für Eleanor. Warum redete Eleanor nicht, sagte ihr eigenes Sprüchlein auf? Sie schleppt mich in diese befremdlichen Kreise, und ich darf mich dann abstrampeln. «Erdöl», sagte Eleanor.

Archie Rowe besaß ein untrügliches levantinisches Gespür für alle Nuancierungen dessen, was unerheblich war. Oder war Erdöl erheblich? Es gab Quellen hier, Bohrstellen dort, Rechte sonst wo... die Leute von Standard Oil[11]. Sie ließ Eleanor machen, während sie sich von ihnen löste, indem sie, für sich, dem eigentlichen Erdöl lauschte, der leibhaftig an ihrer Schulter saß. Was hatte er dazu zu sagen?

Die Stimme klang nicht einmal sehr «amerikanisch», obwohl sie es war. Eher gingen von der Tonlage als den Worten oder dem Akzent Schwingungen einer anderen Atmosphäre aus, besser gesagt, dem anderen *Fehlen* einer Atmosphäre. Sie fraß sich in die schwere balkanische Luft wie einer seiner Dampfbohrer. Dampfbohrer seines Akzents, er schuf sein eigenes Vakuum. Jedes Wort fiel präzise mit einem mechanischen Tacktack wie in eine Maschine getippte Worte. Sie sah förmlich ein Band zwischen ihnen in der Luft tickern. Madelon belauschte die karge, nicht unangenehme Stimme, die, irgendwie, bei aller konstruierten Integrität im Klartext Zerstörung war. Sie zerstörte die schwere, von Quer- und Gegenströmungen diplomatischer Artigkeiten durchsetzte Luft wie ein bis obenhin mit Dynamit beladener Lastwagen, der plötzlich in eine Mardi-Gras[12]-Prozession schleudert. Madelon erkannte sie an, wandte sich aber dennoch mit neuer Klarsicht dem mandeläugigen Levantiner zu, der bei aller offenkundigen Ohnmacht etwas Urpersisches hatte, aus einer Kunstsammlung. Bei aller öden, etwas geölten levantinesken Stumpfheit gab es eine Andeutung von Garten; winzige, flache, sich um ein Spalier windende Rosen, blickten seine nichtmitteilsamen Augen

11 Von John D. Rockefeller u. a. gegründetes Erdölunternehmen.
12 Frz. «Fetter Dienstag»; letzter Tag der *semaine des sept jours gras* («Woche der sieben fetten Tage») vor dem Aschermittwoch, der in New Orleans mit Umzügen gefeiert wird.

nach innen. Duftjasmin sagte vielleicht nicht gerade viel über ihn aus. Es war ein Sinneseindruck, möglicherweise ein falscher Eindruck, aber bewahre mich vor dem Dampfbohrer. Lieber verkomme ich mit Omar[13].

Ich weiß, dieses Verkommen mit Omar ist grundfalsch und Athen der letzte Ort, es zu sagen, aber bewahre mich vor dem Dampfbohrer. Nichtdestotrotz folgte sie mit der Faszination fast der Verzweiflung weiter dem Tack-tack in der Luft. Kein Wunder, dass die Welt diesen Hundert-Prozent-Amerikaner fürchtet; wir schulden es ihr. Er macht Archie Rowe kleiner, zum einen, er schätzt die gesuchte Nonchalance und vermeintlich aristokratische Anmaßung seines für teures Geld erworbenen Auftretens nach ihrem Kurswert. Er verweist den leisen, nicht unmelodisch gedehnten Tonfall in die Schranken, den Direktor der British School at Athens nämlich und sein Französisch, unverkennbar akzentuiert an den fahlgesichtigen Levantiner gerichtet, der persisch sein mag. Perser und Griechen. Der Ölkönig sprach nicht, *um zu zerstören*, aber was er sagte, demolierte alles. Keine Finte des Unbewussten noch rein bedachte Raffinesse konnte letztlich (oder doch?) je Sparta mit Erdölquellen und den Hellespont mit Dampfbohrern verbinden? Von ebendiesen Dingen sprach Archie, allerdings in etwas überheblichem Ton, jetzt mit Eleanor. Archie fände es unter seiner Würde, sich auf Xerxes[14], Thukydides[15] oder dergleichen zu beziehen; er ignorierte die Außenwerte der Antike. Nicht aber der Erdölmagnat. Er spickte seine Reden mit ihnen. Doch seine Phrasen klangen nach durchblättertem Lehrbuch, weniger nach Realität, ob spirituell oder ökonomisch. Er besprach mit der Sekretärin, deren etwas müde Intonation entfernt an Boston erinnerte, eine Exkursion. Delphi[16], erklärte er

---

13 Gemeint ist vermutlich der pers. Astronom und Dichter Omar Chaijam (1048–1131), dessen Vierzeiler *(robaijat)* in der Übersetzung von Edward FitzGerald 1860 populär wurden.

14 Der Versuch des pers. Großkönigs Xerxes I. (um 519–um 466 v. Chr.), Griechenland zu erobern, schlug trotz des Aufgebots aller Kräfte fehl.

15 Thukydides (um 454–399 v. Chr.), gescheiterter Heeresstratege der Athener bei der Schlacht von Amphipolis (422 v. Chr.) und Verfasser der Geschichte des Peloponnesischen Kriegs.

16 Stätte des berühmten Orakels des griech. Altertums.

gerade, komme keinesfalls infrage, die Straße sei schadhaft oder überschwemmt oder in der Hand von Banditen. Jedenfalls, nach Delphi könnten sie nicht. Er könne hingegen ein Boot chartern, das würde sie nach Ägina bringen. Eleusis[17] müsse sie sehen... Marathon[18]... eine Gedenktafel für die tausend Toten bei den Thermopylen[19], oder meine er vielleicht doch Château-Thierry[20]?

Xerxes – Salamas[21] – Woodrow Wilson[22] – den Odysseusbogen[23] der jüngsten Genfer Konferenz[24] – die Achillesferse[25] von irgendwem oder -was – die verwaiste Ladung eines Kriegsschiffs, das Konstantinopel nicht mehr erreicht hatte[26] – alles nunmehr Schrott, Alteisen, zu beseitigen. Aber nicht einfach zu vernichten, mit Dynamit zu pulverisieren, i-wo! Es gab brauchbare Abfallstoffe, selbst die Gedanken des Sokrates[27], könnte man sagen, lieferten wertvolles Material. Die schlanken,

---

17 Schauplatz der nur Eingeweihten zugänglichen Mysterienfeiern, der Eleusinischen Mysterien.
18 Rund 30 km nordöstlich von Athen gelegener Schauplatz des Siegs Athens über die pers. Truppen von Darios I. 490 v. Chr.
19 Schwefelthermen in Mittelgriechenland, berühmt durch die Vernichtung des griech. Heeres durch die pers. Invasoren unter Xerxes I. 480 v. Chr.
20 Gefecht von Château-Thierry am 18. Juli 1918, eine Alliiertenoffensive erstmals mit Unterstützung der American Expeditionary Force.
21 Region in Westaserbaidschan, das sich im Ersten Weltkrieg den Russen anschloss und im Juni 1915 dem Osmanischen Reich den Krieg erklärte; nach dem Zusammenbruch des Zarenreichs 1917 wurden seine Truppen im pers.-türk. Grenzgebiet von kurd. Milizen aufgerieben.
22 US-Präsident von 1913 bis 1921; proklamierte am 8. Januar 1918 als Reaktion auf die bolschewistische Revolution Vierzehn Punkte eines demokratischen Friedens- und Weltordnungsprogramms.
23 Episode aus Homers Odyssee bei der Rückkehr des Odysseus nach Ithaka: Im Wettkampf der Freier um die Hand seiner Gemahlin Penelope sollte triumphieren, wer den gewaltigen Bogen des Odysseus spannen und einen Pfeil durch die Löcher von zwölf eisernen Äxten schießen konnte.
24 Internationaler Kongress des Roten Kreuzes und Vertretern der der Genfer Konvention beigetretenen Regierungen Anfang September 1884 in Genf.
25 Der einzige Punkt, an dem der Sagenheld Achill verwundbar war.
26 Als im Februar 1915 ein brit.-frz. Flottenverband osman. Artilleriestellungen auf den Dardanellen angriff, wurden zahlreiche Schiffe versenkt oder beschädigt.
27 Griech. Philosoph (469–399 v. Chr.), dessen Lehre Platon, Aristipp und Antisthenes und das gesamte abendländische Denken beeinflusste.

intellektualisierten Finger spielten lange vor dem erwarteten Dessert mit einer langen, schlanken Zigarre. Er freute sich bereits auf seine Zigarre. Einen Augenblick schienen die beiden eher disparaten Amerikaner, die dennoch (trotz der weichen, müden Bostoner Art der Sekretärin) die gleichen Schwingungen teilten, erstaunlicher als beliebige, bloß eklatante Weißrussen, die über ein Schwarzes Meer einer roten Gefahr entkommen waren. Die Weißrussen waren offenbar verloren. Wie lange würden sie sich über Wasser halten können? Wahrscheinlich gerade so lange, wie sich aus den Diamanten Kredit oder Kapital schlagen ließe.

Sie hatte es auf Dollar und Diamanten reduziert. (An irgendwas musste man sich halten.) Auf eine zur Wall Street avancierte Stimme aus dem Mittleren Westen, auf Blattzeilen, saubere Spalten mit Schulden und Verlusten und Mindesthandelsspannen. Sag neun, zwei, null und verbinde das mit etwas. Alles und jedes hier, herein- und herausgeflattert aus den Dimensionen, herein und heraus aus der Geschichte, zerstörte die einfachsten Zeitwerte, setzte den Vorkrieg in irgendein Verhältnis, allerdings durch vergessene oder zusammen mit alten Ausgaben von *Floradora*[28] auf den Dachboden verbannte Dinge. Das alte Notenheft mit den je vier zur Zeile gefassten Linien, die zerfledderte Partitur von *Floradora* wurden hier wiederbelebt, und zwar hier, ausgerechnet. Die Geschichte wiederholte sich in weißrussischen Coiffuren aus einem eleganten Schaufenster der späten Neunziger. Sind wir dazu nach Athen gekommen?

Dollar und Diamanten immerhin setzten in dem Ganzen Zeichen; die einzig praktikablen und verlässlichen Punkte der Wirklichkeit waren zugleich die unwirklichsten. Die Weißrussen hingen von einem überaus mystischen Wert ab, dem Wert, den ein levantinischer Händler zwei Diamanten beigemessen hatte, nämlich exakt ihrem Leben. Die Wall Street mochte wanken, jeden Moment wie eine überhohe Mauer aus Ziegeln bröckeln, Liberty[29] mit einem Platsch in den North River stürzen und rosten. Libertas? War nicht sie es, die die Show am Laufen gehalten hatte? *Acropole et Angleterre* las sie noch mal halblaut, gab

---

28 Musikkomödie von Leslie Stuart, Paul Rubens und Jimmy Davis, 1899 in London uraufgeführt, wurde zu einem der ersten Erfolgsmusicals am Broadway.
29 Die amerik. Freiheitsstatue *(La Liberté éclairant le monde)*.

vor, die Speisekarte zu studieren. Aber die Kombination war unmöglich. Nicht ganz unmöglich. Immerhin gab es Lord Byron im Park am Zappeion,[30] gab es Timon von Athen[31] ... Byrons «Maid of Athens»[32] ... warum nicht? Der Wirklichkeit kam man, mit Poesie, nicht auf die Schliche, oder lag es am *Prophilia*? Ich habe gerade mal zwei Gläser *intus*. Archie neigt die Flasche in meine Richtung, während ich den Stiel meines Glases befingere, eines fast leeren Kristallkelchs, in dem ich alles sehen könnte.[33] Halte dich an irgendeine Realität. Was aber ist Realität? Diamanten? Erdöl? Weißwein, der sicher, mit einem Namen: *Prophilia*. Sie wollte Archie Rowe nach den anderen Weinen hier fragen. Da er aber noch immer, auf leicht selbstironische Weise, für Eleanor die Aussprache des Neugriechischen skizzierte, ließ sie ihre Gedanken von diesem formvollendeten, übersubtilen Strang abschweifen und zurück zu der kompromisslosen Tonlage der Stimme gleiten, die sich unterdessen der Sekretärin gegenüber erging, ebenfalls zur griechischen Etymologie. Seine war praktischer, eindeutiger; stimmte für Woodrow Wilson ebenso wie für Perikles[34]. Autokratie, erklärte er der etwas (schien einem) geringschätzigen Sekretärin, sei die Herrschaft der wenigen, Demokratie (na also) die der vielen. Es gebe auch die Plutokratie (davon konnte er ja ein Lied singen), Demos[35],

30 Im Park des 1888 eingeweihten klassizistischen Ausstellungs- und Messegebäudes wurde eine Statue des engl. Dichters George Gordon Noel Byron, 6. Baron Byron of Rochdale (1788–1824), aufgestellt, der aufseiten der Griechen gegen die osman. Herrschaft gekämpft hatte.

31 Griech. Eremit, der im 5. Jh. v. Chr. vor den Toren Athens lebte und die Sittenverderbnis geißelte.

32 Liebesgedicht Lord Byrons, gewidmet einer jungen Frau, die er 1810 bei seinem Aufenthalt in Athen kennengelernt hatte: «*Maid of Athens, ere we part,/Give, oh,/give back my heart!/Or, since that has left my breast,/Keep it now, and take the rest!/Hear my vow before I go,/*Ζωή μου, σᾶς ἀγαπῶ.»

33 Peter Rodick, während der Griechenlandreise 1920 kurzzeitig H.D.s Liebhaber, schenkte der am Okkulten interessierten Dichterin eine Kristallkugel.

34 Perikles (um 490–429 v. Chr.), griech. Staatsmann und bedeutendster Redner seiner Zeit.

35 Demos (griech. δῆμος: «Staatsvolk») meinte die freien Vollbürger innerhalb einer griech. Polis.

sagte er, sei ihr Staat gewesen. Aha, Vereinigte Staaten des Perikles, aber ja. Das warf doch ein neues Licht auf jene ferne Vergangenheit. Demos, unser Teilstaat, eine englische County oder eine französische Provinz (er weiß alles). Archie verbreitete sich mittlerweile, aus der mehr autokratischen Warte, über eine kleine «Sause» in Oxford. Wie lange würde Eleanor noch die Spitze zurückhalten können, die im Begriff war, losgelassen zu werden? Madelon hätte gern die Geschichte des Großvaters von Archie Rowe väterlicherseits gehört, einem Briten der Ära Gladstone[36] und der Ionischen Inseln[37]. Für Archie «schickte» es sich wahrscheinlich nicht, die alte ionische Kontroverse zu ernst zu nehmen. Madelon würde das Thema bestimmt von genau der falschen Seite angehen. Sie war die kargen Schwingungen des Magnaten müde. Kam man etwa nach Athen, um bei griechischem Weißwein von einem Akzent aus dem Mittleren Westen Fakten von den Hinterseiten irgendwelcher Lexika zu lernen? Wie konnte sie Archie vereinnahmen, ehe Eleanor ihre Spitze losließ? Wenn sie etwas sagte, was definitiv mit neunzehnzwanzig zu tun hatte, erreichte sie vielleicht eine Liierung. Sie sagte *Liierung, Liaison, Heptanesos*[38].

Sie hauchte *heptánesos*, halblaut, unnütz, es laut auszusprechen. Es bedeutete Siebeninseln, aber sie wagte nicht, es zu verkünden. Bewusst blendete sie die karge Stimme aus dem Mittleren Westen aus, die immer noch bei der Demokratie war. Sie dachte: Demokratie, Demos, Dämon[39], Diamant. Sie dankte Archie Rowe, ja, einen kleinen Schluck noch, aber (kokettierend) mehr nicht – wie genau sprach man es nun eigentlich aus? *Prophilia*, das Wort sehe so aufregend aus, in griechischen Buchstaben auf der Flasche. Er meinte, sie sei drr-rollig, und brachte es auch hier wieder fertig, seinen gerollten Zungenspitzenlaut einzuschieben, das Wort dadurch in noch mehr Silben zu dehnen und

---

36 Der «liberale» brit. Politiker William Ewart Gladstone (1809–1898), wegen seiner
    Popularität «The People's William» genannt, war in der zweiten Hälfte des 19. Jh.
    Handelsminister, Schatzkanzler und viermal Premierminister.

37 1815 von den Alliierten als Vereinigter Staat der Sieben Ionischen Inseln unter brit.
    Protektorat gestellt und 1864 an Griechenland abgetreten.

38 Mit engl. Heptanesos (von griech. Επτάνησα: «Siebeninseln») sind eben die Ionischen Inseln gemeint.

39 Geheimnisvolles Geistwesen aus der griech. Mythologie.

wieder (wie machte er das?) seine überbeanspruchte Zungenspitze ins Spiel zu bringen. Er fragte sie, ob für sie beide noch andere griechische Weine Vorzüge besäßen, er selbst ziehe stets französischen vor, womit impliziert war, dass sie einen Fauxpas begangen hatten, oder nicht? Sie erwiderte, dennoch, ohne Zögern, entzückt von Klang und Freude daran: *Mavrodaphne*[40]. Sie habe keine Ahnung, wie der schmecke, sagte sie, habe nur das gedruckte Wort gesehen, und schon der Anblick steige zu Kopf. «Jaja, der gute alte *Daphne*», meinte er wegwerfend.

Wo sie aber schon bei Rebsorten waren, warum konnte er nicht darüber reden? Sie hätte ihn gern nach den verschiedenen Anbaugebieten fragen, nach roten, schwarzen und weißen Trauben, nach einer Zwergsorte, von der sie hatte sprechen hören und die jemand als nicht mit der gewöhnlichen Schwarze Korinthe[41] identisch bezeichnet hatte. Trauben von einem speziellen Aroma reiften an den steinigen Hängen Achaias[42], hatte sie gehört, war das nicht (habe er ihnen das nicht vorhin erzählt) seine Heimat? Demos, Demen, Nomos[43], ein Staat, oder nicht? Maulbeeren gab es weiß und schwarz. Machte man aus den Beeren Wein? Seidenraupen? Das waren die erheblichen Dinge. Doch Archie Rowe würde weiter sich selbst und die Nachbartische mit xy in Oxford beeindrucken, der relegiert oder immatrikuliert worden war (kennten sie ihn?), und seine schräg stehenden Fischaugen nicht bewegen, sondern sie mit einem Zucken der Augenbraue auf diese oder jene just eingetroffene Exzellenz aufmerksam machen. Die Frau des amerikanischen Militärattachés war bei Weitem die bestgekleidete Frau im Saal. Sie trug an der Taille einen Ansteckstrauß Veilchen. Sie saß etwas dezidiert aufrecht, «drr-rollig», würde Archie sagen, wie sie den Arm ungeschickt der formvollendeten Geste entgegenhob, wie die Exzellenz sich vorneigte, um ihre Finger zu streifen. Sie war jung, fröhlich, hübsch, zweifellos überaus taktvoll, aber es knirschte, ein klein wenig, in ihrem Gesellschaftsgetriebe.

40 Von griech. Μαυροδάφνη («schwarzer Lorbeer»), roter Süßwein aus der Gegend von Patras.

41 Gemeint: die Rebsorte Korinthiaki (dt. «Schwarze Korinthe»).

42 Region auf dem nördlichen Peloponnes.

43 Griech νόμος: «Setzung», «Norm», «Ordnung», das sich im historischen Prozess herausbildende positive Recht.

Irgendjemand, außer Sicht, jenseits des Attachés sagte soeben in einem weiteren beinahe Bostoner Tonfall (eine weitere Erdölsekretärin?), die seien eben alle so, mühsam, auf keinen Fall dürfe Allie sich das zu Herzen nehmen. Ob die Mutter Allie (der lieben Kleinen) nicht bitte sagen wolle, die seien alle so? Warum in aller Welt solle sie denn nicht etwas graben? Arme Kleine, sie beweise doch damit das gewünschte Interesse, oder nicht? Noch dazu mit dem armseligen kleinen Taschenmesser, das sie, wie rührend, aus ihrem Schulfederkasten daheim herübergerettet hatte. Auch das noch. Wer war noch gleich über sie hergefallen? Und hatte sie noch gleich aus welchem Grabungsschnitt gezerrt? Denen würde sie aber was erzählen (möge sie Allie sagen)... Die gerühmte Allie war gewiss das spindelbeinige Kind, mit dem sie auf der Treppe fast zusammengestoßen war, das so beherzt zwei Stufen auf einmal genommen hatte, bis ihr irgendwelche Erwachsene entgegenkamen. Allie, schien es, lag inzwischen oben im Bett.

Man sah zum einen Auge Archie Rowes hinein und zum anderen heraus. Er hatte zwei Augen; wie für einen Künstlerball in Chelsea[44] geschminkt im teigigen, rosigen englisch-levantinischen Gesicht. Seine Mutter rückte in weite Ferne. Es wollte sich einfach kein Bild einer rein griechischen Mutter einstellen. Sie lebte bei Patras. Sie müssten unbedingt in Patras haltmachen, sagte er, bei ihrer Umrundung des Golfs von Korinth. Überhaupt müssten sie alle «Besonderr-r-heiten» sehen, Korfu jedenfalls unbedingt. Sie warteten ab, als zwischen ihren Schultern körperlos ein pseudofranzösisches Konfekt heranschwebte.

Die junge Frau des amerikanischen Militärattachés war offenbar sehr beliebt. Die rein hyazinthrosa, wedgewoodblauen und primelgelben Roben, die sie, mit passenden Accessoires, jetzt schon drei Abende zum Essen trug, erinnerten Madelon an die ausgeschnittenen Papierpuppen ihrer Kindheit mit dem zur jeweiligen Toilette passenden Bouquet, Parasol oder Körbchen. Als wären die besonderen Roben windiges Zeug für Anziehpuppen. Die sagenhafte Russin besaß offenbar nur ein einziges Kleid. Die Abendgarderobe der englischen Gruppe war altbewährt und etwas passé, offenbar mit Bedacht. Die Papierpuppe beschwor Rückseiten von Hochglanzzeitschriften herauf. Wer hätte so etwas hier

44 Im 19. und frühen 20. Jh. Londoner Künstlerviertel.

erwartet? Reichte es nicht, mit der Geschichte in ihren vergrößerten und heroischen Dimensionen klarkommen zu müssen, ohne eine Apfelblütenpapierpuppe vorgesetzt zu bekommen, die keinesfalls das Zeug zu einer Marie Antoinette[45] hatte? Die Anwesenden stammten doch allesamt aus Kunstsammlungen. Warum diese Puppe?

Selbst Archie hier neben ihr, der, in Anerkennung womöglich einer weiteren «Berr-rühmtheit», die andere Fischseite hinhielt, stammte geradezu aus einem Ägyptensaal, wenn auch dem einer provinziellen und nicht überragenden Sammlung. Er war zweitklassig, aber echt. Sein Smoking war zu elegant. Seine Hände waren weich, aber feinnervig, er war nicht im Geringsten, was er so hervorkehrte: britisch. Es gab, jetzt, das Einstimmen eines Orchesters – sagte Archie ungarisch? – auf der Empore. Musik hob das Parkett und mit ihm die Tische zu einem Stück aus der Donauwalzerära[46]. Sie wurden vom Wirbelwindbogen des ersten Geigers hochgewirbelt und hinuntergestürzt wie in einen Fahrstuhlschacht, an der Balustrade quittierte er den Applaus mit schwarz vorgeworfenem Lockenschopf. Das war erst der Auftakt, eine Kostprobe dessen, wozu sie fähig waren. Nun legte er richtig los.

Manchmal schöben sie, erklärte Rowe, gegen Mitternacht die Tische zurück, ob Miss Eddington tanzte? Eleanor feuerte ein entsetztes «Kommt gar nicht infrage!» gegen Archie ab, und er zog sich wie eine Schildkröte in seinen Smoking zurück. Es gab in Erwartung des Kaffees eine merkliche Belebung der Gespräche. Wollten sie den ihren vielleicht im Foyer nehmen? Eleanor fauchte ihm ein «Nein» entgegen. Es würde mit Eleanor alles zu schwierig werden.

Eine einzelne Geige schnitt Schwalbensicheln in die Luft, und sie würde fortgetragen werden, wenn sie nicht achtgab. Schon *heptánesos* zu denken, Siebeninseln, war zu viel. Noch durfte sie es nicht wagen, ihre Flügel zu erproben, sich über die gespannte Atmosphäre aufzuschwingen, über Wolken von Zigarettenqualm – Räucherwerk? – zum nahen Himmel. Vielleicht taten sie gut daran, auszublenden, was so real war.

---

45 Die frz. Königin Marie Antoinette (1755–1793), Gemahlin Ludwigs XVI., galt als schillernde Persönlichkeit, vergnügungssüchtig und verschwenderisch.

46 Anspielung auf Johann Strauß' (1825–1899) Walzer *An der schönen blauen Donau* (1867).

Am Rande eines kleinen Desserttellers lag eine Schnitte des türkischen Konfekts, den Rowe erwähnt hatte. Eine winzige Kaffeetasse
enthielt zu schwarzen Kaffee, aber daran sollte sie sich inzwischen –
nach drei vollen Tagen – gewöhnt haben. Sie studierte den halb durchsichtigen Quader Konfekt, bestäubt mit mehligem Zucker. «Ist dies
das *loukoumi*[47] aus Honig und Sesam, von dem Sie sprachen?», fragte
sie Rowe, obwohl es gar nichts anderes sein konnte, und «Zigarette?»;
das sorgte für einen kleinen Pausenfüller, denn mit Eleanor wurde es
langsam mühsam. Eleanor wollte offenbar, dass Archie Rowe ging,
was er aber offenbar noch nicht ganz konnte. «Tun sie Rauschgift in
die Dinger?» Was hatte sie da bloß zu ihm gesagt? Der Honigsesam
schmeckte auf der Zunge nach linderndem Sirup oder Hustenbonbon,
er war seltsam aromatisch, eine unbekannte Dimension. Er war
Keats[48] – woran lag das? –, dieser Anflug von Frucht-Sirup-Kompott,
von Schalen und kandierter Zitronatzitrone. Er war wie Eingewecktes
in Gläsern auf einem Regal in einem alten ländlichen Krämerladen;
Opium? Mohn. Der Saal drehte und drehte sich davon, und mit ihm die
russischen Diamanten. Es wurde zu heiß hier.

Es war nicht heißer als zuvor. Draußen lag eine Straße, gesäumt von
farnähnlichen Bäumen, die rote Beeren verloren. Auf der gegenüberliegenden Seite führten flache Stufen hinunter in einen Garten, auf einen
winterlichen Platz, wo schon die ersten Orangenbäume eine frühe Blüte
versprachen. Unter Rauch und Silberoliven verharrten wachsam zwei
Bronzehirsche. Am Morgen hatte sie den Schlossgarten durchwandert,
kipos basilikos, nannten sie ihn. Sie hatte vor kleinen Kapellen gezögert,
die kompakt wie Bienenkörbe Richtung neue Durchfahrtstraße wiesen.
Sie hatte den eifernden Weihrauch gerochen, der sie dennoch nicht hatte
vereinnahmen können zur Andacht. Sie war am Markt[49] abgebogen in
den Weg des Pan[50] und vor drei solch kompakten Kapellen gelandet:

---

47 Süßspeise in Würfelform aus eingedicktem Sirup, mit Rosen- oder Orangenblüten-
    wasser aromatisiert.
48 John Keats (1795–1821), Dichter der engl. Romantik.
49 Unklar, ob damit die altgriech. Agora oder die unter Kaiser Augustus etwas weiter
    östlich errichtete röm. Agora gemeint ist.
50 Vermutlich der Odos Panos, der über die Prozessionsroute der antiken Panathe-
    näen zu Ehren der Schutzgöttin Athene auf den Peripatos zur Panhöhle führt.

Soter, Stephan und Simon, oder wie war das?[51] Eindrücke wurden von der Zeit gemildert, blieben jedoch klar. Jetzt aber entglitt ihr etwas. Sie sank langsam gen Lethe; wo es so viel Erinnerung gab, warum nicht vergessen? Oder lag es an dem Hauch – diffuser Gedanke – von Mohn? Sie musste bald etwas sagen. Das Einzige, was es in aller Klarheit mit Soll und Haben und der Vorstellung von Blattzeilen und Spalten aufnehmen konnte, war ein silberner Höhenflug, der dennoch Violine blieb, der bei allem überzogenen und emotional phrasierten Auf und Ab über ihre Köpfe hinweg hinaus in den blauen Äther rauschte. Zu ihm gehörte, da sie ihm nachsah, der scharf geschnittene Anblick der Säulen vor Blau, vor Violett, Tiefviolett, Purpurviolett, der sinkenden Sonne hinter dem Lykabettos[52]. Der Lykabettos zog auf wie ein Schiff unter Segeln, der Hymettos[53] ruhte wie ein Schiff im Hafen. Nur die Akropolis blieb statisch, selbst Hafen und Insel über der Stadt, einer Stadt auf einem Hügel[54], eine Idee, die in ihren ewigen und entlegenen Dimensionen noch immer Schnittmuster des menschlichen Geists ergab, des jetzt so von Lärm und Schlachten umwölkten Menschenbewusstseins, so wie Rhythmus und Wucht der Geigen Schnittmuster im Dunst zahlloser Zigaretten und im ermüdenden Immergleichen von tausend Diplomaten bildeten. Sie musste noch etwas durchhalten.

Rowe bemühte sich, endlich, Eleanor versöhnlich zu stimmen, indem er, ungelogen, griechische Aussprachen[55] verglich. O, aber halte ihn,

51 Drei Kirchen bzw. Basiliken unter der Akropolis: Metamorphosis tu Sotiros (griech. σωτήρ: «Retter», «Heiland»), nach dem als «Verklärung des Herrn» benannten Offenbarungsgeschehen; Agios Simeon, dem Propheten Simeon geweiht, der die Ankunft des Messias verkündete, und Agios Giorgios tu Vrachu («Hl. Georg vom Felsen»), Georg dem Märtyrer geweiht; anstelle des Letzteren führt H. D. den Erzmärtyrer Stephanus (von altgriech. στέφανος: «Kranz» oder «Krone»; demnach: «der Bekränzte» oder «der Gekrönte») an.

52 Höchste Erhebung im Zentrum Athens.

53 Bergzug östlich von Athen, schon im Altertum bekannt für blaugrauen «hymettischen» Marmor.

54 Der Bergpredigt entlehnte Trope aus John Winthrops (1588–1649) Predigt *A Model of Christian Charity* von 1630 («*for wee must Consider that wee shall be as a City upon a Hill, the eies of all people are uppon us*»), als Sinnbild der eigenen Sonderstellung ins US-amerikan. Kollektivbewusstsein eingegangen.

55 Die Aussprache des Alt- und des Neugriechischen unterscheidet sich phonologisch in Vokalen, Diphthongen und im Akzent.

halte ihn von Homer fern. Warum soll ich ihn von Homer fernhalten? Warum nicht hören, was er zu sagen hat? O, höre nicht, höre nicht zu, wie Archie Rowe die richtigen Vergleiche zieht, die Dramatik der Klassiker bändigt und, wie es ihm für teures Geld beigebracht worden ist, das Erbe seiner Mutter entkräftet. Halte Archie Rowe davon ab, um jeden Preis. Sag etwas, irgendwas. Zu ihrer eigenen Überraschung erklärte sie in verzücktem Ton – er wird mich für komplett verrückt halten –: «Ah, die Akropolis!» Und was sollte sie damit jetzt machen? Es blieb ihr keine Wahl, als weiterzumachen.

Ihre Worte trieben auf das zu, was sie den ganzen Abend gemieden hatten. Sie brach ein Tabu; es «schickte» sich nicht, von ionischen Säulen vor Violett zu sprechen, in Athen, neunzehnzwanzig. Sie lauschte der Geige, verlor das silbrige Muster; sag etwas. Eleanor würde ihr nicht zu Hilfe kommen, freute sich vielmehr, dass sie in der Falle saß. Ein Netz zog sich um ihre Stimmung, nur das Silberblitzen ihres Esprits konnte sie jetzt noch retten. Doch ihre Worte fielen, zu spät, vor ihn hin, hoben Diplomatie auf, Raum, Zeit, Distanz. «Sie ist kleiner, als man meinen sollte. Sie ist kleiner und kälter. Gefroren. Lebendig. Lebendiger als alles heutige Leben. Sie ist fern und kalt, wie eine in weißem Eis erstarrte Blüte. Sie ist weißes Eis und weiße Glut. Sie ist nie zerstört, weil nie errichtet worden. Sie befindet sich noch im Bau.» Archie Rowe musterte sie, als wollte er ausdrücklich, hypothetisch, meiden, was offensichtlich schien. Die Dame vertrug den griechischen Wein nicht, selbst der leichte heimische *Prophilia* stieg ihr zu Kopf, oder war sie etwa vollkommen verrückt? «Sie ist wie eine in Kristall eingeschlossene Blüte. Sie ist leuchtender als alles bisher Dagewesene; es hat sie jemand erträumt … in einer Kristallkugel.»

Nichts war mehr erheblich, nachdem sie das gesagt hatte. Sie brannte vor genau dem fanatischen Eifer, der exzentrische, verkommene Subjekte an der Hyde Park Corner ein Fass besteigen und über das Millennium schwadronieren lässt. Sie schwadronierte, und ihr war egal, wer es hörte. Dann fiel ihr Eleanor ein. Archie Rowe ist ihr Gast, ich bin Gast von Eleanor. Wie konnte sie es ungeschehen machen? Alles war besser als das hier, ihr Eifer über den Athener Parthenon[56]. Rasch

---

56 Dorischer Marmortempel, erbaut unter Perikles nach dem letzten Perserkrieg 447–432 v. Chr. zum Dank für die Rettung der Athener durch ihre Schutzgöttin.

beugte sie sich vor und tilgte ihren Fauxpas mit einem kaum weniger unerhörten und doch akzeptablen. Sie flüsterte doch tatsächlich: «*Diese Diamanten.*» Er sah sie an, als sähe er nicht und sähe sie dann. Er sagte nichts; es gab nichts zu sagen. Natürlich hatte er alles haarklein parat, aber er würde das Geheimnis nicht lüften. Mrs. – äh – Thorpe war (jetzt hatte er Gewissheit) nicht ganz – äh – ihresgleichen. Er wandte sich Eleanor zu. Aber sie war nun frei.

Madelon musterte die junge Frau unverhohlen, sah sie nun aber als etwas wiederum anderes. Als was, konnte sie allerdings vorerst nicht sagen. War die Russin verloren, verurteilt nach einem Gesetz von größerer Tragweite als das gesellschaftliche von Klatsch und Diploma-tenkorps? Griffen hier eherne Gesetze, Gesetze weit älter noch als Wilhelm der Eroberer[57], als der historische Erbsitz des Direktors der British School? Hatten sie alle eine Ader für Rätsel, verfügten über okkultes Wissen? Tat der Mittlere Westen gut daran, Salamis[58] zu übergehen, außer als Sprungbrett zu Ölquellen, und war die kleine Allie (die oben schlief) beschützt und vorgewarnt gewesen, als irgendein akkreditierter akademischer Snob ihr Taschenmesser konfiszierte? Konnten sie alle, selbst in diesen Tagen, noch zu tief graben? War es klug, unter eine Oberfläche zu dringen, die die British School so sorgfältig konservierte, die eine operettenhafte Königsfamilie zu ignorieren die Schläue und den Mut besaß, die Archie Rowe mit der achaiischen Mutter für teures Geld zu vergessen nach Oxford gegangen war? Sie hätten, natürlich, französischen Wein bestellen müssen, *Bordeaux*, oder wenn's sein musste einen *Hock*[59].

Gestern Abend und der Abend davor waren, nach drei aufregenden Reisewochen mit Unterbrechungen, das Sprungbrett (Salamis zu Ölquellen) zu diesem Abend gewesen. Heute Abend war anders. Heute Abend wurde sie in diesen Strudel im Rückstrom gewirbelt;

---

57 Engl. Normannenkönig (um 1027–1087).
58 Bei der Seeschlacht von Salamis 480 v. Chr. wurde vor der gleichnamigen Insel im Saronischen Golf die pers. Kriegsflotte vertrieben.
59 Engl. Kurzform von «Hochheimer», Rheingauer Weißwein, der sich nach einem Besuch Queen Victorias in Hochheim 1845 zunehmender Beliebtheit erfreute.

das Strandgut der kleineren Tisch wurde erfasst, sie alle wurden in unvorhersehbare Dimensionen hinaus- und zurückgeschleudert. Lag es nur am *Prophilia*? Hatte Mohnsaft das alles destilliert, aus einem zuckersüßen, zuckerbepuderten, klebrigen Stück Konfekt? Schwarzer Kaffee neutralisierte etwas den Geschmack von gezuckertem Zucker, aber ein Rest blieb, ein Argwohn, ein Geschmack anderer Richtung. Nein, nein, kein Opium, Archie hatte sie beide ausgelacht. Was aber war es, wenn nicht Opium?

Die Wände stiegen und fielen zur Melodie der Donauwalzerära. *Mavrodaphne* war ein Wort, vor dem man sich hüten musste, selbst *Prophilia* würde möglicherweise etwas, wer weiß was, aus dem Parkett heraufbeschwören. Wer weiß, was hier wie ein Ballkönig-Mephisto vom Boden aufsteigen mochte? Hier schien alles möglich. Die Stimmen der Amerikaner, die jetzt im Pulk aufbrachen, schnitten zackige Muster ins Donaublau. British School plauderte nun entspannt englisch mit einem Bekannten, der an seinen Tisch gewechselt war. Kellner balancierten ihre Tabletts weniger akkurat und wischten weniger demonstrativ Krümel von den Tischen. Es entstand eine Pause wie Atemholen. Diamanten.

Es war alles da. Ein Geheimnis, das sie sich nicht zu lüften bemüht, das sie als einer Lösung nicht würdig abgetan hatte, nämlich wie sie die Dinge zu fassen begannen, in spitzen Facetten, und wie sich die Dinge überlagerten in dem neuen Bild. In London war das für sie nicht ganz wahr geworden, jetzt aber sah sie, wonach exzentrische Neukunst strebte. Sie wollte es Eleanor, Eleanor Eddington, E. E. oder Edd, wie sie sie mittlerweile zu nennen gelernt hatte, zujubeln, sie wollte den Kern ihres Selbst aus Madelon Thorpe reißen, Madd, wie Eleanor sie nannte, sie wollte, dass etwas ohne Bezug zur Zeit, etwas mit Bezug zur Unendlichkeit mit etwas ohne Bezug zur Zeit, mit Bezug zur Unendlichkeit in Verbindung trat. Finde diese Korrespondenz, und alles andere wird unerheblich, dann kannst du in einem Atemzug Archie Rowe und den Oberkellner und den Frühstückssouschef oben (der sie gern mit Eleanor verwechselte) vergessen. Verbinde Zeit jenseits der Zeit mit Zeit in der Zeit, und du erhaschst von beidem etwas, in Facetten spitzer Dreiecke. Im Geiste hat man eine Art Rohr, wie ein Kaleidoskop aus dem Kinderzimmer, sämtliche Farben sind da: Violett, die Violetttöne

des Hymettus, Ultraviolett und Meerespurpur; man sagt *Mavrodaphne*
und wird trunken, hatte sie zu Archie gesagt, einfach so. Bei *Prophilia*
war das etwas anderes. Er war die scharfe Kante eines Dreiecksschliffs,
der eine Facette des Diamanten sein musste. Der jede Facette des Diamanten sein musste und eine neue Art zu denken. Alles löste sich in
der Chemie dieses Nachkriegs-, dieses Balkan-Speisesaals im «Hôtel
Acropole et Angleterre» auf außer dem hier. Einer neuen Art, die Dinge
zu betrachten ...

Nicht zum Diamanten hinsehen. Eleanor scharrt mit den Füßen, und
ich werde warten müssen, bis Rowe sich, langatmig, verabschiedet, ehe
ich oben in diese neue Dimension durchbrechen kann, diese neue Entdeckung; ehe ich Edd oder E. E., wie ich sie mittlerweile zu nennen gelernt habe, verraten darf, wie sie solche Bilder malen kann. Dies ist die
neue Musik. Alles scheint ohne Bezug und doch diametral aufeinander
bezogen, wenn man eine Diamantfacette in ein System anderer Werte
kantet.

Maria Messina

DIE GESCHLOSSENE TÜR

Noch immer duftete es in Donna Iennas Zimmer nach frisch gebackenem Brot, denn Salvatura war mittags mit zwei Laiben hereingekommen, die sie kurz zuvor aus dem Ofen geholt und, um ihrer Herrin eine Freude zu bereiten, in einem Korb auf dem Stuhl zurückgelassen hatte.

Don Menu kleidete sich gerade für das Casino an. Wie üblich schritt er dabei von einem Ende des Zimmers zum anderen, während er in das Oberhemd schlüpfte und die Weste zuknöpfte, bis er irgendwann vor dem Fenster stehen blieb, um mit ein wenig Gezerre und Geschiebe den allzu großen Knopf durch das Loch des frisch gebügelten und folglich steifen Kragens zu zwängen. Donna Ienna stand am Fenster, mit einer Strickarbeit in der Hand, jederzeit bereit, ihrem Mann in den Mantel zu helfen und ihm den Kragen zu bürsten.

Diese Dinge erledigte sie nach wie vor selbst. Genau wie sie nach wie vor jeden Samstag ein sauberes Hemd auf Don Menus Bett bereitlegte, picobello und aufgeknöpft, als wartete es nur auf ihn.

Die Frauen aber, die jeden Monat im Hof die Wäsche besorgten, konnte sie nicht länger beaufsichtigen oder anleiten, wenn sie in den Zimmern oben bügelten. Ebenso wenig wie unter ihrer Aufsicht noch das Brot gebacken wurde – wie heute, da das ganze Haus danach duftete! – oder sie einen Leckerbissen für Don Menu vorbereitete... Um all das kümmerte sich nun Salvatura, ihre alte Dienerin. Viel zu angelegentlich sogar! An manchen Tagen meinte Donna Ienna, die Dienerin sei bereits die Herrin des Hauses, und dann schwor sie sich, Salvatura wie eine Hündin vor die Tür zu jagen, während Don Menu im Casino war ... Sie, Donna Ienna, war schließlich weder alt noch – da sei Gott vor! – gelähmt.

Sie litt, und zwar von Kindesbeinen an, unter einem Herzleiden: ein leichtes Rasen, sobald sie die Treppe hochstieg, gelegentlich Schlaflosigkeit bei Nacht. Harmlose Beschwerden, denen sie niemals übermäßige Bedeutung beigemessen hatte. Dann aber, als der alte Doktor Saitta sie aus Anlass einer Bronchitis peinlich genau untersucht hatte, als er mit zwei Fingern gegen ihre Schultern geklopft hatte, wie man es bei Puppen tut, die ihre Augen nicht mehr öffnen wollen, ein Ohr an ihre entblößte Brust gelegt und aufmerksam gelauscht hatte, musste Donna Ienna erfahren, dass sie schon seit Langem ernstlich krank war.

Was der alte Saitta ihr nicht alles geraten hatte! Auf gar keinen Fall dürfe sie sich überanstrengen. Nicht einmal vorbeugen dürfe sie sich, um den Fingerhut aufzuheben, wenn er herunterfiele, geschweige denn Treppen steigen, das nun wirklich auf gar keinen Fall...

«Mit Ihnen, mein Kind», hatte er erklärt, «die Sie eine Frau von Verstand sind, darf ich doch wohl offen reden. Die geringste Anstrengung, jede noch so kleine Aufregung... und Sie werden geradewegs vor unseren Herrn treten. Wenn Sie sich aber schonen, werden Sie hundert Jahre alt, darauf haben Sie mein Wort.»

Ärzte! Überall wittern sie tödliche Krankheiten und Lebensgefahren. Sicher, sie müssen vielen – allzu vielen – Menschen die Augen schließen, noch dazu wie aus heiterem Himmel, wenn sie nicht einmal selbst wissen, woran jemand gestorben ist... Letzten Endes aber bringen Ärzte Unglück in jedes Haus, das sie betreten.

Nach dieser Visite Saittas erschütterte indes eine wahre Revolution den Alltag von Donna Ienna, die doch stets eine tüchtige Hausfrau gewesen war.

Don Menu, sonst fast kaltschnäuzig, schien zutiefst aufgewühlt. Er setzte sich zu seiner Frau und sagte: «Wenn Gott ihn schickt...» – den Tod, meinte er –, «... dann ist ebendies Gottes Wille. Aber dass er ihn ausgerechnet zu uns schickt, das darf nicht sein. Deshalb musst du jetzt einzig und allein an deine Genesung denken und darfst mir keinen Kummer machen.»

Und Donna Ienna machte ihm keinen Kummer. Seit sechs Monaten – das lasse man sich auf der Zunge zergehen! – hatte sie die Treppe hinauf in den zweiten Stock nun schon nicht mehr genommen. Dort oben lagen die Küche, das Esszimmer, Salvaturas Kammer, da stand die Kredenz... Kurz und gut, das Herz des Hauses befand sich da oben.

Wann, bitte, hätte es das je gegeben – dass eine Frau das Haus vernachlässigt und in ihrem eigenen Heim wie eine Fremde lebt?

Don Menu jedoch behielt die Tür zur Treppe wie ein Wachhund im Auge. Ging er aus und musste auch ihre Dienerin das Haus verlassen, steckte er den Schlüssel ein.

Manchmal kam Salvatura vor ihm heim und wartete dann im Zimmer ihrer Herrin auf die Rückkehr Don Menus.

«Das hat mir gerade noch gefehlt!», stieß sie aufgebracht aus. «Als ob es oben nicht genug zu tun gäbe! Und das alles nur, weil die werte Dame sich wie ein kleines Mädchen aufführen muss! Ist es denn so schwer zu verstehen, dass Sie die Treppe nicht hochkrauchen dürfen?!»

Niemals hätte Donna Ienna für möglich gehalten, dass ihr Wohlbefinden Don Menu derart am Herzen liegt.

Wie oft war er ihr mürrisch und lieblos vorgekommen! Anfangs hatte sie daher, nunmehr eines Besseren belehrt, der Madonna für dies Wunder gedankt.

Mit der Zeit aber fühlte sie sich geradezu erdrückt von der allzu großen Fürsorge, den allzu häufigen Ratschlägen.

Wenn Don Menu von einem Zimmerende zum anderen lief, die Hände auf dem Rücken verschränkt und die Stirn gerunzelt, empfand Donna Ienna eine eigentümliche Bestürzung, als hielte ihr Mann sie gefangen: Dann schaute sie zum Fenster hinaus, mit Augen voller Tränen, und wünschte sich nichts sehnlicher, als vor die Tür zu treten, die Straße hinunterzulaufen, immer weiter zu laufen und nie wieder zurückzukehren.

Nein! Sie hatte nicht die Kraft, ein solches Leben zu führen, Tag um Tag, stets ein Tag wie der andere, gleich einer alten Frau, die nur noch auf den Tod wartet.

«Stell dir doch nur einmal vor, dass es so bleibt!», brachte sie einmal scheu hervor. «Hältst du meine Krankheit wirklich für heilbar? Besser sterbe ich gleich, als dass ich das Leben Schluck für Schluck austrinke …»

Daraufhin platzte Don Menu der Kragen, und er schrie los, behauptete, letzten Endes sei er der wahre Märtyrer, denn er gäbe all sein Geld für sie aus, ohne auch nur mit der Wimper zu zucken, er begnüge sich mit ein paar kargen Happen und leiste auch sonst jedes erdenkliche

Opfer, während sie ein sorgenfreies Leben führe, hingestreckt in ihrem Sessel, bedient und wohlgenährt wie eine Prinzessin. Ein ums andere Mal wiederholte er, dass er mehr als nur seine Pflicht tue, keine einzige seiner Aufmerksamkeiten aber gewürdigt werde. Er schrie so laut, dass Donna Ienna ihn erschrocken um Verzeihung bat und ihm schwor, dieses Zimmer einzig mit den Füßen voran zu verlassen.

Jeder Zank ließ sie bedrückt zurück.

Was erwartete Don Menu eigentlich von ihr? Galt es die Anordnungen des Arztes tatsächlich in dieser Weise zu befolgen?

Je mehr Zeit verging, desto unverhohlener behandelte Don Menu seine Frau mit einer Art Groll, als wäre die Krankheit ihre eigene Schuld, weshalb sie nun Buße leisten müsse.

«Wohin gehst du?», brüllte er, wenn er sah, dass sie aufstand. Als ob es allein dies Heilmittel gäbe: stocksteif dasitzen!

Dann waren da noch die längst erkalteten, faden Suppen, die Salvatura ihr rasch zwischen einer Besorgung und der nächsten brachte, mit einem Ausdruck von Herablassung im Gesicht, da war die Tatsache, dass sie um jedes Glas Wasser förmlich betteln musste, da war jeder einzelne sonntägliche Nachmittag mit seiner immer gleichen Einsamkeit oder das Bett, das bis zum Mittag ungemacht blieb... All diese Nachlässigkeiten gehörten mittlerweile zu ihrem Leben, denn Donna Ienna fehlte der Mut, sich zu beklagen, hatte sie doch noch immer die harten Worte ihres Mannes im Ohr, er gäbe all sein Geld für sie aus, ohne auch nur mit der Wimper zu zucken.

Selbst wenn!

Sie würde sich nie mit ihrer Lage abfinden. Niemals! Wann immer ihr der Duft von frisch gebackenem Brot die Nase kitzelte, war sie wie besessen von dem Gedanken, ihre lichtdurchflutete Küche wenigstens kurz zu betreten oder auch ihr Esszimmer, das ganz ihr Reich war...

Nun war Don Menu ausgehbereit. Donna Ienna verfolgte bang jede seiner Gesten. Das tat sie immer, stets voller Hoffnung, er möge es vergessen, die Tür zur Treppe abzuschließen.

Auch Salvatura tauchte in ihrer geblümten Schürze auf, ihren Umhang bereits über den Schultern, und trug einen schroffen, harten Ausdruck zur Schau. Mit Erlaubnis des Signorino wollte sie die Predigt hören. Donna Ienna atmete scharf ein. Selbst Salvatura, eine Dienerin, durfte ihre Stunde der Freiheit genießen, ohne jemandem dafür Rechenschaft schuldig zu sein. Sie brauchte sich bloß den Umhang überzuwerfen und aus dem Haus zu treten. Nur sie musste ständig hier drinnen bleiben, elender noch als eine Gefangene, denn diese büßte ja für einen begangenen Fehler und konnte sich zumindest beklagen. Ihr Heute aber war wie ihr Gestern, ihr Morgen wie ihr Heute. Nun wartete Donna Ienna auf die Nacht, hier drinnen hinter dem Fenster, den Rosenkranz um die Finger geschlungen, ohne jedoch zu beten. Bald schon würde der Laternenanzünder mit seiner Leiter kommen und für Licht sorgen. Am Himmel leuchtete Stern um Stern auf. In der tiefen Stille hörte sie Grazia von unten mit ihrer etwas tiefen Stimme das Wiegenlied für ihren Kleinen singen. Heute wie gestern, morgen wie heute ...

Don Menu stülpte sich den Hut auf und klopfte seine Taschen ab. Anschließend nahm er seinen Stock an sich. Auf dem Weg zur Tür machte er noch einmal kehrt. Er hatte den Schlüssel vergessen ... Selbstverständlich war ihm das noch aufgefallen. Da steckte er ja, leuchtete geradezu silbern, so abgegriffen war er vom Gebrauch. Nun würde er ihn aus dem Schlüsselloch ziehen, wie stets ein wenig brüsk, worauf es wie üblich klirren würde. Dieses Geräusch, es schmerzte in den Ohren, es ging durch Mark und Bein ...

Donna Ienna beobachtete ihren Mann, lauerte auf die unerträgliche Geste, das unausbleibliche Klirren, und ihr Herz hämmerte derart heftig, dass es zu bersten drohte. Aber nein ... Don Menu griff bloß in die Schachtel mit den Wachsstreichhölzern, nachdem er eine Zigarre angeschnitten hatte.

«Addio», sagte er noch.

«Addio», erwiderte Donna Ienna.

Reglos verharrte sie und lauschte. Erst hörte sie ihn die Wohnungstür schließen, dann, mit leisem Schlag, die Haustür unten.

Sie schaute zum Fenster hinaus. In aller Seelenruhe trottete ihr Mann davon, die Hände auf dem Rücken verschränkt und bei jedem Schritt ein wenig mit dem Stock schlenkernd.

Wann war Donna Ienna das letzte Mal derart zufrieden gewesen ...? Nun würde sie rasch hinaufeilen, bevor diese Petze von Salvatura zurückkehrte. Und sie machte sich an den Treppenaufstieg, glücklich, sich endlich wieder als Herrin des eigenen Hauses zu fühlen. Auf halber

Treppe erschauerte sie. Was, wenn sie jetzt wirklich tot umfiele, hier, auf den Stufen, mutterseelenallein?

Doch dann lächelte sie nur über diese grausigen Gedanken, die ihr Don Menu eingeträufelt hatte, Tag für Tag, ganz wie ein Gift.

Trotzdem fürchtete sie sich weiterhin vor etwas. Wovor genau, hätte sie nicht zu sagen gewusst. Doch mit jedem Schritt löste sich ihr Wille, der sie noch eben beflügelt hatte, in Luft auf. Ihr Esszimmer fand sie getaucht in fahles Licht vor. Das Fenster ging auf ein Feld hinaus: Die in der klaren, herbstlichen Abenddämmerung nach wie vor gut erkennbaren Berge und die Reihe der bereits in nächtlicher Schwermut düsteren Zypressen schienen zum Greifen nahe.

Schließlich sah Donna Ienna sich um. Sie wollte ihren Augen nicht trauen: Der türkische Teppich eingestaubt, die Stühle beladen mit allerlei Tand, in einer Ecke leere Korbflaschen – all das zeugte von einer Verlassenheit, als wäre dieser arme Raum schon seit sehr langer Zeit nicht mehr von Leben erfüllt gewesen.

Aber wo aß er dann, ihr Menu? Etwa in der Küche …? Ganz allein … nunmehr, da … Donna Ienna betrat die Küche. Sofort bemerkte ihr aufmerksames und kundiges Hausfrauenauge, dass hier das Saubermachen mehr als vernachlässigt worden war. Die Kupfertöpfe glänzten nicht, sondern starrten vor Staub, der Wasserhahn und die Messingbeschläge waren schwarz angelaufen, dazu noch voller Verkrustungen, auf dem steinernen Fußboden prangten hier und da Fettflecke … Was für ein Elend! Was für eine Schäbigkeit! Aber so muss es ja kommen, wenn die Frau im Haus fehlt. Doch dem würde sie ein Ende setzen! All das, das war doch ihr Reich! Jeden Tag würde sie fortan einen Blick in den zweiten Stock werfen, Salvatura würde sie notfalls fortschicken … Sie schritt die Küche ab. Die Kredenz stand offen. Sie hatte sie immer zugemacht, sogar abgeschlossen … die Schlüssel an ihrem Gürtel …

So muss es ja kommen, wenn das Hausfrauenauge fehlt …

Als ob das nicht ihr Reich wäre!

Wo aber aß denn nun Menu? Und wieso war das Essen noch nicht vorbereitet …?

Wer weiß, wie diese Hexe ihn vernachlässigte! O ja, sie war eine Hexe, diese Salvatura, mit ihren kalten, wässrigen Augen wie aus Glas, mit ihren versiegelten Lippen, schmaler als ein Bindfaden …

Donna Ienna war zutiefst enttäuscht. Manchmal ist es eben besser, bestimmte Dinge nicht mit eigenen Augen zu sehen ... Blieb noch das Zimmer ihrer Dienerin. Aber was sollte sie in die Höhle dieser Frau spähen, die im Schmutz hauste wie eine Henne im Mist? Trotzdem zwang die Neugier sie, Salvaturas Zimmertür zu öffnen, bevor sie wieder hinunterging.

Wie versteinert blieb sie an der Schwelle stehen. Hier nahm sich alles reinlich aus, aufgeräumt, ja geradezu herausgeputzt. Donna Ienna blickte in den großen Spiegel, der eigentlich im Esszimmer stand und dessen Fehlen ihr gar nicht aufgefallen war ... Über dem Bett lag die gelbe Wolldecke, die Donna Ienna in ihrem eigenen Bettkasten zusammen mit den Zigarrenstummeln aufbewahrt wähnte. In der Mitte des Raums warteten auf einem kleinen Tisch zwei Teller, zwei Gläser und zwei Bestecke.

Donna Ienna betrachtete dieses Stillleben, völlig außerstande, sich zu rühren. Auf dem Tisch entdeckte sie sogar zwei zarte Teiggebilde, ähnlichen denen, wie sie selbst sie früher jedes Mal gefertigt hatte, wenn sie Brot buk. Sie stellten zwei Buchstaben dar. Der eine zeigte die gewundene Form einer Schlange, vermutlich ein S ...

Donna Ienna war bleich wie der Tod. Dann spürte sie, wie ihr das Blut vom Hals in den Kopf schoss. Alles verschwamm ihr rot vor Augen, und sie hatte unbändige Lust, jedes einzelne Stück auf den Boden zu werfen. Zu zerstören und zu verwüsten, mit eigenen Füßen zu zertreten. Sie verschränkte die Hände unter ihrem Schultertuch, bis es sie schmerzte, nur um ja nichts anzufassen. Nein! Auf gar keinen Fall! Was brächte das? Würde sie dadurch die Kette zerreißen, welche diese beiden elenden Menschen verband?

Es gibt Dinge, die, sind sie erst einmal in der Welt, nicht so leicht, nicht mit irgendeiner Szene wieder rückgängig zu machen sind.

Hatte die arme Tante Lisa nicht das Gleiche erleben müssen, als sie die Dienerin aus dem Haus gejagt und Zeter und Mordio geschrien hatte, nur um dann zu erfahren, dass ihr Mann die einstige Bedienstete wie eine Signora in einem schönen Haus freihielt?

Als Donna Ienna die Treppe hinunterging, hallte in ihren Ohren die Stimme des alten Saitta wider, der ihr geraten hatte, jede Gefühlsaufwallung und Anstrengung zu vermeiden. Nur, guter Doktor Saitta, dass man an Kummer nicht stirbt! Man stirbt nicht an einem Gefühl, selbst wenn das Herz krank ist. Solange das letzte Stündlein nicht geschlagen hat, trabt man, auch wenn man längst nicht mehr kann, weiter und weiter über die Straße des Lebens.

Donna Iennas eigenes Zimmer, ihr angestammter Platz am Fenster ekelte sie nun an.

Woher kamen bloß diese Gedanken an den Tod? Wollte sie etwa sterben, damit die beiden am Ende gut lachen hatten? Nein, derart töricht war sie nicht! Sie musste etwas unternehmen, das ja, eine Entscheidung treffen, sie durfte nicht in dieser Weise weiterleben, nun, da sie im Bilde war, nun, da jedes Geräusch aus den Zimmern oben eine andere Bedeutung hätte. Seine wahre Bedeutung. Eisige Kälte kroch durch ihre Knochen, und sie rang nach Luft. Trotzdem schaffte sie es zum Sessel. Eine Eisenhand schien sie bei der Brust zu packen.

Warum war sie so krank?

Draußen ging pfeifend der Laternenanzünder durch die Straße. Am Himmel funkelten Sterne. Donna Ienna presste sich beide Hände aufs Herz. Wie im Fieber dachte sie völlig zusammenhanglos an die unterschiedlichsten Dinge. Sie musste Salvatura fortjagen, sobald diese heimkehrte. Ohne auch nur eine Sekunde Zeit zu verlieren. Kaum wandte sie sich in Gedanken aber Don Menu zu, lief ein Schauer über ihren Rücken. Wenn sie bloß nicht krank wäre! So fand sie ja nie die Kraft, sich noch heute Abend der Wut ihres Mannes zu stellen.

«Herr im Himmel! Wie kann eine Krankheit jemanden so ermatten?»

Vor sich sah sie ihre Tante Lisa und den armen Onkel Giuseppe mit seinem gutmütigen Gesicht. Einen Moment schauten die beiden sie an, dann zogen sie weiter. Beide waren sie längst tot, doch beide meinten sie es gut mit ihr. Mit einem Mal stand Salvatura im Raum, hoch aufgeschossen und knochig, verzog die bindfadendünnen Lippen zu einem hämischen Grinsen … Sie, Donna Ienna, war allein. Ganz allein, inmitten feindlich gesinnter Menschen.

Donna Ienna fuhr auf, als ein Geräusch zu ihr herandrang, von unten, von der Haustür, die geöffnet und gleich darauf mit leisem Schlag wieder geschlossen wurde.

Sie fühlte sich elender noch und feiger als eine Sklavin, die an Flucht gedacht hat, dann den Schritt ihres Herrn hört und sofort kehrtmacht. «Wie geht es dir?», fragte Don Menu, als er die Lampe anzündete.

Donna Ienna antwortete nicht. Sie konnte, nein, sie durfte ihr Leben nicht fortführen wie eine Wanderin, die ihr Bündel einfach wieder schultert. Sie musste etwas sagen.

Don Menu streifte die Schuhe ab und schlüpfte mit einem leisen, behaglichen «Ah» in seine bestickten Samtpantoffel.

Donna Ienna betrachtete ihn mit weit aufgerissenen Augen und meinte zu ersticken. «Ich muss etwas sagen», dachte sie, doch die Worte wollten ihr nicht über die Lippen kommen, und unter ihrem schweren Schultertuch presste sie beide Hände auf ihr Herz.

Da bemerkte Don Menu die offene Tür. Er setzte sich zu seiner Frau.

«Wie fühlst du dich?», erkundigte er sich freundlich. «Bist du auch die ganze Zeit ruhig sitzen geblieben? Ist dir kalt? Hier brennt ja kein Feuer ... Offenbar wurde vergessen, es für dich anzuzünden ...»

Donna Ienna antwortete noch immer nicht.

«Was bitte ist mit dir? Könnte ich das vielleicht erfahren?», rief er in barschem Ton aus und erhob sich.

«Nichts», antwortete Donna Ienna da mit schwacher Stimme. «Und ich habe mich die ganze Zeit nicht von meinem Platz wegbewegt ...»

Sie würde später darauf zu sprechen kommen. Morgen. Jetzt aber konnte sie nicht mehr sagen, dafür fühlte sie sich zu schwach. Jetzt konnte sie nicht mit den Worten antworten, die in ihrem Hals bereits aufstiegen, denn wenn sie sagte: «Ich weiß Bescheid!», dann konnte sie morgen nicht mehr weiterleben wie gestern oder vorgestern. Deshalb presste sie nur beide Hände auf ihr Herz, das zu ihrem Schrecken immer heftiger schlug.

Erleichtert griff Don Menu nach der Lampe und erklomm ganz langsam die Treppe.

Donna Ienna schaute mit weit aufgerissenen Augen der kleinen rötlichen Lichtkugel hinterher, die immer höher aufstieg und dabei immer kleiner wurde, bis sie am Treppenabsatz verschwand. Sie schämte sich vor sich selbst, Don Menu nach all den Stunden der Verzweiflung und Unsicherheit eine derart törichte Antwort gegeben zu haben. Schließlich fing sie zu weinen an. «Morgen», dachte sie zu ihrer eigenen

Beruhigung. Sie ahnte vage, dass sie sich das fortan jeden Abend sagen würde: «morgen». Denn die Tage, die sie erwarteten, schienen ihr düster, bar jeglicher Hoffnung, erhellt einzig durch das bläuliche Licht ihres unaussprechlichen Schmerzes. Sie wusste wohl, dass sie in alter Weise weiterleben würde, ohne Ziel, allein in einem winzigen Kahn, mitten auf hoher See.

Deshalb weinte sie. Und mit jeder Träne wurde ihr Leid bitterer, denn sie wusste genau, dass all die Tränen vergebens waren …

Katherine Mansfield

EHE, GANZ MODERN

Unterwegs zum Bahnhof fiel es William wieder mit einem Stich des Bedauerns ein, dass er den Kleinen nichts mitbrachte. Die armen Jungs! Das war Pech für sie. Wenn sie ihm zur Begrüßung entgegeneilten, lauteten ihre ersten Worte stets: «Was hast du mir mitgebracht, Daddy?», und dann hatte er nichts. Er würde ihnen Naschereien kaufen müssen am Bahnhof. Aber das hatte er schon an den vergangenen vier Samstagen getan, und letztes Mal hatten sie lange Gesichter gemacht, als dieselben alten Dosen wieder hervorgekramt wurden.

Und Paddy hatte gesagt: «Diese rote Schlaufe auf meins hatt ich auch schon!»

Und Johnny hatte gemault: «Bei mir isse immer rosa. Ich hasse Rosa.»

Aber was sollte William tun? Die Sache war nicht so leicht zu bewerkstelligen. In den alten Zeiten hätte er sich ja im Taxi zu einem anständigen Spielwarengeschäft chauffieren lassen und wäre im Handumdrehen fündig geworden. Aber jetzt hatten sie russisches und französisches und serbisches Spielzeug – Spielzeug von Gott weiß woher. Schon vor über einem Jahr hatte Isabel die alten Dampfmaschinen und dergleichen ausgemustert, weil sie so «schrecklich sentimental» waren und «so grottenschlecht für das Formbewusstsein der Kleinen».

«Es ist so entscheidend», hatte die neue Isabel erklärt, «dass ihnen gleich von Anfang an das Richtige gefällt. Das erspart später so viel Zeit. Wenn die armen Schätzchen ihre ersten Jahre mit dem Betrachten solcher Scheußlichkeiten verbringen müssen, darf man sich nicht wundern, wenn wir sie zur Royal Academy[1] mitschleppen sollen, sobald sie alt genug sind.»

1 Die Londoner Royal Academy of Arts.

Das sagte sie, als bedeutete ein Besuch der Royal Academy in jedem Fall ein sicheres Todesurteil ...

«Na, ich weiß nicht», sagte William bedächtig, «als ich so alt war wie die zwei, nuckelte ich an einem alten Handtuch mit Knoten in der Mitte im Bett.»

Die neue Isabel sah ihn aus schmalen Augen mit leicht geöffneten Lippen an. «*Lieber* William! Das kann ich mir vorstellen!» Sie lachte auf diese neue Art.

Naschereien würden es eben doch sein müssen, dachte William resigniert und fischte in der Tasche nach ein paar Münzen für den Taxifahrer. Und er sah schon, wie die Kleinen die Dosen herumreichten – sie waren überaus großzügige Jungs –, während Isabels feine Freunde sich hemmungslos bedienten ...

Wie wäre es mit Obst? William blieb unschlüssig vor einem Stand gleich neben dem Eingang zum Bahnhof stehen. Wie wär's mit einer Melone für jeden? Würden sie die auch teilen müssen? Oder eine Ananas für Pad und eine Melone für Johnny? Schließlich konnten sich Isabels Freunde schlecht ins Kinderzimmer hinaufschleichen, wenn die Jungs aßen. Und trotzdem erschien William noch das Schreckensbild eines von Isabels jungen Poeten, der aus unerfindlichen Gründen hinter der Kinderzimmertür einen Schnitz in sich hineinschlürfte.

Mit seinen zwei sehr unförmigen Paketen schritt er davon zum Zug. Der Bahnsteig war voll, der Zug war da. Türen wurden auf- und zugeschlagen. Die Lok zischte so laut, dass die herumwimmelnden Menschen wie betäubt wirkten. William steuerte geradewegs ein Erste-Klasse-Raucherabteil an, verstaute Koffer und Pakete, zog einen dicken Stapel Papiere aus seiner Brusttasche, warf sich in die Ecke und begann zu lesen.

«Unser Klient ist zudem überzeugt ... Wir sind geneigt, die Angelegenheit zu überdenken ... falls ...» So, das war besser. William strich sich das geglättete Haar zurück und streckte die Beine quer durch das Abteil aus. Das vertraute dumpfe Ziehen in der Brust legte sich etwas. «Was unsere Entscheidung betrifft ...» Er zog einen blauen Stift hervor und unterstrich bedächtig einen Abschnitt.

Zwei Männer kamen herein und stiegen über seine Füße zur entfernteren Abteilecke. Ein junger Kerl verstaute seine Golfschläger mit Schwung im Gepäcknetz und setzte sich ihm gegenüber. Der Zug ruckelte sanft, und sie fuhren los. William blickte auf und sah den hitzigen, grellen Bahnhof entschwinden. Ein Mädchen mit hochrotem Kopf lief den Wagen nach, Anspannung und fast schon Verzweiflung lagen in ihrem Winken und Rufen. «Hysterisch!», dachte William gleichgültig. Am Ende des Bahnsteigs grinste ein Arbeiter mit rußverschmiertem Gesicht dem enteilenden Zug nach. Und William dachte: «Ein schmutziges Leben!», und er wandte sich wieder seinen Schriften zu.

Als er erneut aufblickte, sah er Felder und Tiere, die unter den dunklen Bäumen Schutz suchten. Ein breiter Fluss, in dessen Untiefen nackte Kinder planschten, glitt ins Blickfeld und entschwand wieder. Der Himmel leuchtete matt, und ein Vogel zog hoch droben vorüber wie ein dunkler Fleck auf einem Juwel.

«Wir haben die Korrespondenz unseres Klienten gesichtet…» Der letzte Satz, den er gelesen hatte, ging ihm nach. «Wir haben gesichtet…» William klammerte sich an diesen Satz, aber es war zwecklos; er brach mitten entzwei, und die Felder, der Himmel, der dahinziehende Vogel, das Wasser, alle sagten sie: «Isabel.» Es war jeden Samstagnachmittag dasselbe. Schon unterwegs zu Isabel begann ein Reigen aller möglichen Begegnungen in seinem Kopf: Sie stand am Bahnhof, etwas abseits von den andern. Sie saß im offenen Taxi draußen, war am Gartentor, lief über das verdorrte Gras, stand unter der Tür oder im Eingang.

Und ihre klare, helle Stimme sagte: «Es ist William» oder «*Hillo*, William!» oder «William ist da!». Er berührte ihre kühle Hand, ihre kühle Wange.

Ach, Isabels köstliche Frische! Als kleiner Junge war es sein Vergnügen gewesen, nach einem Regenschauer in den Garten hinauszulaufen und den Rosenbusch über sich auszuschütteln. Isabel war dieser Rosenbusch, zartblättrig, funkelnd und kühl. Und er war immer noch dieser kleine Junge. Doch in den Garten eilte er nicht mehr, es gab kein Lachen, kein Schütteln. Das quälende dumpfe Ziehen in seiner Brust begann wieder. Er zog die Beine an, warf seine Papiere weg und schloss die Augen.

«Was ist denn, Isabel? Was ist?», sagte er zärtlich. Sie waren im Schlafzimmer ihres neuen Hauses. Isabel saß auf einem bemalten Hocker vor dem Frisiertisch, der mit allerlei Dosen in Schwarz und Grün übersät war.

«Was ist womit, William?» Und sie beugte sich vor, und ihr feines blondes Haar fiel ihr über die Wangen.

«Ach, du weißt schon!» Er stand mitten in diesem ihm fremden Raum und fühlte sich wie ein Fremder. Darauf drehte sich Isabel rasch um und sah ihn an.

«Oh, William!», rief sie beschwörend und hielt ihre Haarbürste hoch. «Bitte! Bitte sei nicht so schrecklich spießig und tragisch. Die ganze Zeit gibst du mir mit Worten und Blicken und Andeutungen zu verstehen, dass ich mich verändert hätte. Nur weil ich richtig sympathische Leute kennengelernt habe und mehr ausgehe und mächtig Lust habe auf – auf alles, benimmst du dich, als hätte ich» – lachend warf Isabel ihr Haar zurück – «unsere Liebe ermordet oder ähnlich. Es ist dermaßen absurd» – sie biss sich auf die Lippen – «und echt zum Verzweifeln, William. Sogar dieses neue Haus und die Dienstboten missgönnst du mir.»

«Isabel!»

«Doch, doch, irgendwie stimmt das», fuhr Isabel schnell dazwischen. «Du hältst auch sie für ein schlechtes Omen. Oh, das weiß ich doch. Ich spüre es jedes Mal», sagte sie leise, «wenn du die Treppe hochkommst. Aber wir hätten doch nicht in dem muffigen kleinen Loch bleiben können, William. Denk doch wenigstens praktisch! Es gab ja nicht mal genug Platz für die Babys.»

Es stimmte schon. Jeden Morgen, wenn er aus dem Anwaltsbüro zurückkehrte, traf er Isabel mit den Babys im hinteren Salon an. Da ritten sie über das Leopardenfell über der Sofalehne, spielten Kramladen mit Isabels Schreibtisch als Theke, oder Pad saß auf dem Kaminvorleger und ruderte mit einer kleinen Messingschaufel um sein Leben, während Johnny mit der Feuerzange die Piraten aufs Korn nahm. Und jeden Abend trug er sie huckepack die schmale Treppe hoch zu ihrer fülligen alten Nanny.

Ja, es war wohl ein muffiges kleines Haus. Ein weißes Häuschen mit blauen Vorhängen und einem Kasten Petunien im Fenster. «Habt ihr unsere Petunien gesehen?», begrüßte William ihre Freunde unter der Tür. «Ein Wahnsinn für London, findet ihr nicht?»

Aber das Idiotische, völlig Unbegreifliche war, dass er nicht im Entferntesten gedacht hätte, dass Isabel nicht ebenso glücklich sein könnte wie er. Gott, welche Blindheit! Keinen Schimmer hatte er damals gehabt, dass sie das unkomfortable Häuschen eigentlich hasste und fand, die füllige Nanny schade den Babys. Dass sie sich abgrundtief einsam fühlte und nach neuen Bekannten, neuer Musik und Bildern und so fort lechzte. Wenn sie bloß nicht zu Moira Morrisons Studioparty gegangen wären und Moira beim Abschied nicht gesagt hätte: «Ich werde Ihre Frau retten, Sie Egoist. Sie ist wie eine exquisite kleine Titania[2]» – wenn Isabel nicht mit Moira nach Paris gefahren wäre – wenn – ja wenn …

Der Zug hielt an einem weiteren Bahnhof: Bettingford. Um Himmels willen! In zehn Minuten würden sie ankommen. William stopfte seine Schriften wieder in seine Taschen; der junge Mann gegenüber war längst verschwunden. Jetzt stiegen die anderen beiden aus. Die Spätnachmittagssonne schien auf Frauen in Baumwollröcken und sonnengebräunte, barfüßige Kinder. Sie brannte auf eine seidig gelbe Blume mit derben Blättern nieder, die eine Felsbank überwucherte. Die Luft, die durchs Fenster wehte, roch nach Meer. Ob wohl dieselbe Truppe dieses Wochenende wieder bei Isabel war?, fragte sich William.

Und er dachte an ihren Urlaub zu viert zurück, mit dem kleinen Bauernmädchen Rosie, das sich um die Babys kümmerte. Isabel trug einen Pullover und hatte ihre Haare geflochten; sie sah aus wie vierzehn vielleicht. Gott! Wie seine Nase sich ständig schälte! Und wie viel sie aßen und wie viel sie schliefen in dem gewaltigen Federbett, mit ineinander verschränkten Füßen … William konnte sich ein grimmiges Lächeln nicht verkneifen, wenn er sich Isabels Entsetzen ausmalte, wäre ihr das ganze Ausmaß seiner Sentimentalität bewusst.

* * *

«*Hillo*, William!» Sie war doch am Bahnhof, stand, wie er es sich ausgemalt hatte, etwas abseits von den andern und – Williams Herz hüpfte – war allein.

2 Elfenkönigin aus William Shakespeares (1564–1616) Komödie *A Midsummer Night's Dream*, 1598 uraufgeführt.

«Hallo, Isabel!» William ließ sie nicht aus den Augen. Er fand sie so bezaubernd, dass er etwas sagen musste. «Du siehst so frisch aus.» «Ja?», sagte Isabel. «Ich fühle mich gar nicht frisch. Komm schon, dein schrecklicher Bummelzug ist verspätet. Das Taxi wartet draußen.» Sie drückte leicht seinen Arm, als sie am Schaffner vorbeigingen. «Wir holen dich alle ab», sagte sie. «Nur Bobby Kane müssen wir noch beim Süßwarenladen aufgabeln.»

«Oh!», sagte William. Mehr brachte er momentan nicht über die Lippen. Dort im Scheinwerferlicht wartete das Taxi mit Bill Hunt und Dennis Green, die auf der einen Seite herumkasperten, mit schräg ins Gesicht gezogenen Hütchen, während auf der anderen Seite Moira Morrison unter ihrem Hut wie eine Riesenerdbeere auf und ab hüpfte.

«Kein Eis! Kein Eis! Kein Eis», rief sie aufgekratzt.

«Das gibt's *nur* beim Fischhändler», fiel Dennis unter seinem Hut hervor ein.

Und Bill Hunt, der sich jetzt auch bemerkbar machte, ergänzte: «Mit *ganzem* Fisch drin.»

«Oh, wie lästig!», jammerte Isabel. Und sie erklärte William, wie sie die Stadt nach Eis abgeklappert hatten, während sie auf ihn warteten. «Einfach alles läuft die steilen Klippen ins Meer hinunter, angefangen bei der Butter.»

«Wir werden uns salben müssen mit Butter», sagte Dennis. «Möge dein Haupt triefen vor Salböl, William.»

«Hört mal», sagte William, «wie sollen wir sitzen? Ich setz mich am besten neben den Fahrer.»

«Nein, Bobby Kane sitzt neben dem Fahrer», sagte Isabel. «Du sitzt zwischen Moira und mir.» Das Taxi fuhr ab. «Was hast du in diesen mysteriösen Paketen?»

«Ab-ge-schla-gene Köpfe!», sagte Bill Hunt mit einem Schaudern unter seinem Hut.

«Ach, Obst!» Isabel klang sehr erfreut. «Wie weise von dir, William! Eine Melone und eine Ananas. Das ist ja köstlich!»

«Mal langsam», sagte William lächelnd, aber ziemlich angespannt. «Die hab ich den Jungs mitgebracht.»

«Aber nein, Liebling!» Isabel lachte und fasste ihn unter. «Sie würden Bauchgrimmen bekommen, wenn sie die essen. Nein» – sie tätschelte seine Hand –, «du musst ihnen nächstes Mal was mitbringen. Ich geb meine Ananas nicht mehr her.»

«Grausame Isabel! Lass mich mal daran riechen!», sagte Moira. Flehend umarmte sie William. «Oh!» Der Erdbeerhut trudelte davon; Moira wirkte ganz ermattet.

«Romanze zwischen Dame und Ananas», kommentierte Dennis, als das Taxi vor einem kleinen Geschäft mit gestreifter Markise hielt. Bobby Kane erschien, die Arme voll kleiner Päckchen.

«Ich hoffe, die schmecken. Ich habe sie wegen der Farben ausgesucht. Hier sind ein paar runde Dinger, die einfach himmlisch aussehen. Und seht euch dieses Nougat an», begeisterte er sich, «seht es euch an. Eine perfekte kleine Komposition!»

Doch in diesem Augenblick erschien der Verkäufer. «Oh, hab ich ganz vergessen. Bezahlt ist noch nichts», sagte Bobby und sah erschrocken aus. Isabel gab dem Mann einen Geldschein, und Bobby strahlte wieder. «Hallo, William! Ich sitze neben dem Fahrer.» Und barhäuptig, ganz in Weiß, die Ärmel bis zu den Schultern hochgerollt, hüpfte er auf seinen Platz. «Avanti!», rief er …

Nach dem Tee gingen die anderen schwimmen, während William im Haus blieb und mit den Jungs Frieden schloss. Aber jetzt schliefen Johnny und Paddy, das Abendrot war verblasst, Fledermäuse kreisten, und die Badegesellschaft war noch immer nicht zurück. Als William die Treppe hinunterschlenderte, durchquerte das Hausmädchen gerade mit einer Lampe in der Hand die Diele. Er folgte ihr in den Salon, einen langen Raum in Gelb. An die Wand William gegenüber hatte jemand einen überlebensgroßen jungen Mann mit sehr wackeligen Beinen gemalt, der einer jungen Frau mit einem sehr kurzen und einem sehr langen, dünnen Arm ein großäugiges Gänseblümchen reichte. Über den Stühlen und dem Sofa hingen schwarze Stoffstreifen mit großen Spritzern wie von aufgeschlagenen Eiern, und wo man auch hinsah, schien ein Aschenbecher voller Zigarettenkippen zu stehen. William ließ sich in einen der Lehnsessel fallen. Wenn man heute in dessen seitliche Untiefen griff, stieß man auf kein dreibeiniges Schaf oder eine Kuh, die ein Horn verloren hatte, oder eine sehr fette Taube wie aus der Arche Noah mehr. Man kramte nur noch ein weiteres broschiertes Büchlein mit hingekleksten Gedichten hervor … Er dachte an den Papierstoß in seiner Tasche, aber er war zu hungrig und zu müde zum Lesen. Die Tür stand offen; Geräusche drangen aus der Küche. Die Dienstboten plauderten, als wären sie allein im Haus. Doch plötzlich ertönte ein schrilles, lautes Gelächter und darauf ein ebenso lautes: «Pst!» Er war ihnen wieder eingefallen. William stand auf und trat durch die Terrassentür in den Garten, und als er noch dort im Schatten stand, hörte er die Schwimmer den sandigen Weg heraufkommen; ihre Stimmen lärmten durch die Stille.

«Ich glaube, da wird Moira in ihre Trickkiste greifen müssen.»

Moira seufzte tragisch.

«Wir sollten ein Grammofon haben für die Wochenenden und darauf *The Maid of the Mountains*[3] spielen.»

«Nein, nein!», rief Isabels Stimme. «Das ist nicht fair gegenüber William. Seid nett zu ihm, Kinderchen! Er bleibt ja nur bis morgen Abend.»

«Überlasst ihn mir», rief Bobby Kane. «Ich kann sehr gut mit Leuten umgehen.»

Das Tor sprang auf und ging wieder zu. William trat auf die Terrasse; jetzt hatten sie ihn gesehen. «Hallo, William!» Und Bobby Kane schwang sein Handtuch durch die Luft und setzte zu Sprüngen und Pirouetten auf dem verdorrten Rasen an. «Schade, dass du nicht mitgekommen bist, William. Das Wasser war herrlich. Und dann sind wir alle in ein kleines Pub gegangen und haben Schlehenlikör getrunken.»

Die anderen hatten das Haus erreicht. «Hör mal, Isabel», rief Bobby, «soll ich heute Abend meinen Nijinsky-Anzug[4] tragen?»

«Nein», sagte Isabel, «es gibt keine Maskeraden. Wir sind alle halb am Verhungern. William auch. Kommt, *mes amis*,[5] fangen wir mit Sardinen an.»

«Ich habe sie gefunden», sagte Moira und kam in die Diele gerannt, ihren Fang triumphierend in die Höhe gereckt.

«Dame mit Sardinendose», sagte Dennis würdevoll.

---

3 Operette (1917) von Harold Fraser-Simpson (1872–1944) und James William Tate (1875–1922).

4 Vaslav Nijinsky (1889–1950), legendärer russ. Balletttänzer und Choreograf.

5 Frz. «meine Freunde».

«Na, William, und was macht London?», fragte Bill Hunt und entkorkte dazu eine Flasche Whisky.

«Ach, London ist so ziemlich wie immer», antwortete William.

«Das gute alte London», sagte Bobby äußerst jovial und spießte eine Sardine auf.

Doch kurz darauf war William vergessen. Moira Morrison rätselte, welche Farbe die Beine eigentlich unter Wasser hätten.

«Meine sind so blass wie die allerblassesten Pilze.»

Bill und Dennis langten tüchtig zu. Und Isabel füllte Gläser, tauschte Teller aus, besorgte Streichhölzer und lächelte selig. Einmal sagte sie sogar: «Ich wünschte, du würdest das malen, Bill.»

«Malen, was denn?», schmatzte Bill und stopfte sich den Mund mit Brot voll.

«Uns», sagte Isabel, «unsere Tischgesellschaft. Das wäre in zwanzig Jahren ja so faszinierend.»

Bill kniff die Augen zusammen und kaute. «Das Licht taugt nichts», sagte er barsch, «viel zu viel Gelb» und aß weiter. Aber auch das schien Isabel zu entzücken.

Nach dem Essen waren sie aber alle so müde, dass sie nur noch gähnen konnten, bis es spät genug war, um schlafen zu gehen …

Erst als William am anderen Nachmittag auf sein Taxi wartete, fand er sich mit Isabel allein. Als er seinen Koffer in die Diele herunterbrachte, ließ Isabel die anderen stehen und ging zu ihm hinüber. Sie bückte sich nach dem Koffer. «Wie schwer der ist!», sagte sie und lachte verlegen auf. «Lass mich ihn tragen! Bis zum Tor.»

«Nein, warum solltest du?», sagte William. «Sicher nicht. Gib ihn mir.»

«Ach, bitte lass mich», sagte Isabel. «Ich will es wirklich.» Sie gingen schweigend nebeneinanderher. William wusste nicht, was er hätte sagen können.

«So», sagte Isabel triumphierend, stellte den Koffer ab und spähte nervös die sandige Straße hinunter. «Kommt mir vor, als hätte ich dich diesmal kaum gesehen», sagte sie atemlos. «Es ist so schnell vorbei, nicht wahr? Als wärst du eben erst gekommen. Nächstes Mal …» Das Taxi tauchte auf. «Hoffentlich kümmern sie sich gut um dich in London. Tut mir leid, dass die Kleinen den ganzen Tag weg waren, aber

Miss Neil hatte das so geplant. Es wird ihnen so leidtun, dich verpasst zu haben. Armer William, musst wieder nach London zurück.» Das Taxi wendete. «Leb wohl!» Sie gab ihm einen kleinen, eiligen Kuss und war fort.

Felder, Bäume, Hecken zogen vorüber. Sie holperten durch die leere, abweisend wirkende Kleinstadt und mühten sich den steilen Weg zum Bahnhof hoch. Der Zug war da. William steuerte unverzüglich ein Erste-Klasse-Raucherabteil an und warf sich in die Ecke, aber diesmal ließ er seine Schriften stecken. Er verschränkte die Arme vor dem dumpfen, quälenden Ziehen und begann im Kopf einen Brief an Isabel zu schreiben.

* * *

Die Post war wie üblich spät. Sie fläzten sich vor dem Haus in Liegestühlen unter bunten Sonnenschirmen. Nur Bobby Kane lag auf dem Rasen zu Isabels Füßen. Es war drückend und schwül; der Tag hing wie eine schlaffe Fahne herunter.

«Glaubt ihr, dass es im Himmel Montage geben wird?», fragte Bobby unschuldig.

Und Dennis murmelte: «Der Himmel wird ein einziger langer Montag sein.»

Isabel dagegen musste staunen, was mit dem Lachs passiert war, von dem sie gestern zu Abend gegessen hatten. Sie hatte Fischmayonnaise zum Lunch reichen wollen, und jetzt…

Moira schlief. Schlafen war ihre neuste Entdeckung. «Es ist *so* wunderbar. Man macht einfach seine Augen zu und fertig. Das ist *so* köstlich.»

Als der alte, rotbackige Postbote auf seinem Dreirad über die Sandstraße geholpert kam, dachte man unwillkürlich, seine Lenkstangen wären besser Ruder gewesen.

Bill Hunt ließ sein Buch sinken. «Briefe», sagte er zufrieden, und alle warteten. Doch herzloser Bote – bösartige Welt! Es war nur einer da, ein dicker Brief für Isabel. Nicht mal eine Zeitung.

«Und meiner ist bloß von William», sagte Isabel betrübt.

«Von William – heute schon?»

«Er schickt dir deinen Trauschein zurück, als Wink mit dem Zaunpfahl.»

«Hat denn jeder einen Trauschein? Ich dachte, die gäb's nur für Dienstboten.»

«Seiten über Seiten! Seht sie euch an! Lady liest einen Brief», sagte Dennis.

«*Mein Liebling, liebste Isabel.*» So ging es über Seiten und Seiten. Als Isabel weiterlas, verwandelte sich ihre Verwunderung in ein Gefühl der Bedrückung. Wie um alles in der Welt kam William dazu …? Das war ja ganz unglaublich … Was hatte ihn dazu veranlasst …? Sie fühlte sich verwirrt, immer aufgeregter, sogar erschrocken. Das sah William ähnlich. Wirklich? Eigentlich war es ja absurd, musste absurd sein, lächerlich. «Ha, ha, ha! Meine Güte!» Was sollte sie tun? Isabel warf sich in ihren Stuhl zurück und lachte, bis sie nicht mehr aufhören konnte.

«Erzähl schon», sagten die andern. «Du musst uns erzählen.»

«Unbedingt», gluckste Isabel. Sie setzte sich auf, nahm den Brief zur Hand und winkte damit. «Kommt her», sagte sie. «Und hört zu, es ist zu köstlich. Ein Liebesbrief!»

«Ein Liebesbrief! Das ist ja himmlisch!» – «*Liebling, liebste Isabel.*» Kaum hatte sie begonnen zu lesen, wurde sie von ihrem Gelächter unterbrochen.

«Weiter, Isabel, das ist perfekt.»

«Was für ein tolles Fundstück!»

«Lies bitte weiter, Isabel!»

«*Gott bewahre, Schatz, dass ich Deinem Glück im Weg stehe.*»

«Oh, oh, oh!»

«Pst! Pst! Pst!»

Und Isabel las weiter. Als sie am Ende angelangt war, lachten sie hysterisch: Bobby wälzte sich im Gras und schluchzte fast.

«Du musst ihn mir überlassen, vollständig und genau so, für mein neues Buch», sagte Dennis entschieden. «Ich werde ihm ein ganzes Kapitel widmen.»

«O Isabel», stöhnte Moira, «diese wundervolle Stelle, wo er schreibt, wie er dich in seinen Armen hält!»

«Ich hatte ja immer geglaubt, all diese Briefe in Scheidungsfällen seien erfunden. Aber sie verblassen vor dem da.»

«Gib ihn mir. Ich will ihn selbst lesen», sagte Bobby Kane.

Doch zu ihrem Erstaunen zerknüllte Isabel den Brief in der Hand. Sie lachte nicht mehr, warf einen flüchtigen Blick auf sie alle und wirkte erschöpft. «Nein, nicht jetzt gleich. Nicht jetzt gleich», stammelte sie.

Und bevor sie sich gefasst hatten, war sie ins Haus geeilt, durch die Diele, die Treppe hinauf und in ihr Schlafzimmer. Sie setzte sich auf die Bettkante. «Wie gemein, abscheulich, garstig, vulgär», murmelte Isabel. Sie drückte sich die Fingerknöchel auf die Augen und wiegte sich hin und her. Und jetzt sah sie sie wieder vor sich, aber nicht nur vier, eher vierzig lachten und höhnten und spotteten da und streckten die Hände aus, während sie ihnen Williams Brief vorlas. Ach, was hatte sie da Abscheuliches getan. Wie konnte sie nur! «*Gott bewahre, Schatz, dass ich Deinem Glück im Weg stehe.*» William! Isabel drückte ihr Gesicht ins Kissen. Doch es kam ihr vor, als ob selbst dieses ernste Schlafzimmer sie durchschaute: als oberflächlich, flatterhaft, eitel…

Jetzt drangen Stimmen vom Garten herauf.

«Isabel, wir gehen jetzt alle schwimmen. Komm doch auch!»

«Komm, du Weib des William!»

«Ruft sie noch mal, bevor ihr geht, rufet noch einmal!»[6]

Isabel setzte sich auf. Jetzt war der Augenblick da, jetzt musste sie sich entscheiden. Sollte sie mit ihnen gehen oder hierbleiben und William schreiben. Worauf, worauf fiel die Wahl? «Ich muss mich entscheiden.» Aber wie konnte sie da noch fragen? Natürlich würde sie hierbleiben und schreiben.

«Titania!», flötete Moira.

«Isa-bel?»

Nein, es war allzu schwer. «Ich – ich werde mit ihnen gehen und William später schreiben. Ein andermal. Später. Nicht jetzt. Aber ich werde *bestimmt* schreiben», dachte Isabel flüchtig.

Und sie schlug ihr neues Lachen an und eilte die Treppe hinunter.

6 Zitat aus dem Gedicht *The Forsaken Merman* (1849) von Matthew Arnold (1822–1888).

Teresa de la Parra
FREIHEIT

Es war die tausendmal gelobte Mercedes Galindo, die anrief, um mich zum Abendessen zu sich nach Hause einzuladen. Onkel Pancho würde mein Begleiter oder *chaperon*[1] sein, mich abholen und wieder heimbringen, das war bereits abgemacht. Mercedes fügte noch hinzu:»… und ich möchte, dass du am Abend besonders hübsch aussiehst, das heißt genauso hübsch wie neulich, denn hübscher kann man gar nicht sein.»

Dieser Satz, der mir in seiner Wahrheit so zu strahlen schien wie die helle Mittagssonne, versetzte mich in unglaubliche Hochstimmung. Und da ich glücklicherweise durchs Telefon weder das betörende Parfüm, das Mercedes benutzt, noch die prachtvolle Blässe ihrer Perlen, den zarten Schimmer ihres Samtkleides oder dieses bezaubernde Lächeln ihrer umwerfenden roten Lippen und weißen Zähne wahrnehmen konnte; da ich, wie gesagt, durchs Telefon nichts von all diesen Dingen sah, die mir, mehr noch als ihre Person, am Tag ihres Besuchs dieses unselige Gefühl der Verlegenheit eingeflößt hatten, gelang es mir, frei von jeglichen Hemmungen, galant auf ihre Freundlichkeit zu reagieren, indem ich sagte: Wenn sie dieser Ansicht sei, sähe ich mich dazu veranlasst, mir ihr Haus so streng und karg vorzustellen wie ein Kloster, wo die Mönche, da sie nie in den Spiegel blicken, am Ende ihrer selbst vergessen.

Das sagte ich zu Mercedes, womit ich in knappen Worten zum Ausdruck brachte, ihre Schönheit übertreffe meine um einiges, was man als Liebenswürdigkeit verstehen konnte, wenngleich es eine offenkundige Lüge war. Mercedes ist zwar durchaus hübsch, ja, Mercedes ist hinreißend, doch ich bin bei Weitem hübscher als sie. Da besteht gar

1 Frz. «Anstandsperson».

kein Zweifel: Ich bin größer, hellhäutiger, habe seidigeres Haar, einen hübscheren Mund und viel besser geformte Nägel. Was Mercedes mir bei Weitem voraushat, ist diese Raffinesse, ja, dieser unvergleichliche Schick ... Kein Wunder! Wo sie alles aus Paris bezieht ... Ach, wenn ich nur Geld hätte ...! Ach, hätte mich Onkel Eduardo bloß nicht um meinen Anteil an San Nicolás betrogen!

Doch zurück zu unserem Telefonat: Nachdem wir uns gegenseitig mit allerlei liebenswürdigen Komplimenten geschmeichelt und uns schließlich aufs Herzlichste verabschiedet hatten, war unser Gespräch beendet. Ich eilte sogleich hierher, in mein Zimmer, drehte den Schlüssel zweimal herum, damit Tante Clara nicht überraschend hereinplatzen und mich erneut aus meinen Gedanken reißen konnte, und begann, als alle nötigen Vorsichtsmaßnahmen getroffen waren, in Ruhe nachzudenken. Als Erstes öffnete ich den Spiegelschrank auf der rechten Seite, wo alle meine Kleider fein säuberlich aufgereiht hängen. Dann stand ich davor, die Hände in die Hüften gestemmt, eine Haltung, die, was Großmama auch sagen mag, in Augenblicken äußerster Unschlüssigkeit ungemein hilfreich ist, und ging sie der Reihe nach durch. Und während meine Augen von einem Kleid zum anderen glitten, murmelten meine Lippen gebetsmühlenartig: «Welches soll ich tragen? Welches soll ich tragen? Welches soll ich tragen?»

Am Ende entschied ich mich für das Taftkleid. Nachdem dieses Problem erst einmal gelöst war, zog ich meinen Sessel ans Fenster, machte es mir möglichst bequem darauf und begann folgende Erwägungen anzustellen: «Bestimmt wird heute Abend auch der über alles gepriesene Gabriel Olmedo zum Essen erscheinen. Ja, kein Zweifel, er wird kommen. Heute werden sie ihn mir vorstellen. Na schön. Man sollte Großmamas und Tante Claras drakonische Regeln hinsichtlich der Trauerkleidung nicht außer Acht lassen: Ein fremder Gast kann einem Essen einen gewissen festlichen Anstrich verleihen, und wenn sie etwas davon merken: Himmel hilf! Zumindest würden sie mich herzlos nennen, was äußerst misslich wäre, oder sie ließen mich gar nicht zu dem Essen gehen, was noch misslicher wäre. Was also tun?»

Und da in meinem Hinterkopf nie ein Mangel an Ideen herrscht, wie Konflikte gelöst werden können, beschloss ich, mir folgende Lüge zurechtzulegen: Ich würde sagen, Mercedes sei allein, mutterseelenallein, ihr Mann sei außer Haus, weshalb sie mich gebeten habe, ihr Gesellschaft zu leisten.

Als ich dieses zweite, gravierende Problem, nämlich die anderen Gäste aus der Welt zu schaffen, bewältigt hatte, fühlte ich mich so glücklich, wie ein General sich fühlen muss, nachdem er seinen Schlachtplan entworfen hat.

An diesem Punkt will ich doch einmal kundtun, dass es wahrhaft an ein Wunder grenzt, wie schnell und tief diese Gewohnheit zu lügen in mir Wurzeln geschlagen hat. Seit ich bei Großmama lebe, lüge ich auf Schritt und Tritt; durch die ständige Übung hat sich meine Fantasie unglaublich entwickelt und es zu einer erstaunlichen Wendigkeit gebracht. Vor einiger Zeit habe ich noch nicht gelogen. Die Lüge war mir sogar verhasst, wie einem alles verhasst ist, dessen Nützlichkeit man nicht kennt. Inzwischen würde ich zwar nicht gerade behaupten, dass ich sie verehrte oder gar zu meiner Göttin erkoren hätte, die ich mir wie Glaube, Wissenschaft oder Vernunft als Marmorfigur mit einer in langen Falten herabfallenden Tunika und einem allegorischen Gegenstand in der Hand vorstelle. Nein, so schlimm ist es noch nicht, doch ich schätze die Lüge, weil ich finde, dass sie im Leben eine fügsame und versöhnliche Rolle spielt und es allemal wert ist, zumindest in Betracht gezogen zu werden.

Die Wahrheit indessen, diese siegreiche und strahlende Gegenspielerin der Lüge, neigt trotz ihrer großen Strahlkraft und Schönheit wie ein allzu kräftiges Licht manchmal ein wenig zur Indiskretion und fällt häufig auf den, der sie äußert, wie eine Bombe aus Dynamit zurück. Es besteht zudem kein Zweifel, dass sie etwas Spielverderberisches hat, und manchmal kommt sie mir vor wie die Mutter der Schwarzmalerei und der Untätigkeit.

Hingegen vermag die viel geschmähte Lüge, ungeachtet des üblen Rufs, den sie weltweit genießt, den Geist durchaus zu beflügeln und als eine Art rechte Hand des Idealismus die Seele über die spröde Realität zu erheben, ähnlich wie ein Ballon, der unseren Leib über die Dürre der Wüste erhebt. Und wer in Knechtschaft lebt, dem schenkt sie ein süßes Lächeln und lockt ihn mit einem glitzernden Funken Unabhängigkeit. Ja, die Lüge nimmt sich der Rechtlosen an und versöhnt ganz unauffällig die Tyrannei mit der Freiheit. Wäre ich ein Künstler, hätte ich sie längst als die Schwester des Friedens dargestellt, in der Gestalt einer schneeweißen Taube, die als Zeichen der Freiheit die Flügel ausbreitet und einen Olivenzweig im Schnabel trägt.

Ich weiß sehr wohl, dass ich solche Gedanken nicht aussprechen, sondern allenfalls aufschreiben darf. Fiele mir etwa ein, sie vor Großmama zu äußern, würde sie sich sofort beide Ohren zuhalten und mir rigoros ins Wort fallen: «Mein Gott! Welch ein Unsinn! Was für ungehörige Einfälle!»

Denn Großmama hat, wie die meisten Menschen, die arme Moral in Ketten gelegt und zu einer erschreckenden Rückständigkeit verurteilt. Ich nicht. Ich finde nämlich, dass die Moral sich durchaus ab und zu verändern darf, ähnlich wie die Form der Ärmel, die Hüte oder die Länge der Kleider. Ständig nur das Gleiche? O nein, nein, das wäre ja entsetzlich monoton und ein schlagender Beweis für das, was ich schon immer gesagt habe: «Der Menschheit mangelt es an Fantasie!»

Ich muss allerdings zugeben, dass mein alltägliches Verständnis von Moral sich meinen theoretischen Ansichten hinsichtlich der Lüge in der Praxis noch nicht vollständig angepasst hat. Das habe ich zum Beispiel gestern an den quälenden Gewissensbissen gemerkt – das Gewissen ist, wie ich glaube, der aufmerksame Torhüter, der über unsere Moralvorstellungen wacht und uns jeweils ihre Siege oder Niederlagen verkündet.

Bevor ich mich gestern zu dem Abendessen aufmachte, präsentierte ich mich Großmama in meinem Taftkleid. Sie lächelte, als sie mich sah, mit ihrem so vertrauten geheimnisvollen Mona-Lisa-Lächeln ... Dahinter verbirgt sich ihr mütterlicher Stolz, und das schmeichelt mir und macht mich glücklich, denn ihr Schweigen ist mindestens so beredt wie ein Blick in den Spiegel ... Als Großmama mich also kommen sah, hielt sie sich ihre Schildpattlorgnette vor die Augen und sagte mit einem noch breiteren Lächeln: «So fein herausgeputzt für ein Abendessen mit Mercedes! Mein Gott, wie prahlerisch!»

Bei ihren Worten dachte ich: «Großmama findet mich hinreißend und will es nur nicht zugeben, damit ich mir nicht zu viel einbilde.» Doch gleichzeitig plagten mich angesichts ihrer Gutgläubigkeit schreckliche Gewissensbisse. So heftig waren sie, dass ich nah daran war, zer knirscht auszurufen: «Glaub ja nicht, was ich dir gesagt habe, liebe Großmama! Auch wenn du mich dann herzlos nennst, weißt du doch, dass ich in Gesellschaft einer ganzen Schar von Leuten speisen werde, wenn Mercedes beschlossen hat, diese einzuladen.»

Doch da die Lüge weder Fahnenflüchtige noch Feiglinge in ihren Reihen duldet, blieb mir nichts andres übrig, als mich innerlich wie ein heldenhafter Soldat anzufeuern: «Vorwärts, nur vorwärts!» Und dann sagte ich: «Ich gebe viel auf Mercedes' Meinung, Großmama. Für mich ist eine einzige Person mit gutem Geschmack mehr wert als eine ganze Horde von Leuten, die sich nicht zu kleiden wissen.»

In Wirklichkeit gab es gestern beim Abendessen weder Heerscharen noch Horden. Es fand mir zu Ehren statt, und wie geplant nahm aus Rücksicht auf meine Trauer neben Onkel Pancho, Mercedes und ihrem Ehemann nur noch der viel gepriesene Gabriel Olmedo teil. Offen gesagt finde ich, dass Onkel Panchos Beschreibung reichlich übertrieben war, denn als Gabriel gestern Abend den Salon betrat, war ich ehrlich enttäuscht, falls man im Zusammenhang mit Menschen, die einem herzlich gleichgültig sind, überhaupt von «Enttäuschung» reden kann. Zunächst einmal hat er kohlrabenschwarzes Haar und ebensolche Augen, was mich zutiefst abstößt; dann sind seine Beine im Verhältnis zum Oberkörper zu lang, seine Schuhe zu kurz und, was ich fast vergessen hätte, seine Fußfesseln nicht gerade schlank. Wenn man es recht bedenkt, trotz allem gar nicht so übel für jemanden, der Schwarzhaarige mag. Was mich betrifft, sehe ich pechschwarzes Haar lieber auf Katzenrücken; bei Männern ist es mir zuwider. Alles in allem hat Gabriel Olmedo mit seinem parfümierten rabenschwarzen Haar also gestern einen eher nachteiligen Eindruck auf mich gemacht. Charakterlich gesehen fand ich ihn reichlich aufgeblasen. Mercedes muss ihm bereits von ihren Plänen erzählt haben, denn wenn er sich auch ausgesprochen höflich und korrekt gab, spielte er sich manchmal auf, als wäre er ein an seinem Junggesellenleben hängender Monarch, dem seine Regierung eine Braut sucht.

Zum Glück und zu meiner Freude weiß ich, dass ich eine hundertmal bessere Figur gemacht habe als er. Lag es an Mercedes' Nettigkeiten und ihrem ausgesprochenen Feingefühl? An dem wohlriechenden Cocktail und den anschließenden Gläsern Champagner...? An den zahllosen Spiegeln, die mir ständig meine angenehme Erscheinung vor Augen führten …? Ich weiß es nicht, jedenfalls hatte ich gestern Abend das herrliche Gefühl, wichtig zu sein, sodass ich mich ohne jeden Anflug von Schüchternheit mit mir und den anderen im Reinen fühlte. Wenn ich heute daran denke, merke ich, dass dieses Gefühl, wichtig zu sein, seit gestern schon erheblich verblasst ist. Das bestärkt mich in meiner Annahme, dass es an dem Cocktail und dem Champagner gelegen haben muss. Der Alkohol ist mir wohl zu Kopf gestiegen und hat das Thermometer meiner Eitelkeit um mehrere Grade in die Höhe getrieben. Überhaupt scheint dieses Thermometer, wie ich beobachtet habe, hochempfindlich zu sein, denn in letzter Zeit neigt es sehr zu Schwankungen. Gott sei Dank half es mir jedenfalls gestern, Gabriel Olmedo und seinen pechschwarzen Augen die kalte Schulter und den ganzen Vorrat an Geringschätzung, den meine Seele für diese Sorte von Aufschneidern bereithält, zu zeigen.

Das Haus von Mercedes ist ausgesprochen elegant und der Tisch bei ihr immer fürstlich gedeckt. Überall stehen Gegenstände aus feinstem Silber, aus Meißner oder Sèvresporzellan[2] herum; die Wände sind mit Spiegeln, Teppichen und sehr geschmackvollen Bildern geschmückt, und die im ganzen Haus verteilten Pflanzen in echten chinesischen Vasen lassen alles sehr hell und freundlich wirken. Und dann besitzt Mercedes noch ein zauberhaftes orientalisches Boudoir … Ein wahrer Traum ist der niedrige Diwan mit einer großen viereckigen Liegefläche voller dunkler Kissen in allen Formen und Farben, samtweich und warm wie ein Kuss! Was würde ich darum geben, etwas Vergleichbares mein Eigen zu nennen, um darin zu versinken, mich für ganze Tage dort zu verkriechen und bergeweise Bücher zu verschlingen, umgeben von einer türkischen Wasserpfeife, einem Leopardenfell und einer in Japan geschnitzten Elfenbeintruhe!

«Das ist alles, was uns nach dem Schiffbruch geblieben ist!», sagte Mercedes, als sie mich durch ihr Haus führte, wobei sie bei dem Wort «Schiffbruch» ein strahlendes Lächeln zeigte, wohl in Gedanken an die Zeiten, als sie noch reich gewesen waren, in den besten Kreisen verkehrt

---

2 Porzellan aus den berühmtesten historischen Manufakturen Meißen, Sachsen, und Sèvres bei Paris.

und fürstlich in ihrem eigenen Pariser Hotel residiert hatten. Doch die Verschwendungssucht und einige Fehlkalkulationen ihres Gatten hatten sie fast um ihr gesamtes Vermögen gebracht, was Mercedes nun als ihren «Schiffbruch» bezeichnete.

Ihr Mann, Alberto Palacios, wirkt wie Mercedes sehr sympathisch, weltgewandt und umgänglich. Mir ist allerdings nicht entgangen, dass er, obwohl er sich im Allgemeinen galant und liebenswürdig gab, manchmal doch in sehr barschem Ton mit ihr sprach, sodass ich insgeheim dachte: «Großmama und Tante Clara liegen wohl gar nicht so falsch, wenn sie behaupten, er behandle sie schlecht. Aber wie kann man mit einem so bezaubernden und überaus entzückenden Geschöpf nur derart unwirsch umgehen?»

Im Großen und Ganzen habe ich einen reizenden Abend verbracht. Leider weiß ich nur nicht, ob und wann ich dergleichen noch einmal erleben werde. Wenn es nach mir ginge, jeden Tag. Ja … Und wie vergnüglich es im Haus von Alberto und Mercedes zugeht! So als hätten sie nicht nur all die Bilder, Teppiche und das kostbare Porzellan mitgebracht, um ihr Haus damit zu schmücken, sondern auch diese wundervolle Lebensart herübergerettet, wie ich sie nur allzu kurz während meiner Pariser Zeit genießen durfte.

Ach, ein interessantes Detail habe ich vergessen: Als wir schon im Aufbruch begriffen waren – Mercedes war kurz verschwunden, um mir das versprochene Porträt zu holen –, hatte Onkel Pancho sich Gabriel Olmedo genähert, der in einiger Entfernung von mir an der Wohnungstür stand, und ihm leise zugeraunt: «Na, Gabriel, was hältst du von meiner Nichte?»

«Deine Nichte, Pancho», hatte dieser ebenso leise erwidert, «ist wie die paradiesische Versuchung in der göttlichen Gestalt eines vollendeten griechischen Körpers. Ich hoffe bloß, dass ich dieser Versuchung nicht erliege und die Sünde begehe, mich in sie zu verlieben. Meine Freiheit, Pancho, will ich nicht einmal deiner allerliebsten kleinen Nichte zu ihren bezaubernden Füßen legen. Am besten, du schaffst sie fort, so rasch wie möglich, tu mir den Gefallen, verbirg sie vor meinen Augen, denn wer ist schon so klug und weise, solchen Verlockungen zu widerstehen.»

Mir entging keines ihrer Worte, obwohl ich so tat, als wäre ich ganz in die Betrachtung eines Ölgemäldes versunken, einer Greuze-Kopie[3], die ein Mädchen mit einem kleinen Hund im Arm zeigt.

Diese zufällig aufgeschnappten Worte sind mit daran schuld, dass mir an Gabriel Olmedo nicht nur das dunkle Haar und der zu kurze Oberkörper missfällt, sondern ich ihn auch für einen arroganten und selbstherrlichen Menschen halte, der seine «Freiheit» so wichtig nimmt, als ginge es um ein Volk oder eine Nation. Seine Tugenden scheinen sich auf seinen nicht allzu schlechten Geschmack und ein einigermaßen gutes Urteilsvermögen zu beschränken.

Nachdem Onkel Pancho mich heimbegleitet und ich mich von ihm verabschiedet hatte, stand ich hier in der dunklen Stille des Hauses, in dem alle schon schliefen, und zog den nur eben für den Heimweg übergestreiften Mantel aus. Als ich unter dem Fresko im Eingangsflur, zwischen Palmen und Rosenstöcken auf eines der Blumentischchen gestützt, einen Blick in den Spiegel warf, fühlte ich mich von der unendlichen Friedlichkeit des Himmels erfüllt. Ich schaute zum Mond und zu den Sternen hinauf und spürte auf einmal den unbändigen Drang, mich in himmlische Höhen aufzuschwingen und wie eine Brieftaube weit fortzufliegen, egal wohin. Immer noch mit erhobenem Blick dachte ich daran, welch ein Glück es bedeuten muss, Flügel zu haben und fliegen zu können, daran, was Gabriel Olmedo über die Freiheit gesagt hatte, und während ich über Flügel und herrliche Freiheit nachsann, murmelte ich, ohne mir richtig bewusst zu werden, was ich tat, halb verwirrt, halb sehnsüchtig: «Seine Freiheit …! Seine Freiheit …! Ach, wenn er glaubt, dass ich auf meine nichts halte … Doch, sie ist mir wichtig. Sogar sehr wichtig … so sehr, dass ich Onkel Pancho, wenn ich ihn das nächste Mal treffe, sagen werde: ‹Onkel Pancho, einem Mann mit dicken Fesseln würde ich meine Freiheit niemals zu Füßen legen! Denn du musst wissen, ich hasse dicke Fesseln, und pechschwarzes Haar finde ich abstoßend, so abstoßend, wie mir meine Freiheit lieb ist.›»

Nachdem ich mir das zwischen den Rosenstöcken im Patio unter dem endlosen Himmel fest vorgenommen hatte, beschloss ich, endlich schlafen zu gehen, zumal es gestern Nacht recht frisch und mein Kleid

---

3 Jean Baptiste Greuze (1725–1805), frz. Maler, dessen sentimentale Sittengemälde seinerzeit sehr geschätzt wurden.

aus persischem Taft mit dem weiten Halsausschnitt zu dünn war, um sich darin lange im Freien aufzuhalten.

Heute Morgen habe ich mir noch einmal alles durch den Kopf gehen lassen… Inzwischen denke ich: Wenn ich Onkel Pancho bei seinem nächsten Besuch diesen Vortrag über meine Freiheit hielte, würde er sich totlachen und mir unter lautem Gelächter sagen: «Arme María Eugenia! Deine Freiheit existiert nicht! Weder jetzt noch früher, und auch in der Zukunft nicht! Deine Freiheit ist eine Illusion, eine der zahlreichen Wunschvorstellungen, der Hirngespinste, die sich in deinem Kopf tummeln. Daher würde ich dir raten, dich lieber nicht weiter damit zu brüsten.»

Selbstverständlich würde ich eine solche Dreistigkeit nicht hinnehmen und aufgebracht kontern: «Du irrst dich, Onkel Pancho, du irrst dich gewaltig! Die Freiheit ist mir für die Zukunft so sicher, wie heute die Sonne scheint! Sag mir, wer soll mir, sobald ich einundzwanzig werde, denn verbieten, dieses Haus zu verlassen, wann immer mir danach ist, und etwa nach Paris, Madrid oder New York zu gehen, um dort als Tänzerin, Chansonnette oder Filmschauspielerin aufzutreten…?»

Sollte Großmama anwesend sein, würde sie auf der Stelle ihr Nähzeug, oder was sie sonst in Händen hielte, fallen lassen, die Brille abnehmen und entsetzt ausrufen: «Um Himmels willen, María Eugenia, red nicht so! Das solltest du nicht einmal im Spaß sagen!»

Und Tante Clara würde ihrerseits einwenden: «Auf solche Ideen kommst du nur durch die vielen Gespräche mit Gregoria und diese ungehörigen Bücher, die du offenbar verschlingst, wenn du dich in dein Zimmer einschließt!»

Sicherlich würden Tante Clara und Großmama misstrauisch werden und an einem Vormittag, während ich auf Onkel Enriques Koffer vor mich hin träume, in meinem Zimmer herumschnüffeln, die «ungehörigen» Romane in meinem Spiegelschrank mit dem doppelten Boden entdecken, und es würde einen fürchterlichen Krach geben.

Aus diesem Grund halte ich es für klüger, meine Freiheit vor Onkel Pancho nicht zu erwähnen. Aus dem gleichen Grund habe ich mich heute auch schon von früh an in mein Zimmer eingeschlossen und schreibe…, schreibe…, schreibe…! Ach, Tante Clara, darauf würdest du nie kommen! Ich lese nicht, wenn ich mich in meinem Zimmer vergrabe, nein; ich schreibe alles nieder, was mir gerade in den Sinn kommt, denn das weiße, leuchtende Papier behält alles brav für sich, was ich ihm anvertraue; es ereifert sich nicht, macht mir keine Vorhaltungen und hält sich auch nicht mit beiden Händen die Ohren zu ...!

Ja, heute schreibe ich, und beim Schreiben kann ich durch die Fensterläden sehen, wie es draußen regnet. Denn seit dem frühen Morgen gießt es unentwegt. Etwa um diese Zeit muss Tante Clara mich gestern ans Telefon gerufen haben. Wie rasch die Stunden verrinnen! Ich sitze hier am Schreibtisch, blicke auf die Uhr, sehe den Regen auf die glänzenden Blätter des Orangenbaums tropfen und denke dabei, wie rasch die Zeit vergeht. Und irgendwie, ich weiß nicht, warum, kommt mir Großmamas Haus größer, stiller und langweiliger vor denn je ...

Caroline Bond Day

DER ROSA HUT

Dieser Hut ist für mich zu einem Sinnbild geworden. Er symbolisiert die Vor- wie die Nachteile meines hiesigen Lebens, je nachdem. Er ist zugleich mein fliegender Teppich, mein Zaubermantel, meine Wunderlampe. Dabei ist es ein schlichter, grober Strohhut, *«pour le sport»*, wie es der kürzlich berühmte grüne war.[1]

Bevor ich ihn gekauft hatte, pflegte das Leben für mich regelmäßig schal zu werden. Unterrichten ist ein anstrengender Beruf, wenn einem die Quellen fehlen, aus denen sich schöpfen lässt, und der Boden meiner Welt scheint steinig und öde. Man braucht Abenteuer und Berührung mit dem Hauptstrom menschlichen Lebens und Kontakt zu vielen seinesgleichen, um nicht gänzlich zu «versauern». Ich hatte nichts dergleichen gehabt und war bislang als mehr oder minder farblose Gestalt in die Stadt und wieder heimgefahren, ohne Aufmerksamkeit auf mich zu ziehen.

Dann plötzlich, eines Tages, stieg ich mit dem Selbstvertrauen, das ein schmeichelhafter Hut, sorgsame Toilette und manierliche Kleider einem verleihen, in eine Straßenbahn, und siehe da!, die Welt war auf den Kopf gestellt. Ein stattlicher Herr von offensichtlichem Rang erhob sich und bot mir seinen Platz an. Kurz danach, beim Aussteigen, sprang ein hübscher junger Bursche auf, um meine Handschuhe zu retten. Als ich das Geschäft betrat, wo ich immer einkaufte, war ich erstaunt, die junge Verkäuferin in ihrem gedehnten Tonfall säuseln zu hören: «Miss oder Mrs.?», gilt für mich doch die übliche Anrede. Ich hörte mich selbstsicher «Mrs.» antworten. War ich das? Ich, die ich doch häufig mit «Sarah» angesprochen werde. Denn wir befinden uns hier südlich

---

1 Vermutlich Anspielung auf den 1924 erschienenen Roman *The Green Hat* von Michael Arlen (1895–1956).

der Mason-Dixon-Linie[2], müssen Sie wissen, und ich, als Schwarze[3] gemischter Abstammung, bin an diese respektablen Namensvorsätze nicht gewöhnt.

Ich war auch schon für anderes als eine Schwarze gehalten worden, dabei sah ich aus wie Hunderte farbiger Frauen auch – gelbhäutig mit etwas schweren Zügen und krausem braunem Haar. Meine Großeltern mütterlicherseits waren schottisch-irische und englische Terzeronen[4]; auf der väterlichen Seite Cherokee-Indianer und reinrassige Schwarze; doch die rötliche Gesichtsfarbe der schottisch-irischen Vorfahren gehört zu meinem Erbe, und sie ist es, die durch meine gelbe Haut hindurchscheint und im Abglanz meines rosa Hutes rosa leuchtet. Salopp gesprochen müsste ich als Mulattin bezeichnet werden – anthropologisch gesprochen bin ich eine Dominante weißen Typs der F3[5]-Generation sekundärer Kreuzungen. Es gibt eine den eingeweihten Personen gemischten schwarzen Bluts dieser Breiten wohlbekannte Tendenz, «sich weiß fortzupflanzen», wie wir das nennen, Propagandisten des Gegenteils zum Trotz. Wenn man so will, ist die stolze Rasse in diesem Sinne tatsächlich dominant. Aus welchem Grund? Das zu erläutern hebe ich mir für eine andere Gelegenheit auf.

Um auf den Hut zurückzukommen – als ich merkte, was mich zur Empfängerin solch unverhoffter, aber durchaus üblicher Höflichkeiten gemacht hatte, beschloss ich, weiter zu experimentieren.

Und so trug ich ihn erneut, als ich wieder in die Stadt fuhr, um in eine Kunsthandlung zu gehen und nach Drucken für mein Schulzimmer zu suchen. Hier, wo ich früher auf Gleichgültigkeit und schlechte Bedienung getroffen war, begegnete ich an diesem Tag einer neuen Verkäuferin, die der Inbegriff der Zuvorkommenheit war. Sie zog Schublade auf Schublade mit Drucken heraus, während wir uns unterhielten

2 Historische Grenze zwischen den Nord- und Südstaaten, Letztere die Sklavenstaaten der USA.

3 Perspektive und Intention dieser 1926 geschriebenen Erzählung gemäß werden in der dt. Übersetzung die Wörter «reinrassig», «Rasse», «Mulattin», «Bimbo» (für engl. *darkies*) und auch «farbig» verwendet, die sich heute als rassistische Begriffe selbstverständlich verbieten.

4 Eine Person, die ein Achtel schwarze Abstammung hat – überholte Klassifizierung, die synonym zu *Octoroon* verwendet wurde (s. S. 205).

5 Abk. für «filial 3» gemäß Mendelscher Vererbungslehre.

und von Gritto bis Sargent Vergleiche anstellten. Sie stimmte mit mir überein, dass Giorgione eine Vorliebe für Weltliches habe, dass er nicht genügend geschätzt werde, dass vor allem Tizian nicht genügend geschätzt werde und dass Tizian ihn überrage. Wir landeten schließlich bei Velázquez, als dem Meister der Technik, und hatten uns schon fast für «Apollo in der Schmiede des Vulkans» als für meine Belange passend entschieden, als sie plötzlich fragte: «Aber wo unterrichten Sie?» Ich sagte es ihr, und sie erkannte den Namen einer Schwarzen-Universität. Nun – sie tat mir leid. Sie hatte einen groben Fauxpas begangen. Sie hatte vertraulich, fast intim, mit einer Schwarzen geplaudert. Ich verschonte sie, indem ich mich rasch verabschiedete und murmelte, ich würde das Paket abholen lassen.

Meine Stimmung zwang mich zu laufen – und ich lief weiter und weiter, bis ich am «Bordsteinmarkt» landete. Ich mag Märkte sehr, und auf diesem werden sowohl Blumen als auch Gemüse verkauft. Ein gebrechlicher alter Mann tauchte neben mir auf. Ich bemerkte, dass er kurzsichtig war. «Meine Dame», sprach er mich an, «sagen Sie mir wohl bitte – sind das da hinten Dahljen oder Pjonjen?» Dann: «Hier riecht's so gut – nicht wahr?»

Ich erkannte eine verwandte Seele. Er schnupperte zwischen den Blumen herum und wollte schon weiterreden – ein netter alter Mann –, und ich wäre gern stehen geblieben und hätte mich auf die gemächliche Südstaatenart mit ihm unterhalten, aber er war ein weißer alter Mann – und ich machte mich eilig davon.

Ich ging auf Umwegen nach Hause und kam so an der Stadtbücherei vorbei. Ich dachte an mein fernes Boston – kein Abbey hier und kein Puvis de Chavannes,[6] keine Marmortreppe, kein Geist der Lernwilligkeit, an dem ich hätte teilhaben können. Dann sah ich die Ankündigung eines Vortrags von Drinkwater[7] im Frauenclub – es hungerte mich nach etwas Gutem –, und aus dem Hunger von Körper oder Seele werden mitunter Verbrecher geboren.

So fasste ich bewusst den Vorsatz zu täuschen. Jetzt, beschloss ich,

6 Die Boston Public Library ist mit Wandmalereien von Edwin Austin Abbey (1852–1911) und Pierre Puvis de Chavannes (1824–1898) geschmückt.
7 Der brit. Schriftsteller John Drinkwater (1882–1937), Verfasser des populären Bühnenstücks *Abraham Lincoln* (1918).

würde ich alles auskosten, was sonst stets unmöglich gewesen war. Falls nötig, würde ich ein wenig Rouge auftragen, und das krause Haar ließe sich (dank der Brennschere) zu Wellen glätten. Auch eine wohlausgewogene Stimme und sicheres Auftreten, dachte ich mir, wären zuträglich.

Derart getarnt, genoss ich eine Zeit lang alles Mögliche, von den Aufmerksamkeiten eines Fußspezialisten bis hin zur Oper; lediglich Restaurants mied ich – die fragenden Blicke der farbigen Kellner hätte ich nicht ertragen.

Ich rieb an meiner Wunderlampe, und *Simsalabim* konnte ich mich an demselben Trinkbrunnen, dort, wo ich sonst angefaucht worden wäre, an einem heißen Getränk laben. Ich konnte meinen Hut etwas tiefer in die Stirn ziehen und mir eine Karte kaufen, um meinen Lieblingsfilmstar zu sehen, wenn der Streifen noch neu war.

Ich konnte mich in meinen Zaubermantel hüllen und die Annehmlichkeiten einer Damentoilette in Anspruch nehmen. Ich konnte mir in den besten Geschäften Schuhe anpassen und in allen Läden die beste Ware zeigen lassen – nicht die gewöhnlichen Modelle, «die all die Bimbos kaufen, Sie wissen schon». Einmal half mir bei solcher Gelegenheit ein Polizist über die Straße. Eine Verkäuferin sagte auf die menschlichste Art und Weise: «Das tät ich nicht nehmen, Schätzchen, Sie und ich, wir ha'm den gleichen Stil, und ich weiß das.» Wie erwärmend, dem Rest der Welt ähnlich zu sein, und sei es einer saloppen, Kaugummi kauenden Welt!

Aber am schönsten schien es mir, dass ich nachmittags, wenn es unmöglich war, noch mehr Arbeiten zu korrigieren oder mir meine eigenen Laren und Penaten[8] länger anzuschauen, auf meinen fliegenden Teppich steigen und mich in einer örtlichen Kunstausstellung absetzen lassen konnte, um mich an George Inness' Frische und Brangwyns diffusem Charme zu erfreuen und zu sehen, wie weiße Menschen an Tanner Gefallen fanden[9] – richtig nette, sympathische Menschen noch

8   Röm. Schutzgeister der Familie und des Haushalts.
9   Der Landschaftsmaler George Innes (1825–1895) und der Universalist Frank William Brangwyn (1867–1956) waren tonangebende Künstlerpersönlichkeiten der Epoche; der Genremaler Henry Ossawa Tanner (1859–1937) erlangte als erster Afroamerikaner Renommee in der internationalen Kunstszene, verließ jedoch die Vereinigten Staaten, wo er massiver *«race snobbery»* ausgesetzt war, in Richtung Paris.

dazu, wenn sie einen nicht kennen. Und ebenso schön war es, mitten in der großen, gespannt fiebernden Menge abgesetzt zu werden, die aufs Erschallen der Weihnachtslieder beim Gemeindeumzug wartete. Allerdings ließ sich all das nicht ohne Gewissensbisse genießen, denn unter den Tausenden von Menschen war nicht ein einziges dunkles Gesicht, und meine zweihundert Jugendlichen mit ihren wachen Augen hätten allesamt dort sein sollen.

Schließlich, und zugleich das letzte Mal, dass ich mich auf meinen Teppich wagte, folgte ich dem Ruf eines griechischen Theaterstücks, das auf dem Rasen einer staatlichen Universität aufgeführt werden sollte. Ich saugte alles in mich auf. Wunderbare Schönheit! Vollendete Sprache und Gestik auf samtenem Grün, Musik, Farbe, Leben!

Und dann ein Sturz. Vermutlich war ich nervös – es gibt hier unten im Süden durchaus «das Graun der Einbildung und erlebte Gräuel»[10], unterbewusste Bilder von Gestalten mit Kapuze und brennenden Kreuzen. Wie dem auch sei, als ich davoneilte, um der Menge zu entkommen, fiel ich hin und brach mir einen Knöchel.

Jemand brachte mich nach Hause. Mein Arzt sprach von Gipsabgüssen. «Nein», sagte ich, «ich versuche es mit Osteopathie», doch jetzt war an Magie nicht mehr zu denken. Ich war zu Hause im Bett bei meiner Familie, einer farbigen Familie, in einem farbigen Stadtteil. Ein Freund setzte sich bei dem Arzt, den ich ihm genannt hatte, für mich ein. «Nein», sagte der, «es verstößt gegen das Reglement der osteopathischen Gesellschaft, Schwarze zu behandeln.»

Ich wartete einen Tag ab – vielleicht würde mein Fuß ja auch so heilen –, dann war die Rede von einer Operation des Knochens. Ich habe Angst vor Ärzten. Drei Operationen sind mir genug gewesen. Dann sagte eine Freundin, «versuch es doch mit der Christlichen Wissenschaft». Vielleicht hatte ich die Dinge zu sehr in die eigenen Hände genommen, dachte ich. Ja, das wäre die Lösung. Würde sie einen solchen Arzt für mich finden?

Die liebe, loyale Tochter Neuenglands – so loyal gegenüber den Kindern der befreiten Sklaven, wie sie es ihnen selbst gegenüber gewesen

10 Abgewandeltes Zitat aus William Shakespeares Tragödie *Macbeth*: «*Present fears/ are less than horrible imaginings…*» (I/III, 139–140).

war. Sie versuchte, es mir schonend beizubringen. «Sie werden dich von fern behandeln, und wenn es geholfen hat, gehen wir zu ihnen.» Ich bereue jetzt, gesagt zu haben: «Und wie, durch die Hintertür?» Wozu musste ich meine Freundin verletzen?

Im Übrigen habe ich mich inzwischen etwas erholt – nur ein klein wenig lahm bin ich noch. Und *mirabile dictu*[11]! Mein Geist hat sich zusammengefügt wie meine Knochen. Mein Hut ist nutzlos geworden. Ich bin so froh, wieder wohlauf zu sein und an meinem Schreibtisch zu sitzen. In meinen braunhäutigen Jungen und Mädchen steckt jede Menge Interessantes. Eine geht dieses Jahr aufs Radcliffe[12]. Meine Freundin aus der Nachbarschaft braucht mich jetzt, damit ich ihr die Zeit vertreibe. Wir sind zu Chaucer zurückgekehrt und haben vergessene Ritterdichtungen ausgegraben, die wir uns laut vorlesen können. Der kleine Junge von nebenan hat eine neue Familie Hasenkaninchen, mit denen wir herrliche Spiele spielen. Und der Meine und ich haben Saatgutkataloge für den Frühling bestellt.

Gesundheit, Arbeit, junge Geister und Seelen, die sich anrühren lassen, eine Freundin, ein paar Bücher, ein Kind, ein Garten, Frühling! Wer brauchte da einen Hut?

11 Lat. «kaum zu glauben».
12 Zur Harvard University gehöriges US-Frauencollege.

Katherine Anne Porter

GRANNY WEATHERALL, DIE SITZENGELASSENE

Sie entwand ihr Handgelenk geschickt Doktor Harrys pummeligen, sachten Fingern und zog sich das Laken bis zum Kinn hoch. Der Knirps sollte Bundhosen tragen. Doktert da in der Gegend rum mit seiner Brille auf der Nase! «Verschwinde, pack deine Schulbücher ein und geh. Mir fehlt nichts.»

Doktor Harry legte ihr seine warme Hand wie ein Kissen auf die Stirn, wo eine sich verästelnde grünliche Ader pulsierte und ihre Augenlider zucken ließ. «Na, na, na, seien Sie ein braves Mädchen, und wir werden Sie in Nullkomanichts wieder auf den Beinen haben.»

«So spricht man nicht mit einer beinah Achtzigjährigen, bloß weil sie so daliegt. Ich rate Ihnen, mehr Respekt vor Älteren zu haben, junger Mann.»

«Natürlich, Miss, entschuldigen Sie.» Doktor Harry tätschelte ihr die Wange. «Aber es ist doch meine Pflicht, Sie zu ermahnen, nicht wahr? Sie sind zwar ein medizinisches Wunder, müssen aber auf sich aufpassen, andernfalls wird es Ihnen nicht so gut ergehen.»

«Erzählen Sie mir nicht, wie es mir ergehen wird. Ich bin, manierlich gesprochen, putzmunter. Es liegt an Cornelia. Ich musste mich zu Bett legen, um sie loszuwerden.»

Ihr war, als würden sich ihre Knochen voneinander lösen und unter ihre Haut schweben, und auch Doktor Harry schwebte wie ein Ballon um das Fußende des Bettes herum. Er schwebte, zog seine Weste straff und schwenkte seine Brille, die an einer Schnur baumelte. «Na gut, dann bleiben Sie eben, wo Sie sind, es wird Ihnen sicherlich nicht schaden.»

«Gehen Sie und doktern Sie an Ihren Kranken rum», erwiderte Granny Weatherall. «Aber lassen Sie eine gesunde Frau in Frieden. Ich rufe Sie, wenn ich Sie brauche ... Wo waren Sie denn vor vierzig Jahren, als ich ein Milchbein¹ und eine doppelseitige Lungenentzündung bekommen hab? Da waren Sie noch nicht mal geboren. Lassen Sie sich von Cornelia nichts vormachen», rief sie, weil Doktor Harry zur Decke empor- und hinauszuschweben schien. «*Ich* zahle meine Rechnungen, und ich verjuble mein Geld nicht für Kokolores!»

Sie gedachte zum Abschied zu winken, doch strengte sie das zu sehr an. Ihre Augen fielen ihr ganz von selbst zu, und es schien, als sei das Bett von einem dunklen Schleier umgeben. Das Kissen stieg und schwebte unter ihr, was sich so wohltuend anfühlte, wie in einer Hängematte im lauen Wind zu schaukeln. Sie lauschte den draußen vor dem Fenster säuselnden Blättern. Ach nein, jemand raschelte mit der Zeitung; ach nein, Cornelia und Doktor Harry flüsterten miteinander. Mit einem Mal war sie hellwach, weil sie dachte, sie flüsterten ihr etwas ins Ohr.

«So hab ich sie noch nie erlebt, noch *nie*!»

«Tja, was will man erwarten?»

«Eben, mit achtzig...»

Na und wenn schon? Sie hatte immer noch empfindliche Ohren. Das sah Cornelia ähnlich, hinter der Tür zu flüstern. Immer schon hatte sie vertrauliche Dinge in aller Öffentlichkeit für sich behalten. Immer war sie diskret und liebenswürdig gewesen. Cornelia war gewissenhaft; genau das war das Problem mit ihr. Gewissenhaft und gut: «So gut und gewissenhaft», sagte Granny Weatherall, «dass ich ihr den Hintern versohlen könnte.» Sie sah sich im Geiste, wie sie Cornelia den Hintern versohlte und es gründlich zu Ende brachte.

«Was hast du gesagt, Mutter?»

Granny fühlte, wie sich auf ihrem Gesicht harte Knoten bildeten. «Möchte wissen, ob man jetzt nicht mal mehr laut denken darf?»

«Ich dachte mir, du wolltest vielleicht etwas haben.»

«O ja. Ich will eine Menge. Als Erstes weg – scher dich fort und hör auf zu flüstern.»

Sie lag da und schlummerte und hoffte im Schlaf, dass die Kinder draußen bleiben und sie eine Weile in Ruhe lassen würden. Es war ein langer Tag gewesen. Nicht dass sie müde war. Nur war es immer ganz

---

¹ Oft mit einer Schwangerschaft einhergehende Venenthrombose.

wohltuend, dann und wann mal ein Minütchen wegzudämmern. Es gab auch immer so viel, was erledigt sein wollte, also, was stand morgen an?

Ach, morgen war noch weit weg, und es gab nichts, worum man sich jetzt schon kümmern musste. Die Dinge fügten sich irgendwie, wenn die Zeit da war. Gott sei Dank blieb immer noch etwas für die Muße übrig: Dann konnte der Mensch seine Lebenspläne vor sich ausbreiten und deren Ränder fein säuberlich einsäumen. Es war ein gutes Gefühl, alles sauber gefaltet weggeräumt zu wissen; die Haarbürsten und Fläschchen mit den Stärkungsmitteln ordentlich auf der weiß bestickten Wäsche – so konnte der Tag ohne Hektik beginnen, und auf den Regalen der Vorratskammer standen aufgereiht die Marmeladengläser, die braunen Krüge und die weißen Steingutgefäße mit den blauen Krakeln und Aufschriften: Kaffee, Tee, Zucker, Ingwer, Zimt und Nelkenpfeffer, und die Bronzeuhr mit dem Löwen war picobello abgestaubt. Wie viel Staub so ein Löwe im Laufe eines Tages anzog! Und die Schachtel auf dem Dachboden mit all den verschnürten Briefen, nun, die konnte sie ja morgen durchsehen. Die vielen Briefe – Georges Briefe und Johns Briefe und ihre Briefe, die sie an beide geschrieben hatte, die da allesamt lagen und hinterher von den Kindern gefunden werden würden – erfüllten sie mit Unbehagen. Ja, das war eine Aufgabe für morgen. Kein Grund, sie wissen zu lassen, wie dämlich sie einst gewesen war.

Wie sie eben alles durchstöberte, stieß sie in sich auf den Tod, und er kam ihr klamm und unvertraut vor. Sie hatte so viel Zeit damit zugebracht, sich auf den Tod vorzubereiten, dass es nicht notwendig war, sich erneut mit ihm zu beschäftigen. Soll er sich doch um sich selbst kümmern. Mit sechzig hatte sie sich sehr alt gefühlt, fix und fertig, und sie war aufgebrochen, um ihren Kindern und Enkelkindern Lebewohl zu sagen, und insgeheim dachte sie: Das ist das allerletzte Mal, Kinder, dass ihr eure Mutter seht! Dann hatte sie ihr Testament gemacht und lag mit schwerem Fieber darnieder. Das alles war jedoch nur Einbildung gewesen wie so vieles andere, es hatte aber auch sein Gutes gehabt, denn erst einmal war sie den Gedanken ans Sterbenmüssen eine ganze Weile los. Und nun musste sie sich keine Sorgen mehr machen. Sie hoffte, dass sie jetzt mehr Einsicht hatte. Ihr Vater war hundertzwei Jahre alt geworden und hatte an seinem letzten Geburtstag noch einen

Becher steifen Grog getrunken. Den Zeitungsleuten erzählte er, das wäre eine Gepflogenheit, der er täglich fröne und der er sein langes Leben verdanke. Damit sorgte er für einen regelrechten Eklat, was ihn diebisch freute.

Ihr war danach, Cornelia jetzt ein bisschen zu quälen. «Cornelia! Cornelia!»

Keine Schritte, aber plötzlich ein Ring, der ihre Wange streifte. «Gesegnet seist du, wo bist du denn gewesen?»

«Hier bei dir, Mutter.»

«Fein, Cornelia, ich möchte einen Becher heißen Grog haben.»

«Ist dir kalt, Liebe?»

«Mich fröstelt, Cornelia. Wenn man im Bett liegt, kommt der Kreislauf ins Stocken. Aber das hab ich dir bestimmt schon tausendmal gesagt.»

Ach, sie konnte schon hören, wie Cornelia ihrem Mann erzählte, dass Mutter ein bisschen kindisch werde und man ihr ihren Willen lassen müsse. Was sie am meisten verdross, war, dass Cornelia dachte, sie sei taub, stumm und blind. An ihrem Bett, über ihren Kopf hinweg, flogen hektische Blicke und kaum merklich Handbewegungen hin und her, die besagten: «Komm ihr bloß nicht in die Quere, tu ihr den Gefallen, sie ist achtzig Jahre alt», und sie saß da, als würde sie in einem dünnwandigen Glaskäfig existieren. Manchmal war sie kurz davor, ihre sieben Sachen zu packen und wieder in ihr eigenes Haus zu ziehen, wo niemand sie dauernd daran erinnern konnte, dass sie alt war. Warte nur, warte, Cornelia, bis deine eigenen Kinder hinter deinem Rücken flüstern!

Zu ihrer Zeit hatte sie ihr Haus besser in Schuss gehalten und mehr Arbeit geschafft. Immerhin war sie nicht zu alt, als dass Lydia nicht achtzig Meilen weit fuhr, um sich bei ihr Rat zu holen, wenn eins ihrer Kinder vom Weg abgekommen war; und Jimmy schaute immer noch auf einen Sprung vorbei und beredete alles mit ihr: «Also, Mama, du bist eine patente Geschäftsfrau, ich möchte wissen, was du davon hältst...» Alt. Cornelia konnte nicht einmal die Möbel umstellen, ohne zu fragen. Schnuckelchen, Schnuckelchen! Sie waren so niedlich gewesen, als sie noch klein waren. Sie wünschte, die alten Tage würden noch einmal zurückkehren, die Kinder wären wieder klein, und es würde noch einmal alles von vorn beginnen. Es war zwar eine ziemliche Schufterei gewesen, aber ihr nicht zu viel. Wenn sie an all das Essen dachte, das sie gekocht, all die Kleider, die sie zugeschnitten und zusammengenäht, an all die Gärten, die sie bestellt hatte – nun gut, die Kinder waren ja der Beweis. Da waren sie nun einmal, ihr eigen Fleisch und Blut, und konnten es nicht leugnen. Manchmal hätte sie John gerne noch einmal gesehen, um auf die Kinder zeigen und sagen zu können: «Nun, ich habe es doch nicht übel hingekriegt, nicht wahr?» Aber das musste warten. Das war morgen dran. Wenn sie an ihn dachte, dann immer als Ehemann, aber jetzt waren die Kinder allesamt bereits älter als ihr Vater, und wenn sie ihn sähe, würde er neben ihr jetzt wie ihr Kind wirken. Es kam ihr sonderbar vor, irgendetwas an der Vorstellung stimmte nicht. In Wahrheit würde er sie womöglich gar nicht wiedererkennen. Einst hatte sie Hunderte von Quadratmetern Land eingezäunt, hatte eigenhändig die Löcher für die Pfosten gegraben und den Draht daran befestigt, und nur ein Negerjunge hatte ihr dabei geholfen. Das machte etwas mit einer Frau. John würde sich eine junge Frau mit einem spanischen Spitzkamm im Haar und einem bemalten Fächer suchen. Löcher für die Pfosten graben machte etwas mit einer Frau. Auch, dass sie im Winter über Landstraßen fahren musste, wenn Frauen Kinder zur Welt brachten, nächtelang bei kranken Pferden, kranken Negern und kranken Kindern wachte und so gut wie nie eins verlor. «John, ich habe so gut wie nie eins davon verloren!» John würde das im Handumdrehen begriffen haben, das war etwas, was er verstehen konnte, sie würde ihm nichts erklären müssen!

Sie hatte gute Lust, die Ärmel hochzukrempeln und das ganze Anwesen wieder in Schuss zu bringen. Obwohl Cornelia sich einbildete, überall gleichzeitig sein zu müssen, blieben auf dem Anwesen jede Menge Dinge unerledigt. Sie wollte morgen damit anfangen und sie erledigen. Wie gut, wenn man ausreichend Kraft für alles hatte, selbst wenn alles, was man tat, zuletzt doch wieder unter den Händen zerrann und sich veränderte und einem entglitt, sodass man, wenn man ans Ende kam, schon beinah vergessen hatte, wofür man eigentlich gearbeitet hatte. Was war es noch mal, was ich machen wollte?, fragte sie sich angestrengt, aber sie hatte es vergessen. Nebel erhob sich aus dem Tal, sie sah ihn über den Bach wandern, die Bäume verschlingen und gleich einer Armee von Geistern den Hügel hinanziehen. Bald würde er den Rand des Obstgartens erreicht haben, und dann war es an der Zeit, reinzugehen und die Lampen anzuzünden. Rein mit euch, Kinder, bleibt nicht draußen in der Nachtluft.

Das Lampenanzünden war schön gewesen. Die Kinder schmiegten sich an sie und schnaubten wie kleine Kälber, die in der Abenddämmerung vor dem Gatterbalken warteten. Ihre Augen folgten dem Streichholz und beobachteten, wie die Flamme aufleuchtete und dann zu einem bläulichen Bogen wurde, da wandten sie sich wieder von ihr ab. Die Lampe war entzündet, sie brauchten sich nicht länger zu fürchten und an Mutters Rock zu hängen. Nie, nie, nie wieder. Gott, ich danke dir Zeit meines Lebens. Ohne dich, mein Gott, hätte ich es niemals geschafft. Gegrüßt seist du, Maria, voll der Gnade.

Ich will, dass ihr dieses Jahr alles Obst aberntet, und ich möchte nicht erleben, dass irgendwas verkommt. Es gibt immer einen, der es gebrauchen kann. Lasst bloß nichts Gutes verfaulen, weil ihr keinen Bedarf habt. Wer gute Nahrung verschwendet, der verschwendet das Leben. Lasst nichts verkommen. Es ist ein Jammer, etwas zu vergeuden. Nun, lasst mich nicht so viel nachdenken, nicht, wenn ich müde bin und vor dem Abendessen noch ein Nickerchen mache …

Das Kissen stieg um ihre Schultern hoch und drückte gegen ihr Herz, wobei Erinnerungen aus ihm herausgequetscht wurden: Oh, kann einer das Kissen nach unten schieben; es würde sie ersticken, wenn sie versuchte, es aufzuhalten. Was heute für eine frische Brise wehte, und was für ein grüner Tag es war, bar aller Bedrohlichkeiten. Nur er war wieder nicht gekommen, immer dasselbe. Was soll eine Frau tun, wenn sie für einen Mann den weißen Schleier anlegt und die weiße Torte hinstellt, und er kommt nicht? Sie versuchte sich zu erinnern. Nein, ich schwöre, dass er mir außer damals nie Leid zugefügt hat. Er hat mir nie Leid zugefügt, außer damals … und was, wenn doch? Da war der Tag, der Tag, aber ein Wirbel dunklen Rauchs stieg auf und hüllte ihn ein, kroch empor und hinüber in die lichten Felder, wo alles so sorgsam in akkuraten Reihen gepflanzt war. Das war die Hölle, sie erkannte die Hölle, wenn sie sie sah. Sechzig Jahre lang hatte sie gebetet, um die Erinnerung an ihn abzuwehren und um ihre Seele vor dem tiefen Schlund der Hölle zu bewahren, und nun floss beides ineinander, und der Gedanke an ihn war eine Rauchwolke aus der Hölle, die dahintrieb und ihr in den Kopf kroch, wo sie doch gerade Doktor Harry abgewimmelt hatte und versuchte, sich ein wenig auszuruhen. Verletzte Eitelkeit, Ellen, sagte eine durchdringende Stimme zuoberst in ihrem Sinn. Lass deine verletzte Eitelkeit nicht die Oberhand in dir gewinnen. Jede Menge Mädchen werden sitzengelassen. Du bist sitzengelassen worden, oder? So sei dem gewachsen. Ihre Lider flatterten und ließen Bänder graublauen Lichtes wie Seidenpapier über ihre Augen ziehen. Sie musste aufstehen und die Rollladen herunterziehen, sonst würde sie niemals schlafen. Sie war zurück im Bett, und die Rollladen waren nicht heruntergezogen. Wie konnte das sein? Besser, sich auf die andere Seite zu drehen und sich vom Licht abzuwenden; wer bei Licht schläft, bekommt Albträume. «Mutter, wie fühlst du dich jetzt?» – und eine brennende Nässe auf ihrer Stirn. Ich kann doch kaltes Wasser im Gesicht nicht leiden!

Hapsy? George? Lydia? Jimmy? Nein, Cornelia, und ihre Gesichtszüge waren geschwollen und übersät mit kleinen Pusteln. «Sie kommen, meine Liebe, sie werden allesamt gleich hier sein.»

Geh, Kind, und wasch dir das Gesicht, du siehst drollig aus.

Statt zu gehorchen, kniete sich Cornelia hin und legte ihren Kopf aufs Kissen. Sie schien zu sprechen, doch man hörte nichts. «Na, bringst du keinen Ton heraus? Wessen Geburtstag ist es? Willst du eine Feier ausrichten?»

Cornelias Mund nahm merkwürdige Formen der Eindringlichkeit an. «Lass das, du machst mir Angst, Tochter.»

«O nein, Mutter. O nein …»

Kokolores. Mit Kindern war es eine seltsam Sache. Sie sträubten sich gegen jedes Wort. «Was ‹nein›, Cornelia?»

«Doktor Harry ist hier.»

«Ich will den Burschen nicht schon wieder sehen. Der ist doch gerade erst vor fünf Minuten gegangen.»

«Das war heute Morgen, Mutter. Jetzt ist es Abend. Hier ist die Krankenschwester.»

«Ich bin's, Doktor Harry, Mrs. Weatherall. Ich habe Sie noch nie so jung und froh gesehen!»

«Ach, ich will nie wieder jung sein – aber ich wäre froh, wenn man mich in Frieden hier liegen und ausruhen ließe.»

Sie meinte laut gesprochen zu haben, aber niemand antwortete. Ein warmer Druck auf ihrer Stirn, ein warmer Armreif an ihrem Handgelenk und eine Brise, die beständig flüsterte und versuchte, ihr etwas zu sagen. Eine Handvoll Laub in Gottes unvergänglicher Hand, *Er* blies hinein, und die Blätter tanzten und raschelten. «Mutter, denk dir nichts, wir spritzen dir etwas.»

«Schau nur, Tochter, wie kommen bloß Ameisen in das Bett? Ich habe gestern Rossameisen gesehen.» Hast du denn auch Hapsy holen lassen?

Hapsy war es, die sie eigentlich hierhaben wollte. Sie musste einen weiten Weg durch eine große Zahl von Räumen zurücklegen, um Hapsy mit einem Baby auf dem Arm zu finden. Ihr war, sie sei auch selbst Hapsy, und das Baby auf Hapsys Arm war Hapsy und es und sie, alles auf einmal, und an diesem Ineinanderfließen war gar nichts Überraschendes. Da zerschmolz Hapsy von innen heraus und wurde hauchdünn wie unbestimmte Gaze, und das Baby war ein Gazeschatten, und Hapsy sagte, während sie herantrat: «Ich dachte schon, du würdest nicht mehr kommen», und sah sie inständig forschend an und sagte: «Du hast dich kein bisschen verändert!» Sie neigten sich für einen Kuss zueinander, als Cornelia aus weiter Ferne flüsterte: «Oh, gibt es irgendetwas, was du mir sagen möchtest? Gibt es irgendetwas, was ich für dich tun kann?»

Ja, sie hatte nach sechzig Jahren ihre Meinung geändert, und sie hätte jetzt gerne George gesehen. Ich möchte, dass du George aufstöberst. Stöbere ihn auf und richte ihm verlässlich aus, dass ich ihn vergessen habe. Er soll wissen, dass ich wie jede andere Frau meinen Mann und meine Kinder und mein Haus gehabt habe. Ein schönes Haus und einen guten Mann, den ich liebte, und nette Kinder mit ihm. Besser, als ich es mir je erhofft habe. Sag ihm, ich habe alles zurückgekriegt, was er mir genommen hat, und sogar noch etwas mehr. O nein, o Gott, nein, außer dem Haus und dem Mann und den Kindern war da noch etwas anderes. Oh, bestimmt war das nicht alles? Aber was war da noch? Etwas, was sie nicht zurückgekriegt hatte … Ihr Atem staute sich unter ihren Rippen und wuchs zu einem monströsen, furchterregenden Gebilde mit scharfen Kanten heran; es schraubte sich in ihren Kopf, und die Tortur war schier unglaublich: Ja, John, hol den Arzt, jetzt sofort, meine Stunde ist da.

Wenn dieses eine geboren ist, möge es das letzte gewesen sein. Das letzte. Es hätte als erstes geboren werden sollen, weil es das war, was sie wirklich gewollt hatte. Alles kam zu seiner Zeit. Nichts blieb aus, blieb übrig. Sie war stark, in drei Tagen würde es ihr wieder so gut gehen wie immer. Oder besser. Eine Frau musste Milch haben, um bei guter Gesundheit zu sein.

«Mutter, kannst du mich hören?»

«Ich habe dir doch gesagt …»

«Mutter, Pater Connolly ist da.»

«Ich bin doch erst letzte Woche zur heiligen Kommunion gegangen. Sag ihm, dass ich nicht oft sündige.»

«Der Pater will ja nur reden mit dir.»

Er konnte reden, so viel er wollte. Es sah ihm ähnlich, einfach so hereinzuplatzen, um sich nach ihrem Seelenheil zu erkundigen, als wäre es ein zahnendes Baby, und dann auf eine Tasse Tee, eine Runde Karten und etwas Klatsch zu bleiben. Er hatte immer irgendeine komische Geschichte auf Lager, gewöhnlich von einem Iren, der seine kleinen Verfehlungen beging und sie beichtete, und die Pointe bestand dann aus der Sinnwidrigkeit, mit der er sie im Beichtstuhl ausplauderte – als Illustration seines Ringens zwischen angeborener Frömmigkeit und der Erbsünde. Granny hatte hinsichtlich ihrer Seele ein unbeschwertes Gefühl. Cornelia, wo hast du deine Manieren? Biete Pater Connolly einen Stuhl an. *Sie* hatte ihre tröstliche geheime Übereinkunft mit ein paar Lieblingsheiligen, die ihr einen direkten Zugang zu Gott bahnten. Alles ebenso sicher verbrieft und versiegelt wie die Papiere zu den vierzig Acres neuem Land. Für immer … Erben und Rechtsnachfolger für immer. Seit dem Tag, da die Hochzeitstorte unangeschnitten blieb und rausgeworfen und zertreten wurde. Der ganze Grund der Welt kippte weg, und sie, blindlings und von einem Schweißausbruch geplagt, verlor den Halt unter den Füßen, und ringsherum stürzten die Wände ein. Seine Hand hatte sie unterhalb der Brust aufgefangen, sie war nicht hingestürzt, der frisch gebohnerte Fußboden mit dem grünen Teppich befand sich noch an Ort und Stelle wie zuvor. Er hatte geflucht wie eines Seemanns Papagei und gesagt: «Ich werde ihn für dich plattmachen.» Rühr ihn nicht an, um meinetwillen überlass das Strafen Gott. «Nun, Ellen, du musst glauben, was ich dir erzähle …»

So gab es nichts, nichts mehr, worüber man sich noch sorgte, es sei denn, eins der Kinder schrie in der Nacht in einem Albtraum auf, und dann torkelten sie beide zittrig und nach einem Streichholz tastend hin und riefen: «Alles gut, so wart doch ein wenig, wir sind ja schon da!» John, hol den Arzt, jetzt sofort, Hapsys Stunde ist gekommen. Aber da stand Hapsy mit einer weißen Haube neben dem Bett. «Cornelia, sag Hapsy, sie soll ihre Haube abnehmen. Ich kann sie nicht richtig erkennen.»

Sie riss ihre Augen weit auf, und das Zimmer nahm Gestalt an wie ein Bild, das sie schon einmal irgendwo gesehen hatte. Dunkle Farben strebten zusammen mit den Schatten spitzwinkelig empor zur Decke. Auf der großen schwarzen Frisierkommode glomm nichts als Johns Porträt – die Vergrößerung eines kleinen Bildes –, und Johns Augen waren tiefschwarz, obwohl sie hätten blau sein müssen. Du hast ihn nie gesehen, woher weißt du also, wie er ausgesehen hat? Aber der Mann beharrte darauf, dass das Abbild perfekt war, prächtig und stattlich. Als Bild ja, aber das ist nicht mein Ehemann. Auf dem Tisch neben dem Bett mit der leinenen Decke standen eine Kerze und ein Kruzifix. Das Licht schimmerte von Cornelias seidenem Lampenschirm bläulich. Kein richtiges Licht, nur eine Funzel. Man musste vierzig Jahre mit Kerosinlampen gelebt haben, um die ehrwürdige Elektrizität würdigen zu können. Sie fühlte sich sehr kräftig, und sie gewahrte einen rosaroten Heiligenschein um Doktor Harry herum. «Sie sehen aus wie ein Heiliger, Doktor Harry, und ich schwöre, ähnlicher werden Sie einem solchen nie werden.»

«Sie sagt etwas.»

«Ich habe dich gehört, Cornelia. Was soll das ganze Getue?»

«Pater Connolly sagt ...»

Cornelias Stimme schwankte und rumpelte wie ein Wagen auf einer schlechten Straße. Er fuhr um Ecken, kam zurück und langte nirgendwo an. Granny bestieg den Wagen leichthin und streckte die Hände nach den Zügeln aus, aber ein Mann saß neben ihr, und sie erkannte ihn an seinen Händen, die den Wagen lenkten. Sie blickte ihm nicht ins Gesicht, denn sie kannte es, ohne hinzusehen, blickte stattdessen die Straße hinab, wo sich die Bäume neigten und sich zueinander bogen und im Geäst Tausende Vögel eine Messe sangen. Ihr war danach, auch zu singen, doch steckte sie ihre Hand in den Ausschnitt ihres Kleids und zog einen Rosenkranz hervor, und Pater Connolly murmelte mit sehr getragener Stimme etwas auf Lateinisch und kitzelte ihre Füße. Mein Gott, lassen Sie doch diesen Kokolores! Ich bin eine verheiratete Frau. Was, wenn er wirklich wegrannte und mich mit dem Priester alleine ließ? Ich fand einen anderen, einen hundertmal Besseren. Ich würde meinen Ehemann gegen niemanden eingetauscht haben außer gegen den heiligen Michael höchstselbst, und du kannst ihm das obendrein an meiner statt mit verbindlichstem Dank ausrichten.

Licht überzuckte ihre geschlossenen Augenlider, und ein tiefes Grollen schüttelte sie. Cornelia, sind das Blitze? Ich höre es donnern. Da zieht ein Sturm herauf. Mach alle Fenster zu. Ruf die Kinder herein ... «Mutter, hier sind wir, samt und sonders.» – «Bist du es, Hapsy?» – «O nein, ich bin's, Lydia. Wir sind gefahren, so schnell es nur ging.» Ihre Gesichter trieben über ihr, glitten fort. Der Rosenkranz fiel ihr aus der Hand, und Lydia gab ihn ihr zurück. Jimmy versuchte zu helfen, ihre Hände tasteten zueinander hin, und Granny umschloss Jimmys Daumen mit zwei Fingern. Ein Rosenkranz tat es nicht, es musste etwas Lebendiges sein. Sie war so verblüfft, dass sich ihre Gedanken unentwegt im Kreise drehten. So, gütiger Gott, dies also ist mein Tod, und ich habe ihn nicht einmal bedacht. Meine Kinder sind gekommen, um mich sterben zu sehen. Aber ich kann nicht, meine Stunde ist noch nicht da. Oh, ich habe Überraschungen schon immer gehasst. Ich wollte Cornelia noch den Amethystschmuck geben – Cornelia, du kriegst den Amethystschmuck, bloß Hapsy darf ihn tragen, wann immer sie will und ..., Doktor Harry, halten Sie endlich den Rand. Niemand hat Sie gerufen. O gütiger Gott, so warte noch ein Weilchen. Ich meine, ich wollte noch das mit den vierzig Acres Land regeln, Jimmy braucht sie nicht, und Lydia wird sie später mal brauchen, bei dem nichtsnutzigen Mann. Ich wollte die Altardecke fertignähen und Schwester Borgia gegen ihre Verdauungsstörungen sechs Flaschen Wein schicken. Ich will Schwester Borgia noch sechs Flaschen Wein schicken, Pater Connolly, dass ich es bloß nicht vergesse.

Cornelias Stimme kippelte, überschlug sich und brach dann. «O Mutter, o Mutter, o Mutter ...»

«Ich gehe noch nicht, Cornelia. Ich fühle mich überrumpelt. Ich kann nicht gehen.»

Du wirst Hapsy wiedersehen. Wie mag es ihr wohl gehen? «Ich dachte, du würdest nie mehr kommen.» Granny Weatherall begab sich draußen auf eine lange Reise, um nach Hapsy zu sehen. «Was, wenn ich sie nicht finde? Was dann?» Ihr Herz sank tief und tiefer, der Tod war bodenlos, sie kam einfach zu keinem Grund. Das blaue Licht von Cornelias Lampenschirm zog sich zu einem winzigen Punkt im Mittelpunkt ihres Gehirns zusammen, es flackerte und blinzelte wie ein Auge, es zitterte ruhig und erlosch. Granny lag in sich zusammengekrümmt, überrascht und forschend starrte sie auf den Lichtpunkt, der sie selber war; ihr Körper war nun nur noch ein dunklerer Schatten in einer endlosen Finsternis, und diese Finsternis krümmte sich um das Licht und verschlang es. «Gott, so gib ein Zeichen!»

Zum zweiten Mal blieb das Zeichen aus. Erneut kein Bräutigam und der Priester im Haus. Sie konnte sich an kein anderes Leid erinnern, weil dieser eine Kummer alle anderen beiseite wischte. «O nein, nichts Grausameres gibt es als das – ich werde niemals vergeben.» Sie streckte sich, tat einen tiefen Atemzug und blies das Licht aus.

Agatha Christie

DIE FAHRT AUF DER THEMSE

Mrs. Hargreaves mochte Menschen nicht.

Sie versuchte es zwar, weil sie eine Frau von hohen Prinzipien und auch eine religiöse Person war und sehr wohl wusste, dass man seine Mitmenschen lieben sollte. Aber sie fand es nicht leicht – und manchmal fand sie es schlicht unmöglich.

Sie war einzig zu dem fähig, was man als Pflichtübung bezeichnen könnte. Sie schickte größere Spenden an Wohltätigkeitsorganisationen, als sie sich eigentlich leisten konnte. Sie gehörte Komitees für gute Zwecke an und nahm sogar an Bürgerversammlungen teil, was sie wirklich mehr Überwindung kostete als irgendetwas anderes, denn das brachte natürlich Körperkontakte mit sich, und sie hasste jegliche Art von Berührung. Ihr fiel es leicht, Empfehlungen wie «Vermeiden Sie die Stoßzeiten» in öffentlichen Verkehrsmitteln zu befolgen; denn in Zügen und Bussen zu fahren, in denen man eng in eine Menschenmenge eingepfercht war, entsprach genau ihrer Vorstellung der Hölle auf Erden.

Wenn jedoch ein Kind auf der Straße hinfiel, hob sie es auf, kaufte ihm Süßigkeiten oder irgendeine Kleinigkeit, um es zu trösten; und sie schickte Bücher und Blumen an Patienten in Krankenhäusern.

Ihre größten Zuwendungen aber gingen an Ordensschwestern in Afrika, weil die und deren Schützlinge so weit weg waren, dass sie nie mit ihnen würde in Kontakt treten müssen; aber auch, weil sie die Schwestern bewunderte und beneidete, die offensichtlich *Freude* an der Arbeit hatten, die sie verrichteten, und weil sie sich von ganzem Herzen wünschte, sie wäre auch so.

Mrs. Hargreaves, eine Witwe mittleren Alters, hatte einen Sohn und eine Tochter, beide verheiratet und weit entfernt lebend. Sie selbst wohnte unter recht komfortablen Umständen in London – aber sie mochte nun mal keine Menschen, und es schien auch nichts zu geben, was sie dagegen tun konnte.

An jenem Morgen nun stand sie neben ihrer Putzfrau, die schluchzend auf einem Küchenstuhl saß und sich die Augen wischte.

«... nie was gesagt hat sie, ihrer eigenen Mutter nicht! Einfach an diesen grässlichen Ort gegangen – keine Ahnung, woher sie die Adresse hatte –, und diese schlimme Person hat an ihr rumgemacht, und jetzt hat es sich entzündet, und sie haben sie ins Krankenhaus gebracht. Und da liegt sie nun und stirbt ... Will nicht mal sagen, wer der Mann war – nicht mal jetzt. Es ist fürchterlich – meine eigene Tochter –, sie war so ein niedliches kleines Ding, mit herzigen Locken. Ich hab sie immer so hübsch angezogen. Jeder hat gesagt, was für ein süßes kleines Ding sie war ...» Sie schniefte und putzte sich die Nase.

Mrs. Hargreaves stand daneben und wäre gerne mitfühlend gewesen, wusste aber nicht, wie, weil sie einfach die richtige Art von Gefühlen dafür nicht kannte. Sie machte so etwas wie ein beschwichtigendes Geräusch und sagte, dass es ihr sehr, sehr leid täte. Und ob sie irgendetwas tun könne.

Mrs. Chubb schenkte dieser Frage keine Beachtung. «Wahrscheinlich hätte ich mich mehr um sie kümmern müssen, am Abend mehr zu Hause bleiben sollen, herausfinden, was sie vorhatte und wer ihre Freunde waren. Aber Kinder haben es heutzutage nicht gern, wenn man seine Nase in ihre Angelegenheiten steckt – und ich wollte noch ein bisschen was extra verdienen. Nicht für mich – ich wollte Elsie einen Plattenspieler kaufen – wo sie doch so musikalisch ist – oder sonst was Nettes für die Wohnung. Ich bin nicht so eine, die ihr ganzes Geld für sich selber ausgibt ...» Sie hielt inne, um sich erneut geräuschvoll die Nase zu putzen.

«Kann ich irgendwie helfen?», wiederholte Mrs. Hargreaves. Hoffnungsvoll schlug sie vor: «Vielleicht ein Einzelzimmer im Krankenhaus?»

Aber Mrs. Chubb war von dieser Idee nicht sehr angetan. «Sehr freundlich von Ihnen, aber in der Allgemeinen Abteilung sorgen sie sehr gut für sie. Und es ist unterhaltsamer für sie. Sie würde nicht gern allein in ein Zimmer gesperrt werden. Auf der Allgemeinen, da ist immer was los, wissen Sie.»

Mrs. Hargreaves konnte es sich genau vorstellen! Einen Haufen Frauen, die im Bett saßen oder mit geschlossenen Augen dalagen; alte Frauen, die nach Krankheit und Altsein rochen – der Geruch nach Armut und Leiden, der den sauberen, unpersönlichen Duft der Desinfektionsmittel überlagerte. Schwestern, die mit Instrumententabletts und Essenswagen oder Waschschüsseln herumrannten, und schließlich die Vorhänge rund um das Bett … Das ganze Bild machte sie schaudern – aber sie konnte ganz gut begreifen, dass Mrs. Chubbs Tochter Trost und Ablenkung in der Allgemeinen fand, weil Mrs. Chubbs Tochter Menschen eben mochte.

Mrs. Hargreaves stand neben der schluchzenden Mutter und sehnte sich nach einer Gabe, die sie nicht mitbekommen hatte. Sie wünschte sich, der weinenden Frau den Arm um die Schulter legen zu können und irgendetwas völlig Belangloses wie «Schon gut, schon gut, meine Liebe» zu sagen – und es auch zu *meinen*. Aber Pflichtübungen allein würden hier nicht genügen. Und Taten ohne Gefühle waren nutzlos. Sie waren ohne Inhalt.

Ganz plötzlich putzte Mrs. Chubb sich mit einem lauten Trompetenstoß die Nase und richtete sich auf. Sie glättete ihr Schultertuch und sah mit spontaner und erstaunlicher Fröhlichkeit zu Mrs. Hargreaves auf. «Es geht doch nichts über so ein richtig gutes Sichausheulen, finden Sie nicht auch?»

Mrs. Hargreaves hatte sich noch niemals so richtig gut ausgeheult. Ihre Kümmernisse waren immer nach innen gerichtet und dunkel gewesen. Sie wusste nicht recht, was sie darauf sagen sollte.

«Tut gut, über die Dinge zu reden», sagte Mrs. Chubb. «Ich mach jetzt am besten mit dem Abwasch weiter. Übrigens haben wir fast keinen Tee und keine Butter mehr. Ich werd noch schnell einkaufen müssen.»

Mrs. Hargreaves sagte rasch, dass sie den Abwasch selber machen und auch einkaufen gehen würde, und drängte Mrs. Chubb, mit einem Taxi nach Hause zu fahren.

Mrs. Chubb sah keinerlei Grund, ein Taxi zu nehmen, wenn es mit dem Elfer-Bus genauso schnell ging; also gab Mrs. Hargreaves ihr zwei Pfund und sagte, vielleicht würde sie gern ihrer Tochter was mit ins Krankenhaus bringen? Mrs. Chubb bedankte sich und verschwand.

Mrs. Hargreaves ging zum Spülbecken und wusste, dass sie es wieder einmal falsch gemacht hatte. Mrs. Chubb hätte viel lieber am Spülbecken herumhantiert und von Zeit zu Zeit weitere makabre Details zum Besten gegeben. Danach wäre sie einkaufen gegangen, hätte eine Menge Gleichgesinnter getroffen und mit ihnen reden können, und die hätten ebenfalls Verwandte im Krankenhaus gehabt, und alle hätten ihre Geschichten austauschen können. Auf diese Weise wäre die Zeit bis zur Besuchszeit im Krankenhaus schnell und angenehm vergangen.

«Warum tue ich immer das Falsche?», dachte Mrs. Hargreaves, während sie flink und geschickt abwusch, und brauchte nach einer Antwort nicht lange zu suchen: *Weil ich mir nichts aus Menschen mache.*

Als sie alles weggeräumt hatte, nahm Mrs. Hargreaves eine Tragetasche und ging einkaufen. Es war Freitag und daher ein geschäftiger Tag. Im Metzgerladen standen eine Menge Leute. Frauen pressten sich gegen Mrs. Hargreaves, stießen ihr Ellbogen in die Seite, zwängten ihre Taschen und Körbe zwischen sie und die Theke. Mrs. Hargreaves gab immer nach.

«'tschuldigung, ich war vor Ihnen.» Eine große, dunkelhäutige Frau drängelte sich vor. Es stimmte zwar nicht, und beide wussten es, aber Mrs. Hargreaves trat höflich zurück. Unglücklicherweise erhielt sie eine Verteidigerin, eine dieser dicken, kräftigen Frauen, die Gemeinschaftssinn haben und darauf bestehen, dass der Gerechtigkeit Genüge getan wird.

«Sie hätten sich von der nicht wegdrängeln lassen sollen, meine Liebe», ermahnte sie, lehnte sich schwer auf Mrs. Hargreaves' Schulter und atmete ihr Stöße von starkem Pfefferminz ins Gesicht. «Sie waren lange vor der da. Ich bin direkt hinter ihr reingekommen und weiß es genau. Sie sind an der Reihe.» Sie verpasste ihr einen aufmunternden Stoß in die Rippen. «Drücken Sie sich hier rein und kämpfen Sie für Ihr Recht!»

«Es macht mir wirklich nichts aus», sagte Mrs. Hargreaves. «Ich habe es nicht eilig.»

Ihre Haltung gefiel niemandem.

Die ursprüngliche Dränglerin, jetzt in Verhandlung über anderthalb Pfund Rindfleisch, drehte sich um und eröffnete den Kampf mit weinerlicher, leicht fremdländischer Stimme. «Wenn meinen, Sie vor mir da, warum sagen Sie nicht? Nützt nix, hochnäsig und oben runter sagen (sie äffte Mrs. Hargreaves nach): ‹Es macht mir *wirklich* nichts aus!› Was glauben, was *ich* für Gefühle? Ich will nix Extrawurscht.»

«O nein», sagte Mrs. Hargreaves' Beschützerin spöttisch. «O nein, natürlich nicht! Das wissen *wir* doch alle, oder nicht?»

Sie schaute in die Runde und bekam sofort ein Echo der Zustimmung. Die Dränglerin schien wohlbekannt zu sein.

«*Die* kennen wir und wie sie's macht», sagte eine der Frauen drohend.

«Anderthalb Pfund Rindfleisch», sagte der Metzger und reichte das Paket über die Theke. «Immer mit der Ruhe – wer ist die Nächste?»

Mrs. Hargreaves tätigte ihren Einkauf, flüchtete auf die Straße und dachte, wie ausgesprochen grässlich Menschen doch waren!

Als Nächstes ging sie in den Gemüseladen, um Zitronen und Salat zu kaufen. Die Gemüsefrau war, wie gewöhnlich, sehr herzlich.

«Na, mein Bester, was soll's denn heute sein?» Sie klingelte mit der Kasse, sagte «Jaja» und «Hier, mein Guter», während sie eine umfangreiche Tüte in die Arme eines älteren Herrn drückte, der sie erschreckt und empört anblickte.

«Sie nennt mich immer so», erklärte der alte Herr mürrisch, als die Frau nach hinten gegangen war, um Zitronen zu holen. «Mein Guter, Bester, Liebster – dabei kenne ich nicht mal den Namen dieser Person!»

Mrs. Hargreaves sagte, das sei sicher bloß so eine Manier. Der alte Herr machte ein skeptisches Gesicht, ging und hinterließ eine Mrs. Hargreaves, die sich durch die Entdeckung eines Leidensgenossen leicht aufgemuntert fühlte.

Ihre Einkaufstasche war inzwischen ziemlich schwer geworden, sodass sie beschloss, den Bus nach Hause zu nehmen. Vier oder fünf Leute standen schon in einer Schlange an der Haltestelle, und eine schlecht gelaunte Schaffnerin schrie die Fahrgäste an, als der Bus hielt.

«Los, los, Beeilung bitte, wir können hier nicht den ganzen Tag rumstehen!» Sie schubste eine ältere, arthritische Dame, sodass sie in den Bus stolperte, wo jemand sie auffing und zu einem Sitz führte. Dann packte sie Mrs. Hargreaves mit eisernem Griff am Oberarm, was dieser akute Schmerzen verursachte.

«Los, rein. Alles besetzt!» Sie zog brutal an der Glocke, der Bus

schoss vorwärts, und Mrs. Hargreaves fiel auf eine dicke Frau, die –
wenn auch nicht durch eigene Schuld – zwei Drittel eines Zweiersitzes
einnahm.

«Tut mir schrecklich leid», keuchte Mrs. Hargreaves.

«Noch haufenweise Platz für eine Schlanke», sagte die dicke Frau
munter und tat ohne Erfolg ihr Bestes, um sich dünner zu machen.
«Miesen Charakter haben diese Mädchen heutzutage, finden Sie nicht
auch? Ich hab Schaffner lieber, die sind nett und höflich und drängeln
einen nicht, helfen einem beim Ein- und Aussteigen.»

«Sie können sich Ihre Bemerkungen sparen, vielen Dank», sagte die
Schaffnerin, die nun das Fahrgeld einzog. «Wir haben den Fahrplan
einzuhalten, verstanden?»

«Deshalb ist der Bus wohl an der vorletzten Haltestelle so lange
stehen geblieben, was?», sagte die dicke Frau. «Einmal gradaus, bitte.»

Mrs. Hargreaves kam erschöpft von Streitereien und unerwünschter
Herzlichkeit zu Hause an und hatte außerdem blaue Flecken am Arm.
Die Wohnung erschien friedvoll, und sie sank dankbar in einen Sessel.

Beinahe sofort darauf jedoch erschien der Hausmeister, um die Fenster abzudichten, verfolgte sie durch die ganze Wohnung und erzählte
ihr von den Magengeschwüren seiner Schwiegermutter.

Mrs. Hargreaves nahm ihre Handtasche und ging erneut aus. Sie
wünschte sich – dringend – eine einsame Insel. Da eine einsame Insel
jedoch gerade nicht erreichbar war (und wahrscheinlich das Aufsuchen
eines Reisebüros, des Passamtes, Impfen, möglicherweise auch noch
das Einholen eines ausländischen Visums und viele andere menschliche
Kontakte mit sich gebracht hätte), schlenderte sie zum Fluss hinunter.

«Ein Schiff», dachte sie hoffnungsvoll. Sie glaubte, sich an ein regelmäßig verkehrendes Kursschiff auf der Themse zu erinnern. Hatte sie
nicht davon gelesen? Und da war auch ein Landungssteg – etwas weiter
unten am Ufer; sie hatte Leute von dort herkommen sehen. Vermutlich
war ein Schiff natürlich genauso bevölkert wie alles andere …

Aber sie hatte Glück. Das Ausflugsboot oder Kursschiff, oder was es
auch sein mochte, war ungewöhnlich leer. Mrs. Hargreaves löste eine
Fahrkarte nach Greenwich. Es war die ruhigste Zeit des Tages, auch
kein besonders schöner Tag – der Wind blies empfindlich kalt –, und so
suchten nur wenig Leute ihr Vergnügen auf dem Wasser.

Einige Kinder in der Obhut eines erschöpften Erwachsenen hielten sich im Heck des Schiffes auf, außerdem zwei schwer klassifizierbare Männer und eine alte Frau in abgetragener schwarzer Kleidung. Im Bug des Schiffes stand nur ein einzelner Mann; also ging Mrs. Hargreaves zum Bug, so weit weg von den lärmenden Kindern wie möglich.

Das Schiff glitt vom Steg in die Themse. Auf dem Wasser war es friedvoll. Zum ersten Mal an diesem Tage fühlte Mrs. Hargreaves sich ruhig und gelassen. Sie war entkommen – aber *was* entkommen? «Weg von allem!» lautete die Devise, aber sie wusste nicht genau, was «alles» bedeutete.

Dankbar sah sie sich um. Gesegnetes, gesegnetes Wasser! So – so isolierend. Schiffe zogen ihre Bahn den Fluss auf- und abwärts, aber sie gingen *sie* nichts an. Die Menschen am Ufer waren mit ihren eigenen Angelegenheiten beschäftigt. Von ihr aus sollten sie glücklich dabei sein. Sie war hier auf einem Schiff und wurde den Fluss hinuntergetragen, dem Meer entgegen.

Es gab Haltestellen, Leute stiegen aus und ein. Das Schiff setzte seine Fahrt fort. Beim Tower stiegen die lärmenden Kinder aus. Mrs. Hargreaves wünschte ihnen leutselig, dass sie die Tower-Besichtigung genössen.

Jetzt hatten sie die Docks passiert. Ihr Gefühl des Glücks und der Gelassenheit nahm zu. Die acht oder neun Leute, die sich noch an Bord befanden, drängten sich alle im Heck zusammen – im Windschutz, dachte sie. Zum ersten Mal schenkte sie ihrem Mitpassagier im Bug etwas mehr Aufmerksamkeit. Irgendein Orientale, dachte sie vage. Er trug einen langen, capeartigen Umhang aus einer Art Wollstoff. Vielleicht ein Araber? Oder ein Berber? Kein Inder jedenfalls.

Aus was für wunderschönem Stoff sein Umhang war! Er schien aus einem Stück gewoben. Und so fein gewoben! Mrs. Hargreaves gehorchte einem unwiderstehlichen Impuls, ihn zu berühren …

Sie konnte sich später niemals wieder das Gefühl zurückrufen, das ihr die Berührung des Umhangs vermittelt hatte. Es war ganz unbeschreiblich. Es war, wie wenn man ein Kaleidoskop schüttelt: immer dieselben Teilchen, aber anders zusammengesetzt; in neuen Mustern zusammengesetzt …

Als sie das Schiff bestieg, hatte Mrs. Hargreaves sich selbst und dem Muster ihres Morgens entfliehen wollen. Sie war nicht so entflohen, wie sie sich das vorgestellt hatte. Immer noch war sie sie selbst und immer noch in dem Muster gefangen, das sie in Gedanken nun wieder und wieder durchging. Aber jetzt war etwas anders. Es war ein anderes Muster, weil *sie* anders war.

Sie stand wieder neben Mrs. Chubb – arme Mrs. Chubb – und hörte wieder deren Geschichte, nur war es diesmal eine andere Geschichte. Es ging nicht so sehr darum, was Mrs. Chubb gesagt, sondern was sie gefühlt hatte – ihre Verzweiflung und – ja, ihre Schuld. Denn natürlich gab sie sich insgeheim die Schuld und bemühte sich darum, sich selbst zu überzeugen, dass sie doch alles für ihre Tochter getan hatte – für ihre reizende kleine Tochter: Sie rief sich die Kleidchen und die Süßigkeiten in Erinnerung, die sie ihr gekauft hatte, und wie sie nachgegeben hatte, wenn sie etwas haben wollte – auch wie sie dafür geschuftet hatte. Aber in ihrem Innersten wusste Mrs. Chubb natürlich, dass sie sich nicht nur für Elsies Plattenspieler abgearbeitet hatte, sondern für eine Waschmaschine – so eine, wie Mrs. Peters von nebenan sie hatte (und die damit weidlich angab!). Es war ihr eigener Hausfrauenstolz gewesen, der sie dazu getrieben hatte. Gut, sie hatte Elsie ihr ganzes Leben lang Sachen geschenkt – eine ganze Menge Sachen –, aber hatte sie sich genügend Gedanken über ihre Tochter gemacht? Über die Freunde, die sie sich suchte? Hatte sie je daran gedacht, diese Freunde einmal zu sich einzuladen, oder daran, ob Elsie zu Hause einmal eine Party geben könnte? Hatte sie über Elsies Charakter, ihr Leben und was für sie gut wäre, nachgedacht? Versucht, mehr über Elsie zu erfahren? Elsie war schließlich *ihre* Aufgabe – die wichtigste Aufgabe ihres Lebens. Und das durfte man nicht leichtnehmen. Guter Wille allein genügte da nicht. Man musste es auch fertigbringen, danach zu handeln!

Im Geiste legte Mrs. Hargreaves ihren Arm um Mrs. Chubbs Schultern. Mitfühlend dachte sie: «Sie arme, törichte Person. Es ist ja alles nicht so schlimm, wie Sie denken. *Ich* glaube überhaupt nicht, dass sie stirbt.» Natürlich hatte Mrs. Chubb übertrieben, hatte absichtlich Tragödien heraufbeschworen, weil das eben die Art war, wie Mrs. Chubb das Leben sah – als Melodrama. Das machte das Leben weniger eintönig, leichter zu leben. Mrs. Hargreaves verstand das so gut ...

Andere Menschen kamen Mrs. Hargreaves in den Sinn. Die Frauen, die ihren Kampf am Ladentisch des Metzgers genossen. Lauter Originale! Eigentlich lustig! Vor allem die dicke Rotgesichtige mit ihrer Leidenschaft für Gerechtigkeit. Die hatte einfach Spaß an einem guten Krach!

Warum, um Himmels willen, wunderte Mrs. Hargreaves sich, hatte sie was dagegen gehabt, von der Gemüsefrau «gute Frau» genannt zu werden? Das war doch ein Ausdruck von Freundlichkeit.

Und die schlecht gelaunte Busschaffnerin: Natürlich! Als sie sich's überlegte, erkannte sie den Grund. Der Freund hatte sie gestern Abend versetzt. Und deshalb hasste sie alles und jeden, hasste ihr armseliges Leben, wollte andere Menschen ihre Macht fühlen lassen – man konnte so leicht so empfinden, wenn alles schiefging...

Das Kaleidoskop wurde geschüttelt – wechselte das Muster. Jetzt *betrachtete* Mrs. Hargreaves es nicht nur – jetzt war sie selber mittendrin, war ein Teilchen davon... Das Schiff tutete. Sie seufzte, rührte sich, öffnete die Augen. Sie waren in Greenwich angekommen.

Mrs. Hargreaves fuhr mit dem Zug von Greenwich zurück. Der Zug war zu dieser Tageszeit fast leer. Aber Mrs. Hargreaves hätte es auch nichts ausgemacht, wenn er voll gewesen wäre... Denn für eine kurze Zeitspanne fühlte sie sich eins mit ihren Mitmenschen. *Sie mochte Menschen.* Beinahe liebte sie sie!

Das würde natürlich nicht andauern. Das wusste sie. Eine völlige Wesensänderung lag nicht innerhalb der Grenzen der Realität. Aber sie verstand genau, was ihr geschenkt worden war, und sie war zutiefst und demütig dankbar dafür.

Sie wusste jetzt, was es war, wonach sie sich gesehnt hatte. Sie wusste jetzt, welche Wärme und welches Glück es mit sich brachte – nicht durch intellektuelle Betrachtung von außen, sondern vom Inneren her. Vom *Fühlen.*

Und vielleicht, weil sie jetzt wusste, was es war, konnte sie den Weg dazu lernen...?

Sie dachte an den Umhang, harmonisch in einem Stück gewoben. Das Gesicht des Mannes hatte sie nicht sehen können. Aber sie glaubte zu wissen, wer er war...

Die Wärme und die Vision begannen bereits zu schwinden. Aber sie würde nicht vergessen – niemals würde sie vergessen!

«Danke», sagte Mrs. Hargreaves aus tiefstem, dankbarem Herzen. Sie sagte es laut im leeren Zugabteil.

Der Kontrolleur auf dem Schiff starrte auf die Fahrkarten in seiner Hand. «Wo ist der andere?», fragte er.

«Wen meinst du?», sagte der Kapitän, der sich gerade anschickte, zur Mittagspause an Land zu gehen.

«Es muss noch jemand an Bord sein. Es waren acht Passagiere, ich hab sie gezählt. Aber ich hab nur sieben Fahrkarten.»

«An Bord ist niemand mehr, das siehst du doch. Einer muss ausgestiegen sein, ohne dass du es gemerkt hast – oder er ist übers Wasser gewandelt!» Und der Kapitän lachte schallend über seinen eigenen Witz.

Jean Rhys
ZEIT FÜR COCKTAILS

Das Haus in den Bergen war sehr neu und sehr hässlich, lang und schmal, aus rohem Holz, seltsam auf hohen Pfählen hockend, ich glaube, als Schutz gegen Termiten. Es gab sechs Zimmer mit einer Veranda, die an der ganzen Länge des Hauses entlanglief... Aber wenn man dort hinaufkam, stellte sich jedes Mal dasselbe Gefühl von Erleichterung und Ruhe ein – in dem hässlichen Haus mit den ersten Anfängen eines Rosengartens, wenn man nach einer Stunde Fahrt mit dem Schiff und anderthalb Stunden zu Pferde langsam hinaufstieg...

Auf der Veranda stand auf einem Holztisch mit vier robusten Beinen ein riesiges Fernrohr aus Messing. Damit kundschaftete man die vorbeifahrenden Dampfer aus: das französische Postschiff auf seinem Weg nach Guadeloupe, das kanadische, das Königliche Postschiff, das hätte stattlich sein sollen und in Wirklichkeit das schäbigste von allen war... Oder nach einem aufregenden fremden Schiff!

Nachts betrachtete man damit die Sterne und tat so, als interessiere man sich dafür... «Das ist die Venus»... «Ach, das ist die Venus?»... «Und das ist das Kreuz des Südens...» Ein ungeladenes Gewehr lehnte in einer Ecke; es gab dort immer viele Strohschaukelstühle und eine Segeltuchhängematte mit vielen Kissen.

Von der Veranda blickte man auf das grüne Tal, das sich zum Meer hinab erstreckte, aber von der anderen Seite des Hauses aus konnte man nur die Berge sehen, schön, aber schwermütig, wie Berge immer für ein Kind sind.

Wenn man in der Hängematte lag und vorsichtig schaukelte, denn die Stricke knarrten, träumte man... Der Morgentraum war der beste – sehr früh, ehe die Sonne richtig aufgegangen war. Das Meer war dann von einem sehr zarten Blau, wie das Kleid der Jungfrau Maria, und darauf waren kleine weiße Dreiecke. Die Fischerboote.

Ein sehr kurzer Traum, der Morgentraum – meistens davon, was man mit dem endlosen blauen Tag beginnen werde. Man würde in dem Teich baden: Vielleicht fände man einen Schatz... Morgans[1] Schatz. Denn wer weiß nicht, dass Morgan, kurz bevor er ergriffen und in Kingston, Jamaika, ich glaube gehenkt wurde, seine Schätze in den Bergen von Dominica vergrub?... Ein wildromantischer Ort, Dominica. Ungezähmt und gottverlassen. Für Morgan genau der richtige Ort, um dort seinen Schatz zu vergraben.

Am Mittag war es fast unmöglich, aufs Meer zu blicken. Das Licht ließ es derartig funkeln und flimmern: Man musste die Augen fest zusammenkneifen, ehe man hinsah. Alles war still und träge und betete die Sonne an.

Auch der Mittagstraum war träge – vage, melancholisch getönt, während man in den harten, blauen blauen Himmel blickte. Unweigerlich wurde man von jemandem darin gestört, der einem zurief, man solle aus der Sonne ins Haus kommen. Man durfte nicht in der Sonne sitzen. Es war einem gesagt worden, dass man sich nicht in der Sonne aufhalten solle... Später würde man über Sommersprossen klagen.

Und so war der Spätnachmittag die beste Zeit auf der Veranda, aber dadurch gestört, dass alle anderen auch da waren...

Wie bald erhält man nicht die bittere Lehre, dass die Menschheit sich niemals damit begnügt, einfach anders zu sein als man selbst und es dabei bewenden zu lassen. Niemals. Sie muss sich energisch und erbarmungslos zwischen dich und deine Gedanken drängen – mit dem heftigen Wunsch, jeden und alles gleichzumachen.

Ich spreche mit dir; hörst du nicht? Du musst dir abgewöhnen, nie zuzuhören. Du hast so einen geistesabwesenden Gesichtsausdruck. Versuche doch, nicht so verdöst auszusehen...

Wie grob!

Die englische Tante blickt um sich und ruft immer wieder aus: «Die Farben... Wie herrlich!... Merkwürdig, dass so wenig Menschen auf die Westindischen Inseln kommen... Dieses *Meer*... Kann es etwas Schöneres geben?»

---

1 Henry Morgan (um 1635–1688), legendenumwobener walis. «Chefadmiral aller Bukaniersflotten und Generalissimo der vereinigten Freibeuter von Amerika».

Das Meer ist purpurrot mit einem passenden Himmel. Das karibische Meer. Das tiefste, das schönste auf der Welt ...

Träge, aber taktvoll, denn sie weiß, es entzückt meinen Vater, bewundert sie die Rosen, den Hibiskus, die Kolibris. Dann beginnt sie zu nicken. Sie schläft immer in den seltsamsten Augenblicken ein. Es ist die ungewohnte Hitze.

Ich hätte Lust, sie auszulachen, aber ich bin ein artiges kleines Mädchen ... Zu artig ... Ich möchte wie andere Leute sein! Die merkwürdigen, unnahbaren, sonderbar grausamen anderen Leute mit ihrer Art, dir rücksichtslos wehzutun und dich dann zu beschuldigen, du seiest dünnhäutig, übellaunig, nachtragend oder lächerlich. Alles nur, weil ein verletztes, verwirrtes kleines Mädchen sich in sein Schneckenhaus zurückgezogen hat.

Der Nachmittagstraum ist ein materialistischer Traum ... Er handelt von der Zeit, wenn man drall und schön statt blass und mager sein wird: absolut wohlerzogen statt ungeschickt ... Wenn man rauschende Roben und Federhüte tragen und sich gemächlich und genussvoll Handschuhe überstreifen wird ... Und natürlich von der Hochzeit: der dunkle Schnurrbart und die tadellos gebügelte Hose ... Vage, das alles.

Auf der Veranda wird es sehr schnell dunkel. Die Sonne geht unter: sofort Nacht und Leuchtkäfer.

Eine warme, samtige, süß duftende Nacht, aber angsterregend und verwirrend, wenn man allein in der Hängematte liegt. Ann Twist, unsere Köchin, die alte Obeah-Frau[2], hat mir erzählt: «Du darfst nicht zu viel in den Mond schaun ...»

Wenn man im Mond einschläft, wird man, scheint's, verhext ... der Mond tut einem Böses an, wenn er im Schlaf auf einen scheint. Wenn man das öfter tut ...

So gehe ich leise fröstelnd ins Zimmer, um mich von meinem Vater trösten zu lassen, der an der Schachaufgabe aus der *Times Weekly Edition* knobelt. Dann wird es Zeit für meine abendliche Pflicht, die Cocktails zu mixen.

Trotz meiner Verträumtheit mixe ich Cocktails sehr gut und quirle

---

2 Spirituelle Heilerin auf den Westindischen Inseln.

sie besser (bei uns auf den Westindischen Inseln werden die Cocktails schaumig getrunken, und das Instrument, mit dem man sie schaumig rührt, heißt Rührbesen) als irgendjemand sonst im Haus.

Mich wichtig und glücklich fühlend, messe ich Angostura und Gin mit einer unheimlichen Intuition dafür ab, wie stark ich jeden einzelnen Drink machen muss.

Hier ist also etwas, was ich tun kann … Etwas tun, sagen sie, ist angemessener als träumen …

Kate Roberts

HEIMKEHR

Sie ging in guter Stimmung den Weg zu ihrem Haus hoch und schlenkerte dabei mit ihrem Einkaufskorb. Froh, ihre Arbeit hinter sich zu haben, erwartete sie einen Abend mit einem Buch am Kamin. Eine größere Gruppe von Schuljungen kam ihr entgegen. Sie ging an ihnen vorbei, ohne sie zu beachten. Als sie bereits hinter ihr waren, äfften einige der Jungens sie nach, so als ob sie sie daran gehindert hätte, mit ihren Fahrrädern durch einen Privatweg zu fahren. Sie sagte, sie werde sich bei ihrem Direktor beschweren wegen ihres Betragens. Daraufhin begannen die Jungen ihr die schmutzigsten Ausdrücke nachzurufen, die sie je gehört hatte, Ausdrücke zu schmutzig, um sie zu wiederholen. Sie ging weiter mit gesenktem Kopf, ihr Stolz war gebrochen. In der Stadt waren die jungen Leute in den Geschäften nett, aber das vermochte ihren Schmerz nicht zu lindern. Als sie nach Hause kam, setzte sie sich in einen Sessel und grübelte. Sie begriff, dass sie inzwischen zu nichts nutze war, dass sie nichts war als irgendein alter Mensch, der den Flegeln aus der Schule als Objekt des Spottes diente. Zu ihrer Zeit hatte die Schule für Anstand gestanden. Heutzutage war die Schule nichts anderes als ein Heim für Gesindel, und ihre Sprache war die Sprache eines Landes, das vor die Hunde ging. Statt zu lesen, fuhr sie fort, sich selbst zu bemitleiden.

* * *

Sie schritt den Berg hinan und erblickte das Haus mit dem einen Fenster im Giebel, das aussah wie ein einäugiger Mann, der auf das weite Moorland hinausblickte. Das Wollgras schwankte im Wind, und die Kiebitze flogen von Kuhle zu Kuhle. Sie ging zu einem grünen Flecken in der Nähe des Hauses bei einem kleinen Heidehügel, wo

sonst Schafe weideten, und legte sich dort hin. Sie hörte Leusa Parri
in ihren Holzschuhen vor ihrem Haus hin und her gehen und mit den
Eimern schlenkern. Aus dem Augenwinkel sah sie Bärlapp dicht über
den Boden zwischen dem Heidekraut wuchern. Sie begann langsam
daran zu ziehen, nur um irgendwas zu tun und zu sehen, ob sie eine
zusammenhängende Ranke herausziehen könnte. Eigentlich wollte sie
das gar nicht, sie zog nur dran, um zu ziehen. Schließlich schaffte sie es,
eine lange Ranke herauszuziehen, und legte sie sich um den Hals. Sie
setzte sich aufrecht hin und hielt Ausschau nach Heidelbeeren, aber sie
sah keine einzige. Das war auch gut so, denn sie hatte kein Gefäß dabei,
um sie hineinzutun. Sie ging zum Rand des Steinbruchs, um Bergfarn
oder Saumfarn zu suchen. Etwas wuchs zwischen dem dunkelblauen
Schieferschutt und sah ziemlich traurig aus. Ihre Mutter hatte ihr gesagt, sie solle die Pflanzen nicht ausreißen, um sie im Garten neben den
Ranunkeln einzupflanzen. Das Farnkraut würde dort sterben, weil es
den Ort nicht mag, hatte ihre Mutter gesagt. Es liebe einsame Stellen,
mit den Wurzeln zwischen dem Schiefer. Sie ging bis zum Zauntritt und
stieg hinüber, um einen Blick in das Tal mit dem Fluss zu werfen, der
wie eine leblose graue Linie aussah, so als habe er aufgehört zu fließen.
Sie hatte sich geärgert über dieses Tal, als sie es zum ersten Mal sah. Sie
hatte gedacht, es gebe nichts auf der Welt als ihren Berg, das Dorf und
das Meer davor, so weit sie sehen konnte. Sie war enttäuscht gewesen,
dass es auch andere Orte gab. Sie setzte sich hin, zog ihre Schuhe und
Strümpfe aus und legte ihre Füße auf das feuchte Moos.
   Da war eine Schnecke im Garten, eine dicke mit einem weißen Bauch.
Und sie sprach über der Schnecke:

Schnecke, Schneck!
zeig deine vier Hörner her,
sonst schmeiß ich dich ins Rote Meer,
wo die roten Kühe sind.[1]

---

1 Wal. «*Malwen, malwen, estyn dy bedwar corn allan/Ne mi tafla'i di i'r Môr Coch
   at y gwartheg cochion*»: ein in verschiedenen Varianten bekannter Kinderreim.

Und die vier Fühler kamen hervor wie die Stangen eines Zaunes. Die Schnecke mochte die Verse offenbar, denn sie sah so vorwitzig aus. Und sie, Annie, hatte sie dazu gebracht, zu gehorchen.

Sie ging vom Kuhstall zur Küche und trug ein Kätzchen in ihrer Schürze. Die große Katze folgte ihr. Sie setzte das Kätzchen auf den Tisch, da ging es seitwärts dorthin, wo ihre Mutter auf einer bläulichen Schieferplatte einen Kuchen vorbereitete. Ehe sie das Kätzchen festhalten konnte, stand es auf dem Teig. Als sie und ihre Mutter aufschrien, sprang die große Katze auf den Tisch. Da begannen beide zu lachen. Ihre Mutter sagte, dass sie das Kätzchen behalten dürfe, weil es diesmal nur eines gewesen sei. Sie müsse sich aber um es kümmern und es jeden Abend an seinen Schlafplatz im Kuhstall bringen.

Sie und ihre Brüder kamen heim von der Schule inmitten eines heftigen Sturmes mit Wind und Regen. Der Regen hing wie ein großes, grau gestreiftes Leinentuch vor ihnen, und sie gingen mit eingezogenen Köpfen. Die Regentropfen liefen über ihre Gesichter, sie schlossen ihre Augen und konnten ihre Taschentücher nicht hervorholen, um sich abzutrocknen. Der Regen lief vom Saum ihrer Mäntel in ihre Schuhe. Wenn ein Windstoß kam, mussten sie stehen bleiben und sich aneinander festhalten. Die eine Meile war so lang. Ihre Mutter kam ihnen auf halbem Wege mit Mänteln entgegen, aber es war sinnlos, sie überzuhängen. «Schnell an den Kamin, und herunter mit dem nassen Zeug!» Es war so mühsam, die nassen Strümpfe auszuziehen, weil sie an der Haut klebten. Ihre Mutter nahm ein Handtuch und trocknete die Kinder vor dem roten Feuer ab, und Dampf stieg auf von ihren Körpern. Nach der schrecklichen Feuchtigkeit war die Wärme so angenehm auf ihrer Haut. Die Mutter holte saubere Wäsche aus dem Warmhaltefach neben dem Feuer und zog ihnen die besten Kleider an. Und dann standen da die Teller mit heißer Suppe auf dem Tisch.

* * *

Sie ging wieder zum Berg. Sie hatte beschlossen, dies zu tun, ehe sie ihren Vater und ihre Mutter besuchte. Wie schön würde es sein, sie wieder zu sehen, sich am Kamin zu unterhalten und ihnen von diesen fluchenden Flegeln zu erzählen. Sie würde sich sicher fühlen bei ihren Eltern und nicht wie ein «Häufchen Elend». Sie suchte nach dem Pfad, aber sie konnte ihn nicht finden. Es blieb ihr nichts anderes übrig, als durch die Heide zu gehen. Es waren auch keine Schafe auf dem Berg, so war es nicht verwunderlich, dass es hier keinen Schafspfad gab. Das Haus war noch da, aber es hatte inzwischen zwei Augen. Sie hatte vergessen, ein Geschenk für ihre Eltern mitzubringen. Sie ging zum Haus von Leusa Parri und wollte um Bierhefe bitten, zum Backen von Gerstenbrot. Als sie dort ankam, wohnte jemand anderes dort, eine Engländerin, die nicht wusste, was Bierhefe ist. Sie machte kehrt und schlug die Pforte zu. Sie ging zum Zauntritt, weil sie das andere Tal sehen wollte. Der größte Teil der Häuser war verschwunden, und eine große Fabrik stand mitten im Tal. Sie eilte weg von dem Zauntritt und lief zur Schutthalde beim Schieferbruch. Es gab nicht das übliche Geräusch von Steinladungen, die den Berg herabrutschten. Die Platten sahen alt aus, so als ob sie dort seit Jahren herumlägen, wie aneinandergeklebt. Die wenigen Pflanzen des Bergfarns erschienen ihr einsamer denn je. Das Meer vor ihr war wie immer, ohne jede Veränderung. Sie erinnerte sich daran, wie der Lehrer in der Schule die Geschichte von Math und Gwydion[2] erzählte, die am Ufer des Meeres wohnten, wie sie Dinge verwandelten mit ihrem Zauberstab. Schade, dass sie nicht hier waren, um den Berg wieder zu dem zu machen, was er ehemals gewesen war. Sie beschloss, nach dem Bach unterhalb der Straße zu sehen. Dort wand sich eine einsame Forelle durch das Wasser und erzeugte kleine Wellen über dem weißen Kies. Sie starrte lange auf die Forelle; dann sang sie plötzlich laut:

Kleine Forelle, du spielst so fröhlich
in des Flusses kalter Tiefe.[3]

Unwillkürlich schluchzte sie angesichts der Forelle. Während sie vom Bach wieder hochging, stolperte sie und fiel hin. Ihr Knie blutete und

---

2 Zwei über Zauberkräfte verfügende Gestalten der mittelalterlichen Erzählung *Math, der Sohn Mathonwys* aus der Geschichtensammlung *Mabinogion* (11./12. Jh.).

3 Wal. «*Ti, frithyll bach, sy'n chwarae'n llon / Yn nyfroedd oer yr afon*»: Zeilen aus dem traditionellen Lied *Yr eneth gadd ei gwrthod (Das zurückgewiesene Mädchen)*, in dem ein von einem Mann verlassenes und von der Familie verstoßenes Mädchen sein Elend beklagt und die Forelle im Bach beneidet, da diese ein Versteck habe.

schmerzte. Einen Moment dachte sie, sie werde nie zu Fuß zu ihrem Elternhaus kommen. Sie merkte, dass sie doch gehen konnte, wenn auch humpelnd. Als sie zur Straße kam, sah sie eine Gruppe von flegelhaften Jungen mit langen schmutzigen Haaren auf sich zukommen, ganz ähnlich wie die Schuljungen, die sie beschimpft hatten. Sie hielt sich so nah wie möglich an den Erdwall auf der Seite der Straße, aber auch die Jungen rückten näher an den Wall, und einer von ihnen sagte: «Schubst sie an die Mauer, verdammt noch mal. Wieso krepiert so 'n altes Stück nicht!»

«Das werdet ihr schön bleiben lassen!», sagte eine Stimme hinter ihnen: «Verzieht euch dorthin, wo ihr herkommt. Und du, mein Mädchen, du gehst weiter, und ich geh hinter dir.»

Sie freute sich, dass jemand sie «Mädchen» genannt hatte, wo sie doch alt war.

«Da sind wir», sagte der Mann, als sie im Dorf ankamen, «hier sind Sie sicher.»

Häuser, überall Häuser. Schließlich entdeckte sie ihr Elternhaus, versteckt zwischen zwei anderen Häusern.

Sie klopfte leise an die Tür des Windfangs und steckte ihren Kopf in die Küche, ehe sie die Tür hinter sich schloss. Unvermittelt schwand der Schmerz im Knie. Die Küche sah aus wie hinter einem Nebelvorhang, und ihr Vater und ihre Mutter saßen wie Schatten mitten darin. Ihre Gesichter hatten eine graugrüne Farbe, wie Fensterkitt, ihre Wangen bestanden aus Furchen und Buckeln; Kinn und Nase waren so krumm, dass sie sich fast berührten. Sie sahen aus wie ihre eigenen Karikaturen. Aber sie konnte sie wiedererkennen. Ein niedriges Feuer brannte im Kamin.

«Da ist sie endlich», sagte der Vater.

«Sie hat lange gebraucht», sagte die Mutter, «und ich hatte ihr doch gesagt, sie soll sich beeilen.»

«Ich bin so früh gekommen, wie ich konnte. Da waren ein paar junge Flegel auf dem Weg.»

Keiner der beiden nahm Notiz von ihren Worten.

«Das Essen wartet auf dich seit Jahren», sagte die Mutter: «Wir wollen jetzt essen.»

Es gab Aufschnitt, Brot und Tee, nichts hatte Geschmack. Nach und nach verzog sich der Nebel, und während sich die Küche aufhellte, wurden die Gesichter der beiden natürlicher: Die Furchen verschwanden. Röte kam in die Wangen des Vaters. Das Gesicht der Mutter erhielt seine natürliche Blässe. Die Nasen kehrten zurück zu ihrer ursprünglichen Gestalt. Die anderen Häuser ringsum verschwanden. Das Feld wurde sichtbar, mit dem Baum und der Henne und den Küken. Das Feuer im Kamin flackerte fröhlich auf und erleuchtete die ganze Küche. Der Vater lächelte glücklich; ein gütiger Ausdruck kam in die Augen der Mutter.

«Lass doch den langweiligen Aufschnitt stehen», sagte sie, «ich hab einen Brotkuchen.»

Sie holte einen Teller aus dem Warmhaltefach; der Kuchen schwamm in Butter.

Die Tochter schlug die Hände zusammen.

«Wie früher! Hast du braunen Zucker?»

«Da auf dem Tisch.»

«Ah, das schmeckt gut. Erinnerst du dich, wie mein Kätzchen auf deinen Kuchenteig gestiegen ist?»

«Ja», lachte die Mutter, «jetzt gibt es nur mehr Erinnerung.»

«Stimmt.»

Sie hätte fast von den schlimmen Jungen geredet und deren schmutzigen Ausdrücken, aber sie war so glücklich, dass sie beschloss, das nicht zu erwähnen, um nicht die Unterhaltung zu stören.

«Erinnerst du dich, Vater, wie die Schweine aus dem Stall ausgerissen sind, mitten in der Nacht, es war ein heftiger Sturm im tiefsten Winter, und du ranntest in der Unterhose hinterher bis zur Wiese?»

Die drei lachten ausgelassen.

Erinnert ihr euch? Erinnert ihr euch? Und sie war nahe daran zu fragen: Wo ist …? Wo ist …? Und wo sind die anderen?

Aber wozu die Stimmung stören?

«Wo hast du deine Pfeife, Vater?»

«Ich habe seit Jahren nicht mehr geraucht. Ich hab keinen Tabak.»

Sie hatte Zigaretten in ihrer Tasche, doch was würde ihre Mutter sagen, wenn sie die herausholte? Sie würde einiges zu hören bekommen. Aber es war wichtiger, ihrem Vater eine Freude zu bereiten, als wegen eines heimlichen Lasters zurechtgewiesen zu werden.

«Schau her», sagte sie, «tu zwei davon in deine Pfeife.»

Die Mutter lächelte. «Ich nehme auch eine», sagte sie. «Ich erinnere mich, dass meine Tante herüberkam und eine Pfeife rauchte.»

«Was kommt als Nächstes?», sagte Annie zu sich selbst, erstaunt, fast erschrocken; sie selbst nahm ebenfalls eine Zigarette.

Und da rauchten die drei, glücklich, so glücklich. Wo waren die anderen? Nein, sie mochte nicht fragen. Der leichte blaue Qualm kräuselte sich in der Luft. Die Sonne verschwand. Es begann zu dunkeln. Ihre Augenlider senkten sich, wie bei einem Denkmal. Die drei schliefen ein.

Nella Larsen

DER FALSCHE MANN

Der Saal erstrahlte vor Farbe. Es schien, als hätte die prächtige Garderobe der Frauen dieses Mal die Oberhand über die grellen Töne des obligatorischen Schwarzweiß der Herrenanzüge gewonnen. Die sorgten heute Abend lediglich für das nötige Maß an Prägnanz, um all die bunte Üppigkeit interessant in Szene zu setzen. Es war voll, aber kühl, denn eine sanfte Brise wehte vom Sound[1] her durch die hohen offenen Fenster und Türen und versetzte hin und wieder eines der Blumenarrangements in Bewegung.

Julia Romley bot trotz ihrer (eigens für den Anlass bestellten) Robe aus rauchfarbenem Chiffon einen noch flammenderen Anblick als die anderen. Das matte, unbestimmte Grau betonte nur noch stärker ihren lodernden Haarschopf –»scharlachfarben« hätte ein Dichter ihn wohl genannt –, dessen rote Fülle sich obendrein als warmer Hauch auf der seidigen Haut ihrer Wangen spiegelte.

Allerdings war Julia heute Abend nicht glücklich. Ein aufmerksamer Beobachter hätte sie wohl als merklich verstört bezeichnet. Eine vage Zerstreutheit, nervös hingeworfene Banalitäten und eine nicht zu bändigende Unruhe trübten ihre sonst so souveräne Gelassenheit. Immer wieder wanderten ihre verträumten grauen Augen verstohlen zur Gruppe um Myra Redmon hinüber. Myra hatte immer irgendeinen Löwen im Schlepptau, aber warum ausgerechnet diesen Mann? Julia schüttelte sich ein wenig bei dem Gedanken.

Plötzlich plärrte das Orchester etwas Ungezügeltes, Impressionistisches, mit einem primitiven, stakkatoartig jazzigen Unterton. Das Stimmengewirr erstarb, von den wilden Klängen zur Strecke gebracht.

---

1 Der Long Island Sound, ein dem New Yorker Stadtteil Bronx vorgelagerter Meeresarm.

Die Menge geriet in Bewegung, fiel auseinander, verschmolz zu Paaren und verwandelte sich in eine wirbelnde Masse. Jemand forderte Julia auf, und sie wurden Teil des wallenden Pulks. «Ganz schön was los hier, hm?», erklang die näselnde Stimme von George Hill, der sich insgeheim fragte, was wohl mit Julia los sein mochte. Sie war so still, das sah ihr gar nicht ähnlich.

Julia ließ den Blick über die wogende Menge schweifen. Junge Männer, alte Männer, junge Frauen, ältere Frauen, schlanke Mädchen, dicke Frauen, dünne und stämmige Männer glitten vorüber. Sie musste an den alten Kinderreim denken und zitierte ihn für George in einem Singsang:

> «Reicher Mann, armer Mann,
> Bettler, Börsianer,
> Doktor, Anwalt,
> Häuptling der Indianer.»[2]

George nickte. «Ganz genau. Alle da, und noch ein paar mehr. Und schauen Sie! Da drüben ist der Indianerhäuptling. Wer das wohl ist? Sieht aber wirklich so aus.»

Julia schaute nicht. Sie wusste, was sie sehen würde. Einen großen, dünnen Mann, das Gesicht gelblich und verhärtet wie nach vielen Jahren in den Tropen. Einen Mann, der solch eine Gesellschaft wohl nicht recht gewohnt war, bewusst ein wenig distanziert und, so konnte man meinen, mehr als nur ein wenig geringschätzig.

Sie spürte einen Anflug von Wut auf Myra. Warum karrte die immer die unmöglichsten Leute an? Es war grässlich. Schlimmer noch – es war gefährlich. Gefährlich konnte es besonders für sie werden, Julia Romley, ehemals ... Sie führte den Gedanken nicht zu Ende, zu unangenehm war er ihr.

So glücklich war sie gewesen, so sicher, und nun das: Ralph Tyler, auferstanden aus der Vergangenheit, um all ihr errungenes Glück zunichtezumachen. Musste sie wieder von vorne anfangen? In aller Eile ließ sie ihr Leben seit den Tagen damals in San Francisco Revue passie-

---

2 Im Original: «Rich man, poor man, / Beggar man, thief, / Doctor, lawyer, / Indian chief.»

ren: Chicago und die Kunstakademie, das Innenarchitekturstudium mit dem Geld, das Ralph Tyler ihr gegeben hatte; New York, ihr Studio, ihr Erfolg; Boston, die Hochzeit mit Jim Romley. Und jetzt das beneidenswert ausschweifende Leben in einem der exklusivsten Zirkel von Long Island. Ja, letztlich war das Leben gut zu ihr gewesen, besser als sie je zu träumen gewagt hatte. Würde sie jetzt alles verlieren – Liebe, Wohlstand und sozialen Status? Sie erschauderte.

«Kalt?» Wieder holte Georges Näseln sie zurück in eine ungewisse Gegenwart.

«Nein. Ich hatte nur eben ein Déjà-vu», antwortete sie lachend. «Ich bin heute wirklich eine miserable Gesellschaft. Entschuldigen Sie, George, ich gelobe Besserung. Muss an dem Gedränge hier liegen.»

Zum nächsten Tanz wurde sie von ihrem Mann aufgefordert. Ein glücklich verheiratetes Paar, dessen auch nach fünf Ehejahren augenfällige gegenseitige Zuneigung Quell manch amüsierter Kommentare und harmloser Scherze ihrer Freunde war. «Die ewig Verliebten» nannte man sie, und die Bezeichnung passte so perfekt zu ihnen, wie auch sie zueinanderpassten.

«Was ist denn los, Julie, mein Liebling?», fragte Jim, nachdem er sie eine Weile verwundert gemustert hatte. «Müde?»

«Nein, es ist nichts. Ich fühle mich nur so klein, so überflüssig in diesem Gewimmel. Irgendwie in die Enge getrieben. Warum müssen die Arnolds auch immer so viele Leute einladen?» Sie bereute bereits, dass sie sich ihren Unmut hatte anmerken lassen und fügte hinzu: «Aber es ist wundervoll – die Menschen, die Musik, die Farben und diese herrlichen Räumlichkeiten, wie ein Prinzessinnenball im Märchen.»

«Ja, großartig», stimmte er zu. «Auch viele Fremde hier. Vor allem angesehene Leute aus der Stadt.»

«Wer ist denn der große, braungebrannte Mann da bei Myra, der, der aussieht – naja, wie ein Indianerhäuptling?» Sie lachte ein wenig über ihren eigenen Scherz, nur um Jim zu zeigen, dass nichts sie beunruhigte.

«Tut er wirklich, oder? Einer von denen, die sich selbst genug sind. So überlegen und ein bisschen gleichgültig, als wären wir allesamt sein Eigentum und als würde er nichts als Verachtung hegen für die ganze Sippe. Man kann ihm wohl keinen Vorwurf machen. Vermutlich hält er uns für einen laschen, faulen, verwöhnten Haufen. Das ist Ralph

Tyler, ein Entdecker, eben zurückgekehrt von irgendeinem gottverlassenen Ort im Nirgendwo. War Leiter einer Expedition, die jahrelang irgendwo in Asien verschollen war, eigentlich längst für tot erklärt. Hat eine Stadt entdeckt oder sowas, bedeutender Beitrag zur Zivilisation und so weiter. Angeblich hat er Smaragde mitgebracht, die ein halbes Königreich wert sind.»

«Kennst du ihn, Jim?»

«Ja, ist aber Jahre her, vom College. Ich hätte nie gedacht, dass er sich nach so langer Zeit und nach all den aufregenden Abenteuern noch an mich erinnern würde – hat er aber. Mich hat's schier umgehauen, als er plötzlich zu mir rüberkommt, die Hand ausstreckt und sagt: ‹Tag auch, Jim Romley.› Ist das nicht nett?» Der gut aussehende Jim strahlte übers ganze Gesicht. Er war sichtlich geschmeichelt, dass dieser große Mann ihn wiedererkannt hatte. Begeistert fuhr er fort: «Ich werde ihn einladen, Julie. Also, wenn ich ihn dazu bewegen kann. Eine kleine, handverlesene Dinnerparty. Was meinst du?»

Wieder durchlief sie ein Zittern.

«Kalt?»

«Nein. Ich hatte nur eben ein Déjà-vu», sagte sie lachend, amüsiert über die Wiederholung und froh, weil Jim nicht bemerkt hatte, dass seine Frage unbeantwortet geblieben war.

Ein Tanz folgte dem nächsten, aber heute Abend kam sie nicht in Schwung. Sie spürte es selbst, war aber einfach nicht in Plauderstimmung. Ihre Gedanken wanderten immer wieder zu diesem großen, braungebrannten Mann, der gerade vom Ende der Welt zurückgekehrt war. Ein oder zwei ihrer Tanzpartner, die sie erfolglos aus der Reserve zu locken versucht hatten, beäugten sie rätselnd, fragten sich, ob das Unmögliche eingetreten war. Hatten Julia und der alte Jim etwa Streit?

Schließlich flüchtete sie sich in einen kleinen, verlassenen Raum in einem der oberen Stockwerke, um in Ruhe nachzudenken. Fieberhaft suchte sie nach einer Möglichkeit, die Dinnerparty noch abzuwenden. Das konnte nur in einer Katastrophe enden. Sie musste irgendwie verhindern, dass Ralph Tyler von ihrer Ehe mit seinem ehemaligen Kommilitonen erfuhr. Aber wenn er länger blieb, und davon schien Jim auszugehen, würde sie ihm unweigerlich begegnen. Vielleicht sollte sie verreisen? … Nein, das wagte sie nicht. Es konnte alles Mögliche passieren. Besser, man war auf dem Posten, um den Schlag abzuwehren. Sie seufzte, plötzlich müde und erschöpft. Es war aussichtslos. Dabei war sie so glücklich gewesen! Nur ein leichter Schatten von Unruhe, zu Beginn, der aber mit den Jahren verblasst war.

Lange saß sie ganz in Gedanken versunken da. Ein entschlossener Ausdruck legte sich auf ihr Gesicht. Sie hatte eine Entscheidung getroffen. Sie würde ihn bitten, ihn wenn nötig anflehen, zu schweigen. Es war ihre einzige Chance. Es war schwer, geradezu erniedrigend, aber es musste sein, wenn sie weiter glücklich und sich Jims Liebe sicher sein wollte. Die Aussicht auf Jahre ohne ihn ertrug sie nicht.

Sie durchquerte das Zimmer und schrieb eine Nachricht an Ralph Tyler, in der sie ihn bat, sie in der Laube in einem der Gärten zu treffen. Bei der Unterschrift zögerte sie einen Moment und entschied sich schließlich für «Julia Hammond», um ihn etwas auf das Treffen vorzubereiten.

Nachdem sie die Nachricht einem Bediensteten in die Hand gedrückt hatte – «für Mr. Tyler, Mrs. Redmons Begleiter» –, spürte sie eine gewisse Erleichterung. «Einen Versuch ist es wert», dachte sie auf dem Weg zur Laube. «Wenn ich ihm von mir und Jim erzähle, hat er sicher Erbarmen.»

Der Mann betrachtete neugierig die Frau, die so regungslos in der Laube inmitten des Steingartens saß. Selbst im Dunkeln spürte sie seinen Blick, auch wenn ihr der Mut fehlte, ihn anzusehen. Sie wartete gespannt darauf, dass er etwas sagen würde.

Nach einigen Sekunden, die sich für sie wie Stunden anfühlten, wurde ihr klar, dass er von ihr erwartete, das Schweigen zu brechen. Also begann sie mit leiser Stimme zögerlich zu sprechen: «Sie finden es sicher seltsam, dass ich Sie hier alleine treffen wollte. Aber ich musste Sie einfach sehen, mit ihnen reden. Ich wollte Ihnen von meiner Ehe mit Jim Romley erzählen. Sie kennen ihn?»

«Ja, ich kenne ihn.»

«Wissen Sie», fuhr sie fort, energischer jetzt, «wir sind so glücklich! Jim ist einfach fantastisch, und ich gebe mir wirklich Mühe, ihm eine gute Ehefrau zu sein. Und ich dachte… ich dachte… naja, ich dachte…» Die energische Stimme verebbte in einem Flehen.

«Sie dachten?», fragte der Mann in unverbindlichem Tonfall.

«Naja, ich dachte, wenn Sie verstehen, wie glücklich wir sind und wie sehr ich ihn liebe, und wo Sie Jim doch kennen, dass Sie ... Sie ...»
Julia hielt inne. Sie konnte das nicht, sie brachte es einfach nicht fertig. Aber ihr blieb nichts anderes übrig.

Da stand er, wie ein langer, bedrohlicher Schatten zwischen ihr und ihrer Zukunft. Sie setzte erneut an, diesmal vorsichtig schmeichelnd: «Sie haben so viel erreicht – Ruhm, Ehre und Geld –, und Sie haben so viel Großes vollbracht! Und auch gelitten. Oh, was Sie nicht alles durchgemacht haben müssen! Ich freue mich über Ihren Erfolg, Sie haben ihn sich verdient. Sie sind ein Held, ein großer Mann. So eine Kleinigkeit kann für Sie kaum viel bedeuten, aber mir bedeutet sie alles, wirklich alles. Bitte verschonen Sie mein kleines Glück. Bitte, seien Sie so gütig!»

«Aber ich verstehe nicht.» Der Mann klang verwirrt. «Wieso ‹gütig›? Was genau erwarten Sie denn von mir?»

Julia, die aus der Frage eine verhohlene Abweisung herauslas, begann leise zu schluchzen. «Sagen Sie's nicht Jim! Bitte, sagen Sie's nicht Jim! Ich werde alles tun, damit er es nicht erfährt. Alles.»

«Ich glaube, Sie machen da einen Fehler, ich ...»

«Einen Fehler?» Sie lachte bitter. «Verstehe. Sie finden, ich hätte es ihm sagen müssen. Sie finden, selbst jetzt sollte er noch erfahren, dass ich einmal Ihre Geliebte war. Sie kennen Jim nicht. Er würde mir das nie verzeihen. Er würde nicht verstehen, dass einem Mädchen, halb am Verhungern und auf der Straße, alles Mögliche zustoßen kann. Dass es für Essen und ein Dach über dem Kopf jeden Preis dankbar in Kauf nimmt. Sie sagen es ihm doch nicht, oder?»

«Aber ich glaube wirklich», stammelte der große Mann und tastete nach seinen Zigaretten, «ich glaube wirklich, dass Sie sich täuschen. Tut mir leid, ich versuche ja die ganze Zeit ...»

Julia unterbrach ihn. Sie konnte es nicht ertragen, seine abweisenden Worte zu hören, seine Stimme hatte etwas so schrecklich Endgültiges. Sie wusste, dass es keinen Zweck hatte, und doch unternahm sie einen letzten, verzweifelten Versuch: «Ich war so jung, so dumm und so hungrig. Aber Jim würde es nicht verstehen.» Bei den letzten Worten brach ihr die Stimme.

Er schüttelte den Kopf – ungeduldig, wie es der gequälten Frau erschien. «Mrs. Romley, ich versuche schon die ganze Zeit, Ihnen zu erklären, dass hier ein Irrtum vorliegt. Es tut mir leid. Allerdings kann ich Ihnen versprechen, dass Ihr Geheimnis bei mir gut aufgehoben ist. Von mir erfährt Jim Romley nicht, dass Sie … nun … waren, was sie da sagen.»

Nur der stoßweise, bebende Atem der Frau deutete darauf hin, dass sie ihn gehört hatte. Als er sich mit zitternder Hand die Zigarette ansteckte, loderte kurz ein Streichholz auf. Julias angsterfüllte Augen suchten im flackernden Schein sein Gesicht. Sie stieß einen erstickten Entsetzensschrei aus.

Sie hatte mit dem falschen Mann gesprochen.

Alfonsina Storni
CUCA

Erste Episode

Vor rund sechs Monaten lernte ich Cuca kennen. Ich lebe in einem abgelegenen Quartier, und das Haus, in dem ich wohne, hat keinen Balkon. Um auf die Straße zu sehen, lehne ich mich für gewöhnlich aus dem Fenster. Es ist hübsch, im modernen Ferienhausstil, und von dort aus lasse ich meinen ausgedünnten Blick über den Menschenstrom schweifen.

Eines Tages stießen meine Augen auf den Nacken von Cuca. Es war das erste Mal, dass ich den prächtigen Nacken sah, hingepinselt in einer Farbmischung von Mond, rosa Haut und Wasser aus dem Himmelsfluss. Über dem Nacken sah ich den Schwung der anmutigsten Haarpracht, die ich in meinem Leben je erblickt hatte.

Cuca trug ein jadegrünes Kostüm nach der neusten Mode. Es ließ ihre makellosen Arme und ihre nicht ganz so makellosen Beine frei. Die Schuhe und Strümpfe waren in erloschenem Strohgelb. Sie ließen die Beine so fein erscheinen, dass sie an die von Kanarienvögeln erinnerten. Sie stand schweigend auf der Straße, mit dem Rücken zu meinem Fenster, und hörte einer ihrer Nachbarinnen zu, die irgendetwas von Modisten und Klamotten erzählte.

Plötzlich brach ich in Gelächter aus, als wäre ich verrückt geworden. Ich hatte Cucas Stimme gelauscht, einer menschlichen Stimme, die aber wie aus einer hölzernen Kehle zu kommen schien. Als ich mich wieder fassen konnte, hielt ich mich still, um auf der Zunge zu spüren, wie Cucas Wörter schmeckten. Sie plapperte frisch drauflos, wie irgendeine gewöhnliche Zwanzigjährige aus der Mittelklasse. Ich zog mich von meinem Beobachtungsposten zurück, ging schnurstracks hinunter und auf sie zu, packte sie bei den Schultern. Sie musste sich umdrehen, da sagte ich ihr geradewegs ins Gesicht: «Ich möchte Ihre Augen sehen!»

Sie stieß einen Schrei aus, einen dünnen Vogelschrei, und richtete ihre Pupillen auf die meinigen. Sie waren algenfarben und erinnerten mich an die von Reptilien, farblos und wie aus altem Glas, das mit tiefgrünen, eiskalten, nachtfunkelnden Sternen gesprenkelt war.

Zweite Episode

Es ist müßig zu erwähnen, dass ich Cuca meine literarische Manie erklären musste, und auch meine Impulsivität, eine kleine Anomalie meines Charakters, die mich ein wenig von den Konventionen im sozialen Verkehr der Menschen abhebt. Von da an waren wir einander herzlich zugetan, vielleicht waren wir sogar so etwas wie Busenfreundinnen. Jeden Tag kam sie zu mir, und ihr Geplauder, leicht wie der Wind, kurierte mehr als einmal meine Ängste, die sich wie schwere Ablagerungen über mein Leben legten, Schicht um Schicht.

Eine bestimmte, mir nicht ganz erklärliche Zurückhaltung hielt mich davon ab, sie zu besuchen. Ein Befremden, ich kann nicht mit Gewissheit sagen welcher Art, gebot mir, ihr aus dem Weg zu gehen, wenn sie allein war. Sobald sie über die Schwelle trat, gesellte sich meine Schwester Irene zu uns, sei es unter irgendeinem Vorwand oder auf meine verstohlene Bitte hin.

Ich glaube, dass ich noch nie eine andere Frau so eingehend betrachtet hatte. Nein. Cuca war kein menschliches Wesen wie jedes andere. Unter ihrer Haut kreiste, schattenhaft, langsam und unhörbar leise wie auf Gespenstersohlen, ein Geheimnis.

Aus welchem anderen Grund hätten meine Augen, die in so vielen anderen Situationen gleichgültig und träg bleiben, stundenlang die kühle Lilie ihres Halses verfolgen müssen? Die roten Mandeln ihrer Fingernägel, den Goldschaum ihres Haars, das in warmem Gelb gehaltene Porzellan ihrer Nase und vor allem das grüne Glas ihrer Augen? Warum klang ihre Stimme, wenn sie so sprach, wie sie eben sprach, und wenn sie sagte, was alle so sagen, wie aus einer Kiste? Warum machte die Stimme, wenn sie von den Wänden meines Schreibtisches zurückprallte, ein hohles Geräusch, das mich zusammenzucken ließ?

Dritte Episode

Erst nach zwei Monaten der Bekanntschaft wagte ich es, zu ihr nach Hause zu gehen. Ich wusste, dass dort eine Tanzveranstaltung stattfand und ich sie von Menschen umgeben sehen würde. Durch meine Schwester hatte ich bereits Kenntnis vom Inneren ihres stattlichen Hauses. Es klebte fast an dem, das ich bewohnte, hatte eine graue Fassade mit großen Balkonen und Jalousien, durch die Cuca jeden Nachmittag ihren Verehrern zuschaute, wie sie vorübergingen.

Es dürfte etwa 22 Uhr gewesen sein, als ich über die Schwelle trat. Ein langer, feuchter Korridor führte zur Eingangshalle, wo eine kakifarbene Lampe ihr melancholisches Licht über schwere Möbel warf. Neben der Eingangshalle öffnete sich ein geräumiger Salon wie eine blutige Höhle, ein zottiger Teppich in der Farbe des Bluts geköpfter Hennen bedeckte den Raum vollständig und verschluckte die Schritte. Große Samtsessel mit einem Tulpenmuster in Granat und Schwarz öffneten ihre unbelebten Arme in einer stummen Geste der Großzügigkeit.

In einer Ecke stand ein schwarzes Klavier, poliert, weihevoll, und ließ den Purpurstrom eines bestickten Seidentuches aus Manila über seinen Rücken laufen. Die Leuchte, die tief in den Raum hing, balancierte ihre Arme wie eine Spinne, wenn ein kräftiger Windstoß vom Balkon her es ihr gebot. Fünf karmesinrote Lampen, die leuchteten wie entzündete Lider. Ihr Licht war wie eine lebendige Wunde. Wie um dieses ringsum überbordende Bluten zu umfassen und zu umarmen, waren über den weit offenen Türen schwere Vorhänge drapiert, unwirtlich und ebenfalls rot.

An meine Schwester gedrückt, kauerte ich dort und sah wortlos zu, wie sich Cuca bewegte. Sie ging von einem Ende des Raumes zum andern, und wenn ich sie aus den Augen verlor, verriet ihr hölzernes Stimmchen, dass sie in einer Menschentraube untergetaucht war. In ihrem lässigen weißen Kleid wirkte sie fast körperlos. Um sie herum schwebte eine Wolke aus Männern in schwarzen Anzügen. Wie lange und mit wie vielen tanzte sie? Es waren einer, zwei, drei, vier, fünf, sechs, sieben, acht, neun, zehn, elf … unendlich viele Männer schwirrten im Wechsel um ein und dieselbe Taille.

Mehr als einmal streifte sie mich, und aus der Nähe konnte ich ihren Körper wie eine Spindel sehen, festgezurrt in der Bewegung des Mannes, der sie führte. Doch erst im Morgengrauen, nachdem sie wohl zum hundertsten Male an mir vorübergetanzt war, überfiel mich der entsetzliche Verdacht, dass nur wenig fehlte, bis ich um den Verstand käme.

«Wenn ich Cucas linken Arm berührte, diesen hier, ja, genau den, der so steif auf den Schultern des Tanzpartners liegt, dann gäbe das Fleisch nicht nach. Und wenn ich jetzt mit dem Daumen und dem Zeigefinger gegen ihr Fleisch schnippte, wie man es mit Kristallgläsern tut, so bin ich mir sicher, dass ich klar und deutlich den hellen Klang von Porzellan vernähme.»

Vierte Episode

In jener Nacht schlief ich richtig schlecht. Verschrobene Träume und Schreckensvisionen paradierten durch mein fiebriges Gehirn. Als ich die Augen öffnete, stürzte ich sofort ans Fenster und riss die Vorhänge auf. Ich konnte die Dunkelheit im Zimmer nicht ertragen und streckte die Hände der Sonne entgegen, um sie eine Weile lang aufzuwärmen. Was war mit mir los? Sollte ich zum Arzt gehen? War es möglich, dass meine bloße Imagination, ausufernd, wie sie sein konnte, mich in diesen Zustand versetzt hatte?

Nachdem ich gefrühstückt, ein wenig mit den Meinen geplaudert und nach meinen Vögeln geschaut hatte, wurde ich ruhiger. Ich führte meine Hände zu einem Kanarienvogel, um ihn zu berühren und zu halten und zu spüren, dass er wirklich ein Lebewesen aus Fleisch und Blut war.

Aber warum nur tat ich das? Und aus welchem Grund umklammerte ich die Gitterstäbe des Käfigs, um zu spüren, dass sie leblos und kalt waren?

Ach, ich bin unverbesserlich! Wozu waren die paar wenigen Stunden der Ruhe nun gut gewesen? Nach der Siesta war ich wieder in großer Unruhe. Etwas peitschte meine Neugier und meinen Zorn auf. Was war es nur? Ich hatte ein übermächtiges Bedürfnis, mit dem Zeigefinger ihren linken Arm zu berühren und zu sehen, ja, mit meinen eigenen Augen zu sehen, wie ihr Fleisch dem Druck nachgibt und sich vertieft, um danach – elastisch, menschlich und belebt – wieder in seine natürliche Form zurückzukehren.

Nach langem Hin und Her beschloss ich, als es dämmerte – die Zeit, da Cuca auf den Balkon hinauszutreten pflegt –, mich ihr zu nähern. Als ich das Haus verlassen wollte, zögerte ich noch einen Augenblick und schaute prüfend zum Himmel. Große Wolken, tief und bleiern am Himmel, trugen ihre prallen Euter an die Schornsteine der Stadt heran, während der Horizont mit dem tristen Ocker eines unbedarften Malers allmählich ein Leichentuch über die Häuser legte. Sie standen in lang gezogenen Reihen nebeneinander.

Es kostete mich Anstrengung, mich an Cucas Seite zu stellen. Sie war in Gesellschaft einer Frau in ihrem Alter. Leichtes Geplauder plätscherte dahin. Sie stand in weihevoller Pose, die Ellbogen auf das Balkongeländer gestützt, der linke Arm schien auch jetzt steif und stützte das Kinn. Von meiner Warte aus konnte ich ihren Arm genau betrachten. Kein einziges Härchen auf der Haut, die kein noch so schmales Flecklein verdunkelte. Nicht das kleinste Muttermal belebte den Arm. Keine noch so geringe Unregelmäßigkeit der Haut machte sie menschlich.

Als ich ihre Erscheinung so verstohlen verschlang, sah ich, wie das Ocker des Nachmittags auf ihrer Haut erstarb und die eben geborene Nacht über ihre makellose Gestalt glitt. Ich fixierte meinen Blick, mein Zeigefinger schob sich vor, um den Arm zu berühren, aber eine mir unbekannte Kraft hielt ihn auf halbem Weg zurück.

Je mehr sich die Dunkelheit verdichtete, desto heftiger sprangen mich die Traumbilder der vergangenen Nacht an, und eine immer stärker werdende Angst ergriff von mir Besitz. Eine äußerste Willensanstrengung setzte meine Hand in Bewegung. Brüsk berührte ich Cucas Arm und fühlte ein Schaudern. Es stieg vom Mark bis zum Nervenzentrum im Kleinhirn auf, sträubte die Haare am ganzen Körper und brachte mich dazu, fluchtartig das Haus zu verlassen. Es war mir egal, dass man mich vermutlich für verrückt hielt.

Fünfte Episode

Ich wollte Cuca nicht wiedersehen und beschloss, baldmöglichst aus dem Viertel wegzuziehen. Ich verließ das Haus zu Tageszeiten, an denen ich sicher sein konnte, ihr nicht zu begegnen. Ich schloss das Fenster über meinem Schreibtisch, um ihr Klavierspiel nicht mehr zu hören, und ich verbot allen, ihren Namen auszusprechen, weil er allein mich schon verwirrte. Niemand ahnte den wirklichen Grund. Sollte ich denn mit meinem Wahn, der kaum jemandem einleuchten würde, und meinen ungereimten Empfindungen die Familie in Aufruhr versetzen?

Nur meine Schwester Irene gehorchte mir nicht. Durch sie erfuhr ich leider, was in Cucas Haus vor sich ging. So hörte ich, dass ein Dichter sie liebe und ihr eines seiner Bücher geschenkt habe, mit einem wahren Loblied von Widmung. Sie habe die Widmung hübsch einrahmen lassen, aber das Buch habe sie auf den Dachboden getragen. Ich erfuhr auch, dass sie nun nicht mehr nur alle vierzehn Tage zum Friseur ging, sondern jede Woche.

Ach, was ich nicht alles erfuhr. Dass Cuca sich teure Unterwäsche leistete, in der Farbe ihrer Augen und so leicht wie ihre Gedanken. Dass sie zu den Mahlzeiten kalte Schokolade trank, um die zwei Kilos zuzunehmen, die ihr zur Perfektion ihrer Schultern fehlten. Dass sie einen Verehrer rausgeschmissen habe, weil er ihr eine Schachtel mit gewöhnlichen Pralinen geschenkt hatte. Dass sie sich die Augenbrauen zupfte. Dass sie den Verehrertyp gewechselt hatte: Vorher waren es fesche Burschen mit Herkulesstatur gewesen, jetzt elegante, schmachtende Versschmiede. Und eine ganze Reihe ähnlicher Dinge. Und ja, ich muss gestehen, sie taten mir wohl, obwohl ich verboten hatte, sie mir zu Ohren zu bringen. Allmählich ließen sie den finsteren Eindruck verblassen, den die merkwürdige Kreatur in mir ausgelöst hatte.

Sechste und letzte Episode

Heute Morgen nun ist das Unglaubliche geschehen. Noch immer stehen mir die Haare zu Berge, noch immer höre ich in meinen Ohren meinen Schrei und mein Schweigen, beides gleichermaßen herzzerreißend. Die

Leute sehe ich immer noch zusammenströmen und gleich darauf wieder richtungslos zerstieben, und mittendrin scheuende Pferde.

Drei Monate waren vergangen, in denen ich Cuca nicht mehr gesehen hatte, und ein Monat, in dem ich mich von der Erinnerung an sie erholt hatte. Doch schau an, da, beim Überqueren der Calle Corrientes, auf der Höhe von Callao, ausgerechnet heute um zehn Uhr, da trat sie auf mich zu und grüßte mich.

Sie kam vom Einkaufen, hatte gerade eine Figurine mit der neusten Mode in der Hand, und am Arm hing die teuerste Handtasche. Gemeinsam gingen wir zwei oder drei Straßenzüge auf die Avenida zu. Zum allerersten Mal, seit ich sie kenne, machte sie den Eindruck eines menschlichen Wesens wie jedes andere. Ich erinnere mich, dass ihr Kopf in ein schwarzes, mit dunklem Filz gesäumtes Tuch gehüllt war, das ihre Augen verdeckte. Und als wir über die eine und andere Belanglosigkeit plauderten, ist es passiert, ich weiß nicht einmal, wie genau.

Cuca verabschiedete sich von mir, wollte die Straße überqueren und wurde dabei von einem Auto erfasst. Doch, doch, ich sah sie noch unter die Räder geraten, auch wenn sich meine Hände in einer instinktiven Bewegung sofort über die Augen legten. So einen grässlichen Anblick will man sich doch ersparen, nicht? Und doch machte ich einen Schritt nach vorne, um ihr zu Hilfe zu eilen, und da sah ich das grauenhafte Bild, das ich noch immer vor mir sehe. Nein, kein Blut, kein einziger Tropfen, nicht auf dem Boden und nicht einmal auf Cucas Kleidern.

Die Autoräder hatten den Kopf fein säuberlich abgetrennt. Er war zwei Meter vom Rumpf weggesprungen.

Ich sah Cucas Porzellangesicht, das noch auf dem schwarzen Asphalt seine Schönheit bewahrte. Die grünen Glasaugen blickten kalt zum Himmel. Der schmale, geschminkte Mund lachte wie immer sein fröhliches Lachen, und aus dem zerfetzten Hals, der zu einem grässlichen Stummel geworden war, sprudelte dick und aufsässig ein gelber Strahl Sägemehl.

Out el-Kouloub

UNGEBROCHEN

Zwei Wochen Glück – eine Ewigkeit, ein Wimpernschlag. In diesen zwei Wochen existierte ich nur für Mahir. Ich verzeichnete jede einzelne Stunde, die er nicht da war, und versuchte mit allen erdenklichen Schlichen, die knappen Stunden, die er mit mir verbrachte, auszudehnen. Kaum hatte ich ihn bei mir, wollte ich ihn auch bei mir halten. Mahlzeiten zögerte ich so lange wie irgend möglich hinaus, und wenn ich bemerkte, dass er auf die Uhr blickte, erfand ich irgendwelche Geschichten und redete und redete, damit er noch bliebe; oder schnappte mir meine Geige und sang für ihn seine Lieblingslieder. Am Abend schickte ich mitunter die Dienstboten mit einer Anweisung weg, damit Mahir bei mir im Haus bleiben musste, bis sie wieder zurück waren. An den Fenstern hing ich massive Vorhänge auf, damit er frühmorgens nicht vom Licht des anbrechenden Tages geweckt wurde, unbekümmert darum, dass er oft zu spät zum Dienst kam. Ich war verliebt über beide Ohren, und alle Angelegenheiten, die nicht unmittelbar mit meiner Liebe zusammenhingen, kamen mir ganz unausstehlich vor. Mir war bewusst, dass diese glücklichen Tage nicht ewig dauern würden, und so beschloss ich, jeden einzelnen Augenblick auszukosten.

Dabei traf ich keinerlei Vorkehrungen, um meine Zusammenkünfte mit Mahir zu vertuschen, und genierte mich nicht einmal, als man mir hinterbrachte, mein Vater sei im Bilde, im Gegenteil, es kam mir sogar gelegen. Sollte er doch an meiner Entschlossenheit, mein eigenes Leben zu leben, nicht im Mindesten zweifeln.

Obwohl der Schiedsspruch in meinem Prozess unmittelbar bevorstand, ignorierte ich dessen Verlauf. Zwei Tage vor der Urteilsverkündung machte der Khedive[1] mit einem Akt von sich reden, der unser

---

1 Gouverneurstitel der osman. Provinz Ägypten von 1867 bis 1914.

Anliegen entscheidend befördern würde, wie wir meinten. Vor versammeltem Hofstaat und somit auch vor meinem Vater ließ er Mahir neben sich in der offenen Limousine Platz nehmen und fuhr mit ihm bis nach Ain Shams[2]. Automobile ließen sich in Kairo seinerzeit an einer Hand abzählen; wenn eins vorbeifuhr, wurde es bestaunt, und handelte es sich um das des Khediven, kam es einer Sensation gleich. Jeder wusste also um die hohe Gunst, die Mahir gewährt worden war. Wie konnte mein Vater jetzt immer noch darauf pochen, er sei unserer Familie nicht würdig?

Wie Scheich Mustafa beteuerte, sei er zuversichtlich, das erstinstanzliche Urteil anfechten zu können. Zusammen setzten wir sein Plädoyer auf. Und als wir nach unserem Dafürhalten den Nachweis erbracht hatten, dass hinter dem Scheinargument des «Standesunterschieds», das von längst überholten Denkweisen herrühre, in Wahrheit die Eigenmächtigkeit eines despotischen Patriarchen steckte, der mit seiner Tochter umsprang wie mit einer Sklavin, formulierten wir mitreißende Repliken über den legitimen Anspruch von Ägypterinnen, als menschliche Wesen behandelt zu werden, und für die Jugend Ägyptens, die nach demokratischen Freiheiten lechzte, Freiheiten, ohne die es keine nationale Unabhängigkeit gebe. Das Ergebnis sah mehr einem politischen Pamphlet gleich als dem Schriftsatz eines Verteidigers. Mir erschien es restlos überzeugend, und ich zweifelte nicht einen Augenblick daran, dass wir damit recht bekommen würden. Das war am Vorabend der Urteilsverkündung.

Am darauffolgenden Tag war ich mir da nicht mehr ganz so sicher. Frühmorgens hatte Mahir das Haus verlassen. Bebend und bangend verfolgte ich über Stunden hinweg die Gerichtsverhandlung. Mir wurde bewusst, in welch einer aufgeheizten Stimmung der Prozess verlief. Erst jetzt, im allerletzten Augenblick, verwünschte ich die öffentliche Anteilnahme, die unser Fall gefunden hatte. Ich fing an, das Schlimmste zu befürchten, und geriet in Panik. Der Ausgang des Prozesses würde mein Los besiegeln.

Sollte das erstinstanzliche Urteil bestätigt und meine Eheschließung diesmal unwiderruflich annulliert werden, so war ich verloren. Dann

2 Ain Shams El Sharkia, 15 km nordöstlich von Kairo gelegen.

konnte mich mein Vater mit der Autorität des Gesetzes in sein Haus zurückholen. Bestimmt war er hinreichend wütend auf mich, um mich einzusperren, womöglich sogar, um mich gegen meinen Willen mit einem Mann zu verheiraten, etwa mit dem alten Gutsverwalter. Oder Midhats Bruder würde es aus bloßer Rachsucht darauf anlegen, mich erst zur Frau zu nehmen und mich hinterher wieder zu verstoßen, weil ich nicht mehr unberührt war. Allein die Vorstellung trieb mir die Schamesröte ins Gesicht. Nie und nimmer würde ich eine solche Schmach erdulden, das schwor ich mir! Lieber wollte ich öffentlich kundtun, dass ich mit Mahir zusammenlebte. Wäre ich doch nur schwanger gewesen und hätte dies aller Welt bekannt geben können! Doch wenn man mir Mahir nahm, wollte ich auch keinem anderen gehören, ehe es dazu kam, würde ich mich umbringen.

Es kostete mich nicht wenig Kraft, mich zu beruhigen und meine Situation nüchterner zu betrachten. Schließlich bestand immer noch die Aussicht, dass die Richter meine Ehe für rechtens erklärten – Scheich Mustafa war sogar überzeugt von diesem Schiedsspruch. Und war dies nicht der Fall, wie wollte man mich und Mahir gegen unseren Willen denn voneinander trennen? Wer hinderte uns daran, ins Ausland zu fliehen, einerlei wohin, Hauptsache, wir konnten zusammenbleiben, womöglich nach Europa, wenn die islamischen Länder uns nicht offenstanden? Nun, ich gab nicht allzu viel auf Mahir ... war mir so gut wie sicher, dass er sich sträuben und Vorwände suchen würde, sowie ich ihn beschwor, mit mir das Land zu verlassen. In luziden Momenten sah ich ihn so, wie er war: ein Feigling, der, um mit mir zusammen sein zu können, niemals den Mumm haben würde, mit seiner Sippe, seinen Freunden, seiner Heimat zu brechen und all das hinter sich zu lassen.

Ich war verloren, wenn wir den Prozess nicht für uns entschieden. Je länger er sich hinzog, desto stärker wurde mein Bangen. Mein Grund zur Sorge war berechtigt. Das Oberste Gericht bestätigte in sämtlichen Punkten das erstinstanzliche Urteil und annullierte meine Ehe mit Mahir unter Verweis auf den Standesunterschied. Was dahinter stand, war ein gezielter Affront gegenüber dem Khediven und eine Kampfansage an die liberale Gesinnung der Jugend Ägyptens. Aber ich sah mich mit einem Male dem unbarmherzigen Tatbestand ausgesetzt, nicht Mahirs rechtmäßige Ehefrau zu sein. Ich empfand keine Reue, mich ihm hingegeben zu haben. Der Ehrverlust, der damit einherging, war mir in diesem Augenblick einerlei. Ich hatte nur eins im Sinn: Mahir zu behalten.

Scheich Mustafa schilderte mir minutiös den Verlauf der Verhandlung und schimpfte auf die Richter, ich jedoch beachtete ihn gar nicht. Ich achtete nur darauf, ob denn endlich die Tür aufgehen und Mahir hereinkommen würde, bebend vor Ungeduld, wo er denn bleiben mochte. Wäre er in diesem Moment gekommen, ich wäre mit ihm überall hingegangen, in jeden beliebigen Schlupfwinkel, nur fort von hier, ehe mein Vater mich holen ließ. Doch Mahir kam nicht. Ich flehte Scheich Mustafa an, ihn zu suchen, und begann mich für die Abreise zu rüsten, wobei ich mir ausbat, nicht gestört zu werden; doch als man den Emir von Kairo, Schahin Pascha, meldete, konnte ich nicht umhin, ihn zu empfangen. Sein Besuch verhieß nichts Gutes, und als er in Begleitung eines Offiziers eintrat, dachte ich zuerst, man wolle mich festnehmen. Meine Reaktion war die eines in die Enge getriebenen Tiers: Meine Augen fahndeten nach einem Fluchtweg, nach einer offen stehenden Tür, durch die ich hätte entkommen können. Schahin Pascha freilich versicherte mir unversehens, auch wenn er meinem Vater nahestehe, komme er als Freund zu mir. Er stellte mir den Offizier vor, einen Adjutanten des Khediven.

«Der Befehlshaber hat mich ermächtigt», erklärte dieser, «Sie seines Wohlwollens zu versichern.»

«Warum hat er dann nicht gegen dieses abscheuliche Urteil protestiert?», rief ich aus. Meine Stimme wurde schrill, obwohl ich sehr wohl wusste, dass selbst der Khedive auf die Richter keinerlei Einfluss besaß. Er hatte getan, was in seiner Macht stand, als er Mahir öffentlich seine Gunst bezeigte. Ich grollte ihm trotzdem. Allerdings grollte ich in diesem Moment jedem: meinem Vater, Mahir, meinem Anwalt nicht minder wie den Richtern. Auch mir selbst grollte ich, weil ich mich nicht besser geschlagen hatte.

«Ihr Vater war bei mir», sagte Schahin Pascha.

Was wollte er mir mitteilen? Ich biss die Zähne zusammen, bereit, mich zu widersetzen.

«Er wünscht, dass Sie zu ihm zurückkehren.»

«Freiwillig oder unter Zwang?»

«Er hat das Recht, Zwang zu üben.»

«Jetzt auf der Stelle?»

«Sobald ich das schriftliche Urteil in Händen habe.»

«Und dann kommen Sie, um mich abzuführen? Im Namen des Gesetzes, wie eine Übeltäterin?»

«Ich bin fest davon überzeugt, dies wird nicht erforderlich sein. Sie müssen freilich begreifen, dass es für Sie die einzig vernünftige Lösung ist, zu Ihrem Vater heimzukehren.»

Mir stand der Sinn danach, mich zu widersetzen, ihm mit Nachdruck zu verkünden, ich würde, verheiratet oder nicht, mit Mahir fortgehen. Nur die Anwesenheit des Adjutanten ließ mich Zurückhaltung üben, und die Besorgnis, damit meine Aussichten zu gefährden, doch noch irgendwie zu entkommen. Ich gab mir alle Mühe, mit beherrschter Stimme zu sprechen. «Ist es denn vernünftig, mich schon jetzt zu meinem Vater zurückzuschicken? Sein Groll auf mich könnte ihn doch dazu veranlassen, unbedacht zu handeln – etwa, mich einzusperren oder mich zu einer Eheschließung zu zwingen. Er hat angeblich angedeutet, mich mit seinem Gutsverwalter verheiraten zu wollen, einem Mann über sechzig!»

«Nichts dergleichen haben Sie zu besorgen. Ihr Vater weiß ganz genau, wie sehr er vor dem Khediven Missfallen erregen würde, wenn er das täte. Auch kennt er die Gesetze, die Sie vor Übergriffen bewahren: Da er die Verantwortung für Sie trägt, trüge er auch die Verantwortung für einen neuerlichen Skandal, den Sie, zum Äußersten getrieben, heraufbeschwören könnten. Sie sind nicht eine von der Sorte, die man wider ihren Willen verheiratet, Ramsa, oder die man kurzerhand wegsperrt. Ich kenne Ihren Vater, wir sind Studienkollegen gewesen. Er wird rasch von Wut übermannt, das stimmt, doch bedarf es nur wenig, um ihn wieder gütlich zu stimmen, man muss ihn nur recht behandeln. Und er liebt Sie viel zu sehr, als dass er sich nicht mit Ihnen aussöhnen würde.»

«Warum erlaubt man mir nicht, mein eigenes Leben zu führen und weiterhin in diesem Haus zu wohnen?»

Es schien, als habe ich damit ein durch und durch ungeheuerliches Ansinnen vorgebracht. «Ramsa, Sie wissen selbst nur zu gut, dass das ausgeschlossen ist! Äußern Sie solche Dinge um Himmels willen nicht gegenüber Ihrem Vater. Ihr rechtmäßiger Platz ist unter seinem Dach.»

Dies war, was mich verzweifeln ließ: Weil ich eine Frau war, wurde mein Wunsch nach Unabhängigkeit grundsätzlich als unangemessen betrachtet. Nicht unter der Fuchtel eines Ehemanns stehend, musste ich unter die Fuchtel des Vaters zurück. Obwohl ich volljährig war, gebildet und sehr wohl in der Lage, für mich selbst zu sorgen, gab es niemanden, der bereit gewesen wäre, das zu akzeptieren. Gegen meine Absicht, Ruhe zu bewahren, hätte ich mich beinahe schon auf einen Disput eingelassen, da wurden im Nebenzimmer Frauenstimmen laut; ich meinte das volltönende Organ meiner Tante zu erkennen. Schahin Pascha und der Adjutant empfahlen sich. Kaum hatte ich die Tür hinter ihnen geschlossen und mich umgewandt, da stand auch tatsächlich schon Nargis vor mir, zusammen mit einer anderen Frau, die ihren Schleier ablegte. Ich erkannte Taufiqa Hanum, die Gattin Schahin Paschas.

Erbost biss ich mir auf die Lippen. Wäre meine Tante allein zu mir gekommen, hätte ich wohl auf der Stelle mit ihr zu zanken begonnen, doch in Gegenwart Taufiqa Hanums war ich gehalten, die Formen zu wahren, und das überstieg fast meine Kräfte. Nicht dass ich das Manöver nicht durchschaut hätte. Der Emir konnte erst seines Amtes walten, wenn er das schriftliche Urteil in Händen hielt; unterdessen ließ er mich von einer Leibgarde bewachen, die mich in jeder Sekunde im Auge behalten würde, damit ich auf keinen Fall fliehen konnte. Die Umarmungen der Damen und die Bekundungen ihrer grenzenlosen Zuneigung fanden gar kein Ende mehr. Das machte sie mir beide verhasst, auch Nargis, von der ich solche Heucheleien nicht gewohnt war.

«An solch einem Tag darf man dich nicht allein lassen», sagte sie, «deshalb möchten wir dir Gesellschaft leisten.»

Sie hatten zwei Lakaiinnen im Gefolge, die sich derweil in der Küche zu schaffen machten. Die Damen trugen sich ohne jeden Zweifel mit der Absicht, über Nacht zu bleiben. Und weit und breit keine Spur von Mahir!

Dafür stand mir eine andere Überraschung ins Haus. Suhaida trat ein und flüsterte mir hastig etwas ins Ohr, von dem ich nur die Worte «Mahir Bey al-Chaschab» verstand. Sie stürzte aus dem Zimmer, und ich erschrak zutiefst, da ich mich plötzlich meinem ärgsten Feind gegenübersah: Murad al-Chaschab, Mahirs Vater. Was wollte er von mir?

Wer hatte ihm gesagt, wo ich wohnte? War vielleicht Mahir etwas zugestoßen? Wie versteinert stand ich vor ihm.

Er fixierte mich mit finsterem Blick. «Mahir hat mich ersucht, Ihnen mitzuteilen, Sie möchten zu Ihrem Vater zurückkehren.»

«Das ist nicht wahr!», platzte es aus mir heraus. «Und wenn es doch wahr ist, so möge er sich selbst herbemühen und es mir ins Gesicht sagen!»

Seine Augen funkelten vor Heimtücke. «Mahir will nichts mehr von Ihnen wissen, seien Sie dessen versichert.»

«Sie lügen! Noch heute Morgen war er hier bei mir, ich bin mir ganz sicher, dass er mich noch liebt!», schrie ich voller Empörung.

Er daraufhin verächtlich: «Weil Sie mit ihm geschlafen haben? Damit haben Sie ihm doch nur bewiesen, was Sie für eine sind. Hätte das Gericht die Ehe nicht annulliert, so hätte Mahir Sie verstoßen. Man heiratet doch keine …» Und er schleuderte mir das Schimpfwort ins Gesicht.

Ich wollte mich rechtfertigen, geriet jedoch aus der Fassung und brach in Tränen aus.

Ehe er aus dem Haus lief, hörte ich ihn noch poltern: «Sie werden Mahir nie im Leben wiedersehen! Er hat Kairo bereits verlassen!»

Nargis steckte neugierig den Kopf zur Tür herein. Ich wischte mir die Tränen von den Wangen. Mir wieder und wieder einzureden, alles, was ich mit angehört hatte, sei eine Lüge, half nicht. Ich hatte zu mir selbst kein Zutrauen mehr und wusste nur zu gut um Mahirs Charakterschwäche.

Spätabends stattete mir Scheich Mustafa abermals einen Besuch ab. Er hatte Mahir nicht gefunden, dafür aber ein Gerücht aufgeschnappt, das wohl Murad al-Chaschab verbreitet hatte: Mahir sei befördert und nach Al-Qusair abkommandiert worden; seine Ernennung sei unmittelbar nach der Urteilsverkündung erfolgt.

«Das ist doch völlig ausgeschlossen», rief ich, «der Khedive hätte dies doch nicht zugelassen!»

«Der Khedive war selbst heftigen Angriffen ausgesetzt», entgegnete Scheich Mustafa. «Offenbar zieht er es jetzt vor, die ganze Sache auf sich beruhen zu lassen.»

«Also glauben auch Sie, dass Mahir unterwegs nach Al-Qusair ist?»

«Ich fürchte, so ist es.»

«Und das, ohne von mir Abschied genommen zu haben?»

Scheich Mustafa zuckte zum Zeichen seines Bedauerns mit den Achseln. «Ich habe ihn heute bei der Urteilsverkündung beobachtet. Er war kreidebleich und ist hinterher gleich verschwunden, wie einer, der sich geniert und nur eins möchte: auf schnellstem Wege verschwinden.»

«Ich kann es einfach nicht glauben», bekräftigte ich, «dass er tatsächlich fort ist, es sei denn, man hat ihn dazu genötigt.»

Ich geleitete den Scheich zum Haustor und bemerkte draußen im Halbdunkel eine reglose Gestalt – ein Polizist! Bislang hatte ich noch nie einen Polizisten in der Nachbarschaft des Hauses bemerkt. Ein Blick die Straße hinunter verschaffte mir Gewissheit: Dort waren noch andere schemenhafte Gestalten. Ich stand unter polizeilicher Aufsicht!

Überstürzt kehrte ich ins Haus zurück, und als eine Tür aufging, lief ich darauf zu.

Mit fragendem Blick trat Nargis mir entgegen. «Wer war der Mann, der gerade gegangen ist?»

Mir blieb die Spucke weg. Nicht dass mich ihre Neugier noch überrascht hätte, doch jetzt war ich mir sicher, dass sie mir nachspionierte. Sehr wahrscheinlich hatte sie lauschend hinter der Tür gestanden und unsere Unterhaltung mitverfolgt. Sie bespitzelte mich auf Schritt und Tritt. Ich schluckte meinen Groll hinunter. «Mein Anwalt» war alles, was ich ihr auf ihre Frage erwiderte.

Ich konnte es einfach nicht glauben, dass Mahir aus Kairo fortgegangen war, ohne noch ein letztes Mal zu mir zu kommen. «Vielleicht», so redete ich mir ein, «wartet er nur bis zum Einbruch der Dunkelheit, um sich dann heimlich ins Haus zu schleichen.»

Zurück in meinem Zimmer, postierte ich mich am Fenster und wartete und wartete. Ich konnte die Polizisten draußen erkennen, so hell schien der Mond, und wünschte sie alle samt und sonders zum Teufel. Womöglich ist Mahir irgendwo da draußen, so dachte ich mir, und getraut sich bloß nicht, näher zu kommen; sicherlich existiert eine Order, ihn unter keinen Umständen durchzulassen. Womöglich stand er selbst unter Arrest, im Hause seines Vaters oder in der Kaserne, o ja, das musste die Ursache dafür sein, eine andere konnte es nicht geben, dass er sich nicht bei mir blicken ließ...

Ich ging nicht zu Bett. Gegen drei Uhr morgens geriet ich in tiefe Verzweiflung. Mahir, da war ich mir mittlerweile sicher, würde nicht mehr kommen, und ich schaffte es nicht länger, mir einzureden, dies sei nicht seine Schuld und er würde gegen seinen Willen von mir ferngehalten. Ich kam mir vor, als sei ich von aller Welt verlassen, gehetzt wie Wild, von Hunden eingekesselt, rettungslos verloren; gleich einer zum Tod Verurteilten, die in der Morgendämmerung die Exekution erwartet. Die Vorstellung, wie es sein würde, wieder ins Haus meines Vaters zurückzukehren, schreckte mich mehr als der Tod, ja es kam mir so demütigend vor, dass ich mich einfach nicht dareinschicken konnte. Mag sein, dass ich es mir noch weitaus schlimmer ausmalte, als es tatsächlich gekommen wäre; so sah ich mich in der Rolle des Kindes, das unartig gewesen war, Abbitte leisten und die gewöhnlichsten Arbeiten verrichten musste wie Aschenbrödel, und das unter den hämischen Blicken der Dienerschaft, die es ehemals herumkommandiert hat – eine Königin, herabgesunken zur Sklavin. Es fiel mir eine Mär aus Kindertagen ein, die Mär eines armen Mädchens, das seines Lebens überdrüssig geworden war, sodass es sich vergiftet hatte. Nachdem ich mein hartes Los tränenreich beklagt hatte, trocknete ich mir die Augen und sah mich um. Auf dem Boden lag der offene Koffer, den ich zu packen begonnen hatte, um gemeinsam mit Mahir zu fliehen; über der Stuhllehne hingen meine Kleider, die ich schon aus dem Schrank geräumt hatte. Alles roch förmlich nach Abschied. Ob freiwillig oder unfreiwillig, dieses Haus musste ich heute so oder so verlassen.

Der Vorsatz, zu fliehen, verfestigte sich in mir, wurde unwiderstehlich. Wollte ich die Flucht ergreifen, so hatte ich keine Zeit zu verlieren. Vormittags würde man dem Emir das Urteil aushändigen. Und mein Vater, dessen war ich mir sicher, würde nicht zögern, sein Recht durchzusetzen. Das zu akzeptieren, war mir unmöglich, jede Faser in mir sträubte sich dagegen. Während im Haus noch alles schlief, während in der stillen Stunde vor Tagesanbruch selbst die Polizisten draußen auf der Straße vor sich hin dösten, musste ich fort, nur fort. Behutsam drückte ich die Tür auf und lauschte. Nichts, nur ein leises Schnarchen aus dem Zimmer, in dem Nargis und Taufiqa Hanum schliefen. Entschlossen, Mademoiselle Hortenses Zimmer zu betreten, ließ ich es dann doch sein, weil ich fürchtete, sie dadurch in Schwierigkeiten zu bringen. Deshalb nahm ich nur einen Zettel, kritzelte hastig darauf, sie möge sich keine Sorgen um mich machen, mir nicht böse sein und mir vertrauen, und schob ihn unter ihrer Tür durch. Den Koffer ließ ich stehen und schnürte nur das Allernötigste zu einem Bündel. Dabei ging ich ganz besonnen und methodisch vor. Ich verschleierte mein Gesicht und hüllte mich in eine ganz gewöhnliche schwarze Milaja[3], dieselbe, in der ich mich bereits in Alexandria aus dem Haus geschlichen hatte, ohne dass jemand etwas davon mitbekommen hatte. Wie damals nahm ich mir auch diesmal einen Wäschekorb aus der Küche, um mein Bündel und meine Schuhe darin zu verstauen, und setzte ihn mir auf den Kopf. Nun musste ich mich nur noch aus dem Haus stehlen. Da der Vordereingang von einer Gaslaterne erhellt war, tastete ich mich zur Hintertür, die auf ein lichtloses Gässchen hinausführte. Vorsichtig zog ich sie auf. Ein kalter Windstoß fuhr mir durch Mark und Bein. Die steinerne Türschwelle fühlte sich unter meinen nackten Fußsohlen eisig kalt an. Ich lauschte. Anfangs konnte ich nichts hören als das wilde Pochen in meiner Brust, doch bald drang das Gesäusel leiser, gleichmäßiger Atemzüge an mein Ohr. Für mehrere Sekunden hielt ich bewegungslos inne, dann trat ich mit großer Bedächtigkeit hinaus auf die Gasse. Kaum hatten sich meine Augen an die Schwärze gewöhnt, gewahrte ich rechts von der Tür gegen die Mauer gelehnt eine dunkle Gestalt. Ich musterte sie ein Weilchen, sie bewegte sich nicht. Ohne einen Laut zog ich die Tür hinter mir zu und glitt nach links davon, hinein in die Finsternis.

Alles war gut gegangen. Als ich schließlich eine beleuchtete Straße erreichte, konnte niemand mehr sagen, woher ich kam, so weit hatte ich mich bereits vom Haus entfernt. Es dämmerte; in die erste Straßenbahn, die daherkam, stieg ich ein und mischte mich unter die Hausmädchen und Wäscherinnen, die unterwegs zur Arbeit waren.

Ich war aufgebrochen, ohne darüber nachzudenken, wo ich denn eigentlich hinwollte. Und mir fiel nicht einer ein, bei dem ich hätte Zuflucht finden können. Ich hatte nicht einmal eine Idee, bei wem ich etwas über Mahir hätte in Erfahrung bringen können. Unmöglich zu sagen, wer über seinen Verbleib Bescheid wusste, einmal abgesehen von

3 Ein Tanzschleier.

seinem Vater, den ich garantiert nicht aufsuchen würde, und von seinen Vorgesetzten, zu denen man mich kaum vorgelassen hätte.

Hatte ich noch wenige Stunden zuvor nicht an die Abreise Mahirs geglaubt, so war ich nunmehr der festen Überzeugung, dass sein Vater die Wahrheit gesagt hatte und Mahir bereits auf dem Weg nach Al-Qusair war. Folglich musste auch ich nach Al-Qusair fahren – ein aberwitziges Wagnis. Hatte ich doch nur eine sehr ungefähre Vorstellung davon, wo Al-Qusair lag: eine Hafenstadt am Roten Meer, so hatte es Mahir mir gegenüber einmal angedeutet, eine Garnison am Ende der Welt, wohin sich kein Militär freiwillig versetzen ließ. Ich vermutete, dass von Sues aus eine Schiffsverbindung existierte, bloß war mir Sues ebenso fremd wie Al-Qusair. Wie sollte ich als Frau ohne Begleitung eine mehrtägige Überfahrt auf einem Segelschiff bewerkstelligen? Obwohl die Bahnlinie meines Wissens nicht bis Al-Qusair ging, konnte der Wüstenstrich zwischen Nil und Rotem Meer dort nicht allzu breit sein, so vermutete ich. Großmutter hatte einmal davon erzählt, dass sie ihn mit einer Karawane von Mekkapilgern durchquert hatte. Einmal in Qena, so dachte ich, würde ich mich von dort aus schon irgendwie bis nach Al-Qusair durchschlagen. Die durch nichts begründete Annahme, man werde eher in der Gegend von Sues nach mir suchen, bestärkte mich schließlich in meinem Entschluss. Auf welcher Route Mahir unterwegs war, entzog sich meiner Kenntnis.

Die Straßenbahn hielt vor dem Bahnhof. Ich stieg aus und begab mich, den Korb geschultert und einen Milaja-Zipfel zwischen den Zähnen, damit mein Gesicht besser verborgen war, zum Schalter. Dort löste ich eine Fahrkarte dritter Klasse nach Qena.

Der Zug nach Oberägypten fuhr erst in einer Stunde. Es war zu befürchten, dass man meine Flucht mittlerweile bemerkt hatte und am Bahnhof nach mir suchen würde. Da wurde ich auf eine Schar Frauen aufmerksam, die sich laut im gedehnten Zungenschlag Port Saids unterhielten. Ich mischte mich unter sie und hatte alsbald Bekanntschaft mit ihnen geschlossen. Sie hatten, so erfuhr ich, in Kairo Hochzeitsfeierlichkeiten besucht und reisten nun wieder heim nach Manfalut. Spontan dachte ich mir etwas aus: dass ich zu meinem Ehemann nach Qena fahre und selbst aus jener Gegend sei. Dabei sprach ich mit oberägyptischem Akzent, stieg zusammen mit den Frauen in den Waggon dritter Klasse und stimmte bei Abfahrt des Zuges in ihr Freudengetriller ein.

Wir, eine laute, ausgelassene Gesellschaft, hatten im letzten Abteil Platz gefunden. Nicht lange, und es scharten sich andere Frauen um uns, die gleichfalls ohne Begleitung eines Ehemanns oder Bruders reisten. Ich gab heitere Geschichtchen zum Besten, die von einem Harem zum anderen wandern und über die zu lachen man nicht müde wird, und lachte selbst lauter als alle anderen darüber. Meine Misere hatte ich bereits ganz vergessen, auch dass ich eine Ausreißerin war, die sicherlich längst von der Polizei gesucht wurde.

In Manfalut mussten meine Reisegefährtinnen aussteigen, doch schon wenig später, in Asyut, nahm eine korpulente Frau neben mir Platz, und sofort entspann sich eine Unterhaltung zwischen uns. Sie kam von ihrer ältesten Tochter, bei der sie zwei Wochen verbracht hatte und die kürzlich ihr drittes Kind bekommen hatte. Nun kehrte sie nach Qena zu den drei jüngeren Töchtern und zu ihrem Mann zurück, der Goldschmied von Beruf war, der beste Goldschmied von ganz Qena und reich obendrein. Sie erkundigte sich angelegentlich nach mir. Ich tischte ihr ein Gemisch aus Dichtung und Wahrheit auf: Mein Ehemann, ein Berufsoffizier, bisher in Qena stationiert, werde nach Al-Qusair versetzt, und davor wolle ich ihn noch einmal besuchen. Als der Zug in tiefster Nacht in Qena einfuhr, waren wir beide bereits gut befreundet. Zusammen mit ihr trat ich aus dem Bahnhofsgebäude und gab mich überrascht und enttäuscht, weil niemand da war, um mich abzuholen. Was sollte ich denn jetzt nur tun? Es kam nicht infrage, zu dieser späten Stunde noch zur Kaserne zu gehen, die weit draußen vor der Stadt lag. Etwa am Bahnhof übernachten? Sitt Sainab, meine neue Freundin, wies diesen Gedanken entsetzt von sich: Nein, sie wolle mich zu sich nach Hause mitnehmen, dort gebe es reichlich Platz, ihr Heim sei das meinige. Dieses Anerbieten rettete mich aus arger Verlegenheit. Weder konnte ich am Bahnhof bleiben, ohne Verdacht zu erregen, noch kam es in Betracht, ein Hotelzimmer zu nehmen, noch konnte ich mich bis zum Tagesanbruch auf den Straßen herumtreiben. Also machte ich mich auf, um die Nacht bei der gastfreundlichen Sitt Sainab zu verbringen, und wurde bei ihrer Tochter Nabila einquartiert, die auf der Stelle Vertrauen zu mir fasste. Ich plauderte noch geraume Zeit mit ihr, ehe wir die Lampe löschten. Sie war erst sechzehn und verriet mir, dass sie bereits in eine tragische Geschichte verstrickt war. Es handelte sich um die tragische Geschichte so vieler ägyptischer Mädchen, ja um meine eigene! Nabila hatte sich in den Sohn des benachbarten Tuchhändlers verliebt, ihr Vater jedoch hatte beschlossen, sie einem ihrer Cousins zur Frau zu geben, der ganze zwanzig Jahre älter war als sie. Arme Nabila! Ich wagte es nicht, ihr zuzuraten, dem Vater die Stirn zu bieten. Entscheidungen dieser Tragweite muss man, sofern man sich für willensstark genug hält, für sich allein treffen.

Nachts tat ich kein Auge zu, mein abenteuerliches Vorhaben ließ mir einfach keine Ruhe. Was mochte sich in Kairo zugetragen haben, während ich im Zug unterwegs nach Süden gesessen hatte. Ich konnte es mir ausmalen. Garantiert hatte mein Vater vor Wut das ganze Haus zum Erbeben gebracht und sofort die Polizei alarmiert. Ob man mir auf die Spur kommen würde? Man würde freilich unschwer erraten, dass ich zu Mahir wollte. Aber wo hielt sich Mahir jetzt auf? In Al-Qusair? Oder noch in Sues? Auf dem Meer? In der Wüste? Oder etwa in Qena? Bei der Vorstellung, dass wir einander womöglich schon ganz nahe gewesen waren, ohne es zu ahnen, ergriff mich eine fiebrige Unrast. Wäre doch schon der Morgen da, so könnte ich mich auf die Suche nach ihm machen! Dann wieder nannte ich mich selbst eine Närrin, die an Wunder glaubte. Was, wenn Mahir doch in Kairo war oder in Alexandria? Was, wenn es gar keine Pläne gegeben hatte, ihn nach Al-Qusair abzukommandieren? Hals über Kopf hatte ich mich ins Ungewisse gestürzt. Und wie sollte ich nach Al-Qusair kommen? Mittlerweile stand mir klar vor Augen, welche Mühsale vor mir lagen. Die Distanzen waren viel größer als vermutet: Dafür benötigte man fünf Reisetage mindestens, wie mir Sitt Sainab versichert hatte. Schon jahrelang werde diese Route nicht mehr benutzt; die paar Pilgerkarawanen, die es noch gab, brachen von Qift aus auf, nicht von Qena. Mir drohte die Gefahr, aufgegriffen zu werden, noch ehe ich das Niltal hinter mir lassen konnte, und in Schimpf und Schande nach Kairo zurückkehren zu müssen. Meine Prüfung lag noch lange nicht hinter mir.

Am nächsten Morgen geleitete mich meine kleine Freundin Nabila hinaus vor die Stadt. Ich erhoffte mir nichts von dem Gang, es sei denn einen Fingerzeig von irgendeinem Soldaten. Doch dann trug sich

tatsächlich ein Wunder zu. Als wir auf die in der Wüste aufgeschlagenen Militärzelte zuliefen, erblickte ich einen Offizier, und schon von
Weitem, ohne sein Gesicht gesehen zu haben, erkannte ich ihn an der
Statur: Mahir. Wie angewurzelt blieb ich stehen, krallte meine Finger
in Nabilas Arm. Er kam auf uns zu und wollte an uns vorüber, ohne
Blick für die verschleierte, in ihre schwarze Milaja gehüllte Frau, die
mit klopfendem Herzen dastand.

«Mahir!»

Er stutzte und hielt für einige Sekunden reglos, mit offenem Mund,
inne. Unversehens überfiel mich die Befürchtung, in seinen Gesichtszügen etwa Groll oder Unwillen zu sehen. Doch zu meiner großen
Erleichterung fingen seine Augen zu leuchten an, und er lächelte sein
Lächeln, das mich sofort entwaffnete. Ich verkniff mir die vielen
schneidenden Vorhaltungen, die mir auf der Zunge lagen. Seite an Seite
gingen wir dahin, indes Nabila uns taktvoll in einigen Schritten Entfernung folgte. Geraume Zeit rangen wir um Worte.

«Du musst wissen», begann Mahir endlich, «ich wäre so gerne noch
gekommen, um mich von dir zu verabschieden, nur rieten mir alle davon ab, sagten, dass ich dich damit nur noch mehr kompromittieren
würde.»

«Was mich betrifft, so habe ich niemanden um Rat gefragt», sagte
ich. «Ich wollte zu dir, und so bin ich zu dir gekommen, ganz allein.»

«Aber woher wusstest du, dass ich in Qena bin? Hat es dir mein
Vater erzählt?»

Ich musste lachen. Ich war kurz davor, ihm zu schildern, was mir sein
Vater für eine Szene gemacht hatte. Aber etwas ließ mich zögern. «Niemand hat mir etwas erzählt», erwiderte ich, «und ich habe niemandem
etwas von meinen Plänen erzählt. Hätte ich dich hier nicht angetroffen,
so wäre ich nach Al-Qusair weitergereist.»

«Das hättest du wohl kaum geschafft!»

«O doch, glaub mir, das hätte ich. Und jetzt, Mahir, lass uns offen
miteinander reden. Welche Urteile sämtliche Gerichte der Welt auch
immer verkünden mögen, ich betrachte mich nach wie vor als deine dir
angetraute Frau, bereit, dir überallhin zu folgen und mit dir zusammenzuleben. Stellt sich bloß die Frage, ob auch du bereit bist, Verantwortung zu übernehmen und mich an deiner Seite zu behalten. Denk gut

darüber nach. Und komm mir bloß nicht damit, dass ich zu meinem Vater zurückkehren möge. Was mich betrifft: Ich habe nicht alles aufs Spiel gesetzt, mich der Justiz ausgeliefert, dem Skandal, der Erbitterung meines Vaters, ich habe nicht den Schmerz auf mich genommen, den es mich kostete, ihm dies anzutun, nur um jetzt reumütig in den Schoß und unter das Joch meiner Familie zurückzukehren. Ich bin, weil ich es so gewollt habe, vollkommen frei in dem, was ich tue. Es gibt zwei Möglichkeiten: Entweder komme ich mit dir nach Al-Qusair, oder ich steige noch heute in den Zug nach Assuan und von da aus weiter nach Khartum. Ich habe genügend Bildung, um dort Arbeit finden und unabhängig leben zu können.»

Mahir, der mich anscheinend inzwischen gut genug kannte, versuchte gar nicht erst, mir mein Vorhaben auszureden. Er dachte nach, während er gemächlich neben mir herging.

Mit einem Male beschlich mich der Verdacht, dass er nach einem Vorwand suchte, mich loszuwerden. Ich blieb stehen und blickte ihm in die Augen. «Mahir, verzeih, aber mir geht etwas durch den Sinn, lass mich mit dir offen und ehrlich darüber reden: Komm bloß nicht auf den Gedanken, deinem oder meinem Vater zu telegrafieren, man könne mich hier abholen! Ich warne dich – das lasse ich mit mir nicht machen, vorher bringe ich mich um!»

Er protestierte derart entrüstet, dass ich ihm glaubte.

«Wann gedenkst du nach Al-Qusair abzureisen?»

«Morgen früh.»

«So sag, nimmst du mich mit – ja oder nein?»

Er drückte meinen Arm. «Wie könnte ich dich denn jetzt, da ich dich wiedergefunden habe, verlassen?»

Er schien es ernst zu meinen, und ich forderte nichts weiter, um ihm voll und ganz zu vertrauen. Mir war, als habe ich ihn zurückgewonnen.

Marina Zwetajewa
NIE GEKÜSST

Sonetschka lebte im Sessel. In einem tiefen, urigen, grünen Sessel. Einem gewaltigen grünen Sessel, der sie wie ein Wald umschloss, umfing und umschlang. Sonetschka lebte im grünen Gesträuch dieses Sessels. Der Sessel stand vorm Fenster, am Ufer der Moskwa, umschlossen von Breiten und Brachen.

In ihm weinte sie sich über Jura aus, in ihm las sie meine Briefe, in ihm schrieb sie mir ihre, in ihm lernte sie ihre Rollen, in ihm knabberte sie grüblerisch knusprige Kanten, in ihm, da schlummerte sie zu ihrer eigenen Überraschung ein, schlummerte nach all den Tränen und Briefen, verschlief in ihm alle Juras und Wachtangs und Wachtangows...[1]

C'était son lit, son nid, sa niche...[2]

Zu Sonetschka ging es leicht den Berg hinunter, ging es unter dem Lärm des Wehrs, vorbei an einem schiefen Zaun mit einem Schriftzug, schiefer noch als dessen Latten: «Ich sorge für Schönschrift»... (Das 1919! Als ob wir keine anderen Sorgen hätten! Und dann: was für Buchstaben!)

Das also ist ihr Haus. In dem Haus der Sessel. In dem Sessel Sonetschka. Die Füße untergeschlagen, als träte Wasser über. (Pass auf, gleich schwappt es hoch!) Die Füße heruntergesprungen, die Arme mir entgegen.

«Marina! Was für ein Glück!»

Fürsorglich lädt sie meinen Korb und meine Schultertasche ab. Sonetschka brauche ich nicht erst davon zu überzeugen, mich nicht in den Sessel zu pflanzen: Sie weiß um die Sturheit meines Gemüts. Meiner

1 Anspielung auf die russ. Theaterregisseure Wachtang Lewanowitsch Mtschedelow und Jewgeni Bagrationowitsch Wachtangow.
2 Frz. «Das war ihr Bett, ihr Nest, ihre Hundehütte...»

Gepflogenheiten. Ich setze mich ins Fenster. Sein Sims ist tief und breit. Dahinter die Freiheit. Hinter mir die Freiheit, vor mir die Liebe.

«Marina! Heute war ich in der Frühmesse und habe wieder so geweint» – sie zählt sachlich ab, indem sie einen Finger nach dem anderen zur Faust schließt – «Jura liebt mich nicht, Wachtang Lewanowitsch liebt mich nicht, Jewgeni Bagrationowitsch liebt mich nicht... Dabei könnte er! Wenigstens als Tochter, schließlich bin ich eine Jewgenjewna! Im Theater liebt man mich nicht.»

«Und was ist mit mir?»

«Oh... Sie? Marina, Sie werden mich immer lieben, nicht weil ich so gut bin, sondern weil Sie es niemals schaffen werden, sich von mir zu entlieben... Aber Jura, er hat das längst geschafft, weil ich meinerseits es nicht geschafft habe... zu sterben.»

(Lieben, lieben... Was hat sie sich eigentlich gedacht, wenn sie ständig sagte: lieben, lieben...?)

Das bringt mich auf einen Soldaten der ehemaligen Leibgarde des Zaren, der mir von seiner Fahnenrettung erzählt hat.

«Was haben Sie empfunden, als Sie diese Fahne gerettet haben?»

«Nichts. Es gibt die Fahne, und es gibt das Regiment. Ohne Fahne kein Regiment.»

(Es gibt die Liebe, und es gibt das Leben. Ohne Liebe...)

Sonetschkas Lieben war ihr Sein, ihr Nichtsein anderswo ihre Erfüllung. Sie knäuelte sich zusammen, machte sich klein, das Gesicht hinter Haaren verborgen, hinter Händen und Tränen, versteckte sich vor sich selbst, vor allem – oder wie unsere Kinderfrau Nadka aus Wladimir über meine Tochter Irina gesagt hat: «Sie vernestelt sich...» Und neben, über, unter ihr nichts als des Sessels Wasser, Wald und Wipfel.

Allein, wie sie sich in ihn hineinruderte, sich in ihn hineinschmiegte, zeigte, dass jemand sie unbedingt in seinen starken, endlosen, liebenden Vaterarmen halten musste. (Ein Sessel ist doch immer ein Vater.)

An Sonetschka im Sessel, da zeigte sich das ganze Liebendhafte ihres Naturells. («Naturell» stammt aus ihrem Wortschatz, ein veraltet-seltsames Wort, regelrecht aus ihrem Dickens übersetzt.) Denn sie schmiegte sich in den Sessel nicht wie die Katze in den Samt, sondern wie Leben in Leben.

Aber ja: Sie saß auf seinem Schoß!

Um sie ein wenig umzulenken, von Jura abzulenken, schildere und bebildere ich ihr, wie Alja und ich gestern zu den Sperlingsbergen spaziert sind, wie ich mitten auf der Eisenbahnbrücke durch die Eisengitter das Wasser erblicke, mich aus lauter Angst setze und wie Alja meine Angst sofort mit einer frei erfundenen Geschichte wegfabuliert: Die Brücke ist gerade geborsten, und wir sind zusammen mit ihr ins Wasser gestürzt, aber wir sind nicht ertrunken, weil uns in allerletzter Minute Engel geholfen haben, und geholfen haben sie uns nur, weil sie in allerletzter Minute erkannt haben, dass «die Dame mit der Soldatentasche über der Schulter» eine Dichterin ist, und das Mädchen mit den Offiziersknöpfen ihre Tochter, und wie uns die Engel zum Jahrmarkt getragen haben, und wir dann mit ihnen Karussell gefahren sind – «Sie, Marina, mit Ihrem Engel auf dem Löwen, ich mit meinem auf dem Widder ...» – und wie uns diese Engel dann in die Boris-und-Gleb-Gasse getragen haben und bei uns geblieben sind, um für immer mit uns zusammenzuleben, und wie sie unseren Ofen geheizt und für uns Holz stibitzt haben, «denn diese Engel waren keine Engel, sondern ... Ach, was, Marina, Sie wissen ganz genau, was das für *Engel* waren ...»

Und wie ich dann mit Aljas und der Engel Hilfe tatsächlich über die Brücke gelangt bin und wir tatsächlich Karussell gefahren sind, ich auf dem Löwen, sie auf dem Widder ... Und wie ich ihr ruckzuck, als Belohnung für die gelungene Überquerung der Brücke, an einem Stand einen himbeerfarbenen Gelatinewürfel kaufe, und wie sie diesen so andachtsvoll isst, als wäre er eine Hostie, und wie uns dann keine Engel über den Fluss bringen, sondern zwei kräftige Männer in roten Hemden, wobei sie in einem von beiden ihren angehimmelten Pugatschow aus der *Hauptmannstochter*[3] erkannte ... und so weiter und so fort, bis Sonetschka sich erhellte, bis sie lachte und leuchtete ...

«Ich habe einmal in der Provinz gespielt, Marina. Und Sommer in der Provinz, das heißt Jahrmarkt. Und wenn irgendwo Kirmes ist, dann ist es um mich geschehen. Selbst bei einer ganz bescheidenen. Mit rosafarbenen Hähnen und kleinen Hufschmieden aus Holz[4]. Auch ich meiner-

---

3 Anspielung auf Alexander Puschkins (1799–1837) letzten Roman.
4 Russ. Kinderspielzeug: Ein Schmied und ein Bär, beide aus Holz geschnitzt, sitzen einander gegenüber und hämmern auf einen Holzklotz ein.

seits habe mir ein Tuch umgebunden. Ein rosarotes. Kaum zugeknotet, war da schon das Gefühl, damit auf die Welt gekommen zu sein. Aber das Gefühl habe ich in allem, bei allem: beim Kopftuch oder beim großen weißen Hut meiner Schwestern ... Manchmal denke ich: Setz dir doch mal eine Krone auf! Aber nein, die würde runterfallen, denn ich habe einen furchtbar kleinen Kopf, lachhaft klein ... Nein, nein, sagen Sie nichts! Das sind alles *Haare*, aber rasieren Sie mich mal! Glauben Sie mir, *nichts* bleibt dann von mir übrig! ... Marina, würden Sie mich auch kahl rasiert lieben? Ach, eigentlich tun Sie das ja schon, kahl rasiert, denn vor Ihnen ist jeder rasiert, vor Ihnen ist sogar Jurotschka rasiert, nein, nur der halbe Kopf, der ist rasiert, wie bei einem Häftling! Marina, rede ich nicht furchtbar schrecklich viel? Unanständig viel, und gleich immer über alles und über alles auch noch gleich? Sie wissen doch, dass ich nicht eine Minute *nicht* reden möchte, selbst wenn ich weine nicht: Ich weine, schluchze laut, fange aber von selbst zu reden an. Sogar im Schlaf rede ich rund um die Uhr: Ich streite, erzähle, beweise, klipp-klapp, wie Wasser über Steine, reiner Unsinn ... Marina! *Niemand* hört mir zu! Nur Sie. Ach, Marina! Der erste Mensch, in den ich mich verliebt habe ... Er war viel älter als ich, mehr als doppelt so alt, und er hatte schon zwei erwachsene Kinder ... auch deswegen habe ich ihn geliebt ... außerdem war er *sehr* nachsichtig, hat nie geschimpft, aber selbst *er* hat mir im Scherz oft vorgeworfen: ‹Ach, Sonja! Verstehen Sie wirklich nicht, dass es Minuten gibt, in denen man *nicht* reden muss?›

Aber ich plapperte weiter, hörte nicht auf, redete ständig, die ganze Zeit über flog mir etwas in den Kopf, alles auf einmal und ganz Unterschiedliches. Manchmal bedaure ich wirklich, dass ich nicht im Chor reden kann ... Ach, Marina, jetzt habe ich mich glatt bis zum Bauchredner vorgeredet!»

(O ja, sie redete «furchtbar schrecklich viel». Wenn, dann galt für sie die Wendung, die die Zarin[5] in ihren Briefen aus Tobolsk so gern benutzte: «Die Kinder plappern wie ein Wasserfall ...»)

«Also ... zurück zu diesem Jahrmarkt! Ich schlendere mit meinem Tuch los, und da sehe ich in meinem Tuchgefühl eine korpulente Frau, regelrecht ein Reff, eine echte Fregatte in einem kurzen himbeerroten

---

5 Alexandra Fjodorowna (1872–1918).

Rock mit Pailletten, die vorm Leierkasten tanzt. Den dreht ein Beamter. Kein junger mehr, grünblass, mit roter Nase und Kokarde. (Dazu die Nase, eine zweite Kokarde.) Ein Blick, und ich habe furchtbares Mitleid mit ihm. Der arme Mann! Bestimmt hat man ihn wegen Trunkenheit aus dem Amt gejagt, sodass er ... aus Hunger ... Aber nein, Marina, von wegen, alles nur aus Liebe!

Vor zehn Jahren hat er sie in seiner Stadt auf dem Jahrmarkt gesehen, und sie war damals jung und schlank und ganz bestimmt furchtbar betörend. Er hat sich auf der Stelle in sie verliebt (sie sich aber nicht in ihn, denn sie war schon mit dem Bauchredner verheiratet), und von frühmorgens an drückte er sich dann auf dem Jahrmarkt herum, und als der Jahrmarkt weiterzog, da zog er mit, und er zog ihr überallhin nach, und aus dem Amt, da jagte man ihn fort, und deshalb drehte er den Leierkasten, und den drehte er so seine zehn Jährchen, und dabei bemerkte er nicht, dass sie aus dem Leim ging und schon gar nicht mehr schön war, sondern schrecklich aussah ... Ich glaube, würde er nur eine Sekunde nicht gedreht haben, dann hätte er auf der Stelle alles durch-schaut ... und wäre tot umgefallen.

Und dann, Marina, habe ich etwas Furchtbares angestellt. Diese Frau, die hat ihn doch nie geküsst, denn wenn sie das nur einmal getan hätte, dann hätte er ja aufgehört zu drehen, denn bei ihm drehte sich doch alles um diesen Kuss! ... Marina! Vor aller Augen habe ich ihn ... Ich bin zu ihm gegangen, mit hämmerndem Herzen: ‹Seien Sie mir bitte nicht böse, aber ich kenne Ihre Geschichte: Alles haben Sie wegen dieser Liebe aufgegeben, und weil ich selbst ganz genauso bin ...› Und dann habe ich ihn vor aller Augen geküsst. Auf den Mund.

O Marina, stellen Sie sich das nur vor, ich musste mich zwingen, ich wollte das eigentlich überhaupt nicht, und es war peinlich und schreck-lich, für ihn schrecklich, für sie schrecklich und ... Ich wollte es einfach nicht! Aber dann habe ich mir gesagt: ‹Morgen zieht der Jahrmarkt weiter. Das erstens. Heute ist die letzte Gelegenheit. Das zweitens. Ihn hat in seinem ganzen Leben noch nie jemand geküsst. Das drittens. Und es wird ihn auch nie jemand küssen. Das viertens. Und du behauptest doch immer, dass für dich nichts mehr zählt als die Liebe. Das fünftens. Dann beweise es. Das sechstens.› Und so, Marina: *zu Befehl* und ihn geküsst! Es war der einzige heikle Kuss in meinem ganzen Leben. Aber hätte ich ihn nicht geküsst, dann hätte ich mich nie wieder getraut, die Julia zu spielen.»

«Und er?»

«Er?» Sie lacht fröhlich. «Er steht da wie vom Donner gerührt ... Dieser Jewgeni ...[6] Ich habe ihn nicht einmal angesehen. Und ohne mich umzudrehen, bin ich gegangen. Wahrscheinlich steht er immer noch da ... Zehn Jahre, zehn Jahre voller staubiger Plätze und betrunkener Männer, aber sie ... sie hat ihn nie geküsst!»

6   Anspielung auf Alexander Puschkins *Jewgeni Onegin*.

Djuna Barnes
ALLER ET RETOUR

Unter den Fahrgästen im Zug von Marseille nach Nizza war eine Frau von großer Kraft.

Sie war weit über vierzig und ein bisschen oberlastig. Sie war eng geschnürt, sodass die Korsettstangen sich bei jedem Atemzug bogen, und bei jedem Atemzug und jeder Bewegung erklirrten auch die klobigen Glieder ihrer vielen goldenen Ketten, während das Klicken derb gefasster, großer Steine ihre leichteren Gesten unterstrich. Von Zeit zu Zeit hob sie eine langstielige Lorgnette vor die häufig zwinkernden Augen und spähte in die Landschaft hinaus, die hinter dem Rauch des Zuges verschwamm.

In Toulon zog sie das Fenster herunter und lehnte sich hinaus, um nach Bier zu rufen, und der Cul de Paris[1] ihres hüftengen Rockes ragte steil über den hochgeschnürten hellbraunen Stiefeln auf, die wohlgeformte Beine in rosawollenen Strümpfen umspannten. Sie lehnte sich zurück, trank ihr Bier mit Genuss und fing derweil die Erschütterungen ihres Körpers auf, indem sie die kleinen molligen Füße fest gegen den Gummibelag des Bodens stemmte.

Sie war Russin, eine Witwe. Ihr Name war Erling von Bartmann. Sie lebte in Paris.

Bei der Abfahrt in Marseille hatte sie ein Exemplar von *Madame Bovary*[2] erstanden, und das hielt sie nun mit leicht angehobenen, abgewinkelten Ellbogen in den Händen.

Mit Mühe las sie ein paar Sätze, dann legte sie das Buch auf den Schoß nieder und schaute auf die vorbeiziehenden Hügel hinaus.

1 Frz. «Pariser Hintern» – erstmals um 1700 in Mode gekommene starke Betonung des Hinterteils mittels aufgebauschten Kleidrocks, mit Renaissancen zwischen 1872 und 1876 sowie 1882 und 1887.
2 1856 erschienener Skandalroman von Gustave Flaubert (1821–1880).

Nach ihrer Ankunft in Marseille überquerte sie gemächlich die schmutzigen Straßen, den gebufften Rock bis weit über die Stiefel geschürzt, und wirkte dabei gleichzeitig umsichtig und geistesabwesend. Die dünne Haut ihrer Nase erbebte, als sie die üblen Gerüche der engeren Gassen einsog, doch war ihr weder Vergnügen noch Missvergnügen anzumerken.

Sie lief die steilen, engen, abfallübersäten Straßen hinauf, die vom Hafen ausgehen, und blickte abwechselnd starr nach links und nach rechts, mit einem Blick, dem nichts entging.

Eine derbe Frau lümmelte sich breitbeinig in der Tür zu einem einzelnen Zimmer, das mit einem hochbeinigen, rostigen Eisenbett vollgestellt war. Sie hielt einen Hahn und rupfte ihn beiläufig mit einer riesigen Hand. Die Luft hing voller schwebender Federn. Sie hoben und senkten sich über Mädchen, die unter ordinären dunklen Ponyfransen hervorzwinkerten. Madame von Bartmann setzte achtsam Fuß vor Fuß.

Vor einem Schiffslieferanten blieb sie stehen und sog den scharfen Geruch geteerter Taue ein. Sie nahm mehrere kolorierte Postkarten von ihrem Ständer, auf denen Frauen beim Baden zu sehen waren oder auch fröhliche Matrosen, die sich mit verschmitztem Blick in falscher Treuherzigkeit über vollbusige Sirenen beugten. Madame von Bartmann berührte die Satinstoffe vulgärer, grellfarbiger Bettüberwürfe, die in einem Seitengässchen zum Verkauf auslagen. Ein Fenster voller Fliegendreck, staubig und von Sprüngen durchzogen, stellte einen stufenförmigen Aufbau von Trauerkränzen zur Schau, die aus weißen und magentaroten Perlen gewunden und von Abbildungen des Blutenden Herzens[3] eingerahmt waren, diese wiederum aus Blech gehämmert und in blattsilberne Flammen gefasst und das Ganze gestrandet auf einer Brandung aus Spitze.

Sie kehrte in ihr Hotelzimmer zurück und löste vor dem Spiegel in der hohen Schranktür die Nadeln aus Hut und Schleier. Um die Stiefel aufzuschnüren, setzte sie sich in einen von acht Lehnstühlen, die mit millimetergenauer Präzision an den beiden gegenüberliegenden Wänden aufgereiht standen. Die dicken Samtvorhänge mit ihren üppigen Falten sperrten die Geräusche des Hofes aus, auf dem Tauben verkauft

---

3 Symbol des unschuldig vergossenen Blutes des Heilands.

wurden. Madame von Bartmann wusch sich die Hände mit einem großen Oval gewöhnlicher roter Seife und trocknete sie ab, während sie nachzudenken versuchte.

Am Morgen plante sie, auf derbem Leintuch zwischen dem Mahagoni von Kopf- und Fußteil sitzend, den weiteren Verlauf ihrer Reise. Für den Zug war es noch zwei oder drei Stunden zu früh. Sie zog sich an und ging aus. Als sie auf eine Kirche stieß, trat sie ein und streifte langsam die Handschuhe ab. Es war dunkel und kalt, und sie war allein. Zwei Öllämpchen brannten zu beiden Seiten der Figuren des hl. Antonius[4] und des hl. Franziskus. Sie legte ihren Lederbeutel auf einer Bank ab und ging in eine Ecke, wo sie niederkniete. Sie drehte die Steine ihrer Ringe nach innen und legte die Hände so aneinander, dass das Licht durch die kleinen Finger hindurchschien. Sie hob die Hände und betete mit der ganzen Kraft der Erkenntnis um eine gewöhnliche Vergebung.

Sie stand auf und spähte umher, verärgert, weil vor dem Allerheiligsten keine Kerzen brannten – und befühlte dabei den Stoff der Altardecke.

In Nizza löste sie einen Omnibusfahrschein zweiter Klasse und erreichte etwa um vier Uhr den Stadtrand. Mit einem großen Eisenschlüssel öffnete sie das hohe, verrostete Eisentor eines privaten Parks und schloss es wieder hinter sich.

Die Allee der blühenden Bäume mit ihren wohlriechenden Blütenschalen, das Moos, das die geborstenen Pflastersteine umsäumte, die heiße, muskatduftende Luft, das unablässige Flügelrascheln unsichtbarer Vögel – das alles verwob sich zu einem Gewirr tönender Muster, heller wie dunkler.

Die Allee war lang und verlief schnurgerade, bis sie zwischen zwei wuchtigen Tonkrügen, aus denen sich stachelgespickte Arme von Kakteen emporwanden, eine Kurve machte, und gleich dahinter erhob sich das Haus aus Stuck und Stein. Von den Läden, die auf die Allee hinausgingen, war keiner offen, wegen der Insekten, und Madame Bartmann schritt, immer noch mit gerafften Röcken, langsam neben das Haus, wo eine langhaarige Katze wohlig in der Sonne lag. Madame

---

4 Der hl. Antonius wird als Schutzpatron der Frauen und Kinder, der Liebenden und der Ehe angerufen und soll auch bei der Partnersuche helfen.

von Bartmann schaute zu den Fenstern hinauf, deren Läden nur halb geschlossen waren, und blieb stehen, überlegte es sich dann jedoch anders und nahm den Weg in das Gehölz im Hintergrund des Hauses.

Das tiefe, durchdringende Gesumme krabbelnder Insekten verstummte, wo sie, mit Bedacht, den Fuß hinsetzte, und sie wandte den Kopf und schaute in die versprengten Tupfer Himmel hinauf.

Sie hielt immer noch den Schlüssel in der behandschuhten Hand, und das siebzehnjährige Mädchen, das aus dem Gebüsch trat, nahm ihn ihr ab, als es neben ihr herzulaufen begann.

Das Kind trug noch kurze Röcke, und das Rosa seiner Knie hatte vom Staub des Unterholzes einen Stich ins Graue angenommen. Eichhörnchenfarbenes Haar teilte sich leuchtend auf seinem Kopf und stieg zu den Läppchen der schmalen Ohren hinab, wo es von einem verblichenen grünen Band zusammengehalten wurde.

«Richter!», sagte Madame von Bartmann (ihr Gatte hatte einen Jungen gewollt). Das Kind legte die Hände auf den Rücken, ehe es antwortete.

«Ich war draußen, auf den Feldern.»

Madame von Bartmann setzte ihren Weg fort, ohne zu antworten.

«Hast du in Marseille Station gemacht, Mutter?»

Sie nickte.

«Wie lange?»

«Zweieinhalb Tage.»

«Wieso zweieinhalb?»

«Die Züge.»

«Ist das eine große Stadt?»

«Nicht sehr groß, aber schmutzig.»

«Gibt es da irgendetwas Schönes?»

Madame von Bartmann lächelte: «Das Blutende Herz[5] – Matrosen...»

Sie gelangten alsbald aufs freie Feld, und Madame von Bartmann raffte ihren Rock und setzte sich auf einen Erdhügel, der warm war von sonnenbeschienenem Gras.

---

5 Auf sechs großflächigen Kirchenfenstern der Basilika Sacré-Cœur in Marseille ist die Geschichte des Heiligen Herzens Jesu dargestellt.

Das Kind ließ sich mit der Gelenkigkeit seiner Jugend neben ihr nieder.

«Bleibst du jetzt zu Hause?»

«Eine ganze Weile.»

«War Paris schön?»

«Paris war Paris.»

Das Kind verstummte. Es begann, am Gras zu zupfen. Madame von Bartmann zog die hellbraunen Handschuhe aus, die an der Daumenspitze aufgeplatzt waren, und schwieg einen Augenblick, ehe sie sagte: «Tja, nun, wo dein Vater tot ist ...»

Die Augen des Kindes füllten sich mit Tränen. Es senkte den Kopf.

«... kehre ich eilenden Fußes zurück», fuhr Madame von Bartmann gutmütig fort, «um mein Fleisch und Blut in Augenschein zu nehmen. Schau mich einmal an», setzte sie hinzu und hob das Kinn des Kindes auf dem Handteller ein wenig zu sich empor. «Zehn, als ich dich das letzte Mal gesehen habe, und jetzt bist du eine Frau.» Mit diesen Worten ließ sie das Kinn des Kindes wieder sinken und zog ihren Handschuh wieder an.

«Komm», sagte sie, «ich habe das Haus schon seit Jahren nicht mehr gesehen.» Während sie die dunkle Allee hinaufliefen, sprach sie. «Steht die schwarze Marmorvenus noch in der Halle?»

«Ja.»

«Leben die Stühle mit den geschnitzten Beinen noch?»

«Nur noch zwei. Letztes Jahr hat Erna einen kaputtgemacht, und im vorletzten Jahr ...»

«Ja?»

«Habe ich einen kaputtgemacht.»

«Wenn Kinder größer werden», bemerkte Madame von Bartmann dazu. «Na schön. Ist das große Bild noch da, das über dem Bett?»

Das Kind sagte kaum hörbar: «Das ist mein Zimmer.»

Madame von Bartmann zog erneut die Handschuhe aus, nahm die Lorgnette von ihrem Busen, hob sie vor die Augen und betrachtete das Kind. «Du bist sehr dünn.»

«Ich bin doch im Wachstum.»

«Ich bin auch mal gewachsen, aber eher wie eine Taube. Nun ja, eine Generation kann nicht genau wie die andere sein. Du hast das rote

Haar deines Vaters. Das», sagte sie unvermittelt, «war ein schrulliger, verrückter Kerl, dieser Herr von Bartmann. Ich bin nie dahintergekommen, was wir eigentlich miteinander im Sinn hatten. Was dich angeht», setzte sie hinzu, indem sie ihre Lorgnette zusammenklappte und die Handschuhe wieder anzog, «muss ich erst einmal sehen, was er aus dir gemacht hat.»

Am Abend in dem wuchtigen Haus mit den wuchtigen Möbeln beobachtete Richter ihre Mutter, wie sie, immer noch in Hut und getüpfeltem Schleier, auf dem ausladenden blanken Flügel spielte, hoch oben hinter dem Terrassenfenster. Es war ein Walzer. Madame von Bartmann spielte schnell, temperamentvoll, ihre juwelenbesetzten Finger sprühten Funken über die Tasten.

Im Dunkel des Gartens lauschte Richter Schubert, der die Lichtbahn der Fensteröffnung herabgeströmt kam. Dem Kind war jetzt kalt, und es erschauderte in dem langen Mantel, der die Kühle seiner Knie streifte.

Nach einem *finale* in der Manier der Großen Oper schloss Madame von Bartmann schwungvoll den Flügel und trat einen Augenblick auf die Terrasse hinaus, wo sie die Luft einsog und die klobigen Glieder ihrer Kette befühlte, während ihr die Insekten waagerecht vor dem Gesicht hin und her schossen.

Kurz danach kam sie in den Garten hinaus und setzte sich auf eine Steinbank, die Wärme verströmte.

Richter stand ein paar Schritte von ihr entfernt, näherte sich nicht und sagte auch nichts. Madame von Bartmann begann, obwohl sie das Kind gar nicht sehen konnte, zu sprechen, ohne sich dabei umzudrehen: «Du warst immer hier, Richter?»

«Ja», antwortete das Kind.

«In diesem Park, in diesem Haus, mit Herrn von Bartmann, den Hauslehrern und den Hunden?»

«Ja.»

«Sprichst du Deutsch?»

«Ein bisschen.»

«Lass mal hören.»

«*Müde bin ich, geh' zur Ruh.*»

«Französisch.»

434   Djuna Barnes

«O nuit désastreuse! O nuit effroyable!»[6]
«Russisch?»

Das Kind antwortete nicht.

«Ach!», sagte Madame von Bartmann. Dann: «Warst du in Nizza?»

«O ja, schon oft.»

«Und was hast du dort gesehen?»

«Alles!»

Madame von Bartmann lachte. Sie beugte sich vor, den Ellbogen auf das Knie, das Gesicht in die Handfläche gestützt. Ihre Ohrringe kamen zur Ruhe, das Summen der Insekten war deutlich und sanft; der Schmerz lag noch brach.

«Früher einmal», sagte sie, «war ich ein Kind wie du. Dicker, gesünder – aber eben doch wie du. Ich mochte schöne Dinge. Allerdings», setzte sie hinzu, «andere als du, stelle ich mir vor. Dinge, die lebensbejahend waren. Ich ging abends gern aus, nicht weil der Abend süß und üppig war – sondern um mich zu ängstigen, weil ich das alles erst so kurze Zeit kannte und es nach mir noch so lange existieren würde. Doch das ...», unterbrach sie sich, «ist nicht entscheidend. Erzähl mir, wie du dich fühlst.»

Das Kind im Schatten bewegte sich. «Ich kann nicht.»

Madame von Bartmann lachte wieder, brach dann jedoch abrupt ab. «Das Leben», sagte sie, «ist schmutzig. Und beängstigend ist es ebenfalls. Es enthält einfach alles: Mord, Schmerz, Schönheit, Krankheit – Tod. Weißt du das?»

Das Kind antwortete: «Ja.»

«Woher weißt du das?»

Das Kind antwortete abermals. «Ich weiß nicht.»

«Siehst du!», fuhr Madame von Bartmann fort, «du weißt nichts. Du musst *alles* wissen und *dann* beginnen. Du musst ein ungeheures Verständnis haben, oder du fällst. Pferde tragen dich geschwind aus der Gefahr; Züge bringen dich dorthin zurück. Gemälde versetzen dem Herzen einen tödlichen Stich – sie hängen über einem Mann, den du liebtest und vielleicht in seinem Bett ermordet hast. Blumen betrüben

6 Frz. «O katastrophale Nacht! O schreckliche Nacht!» – die Eingangsverse der *Trauerrede* (1670) auf die jung verstorbene Prinzessin Henriette von England, Herzogin von Orléans, verfasst von Jacques Bénigne Bossuet (1627–1704).

das Herz, weil ein Kind in ihnen begraben wurde. Musik treibt uns in das Grauen der Wiederholung. Die Kreuzwege sind dort, wo die Liebenden Schwüre ablegen, und die Schenken sind für die Diebe da. Nachdenken führt zum Vorurteil, und Betten sind Felder, auf denen Säuglinge eine aussichtslose Schlacht schlagen. Weißt du das alles?»

Aus dem Dunkel kam keine Antwort.

«Der Mensch ist verderbt von Anbeginn», fuhr Madame von Bartmann fort, «verderbt von Tugend und Laster. Er wird von beiden erdrosselt und zunichtegemacht. Und Gott ist das Licht, das das sterbliche Insekt entzündet hat, um sich ihm zuzuwenden und an ihm zu sterben. Das ist sehr weise, doch man darf es nicht missverstehen. Ich will nicht, dass du über irgendeine Hure in welcher Straße auch immer die Nase rümpfst; bete und wandle und vergehe, doch ohne Vorurteil. Ein Mörder mag weniger Vorurteile haben als ein Heiliger. Manchmal ist es besser, ein Heiliger zu sein. Halt dir nichts zugute auf deine Gleichgültigkeit, solltest du von Gleichgültigkeit gepackt werden, und», sagte sie, «missversteh den Wert unserer Leidenschaften nicht. Er ist nur die Würze des ganzen Grauens. Ich wünsche mir ...» Sie sprach nicht zu Ende, sondern nahm ruhig ihr Taschentuch heraus und trocknete sich schweigend die Augen.

«Was?», fragte das Kind aus der Dunkelheit.

Madame von Bartmann erschauderte. «Denkst du denn etwas?», sagte sie.

«Nein», antwortete das Kind.

«Dann *denke*», sagte Madame von Bartmann laut und wandte sich dem Kind zu. «Denk alles, Gutes, Schlechtes, Gleichgültiges, alles, und *tu* alles, *alles*! Versuch herauszufinden, was du bist, ehe du stirbst. Und», sagte sie, indem sie den Kopf zurücklegte und mit geschlossenen Augen schluckte, «komm als wohlgeratene Frau wieder zu mir.»

Dann stand sie auf und entfernte sich die lange Seitenallee hinab.

Am selben Abend zur Schlafenszeit rief Madame von Bartmann, die sich, rüschenbesetzt und lavendelduftend, bereits in einem Bett mit leinenem Rosenbaldachin zusammengerollt hatte, durch die Vorhänge hindurch: «Richter, kannst du Klavier spielen?»

«Ja», antwortete Richter.

«Spiel mir etwas vor.»

Richter hörte, wie ihre Mutter sich wohlig und schwer im Bett herumdrehte.

Die dürren Beine nach den Pedalen gereckt, spielte Richter mit magerer Technik und leichtem Anschlag etwas von Beethoven.

«Bravo!», rief ihre Mutter, und sie spielte noch etwas, und diesmal blieb es still im Himmelbett. Das Kind schloss den Flügel und zog den Samt über das Mahagoni, machte das Licht aus und trat, immer noch in seinem Mantel fröstelnd, auf die Terrasse hinaus.

Nach ein paar Tagen, während deren sie ihr mit scheuer, verängstigter und verletzter Miene ausgewichen war, trat Richter in das Zimmer ihrer Mutter. Sie sprach ohne Umschweife und beschränkte sich auf wenige Worte: «Mutter, mit deiner Einwilligung würde ich gern meine Verlobung mit Gerald Teal bekannt geben.» Ihr Auftreten wirkte gezwungen. «Vater schätzte ihn. Er kannte ihn schon Jahre. Wenn du erlaubst...»

«Allmächtiger!», rief Madame von Bartmann und fuhr auf ihrem Stuhl herum. «Wer ist das denn? Wie ist er denn?»

«Er ist bei der Regierung angestellt. Er ist jung...»

«Hat er Geld?»

«Ich weiß nicht. Vater hat sich darum gekümmert.»

In Madame von Bartmanns Zügen mischten sich Bestürzung und Erleichterung. «Also gut», sagte sie, «ich möchte euch beide um Punkt acht Uhr dreißig zum Abendessen sehen.»

Um Punkt acht Uhr dreißig saßen sie beim Abendessen. Madame von Bartmann, die am Kopf des Tisches saß, hörte sich an, was Mr. Teal zu sagen hatte.

«Ich werde mein Bestes tun, um Ihre Tochter glücklich zu machen. Ich bin ein eher beständiger Mensch und auch nicht mehr allzu jung», er lächelte, «ich habe ein Haus am Stadtrand von Nizza. Mein Einkommen ist gesichert – ein wenig hat mir zudem meine Mutter hinterlassen. Meine Schwester ist meine Haushälterin. Sie ist eine unverheiratete Dame, doch sehr fröhlich und sehr gutherzig.» Er schwieg einen Augenblick und hielt sein Weinglas gegen das Licht. «Wir hoffen, bald Kinder zu haben – Richter wird beschäftigt sein. Da sie zart ist, werden wir jährlich einmal verreisen, nach Vichy. Ich habe zwei sehr schöne Pferde und eine stabil gefederte Kutsche. Sie wird nachmittags ausfahren, wenn sie nichts anderes zu tun hat – ich hoffe allerdings, dass sie zu Hause am glücklichsten sein wird.»

Richter, die zur Rechten ihrer Mutter saß, blickte nicht auf.

Binnen zwei Monaten hatte Madame von Bartmann erneut ihr Reisekleid angelegt, steckte den Kopf unter Hut und Schleier und zurrte ihren Schirm fest, während sie auf dem Bahnsteig stand und auf den Zug nach Paris wartete. Sie schüttelte ihrem Schwiegersohn die Hand, küsste ihre Tochter auf die Wange und stieg in ein Raucherabteil zweiter Klasse.

Sowie der Zug sich in Bewegung gesetzt hatte, zog Madame Erling von Bartmann langsam ihre Handschuhe durch die geschlossene Hand, von den Fingern bis zur Stulpe, und strich sie dann mit festem Griff über dem Knie glatt.

«Herrje, wie überflüssig.»

Dorothy Parker

DER WALZER

Oh, vielen Dank. Schrecklich gern.

Ich will nicht mit ihm tanzen. Ich will mit niemandem tanzen. Und selbst wenn ich es wollte, dann nicht mit dem. Der wäre ziemlich weit unten auf der Liste der letzten zehn. Ich habe gesehen, wie der tanzt; es sieht aus wie etwas, das man in der Walpurgisnacht treibt. Wenn man sich vorstellt, dass ich vor nicht einmal einer Viertelstunde hier saß und zutiefst das arme Mädchen bedauerte, mit dem er tanzte. Und jetzt soll ich das arme Mädchen sein. Tja, ja. Die Welt ist doch klein!

Und wie toll die Welt ist. Eine wahre Wucht. Ihre Ereignisse sind doch so faszinierend unvorhersagbar. Da war ich, kümmerte mich um meine eigenen Angelegenheiten, ohne irgendeiner Menschenseele auch nur das Geringste zuleide zu tun. Und dann tritt der da in mein Leben, ganz Lächeln und Großstadtmanieren, um sich von mir die Gunst einer unvergesslichen Mazurka[1] gewähren zu lassen. Und dabei kennt er kaum meinen Namen, geschweige denn, wofür er steht. Er steht für Verzweiflung, Bestürzung, Sinnlosigkeit, Erniedrigung und vorsätzlichen Mord, aber davon hat der da keinen blassen Schimmer. Ich habe auch keinen blassen Schimmer, wie sein Name ist; ich habe keine Ahnung, wie er heißt. Ich würde auf Kretin tippen, so wie der dreinschaut. Wie geht es Ihnen, Herr Kretin? Und was macht Ihr reizender kleiner Bruder, der mit den beiden Köpfen?

Ach, warum musste er ausgerechnet zu mir kommen mit seinem niedrigen Ansinnen? Warum kann er mich nicht in Frieden lassen? Ich verlange doch so wenig – nur allein gelassen zu werden in meiner stillen Tischecke, den ganzen Abend über all meinem stummen Gram hingegeben. Und da muss der daherkommen, mit seinen Verbeugungen

1 Poln. Volkstanz, mit dem Walzer verwandt.

und Kratzfüßen und seinen Darf-ich-um-diesen-Bitten. Und ich musste hingehen und ihm sagen, dass ich schrecklich gern mit ihm tanze. Ich kann nicht begreifen, weshalb ich nicht auf der Stelle tot umgefallen bin. Jawohl, und tot umfallen wäre die reinste Landpartie im Vergleich dazu, mit diesem Knaben einen Tanz durchzustehen. Aber was konnte ich denn machen? Alle am Tisch waren aufgestanden, um zu tanzen, außer ihm und mir. Da saß ich, in der Falle. In einer Falle gefangen wie eine Falle in einer Falle.

Was kann man denn sagen, wenn einen einer zum Tanzen auffordert? Ich werde ganz bestimmt nicht mit Ihnen tanzen, und wenn der Teufel auf Stelzen kommt. Tja, vielen Dank, das würde ich furchtbar gern, aber ich liege gerade in den Wehen. O ja, lassen Sie uns unbedingt miteinander tanzen – es ist so nett, einen Mann kennenzulernen, der keinen Bammel vor einer Ansteckung mit meiner Beriberi[2] hat. Nein. Mir blieb doch gar nichts anderes übrig, als schrecklich gern zu sagen. Na schön, bringen wir es hinter uns. Auf geht's, schneller Bomber, hinaus aufs Spielfeld. Du hast den Anstoß gewonnen; du kannst führen.

Tja, ich glaube, es ist eigentlich eher ein Walzer. Oder nicht? Wir könnten ja mal einen Moment der Musik zuhören. Sollen wir? Oh, ja, es ist ein Walzer. Ob mir das etwas ausmacht? Aber nein, ich bin ganz begeistert. Ich würde liebend gern mit Ihnen Walzer tanzen.

Ich würde liebend gern mit Ihnen Walzer tanzen. Ich würde liebend gern mit Ihnen Walzer tanzen. Ich würde mir liebend gern die Mandeln rausnehmen lassen, ich wäre liebend gern mitten in der Nacht in einem brennenden Schiff auf hoher See. Jetzt ist es sowieso zu spät. Wir nehmen allmählich Fahrt auf. Oh. Oje. Oje, oje. Oh, das ist ja noch schlimmer, als ich es mir vorgestellt habe. Das ist wohl auch das einzige stets verlässliche Naturgesetz – alles ist immer schlimmer, als man sich's vorgestellt hat. Oh, wenn ich einen Begriff davon gehabt hätte, wie dieser Tanz wirklich sein würde, hätte ich darauf bestanden, diese Runde auszusetzen. Na, letzten Endes wird es wohl aufs Gleiche hinauslaufen. Wir werden uns gleich auf den Boden setzen, wenn der so weitermacht.

---

2 Nervenentzündung, die u. a. zu Geh- und Sprachstörungen führt.

Ich bin so froh, dass ich seine Aufmerksamkeit darauf gelenkt habe, dass sie jetzt einen Walzer spielen. Weiß der Himmel, was passiert wäre, wenn er gedacht hätte, es sei etwas Schnelles; wir wären glatt durch die Seitenwände des Gebäudes geschossen. Warum will er dauernd irgendwohin, wo er nicht ist? Warum können wir nicht mal lange genug an einem Ort bleiben, um uns zu akklimatisieren? Es ist dieses ständige Hetzen, Hetzen, Hetzen, was der Fluch des amerikanischen Lebens ist. Das ist der Grund, weshalb wir alle so – *Autsch!* Um Gottes willen, nicht *treten*, du Idiot; das Spiel hat doch erst angefangen. Oh, mein Schienbein. Mein armes, armes Schienbein, das ich schon als kleines Mädchen hatte!

O nein, nein, nein. Du liebe Güte, nein. Es hat überhaupt kein bisschen wehgetan. Und außerdem war es meine Schuld. Das war es wirklich. Ehrlich. Ach, Sie sagen das doch nur aus purer Hässlichkeit. Es war wirklich ganz allein meine Schuld.

Ich frage mich, was ich machen soll – ihn auf der Stelle umbringen, mit meinen bloßen Händen, oder abwarten, bis er von selbst ermattet. Vielleicht ist es das Beste, keine Szene zu machen. Ich glaube, ich halte mich schlicht und einfach zurück und sehe zu, bis ihm das Tempo den Rest gibt. Er kann das ja nicht ewig durchhalten – er ist auch nur aus Fleisch und Blut. Sterben muss er, und sterben wird er für das, was er mir angetan. Ich will ja nicht überempfindlich sein, aber das macht mir niemand weis, dass dieser Tritt nicht vorbedacht war. Freud sagt, es gibt keine Zufälle.[3] Ich habe kein zurückgezogenes Leben geführt, ich habe schon Tanzpartner erlebt, die mir die Schuhe zertrampelt und das Kleid zerfetzt haben; aber wenn es ans Treten geht, dann bin ich die Geschändete Weiblichkeit in Person. Wenn du mir gegen das Schienbein trittst, *lächele.*

Vielleicht hat er es gar nicht böswillig getan. Vielleicht ist das nur seine Art, seine gehobene Stimmung zu zeigen. Vermutlich sollte ich froh sein, dass sich wenigstens einer von uns so glänzend amüsiert. Vermutlich sollte ich mich glücklich preisen, wenn er mich lebend zurück-

---

3   Laut Sigmund Freuds (1856–1939) psychoanalytischer Theorie handelt es sich bei Versprechern oder Fehlhandlungen nicht um Zufälle, sondern um Manifestationen unbewusster Wünsche, sexueller Fantasien, Ängste oder Aggressionen.

bringt. Vielleicht ist es pingelig, von einem praktisch Unbekannten zu verlangen, dass er einem die Schienbeine so lässt, wie er sie vorgefunden hat. Schließlich tut der arme Knabe ja nur sein Bestes. Wahrscheinlich ist er hinter dem Mond aufgewachsen und hat nie keine Bildung nicht gehabt. Ich wette, sie mussten ihn auf den Rücken werfen, um ihm die Schuhe anzuziehen.

Ja, toll, nicht wahr? Einfach toll. Das ist ein toller Walzer. Nicht wahr? Oh, ich finde ihn auch toll.

Na, ich werde von diesem vielseitigen Stürmertalent ja geradezu angezogen. Er ist mein Held. Er hat das Herz eines Löwen und die Sehnen eines Büffels. Seht ihn euch an – nie der geringste Gedanke an die Folgen, nie die geringste Angst um sein Gesicht, wirft sich in jedes Getümmel, mit glänzenden Augen, mit glühenden Wangen. Und soll etwa geschrieben stehen, dass ich zauderte? Nein und tausendmal nein. Was bedeuten mir schon die nächsten Jahre in einem Gipsverband? Komm schon, Muskelprotz, mittendurch! Wer will schon ewig leben?

Oh. Oje. Oh, er ist in Ordnung, dem Himmel sei Dank. Eine Zeit lang dachte ich, sie müssten ihn vom Spielfeld tragen. Ach, ich könnte es nicht verwinden, wenn ihm etwas passieren würde. Ich liebe ihn. Ich liebe ihn mehr als jeden anderen auf der Welt. Seht euch den Elan an, den er in einen öden, banalen Walzer legt; wie verweichlicht die anderen Kämpfer neben ihm wirken. Er ist Jugend und Energie und Kühnheit, er ist Stärke und Frohsinn und – *Autsch!* Von meinem Spann runter, du ungeschlachter Trottel! Wofür hältst du mich eigentlich – eine Laufplanke? Autsch!

Nein, natürlich hat es nicht wehgetan. Aber kein bisschen. Ehrlich. Und es war allein meine Schuld. Wissen Sie, dieser kleine Schritt von Ihnen – der ist zwar absolut toll, aber am Anfang ist er eben ein klein bisschen tückisch nachzumachen. Oh, den haben Sie sich selbst ausgedacht? Wirklich? Also Sie sind ja ganz erstaunlich! Oh, ich glaube, jetzt hab ich's. Oh, ich finde ihn toll. Ich habe Ihnen dabei zugesehen, als Sie vorhin getanzt haben. Er ist ungeheuer wirkungsvoll, wenn man zuschaut.

Er ist ungeheuer wirkungsvoll, wenn man zuschaut. Ich wette, ich bin ungeheuer wirkungsvoll, wenn man mir zuschaut. Die Haare hängen mir ins Gesicht, mein Rock wickelt sich um mich herum, ich kann den kalten Schweiß auf meiner Stirn fühlen. Ich muss aussehen wie etwas aus dem «Untergang des Hauses Usher»[4]. So etwas setzt einer Frau meines Alters entsetzlich zu. Und er hat sich diesen kleinen Schritt selbst ausgedacht, der mit seiner degenerierten Verschlagenheit. Und am Anfang war er ein klein bisschen tückisch, aber jetzt, glaube ich, hab ich's. Zweimal Stolpern, Schlittern und ein Zwanzig-Meter-Sprint; genau. Ich hab's. Ich hab auch noch ein paar andere Dinge, darunter ein zersplittertes Schienbein und ein verbittertes Herz. Ich hasse diese Kreatur, an die ich gefesselt bin. Ich hasste ihn schon in dem Moment, als ich seine lüsterne, brutale Visage sah. Und nun bin ich die ganzen fünfunddreißig Jahre, die dieser Walzer schon dauert, in seiner verruchten Umarmung gefangen. Hört das Orchester denn nie zu spielen auf? Oder muss diese obszöne Travestie eines Tanzes bis zum Sankt-Nimmerleins-Tag weitergehen?

Oh, sie spielen noch eine Zugabe. Oh, fein. Oh, das ist toll. Müde? Ich bin überhaupt nicht müde. Ich würde am liebsten endlos so weitermachen.

Ich bin überhaupt nicht müde. Ich bin nur tot, das ist alles. Tot, und wofür? Und die Musik wird nie zu spielen aufhören, und wir werden so weitermachen, Affenzahn-Charlie und ich, bis in alle Ewigkeit. Vermutlich wird es mir nach den ersten hunderttausend Jahren nichts mehr ausmachen. Vermutlich wird dann nichts mehr zählen, weder Hitze noch Schmerz, noch gebrochenes Herz, noch gnadenlose, quälende Müdigkeit. Na ja. Mir kann es nicht früh genug so weit sein. Ich frage mich, warum ich ihm nicht gesagt habe, dass ich müde bin.

Ich frage mich, warum ich nicht vorgeschlagen habe, an den Tisch zurückzugehen. Ich hätte anregen können, dass wir einfach der Musik zuhören. Ja, und wenn er eingewilligt hätte, dann wäre es das erste Quäntchen Beachtung gewesen, das er ihr den ganzen Abend geschenkt hat. George Jean Nathan[5] hat gesagt, die herrlichen Rhythmen des Walzers sollten schweigend angehört werden und nicht von sonderbaren Verrenkungen des menschlichen Körpers begleitet sein. Ich glaube, das hat er gesagt. Ich glaube, es war George Jean Nathan. Aber ganz

4 1839/1840 erschienene Schauergeschichte von Edgar Allan Poe (1809–1849).
5 Einflussreicher US-Theaterkritiker und Schriftsteller (1882–1958).

egal, was er gesagt hat und wer er war und was er heute treibt, er ist besser dran als ich. Das steht fest. Jeder, der nicht mit diesem wild gewordenen Trampeltier tanzt, das ich da habe, ist fein raus.

Aber wenn wir wieder am Tisch wären, dann müsste ich wahrscheinlich mit ihm reden. Seht ihn euch an – was könnte man schon zu so einem Typ sagen! Sind Sie dieses Jahr in den Zirkus gegangen, welches Eis essen Sie am liebsten, wie buchstabieren Sie Hund? Ich denke, ich bin hier genauso gut dran. So gut dran jedenfalls wie in einer auf Hochtouren laufenden Betonmischmaschine.

Ich bin jetzt jenseits von guten und bösen Gefühlen. Wenn er mir auf den Fuß tritt, merke ich es nur noch am Geräusch der splitternden Knochen. Und alle Ereignisse meines Lebens ziehen vor meinen Augen vorbei. Da war die Zeit, als ich in der Karibik in einen Hurrikan geriet, da war der Tag, als ich mir bei dem Taxizusammenstoß den Kopf zerschmetterte, da war der Abend, als das betrunkene Frauenzimmer ihrer einzigen wahren Liebe einen bronzenen Aschenbecher nachwarf und mich erwischte, da war der Sommer, in dem das Segelboot dauernd kenterte. Ach, was für ein unbeschwertes, friedvolles Dasein mir doch beschieden war, ehe ich mich mit diesem Sausewind da einließ. Ich wusste nicht, was Sorgen sind, bevor ich zu diesem *danse macabre*[6] eingezogen wurde. Ich glaube, mein Verstand beginnt sich zu verwirren. Es scheint mir fast, als ob das Orchester aufgehört hätte. Das kann natürlich nicht sein; das könnte nie, niemals der Fall sein. Und doch ist in meinen Ohren eine Stille wie von Engelszungen[7] ...

Oh, sie haben aufgehört, wie gemein von ihnen. Sie haben für heute Schluss gemacht. Oh, verflixt. Oh, glauben Sie, dass sie das tun würden? Glauben Sie das wirklich, wenn Sie ihnen zwanzig Dollar geben würden? Oh, das wäre toll. Und hören Sie, sagen Sie ihnen doch bitte, dass sie das gleiche Stück spielen sollen. Ich würde einfach schrecklich gerne weiter Walzer tanzen.

6 Frz. «Totentanz».
7 Vgl. 1 Kor 13,1.

Florbela Espanca

DAS SONETT

Die Dichterin, in schwarz-weißen Samt gehüllt wie eine Schwalbe, reichte ihre zarte Hand, der die Nägel den Glanz von Juwelen verliehen, dem Besucher, der in der Tür des hell erleuchteten Zimmers auftauchte. Die großen Blumen auf den hellen Cretonnestoffen gaben dem kleinen Raum die freundliche Atmosphäre eines vertraulichen Beisammenseins. Der Kachelofen verbreitete eine angenehme Wärme. An den Wänden wertvolle chinesische Teller; der Marktplatz eines sonnendurchfluteten Dorfes von Alberto Sousa. Hie und da über Säulen und kleine Tischchen verteilt das freundliche Lächeln von einem halben Dutzend Fotografien. Drei ausladende Vasen mit makellosen, weißen Kamelien, die in ihrer kalten Perfektion an Wachsblumen erinnerten.

Draußen senkte sich der Novemberabend in Trauerschleiern nieder, schmiegte sich wie ein Vorhang aus grauem Stoff dunkel und schwer an die Fenster. Das Heulen von Sirenen zerriss die Schatten der Dämmerung mit klagenden Seufzern voll Schwermut und Trostlosigkeit.

«Wissen Sie was? Heute habe ich meinen Gedichtband abgeschlossen ...»

Und mit einem strahlenden Lächeln: «Mit einem schönen Sonett!»

Sein Lächeln wurde noch zärtlicher, es ließ seine ernsten Augen aufleuchten, glättete die harten Linien des Mundes mit den fein gezeichneten Lippen. Er setzte sich auf den von ihr bedeuteten Stuhl, ließ seinen zufriedenen Blick durch das behagliche und heimelige Zimmer schweifen und sagte leise: «Beginnen Sie.»

Die Dichterin konzentrierte sich, ihre Augen blickten ins Leere, unbestimmt und leise, wie von einem Traum übermannt, setzte ihre zarte und traurige Stimme ein, während sie unbewusst die großen Perlen der rosafarbenen Halskette durch ihre Finger gleiten ließ:

«Alles fällt! Alles sinkt! Ein Sturm
Des Einbruchs! Wo stand einst so hehr
Mein Herrenhaus, Palast und Aussichtsturm?
Ich weiß nichts mehr; mein Gott, nichts weiß ich mehr.

Die Kavalkade, Wahn und Leidenschaft,
Sie triumphiert, ein fieberhaftes Meer!
Der Diamant zersplittert, Seidenglanz erschlafft!
Ich hab nichts mehr, mein Gott, nichts hab ich mehr.

Rastloser Albtraum nach Verlangen lechzt!
Wahnfieber schleicht sich ein, und finstere Stille
füllt meine Brust, die bitter seufzt und ächzt.

O Fluch, o Schrecken, so allein zu sein!
Welch grausames Entsetzen lädt so viele
Seelen zum Lachen in die meine ein!»[1]

Ausgedehntes Schweigen ... Die Sirenen dort draußen heulten immer
klagender und trauriger. Eine Kamelie fiel in einem Regen von Blütenblättern auf den Teppich hinab.
«Und?», fragte die Dichterin leise.
Tief bewegt hauchte seine Stimme: «Wie melancholisch Sie sind!
Man könnte Sie die Schwester der Melancholie nennen. Alles Leid
dieser Welt scheint sich in Ihren Augen zu vereinen, Ihr Mund ist nichts
anderes als ein schöner, schwermütiger Vers, und Ihre Stimme ist der
musikalische Ausdruck des Schmerzes schlechthin ...»
Und er wiederholte das letzte Terzett:

O Fluch, o Schrecken, so allein zu sein!
Welch grausames Entsetzen lädt so viele
Seelen zum Lachen in die meine ein!

1 Übertragen von Curt Meyer-Clason.

«*La beauté est douloureuse*», so sagte schon Anatole.[2]

Erneut herrschte tiefes Schweigen; doch plötzlich wurde es von seiner Stimme durchbrochen: «Dieses Sonett, mit dem Sie die goldenen Pforten Ihres schönen Buches schließen werden, dieses Sonett, das Sie erklärt und Sie zugleich hinter einem Schleier verhüllt, erinnert mich an einen Fall, der mich auf meiner letzten Pilgerfahrt durch die Pariser Hospitäler stark beschäftigt hat. Befürchtete ich nicht, Sie zu betrüben, würde ich Ihnen davon erzählen.»

«Erzählen Sie», antwortete sie ohne Umschweife und reichte ihm die Hand.

«Erinnern Sie sich an die brasilianische Romanautorin, die Sie mir damals auf dem Fest im Hause Ihrer Eltern vorstellten? Und an General L., der sich just bei dieser Gelegenheit in sie verliebte? Wissen Sie, dass die beiden vor ungefähr zwei Jahren in Paris geheiratet haben? Also gut, um sie dreht es sich, oder genauer gesagt um ihn. Ich habe ihn diesen Sommer in einer Irrenanstalt in Paris besucht.»

Auf ihren fragenden Blick hin: «Sie wussten nicht davon?», und in anderem Tonfall: «Erlauben Sie?»

Er zog sein Zigarettenetui hervor, nahm eine Zigarette heraus, steckte sie an und begann: «Sie entsinnen sich gewiss, dass die Liebe der beiden all ihre Bekannten zutiefst befremdete. Sie war hässlich, alles andere als elegant, wusste sich nicht zu kleiden, und er war ganz das Gegenteil, ein bewundernswerter junger Mann und ein Dandy. Für meine Begriffe ist die Erklärung sehr einfach: Diese hässliche Frau war intelligent, sie besaß Talent, Esprit und Charme, vor allem aber hatte sie den Zauber einer ungewöhnlichen Fantasie, einer lebendigen, leidenschaftlichen und bunten, immer wieder Neues hervorbringenden Fantasie von so unbändiger Kraft wie die tiefen Wälder ihrer brasilianischen Heimat. Diese Fantasie war es, in die er sich verliebte und die ihn schließlich verrückt werden ließ ...»

«In all dem kann ich mein Sonett nicht wiederfinden ...»

Er unterbrach sie mit gespielter Ungeduld: «Seien Sie nicht weibisch, das sind Sie doch sonst auch nicht. Warten Sie ab ...»

Die Dichterin lächelte und wartete ab, bis er fortfuhr, wobei sie

2 Frz. «Die Schönheit ist schmerzlich».

erneut die großen Perlen der rosafarbenen Halskette mechanisch durch ihre Finger gleiten ließ.

«Eines Tages, kurz nachdem sie geheiratet hatten, bekam er plötzlich sonderbare Anwandlungen. Er sah, wie sie sich spaltete, entdeckte mittels all ihrer Romane die unterschiedlichen Seelen, die sie ausmachten und die sich in ihr verbargen. Seltsam, nicht wahr? In dem Roman *Weiße Seele* sah er sie unbefleckt, rein, kalt und unnahbar. Er sah sie mit ausgestreckten Armen und angsterfülltem Blick die Liebe von sich weisen. Er sah sie unerreichbar wie eine Göttin durch die Welt schreiten, durch die ehrfürchtigen Reihen ihrer Verehrer, die es nicht einmal wagten, ihre körperlose Schönheit zu begehren. Er sah sie sterben, jungfräulich und lächelnd, in einem Bett von der Größe einer Wiege, in das das Gewicht ihres Körpers ein Schwalbennest gedrückt hatte. Dann sah er sie in einem anderen Roman, in *Blume der Verschwendung*, feurig und lüstern, als rote Blume der Leidenschaft, die Männern den Kopf verdreht, ihre Ehre verspielt, Familien zerstört, sah sie als gewinnsüchtige Kurtisane voller Laster und von der Unzucht gebrandmarkt. In ihrem Roman *Die leeren Hände* sah er sie argwöhnisch und abgeklärt, ironisch, alles gering schätzend, alles verschmähend, er sah sie gleichgültig auf allen Wegen wandeln, durch ihre eisige Natur verwelkten alle schönen und aufregenden Dinge, sobald ihre Hände sie berührten. Er sah sie in *Cláudia* ihre Schwester töten. In *Nutzloses Leben* sah er sie lügen, Tag und Nacht lügen, aus dem puren Vergnügen am Lügen heraus. Er sah sie in *Die Leidenschaft der Maria Teresa* wie von Sinnen den geisteskranken Liebhaber küssen.

Was für eine Frau war sie? Welche Frau war sie? Welche war seine Frau? Wie viele Frauen hatte er? ...

Wenn er mit ihr schlief, sah er nun eine andere, die mit der weißen Seele, ihre zitternden Hände ausstrecken, um ihn mit angsterfülltem Blick fernzuhalten; wenn er ihr einen zärtlichen Kuss gab, einen zarten freundschaftlichen Kuss, sah er um ihren Mund das Lächeln aus *Blume der Verschwendung,* sah er, wie sich ihre Lippen öffneten, im Lächeln einer Kurtisane; wenn er sie mit dem Eifer tiefer seelischer Anteilnahme ein Kunstwerk besprechen hörte, eine gute Tat, einen Zug höchsten Edelmutes, dachte er gleich: ‹Und wenn sie nun an nichts von alledem glaubt?› Und so sah er sie zu jeder Stunde lügen, sie selbst wurde zu einer lebendigen Lüge; ihr Körper, der aus fremden Körpern gemacht war, und ihre Seele, in der sich tausend Seelen befehdeten, erschienen ihm wie eine Hydra mit tausend Köpfen, tausend Körpern, tausend Seelen!

Und nach und nach begann er sie zu meiden, sie zu fürchten. Er beobachtete die kleinste Regung, jedes auch noch so belanglose Mienenspiel. Sie erschien ihm immer maskiert, und er kannte bereits jede einzelne Maske.

Jenes Lächeln war das von Cláudia, als sie die Fingernägel in den Hals ihrer Schwester grub, sie unter dem Druck ihrer Hände sterben sah. Jener vage Blick war der halb ironische, halb verächtliche Blick von einer, die an nichts glaubte, die vom Leben enttäuscht war. Jener rasche Augenaufschlag diente Cláudia dazu, den Glanz in ihren Augen zu verbergen, wenn der Geliebte ihre Schwester im Halbdunkel des Myrtengartens anlächelte. Diese Geste war die gefühlvolle Geste von Angélica, wenn sie die schweren Tulpenkelche in die Kristallvasen stellte. So hob Salomé die wilden Wellen ihres Haares an, das schwer war wie ein Helm aus massivem Gold, genau mit dieser Geste sinnlicher Ermattung. Maria Teresa biss genauso in die Blütenblätter, wenn der Geliebte seinen entblößenden Blick roh wie die Liebkosung eines Fauns auf ihr ruhen ließ …

Und ganze Szenen ihrer Romane kamen ihm wieder zu Bewusstsein, er durchlebte sie von Neuem, verquickte sie mit seinem Leben, ohne letztlich die Wahrheit von der Fiktion trennen zu können.

Die Frau verbrachte zwei unselige Jahre mit ihm, zwei elende, zwei schreckliche Jahre!

Wenn er sie in die Arme nahm, versenkte er sich in ihren Blick wie jemand, der sich weit über die Brüstung oberhalb eines Abgrundes lehnt, in dem das Meer tost, nur um zu sehen … aber er vermochte nur die weiße Gischt der Träume zu erkennen, das schwarze Wasser toste in noch größerer Tiefe … Enttäuscht und entsetzt schrie er dann in lauten Klagen sein Elend heraus, das Elend, nicht zu wissen, welche Frau er besaß, welche nun seine Frau war!

Er nannte sie Angélica und wünschte sie in Weiß zu sehen, mit hochgeschlossenem Kragen aus weißem Tüll, genau wie die andere; Maria Teresa, und er wünschte sie in schwarzem Samt zu sehen, das glatte

Haar in Strähnen in die Stirn gekämmt. Er nannte sie Cláudia und bedeckte sie mit Juwelen, zwang sie, die Finger mit Ringen zu spicken, sich dicke Perlenketten um den Hals zu hängen, die Arme gleich einer Sklavin in enge Armreifen zu pressen; Salomé, und er ließ sie halb nackt herumlaufen, schamlos, mit wildem, krausem Haar und schwarzen Augen, die durch zwei Striche bis zu den Schläfen hin verlängert waren.

Wenn sie lachte, verfolgte er mit größter Aufmerksamkeit den Klang des Lachens. Wer hatte wohl gelacht? ... Von welcher stammte dieses Gelächter? ... Angélica lachte niemals, sie starb sehr jung, ohne dass jemals ein Lächeln über ihr Gesicht gehuscht wäre ... Salomé lachte lauter, ihr Gelächter durchbrach das Schweigen wie ein Dolchstoß ... Cláudia lächelte nur ... Von welcher aber stammte dieses Lachen?

Wenn er sie sprechen hörte, beobachtete er die Bewegung ihrer Lippen so angestrengt wie jemand, der ein lebenswichtiges Rätsel entziffert. Welche Lüge ließ sie da verlauten, die verlogene Frau? ... Welche Formel eisiger Sehnsucht raunte sie dort, die verbitterte Frau? ... Welches Geheimnis der Wollust eröffnete sie, die Kurtisane? ...

Und er, wie hieß er? Wer war er? Der Geliebte von Maria Teresa, der sie ganz in Rosa kleidete, wenn er sie mit Küssen bedeckte? ... Oder jener lüsterne und rohe Graf, der Salomé auf einem Teppich aus roten Fellen nahm wie ein Löwe die Löwin? ... Oder jener verliebte, romantische Student, der Musset[3] las und nachts aufstand, um die *Nocturnes* von Chopin[4] auf dem Klavier zu spielen? ...

In seinen lichten Momenten, die immer seltener wurden, schluchzte er hemmungslos, den Kopf in den Schoß seiner Frau gebettet. Sie liebte ihn, hatte Mitleid mit ihm, tröstete ihn, beruhigte ihn, so wie man ein krankes Kind besänftigt. Schließlich verfiel er seiner fixen Idee vollkommen; er musste in eine Anstalt gebracht werden. Und dort, meine holde Dichterin und Freundin, habe ich ihn an einem strahlenden Morgen im vergangenen Sommer besucht.»

Noch immer hatte die Dichterin ihre gedankenverlorene Geste nicht unterbrochen. Weiterhin glitten die Perlen der langen rosafarbenen Halskette durch ihre schmalen, weißen Finger. Ihr tränengetrübter

3 Der frz. Dichter Alfred de Musset (1810–1857).
4 Eines der «Nachtstücke» von Frédéric Chopin (1810–1849).

Blick schweifte eine Weile durch das Zimmer, blieb an dem leuchtenden Schimmer der Ofenklappe hängen und verharrte dort wie hypnotisiert.

«Hier habe ich einen Brief», fuhr er fort, «einige unzusammenhängende Sätze, die er niederschrieb und mir an dem Tag, an dem ich ihn besuchte, für seine Frau mitgab. Soll ich ihn vorlesen?»

Sie nickte. «Maria: Verstoße all die anderen und sei nur du selbst. Trage nicht so viele Münder in deinem Gesicht, dass ich Angst vor dir habe. Monster mit so vielen Namen, zuvor nanntest du dich einfach Maria. Und ich? Wie heiße ich, meine Frau ...»

Die Dichterin unterbrach ihn plötzlich, legte ihm sanft die Hand auf den Mund: «Schweigen Sie ...»

Durch einen dichten Tränenschleier suchten ihre Augen den ernsten Blick, und als sie ihn fanden, erhellten sie sich zu einem Blick voll Zärtlichkeit.

Die weißen Kamelien ließen ihre makellosen Blütenblätter weiterhin auf den Teppich fallen, der so aussah, als habe es geschneit. Die großen Blumen auf dem Cretonnestoff schienen es ihnen gleichtun zu wollen, sie hatten sich weiter geöffnet, als wären sie wie durch ein Wunder von schweren Düften betört. Die gedämpften Farben des Porzellans an den Wänden sandten einen milderen Glanz aus. Das Lächeln auf den Fotografien wirkte nun abwesender, in den Ecken, in die das Kerzenlicht nicht reichte, noch unbestimmter.

Dort draußen zerriss der Novemberabend seine Trauerschleier, um die dunklen Wege im kalten Mondschein silbern erstrahlen zu lassen. Das Klagen der Sirenen im Hafen war verstummt. Im Zimmer war nur das leise Geräusch der rosafarbenen Perlen zu hören, die zwischen den Fingern der Dichterin gegeneinander klickten wie vom Meer angespülte Muscheln im Sand des Strandes ...

Da erhob sich in dem tiefen Schweigen des geheimnisvollen, süßen Gefühls, das sie umgab, bedächtig seine Stimme und rezitierte das letzte Terzett:

O Fluch, o Schrecken, so allein zu sein!
Welch grausames Entsetzen lädt so viele
Seelen zum Lachen in die meine ein!

«Und ... haben Sie keine Angst ... verrückt zu werden? ...», flüsterte die Dichterin fast ängstlich, als sich die letzte Silbe des Verses im Halbdunkel verlor.

Bei diesen mit trauriger, zutiefst niedergeschlagener Stimme vorgebrachten Worten entzündete sich in seinen ernsten Augen eine Freudenflamme, das Lächeln, das den Mund mit den harten Falten öffnete, ließ seine gesunden, perlmuttfarbenen Zähne im Schatten aufleuchten. Er beugte sich zu ihr, und als wolle er die Worte in ihre Seele eingraben, flüsterte er: «Die Seelen der Dichterinnen sind alle aus Licht gemacht, ganz wie die der Sterne: Sie blenden nicht, sie leuchten ...»

Nach und nach verloren die Kamelien all ihre Blüten. Sie lächelte und schüttelte traurig den Kopf: «Sie Poet! ...»

Und sie lauschten gemeinsam dem Geräusch der Blütenblätter, die auf den Teppich fielen wie Wassertropfen in die Stille.

Kim Myeong-Sun

EIN GEHEIMNISVOLLES MÄDCHEN

I

Nicht ganz einen Kilometer vom Ostufer des Daedong-Flusses in Pyeongyang entfernt lag ein Dorf namens Saemaeul. Es war ein ziemlich großes Dorf, und seine Bewohner, in der Mehrzahl Bauern, machten einen ebenso ordentlichen Eindruck wie ihre Höfe. In diesem Dorf lebte ein Mädchen namens Beomne. Sie mochte etwa acht oder neun Jahre alt sein, war schön wie das blühende Leben und von äußerster Zartheit, und im Gegensatz zu ihrem eher widerspenstig klingenden Namen «Beom»[1] war sie ziemlich fügsam. Es war zwei Jahre her, dass sie in das Dorf gekommen war – das heißt, eigentlich war sie plötzlich einfach da, aus dem Nirgendwo und in Begleitung eines Herrn Hwang, eines Jinsa[2] mit weißen Haaren etwa Anfang sechzig. Als die beiden schon mehrere Monate im Dorf gewohnt hatten, stieß noch eine gut dreißigjährige Frau dazu, auch sie unverkennbar von weit her. Alle drei hatten offenbar keine Beschäftigung, und doch schien es ihnen an nichts zu fehlen. Das ganze Jahr über kam nie jemand zu Besuch, und auch mit den Dorfbewohnern pflegten sie keinerlei Kontakt. Die Umstände, unter denen Beomnes Familie lebte, erregten naturgemäß die Neugier der Nachbarn und gehörten zu den Lieblingsthemen der Dorfleute, wenn sie an regnerischen Tagen der Monsun-Zeit oder an langen Winterabenden unter einer Wolke von Tabakrauch zusammen- saßen und einander Geschichten erzählten.

1 «Beom» bedeutet «Tiger», also «stark wie eine Tigerin» (besonders wenn das be- treffende Mädchen in einem «Jahr des Tigers» geboren ist), «selbstbewusst».
2 Im alten Korea (bis Anfang des 20. Jh.) Titel eines Mannes, der die anspruchsvolle zentrale Staatsprüfung für den Eintritt in die Beamtenlaufbahn bestanden hat. Er ge- hörte damit zur Oberschicht der Gelehrten (yangban).

Dabei schien die schöne Beomne durchaus nicht abgeneigt, die Mädchen in ihrer Nachbarschaft kennenzulernen. Wenn sie etwa vor dem Haus stand und den Dorfmädchen beim Kräutersammeln zusah, waren diese wie verzaubert von ihrem entzückenden Gesicht und ihrer ganzen Erscheinung und warfen einander Blicke voller Bewunderung zu. Doch jedes Mal wenn dies geschah, konnte man sicher sein, dass es nicht lange dauerte, bis man den weißhaarigen Alten herausrufen hörte: «Hallo, Beomne, komm jetzt herein!» Diese ging dann gehorsam ins Haus zurück, aber nicht ohne noch einen raschen Blick über ihre Schulter auf die Mädchen zu werfen. Aber was deren Neugierde auf Beomnes Familie noch mehr erregte, waren die verschiedenen Sprechweisen, die die drei hören ließen. Der alte Mann sprach den reinen Dialekt von Pyeongyang, während Beomne sich so korrekt ausdrückte, wie in Seoul gesprochen wurde, und die Frau redete gar im Dialekt der Gyeongsang-Provinz im Südosten. Beomne nannte den Alten «Opa», die Frau aber rief sie «Mammi», und die etwas schlichteren Gemüter unter den Dorfkindern dachten deshalb, die Frau wird also Beomnes Mutter sein. Dennoch kam es den Leuten im Dorf nicht in den Sinn, diesen Familienverhältnissen in allen Einzelheiten weiter nachzuspionieren.

2

An einem Markttag im Sommer, genau zwei Jahre nachdem Beomnes Familie in das Dorf gezogen war, verließ der alte Mann am Nachmittag gegen zwei Uhr das Haus und war auch bei Anbruch der Dunkelheit noch nicht zurück. Beomne öffnete das aus Reisigzweigen geflochtene Hoftor einen Spalt und lugte hinaus, als würde sie das lange Warten nicht mehr ertragen. Da erblickte sie Teuksil, die Tochter des Dorfvorstehers, die gerade auf der Suche nach ihrer Mutter vorbeiging. So artig wie nur möglich ließ sie ihr Gesicht in dem halb offenen Tor sehen, und als Teuksils Blick sie getroffen hatte, fragte sie mit einem freundlichen Lächeln: «Du bist doch Teuksil?»

«Mhm», antwortete Teuksil erfreut in ihrem heimatlichen Dialekt und fragte gleich zurück: «Wo ist denn heute dein Opa?»

Darauf Beomne: «Er ist in die Stadt, und das ist jetzt schon ziemlich lange her, doch …» Noch bevor sie zu Ende gesprochen hatte, sah man ein leichtes Rot auf den Lidern ihrer schönen Augen, die die Form von Ginkgofrüchten hatten. Die beiden Mädchen schwiegen eine Weile.

«Hast du denn keinen Vater?», fragte Teuksil.

«Der lebt in Seoul mit seiner Geliebten und mit einer älteren Halbschwester von mir …» Beomnes Augenlider zeigten wieder den rötlichen Schimmer.

«Was sind das dann für Leute, mit denen du hier lebst?»

«Das ist der Vater meiner Mama und das Hausmädchen …»

Während sie in ihrem Gespräch einander immer vertrauter wurden, näherte sich auf der Straße draußen plötzlich die würdevolle Gestalt des alten Herrn. Beomne flüsterte Teuksil noch freundlich zu: «Du kommst morgen wieder vorbei, ja?», ehe sie sich beeilte, dem Alten entgegenzugehen. Sie fasste ihn zur Begrüßung an den Ärmeln seines Hanbok[3], voller Freude über seine Rückkehr nach Hause. Als er, ihre Hand haltend, durch das Tor trat, sagte der alte Mann: «Es ist dir sicher die Zeit lang geworden, als du auf mich gewartet hast, oder?»

So hatten Beomne und Teuksil sich zum ersten Mal unterhalten, obwohl sie bereits seit zwei Jahren in derselben Straße einander gegenüber lebten.

3

Nach einem schwülen, erbarmungslosen Sommer war ganz plötzlich und unerwartet der Herbst da, und in dem kühlen, frischen Wind ließen die Paulownien[4] ihre leblosen Blätter auf die Erde fallen. Dann kam wie jedes Jahr der Tag des großen Chuseok-Festes[5]. In der Stadt

---

3 Die traditionelle Kleidung der Koreaner, die aus zwei Teilen besteht: bei den Männern aus einer Art Pluderhose mit Jacke bis zur Taille, bei den Frauen aus einem langen, weiten Rock und einer dem Bolero ähnlichen Jacke mit langen Ärmeln.

4 Von «Paulownia», der botanischen Bezeichnung für den Blauglockenbaum.

5 Der wichtigste der traditionellen koreanischen Feiertage im Herbst, gemäß Mondkalender in der Mitte des 8. Monats, der als Erntedankfest und Tag des Gedenkens an die Verstorbenen für Familientreffen genutzt wird.

ebenso wie auf dem Land standen die Leute morgens in aller Frühe auf, um die Gräber der Vorfahren zu besuchen. Mit Reiswein und sorgfältig zubereiteten Speisen machten sich Frauen und Männer, Alt und Jung auf den Weg nach Bukchon, um die abgeschiedenen Geister ihrer Ahnen, der Eltern, Gatten, Frauen und Kinder, zu trösten. Auch Beomne und ihr Großvater aus dem Dorf Saemaeul waren darunter, obwohl niemand wusste, wessen Grab die beiden Fremden eigentlich besuchen würden.

Die Sonne war sehr bald im Westen hinter der Moran-Spitze des Geumsu-Berges verschwunden, und über den sich vor der Neungna-Insel kräuselnden Wellen lag ein goldener Schimmer. Das Gräberfeld war jetzt menschenleer, und von der großen Menge der Besucher, die sich hier seit dem frühen Morgen und den ganzen Tag über so laut und geschäftig aufgehalten hatte, war nichts mehr zu sehen. Auf den Straßen am Fuß des Cheongyu-Felsens waren auch einzelne Männer zu beobachten, die inmitten des nach Hause strebenden Volks leicht angetrunken vor sich hin brabbelten.

Und darunter erschienen dann auch die Umrisse zweier Gestalten, eines alten Mannes und eines Kindes, deren Schritte auf den sandigen Wegen knirschten, während sie in Richtung auf das Dorf Saemaeul jenseits des Daedong unterwegs waren – es waren Beomne und ihr Großvater, beide ziemlich erschöpft, auf dem Heimweg. Beomne hingen ihre glänzenden schwarzen Haare fast bis zu den Fersen herunter, ihr weißes Gesicht sah aus wie aus Marmor gehauen, und über ihrer Stirn flatterten ab und zu ein paar Haarsträhnen in der kalten Brise, was ihre Schönheit aber nur desto heller strahlen ließ. Sie trug koreanische Kleidung, einen blauen Rock, eine hellgelbe Jacke und hellrosa Schuhe.

In der Tat, verglichen mit den Mädchen in Saemaeul, stand sie wie ein feingliedriger Kranich auf einem gackernden Hühnerhof. Beide, der alte Mann und das Mädchen, gingen schweigend ihres Wegs. Ihr anmutiges Gesicht war von Kummer gezeichnet, ganz ungewöhnlich für ein Mädchen ihres Alters.

Am Flussufer waren Dorffrauen damit beschäftigt, Gemüse zu waschen und andere Vorbereitungen für das häusliche Abendessen zu treffen. Es war nicht das erste Mal, dass sie die beiden gesehen hatten, aber heute war ihr Interesse geschärft, und sie richteten ihre Aufmerksamkeit besonders auf Beomne.

«Ach, wie hübsch! ... Wo die nur her ist?», sagte ein Mädchen.

Und eine andere: «Ich bekomme von ihrem Anblick gar nicht genug. Sie ist immer so reizend. Ich kann mich einfach nicht an ihr sattsehen.»

Wieder eine andere sprach sie an: «Beomne, sag doch, wo warst du denn heute?»

Aber Beomne schenkte den Dorfmädchen nur ein feines Lächeln im Vorübergehen, während sie wortlos dem Alten folgte.

Um genau die gleiche Zeit beobachtete ein vornehmer Herr mit einem Fernglas die Szene vom anderen Ufer des Flusses aus – man konnte nicht sagen, ob es ein Fremder oder ein Koreaner war –, vom zweiten Stockwerk eines im westlichen Stil erbauten Hauses, das auf dem Nanbyeok-Felsen stand, hoch über dem Westufer des Daedong-Flusses. Der Herr rief sogleich nach seinem Diener und gab ihm Anweisungen, wonach dieser in ein kleines grünes Boot stieg, eine Laterne aufhing und seinen Herrn mit raschen Ruderschlägen ans andere Ufer brachte. Inzwischen aber, und bis das Boot am Ufer festmachen konnte, hatten der Alte und seine Begleiterin bereits Saemaeul erreicht und waren im Dorf verschwunden.

Darauf nahm der Mann die Straße, die dann jedoch nicht nach Saemaeul, sondern zu einem anderen Dorf führte, und als er umgekehrt und enttäuscht zurück am Fluss war, ergoss bereits der Vollmond am östlichen Himmel in gewohnter Freundlichkeit sein helles Licht über die vielen tausend Menschenkinder da drunten auf der dunklen Erde. Das ganze Gelände am Flussufer vor dem Daedong-Tor war hell erleuchtet von elektrischen Lampen, so als befinde man sich mitten im Lichtermeer einer glitzernden, schlaflosen Großstadt. Kleine Vergnügungsboote, mit rubinroten Lichtern geschmückt, trieben den Fluss hinauf und hinunter, während Männer und Frauen an Bord melancholische Lieder sangen und so den Feiertag ausklingen ließen. Bekümmert ließ der Mann das Schauspiel an sich vorüberziehen, bis er nach einer Weile wieder sein Boot bestieg und zurück ans andere Ufer gerudert wurde. Dort verschwand er in einer Villa, von der man wusste, dass sie einem gewissen Herrn Jo, einem Direktor oder Geschäftsführer, gehörte. Aller Wahrscheinlichkeit nach war jener Herr der Besitzer des Landhauses.

4

Unter den Dorffrauen, die den Mann am Fluss gesehen hatten, war auch die Mutter von Eonnyeon[6], wie sie allgemein genannt wurde. Sie war für ihren Eifer bekannt, mit dem sie sich überall einmischte, und auch weil sie diese geheimnisvolle Beomne schon lange einmal sehen wollte, machte sie einen Besuch in deren Haus, um den Leuten zu berichten, was sie beobachtet hatte. Der Alte jedoch zeigte sich davon nicht besonders überrascht und bedankte sich mit gewohnter Gelassenheit für ihre Mitteilungen. Etwa zwei Stunden nachdem Eonnyeons Mutter gegangen war, statteten der alte Mann und Beomne dem Dorfvorsteher einen Besuch ab, um ihm Lebewohl zu sagen, und das war erst das zweite Mal, dass man einander persönlich begegnete – der erste Besuch hatte an dem Tag stattgefunden, an dem sie in dem Dorf angekommen waren.

Anschließend schleppten ein paar Knechte aus dem Dorf etwa sieben oder acht volle Holzkisten und andere Habe zum Fluss hinüber. Dem Alten und Beomne folgten sodann die Gattin des Dorfvorstehers und mehrere wohlwollende Nachbarn aus dem Dorf, die alle gekommen waren, um sich von den beiden zu verabschieden, obwohl ihnen diese immer fremd geblieben und sie nie in einen engeren Kontakt mit ihnen gekommen waren. Und wie der Zufall es wollte, lag auch noch ein Boot bereit für die bevorstehende Fahrt den Fluss hinunter.

Das helle Mondlicht spiegelte sich im Wasser, das in sanften Wellen dahinströmte.

Auf das Zeichen des Bootsführers, dass alles zur Abfahrt bereit sei, nahm sich der alte Mann viel Zeit für seine Abschiedsworte an die versammelten Nachbarn, die ihrerseits wie aus einem Munde den beiden

---

6 Verheiratete Frauen mit Kindern werden noch heute in Korea gewöhnlich als «die Mutter von …» bezeichnet. Darauf folgt der Vorname des Kindes (hier sprich: «Onnjón»), bevorzugt des ältesten Sohns.

alles Gute auf ihrer Reise wünschten, mit lauten Rufen, die von den Bergen und Gewässern ringsumher widerhallten. Das blasse Gesicht Beomnes sah im Mondlicht recht elend aus, und obwohl in eine schneeweiße Decke gewickelt, fröstelte es sie, als hätte sie sich erkältet. Auch sie sagte mit einer zitternden Stimme Lebewohl zu den Umstehenden, ehe sie langsam zum Boot ging, nicht ohne sich noch einmal umzudrehen und den Dorfleuten einen letzten Blick aus ihren leuchtenden Augen zuzuwerfen.

Als sich die Dunkelheit herabgesenkt hatte, sah es überall trostlos aus. Die Wasser des Daedong-Flusses, im Besitz von Geheimnissen aus uralten Zeiten, plätscherten leise, als wollten sie die alten Geschichten erzählen. Nur das gleichmäßige Klatschen der Ruder durchbrach die nächtliche Stille. Als das Boot schon in einer gewissen Entfernung flussabwärts gelangt war, rief Teuksil: «Leb wohl, Beomne!», und Beomne rief zurück über das Wasser: «Teuksil, lebe wohl!» Ihre Stimme hörte sich dabei an wie die lieblichen Klänge einer Zither.

Sosehr die Dorfleute über Beomne und ihre Familie geteilter Meinung waren, verharrten sie dennoch so lange am Ufer, bis man das Boot in der Entfernung nur noch undeutlich sehen konnte und das Eintauchen der Ruder ins Wasser nicht mehr zu hören war. Dabei merkten sie überhaupt nicht, dass sie inzwischen von den Wellen, die über das Ufer geschwappt waren, nasse Füße hatten.

Auch der Dorfvorsteher hatte von Eonnyeons Mutter gehört, was am frühen Abend geschehen war, und er dachte eine Weile darüber nach, ehe er sie fragte: «Woher ist dieser Herr denn gekommen?»

«Er hat aus diesem großen zweistöckigen Haus dort drüben herausgeschaut», gab sie zur Antwort. «Und er hatte irgendeinen dunklen Gegenstand vor seinen Augen.» So wie sie redete, konnte man meinen, sie sei in der Lage gewesen, selbst auf so große Entfernung alles genau zu erkennen.

Der Dorfvorsteher tippte sich an die Stirn und überlegte noch einmal, ehe er schließlich sagte, so als hätte er die Lösung eines Rätsels gefunden, nach der er Jahre gesucht hatte: «Jetzt ist es mir klar: Diese Beomne ist niemand anders als Gahui, die Tochter der Frau von Herrn Jo, also der Gattin dieses Geschäftsführers, die sich im Frühling vor zwei Jahren umgebracht hat!»

Die Umstehenden machten große Augen wie jemand, der etwas ganz Schreckliches gehört hat. Der Dorfvorsteher seufzte und sagte mit einer etwas laut geratenden Stimme: «Ach, das arme Kind!»

5

Bei dem geheimnisvollen Mädchen handelte es sich also um Gahui, das Kind, das die Frau dieses Direktors Jo zurückließ, als sie das Jahr zuvor wegen familiärer Probleme Selbstmord beging. Aus Sorge um die außerordentliche Schönheit von Gahui, die ihren Charakter ebenso betraf wie ihre äußere Erscheinung, erhielt sie von ihrem Großvater einen neuen, eher abschreckenden Namen, nämlich Beomne. Ihre Mutter war in Pyeongyang für ihre Schönheit wohlbekannt, und überwältigt von den leidenschaftlichen Versprechungen jenes Herrn Jo, der während der Sommermonate immer in die Stadt kam, willigte sie in eine Heirat mit ihm ein. Frau Jo war die einzige Tochter des wohlhabenden Jinsa Hwang, der nach dem Tod seiner Frau, als seine Tochter vierzehn Jahre alt war, nicht mehr heiratete und die Tochter ganz alleine großzog wie ein Kind von königlicher Geburt. Doch wer hätte gedacht, dass das Sprichwort «Keine Rose ohne Dornen» auch hier seine Wahrheit erweisen werde? Der Direktor Jo stammte aus einer generationenalten Yangban-Familie[7], konnte mit Frauen umgehen und hatte das Talent, dabei meistens zu bekommen, was er gesucht hatte. Er war bereits dreimal verheiratet und hatte zahlreiche Konkubinen. Er genoss das Leben in der Halbwelt der Gisaeng[8] und trieb es bedenkenlos auch mit Weibern vom Lande. In seiner Sommervilla über dem Daedong-Fluss wurde Tag und Nacht gefeiert.

Nach seiner Heirat mit der späteren Frau Jo wurde Gahui geboren. Doch die körperliche Schönheit einer Frau ist vergänglich, wie man sagt, und das Elend von Frau Jo wurde immer größer im direkten Verhältnis zu den immer wilderen Ausschweifungen ihres Gatten. Als

---

7 Oberschicht, der Vater gehört dem Beamten- bzw. Gelehrtenstand an.
8 Im alten Korea eine Dirne in einem weiteren Sinn, zwischen einer Gesellschaftsdame oder Hetäre im Salon der Oberschicht und einer gewöhnlichen Prostituierten.

eine neue Konkubine der Ehefrau ihre Liebe gestohlen hatte, sorgte er überdies dafür, dass auch der Kontakt seiner Frau zu deren Verwandtschaft abbrach. Seine Tochter aus einer früheren Ehe wiederum, Gahuis Halbschwester, bedrängte die Frau ihres Vaters bei jeder Gelegenheit mit falschen Anschuldigungen, und so bekam Frau Jo weder die Liebe, die sie sich wünschte, noch die Freiheit, die sie ersehnte, noch die Scheidung von ihrem untreuen Gatten, die sie am Ende verlangte. Stattdessen hatte man nichts als Misstrauen für sie; sie wurde misshandelt und sogar in der Villa in Pyeongyang eingesperrt. Schließlich nahm sie aus Verzweiflung alle Kraft zusammen, die in ihrem leidenden Körper noch übrig war, und setzte ihrem Leben selbst ein Ende. Die junge Frau im Alter von vierundzwanzig, in ihren besten Jahren, erstach sich mit einem Dolch eines schönen Tages im April, an dem es selbst dem unscheinbarsten, namenlosen Unkraut am Wegesrand, auf dem Mensch und Tier achtlos herumtrampeln, aufzublühen erlaubt ist. Vom tragischen Tod dieser bedauernswerten Frau erfuhren die Leute in nah und fern, und kein fühlendes Herz blieb davon unberührt.

Nach dem alten Sprichwort, dass man Menschen dann umso mehr vermisst, wenn sie nicht mehr da sind, brachte dieses Ereignis den Herrn Direktor Jo etwas zur Vernunft, und er konnte nicht umhin, um seine tote Gattin zu trauern. Doch es war zu spät. Allerdings fing er nun an, Gahui mehr zu lieben, als er seine Frau zu deren Lebzeiten jemals geliebt hatte. Und dann begann Gahuis Großvater, der Jinsa Hwang, aus Angst vor den Intrigen der Konkubine, die ihren Geliebten ganz für sich haben wollte, mit dem Leben eines ruhelosen Wanderers, und seine Enkeltochter hatte er immer im Schlepptau bei sich. Wann endlich wird es mit dem Streunen vorbei sein, und sie wird an einem heiteren Frühlingstag ihre Ruhe finden?

Ein neuer Frühling wird mit Gewissheit kommen, wie immer im Anschluss an Sommer, Herbst und Winter. Doch was wird aus Gahui? Wird auch für dieses arme Kind einer unglücklichen Mutter einmal der warme Frühling eines neuen Lebens beginnen?

Lydia Cabrera
SUANDÉNDE

Der eifersüchtige Mann, der Tag und Nacht litt, weil eine Krake sein Herz umfing, floh mit seiner Frau aus dem Dorf. Sie war jung.

Er zog in den tiefen Bergwald, und im abgeschiedensten Winkel errichtete er sein Haus. (Endlich in Sicherheit.) Ganz allein mit seiner Frau. Wie der Efeu.

Friedlich lebte er in Brüderschaft mit den Bäumen.

Die Jahre zogen ins Land, und alles ging seinen Lauf.

Der Mann stellte Vogelfallen auf. An einem Sommertag, der Himmel war aus weißglühendem Feuer, ging die Frau allein zum Fluss. Die Sonne, die noch auf ihrem Körper glühte, erlosch schon allmählich, und sie spielte gerade im Wasser, als ein Mann sie erblickte, der von weither das Flussufer entlanggewandert kam.

Er war schüchtern. Sein Name war Suandénde und sein Beruf Töpfer. (Er schlug die Hände vors Gesicht, lugte jedoch durch die Finger.) Auch sie erblickte ihn, und ganz arglos – schamlos – entstieg sie dem Fluss, der sie bis zur Hüfte bedeckt hatte.

Er schämte sich. Sie nicht.

Der Mann sprach:

Ayáyabómbo, Ayáyabón!
Ich möchte vorbei.
Darf ich vorbei?

Die Frau erwiderte:

Jawohl, Señó.
Ayáyabómbo, Ayáyabón,
Ihr dürft vorbei …

Der Mann machte einen Schritt vorwärts.

Ayáyabómbo, Ayáyabón!
Darf ich schaun?

Und die Frau, die ihre zersprungenen Wasserperlen glänzen ließ:

Jawohl, Señó.
Ayáyabómbo, Ayáyabón!
Ihr dürft schaun.

Ayáyabómbo, Ayáyabón!
Und darf ich näher komm'n?

Ayáyabómbo, Ayáyabón!
Ihr dürft näher komm'n.

Und so geschmeidig wie der Strom glitt er auf sie zu.
Nun waren sie ganz nah beieinander.
Er sprach:

Ayáyabómbo, Ayáyabón!
Darf ich anfass'n?

Und sie:

Ayáyabómbo, Ayáyabón!
Ihr dürft anfass'n.

Der Mann streichelte sie.

Ay, yáyabómbo, ayabón!
Darf ich küss'n?

Da hielt die Frau ihm ihren Mund hin.

Ay, ay! Ayáyabómbo, yáyabón!
Darf ich umarm'n?

Die Frau breitete die Arme aus.

Jawohl, Señó, *yáyabómbo, ayabón!*
O ja, Ihr dürft umarm'n ...

(Er zog sie mit sich ins Bambusrohr.)
Und das keusche Wasser floss dahin ...
Als der frische Abendwind aufkam, kehrte die Frau erschöpft vom
Fluss zurück. Die Knie schwach, der Blick leer.
Der Eifersüchtige erwachte um Mitternacht.
Der Wald war ganz vom Mondlicht überflutet. Gerade öffneten sich
die wundersamen Kaktusblüten.
Er forderte Liebe von seiner Frau, aber die wies ihn zurück, schwor
ihm, dass ihr gar nicht wohl sei ...
Am nächsten Tag begleitete sie der Eifersüchtige zum Fluss, denn
sie war der Ansicht, ein Bad könnte ihr wohltun, und der Mann hatte
bereits alle seine Fallen aufgestellt.
Während die Frau sich entkleidete und ins Wasser stieg, streckte
der Mann sich am Ufer aus und musterte sie, während es windlos im
Bambusrohr knackte.
Er sagte sich: «Meine Frau ist krank.» Und er wollte an etwas ande-
res denken, aber in der gewaltigen Hitze wuchs sein Begehren. Er trat
zu seiner Frau, aber die verweigerte sich ihm erneut.
Da packte er sie an den Handgelenken und stieß erhitzt hervor: «Ich
will aber, ich will», und er zog sie mit Gewalt an sich.
Doch sie erwiderte: «Warte», und flüsterte ihm etwas ins Ohr.
Der Mann war entsetzt. «Was, hier im Fluss?»
«Gestern», sagte die Frau und rang die Hände. «Es ist mir hinaus-
gerutscht!»
Da krümmte der Mann sich vor Schmerz, mit gebrochener Stimme
fragte er das Wasser: «O weh! Wie ist das geschehn? Wie könnt' aus
Versehen, süßes Ding meiner Frau verlor'n gehn?
O weh, verlor'n ging meiner Frau süßes Ding!»

Sie wollte ihn aufmuntern und Suandénde warnen.

Mein Mann, gehn wir's suchen ...
Suandénde, Andende súa
Verloren ging's!

Und sie machten sich daran, zwischen Flusskieseln und Binsen zu suchen. Der Mann hob ein Stück Borke auf, griff sich etwas Wassergras oder ein Blatt und zeigte es ihr.

Süßes Ding verlor'n ging,
Schau, ist's das hier, Frau?
Suandénde, Andende súa.
Ist nicht süßes Ding ...

Sie schlug ihm vor, jeweils in entgegengesetzter Richtung zu suchen, und so ging der Mann flussabwärts, und sie nahm den anderen Weg:

Suandénde, Andende súa,
Mein Mann, der sucht da.

Und ganz behutsam schlug sie sich ins Bambusrohr.
Der Mann entfernte sich, wühlte das Wasser auf, untersuchte verzweifelt alles haargenau und klagte:

Meiner Frau süßes Ding,
verlorn ging's!
Süßes Ding ... Ist dahin!

Suandénde kam aus seinem Versteck hervor. Er fasste die Frau um die Hüfte, und während sie sich schon mit ihm vergnügte, rief sie noch einmal:

Mein Mann, schau da drüben nach ...
Mein Gott! Wie konnt's nur geschehn?

Suandénde, der Töpfer, führte die Frau aus dem Wald. Er kehrte mit ihr ins Dorf zurück.

Und alle lachten über den Mann, der wie der Efeu sein wollte.
Wie traurig ...

Marita Bonner

DIE HÄNDE. EINE GESCHICHTE

Ich sah seine Hände, als ich in der Vesey Avenue in den Wagen sprang. Dunkelbraun, knorrig, verknotet, holpriger Arm, in schrägen Knoten wie alte braune Rinde an einem Kirschbaum.

Ich sprang ganz schnell ins Auto. Ich wollte weinen, also bin ich gesprungen. Jemand hatte meine Gefühle verletzt, und ich wollte weinen – aber ich tat es nicht. Ich starrte jeden an, der mir gegenübersaß.

Ich bin nicht unhöflich. Ich kann Leute anstarren, ohne dass sie mich bemerken. Frauen werfen mir nur mitleidige oder verächtliche Blicke zu. Männer sehen mich nie; also starre ich bedenkenlos.

Sehen Sie, ich bin groß, und meine Knochen ragen in unauffälligen Winkeln heraus. Ich habe keinen Teint – kein Haar. Natürlich habe ich einige Gesichtszüge und etwas auf dem Kopf, aber das eine ist kein Teint und das andere kein Haar. Meine Kleidung sieht gut aus, wenn ich sie nicht trage. Ich habe einen guten Geschmack bei der Wahl von Sachen, aber sie sehen nicht gut an mir aus. Nichts scheint zu mir zu gehören, noch ich zu irgendetwas. Ich schätze, dass ich einfach unglücklicherweise hässlich bin.

Es gibt Spiele, die ich allein spielen muss, wenn ich mich besonders hässlich, besonders unglücklich fühle.

Ich probierte sie alle aus, sobald ich mich auf meinen Platz gesetzt hatte, denn die Tränen kamen von hinten, von beiden Seiten und unter meinen Augen hervor, und ich atmete in schnellen Stößen – mit langen Pausen dazwischen – um die Klumpen in meiner Kehle herum, die ständig stiegen und sanken wie Quecksilber in einem Thermometer. Ich stürzte mich kopfüber in mein erstes Spiel: Sein-wo-ich-nicht war ...

Um mich herum war ein erdrückender dunkler Wald mit einem gewundenen Wasserstreifen in seiner Mitte. Der Mond war käsefarben, und der Wind spielte einen flatterhaften Tanzrhythmus durch die

Bäume. Ranken hingen tief aufs Wasser herab, und die kalten, schwarzen, schlanken Schlangen waren wie Armreifen an den Ästen der Bäume aufgereiht. Würzige Blumen und Früchte und der betörende Geruch von zerkleinerten grünen Blättern und Wasser, das sich noch in seinem Becken befand. Schlangen – aber keine Menschenschlangen. Wo waren die Menschen? Ich im Wald und der Wald bevölkert von Schlangen ...

Einer der wankelmütigen Klumpen raubte mir den Atem und riss mich aus meinem Spiel. Unbehelligt brach ich auf und kämpfte mich durch einen weiteren Klumpen in mein zweites Spiel: Christus in allen Menschen.

Die Klumpen waren jetzt näher beieinander – sie hatten sich fast verdichtet. Christus in allen Menschen.

In der Frau in der Ecke mit den violett-scharlachroten Wangen und den violett gefleckten Lippen und dem hungrigen, rastlosen Licht, das schnell wie eine Fluoreszenz in ihren Augen zuckte! Vielleicht waren die Tränen zusammengeflossen. Ich konnte Christus in all den Menschen nicht sehen.

Dann sah ich die Hände: dunkelbraune Haut in dünnen, grau umrandeten Flecken, wie der Rücken eines Alligators. Gelenke, die wie Knoten an einem Ast abstehen; Hände, die sorgfältig übereinander auf einer blauen Jeanshose liegen.

Arbeitende Hände. Hände, die geschuftet haben.

Christus in allen Menschen. Christus, der Zimmermann.

Jetzt konnte das Spiel ernsthaft gespielt werden ...

Er begann zu arbeiten, als er sieben war. Er machte Botengänge, schleppte Kohle, schleppte Öl, schleppte Wäsche, verkaufte Zeitungen. Im Sommer, wenn die Sonne das Fleisch an den Händen ausdörrt, im Winter, wenn das Blut in den Händen stillsteht; wenn der Wind weht.

Manchmal war er in der Schule und mühte sich ab, damit der Stift nicht zwischen den runden Fingerkuppen schlingerte.

Arbeitete nach der Schule: Arbeitete so hart mit der Schaufel wie mit dem Bleistift. Fuhr Aufzüge; schaufelte Kohle; putzte Fenster; schrubbte; grub.

Absolvierte die «Klassen» und «bekam einen Job».

Arbeitete.

Um fünf Uhr aufgestanden; Kaffee geschlürft.

Irrlichterte durch die Stadt, halb schlafend, halb bereit, ins Bett zu gehen. Schlurfte mit seinen Quadratlatschen über einen Kai, über eine Planke, in ein Schiff hinunter.

Ein merkwürdiges Schiff, das sich nie bewegte, nirgendwohin fuhr. Es stand einfach am Kai herum wie ein Weihnachtsspielzeug, dessen Inneres zerbrochen war. Ringsherum schlingerten andere Schiffe, rollten, glitten – je nach ihrer Ladung – hinein und hinaus.

Dieses stand schamlos und regungslos da, während du schaufeltest und schaufeltest und schaufeltest, bis dir der Schritt von der Tonne zum Kessel wie eine Grube vorkam, in der deine Füße feststeckten. Bis das Blut in deinen Armen und das Blut in deinem Kopf zusammentraf und dein Herz von allem verdrängt zu werden schien.

Schaufelte, bis der rußige Schweiß in Pfützen auf dem Boden stand und die wenigen Kleidungsstücke auf deinem Rücken zu einem Rücken schrumpften, den du mit dem harten Zittern der Muskeln auf einmal von dir schobst. Er schaufelte und schaufelte – bis es Zeit zum Abendessen war.

Manchmal wusch er sich die Hände, manchmal auch nicht. Es gab Tage, da ging er nach oben; dann gab es Tage, da schleppte er sich zu einem Kohlenhaufen in der Nähe des Mülleimers und setzte sich zum Essen.

Brotscheiben, einen halben Laib dick. Fleischscheiben, zu breit, um sie gut zu schlucken. Kalter Kaffee in einer umgekippten Flasche – etwas Süßes zum Schluss.

Vielleicht ein Schläfchen, vielleicht eine wohltuende Zigarette – dann die Schaufel.

Das Gefühl im Stiel für den «guten Griff» und dann von Kiste zu Kessel – von Kessel zu Kiste bis sechs.

Die Welt im Halbdunkel, wenn er hinabstieg; die Welt im Halbdunkel, wenn er heraufkam.

Zuhause. Zuerst ein enges Zimmer mit einem Trogbett, einem Spiegel aus einem Sägeblatt und einem Gaslicht mit einem asthmatischen Makel darin. Ein Licht, das flimmerte und flackerte, um sich vor dem hasserfüllten, messingfarbenen Papier an der Wand und dem Stück Schatten am Fenster zu verstecken, das vorgab, etwas zu sein, was es nicht war.

Er wusch sich jetzt die Hände und schmierte Vaseline auf die Stellen, an denen die Haut dünn wurde. Dann machte er sich auf in eine Welt, die jetzt köstlich dunkel war. In Tanzsäle, wo Geigen und Klaviere mit atemberaubender Verführung um Melodie, Synkopen und umeinander buhlten. Wo ein Holzboden gläsern wurde und eine übergroße Figur einen angenehmen Arm vollmachte und man die Zähne zeigen musste, ob man wollte oder nicht.

Schaufeln waren Schaufeln; mit Musik, Lichtern, Parfüm und fröhlichen Farben, ein bloßer Stoß in die Rippen, der ein durchdringendes Lachen verdiente. Ein braunes Gesicht, aschfahl vom weißen Puder und zu hellem Rouge gefärbt, machte zwei Atemstöße auf einmal.

Manchmal spielte er Billard und Karten.

Manchmal war Logenabend, und er legte sich eine neue Würde zu, so sorgfältig, wie er seine weiße Schürze zurechtrückte.

In der Kirche nahm er die Kollekte entgegen und balancierte den Korb sorgfältig zwischen Daumen und Zeigefinger. Eines Abends im Juni gab es eine Erweckung, und alle verlorenen Seelen fanden zu Christus und zu sich selbst. Als Platzanweiser half er den meisten von ihnen zu und von der vorderen Bank – höflich dienend, beschützend und gleichzeitig drängend.

Ein zierliches braunes Mädchen, das weinte, als wäre es wirklich in Tränen aufgelöst, wankte von einer der hinteren Bänke hoch. Seine kräftigen Hände stützten sie, und deren Stärke ließ sie nur noch mehr weinen.

Er führte sie in eine Bank und blickte in ihr rundes, pummeliges, spiegelglattes Gesicht mit den zu weit auseinanderstehenden Augen und der flachen und doch nach oben gebogenen Nase. Ein Gesicht voller seltsam beziehungsloser Züge, wie man sie nur bei einer *race* findet, die so sehr von Mischungen, Kreuzungen und Rückkreuzungen gezeichnet ist wie die Schwarzen.

«Keine Sorge, Christus ist nicht schwer zu finden, wenn man Ihn sucht», sagte die Hand.

«Ich fürchte mich vor allem! Vor dem Leben. Vor der Religion. Hilf mir! Wo ist Gott? Wo ist Christus? Sag es mir! Was soll ich tun, um gerettet zu werden?», flehten die Augen.

Natürlich war es nur eine Sekunde, aber er fühlte sich sehr, sehr stark und wissend und gleichzeitig schwach und unbeholfen. Er zog sich schnell zurück und kam, um sich zu übergeben, nach dem Gottesdienst ebenso schnell wieder – und blieb.

Tätschelten ihr eines Nachts den Arm, als sie fast flüsternd murmelte: «Ich will.»

Tätschelten, als sie in der unsagbaren Ungewissheit der Geburt zitterte.

Tätschelten kleine braune Wangen, die von einem Lächeln umspielt waren. Streichelten braune Stupsnasen und tätschelten junge Köpfe, die sorglos und unwissend in die Höhe geworfen wurden.

Schaufelten. Manchmal aus ganzer Seele fern vom Schiff und zu Hause. Schaufelten verzweifelt, fast panisch vor Angst, dass sie ihn zur falschen Zeit entlassen würden.

Schaufelten die Kinder aus zwei Zimmern in vier. Aus den Klassen in die Highschool. Raus aus dem Baumwollstoff und rein in den Seidenkrepp.

Schaufelten und träumten von einem Tag, an dem man es sich gemütlich machen konnte, von einem Haus mit Hof und Garten, von reichlich zu essen, reichlich zu trinken und etwas auf der Bank, um «ihn und sie anständig unter die Erde zu bringen».

Schaufelten, tätschelten, besänftigten, beschwichtigten, stützten Seelen, die aus der furchterregenden Dunkelheit des Unbekannten und des Gerichts zurückkehren.

Schaufelten, tätschelten, beschwichtigten, besänftigend – stützten.

Sorgfältig übereinandergelegt auf einen Schoß aus blauem Jeansstoff.

Schlangen, die den Wald bevölkern. Christus in allen Menschen.

Welches Spiel, o Gott, muss ich am öftesten spielen? ...

Elizabeth Bowen

WAS MENSCHEN ÜBLES TUN

An der Ecke bei der Feuerwache, wo die Theobald's Road auf die Southampton Row trifft, wurde ein kleiner Mann, der nach der Mittagspause ins Büro zurücklief, von einem Lastwagen überfahren. Um einem Taxi auszuweichen, war er zurückgetreten, und da hatte es ihn noch schlimmer erwischt. Seine Überreste wurden ins Krankenhaus gebracht und blieben dort einige Tage unidentifiziert, weil man in seinen Taschen keinerlei Papiere fand.

Am Morgen nach diesem Vorfall erhielt eine Dame, die am Rande einer Kleinstadt wohnte, einen Brief in einer ihr unbekannten Handschrift. Das Eintreffen des Briefes bestürzte sie, wenngleich sie schon seit vier Tagen damit rechnete. Sie drehte das Kuvert um und biss sich auf die Lippen. Das Esszimmer war dunkler als sonst, der Morgen trüb und still. Mit wachsender Beklemmung war sie aufgestanden und hatte sich angekleidet. Ihr Mann war nicht da, und die Fenster erschienen ihr, weil sie an seinem Platz saß und allein frühstückte, weiter entfernt denn je. Sie goss sich eine Tasse Tee ein und hob den silbernen Deckel von einer flachen Schüssel. Der Anblick einer einsamen Wurst gab den Ausschlag. Sie öffnete den Brief.

Ehe sie noch zu Ende gelesen hatte, beugte sie sich vor, stützte das Kinn auf die Fäuste und dachte nach. Andere Menschen, und darin liegt ein unheimlicher Vorteil, können einem auf den Hinterkopf schauen. Zum ersten Mal in ihrem Leben hatte sie nun das unbehagliche Gefühl, dass jemand das tat, dass jemand nicht nur einfach einen Blick darauf warf, sondern in einem fort darauf starrte. Bei ihrem Mann hatte sie nie ein solches Gefühl.

«Sieh einer an», dachte sie, «nur eine Stunde und zehn Minuten. Nur eine so kurze Zeit, und jahrelang habe ich es nicht gewusst. Da habe ich mit all diesen Menschen gelebt, ohne zu wissen, dass ich anders bin.»

Sie faltete den Brief erst einmal wieder zusammen und wettete mit sich selbst, wie wohl sein Vorname lautete. Evelyn, dachte sie, oder vielleicht Arthur oder Philip. In Wirklichkeit hieß er Charles.

«Ich kenne Sie sehr gut», ging es weiter in dem Brief. «Noch bevor Sie Ihre Handschuhe ausgezogen hatten, wusste ich, dass Sie verheiratet sind. Sie leben seit Jahren hinter einem Schutzwall. Ich kenne die Bücher, die Sie lesen, und weiß, was Sie sehen, wenn Sie durch die Straßen dieser Stadt mit dem schrecklichen Namen gehen. Sie wohnen in einem dunklen Haus, das auf eine breite Chaussee hinausschaut. Oft stehen Sie im Licht der Fenster, lehnen den Kopf an den Rahmen, und die matten Blätter der Bäume lassen Sonnenschein und Schatten über Ihr Gesicht flattern. Schritte erschrecken Sie, Sie treten sofort ins Zimmer zurück. Gehen Sie an dem Morgen, an dem Sie diesen Brief bekommen, barhäuptig in Ihren Garten und lassen Sie sich vom Wind das Sonnenlicht durchs Haar pusten. Dann werde ich an Sie denken.

Ihr Mann und Ihre Kinder nehmen Sie ganz in Anspruch. Selbst Ihre Kinder tun Ihnen mit ihren kleinen, weichen Händen weh, und dennoch sind Sie, was Sie immer waren, unberührt und einsam. Bei der Dichterlesung sind Sie langsam aus sich herausgekommen, wie eine Nymphe aus einem Wald. Sie kamen als ein weißes Etwas zwischen den Bäumen auf mich zu, und ich packte Sie, als Sie sich umdrehten, um zurückzugehen ...»

Ihre Wangen brannten.

«Ach, du liebe Güte», rief sie und kaute an ihrem Daumennagel. «Unglaublich, dass jemand so schreiben kann! Unglaublich, dass jemand in der Abiram Road Nummer 28 in West Kensington wohnen kann. Ob er wohl eine Frau hat? Das frage ich mich wirklich.» Eine köstliche Wärme durchrieselte sie. «Gedichte! Ich habe mir schon gedacht, dass er Gedichte schreibt. Unglaublich, dass er erraten hat, dass ich Gedichte lese.»

«Ich werde Ihnen meine Gedichte schicken. Sie sind noch nicht veröffentlicht, aber ich lasse sie abtippen. Wenn sie veröffentlicht werden, soll auf der Widmungsseite nur Ihr einer Anfangsbuchstabe stehen. Ich kann den Gedanken nicht ertragen, dass Sie allein unter diesen Fremden leben, die Ihnen wehtun – vertraute, unvertraute Gesichter und kalte

Augen. Ich weiß alles; die dumpfen Morgen, die fiebrigen Nachmittage; die unerträglichen Abende im Lampenschein, die Nacht ...»

Aha, dachte sie, er hatte bestimmt eine Frau. «... und Ihr bleiches, benommenes Gesicht wendet sich bar jeder Hoffnung dem ersten Schimmer am Fenster zu ...» Ach, schuldig, schuldig, dass sie so gut schlief!

Die Köchin kam herein.

Nachdem sie die Mahlzeiten für den Tag angeordnet und ganz verstohlen ihr Frühstück verzehrt hatte – der Brief steckte im Teewärmer –, ging sie nach oben in ihr Zimmer und probierte den Hut auf, den sie in London getragen hatte.

Sie schob die Seitenteile des Spiegels so, dass sie sich im Profil sehen konnte. Dann beugte sie sich vor, schaute versonnen in den Spiegel, sah den prismenförmig geschliffenen Stöpsel einer Parfümflasche. Mit einem langen, langsamen Atemzug tat sie, als zöge sie sich langsam und bewusst einen Handschuh aus.

«Sie leben», sagte sie laut, «seit Jahr und Tag hinter einem Schutzwall.» Sie betrachtete das ordentliche, stille Zimmer hinter sich im Spiegel, die beiden Mahagonibetten mit den lichtgesprenkelten Plumeaus, die weißen Wände, auf die sich das Rosa der Gardinen und des Teppichs legte. Auf dem Kaminsims standen Fotografien ihrer Tanten, ihrer Kinder und der Frau ihres Schwagers, über dem Waschtisch hing ein Druck mit dem Guten Hirten und über den Betten einer von der «Liebe in den Ruinen»[1]. Auf einer Konsole standen ein paar hübsche französische Porzellanvasen, die Harold ihr in Dieppe, und eine Fotogravüre des Jardin du Luxembourg, die sie Harold geschenkt hatte. In einem Bücherschrank befanden sich mehrere Auswahlbände mit Gedichten, wunderschön in farbiges Wildleder gebunden, und ein weiteres Buch, weiß mit goldenen Rosen und dem Titel *Die Lust des Lebens*. Sie stand auf und schob einen Roman aus der Stadtbücherei zuunterst in eine Schublade.

Was um alles in der Welt nützte es, überlegte sie, wenn ich jetzt in den Garten ginge, obwohl es weder Wind noch Sonne und praktisch keinen Garten gibt? Sie betrachtete ihr Spiegelbild. Mit dem Hut kann

---

1 Gemälde des Präraffaeliten Edward Burne-Jones (1833–1898).

ich, glaube ich, nicht auf die High Street gehen. Irgendwie wirkt er komisch. Halb zehn. Um halb zwölf ist Harold zurück. Ob er mir aus London etwas mitbringt?

Sie puderte sich großzügig das Gesicht, setzte einen anderen Hut auf und legte auch andere Ohrringe an. Dann nahm sie ein Paar leicht angeschmutzter Handschuhe aus einer der Schubladen und ging nach unten. Kurz darauf eilte sie wieder hinauf und wischte sich den Puder ab. «Wie eine Waldnymphe», murmelte sie, «die aus einem Wald kommt.»

Als sie die High Street schon halb hinuntergegangen war, merkte sie, dass sie Einkaufskorb und Geldbörse vergessen hatte.

Harold kam um halb zwölf nach Hause, doch seine Frau war noch nicht wieder da.

Ein paar Minuten stand er pfeifend im Korridor, schaute vergebens in ihr Schlafzimmer, die Küche und das Kinderzimmer und ging dann in seine Kanzlei, um dort einiges zu erledigen. Harold war Rechtsanwalt. Als er zur Mittagszeit wiederkam, traf er sie im Korridor. Sie schaute ihn geistesabwesend an.

«Nanu, du bist aber früh zurück.»

«Ich bin schon seit zwei Stunden wieder hier», sagte er.

«War es schön in London?»

Mit der ihm üblichen Langmut erklärte er ihr, dass man nicht damit rechne, es in London schön zu finden, wenn man beruflich dort zu tun habe. «Natürlich wollen wir alle», sagte er, «aus London herausholen, was möglich ist. Wir alle, könnte man sagen, suchen uns das Beste heraus. Nur bin ich nicht auf Vergnügungen aus – das überlasse ich dir, nicht wahr? – Irgendwoher muss das Kleingeld ja kommen.»

«Ja, Harold.»

«Das Rindfleisch ist sehr gut.»

«Wahrhaftig!», rief sie hochzufrieden. «Ich habe es bei Hoskins gekauft – Mrs. Peck kauft dort, sie hat mir davon erzählt. Es ist viel billiger als bei Biddle's, zwei Pence weniger das Pfund. Wenn ich jetzt an Biddle's vorbeikomme, muss ich auf die andere Straßenseite gehen, ich bin seit Tagen nicht da gewesen, und er sieht aus, als schöpfe er allmählich Verdacht ...» Sie seufzte laut; ihr Interesse erlahmte.

«Ach ja?», sagte Harold, als wolle er mehr hören.

«Ich bin es leid, Rindfleisch zu kaufen», sagte sie gereizt.

«Ach, komm, du bist es leid, über die High Street zu spazieren? Was würdest du denn sonst ...»

Harold war abscheulich! Er hatte ihr nicht einmal etwas aus London mitgebracht.

«Der ganze Tag», rief sie, «ist mir immer mit Kleinkram verdorben!»

Harold legte Messer und Gabel hin.

«Ach bitte, iss weiter!»

«Tu ich ja», sagte Harold. «Ich habe nur nach dem Senf geschaut. Was hast du gesagt?»

«Hast du heute Nachmittag etwas vor?», fragte er, wie üblich nach dem Mittagessen.

«Ja, Briefe schreiben», sagte sie und ging rasch an ihm vorbei ins Wohnzimmer.

Sie schloss die Tür hinter sich und ließ Harold im Korridor stehen. Es sprach einiges dafür, «hinter einem Schutzwall zu leben». Doch gab es irgendwelche Nischen, irgendwelche Momente in ihrem Leben, in denen sich Harold in den letzten acht Jahren nicht breitgemacht hatte? Und, schrecklich, sie hatte nicht nur mit ihm zusammengelebt, sondern ihn auch gemocht. Zu welchem Zeitpunkt hatte sie eigentlich aufgehört, Harold zu mögen? Hatte sie ihn *je* ...?

Als habe jemand laut von Schuld geredet, hielt sie sich rasch die Ohren zu.

Sie setzte sich an den Schreibtisch, schloss die Augen und strich sich mit der rosafarbenen Feder an der Spitze eines unechten Federkiels gedankenverloren über die Augenbrauen.

Langsam fuhr sie mit der Feder über ihre Wange und kitzelte sich damit unterm Kinn, ein wohliges Gefühl, bei dem ihr Schauer über den Rücken liefen.

«Ach», flüsterte sie und holte bebend Luft, «wie wunder-, wunderschön bist du.»

Das Oberdeck eines Busses, der durch das weniger bekannte London ruckelte und zuckelte, die kalte Luft, die ihr an die Kehle wehte, Momente hinter erleuchteten Fenstern, in denen die Gesichter wechselseitig erkennbar wurden, das plötzliche Auftauchen des Schaffners, das ihn veranlasste, seine Hände von ihren Handgelenken zu nehmen, ihr Gespräch – das sie vergessen hatte ... «Weiter, weiter, zusammen, für immer …»² Als der Bus anhielt, waren sie ausgestiegen und in einen anderen gestiegen. Sie wusste nicht mehr, wo sie sich voneinander verabschiedet hatten. Unglaublich, und all das nur, weil man statt ins Lichtspieltheater zu einer Dichterlesung gegangen war. Nein, so was! Und dabei hatte sie die Gedichte nicht einmal verstanden.

Sie öffnete die Augen und sah sich sofort mit den praktischen Schwierigkeiten des Briefeschreibens konfrontiert. Einen solchen Brief konnte man nicht auf Azure Bond schreiben; das Briefpapier, das er benutzt hatte, war aus unerfindlichen Gründen passend gewesen. Sie wusste nicht, wie sie ihn anreden sollte. Er hatte nicht mit «Liebe …» oder etwas Ähnlichem begonnen, doch das war ihr ziemlich direkt vorgekommen.

Nach einer Busfahrt von einer Stunde und zehn Minuten konnte man ihn allerdings auch nicht mit «Lieber Mr. Simmonds» anreden. Wie konnte man überhaupt einen Menschen mit Mr. Simmonds anreden, der einem gesagt hatte, man sei eine Nymphe? Für «Charles» konnte sie sich freilich auch nicht erwärmen. Alles Praktische, stellte sie fest, hatte *er* in das Postskriptum seines Briefes gepackt – es hieß ja immer, das sei typisch für Frauen. Er sagte, er finde es besser, wenn sie ihm an sein Büro in der Southampton Row schreibe. Es war eine Versicherungsagentur, was ihr aus irgendeinem Grunde Vertrauen einflößte. «Lieber Charles», begann sie.

Es wurde ein steifer kleiner Brief.

«Ich weiß, dass er steif ist», seufzte sie, als sie ihn bekümmert noch einmal las. «Er klingt gar nicht hemmungslos, aber wie kann ich in diesem Wohnzimmer hemmungslos klingen?» Verzagt stand sie auf. «Es ist doch der reinste Käfig! Ein unerträglicher Käfig!», sagte sie und begann zwischen den Möbeln hin und her zu laufen. «Die Chintzbezüge sind hübsch, ich bin froh, dass ich die genommen habe. Und die süßen Rüschenkissen aus Satin … Wenn er zum Tee käme, würde ich hier am Fenster sitzen, und hinter mir wären die Vorhänge ein Stückchen zugezogen – nein, doch hier am Kamin, es wäre im Winter, und es gäbe nur das Licht vom Kaminfeuer. Aber Menschen wie er kommen nie zum Tee; er würde später kommen, abends, und die Vorhänge wären

---

2   Engl. «*Ride, ride, together, for ever …*» – Schlusszeile aus Robert Brownings (1812–1889) Gedicht *The Last Ride Together*.

zugezogen, und was würde ich tragen ...? Ach, ‹wie eine Nymphe›. Wie banal das alles klingt.»

Und da fragte Harold sich, was sie noch zu tun hätte, wenn sie nicht zum Einkaufen in die High Street ginge. Sie würde es ihm zeigen. Doch wenn sie diese Geschichte bis zum Ende verfolgte, durfte Harold es nie erfahren. Wozu aber wäre etwas gut, wenn Harold es nicht mitbekam?

Noch einmal las sie den Brief, den sie geschrieben hatte: «... natürlich hat mein Mann an meinem tiefinneren Leben nie Anteil genommen ...» Das «natürlich» war mit kurzen entschlossenen Linien unterstrichen. Es traf ja auch zu; sie ließ Bücher mit Gedichten herumliegen, und Harold würdigte sie keines Blickes; sie saß stundenlang vor dem Kamin und starrte ins Feuer oder (wie Charles sagte) aus dem Fenster, und Harold fragte sie nie, was sie dachte; wenn sie mit den Kindern spielte, brach sie bisweilen jäh ab, drehte sich mit dem Gesicht weg und seufzte, und Harold fragte nie, was los sei. Er war tagelang weg und ließ sie allein im Haus, und dann hatte sie niemanden zum Reden als die Kinder, die Bediensteten und die Nachbarn. Aber natürlich sei die Flucht in die Einsamkeit ihr einziger Trost, fügte sie als Postskriptum hinzu.

Harold kam herein.

«Das hier», sagte er, «habe ich heute Mittag versehentlich in der Kanzlei liegen gelassen. Ich dachte, ich hätte es in London vergessen – was mir sehr missfallen hätte. Ich war schon ganz besorgt. Ich habe die Angelegenheit nicht erwähnt, weil ich dich nicht enttäuschen wollte.» Er reichte ihr ein Päckchen.

«Ich weiß nicht, ob sie hübsch ist, aber ich dachte, womöglich gefällt sie dir.»

Es war eine bildschöne silbergraue Handtasche mit dem zarten Flaum makellosen Wildleders – dunkler, wenn man in einer Richtung, heller, wenn man in der anderen darüberstrich. Der Verschluss war aus echtem Gold, und die Henkel, an denen man sie trug, besaßen genau die richtige Länge. Innen waren drei Fächer; als sie das Seidenpapier herauszog, kam ein Futter aus elfenbeinfarbenem Moiré zum Vorschein, und das Licht rann in kleinen Rinnsalen wie Wasser in die Schatten des luxuriös duftenden Inneren. In den seidigen Falten des mittleren Fachs lagen eine Börse mit Goldverschluss, ein goldenes Etui, das man entweder für Zigaretten oder Visitenkarten benutzen konnte, und ein allerliebster kleiner Spiegel mit goldener Rückseite. In einer äußeren Tasche steckten ein Notizblock und ein Heftchen mit *papier poudré*[3].

Sie setzten sich aufs Sofa und betrachteten, die Köpfe dicht beieinander, eingehend die Tasche.

«Oh!», rief sie. «Du hast nichts dagegen, Harold? *Papier poudré?*»

«Nein», sagte Harold, «wenn du nicht zu viel auflegst.»

«Und schau, der niedliche kleine Spiegel. Habe ich da nicht auch ein niedliches kleines Gesicht drin?»

Mit einem großmütigen Seufzer schaute auch Harold in den Spiegel.

«Harold», sagte sie, «du bist wirklich wunderbar. So eine Tasche habe ich mir schon immer gewünscht ...»

«Du kannst sie morgen früh zum Einkaufen auf der High Street mitnehmen.»

Sie ließ die Handtasche zuschnappen, verwischte die Spuren ihrer Fingerspitzen, ließ die Tasche an ihrem Handgelenk baumeln und betrachtete sie mit halb geschlossenen Augen.

«Harold», seufzte sie und konnte nichts weiter sagen.

Sie küssten sich.

«Soll ich deine Briefe einstecken?», fragte er.

Sie warf einen Blick auf den Schreibtisch. «Würdest du einen Moment warten? Nur einen Moment; ich muss noch eine Adresse schreiben und ein Postskriptum.»

«Mein liebes kleines Frauchen», sagte Harold zufrieden.

«PPS», fügte sie hinzu. «Glauben Sie nicht, dass ich meinen Mann nicht liebe. Es gibt Augenblicke, da berührt er beinahe mein *äußeres* Leben.»

Sie, Harold und die Handtasche gingen bis zur Post zusammen, und sie sah zu, wie die Briefe im Schlund des Briefkastens verschwanden.

«Hast du noch eine Versicherung abgeschlossen?», fragte Harold.

«Ich habe mich nach den Geschäftsbedingungen erkundigt», sagte sie.

Eine Weile lang überlegte sie, was Charles denken würde, wenn er das Postskriptum zu dem Postskriptum las, und erfuhr nie, dass das Schicksal ihm das ersparte.

---

3 Feines Schminkpapier, mit Gesichtspuder bestäubt.

Nathalie Sarraute

IN SEINER FAUST

Alte Herrn wie ihn liebte sie sehr: Man konnte mit ihnen sprechen, sie verstanden so viele Dinge, sie kannten das Leben, sie hatten mit interessanten Leuten verkehrt (von ihm wusste sie, dass er der Freund von Félix Faure[1] gewesen war und dass er die Hand der Kaiserin Eugénie[2] geküsst hatte).

Wenn er zu ihren Eltern zum Diner kam, ging sie – ganz kindlich, ganz ehrerbietig (er war so gescheit), ein wenig eingeschüchtert, aber zappelnd (seine Meinungen zu hören musste so lehrreich sein) – ging sie als Erste in den Salon, um ihm Gesellschaft zu leisten.

Er stand mühsam auf: «Ei! Da sind Sie ja! Nun, wie geht es Ihnen denn? Und wie geht es überhaupt? Was machen Sie? Was werden Sie Schönes unternehmen dieses Jahr? Ach, Sie gehen wieder nach England zurück? Ja wirklich?»

Sie ging dorthin zurück ... Wirklich, sie liebte dieses Land so sehr. Die Engländer, wenn man sie kannte ... Aber er unterbrach sie: «England ... Ach! ja, England ... Shakespeare? Wie? Nicht wahr? Shakespeare. Dickens. Ich erinnere mich, sehen Sie, als ich jung war, unterhielt ich mich damit, Dickens zu übersetzen. Thackeray. Sie kennen Thackeray? Th... Th... So sprechen sie es wohl aus? Wie? Thackeray? Das ist es wohl? So sagt man es wohl?»

Er hatte sie gierig ergriffen und hielt sie zur Gänze in seiner Faust. Er sah zu, wie sie ein wenig zappelte, wie sie sich ungeschickt sträubte und kindisch mit ihren kleinen Füßen in der Luft herumschlug, und dabei immer liebenswürdig lächelte: «Doch, ja, ich glaube, so ist es gut.

---

1 Republikaner (1841–1899), von 1895 bis zu seinem Tod Präsident Frankreichs.
2 Gemahlin Napoleons III. und von 1853 bis 1870 die letzte Monarchin Frankreichs (1826–1920).

Ja. Sie sprechen es gut aus. Tatsächlich, das t-h... Tha... Thackeray... Ja, so ist es. Aber sicherlich, ich kenne *Vanity Fair*. Ja bestimmt, das ist von ihm.»

Er drehte sie ein wenig, um sie besser zu sehen: – «*Vanity Fair*? *Vanity Fair*? Ach ja, sind Sie sicher, *Vanity Fair*? Das ist von ihm?»

Sie zappelte anmutig weiter, immer mit ihrem kleinen höflichen Lächeln, mit ihrem Ausdruck forschenden Wartens. Er drückte sie immer mehr: «Und welche Strecke nehmen Sie? Über Douvres? Über Calais? Dover? Nicht wahr, über Dover? So ist es wohl? Dover?»

Es gab kein Mittel, ihm zu entrinnen. Kein Mittel, ihn aufzuhalten. Und sie hatte so viel gelesen ... hatte über so viele Dinge nachgedacht ... Er konnte so reizend sein ... Aber er hatte seinen schlechten Tag, eine seiner wunderlichen Launen. Mitleidlos, pausenlos fuhr er fort: «Dover, Dover, Dover? Wie? Nicht wahr? Thackeray? Wie? Thackeray? England? Dickens? Shakespeare? Nicht wahr? Nicht wahr? Dover? Shakespeare? Dover?» – und sie wird weiter versuchen, sich zu befreien, sanft, ohne heftige Bewegungen zu riskieren, die ihm missfallen könnten, und wird ehrfurchtsvoll mit leiser, mit gerade ein wenig bedeckter Stimme antworten: «Ja, Dover, richtig. Sie haben wohl oft diese Reise gemacht? ... Ich glaube, es ist bequemer über Douvres. Ja, wirklich ... Dover.»

Er wird erst zu sich kommen, seine Faust lockern, wenn er ihre Eltern kommen sieht, und sie wird endlich, ein wenig rot, ein wenig zerzaust, das hübsche Kleid ein wenig zerknittert, ohne Furcht, dass er verstimmt würde, wagen, ihm zu entschlüpfen.

Anna Seghers

DER BAUM DES ODYSSEUS

Sogar dieser Tag war zu Ende gegangen. Die toten Freier waren fortgetragen, die Pfeile eingesammelt, das Blut war aufgewaschen. Mann
und Frau sitzen zum ersten Mal wieder am Feuer beisammen wie in
den alten Zeiten. Noch einmal werfen die Götter auf dieses Paar einen
letzten schon gleichgültigen Blick. Alles ist ausgespielt worden, um
diese Wiedervereinigung zu verhindern, alles, um sie endlich herbei-
zuführen. Alles Erdenkliche ist geschehen für und gegen die Heimkehr
des Mannes. Und das Für hat gesiegt. Da ziehen sich die Götter zurück
in ihre ewigen Wohnstätten und überlassen die beiden dem Schicksal.

Wie still das Haus ist. Jetzt verhallt alles in seinem Kopf. Die Musik
auf der Hochzeit, als Achilleus gezeugt wurde, der auch schon lange
vor Troja starb, der Streit der Göttinnen, die Hörner, die zum Krieg
bliesen, die Schlachten vor Troja, das Gejammer in den Straßen der
eroberten Stadt, der Gesang der Sirenen, das Gebrüll des Zyklopen, das
Gegrunze der verzauberten Kameraden, die Saitenspiele der Phäaken,
und zu alledem in einem fort das bewegte Meer.

Wie schrecklich jetzt die Stille ist. Hat man auch furchtbare Götter
gegen sich gehabt, so war man doch immer zusammen in einer Welt
mit den Göttern. Jetzt ist alles verstummt. Und der Rauch auf Ithakas
heimischen Hügeln ist ein gar blasses Wölkchen. Odysseus wäre nicht,
der er ist, wenn er nicht wüsste, was jetzt die Frau denkt: Dieser Mann
kann Odysseus sein. Er kann es auch nicht sein. Zehn Jahre Irrfahrten,
zehn Jahre Troja, das ist eine lange Trennung. Zwar, die Freier hat er
erschlagen. Aber vielleicht ist er nur noch frecher als der frechste Freier.
Vielleicht gibt er sich nur als der Herr aus. Vielleicht ist er nur ein Pirat,
und sein Boot liegt versteckt in einer der Buchten. Was sagt mir denn
mein Herz? – Gar nichts.

Darauf sagte die Frau: «Du wirst müde sein. Ich will dir jetzt dein Bett ans Feuer tragen lassen.» Darauf sagte Odysseus: «Dieses Bett wirst du nicht hier aufstellen können. Als ich dich zu lieben begann, als ich um dich freite – damals als keiner von uns nur ahnte, wo Troja lag –, suchte ich auf meiner Insel den Ort, der gut war, für mein zukünftiges Haus. Ich fand diesen Platz und rodete. Nur einen einzigen starken Baum ließ ich stehen. Ihn bestimmte ich zum Mittelpunkt meines Hauses. Ich kuppte ihn nur, aber den mächtigen Stumpf ließ ich auf seinen Wurzeln stehen. In diesen Stumpf schnitt ich dann unser Bett. Übrigens weißt du das alles ja selbst.»

Zelda Fitzgerald

EIN SÜDSTAATENMÄDCHEN

Stoisch erstreckt sich der Süden meilenweit um Jeffersonville, lange Lehmstraßen ziehen sich über sanfte, von vereinzelten Kiefern bewachsene Hügel, vorbei an endlosen leeren Baumwollfeldern und einsamen Häuschen auf sandigem Grund, und in der Ferne lassen sich bläuliche Berge erahnen. Die Stadt liegt verloren an einem breiten, braunen, wirbelnden Fluss, der an hohen, roten Böschungen vorbeischießt. Die unteren Äste der Uferbäume ragen über den braunen Schaum, und aus dem Spanischen Moos fallen kleine Insekten mit harter Schale in die trägen, länglichen Schatten auf dem Wasser. Brauner Schlamm steht zwischen den Pflastersteinen der Jackson Street, die sich melancholisch am Ufer entlangschlängelt, gesäumt von verfallenden Werften aus einer Zeit, als die Schifffahrt auf dem Fluss noch florierte.

Im Frühling steigt die braune Flut, und mit ihr Schaum, Federfusseln und zarte Zweige, bis an den Gully vor Jeffersonvilles größtem Hotel; dann wissen die Stadtbewohner, jetzt stehen die roten Talsohlen im Umkreis von vielen Meilen unter Wasser.

Glyzinienranken neigen sich im Sommer bis auf den Asphalt hinunter, und die jungen Leute gehen in den lauwarmen Nebenflüssen baden. Abends im Drugstore leuchten die Organzaröcke der Mädchen wie bunte Ballons unter den großen Ventilatoren. In der Dämmerung parken Autos in langen Reihen vor offenen Holzveranden, und das Geklapper aus den Küchen, wo das Abendessen gekocht wird, zieht durch die weiche Dunkelheit hinaus in eine junge Welt, in der sich alles Leben im Freien abspielt. Telefone klingeln, die spitzenbesetzte Schwärze der Baumschatten spuckt junge Mädchen in Weiß und Rosa aus, die über letzte Flecken aus Licht dem Klirren mit einer Vorfreude entgegeneilen, wie man sie nur an Orten kennt, wo nichts passiert als das Angenehme.

Und in Jeffersonville scheint praktisch gar nichts zu passieren; die Tage verstreichen, liegen faul und flüsternd in der Sonne. Ein Lynchmord, eine Wahl, eine Hochzeit, eine Naturkatastrophe, ein wirtschaftlicher Aufschwung werden als gleich wichtig behandelt, als abgerundete, in sich abgeschlossene Ereignisse, die in der schweren, weichen Luft verstauben. Die lähmende Hitze lässt nur sporadische Anstrengungen zu, jeder Wettbewerb verläuft sich in Planlosigkeit. In meiner Jugend säumten Nadelkissen aus Rasen den schnurgeraden Ziegelpfad vor dem Haus State Street Nummer zwanzig. Zwei rissige Betonstufen führten auf den Gehweg aus weißen und blauen achteckigen Pflastersteinen hinunter. Die Wurzeln der riesigen Ulmen sprengten den Stein, und wenn wir Kinder nach der Schule nach Hause rannten, stolperten wir über die Risse. Das Haus war jämmerlich klein, bedenkt man, dass es große Familien beherbergen musste, deren Mitgliederzahl schneller wuchs als das Familieneinkommen; Verpflichtungen neigen nun einmal dazu, im Vergleich mit den Hoffnungen und Fähigkeiten, aus denen heraus sie eingegangen werden, überproportional zu wachsen.

Im Haus Nummer zwanzig teilte sich Harriet mit ihrer kränklichen Mutter und der kleinen Schwester ein Zimmer, das auf eine rückwärtige Veranda mit Blumengittern hinausging. Der Rest des Hauses, die vielen Zimmer und verwinkelten Kammern, die Flure und die Stauflächen unter den Treppen waren vermietet. Es handelte sich um eine Pension der heimeligen Art, familiär wie ein heiteres Sonntagsessen, und während wir heranwuchsen und Harriets Mutter nach und nach zur Invalidin wurde, fiel Harriet immer mehr Verantwortung zu. Ein Mieter, der beim Einzug noch unfreundlich gewesen war, entwickelte spätestens am langen Esstisch ein scheues Draufgängertum, das sich partout nicht mehr ablegen ließ, selbst wenn er merkte, dass eigentlich kein Platz dafür war; Harriet hatte mit ihrer Halbtagsstelle als Lehrerin und all ihren Verehrern genug um die Ohren. Junge Männer, die auf ihre Verheiratung warteten, alte Paare, die von einer einzigen Eisenbahnrente leben mussten, der fröhliche Haufen, der abends hereinschneite und im Wohnzimmer am Ofen saß – sie alle fühlten sich getröstet und beruhigt von Harriets spöttischer Jovialität und ihrem wiehernden Lachen, mit dem sie sich über jede Art von Überheblichkeit lustig machte.

Ihr Umgang mit den Alten war unbefangen, aber tadellos. Allen

Übrigen gestand sie das benötigte Maß an Selbstbetrug zu, solange die Leute nur ihren Seelenfrieden fanden und sich nicht an Harriets lautem Lachen störten, das mit einem Kichern begann, als würde sie gekitzelt, und mit einer Reihe fast schon hysterisch klingender Schluchzer endete. Dabei war Harriets Lachen in Wahrheit tief in Müdigkeit und Überanstrengung verwurzelt; und obwohl sie uns damit auf die Nerven ging bis zu dem Tag, als wir zum letzten Mal das Tor unserer Highschool mit der blinden Venus auf der einen und der Gipsminerva auf der anderen Seite durchschritten, muss man zugeben, dass sie ihre eigenen Nerven auch niemals schonte.

Die Leute fragten sich lange Zeit, warum sie nicht einer befriedigenderen oder aufregenderen Tätigkeit nachging, als zu unterrichten und eine Pension zu betreiben. Allen schien es eine Verschwendung von Tatkraft und Talent zu sein. Wahrscheinlich lag es daran, dass Harriet unfähig war, loszulassen; sie konnte keine noch so kleine Idee oder Lebensphase aufgeben, bevor sie damit vollständig abgeschlossen hatte. In der Schule hatte sie gelernt, man müsse so lange an einer Sache dranbleiben, bis das gewünschte Ergebnis sich einstellte, und so beackerte sie den harten Boden und das hoffnungslose Flickwerk ihrer vielen Pflichten, anstatt sich einer großen Gesamtaufgabe zuzuwenden.

Jeder Ort hat seine eigene Stunde: das winterliche Rom im glasigen Mittagslicht, Paris unter dem blauen Frühlingsflor der Abenddämmerung, New York mit seinen rot glühenden Häuserschluchten bei Sonnenaufgang. Auch Jeffersonville besaß – und besitzt vermutlich bis heute – eine Stunde und eine Stimmung, wie sie nirgendwo sonst zu finden ist. Sie setzte im Frühsommer gegen halb sieben am Abend ein, wenn die Straßenlaternen an den Kreuzungen flackernd erwachten, und sie dauerte an, bis die großen, weiß glühenden Kugeln von innen ganz schwarz waren vor lauter Motten und Käfern und die Kinder von den staubigen Straßen ins Haus gerufen und zu Bett geschickt wurden.

Die Blätter der Ulmen schablonierten ein schwarzes Fries auf den Gehweg, und hemdsärmelige Männer ließen hohe, warme, nach Gummi riechende Wasserbögen auf Prunkwinden und Bermudagras niedergehen, bis die Luft von einem frischen Grasduft erfüllt war und die Damen hinter den dichten Blumenranken eine kurze Weile ohne Fächer auskamen. Die ganze Stadt wartete auf die abendliche Neun-

Uhr-Brise und lag so reglos da, dass man die scharrenden Räder der Straßenbahn, die sich bergan mühte, noch sechs Straßen weiter hören konnte. Die Mädchen, die sich in den Häusern auf den Tanzabend vorbereiteten, hatten die Wahl zwischen schweißtreibender Hitze und den krampfartigen Windstößen aus dem Ventilator.

Eines Tages, das Land war noch im Krieg und Harriet erst neunzehn und eine Novizin, was die abendlichen Vorbereitungen betraf, klingelte es an der Tür. Sie öffnete in blauer Pumphose und riesigem Badetuch, denn ein Klingeln um kurz vor neun konnte nur bedeuten, dass ein Telegramm abgegeben wurde oder etwas Ähnliches, jedenfalls würde man die Tür nur einen Spaltbreit öffnen müssen. Harriet versteckte sich hinter dem Türblatt, streckte den Kopf dahinter hervor und erblickte Dan Stone, dessen Gestalt vom Flurlicht aus der Dunkelheit geschält wurde. Er war Soldat, groß und breitschultrig, hatte die muskulösen Beine eines griechischen Athleten, ein hübsches Ohio-Gesicht, ein kantiges Kinn und eine Arena voll weißer Zähne.

Hinter ihm stand ein Mädchen. Harriet konnte selbst in der Dämmerung auf den ersten Blick erkennen, dass sie nicht aus dem Süden stammte. So wie ihr Haar glänzte, konnte es unmöglich jemals mit dem schlammigen Wasser eines Nebenflusses in Berührung gekommen sein, und ihr dunkles, elegantes Kostüm saß tadellos, weil der Schneider nicht alle halbe Stunde eine Pause hatte einlegen müssen, um sich von der Hitze zu erholen. Wie jedes Mal wenn eine Situation ein Abenteuer zu versprechen schien, frohlockte Harriet, wenn auch beschämt. Sie lachte, er lachte, und ihre spontane Verschwörung waberte über die Veranda, bis selbst die grauen Augen hinter seiner Schulter sie bemerkten.

Er erklärte Harriet, wer er sei, dass die wolkenlosen Augen und das makellose *tailleur* seiner Verlobten gehörten und dass eine Hotellobby voll geraffter Nationalflaggen, Kakimützen und Rotkreuzplakate kein Umfeld für seine Braut sei. Seine Mutter habe sie in den Süden begleiten wollen, sei dann aber erkrankt. Sein Regiment werde jeden Moment ausrücken; ob es Harriets Mutter möglich sei, irgendwo zwischen warmen Biskuits, kaltem Eistee und frischem Gemüse ein Plätzchen für Louise zu finden?

So kam es, dass Louise und Harriet für drei Wochen – eine lange Zeit im Krieg – unter einem Dach als Freundinnen lebten. Harriet führte Louise in die sonnengelben, vertrödelten Spätnachmittage von Jeffersonville ein; sie nahm sie mit auf Autofahrten entlang der Pfeifenstrauchhecken, unter denen eingedellte Früchte verfaulen; sie weihte sie ein in die herbe Süße der Coca-Cola, die neben dem Gemischtwarenladen in großen, mit Eis gefüllten Holzfässern aufbewahrt wird; in den köstlichen Dunst der mexikanischen Hotdog-Stände und in alle anderen Geheimnisse einer Stadt, die, um der Hitze zu entgehen, neun Monate im Jahr unter einem Gewölbe aus vierblättrigen Heckenrosen schläft.

In Jeffersonville kannte jeder jeden; wir wussten, wer wie schwamm oder tanzte und wann er wieder zu Hause sein musste; wir wussten, was der andere am liebsten aß und trank und was seine bevorzugten Gesprächsthemen waren, und wir alle hatten uns gegen die größere, stärkere, ältere, uniformierte Jugend zusammengeschlossen, die neuerdings aus reiner Langeweile unsere Eisdielen und Tanzveranstaltungen belagerte und die zwanglose Gelassenheit unserer Gemeinschaft infrage stellte, die darauf gründete, dass alle zur selben Zeit dasselbe taten. Um fünf gingen wir schwimmen, weil das gleißende Sonnenlicht auf dem Wasser vorher zu stark war; aber mit der Ankunft dieser Truppe aus kälteren Klimazonen machten unsere gewohnten Rituale des Fünf-Uhr-Bades und der Sechs-Uhr-Erfrischung uns plötzlich verlegen, und wir entwickelten derart entschlossen neue, dass selbst die langbeinigen, freundlichen jungen Männer von Jeffersonville kaum noch Schritt halten konnten.

Auf einmal herrschte Frauenmangel. Junge Mädchen, die für Jeffersonvilles Geschmack eigentlich zu hochgewachsen oder zu spröde waren, wurden aus ihren altjüngferlichen Beschäftigungen gerissen und mussten mit den Soldaten tanzen, damit diese sich in lauen Sommernächten nicht ganz so einsam fühlten. Und wie es erst den beliebteren Mädchen erging! Harriets Veranda bog sich unter dem Gewicht der Uniformierten. Die Pension sah aus wie ein Rekrutierungsbüro.

Während der Wochen, die Louise in den weinumrankten, schwülwarmen Tiefen des Südens verbrachte, lungerte Dan ständig in der Pension herum. Er hing über die Holzgeländer gebeugt wie eine schlaksige Gummipuppe, oder er wartete grinsend an der Treppe, bis die Mädchen aus einer Puderwolke traten; das Quieken und Türenschlagen begann, sobald sie ihn unten im Flur gehört hatten. Er kam jeden Abend in der

Glühwürmchenstille vor dem Essen, und er blieb, bis die Straßenbahn ihre letzte Fuhre Sommerlicht durch dämmrige Straßen bis hinaus ins Camp karrte.

Anfangs hielten er und Louise sich zurück, wenn wir, der faule Haufen, mit der Fliegentür knallten und lachten und lautstark die Pläne für den Abend diskutierten. Die beiden aßen in der Stadt zu Abend, unter Ventilatoren so groß wie Flugzeugpropeller; sie saßen da und warteten, bis die dampfenden Maiskolben abgekühlt und die Eiscremekugeln geschmolzen waren, denn sie brachten in der üppigen Treibhaushitze kaum einen Bissen hinunter. Doch nach und nach erlagen auch sie der rastlosen Trägheit auf Harriets Veranda. Dan gefiel es hier, und Louise mit ihren schwarzblauen Haaren und den Aquamarinaugen fand sich immer öfter allein und verwirrt zwischen animalisch riechenden Männern in Kaki und weißen, halbtropischen Blüten mit schwerem Duft wieder. Aus einer dunklen Ecke rollte Dans volles, mitreißendes Lachen heran wie Donnergrollen, und dann folgte aus demselben samtenen, geometrisch abgezirkelten Schatten Harriets freches, freundliches, spöttisches Wiehern.

Sie waren ständig zusammen, aber während der Tage vor Louises Abreise legte sich so etwas wie Ratlosigkeit über das Trio. Anscheinend wurde Dan von einer Art Ehrlichkeitszwang getrieben, Louise in Harriets Beisein zu kränken und zu verletzen. Nicht dass er mürrisch oder unhöflich gewesen wäre, aber seine derbe, entfesselte Art musste sie zwangsläufig erschrecken; Louise empfand ihn als maskulin und einschüchternd, Dan hingegen hatte das Gefühl, einfach nur er selbst zu sein. Sie konnten sich nicht einmal mehr darauf einigen, warum sie nicht mehr glücklich miteinander waren.

Als die Zeit gekommen war, an einem heißen Nachmittag um fünf, begleitete er Louise im Stechschritt über die aufgequollenen Holzplanken des Bahnsteigs zu ihrem Zug, einem langen, schlanken Ding, das wie ein Rennpferd einen Eigennamen trug. Bis zur Abfahrt saßen sie einander auf kratzigen, mit grünem Stoff bespannten, rußfleckigen Sitzen gegenüber und lösten die Verlobung. Die kühle Zuverlässigkeit aus Stahl, Lichtblenden und summenden Ventilatoren flößte Louise so viel Selbstvertrauen und Mut ein, dass sie Dans Wunsch nach Trennung akzeptieren konnte. Und der Anblick des Karrens mit tropfenden

Eisblöcken, der an der dampfenden Lokomotive stand, des trägen, schlammigen Flusses neben den Gleisen und des gedrungenen Bahnhofsgebäudes aus rotem Backstein, hinter dem sich die schläfrigen Gepäckträger im Schatten des Depotschuppens ausruhten, bewahrten Dan davor, ein allzu schlechtes Gewissen zu haben, weil er Louises Zukunftspläne, die sie zwei Jahre lang geschmiedet hatte, mit wenigen Worten zunichtemachte. Als ein heiseres «Einsteigen, bitte!» vom hinteren Ende des Zuges über den Bahnsteig schallte, schwang Dan sich ohne Reue aus dem Waggon.

Nur zehn Minuten später als üblich stand er wieder vor Harriets Haus, was in seinen Augen lediglich bedeutete, dass er seinen Stammplatz auf der quietschenden Verandaschaukel verloren hatte und Harriet ihr frisches Kleid aus rosa Organza schon zehn Minuten länger trug. Auf dem abwechselnd in Licht und Schatten getauchten Gehweg mischten sie sich unter die Flanierenden. Sie waren verliebt.

Monate später – der Krieg hatte sich auf die eine oder andere Weise selbst erledigt, Dan hatte in seinem Auslaufhafen New York auf eine Abreise gewartet, die niemals erfolgte, und unterdessen Stadtluft geschnuppert, und Harriet hatte ein Dutzend anderer Verehrer gehabt und hundert neue Sorgen – schrieb er ihr aus Ohio. Sie solle kommen und seine Mutter kennenlernen.

So lange waren sie nun schon verlobt, so viele Briefe hatten sie einander über so große Distanzen hinweg geschrieben, dass ihre Beziehung zur Kulisse des jeweiligen Alltags geworden war und mit dem eigentlichen Leben nicht mehr viel zu tun hatte; aber Harriet entschied sich trotzdem für die Reise und versuchte, sich an jene Momente zu erinnern, als sie und Dan einander entdeckt hatten. Im August, als Jeffersonville verlassen dalag, die Zeitungen vor verschlossenen Haustüren in der Hitze vergilbten, die vernachlässigten Rasenflächen in der sengenden Sonne Alabamas verdorrten und die Lichtreflexe auf den geschlossenen Fensterläden den ohnehin heißen Asphalt noch weiter aufheizten, brach Harriet gen Norden auf, um noch einmal in der Schönheit vergangener Vollmondnächte zu schwelgen. In Ohio hoffte sie Zypressensümpfe voll heiserer Frösche zu finden, funkelndes Mondlicht auf schwarzem, schaumigem Wasser, den Duft von Kiefernholzrauch aus den Schornsteinen abgelegener Hütten und, vor allem, jugendliche Anmut in Leder und Uniform – junge, fremde Soldaten, die Helden ihrer aufregenden Jugendjahre.

Dan, so schrieb sie nach Hause, habe in einer riesigen Bahnhofshalle aus Glas und Kacheln auf sie gewartet. Harriet fühlte sich an einen Operationssaal erinnert, sofort machte sich von ihrem Nacken aus ein beunruhigendes Gefühl breit und erschütterte die freudige Leichtigkeit, mit der sie ihm eigentlich hatte entgegentreten wollen. Die blau-weißen Strahlen aus dem Oberlicht des Bahnhofs trafen ungefiltert auf ihr Wangenrouge, das im weichen, verschwommenen Licht des Südens viel vorteilhafter gewirkt hätte, und selbst bei bestem Willen gelang es Dan nicht, jene Zweifel zu verdrängen, die einen Mann überkommen, wenn er sich einer Frau aus schlechteren Verhältnissen gegenübersieht. In bleierner Stille zogen von gestutzten Bäumchen und leuchtend weißen Fassaden gesäumte Alleen vorbei, bis er ihr vor einem Haus mit einer schimmernden Tür aus Glas und Schmiedeeisen aus dem Wagen half. Dahinter wartete seine Mutter.

Dans Mutter war so knapp, abweisend und schwarz-weiß wie eine Buchseite. Harriet, die nur müde und erschöpfte Alte gewöhnt war, verfiel in Panik. Angesichts der unzähligen silbernen Bilderrahmen an den Wänden und der bunten Buchrücken in den Regalen ließ ihre Konzentration bald nach, immer wieder suchte ihr Blick hinter Blumenkörben und unter dem Bärenfell Zuflucht. Schon der Anfang verhieß nichts Gutes. Am liebsten wäre sie davongelaufen, und während ihrer Tage in der roten Ziegelsteinvilla empfand sie bei jeder Begegnung mit der Hausherrin den Wunsch, aus dem nächsten Fenster zu springen.

Die Sommerabende verbrachte man im Kabarett oder mit dem Abschreiten langer Reihen aus Geranien, die in den Country Clubs die breiten Kieswege säumten. Viele Leute waren verreist, und es fanden kaum Partys statt, sodass sie am Ende sogar Louise besuchten, ein Treffen zu viert um der guten alten Zeiten willen.

Manchmal fuhren sie über glatte Asphaltstraßen bis zu einem Vergnügungspark. Diese Ausflüge gefielen Harriet am besten, denn über dem Duft der geschmolzenen Popcornbutter, dem beißenden Pulverdampf der Schießstände und dem süßlichen Metallgeruch der Karussells schwebte ihr beider Lachen und hallte durch die Abendluft wie ein Echo aus Kriegszeiten. Aber diese Momente waren selten.

Louise und Dan entdeckten Gemeinsamkeiten wieder, beispielsweise ihre Vorliebe für Korbstühle und hohe Longdrinkgläser auf Clubterrassen. Inmitten des Klapperns der Golfschläger, von Autohupen und dem sanften Klimpern der Pokerchips im hinteren Teil der Bar verfielen sie nach und nach in nostalgisches, distinguiertes Schweigen.

Harriet erschien das Ganze wie ein Bild aus einer Illustrierten, wie eine Reklame mit dem Untertitel «In Palm Beach rauchen alle Melliflors», nur dass der Text hier «In Ohio gibt es die besten jungen Menschen, und mehr davon als anderswo» lauten müsste. Sie wunderte sich, wie derb ihr Lachen klang, und ihre eigenen lockeren Südstaatenmanieren ärgerten sie. Weil sie in den Augen der anderen so befremdlich wirkte, wurde sie sich selbst fremd. Sie, die niemals reich oder eine gute Partie gewesen war, hatte keinerlei Erfahrung mit der schützenden Förmlichkeit und Zurückhaltung der besseren Gesellschaft. Während der weißen Leinennachmittage fühlte sie sich wie ein Anhängsel.

Als die letzte Woche ihres Aufenthaltes anbrach, war sie erleichtert. Louise kam jetzt ständig zu Besuch, ihre Stimme huschte über die dicken Treppenläufer oder verfing sich in matten Diskussionen mit Dans Mutter; immerzu redeten sie über Ligen und Vereine und Organisationen, die sich der Vorbeugung von diesem oder jenem verschrieben hatten. Louise gehörte in dieses stille Haus. Das Kerzenlicht in den Rundungen der Silberschüsseln, das Funkeln des Goldtellers, auf dem die Erdbeeren lagen, die Erkenntnis, dass Wasser schwerer sein konnte als das Glas, in dem es serviert wurde, sorgten bei ihr nie für überwältigende Verwirrung oder das Gefühl einer erdrückenden Unzulänglichkeit, das war ihr von den ruhigen, dämmergrauen Augen abzulesen.

All das spürte Harriet, und sie war weniger verletzt und überrascht, als Dan gedacht hätte, als er ihr eröffnete, er wolle Louise heiraten. In dem Augenblick sehnte sie sich nach nichts so sehr wie nach den nackten Dielen von Jeffersonville, einem saftigen Sonntagsschinken, dem vertrauten Klappern des grün geränderten Porzellans auf dem Esstisch der Pension.

Als sie wieder zu Hause war, erzählte sie uns von den Clubs und den Autos und der Kleidung der Leute im Norden. Sie sagte, sie und Dan hätten sich einfach gegen eine Heirat entschieden. Sie könne ihre Mutter nicht im Stich lassen.

Kurz darauf verließ ich Jeffersonville, aber ich kann mir vorstellen, wie der Winter kam und die Leute in Harriets Wohnzimmer immer zahlreicher und vielleicht auch jünger wurden. Während der Weihnachtsfeiertage fielen die Collegestudenten dutzendweise ein, um Würfel zu spielen und herumzualbern und die Mädchen zu necken; wenn Harriet einmal ihre Ruhe haben wollte, musste sie das Haus verlassen. Bei den Bällen am Samstagabend hangelte sie sich von Arm zu Arm, ohne auch nur einen Schritt zu tanzen. Alle mochten sie, weil sie immer gute Laune hatte und niemandem je zu nahe trat.

Die alten Leute fragten sich, wie sie es schaffte, den ganzen Tag zu arbeiten, die ganze Nacht zu feiern, sich zwischendurch noch um die Pension zu kümmern und dabei immer freundlich und glücklich zu wirken. Sie sparte kleinere Beträge, um zwei Mal im Jahr in eine große Stadt zu reisen. Einmal hat sie mich während des Sommers in New York besucht. Sie lernte eine Art Französisch und kaufte sich sämtliche Modemagazine. Sie war fest entschlossen, sich über das Angebot von Jeffersonville hinaus zu bilden.

Fünf weitere Sommer und Winter zogen vorbei wie der Fluss, legten sich wie ein sanfter Nebel auf die Salbeibeete und die Rosenhecken und Süßgrasflächen der Stadt. Die Kinder, für die Harriet früher Anziehpuppen auf Papier gezeichnet hatte, bevölkerten die Tanzveranstaltungen im Country Club, und die meisten ihrer Altersgenossen waren längst selbst Eltern.

Gelegentlich fuhr ich nach Hause und traf die Frauen, mit denen sie aufgewachsen war und die sie, wenn sie am Bridgetisch saßen oder am Stubenwagen standen, vage bemitleideten. Sie spekulierten über die Gründe, warum Harriet nicht einfach diesen oder jenen Mann geheiratet hatte, warum sie den langen, kreidigen Vormittagen in der Grundschule und den sanften Klagen ihrer alten Pensionsgäste den Vorzug vor den vergoldeten Heizkörpern und dem geblümten Chintz eines gepflegten Vorstadtbungalows gab.

Die Leute zogen fort und kamen wieder; ihre verheirateten Freundinnen und die jungen Männer, die Harriet noch aus Kriegszeiten kannten, behaupteten, sie habe sich kein bisschen verändert. Die Leute, mit denen sie Umgang pflegte, wohnten jetzt in dem Ring aus teuren, weißen Bungalows, der sich um die Stadt gebildet hatte. Alle besaßen

Cocktailgläser mit Silberrand, dinierten bei Kerzenlicht und mochten den Geschmack von Dosenkaviar. Sie veranstalteten Nachmittagstees und Abendessen und Partys für Fremde, die mit einer Einladung vom Club oder einem Empfehlungsschreiben in die Stadt kamen, oder um ein Konzert zu geben oder einen Vortrag zu halten.

Charles war einer von denen mit Empfehlungsschreiben. Er war Architekt. Jeffersonville ist für seine alten Treppenhäuser und Türoberlichter ebenso bekannt wie für seine Gastfreundlichkeit. Harriet lernte ihn auf eine lustige Weise kennen: Er stand eines Abends vor der Tür, das Flurlicht fiel auf seine breiten Schultern und eine Arena aus weißen Zähnen. Er war groß und lachte wie verrückt, weil sie ihm die Tür in ein paar zarten Wäschestücken mit riesigem Badetuch darüber geöffnet hatte. Sie hatte ja nicht ahnen können, dass er so unvermittelt auftauchen und nach einem Zimmer fragen würde. Sie lachten zusammen, und Harriets Angst, die Lust am Leben zu verlieren, huschte über die altersschwache Veranda davon, in die Flucht geschlagen von zwei Menschen, die herzlich und schallend um die Wette lachten.

Sie wurden ständig zusammen gesehen, und so wunderte sich niemand, als sie eines Tages durchbrannten und heirateten. Er lebte nämlich in Ohio und wollte nicht warten, bis die umständlichen Vorbereitungen für eine ordentliche Hochzeit getroffen waren. Das ist jetzt zwei Jahre her, und ich kann vermelden, dass sie glücklich sind – Harriet hat endlich das Glück gefunden, das sie immer gesucht und mehr als verdient hat. Sie wohnen in einem feinen Haus mit schmiedeeiserner Tür, zusammen mit seiner Mutter, einer sehr reichen und Respekt einflößenden Witwe in schwarzem Taft, und offenbar verbringt Harriet viel Zeit damit, sich für alle möglichen Ligen und Vereine einzusetzen.

Ihr Leben ist von Kerzenlicht und funkelnden Gegenständen erfüllt. Und natürlich hat sie ein Baby bekommen, groß und breit für sein Alter, das sieht man auf den Fotos. Sie hat den Kleinen Dan genannt, «denn», wie sie mir schrieb, «das ist der einzige Name, der wirklich zu ihm passt».

Marie Luise Kaschnitz

EIN MANN, EINES TAGES

Ein Mann, eines Tages, betrachtet eine Visitenkarte, auf der geschrieben, aber nicht gedruckt, ein weiblicher Name steht, dreht sie
um, so als könne er auch auf der Rückseite noch etwas entdecken,
eine Erklärung, aber natürlich, da steht nichts. Der Mann nickt dem
Bürodiener unwillig zu, sagt aber, ehe der geht, die Besucherin herein-
zuführen, noch, hören Sie, Backe, wir haben heute Abend Gesellschaft,
ich muss noch Verschiedenes besorgen, ich habe keine Zeit. Sagen Sie
der Dame, sie soll sich kurz fassen, oder besser, kommen Sie nach fünf
Minuten und melden Sie ein Ferngespräch auf dem andern Apparat,
oder Fräulein Lippold soll die Unterschriftenmappe bringen. Wohl,
Herr Direktor, sagt der Diener und macht die Türe hinter sich zu. Der
Mann legt die Visitenkarte auf den Tisch und starrt weiter auf den
Namen, Helene Soundso, der ihm nichts sagt, ihm eigentlich nur ein
Gefühl übermittelt, das aber kein angenehmes ist. Als er die Tür wieder
aufgehen hört, nimmt er sich zusammen, steht auf, macht sein Welt-
beglückergesicht, gnädige Frau, was kann ich für Sie tun, und ist gleich
peinlich berührt, weil die Frau nicht antwortet, sondern ihm nur, er-
wartungsvoll lächelnd, in die Augen sieht. Gott wie unangenehm, eine
alte Bekannte, die man erkennen sollte und nicht erkennt.

Entschuldigen Sie, aber im Augenblick, sagt er und denkt erbittert,
ungerecht ist das, sie weiß, zu wem sie kommt, und ich weiß nichts.
Womöglich habe ich etwas mit ihr gehabt, aber das muss schon lange
her sein, vielleicht will sie Geld, fünfzig Mark, meinetwegen, und dann
adieu.

Robert, sagt die fremde Frau lächelnd, ich bin Lena, und streckt
ihm die Hand hin, die er nimmt und drückt, sie hat ihren Handschuh
ausgezogen und er bemerkt, nicht ohne Erleichterung, dass sie einen
Ehering trägt.

Lena, sagt die Frau, oder Leni, damals noch nicht verheiratet, flieger-
geflüchtet im badischen Wiesental, da war ich zwanzig Jahre alt, der
Krieg war beinahe zu Ende, aber das wussten wir nicht.

Bitte, sagt der Mann und macht eine elegante Handbewegung,
wollen Sie sich nicht setzen, natürlich, jetzt erinnere ich mich, und er
erinnert sich auch, nämlich an Küsse in einem Geräteschuppen, und mit
dem Namen Leni waren diese Küsse allenfalls in einen Zusammenhang
zu bringen, aber mit dieser fremden Dame nicht. Geräteschuppen oder
Heuspeicher, Märzgewitter und Schüsse, und er selbst tagelang nicht
aus der Uniform gekommen, dreckig, stinkend, unbegreiflich, dass eine
Frau so etwas tut. Vielleicht hat er ihr Geld gegeben, aber was war
damals Geld, vielleicht Zigaretten oder zu essen, aber nein, sie hatte
ihm zu essen gegeben, vielleicht hatte sie ihm mit ein paar Brotkrusten
das Leben gerettet, dem armen verhungerten Schwein.

Die Frau hat sich auf den Besucherstuhl gesetzt, dass sie noch immer
lächelt, berührt den Mann unangenehm, was gab es da zu lächeln, wenn
einer von ihnen sich gut gehalten hatte, war er es, sie ist keine Matrone
geworden, aber ein altes Mädchen, Frauen haben nur zwischen beidem
die Wahl. Ein leichtfüßiges altes Mädchen mit rötlichen Haaren, mit
fleckigem Teint und Krähenfüßen unter den hellen Augen, und auf den
Händen zeigen sich dann auch kleine braune Flecken, diese Hände
starrt er jetzt wieder an.

Sie sind verheiratet, sagt er verbindlich, haben Kinder, erzählen Sie.
Er schlägt ein Bein über das andere und öffnet den Zigarettenkasten,
die besseren Zigaretten für prominente Besucher und die Initialen der
Firma stehen auf jeder gedruckt.

Gut, sagt die Frau und greift in den silbernen Kasten, eine Zigarette,
damals haben wir auch eine Zigarette geraucht. Damals, damals, denkt
der Mann ärgerlich, wenn sie nur damit aufhören würde, und sagt, ich
kann leider nicht mithalten, ich habe mir das Rauchen abgewöhnt.

Die Frau lächelt wieder und auch diesmal ärgert er sich, was war
denn schon dabei, von seinen Altersgenossen rauchte fast keiner mehr,
deshalb brauchte man noch kein Angsthase zu sein. Seine Frau hatte
darauf bestanden und natürlich hatte sie ganz recht gehabt.

Meine Frau, sagt er, vorstellend gewissermaßen, und rückt die große,
in Silber gerahmte Fotografie so, dass die Besucherin sie sehen kann,

und auch sehen kann, wie jung seine Frau aussieht und wie geschmackvoll sie gekleidet ist, enger Rock und Pullover und die dreifache Perlenkette um den Hals.

Aha, sagt die Frau, was von Interesse zeugen kann, aber auch von völliger Gleichgültigkeit, als ob sie sich mit seiner Frau messen könnte, das dürftige Gestältchen, und Pullover ist nicht Pullover, Rock ist nicht Rock. Ich könnte Ihnen, sagt er schnell, auch die Bilder meiner Kinder zeigen, aber ich habe sie zu Hause, zwei Buben sind es, prächtige Burschen, der eine ist schon beim Militär. Auch eine Fotografie von unserem Haus könnte ich Ihnen zeigen, eine Wand ist aus Glas und ein Schwimmbecken haben wir seit dem vorigen Jahr. Der Mann beißt sich auf die Lippen, er hasst es, zu protzen, macht sich nicht viel aus dem Schwimmbecken und schon gar nichts aus der Glaswand, es gibt aber Leute, bei denen sagt man lauter falsche Sachen, dafür kann man nichts, sie fordern einen dazu heraus. Mein Junge, redet er weiter, hat das Sportabzeichen, so heißt es ja jetzt nicht mehr, nun, Sie wissen schon, jedenfalls hat er eine Medaille bekommen beim Skispringen, das ist schon etwas, da darf man kein Angsthase sein.

Kein Angsthase, denkt der Mann plötzlich, er hat das Wort jetzt schon zum zweiten Mal gebraucht und es hat eine Saite in ihm angeschlagen, die noch immer scheppert und klirrt. Wahrscheinlich, sagt er, bin ich Ihnen zu Dank verpflichtet, und macht eine unwillkürliche Bewegung, die Hand zur Brieftasche, aber auf halbem Wege schon aufgehalten, jetzt liegt seine Hand mit den gut gepflegten Fingernägeln auf der Tischplatte, jetzt greift sie nach dem Telefonhörer, weil der Apparat ein diskretes Summen von sich gegeben hat. Ihre Frau Gemahlin, sagt die Telefonistin, darf ich sie Ihnen geben, und er sagt ja, hebt, zu seiner Besucherin gewendet, bedauernd die Schultern und hört sich an, was seine Frau ihm mitzuteilen hat, lauter Aufträge für die Abendgesellschaft in seinem Haus. Ja, sagt er am Ende, wird gemacht, auf gleich, nein, ich bin nicht müde, ich habe Besuch. Sie müssen entschuldigen, sagt er, als er den Hörer hingelegt hat, wir geben heute Abend eine Gesellschaft, ich hätte Sie gern dazu eingeladen, aber es ist geschäftlich, Fusion zweier Unternehmen, es wird ganz langweilig, aber das ist der Beruf.

Dazu bin ich nicht gekommen, sagt die Frau, ich dachte nur, – und hält inne und sieht ihn nachdenklich an.

Wozu also, fragt der Mann unhöflich, und dabei fällt ihm plötzlich alles ein, der kahle Buchenwald über der kleinen Ortschaft, der Befehl, bis zum letzten Mann Widerstand zu leisten, und er war keineswegs der letzte Mann gewesen, aber er war fortgelaufen und hatte sich versteckt. Vielleicht war ihm auch zuerst nur schlecht geworden und er war in ein Bauernhaus gelaufen und hatte um Wasser gebeten, aber dann war es gekommen, der Nervenzusammenbruch, das Heulen und Schreien und Sich-über-den-Tisch-Werfen, und das alles vor dem Mädchen, das jetzt an seinem Tisch saß und das ihn damals in einem Schuppen versteckt hatte, und zu essen hatte sie ihm gebracht und ihn geküsst. Zu dumm, es hatte sich nur um ein paar Tage gehandelt, dann hatte sich seine ganze Abteilung ergeben, und wenigstens seinen Namen hätte er nicht nennen sollen, oder einen falschen, weil Frauen ein so fürchterliches Gedächtnis haben, für Frauen sind zwanzig Jahre nur wie ein Tag.

Er rückt auf seinem Stuhl hin und her und versucht, dem Blick seiner Besucherin standzuhalten, der aber jetzt von ihm abgleitet, die Frau schaut zu Boden, er sieht ihre Augen nicht mehr. Sie redet aber endlich weiter, vielleicht, sagt sie, vielleicht bist du mir wirklich zu Dank verpflichtet, vielleicht habe ich dir wirklich das Leben gerettet, und nun wollte ich sehen, was das für ein Leben ist.

Was für ein Leben, denkt der Mann erbittert, als wenn er nicht etwas erreicht hätte, Direktor mit noch nicht fünfzig Jahren, Verantwortung für ein paar Hundert Menschen, eine Familie, ein Haus. Damals war er 27 Jahre alt gewesen und hatte Gedichte gemacht und gemalt, wahrscheinlich hatten sie davon gesprochen und jetzt erwartet sie noch immer etwas dergleichen, aber komm einer noch zu solchen Dingen, wenn ihn der Beruf beim Wickel hat, nicht einmal zum Lesen kommt man mehr, nur seine Frau las abends im Bett und erzählte ihm etwas und darüber fielen ihm die Augen zu.

Mein Leben, sagt er trotzig und denkt, wie kommt sie dazu, mich zur Rechenschaft zu ziehen, ebenso gut könnte ich nach ihrem Leben fragen, wahrscheinlich ist sie Schullehrerin geworden oder Schriftstellerin, sie redet so merkwürdig, ja, das wird es sein. In diesem Augenblick kommt der Diener, der an der Tür geklopft und keine Antwort erhalten hat, ins Zimmer und will sein Sprüchlein sagen, und der Mann fährt auf und sagt, es ist gut, Backe, Sie können gehen.

Du hast es weit gebracht, sagt die Frau unbefangen und sieht ihn freundlich an. Aber der Mann kann sich darüber nicht freuen, er hat jetzt einen Verdacht, der ihn nicht mehr loslässt, was ihm eben eingefallen ist, kann die Frau weitererzählen, ihrem Mann hat sie es vermutlich schon erzählt. Eine kleine Geschichte, seine Geschichte, natürlich nicht mit seinem Namen, nur ein Herr Direktor, der abends eine Gesellschaft geben und am nächsten Tag feierliche Reden halten soll, ein Vorgesetzter, ein Vorbild, und einmal ist er weggelaufen, man kann schon sagen desertiert, und hat geweint und geschrien. Seine Angestellten werden das erfahren und seine Frau und sein Junge, der bei der Bundeswehr ist, und die Zeiten, in denen man über so etwas nachsichtig geurteilt hat, sind schon lange vorbei. Vielleicht war die Frau gekommen, um sich ihr Schweigen erkaufen zu lassen, Geld, das wäre eine Möglichkeit, aber es gibt eine bessere, ableugnen, alles ableugnen, auch das bereits Zugegebene, jedes Wort. Und kaum, dass sich der Mann hierzu entschlossen hat, beugt er sich auch schon über den Tisch und sieht seine Besucherin liebenswürdig an.

Wie, sagten Sie, fragt er, hieß der Ort, von dem Sie gesprochen haben?

Ich habe es nicht gesagt, antwortet die Frau arglos, aber er hieß Sandhofen, unser Haus war das letzte am Abhang hinter der Kirche, die Bauern, denen es gehörte, hießen Huber, es war da eine Linde und ein steinerner Brunnentrog vor der Tür.

Sandhofen, sagt der Mann mit furchtbarer Glätte, nein, da war ich nie. Ich muss Ihnen etwas gestehen, setzt er hinzu, als Sie hereinkamen, habe ich geglaubt, Sie zu erkennen, aber das war ein Irrtum, ich kenne Sie nicht. Ich war auch gar nie in der Gegend, auch zu Ende des Krieges nicht, da war ich im Westerwald und bin auch da in Gefangenschaft geraten. Mein Name ist nicht eben selten, auch Robert heißen noch andere Leute, es tut mir leid, dass Sie die weite Reise gemacht haben, umsonst.

Robert, sagt die Frau erschrocken, und einen Augenblick lang wird der Mann unsicher, er steht auf und sieht zum Fenster hinaus. Hören Sie, Robert, sagt die Frau hinter seinem Rücken, jetzt duzt sie ihn nicht mehr, jetzt versucht sie nur zu retten, was noch zu retten ist. Ich will doch nichts von Ihnen, sagt sie, wir wollen uns die Hand geben und dann will ich gehen. Ja, wohin, denkt der Mann böse, in den Wartesaal oder ins Gasthaus, da macht man Bekanntschaften, da kommt man ins Erzählen und morgen früh bringen sie mein Bild auf der ersten Seite und auf der letzten die Geschichte, nein, ich bin es nicht gewesen, ich gebe nichts zu.

Er dreht sich um und setzt sich wieder an den Schreibtisch und dabei bringt er es fertig, einen der Klingelknöpfe leicht zu berühren. Nein, wirklich, sagt er, ich war nie im Wiesental, ich habe zuerst geglaubt, Sie zu kennen, aber es war ein Irrtum, ich kenne Sie nicht.

Die Frau starrt ihn an, offenbar zweifelt sie jetzt an ihrem eigenen Verstande, was dem Mann nur recht sein kann. Ja, so irrt man sich zuweilen, redet er weiter, glatt und liebenswürdig, er redet seinen Kopf aus der Schlinge, aber aus was für einer Schlinge, einer ganz anderen, als er wahrhaben will. Aber sicher ist sicher, und nun greift er doch nach einer Zigarette, und wenn die Frau ihn beobachtete, könnte sie seine Finger zittern sehen. Ich hoffe, sagt er, Sie werden Ihren Robert noch finden, wenn ich Ihnen dabei behilflich sein kann, ich bin mit Vergnügen dazu bereit.

Ich finde ihn nicht mehr, sagt die Frau ruhig, ich kann ihn gar nicht mehr finden, Sie haben ihn getötet, aber das ist jetzt egal. Überspannt, denkt der Mann, ich wusste es ja, und horcht auf die Schritte seiner Sekretärin, die jetzt, ohne anzuklopfen, ins Zimmer kommt, sie hat die Unterschriftenmappe in der Hand. Darf ich vorstellen, sagt der Mann, Fräulein Lippold, meine Sekretärin, meine Perle, wohin käme ich ohne sie. Fräulein Lippold nickt und wirft einen geringschätzigen Blick auf die Besucherin, die sie vertreiben soll. Ja, nun müssen wir wohl noch ein bisschen arbeiten, sagt der Mann, meine Frau wird auch warten, die Gäste kommen um zwanzig Uhr.

Guten Abend, Herr Direktor, sagt die Frau, und alles Gute, wohlerzogen und ohne alle Ironie. Sie geht schnell vor der Sekretärin durch die Türe, und kaum, dass die beiden verschwunden sind, hat der Mann keine Lust mehr, Briefe zu unterschreiben, und keine Lust mehr, Besorgungen zu machen, und keine Lust mehr, neben seiner schön angezogenen Frau in der Halle zu stehen und die Gäste zu empfangen. Er stützt den Kopf auf die Hände und denkt an damals und rührt sich nicht. Er weiß schon, dass seine Frau am Apparat ist, und weiß auch schon, was sie sagen wird, na hör mal, das ist doch eine Rücksichts-losigkeit, ja das ist es auch, aber er antwortet trotzdem nicht. Er denkt weiter an damals, jetzt, wo er die Frau nicht mehr sieht, sieht er das Mädchen ganz deutlich und sieht auch sich selber, tränenüberströmt, zwei junge verlorene Menschen, die beieinander Schutz suchen, reden und träumen, und wie die Schüsse allmählich zum Schweigen kommen, fängt die Wirklichkeit an. Das Leben ein Traum, der Traum ein Leben, zwei Theaterstücke haben so geheißen,[1] sie haben sie im Abonnement gehabt, aber er hat nicht hingehen können, er hat keine Zeit. Schade, denkt der Mann und weiß dabei gar nicht, was er bedauert, dass er nicht im Theater gewesen ist oder dass er die Frau hat weggehen lassen, oder dass er sein Leben gelebt hat, wie er es gelebt hat, – aber nein, so weit kommt es mit ihm nicht.

Er steht auf und schließt seinen Schreibtisch ab, auf der Straße sieht er sich um, da ist niemand, jedenfalls keine Frau. Er fährt im Wagen in die Stadt und holt die bereits gerichteten Päckchen, die Läden schließen schon, es ist höchste Zeit. Es ist höchste Zeit, dass er nach Hause kommt, die Zigarette hat ihm nicht gutgetan, vor seinen Augen schwankt die Straße und durchsetzt sich mit Vergangenheit, auch liegt da plötzlich ein junger Mensch, über den er hinwegfährt wie über einen kleinen Erdwall, aber als er erschrocken anhält und aussteigt, ist es nichts, nur ein Lichtstrahl, ein Wintermondstrahl aus einer Hauslücke, und nur noch um zwei Ecken, dann ist er zu Haus. Am nächsten Morgen möchte er jemanden im Büro nach der Besucherin fragen, ob sie wirklich da war oder nicht, aber wie kann man so etwas fragen, und es ist dazu auch gar keine Zeit. Die Herren kommen schon ins Konferenzzimmer, auch die Presse ist bereits da und die Fotografen stehen mit allerlei Lampen und großen Apparaten bereit. Ein großer Augenblick, Herr Direktor, und bitte, Ihre Krawatte, sagt Fräulein Lippold und rückt seine Krawatte gerade, und wahrhaftig, ein neues Stück Leben beginnt.

---

1 Pedro Calderón de la Barcas (1600–1681) *Das Leben ist ein Traum*, 1635 uraufge-führt, und Franz Grillparzers (1791–1872) *Der Traum ein Leben* von 1840.

Marieluise Fleißer

WEG IN DIE LANDSCHAFT

Die Woche zuvor war es noch unentschieden; auf einmal ist aber an einem schönen Tag was besonders Helles und Leichtes in der Luft, dass man den Hut lieber in der Hand trägt und das Gesicht ein wenig freier aufhebt wie gewöhnlich. Die Leute in den Straßen reden unvermittelt lauter und gehen eiliger; durch die offenen Fenster fühlt man die vielen Stimmen aus den Wohnungen mit. Draußen vor dem Stadttor, wo die Straße eine Biegung macht, hängt die Wäsche kleiner Leute an schiefen Stricken über den zwischen den Mauern ausgesparten Wiesen. Auf einmal gibt es so viel Menschen im Freien wie sonst das ganze Jahr nicht, sie schauen schneller zufassend wie sonst und zeigen einander die ersten Blattansätze an den Bäumen. Sie spazieren etwas grundlos und aktiv des Längeren um die Stadt herum und suchen das kleine Helle, was sie an dieser Luft so rührt und das sie wie einen guten Atem mit heimnehmen möchten. Etwa in der Mitte zwischen den beiden Haupttoren läuft senkrecht zu den viel begangenen Spazierwegen ein einsamer Staudamm stundenweit ins flache Land hinaus. Sein Boden aus bleichem festgestampftem Sand lässt den Schritt klingen wie auf Ton. Auf dieser einzigen Erdfalte läuft man, verfolgt von seinen eigenen Schritten, ganz winzig und verloren in einen riesigen Himmel hinein. Rechts zeigt bebautes Land sein gefurchtes, nach der Denkweise der Menschen geordnetes Gesicht, aus dem der strenge Geruch von aufgebrochenen Schollen weht. Links senkt es sich zu einer moorig-durchsickerten Wildnis, durch die das fast stehende Altwasser des Flusses, in unnötigen Umkehrungen hängend, sein träges, von wimmelnden kleinen Fischen geschwärztes Wasser schiebt. Weidenstrünke halten ihre dünnen, unvermittelt angesetzten rötlichen Saugzweige geheimnisvoll in die Luft. Eine Schwermut der Gärung steigt von dem Boden auf. Wenn ein Wolkenschatten darüber weggezogen ist und plötzlich wieder die Sonne scheint, blickt die Gegend wie ein dunkles Auge, das sich unvermittelt öffnet, zum Himmel auf, mit einem eigentümlichen wilden Glanz. Bisweilen gehen unter diesem ziehenden Himmel einzelne junge Mädchen mit einer kleinen empfindlichen Blässe unter den Augen und lächeln sich fast krank.

Marguerite Yourcenar

DER ERSTE ABEND

I

Es war ihre Hochzeitsreise. Der Zug eilte der banalen Schweiz entgegen; sie saßen im reservierten Abteil und hielten sich an der Hand. Ein Schweigen lastete auf ihnen. Sie liebten sich oder hatten es zumindest geglaubt, doch die unterschiedliche Art ihrer Liebe bewies ihnen nur, wie wenig ähnlich sie einander waren. Sie, vertrauensvoll, fast glücklich, jedoch bange vor diesem neuen Leben, das beginnen und aus ihr eine andere Frau machen würde, eine Frau, die sie, und das wunderte sie selbst, nicht kannte und die sie sich vorzustellen versuchte wie eine Fremde, an die sie sich gewöhnen musste; er, erfahrener, die ganze Unbeständigkeit des Gefühls ahnend, das ihn zu diesem jungen Mädchen getrieben hatte, einem Mädchen, das dazu bestimmt war, banal zu werden, wenn es zur Frau geworden wäre. Was ihm an ihr gefallen hatte, war genau das, was verschwinden sollte, ihre Arglosigkeit, ihr Staunen, die Atmosphäre unberührter Jugend, in der er sie kennengelernt hatte. Er malte sie sich aus: ihrer Reize verlustig, unförmig, in die Niederungen des Ehelebens abgesunken, das aus ihr eine Frau wie jede andere machen würde. Gleich nähme er sie in die Arme und zerstörte sie. Ein Augenblick würde genügen; wenn er seine Umarmung löste, hätte er im Herzen die Empfindung eines Mordes, für den nicht einmal die Leidenschaft mildernde Umstände liefern würde, denn schließlich begehrte er sie nicht. Oder zumindest begehrte er sie nicht mehr als jede andere.

Er fragte sich, was sie dachte. Dachte sie daran? Oder, besser gesagt, dachte sie? So viele Frauen dachten an nichts. War sie wirklich einfältig genug, um vom Leben die Enthüllung eines Geheimnisses zu erwarten, wo es uns nur endlose Wiederholung bringt? Würde sie am Ende von einem Liebhaber das Glück erflehen, das er ihr nicht geschenkt hätte, das ein anderer ihr aber auch nicht schenken würde, weil er es nicht besäße? Stellte sie sich vor, dass man das Glück in seiner Brieftasche hat wie einen Scheck, den man nur ausstellen muss? Es gibt ungedeckte Schecks. Er musste lachen bei dem Gedanken, dass sie ihn morgen der Gaunerei beschuldigen könnte.

Er hob den Kopf und betrachtete sich im Spiegel. Seine Aufmachung, die ihm zu gesucht schien für eine Reise, nahm ihn gegen sich selbst ein. Sie fand ihn zweifellos schön. Dieser Mangel an Geschmack ärgerte ihn. Er sah, als führe der Zug durch die Landschaften seiner Zukunft, die lange Reihe der eintönigen Tage, da das Kommen einer Freundin eine Zerstreuung für sie wäre, er sah die Abende, da er sich freuen würde, im Club Männer zu treffen, die über andere Frauen mit einer Rohheit sprächen, an der er Vergnügen finden würde, das gleiche Vergnügen vermutlich, mit dem sie über seine Frau sprachen, wenn er nicht da war. Würde sie ein Kind bekommen? Natürlich würde sie ein Kind bekommen. Er versuchte, sie sich schwanger vorzustellen. So würde er ihr denn einen Sohn machen, und sie wäre glücklich, ihn zu bekommen, obwohl er sie entstellen und ihr Übelkeit verursachen würde; einen Sohn, zu dem er eine nachsichtige, vergnügte Zuneigung empfände, solange dieser ein Kind wäre, und der ihnen später unvermeidliche Scherereien machen würde. Sie würden sich um seine Gesundheit sorgen, sich in der Zeit seiner Examen beunruhigen, intrigieren, um ihm eine Karriere zu erleichtern oder eine Frau zu finden. Sie würden sich wahrscheinlich nicht über seine Erziehung verständigen können. Sie würden streiten wie alle Welt.

Oder würde er allmählich von der ehelichen und väterlichen Blindheit geschlagen, über die er bei den anderen gespottet hatte, besiegt (man wird immer besiegt) vom Leben, das danach strebt, alle Menschen über einen Kamm zu scheren?

Übrigens konnte auch nichts von alldem passieren.

Es gibt andere Möglichkeiten, ein Glück oder ein Unglück, das man einzuladen versäumt hat und das sich rächt, indem es überraschend kommt.

Sie konnte sterben. Er malte sie sich als Tote aus, wie sie unter einem weißen Tüllschleier in ihrem Sarg lag; er sah sich, schwarz gekleidet, in den Augen der fünfzigjährigen Frauen mit dem Nimbus des Unglücks behaftet. Schwarz stand ihm eben. Seine eigene Gefühllosigkeit entrüstete ihn, als wäre er es schon müde, sie zu beweinen. Im Übrigen konnte es auch sein, dass er es war, der starb. Er würde während einer Reise nach Algerien oder Spanien an Typhus sterben, und sie hätte ihn mit jener Hingebung gepflegt, die später einen guten Eindruck auf die Männer macht, die daran denken, eine Witwe zu heiraten. Doch sie würde nicht wieder heiraten. Sie liebte ihn. Da sie nie jemanden geliebt hatte, bildete sie sich ein, ihn zu lieben. Das war fast eine Notwendigkeit für sie, da sie ihn geheiratet hatte. Es gab keinen anderen Ausweg. Wenn er in Algerien stürbe, kehrte sie allein zu ihrer Mutter zurück. Sie war noch nie allein gereist. Er nahm es sich übel, sie ohne Schutz zu lassen, als wäre er sicher, dass es sich so zutragen würde, und als wäre er dafür verantwortlich. Hatte er nicht schon genug mit sich selbst zu tun, sodass er sich nicht auch noch mit diesem unbekannten jungen Mädchen belasten musste? Sie hätte besser irgendjemanden geheiratet. Er hätte es ihr erklären müssen. Er spürte immer mehr Mitleid; er kam wieder zu sich. Er betrachtete sie mit gerührter Zärtlichkeit, und eine große Niedergeschlagenheit überkam ihn.

II

Man erreichte Chambéry. Da sie nichts zu sagen hatte, suchte sie vergeblich nach einer Frage, die sie stellen konnte. Wie ein Gegenstand, der nicht an sich Bedeutung hat, erst durch unsere Hartnäckigkeit, ihn zu erlangen, Bedeutung gewinnt. Sie öffnete ihre Handtasche. Darin waren eine Christophorus-Münze und eine Herz-Jesu-Münze. Sie wollte sie ihm gern zeigen, dachte dann aber, er fände sie lächerlich, und damit er nicht glauben sollte, sie habe grundlos gehandelt, zog sie ihr Taschentuch hervor. Sie betrachtete die Landschaft: Sie war weniger schön, als sie sich vorgestellt hatte, wurde jedoch laufend schöner durch eine Anstrengung der Einbildungskraft, die ihr nicht bewusst war, denn sie wollte nicht, dass dieser Tag, selbst in den kleinsten Einzelheiten, hinter dem zurückblieb, was sie sich davon versprochen hatte. Aus diesem Grund hatte sie im Speisewagen die Mahlzeit von mittelmäßiger

Qualität gut gefunden und die Lampenschirme aus rosa Seide wegen ihrer delikaten Farbgebung bewundert.

Die Nacht brach an; man konnte die Häuschen der Schrankenwärter neben den Gleisen nicht mehr klar erkennen; sie sah kein Haus, ohne sich zu sagen, dass sie und er darin glücklich leben könnten, und dieser Gedanke brachte sie auf die Anordnung von Möbeln und Wandbehängen, die zwischen ihnen zu den ersten Diskussionen geführt hatte, damals, als sie noch verlobt waren.

Er dagegen fragte sich beim Anblick der erleuchteten kleinen Fenster im Grau der Dämmerung, ob die Bewohner dieser unklugerweise an der Bahnstrecke gelegenen Häuser nicht die Reisenden des Schnellzugs beneideten und ob sie nicht eines Tages der Versuchung erlägen, einzusteigen. Während der Zug ihn gleichsam einer Zukunft mit normierten Empfindungen entgegentrug, versuchte er, der gegenwärtigen Minute den Saft der Wollust abzugewinnen, mit einem wacheren Bewusstsein das Vergängliche zu genießen, jene Augenblicke, die nicht wiederkehren sollten. Er sagte sich, wie er es sich häufig gesagt hatte, und oft bei anderen Frauen, dass die meisten Momente unseres Lebens köstlich wären, würfen nicht die Zukunft oder die Vergangenheit ihren Schatten, und dass wir gewöhnlich nur durch die Erinnerung oder die Vorwegnahme des Zukünftigen unglücklich sind. Dann stellte er einmal mehr fest, dass dieses junge Mädchen das besaß, was man Anmut nannte, dass sie ihn wahrscheinlich liebte, zweifellos nicht weniger intelligent und nicht weniger reich war, als man es sich üblicherweise wünscht, und dass das Wetter taktvollerweise schön war; er beschloss, sich aus diesen einzelnen erfreulichen Elementen, die so viele andere zufriedengestellt hätten, ein Glück zu schmieden.

Die plötzliche Einfahrt in einen Tunnel zwang sie zu sprechen, denn er entzog ihrem Schweigen den Vorwand, den sie in der Betrachtung der Landschaft fand.

«Woran denken Sie, Georges?», fragte sie.

Er fasste sich mit einem Ruck und antwortete mit einer Sanftheit, die ihn selbst befriedigte: «An Sie, natürlich, liebe Freundin ...»

Und während er diese zärtliche Banalität aussprach, begriff er, dass er von seiner Liebe in dem Maße überzeugt war, wie er sie zum Ausdruck brachte. Er küsste sie keusch auf die Stirn. Zu eingeschüchtert, um den

Mut zum Schweigen zu haben, erkundigte sie sich nach dem Hotel, in dem sie absteigen würden, nach dem Gepäck, nach der Ankunftszeit.

«Nun sind wir weit entfernt von Grenoble», sagte sie. «Arme Mutter! Ich hoffe, sie hat sich ein wenig getröstet. Haben Sie bemerkt, Georges, wie traurig sie bei unserer Abreise war und wie sie die Tränen zurückhielt?»

Dieser Rückblick beschwor in ihm das Bild einer anderen Frau herauf, seiner Mätresse, mit der er gebrochen hatte und an die er sich zu seinem Erstaunen noch erinnerte. Weinte sie? Hielt sie ihre Tränen zurück? Er war dieser Frau überdrüssig gewesen, wie man es nur ist, wenn man zu sehr geliebt hat, daher war es ihm leichtgefallen, sich von ihr zu trennen; er hatte geglaubt, dadurch dass er mit ihr brach, der Bitterkeit zu entgehen, die man empfindet, wenn man eines schönen Tages entdeckt, dass man alt genug geworden ist, um eine Vergangenheit zu haben. Wo war sie? Er dachte jetzt mit einer gewissen Sanftmut an diesen erfahrenen Körper einer reifen Frau und an diese ruhigen Augen, die nichts mehr in Erstaunen versetzte. Er vergaß seine Gereiztheit über ihre falschen Redewendungen, die sie aus Eigenliebe nicht korrigierte, damit man sie nicht für unfreiwillig hielte, und die sie aus der Zeit hatte, als sie die Wonne eines Unterpräfekten war. Und wie grässlich war ihm ihre Angewohnheit gewesen, bei Tisch Gassenhauer zu trällern! Sie hatten mehrere Jahre zusammengelebt: Er blickte auf die Zeit ihrer Liebe mit einer Nachsicht zurück, die von einem partiellen Gedächtnisschwund herrührte; die Gewissheit, dass diese Tage nicht mehr wiederkehren würden, ließen ihn die Qualität des Glücks, das sie ihm beschert hatten, weniger streng beurteilen. Er hatte mit ihr Italien und die Provence besucht; Episoden jener Reise, die ihn gelangweilt hatte, rührten ihn jetzt zu Tränen, und die Erinnerung an die strahlenden Landschaften machte ihm eine Sekunde lang diejenige, die er vor Augen hatte, verhasst. Dann war die Gewöhnung gekommen, schließlich der Verdruss; das Vergnügen, mit ihr zu brechen, war das Einzige, was er noch an ihr finden konnte; er hatte sie weinen sehen an dem Tag, da er ihr seine Heirat angekündigt hatte, und es hatte seiner Eitelkeit geschmeichelt, dass er von ihr immer noch genug geliebt wurde, um ihr Leid zufügen zu können. Er dachte mit Zorn daran, dass die Tränen der Frauen schneller trocknen als ihre Schminke; man hatte sie in Begleitung eines anderen Mannes in einem Nachtlokal gesehen. Und doch nahm er es ihr nicht übel. Sie hatten gut daran getan, alle beide, ihr Leben neu zu beginnen. Sie, mit wem? Sicherlich mit jemandem, den sie lange zuvor schon wahrgenommen hatte, noch während sie die Seine war. Es machte ihn rasend, zu denken, dass ihre Tränen möglicherweise gespielt waren, dass sie sich vielleicht gewünscht hatte, er möge mit ihr brechen, und seit Wochen nur auf eine Gelegenheit gewartet hatte, ihn zu verlassen. Er begriff, dass er sie mit allen Mitteln für ein paar Stunden vergessen musste, und mit einer heftigen Anstrengung schüttelte er sie ab.

Unterdessen antwortete er der jungen Frau: «Machen Sie sich keine Sorgen. Morgen werden Sie gewiss einen Brief Ihrer Mutter im Grandhotel vorfinden. Sie war traurig über Ihre Abreise, aber in einem Monat werden wir zurück sein und bei ihr leben.»

Er übertrieb die Zuneigung, die er für seine Schwiegermutter empfand. Dabei erinnerte er sich, dass er die Dame wenig kannte. Doch dann dachte er vernünftigerweise, dass dies nicht immer ein Grund ist, jemanden nicht zu lieben.

Sie sagte zu ihm: «Wie gut Sie sind!»

Sie nahm seine Hand. Er war geschmeichelt, dass sie ihm genau die Eigenschaft zuschrieb, die er nicht hatte und die nicht zu haben er bedauerte. Sie ließ sich an seine Schulter sinken, müde von diesem Tag, den man nicht zu den gewöhnlichen Tagen rechnen konnte und der sich in ihrem Gedächtnis mit ihrem Brautkleid vermischen sollte, mit etwas Duftigem und Zartem, an das man lange vorher denkt und das man nicht zweimal sieht. Er legte ihr den Arm um die Schultern und küsste sie auf den Nacken. Ihr Haar war blond; das der anderen war es auch, doch weil es mit Henna gefärbt war, hatte es eine andere Schattierung. Er entsann sich, ihr gesagt zu haben, er könne keine brünette Frau lieben, und diese Treue in der Unbeständigkeit erschien ihm sonderbar traurig.

Sie sprachen über belanglose Dinge, die ihre Eltern betrafen, die aber für ihn einen verborgenen Sinn, fast die Bedeutung eines Symbols annahmen. Er begriff, dass er sich jetzt für diese Familie, die nicht die seine war, zu interessieren hatte – er, der sich so lange damit gebrüstet hatte, keine zu haben; dass ihre Trauerfälle ihn bewegen, Beförderungen oder Geburten ihn freuen würden, dass jede dieser Imponderabilien, mit denen er in Berührung käme, ihn, und sei es noch so wenig, verändern würde und dass er, so wie es ganz alten Ehepaaren geht, die sich schließlich gleichen wie Bruder und Schwester, die Schrullen dieser Leute, ihre kulinarischen Vorlieben und vielleicht ihre politischen Ansichten übernehmen würde. Er nahm an, dass es so war. Er war fünfunddreißig Jahre alt. Was hatte er bisher getan? Er hatte Bilder gemalt, die nicht so gut waren, wie er es sich gewünscht hatte, und Erfolge errungen, die er nicht so genoss, wie er es sich vorgestellt hatte. Wie ein Schwimmer, der entschlossen ist unterzugehen, sich mit einer gewissen Wohligkeit dem Sog des Wassers überlässt, so hatte er den Eindruck, sich träge diesem gewöhnlichen, bequemen Leben hinzugeben, das den anderen genügte. Er würde noch malen, um sich zu zerstreuen; er würde sich mit der Verwaltung seines Vermögens beschäftigen; er würde empfangen. Er stellte sich ein Glück vor nach dem üblichen Muster, schicklich, in Übereinstimmung mit allen Familientraditionen, aus denen er herzukommen glaubte, legitim und dennoch lustvoll. Er malte sich Aufenthalte am Meer aus, den Sommer auf dem Land, Kinder auf einem Rasen, den losen Morgenrock seiner Frau, die auf dem Balkon saß und den Morgentee eingoss, und die üppigere, befriedigte und volle Schönheit, die sie dann besäße. Da sie von der Bewegung des Zuges Kopfschmerzen bekam, hatte sie ihren Hut abgenommen; er befand, sie sei schlecht frisiert und das müsse man ändern. Der Friseur von Laure hatte mehr Geschmack. Er würde sie zu ihm führen.

Ihm war kalt. Er erhob sich, um das Fenster zu schließen, doch dann wurde ihm bewusst, dass er sich um jeden Preis mit ihr befassen musste, so setzte er sich wieder und fragte sie, ob die Zugluft sie nicht störe. Er interessierte sich jetzt für sein Reisenecessaire, versuchte gar, einen Flakon zu öffnen, dessen Verschluss klemmte. Der Abend entfaltete sich langsam, gemächlich, wie ein großer Damenfächer: Die Fadheit des Augenblicks brachte ihn zur romantischen Liebe der ersten Zeit ihrer Verlobung zurück; sie schien ihm plötzlich unendlich teuer und kostbar, voll aller Möglichkeiten für die Zukunft, die von ihr abhingen, als würde sie wie ein Kind, das allein sie zur Welt bringen konnte, ihre Zukunft in sich tragen. Ihr Gespräch, das ihn beruhigt hatte, weil es ihn ablenkte, wurde stockend, immer häufiger von Schweigen unterbrochen: Er fürchtete, diese schwache Barriere von Worten, die zwischen seinen Gedanken und ihm bestand, könnte plötzlich nachgeben und ihn mit sich, das heißt mit der anderen allein lassen.

III

Der Zug hielt für den Zoll: Sie waren erleichtert, dass ihre Unbeweglichkeit im fahrenden Zug erst einmal ein Ende hatte. Die Tür ging auf: Er stieg als Erster aus, streckte ihr dann die Hände entgegen. Sie hüpfte mit einem leichten Sprung, der ihn an die Andromeda[1] eines Basreliefs in Rom erinnerte, auf den Bahnsteig. Er fühlte sich geschmeichelt: Sie war bereits sein Eigentum. Die Einreiseformalitäten waren schnell erledigt; die Beamten nahmen taktvoll Rücksicht auf die junge Frau; seiner männlichen Eitelkeit gefiel es, und er war weniger traurig.

Einige Stunden später kamen sie in Montreux an. Der Bus brachte sie bis zum Hotel. Unter dem Vordach nahmen die Diener das Gepäck in Empfang; ein Direktor zeigte ihnen die Zimmer, fragte, ob sie eines oder mehrere wollten. Da sie mit der Antwort zögerten, entfernte er sich diskret. Georges sah zu seiner Frau auf, ihre Blicke begegneten sich: «Sollen wir dieses nehmen», fragte er.

«O ja, wenn Sie wollen», antwortete sie.

Es war ein großes Zimmer mit einem fast unanständig weißen Doppelbett. Der Direktor kam wieder.

«Dieses hier wird uns passen», sagte Georges.

Er glaubte einen Anflug von Spott in der Unterwürfigkeit dieses Mannes zu bemerken.

Das Gepäck wurde hinaufgetragen. Sie hatte sich vor den Spiegel gesetzt und zog langsam ihre Handschuhe, ihren Hut, ihren Mantel aus; man spürte, dass diese Gesten, die sie in ihrem Jungmädchenzimmer oft ausgeführt haben musste, ihr ein beruhigendes Gefühl gaben, das von der Beständigkeit der Gewohnheiten herrührte. Georges überwachte das Aufstellen der Koffer, das Entfernen der Gurte. Dann zogen

---

1 Eine äthiop. Königstochter aus der griech. Mythologie; gemeint ist im Folgenden das Basrelief, auf dem Perseus der nach unten steigenden Andromeda die Hand reicht; es befindet sich in den Kapitolinischen Museen in Rom.

sich die Hoteldiener zurück; sie waren allein. Er sah sie an: Sie war groß und schlank, wie ein zu schnell gewachsenes Mädchen; der Spiegel, der aus ihr zwei identische Frauen machte, entzog ihr bereits das Privileg, einzigartig zu sein; sie kämmte ihr Haar, und ihre erhobenen Arme ließen ihren jungen Busen hervortreten. Er ergriff sie wortlos, bog ihr den Kopf nach hinten und küsste sie hart auf die Lippen. Sie nahm seinen Kuss hin, ohne ihn zu erwidern; sie sagte nur: «Ich bitte Sie ...»

Und er konnte nicht unterscheiden, ob sie das sagte, weil sie es für schicklich hielt, oder aus Scham. Er rückte von ihr ab. Nach einer Weile fragte er: «Sind Sie mir nicht böse?»

Sie verneinte mit einem Kopfschütteln. Beinahe hätte er gewünscht, dass sie ihn nicht liebe, um das Vergnügen zu haben, sie zu gewinnen oder sie zu besiegen. Sie hatte angefangen, ihre Wäsche auseinanderzufalten, die an ihren Körper denken ließ; da er nichts zu tun hatte, war er verlegener als sie. Er sagte, er gehe hinunter, um im Salon die Abendzeitungen durchzublättern; mit einer Schüchternheit, die ihn ärgerte, fügte er hinzu, er komme in einer Stunde wieder. Sie machte eine zustimmende Kopfbewegung, die er als Zärtlichkeit interpretierte; er näherte sich ihr, küsste sie gelassener und ging hinaus.

In der Halle nahm er eine Zigarre, zündete sie an und setzte sich. In seinem Geist herrschte Leere; er versuchte sich zu erinnern, ob ihr Zimmer im dritten oder im vierten Stock lag, dachte mit Abscheu an eines seiner unvollendeten Bilder, entdeckte, dass er den Namen einer Figur von Balzac vergessen hatte, versuchte darauf zu kommen, indem er nacheinander die Buchstaben des Alphabets aufsagte, beschloss dann schließlich, dass es unwichtig sei. Das Gedächtnis kehrte zurück: Laure war von einer Kinematografenfirma engagiert worden, um die Rolle der Madame de Sérizy[2] zu spielen. Wer war in Balzacs Werk Madame de Sérizy? Er wechselte den Platz, setzte sich an einen Tisch, um die Zeitungen durchzublättern, las aufmerksam den Leitartikel des *Journal de Genève*, zweimal hintereinander, bemüht, ihn zu verstehen. Den letzten

---

2 Verführerische Gesellschaftsdame in Honoré de Balzacs (1799–1850) *La comédie humaine*; Auftritte hat sie in *Verlorene Illusionen*, *Glanz und Elend der Kurtisanen* und *Das Haus Nucingen* sowie in der Literaturverfilmung *Vautrin* von 1943.

Meldungen entnahm er, dass ein Flieger, der soeben den Atlantik über-
quert hatte, mit Begeisterung empfangen worden war: Er hätte nicht
an seiner Stelle sein wollen; dass in Deutschland eine Pockenepidemie
ausgebrochen war: Er war geimpft; dass die de Beers um tausend Franc
gefallen waren: Er hatte welche; er legte die Zeitung weg. Er widerstand der Versuchung, gleich wieder hinaufzugehen, um sie bei ihren
Vorbereitungen für den Abend zu überraschen, und nahm sich vor,
es zu tun, wenn seine Zigarre zu Ende wäre. Er begann auf und ab zu
gehen, versuchte, um etwas zu tun, sich für die Plakate zu interessieren,
die die Wände bedeckten, bat um eine Tasse Tee und regte sich über
den Kellner auf, der ihn warten ließ. Die Wanduhr stand auf elf. In der
Türöffnung der Halle stehend, betrachtete er die Frauengestalten, die
sich dunkel unter ihren durchsichtigen Kleidern abzeichneten; Laures
Kleider waren ihn teuer zu stehen gekommen; er war froh, mit ihr gebrochen zu haben, wenn er an die letzten Rechnungen dachte, die er für
sie bezahlt hatte. Er sah ihren auf die Bettkante gestellten nackten Fuß
vor sich, eine Empire-Leuchte, die zufällig aus weißem Marmor und
nicht aus vergoldeter Bronze war. Wieder ganz und gar von diesem Bild
eingenommen, versuchte er, die Emotionen, die seine Erinnerung ihm
noch verschaffte, zu nutzen, um bei der anderen den Grad an Leidenschaft zu erreichen, auf den zu hoffen er bereits aufgegeben hatte. Eine
körperliche Schwäche überkam ihn und ging vorüber. Die Wanduhr
zeigte Viertel nach elf. Er stand auf, warf einen Blick in den Spiegel
und fand sich lächerlich blass. Er mied den Aufzug, um nicht mit dem
Liftboy allein sein zu müssen, und stieg langsam, beinahe mühsam
die Treppe hinauf. Die Anstrengung, vier Stockwerke zu erklimmen,
lieferte einen Vorwand für sein schnell schlagendes Herz; vor der
Tür ihres Zimmers angekommen, blieb er stehen, er fragte sich, ob
er anklopfen sollte. Er klopfte leise, dann lauter, niemand antwortete.
Nach einer Weile drehte er den Knauf und öffnete langsam die Tür, die
nicht abgeschlossen war. Das Zimmer lag im Halbdunkel, die Lampen
waren gelöscht; nur ein offenes Fenster am anderen Ende verband das
Zimmer mit der Welt und der Nacht. Er trat ein und sah sie daliegen,
an die Wand geschmiegt, verloren in dem Bett, das leer schien, so dünn
machte sie sich, um so wenig Platz wie möglich einzunehmen.

«Ich bin es», sagte er.

Lautlos kam er näher, beugte sich über das Bett, murmelte: «Wollen Sie mir ein wenig Platz machen, Jeanne.»

Sie streckte die Hand unter der Decke hervor und gab sie ihm. Er entfernte sich und begann sich zu entkleiden.

Die Geste erschien ihm hoffnungslos banal. Wie oft hatte er sie nicht ausgeführt bei zufälligen Begegnungen ohne Zukunft und ohne Vergangenheit. Es war die gleiche Szene, der gleiche Rahmen: ein Hotelzimmer, wo er sich entkleidete, während im Bett eine Frau auf ihn wartete. Er ertrug es, dass die Umstände so traurig gleich waren. Er wunderte sich, etwas anderes erhofft zu haben. Er lächelte bei dem Gedanken, dass man sich an alles gewöhnt, sogar daran, zu leben, und dass er in zehn Jahren das Pech haben würde, glücklich zu sein. Der See mit seinen erleuchteten Booten und seinen von Häusern übersäten Bergen, wo noch Lampen brannten, lag in der Nacht ausgebreitet wie eine riesige Postkarte mit künstlerischem Anspruch. Er ging auf den Balkon hinaus und schaute.

Ihm war klar, dass dies nur ein Winkel der Welt war. Hinter diesen Bergen gab es andere Ebenen, andere Länder, andere Zimmer, andere Männer, die vor dem Bett zögerten, wo eine Frau sich zum ersten Mal hingeben würde; es gab andere, die ihre Ellbogen auf ein Fensterbrett aufstützten, nachdem sie sich endlich entschlossen hatten, sich von ihrem Fleisch loszureißen, und plötzlich verstanden, dass das Glück nicht in der Tiefe eines Körpers liegt. Er fühlte eine sonderbare Verwandtschaft mit den Männern, die in diesem Augenblick an einem auf die Nacht geöffneten Fenster standen wie an einer Felsenküste, von der man nicht ablegen kann. Denn auf der Nacht kann man nicht Boot fahren.

Die Männer und die Frauen kommen und gehen, in einem Raum, den sie geschaffen haben, der begrenzt wird von ihren Häusern und ihren Möbeln und der nichts mehr gemein hat mit dem, was das Universum einmal war. Sie führen ihn mit sich, ihren Raum, wohin sie auch gehen, und weil es an diesem Abend Leuten gefiel, in erleuchteten Booten zu fahren, schien der Genfer See nur den Paaren zu gehören. Und dennoch existierte er von sich aus, gleichgültig gegenüber allen Beziehungen, die man zwischen ihm und den Menschen entdeckt, und Georges begriff mit einer Rührung, die ihn an den Rand der Tränen brachte, dass die Schönheit dieser entweihten Landschaft genau darin bestand, dass sie allen Interpretationen standhielt, die jeder, der vorbeikam, anstellte, dass sie sich damit begnügte, zu sein, und dass sie, wie sehr man sich auch bemühte, sie zu erreichen, immer entfernt blieb.

War es möglich, dass die Menschen, so lange, wie sie schon darüber nachdachten, nicht begriffen hatten, dass die Schönheit nicht mitteilbar ist und dass die Menschen sich genauso wenig wie die Dinge durchdringen lassen? Sie fuhren auf diesem See, der großmütig genug war, um ruhig dazuliegen, in diesen erleuchteten Booten, die die Nacht schänden, und sie rühmten sich, glücklich zu sein. Sie litten nicht unter dem Gedanken, dass der nach allen Seiten geschlossene See keinen Ausgang anderswohin bietet; sie wären es zufrieden, sich ewig zu Füßen dieser Berge, die ihnen etwas verbergen, im Kreis zu drehen. Nicht einer versuchte, durch den engen Spalt der Rhône zu schlüpfen, die zu dieser Stunde nur ein Strom verflüssigter Nacht war. Man hatte ihnen ein für alle Mal gesagt, dass die Rhône nicht schiffbar war; selbst wenn sie es wäre, hätten sie keine Angst gehabt. Diese Leute wussten, dass die Flüsse, wie die Straßen, immer nur an vorgesehene, auf den Karten markierte Orte führen, von denen jeder nur die Fortsetzung eines anderen ist. Sie empfanden weder das Entsetzen noch den Wunsch, anderswo zu sein, und vielleicht existiert kein Anderswo, wie kein Ausgang existiert. Es gibt nur Männer und Frauen, die sich in einem unüberwindlichen Zirkusrund im Kreis drehen, auf einem See, von dem sie nur die Oberfläche berühren, und unter einem Himmel, der ihnen verschlossen ist.

Georges erinnerte sich, in einem Geologiebuch, über dessen Namen er sich einen Augenblick lang den Kopf zerbrach, gelesen zu haben, dass diese Gebirgsschlucht, wo sich seit Jahrhunderten die Anschwemmungen der Wildbäche und des Flusses sammelten, eines Tages aufgefüllt wäre, sodass sie nur noch eine Ebene bildete, und der Gedanke, dass diese Schönheit vergänglich war, tröstete ihn darüber hinweg, dass er nur ein Sterblicher war. Er fragte sich mit einem innerlichen Lachen, ob viele Männer am Hochzeitsabend an solche Dinge dachten, und gleichzeitig verachtete er sich und warf sich vor, sich etwas einzubilden auf seine intellektuellen Attitüden. Die grellen Boote, die auf ihrer Fahrt nach und nach die Nacht verdrängten, erinnerten ihn an ein Paar, das er in Venedig in der Intimität einer Gondel gesehen hatte und dessen plump zur Schau gestelltes Glück ihm wie ein öffentlicher Anschlag auf das Schamgefühl vorgekommen war. Diese Erinnerung, die ihn anwiderte, brachte ihn jedoch zu dem Problem der Lust zurück, als gäbe es zwischen ihm und diesen unbekannten Liebenden eine geheime Komplizenschaft. Er sah klar genug, um die Steigerung der Leidenschaft in sich wahrzunehmen, deren Ausbleiben er befürchtet hatte, und zwang sich, seine Erwartung wollüstig anwachsen zu lassen. So nahm er das Gefühl vorweg, das für ein paar Sekunden das Denken aufheben würde, auch wenn dann neue Verwicklungen hinzukämen. Er fragte sich, ob Jeanne, noch wach, auch wartete und mit was für einer Furcht oder Liebe ihre Erwartung gemischt war.

IV

Es klopfte diskret an der Tür. Er öffnete: Die unpersönliche, mechanische Stimme eines Dieners sagte: «Ein Telegramm für Monsieur.»

Er vermied es, das Licht anzumachen, und neigte das Rechteck aus blauem Papier, um im Licht des Korridors zu lesen. Er hörte Jeanne aus dem Hintergrund des Zimmers fragen, worum es sich handle; er hörte sich erwidern, er habe soeben eine Depesche von seinem Börsenmakler erhalten. Nachdem er ihr versichert hatte, dass es nichts von Bedeutung sei, schob er den Riegel vor, durchquerte wieder das Zimmer, um das Fenster zu schließen, zögerte eine Sekunde und stützte sich dann erneut auf die nachtfeuchte Balustrade.

Er spürte in der Tasche seines Schlafanzugs das dicke zerknitterte Papier. Er beobachtete sich streng, versuchte herauszufinden, welches Gefühl in ihm überwog; das immer klarere Bewusstsein der Erleichterung, die er empfand und die er nicht so scheinheilig war zu leugnen, ließ ihm seine Person und das Leben noch abstoßender erscheinen. Er zog den Umschlag aus der Tasche und las im Halbdunkel der Sommernacht noch einmal den Text, dem fett gedruckte Buchstaben, die sich von einem weißen Streifen abhoben, vorzeitig das offizielle Aussehen einer Todesanzeige verliehen. Laure war an diesem Morgen um elf Uhr unter einen Autobus gekommen. (Er fragte sich, was er um Punkt elf Uhr getan hatte.) Hoffnungsloser Zustand. Er sah sich die Postvermerke an: Die Depesche, gegen Abend abgegangen, hatte mehrere

Stunden gebraucht, um zu ihm zu gelangen; zweifellos war alles vorbei. Der Gedanke, dass sie nicht mehr litt, war ihm unendlich süß, als hätte aller Schmerz der Welt aufgehört zu bestehen. Das Telegramm war von einer Freundin unterzeichnet, die mit Laure zusammenlebte und deren Anwesenheit er einst nur ungeduldig ertrug; diese Frau und er hatten sich immer gehasst, vielleicht weil sie Laure aufrichtig liebte. Eine Sekunde lang war sie es, die er bedauerte. Dann fragte er sich, wie sie seine Adresse bekommen hatte. Er dachte, das Aufgeben dieser Depesche müsse ihr in ihrem Kummer den einzig möglichen Trost verschafft haben: die Gewissheit, ihn leiden zu machen. Um die Verlegenheit in ihm, die er sein Gewissen nannte, zu verringern, versuchte er sich einzureden, dass in diesem Unglück nur ein Zufall walte, an dem er unschuldig sei; doch etwas Dunkles tief in ihm begriff, dass diese Hypothese der Toten die einzige Schönheit nahm, die ihr blieb, und dass die einzige Noblesse dieser Frau, die sich hatte leben lassen, darin bestand, dass sie ihren Tod gewollt hatte.

Er rieb ein Streichholz an, entzündete eine Ecke des Papiers und sah zu, wie es brannte. Ein leichter weißer Rauch stieg auf, wurde dann unsichtbar, sodass er es wie eine Einäscherung empfand. Er begriff, dass Laure soeben in seinen Augen die Unvollkommenheit zu existieren verloren hatte, um sich, von nun an unwägbar, mit diesem Teil seines Lebens, der nicht wiederkehren würde, zu vermischen. Auf die Dauer wäre sie eine jener Erinnerungen, die zu haben elegant ist, wenn man sich den Luxus einer Vergangenheit leistet. Zugleich nahm er es ihr übel, dass sie durch ihren Tod den einzigen Weg abgeschnitten hatte, der ihn zu dem zurückführen konnte, was er gewesen war.

Wieder einmal hatte er den melancholischen Eindruck, dass sich alles gibt, was so viel heißt wie, dass nichts sich erfüllt.

Er ging hinein, schloss sorgfältig das Fenster vor der Nacht und die Vorhänge vor dem Fenster, mit einem eigenartigen Bewusstsein der Fügsamkeit gegenüber dem Leben, erobert oder besiegt durch die Sicherheit der abgeschlossenen Zimmer.

Er sagte sich nicht oder wollte sich nicht sagen, dass dieses Mädchen vom Montparnasse, das wenig Geist hatte und immer ohne Seele ausgekommen war, vielleicht den einzigen Ausgang zum Anderswo gefunden hatte.

Anaïs Nin
GEBURT

«Das Kind», sagte der Arzt, «ist tot.»

Ich lag auf einem Tisch. Es war kein Platz, um meine Beine auszustrecken, ich musste sie angewinkelt halten. Zwei Schwestern beugten sich über mich. Vor mir stand der Arzt, der das Gesicht einer Frau hatte und dessen Augen vor Verärgerung und Besorgnis hervorquollen. Zwei Stunden lang hatte ich mich mit aller Kraft bemüht. Das Kind in mir war sechs Monate alt, und doch war es zu groß für mich. Ich war erschöpft, meine Venen schwollen von den Anstrengungen an. Ich hatte mit meinem ganzen Sein gepresst, hatte gepresst, als wünschte ich, dieses Kind aus meinem Körper hinaus und in eine andere Welt zu stoßen.

«Pressen Sie! Pressen Sie mit all Ihrer Kraft!»

Presste ich mit all meiner Kraft? Wirklich mit all meiner Kraft?

Nein! Ein Teil von mir wollte das Kind nicht hinauspressen. Der Arzt wusste das. Darum war er verärgert, rätselhaft wütend. Er wusste es. Ein Teil in mir blieb passiv, wollte niemanden hinauspressen, auch nicht dieses tote Fragment meiner selbst, hinaus in die Kälte, hinaus aus mir. Alles in mir, das sich entschieden hatte, zu halten, zu wiegen, zu umarmen, zu lieben, alles in mir, das trug, bewahrte und beschützte, alles in mir, das die ganze Welt in leidenschaftlicher Zärtlichkeit gefangen hielt, wollte das Kind nicht hinauspressen, obwohl es in mir gestorben war. Obwohl es mein Leben bedrohte, konnte ich das Fragment eines Lebens nicht wie einen Teil der Vergangenheit herausbrechen, herausreißen, heraustrennen, aufgeben, mich öffnen, erweitern und nachgeben. Etwas in mir rebellierte dagegen, das Kind, oder was immer es war, hinauszupressen, hinaus in die Kälte, um von fremden Händen ergriffen zu werden, an fremden Orten begraben zu werden, verloren zu sein, verloren, verloren ... Der Arzt, er wusste es. Wenige Stunden zuvor bewunderte er mich noch, half er mir. Jetzt war er zornig. Und ich war dunkelrot vor Wut auf den Teil in mir, der sich weigerte, zu pressen, zu trennen und zu verlieren.

«Pressen Sie! Pressen Sie! Pressen Sie mit all Ihrer Kraft!»

Ich presste voll Zorn, voll Verzweiflung, voll Raserei, mit dem Gefühl, beim Pressen sterben zu müssen, presste, als fühlte ich den Tod herannahen. Ich meinte, alles herauszupressen, meine Seele und all das Blut, das sie umgab, und die Gefühle, die mein Herz strangulierten. Ich glaubte, dass mein Körper sich öffnen und Rauch aufsteigen und ich das letzte Schneiden des Todes spüren würde. Die Krankenschwestern beugten sich über mich und unterhielten sich, während ich ausruhte. Dann presste ich wieder, bis ich meine Knochen knacken hörte, bis meine Venen schwollen. Ich kniff meine Augen so fest zu, dass ich Blitze sah und purpurfarbene Wellen. In meinen Ohren tobte ein Dröhnen, ein Trommeln, als würde das Trommelfell platzen. Ich biss so fest auf meine Lippen, dass sie bluteten. Meine Beine schienen unglaublich schwer zu werden, wie Marmorsäulen, wie riesige Marmorsäulen, die meinen Körper zermalmten. Ich bat jemanden, sie zu halten. Die Schwester legte ihr Knie auf meinen Bauch und rief: «Pressen! Pressen! Pressen!» Ihre Schweißtropfen fielen auf mich herab.

Der Arzt schritt ärgerlich auf und ab, wütend und ungeduldig.

«Sollen wir die ganze Nacht hier verbringen? Es dauert jetzt schon drei Stunden...»

Der Kopf war zu sehen, aber ich war ohnmächtig geworden. Alles war blau und dann schwarz. Die Instrumente glitzerten vor meinen Augen, in meinen Ohren wurden Messer geschliffen. Eis und Schweigen. Dann hörte ich Stimmen. Zunächst sprachen sie zu schnell, um verständlich zu sein. Ein Vorhang teilte sich, die Stimmen überschlugen sich, strömten schnell wie ein Wasserfall, glitzerten und schnitten in meine Ohren. Der Tisch rollte sanft, rollte. Die Frauen lagen in der Luft. Köpfe. Köpfe hingen dort, wo die riesigen weißen Lampen aufgehängt waren. Der Arzt ging noch immer auf und ab. Die Lampen bewegten sich, die Köpfe kamen näher, ganz nahe, und die Worte wurden langsamer.

Sie lachten. Eine Schwester sagte: «Als ich mein erstes Kind bekam, wurde ich in Stücke gerissen. Ich musste zusammengenäht werden, dann bekam ich wieder eins, musste zusammengenäht werden, bekam noch eins...»

Die andere Schwester erzählte: «Meine glitten wie ein Brief durch einen Briefkastenschlitz. Aber dann kam die Nachgeburt nicht raus … kam die Nachgeburt nicht raus … raus … raus …»

Warum wiederholten sie sich ständig, drehten sich die Lampen, waren die Schritte des Arztes so schnell, so schnell?

«Sie kann nicht mehr pressen. Im sechsten Monat hilft die Natur nicht nach. Sie muss noch eine neue Spritze bekommen.»

Ich fühlte den Einstich der Nadel. Die Lampen standen still. Das Eis und das Blau, die mich umgaben, drangen in meine Venen. Mein Herz schlug wild. Die Schwestern unterhielten sich weiter: «Das Baby von Frau L. in der letzten Woche … wer hätte gedacht, dass sie zu eng sein würde, eine große Frau wie sie, eine große Frau wie sie, eine große Frau wie sie …» Die Worte drehten sich wie auf einer Schallplatte. Sie redeten, redeten, redeten …

Bitte halten Sie meine Beine! Bitte halten Sie meine Beine! Bitte halten Sie meine Beine! bitte halten Sie meine Beine! Ich bin wieder so weit. Beim Zurückwerfen meines Kopfes kann ich die Uhr sehen. Ich habe stundenlang gekämpft. Es wäre besser, zu sterben. Warum bin ich am Leben und kämpfe so verzweifelt? Ich konnte mich nicht daran erinnern, warum ich noch leben wollte. Ich konnte mich an nichts erinnern. Alles war Blut und Schmerzen. Ich muss pressen. Ich muss pressen. Das ist ein schwarzer, unbeweglicher Punkt in der Ewigkeit, am Ende eines langen, dunklen Tunnels. Ich muss pressen. Eine Stimme sagt: «Pressen! Pressen! Pressen!» Ein Knie liegt auf meinem Bauch, und der Marmor meiner Beine zermalmt mich, und der Kopf ist so groß, und ich muss pressen.

Presse ich oder sterbe ich? Das Licht dort oben, das riesige, runde, blendend weiße Licht, trinkt mich. Es trinkt mich langsam, atmet mich in den Raum. Wenn ich nicht meine Augen schließe, wird es mich ganz und gar auftrinken. Ich versickere nach oben, in langen, eisigen Fäden, ich bin zu leicht, und doch ist auch im Innern ein Feuer. Die Nerven sind verzerrt. In diesem langen Tunnel, der mich einsaugt, gibt es kein Ausruhen. Presse ich mich aus dem Tunnel? Wird das Kind aus mir herausgepresst? Trinkt mich das Licht? Sterbe ich? Das Eis in den Venen, das Knacken der Knochen, dieses Pressen in Dunkelheit, mit einem Lichtstreif in den Augen wie die Schneide eines Messers. Das

Gefühl eines Messers, das ins Fleisch schneidet. Irgendwo zerreißt das Fleisch, als habe es eine Flamme durchgebrannt. Mein Fleisch zerreißt irgendwo, und Blut fließt. Ich presse in der Dunkelheit, in völliger Dunkelheit. Ich presse, bis sich meine Augen öffnen und ich den Arzt sehe, der ein langes Instrument hält, das er in mich hineinstößt. Der Schmerz lässt mich aufschreien, das lang gezogene Heulen eines Tieres. «Das wird sie dazu bringen, zu pressen», sagt er zu der Schwester. Aber es bewirkt nichts. Es lähmt mich vor Schmerzen. Er will es noch einmal tun. Wütend richte ich mich auf und schreie ihn an: «Wagen Sie das nicht noch einmal! Wagen Sie es nicht!»

Das Feuer meines Zorns wärmt mich, Eis und Schmerzen schmelzen in der Wut. Mein Instinkt sagt mir, dass es unnötig war, was er getan hat, und dass er es getan hat, weil er in Rage ist, weil die Zeiger der Uhr sich drehen, die Morgendämmerung hereinbricht, das Kind nicht herauskommt, meine Kräfte nachlassen und die Injektion die Wehen nicht auslöst.

Ich sehe zu dem Arzt hin, der erregt auf und ab geht oder sich hinunterbeugt und den Kopf betrachtet, der kaum sichtbar ist. Er wirkt verwirrt, als stünde er vor einem Naturgeheimnis, verwirrt von diesem Kampf. Er will mit seinen Instrumenten eingreifen, während ich mit der Natur kämpfe, mit mir, mit meinem Kind, mit der Bedeutung, die ich allem verliehen habe, mit meinem Verlangen, zu geben und zu halten, zu behalten und zu verlieren, zu leben und zu sterben. Kein Instrument kann mir helfen. Seine Augen blicken zornig. Am liebsten würde er ein Messer nehmen. Er muss zusehen und warten.

Die ganze Zeit über versuche ich, mich daran zu erinnern, weshalb ich leben möchte. Ich bin nur Schmerz und habe keine Erinnerung. Die Lampe hat aufgehört, mich zu trinken. Ich bin zu erschöpft, um mich zum Licht zu drehen oder meinen Kopf zu wenden und auf die Uhr zu sehen. In meinem Körper brennen Feuer, ich werde gemartert, das Fleisch ist Schmerz. Das Kind ist kein Kind, sondern ein Dämon, der mich würgt. Der Dämon liegt träge am Tor meines Schoßes, blockiert das Leben, und ich kann mich nicht von ihm befreien.

Die Schwestern beginnen sich wieder zu unterhalten. Ich sage: «Lassen Sie mich allein.» Ich lege meine beiden Hände auf meinen Bauch und trommle ganz behutsam mit den Fingerspitzen, trommle,

trommle, trommle, trommle, trommle, in Kreisen auf meinem Bauch, ganz behutsam, mit offenen Augen, erfüllt von gelassener Ruhe. Der Arzt nähert sich, und auf seinem Gesicht zeigt sich Erstaunen. Die Schwestern schweigen. Trommeln, trommeln, trommeln, trommeln, trommeln, trommeln, in behutsamen Kreisen, in behutsamen, ruhigen Kreisen. Trommeln wie Eingeborene. Das Mysterium. Die Augen sind offen, die Nerven beginnen zu vibrieren … eine geheimnisvolle Erregung. Ich höre das Ticken der Uhr … unerbittlich, losgelöst. Die kleinen Nerven erwachen, bewegen sich. Aber meine Hände sind so müde, so müde, sie werden herabfallen. Mein Schoß bewegt, erweitert sich. Trommeln, trommeln, trommeln, trommeln, trommeln. Ich bin bereit! Die Schwester presst ihr Knie auf meinen Bauch. In meine Augen tritt Blut. Ein Tunnel. Ich presse meine Kraft in diesen Tunnel hinein, beiße auf meine Lippen und presse. Feuer. Fleisch zerreißt. Keine Luft. Aus dem Tunnel hinaus! Mein ganzes Blut fließt hinaus. Pressen! Pressen! Pressen! Es kommt! Es kommt! Es kommt! Ich fühle das Schlüpfrige, die plötzliche Befreiung; die Last ist weg. Dunkelheit. Ich höre Stimmen. Ich öffne meine Augen. Ich höre sie sagen: «Es war ein kleines Mädchen. Besser, wir zeigen es ihr nicht.» All meine Kraft kehrt zurück. Ich richte mich auf. Der Arzt ruft: «Nicht aufrichten!»

«Zeigen Sie mir das Kind!»

«Zeigen Sie es nicht», sagt die Schwester, «es ist nicht gut für sie.» Die Schwester versucht, mich wieder zum Liegen zu bringen. Mein Herz schlägt so laut, dass ich kaum hören kann, wie ich wiederhole: «Zeigen Sie es mir.» Der Arzt hält es hoch. Es ist dunkel und klein, wie ein winziger Mann, aber es ist ein kleines Mädchen. Es hat lange Wimpern über seinen geschlossenen Augen und ist vollkommen entwickelt: Das Fruchtwasser lässt es glitzern.

Silvina Ocampo

DIE TODSÜNDE

Symbole der Reinheit und Verinnerlichung haben zuweilen eine größere aphrodisische Wirkung als pornografische Fotos oder Geschichten, und deshalb waren – was für eine Gotteslästerung – die Tage vor deiner ersten Kommunion mit der Verheißung des weißen, reich mit Spitzen verzierten Kleides, der gehäkelten Handschuhe und des Perlenrosenkranzes vielleicht die wirklich unreinen in deinem Leben. Gott möge mir verzeihen, denn in gewisser Weise war ich deine Komplizin und Sklavin.

Mit einem kleinen Zweig rosafarbener Mimosen, den du am Sonntag auf dem Weg pflücktest, mit dem Gebetbuch im weißen Einband (ein Kelch in der Mitte der ersten Seite und der Beichtzettel auf der nächsten) hast du zu dieser Zeit den Genuss der – sagen wir – Liebe erfahren, um nicht einen anderen Ausdruck zu verwenden. Auch du könntest keinen anderen Ausdruck finden; du wüsstest ja nicht einmal, wo du suchen müsstest auf dem Beichtzettel, den du so eifrig auswendig lerntest. Nicht einmal im Katechismus war alles aufgeführt oder erklärt.

Keinem, der dein unschuldiges und melancholisches Gesicht sah, kam der Verdacht, dass das Laster und perverse Gedanken dich in ihrem klebrigen und vielmaschigen Netz gefangen hielten.

Wenn eine Freundin zum Spielen kam, hast du ihr die geheimnisvolle Beziehung, die zwischen dem Mimosenzweig, dem Gebetbuch und deiner unerklärlichen Lust bestand, erst erzählt und dann gezeigt. Keine deiner Freundinnen verstand das oder wollte gar daran teilhaben, doch alle taten so, damit du zufrieden wärest, und pflanzten in dein Herz diese panische Einsamkeit, die größer war als du selbst, das Bewusstsein, das dein Nächster dich betrog.

In dem riesigen Haus, in dem du lebtest, von dessen Fenstern aus man Kirchen sah, Lagerhäuser, den Fluss mit Schiffen, zuweilen Schlangen

von Straßenbahnen oder Siegesumzüge und Glockentürme, war das
oberste Stockwerk der Reinheit und der Sklaverei geweiht; der Kindheit
und der Sicherheit. Dir kam es vor, als gäbe es die Sklaverei auch in
anderen Stockwerken, die Reinheit dagegen in keinem.

In einer Predigt hörtest du sagen: «Je größer der Luxus, desto größer
die Verderbtheit.» Du wärst gerne barfuß gegangen, hättest gerne inmitten von Tieren geschlafen, wie die Vögel vom Boden aufgepickte
Brotkrümel essen wollen, doch dieses Glück war dir nicht beschieden.
Um dich zu trösten, dass du nicht barfuß gehen durftest, zogen sie dir
ein bunt glänzendes Taftkleid und goldbraune Lackschuhe an. Um dich
darüber hinwegzutrösten, dass du nicht in einem von Tieren umstan-
denen Strohbett schlafen durftest, nahmen sie dich ins Teatro Colón[1]
mit, das größte Theater der Welt. Um dich darüber hinwegzutrösten,
dass du keine vom Boden aufgepickten Brotkrümel essen durftest,
schenkten sie dir eine prächtige, mit gerüschtem Silberpapier ausgelegte
Schachtel voller Pralinen, die beinahe zu groß waren für deinen Mund.

Im Winter wagten sich die Damen mit ihren Feder- und Pelzhüten nur
selten hinauf in dieses oberste Stockwerk des Hauses, dessen für dich
unbestreitbare Vorteile sie im Sommer anzogen – mit leichten Kleidern
und Ferngläsern, auf der Suche nach einem Söller, von dem aus sie
Flugzeuge, eine Mondfinsternis oder ganz einfach das Aufgehen der
Venus betrachten konnten; im Vorbeigehen streichelten sie dir über den
Kopf und flöteten: «Was für hübsches Haar – wirklich hübsches Haar!»

Neben dem Spielzimmer, das zugleich als Klassenraum diente, lag
der Männerabtritt. Man sah immer nur die Becken durch die halb offene Tür. Der Erste, der kam, Chango, der Vertrauensmann des ganzen
Haushalts, der dir den Spitznamen «Püppchen» gab, hielt sich länger
dort auf als seine Kollegen. Das war dir aufgefallen, weil du öfters über
den Gang ins Bügelzimmer gingst, das einen besonderen Reiz auf dich
ausübte. Von dort aus hatte man nicht nur die Aussicht auf die ver-
botene Tür, sondern hörte auch das Gurgeln der Abflussrohre hinunter
bis in die unzähligen Schlafzimmer und Wohnräume des Hauses, wo es
Vitrinen, einen kleinen Altar mit der Marienfigur und einen Sonnenuntergang bei wolkenlosem Himmel gab.

---

1 1857 in Buenos Aires eröffnet, das bedeutendste Opernhaus Lateinamerikas.

Wenn dich das Kindermädchen mit dem Aufzug ins Spielzimmer brachte, sahst du öfter, wie Chango mit abschätzendem Blick, die Zigarette im Schnurrbart, den verbotenen Raum betrat, doch noch öfter sahst du ihn allein, abwesend, entrückt irgendwo im Haus stehen, immer auf die Ecke eines vornehmen oder bescheideneren Tisches gestützt (aber nie auf den aus Marmor in der Küche und den aus Gusseisen mit Bronzelilien im Patio). «Wo bleibt denn Chango nun wieder?», hörte man aufgeregte Stimmen nach ihm rufen. Ihm fiel es schwer, sich von dem Möbelstück zu trennen. Und wenn er dann da war, erinnerte sich natürlich niemand mehr daran, warum man ihn eigentlich gerufen hatte.

Du spioniertest ihm nach, aber auch er spionierte dir schließlich nach: Das hast du entdeckt, als der Mimosenzweig von deinem Pult verschwunden war und nachher im Knopfloch seiner glanzseidenen Jacke steckte.

Nur selten ließen dich die Frauen des Hauses alleine, doch bei Festen oder Trauerfeierlichkeiten (die sich sehr ähnlich waren) ließen sie dich in der Obhut Changos. Feste und Trauerfeiern festigten diesen Brauch, der deinen Eltern ganz gut ins Konzept zu passen schien. «Auf Chango ist Verlass. Chango ist ein guter Kerl. Besser als ein Kindermädchen», sagten sie alle miteinander. «Sicher macht es ihm Spaß mit ihr», fügten sie hinzu. Ich allerdings weiß, dass eine der bissigen Stimmen, an denen es nie fehlt, sagte: «Ein Mann ist ein Mann, aber das kümmert die Herrschaften nicht, wenn sie nur sparen können.» – «Das ist ungerecht!», zischten sich die Tanten recht vernehmlich zu. «Die Eltern der Kleinen sind doch wirklich großzügig; so großzügig, dass sie Chango das Gehalt einer Gouvernante zahlen.»

Jemand starb, ich weiß nicht mehr, wer. Durch den Liftschacht stieg der süßliche Duft der Blumen herauf, der die Luft verbraucht und den Blumen nur Schande macht. Der Tod mit all seinem Zubehör erfüllte die unteren Stockwerke, mit Kreuzen, Truhen, Kränzen, Palmen und Notenpulten fuhr er im Aufzug hinauf und hinab. Im obersten Stockwerk hast du unter Changos Obhut die Schokolade aufgegessen, die er dir mitgebracht hatte, und mit der Schiefertafel, mit dem Kaufladen, mit der Eisenbahn und dem Puppenhaus gespielt. Flüchtig wie ein Blitz in einem Traum erschien deine Mutter und fragte Chango, ob man nicht eine kleine Spielgefährtin für dich einladen sollte. Chango antwortete, besser nicht, die zwei würden nur Krach machen. Seine Wangen waren ganz plötzlich violett. Deine Mutter gab dir einen Kuss und ging; sie lächelte dich mit ihren wunderschönen Zähnen an und war für den Augenblick glücklich, dass du bei Chango so gut aufgehoben warst.

An jenem Tag war Changos Gesicht fahler als gewöhnlich; auf der Straße hätten wir ihn nicht wiedererkannt, weder du noch ich, obwohl du ihn mir so oft beschrieben hattest. Aus den Augenwinkeln heraus hast du ihn belauert: er, der sonst so Aufrechte, krümmte sich wie ein Fragezeichen, stützte sich auf die Tischkante und starrte dich an. Hin und wieder blickte er zum Aufzug, durch dessen schwarze Gitter die Kabel wie Schlangen aussahen. Du spieltest resignierte Besorgnis. Du hast schon geahnt, dass im Haus etwas Ungewöhnliches geschehen war oder geschehen würde. Wie ein Hund hast du den schrecklichen Geruch der Blumen eingesogen. Die Tür stand offen: Sie war dreimal so hoch wie die Türen eines Neubaus, doch das machte deine Flucht nicht leichter; außerdem hattest du gar nicht die Absicht, zu fliehen. Eine Maus oder ein Frosch fliehen nicht vor der Schlange, die es auf sie abgesehen hat; nicht einmal größere Tiere fliehen. Mit schleppenden Schritten entfernte sich Chango schließlich vom Tisch, beugte sich über das Treppengeländer, um nach unten zu schauen. Eine hohe, kalte Frauenstimme tönte vom Erdgeschoss herauf: «Ist das Püppchen auch brav?»

Das Echo, das dir immer so verführerisch antwortete, wiederholte den Satz ohne jeden Zauber.

«Sehr brav», erwiderte Chango, der seine Worte in den dunklen Tiefen des Erdgeschosses widerhallen hörte.

«Um fünf bringe ich ihr die Milch.»

Changos Antwort «Nicht nötig: Ich mache es schon» vermischte sich mit einem weiblichen «Danke», das sich über den Fliesenböden der unteren Stockwerke verlor.

Chango kam ins Zimmer zurück und befahl dir: «Du schaust durch das Schlüsselloch, wenn ich in dem kleinen Zimmer nebenan bin. Ich zeige dir etwas sehr Schönes.»

Er bückte sich an der Tür nieder und drückte das Auge gegen das Schlüsselloch, um dir zu zeigen, wie man es machen musste. Er ging aus dem Zimmer und ließ dich allein. Du hast weitergespielt, als sähe Gott dir zu, der Form halber, mit jenem vorgetäuschten Eifer, den Kinder manchmal beim Spielen an den Tag legen. Dann bist du, ohne zu zögern, zur Tür gegangen. Du musstest dich nicht bücken: Das Schlüsselloch war genau in der Höhe deiner Augen. Würdest du vielleicht enthauptete Frauen sehen? Das Schlüsselloch wirkte sich auf den Bildausschnitt wie eine Linse aus: Die Fliesen glänzten, eine Ecke der weißen Wand leuchtete auf. Weiter nichts. Ein Lufthauch wehte durch dein offenes Haar. Du hast die Augenlider geschlossen. Du gingst weg vom Schlüsselloch, doch Changos Stimme drängte mit einem obszönen Unterton: «Püppchen, schau nur, schau.» Ein tierhafter Geruch drang durch die Tür. Es war nicht mehr der Luftzug von dem offenen Fenster, das auf den Patio des Nachbarhauses hinausging. Wie weh es mir tut, wenn ich daran denke, dass das Schreckliche dem Schönen so ähnlich sein kann. Du und Chango, ihr wart wie Pyramus und Thisbe,[2] die Worte der Liebe durch die Mauer tauschten.

Du bist von der Tür weggegangen, hast ganz mechanisch dein Spiel wieder aufgenommen. Chango kam zurück und fragte: «Hast du es gesehen?» Du hast den Kopf geschüttelt, wie verzweifelt schwang dein loses Haar hin und her. «Hat es dir gefallen?», bohrte Chango weiter, denn er wusste, dass du logst. Du gabst keine Antwort. Mit einem Kamm hast du deiner Puppe die Haare abgerissen, aber Chango lehnte sich wieder an die Kante des Tisches, an dem du spielen wolltest. Mit verschleiertem Blick maß er die Zentimeter, die dich von ihm trennten, und wand sich auf dich zu. Mit der Haarschleife deiner Puppe in der Hand warfst du dich zu Boden. Du bewegtest dich nicht. Immer neue Wellen der Röte liefen über dein Gesicht. Die Farbe war wie die falscher Juwelen, die in ein Goldbad getaucht werden. Du hast dich erinnert, wie Chango in den Kleiderschränken deiner Mutter in der Unterwäsche wühlte, wenn er Aufträge des weiblichen Personals übernommen hatte. Die Adern seiner Hand schwollen an wie mit blauer Tinte gefüllt. Du hast gesehen, dass er an seinen Fingerspitzen blaue Flecke hatte. Ohne

---

2 Aus der antiken Sagenwelt überliefertes babylon. Liebespaar, das sich insgeheim durch einen Mauerspalt unterhält, da es sich wegen der Feindschaft seiner Eltern nicht treffen darf.

es zu wollen, hast du seine Glanzseidenjacke, die sich auf deinen Knien so rau anfühlte, in allen Einzelheiten registriert. Von nun an würden die Tragödien deines Lebens immer angereichert sein mit winzigen Details. Du hast dich nach der Reinheit des Mimosenzweigs gesehnt, nach deiner unverstandenen, kranken Lust. Du hast gefühlt, dass dieses geheimnisvolle Ereignis deine Einsamkeit zerstören würde, die so unangreifbar gewesen war. Zwei Verbrecher wart ihr, mit unterschiedlichen Motiven, die dieselbe Tat begingen, du und Chango.

Nächtelang hast du dir für den Beichtzettel Lügen ausgedacht, mit deren Hilfe du deine Schuld hättest aussprechen können. Deine erste Kommunion war da. Du hattest keine harmlose und kurze Formel für die Beichte gefunden. Du musstest die heilige Kommunion im Stande der Todsünde empfangen. Auf der Kirchenbank saßen nicht nur die zahlreichen Mitglieder deiner Familie, sondern auch Chango und Camila Figueira, Valeria Ramos, Celina Eyzaguirre und Romagnoli, der Priester aus einer anderen Pfarrei. Dein Schmerz war der einer Vatermörderin, wie zum Tode verurteilt hast du die eiskalte Kirche betreten, mit den Zähnen am Einband deines Gebetbuches gekaut. Ich sehe dich blass, nicht mehr rot im Gesicht, vor dem Hauptaltar, mit den gehäkelten Handschuhen und einem Sträußchen künstlicher Blumen am Gürtel wie eine Braut. Wie ein Prediger würde ich dich barfuß auf der ganzen Welt suchen, um dich zu retten, wenn ich nur wüsste, ob du noch lebst. Ich weiß, lange Zeit und so hartnäckig wie das Schweigen, das von den grausamen Lippen der Furien ausgeht, die sich auf das Quälen von Kindern verstehen, hast du zusammen mit deiner eigenen unmenschliche Stimmen gehört, die sagten: Es ist eine Todsünde, mein Gott, es ist eine Todsünde.

Wie konntest du das nur überleben? Nur ein Wunder kann es erklären: das Wunder der Barmherzigkeit.

Irène Némirovsky

DIE DIEBIN

Das Geld, das die Bäuerin am Vorabend in den Schrank gelegt hatte, war gestohlen worden; es war der Erlös für vier Schweine gewesen, zwei Tausendfrancscheine, die die ganze Nacht unter einem Stapel gelber Bettlaken gesteckt hatten.

«Ich habe das Geld gestern eigenhändig abgezählt, bevor ich ins Bett ging, und heute Morgen noch einmal», sagte die alte Frau zu den Polizisten, die auf den Hof gekommen waren, um ihre Untersuchungen durchzuführen. «Messieurs, es ist eine Schande. Ich bin hinausgegangen, um die Tiere zu versorgen. Dann wollte ich die Kleine ins Dorf schicken, um Brot zu holen. Ich komme zurück, mache den Schrank auf. Ich schaue noch mal hin. Nichts.»

Die Polizisten saßen im großen Saal von Malaret. Malaret ist ein verfallenes Schloss; es hatte einmal den Baronen du Jeu gehört, die es wegen Geldmangels weder bewohnen noch instand setzen konnten und es daher verpachteten; dann hatten die reich gewordenen Pächter das Schloss und die dazugehörenden Ländereien gekauft, doch aus Geiz oder Gleichgültigkeit reparierten sie nichts. Hühner- und Kaninchenställe standen im großen Ehrenhof des Schlosses. Der einst schönste und fischreichste Teich der ganzen Region war verschlammt und diente als Viehtränke. Die Kastanien um die Terrasse waren gefällt worden. Jetzt wurde dort Wäsche aufgehängt. Die Leute von Malaret waren unfreundlich, misstrauisch; sie machten einen stolzen und wilden Eindruck. Im Winter sahen sie sechs bis acht Monate lang keinen anderen Menschen: Malaret war weit vom Dorf entfernt und von Wald umgeben; in der kalten Jahreszeit waren die Wege unpassierbar. Von den dicken Mauern regnete es Steine, und an windigen Tagen flogen die Ziegel vom Dach. Den alten Gardesaal hatte man in eine Küche verwandelt. In den anderen Zimmern waren die Fußböden abgesackt, die Fensterscheiben zerbrochen; Schaffelle hingen in den Kaminen. Dort wurde niemals Feuer gemacht; sie waren so groß, dass man in wenigen Nächten die gesamten Holzvorräte des Winters verbraucht hätte. In der alten Bibliothek zog man Lämmer auf; im Musiksaal wurden Äpfel aufbewahrt. Neben der Küche befand sich ein reizendes kleines Kabinett mit bemaltem Alkoven und einem runden Fenster. Der Alkoven diente als Kartoffelkeller, und vor dem Fenster hing ein Kranz Zwiebeln. Im Dorf waren «die von Malaret» nicht sehr beliebt, doch man lobte sie dafür, dass sie trotz ihres Reichtums weiterhin wie Bauern lebten und keine Bürger geworden waren. «Sie sind reich, aber sie halten ihr Geld zusammen», sagte man voller Hochachtung. «Die Alte passt auf jeden Sou auf.»

Die Alte war eine kleine, magere und gebieterische Frau, die den Polizisten sehr aufrecht gegenübertrat, die Hände unter dem Bauch verschränkt. Ihr Mund war sehr schmal, fast ohne Lippen, die scharf eingeschnittenen Mundwinkel herabgezogen. Sie war Witwe; sie herrschte über das Gut und hatte bekanntermaßen nur eine einzige Schwäche: Sie vergötterte ihre Enkelin, ein Kind von zwölf Jahren, unehelicher Sprössling ihres ältesten Sohnes, der bei einem Jagdunfall ums Leben gekommen war. Die Leute wussten, dass der junge Mann sich vor seinem Tod – er war zwanzig Jahre alt gewesen – seiner Mutter anvertraut hatte. «Marguerite, das Dienstmädchen, war meine Geliebte», hatte er gesagt. «Jetzt erwartet sie ein Kind von mir. Schwöre mir, dass du es aufziehen wirst.»

Die Mutter hatte es versprochen. Das Kind, ein Mädchen, Marcelle, wurde geboren. Nach und nach hatte die alte Frau ihre Enkelin lieb gewonnen, hatte sie adoptiert und sie zu ihrer Erbin gemacht. Marguerite indessen hatte ein Schmuckstück gestohlen, eine goldene Brosche, die der Herrin gehörte, und man hatte sie hinausgeworfen. Marcelle war erst ein paar Monate alt gewesen. Das Dienstmädchen war, nachdem es den Hof verlassen hatte, nach Paris gegangen und dort nach kurzer Zeit gestorben; sie hatte ihre Tochter nie zurückverlangt.

Die Großmutter verwöhnte Marcelle; sie sorgte dafür, dass sie im Dorf Klavierstunden nahm, und zog ihr an Feiertagen weiße Kleidchen an; sie wollte sie nicht in einer Pflegefamilie unterbringen, sondern sie verheiraten und ihr das Gut überschreiben. Marcelle war ein hübsches Kind, sehr groß für ihr Alter, die beste Schülerin im Dorf. Sie lauschte dem Gespräch, das ihre Großmutter mit den Polizisten führte. Sie trug eine schwarze Schürze, und ihr blondes Haar war zu Zöpfen geflochten, mit einer blauen Schleife an jedem Ende.

Neben ihr stand ein junges Mädchen von achtzehn Jahren, grobschlächtig, rothaarig, mit einem dicken weißen Kinn, das ihr Ähnlichkeit mit einer Kuh verlieh. Ihre bloßen Arme, frisch und rosig, von goldenen Härchen bedeckt, schimmerten in der Sonne. Sie hatte gerade die Hühner gefüttert, und an ihrem Unterarm baumelte noch der Metallkübel. Zwei junge Leute in Arbeitskleidung zogen vor der Tür ihre Schuhe aus, traten ein und gingen ohne ein Wort zu sagen zum Tisch. Diese Jungen und ihre Schwester waren die Neffen und die Nichte der Alten und verdingten sich bei ihr als Knechte und als Magd. Sie beschäftigte keine Fremden auf dem Hof; die Familie genügte für alles. Nur für die großen Arbeiten holte man Hilfskräfte von außerhalb, aber jetzt war März. Es war ein schöner, sonniger Tag. Zum ersten Mal nach dem langen Winter ließ man die Tiere ins Freie; eine Schafherde graste zwischen den Ruinen der Kapelle und dem Teichufer; ihr Blöken erfüllte die Luft; der Himmel war von zartem Blau. Die Polizisten waren schläfrig geworden, nachdem sie ihr kleines Glas Tresterschnaps getrunken hatten. Um sie herum stiegen die leisen Geräusche eines Bauernhofs im Frühling auf: das Murmeln des Wassers zwischen Steinen, auf denen der Schnee schmilzt; das Gurren der Tauben auf dem Dach; die Sprünge der Fohlen auf der nah gelegenen Wiese und das träge Geschnatter des zufriedenen Federviehs, das seine Körner pickt, während das zerzauste Gefieder, weiß wie Schnee, sich leicht sträubt und wieder glättet. Was gibt es an solchen Tagen Schöneres, als auf seinem Stuhl sitzen zu bleiben, neben der offenen Tür, den Kopf im Schatten und die Füße in der Sonne, ohne an etwas zu denken – doch nun musste man die Befragung durchführen.

Die Polizisten zündeten ihre Pfeifen an, und einer von ihnen fragte: «Also, wenn ich recht verstehe, war am Morgen des Diebstahls niemand im Haus, Madame?»

«Ich war bei den Tieren», sagte die Alte; «die zwei Jungen haben die Zäune repariert. Meine Nichte Cécile war bei mir, und Marcelle war bei den Lämmern. Wir haben welche, deren Mütter eingegangen sind, die müssen wir mit der Flasche aufziehen. Das macht die Kleine.»

«Sie hatten das Ganze hier im Blick?»

«Das habe ich immer», sagte die Frau mit einem dünnen Lächeln.

«Jemand von hier kommt also nicht infrage?»

«Jeder hier gehört zur Familie und kann nicht in Verdacht stehen», erwiderte sie, indem sie den Polizisten verächtlich ansah. «Wegen meiner Familie habe ich Sie nicht gerufen, sondern wegen denen von draußen. Heute Morgen sind Leute auf den Jahrmarkt gegangen, ins Dorf. Ein paar Viehtreiber sind zu uns gekommen und haben um etwas zu trinken gebeten, das kommt gelegentlich vor. Unter diesen Viehtreibern befindet sich Bracelet, ein Junge, der im Gefängnis gesessen hat, und Ladre, der trinkt und für eine Flasche Wein seine Mutter verkaufen würde. Ich glaube, sie sind ins Haus gegangen, haben gesehen, dass es leer ist, haben das Geld genommen und waren gleich wieder im Hof. Als ich aus dem Stall kam, haben sie mit mir geredet.»

«Gut möglich», sagte der Polizist nachdenklich. «Und gleich nachdem sie weg waren, haben Sie den Diebstahl entdeckt?»

«Ja, ich habe sie weggehen sehen, dann fiel mir ein, dass ich noch Brot brauchte. Marcelle war bei den Lämmern. Ich habe ihr zugerufen, dass sie kommen soll. Sie sollte ihr Fahrrad nehmen. Ich bin ins Haus gegangen, um ihr Geld zu geben, habe unter den Laken nachgesehen und es bemerkt.»

«Zeigen Sie uns den Schrank.»

Geführt von der Alten, gingen sie in das angrenzende Zimmer. Die Großmutter und die Enkelin schliefen in zwei großen Betten, die einander gegenüberstanden. Auf jedem lagen eine rosafarbene Daunendecke und ein gehäkelter Überwurf. Der Schrank war alt, tief und sehr schön; in seinem Innern sah man Stapel von Handtüchern, Bettbezügen und Laken; außerdem befanden sich darin eine Sparbüchse, ein kleiner Metallkoffer, eine Lederbörse und eine Schmuckschatulle. Dort war das Geld aufbewahrt worden. Weder Bank noch Sparkasse für die Leute von Malaret. Sicher hätte man, wenn man etwas tiefer gegraben hätte, auch Goldmünzen von vor 1914 gefunden, Silberbesteck, gekauft bei der Weltausstellung von 1900, Ringe, Halsketten, Uhrketten aus mehreren Generationen.

«Sie schließen Ihren Schrank also nicht ab?», fragte der Polizist die Frau.

Sie warf ihm einen verächtlichen Blick zu. «Glauben Sie, ich würde das alles offen herumliegen lassen? Jedes Mal verschließe ich den Schrank, und den Schlüssel lege ich dorthin», sagte sie und zeigte auf die Schublade des Tisches. «Gut versteckt unter meinem Gesangbuch.»

«Und das wusste niemand?»

«Die Familie wusste es.»

«Aber wie hätte ein Fremder das herausbekommen können?»

«Ich glaube, Bracelet und Ladre haben mich ausspioniert, als sie hier waren und in der Küche meinen Wein tranken. Sie werden gesehen haben, wie ich hier hineinging, das Geld aus dem Schrank holte, ihn wieder verschloss und den Schlüssel ins Schubfach legte.»

«Ist nichts anderes gestohlen worden?»

«Nein. Bestimmt haben sie nicht genug Zeit gehabt, bevor sie mich aus dem Stall kommen sahen.»

«Möglich», sagte der Polizist und nickte. Er betrachtete die weiß gekalkten Mauern, die mit einem Porträt des Papstes, einem farbigen Kalender und zwei gerahmten Fotografien geschmückt waren. Eine davon zeigte Marcelle als Kommunionkind, die andere einen jungen Mann von zwanzig Jahren, ihren Vater. Über dem riesigen Kamin sah man das in Stein gehauene Wappen der Barone du Jeu; in einem am Fenster befestigten Käfig sang ein Buchfink.

«Wir geben Ihnen Bescheid», sagten die Polizisten.

Als sie sich zum Gehen wandten, trat die kleine Marcelle vor, die bis jetzt schweigend und aufrecht neben ihrer Großmutter gestanden hatte. «Messieurs, ich möchte mit Ihnen sprechen. Weder Bracelet noch Ladre haben das Geld gestohlen. Ich war es.» Sie sprach mit klarer, kalter Stimme. Ihre Miene war undurchdringlich.

«Du?», rief einer der Polizisten. Er umfasste ihr Kinn, sah ihr in die Augen. «Du hast deine Großmutter bestohlen? Was hast du mit dem Geld gemacht?»

Marcelle hob die Decke, die auf ihrem Bett lag; zerriss mit den Zähnen eine Naht, griff mit der Hand in die Federn und holte zwei zerknitterte Tausendfrancscheine heraus, die sie den Gendarmen zuwarf. «Nehmen Sie sie. Ich war es, ich bin in das Zimmer gekommen, als alle dachten, ich wäre bei den Lämmern.»

«Schämst du dich nicht?», sagten die Polizisten empört. «Du hast doch immer alles bekommen, was du wolltest! Du Nichtsnutz!»

«Ja», sagte sie still.

«Schlimmer geht es nicht: eine Diebin!»

«Ja.»

«Weißt du, dass du ins Gefängnis kommst?»

«Ja», sagte sie wieder.

«Aber was wolltest du denn mit diesen zweitausend Franc?»

«Mir Sachen kaufen.»

«Was für Sachen?»

Sie antwortete nicht.

«Und warum gibst du es plötzlich zu?»

Sie schien unsicher zu werden. Sie erbleichte, und ihre Lider zuckten.

«Du hattest Angst davor, entdeckt zu werden, was?»

«Ja, genau», murmelte sie eilig.

«Du weißt, dass dein Name in die Zeitung kommt? Das ganze Land wird erfahren, dass Madame Malarets Enkelin eine Diebin ist.»

«Ja», sagte sie trotzig.

Die Familie hatte kein Wort gesagt. Die dicke Cécile lächelte, als wäre ihr die größte Freude zuteilgeworden. Es musste ihr gefallen, dass man die kleine Cousine jetzt so demütigte, dass sie jetzt als Diebin dastand, das Hätschelkind der Großmutter, der Bastard, die Erbin. Céciles Gesicht leuchtete. Die Alte hob die Hand und gab Marcelle zwei Ohrfeigen, was diese wortlos und mit glänzenden Augen hinnahm.

«Das ist noch nicht genug, Madame», sagte der Polizist. «Man muss sie mit der Peitsche traktieren, bis sie halb tot ist. Ein Kind, dem Sie so viele Wohltaten erwiesen haben! Wenn Sie mir nicht versprechen, sie zu züchtigen, wird sie heute Nacht im Gefängnis schlafen», sagte er und machte Miene, das Mädchen an der Schulter zu packen.

Sie wehrte sich nicht. Die Großmutter ließ ein ersticktes Schluchzen hören.

«Lassen Sie sie los, Messieurs. Ich werde sie bestrafen», versprach sie.

«Ja, bestimmt. Aber gehen Sie jetzt, gehen Sie. Das ist Familiensache, das geht nur die Familie etwas an. Ich ziehe meine Anzeige zurück.»

Nachdem die Polizisten gegangen waren, wandte sie sich ihren Neffen zu, bedeutete ihnen, sich zu entfernen, und schloss die Tür hinter ihnen ab. Als sie auf Marcelle zukam, schrie das Mädchen wild: «Mémé, du kannst mich schlagen, mich töten, aber du wirst nie mehr so überheblich sein. Jetzt wissen alle, dass ich auch eine Diebin bin!»

Die alte Frau ließ sich auf einen Stuhl sinken. «Warum hast du das getan?», sagte sie mit schwacher Stimme.

Das Mädchen, das sich zweifellos auf Schreie und Schläge eingestellt hatte, schien irritiert zu sein. Leiser wiederholte sie: «Du kannst mich schlagen, du kannst mich töten, Mémé.»

«Warum hast du das getan?», fragte die Großmutter noch einmal.

Sie sah Marcelle an. Sie hob nicht die Hand. Sie hatte ihre Enkeltochter ohne Liebkosungen und zärtliche Worte großgezogen, hatte ihr höchstens – an Neujahr oder nach der Zeugnisvergabe, wenn Marcelle mit Preisen beladen aus der Schule kam – einen flüchtigen Kuss auf die Wange gegeben.

«Marcelle, sieh mich an», sagte sie schließlich.

Das Mädchen hob mit Mühe den Blick.

«Seit einem halben Jahr bist du mir böse. Du sprichst nicht mit mir. Du gehst mir aus dem Weg. Warum? Du bist ein Sturschädel, Marcelle, wirklich ein Sturschädel. Niemand weiß, was in deinem Kopf vorgeht. Bei den Leuten von Malaret ist es immer so gewesen, man wusste nicht, was in ihnen vorgeht, bis es eines Tages zu spät war. Aber glaub nicht, dass ich es nicht bemerkt hätte. Es geht schon seit dem Sommer so. Du hast deinen bösen Streich lange vorbereitet. Was hast du gegen mich?»

Das Mädchen schrie «Mémé!» und schwieg.

«Du willst nicht reden, Sturkopf?»

Marcelle verneinte.

«Als ich dich vorhin geschlagen habe, war ich unbeherrscht. Du hast mir solche Schande gemacht. Aber es hat mir mehr wehgetan als dir.»

«Ich weiß, Mémé.»

«Ich arbeite für dich. Ich arbeite hart. Alles hier ist nicht für Cécile oder irgendjemand anders, sondern einzig und allein für dich. Wenn du mich bestiehlst, bestiehlst du dich selbst. Gibt es etwas, was du unbedingt haben willst? Bücher? Schmuck? Zweitausend Franc sind eine hübsche Summe, aber wenn du mich gefragt hättest und es wäre für etwas Vernünftiges gewesen, hätte ich dir das Geld gegeben. Weißt du das?»

«Ja, Mémé.»

«Marcelle, sag mir, warum du das getan hast.»

Das Mädchen weinte jetzt. Es rang seine mageren Hände und rief dann verzweifelt: «Du wirst es nicht verstehen! Es nützt nichts, wenn ich versuche, es dir zu erklären. Du verstehst es nicht, niemand versteht es!» Sie schluchzte lange, reglos. Endlich sagte sie: «Weißt du noch, wie wir den Weizen gedroschen haben?»

«Ja», sagte die Großmutter aufmerksam.

Das Mädchen suchte nach Worten. Alle beide, die Großmutter und die Enkelin, erinnerten sich an jenen Septembertag, an dem man auf Malaret den Weizen gedroschen hatte. Es war die letzte der großen Arbeiten im Spätsommer: ein Tag der Arbeit und ein Fest. Am Vortag waren schon morgens riesige gelbe Kuchen gebacken worden; sie sollten mit dem Obst belegt werden, das die Kinder die ganze Woche lang geerntet hatten. Der Tisch bog sich unter großen Körben voller Pflaumen; aus ihrer goldenen, rissigen Haut trat zuckriger Saft aus, und ihr Duft zog Bienen und Wespen an; unter den hohen Decken vibrierte die Luft von einem tiefen, unaufhörlichen Summen, freudig und ernst zugleich, die Musik des Sommers, die das Herz festlich stimmte. Auf dem Land gehört dieser Tag demjenigen, der Freunde, Arbeiter und Nachbarn am üppigsten bewirtet. Man bereitete fettes Geflügel zu, trank guten Wein, aß Pasteten mit Kirschen und Sahne und butterglänzende Pfannkuchen; die Herrin des Hauses eilte geschäftig hin und her; die Kinder entkernten das Obst.

«Weißt du noch, Mémé, als ich mit Cécile allein im Saal war? Sie ist immer böse zu mir gewesen. Vor zwei Jahren, als die blaue Zuckerdose heruntergefallen ist, da hat sie behauptet, ich wäre es gewesen, aber ich war's nicht, sie ist es gewesen.»

«Warum hast du das damals nicht gesagt?»

«Darum.»

«Du bist zu stolz gewesen, wie?, zu stolz, um dich zu verteidigen», murmelte die Großmutter. Und sie schüttelte mehrmals nachdenklich den Kopf. «Und dann, Marcelle?»

«Es hat Streit gegeben. Zum Spaß und um ihr einen Streich zu spielen, habe ich ein paar Pflaumen vom Teller stibitzt, als sie zum Herd ging, um nach dem Braten zu sehen. Sie hat sich aufgeregt und mich eine Diebin genannt. Ich hab gelacht. Das ist doch kein Diebstahl, oder, Mémé, wenn man am Dreschtag Pflaumen isst? Als sie mich lachen sah, ist sie plötzlich wütend geworden und hat zu mir gesagt: ‹Ja, du bist eine Diebin, wie deine Mutter, deine Mutter ist Hausmädchen hier gewesen, sie hat deiner Großmutter eine goldene Brosche gestohlen, man hat sie hinausgeworfen, und sie ist im Gefängnis gestorben.› Ich habe geschrien: ‹Das stimmt nicht!› Da hat sie meine Cousins gefragt, die gerade hereinkamen, ob es die Wahrheit war oder nicht, und sie haben Ja gesagt, dass meine Mutter eine Diebin war und dass man sie vom Hof gejagt hat. Ich hab gewusst, dass ich ein Bastard bin, Mémé, das habe ich immer gewusst, aber es war mir egal, ich bin nicht der einzige Bastard. Die Jeanne aus Montmort ist auch ein Bastard und die Jeanne aus Moulin-Neuf und die Marie vom Schuhmacher, und die Hortense vom ‹Hôtel des Voyageurs› hat ein Kind, das keinen Vater hat. Ich habe einen Vater gehabt, und er ist nie mit Maman verheiratet gewesen, das war mir egal, aber noch nie hatte jemand zu mir gesagt, dass meine Mutter eine Diebin ist!»

«Marcelle!»

«Das konnte ich nicht vergessen. Ich habe ständig daran gedacht. Ich hab mich geschämt, und ich habe dich … ich habe dich beinahe gehasst, weil du das allen gesagt hast, weil du zugelassen hast, dass das ganze Land erfährt, dass meine Maman eine Diebin war. Wir auf Malaret, wir sind stolz. Wir schulden niemandem etwas, das hast du mir immer gesagt, und dass wir die Leute von oben herab ansehen können, weil wir niemandem ein Unrecht tun. Und ich musste immer an die Leute denken, die mein ganzes Leben lang hinter meinem Rücken tuscheln werden: ‹Ihre Mutter war eine Diebin!› Ich konnte nichts tun, um sie daran zu hindern. Dass ich in der Schule gut bin, schöne Kleider habe, Klavier spiele wie eine vornehme Dame und später die Herrin von Malaret sein werde, all das hat nichts genützt. Und du bist schuld daran. Meine Mutter hat genug leiden müssen, weil Papa sie nicht geheiratet hat; man hat ihr das Kind weggenommen, und man hat überall verbreitet, dass sie gestohlen hat. Deshalb wollte ich dich bestrafen. Ich hab mir gesagt: ‹Auch Mémé wird erfahren, was es heißt, sich für seine eigene Familie zu schämen, dass man rot wird. Mich liebt sie, durch mich wird sie bestraft werden.› Und außerdem wollte ich nicht glücklicher sein als Maman, verstehst du? Man hat sie hinausgeworfen, man hat die Polizei gerufen. Ich dachte, dass du auch wegen mir die Polizei rufen würdest und mich hinauswerfen würdest; ins Gefängnis zu kommen macht mir nichts aus. Über dich würden die Leute im Dorf sagen: ‹Wisst ihr, ihre Enkelin, die Marcelle, ist eine Diebin.› Und du hättest es verstanden, du hättest es selber gespürt ... Da habe ich die Taufmedaille von Papa aus dem Schrank genommen, die aus Gold, und habe sie in der Streu der Lämmer versteckt, aber dann, am selben Abend, habe ich Angst bekommen, ich weiß nicht, warum, und sie zurückgelegt. Aber ich dachte immer öfter an Maman. Ich sah sie im Traum. Stimmt es, dass sie im Gefängnis gestorben ist?»

«Nein, das stimmt nicht. Sie ist nach Paris gegangen, dort ist sie gestorben.»

«Ich hab sie im Gefängnis gesehen und bin aufgewacht. Du hast zu mir gesagt: ‹Hast du im Traum geweint? Deine Backen sind ja ganz nass.› Ich bin ins Dorf gegangen, ich hab gehört, wie sie sagten: ‹Ihre Mutter war ja nicht viel wert, aber sie! ... Ihre Großmutter ist stolz auf sie.› Ich war ... Ich war dir böse, immer mehr, Mémé, und ich hab das Geld genommen. Cécile freut sich darüber, aber auch das ist mir egal.»

Sie schwieg. Auch die alte Frau verharrte stumm und reglos. Doch ihre Lippen bewegten sich, als wollte sie sprechen und hätte den Mut nicht dazu. Ihr mageres Gesicht war bleich geworden. Mit einer Handbewegung rief sie Marcelle zu sich und flüsterte mit erstickter Stimme: «Deine Mutter war gar keine Diebin. Die Brosche, die man nie wiederfand, habe ich selbst im Kamin versteckt, hier, unter einem lockeren Stein. Bestimmt ist sie immer noch dort. Seit zwölf Jahren habe ich nicht nachgeschaut.»

Nun war es an Marcelle zu fragen: «Warum hast du das getan?»

«Ich konnte sie nicht leiden, Marcelle», sagte die Großmutter, und ein bitterer und zorniger Ausdruck verzerrte ihr Gesicht. «Du hältst mich für stolz. Ja, ich war stolz – um meines Sohnes willen. Er hätte die beste Frau heiraten können, die es gibt, aber diese Nichtswürdige ist die Mutter meiner Enkelin! Sie hätte dich aufziehen können, wie sie wollte, mit dir machen können, was sie wollte! Sie hatte das Recht dazu wie ich, mehr als ich. Ich wollte sie loswerden. Ich habe ihr Geld versprochen, damit sie geht und dich hierlässt. Aber nein! Sie wollte nicht.

Da … habe ich gesagt, sie wäre eine Diebin, und sie vom Hof gejagt. Sie hat sich gewehrt, aber niemand hat ihr geglaubt. Und sie hat nicht gewagt, dich zurückzufordern. Marcelle, sieh im Kamin nach. Du wirst einen Stein sehen, der wackelt. Bring mir, was du findest.»

Das Mädchen gehorchte und kam mit einer goldenen Brosche zurück, altmodisch, mit kleinen Perlen besetzt, die ein Kreuz bildeten. Die alte Frau betrachtete sie einen Moment lang schweigend.

«Ich bin nicht stolz, mein Kind, schließlich erzähle ich dir das alles», bemerkte sie am Ende.

«Mémé!»

«Du hast mich falsch beurteilt, und du sollst Achtung vor mir haben. Ich sage dir alles, damit du dich deiner Mutter nicht mehr schämen musst, denn sie war unschuldig, und damit du nicht denkst, ich wäre hochmütig. Anderen gegenüber bin ich vielleicht hochmütig, aber … Wir sind stolz geboren, es liegt uns im Blut, doch dem lieben Gott gegenüber sieht man sich so, wie man ist, Marcelle.»

«Mémé, du hast meiner Mutter so schrecklich unrecht getan», rief das Mädchen weinend.

«Du hast mir heute auch unrecht getan, Marcelle. Wegen der anderen», fuhr die Alte fort, «muss ich dich bestrafen. Ich schicke dich nach Chauffailles, zu meiner Schwester, als Hausmädchen. Du wirst morgen abreisen.»

«Darf ich nach dem Dreschfest wiederkommen?», fragte Marcelle ängstlich.

Die Großmutter schüttelte den Kopf. «Nein, das geht nicht. Die Leute werden sagen, dass ich dir zu schnell verziehen habe, verstehst du? Sie müssen wissen, dass du ordnungsgemäß bestraft wirst, das ist Ehrensache, und die Ehre ist uns heilig. Sie werden mich dafür hoch schätzen, und dich später auch. Verstehst du?»

«Ich verstehe, Mémé.»

«Komm jetzt.»

Sie kehrten in den leeren Saal zurück. Die Großmutter kochte die Suppe; die Enkelin setzte sich mit einem Buch ans Fenster. Ihr brach das Herz; sie hatte Malaret noch nie verlassen. Wie es ihr fehlen würde, dieses stolze und wilde Land! Von Zeit zu Zeit verschleierten Tränen ihren Blick; sie ließ es nicht zu, dass sie ihr die Wangen hinabrollten.

Sie presste fest die Lippen zusammen und drängte die Tränen zurück, damit sie von einem inneren Feuer getrocknet würden.

Zur Essenszeit tauchten die Cousins an der Tür auf; sie warfen ihr von Weitem einen neugierigen Blick zu, ohne etwas zu sagen; sie zogen die Schuhe aus, wuschen sich unter dem kupfernen Wasserhahn die Hände und setzten sich an ihren Platz am Tisch. Die Mützen behielten sie auf dem Kopf, wie es Brauch war. Schweigend löffelten sie ihre Suppe. Dann schob die Großmutter ihren Teller zurück. Sie verschränkte ihre harten, rissigen Hände vor sich und sagte ruhig: «Morgen wird Marcelle den Hof verlassen. Sie geht nach Chauffailles, zu meiner Schwester, und arbeitet dort als Hausmädchen. Es ist die Strafe für ihr schlechtes Verhalten. Sie hat mir alles gestanden. Sie wollte mir einen Streich spielen, und obwohl das kaum Diebstahl genannt werden kann, verdient sie es, bestraft zu werden, um zu lernen, die Dinge zu ehren.»

Sie schwieg. Das Mädchen betrachtete sie mit starrem Blick. Ihre Cousins, die Gabel in der Hand, warteten. Die Großmutter fuhr mit fester Stimme fort: «Auch das Unglück ist für etwas gut! Als ich überall dieses verfluchte Geld suchte, habe ich die Brosche gefunden, die ich vor zwölf Jahren verloren hatte. Marguerite hat sie also nicht gestohlen, wie ich immer glaubte. Ich bedaure, dass sie tot ist, ich würde sie gern um Verzeihung bitten, weil ich ihr unrecht getan habe.»

«Die Brosche?», rief Cécile mit stockendem Atem.

Die Großmutter öffnete ihre Hand, und das Schmuckstück fiel auf den Tisch. Niemand sprach. In der Stille hörte man den tiefen Seufzer, den Marcelle ausstieß, und plötzlich war das Mädchen in Tränen aufgelöst. Die Großmutter schien es nicht zu bemerken. Sie stand auf, räumte den Tisch ab, faltete die Tischdecke und machte Wasser heiß zum Geschirrspülen. Dann befahl sie mit gleichmütiger, ruhiger Stimme: «Holt die Tiere herein. Du, Marcelle, pack deine Sachen, mein Kind.»

Und das Mädchen antwortete: «Ja, Mémé.»

Gladys Casely-Hayford

DIE MAGISCHE KALEBASSE

Es war einmal in einer kleinen afrikanischen Stadt, deren Straßen sich gleich roten Bändern kreuz und quer über Mutter Erde zogen und die von der Vegetation tropischer Pflanzen und Blumen über und über grün war. Dort lebte eine Frau namens Mammy Camacama. Sie hatte eine wunderschöne Tochter namens Ayo. Von schlankem Wuchs war sie, ihre Haut von geschmeidiger Feinheit, und ihr Haar schimmerte in einem Kolorit der Nacht, in dem sich alle Sonnenstrahlen vom Jahresanfang bis -ende verbargen. Ihre Hände, schwarz und makellos geformt, mit Handflächen gleich warmen Teerosen, waren an zweckmäßige Verrichtungen nicht gewöhnt.

Es war Remi, ihre kleine Stiefschwester, deren Hände eine Wiege schaukeln, die Leiden eines Kranken lindern, die erlesensten afrikanischen Köstlichkeiten zubereiten und die hübschesten Muster weben konnten. Ihre perlenbestickten Mieder und Schürzen waren die begehrtesten in der ganzen Stadt.

Obwohl Ayos Mund wunderschön geformt war, hatte Remi die süßesten Rundungen. Obwohl Ayos Schönheit alles überstrahlte gleich dem leuchtenden Tropenmond, der nachts das tiefe Blau des Himmels erhellt, war es Remis sonniger Ausdruck, der das Herz erwärmte. Obwohl Ayo in die wertvollsten Gewänder gehüllt war, die man für Geld überhaupt nur kaufen konnte, war es Remi, deren würdevolle Haltung an die einer Prinzessin gemahnte, die versehentlich von ihrem Thron herabgestiegen war, um unter Bettlern zu leben.

Mammy Camacama war blind für Remis Liebreiz und ihr bezauberndes Wesen. Das Einzige, woran sie sich je entsann, war, dass Remi ihre Stieftochter war. Deshalb hasste Mammy Camacama sie, erinnerte ihr Anblick sie doch daran, dass einst eine andere von ihrem Mann geliebt worden war, womöglich mehr als sie selbst, obwohl er sie zeitlebens mit allen nur denkbaren Gaben überschüttet hatte, die ihr Glück bringen sollten. Nun, da er tot war, hatte sich ihre schwelende Eifersucht auf dieses Kind zu einer Flamme entzündet, die den ganzen Tag über von kleinlichen, unfreundlichen Übergriffen genährt wurde. Das Austüfteln einer neuen Bosheit, eines grausamen Worts, das stechen würde, einer Anzüglichkeit, die Gift in Remis Glückspokal für den Tag träufeln würde, hielt sie davon ab, nachts ein Auge zuzutun.

So war die Lage, als Remi eines schönen Morgens ans Flussufer geschickt wurde, um mit Mammy Camacamas bester Kalebasse Wasser zu holen, nicht ohne die Anweisung, sich zu sputen und von Müßiggang abzusehen, wenn sie einer schallenden Prügelstrafe entgehen wolle.

Leichten Schritts lief Remi den Weg hinab. Es war ihr immer eine Freude, Wasser zu holen, allein wegen der Schönheit des Baches. Seine Lieblichkeit war unbeschreiblich, ja, voll tiefer herzergreifender Schönheit und stiller Lieblichkeit. An diesem Tag war die Strömung voller Gefahren, weil es zuvor geregnet hatte, und da geschah es, dass ihr die Kalebasse aus den Händen rutschte und fröhlich den Bach hinuntertrieb, dabei auf der Wasseroberfläche auf und ab wippend. Remi stürzte sich hinterdrein, musste wegen der grauenerregenden Strömung aber alsbald aufgeben. Triefend vor Nässe rannte sie am Ufer entlang und versuchte, sie zurückzuholen, doch die Kalebasse war ein für alle Mal verschwunden.

«Was?!», rief Mammy Camacama, «du bist ohne die Kalebasse zurückgekehrt? Geh und finde sie, und wage nicht, mich deinen Schatten sehen zu lassen, wie er diese Türschwelle verdunkelt, es sei denn, du bringst sie zurück.»

Remi wanderte zurück zum Ufer des Baches und schluchzte nach dem Singen in den Schlaf:

«Ach, oje, wehe mir,
Kann heute Abend nicht nach Haus.
Hab Mutters Kalebasse verloren,
Und sie hat mich davongejagt.
O Mond, schau du herab
Und ergieß dein gütiges Licht
Auf dies arme irrende Kind,

Das heute Abend kein Zuhause hat.
O mein Gott, schau du herab
Und bewahr mich vor Gefahr.
Behüt mich kleines Kind,
Wenn Schlaf ich find.»

Am darauffolgenden Tag beschloss sie, abermals auf den Grund hinab-
zutauchen und zu sehen, ob sie nicht eine Scherbe der Kalebasse bergen
könnte, von der sie annahm, dass sie auf den zerklüfteten Steinen in
Stücke gegangen sein musste. Das Wasser war so kühl für ihren fiebrigen Körper, so kühl, dass sie tief hinabsank, hinab – hinab – und zu
ihrem Erstaunen landete sie, anstatt das Flussbett zu berühren, in einer
kleinen Gasse, die zu einer strohgedeckten Hütte führte. Nachdem sie
diese lange gemustert und kein Anzeichen von Leben bemerkt hatte,
trat sie schüchtern zur Tür der Hütte hin und klopfte an. Von innen
hörte sie das folgende Lied:

«Weil ich eine Hexe bin, eine Hexe, eine Hexe,
 Weil ich eine Hexe bin, eine Hexe;
 Ich kann töten, ich kann schlachten,
 Ich kann die Nacht zum Tage machen.»

«Solange ich ihr nichts zuleide tue», so dachte Remi, «kann auch sie
mir nichts zuleide tun, und wäre sie die böseste Hexe der Welt», also
klopfte sie nochmals behutsam an die Tür und sagte: «Guten Morgen,
Ma.»
      «Wer da?», rief die Hexe in schrillem Ton.
      «Mein Name ist Remi, Ma. Ich bin gekommen, um meine Kalebasse
zu suchen, Ma.»
      Die alte Hexe erhob sich von ihrem niedrigen Hocker und kam
näher. Sie glich einer alten Großmutter, doch mit bösem Gesicht. «Du
hast keine Angst vor mir?» Auf ihren Stock gestützt, schleuderte ihr
die Hexe diese Frage entgegen und kniff ihren hässlichen Mund dann
wieder zusammen.
      «Nein», antwortete Remi ganz offen und ehrlich, denn in ihr war
nichts Böses, und sie lächelte scheu.

«Nun, siehst du dieses Sieb? Geh und hol mir etwas Wasser.»

«Ja, Ma», sagte Remi willfährig.

Nachdem sie ein paar Meter entfernt gelaufen war, kam sie zu einem winzigen Bach, und obwohl sie bei dem Gedanken, mit einem Sieb Wasser zu schöpfen, ein wenig unruhig wurde, sah sie erstaunt, dass ein solches Kunststück zu vollbringen möglich war. Leise vor sich hin singend, kehrte sie zurück. «Bitte, Ma, ich bringe dein Wasser.»

«Siehst du diese Steine dort?» Die Hexe zeigte dann mit einem knorrigen Zeigefinger auf die winzigen Kieselsteine, die vor ihrer Tür verstreut lagen.

«Gib einige davon in den Mörser und zerstampfe sie für mich. Ich habe Hunger.»

«Ja, Ma», sagte die stets willfährige Remi. Für ihre geschickten Finger war es ein Leichtes, ausreichend viele Steine für eine Mahlzeit zu sammeln. Danach ging sie zum Mörser und warf sie hinein. Sie nahm den hölzernen Stößel und begann, die Kieselsteine zu zerstoßen. Schweiß strömte an ihren Gliedern hinab, denn Steinezerstoßen ist keine leichte Aufgabe und erfordert viel Körperkraft. Unter ihren planvollen, rhythmischen Schlägen begannen die Kieselsteine langsam nachzugeben. Nach und nach lösten sie sich auf und begannen, die winzige, länglich runde Form afrikanischer Reiskörner anzunehmen.

Remi rang um Luft und ging wieder zur Hexe, die grüblerisch dasaß und ihre wilden alten Augen herumschweifen ließ, während ihre langen, dürren Finger den Stock abwechselnd umklammerten und sich wieder lösten.

«Geh und nimm den Topf, mach ein Feuer und koche den Reis», befahl die Hexe.

«Ja, Ma», sagte Remi und ging in die Ecke des Zimmers, wo drei Steine zum Kochen bereitlagen. Vergebens suchte Remi den ganzen Raum und den winzigen Hof nach Holz ab. Nicht mal ein Zweiglein war zu sehen. Sie fragte sich, wie sie den Reis ohne Feuer kochen sollte, aber sie dachte an die bereits vollbrachten Wunder, kehrte zurück in die Ecke, legte den Reis nach dem Waschen in den Topf mit reichlich Wasser, um ihn zu bedecken, und wartete, bis er kochte.

Nach geraumer Zeit, die ihr unglaublich lange vorkam, begann sich der Dampf spiralförmig zum Strohdach emporzuwinden, dann tauchte eine kleine Blase auf, dann noch eine, und schließlich kochte der ganze Topf fröhlich. Remi behielt alles sorgsam im Auge, rührte um, damit nichts anbrannte, und fügte, wenn es nötig war, mehr Wasser hinzu. Endlich wurde sie für ihre Geduld belohnt. Sie gab den Reis auf einen Teller, brachte ihn zur Hexe und sagte: «Ich bin fertig, Ma.»

«Das hast du gut gemacht, mein Kind», murrte die Hexe widerwillig. «Jetzt geh in den Garten da drüben. Da wirst du viele Flaschenkürbisse wachsen sehen. Einige werden sagen: ‹Nimm mich, nimm mich›, und einige werden sagen: ‹Nimm mich nicht, nimm mich nicht.› Du musst einen von denen nehmen, die sagen: ‹Nimm mich nicht.›»

«Ja, Ma», sagte Remi und rannte hinaus, über den Hof, durch ein winziges Tor, hinein in den Garten der Hexe. Entlang der Mauer wuchsen meilenweit Kalebassenpflanzen, aus denen, gleich dem Säuseln des Winds, ein Chor schwacher Stimmen ertönte: «Nimm mich, nimm mich», von der gegenüberliegenden Wand jedoch: «Nimm mich nicht, nimm mich nicht.»

Remi, sich der Anweisungen der Hexe entsinnend, wandte sich von denen ab, die sagten: «Nimm mich, nimm mich», und pflückte einen jener anderen, die schluchzten: «Nimm mich nicht, nimm mich nicht», und ihn unter ihren Arm steckend, lief sie auf derselben Spur, die sie vorhin hinterlassen hatte, wieder zurück.

«Lebe wohl, mein Kind», sagte die Hexe, «so geh jetzt.»

Über und über strahlend vor Glück, lächelte Remi sie an, denn wenn sie Mammy Camacama auch nicht ihre alte Kalebasse zurückgeben konnte, so ließ sich dies nun dadurch sühnen, dass sie ihr diese neue aushändigte. Als sie am Ende des Weges angelangt war, fand sie sich unversehens unter Wasser wieder, und alsbald hatte sie die Oberfläche erreicht. Da schwamm sie geradewegs zum Ufer, und zwar nur mit einer Hand, um die kostbare Kalebasse in der anderen nicht zu verlieren.

Zu ebendieser Zeit wünschte sich Mammy Camacama, die unter Gewissensbissen und finsteren Blicken und Andeutungen seitens ihrer Nachbarn gelitten hatte, aus tiefstem Herzen, Remi möge sie nicht beim Wort genommen haben und für immer verschwunden sein. Man stelle sich daher ihre Erleichterung vor, als sie Remi sah, wie die ganz vergnügt die kurvenreiche Straße zum Haus entlanglief. Doch jählings verkniff sie sich ihre Reue, die sie quälte, und weigerte sich, die Tür zu öffnen, obwohl sie Remi draußen singen hörte:

«So öffne mir die Tür, Stiefmutter,
Denn ich muss nicht mehr suchen.
Hab dir eine neue Kalebasse gebracht,
Also bitte, Mutter, öffne mir die Tür.»

Mammy Camacama schrie gehässig:

«Geh weg, nur weg, ich glaube dir kein Wort.
Weiß ich doch, dass es nicht stimmt.
So geh, schmutziges Scheusal, geh weg.
Ich werde dir nicht öffnen.»

Es war Ayo, die schließlich die Tür öffnete.

«Oh, du bist also zurückgekommen. Du hast die Kalebasse mitgebracht», sagte Mammy Camacama, etwas besänftigt und zugleich heftig verärgert darüber, dass Remi wie gewohnt gewonnen hatte. «Bring mir ein Messer, meine liebe Ayo, und lass mich die Kalebasse öffnen.»

Kaum war der Kürbis aufgeschnitten, quollen neben Goldmünzen und Juwelen die wertvollsten und schönsten Dinge heraus, die man für Geld kaufen kann.

Mit diesen neuen Reichtümern gesegnet, konnte die ganze Familie nun ein neues Haus beziehen und fand Aufnahme in die gesellschaftliche Oberschicht, die ihnen aufgrund ihres erstaunlichen Vermögens nicht länger verschlossen blieb. Remi, maßgeblich an dieser Schicksalsfügung beteiligt, hatte am wenigsten davon, doch wurde sie täglich schöner.

Geld hält nicht ewig, und als das kleine Vermögen auf einen zweistelligen Betrag zusammengeschrumpft war, begann Mammy Camacama, jetzt «Madam» genannt, nach neuen Quellen zu suchen. Sie rief Ayo insgeheim zu sich, bat sie, in ihre ältesten Kleider zu schlüpfen, zum Bach hinunterzugehen, eine alte Kalebasse flussabwärts treiben zu lassen und dann bei der Hexe eine neue zu holen.

Mit heftigem Widerwillen machte sich Ayo auf den Weg. Kaum dass sie den Bach erreicht hatte, stieß sie die Kalebasse mutwillig ins Wasser, sah, wie diese fröhlich flussabwärts wippte, und stürzte sich hinterdrein in die Fluten. Da sie nicht schwimmen gelernt hatte, landete sie auf höchst würdelose Weise auf dem darunterliegenden Weg und stieß Flüche aus, während sie sich aufrappelte.

«Was für ein possierlicher Fleck», dachte sie bei sich. Dann lief sie dreist auf die Tür des Hexenhauses zu und reckte kurzerhand ihren Kopf durch die Tür. Die alte Hexe krächzte just in diesem Moment vor sich hin:

«Weil ich eine Hexe bin, eine Hexe, eine Hexe,
 Weil ich eine Hexe bin, eine Hexe;
 Ich kann töten, ich kann schlachten,
 Ich kann die Nacht zum Tage machen.»

Ayos Herz schlug heftig, als sie dies hörte, und sie lachte ängstlich.

Die Hexe wandte sich um. «Wer bist du, du ungezogenes Kind?», fragte sie.

«Weder bin ich dein Kind noch ungezogen», erwiderte Ayo. «Und wer ich bin, geht dich gar nichts an; wo ist meine Kalebasse?»

«Alles zu seiner Zeit, Kind, alles zu seiner Zeit», gab die Hexe zurück, «nimm das Sieb da drüben und hol mir etwas Wasser.»

«Willst du mich zum Narren halten? Wie kann ein Sieb Wasser halten?»

«Tu, was dir gesagt wird!», befahl die Hexe streng.

Ayo, schaudernd vor Schreck, nahm das Sieb und schlich auf Zehenspitzen in den Hof hinaus. Sie fand den Bach und füllte das Sieb, wobei sie viele Male hin und her laufen musste, weil sie immer von Neuem Wasser verschüttete. «Hier hast du dein Wasser, und wo ist jetzt meine Kalebasse?»

«Alles zu seiner Zeit», wiederholte die Hexe. «Nimm diese Steine und zerstampfe sie mir zu Reis.»

«Willst du mich zum Narren halten?» Wieder kreischte Ayo und barst beinahe vor Wut. «Wie kann aus Steinen Reis werden? Wenn ich nicht auf meine Kalebasse aus wäre, würde ich mich weigern.»

Und weil sie die Aufgabe nicht im richtigen Geist anging, wurde es sehr mühsam für sie; ihre Hände waren voller Schrammen und Blessuren, ehe sie fertig war, und Tränen der Wut und Erschöpfung standen ihr in den Augen. Endlich war sie mit dem Zerstampfen fertig.

«Und nun», befahl die Hexe, «gib es in den Topf da drüben und koche es.»

«Was? Kochen ohne Feuer? Für wen hältst du mich? Wie soll es denn heiß werden?»

«Tu einfach, was dir gesagt wird», versetzte die Hexe.

Ayo blieb nichts anderes übrig, als sich darauf einzulassen. Der Reis brannte an, und sie bekam heißen Dampf ins Gesicht. Als sie fertig war, schleuderte sie der alten Frau den Reis vor die Füße und sagte: «Hier hast du deinen Reis. Und wo ist nun meine Kalebasse?»

«Also gut, Kind, geh in den Garten da drüben. Da wirst du etliche Flaschenkürbisse finden. Manche davon werden sagen: ‹Nimm mich, nimm mich›, andere: ‹Nimm mich nicht, nimm mich nicht.› Nimm einen von denen, die sagen: ‹Nimm mich nicht.›»

Ayo lief freudig aus der Hütte, fest entschlossen, das zu tun, was ihr in dieser Angelegenheit richtig erschien. Ohne Weiteres fand sie die Flaschenkürbisse und nahm unverdrossen einen von denen, die sagten: «Nimm mich, nimm mich.» Dann machte sie sich auf den Heimweg, schwamm zurück an die Oberfläche und schluckte dabei jede Menge Wasser. Schließlich rettete sie sich mit Mühe ans Ufer und rannte nach Hause.

Ihre Mutter tat, als wolle sie sie nicht einlassen, und so war es Remi, die ihr die Tür öffnete.

Als sie den Flaschenkürbis aufschnitten, quollen Kröten, Frösche, Eidechsen, Schlangen und alles erdenkliche Böse aus ihm heraus.

Da ergriffen Mammy Camacama und Ayo, ihre Tochter, die Flucht, verfolgt von diesen Kreaturen.

Ding Ling

TAGEBUCH EINER SELBSTMÖRDERIN

I

Die dünne Federspitze kratzte über das frisch glänzende Schreibpapier, wobei das Geschriebene noch unleserlicher als sonst erschien.

«Heute ist wohl der Achtzehnte. Für mich ein selten guter Tag, denn endlich habe ich zur Feder gegriffen. Ich habe mich gezwungen aufzustehen, um Tagebuch zu schreiben. Viele Worte liegen mir auf der Zunge, die ich nur an mich richte, weil ich mich selbst verspotten will. Aber ich muss weiterschreiben bis zu dem Tag, an dem ich sterben werde. Ich rede zu mir in etwas verrückten, lächerlichen Worten, die nicht unbedingt schlechter als die verrückten, lächerlichen Dinge sind, die mir im Bett durch den Kopf gehen. Vielleicht...»

Hier angelangt, hielt sie mit ihrer Feder inne. Als sie wieder zum Schreiben ansetzte, kam sie ins Grübeln: «Ha! Was für ein lächerlicher Hinweis! ‹Vielleicht›? Was soll ‹vielleicht› sein? Sind Gut und Schlecht für mich nicht ein und dasselbe? Jawohl! Alles ist sehr gut!»

An diesem seltenen Tag, der Isa zur Feder greifen ließ, hatte sie erst ein Drittel der ersten Seite vollgeschrieben, als sie den Federhalter wieder zur Seite legte. Sie warf sich auf das Sofa und streichelte den Bezug. Sie meinte, zu ehrlich gesprochen zu haben, und in dieser Ehrlichkeit sah sie den Grund dafür, dass ihr Leben so furchtbar öde war. War es nicht so? Welcher Unterschied bestand für sie zwischen Gut und Schlecht? War ihr das etwa unklar? Überhaupt hatte sie weitaus mehr begriffen, als sie in Worte fassen konnte. Und weil das so war, bemitleidete sie sich umso mehr und wusste nicht, wie sie sich entscheiden sollte. Auf dem Sofa strich sie sich das wirr herabhängende Haar aus der Stirn und sagte, den Kopf erhoben und die Augen nach vorn gerichtet, mit einem lauten Seufzer: «Ach! Ich möchte sterben, ja, einfach sterben!»

Danach schluchzte sie auf und dachte nicht mehr an all die Menschen und Dinge, an denen sie hing. Sie fand nur, dass sich nichts Herzzerrei-ßendes ereignete. Wenn sie doch eine Tragödie zu durchleiden hätte, die ihr das Herz zersprengte! Aber es passierte nichts, wahrhaftig, ob nun Gutes oder Schlechtes – welchen Unterschied machte das für sie? In Gedanken hatte sie bereits alles ausgelotet, sie unterzog die Dinge nur noch einmal ihrer, wie sie meinte, gelassenen und überlegenen Be-trachtungsweise. Deshalb fand sie, dass das Leben sinnlos und durchaus entbehrlich sei. Unbeirrt redete sie sich ein: «Das Beste ist, ich sterbe!» Einen halben Tag lang weinte sie wie eine, die schon zum Äußersten ent-schlossen ist. Sie glaubte, dass es nicht mehr lange dauern würde, bis sie stürbe. Obwohl sie nicht beabsichtigte, aus dem Haus zu gehen, hatte sie sich fertig umgezogen. Sie musste über sich selber lachen – hieß das nicht, dass sie nicht unbedingt sterben wollte? Außerdem war sie sich über die Art und Weise des Sterbens vollkommen unschlüssig, sie wollte noch zwei Tage warten und versuchen, irgendwo ein Dutzend Yuan aufzutreiben. Ihr alleiniger Wunsch war es, sich am Meer das Leben zu nehmen. Das sprach dafür, dass sie nicht gerettet werden sollte. Danach legte sie sich wieder hin. Sie zog sich Stück um Stück wieder aus und warf die Sachen auf den Boden, auf den Stuhl, auf das Bett. Sie sah die Unordnung überall im Zimmer: Wo man hinblickte, lagen schmutzige Wäschestücke von mehreren Tagen, irgendwelche Zeitungen, zerrisse-nes Papier, Birnenschalen sowie alter und neuer Kram. Sie fand, dass sie hier wirklich nicht länger bleiben wollte. Aber sie wusste nicht, wohin sie hätte gehen können. Deshalb schrieb sie an der Eintragung ihres Tagebuchs, die sie an diesem Tag begonnen hatte, weiter:

«Ich bin fest entschlossen, mir eines Tages das Leben zu nehmen. Sterben, ja, das ist für mich etwas völlig Natürliches. Ich weiß genau, dass der Tod niemanden auf der Welt in Erstaunen versetzt. Habe ich nicht ohnehin schon sehr lange gelebt? Es gibt keine Freude, und es wird niemals so etwas wie Freude geben. Tot sein bedeutet für mich ruhen, das Treiben dieser Welt lässt mich kalt, ich habe nicht den geringsten Hass auf diese Welt. Die Welt hält genügend Glück bereit, und ich bin nicht schlechter als andere Menschen. Der Unterschied besteht darin, dass die anderen Menschen eine zarte, edle Seele haben, die sie ihre Stärken genießen und ihre Schwächen ertragen lässt. Und ich? Ich habe alles gründlich durchschaut, ihr ewig sonniges Schicksal ist nichts für mich. Ich glaube, dass mir aller Ruhm und alles Glück dieser Welt zuteilgeworden sind. Dennoch scheint es mir, als sei ich vollkommen leer ausgegangen. Früher hasste ich das Schicksal und fand, dass es mich zum Besten hielt, weil ich begriff, dass ich kein Übermensch bin. Deshalb bin ich die geworden, die ich jetzt bin, und werde ganz von meiner Umwelt beherrscht. Ich hätte es vorgezogen, auf dem Lande aufzuwachsen, und habe mir oft gewünscht, auf dem Lande zu leben. Denn dort hätte mir keiner Vorschriften gemacht, außer beim Füttern und Hegen des Viehs. Aber hege ich jetzt noch irgendeinen Groll? Nein. Im Gegenteil, ich bin mit meiner Lage ganz zufrieden. Ich hoffe auch nicht wie die anderen Frauen, dieses Glück in Ruhe genießen zu können. Ich finde, dass ich über den Dingen stehe, denn mir sind alle sogenannten menschlichen Gefühle vertraut, und deshalb will ich mit diesem Leben zufrieden sein. Nicht weil ich die Menschen hasse oder liebe, habe ich verkündet, sterben zu wollen. Ich will einfach ausruhen und mich nicht länger abmühen. Die Bitterkeit, die ich schlucken musste, lastet zu schwer auf mir.

Aber nein, von Bitterkeit zu reden ist höchst lächerlich. Welche Bitterkeit soll das sein? Für mich ist das Leben nicht bitter, sondern nur langweilig! ...»

2

Am nächsten Morgen, Isa war noch nicht aufgewacht, klopfte es leise.

«Isa! Isa!»

Isa sprang auf, warf sich einen Mantel über und öffnete die Tür. Es war der hübsche kleine Zhang, der eintrat. Isa zog sich wie eine Schnecke ins Bett zurück und wollte nicht aufstehen. Sie fürchtete, ganz gerötete Augen zu haben und nicht verbergen zu können, dass sie eben erst geweint hatte. Ihre über die Dielen huschenden Füßchen hatten dem kleinen Zhang den Kopf so verdreht, dass er sie neckte: «Steh auf! Steh auf! Ich glaube nicht, dass dir ein Bett so viel Liebe bereithalten kann.»

Isa hätte sich am liebsten in ihrem Zimmer eingeschlossen, aber der kleine Zhang ging nicht.

Weil sie ihn nicht kränken wollte, stand sie schließlich auf und setzte sich zu ihm. Auf einmal hatte sie mehr zu erzählen als der kleine Zhang, sodass es vier Uhr nachmittags wurde, bis sich ihr Gast erhob, um sich zu verabschieden. Isa hielt ihn nicht zurück, sondern meinte nur, dass sie schon müde sei und ihn deshalb nicht mehr auf einem Spaziergang begleiten könne. Nach dem Abendessen schrieb sie unter der stillen Lampe wieder an ihrem Tagebuch:

«Ich weiß nicht, weshalb ich mich immer bei den anderen entschuldige. Mir ist eben nichts Gescheites eingefallen. Wenn zum Beispiel der kleine Zhang kommt, begreife ich durchaus, was er will. Ich empfinde großes Mitleid mit ihm, aber es berührt nicht mein Herz, weil ich den Dingen tiefer auf den Grund schaue als er. Es geht keinerlei Reiz von ihm aus, der mich verlockte, ihn zu berühren. Doch kann ich ihn ebenso wenig abweisen wie ihm eine Chance geben. Ich sehe, dass er enttäuscht weggeht. Ich fühle mich wirklich schuldig. Anscheinend hoffe ich, dass er wiederkommt. Beim nächsten Mal gebe ich ihm vielleicht eine Chance. Eigentlich brauche ich mein Herz damit gar nicht zu belasten. Denn schließlich bin ich doch kein Straßenmädchen und habe es nicht nötig, mich mit allen möglichen Männern abzugeben. Ich kann leben, wie ich will, und fortjagen, wen ich nicht mag. Das bringe ich aber nicht fertig, ich spüre immer, dass ich dazu nicht fähig bin. Damit die anderen sich zufriedengeben oder ihre Illusionen bewahren können, muss ich lügen oder sie betrügen. Ich spüre, dass sie das wollen und ich dadurch in Frieden lebe.

Aber das sind freilich alles leere Worte. Was ich hier wirklich und wahrhaftig aufzuschreiben habe, ist nur ein Satz, nur dieser eine Satz: ‹Der kleine Zhang hat mir versprochen, morgen zwanzig Yuan mitzubringen.›

Will ich nun nicht mehr sterben? Es ist doch wahr, dass ich mich selbst durchschaue? Ich möchte nicht in den Tod gehen, solange noch ein winziger Grund besteht, am Leben zu bleiben. Immer wieder bin ich zu dem Schluss gekommen: ‹Es ist besser zu sterben.› Ja, das ist richtig. Sterben ist am Ende besser.»

3

Es war der 21. Oktober. Isa fühlte sich sehr schlecht, sie wusste weder ein noch aus. Hartnäckig redete sie sich immer wieder ein: «Ich will sterben, ich will sterben.» Sie hatte nichts bereitgelegt und auch nichts geordnet, weil sie es für das Beste hielt, alles an seinem Platz zu belassen.

Sie begann, einen Brief an den Vater zu schreiben, zerriss ihn aber, bevor sie ihn beendet hatte. Sie überlegte, ob sie den Freunden ein Wort des Abschieds hinterlassen sollte, fand aber, dass andere nicht unbedingt eine Nachricht erhalten müssten; deshalb wartete sie noch. Einen ganzen Vormittag wartete sie in ihrem Zimmer. Sie wusste nicht, wie sie sich verhalten sollte, es kam ihr alles uferlos vor. Zu gern hätte sie ein Schiff bestiegen, doch der Himmel wurde schrecklich finster. Bekam sie zu guter Letzt Angst? Sie redete sich ein, dass einen Menschen, der sterben wollte, bestimmt eine derartige Unrast ergriff. Schon fürchtete sie, dass die Sonne zu schnell untergehen könnte. Hatte sie wirklich mit dieser Welt gebrochen? Unbeirrt schrieb sie auf der dritten Seite des Tagebuchs weiter:

«Ich werde sterben, und zwar heute. Das ist ein Entschluss, der sich nicht begründen lässt. Ich verzweifle so sehr an allem, dass es nichts mehr gibt, das das Leben lohnt. Ich bin auf nichts mehr neugierig, mir liegt auch nicht im Geringsten etwas daran, als Selbstmörderin mein Gesicht zu wahren; es gibt keinerlei Grund, mir einzugestehen, dass Selbstmord etwas Unrechtes ist. Ich werde sterben, mein Herz ist ganz ruhig, und die Welt wird bleiben, wie sie war, freilich, mein Vater wird um mich weinen, und die Leute, die mich kennen, werden ein um das andere Mal sagen: ‹Isa hat sich ins Meer gestürzt.› Doch auch das wird bald vergehen. Ich weiß das sehr gut. Wer erinnert sich denn lange an irgendjemanden? Mich zwingt nichts in den Tod, am allerwenigsten eine ergreifende romantische Affäre, deshalb ist mein Tod keine Nachricht wert, deretwegen andere in Trauer verfallen. Natürlich passt das gerade jenen Leuten, die mich nicht mögen und mich hassen.»

Häufig geben die Menschen den Dingen eine unerwartete Wende. In der Nacht, nur von einer Lampe erleuchtet, in dieser lautlosen Nacht lag das Manuskript offen auf dem nicht aufgeräumten Schreibtisch. Nach den hastig in großen Schriftzeichen hingeworfenen Worten «Das Tagebuch wurde heute beendet» waren noch mehrere Zeilen hinzugefügt:

«Ich habe furchtbare Kopfschmerzen. Ich wünschte mir, dass durch sie mein Leben endet, denn ich selbst habe keinen Funken Mut. Ich wage nicht, Shanghai zu verlassen. Ich möchte wirklich sterben, fürchte mich aber sehr davor, in den Tod zu gehen. Als ich von der Straßenbahn aus das Wasser erblickte, flößte es mir gleich einen Schrecken ein. Ich wagte nicht auszusteigen. Während ich mit der Straßenbahn bis zur Endhaltestelle fuhr, überlegte ich, wie ich auf andere Weise in den Tod gehen könnte, aber alles jagte mir Angst ein. Wie kann ich nur sterben, ohne etwas zu spüren?»

4

Isa setzte ihr Tagebuch wieder fort:

«Mir ist alles klar. Ich bin sehr oberflächlich und habe großartige Worte niedergeschrieben, doch das Tiefsinnige passt nicht zu mir. Warum musste ich unbedingt so etwas von mir geben? Habe ich das gesagt, um mein unnützes Herz zu trösten? Ach, Himmel! Sieh nur, wie falsch meine Rede war! Jetzt möchte ich noch ein ehrliches Wort aussprechen. Gibt es denn irgendetwas, das ich in mein Herz schließen könnte? Wenn es nur einen Menschen gäbe, dem daran läge, dass ich weiterlebe, würde ich für ihn bestimmt all meinen Lebensmut zusammenraffen. Ebenso erkläre ich, dass ich sterben würde, wenn es wirklich einen Menschen gäbe, den mein Tod traurig machte. Und ich glaube, ich könnte dann zufrieden sterben. Jetzt kann ich nicht sterben. Ich fürchte mich nicht vor den Nöten und Qualen des Todes. Ich kann bloß in meinem Tod keinen Sinn entdecken. Vor lauter Angst bin ich zu nichts fähig. Alles macht mich krank, aber sterben kann ich auch nicht. Was will ich nur?»

5

In den letzten Tagen hielt sich Isa selten zu Hause auf. Es mangelte ihr nicht an guten Freunden, mit denen sie sich den ganzen Tag amüsierte. Sie gab sich vollkommen als eine, die sich auf dem Strom der Welt treiben ließ, und hatte von niemandem irgendetwas zu gewärtigen. Ihr einziger Fehler bestand darin, dass sie zu viel grübelte. Wenn sie sich zum Beispiel erst spät in der Nacht ins Bett legte, nachdem sie von den Vergnügungen des Tages erschöpft war, wäre es für sie das Beste gewesen, nun die Augen zu schließen und einzuschlafen, aber nein, sie überdachte noch einmal haarklein alle ihre Erlebnisse. All die erbärmlichen Lügen, Heucheleien, oberflächlichen Gefühle der anderen durchschaute sie mit schonungsloser Offenheit. Freilich nahm sie das nicht weiter wichtig, aber es ließ sie auch nicht gleichgültig. Obwohl sie immer von sich behauptete, ihren eigenen Kopf zu haben und sich durch nichts beeinflussen zu lassen, hatten diese Verhaltensweisen sie doch sehr verbittert. Deshalb notierte sie eines Tages im Tagebuch:

«Die ältere Schwester Zi ist so gut zu mir, aber ich bin ihr deshalb nicht dankbar, im Gegenteil, ich hasse sie. Warum wohl hat sie mir erzählt, was die anderen an mir auszusetzen haben? Nur um mich tief zu verletzen! Gewiss, ich bin manchmal eigensinnig, aber kann man sich unter Freunden nicht um Verständnis bemühen? Wenn sie behaupten, ich sei furchtbar empfindlich, heißt das dann gleich, dass ich verstoßen werden muss, bloß weil ich mich gegen ihr nichtssagendes Getue verwahre? Ja, ich begreife, dass Freunde eben so sind, aber wie oft haben mich ihre ständigen Sticheleien verletzt! Ich mag ja eine große Närrin sein, und jeder, der das weiß, soll mich ruhig auslachen. Ich Närrin, und wenn ich nicht sterben kann, bin ich eine noch größere Närrin ...»

6

Wieder an einem anderen Tag berichtete Isa in ihrem Tagebuch:

«Heute bin ich mit dem kleinen Zhang ins Kino ‹Kardeng› gegangen. Eigentlich wollte ich mir gar keinen Film ansehen, aber weil mich der kleine Zhang schon ein paar Mal eingeladen hatte und ich an diesem

Nachmittag nichts anderes vorhatte, willigte ich ein. Als zum dritten
Mal das Gesicht eines alten Mannes auf der Leinwand auftauchte, war
ich wie vom Blitz getroffen. Himmel! Seine Augen sehen ganz genau
wie die von Bruder Huai aus! Als ich an Bruder Huai dachte, fing mein
Herz unversehens heftig zu klopfen an.

Ich zwang mich, weiter hinzusehen. Immer wenn ich die Augen des
alten Mannes erblickte, schienen sie von einem Sorgenschleier überdeckt zu sein, und mir war, als hätte ich die Augen von Bruder Huai gesehen. Nach dem Film ging ich mit dem kleinen Zhang essen. Wie hätte
der kleine Zhang meine Unruhe verstehen sollen? Ich fragte ihn, wie
ihm der Film gefallen habe. Er fand ihn gut. Ich durchschaute, warum
er so urteilte. Also pflichtete ich ihm bei, dass der Film ausgezeichnet
gewesen sei, und lud ihn ein, mich am Abend zu besuchen. Der kleine
Zhang sah mich nur mit großen Augen an, denn er konnte meine Gedanken nicht erraten. Natürlich wusste er selbst, dass der heutige Film
nur mäßig war. Ich hingegen, ich hätte mir den Film wegen der Augen
von Bruder Huai, den ich fünf Jahre lang nicht mehr gesehen hatte,
in Wahrheit noch einmal allein anschauen mögen. Ach! Ich bringe es
nicht fertig, weiter von Bruder Huai zu reden. Mit einem Wort, er ist
ein glücklicher Mann. Er hat eine kluge und gütige Frau, eine Frau,
die besser ist als ich. Diese Frau kann ihm noch Kinder gebären. Ich
dagegen, ich lebe immer noch einsam und verlassen in Shanghai. Wenn
ich nicht arbeite, muss ich verhungern. Nicht ein einziger Mensch
würde mir auch nur einen Yuan schenken, so wie es niemanden gibt,
der einem anderen aus Edelmut Liebe schenkt. Ich beneide die anderen
nicht, auch wenn wirklich alle Menschen besser sind als ich!»

7

Nachdem Isa an ihrem Tagebuch geschrieben hatte, begann sie, sich
selbst zu zerrütten. Sie trank große Mengen Wein, der sie aber nicht
betäubte, sondern nur bewirkte, dass sie noch mehr weinte. Sie weinte
die ganze Nacht hindurch und rieb sich die Augenlider wund. Nun war
sie endgültig entschlossen, zu sterben, ganz gleich auf welche Weise. Als
letzten Eintrag schrieb sie in das Tagebuch:

«Jetzt ist es mir ernst, ich kann den Zeitpunkt meines Todes nicht länger hinausschieben. Mir ist nicht das Glück beschieden, dass Kinder und Enkel um meine Knie spielen und ich nach einem langen Leben in ewigen Schlaf sinke. Ich kann mich auch nicht geduldig und sanft wie ein Lamm ins Bett legen. Ich schäme mich sehr, dass ich das Leben dieser Glücklichen nicht zu teilen vermag; das Leben ist mir zu stumpfsinnig. Mit dieser Redensart habe ich früher oft geprahlt, aber jetzt ist mir gar nicht danach. Jetzt möchte ich ruhig und gelassen mit einigen Freunden, die mein Tod bestürzen würde, sprechen, und vor allem mit meinem Vater, der im hohen Alter seine Tochter verliert. Ihr dürft nicht meinen, dass ich sterben will, weil mir diese Welt eiskalt erscheint oder es mir an Liebe mangelt. Das stimmt überhaupt nicht. Obwohl ich manchmal so rede, bin ich euch doch aus ganzem Herzen dankbar. Die Liebe meines Vaters hat die Liebe aller Väter übertroffen. Und Freunde, wie ihr zu Isa steht, ist euch im Herzen ebenso klar, Isa wird jetzt sterben, Isa will euch nicht länger betrügen, Isa muss euch um Verzeihung bitten. Sie ist sehr grausam zu euch. Isa hat immer beteuert, dass sie ihr Leben jederzeit für einen Menschen in die Waagschale werfen würde. Hat sie das nur gesagt, um sich selbst oder die anderen zu betrügen? Vor euch legt Isa den Schwur ab, dass zumindest ein Mensch gefunden werden kann, auf dessen Bitte sie weiterleben soll. Aber wenn Isa dennoch entschlossen ist, zu sterben, heißt das, dass sie nicht allzu viel auf die Zuneigung der Menschen gibt. Ich kann aber auch nicht behaupten, dass ich euch nicht liebe. Wer weiß, warum das so ist. Ich bitte euch inständig, mir zu verzeihen, denn ich werde keine Ruhe finden, solange diese Schuld auf meiner Seele lastet. Aber ihr dürft mich nicht missverstehen, vielleicht gibt es noch andere Menschen, denen mein Wohlwollen gehört. Wenn ihr mir das nicht zugesteht, setzt ihr euch ins Unrecht. Isa ist es im Grunde ihres Herzens klar: Isas Fehler liegt in einer falschen Denkweise. Die Wünsche der Menschen können die Leere in Isa nicht ausfüllen. Ich liebe euch sehr, und ich weiß auch, dass mich viele Menschen lieben, aber ich habe diese Zuneigung meistens gering geschätzt. Ich selbst habe nicht die Kraft, die Fesseln zu sprengen, um alle Not und Qual abzuwerfen; darum sterbe ich. Ich fühle, dass ich euch unrecht tue und ihr meinetwegen leiden müsst. Ich möchte, dass ihr mich bald vergessen habt, dies wünsche ich mir als euer letztes Verzeihen.

Eigentlich hätte ich euch noch vieles mitzuteilen, aber weil ich euch nicht belästigen will, breche ich hier ab. Bittet meinen Vater, zum Grab meiner Mutter zu gehen, um ihr an meiner Stelle dies eine zu sagen: ‹Heute ist der 26. Oktober, der Tag, an dem die Mutter durch mich das Schwerste erleiden musste.›»

8

Heute ist der 27. Die Wirtin klopfte schon zum dritten Mal an die Tür. Schließlich rief Isa aus den Kissen mit kraftloser, gleichgültiger Stimme: «Kommen Sie nur herein!»

Daraufhin drängte eine alte Frau ins Zimmer; ihr Gesicht war verweint. Eine ganze Weile murmelte sie vor sich hin. Der Sinn ihrer Rede war, dass sie die Miete von mehreren Monaten verlangte. Auf eine matte Geste von Isa zog die alte Dame einen Schubkasten heraus, den sie ihr aufs Bett legte. Isa sah, dass in ihm nur ein Yuan und etwas über dreißig Kupfermünzen lagen. Sie bat die Wirtin, noch ein paar Tage zu warten, aber die alte Dame fing nur noch bitterlicher zu schluchzen und zu stöhnen an. Isa war wirklich ratlos und wusste auch nicht, wie sie die alte Dame loswerden könnte. Als sie dann überlegte, was sie in Zahlung geben könnte, fielen ihre Blicke auf dieses Manuskript, und sie schlug vor: «Nehmen Sie das!»

Da die alte Dame nicht verstanden hatte, hielt sie ihr das Tagebuch mit einer auffordernden Geste hin. Isa riss die neun beschriebenen Seiten aus dem Heft heraus, rollte sie zusammen und übergab die Rolle mit ernster Miene der alten Dame, die das Manuskript mehreren, bereits früher ausgesuchten Stellen anbieten sollte. An die Rolle hing sie einen Zettel:

«Als Hilfe in höchster Not bitte ich Beiliegendes für etwas Geld anzunehmen und die Summe, gleichgültig wie viel Sie zahlen, der Überbringerin auszuhändigen!»

Rashid Jahan

EIN AUSFLUG NACH DELHI

«Bitte, Schwester, lass mich auch mit zuhören!», kam es aus dem Flur, und sogleich betrat, während es sich die Hände an der Kurta[1] trocknete, ein junges Mädchen den Raum. Von allen Frauen, die sie kannte, war Malka Begum die erste, die mit dem Zug gefahren war, und sie hatte sogar eine Tagesreise von Faridabad nach Delhi gemacht! Frauen aus dem ganzen Viertel waren da, um zu hören, wie es ihr auf dem Ausflug ergangen war.

«Na komm schon, wenn's sein muss! Ich rede mir noch den Mund fusselig. Bei Gott, Hunderte von Malen habe ich das inzwischen schon erzählt. Also, wir sind in den Zug gestiegen und nach Delhi gefahren. Als wir dort ankamen, hat er» – sie vermied, wie es üblich war, den Namen ihres Ehemanns in den Mund zu nehmen – «einen Bekannten getroffen, irgendeinen dahergelaufenen Bahnhofsvorsteher. Er macht sich also davon, mich lässt er beim Gepäck zurück. Da saß ich dann, in meine Burka gewickelt, oben auf dem Gepäck. Die elende Burka, obendrein die Männer. Männer sind ja sowieso verkommen, wenn die eine Frau sehen, die so dasitzt, dann schleichen die erst recht ununterbrochen um sie herum. Man kann nicht mal ein Paan[2] kauen. Einer der Kerle hustet, ein anderer macht anzügliche Bemerkungen, und ich, ich vergehe fast vor Angst. Und einen Hunger habe ich, du lieber Gott! Der Bahnhof von Delhi, meine Lieben, nicht mal die Festung ist so groß. Wo du auch hingesehen hast, überall war der Bahnhof, und Gleise, Lokomotiven und Güterwaggons. Mehr als alles andere haben mir diese pechschwarzen Männer Angst eingejagt, die in den Lokomotiven wohnen.»

1 Knielanges, kragenloses Hemd.
2 Betelbissen: leicht betäubende Genussdroge.

«Was sind das für welche, die da wohnen, in den Lokomotiven?»,
unterbrach jemand.

«Was das für welche sind? Was weiß ich? Blaue Anzüge tragen die,
manche haben Bärte, manche nicht. Mit einer Hand halten die sich
fest, hängen an der fahrenden Lokomotive, da bleibt einem beinahe
das Herz stehen beim Zuschauen. Und, ihr Lieben, Sahibs und Mem-
sahibs, weiße Männer und Frauen, von denen gibt es auf dem Bahnhof
von Delhi so viele, dass man sie gar nicht zählen kann. Hand in Hand
spazieren sie da herum und reden in ihrem Kauderwelsch. Und unsere
Leute, die Inder, starren sie an, dass ihnen fast die Augen herausfallen.
Einer hat mich angesprochen: ‹Zeig doch mal dein Gesicht!› Ich habe
sofort…»

«Du hast es ihm nicht gezeigt?», versuchte eine Zuhörerin sie zu
necken.

«Gott bewahre! Bin ich etwa dorthin gefahren, um diesen Flegeln
mein Gesicht zu zeigen? Nein, mir schlug das Herz bis zum Hals!» Und
mit finsterem Blick setzte sie hinzu: «Wenn du hören willst, was ich
erzähle, unterbrich mich nicht!»

Schweigen senkte sich über die Runde. Solche abenteuerlichen Dinge
gab es in Faridabad selten, und die Frauen waren von weit her gekommen, um sich Malkas Erzählung anzuhören.

«Ja, meine Lieben, die Händler sind auch nicht wie bei uns. Blitz-
saubere Kaki-Kleidung. Einige auch in Weiß. Aber es gibt auch welche,
die haben schmuddelige Dhotis[3] an. Mit Körben gehen die herum, verkaufen Rauchwaren und Betel: ‹Paan, Beedi[4], Zigaretten!›, oder Dahi
Vade[5]. Oder ‹Spielwaren, Spielwaren!›. Und Süßigkeiten, die haben
sie in Karren, mit denen sie überall herumlaufen. Ein Zug fuhr ein,
das war ein Lärm, das Trommelfell ist mir fast geplatzt. Das Geschrei
von Gepäckträgern, die Händler, die einem die Ohren vollbrüllen, die
drängelnden und einander schubsenden Passagiere, und mittendrin ich
Arme, auf dem Gepäck. Gott weiß, wie viele Stöße ich abbekommen
habe! In meiner Not habe ich in einem fort den Allmächtigen angeru-

---

3 Beinkleid ind. Männer.
4 Ind. Arme-Leute-Zigarette.
5 Linsenkrapfen in Joghurt.

fen, habe wieder und wieder die Worte rezitiert, die Böses abwenden: ‹Jall tu jalal tu aai bala ko taal tu.› Als der Zug endlich abfuhr, ging das Gezänk zwischen Passagieren und Trägern los: ‹Macht eine Rupie.› – ‹Nein, du bekommst nur zwei Anna!›

Eine Stunde lang Streiterei, dann leerte sich der Bahnhof. Das heißt, das Lumpenpack vom Bahnhof, das blieb. Nach ungefähr zwei Stunden ließ er sich wieder blicken. Kam, zwirbelte seinen Schnurrbart. Sagt, vollkommen ungerührt: ‹Wenn du Hunger hast, kann ich dir ein paar Puris[6] oder so holen. Ich habe schon drüben im Restaurant gegessen.›

Ich darauf: ‹Bring mich um Himmels willen einfach nach Hause. Von diesem vermaledeiten Ausflug nach Delhi habe ich die Nase voll!›, sag ich. ‹Mit dir sollte niemand irgendwohin fahren, nicht mal zum Paradies. Einen schönen Ausflug hast du mir da beschert!›

Der Zug zurück nach Faridabad stand bereit. Er brachte mich zu einem Platz, mit beleidigter Miene: ‹Bitte sehr, es liegt ganz bei dir. Wenn du keinen Ausflug machen willst, von mir aus!›»

---

6 Frittiertes, meist gefülltes Fladenbrot, das an Straßenständen verkauft wird.

Irmgard Keun

DIE FLECKENLOSE MORAL

Frau Linchen Mallinkrott war in Ostende. Warum auch nicht, sie hatte es ja dazu. Ihr Mann – Gott, Männer, deren Frauen es heutzutage noch dazu haben, streifen oft so haarscharf kriminelle Gebiete, ihre geschäftigen Aktionen sind mitunter so kompliziert und unübersehbar, ihre Einkünfte so dunkel und aufreizend – man sollte nicht über sie schreiben, über die Einkünfte und die Männer. Jedenfalls war Herr Mallinkrott in Berlin geblieben, hatte Pleite zu machen, um Geld zu verdienen – Gott, er brauchte! –, und füllte im Übrigen die gut zwei Zentner schwere Abwesenheit seiner Frau angenehm mit einer grashalmschlanken Stenotypistin aus. Als solenner Geschäftsmann war er für gütlichen Ausgleich.

Frau Linchen war in Ostende ihrer eigenen umfangreichen Gesellschaft und schaudernd zurückweichenden Wellen überlassen. Sie überließ sich. Sie fühlte sich wohl bei sich. Es ging ihr gut. Mit Recht. Sie war so ehrbar. Sie lebte geruhsam. Tennis, Schlagball, Fassadenklettern, Taschendiebstahl und andre aufregende Sportarten waren für sie weder reizvoll noch Versuchung. Sie war zu dick dazu. Auch ihr Geist war hübsch fett und bewegte sich nicht gern.

Nach fünf Tagen Ostendeaufenthalt hatte Frau Linchen fünf Pfund zugenommen. Hohes Kriterium der Sommerfrische! Sie schlief mittags von eins bis drei, dann schrieb sie es ihrem Mann – es würde ihn freuen, zu wissen, dass sie sein Geld nicht für nichts und wieder nichts ausgab. Es machte ihr Freude, ihm Freude zu machen. Sie war gut. Dann zog sie ein Kleid an aus rotem Voile und steckte sich eine sehr scheußliche und sehr kostbare Brillantbrosche an den Ausschnitt. Ein Erbstück. Dicke Damen haben immer Erbstücke. Und segelte dann – eine wohlgenährte rote Flamme, ein Riesenkinderballon – dem Kursaal zu. Vorbei an den uniformierten Portiers, die viel zu vornehm und viel zu viel gewohnt sind, um noch zu bemerken – mitten hinein ins rauschende Meer Wagnerscher Musik. Fand Platz an einem der kahlen kleinen Marmortische, bekam eine Fußbank unter die Wildlederfüße geschoben, fühlte sich als Königin und genoss Wagner. Von der Empore dröhnte es herab – einhüllende Wucht, wilder Orkan – aaach. Dann kam eine Pause und Frau Linchen zu sich. Ihr blassblauer Blick glitt über das vereinzelt dasitzende Publikum, schlug einen kühnen Bogen über die Galerie und gelangte – halt! Was war das? Dicht vor ihr – auf dem Boden – etwas Glitzerndes, Blinkendes. In der Sekunde wuchs in dem fetten, gutmütigen Linchen ein mageres, brennend gieriges Linchen. In der Sekunde arbeitete der flink gewordene Geist die ganze Skala bürgerlicher Moral: Etwas finden ist nicht stehlen, und mir gibt auch keiner was wieder, damals, als ich mein silbernes Portemonnaie mit den drei Mark drin verloren hatte – also siebenmal bin ich zum Fundbüro und –, Frau Linchen ließ ein hübsches kleines Spitzentaschentuch auf das Blinkende fallen. Frau Linchen stand. Frau Linchen bückte sich ohne Schwere und merkte nicht, dass sie sich bückte. Frau Linchen hielt etwas in der Hand. Nun schnell – nein, nicht schnell –, ganz langsam, ganz unauffällig würde sie jetzt – «*Mais qu'est ce que vous avez trouvez – donnez moi – je vous en dis – c'est moi – c'est à moi...*»[1] Da stand sie vor Linchen, die grauenvolle schwarze Person vom Nebentisch, sprüht einen Nadelregen von französischen Worten über das arme Verbrecher-Linchen. Der klopft das Herz in sämtlichen Körperteilen, die rosigen Würstchenfinger werden klebrig vor Angstschweiß. Lieber Gott! «Zum Fundbüro – ich wollte es zum Fundbüro –» Felsenfest ist Frau Linchen überzeugt, dass ihr nächster eiliger Gang zum Fundbüro gewesen wäre. Aber wird man sie verstehen – sie kann kein Französisch, warum kann sie nicht Französisch –, in einem fremden Land die fremde Sprache nicht kennen, kann den Tod bedeuten. Was redet das schwarze, dürre Grauen – vielleicht sogar was vom Gefängnis? Frau Linchen fühlte ihre Hand verbrennen – vor ihr strecken sich Finger aus – «*allez – vite, vite – donnez moi* – geben Sie ... er –» Kraftlos lässt Frau Linchen das

---

1   Frz. «Aber was haben Sie da gefunden – geben Sie es mir – ich sage Ihnen – das ist meins – es gehört mir ...»

Brennende in die bösen Finger gleiten – mitsamt dem Spitzentuch –, sie merkt es gar nicht, dabei hat es echte Brüsseler Spitzen und ist ein Geschenk von Hugo – ach, der Gute – arbeitet jetzt, und sie – wollte zum Fundbüro. Jawohl, sie wollte. Und kommt in den Verdacht einer Diebin. Entsetzlich. Fort von der Wagnerschen Musik, die jetzt böse und vorwurfsvoll hinter ihr her grollt. Vorbei an den beiden uniformierten Portiers, die viel zu vornehm und viel zu viel gewohnt sind, um zu bemerken. Nach Hause.

Erschöpft und gebrochen hockt Frau Linchen auf ihrem Bett. Erst der Gedanke ans Abendessen gibt ihr Kraft und neuen Lebensmut. Es wird heute Abend Tournedos mit Sauce béarnaise geben. Sauce béarnaise isst sie so sehr gern. Sie wird sich umziehen und – forsch und entschlossen steht Frau Linchen auf – will ihr Kinderballonkleid ausziehen – fingert am Ausschnitt herum –, fingert, krabbelt, wird blass und dann roter als das Kleid. Und sinkt, durch und durch erschöpft, wieder aufs Bett zurück. Das Erbstück, das kostbare – die Brosche – mit den Brillanten! Ist fort. Der Wertgegenstand – unersetzlich in der heutigen Zeit! Fort.

Es dauert eine Weile, ehe langsam, langsam dem schreckbetäubenden Linchen die Zusammenhänge dämmern. Sehr verwirrt und sehr verständnislos sitzt sie da. Dass es so viel Schlechtigkeit unter den Menschen gibt! Aber sie, Linchen, ist gut, ist besser und ehrbarer denn je. Und wie weiland Polykrates ausgerechnet von seines Daches Zinnen aus seinem allmählich beängstigenden Glück ein Opfer brachte,[2] so wollte Frau Linchen ihrer Ehrbarkeit ein Opfer bringen – die Hölle hat es hohnlachend verweigert.[3] Unverändert blank und unverändert fleckenlos – wie eine ewige Scheuermittelreklame – leuchtet Frau Linchens Moral. Heute und immer.

---

2 Anspielung auf Friedrich Schillers (1759–1805) Ballade *Der Ring des Polykrates* (1797), die mit den Zeilen beginnt: «Er stand auf seines Daches Zinnen,/Er schaute mit vergnügten Sinnen,/Auf das beherrschte Samos hin».

3 Vermutlich ironische Anspielung auf Gretchens Tragödie im Ersten Teil von Johann Wolfgang Goethes (1749–1832) *Faust* (1808), in dem es heißt: «Du, Hölle, musstest dieses Opfer haben.» (V. 3361)

Mabel Dove Danquah
ERWARTUNG

Nana Adaku II., der Omanhene[1] von Akwasin, feierte den zwanzigsten Jahrestag seiner Besteigung des Stuhls von Akwasin. In Nkwabi, seiner Hauptstadt, drängten sich die Leute aus den Dörfern und Städten nah und fern.

Die Kakaosaison stand auf dem Höhepunkt. Geld wechselte die Hände schnell. Die Bauern gaben es nach Herzenslust aus. Freunde feierten Wiedersehen nach langer Zeit, machten Besuche und gedachten voll Behagen alter Zeiten. Den als Geschenk mitgebrachten Gin, Champagner oder Whisky hatten die Besucher zum größten Teil meist schon selbst getrunken, wenn sie sich verabschiedeten. Niemand sorgte sich, jeder war fröhlich. Nur wenige sah man in europäischer Kleidung, die meisten trugen die Tracht der Goldküste. Die Füße der Männer steckten in Tokota-Sandalen, und um ihre Leiber waren reiche, vielfarbige Samtstoffe und prächtige, handgewebte Kente-Tücher[2] geschlungen. Mit den baumelnden Goldohrringen, Goldketten und Armringen sahen die Frauen in ihrer farbenfrohen Tracht zugleich schön und würdig aus.

Von den Staatstrommeln dröhnten freudig die Preislieder.

Es war vier Uhr nachmittags, und die Leute spazierten zum Staatspark, wo das Odwira-Fest[3] stattfinden sollte. Mit Palmzweigen umzäunte Plätze schmückten die Anlagen.

1 Oberster Regent der ghan. Akan.
2 In kunstvollen Mustern handgewebter Tuchstoff.
3 Gefeiert alljährlich im September und Oktober von den Akan des Fanteakwa-Distrikts in der östlichen Region Ghanas, in Akropong-Akuapim, Aburi, Larteh und Mamfi. Das Fest erinnert einerseits an den in der Schlacht von Katamansu errungenen Sieg über die Ashanti im Jahr 1826, andererseits läutet es eine Zeit spiritueller Reinigung und Erneuerung ein, in der den Ahnen Dankbarkeit bezeigt wird, indem man ihnen Nahrung wie Yamswurzeln opfert.

Der Omanhene erschien in einer Prachtsänfte unter einem bunt gemusterten, prunkvollen Sonnenschirm, eine goldene Krone auf dem Haupt. Sein Kente war mit winzigen Goldperlen besetzt, und Reihen um Reihen goldener Halsreifen türmten sich auf seiner Brust. Von den Handgelenken bis zu den Ellbogen trug er goldene Armbänder. In der rechten Hand hielt er einen verzierten Elefantenschwanz, mit dem er seinem begeistert jubelnden Volke zuwinkte. Vor ihm saß seine Seele, ein zwölfjähriger Junge, der das Amtsschwert hielt.[4]

Nach dem Omanhene traf der Adontehene[5] ein, der nächstwichtige Mann. Er prangte in reichem grünen und roten Samt; sein Stirnband war mit Goldstäben besetzt. Einer nach dem anderen kamen die übrigen Würdenträger unter ihren bunten Galaschirmen an.

Der Festzug war lang. Jedes Mal wenn eine Prachtsänfte auf den Erdboden gesetzt wurde, jubelte die Menge, und die Trommeln dröhnten immerfort ihre hallenden Freudenwirbel. Mit den Ältesten nahm der Omanhene seinen Platz auf dem Podium ein. Hauptmann Hobbs, der Distriktkommissar, saß in seiner Nähe. Sasa, der Hofnarr, sah in seinen buntscheckigen Hosen und seiner Affenfellmütze zum Lachen aus. Er schnitt dem Omanhene Gesichter, schielte tückisch und führte Artistennummern auf. Der Omanhene durfte jedoch nicht lachen, so will es die Sitte, denn ein großer Häuptling lacht nicht in der Öffentlichkeit.

Der Festplatz bot ein Schauspiel barbarischen Glanzes. Häuptlinge und ihr Gefolge saßen auf ihren traditionellen Ehrenschemeln unter bunten Prunkschirmen. Die goldenen Amtsstäbe der Sprecher schimmerten im Licht der Sonne. In ihren vielfarbigen Seidenbrokaten, den Kente-Tüchern und Samtstoffen sowie ihrem schwarz glänzenden, mit goldenen Nadeln und Spangen besetzten Oduku-Kopfputz sahen die Frauen entzückend aus – wie tropische Schmetterlinge. Die jungen Männer stolzierten über den Platz; die weiten Gewänder schleppten

4 Zum Festornat des Akan-Herrschers gehörten der Kente, ein handgewebter Umhang, als knapp sechs Meter lange breite Stoffbahn um den Körper gewickelt, zeremonielle Seidenschirme, goldener Kopf-, Hals- und Armschmuck sowie Staatsschwert, Amtsstab und Fliegenwedel; das Privileg, in einer Sänfte getragen zu werden, genossen nur die Chiefs.
5 Der traditionelle Heerführer der Akan, bei den Ashanti der König.

ihnen nach, und ihre geflochtenen seidenen Stirnbänder schimmerten in der Sonne. – Die Trommeln dröhnen.

Die Frauen beginnen den festlichen Adowa-Tanz[6] aufzuführen. Verzierte Kalebassen sorgen für den Rhythmus. Die Frauen laufen ein paar Schritt vor, bewegen sich dann langsam zur Seite und wiegen ihre Schultern. Eine Tänzerin vor allem sieht in ihrem grün-blau-roten Kente bezaubernd aus, wie sie sich mit der verführerischen, ungekünstelten Grazie eines wilden Urwaldgeschöpfs bewegt. Der Omanhene ist hingerissen und wirft eine Handvoll Münzen unter die Tänzerinnen. Sie lächelt, als die Geldstücke erst auf sie, dann klingend zu Boden fallen. Ein Gedränge entsteht. Sie aber tanzt ungerührt weiter.

Der Omanhene wendet sich an seinen vertrauten Sprecher: «Wer ist die schönste Tänzerin?»

«Es tut mir leid, ich kenne sie nicht.»

«Sie muss meine Frau werden.»

Nana Adaku II. war fünfundfünfzig und hatte schon vierzig Frauen, doch jede neue Schönheit rief bei ihm die Erregung hervor wie bei einem Mann, der mit nur einer besseren Hälfte gesegnet oder geschlagen ist. Begierde loderte wieder heftig durch seine Adern; seine vierzig Frauen langweilten ihn. Gewöhnlich brachte er sie so durcheinander, dass er sie in letzter Zeit beim falschen Namen nannte. Seine letzte Frau hatte bitterlich geweint, als er sie Oda rief, denn so hieß eine alte hässliche unter seinen Frauen.

«Diese Tänzerin ist ganz und gar anders», dachte der Omanhene; «sie wird die Freude des Palasts werden.» Er wandte sich dem Sprecher zu: «Ich zahle hundert Pfund für sie.»

«Aber sie ist vielleicht schon verheiratet, Nana.»

«Ich zahle dem Ehemann jede Summe, die er verlangt.»

Der Sprecher kannte seinen Omanhene: Wenn der eine Frau begehrte, dann setzte er gewöhnlich seinen Willen durch.

«Hol dir vom Oberschatzmeister fünfzig Pfund, mache die Verwandten ausfindig, gib ihnen das Geld, und wenn sie heute Abend in

6 Zu den polyrhythmischen Klängen von Hauptsängerin, Chor, Trommeln und Glocken ausgeführter Gemeinschaftstanz von Akan-Frauen, deren Tanzschritte und Handbewegungen hohe Symbolkraft besitzen.

meinem Palast ist, bekommt sie von mir die restlichen fünfzig Pfund.
Übergib dem Kodjo den Amtsstab, und fang mit deinen Nachforschungen sofort an.»

Nana Adaku II. pflegte rasch vorzugehen. Er glich darin den Männern überall auf der Welt, wenn weibliche Reize sie aufgestört haben:
ein wohlgeformtes Bein, das Blitzen der Augen, das Beben eines Nasenflügels, der Tonfall der Stimme – und aus dem Männergeschlecht wird
Raserei in Person. Viele Männer verfallen diesem Wahnsinn immer
wieder, bis sie altersschwach sind. Die Zyniker unter ihnen behandeln
Frauen mit ein wenig Schmeichelei, höflicher Nachsicht und sehen
sorgsam zu, dass sie sich selbst nicht ernstlich fürs Leben verstricken.
Die Frauen dagegen nutzen ziemlich oft ihren gesunden Menschenverstand. Die körperlichen Reize eines Mannes regen sie nicht besonders
auf; solange seine Taschen gefüllt sind und sein Einkommen sicher,
kann man das Risiko einer Ehe auf sich nehmen. Aber jetzt entwickelt
sich ein neuer, starrköpfiger Typ Frau, der auf dem perfekten Liebhaber
besteht wie auf gutem Einkommen und den übrigen Notwendigkeiten
oder aber dem Unsegen der Ehe fernbleibt.

Gegen sechs Uhr begann die Festversammlung den Omanhene zu
langweilen, und er war froh, in seine Sänfte steigen zu dürfen. Die
Prachtschirme tanzten auf und nieder, die Würdenträger saßen wieder
in ihren Sänften, die Menge jubelte wild, die Trommeln dröhnten.
Schon senkten sich die abendlichen Schatten herab, und die von Palmzweigen abgegrenzten Plätze im Staatspark lagen leer und verlassen da.

Nach Einbruch der Dämmerung hatte der Omanhene sein Bad genommen und Brokatkleider in Gold und Grün angelegt. Links und rechts
von ihm stand je ein Diener und fächelte ihm mit großen Straußenfedern Kühlung zu, während er sich in seinen Privatgemächern auf
ein Liegepolster mit samtenen Kissen zurücklehnte. Ein Umschlag
mit fünfzig Goldstücken lag neben ihm. Er kannte seinen Sprecher als
Mann von Takt und diplomatischem Geschick und war überzeugt, dass
diese Nacht ihm eine Ehefrau bringen werde, die ihm helfen würde, den
Jahrestag seiner Thronbesteigung zu feiern.

Er war wohl eingenickt. Als er erwachte, kniete die junge Frau ihm
zu Füßen. Er hob sie auf das Polster. «Bist du gern gekommen?»

«Ich folge Nanas Befehlen gern.»

«Ein gutes Kind. Wie heißt du?»

«Effua,[7] mein Herr und Gebieter.»

«Ein schöner Name, und du bist auch eine schöne Frau. Hier sind
fünfzig Goldstücke, der Rest des Brautpreises. Wir werden heute Nacht
privatim die Ehe schließen und die nötigen Zeremonien danach vollzie-
hen.» Nana Adaku II. gebrauchte diese Technik nicht als erster Mann.
Zivilisierte, halbzivilisierte und primitive Männer aller Länder haben
genau das Gleiche in fast den gleichen Worten gesagt.

«Ich werde das Geld meiner Mutter geben», sagte das vernünftige
Mädchen. «Sie wartet draußen im Gang. Darf ich?»

Der Omanhene nickte zustimmend.

Effua kam zurück. «Nana. Meine Mutter und all die anderen Verwandten möchten für die hundert Pfund ihren Dank aussprechen.»

«Das ist nicht nötig, meine Schöne.» Dabei spielte er mit den Elfen-
beinkugeln, die sich hübsch zwischen ihre Brüste gekuschelt hatten.

«Sie meinen, dass du irgendeinen außerordentlichen Reiz an mir entdeckt haben musst, weil du so viel Geld ausgegeben hast.» Sie lächelte
den Omanhene scheu an.

«Aber, meine Liebe, du bist reizend. Haben denn deine Leute keine
Augen?»

«Ich kann es aber selbst nicht verstehen, Nana.»

«Das kannst du nicht, du bescheidene Frau? Schau dich doch einmal
in dem langen Spiegel dort drüben an.»

Das Mädchen lächelte schelmisch, ging zum Spiegel und betrachtete
sich darin. Dann kam sie zurück, setzte sich auf das Polster und lehnte
ihren Kopf an seine Brust.

«Du bist ein wundervolles Mädchen, Effua.» Er streichelte ihr glänzendes schwarzes, kunstvoll geflochtenes Haar.

«Aber, mein Gebieter, ich habe doch immer so ausgesehen, nicht
wahr?»

«Das nehme ich an, Schönste, aber ich hab dich erst heute gesehen.»

«Du hast mich erst heute gesehen?»

«Ja, heute.»

---

7 Der weibliche Vorname bedeutet: «geboren an einem Freitag».

«Hast du es denn vergessen?»

«Vergessen – was, meine Liebe?»

«Dass du fünfzig Pfund bezahlt ... und mich vor zwei Jahren geheiratet hast.»

Dorothy West

DAS SCHWARZE KLEID.
EINE KÜRZESTGESCHICHTE

Am Morgen teilte man mir mit, dass der alte Mr. Johnson in der Nacht
gestorben war. Es war keine wirkliche Überraschung für mich. Ich
wusste, dass er schon seit Wochen im Sterben lag.

Das war mein wichtigster Grund gewesen, Margaret zu schreiben.
Tief in seinem Herzen hatte der alte Johnson, ihr Vater, sie sehr geliebt.
Es würde ihm nicht so schwerfallen, mit ihrer Hand in der seinen zu
gehen.

Ich wusste, dass Margaret ihm seine ehemalige Ungerechtigkeit
verziehen hatte. Ich spürte, dass sie froh sein würde, seine letzten,
schmerzvollen Tage zu erhellen. Es würden nicht mehr viele sein. Er
konnte nicht mehr viel länger als ein Jahr zu leben haben, und es war
die Weihnachtswoche, als ich ihr schrieb, sie solle kommen.

Ich erwähnte nicht den hoffnungslosen Zustand ihres Vaters. Ich
bat sie lediglich, um der alten Zeiten willen zu kommen und ihren
Weihnachtsstrumpf mit meinem aufzuhängen, wie wir es getan hatten,
als wir noch sehr jung gewesen waren.

Nach ein oder zwei Tagen sagte sie zu. Sie pendelte zwischen Shows
und Ehemännern. Es würde ihr guttun, mich nach zwölf langen Jahren
wiederzusehen. Hatte ich noch Grübchen? Würde ich sie verändert vorfinden? Zum Besseren, zum Schlechteren? Fragte ich mich.

Margaret und ich waren in der Kindheit wie Schwestern gewesen.
Ich nehme an, sie liebte mich mehr als jeden anderen. Sie hatte nur eine
widerwillige Nachsicht für ihren bigotten Vater gehabt. Aber im Laufe
der Jahre hatte sich das wohl in etwas verwandelt, das einer Zuneigung
gleichkam. Immerhin war er ihr einziger lebender Verwandter.

Soviel ich weiß, hat sie ihm nie geschrieben. Auch mir hat sie nie
geschrieben. Gelegentlich erhielt ich ein Telegramm mit extravaganten

Zärtlichkeiten, und sehr oft einen großzügigen Scheck. Meine Kleinen, die sie nie gesehen hatten, sprachen von ihr als Tante Margaret.

Ich schrieb ihr regelmäßig. Sie war den Heimbewohnern immer hart vorgekommen, aber ich bildete mir ein, sie zu verstehen. Sie war nicht hart. Sie war ganz einfach unsentimental. Sie hatte nur ein Ziel: die Bühne. Sie hatte gegen die ganze Gemeinschaft kämpfen müssen, angefangen bei ihrem Vater, damit diese das Theater als legitimen Beruf akzeptierte. Der Kampf mit ihrem Vater war langwierig und erbittert gewesen. Die Nachbarn hatten sich auf seine Seite geschlagen. Das hat natürlich etwas mit ihr gemacht. Als sie mit achtzehn Jahren von zu Hause wegging, war sie kein Mädchen mehr, sondern eine verbitterte Frau, die sich von mir verabschiedete, der Einzigen, die ihr Lebewohl und gute Reise wünschte.

Ich hoffte, dass sich ihre Verbitterung im Laufe der Jahre abgemildert hatte. In meinen Briefen erwähnte ich immer ihren Vater.

Zum Schluss sagte ich, dass er liebe Grüße schickt. Denn der alte Johnson hat Margaret geliebt. Und ich bin sicher, dass er sich in den einsamen Nächten sehr wünschte, er könnte all das ungesagt machen, mit dem er sie von sich gestoßen hatte. Nun, solange es noch Leben gibt, ist es nicht zu spät. Zumindest konnte er sagen, dass es ihm leidtat, dass er es gesagt hatte. Das ging mir durch den Kopf, weil ich wusste, dass seine Zeit so knapp bemessen war, als ich an Margaret schrieb.

Das Krankenhaus rief mich am Morgen des Weihnachtsabends an. Sie fragten mich nach der Adresse der nächsten Verwandten des alten Johnson. Ich gab ihnen die von Margaret, bevor mir klar wurde, dass sie an diesem Abend in der Stadt sein würde. Nachdem ich aufgelegt hatte, hoffte ich, dass sie bereits abgereist war. Denn ich könnte es ihr einfühlsamer mitteilen, als es durch ein kaltes Telegramm geschehen würde.

Jemand klingelte an meiner Tür. Es war der Junge mit dem Baum, den mein Mann auf dem Weg zur Arbeit gekauft hatte. Die Kinder waren außer sich. Und als ich ihre aufgeregten Gesichter sah, beschloss ich plötzlich und egoistisch, dass ich den Tod nicht in mein Haus holen und ihnen den glücklichsten Tag ihres Jahres verderben konnte.

Nein, Margaret musste bis morgen Abend warten, ehe sie es erfuhr. Ich würde sie einweihen, nachdem das letzte müde Kind ins Bett gebracht worden war. In der Zwischenzeit würde ich mich mit einem Bestatter in Verbindung setzen.

Ich wusste, dass es das Schlimmste war, was ich je in meinem Leben tun würde. Aber, oh, sie würde verstehen, wenn wir aufstanden und auf die schlafenden Kinder hinunterlächelten, dass es grausam gewesen wäre, ihnen den Tag mit unserem erwachsenen Kummer zu verderben.

Am frühen Abend rollte ein Taxi heran. Eine Frau stieg aus. Ich flog die Treppe hinunter, um ihr die Tür zu öffnen, die Worte eines fröhlichen Grußes oder einer feierlichen Beileidsbekundung schon auf den Lippen. Margarets liebes, vertrautes Gesicht strahlte. Sie wusste es nicht. Ich hielt sie fest in meinen Armen.

Ich werde unseren glücklichen Abend nie vergessen. Sie war wie ein Kobold, saß nie still. Sie verliebte sich in die kleine Margaret. Einmal sagte sie unwirsch zu den strahlenden Gesichtern: «Seid glücklich. Lasst euch durch nichts davon abhalten, glücklich zu sein.» Ich dachte: «Ihr schönes Gesicht ist von veränderlicher Härte. Nur ich weiß, dass sie nicht hart ist.»

Endlich waren alle müde. Sentimental gestimmt gingen wir zusammen schlafen. Mein Mann wurde auf eine Pritsche im Esszimmer verbannt, und irgendwann in der Nacht würde er unsere Strümpfe füllen.

Margaret und ich waren zusammen in meinem Zimmer. Sie öffnete ihre Tasche, um den Strumpf herauszuholen. Obenauf lag ein schwarzes Kleid, das aussah, als hätte man es hastig hineingestopft. Ich hielt jäh den Atem an. Sie folgte meinem Blick.

Sie sagte gleichgültig: «Das ist im letzten Moment gekommen. Es muss gebügelt werden, bevor ich es trage.»

Meine Kehle wurde trocken. Zum ersten Mal in meinem Leben würde ich neben einer Fremden schlafen.

Solveig von Schoultz

SAUNA AM MEER

Sie sitzt im Taxi, Miss Sheila Anderson aus Texas, und sie findet auch in fremder Landschaft ihren Weg. Sie zeigt dem Fahrer einen Zettel, er nickt und biegt in einen Weg mit Wacholder und bemoosten alten Fichten zu beiden Seiten ein, einen Privatweg.

Es ist einer der heißesten Tage. Miss Sheila Anderson, *translator*, macht einen weiteren Knopf an ihrer dünnen Bluse auf und mustert sich im Spiegel. Ihr Gesicht ist feucht und ungepudert. «Gut, das sieht natürlich aus. Die Sommersprossen passen zum braunen Haar und den braun gestreiften langen Hosen, auch gut.» Alles an ihr ist in Ordnung, als das Taxi eine scharfe Wendung macht und aus dem Murmeln des Walds direkt auf einen mit riesigen Birken bestandenen Hof zufährt. Sie klettert aus dem Taxi und hat kaum Zeit, den Horizont dahinter zu sehen, fühlt nur eine Brise vom Meer, als der, den sie sucht, in Shorts und abgetragenem Hemd angeschlendert kommt. Ganz natürlich und, wie es scheint, ein bisschen überrascht.

«*Hello*, Anders!»

«Soso, du bist gekommen», sagt er und nimmt ihre Reisetasche, wiegt sie in der Hand. (Aha, sie hat sich wohl einige Tage vorgenommen.) «Ein kleiner Strandangriff?»

«Ja, du hast mich ja eingeladen. Und ich muss doch sehen, wie du lebst», sagt Sheila und sieht sich um. «Erinnerst du dich nicht, du hast mir den Weg erklärt.»

«*Okay*», sagt er, denn sie ist nicht die Einzige, der er während des letzten, ein bisschen umnebelten Banketts den Weg aufgezeichnet hatte. «Willkommen!»

«Du hast dich verdrückt, so schnell du konntest», sagt Sheila und streicht sich das Haar aus dem Gesicht. «Ich, ich musste bis zum bitteren Ende mit dabei sein. Aber jetzt vergess ich den ganzen Kongress. –

Du wohnst nicht schlecht, Anders.» Sie folgt ihm auf den Fersen, seine langen Beine sind schon sommergebräunt, und der Nacken ist gerade so eigenwillig, wie sie ihn in Erinnerung gehabt hatte.

Anders öffnet die Tür zu seinem Blockhaus und zur Fensteraussicht aufs Meer, die einen Augenblick blendet. «Hereinspaziert», sagt er, «hier wohn ich also, fühl dich wie zu Haus.»

«Ach! – So also lebt ein Dozent in Finnland, Ostbottnien? Eigenes Haus, eigener Strand, alles ganz für sich.»

«Und Junggeselle, das hast du zu sagen vergessen. Hier ist natürlich alles ein bisschen durcheinander, aber du darfst dich gern umsehen, wenn du Lust hast.»

Sheila schlendert neugierig und gemächlich umher, das große Zimmer hat eine Balkendecke, schwere Bauernmöbel in der Essecke, bequeme Sessel am offenen Kamin, Bücher entlang den Wänden, aber vor allem diese Aussicht auf die Unendlichkeit, die sich gerade jetzt in müßiger Stille sonnt.

Anders folgt dicht hinter ihr und zieht den Duft von teurer Seife und *refreshing water* ein, es entgeht ihr nicht. Sie wirft einen Blick in die Küche: Stapel von Unabgewaschenem auf dem Tisch.

«Ich kann dir helfen», sagt sie, «ich bin gut im Abwaschen. Auch im Kochen, wenn nötig.»

«*Okay*, Sheila. Aber ich hab frisch geräucherte Barsche im Schrank.»

«Oh, hast du sie selbst geräuchert? Fischst du auch?»

«Wie, glaubst du, könnte man sonst überleben hier an der Küste? Du hast bestimmt noch nie ein Fischnetz gesehen, glaub ich.»

«Fischen! Das machen wir morgen. – Oder an einem andern Tag», hätte sie beinah noch dazugesagt, aber es gelingt ihr, es hinunterzuschlucken; noch nicht. «Wohnst du hier wirklich ganz allein?»

«Ja, willst du sehen, wo ich schlafe? Bitte.» Anders öffnet die Tür zu dem einzigen Raum, den sie nicht inspiziert hat: ein spartanisches ruhiges kleines Zimmer mit einem Fenster zum Wald. Sie bleibt stehen und schaut sich ziemlich lange um. Er war vor Kurzem aufgestanden, die Decke liegt knittrig auf dem schmalen Bett. «Wie du siehst, für eine Person», sagt Anders und atmet aufreizend nahe an ihrem Nacken. «Du darfst in der Saunakammer schlafen.»

«Oho? Wohnen da oft Gäste?»

«Es kommt vor.» – Anders geht und glättet die Decke, hebt ein Buch vom Boden auf. «Ich hab gelegen und nochmals MacArthurs Theorie über die Sturmvögel gelesen,[1] ich habe beim letzten Vortrag ja wirklich gekniffen.»

«Ich weiß, ich hab dir nachgeschaut», sagt Sheila. Aber sie sagt nicht, wie enttäuscht und wie lange. Sie war sicher, ganz sicher gewesen. Sie pflegt sich nicht zu irren in solchen Dingen. Sie wusste es seit einem besonderen Augenblick, als seine Hand in dem allgemeinen Durcheinander am Rezeptionstresen auf ihrer Hand gelegen hatte. Es hatte keiner Worte bedurft, nach einem verschwitzten Kongress braucht man etwas anderes.

«Und hier bin ich!», sagt sie und wendet sich so schnell um, dass er nicht zurückweichen kann.

Ja, hier ist sie, in seinem Schlafzimmer.

Aber er streichelt nur ihre Wange. «Heiß, nicht wahr. Wir gehen runter an den Strand und kühlen uns ein bisschen ab.»

Sie ist etwas erstaunt, aber *okay*, er gehört vielleicht zu der Sorte, die Zeit brauchen.

Der Besitzer dieser Herrlichkeit führt sie jetzt durch sein Reich hinunter zum Strand. Das Wintergrün blüht am Hang, das Blaubeergesträuch steht in Millionen grüner Beeren, mitten auf dem nadelbedeckten Pfad muss sie innehalten und die Sandalen ausziehen, der Sommer kitzelt unter den Fußsohlen, sie nimmt seinen Arm und hüpft auf einem Bein.

«Warte, bis du zum Sand kommst», sagt Anders. «Dort brennt's unter den Füßen.»

Er lässt sie auf einem breiten, gesprenkelten Stein Platz nehmen, und da ist der Sandstrand, ein weißes Band, das die Bucht säumt und nach nackter Haut ruft. Anders zeigt auf die schönen gelben und grünen Flechten auf dem Stein und erzählt von Findlingsblöcken und wie die Küste sich seit der letzten Eiszeit hebt und dass die Steine im Wasser rötlich sind, weil das Meer hier eisenhaltig ist.

---

1   Der Princeton-Biologe Robert H. MacArthur (1930–1972) stellte 1967 zusammen mit seinem Kollegen Edward O. Wilson eine viel beachtete Gleichgewichtstheorie der Inselbesiedelung auf. Für seine wissenschaftliche Untersuchung von insularen Ökosystemen führte er auch Feldstudien an Sturmvögeln durch.

Sheila hört zu. «Soso, aber lieber Herr Dozent, keine Vorträge, es ist glühend heiß.»

«Entschuldige. Willst du baden? Da links hinter den Erlen ist es tiefer, geh da rein. Hast du einen Badeanzug? Willst du ein Handtuch?»

«Dummkopf!», ruft Sheila und läuft los, winkt mit den Sandalen, die in ihren Riemen kreisen. Sie gedenkt sich wirklich nicht hinter irgendwelchen Erlen zu verstecken und auch in keinem Badeanzug. Sie wirft Hose, Bluse und Höschen auf den nächsten Stein und steigt in das klare, rot schimmernde, gerade passend untiefe Wasser. Sie planscht, kauert sich hin, die Brustwarzen härten sich, wie viel kann man sehen vom Strand? «Kommst du nicht auch rein, Anders?» Ist er etwa schüchtern? Bestimmt nicht, er sieht sie direkt an, sieht alles, man fühlt es.

Aber er sagt: «Ich bin dreimal heut im Wasser gewesen, und jetzt geh ich und heiz die Sauna. Du magst doch eine finnische Sauna?»

«O ja!», ruft Sheila und watet weiter hinaus, der nasse Rücken glänzt. «Es wird meine Premiere sein, Anders!» – Endlich fällt der Strand ab, und sie kann hinausschwimmen, sie senkt ihr Gesicht und schnaubt. Was hat sie nicht alles über finnische Saunas gehört! Jetzt versteht sie. *Well,* das ist es, worauf er wartet, so ist das. Weit draußen verschmelzen Himmel und Meer in einem Perlmutternebel; es lockt, aber sie macht kehrt, und jetzt sieht sie aus der Entfernung, wie Anders bei einem kleinen Haus am Strand beschäftigt ist. Er hievt Wasser aus einem Brunnen gleich neben dem Häuschen, und bald sieht sie, wie Rauch aus seinem Schornstein steigt.

Sie watet längs der Wasserkante heran: «Was riecht hier so gut? Es war wunderbar im Meer.»

«Was so gut riecht? Feuer und Holz, der erste Sieg des Menschen über die Natur. Setz dich», sagt Anders und klopft mit der Hand auf den Verandaboden vor der Tür, auch da riecht es gut, aber nach Teer. Bei der Treppe steht hoher Strandhafer, fast blau und fast japanisch in seiner schwankenden Vornehmheit.

«Willst du nicht ein Handtuch, du bist ja nass.»

«Na und, das ist doch egal an so einem Tag.»

Die Kleider kleben, die Bluse hat sie offen gelassen, sie sitzt und lässt sich trocknen. Warten kann sie, sich umsehen kann sie auch: «Was sind das für Büsche, die grau und grün wie Oliven sind?»

Anders trägt mehr Holz hinein, braune Wolken qualmen beim geringsten Windhauch herab. «Ach ja», sagt er und setzt sich auf die Bank hinter ihr, «das ist Sanddorn. Kleine orange Beeren, die wie Aprikosen schmecken, nur viel besser, kleine Vitaminbeeren. Aber sieh dich vor, der Busch sticht.»

Sheila hat nicht die geringste Absicht, es mit irgendwelchen Dornen aufzunehmen. Sie lehnt sich zurück, gegen Anders' Knie, seine Hand taucht für einen Augenblick in die feuchte Spalte zwischen ihren Brüsten hinab. Sie will nur wissen, und sie bekommt Antwort, und Sheila kann es sich leisten, sich für die Gegend zu interessieren: «Denk bloß, dass ich noch nie hier war, obwohl der Großvater meiner Mutter gerade von dieser Küste ausgewandert war. Ich musste ja kommen und mich umsehen, verstehst du», sagt sie und dreht ihr Gesicht zu Anders hinauf, der lächelt und sagt: «*Sure*. Aber wie dein Haar trieft, Sheila.»

Sie lacht und reibt ihr Haar an seinem nackten Knie. «Nass werde ich auf jeden Fall, nicht wahr? Ich hab gehört, dass ihr eure Gäste immer mit in die Sauna nehmt. Und dass ihr's für sie extra heiß macht auf der – wie heißt es? – Pritsche.»

Anders ist amüsiert, es war gut, dass Miss Sheila gekommen war. «So schlimm ist es auch wieder nicht, mehr als hundert Grad hab ich auf meiner Pritsche nicht, du brauchst keine Angst haben.»

«Mein Gott», murmelt Sheila und wundert sich, wie man bei der Temperatur lieben kann.

Anders schlägt eine Mücke auf ihrem Rücken tot, und das schreckt die Bachstelze auf, die zwischen den Haferstängeln wippt. «Schau dir den Knirps an! Der ist gewohnt, dass es hier am Strand still ist. Horch, du kannst hören, wie das Wasser durch den Sand sickert. Hörst du?»

Sheila nickt, sie wird still. Die unbegreifliche Weite vor ihnen sagt nichts, sie schimmert nur und verschweigt, was sie vollbringen kann. Die Hitze steht und vibriert über den Steinen, ein unsichtbares Feuer, das die Konturen auflöst. Eine Hummel surrt zerstreut um einen Hügel gelber Sedumsterne, streift im Vorübergehen die zierliche Schlinge der Wicke. Sehr weit draußen sind Schwärme von weißen Vögeln zu sehen, nicht nur Möwen, Möwen kennt sie, aber sie will Anders nicht fragen. Er weiß allzu viel von solchen Dingen. Und sie wollte ja nicht schwatzen.

Eine Möwe kommt auf sie zu, steigt mit gewaltigen Schlägen, steht still über dem Strand und verglüht. Steigt höher und steht wieder still, mit unmerkbaren Rucken hält sie sich auf der Stelle, während sie unter den Luftströmungen wählt. Sheila findet, dass sie mit ihren scharfen gelben Augen auf sie herabstarrt: «Was für ein Störenfried du bist!» Sie verteidigt sich, sie hat das Recht, hier zu sitzen, aber sie ist erleichtert, als der Vogel einen schreienden Ruf ausstößt und seinen blauen Weg entlang davongleitet. Aber nach der Möwe wird es noch stiller. Das Wasser leckt nur mit seiner dunklen Zunge den Sand. Es gibt keine Grenze für die Leere, die da draußen glänzt, man könnte verströmen in ihr, sich verlieren, niemand werden. Sie schließt die Augen, sie muss sich schützen mit Großstadtlärm, Disco, Autogebrüll.

Und sie ist noch nass, sie friert. «Wie kannst du das aushalten», sagt Sheila aus Texas, «ich würde verrückt werden. – Sollen wir nicht in die Sauna gehen, Anders?»

Er öffnet die Tür, prüft: «Gleich. – Aber erst brauchen wir Quast.» Sheila trottet hinter ihm zwischen den Birken umher und bekommt einen Zweig, die Mücken zu verscheuchen. Er braucht nur ein paar Minuten, und er hat einen duftenden Armvoll Laub geschnitten und eine Gerte um die Reiser gewunden. Er nimmt ihre Bewunderung mit männlicher Anspruchslosigkeit auf. «Warte nur, bis du fühlst, wie Saunaquast schmeckt.»

«Ich hab gehört, wie primitiv ihr seid», sagt sie, ganz außer Atem.

Sie stehen in der Saunakammer. Sie sieht einen alten Eckschrank, eine Seemannstruhe, Gott sei Dank einen Spiegel und vor allem ein Bett, ein ausziehbares Sofa mit Flickendecke darauf. «Werde ich hier wohnen?», fragt Sheila und setzt sich prüfend, «glaubst du, das Bett hält stand?»

«Ich hab selbst darin geschlafen, und ich bin wohl größer als du. Sollen wir nachmessen?»

Er hat sich ausgezogen. Sie wirft das wenige, was sie anhat, ab und stellt sich vor ihn hin. Ja, er ist größer, viel größer. Schwerer auch, und sie will dieses Gewicht fühlen. Sie hat jetzt ziemlich lange gewartet. Es ist das erste Mal, dass sie ihn ganz sieht, und sie schaut genau, stimmt es oder stimmt es nicht? Ja, es stimmt, nur allzu gut. Er zieht sie einen Augenblick an sich, gerade so viel, dass die Körper fühlen, wie sie aneinanderpassen, Stelle für Stelle.

Aber gerade, als sie denkt: «Jetzt», wird sie durch die Saunatür geschoben. Erst steht sie nur da und hustet, will nicht Anders' Hand nehmen, er aber zieht sie auf die Pritsche hinauf.

«Du atmest falsch», sagt er. «Du musst sehr langsam atmen. Hab keine Angst, Sheila.»

Was ist das für eine scheußliche kleine Kammer! Düster und mit einem geheimnisvollen Rauchgeruch, der sich in die Hitze mischt. Ein Haufen schwarzer Steine macht die Sauna zu einer Urbehausung im Innern der Erde. Es sticht in der Haut, wozu soll das gut sein? Aber *go ahead*, wenn er auch dasitzt und über sie lacht. Sie ruckelt sich zurecht, schlingt die Arme schützend um die Knie und vergisst zu zeigen, was sie hat. Anders sagt, dass sie hinausschauen und sich am Ausblick kühlen soll: ja gewiss, eine kleine Luke, ein Stück Glitzermeer, ein Wasservogel mit Schopf, ein Mittelsäger. Ausnahmsweise einmal hat sie nichts gegen Vogelinformationen, während sie sich an ihre Lage gewöhnt. Der Mittelsäger da draußen treibt friedlich dahin und hat keine Ahnung von menschlicher Hitze.

Anders zieht den Laubquast aus dem Zuber und fängt an, sich mit diesem starken Duft auf die Beine zu schlagen, anfangs wie zum Spiel klatscht er über Bauch und Schultern, um zu zeigen, wie es geht. «Na», sagt er, «das gehört dazu, willst du es fühlen?» Die langen weichen Zweige winden sich um Sheilas Arme und Beine, sie duckt sich, sie will sie nicht auf den Bauch und die Brüste kriegen, wo die Haut am empfindlichsten ist. Sie empfängt die Schläge mit dem Rücken, aber das nasse Laub klatscht überallhin, es tut gut, aber es tut weh, und sie schreit: «Stopp! Stopp!», während er fortfährt und nicht merkt, wie sie sich wehrt.

«Gehört Sadismus auch dazu?», pustet sie außer Atem, als er ihr den Quast reicht.

«Hab ich zu hart geschlagen? Du darfst mir's heimzahlen. Tauch den Quast in den Zuber, dann geht's besser.»

Anders wehrt sich nicht, im Gegenteil, er gibt sich hin, während Sheila ihn vorn und hinten schlägt, den breiten Rücken, den Nacken, wo seine Eigenwilligkeit sitzt und der schon ein paar graue Haare hat; die Vorderseite, die sie ja braucht, da klatscht sie besonders hart auf ein paar empfindliche Stellen, er zuckt nicht einmal zusammen, er sitzt mit geschlossenen Augen da. Sie schlägt heftig auf sein Gesicht – aber jetzt hält Sheila inne und beherrscht sich, dass sie ihre nassen Lippen nicht auf seinen Mund presst. Wie er dasitzt und sie herausfordert.

«Soll es hier vor sich gehen, auf der Pritsche? Erhitzt man sich darum erst», überlegt Sheila und macht sich viele Gedanken über die finnische Sauna. «Dieses harte Holzgestell, das einem auf der Haut brennt?»

Anders nimmt ihr den Quast weg und wirft ihn in den Zuber. «Das war schön», sagt er. «Und jetzt dasitzen und entspannen. Nur dasitzen. Da sein. Fühlen, wie der Körper die Spannung herausschwitzt.»

«Entspannen», sagt sie widerstrebend. Aber Anders klapst neben sich auf die Bank. «Komm, setz dich hierher, komm näher. Sauna, das heißt, dass man alle seine Knoten löst.»

Sheila murmelt etwas für sich: «Entspannen, wie dumm», aber sie hat beschlossen, ihn zu seinen Bedingungen zu nehmen. Sie rückt nahe an ihn heran, und sie sitzen mit hochgezogenen Knien, die Rücken gegen die Wand, und schauen hinaus: nur Blau, der Wasservogel ist heimgeschwommen.

Anders nimmt ihre Hand und führt sie an seinen Hals, der von der Sonne braun gebrannt ist. «Da, fühl», sagt er. «Ich zerfließe. Du auch?»

Sie lässt ihre Finger über seine Brust gleiten, sogar das Haar trieft. Sie fährt fort, weiter abwärts, zögert ein bisschen, «aber nein, nicht, bevor er nicht selbst will», und zieht eine glänzende Spur über die Hüfte bis zum Knie.

«Wir schwitzen den ganzen Kongress raus, Sheila.» – Jetzt ist er es, der Streifen über ihren Körper zieht, aufmerksam, ihren Beinen glänzende Konturen gibt, hinunter zum Fuß, bis zu den Zehen und auf der Innenseite wieder hinauf.

«Bestimmt. Es ist gut, all das loszuwerden», antwortet sie, doch zerstreut, denn seine Hand hat eingehalten, liegt ruhig, nahe bei der Mitte. Und das ist mehr, als Sheila aushalten kann, sie schiebt sie weg. «Anders! Warum nicht?»

«Hier? Was glaubst du? Jetzt kommt das Löyly[2]. Nur ein bisschen, hab keine Angst.»

2 Finn. «Saunadampf»; Dampf, der aufsteigt, wenn man Wasser auf die heißen Steine des Saunaofens spritzt, die dabei entstehende Hitze sowie das Wohlbehagen, das dadurch hervorgerufen wird.

Aber natürlich hat sie Angst, als er hinunterklettert und heißes Wasser auf die zischenden schwarzen Steine gießt, und sie kauert sich in einer beißenden Hitze zusammen, die immer beißender wird, sie versteckt ihr Gesicht auf den Knien, das lange, nasse Haar fällt zu den Füßen hinab, sie schlägt um sich und schreit: «Hör auf!»

«Sei ruhig, es ist gleich vorbei. Bloß langsam atmen!»

Sheila kommt es vor, als sei sie verbrannt, aber sie scheint immer noch in dieser glühenden Unbegreiflichkeit zu verweilen, immer noch dazusitzen und ihr Gesicht zu schützen, als er kommt und sie ein bisschen schüttelt. «Bist du erschrocken? Du solltest mal sehen, was für Löyly ich selber nehme, mehrmals, und zwischendurch geht's ins Meer. – Hast du's nicht gemocht? Das ist der Höhepunkt der Sauna.»

«Gemocht», murmelt Sheila in ihre Knie. «Dass ihr nicht alle an einem Herzschlag sterbt! Man kann wohl auch anders sauber werden.»

«Es ist gar nicht nur das.» – Das triefende Haar bekommt von der Urzeit der Sauna zu hören, als die Sauna das Herz des Hauses war: «Hier geschah das, was wichtig und geheim war, hier wurden die Kinder geboren, hier lagen die Alten aufgebahrt, die Sauna war ein heiliger Ort, und sie hat ihre Rituale bewahrt, verstehst du.»

«Ach so?» – Sheila hebt den Kopf und wirft das Haar über die Schultern. Jetzt hört sie zu. «Und Männer und Frauen gehen zusammen in die Sauna?»

«Natürlich, die Familie, Menschen jeden Alters.»

«Na, und wir?»

Er zaust ein wenig ihr Haar. «Man kann ja Gäste haben. Aber die Sauna ist keusch, hast du je das Wort gehört?»

«Keusch!» Sheila springt auf, ihr reicht es, sie lebt immerhin in der Gegenwart. Anders fängt sie auf, er hat Wasser in einer Schüssel und seift eine Bürste ein. Er zieht ihr mit solcher Kraft über den Rücken, dass ihre spöttische Miene zur Grimasse wird. Er macht es gründlich, zweimal hin und her. Und dann fordert er sie auf, ihm denselben Dienst zu erweisen.

«Gern!» Sie reißt und zieht und hofft, dass sie ihm wehtut, aber er stöhnt nur: «Weiter! Warum hörst du auf?»

Vielleicht, weil sie den Rücken ein bisschen näher studieren muss, er ist glatt und seifig, sie selbst ist ebenso glitschig, sie hat Lust, ihre Seifigkeit über die seine zu ziehen, sich dazuzulegen.

«Nun, träumst du?»

Die Bürste kommt zu sich. «Gleich.» Sie zieht einen letzten langen Zug abwärts auf die Grenze zwischen dem Braunen und dem Weißen zu.

«*Well?*»

«Raus und ins Wasser mit dir!»

Anders jagt sie vor sich her, es ist schwer, aber irgendwie leicht, in dem warmen Sand zu laufen, sie weicht aus, wirft den Körper zur Seite. Der Schaum spritzt wie in Wolken, als sie dem tieferen Wasser zuspringt, sie wirft sich der Länge nach hinein, strömt dem Unerreichbaren zu und befreit ihre Glieder von Hitze und Beherrschung. Anders sieht ihren dunklen, kleinen Kopf weit draußen schaukeln und ruft sie zurück; er kann nicht wissen, was eine Dolmetscherin aus Texas an der ostbottnischen Küste aushält. Im Übrigen beginnt er ungeduldig zu werden, auch er hat lange gewartet.

«Komm zurück, du kriegst einen Krampf!»

Sie lässt ihn rufen. Sie hat Gänsehaut und friert, als sie aus dem Wasser heraufgestapft kommt, sie wirft das Haar zurück und sieht aus, als habe sie im Nahkampf gesiegt.

«Du erkältest dich, Dummkopf.» Er fängt sie in einem großen Handtuch auf und reibt sie kräftig vorne und hinten ab, sie lässt ihn gewähren, während ihr Kopf wackelt wie bei einer nickenden Puppe. Es ist gut, Anders schimpfen zu hören. Und das Blut brausen zu fühlen unter der Haut, da, wo er reibt.

In der Saunakammer tappt sie herum und sucht etwas, womit sie sich zurechtmachen kann. «Ich hab keinen Kamm und gar nichts dabei», klagt sie und tut so, als sehe sie nicht, dass die Flickendecke am Fußende zusammengerollt liegt. Sie sucht in der Truhe, öffnet den alten Eckschrank, findet Kerzenstummel, Bierkrüge, Streichhölzer, Zigaretten, und da in der Ecke einen kleinen Lippenstift. «Wem gehört der denn?», fragt sie misstrauisch. «Schau!»

«Aha, ein Lippenstift? Das weiß ich nicht.»

Er sieht eher amüsiert aus, das mag Sheila nicht.

«Es kann wohl mal passieren, dass ich in meiner Einsamkeit Besuch kriege.»

Sie steht vor dem Spiegel und dreht den Lippenstift hin und her, und er lacht, denn sie sieht so komisch aus mit dem strähnigen Haar auf dem nackten Rücken. Er lacht, aber das hätte er nicht tun sollen. Plötzlich begegnet er einem dunklen Blick. «Kommen Frauen hierher, zu dir?»

«Du kamst ja», sagt er, und das hätte er nicht sagen sollen.

Sie zieht ein paar zornige Striche über die Lippen, blutrot im Spiegel. Und dann dreht sich Sheila um und stürzt auf Anders zu, schlingt ihre Arme um ihn, dass er nicht dazu kommt, sich zu wehren. Sie arbeitet hart und schnell und hinterlässt ihm glühende Abdrücke auf Hals, Schultern und Armen, fährt fort über die Brust, bevor es ihm gelingt, sich von ihr loszureißen. Sheila ist stark, sie hat aufgesparte Kräfte, Anders sieht aus wie ein Indianer in Kriegsbemalung.

Er kommt nicht zum Sprechen. Er packt die zappelnde Sheila und wirft sie auf das Ausziehsofa, reibt ihr mit dem Handtuch das Gesicht ab, während er sie festhält. «So eine Katze», keucht Anders. Da wird sie ruhig und lässt ihn gewähren. «Wie du aussiehst!» Er kniet über ihr, sehr nah, und jetzt kann Sheila nicht mehr, sie nimmt sein Glied und spreizt ihre Beine. «Mach schnell», flüstert Sheila, «mach schnell, komm.»

Und jetzt weiß sie, wie er gewartet hat. Sie schließt die Augen, während seine Hände über die Innenseite ihrer Schenkel gleiten, auf die Mitte zu, der von ihrem Überfluss gequälten. Er ist in ihr, fremd und daheim zugleich, er füllt sie immer mehr, sie schlingt ihre Arme um seinen Rücken und hat beinahe Tränen in den Augen. «Ich wusste es!»

«Ich auch», murmelt er. – Als sie wieder zu sich gekommen sind, endlich befreit, liegen sie da und versuchen, sich wiederzuerkennen.

Sie trocknet sich die Augen: «Und ich hatte geglaubt, du seist schüchtern! Du mit deinen Saunariten. – Anders, wir haben einen halben Tag vergeudet.»

«Vergeudet? Am Meer?», sagt er und berührt ihren Mund. «Ich weiß, warum du gekommen bist, *okay*, geht's dir jetzt gut?»

«Ja, aber ich versteh euch nicht in diesem Land.»

«Wir sind ja so primitiv, wie du sagtest.»

Seine Finger ziehen Kreise um ihre Brustwarze, sie härtet sich willig. «Sheila», sagt er an ihrem Ohr, «warum lebst du allein?»

«Ich? Warum glaubst du, dass ich allein lebe? – Na ja, ich war verheiratet, aber er war mit seinem Business verheiratet. *Never mind*, Männer gibt es überall, ich bin so allein, wie ich will, ich hab meine Arbeit, und ich bin von niemandem abhängig.»

«Wirklich nicht? Du musst immer weiter, und du hast es eilig?»

«Das kann man von dir wohl nicht sagen, was?» Sie führt ihre Hand an seine Hoden, er weicht zurück, *well*, er will, wenn er will, das jedenfalls weiß sie. Aber warum muss man Einsamkeit verteidigen? – Und er? «Warum lebst du allein, Anders? Ich zähle nicht die Mädchen, die hier ihre Lippenstifte vergessen.»

Ihr Haar ist noch nass, er reibt seine Wange daran. «Mit denen ist es auch nicht so übel», sagt er beinah zärtlich. «Aber kann sein, dass ich keine gefunden habe, die ich richtig gemocht hab.»

«Gemocht?»

«Sex ist nicht alles, Sheila.»

«Aber das Wichtigste.»

Sie ist eine Weile still, und er überlegt, woran sie denkt. «Was ist denn jetzt?»

«Es ist nichts, ich meine, ich hab nicht gewusst, ob ich dich mochte, ich wusste nur, dass …»

«Na? – Jetzt bist du die Schüchterne, was?»

Sie braucht nicht zu antworten, er schließt ihr den Mund mit seinem eigenen, und im nächsten Augenblick hat er sie aus dem Bett gezogen und auf den Boden gestellt; sie muss lachen, sie hatte seine Kriegsbemalung vergessen.

«Wir sind doch hungrig, die Barsche warten. Und das Saunabier! Du weißt nicht, wie gut Saunabier schmeckt, wenn es eiskalt ist. – Rauf ins Haus!»

«Ja, aber – ich muss erst mal zum … wie nennst du es?»

«Ach, du meinst das stille Örtchen, das klingt doch gut. Schau, dort steht ein Häuschen unter den Birken, siehst du es? Ein Häuschen mit einem schiefen Dach. Na lauf schon, ich geh schon mal voraus und decke den Tisch.»

Auf halbem Weg bleibt Anders stehen und sieht sich um. Das Meer ist wie ein gescheuertes Tablett, so blank, dass es den rosa Himmel um die Sonne widerspiegelt, und die Sonne selbst hat ihre Zugbrücke heruntergeklappt, die zu dem ostbottnischen Strand hinglitzert. Die Sägermama zieht mit einer Schar Junger die Wasserkante entlang. Vollkommene Stille: Nicht einmal die Möwen sind zu hören, sie fliegen irgendwo weit draußen zur Sonne hin.

Es ist Anders' Welt, seine eigene, die niemand zu verstehen braucht, im Vorübergehen tauscht er einen Blick mit ihr, bevor er hineingeht und Brot und Barsche mit dem Störenfried bricht.

Auch der Störenfried ist stehen geblieben. Sie war schon ein paar Schritte auf dem weichen Graspfad in Richtung Häuschen gegangen, aber das Meer hat sie überwältigt. Sie ist noch nackt, steht dunkel gegen das Glitzern, den Rücken Anders zugewandt.

Simone de Beauvoir
MONOLOG

«Sie rächt sich durch den Monolog.»
Flaubert[1]

Diese Idioten! Ich habe die Vorhänge zugezogen das blöde Licht der
Lampions und der Weihnachtsbäume fällt nicht ins Zimmer aber die
Geräusche dringen durch die Mauern. Die Motoren und die Bremsen
und jetzt fangen sie auch noch an zu hupen die halten sich wohl für ganz
große Herren diese Kerle in ihren Peugeot 404 Familiale in ihren affigen
Sportwagen in ihren popligen Dauphine[2] in ihren weißen Cabrios. Ein
weißes Cabrio mit schwarzen Lederpolstern das ist todschick und
die Männer pfiffen wenn ich vorbeifuhr mit Sonnenbrille in Schmet-
terlingsform und einem sündhaft teuren Kopftuch von Hermès und
jetzt wollen sie Eindruck schinden mit ihren dreckbespritzten Klapperkästen und dem Hupengeheul. Wenn sie doch unten vor meinen
Fenstern zusammenstießen also das würde mir Spaß machen. Die
Idioten werden's noch schaffen dass mir das Trommelfell platzt und
mein Ohropax ist alle. Mit den beiden letzten Kügelchen habe ich die
Telefonklingel lahmgelegt sie sind nicht mehr zu gebrauchen außerdem
will ich lieber Ohrenschmerzen haben als hören dass das Telefon nicht
läutet. Schluss machen mit dem Lärm mit der Stille: schlafen. Aber ich
werde kein Auge zutun gestern habe ich's auch nicht gekonnt weil ich
immerzu dran denken musste dass es der Vorabend von heute war.
Die Schlaftabletten wirken nicht mehr ich habe mich zu sehr an sie
gewöhnt und dieser Doktor ist ein Sadist jetzt verschreibt er mir nur

---

1 Gustave Flaubert (1821–1880) über seine tragische Romanheldin Madame Bovary.
2 Frz. «Thronfolgerin»: Renault-Modell von 1956.

noch Zäpfchen ich kann mich ja nicht vollstopfen wie eine Kanone. Dabei brauche ich unbedingt Schlaf ich will mir doch morgen wenn Tristan kommt nicht meine Chancen versauen. Keine Tränen kein Geschrei. «Diese Situation ist unnatürlich. Und vom finanziellen Standpunkt aus absoluter Unsinn. Ein Kind braucht die Mutter.» Jetzt werde ich wieder eine schlaflose Nacht haben und morgen bin ich dann mit den Nerven fertig und die Sache geht schief. Miststücke! Sie wollen mir nicht aus dem Kopf ich sehe sie ich höre sie. Heute Abend stopfen sie sich mit schlechter Gänseleberpastete voll und mit angebrannten Putenbraten sie lecken sich die Lippen: Albert und seine Frau mein Bruder und Etiennette und ihre Bälger und meine Mutter. Das ist doch gegen die Natur dass mein leiblicher Bruder und meine leibliche Mutter meinen geschiedenen Mann lieber haben als mich. Ich will gar nichts von ihnen sie sollen mich nur nicht am Schlafen hindern man wird ja reif fürs Irrenhaus man gesteht alles ob es nun wahr ist oder nicht aber darauf sollen sie bloß nicht rechnen ich bin widerstandsfähig und mich werden sie nicht unterkriegen. –

Die mit ihren Festen – so ein Blödsinn. Als ob's an den anderen Tagen nicht schon schlimm genug wäre. Weihnachten Ostern 14. Juli[3] dafür habe ich nie was übrig gehabt. Papa hob Nanard auf seine Schulter damit er das Feuerwerk sehen konnte und ich die große Schwester stand eingezwängt zwischen ihren Körpern reichte ihnen gerade bis zu den Geschlechtsteilen atmete inmitten dieser schwitzenden Menge den Geruch von Geschlechtsteilen und Mama sagte: «Na bitte jetzt heult sie schon wieder» und dann kauften sie mir eine Eiswaffel. Aber die wollte ich nicht ich schmiss sie weg und Mama seufzte weil sie mich am Abend des 14. Juli nicht gut ohrfeigen konnte. Papa hat mich ja nie angerührt ich war sein Liebling: «Du bist doch mein gutes Mädelchen.» Aber als er dann tot war hat sie sich gar nicht geniert mir bei jeder Gelegenheit eine zu kleben. Nicht ein einziges Mal habe ich Sylvie so etwas angetan. Nanard war bei uns zu Hause der König. Mama nahm ihn morgens in ihr Bett ich hörte wie sie sich kitzelten er sagt zwar das stimmt nicht und nennt mich gemein ist ja klar dass er's nicht zugeben will die geben doch nie was zu vielleicht hat er's auch vergessen wie sie alles vergessen

---

3 Frz. Nationalfeiertag, Jahrestag der Erstürmung der Bastille von 1789.

was ihnen unangenehm ist die sind doch mit allen Hunden gehetzt und ich bin ihnen lästig weil ich mich erinnere. Sie spazierte in diesem Bordell von Zimmer herum halb nackt in dem weißseidenen Morgenrock der fleckig war und Brandlöcher von Zigaretten hatte und Nanard klebte förmlich an ihren Schenkeln herzerwärmend ist das die Mütter mit ihren kleinen Männchen zu sehen mein Gott wenn ich auch so geworden wäre – pfui Spinne! Ich habe mir nette Kinder gewünscht saubere Kinder und ich bete zu Gott dass Francis keine Schwuchtel wird wie Nanard. Denn wenn Nanard auch fünf Kinder hat eine Tunte ist er doch da kann mir keiner was vormachen und die Weiber die sich mit dieser fetten Wachtel einlassen finde ich geradezu widerlich.

Das will und will nicht aufhören. Wie viele mögen es sein? In den Straßen von Paris bestimmt Hunderttausende. Und in allen Städten auf der ganzen Welt geht's genauso zu: drei Milliarden und von Tag zu Tag werden es mehr – es gibt eben immer noch nicht genug Hungersnöte. Die Menschen vermehren sich rapide sogar am Himmel kutschieren sie schon herum bald wird im Weltraum so ein Gedränge herrschen wie auf den Autobahnen und man wird den Mond nicht mehr anschauen können ohne sich zu sagen dass irgendwelche Idioten gerade dabei sind über ihn zu verhandeln. Ich habe den Mond immer so gern gemocht weil er mir irgendwie ähnelte aber die haben ihn in den Dreck gezogen wie sie es mit allem machen. So was Grässliches diese Fotos: ein armseliges staubgraues Etwas auf dem jeder x-Beliebige herumtrampeln kann.

Ich war sauber ehrlich unnachgiebig. Von klein auf habe ich das im Blut gehabt: nicht schwindeln. Ich sehe mich noch als kleine Göre in meinem zerknitterten Kleidchen – Mama ließ mich ja immer so ungepflegt herumlaufen – und irgendeine Bekannte von uns flötete: «Na hast du deinen kleinen Bruder lieb?» Und ich antwortete bedächtig: «Ich hasse ihn.» Diese Kälte; die Augen von Mama. Dass ich eifersüchtig war ist ganz normal man liest es ja in allen Büchern; erstaunlich und erfreulich finde ich dass ich es ohne Weiteres zugab. Keine Konzessionen kein Getue: So war Papas gutes Mädelchen und so bin ich noch heute. Ich bin sauber ich bin aufrichtig ich kann nicht heucheln und deswegen geifern sie ja so sie mögen es nicht dass man sie durchschaut sie wollen dass man ihren schönen Worten glaubt oder wenigstens so tut.

Jetzt treiben die da oben wieder ihre Scherze: Getrampel auf der Treppe Gelächter Stimmengewirr. Was hat das für einen Sinn an einem bestimmten Tag zu einer bestimmten Stunde so ein Trara zu machen nur weil man den Kalender auswechseln muss? Zeit meines Lebens hat mich diese Art von Hysterie angekotzt. Eigentlich müsste ich die Geschichte meines Lebens erzählen. So viele Frauen tun das und sie werden gedruckt man spricht von ihnen sie brüsten sich mit ihrem Erfolg und mein Buch wäre hundertmal interessanter als ihr blödes Geschwätz. Ich habe viel durchgemacht aber dafür habe ich gelebt und zwar ohne Lüge ohne Heuchelei. Das würde vielleicht ein Geschrei geben wenn mein Name und mein Foto in den Schaufenstern zu sehen wären und die Welt die Wahrheit die ungeschminkte Wahrheit erführe. Dann lägen mir wieder massenhaft Männer zu Füßen die Kerle sind ja so snobistisch dass sie sich sogar auf das allerhässlichste Weib stürzen wenn's nur eine Berühmtheit ist. Vielleicht würde mir auch einer begegnen der mich lieb hätte.

Mein Vater hat mich geliebt. Kein anderer. Davon ist alles gekommen. Albert dachte nur daran sich zu verdrücken und ich habe ihn so wahnsinnig geliebt ich arme Irre. Ich habe so viel leiden müssen jung und unerfahren wie ich war. Da macht man ja zwangsläufig Dummheiten; wer weiß vielleicht war es eine abgekartete Sache als er mir nachwies dass er Olivier gar nicht kannte. Eine ekelhafte Geschichte die mich völlig fertiggemacht hat.

Na das musste ja kommen jetzt tanzen sie auch noch da oben. Meine Nachtruhe ist im Eimer morgen bin ich bestimmt schlapp wie ein nasser Lappen und muss was zum Aufputschen einnehmen bevor Tristan kommt und dann geht's natürlich schief. Nein das darf nicht passieren! Mistkerle! Was anderes habe ich doch nicht mehr vom Leben nur den Schlaf. Diese Lümmel nutzen es aus dass sie das Recht haben mir die Ohren vollzulärmen und auf meinem Kopf herumzutrampeln. «Heute ist Silvester da kann die alte Ziege von unten nichts sagen.» Lacht nur ich kriege euch schon die Ziege wird's euch zeigen auf mir hat noch keiner herumtrampeln dürfen. Albert war wütend: «Ist doch nicht nötig deswegen so eine Szene zu machen!» Und ob es nötig war! Er tanzte mit Nina auf Hautfühlung sie stellte ihre fetten Brüste zur Schau sie stank nach Parfüm aber ganz konnte sie den Geruch nach

Bidet nicht übertäuben und er rieb sich beim Tanzen an ihr und hatte einen Ständer wie sonst was. Szenen ja die hat's in meinem Leben viele gegeben. Ich bin eben das gute Mädelchen geblieben das damals offen furchtlos unbestechlich antwortete: «Ich hasse ihn.»

Die werden noch die Decke zum Einsturz bringen und auf mich runterpurzeln. Ich kann mir vorstellen wie sie sich aufführen widerlich ist das sie reiben sich aneinander Schwanz an Möse da kommt's ihnen den guten Frauen und wie stolz sie sind weil sie ihren Tänzer so schön hochgekriegt haben. Und jeder legt es darauf an dem besten Freund oder der liebsten Freundin den Ehepartner auszuspannen heute Nacht werden sie's sogar im Badezimmer treiben und sich nicht mal hinlegen das Kleid wird einfach über den schwitzenden Hinterbacken hochgeschlagen und wer dann pinkeln geht der tritt in den kalten Bauer wie damals bei Rosé als ich die große Szene machte. Ist schon möglich dass es da oben in eine allgemeine Vögelei mit Partnertausch ausartet das Ehepaar dem die Wohnung gehört ist in den Fünfzigern und wahrscheinlich brauchen sie solche Schweinereien damit es bei ihnen funkt. Ich bin sicher dass Albert und seine Madame auch an Partnertauschabenden teilnehmen diese Christine ist doch für alles zu haben vor der braucht er sich nicht zu genieren. Wenn ich denke wie naiv wie schamhaft ich mit zwanzig Jahren war – ein klägliches Geschöpf. Geradezu rührend war ich in meiner Unbeholfenheit ich hätte wirklich verdient dass jemand mich liebte. Ach ich bin immer zu kurz gekommen dieses Scheißleben hat mir nichts geschenkt.

Verdammt ich komme um vor Durst und hungrig bin ich auch nur ist es mir viel zu anstrengend aus dem Sessel aufzustehen und mir was aus der Küche zu holen. Man erfriert in diesem Loch aber wenn ich die Heizung höher drehe trockne ich vollkommen aus habe keine Spucke mehr im Mund und kriege so ein Brennen in der Nase. Die sollen sich ihre Zivilisation an den Hut stecken. Den Mond besudeln das können sie aber anständig heizen so weit reicht's nicht. Ich wollte irgendein schlauer Kerl würde einen Roboter konstruieren der mir Saft holt wenn ich welchen trinken möchte und der mir die Wohnung sauber macht ohne dass ich ihm dauernd schmeicheln und mir sein Bla-bla-bla anhören muss.

Mariette kommt morgen nicht ist auch ganz gut dieses Gerede von ihrem alten krebskranken Vater hängt mir schon zum Hals heraus.

Immerhin habe ich sie so einigermaßen zurechtgebogen und ihr beige-bracht was sich schickt und was nicht. Es gibt ja welche die ziehen Gummihandschuhe beim Abwaschen an und spielen die Dame so was finde ich unerträglich. Aber natürlich mag ich's auch nicht wenn sie dreckig sind wenn man Haare im Salat und Fingerabdrücke an den Türen findet. Tristan ist ein Dummkopf. Ich behandle meine Putzfrauen wirklich sehr gut. Aber ich verlange dass sie ordentlich arbeiten ohne Mätzchen und ohne mir ihre Lebensgeschichte zu erzählen. Dazu muss man sie erziehen genauso wie man Kinder erziehen muss damit sie zu brauchbaren Menschen heranwachsen.

Tristan hat Francis nicht erzogen: diese Schlampe Mariette lässt mich im Stich; morgen wenn sich die beiden verabschiedet haben wird der Salon aussehen wie ein Schweinestall. Sie werden mir ein wahllos gekauftes Geschenk mitbringen nach der Begrüßung biete ich die Petits Fours an und Francis gibt mir die Antworten die sein Vater ihm einge-trichtert hat das Kind lügt wie ein Großer. *Ich* hätte einen netten Jungen aus ihm gemacht. Ich werde zu Tristan sagen: «Mit einem Jungen der ohne Mutter aufwächst nimmt es immer ein schlechtes Ende entweder wird er ein Strolch oder ein Schwuler und das willst du doch nicht.» Wie sie mich anekelt meine ruhige Stimme; ich möchte ihm viel lieber ins Gesicht schreien: «Es ist gegen die Natur einer Mutter den Sohn zu nehmen!» Aber ich bin ja von ihm abhängig. «Drohe ihm doch mit Scheidung» hat mir Dédé geraten. Nein das ist Unsinn. Die Männer halten so fest zusammen und das Gesetz ist derart ungerecht und Tristan hat so gute Verbindungen dass ich bestimmt zum schuldigen Teil erklärt werden würde. Dann könnte er Francis behalten brauchte mir keinen Sou mehr zu geben und die Wohnung wäre ich auch los. Eine widerliche Erpressung: Unterhalt und Wohnung gegen Francis. Aber ich kann nichts dagegen tun ich bin ihm ja wehrlos ausgeliefert. Ohne Kohle kann man sich nicht behaupten man ist da weniger als nichts: eine doppelte Null. Was für eine dumme Gans bin ich gewesen: uninteressiert leichtsinnig gleichgültig in Geldsachen. Ich habe bei den Kerlen längst nicht genug abkassiert. Wäre ich bei Florent geblieben dann hätte ich mein Schäfchen ins Trockne bringen können. Tristan hat mich mit seiner Leidenschaft erobert ich war so gerührt dass ich ihm sofort nachgab. Und das habe ich nun davon! Dieser Größenwahnsinnige der den kleinen Napoleon spielt hat mich sitzen lassen weil ich keine Hysterikerin bin und nicht dauernd vor ihm auf den Knien liegen wollte. Aber den werde ich in die Enge treiben. Ich werde ihm sagen dass ich dem Kleinen die Wahrheit sagen will: «Ich bin nicht krank ich lebe allein weil dein Vater dieser gemeine Kerl mich im Stich gelassen hat ich bin auf sein Geschwätz hereingefallen aber dann hat er mich gequält und mich schließlich sogar geschlagen.» Ja das ist die richtige Methode: mich in Gegenwart des Kleinen in eine Nervenkrise hineinsteigern mir vor Tristans Wohnungstür die Pulsadern aufschneiden oder irgendwas in der Art wenn ich solche Mittel anwende kommt er bestimmt zu mir zurück dann lässt er mich nicht mutterseelenallein verfaulen in dieser Bude wo das Pack über mir wie eine Elefantenherde herumstampft und die Leute von nebenan mir jeden Morgen mit ihrem Radio den Schlaf rauben und niemand mir was zu essen bringt wenn ich Hunger habe. Alle diese Nutten haben einen Mann der sie beschützt und Kinder die ihnen helfen bloß ich habe null Komma nichts – das kann nicht so weitergehen. Der Klempner hält mich jetzt schon seit vierzehn Tagen hin bei einer alleinstehenden Frau nehmen die sich alles heraus die Menschen sind doch ein feiges Gesindel wenn einer am Boden liegt treten sie ihn auch noch mit Füßen. Ich halte stand ich biete ihnen die Stirn aber die lassen sich doch von einer alleinstehenden Frau nichts sagen. Der Portier grinst bloß höhnisch: «Um zehn Uhr morgens ist jeder Mieter *befugt* das Radio laufen zu lassen.» Wenn der denkt er könnte mich mit seinen affigen Ausdrücken einschüchtern! Ich hab's ihnen ja mit dem Telefon heimgezahlt vier Nächte hintereinander sie wusste dass ich es war konnten mir aber nichts nachweisen und ich habe mir ins Fäustchen gelacht; nachher hat sich dann immer nur der Kundendienst gemeldet. Muss ich mir eben was anderes einfallen lassen. Ja was nur? In der Nacht schlafen sie am Tag arbeiten sie am Sonntag gehen sie spazieren man kann diesem Pack einfach nichts anhaben. Ein Mann unter meinem Dach. Dann wäre der Klempner schon längst gekommen der Portier würde mich höflich grüßen die Nachbarn würden das Radio leiser stellen. Verdammter Mist! Ich will dass man mich respektiert ich will mit meinem Mann und meinem Sohn in unserem gemeinsamen Heim leben wie alle es tun.

Ein kleiner Junge von elf Jahren – wie nett wäre es mit ihm in den Zirkus oder in den Zoo zu gehen. Ich würde ihn schon zurechtstutzen.

Er war ja nie so schwierig wie Sylvie. Die hat mir schwer zu schaffen gemacht sie war genauso verschlossen wie Albert an den man ja einfach nicht herankam. Ach die arme Kleine ich nehme ihr das nicht übel jeder hat sie doch gegen mich aufgehetzt und sie war in dem Alter wo alle kleinen Mädchen ihre Mutter hassen man nennt das Ambivalenz aber es ist purer Hass. Auch eine von den Wahrheiten die sie nicht hören wollen. Etiennette wurde wütend als ich ihr sagte sie solle doch mal Claudies Tagebuch lesen. Nein sie wollte das gar nicht sehen – genau wie diese Frauen die aus Angst dass sie Krebs haben könnten nicht zum Arzt gehen. Sie zog es vor die reizende Mama eines reizenden Töchterchens zu bleiben. Sylvie war gar nicht reizend das habe ich gemerkt als ich ihr Tagebuch las. Aber ich sehe den Tatsachen immer ins Gesicht. Ich habe mich gar nicht so sehr aufgeregt ich wusste ja dass ich nur zu warten brauchte denn eines Tages würde sie's begreifen und sich ihnen zum Trotz zu mir bekennen. Ich hatte Geduld mit ihr nie habe ich die Hand gegen sie erhoben. Aber streng war ich natürlich. «Mit mir kannst du das nicht machen» habe ich zu ihr gesagt. Sie war starrköpfig wie ein Maulesel und hat stundenlang tagelang gequengelt – nur um einer Laune willen denn es bestand für sie kein Grund Tristan wiederzusehen. Ein Mädchen braucht einen Vater das hat mich die bittere Erfahrung gelehrt aber dass für Sylvie zwei Väter nötig wären davon hat kein Mensch etwas gesagt. Albert war schon lästig genug er pochte auf die Rechte die das Gesetz ihm zubilligte und mitunter nahm er sich sogar mehr heraus ich musste einen zähen Kampf gegen ihn führen er hätte sie verdorben wenn ich nicht dazwischengetreten wäre. Die Kleider die er ihr schenkte – unmoralisch war das. Ich wollte nicht dass meine Tochter eine Hure würde wie meine Mutter. Mit siebzig Jahren ganz kurze Röcke und das Gesicht dick angemalt! Als ich sie neulich mal auf der Straße traf bin ich schleunigst auf die andere Seite gewechselt. Hätte sie mich in dieser Aufmachung mit einem Versöhnungsversuch überrumpelt dann wäre ich zum Gespött der Leute geworden. Bestimmt liegt bei ihr zu Hause noch immer so viel Dreck herum dabei könnte sie sich von dem Geld das sie zum Friseur trägt gut und gern eine Aufwartfrau leisten.

Keine Autohupen mehr. Die waren immer noch besser als dieser Lärm auf dem Boulevard. Da werden Wagentüren zugeknallt die Leute schreien sie lachen manche singen sie sind schon betrunken und über mir geht der Spektakel weiter. Das macht mich noch krank ich habe so einen teigigen Geschmack im Mund und diese beiden Pickel auf meinem Oberschenkel sind mir unheimlich. Ich passe ja auf und esse nur Reformkost aber es gibt doch immer Menschen die mit ihren mehr oder weniger schmierigen Händen die Waren befingern auf dieser Erde ist keine Hygiene möglich die Luft ist nicht nur wegen der Autos und der Fabriken verseucht sondern auch wegen der Millionen von dreckigen Mündern die sie von früh bis spät einatmen und ausstoßen; wenn ich daran denke dass ich in dem Atem all dieser Leute bade möchte ich auf der Stelle in die Wüste fliehen; wie soll man sich denn einen sauberen Körper bewahren wenn die Welt so ekelhaft ist und der Schmutz durch alle Poren der Haut dringt dabei war ich immer reinlich und gesund ich will nicht dass sie mich anstecken. Wenn ich bettlägerig würde könnte ich lange warten bis sich jemand um mich kümmerte. Bei meinem armen überanstrengten Herzen ist es leicht möglich dass ich eines Tages plötzlich abkratze und niemand was merkt mir wird angst und bange wenn ich dran denke. Hinter der Tür werden sie meinen stinkenden Kadaver finden ich werde unter mich gemacht haben meine Nase wird von den Ratten angeknabbert sein. Allein krepieren allein leben nein ich will das nicht. Ich brauche einen Mann ich will dass Tristan zurückkommt diese Idioten grölen und lachen und ich sitze hier und gehe langsam ein; dreiundvierzig Jahre das ist zu früh das ist ungerecht ich will leben. Das vornehme Leben – dafür war ich gemacht: das Cabrio die Wohnung die schönen Kleider und was weiß ich. Florent bezahlte und keiner machte dem anderen etwas vor – höchstens im Bett denn was sein muss muss sein – er wollte bloß mit mir schlafen und mich in mondänen Nachtlokalen herumzeigen ich war schön damals es war meine schönste Zeit alle meine Freundinnen platzten vor Neid. Wie weh das tut daran zurückzudenken jetzt geht niemand mehr mit mir aus ich hocke zu Hause und sterbe vor Langeweile. Ich hab's satt ich hab's satt satt satt satt satt satt satt satt satt satt satt satt satt satt satt satt satt satt satt satt satt satt satt satt satt satt satt satt satt satt satt satt satt satt satt satt satt satt satt satt satt satt satt satt satt satt satt satt satt satt satt satt satt satt satt satt satt satt satt satt satt satt satt satt satt satt satt satt satt satt satt satt satt satt satt satt satt satt satt satt satt satt satt satt satt satt satt satt satt satt satt satt satt satt

satt satt satt satt satt satt satt satt satt satt satt satt satt satt satt satt satt
satt satt satt satt satt satt satt satt satt satt satt satt satt satt satt satt satt
satt satt satt satt satt satt.

Dieser Schweinehund Tristan ich will dass er mich ins Restaurant einlädt und ins Theater ich werde das von ihm fordern ich fordere längst nicht genug. Was tut er denn schon für mich? Er kommt her – entweder allein oder mit dem Jungen – er lächelt mich honigsüß an und nach einer Stunde haut er wieder ab. Nicht mal heute am Silvesterabend hat er einen Mucks von sich gegeben. Der Mistkerl! Ich langweile mich so es ist schon nicht mehr menschlich wie sehr ich mich langweile. Wenn ich schlafen könnte würde die Zeit schneller vergehen. Aber wer kann denn schlafen bei dem Lärm da draußen? Und in meinem Kopf höre ich sie höhnisch sagen: «Sie ist ganz allein.» Das Lachen wird ihnen vergehen wenn Tristan zu mir zurückkommt. Er wird zurückkommen ich werde ihn schon dazu zwingen. Dann lasse ich wieder bei den besten Schneidern arbeiten gebe Cocktail-Empfänge und ein Foto von mir in großem Dekolleté – mein Busen braucht die Öffentlichkeit nicht zu scheuen – ein Foto von mir wird in *Vogue* erscheinen. «Hast du das Foto von Murielle gesehen?» Sie werden vor Neid erblassen und wenn Francis ihnen erzählt dass ich mit ihm im Zoo war im Zirkus im Eispalast und wie ich ihn verwöhne dann sind sie als Verleumder und Lügner entlarvt. Wie sie mich hassen! Weil ich sie durchschaue ganz und gar durchschaue. Sie mögen es nicht dass man so genau über sie Bescheid weiß aber ich bin für Wahrhaftigkeit ich spiele keine Komödie ich reiße ihnen die Masken ab. Das können sie mir nicht verzeihen. Eine Mutter die auf ihre Tochter eifersüchtig ist – hat man so was schon gehört? Sie hat mich in Alberts Arme gestoßen um mich loszuwerden und auch aus anderen Gründen nein nein ich will es nicht glauben. Eine Gemeinheit mich zu dieser Heirat zu drängen ich war doch so leidenschaftlich so glühend wie eine Flamme und er ein pedantischer Bourgeois mit kaltem Herzen und einem Schwanz wie eine Nudel. *Ich* hätte genau gewusst ob ein Mann zu Sylvie passte oder nicht. Gewiss ich war streng mit ihr ließ ihr nichts durchgehen aber ich war auch zärtlich immer bereit mit ihr zu schwatzen ich wollte ihre Freundin sein und wenn meine Mutter so zu mir gewesen wäre dann hätte ich ihr die Hände geküsst. Aber sie – ach was war sie für ein undankbares Geschöpf. Ja sie ist

tot – na und? Die Toten sind auch keine Heiligen. Sie kam mir nicht entgegen vertraute mir nichts an. Es gab da jemanden in ihrem Leben einen
Jungen oder vielleicht ein Mädchen bei dieser verrückten Generation
kann man ja nie wissen. Aber sie war verschlossen wie eine Auster. Kein
einziger Brief in ihren Schubladen und in den letzten zwei Jahren keine
Eintragung in ihrem Tagebuch; wenn sie noch eins führte dann hielt sie
es sehr gut versteckt auch nach ihrem Tode habe ich nichts gefunden.
Diese Wut auf mich weil ich meine Mutterpflichten erfüllte. Wäre ich
eine Egoistin gewesen ich hätte damals als sie durchbrannte an meinen
Vorteil denken und sie bei ihrem Vater lassen können. Ohne sie wäre
es mir möglich gewesen mir ein neues Leben aufzubauen. Einzig und
allein um ihretwillen habe ich mich dagegen gesträubt dass sie bei Albert blieb. Christine mit ihren drei Bälgern wäre ja froh gewesen wenn
sie einem fünfzehnjährigen Mädchen all die schwere Hausarbeit hätte
aufbürden können das arme Kind sie wusste ja nicht was sie tat dieser
Nervenzusammenbruch den sie vor den Bullen mimte ... Ja die Bullen.
Mir war das sehr peinlich. Mit der Polizei ist es immer so eine Sache.
Und Albert bot mir Geld damit ich auf Sylvie verzichtete! Immer Geld
wie gemein die Männer sind sie glauben mit Geld könnte man alles
kaufen dabei interessierte mich seine Kohle überhaupt nicht das war ein
Dreck im Vergleich zu dem was ich von Tristan bekam. Und selbst in
der allergrößten Not hätte ich meine Tochter nicht verkauft. «Lass sie
doch gehen» sagte Dédé «mit der hast du sowieso nur Ärger.» Sie weiß
eben nicht wie es einer Mutter ums Herz ist sie hat ja nie an was anderes
als an ihr Vergnügen gedacht. Aber man kann nicht immer nur nehmen
man muss auch zu geben wissen. Ich hatte Sylvie viel zu geben ich
hätte etwas aus ihr gemacht und ich verlangte nichts gar nichts von ihr.
Aufgeopfert habe ich mich für sie. Diese Undankbarkeit! Es war doch
nur natürlich dass ich mich hilfesuchend an die Lehrerin wandte. Sylvie
schwärmte für sie wie ich aus ihrem Tagebuch wusste und ich nahm
doch an dass diese sogenannte Intellektuelle ihr dreckiges Maul halten
würde. Bestimmt war zwischen den beiden viel mehr als ich dachte ich
bin so ein schlichtes Gemüt und sehe nirgends was Schlechtes aber diese
Studierten sind ja alle stockschwul. Das Geschrei das Sylvie daraufhin
machte und das Gerede meiner Mutter die mir am Telefon erklärte ich
hätte nicht das Recht mich in die Freundschaften meiner Tochter einzu-

mischen. Ja genau dieses Wort hat sie gebraucht: *einmischen*. «Hör mal du hast dich bis jetzt nicht eingemischt und ich wäre dir dankbar wenn du's auch in Zukunft nicht tätest.» Knapp und kalt. Und ich habe aufgelegt. Meine eigene Mutter – das ist doch nicht normal. Sylvie wäre schon noch dahintergekommen. Dieser Gedanke machte mich auf dem Friedhof fast verrückt. Immer wieder sagte ich mir: Etwas später hätte sie mir recht gegeben. Eine schreckliche Erinnerung: der blaue Himmel all die Blumen Albert in Tränen mein Gott vor so vielen Menschen muss man sich doch beherrschen. Ich habe mich jedenfalls beherrscht obgleich ich wusste dass ich mich nie mehr von diesem Schlag erholen würde. Ich war es die man dort begrub. Ich liege im Grab. Sie haben sich alle verbündet um mich auszuschalten. Nicht einmal heute ein Lebenszeichen. Dabei wissen sie dass in festlichen Nächten wenn alle lachen und essen und vögeln die Einsamen und die Trauernden am ehesten zum Selbstmord neigen. Das würde ihnen so passen wenn ich mich umbrächte; obgleich ich für sie nicht mehr existiere bin ich ihnen noch immer ein Dorn im Auge. Nein diese Freude mache ich ihnen nicht! Ich will leben ich will neu anfangen zu leben. Tristan wird zu mir zurückkommen ich werde mein Recht kriegen und all diesen Dreck ab-schütteln. Wenn ich jetzt mit ihm spräche würde ich mich besser fühlen und vielleicht sogar schlafen können. Um diese Zeit ist er bestimmt zu Hause er geht ja immer früh zu Bett er schont seine Kräfte. Ich muss ruhig und freundschaftlich sein ich darf ihn nicht vor den Kopf stoßen sonst ist es vorbei mit meiner Nachtruhe.

Er meldet sich nicht. Entweder ist er nicht da oder er will nicht antworten. Vielleicht hat er die Telefonklingel abgestellt weil er nicht mit mir sprechen mag. Sie kritisieren mich sie verdammen mich und keiner will mich anhören. Ich habe Sylvie niemals bestraft ohne sie vorher anzuhören sie war es die sich abkapselte sich nicht aussprechen wollte. Erst gestern hat er mich nicht den vierten Teil von dem sagen lassen was ich zu sagen hatte und ich konnte förmlich hören wie er am anderen Ende der Leitung schlief. So was ist doch deprimierend. Ich zähle Gründe auf ich erkläre ich beweise ich führe die Leute Schritt für Schritt geduldig zur Wahrheit ich bilde mir ein dass sie mir folgen und wenn ich dann frage: «Was habe ich eben gesagt?» dann wissen sie von nichts. Sie verstopfen ihre Gehörgänge mit geistigem Ohropax und wenn doch mal ein Satz durchkommt antworten sie blödes Zeug. Ich fange noch mal von vorn an ich bringe neue Argumente vor: alles wie gehabt. Albert war darin ganz groß aber Tristan ist auch nicht schlecht. «Du solltest mich mitnehmen wenn du mit dem Kleinen auf Urlaub fährst.» Statt zu antworten spricht er von anderen Dingen. Kinder sind ja gezwungen einem zuzuhören aber die schütteln es ab vergessen es gleich wieder. «Was habe ich dir gesagt Sylvie?» – «Du hast gesagt wenn man in kleinen Dingen liederlich ist dann ist man es auch in großen und ich soll mein Zimmer aufräumen bevor ich weggehe.» Und am nächsten Morgen vergaß sie das Aufräumen. Wenn ich Tristan zwinge mir zuzuhören und er meine Argumente nicht widerlegen kann – ein Sohn braucht die Mutter eine Mutter kann ohne ihr Kind nicht leben das ist doch wirklich einleuchtend und lässt sich selbst beim schlechtesten Willen nicht leugnen – dann reißt er die Tür auf und stürmt in langen Sätzen die Treppe hinunter während ich hinter ihm herschreie aber damit höre ich bald auf weil ich nicht will dass mich die Nachbarn für verrückt halten. So ein niederträchtiger Kerl er weiß genau dass ich jeden Skandal verabscheue wo ich doch ohnehin von allen im Haus schief angesehen werde was übrigens kein Wunder ist weil sich die Leute so merkwürdig – so widernatürlich – aufführen dass ich es ihnen manchmal mit gleicher Münze heimzahlen muss. Mein Gott und ich war immer so zurückhaltend was habe ich mich geärgert über Tristan der ganz ungeniert lachte und laut sprach ich hätte ihn ermorden können wenn er vor allen Leuten mit Sylvie schimpfte.

Der Wind! Plötzlich ist ein Sturm aufgekommen. Was ich mir wünschte wäre eine Sintflut die mich und alles andere wegschwemmt oder ein Taifun ein Zyklon ja sterben wäre gar nicht schlecht nur dürfte keiner zurückbleiben der mich gekannt hat. Ihnen meinen Kadaver hinterlassen die Erinnerung an mein armes Leben – nein! Aber wenn wir alle zusammen ins Nichts tauchen könnten das wäre schön mir ist es so zuwider dauernd – sogar wenn ich allein bin – gegen sie zu kämpfen sie verfolgen mich wer soll denn das aushalten wenn doch endlich Schluss damit wäre. Ach ich werde ihn nicht bekommen meinen Taifun ich kriege ja nie das was ich mir wünsche. Der Wind da draußen ist nur ein ganz harmloser Wind er wird allenfalls ein paar Dachziegel herunterreißen ein paar Schornsteine knicken alles ist so armselig in dieser Welt die Natur ebenso wie die Menschen. Ich bin die Einzige die hochfliegende Träume hat und dabei wäre es viel besser nüchtern zu bleiben weil ich ja immer wieder enttäuscht werde.

Vielleicht sollte ich mir meine Zäpfchen in den Hintern stecken und mich ins Bett legen. Aber ich bin noch so aufgeregt dass ich mich bloß hin und her werfen würde. Hätte ich ihn am Telefon erreicht und mich lieb und artig mit ihm ausgesprochen dann wäre ich sofort ruhig geworden. Aber er kneift. Ich werde von herzzerreißenden Erinnerungen gemartert und er geht nicht mal ans Telefon. Dass ich ihn nur nicht anschreie auf keinen Fall darf ich das tun weil dann alles schiefgehen würde. Ich habe solche Angst vor morgen. Da muss ich schon vor vier Uhr fertig sein und natürlich werde ich kein Auge zugetan haben und dann muss ich noch runtergehen und Petits Fours kaufen mit denen Francis mir wieder die Tischdecke verschmieren wird und bestimmt zerbricht er auch eines von meinen Nippesfigürchen der Junge ist so unerzogen und genauso tollpatschig wie sein Vater der überall Zigarettenasche verstreuen wird und wenn ich was sage wird Tristan ausfallend. Er will's ja nicht einsehen aber es ist wirklich eine enorme Leistung dass ich es trotz allem schaffe meine Wohnung in Schuss zu halten. Jetzt ist der Salon noch tipptopp er glänzt vor Sauberkeit und strahlt wie in früheren Zeiten der Mond. Morgen Abend um sieben wird es hier aussehen wie in einem Schweinestall und ich werde mit einem Riesenabwasch dasitzen und völlig abgekämpft sein. Es wird mich schrecklich anstrengen ihm alles noch mal von A bis Z auseinanderzusetzen. Er ist so ein Geizkragen. Was war ich doch für ein Rindvieh mich um seinetwillen von Florent zu trennen! Zwischen Florent und mir war alles klar – er bezahlte und ich legte mich hin so was ist doch viel sauberer als diese Geschichten wo man sich lange Geschichten erzählt. Ich bin eben zu sentimental und als Tristan mich heiraten wollte da erschien mir das als der höchste Beweis seiner Liebe und ich dachte auch an Sylvie dieses undankbare Geschöpf ich wollte so gern dass sie ein richtiges Heim hätte und eine unbescholtene Mutter eine verheiratete Frau die Gattin eines Bankiers. Für mich gab's ja nichts Ekelhafteres als immerzu die feine Dame spielen und mit langweiligen Leuten verkehren zu müssen. Kein Wunder also wenn ich von Zeit zu Zeit explodierte. «Du behandelst Tristan nicht richtig» meinte Dédé. Und später: «Ich hab's dir ja gesagt.» Es stimmt ich bin dickköpfig ich schlage auch mal über die Stränge ich berechne nicht jeden Schritt im Voraus. Vielleicht hätte ich gelernt mich anzupassen wären nicht all diese Enttäuschungen gewesen. Tristan ödete mich an und ich hab's ihn merken lassen. Die Menschen vertragen es nicht dass man ihnen die Wahrheit sagt. Sie möchten dass man ihren schönen Worten glaubt oder wenigstens so tut als ob. Ich dagegen bin aufrichtig ich durchschaue sie alle ich reiße ihnen die Masken herunter. «Na hast du deinen kleinen Bruder lieb?» flötete die Dame und ich antwortete leise und bedächtig: «Ich hasse ihn.» Ich bin das gute Mädelchen geblieben das sagt was es denkt und nicht heucheln kann. Mir tat's geradezu weh wenn Tristan so geschwollen daherredete und alle diese Idioten vor ihm auf den Knien lagen. Ich stapfte zwischen den Andächtigen herum ich griff mir die großen Worte stach sie auf und ließ die Luft aus ihnen entweichen: Fortschritt allgemeiner Wohlstand die Zukunft der Menschen das Glück der Menschheit der Weltfrieden Hilfe für die unterentwickelten Länder. Ich kenne keinen Rassenhass aber ich mache mir gar nichts aus Arabern Juden Negern ebenso wie ich mir nichts aus Chinesen Russen Amerikanern mache. Die ganze Menschheit ist mir gleichgültig – hat sie vielleicht was für mich getan ich kann mich nicht erinnern. Wenn die dämlich genug sind sich gegenseitig umzubringen zu bombardieren mit Napalm auszurotten dann werde ich meine Augen bestimmt nicht zum Weinen benutzen. Eine Million Kinder ermordet – na und? Kinder sind doch nichts als die Sprösslinge von Schweinehunden und wenn sie sterben wird's auf der Erde ein bisschen leerer es heißt doch immer sie sei übervölkert also bitte. Wenn ich die Erde wäre würde mich dieses ganze Geschmeiß auf meinem Buckel so ankotzen dass ich es abschüttelte. Ich will gern krepieren wenn die anderen auch krepieren. Was gehen mich fremde Kinder an? Ihr Schicksal kann mich nicht rühren. Meine Tochter ist tot und meinen Sohn hat man mir gestohlen.

Ich hätte Sylvie zurückerobert. Und einen anständigen Menschen aus ihr gemacht. Aber dazu hätte ich Zeit gebraucht. Tristan hat mir kein bisschen geholfen dieser dreckige Egoist meine Auseinandersetzungen mit ihr gingen ihm auf die Nerven und er sagte immer nur: «Lass sie doch in Ruhe.» Man sollte wirklich keine Kinder haben in gewisser Weise hat Dédé ganz recht sie machen einem nichts als Ärger. Aber wenn man nun mal welche hat muss man sie auch richtig erziehen. Tristan nahm immer

Sylvies Partei. Vielleicht war ich manchmal wirklich im Unrecht – so etwas kann jedem passieren – aber es ist doch pädagogisch ganz falsch dass ein Elternteil den anderen bloßstellt. Er verteidigte sie sogar dann wenn ich recht hatte. Da war zum Beispiel die Sache mit der kleinen Jeanne; ich bin direkt gerührt wenn ich an das Kind zurückdenke an diesen feuchten anbetenden Blick; ein kleines Mädchen kann doch zu reizend sein sie erinnerte mich an meine eigene Kindheit: die Tochter einer Portiersfrau schlecht gekleidet vernachlässigt durch Prügel und Schelte eingeschüchtert immer den Tränen nahe; sie fand mich schön sie streichelte meine Pelze sie erwies mir kleine Dienste und ich steckte dem armen Wurm heimlich ein bisschen Geld zu und schenkte ihr Bonbons. Sie war in Sylvies Alter und ich hätte es gern gesehen wenn sie Freundinnen geworden wären aber Sylvie hat mich da sehr enttäuscht. «Ich finde Jeanne so langweilig» murrte sie. Ich warf ihr Herzlosigkeit vor ich schimpfte mit ihr ich bestrafte sie. Tristan nahm sie in Schutz und behauptete Freundschaft könne man nicht erzwingen dieses Hin und Her hat lange gedauert ich wollte Sylvie so gern zur Großmut erziehen aber schließlich hat sich die kleine Jeanne nicht mehr blicken lassen.

Oben ist es jetzt ein bisschen ruhiger geworden. Schritte und Stimmen auf der Treppe das Knallen von Autotüren und immer noch diese idiotische Musik aber sie tanzen nicht mehr. Ich kenne das. Jetzt ist die Zeit wo sie's in den Betten auf den Sofas auf dem Fußboden in den Autos miteinander treiben jetzt ist die Stunde des großen Kotzens wo man den Truthahn und den Kaviar ausspuckt widerlich ist das ich habe den Eindruck hier riecht alles nach Kotze ich werde gleich mal ein Räucherstäbchen anzünden. Wenn ich bloß schlafen könnte aber ich bin hellwach es ist noch lange hin bis zum Morgen um diese Zeit ist es immer so unheimlich und Sylvie ist gestorben ohne mich verstanden zu haben darüber komme ich nie hinweg. Dieser Weihrauchduft erinnert mich so an die Trauerfeier: die Kerzen die Blumen der Sarg meine Verzweiflung. Tot – das war doch nicht möglich! Stunden und Stunden habe ich neben ihrem Leichnam gesessen und immer gedacht nein das kann nicht stimmen gleich wird sie aufwachen gleich werde ich aufwachen. So viele Anstrengungen Kämpfe Szenen Opfer: vergebens. Mein Lebenswerk in nichts aufgelöst. Nie hatte ich etwas dem Zufall überlassen und dann durchkreuzte der grausamste Zufall alle meine

Pläne. Sylvie ist tot. Schon seit fünf Jahren. Sie ist tot. Für immer. Ich ertrage das nicht. Zu Hilfe es tut so weh es tut so furchtbar weh stellt das doch ab ich will nicht daran denken ich will es nicht noch mal durchmachen müssen nein nein helft mir ich kann nicht mehr lasst mich doch nicht allein ...

Wen könnte ich anrufen? Albert? Bernard? Die legen sofort auf. Albert hat vor aller Augen geweint aber heute Nacht feiert er und lacht und schlägt sich den Ranzen voll während ich mich erinnere und weine. Meine Mutter? Eine Mutter ist immerhin eine Mutter ich habe ihr nichts getan sie war es die mir meine Kindheit verdorben hat sie hat mich beleidigt sie hat mir zu sagen gewagt ... Ich will dass sie das zurücknimmt ich kann nicht weiterleben mit diesem Schrei in den Ohren eine Tochter erträgt es nicht von ihrer Mutter verflucht zu werden selbst wenn diese Mutter die schmutzigste aller Huren ist.

«Hast du eben bei mir angerufen? ... Mir kam's ja gleich ein bisschen unwahrscheinlich vor aber es hätte doch sein können dass du in einer Nacht wie heute an meinen Kummer denkst und dir sagst dass ein Zerwürfnis zwischen Mutter und Tochter nicht bis zum Tod andauern kann; überhaupt verstehe ich nicht was du mir eigentlich vorzuwerfen hast ... Schrei doch nicht so ...»

Sie hat aufgelegt. Sie will ihre Ruhe haben. Das Weib geifert mich an und ich muss den Mund halten. Dieser Hass! Sie hat mich schon immer gehasst sie hat zwei Fliegen mit einer Klappe geschlagen als sie mich an Albert verheiratete: Damit waren sowohl ihr Vergnügen als auch mein Unglück garantiert. Ich wollte es nicht wahrhaben ich bin zu gut zu anständig aber das springt einem ja ins Auge. Sie hat ihn sich in diesem Gymnastikkursus geangelt und geil wie sie war hat sie ihn sofort vernascht. Mit einer derart dreckigen Person zu schlafen war bestimmt nicht gerade verlockend aber sie hatte ja mit so vielen Männern was gehabt dass sie über das Wie und Wo zweifellos bestens Bescheid wusste sie war die Sorte die sich rittlings auf den Mann setzt ich kann sie mir lebhaft vorstellen du lieber Himmel was haben diese Weiber für eine widerliche Art zu vögeln. Sie war alt auf die Dauer konnte sie ihn nicht halten und da kam ich ihr gerade zupass die beiden lachten sich hinter meinem Rücken ins Fäustchen und schliefen weiterhin miteinander; einmal bin ich unverhofft nach Hause gekommen und da war sie ganz rot. Wie alt war sie wohl als sie damit aufgehört haben Albert und sie? Vielleicht lässt sie sich's jetzt von Gigolos besorgen so arm wie sie immer tut ist sie nämlich gar nicht sie hat bestimmt noch Schmuckstücke die sie heimlich zu Geld macht. Ich finde ja man sollte spätestens mit fünfzig Jahren den Anstand haben darauf zu verzichten; ich habe schon viel früher darauf verzichtet: seit Sylvies Tod. Mich interessiert so was nicht mehr ich bin wie zugelötet ich denke nie mehr an solche Sachen nicht mal im Traum. Diese Mumie – mich schaudert's wenn ich mir vorstelle wie es bei der zwischen den Beinen aussieht sie besprengt sich ja über und über mit Parfüm aber von unten her stinkt sie. Sich schminken und sich herausputzen ja das hat sie immer getan nur mit dem Waschen war's nicht weit her wenn sie mal unter die Dusche ging dann tat sie's bloß um Nanard ihren Hintern zu zeigen. Ihr Sohn und ihr Schwiegersohn – also wenn das nicht zum Kotzen ist. Sie würden mir natürlich sagen: «Du hast nichts als Scheiße im Kopf.» Eine gerissene Bande ist das! Wenn man zu denen sagt dass sie in Scheiße waten dann behaupten sie sofort man selbst habe schmutzige Füße. Meine lieben guten Freundinnen hätten mir gar zu gern den Mann ausgespannt die Weiber sind allesamt Miststücke und er schrie mich an: «Du bist so gemein.» Aber was ist denn gemein an der Eifersucht die wahre Liebe nimmt eben kein Blatt vor den Mund. Ich habe nie zu denen gehört die ihren Mann bereitwillig mit anderen teilen oder die über Kreuz lieben wie Christine ich wollte immer dass wir ein anständiges Paar wären ein nettes Paar. Ich kann mich gut beherrschen aber ein Waschlappen bin ich deswegen doch nicht und vor Auseinandersetzungen war mir noch nie bange. Ich lasse nicht zu dass man mich verhöhnt ich kann meine Vergangenheit vor aller Augen ausbreiten: nichts Schlechtes nichts Zweifelhaftes. Ein weißer Rabe – ja das bin ich.

Armer weißer Rabe: ganz allein auf der Welt. Ich bin zu anständig und darüber ärgern sie sich. Sie möchten mich ausschalten und deshalb haben sie mich in einen Käfig gesetzt. Ich bin eingesperrt ich bin gefangen und schließlich werde ich vor Langeweile sterben wirklich sterben. Das soll ja sogar bei Säuglingen vorkommen wenn sich niemand mit ihnen beschäftigt. Das perfekte Verbrechen das keine Spuren hinterlässt. Diese Qual dauert nun schon fünf Jahre. Und der Idiot Tristan rät mir: «Geh doch auf Reisen du hast ja genug Geld.» Ja genug Geld um so ärmlich zu reisen wie früher mit Albert – da kann ich bloß sagen ohne mich. Armut ist immer scheußlich und nun erst auf Reisen! Ich bin bestimmt kein Snob und ich habe Tristan oft gesagt dass Luxushotels mit affigen Kammerzofen und devot scharwenzelnden Portiers mir absolut nicht imponieren. Aber miese Gasthöfe und billige Speiselokale – nein nein nein! Zweifelhafte Bettwäsche bekleckerte Tischtücher es ist doch ekelhaft im Schweiß und im Siff fremder Leute zu schlafen und mit schlecht abgewaschenem Besteck zu essen da kann man sich ja Filzläuse oder die Syphilis holen und von den Gerüchen wird mir speiübel; hinzu kommt noch dass ich die ganze Zeit grässlich verstopft bin denn auf den Abtritten die von Krethi und Plethi benutzt werden bringe ich einfach nichts raus; ich halte nichts von Verbrüderung durch gemeinsames Scheißen. Und was hat es für einen Sinn allein durch die Gegend zu gondeln? Mit Dédé hat es Spaß gemacht: zwei schöne Mädchen im offenen Sportwagen schick sieht das aus wenn die Haare im Wind flattern; nachts auf der Piazza del Popolo in Rom haben wir mächtig angegeben. Aber allein? Wie sieht denn das aus wenn man in meinem Alter am Strand oder in den Casinos aufkreuzt und hat keinen Mann bei sich? Mit Museen und Ruinen hat mich Tristan schon mehr als genug angeödet. Ich bin keine Hysterikerin ich kann nicht verzückt auf kaputte Säulen oder alte verkommene Häuser starren. Die Leute aus früheren Jahrhunderten sind mir piepegal was haben die unsereinem schon voraus? Nichts als den Tod; zu ihren Lebzeiten waren sie genauso idiotisch wie die Heutigen. Fürs Malerische bin ich erst recht nicht zu haben man muss schon ein schrecklicher Snob sein um sich für stinkenden Dreck für schmutzige Wäsche für Kohlstrünke zu begeistern. Und ob sie nun Pommes frites essen oder Paella oder Pizza immer und überall ist es das gleiche Pack das gleiche widerliche Pack: reiche Leute die einen wie den letzten Dreck behandeln arme Leute die einem das Geld abnehmen möchten alte Leute die albernes Zeug schwatzen junge Leute die sich über alles mokieren Männer die großtun Frauen die die Beine breit machen. Da bleibe ich schon lieber zu Hause und lese die Hefte der schwarzen Reihe[4] obgleich die immer blöder werden. Das

4 Frz. *Série noire*, eine 1945 gegründete Reihe US-amerikan. Kriminalromane und Thriller bei Gallimard.

Fernsehen wird auch nur noch von Idioten für Idioten gemacht. Ich war für einen anderen Planeten bestimmt und habe den Weg verfehlt.

Was soll eigentlich der Lärm unter meinen Fenstern? Da stehen sie neben ihren Klapperkästen und quatschen statt endlich abzuhauen. Ich möchte bloß wissen was die sich zu erzählen haben. Diese Rotzbengel und diese verrückten Gören in ihren Miniröcken und den engen Pullis – na denen wünsche ich eine erstklassige Erkältung haben die denn keine Mutter? Und die Jungen mit den schulterlangen Haaren! Die da unten sehen ja noch leidlich sauber aus. Aber die Gammler sind doch lebende Brutanstalten für Flöhe und gehören alle ins Kittchen und wenn der Polizeipräfekt ein bisschen Mumm hätte dann würde er sie einsperren. Was ist das nur für eine Jugend! Hat vor nichts Respekt nimmt Rauschgift schläft wahllos mit jedem und jeder. Ich werde ihnen gleich einen Eimer Wasser über den Kopf gießen. Aber die sind ja imstande meine Tür aufzubrechen und mich zusammenzuschlagen und ich bin wehrlos also ist es wohl besser wenn ich das Fenster zumache. Die Tochter von Rosé scheint auch zu dieser Sorte zu gehören und Rosé spielt die ältere Schwester die beiden sind unzertrennlich sie kleben aneinander wie Hintern und Hemd. Trotzdem hat Rosé sie immer streng gehalten hat sie sogar geohrfeigt und sie nahm sich niemals die Mühe vernünftig mit dem Kind zu reden sie ist launenhaft und herrschsüchtig. Ich hasse Launen. Na Rosé wird noch einiges durchzumachen haben Dédé sagt ja immer dass Danielle eines Tages mit einem Kind nach Hause kommen wird ... Ich hätte Sylvie zu einem netten anständigen Mädchen erzogen. Wenn sie noch lebte würde ich ihr Kleider und Schmuck schenken mit ihr zusammen ausgehen und sehr stolz auf sie sein. Es gibt keine Gerechtigkeit. Das ist es was mich wahnsinnig macht: die Ungerechtigkeit. Wenn ich daran denke was für eine gute Mutter ich war! Tristan hat das anerkannt ich habe ihn gezwungen es anzuerkennen. Und jetzt macht er ein großes Geschrei und ist zu allem bereit damit ich Francis nicht zugesprochen kriege; die kümmern sich doch nicht um Logik die reden irgendwas daher und dann laufen sie weg. Er rennt in langen Sätzen die Treppe hinunter während ich oben stehe und hinter ihm herschreie. Aber so leicht kommt er mir nicht davon. Ich werde ihn zur Gerechtigkeit zwingen das schwöre ich bei meinem Leben. Er soll mir meinen Platz als Mutter und Gattin meinen Platz auf Erden wiedergeben. Ich werde aus Francis einen anständigen Jungen machen die Leute sollen sehen was für eine Mutter ich bin.

Sie bringen mich um die Mistkerle. Dieser Kampf morgen diese Corrida das ist noch mein Tod. Ich will siegen. Ich will ich will ich will ich will ich will. Ob ich mir die Karten lege? Nein. Wenn Unglück drinsteht springe ich aus dem Fenster und das will ich nicht nein die Freude gönne ich ihnen nicht. Ich muss rasch an was anderes denken. An lustige Sachen. An den netten Mann aus Bordeaux. Da hat keiner etwas vom anderen erwartet es wurden keine Fragen gestellt keine Versprechen gegeben wir sind einfach ins Bett gegangen und haben uns geliebt. Drei Wochen hat das gedauert dann ist er nach Afrika abgereist und ich habe furchtbar geweint. Das ist eine Erinnerung die mich beruhigt. So was passiert einem nur einmal im Leben. Schade! Wenn ich so zurückdenke sage ich mir dass ich die Zärtlichkeit selbst gewesen wäre wenn mich einer richtig geliebt hätte. Die Scheißkerle lassen mich links liegen die kümmern sich um nichts da kann jeder in seiner Ecke krepieren da können die Ehemänner ihre Frauen betrügen da können sich die Mütter mit ihren Söhnchen amüsieren so was wird totgeschwiegen man nimmt es einfach nicht zur Kenntnis mich widert das an diese Verzagtheit und dass keiner den Mut zur eigenen Meinung hat. «Dein Bruder ist wirklich zu geizig» sagte Albert zu mir ich selbst achte ja nicht auf so was weil ich eben zu großzügig bin aber es stimmt schon dass sie dreimal so viel aßen wie wir und die Rechnung wurde dann ohne Umstände halbiert. Und hinterher machte er mir Vorwürfe: «Du hättest ihm das nicht weitererzählen dürfen.» Ich sehe die Szene noch vor mir: Es war am Strand und sie taten sich an Kuchen gütlich. Etiennette weinte so dicke Tränen dass sie auf ihren Backen wie Talgtropfen wirkten. «Jetzt wo er's weiß wird er sich bessern» gab ich Albert zur Antwort. Ich war naiv ich glaubte sie würden sich bessern ich dachte durch gutes Zureden könnte man sie zur Vernunft bringen. «Bitte Sylvie überlege doch mal. Du weißt was dieses Kleid kostet und wie oft wirst du es anziehen? Wir müssen es zurückgeben.» So ging es immer wieder all meine Mühe war für die Katz. Nanard wird bis ans Ende seiner Tage ein Geizhals bleiben. Albert wird immer duckmäuserischer lügnerischer verschlossener werden. Tristan wird sich kein bisschen ändern dieser aufgeblasene Kerl. Ganz umsonst habe ich mich abgequält. Als ich Etiennette beibringen wollte sich richtig anzuziehen wurde Nanard wütend: «Eine junge Frau von zweiundzwanzig Jahren und du verkleidest sie als alte Lehrerin!» Also ist sie weiterhin in buntscheckigen Fähnchen herumgelaufen. Und Rosé die mich anschrie: «Du bist so boshaft!» Dabei hatte ich nur in aller Aufrichtigkeit mit ihr gesprochen weil Frauen nun mal zusammenhalten müssen. Wer ist mir je dankbar gewesen? Ich habe ihnen Geld geliehen und nicht mal Zinsen verlangt aber kein Mensch hat das anerkannt im Gegenteil manche sind noch frech geworden als ich sie mahnte. Die Freundinnen die ich mit Geschenken überhäufte nannten mich eine Angeberin. Und wenn's darum ging mir auch mal gefällig zu sein dann war keiner mehr da von denen für die ich so viel getan hatte. Dabei gehöre ich doch weiß Gott nicht zu den Leuten die andere ausnutzen und sich einbilden ihnen stünde alles zu. Wie Tante Marguerite: «Du machst doch diesen Sommer eine Kreuzfahrt kannst du uns in der Zeit deine Wohnung überlassen?» So eine Frechheit schließlich sind die Hotels nicht für Hunde erbaut worden und wenn sie sich den Aufenthalt in Paris nicht leisten konnten dann hätten sie in ihrem Provinznest bleiben sollen. Eine Wohnung ist doch eine Art Heiligtum mir wäre das wie eine Tempelschändung vorgekommen. Dédé ist auch vom Stamme Nimm. «Man darf sich nicht ausbeuten lassen» sagt sie immer. Aber mich würde sie sehr gern ausbeuten. «Kannst du mir nicht einen Abendmantel leihen? Du gehst doch nie weg.» Stimmt ich gehe jetzt nicht mehr weg aber früher bin ich weggegangen; meine Kleider meine Mäntel sind mit Erinnerungen durchtränkt und ich will nicht dass so eine Person sie trägt. Hinterher riecht dann alles nach ihr. Wenn ich stürbe würden sich Mama und Nanard meine Sachen teilen nein nein ich will so lange leben bis die Motten alles aufgefressen haben oder wenn ich Krebs kriege sprenge ich den ganzen Plunder in die Luft. Die haben genug von mir profitiert und Dédé allen voran. Sie hat meinen Whisky getrunken sie hat mit meinem Cabrio angegeben wie sonst was. Jetzt spielt sie die großherzige Freundin. Aber dass sie mich heute Nacht mal aus Courchevel angerufen hätte – nein so weit geht die Freundschaft nicht. Wenn der dem sie Hörner aufgesetzt hat verreist ist und sie sich langweilt dann kommt sie mit ihrem dicken Hintern angewackelt ohne zu fragen ob's mir passt oder nicht. Aber heute in der Neujahrsnacht sitze ich hier allein mit meinem Kummer während sie tanzt und sich amüsiert bestimmt hat sie kein einziges Mal an mich gedacht. An mich denkt nie jemand. Es ist als wäre ich ausgelöscht. Als hätte ich nie existiert. Existiere ich? Au – jetzt habe ich mich so stark gekniffen dass ich einen blauen Fleck kriegen werde.

Wie still es ist! Auf der Straße keine Autos und keine Schritte mehr im Haus kein Geräusch – eine Totenstille. So still war es auch im Sterbezimmer und all die Blicke durchbohrten mich diese Blicke die mich verurteilten ohne dass man mich angehört hätte ohne dass man mir erlaubt hätte Berufung einzulegen. Ach sie sind so gerissen! Alle ihre Gewissensbisse haben sie mir aufgeladen ich war für sie der ideale Sündenbock und bei dieser Gelegenheit konnten sie endlich einen Vorwand für ihren Hass finden. Mein Unglück hat sie nicht weich gegen mich gestimmt. Dabei scheint mir dass sogar der Teufel vor Mitleid hätte zerfließen müssen.

Mein Leben lang wird es zwei Uhr nachmittags an einem Dienstag im Juni sein. «Mademoiselle schläft so fest dass ich sie nicht wach bekomme.» Mein Herzschlag setzte aus ich stürzte in ihr Zimmer und rief: «Sylvie bist du krank?» Sie sah aus wie eine Schlafende sie war noch warm. Aber der Arzt sagte sie sei schon seit mehreren Stunden tot. Ich weinte und schrie ich führte mich auf wie eine Wahnsinnige. Sylvie Sylvie warum hast du mir das angetan? Ich sehe das alles vor mir: Sie lag so ruhig und entspannt da und ich war völlig durcheinander und da war noch das Briefchen für ihren Vater das aber gar nichts besagte; ich hab's zerrissen es war nur ein Teil der Inszenierung denn natürlich war die ganze Sache sorgfältig inszeniert ich war sicher ich bin sicher – eine Mutter kennt doch ihre Tochter – dass sie gar nicht sterben wollte aber sie hatte aus Versehen zu viel von dem Zeug genommen und war gestorben. Grauenhaft grauenhaft! Mit diesen Giften ist das so einfach man verschafft sie sich irgendwie und wegen einer Lappalie spielen die Mädchen die Selbstmordkomödie. Sylvie hat die Mode mitgemacht aber sie ist nicht wieder wach geworden. Die anderen sind gekommen und haben Sylvie geküsst niemand hat mich geküsst und meine Mutter hat gerufen: «Du hast sie getötet!» Meine Mutter meine eigene Mutter. Sie haben gesagt sie soll still sein aber ihre Gesichter ihr Schweigen die Last ihres Schweigens … Wäre ich eine von diesen Müttern gewesen die morgens um sieben aufstehen dann hätte man sie retten können aber ich habe einen anderen Lebensrhythmus und das ist doch kein Verbrechen wie hätte ich's denn ahnen sollen? Ich war immer zu Hause wenn sie aus der Schule kam und das können nicht viele Mütter von sich sagen ich war auch immer bereit mit ihr zu schwatzen ihr Fragen zu stellen aber das wollte sie ja nicht sie zog sich in ihr Zimmer zurück weil sie angeblich arbeiten musste. Immer war ich für sie da. Und meine Mutter die mich so schändlich vernachlässigt hat wagt es! ... Ich habe nichts darauf antworten können mir drehte sich alles im Kopf es flimmerte mir vor den Augen. Wenn ich damals in der Nacht als ich nach Hause kam zu ihr hineingegangen wäre um sie zu küssen ... Aber ich wollte sie nicht im Schlaf stören und sie hatte am Nachmittag einen beinahe vergnügten Eindruck gemacht. Was für eine Qual waren diese Tage! Ich dachte mindestens zwanzigmal dass ich zusammenbrechen würde. Die Freundinnen und die Lehrerinnen legten Blumen auf den Sarg ohne mich eines Wortes zu würdigen; wenn ein Mädchen sich umbringt ist die Mutter daran schuld heißt es immer und das sagen sie nur aus Hass gegen die eigene Mutter. Eine Treibjagd. Um ein Haar hätten sie mich untergekriegt. Nach der Beerdigung bin ich krank geworden. Ich sagte mir immer wieder: Wenn ich um sieben aufgestanden wäre ... Wenn ich zu ihr hineingegangen wäre als ich nach Hause kam ... Mir schien die ganze Welt hätte gehört was meine Mutter mir ins Gesicht schrie ich wagte kaum noch die Wohnung zu verlassen ich schlich an den Häusern entlang die Sonne nagelte mich an den Pranger ich bildete mir ein dass die Leute mich anstarrten dass sie hinter meinem Rücken flüsterten dass sie mit dem Finger auf mich zeigten genug genug ich möchte lieber auf der Stelle tot umfallen als diese Stunden noch einmal erleben. Ich nahm zwanzig Pfund ab war nur noch Haut und Knochen ich konnte mich nicht mehr im Gleichgewicht halten und taumelte beim Gehen. «Psychosomatisch» sagte der Arzt. Tristan hat mir den Aufenthalt in der Klinik bezahlt. Unglaublich was ich mir alles für Fragen gestellt habe es war zum Verrücktwerden. Ein vorgetäuschter Selbstmord das heißt also sie wollte jemandem eins auswischen: wem? Ich habe sie nicht gut genug überwacht ich hätte sie keine Sekunde allein lassen dürfen ich hätte einen Detektiv hinter ihr herschicken müssen damit er den Schuldigen oder die Schuldige entlarvte – vielleicht war's diese Schlampe von Lehrerin. «Nein Madame es gab niemanden in ihrem Leben.» Davon sind sie nicht abgegangen die beiden Frauenzimmer und ihre Blicke erdolchten mich; sie waren noch über den Tod hinaus eine verschworene Lügnergemeinschaft. Aber mir haben sie nichts vormachen können. Ich weiß Bescheid. Ein Mädchen in Sylvies Alter und bei den heutigen Sitten – es ist doch ausgeschlossen dass da niemand war. Vielleicht hatte ihr irgendwer ein Kind gemacht vielleicht war sie einer Lesbierin oder einer Bande von Wüstlingen in die Hände gefallen vielleicht hatte so ein Kerl sie verführt und erpresste sie mit der Drohung mir alles zu sagen. Nein ich will mir das nicht ausmalen. Du hättest mir doch alles erzählen können meine Sylvie ich hätte dir geholfen heil und gesund aus dieser schmutzigen Sache herauszukommen. Denn es war bestimmt eine schmutzige Sache sonst hätte sie nicht an Albert geschrieben: «Papa verzeih mir bitte ich halte es nicht länger aus.» Ihm konnte sie sich nicht anvertrauen und anderen auch nicht; alle Leute umschmeichelten sie aber es waren und blieben doch Fremde. Nur mir allein hätte sie alles gestehen können.

Die anderen haben es verhindert. Mit ihrem Hass. Schweinehunde! Um ein Haar hättet ihr mich untergekriegt aber ihr habt's nicht geschafft. Ich bin nicht euer Sündenbock; das was ihr mir zur Last legen wolltet habe ich von mir abgeschüttelt. Ich habe euch die Wahrheit ins Gesicht geschrien habe jedem schonungslos Bescheid gesagt und ich fürchte mich nicht vor eurem Hass ich kümmere mich überhaupt nicht darum. Schweinehunde! Sie sind es die Sylvie getötet haben. Sie bewarfen mich mit Dreck sie hetzten das Kind gegen mich auf sie behandelten sie wie eine Märtyrerin und natürlich schmeichelte ihr das alle Kinder spielen gern den Märtyrer. Sie fiel auf das Gerede herein sie misstraute mir sie erzählte nichts. Armes Würmchen. Sie brauchte meinen Rat meine Hilfe und die anderen haben sie meines Beistands beraubt. Als sie nicht mehr wusste wie sie sich aus der Klemme ziehen sollte hat sie diese Komödie inszeniert und ist daran gestorben. Mörder! Sie haben Sylvie getötet meine Sylvette mein geliebtes Kind. Ich habe dich so sehr geliebt. Keine Mutter hätte aufopfernder als ich sein können; ich dachte immer nur an dein Wohlergehen. Ich schlage das Fotoalbum auf und betrachte eine Sylvie nach der anderen: das etwas knochige Kindergesicht das verschlossene Jungmädchengesicht. Auge in Auge mit der Siebzehnjährigen die man mir ermordet hat sage ich ihr: «Ich war die beste aller Mütter. Später hättest du mir dafür gedankt.»

Die Tränen waren eine Erleichterung und jetzt fange ich an müde zu werden. Nur nicht im Sessel einnicken dann wache ich nämlich gleich wieder auf und mit dem Schlaf ist es vorbei. Am besten nehme ich die Zäpfchen und lege mich ins Bett. Den Wecker werde ich auf zwölf stellen damit ich genügend Zeit für die Vorbereitungen habe. Ich *muss* siegen. Ein Mann im Haus mein kleiner Junge den ich abends beim Gutenachtsagen küssen werde all diese Zärtlichkeit die zu nichts nütze ist. Und dann wäre ich auch rehabilitiert ... Was denn? Ich bin wohl schon halb im Schlaf ich rede ungereimtes Zeug. Für die anderen wird's jedenfalls ein harter Brocken werden. Tristan ist ja nicht irgendwer sie haben Achtung vor ihm. Ich will dass er sich zu mir bekennt und sie damit zwingt mir Gerechtigkeit widerfahren zu lassen. Ich werde ihn sofort anrufen. Ihn noch heute Nacht davon überzeugen dass ...

«Hast du eben bei mir angerufen? ... Ach so ich dachte du wärst es gewesen. Du hast geschlafen o entschuldige bitte aber ich freue mich trotzdem deine Stimme zu hören für mich ist das heute eine schlimme Nacht und kein Mensch hat was von sich hören lassen dabei wissen sie doch alle wie unerträglich solche Feste sind wenn einen ein schwerer Schicksalsschlag getroffen hat all der Lärm und die Lichter ist dir aufgefallen dass Paris noch nie so strahlend beleuchtet war wie in diesem Jahr die können das Geld anscheinend mit vollen Händen zum Fenster hinauswerfen besser wär's ja wenn sie die Steuern senkten ich hocke zu Hause damit ich das nicht zu sehen brauche. Schlafen kann ich nicht ich bin so traurig und so allein und mir geht alles Mögliche im Kopf herum ich muss unbedingt mit dir sprechen aber ohne dass wir uns streiten alles in Frieden und Freundschaft hör mir bitte gut zu denn es ist wirklich sehr wichtig ich kann kein Auge zutun bevor wir das geregelt haben. Hörst du zu ja? Ich habe die ganze Nacht darüber nachgedacht ich hatte ja nichts anderes zu tun und ich muss dir sagen diese Situation ist wirklich nicht normal so kann das nicht weitergehen schließlich sind wir noch immer verheiratet und mit den zwei Wohnungen das ist die reine Verschwendung du könntest dein Apartment für mindestens zwanzig Millionen verkaufen und zu mir ziehen ich würde dich bestimmt nicht stören da brauchst du keine Angst zu haben natürlich kommt es nicht infrage dass wir wieder wie Eheleute zusammenleben das ist ein für alle Mal vorbei ich würde mich im Hinterzimmer einrichten nein unterbrich mich nicht du könntest dir so viele Mädchen mitbringen wie du nur willst mir ist das egal aber da wir Freunde geblieben sind spricht doch nichts dagegen dass wir unter demselben Dach wohnen. Weißt du das wäre vor allem für Francis so wichtig. Du solltest auch mal an ihn denken ich habe die ganze Nacht nichts anderes getan und ich bin restlos erledigt. Für ein Kind ist es nicht gut wenn die Eltern getrennt leben so ein Junge wird dann duckmäuserisch lasterhaft lügnerisch steckt voller Komplexe kann sich nicht entfalten. Ich will dass sich Francis entfaltet. Du hast nicht das Recht ihn eines wirklichen Heims zu berauben... Doch doch ich *muss* darauf zurückkommen du machst ja immer Ausflüchte aber diesmal verlange ich dass du mich anhörst. Das ist doch zu egoistisch und beinahe schon ungeheuerlich: einen Sohn seiner Mutter berauben und eine Mutter ihres Sohnes. Ohne jeden Grund. Ich habe keine Laster ich bin nicht süchtig und du hast anerkannt dass ich eine vorbildliche Mutter war. Also? Unterbrich mich nicht. Wenn du Bedenken hast wegen deiner kleinen Affären dann kann ich dir nur wiederholen dass ich dich nicht hindern werde mit jeder x-Beliebigen zu schlafen. Erzähl mir jetzt nicht dass ich unerträglich bin dass ich deine Nerven aufgerieben und dich zu einem Wrack gemacht habe. Gewiss ich war ein bisschen schwierig es liegt nun mal in meiner Natur von Zeit zu Zeit über die Stränge zu schlagen aber du hättest ein wenig Geduld haben müssen du hättest versuchen sollen mich zu verstehen und dich mit mir auszusprechen statt immer gleich loszubrüllen dann wären wir besser miteinander ausgekommen schließlich bist du ja auch kein Heiliger das dürfte wohl klar sein. Na was soll's – vorbei ist vorbei ich habe mich verändert wie du dir denken kannst ich bin reifer geworden ich lasse mir jetzt Dinge gefallen die ich früher nie geduldet hätte rede mir doch nicht immer dazwischen du brauchst keine Angst zu haben dass ich dir Szenen mache wir werden friedlich und freundlich nebeneinander leben und der Kleine wird so glücklich sein wie es sein gutes Recht ist ich möchte nur wissen was du dagegen einwenden kannst... Wieso ist jetzt nicht die Zeit darüber zu sprechen? Mir passt die Zeit ausgezeichnet. Du wirst mir wohl noch fünf Minuten von deinem Schlaf opfern können *ich* werde kein Auge zutun bevor wir diese Angelegenheit geregelt haben sei doch nicht immer so egoistisch es ist wirklich zu gemein die Leute am Schlafen zu hindern ein Mensch den man nicht schlafen lässt wird verrückt ich will nicht verrückt werden. Seit sieben Jahren verkomme ich in diesem Loch ich sitze hier mutterseelenallein wie eine Verfemte und die miese Sippschaft lacht über mich du bist mir eine Wiedergutmachung schuldig nein lass mich ausreden du hast nämlich sehr viel an mir gutzumachen denn letzten Endes war dein Verhalten mir gegenüber nicht gerade anständig. Zuerst hast du die große Leidenschaft gemimt sodass ich deinetwegen Florent den Laufpass gab und mich mit allen meinen Freunden überwarf und dann hast du mich fallenlassen kein Mensch wollte mehr etwas von mir wissen; warum hast du so getan als liebtest du mich? Manchmal frage ich mich ob es nicht eine abgekartete Sache war ... Ja eine abgekartete Sache; anders lässt sich das doch nicht erklären: erst diese große Liebe und dann ist auf einmal Schluss ... Wie? Was hattest du dir nicht klargemacht? Erzähl mir bloß nicht wieder ich hätte dich aus Berechnung geheiratet Florent gab mir ja alles was ich brauchte außerdem hätte ich so viele Männer haben können wie ich nur wollte und du wirst staunen aber ich fand es gar nicht so erhebend deine Frau zu sein schließlich bist du nicht Napoleon wenn du dich auch vielleicht dafür hältst du sag das nicht noch mal sonst schreie ich nein du hast es nicht laut gesagt aber ich merke doch dass dir die Worte auf der Zunge liegen sprich sie nicht aus das ist alles falsch so falsch dass man schreien möchte du hast den glühenden Liebhaber markiert und ich bin drauf reingefallen ... Nein sag nicht: ‹Hör doch zu Murielle› ich kenne deine Erklärungen auswendig du hast sie mir ja schon hundertmal vorgekaut schenk dir das dumme Gerede bei mir zieht das nicht und setz gefälligst nicht diese gequälte Miene auf ja ich sagte diese gequälte Miene ich kann dich im Hörer sehen. Nicht mal Albert hat mich so schlecht behandelt wie du und Albert war ja noch jung als wir heirateten du dagegen warst schon fünfundvierzig und hättest dir über deine Verantwortung im Klaren sein müssen. Na schön vorbei ist vorbei. Ich verspreche dir dass ich dir keine Vorwürfe mehr machen werde. Wir löschen das alles aus wir fangen ganz neu an du weißt ja ich kann sehr sanft sehr lieb sein wenn man mich nicht zu gemein behandelt. Also sag mir dass die Sache in Ordnung geht und morgen besprechen wir dann die Einzelheiten ...

Du Schuft! Jetzt rächst du dich und quälst mich weil ich dir die Wahrheit gesagt habe ich bin nun mal keine Speichelleckerin und mir kann man weder mit Geld noch mit vornehmem Getue und großen Worten imponieren. ‹Niemals› sagst du ‹um nichts in der Welt› – na das wird sich ja zeigen. Ich werde mich verteidigen. Ich werde mit Francis sprechen und ihm sagen was für ein Mensch du bist. Und glaubst du es wäre eine schöne Erinnerung für ihn wenn ich mich vor seinen Augen umbrächte? ... Nein du blöder Hund das ist keine Erpressung bei dem Leben das ich führe würde es mich gar keine Überwindung kosten mich umzubringen. Man darf die Leute nicht zum Äußersten treiben weil sie dann vor nichts zurückschrecken es kommt ja sogar vor dass Mütter gemeinsam mit ihrem Kind in den Tod gehen ...»

Dreckskerl! Miststück! Er hat aufgelegt... Er meldet sich nicht er wird sich nie mehr melden. Dieser Schuft. Ach mein Herz setzt aus ich sterbe. Es tut so weh so schrecklich weh sie martern mich langsam zu Tode ich halte es nicht mehr aus ich werde mich in seinem Salon umbringen die Pulsadern werde ich mir aufschneiden und wenn sie hereinkommen ist alles voll Blut und ich liege tot da. Ah ... ich habe zu stark gestoßen mein Schädel blutet und dabei sind sie es die blutig geschlagen werden müssten. Mit dem Kopf gegen die Wand nein nein ich werde nicht verrückt sie sollen mich nicht unterkriegen ich werde schon Waffen finden und mich verteidigen. Was für Waffen denn nur? Schweinehunde Schweinehunde ich ersticke mein Herz setzt aus ich darf mich nicht so aufregen ...

Mein Gott! Mach dass es dich gibt! Mach dass es einen Himmel gibt und eine Hölle ich werde mit meinem kleinen Sohn und meiner geliebten Tochter in den Alleen des Paradieses spazieren gehen und die anderen werden sich jammernd in den Flammen des Neides winden ich werde zusehen wie sie dort schmoren und ich werde lachen lachen lachen und die Kinder werden in mein Lachen einstimmen. Diese Rache schuldest du mir o Gott. Ich fordere von dir dass du mich rächst.

Annemarie Schwarzenbach

EINE BEKANNTMACHUNG

> «Die mir am 25. 1. 1932 in der russisch orthodoxen Kirche in Teheran ange-
> traute Katharina Kraitner geborene Petronova ist am 4. 1. 1313 datum iran
> zum mohammedanischen Glauben übergetreten, und hiermit ist unsere
> Ehe nach Iranischem Gesetz automatisch geschieden, auch das österrei-
> chische Konsulat steht dieser Tatsache machtlos gegenüber. Ferner gebe
> ich bekannt, dass durch eine Blutprobe festgestellt wurde, dass das nach
> 7 Monaten und 20 Tagen in unserer Ehe zur Welt gekommene Kind nicht
> von mir stammt, und warne jeden ihr auf meinen *Namen Kredit* zu geben.
> *Rudolph Kraitner*, Teheran.»

Katharina Kraitner legte die Zeitung weg und sah zu ihrem Mann
hinüber. Er saß in einem der hohen, unbequemen Sessel mit steiler
Rückenlehne, die in Persien nach schlechten europäischen Vorbildern
gemacht wurden.

«Hör mal», sagte Katharina, «hast du das in die Zeitung gesetzt?»

«Allerdings», sagte er, «wer denn wohl sonst?»

Sie schwieg eine Weile. Dann sagte sie: «Richtig, wer denn sonst.
Ich hätte mir gleich sagen können, dass niemand außer dir fähig ist, so
etwas zu tun.»

«Was meinst du damit?», fragte er. «Meinst du damit, dass ich kein
Recht hatte, diese Bekanntmachung in die Zeitung zu setzen? Meinst
du etwa, dass ich dir irgendeine Rücksicht schuldig bin?»

«Ich meine nur, dass niemand außer dir so etwas tun könnte.»

«Na», sagte er, «ich bin dir ja Gott sei Dank keine Rechenschaft
schuldig!»

Sie antwortete nicht. Sie nahm das Blatt noch einmal in die Hand und
las die Bekanntmachung aufmerksam durch. «Warum hast du *Namen
Kredit* kursiv drucken lassen?», fragte sie. Er saß mit steifem Nacken in

seinem Stuhl und rauchte. Den Aschenbecher hatte er auf einen kleinen, hochbeinigen Ziertisch neben sich gestellt. «Habe ich jemals auf deinen Namen Schulden gemacht?», fuhr sie fort.

«Natürlich nicht», sagte Kraitner. «Ich habe dir, denke ich, immer genug Geld gegeben. Aber damit ist es jetzt vorbei.»

Sie stand hastig auf und durchquerte das Zimmer. «Könntest du mir eine Zigarette geben?», fragte sie. Er griff in die Tasche und reichte ihr das Etui. Sie zündete sich eine Zigarette an, setzte ihre Wanderung durch das Zimmer fort.

«Bitte», sagte er, «wenn es dir möglich ist, schnipp die Asche nicht auf meine Teppiche. Hier ist ein Aschenbecher.»

Sie ging zu ihrem Stuhl zurück und schlug mit der flachen Hand auf das Zeitungsblatt. «Und dieses Deutsch!», sagte sie. «Was heißt denn, nachdem du von dem Kind und der Blutprobe sprichst, ‹und warne jeden *ihr* Kredit zu geben›?»

«Vielleicht regst du dich über etwas anderes auf», sagte er. «Die Leute werden schon verstehen, wer und was gemeint ist!»

«Dass du dich nicht vor den Leuten schämst», sagte Katharina.

«Ich?», fragte er. Dann beugte er sich ein wenig vor und sagte: «Ich habe mich genug deinetwegen geschämt, wahrhaftig genug! Als ich dich vor drei Jahren heiratete, haben mich meine Freunde vor dir gewarnt.»

«Deine Freunde!», sagte sie, «wer waren denn deine Freunde!»

«Unterbrich mich bitte nicht die ganze Zeit! Aber ich dachte damals, ich würde mit dir fertigwerden. Ich glaubte an deine guten Seiten und glaubte, dass du dich schon darauf besinnen würdest, wenn du erst mit mir verheiratet sein und in eine anständige Umgebung kommen würdest.»

«Ja», sagte sie, «du hast dir große Mühe gegeben, mich zu erziehen.»

«Du brauchst dich nicht darüber lustig zu machen», sagte Kraitner.

«Aber nein», sagte sie.

Er zerdrückte den Rest seiner Zigarette im Aschenbecher und beugte sich noch weiter vor, wie um seine Frau im Auge zu behalten. «Ich hätte wissen müssen, dass man keine Russin heiratet», sagte er. Sie starrte ihn schweigend an. Er sah ihr schweigendes Gesicht, den großen, leicht geschlossenen Mund, die breiten Backenknochen, auf denen sich alle Blässe zu sammeln schien, die weit auseinanderstrebenden Augen, die bäurische Stirn unter dem bäurisch glatten, flachsblonden Haar. Den Triumph über dieses schöne, allzu vertraute Gesicht auskostend, sagte er: «Ihr seid eben alle gleich. Emigranten oder Kommunisten, ich würde nicht die Hand umdrehen.» Sie sah ihn aus Augen an, die durch ihn hindurchgingen und vor denen er sich immer gefürchtet hatte. Sie konnte seinen Blick aushalten, und er war sicher, dass sie ebenso jeden Anblick der Welt aushalten könne. Es waren Schlafwandler-Augen.

«Warum haben wir eigentlich geheiratet?», fragte sie.

«Ich habe es dir soeben erklärt», sagte er, «ich glaubte, ich würde dich auf den rechten Weg bringen können.»

«Ach», sagte sie, «und ich dachte, du habest mich vielleicht geliebt!»

Ihre Augen wichen nicht von der Stelle. Er fühlte seine Position schwächer werden. Er hatte ihr furchtbare Dinge gesagt und hatte sich im Recht geglaubt, für einmal. Bisher war er immer der Schwache gewesen, weiß der Himmel weshalb. Er hatte seit seiner Verheiratung versucht, das richtige Verhältnis herzustellen und seine Frau so von ihm abhängig zu machen, wie es sich gehörte: Er hatte sie immer wieder fühlen lassen, dass es sein Haus war, in dem sie lebten, und dass es sein Geld war, von dem sie sich und das Kind kleidete. Aber es war ihm nie gelungen, sie zu demütigen. Jetzt war der Augenblick dafür gekommen. Sie hatte alles getan, um sich ins blutige Unrecht zu setzen. Sie hatte ihn betrogen, schon vor der Ehe, und hatte die Lüge die ganze Zeit zwischen ihnen ertragen. Es war ungeheuerlich!

«Katharina», sagte er, «bevor wir uns für immer trennen, wirst du vielleicht die Güte haben, mir den Namen zu sagen ...»

«Wirst du dann eine neue Bekanntmachung in die Zeitung setzen?», fragte Katharina. «Wirst du schreiben: ‹Ich gebe Ihnen bekannt, dass ich durch diesen und diesen Mann ...›»

«Hör schon auf», sagte er.

«Sie wissen nun doch alle, dass das Kind nicht von dir ist!»

«Schweig!», schrie er, «wenn du nicht genug Taktgefühl hast, um dich zu schonen, so schweig wenigstens mir zuliebe!»

«Du warst ja auch so ungemein taktvoll.»

«Nachdem du mich durch deinen absurden Übertritt lächerlich ge-macht hattest», schrie er, «war es das Einzige, was mir übrig blieb. Der einzige Weg aus dieser lächerlichen Situation war, dich zu verleugnen. Verstehst du das nicht?»

Sie hob langsam die Augen, sah ihn an, stand auf und ging bis zur Tür, ohne aufzuhören, ihn anzusehen.

«Dann hat es sich ja gelohnt», sagte sie. «Ich bin froh, dass du so aufrichtig bist, Rudolph.»

«Wieso hat es sich gelohnt?»

«Dich einmal die Wahrheit sagen zu hören», sagte sie. «Nicht die korrekte Wahrheit, mit der operierst du ja immer – sondern die nackte Wahrheit, die Wahrheit deines Inneren. Ich habe dich in Gefahr gebracht, lächerlich zu erscheinen – und du hast mich daraufhin verleugnet, um der Lächerlichkeit zu entgehen.»

«Wie sollte ich mich denn gegen dich wehren?», sagte er, leiser.

«Natürlich», nickte sie, «aber jetzt hat es sich ja gelohnt. Jetzt hast du dich fein gegen mich gewehrt!»

Sie schloss die Tür hinter sich und war fort. Rudolph hörte sie durch das anstoßende Zimmer gehen, und dann in den Hof hinaus, wo sie nach dem Diener Hassan rief. Und obwohl er genau verfolgen konnte, was sie machte, und obwohl sie nur ein paar Schritte von ihm entfernt, im Innenhof seines Hauses, war, hatte er das Gefühl, dass sie weit fort sei. Er hatte dieses Gefühl immer, seitdem er sich entschlossen hatte, sie preiszugeben und sich an ihr zu rächen. Es war, als sei sie in Wirklichkeit nie bei ihm gewesen, sondern immer nur durch die Kraft seiner Einbildung. Jetzt zeigte es sich. Er hätte Katharina, um diesem Gefühl zu entgehen, die ganze Zeit unter seinen Augen haben müssen, aber auch das war qualvoll. Sie hatte ihn oft gebeten, sie freizugeben, und dann hatte sie gedroht, dass sie eines Tages fortlaufen werde, aber er hatte keinen Grund gehabt, ihre Drohung ernst zu nehmen. Was wollte sie denn allein mit dem Kind, in einem Land wie Persien? Er erinnerte sich, dass sie früher, bevor er sie geheiratet hatte, Russisch- und Französisch-Stunden gab. Hatte sie davon etwa leben können? Nein, er hatte sie aus dem Elend gezogen. Er hatte ihr sein Haus, sein sicheres Einkommen, seine bescheidene, aber solide Position geboten. Als das Kind geboren wurde, nach sieben Monaten und zwanzig Tagen, war er ihrer sicher. Die Verachtung, die sie ihm zuweilen zeigte, hatte ihn kaltgelassen, so sicher war er seines Besitzes. Meistens war sie ruhig und freundlich gewesen, eine gute Hausfrau. Drohung, Verachtung, eine Art von blindem Hass und Zorn, die manchmal in ihr wach wurden, hatten ihn nicht gestört. Trotzdem, dachte er, ist sie immer die Stärkere gewesen. Ich habe sie nie demütigen können. Ich wollte es gern, aber es ist mir nicht gelungen. Drei Jahre sind wir verheiratet, und jetzt zeigt sie ihre wahre Natur. Sie versucht, schonungslos, mich in den Augen der Leute lächerlich zu machen. Mag sie doch gehen, je eher, desto lieber. Mag sie doch. – Aber warum hat sie unter allen Mitteln dieses absurdeste gewählt, diesen absurden Übertritt zum Islam? Katharina! Liebte sie also einen Perser? War sein Sohn Rupert ein Perser? Als er die «Bekanntmachung» auf die Redaktion gebracht hatte, wollten sie sie nicht drucken. Er hatte ihnen gesagt, dass er dafür jeden Preis zahle und dass er das Recht habe, bekannt zu geben, was ihm Spaß mache. Und damit basta. «Aber weshalb wollen Sie den Leuten unbedingt erzählen, dass das Kind nicht von Ihnen ist?» Warum? Er wollte es so. Er wollte seine Frau preisgeben.

Er hörte sie in das Nebenzimmer zurückkommen, welches ihnen als Schlafzimmer diente. Sie sprach mit dem Diener. «Also pass auf das Kind auf», sagte sie. «Pass auf, dass es nichts in den Mund steckt und dass es nicht auf die Straße hinausläuft. Ich komme in einer Stunde wieder.» Sie wollte ausgehen. Wohin? Wohin ging seine Frau ohne ihn, jetzt, heute, nachdem alles in der Zeitung gestanden hatte? Hatte sie jetzt noch den Mut, auf die Straße zu gehen?

«Katharina!», rief er. Er hielt den Atem an. Einen Augenblick war es nebenan still, dann verließ Katharina das Zimmer. Er lauschte angestrengt. Sie ging. Sie war fort.

Katharina lief durch die enge, kleine Gasse, die ihr Haus mit der Lalezar verband. Sie lief zwischen den hohen, gelben Mauern hindurch, die noch jetzt, am Spätnachmittag, die Hitze der Junisonne ausströmten. Als sie die Lalezar erreicht hatte, blieb sie stehen und winkte eine Droschke heran. Sie hatte ein Tuch um die Schultern gelegt und keinen Hut aufgesetzt. Sie war groß und hielt sich aufrecht, und die Leute starrten sie an. «Mein Gott», dachte sie, «ich laufe ohne Hut durch die Straßen, und ich bin Mohammedanerin!» Auf einmal fühlte sie, wie lächerlich dies alles war. Sie war Mohammedanerin. Sie, Katharina Petronova, aus Kiew, der Stadt der vielen Klöster und der vielen Kirchen und der brausenden Glocken. Nein, die Glocken von Kiew waren tot, dachte sie, und sie brauchte sich deswegen nicht zu beunruhigen. Drei Jahre war sie verheiratet gewesen, zwölf Jahre in Persien. Als sie glaubte, es nicht mehr aushalten zu können, griff sie zu dem Ausweg, der sich ihr bot, und wurde Mohammedanerin. Das hörte sich sonderbar an. In Wirklichkeit hatte es ein paar Besuche bei einem Mullah gekostet, der im Bazarviertel wohnte, ein Greis im Turban, ein wohlmeinender Greis, der auf einem weißen Esel ritt. Es hatte eine kleine Zeremonie und etwas Geld gekostet. Nun war sie geschieden. Vor Gott und den Menschen? Als sie sich verheiratete, war es ähnlich gewesen: eine Zeremonie, und alles war vorüber. Rudolph Kraitner ihr Mann. Ein kleinlicher, pedantischer, eingebildeter, unsicherer Mann. «Diese Annonce», dachte Katharina, «ist es denn möglich, dass ein Mensch so etwas tut? Und was habe ich getan? Ihn betrogen? Ich bin ihm davongelaufen.» Sie versuchte, während die Droschke die Lalezar hinauffuhr, sich klarzumachen, was dies alles bedeutete. Heirat, Kirche, das Kind, ihr Verhältnis zu Rudolph, die dreijährige Gewohnheit, ihn neben sich zu sehen und mit ihm in demselben Zimmer zu schlafen. Die Bedeutung solcher Akte und Zeremonien, die einem einfachen Entschluss folgten und ihn unwiderruflich machten – was davon war Wirklichkeit? Lebte sie in der Wirklichkeit? «Irgendwie», dachte Katharina, «muss man den Kopf oben behalten, so viel ist doch gewiss.» Die Droschke bog in die Stambuli ein. «Zur Garage Chevrolet», rief sie dem Kutscher zu. Es war gut, ein Ziel zu haben.

Sie gab dem Kutscher zwei Kran und stieg aus. Im Hof fragte sie nach Iwan. Noch nicht da. Sie setzte sich in das «Wartezimmer», auf die Frauenseite. Es war ein kleines Zimmer neben dem Eingang, für die Leute bestimmt, die Autoplätze nach Pehlevi, Isfahan oder Kermanschah gemietet hatten und nun auf die Abfahrt warteten. Katharina saß neben zwei persischen Frauen im Tschador, die unter dem schwarzen Tuch hinweg neugierig umhersahen. Sie unterhielten sich schnell, mit ihren hohen Stimmen, wie zwitschernde Vögel. Wenn doch Iwan zurückkäme!

Er kam um sieben Uhr und betrat das Wartezimmer, so wie er war: ganz verstaubt und voller Ölflecken. «Du bist es», sagte er, «ich konnte mir gar nicht denken, was für eine Frau auf mich warten sollte!»

Katharina lächelte. «Wir haben uns lange nicht gesehen», sagte sie.

«Nicht meine Schuld», sagte Iwan. «Dein Mann macht ein Gesicht, wenn ich zu euch komme …»

«Ja», sagte Katharina hastig, «er mag dich nicht. Er mag keine Russen.»

Die persischen Weiber sahen sie kichernd an. «Gehen wir weg», sagte Iwan. «Die sind womöglich aus Rescht. Die verstehen sicher Russisch.»

«Gehst du nicht essen?», fragte sie.

Sie überquerten die Straße und betraten eine Garküche, die sich im Erdgeschoss des Hotels «du Garage» befand. Katharina setzte sich Iwan gegenüber. Ein Mann in einer schmutzigen Schürze stellte eine Schüssel mit Reis und einen kleinen Teller mit Fleischstücken in einer gelben Sauce vor Iwan hin. «Und zu trinken», sagte Iwan, «Raki oder Wodka, eine kleine Flasche, zwei Gläser.»

«Wir haben keinen Schnaps …»

«Dann lauf hinüber und hol welchen, in der russischen Handlung.»

Katharina fragte: «Wie geht es?»

«Wie es kann», sagte Iwan, «nur zu müde …»

«Wann bist du weggefahren?»

«Vorgestern Abend. Bis Kasvin. Drei Stunden Schlaf, dann durchgefahren bis Pehlevi. Wir waren um fünf Uhr in Pehlevi, es waren Leute da, die am Vormittag mit dem Dampfer von Baku gekommen waren. Natürlich wollten sie sofort losfahren, und wir fuhren wieder bis Kasvin. Dort schlief ich ein paar Stunden. Sie waren verdammt schlechter Laune deswegen, aber ich musste schlafen. Wir fuhren nachmittags um drei wieder weg, hatten eine Panne, kamen soeben an.»

«Wie oft machst du das?»

«Zweimal die Woche. Auf jedem Dampfer.»

«Und verdienst gut?»

Er zuckte die Achseln. «Ich würde lieber einen Lastwagen fahren. Man ist dann freier –»

Er goss das Fleisch und die Sauce über den Reis und begann alles mit der Gabel zu mischen. Der Bursche kam mit einer Flasche Wodka zurück. «So ist's recht», sagte Iwan, kauend. Und zu Katharina: «Du kannst doch noch trinken? Du kannst doch noch etwas vertragen?»

«Rudolph trinkt fast nie Alkohol», sagte sie. Der Name ihres Mannes erinnerte sie plötzlich, weswegen sie hergekommen war. Es war schwer, jetzt daran zu denken. «Du bist also drei Tage lang von Teheran weg gewesen?», fragte sie.

«Ja», sagte er, «was ist dabei?»

Immer, wenn sie mit Iwan zusammen war, fiel es ihr schwer, an etwas anderes zu denken. Es fiel ihr, beispielsweise, schwer, sich zu erinnern, dass sie mit einem Mann namens Rudolph Kraitner verheiratet war. Alles Fragwürdige und Ungewisse ihrer Existenz schien wie weggeblasen, wenn sie mit Iwan zusammen war, aber das Zusammensein mit ihm war einfache, fraglose Wirklichkeit.

«Dann hast du also drei Tage lang keine Zeitung gelesen?», fuhr sie fort.

«Natürlich nicht», sagte er.

«Bitte», sagte sie, «lies dies!» Sie zog aus ihrer Handtasche die «Bekanntmachung», die sie aus der Zeitung geschnitten hatte. Er las, die Gabel in der Hand haltend.

«Hättest du damit nicht bis nach dem Essen warten können?», fragte er, «musstest du mir unbedingt das Essen verderben?»

«Iss nur», sagte sie. «Wir können nachher darüber sprechen.»

Er schob den Teller weg. «Ich bin fertig», sagte er. Der Bursche kam, nahm die beiden Teller und schenkte die Wodkagläser voll.

Iwan ergriff die Annonce und zerknüllte sie in der Hand. «Ist der Kerl verrückt geworden?», fragte er.

«Eigentlich war er immer so», sagte Katharina.

«Und du?», fragte er, «was fällt denn dir ein? Warum bist du Mohammedanerin geworden? Wozu dieser ganze Skandal?»

«Es steht doch da», sagte sie. «Wenn ich Mohammedanerin bin, ist meine Ehe automatisch geschieden.»

«So», sagte er, «darum also dreht es sich? Konntest du das nicht auf andere Weise erreichen?»

«Sei doch nicht gleich wütend, es ging doch einfach nicht mehr!»

«Hast du ihn betrogen? Schließlich, das mit dem Kind war doch vor der Heirat. Das war unsere ganz private Angelegenheit, nicht wahr? Das konnte nicht plötzlich der Grund sein, nach drei Jahren...»

«Betrogen?», fragte sie.

«Ich meine doch nur», sagte Iwan, «irgendetwas muss doch der Grund sein!»

«Der Grund war», sagte sie, «dass ich alles nicht mehr aushielt. Die Lüge mit dem Kind nicht, und dass er mich nicht liebte und wie ein Besitzstück behandelte, und dass ich ihn, weiß Gott, nicht liebte…»

«War das nicht von Anfang an so?»

«Ja, von Anfang an.»

«Gab es denn keinen anderen Weg?»

Sie schüttelte den Kopf. Sie hielt den Blick über ihn hinweg auf die Wand gerichtet, oder auf ein Bild an der Wand. «Du brauchst es nicht zu verstehen», sagte sie. «Bitte, bitte, denk doch nicht, dass ich dir einen Vorwurf machen will, dass ich dazu hergekommen bin!»

«Wie ich sie liebe», durchfuhr es ihn plötzlich, «wie, in aller Welt, konnte ich vergessen, dass ich sie liebe!»

Katharina, als wüsste sie seine Gedanken, sagte: «Es wäre ein furchtbarer Unsinn gewesen, wenn wir geheiratet hätten, damals. Das Kind war doch schon da! Man musste doch an das Kind denken!»

«Und jetzt?», fragte er.

«Und dann – du bist doch nicht fähig, zu heiraten. Ich weiß, dass du es nicht ausgehalten hättest, Iwan!» Sie sprach ängstlich, wie um ihn zu überzeugen. «Du musst deine Freiheit haben, und ich … ich musste irgendwie leben…»

«Und jetzt?», fragte er.

Sie antwortete ihm nicht mehr. Er trank sein Glas aus.

«Und jetzt bist du also in Gottes Namen frei?», fragte er.

«Ja», sagte sie, «ich und der Kleine. Ich werde wieder anfangen, Stunden zu geben. Die Hauptsache ist, dass ich wieder frei bin.»

«Die Hauptsache ist, dass ich dich wieder habe», sagte er. «Du bist immer eine mutige Frau gewesen, Katharina. Bitte mach dir nichts daraus. Mach dir nichts aus dieser läppischen Bekanntmachung!»

«Natürlich nicht.»

«Er ist ein Rohling.»

«Das Schlimmste war, dass er nie etwas gemerkt hat», sagte sie, das Haupt erhoben, «dass er nie gemerkt hat, dass ich einen anderen Mann liebte und dass er eine Betrügerin neben sich hatte und dass ich unglücklich war. Das war das Schlimmste –»

«Du bist keine Betrügerin», sagte er. Er fühlte sich leicht betrunken und ungemein froh. «Hast du wirklich einen anderen Mann geliebt?», fragte er, sie anlächelnd. Sie wurde plötzlich rot.

«Du musst das verstehen», sagte sie, und nun sah sie ihn an, und er fühlte sich plötzlich nüchtern, und ihre Blicke blieben aneinander hängen. «Ich verachtete ihn, weil er nichts merkte. Ich konnte einfach nicht anders.»

«Nein», sagte er, «wir konnten einfach nicht anders. Und jetzt gehe ich und sage ihm Bescheid und bringe dir den Kleinen.» Er lächelte die ganze Zeit.

«Soll ich nicht lieber mitkommen?», fragte sie. Er erhob sich schnell, ihr Blick folgte ihm.

«Du hast doch keine Angst, hier allein zu warten?», sagte er, «ich werde schon mit ihm fertig. Und du brauchst dann erst gar nicht dorthin zurückzugehen.»

Mercè Rodoreda

REISE ZUM DORF DER ERHÄNGTEN

Ich hatte wie ein Stein geschlafen, in einem schönen Tal, wo das Gras
mit weiß-gelben Blumen durchsetzt war, die, auch wenn sie es vielleicht
nicht waren, wie Zwergmargariten aussahen. Eine leichte Brise machte
sie schwanken. Hinter einem ausgedehnten Ried, das ich mit Mühe
und Not durchquerte, so dicht war es, blieb ich unvermittelt vor einem
Wald stehen, schattig wie eine Kathedrale. Von jedem Baum, es mögen
Eichen, vielleicht Steineichen gewesen sein, hing ein erhängter Mann,
bekleidet mit einem weißen Hemd, mit einer Hose und einer Weste
aus Kuhhaut, rotbraun und mit einem helleren Rotbraun gefleckt. Ich
wandte den Kopf ab, um mich nicht in diesem traurigen Anblick zu
ergehen, und ging, voller Angst, zu straucheln, bis ich zum Dorf kam,
mit seinen frisch geweißten Häusern und seinen frisch gefegten und
gesprengten Straßen. Ein Mann mit sehr kurzem Hals und Wieselaugen
stieß fast mit mir zusammen, Verzeihung, so zerstreut ging er. Er trug
einen aufgerollten Strick auf der Schulter. Unter dem Tor des Hauses,
aus dem er eben getreten war, stand eine hübsche junge Frau, ein Kind
am Hals, und blickte ihm nach. Als ich an ihr vorbeikam, sagte sie mir
Guten Tag, und ich konnte nicht umhin, sie zu fragen, während ich
auf den Mann deutete, der eben um die Ecke bog: «Wohin geht er?»
Die Frau fuhr mit ihrer sehr feinfingrigen Hand durch die Haare des
Kindes und sagte leise: «Sich aufhängen.» Traurig, sowohl der Frau als
auch des Kindes wegen – die Frau mochte ihren Mann, das Kind seinen
Vater verlieren –, konnte ich es mir nicht versagen, ihr noch eine Frage
zu stellen: «Warum?» Aus einem Haus weiter oben trat noch ein Mann,
gleichfalls mit kurzem Hals, gleichfalls mit einem aufgerollten Strick
auf der Schulter. Sowohl der erste als auch der zweite trugen, neben
dem Strick auf der Schulter, ein Hemd von unbefleckter Weißheit und
eine Hose und eine Weste aus Kuhhaut, rotbraun und mit einem hel-

leren Rotbraun gefleckt. «Sie sind nicht aus dem Dorf.» Ich erzählte ihr, dass ich mich zu Hause gelangweilt hätte, weil die Leute durch die Straßen liefen, hierhin und dorthin und unaufhörlich «Freiheit! Freiheit!» schreiend, und dass ich fortgegangen war, mich in der Welt umzusehen, dass ich also im Augenblick ein Mann ohne Dorf sei. «Ah», sagte die Frau und trat zu mir, «so können Sie also nicht wissen, dass in diesem Dorf alle Männer Sünder sind. Schon in der Stunde ihrer Geburt klebt ihnen die Sünde am Gaumen. Sobald die Jungen zu Männern heranwachsen, leben sie nur noch, um eine Frau zu haben und Kinder zu bekommen. Jeder Mann will sechzehn. Und weil es ihm so sehr gefällt, welche zu machen, ereilt ihn die Strafe wie alle, und auf der leeren Linie im Gehirn, die die zwei Welten trennt, erhebt sich der Wahnsinn, und sie wollen sich nur noch aufhängen. Die Kinder sterben ihnen weg, immer zwei und zwei, bis ihnen nur noch zwei bleiben: ein Pärchen, Junge und Mädchen. Die Alten erzählen, dass die zwei letzten, die am Leben bleiben, die schlecht gemachten Kinder sind, ohne Umschweife und halb aus Pflichtbewusstsein. Und die, die mit mehr Umsicht gemacht worden sind, bei Mondschein und auf weichem Gras ... haben Sie das Tal mit weißen Blümchen gesehen?, die sind es, denen der Tod den Faden mit einem einzigen Sichelhieb durchschneidet.» Jene Frau taufte ich gleich mit dem Namen Singsangfrau, weil sie redete, als sänge sie. «Wissen Sie, die Kinder machen sie nachts, in frischer Wäsche und mit Augen, die in die Finsternis spähen ...» – «Aber», sagte ich zu ihr, «wenn sie keine machten, wäre es aus mit dem Dorf.» – «Natürlich», sagte die Frau und band dem Kind, das eingeschlafen war, ein rotes Tuch ums Gesicht, «aber lohnt es sich denn, es zu erhalten? Was hat man davon? Sehn Sie, hier besteht das Leben im Anpflanzen von Kohl, Bohnen, Kichererbsen, Mohrrüben und Auberginen. Hühner halten, Eier einsammeln, sie aufschlagen, Omeletten machen ... das geht noch, wenn die Hühner nicht den Pips gekriegt haben ... und Holz hacken und die ganze Kocherei ... ja, was wollen Sie ... und gebären. Während die Frau die ersten zehn Kinder gebiert, tanzt der Mann. Jedenfalls muss man bedenken, dass er, hat er das erste Kind gemacht, unverzüglich bereut, es gemacht zu haben. Aber er kann es nicht lassen, weiterzumachen. Beim zweiten, das geht noch ... und auch beim dritten und vierten, wenn er einigermaßen kräftig ist. Aber beim sechsten, gut gerechnet, weiß er mit seinem Leben nichts mehr anzufangen. Die Frau merkt, dass der Mann kleiner wird, immer kleiner ... und dass er die Tage mit Grübeln zubringt. Beim fünfzehnten und vor allem beim sechzehnten ist es schon so, als wäre er verrückt geworden wegen der vielen Geburten und wegen der vielen Sterbefälle, die er hat miterleben müssen, und er beginnt, Hanf zu flechten. Er tötet die Kuh; aus der Haut macht er sich Hose und Weste, sauber und mit weißem Hemd geht er in den Wald, sucht einen Baum aus, vergewissert sich, dass der Ast hält, legt sich den Strick um den Hals, nachdem er eine Schlinge gemacht hat, steigt auf einen Stein und springt. Immer ruhiger schwingt er hin und her. Wenn Sie durch den Wald gekommen sind, haben Sie da nicht bemerkt, was für ein seliges Gesicht all die Erhängten machen?»

Margarete Steffin

KONFUTSE VERSTEHT NICHTS VON FRAUEN

Viele Jahre seines Lebens verbrachte Konfutse wie die meisten bedeu-
tenden chinesischen Philosophen in der Emigration. Ein großer Teil
seiner Schüler folgte ihm in die fremden Provinzen des großen Reiches,
fast in jeder gesellten sich neue hinzu, sodass er sich mitunter wie ein
regierender Fürst mit seinem Gefolge von Ort zu Ort bewegte. Und da
er Minister gewesen war und ihm auch ein großer Ruf als Lehrer voran-
ging, fand er im Allgemeinen leicht Gastfreundschaft. Jedoch kam er
auch in unangenehme Situationen. Wieder einmal auf der Suche nach
einem neuen Exil begriffen, wurde er eines Tages mit seinen Schülern
von aufrührerischen Soldaten überfallen und mehr als eine Woche in
einer nackten Felsgrotte gefangen gehalten.

Konfutse war schon ein alter Mann, über die sechzig, und es war
schwer für ihn, sein gewohntes Essen und seinen Wein entbehren zu
müssen: Man gab ihnen überhaupt keine Nahrung, und die Soldaten
wiesen sie nur barsch an, in dem kleinen Umkreis, in dem sie sich bewegen durften, Beeren zu suchen. Die Geschichtsschreiber sind hohen
Lobes voll, dass Konfutse nicht nur diese Zeit ohne besondere Klagen
durchstand, sondern auch regelmäßig den Unterricht fortsetzte.

Der erste Tag war fast der schlimmste: Sie hatten sich zu spät an
das Beerenpflücken gemacht, und Dunkelheit überfiel sie, ehe sie
Beeren fanden. Am zweiten Tage machten sie sich früh ans Werk und
triumphierten über eine reichliche Ernte. Doch das rächte sich am
dritten Tage: Die Beeren wuchsen nicht so rasch nach, wie sie sie zu
pflücken gedachten. Die Schüler liebten ihren Lehrer sehr, und es tat
ihnen leid, dass sie ihm nicht mehr und Besseres vorsetzen konnten. Sie
versuchten, etwas Reis von den Soldaten zu kaufen, aber sie bekamen
lange keinen. So sank der Mut etwas, und an den Abenden wollte keine
rechte Unterhaltung zustande kommen.

Ab und zu knurrte ein Magen. Der des mageren kleinen Yen knurrte einmal, wie es heißt, so laut, dass er sich errötend erhob und abseits ging. Konfutse lachte sein tiefes, gutes Lachen und ging Yen nach. Er sah aus wie ein Berg, als er sich an Yen wandte, laut, dass ihn auch alle andern hören konnten: «Das laute Aussprechen der Wahrheit und das laute Knurren des Magens wird oft beisammen gefunden. Warum? Denk darüber nach, Yen!»

Darüber lachten alle Schüler, und sie wurden etwas zuversichtlicher. Sie überlegten, von woher sie Hilfe erwarten durften, und dachten nach, welche hohen Persönlichkeiten, interessiert an dem Schicksal ihres berühmten Lehrers, sie den Aufrührern nennen konnten, um ihnen Angst zu machen. Sie stellten fest – diese Beratung hielten sie ohne den Lehrer ganz unter sich ab –, dass einzig und allein der Name der mächtigen Fürstin von Wei hier wirken könnte. Aber als sie Konfutse fragten, ob sie sich an die Fürstin von Wei wenden durften, lehnte er das zu ihrem Erstaunen ziemlich brüsk ab, ohne ihnen eine Begründung zu geben.

Am vierten Tage gelang es dem mageren Yen, mit der Wache ins Gespräch zu kommen. Der Soldat zeigte grinsend auf den Pelzrock eines der Schüler namens To Shan. Für diesen Rock wollte er ein Säcklein Reis beschaffen. Yen ging strahlend zu To Shan mit der freudigen Nachricht. Aber unverständlicherweise weigerte sich dieser, seinen Pelzrock abzutreten. Er murmelte, der Rock sei ein Geschenk seines Lieblingsonkels und ihm mehr wert als das Leben. Yen dachte die ganze Nacht über To Shans Egoismus nach, und am Morgen des fünften Tages schlich er sich mit einer alten Strohmatte zu dem schlafenden To Shan, nahm den Pelzrock, mit dem jener sich zugedeckt hatte, weg und bedeckte To Shang listig mit der Strohmatte.

To Shan ging den ganzen Tag bekümmert herum und wunderte sich, wo sein Pelzrock geblieben sei, verstand jedoch alles, als am Abend Yen mit einem großen Topf Reis auftauchte. Unfähig, sich zu beherrschen, jammerte er laut vor allen um seinen Pelzrock und weigerte sich, von dem Reis zu essen, als alle sich vergnügt zum Mahle setzten.

Yen hatte nach dem Skandal, den To Shan machte, seinen geliebten Lehrer nur mit Zittern und Beben zum Essen geladen. Er kannte sehr wohl die hohen moralischen Ansprüche, die der Philosoph an sich und andere stellte. Zu seiner Überraschung sagte der große Mann kein Wort über die Angelegenheit, fragte weder, woher der Reis, noch wohin der Rock To Shans gekommen war, sondern aß mit allen andern, übrigens nicht mehr als alle andern, obwohl er doch bei seinem Körperbau mehr benötigte. Daran erkannten sie, dass die große Not ihn in eine außerordentlich milde Stimmung versetzt hatte.

Am sechsten Tage mussten sie wieder zu den Beeren des Waldes zurückkehren, doch fanden sie nicht viele. Noch ärger wurde es am siebten Tage. Es hatte geregnet, und sie beschauten traurig das ärmliche Resultat ihrer Arbeit.

Als Einziger hatte an diesem Tage der magere Yen nicht mitgesammelt. Er war in eine Art Trübsinn versunken. Die ersten Tage hatte er von der Gefangenschaft immer nur für die Gesundheit des Lehrers gefürchtet. Aber nun ging ihm plötzlich eine ganz neue Seite auf. Er verstand jetzt, dass Menschen, denen es schlecht geht, nicht nur der Verfall der körperlichen Kräfte droht, sondern auch der Verfall der moralischen Kräfte. Er versuchte solche Gedanken abzuschütteln, aber immer wieder musste er daran denken, dass nicht einmal Konfutse nach der Herkunft des Reises gefragt hatte.

Er überlegte verzweifelt, was man machen könne, die Lage zu ändern, aber es fiel ihm stets nur die Fürstin von Wei ein. Er fasste den heroischen Entschluss, Konfutse noch einmal zu fragen, ob man sich nicht doch an sie wenden könne.

Als man die Beeren verteilt hatte und die Schüler viel List angewandt hatten, dem Lehrer ein größeres Quantum zuzuschanzen, nahm der magere Yen all seinen Mut zusammen und begann mit lauter Stimme: «Wir wissen nicht, wie lange man uns hier noch gefangen halten wird. Warum *nicht* die Fürstin von Wei um Hilfe bitten?»

Konfutse antwortete nicht unfreundlich: «Ich habe meine Gründe, Yen.» Die Schüler verehrten ihn zu sehr, als dass sie es gewagt hätten, ihn nach privaten Dingen zu fragen. Doch gab es unter ihnen einen alten Mann, etwa drei Jahre älter als Konfutse selber, der ihm seit nahezu vierzig Jahren gefolgt war. Dieser erlaubte sich hin und wieder Fragen, die der Lehrer von einem andern bestimmt zurückgewiesen hätte. Doch oft, wenn er guter Laune war, beantwortete er dem alten Li die Fragen ganz genau.

Und der alte Li war es, der nun fragte: «Warum sollte uns die Fürstin von Wei nicht helfen dürfen? Was spricht gegen sie?»

Und er beugte sich vor und sah die andern Schüler aufmunternd an. Konfutse schien nicht gehört zu haben. Sorgfältig pickte er die letzten Beeren von dem grünen Blatt, stand auf und holte sein Saiteninstrument aus der Grotte.

Mit seiner tiefen Stimme sang er prüfend eine neue Ballade, die er am selben Tage von einem Soldaten gehört hatte und aufzeichnen wollte. Aber als er das Instrument wieder sinken ließ, auf das Urteil seiner Schüler wartend, setzte der alte Li beharrlich, als sei nichts geschehen, seine Fragen fort: «Ist es, weil du überhaupt eine Abneigung gegen Frauen hast?»

Die andern Schüler befürchteten schon einen Zornesausbruch des Lehrers. Der aber legte nur behutsam sein Instrument beiseite und schwieg. Li ließ nicht locker. «Meister, welche Gründe hast du für deine Abneigung gegen die Frauen?»

Aufmerksam sah Konfutse ihn an und antwortete: «Keine.»

Damit schien er das Thema abschließen zu wollen. Doch bevor er sich noch erheben konnte, wagte Yen sich mit einer neuen Frage hervor: «Warum sprichst du denn niemals über sie?»

Konfutse antwortete mit leichtem Erstaunen: «Vermutlich doch, da ich nichts über sie weiß.»

Darauf war ein kurzes Schweigen, bis der alte Li, fast verlegen über seine eigene Kühnheit, murmelte: «Du warst schließlich verheiratet.»

Konfutse blickte sich unter seinen Schülern um und sah, wie sehr sie die Frage interessierte. Heiter, die Hände über dem mächtigen Bauch faltend, sagte er: «Ja, mit achtzehn Jahren. Aber ich war viel auf Reisen.»

Diese Antwort schien er für eine ausreichende Erklärung zu halten. In China blieben zu jener Zeit die Frauen zu Hause, auch dann, wenn ihre Männer aus beruflichen Gründen auf Jahre in eine andere Stadt gingen. Dies war aber doch wohl kaum der Hauptgrund für Konfutses Trennung von seiner Frau gewesen, die nach den ersten paar Jahren der Ehe keine Rolle mehr in seinem Leben gespielt hatte.

Nach einigen Augenblicken des Nachdenkens fuhr dann auch Konfutse fort: «Es gibt auch gescheite Frauen. Meine Mutter zum Beispiel glaubte nicht an Geister.»

Sein Vater war neunundsechzigjährig gestorben, als der Knabe zwei Jahre alt war, und seine Mutter, gerade siebzehn Jahre alt, sehr arm, hatte ihn ganz allein erzogen. Ihr großer Sohn vergaß ihr nie, dass sie ihm von Kindesbeinen an auch einen tiefen Abscheu vor Gewalttaten eingepflanzt hatte. Sie standen zu jener Zeit im Reich der Mitte in ebenso hohem Kurs wie heute in unseren Breitengraden. Als sich der alte Li schon für eine neue Frage räusperte, kam ihm Konfutse mit ungewohnter Hastigkeit zuvor: «Es erscheint mir übrigens für einen Mann von meinem Äußeren schicklich, sich Frauen gegenüber einige Zurückhaltung aufzuerlegen.» Damit spielte er auf seine berühmte Hässlichkeit an. Er hatte eine Riesenbeule auf der Stirn, eine auffallend flache Nase, große vorstehende Vorderzähne und unförmige Hängeohren.

Lao Ho, der als der dümmste der Schüler galt, den der Philosoph aber besonders liebte, weil er kränklich war, hatte lange nachgedacht. Jetzt hob er schüchtern die blasse Hand: «Willst du dich deshalb nicht an die Fürstin von Wei wenden, weil du ein Gesetz aufstelltest, das es den Frauen verbietet, sich in Staatsgeschäfte zu mischen?»

Konfutse schaute Lao Ho freundlich an. Dann sprach er langsam, als wollte er die Antwort eindringlicher und verständlicher machen: «Es stimmt, ich habe gesagt, Frauen sollten sich nicht in Staatsgeschäfte mischen. Das halte ich auch jetzt aufrecht. Aber ich habe mich auch, wie ihr wisst, dagegen gewandt, dass Gesetze in Stein gehauen werden. Nein, die größte Lehrerin, die es gibt, ist die Not. Ich will euch etwas sagen: Mit der Fürstin von Wei hat es eine besondere Bewandtnis. Sie würde mir nicht helfen. Es ist vielleicht an der Zeit, dass ich euch ein kleines Geständnis ablege.»

Und er lehnte sich gemächlich an seinen Lieblingsbaum zurück und fing an zu erzählen: «Ihr wisst, dass ich seit dreißig Jahren einen Ort suche, wo ich jene Reformen durchführen kann, ohne welche mir ein würdiges Leben der Menschen nicht möglich erscheint. Als ich den Fürsten von Wei traf, glaubte ich, von ihm eine Stelle erhalten zu können, in der ich diese Reformen durchführen könnte. Er war ein schwacher Mensch, der etwas Gutes ebenso beschließen konnte wie etwas Schlechtes, wenn es ihm nur oft genug und kräftig genug vorgetragen wurde. Leider kannte auch seine Frau, die Fürstin Nan Tze, seine Schwäche. Und sie wusste sie trefflich auszunützen. Sie stand meiner Bestallung seltsamerweise aber eigentlich eher wohlwollend gegenüber. Ihre wiederholten Einladungen bereiteten mir sogar nicht wenig Verlegenheit. Schließlich konnte ich sie nicht mehr mit schicklichen Begründungen ablehnen und stattete also der Fürstin meinen Besuch ab. Dabei nun ließ ich mir etwas zuschulden kommen, was meine ganze Aussicht auf die ersehnte Stelle vernichtete. Ich legte mir mein Verhalten vor der Audienz sorgfältig zurecht. Mir schien es nur zwei Möglichkeiten zu geben: Entweder ich blickte sie wegen ihrer Schönheit (die allgemein bekannt war) *bewundernd* oder wegen ihrer (ebenso bekannten) Gewohnheit, sich in Staatsgeschäfte zu mischen, *missbilligend* an. Mit Missbilligung angeblickt zu werden musste sie in hohem Grade anzürnen. Sie bewundernd anzublicken wäre von meiner Seite aber allzu unehrlich gewesen.»

Konfutse machte eine seiner Kunstpausen. Die Schüler sahen unsicher auf ihn. Beinahe unmerklich lächelnd schaute der Philosoph in die Krone der Korkeiche hoch, die sich schaukelnd im Nachtwind wiegte. Dann fuhr er fort: «Ich beschloss nach reiflicher Überlegung, sie überhaupt nicht anzublicken. Und ich führte meinen Entschluss strikt durch. Die Audienz erledigte meine Kandidatur um die hohe Stellung. Meine listige Haltung nämlich – ich nahm die eines Mannes ein, der nicht wagt, in die Sonne zu schauen, aus Furcht, sie könne ihn blenden – täuschte die Fürstin nicht. Sie war tief beleidigt. Nicht die äußerste Missbilligung in meinen Blicken hätte sie, erfuhr ich, so kränken können wie das Ausbleiben aller Blicke. Ich hatte von dieser Stunde an eine Erzfeindin in ihr.»

Konfutse schien mit seiner Erzählung fertig. Die Schüler schwiegen betreten. Nur der alte Li sagte erbost: «Eine Kuh!»

Konfutse wies ihn milde zurecht: «Einer der intelligentesten Männer, die mir je begegneten, war der Dichter Ken-Jeh. Er erzählte mir einmal, wie er sich mit einem Freund überworfen hatte. Dieser Freund war Kritiker und sehr gegen die Richtung ausgestellt, die Ken-Jeh in seinen Dichtungen vertrat. Aus Freundschaft schrieb er jedoch niemals über Ken-Jeh, da es ja nur etwas Schlechtes hätte sein können, was er hätte schreiben müssen. Aber gerade das nahm ihm Ken-Jeh am meisten übel. ‹Schreib gut oder schreib schlecht über meine Arbeiten›, rief er außer sich, ‹aber schreib!› Ihr seht, im Reich der Künste herrschen ganz besondere Bedürfnisse. – Nein, Freund Li, wir müssen es schon dabei lassen: Ich wusste nicht genug von Frauen.»

Es ist eine Tatsache, dass zu solchen Dingen wie Geistern, Religion, Astrologie und Kriegskunst, über die Konfutse, einer der größten Lehrer aller Zeiten, seinen Schülern beinahe nichts oder nur Allgemeines sagte, lustigerweise auch die Frauen gehörten.

María Luisa Bombal

DER BAUM

Der Klavierspieler setzt sich, hustet aus Gewohnheit und konzentriert sich einen Augenblick lang. Die Trauben aus Lichtern, die den Saal beleuchten, verdunkeln sich langsam, bis sie in einem Schimmer dahinsterbender Glut verharren, woraufhin ein musikalisches Motiv sich aus der Stille erhebt und anschwillt, klar, knapp – und zugleich vernünftig und kapriziös.

«Vielleicht Mozart», denkt Brígida. Wie üblich hat sie vergessen, das Programm zu verlangen. «Vielleicht Mozart, oder Scarlatti...» Sie verstand ja so wenig von Musik! Und zwar nicht etwa, weil sie kein Gehör oder kein Interesse gehabt hätte. Als kleines Mädchen war sie es gewesen, die um Klavierstunden bat; niemand musste sie ihr aufzwingen, wie ihren Schwestern. Dennoch konnten ihre Schwestern jetzt richtig vom Blatt spielen und erkannten einen Komponisten auf Anhieb, während sie... Sie hatte die Klavierstunden aufgegeben, ein Jahr nachdem sie damit begonnen hatte. Der Grund für ihre Inkonsequenz war ebenso einfach wie beschämend: Nie hatte sie es geschafft, die Tonart F-Dur zu erlernen, niemals. «Ich versteh's nicht, mein Gedächtnis reicht nicht weiter als bis C-Dur.» Die Empörung ihres Vaters! «Den Posten eines unglücklichen Witwers, der mehrere Töchter zu erziehen hat, träte ich jedem x-Beliebigen ab! Arme Carmen! Wie sie wegen

solch einer Tochter gelitten hätte! Das Mädchen ist eben geistig zurückgeblieben.»

Brígida war das jüngste von sechs Mädchen, von denen jedes einen
anderen Charakter hatte. Ihr Vater kümmerte sich kaum um sie, denn
bei seiner sechsten Tochter angekommen, war er dermaßen perplex
und erledigt von den fünf vorhergehenden, dass er es vorzog, sich das
Leben zu erleichtern, indem er sie für geistig zurückgeblieben erklärte.
«Ich werde nicht weiter kämpfen, es ist sinnlos. Lasst sie in Ruhe. Wenn
sie nichts lernen will, soll sie es bleiben lassen. Wenn sie lieber in die
Küche geht, um Geistergeschichten zu hören, bitte schön. Wenn ihr mit
sechzehn Jahren noch die Puppen gefallen, soll sie doch spielen.» Und
so hatte sich Brígida an ihre Puppen gehalten und war vollkommen
unwissend geblieben, was eine reguläre Schulbildung betraf.

Wie angenehm ist es, unwissend zu sein! Nicht genau zu wissen,
wer Mozart war – seine Ursprünge, seine Einflüsse, die Besonderheiten
seiner Technik nicht zu kennen! Sich einzig und allein von ihm bei der
Hand nehmen zu lassen, wie eben jetzt … Und Mozart führt sie in der
Tat. Er führt sie auf eine Brücke, die über ein kristallklares Wasser
gespannt ist, das in einem Flussbett aus rosa Sand fließt. Sie ist in Weiß
gekleidet mit einem spitzenbesetzten, aufgespannten Sonnenschirm
über der Schulter, der kompliziert und fein wie eine Spinnwebe ist.

«Du siehst jeden Tag jünger aus, Brígida. Gestern habe ich deinen
Mann getroffen, deinen Ex-Gatten will ich sagen. Er hat schon ganz
weißes Haar.»

Aber sie antwortet nicht, hält sich nicht auf, geht weiter über die
Brücke, die Mozart ihr zum Garten ihrer Jugendjahre hin gebaut hat.

Hohe Springbrunnen, in denen das Wasser singt. Ihre achtzehn
Jahre; ihre bernsteinfarbenen Zöpfe, die ihr aufgelöst bis zur Taille
reichten; ihre goldene Gesichtsfarbe; ihre dunklen Augen, ebenso offen
wie fragend. Ein kleiner Mund mit vollen Lippen, ein süßes Lächeln
und der leichteste, graziöseste Körper der Welt. Woran dachte sie, wenn
sie am Brunnenrand saß? An nichts! «Sie ist ebenso dumm, wie sie
hübsch ist», sagte man. Aber ihr war es gleichgültig, als einfältig zu
gelten oder auf Tanzveranstaltungen «sitzen zu bleiben». Ihre Schwestern bekamen Heiratsanträge, eine nach der anderen. Sie bekam keinen
einzigen.

Mozart! Jetzt führt er sie zu einer Treppe aus blauem Marmor, die sie hinuntersteigt, zwischen zwei Reihen von Lilien aus Eis. Und nun öffnet er ihr ein schmiedeeisernes Tor mit vergoldeten Spitzen, damit sie sich Luis an den Hals werfen kann, dem guten Freund ihres Vaters. Seit sie ein kleines Mädchen war, lief sie, wenn alle sie verließen, zu Luis. Er hob sie in die Höhe, und sie warf ihm die Arme um den Hals, unter Lachen – das wie kleines Gezwitscher klang – und Küssen, die sie ihm wie chaotische Regentropfen auf Stirn und Haare streute, die schon damals grau waren – war er eigentlich niemals jung gewesen?

«Du bist wie eine Halskette», sagte Luis dann zu ihr. «Du bist wie eine Halskette aus Vögeln.»

Deswegen hatte sie ihn geheiratet. Denn an der Seite jenes feierlichen und schweigsamen Mannes fühlte sie sich nicht schuldig, dass sie war, wie sie war: dumm, verspielt und träge. Ja! Jetzt, nach so vielen Jahren, versteht sie, dass sie Luis nicht aus Liebe geheiratet hatte, dennoch vermag sie nicht genau zu sagen, warum sie ihn eines Tages so plötzlich verließ ...

Aber da nimmt Mozart sie nervös bei der Hand und zieht sie in einen immer drängenderen Rhythmus, zwingt sie, den Garten in umgekehrter Richtung wieder zu durchqueren, im Eilschritt auf die Brücke hinauf, fast wie auf der Flucht. Und nachdem er ihr den Sonnenschirm und den durchsichtigen Rock abgenommen hat, schließt er die Tür ihrer Vergangenheit mit einem zugleich süßen und festen Akkord und lässt sie in einem Konzertsaal zurück, in Schwarz gekleidet, wo sie mechanisch in die Hände klatscht, während die künstlichen Lichter allmählich wieder heller leuchten.

Von Neuem das Halbdunkel und von Neuem die einleitende Stille.

Und nun beginnt Beethoven, den lauen Wellenschlag seiner Noten unter einem Frühlingsmond zu bewegen. Wie weit sich das Meer zurückgezogen hat! Brígida geht den Strand hinab auf das Meer zu, das dort in der Ferne liegt, glänzend und zahm; doch dann erhebt sich das Meer, wächst ruhig, kommt ihr entgegen, hüllt sie ein und schiebt, schiebt sie mit sanften Wellen, die an ihren Rücken schlagen, bis sie ihre Wange auf den Körper eines Mannes drücken. Und entfernt sich, als hätte es sie auf der Brust von Luis einfach vergessen.

«Du hast kein Herz, du hast kein Herz», pflegte sie Luis zu sagen. So weit drinnen schlug das Herz ihres Mannes, dass sie es nur ganz selten und auf unvorhersehbare Weise hören konnte. «Du bist niemals bei mir, wenn du an meiner Seite bist», protestierte sie im Schlafzimmer, wenn er vor dem Einschlafen rituell die Abendzeitungen aufschlug. «Warum hast du mich geheiratet?»

«Weil du Augen wie ein erschrecktes Reh hast», sagte er dann und gab ihr einen Kuss. Und sie empfing, plötzlich aufgeheitert, stolz das Gewicht seines weißhaarigen Kopfes auf ihrer Schulter. Oh, dieses silbrige, glänzende Haar von Luis!

«Luis, nie hast du mir erzählt, welche Farbe genau dein Haar hatte, als du klein warst, und du hast mir auch nie erzählt, was deine Mutter sagte, als du auf einmal mit fünfzehn Jahren anfingst, graue Haare zu bekommen. Was sagte sie dazu? Lachte sie? Weinte sie? Und du, warst du stolz, oder hast du dich geschämt? Und was sagten deine Klassenkameraden in der Schule? Erzähl's mir, Luis, erzähl...»

«Morgen werd ich's dir erzählen. Ich bin müde, Brígida, sehr müde. Mach das Licht aus.»

Unbewusst rückte er von ihr weg, um zu schlafen, und sie verfolgte unbewusst die ganze Nacht die Schulter ihres Mannes, suchte seinen Atem, tastete blinden Auges nach Schutz, wie eine eingeschlossene und durstige Pflanze, die ihre Ranken auf der Suche nach Wärme und Feuchtigkeit ausstreckt.

Am Morgen, wenn das Dienstmädchen die Jalousien aufzog, lag Luis schon nicht mehr neben ihr. Er war vorsichtig aufgestanden, ohne ihr Guten Tag zu wünschen, aus Furcht vor der Halskette aus Vögeln, die darauf bestanden hätte, sich hartnäckig an seinen Schultern festzuhalten. «Fünf Minuten, nur noch fünf Minuten. Dein Büro wird sich nicht in Luft auflösen, nur weil du fünf Minuten länger bei mir bleibst, Luis.»

Ihr tägliches Erwachen! Ach, war das immer ein trauriges Erwachen! Aber es war seltsam, kaum betrat sie ihren Ankleideraum, zerstreute sich ihre Traurigkeit wie durch einen Zauber.

Ein Wellenschlag tönt, tönt ganz weit weg, murmelt wie ein Meer von Blättern. Ist es Beethoven? Nein. Es ist der Baum, der vor dem Fenster ihres Ankleideraums steht.

Es genügte, einzutreten, um im Innern ein fast überwältigendes Wohlgefühl zu spüren. Wie heiß es im Schlafzimmer in der Frühe immer war! Und dieses grelle Licht! Hier dagegen, im Ankleideraum, ruhte sich sogar der Blick aus, erfrischte sich. Die blassen Stoffbezüge, der Baum, der an den Wänden Schatten entwickelte wie von aufgepeitschtem, kaltem Wasser, die Spiegel, die das Blattwerk vervielfachten und die Illusion eines unendlichen grünen Waldes schufen. Wie angenehm dieses Zimmer war! Es erschien wie eine in ein Aquarium versenkte Welt. Wie er plauderte, dieser riesige Gummibaum! Alle Vögel der Umgebung kamen, um in ihm Zuflucht zu suchen. Es war der einzige Baum jener schmalen, abschüssigen Straße, die vom Stadtrand her sich direkt in den Fluss stürzte.

«Ich habe zu tun. Ich kann dir nicht Gesellschaft leisten ... Ich habe viel zu tun, ich schaffe es nicht, zum Mittagessen heimzukommen ... Hallo, ja, ich bin im Club. Eine Verpflichtung. Iss und geh schlafen ... Nein. Weiß ich nicht. Warte besser nicht auf mich, Brígida.»

«Wenn ich nur Freundinnen hätte», seufzte sie. Aber alle Welt langweilte sich mit ihr. Wenn sie doch versuchen könnte, etwas weniger dumm zu sein! Aber wie sollte sie mit einem Schlag so viel verlorenes Terrain zurückgewinnen? Um intelligent zu sein, muss man von klein auf damit beginnen, ist es nicht so?

Ihre Schwestern wurden jedenfalls von ihren Ehemännern überall hingeführt, aber Luis – warum sollte sie es sich nicht eingestehen? – schämte sich ihretwegen, wegen ihrer Unwissenheit, ihrer Schüchternheit und sogar wegen ihrer achtzehn Jahre. Hatte er etwa nicht von ihr verlangt, sie solle so tun, als sei sie mindestens einundzwanzig, als ob ihre Jugend ihrer beider großes Geheimnis wäre?

Und in der Nacht, wie müde er immer ins Bett kam! Nie hörte er ihr bis zum Ende zu. Er lächelte ihr zu, das schon, er lächelte mit einem Lächeln, von dem sie wusste, dass es mechanisch war. Er überhäufte sie mit Zärtlichkeiten, die mit ihm selbst nichts zu tun hatten. Warum hatte er sie überhaupt geheiratet? Um ihre Bekanntschaft fortzusetzen, vielleicht um die alte Freundschaft mit ihrem Vater enger zu knüpfen.

Vielleicht bestand das Leben für die Männer aus einer Abfolge von Gewohnheiten, die akzeptiert und von Dauer waren. Wenn eine davon zu Bruch ging, kam es wahrscheinlich zur Krise, zur Katastrophe. Und dann begannen die Männer, durch die Straßen der Stadt zu irren, sich auf die Bänke der Plazas zu setzen, jeden Tag etwas schlechter angezogen und rasiert. Das Leben von Luis bestand also darin, jede Minute des Tages mit einer Beschäftigung auszufüllen. Warum hatte sie das nicht früher begriffen? Ihr Vater hatte recht, wenn er sie für geistig zurückgeblieben erklärte.

«Ich möchte so gern einmal sehen, wie es schneit, Luis.»

«Diesen Sommer reise ich mit dir nach Europa, und da es dann Winter ist, wirst du sehen, wie es schneit.»

«Ich weiß schon, dass in Europa Winter ist, wenn hier Sommer ist. So unwissend bin ich auch nicht.»

Manchmal, wie um ihn zur Begeisterung der wahren Liebe zu erwecken, warf sie sich auf ihren Mann und bedeckte ihn mit Küssen, weinte, rief ihn: «Luis, Luis, Luis...»

«Was? Was ist los mit dir? Was willst du?»

«Nichts.»

«Warum rufst du mich dann auf diese Weise?»

«Wegen nichts, nur um dich zu rufen. Ich rufe dich gern.»

Und er lächelte und nahm das neue Spiel gutmütig auf.

Der Sommer kam, ihr erster Sommer als Ehefrau. Neue geschäftliche Verpflichtungen zwangen Luis dazu, die versprochene Reise aufzuschieben.

«Brígida, diesen Sommer wird in Buenos Aires eine fürchterliche Hitze sein. Warum gehst du nicht auf das Landgut zu deinem Vater?»

«Allein?»

«Ich würde dich jede Woche besuchen, von Samstag bis Montag.»

Sie hatte sich aufs Bett gesetzt, bereit, ihn zu beschimpfen.

Aber vergeblich suchte sie verletzende Worte, um ihn damit anzuschreien. Sie konnte nichts, nichts. Nicht einmal beleidigen.

«Was ist los mit dir? Woran denkst du, Brígida?»

Unruhig neigte sich Luis über sie. Zum ersten Mal ließ er die Stunde verstreichen, zu der er normalerweise ins Büro ging.

«Ich bin schläfrig...», hatte Brígida kindisch geantwortet, während sie das Gesicht in den Kissen versteckte. Zum ersten Mal hatte er vom Club aus zur Mittagessenszeit angerufen. Aber sie hatte sich geweigert, ans Telefon zu gehen, hatte wütend jene Waffe genutzt, die sie gefunden hatte, ohne es zu wollen: das Schweigen.

Am selben Abend saß sie ihrem Mann bei Tisch gegenüber, ohne den Blick zu heben, unter Anspannung aller Nerven.

«Bist du immer noch beleidigt, Brígida?»

Aber sie brach das Schweigen nicht.

«Du weißt wohl, dass ich dich liebe, Vogelkette. Aber ich kann nicht die ganze Zeit bei dir sein. Ich bin ein sehr beschäftigter Mann. Wenn man mein Alter erreicht, ist man ein Sklave von tausend Verpflichtungen.»

...

«Sollen wir heute Abend ausgehen?»

...

«Du willst nicht? Nun, ich habe Geduld. Sag mir, hat Roberto aus Montevideo angerufen?»

...

«Wie schön dein Kleid ist, ist es neu?»

...

«Ist es neu, Brígida? Antworte mir. Sag etwas.»

Aber sie brach auch diesmal nicht das Schweigen.

Und dann das Unerwartete, das Erschreckende, das Absurde. Luis springt von seinem Stuhl auf, wirft die Serviette heftig auf den Tisch und verlässt das Haus, indem er die Türen hinter sich zuwirft.

Sie war ihrerseits aufgestanden, verdutzt, aber zitternd vor Empörung über so viel Ungerechtigkeit. «Und ich ... und ich ...», murmelte sie verwirrt, «ich, die fast ein Jahr lang ... wenn ich mir zum ersten Mal einen Vorwurf erlaube ... Ach, ich gehe fort, ich gehe noch heute Nacht. Nie wieder betrete ich dieses Haus ...» Und sie öffnete wütend die Schränke des Ankleideraums und warf aufs Geratewohl die Wäsche auf den Boden.

Da geschah es, dass jemand oder etwas an die Fensterscheiben klopfte.

Sie lief, ohne zu wissen, wie und mit welchem unglaublichen Mut, zum Fenster und öffnete es. Es war der Baum, der Gummibaum, den ein starker Windstoß schüttelte, der mit seinen Zweigen ans Fenster schlug, der sie von draußen aufforderte, ihm zuzuschauen, wie er sich wiegte, verwandelt in eine eindrucksvolle, schwarze Flamme unter dem entzündeten Himmel jener Sommernacht.

Ein schwerer Regenschauer sollte bald gegen seine kalten Blätter prasseln. Wie herrlich! Die ganze Nacht über würde sie hören können, wie der Regen auf die Blätter des Gummibaumes schlug, wie er darüber lief, in Rinnsalen wie von tausend eingebildeten undichten Stellen im Dach. Die ganze Nacht hindurch würde sie den alten Stamm des Gummibaumes ächzen und stöhnen und ihr von dem Sturm erzählen hören, während sie sich, absichtlich fröstelnd zwischen den Leintüchern des großen Bettes, ganz nahe an Luis kuscheln würde. Hände voller Perlen, die in Massen auf ein silbernes Dach regnen. Chopin! Die Etüden von Frédéric Chopin.

Wie viele Wochen lang wachte sie plötzlich ganz früh auf, kaum dass sie spürte, dass ihr Mann – jetzt auch er hartnäckig wortkarg – aus dem Bett geglitten war?

Der Ankleideraum: das weit offen stehende Fenster, ein Geruch nach Fluss und Gras, der in diesem freundlichen Zimmer schwebte, und die Spiegel, die ein Nebelschleier verhüllte.

Chopin und der Regen, der über die Blätter des Gummibaums rieselt mit dem Geräusch eines geheimen Wasserfalls und der sogar die Rosen der Vorhänge zu durchnässen scheint, sie vermischen sich in ihrer aufgewühlten Nostalgie.

Was soll man im Sommer tun, wenn es so viel regnet? Den ganzen Tag im Zimmer bleiben, unter dem Vorwand einer Unpässlichkeit oder einer Schwermut? Luis war eines Nachmittags schüchtern hereingekommen. Sehr steif hatte er sich gesetzt. Es herrschte langes Schweigen.

«Brígida, dann stimmt es also? Du liebst mich nicht mehr?»

Sie war plötzlich auf unsinnige Art fröhlich geworden. Vielleicht hätte sie ausgerufen: «Nein, nein, ich liebe dich, Luis, ich liebe dich», wenn er ihr Zeit gelassen hätte, wenn er nicht fast unmittelbar darauf in seiner üblichen Ruhe fortgefahren wäre: «Auf jeden Fall glaube ich nicht, dass es gut für uns wäre, uns zu trennen, Brígida. Das muss man sich gründlich überlegen.»

Ihre Gefühlsaufwallung fiel ebenso überraschend in sich zusammen, wie sie entstanden war. Wozu sollte sie sich auch unnötig aufregen! Luis liebte sie zärtlich und gemessen; wenn er jemals so weit käme, sie zu hassen, täte er es mit Gerechtigkeitssinn und Umsicht. Und das war das Leben. Sie trat ans Fenster und stützte die Stirn gegen die kalte Scheibe. Da draußen stand der Gummibaum und empfing unerschütterlich den Regen, der ruhig und gleichmäßig auf ihn niederfiel. Das Zimmer lag unbeweglich im Halbdunkel, ordentlich und still. Alles schien stehen zu bleiben, ewig und sehr edel. Das war das Leben, und es lag eine gewisse Größe darin, es so zu akzeptieren: in seiner Mittelmäßigkeit, wie etwas Endgültiges, Unverbesserliches. Während vom Grund der Dinge eine Melodie aus ernsten und langsamen Worten hervorzuquellen schien, denen sie immer weiter lauschte: «Immer» – «Nie» ...

Und so vergehen die Stunden, die Tage und die Jahre. Immer! Nie! Das Leben! Das Leben!

Als sie sich wieder erholt hatte, stellte sie fest, dass ihr Mann sich aus dem Zimmer geschlichen hatte.

«Immer! Nie!» ... Und der geheime und gleichmäßige Regen flüsterte in Chopin immer noch weiter.

Der Sommer blätterte seinen brennenden Kalender herunter. Leuchtende und blendende Blätter fielen wie goldene Schwerter – Blätter auch von einer ungesunden Feuchtigkeit wie der Hauch der Sümpfe; es fielen Blätter vom wütenden und kurzen Sturm – und Blätter vom warmen Wind, dem Wind, der die «Windnelke» bringt und sie in dem riesigen Gummibaum aufhängt.

Einige Kinder pflegten in den großmächtigen Wurzeln, die die Pflastersteine des Bürgersteigs hochhoben, Versteck zu spielen. Und der Baum füllte sich mit Gelächter und Geflüster. Dann beugte sie sich zum Fenster hinaus und klatschte in die Hände; die Kinder zerstreuten sich erschreckt, ohne ihr mädchenhaftes Lächeln zu bemerken, das verriet, dass sie selber gern an dem Spiel teilgenommen hätte.

Einsam, wie sie war, blieb sie lange Zeit, die Ellbogen in den Fensterrahmen gestützt, und sah dem Zittern des Blattwerkes zu – immer ging irgendein Windhauch durch diese Straße, die direkt zum Fluss hinabführte –, und es war, als versenkte sie den Blick in ein bewegtes Gewässer oder in das unruhige Feuer eines Kamins. So konnte man die toten Stunden zubringen, von allen Gedanken entleert, dumm geworden vor Wohlsein.

Kaum begann das Zimmer, sich mit dem Rauch der Abenddämmerung zu füllen, zündete sie die erste Lampe an, und die erste Lampe gab einen Widerschein in den Spiegeln, vervielfältigte sich zu Glühwürmchen, die die Nacht vertreiben möchten.

Und Nacht für Nacht schlief sie neben ihrem Mann und erlitt Sturmböen des Leidens. Aber wenn ihr Schmerz sich kondensierte und sie verletzte wie ein Stich, wenn sie ein allzu herrischer Wunsch überkam, Luis zu wecken, um ihn zu schlagen oder zu streicheln, dann schlich sie sich auf Zehenspitzen zum Ankleideraum und öffnete das Fenster. Augenblicklich füllte sich das Zimmer mit diskreten Geräuschen und diskreten Anwesenheiten, mit geheimnisvollen Schritten, mit Flügelschlagen, pflanzlichem Knistern, dem süßen Schnarren einer Grille, die versteckt unter der Rinde des Gummibaums saß, der sich im Sternenlicht einer heißen Sommernacht verlor.

Ihr Fieber ließ nach, je mehr ihre nackten Füße allmählich auf den Fliesen eiskalt wurden. Sie wusste nicht, warum es ihr so leicht fiel, in jenem Zimmer zu leiden.

Chopins Melancholie, die eine Etüde an die andere reiht, eine Melancholie nach der anderen, unbeirrbar.

Es kam der Herbst. Die trockenen Blätter taumelten kurze Zeit, bevor sie auf den Rasen des engen Gartens niedersanken, auf den Bürgersteig der abschüssigen Straße. Die Blätter lösten sich und fielen ... – Der Wipfel des Gummibaumes blieb grün, aber von unten her wurde der Baum rot und verdunkelte sich wie der abgenutzte Pelz eines prächtigen Umhangs. Und das Zimmer schien nun wie in einen traurigen, goldenen Becher getaucht.

Auf das Sofa hingestreckt, erwartete sie geduldig die Abendessenszeit, die unwahrscheinliche Ankunft von Luis. Sie hatte wieder mit ihm geredet, sie war wieder seine Frau geworden, ohne Begeisterung und ohne Zorn. Sie liebte ihn nicht mehr. Aber sie litt nicht mehr darunter. Im Gegenteil.

Eine unverhoffte Empfindung der Fülle, des Wohlseins hatte sie ergriffen. Nichts und niemand konnte sie mehr verletzen. Mag sein, dass das wahre Glück in der Überzeugung liegt, das Glück unwiederbringlich verloren zu haben. Erst dann beginnen wir, uns durch das

Leben ohne Hoffnungen und Ängste zu bewegen, endlich fähig, alle die kleinen Freuden zu genießen, die am dauerhaftesten sind.

Ein fürchterlicher Lärm, dann eine weiße Flamme, die sie zitternd nach hinten wirft.

Ist das die Pause? – Nein. Es ist der Gummibaum.

Sie hatten ihn mit einem einzigen Axthieb gefällt. Ohne ihr Wissen hatten die Arbeiten frühmorgens begonnen. «Die Wurzeln heben die Pflastersteine des Bürgersteigs in die Höhe, und dann sind natürlich die Nachbarn ...»

Geblendet hat sie die Hände vor die Augen gelegt. Als sie wieder sieht, richtet sie sich auf und schaut sich um. Was erblickt sie? –

Den Konzertsaal, der plötzlich hell erleuchtet ist, und das Publikum, das auseinandergeht?

Nein. Sie ist in den Netzen ihrer Vergangenheit verstrickt, gefangen in ihrem Ankleideraum – in den ein erschreckendes weißes Licht flutet. Es war, als hätte man das Dach abgerissen, rohes Licht kam von allen Seiten, drang in ihre Poren ein, verbrannte sie vor Kälte. Und alles sah sie gebadet in diesem kalten Licht: Luis, sein Gesicht voller Falten, seine Hände, von dicken, entfärbten Venen durchfurcht, und die Stoffbezüge mit ihren schreienden Farben.

Zu Tode erschrocken läuft sie zum Fenster. Das Fenster geht jetzt direkt auf eine schmale Straße, so schmal, dass ihr Zimmer fast an die Fassade eines Wolkenkratzers stößt. Im Erdgeschoss Schaufenster und noch mehr Schaufenster, vollgestellt mit Flaschen. An der Straßenecke eine Reihe von Autos vor einer rot gestrichenen Tankstelle. Einige hemdsärmelige Jungen spielen Fußball mitten auf der Straße.

Und diese ganze Hässlichkeit war in ihre Spiegel hereingekommen. In ihren Spiegeln erschienen jetzt nickelfarbene Balkone und aufgehängte Tücher und Käfige mit Kanarienvögeln.

Sie hatten ihr ihre Intimität, ihr Geheimnis genommen, sie befand sich nackt mitten auf der Straße, nackt neben einem alten Ehemann, der ihr den Rücken zukehrte, um zu schlafen, der ihr keine Kinder geschenkt hatte. Sie versteht nicht, warum sie sich bisher nie Kinder gewünscht hatte, wie sie sich an die Vorstellung hatte gewöhnen können, dass sie ihr ganzes Leben ohne Kinder zubringen würde. Sie versteht nicht, wie sie ein ganzes Leben lang dieses Lachen von Luis ertragen konnte, dieses allzu joviale Lachen, dieses künstliche Lachen eines Mannes, der sich das Lachen antrainiert hat, weil es notwendig ist, zu bestimmten Gelegenheiten zu lachen.

Lügen! Ihre Resignation und ihre Gelassenheit waren Lügen, sie wollte Liebe, ja Liebe, und Reisen und Verrücktheiten und Liebe, Liebe ...

«Aber Brígida, warum verlässt du mich? Warum bist du so lange geblieben?», hatte Luis gefragt.

Jetzt hätte sie eine Antwort gewusst.

«Der Baum, Luis, der Baum! Sie haben den Gummibaum gefällt!»

Elsa Morante
RENDEZVOUS

Jeden Abend um Mitternacht hatte Prinzessin Carola ein Rendezvous mit einem Traum. Sie hieß Prinzessin Carola Aaganil, war aber eine geborene Marchesa Antònoli-Perth. Ihr Adel aus der Kindheit ergab, summiert mit dem Adel ihres Gatten, solch unerhörten Adel, dass die Doppelreihe der Lakaien beim Erscheinen von Prinzessin Carola in den wunderbaren Empfangshallen der Paläste niederkniete wie bei der Prozession, wenn die Statue des Schutzheiligen vorbeizieht. Die Prinzessin schritt über die spiegelnden Marmorböden mit der fabelhaften Leichtigkeit eines schmalen Boots, das den Fluss hinabeilt. Ihr Kopf unter dem hoch aufgesteckten Haar von so blassem Gold, dass es an Silber grenzte, war zu schwer für den zarten Hals und neigte sich stets nach einer Seite. Ein Raunen ging durch die Hallen: «Es ist die Prinzessin, es ist die Prinzessin», und wenn Carola vorübergegangen war, schnupperten die Lakaien wie Hunde in der Luft und seufzten: «Ah, welch guter Geruch.»

Schon ab dreiundzwanzig Uhr begann Prinzessin Carola in der Gruppe der königlichen Matronen und der Adeligen mit dem Kopf zu schaukeln wie jemand, der sich nach einem Kissen sehnt; sie klapperte mit den zartlila getönten Augenlidern und verbarg hinter dem Fächer ein Gähnen, leicht wie ein Hauch.

Ihr Gatte, Fürst Filippo Aaganil, verzog den Mund unter dem grau melierten Schnauzbart zu einer Grimasse wohlerzogenen Verdrusses: «Jeden Abend das Gleiche, Lola», tadelte er sie leise mit seiner heiseren Stimme, «Ihr seid müde.»

«Oh, Fifi», flüsterte sie, «es ist nicht meine Schuld», und vor lauter Anstrengung, ein weiteres Gähnen zu unterdrücken, traten ihr zwei Tränen in die Augen.

Fürst Filippo zog die Schultern hoch. Jede Nacht litt er unter Schlaflosigkeit und war gezwungen, die Stunden matt mithilfe von Tabak und Spielkarten herumzubringen. Hätten ihn wenigstens seine Knochen in Frieden gelassen! Aber nein, sie hörten nicht auf, ihm mit plötzlichen stechenden Schmerzen und Knacksen das Wetter des folgenden Tages vorherzusagen, ob Regen oder Trockenheit. Und Tabak zerkrümelnd und murrend sah der Fürst das Morgengrauen heraufziehen.

Auf dem Höhepunkt der festlichen Empfänge, eine halbe Stunde vor Mitternacht, begann Prinzessin Carola, ihre Augen zerstreut über die Fresken und Deckengewölbe der Salons schweifen zu lassen. Sie glich einem vom Licht geblendeten Schmetterling. Auf einmal sprang sie leichtfüßig vom Sofa der Matronen auf und sagte: «Gute Nacht.»

«Ich komme später nach», sagte ihr Gatte vom Whist-Tisch her zu ihr. Und sie schritt mit klopfendem Herzen, ein intimes Lächeln und Küsse auf den Lippen, eilends die marmornen Freitreppen herab und sprang dann mit wehender Schleppe in die Kutsche.

Zu Hause zog sie nichts weiter an als ein bodenlanges Spitzenhemdchen und löste ihr Haar, damit sich ihr Kopf leichter anfühlte; dann entließ sie ihre Zofen (an dem Punkt schlug es Mitternacht) und schloss die Augen in Erwartung des Traums.

Womit könnte man diesen Traum von Prinzessin Carola wohl vergleichen? Mit einer Biene, die zart an ihren Lippen saugt? Mit einem schmalen Jüngling mit anmutigem Scheitel und schmeichelndem, goldenem Schnauzbart? Mit einem Zephir, mit einem Blumengeschenk? Schwieriges Unterfangen. Dieser Traum öffnete galant die Türen und rief lachend: «O Geliebte!» In ihrer Nähe wurde er fügsam, kühn und doch scheu. Er kämmte sie, und dabei küsste er die Spitzen ihrer Locken und kratzte sie sacht am Hals, um sie zu kitzeln, wie man es bei Tauben macht.

Eines Abends im Salon der Baronin Carassi-Anselmi wurde amüsant über die sonderbare Ehe der Gräfin d'Albifiore gelästert. Prinzessin Carola war mit von der Partie und bemerkte nicht, wie die Zeit verging; plötzlich hörte sie, wie es drei Viertel zwölf schlug: «Ich habe mich verspätet!», dachte sie auffahrend, raffte ihre Schleppe zusammen und lief mit einem hastigen Gruß davon. In der Eile verlor sie ihren bemalten feinen Seidenschal, kümmerte sich aber nicht darum. «Ich werde zu spät kommen», wiederholte sie sich bestürzt, während sie wie ein liebenswürdiger Windstoß zwischen den erstaunten Blicken der Pagen hindurchfegte. Und am ganzen Leib zitternd, bestieg sie die Kutsche. «Da muss etwas dahinter sein», sagte sich der misstrauische Fürst Filippo, «und wen würde es schließlich wundern, wenn auch die Müdigkeit jeden Abend nichts weiter ist als geschickte Verstellung?» Und sogleich ließ er sich von einem Diener seinen Pelz aus Bisamratte reichen, nahm irgendeine Mietdroschke und eilte auf Carolas Spuren heim.

Als er ankam (nun war es Mitternacht), hatte seine Gattin sich schon hingelegt und schlief, völlig angekleidet, zwischen den rosigen Laken und Rüschen des Bettes. Filippo beugte sich über sie, um mit dem Monokel diesen zarten Kopf aus blassem Porzellan zu betrachten, diese noch vom Band gehaltenen Locken, die wie Glyziniendolden herabfielen. Sie lächelte im Schlaf und zog einen Schmollmund, sie zuckte die Achsel und winkte Ade: «Zum Donnerwetter», sagte sich der Fürst, «mit wem kokettiert sie da?», und umklammerte fieberhaft den Elfenbeinknauf seines Spazierstocks. Jetzt bewegte Prinzessin Carola die Lippen: «Oh, mein Verlangen», stammelte sie, «o Gunst, o Thron, Flüchtige Morgenröte, Teure Gnade.» – «Einen Mann redet man nicht so an», sagte sich der Fürst durchaus beruhigt. «O Goldener Duft», flüsterte in diesem Augenblick Prinzessin Carola. Und da der Fürst jeden Morgen, wenn der Barbier sein Werk vollendet hatte, ein Parfüm namens Tabac Doré verwendete, sagte er sich verblendet: «Aber dann träumt sie ja von mir!», und voller Reue, sie verdächtigt zu haben, küsste er sie auf die Stirn.

Ulfat Idilbi

HAUCH DER JUGEND

Die Großmutter murmelte, während sie ihr zusah, wie sie sich vor dem Spiegel die Haare kämmte: «Wohin gehst du? Zur Uni? Oder zum Bräutigam? Seit wann frisieren sich Studentinnen die Haare und pudern sich die Wangen? Alles ändert sich in letzter Zeit. Wie eng willst du dein Kleid noch machen? Hast du keine Furcht vor Gott? Das Unglück wird uns noch alle heimsuchen, nur wegen euch Studentinnen! Gott hat uns den Regen vorenthalten, und jetzt ist alles so teuer geworden! Er hat Heuschrecken auf uns losgelassen, und Seuchen und fremde Mächte. Und aus den Herzen hat er die Barmherzigkeit genommen, alles wegen eurer Dreistigkeit! Doch keine von euch lässt sich belehren! Aber die Schuld trifft nicht dich allein, sondern auch deinen Vater, der nicht auf mich hören will und dich nicht streng genug erzieht. Früher gab es noch richtige Männer im Vergleich zu den heutigen! Als ich in deinem Alter war – da war ich schon Witwe und hatte ein Kind –, sah mein Vater mich einmal vor dem Spiegel stehen und mich schminken. Er zog mich an den Haaren, gab mir eine schmerzhafte Ohrfeige und schalt mich in einem unerbittlichen Ton, an den ich mich bis jetzt erinnere: Für wen machst du dich so schön, du Verfluchte? Ich habe keine Töchter, die Stunden vor dem Spiegel verbringen, verstanden?! Von dem Tag an habe ich mein Haar nie mehr frisiert und mein Gesicht nie mehr geschminkt. Möge Gott sich seiner erbarmen! Wie gut hat er seine Töchter erzogen! Aber dein Vater, der wird es noch bereuen. Aber dann wird es zu spät sein! Glaub dem, der da sagt: ‹Wenn du eine Tochter hast, sorgst du dich bis in das Grab!›»

Die junge achtzehnjährige Frau schenkte dem Geschwätz der alten Großmutter keinerlei Aufmerksamkeit, sondern fuhr fort, sich sorgfältig vor dem Spiegel zu schminken. Dann klemmte sie sich ihre Bücher unter den Arm und hüpfte die Treppe hinunter, je drei Stufen auf einmal nehmend, und summte dabei einen bekannten Schlager vor sich hin.

Auf der Straße stieß sie zu einer Gruppe von Kommilitonen und mischte sich lebhaft plaudernd unter sie. Der Wind spielte in ihren Haaren, die ihr üppig auf die Schultern fielen. Die Großmutter blickte ihr vom Balkon nach. Zorn und Eifersucht überfluteten ihr Herz und brannten ihr in den Augen. Sie verglich ihr Leben, das sie unter der Last von Traditionen und Fesseln geführt hatte, mit dem freien Leben der Frauen dieser neuen Generation, und dachte: «Was sind wir im Vergleich zu den heutigen Frauen?! Was haben wir schon von der Welt gesehen? Möge Gott dir nicht verzeihen, Vater, möge er dir nicht vergeben! Meine Jugend hast du begraben, mein Feuer gelöscht! Du hast mir alles vorenthalten, sogar das Vergnügen, zu lesen und zu schreiben, was andere Mädchen meiner Generation schon genossen haben! Ich weiß wirklich nicht, was es dir gebracht hat!»

Sie zog einen Stuhl heran und setzte sich. Sie dachte nach. Als habe der Anblick der Enkelin mit ihrer überschäumenden Jugend lang vergessene Erinnerungen in ihr aufgewühlt, wanderten ihre Gedanken durch die Tage ihrer Jugend … Sind die Erinnerungen an die Jugendzeit nicht wie ein kühler, feuchter Windhauch, der über ödes Land streift? Siehe da, auf einmal ist der dürre Halm grün, und die Dornen werden zu Rosen und Lilien!

Ein kühler Windhauch blieb ihr noch! Sanft erhob er sich und umwehte sie, wie sie da so saß. Auf einmal ist sie wieder vierzehn und trägt einen weißen weiten Umhang, das Gesicht hinter einem schwarzen undurchdringlichen Niqab, durch den sie ihren Weg kaum erkennen kann. In Begleitung ihrer Mutter stolpert sie durch die engen Gassen von Damaskus, um ein neues Paar Schuhe zu kaufen. Im Suq al-Hamidiya betreten sie ein Schuhgeschäft. Ein junger schmucker Verkäufer, vermutlich der Sohn des Besitzers, empfängt sie und breitet seine Ware vor ihnen aus, wobei er ihre Vorzüge aufzählt. Ein Paar schwarze Lackschuhe findet ihren Gefallen.

Als sie sich zum Anprobieren hinsetzt, beugt sich der Verkäufer nieder, um ihr behilflich zu sein. Die Mutter ist damit beschäftigt, ein Paar Schuhe für sich selber auszusuchen. Da gleitet der junge Verkäufer mit seiner Hand an ihrem Bein entlang, nimmt ihren Fuß in die Hände und drückt ihn sanft. Zärtlich flüstert er: «Gepriesen sei der Herr! Bei allem, was ich in diesem Laden schon gesehen habe, sind mir noch nie so kleine, zarte Füßchen wie deine untergekommen!»

Ein Schauder durchfließt sie ob seiner unerhörten Berührung und lässt sie verwirrt zurück. Sie zieht ihre Füße weg und bedeckt sie mit dem Ende ihres Umhangs. Er hebt seinen Kopf und schaut sie mit einem verführerischen Lächeln an. Kann er etwa durch ihren dichten schwarzen Hijab hindurchsehen?!

Sie kann ihn in Gänze sehen. Ein rundes braun gebranntes Gesicht, schwarze dichte Augenbrauen, Augen, die so funkeln, als könnten sie ihren Gesichtsschleier zerreißen und in ihren Augen verweilen. Unfähig, den Blick von ihm zu wenden, murmelt sie die Phrase, die sie von Kind auf jedem sagte, der ihr geholfen hat: «Möge er seiner Mutter lange erhalten bleiben!»

Als sie den Laden mit den neuen Schuhen unterm Arm verlässt, folgt er ihr mit Blicken, die sie fast verbrennen. In stolzer aufrechter Haltung läuft sie neben der Mutter. Bis dahin hatte sie nicht gewusst, dass sie von einer Schönheit war, die den Betrachter Gott, den Schöpfer, preisen ließ.

Kurz danach sieht sie einen jungen Mann mit ähnlichen Gesichtszügen wie denen des Schuhverkäufers. Unbewusst streckt sie ihre Hand aus und lüpft das Ende ihres Umhangs, als habe sie Angst, der Dreck der Straße könne ihn beschmutzen, sodass man ihre betörenden Beine erahnen kann.

Aber der dumme Kerl sieht gar nicht, was sie ihm da enthüllt! Dafür bemerkt es ein alter abscheulicher Mann mit großer Nase und Glupschaugen, der sie mit rauer Stimme, die der ihres Vaters ähnelt, anschreit: «Lass den Saum runter, Tochter! Möge Gott die Frauen zerschmettern und von Hunderten nur eine übrig lassen!» Als habe man einen Kübel heißes Wasser über ihr ausgeschüttet, lässt sie den Saum sinken und folgt verzagt ihrer Mutter nach Hause.

Es ist der siebenundzwanzigste Tag des Monats Rajab. In der Zeit zwischen den zwei Gebeten zum Sonnenuntergang und zur Nacht sitzt ihr Vater im offenen Empfangsraum, die gesamte Familie um sich geschart, und rezitiert mit gedämpfter Stimme die Geschichte der Himmelfahrt des Propheten: «Als der Prophet, Gott möge seiner gnädig sein, im fünften Himmel ankam, verlangte er, die Hölle zu sehen. Darinnen waren Frauen an ihren Haaren aufgehängt. Er fragte: ‹Bruder Gabriel, was ist los mit diesen Frauen, die an den Haaren aufgehängt sind?› Der Engel antwortete ihm: ‹Das sind diejenigen, die ihre Reize den Männern entblößten.›»[1]

An dieser Stelle scheint es ihr, als werfe der Vater ihr einen prüfenden Blick zu. Ihr Herz beginnt wild zu schlagen, und sie erinnert sich, wie der junge Verkäufer mit ihr schäkerte, wie sie sich dem jungen Mann auf der Straße zuwandte und der alte Mann sie daraufhin schalt. Sie stellt sich das Bild der Frauen vor, die an den Haaren aufgehängt sind, und erschrickt darüber so sehr, dass sie Gott um Verzeihung anfleht. Nach dem Abendgebet flüchtet sie früh ins Bett, um mit sich ins Reine zu kommen. Ihr inneres Streitgespräch endet damit, dass sie doch gar niemanden verführen wollte, so wahr ihr Gott helfe! Der junge Verkäufer hatte, als er ihre schönen Beine sah, Gott doch einfach nur für die Einzigartigkeit seiner Schöpfung gepriesen. Da ist doch nichts Böses dabei, wenn ein Diener Gottes den Schöpfer in seiner Erhabenheit lobt, den Erschaffer von eleganten Beinen und zarten Füßchen?

Mit diesen Gedanken, die ihr äußerst logisch erscheinen, überlistet sie sich selbst, um trotz ihres weiten Umhangs und ihres dichten schwarzen Niqabs jedes Mal, wenn sie braun gebrannten jungen Männern mit funkelnden Augen begegnet, ihre Reize und ihre Schönheit zeigen zu können.

So geht es zwei Wochen lang, bis ihre Mutter sie eines Morgens mit der Frage überrascht: «Wie kommt's, dass du so ernst und verschüchtert bist, immer alleine sein willst und kaum noch isst und schläfst?»

Verwirrt erfindet sie irgendeine nichtssagende Entschuldigung, um von dem abzulenken, was in ihrem Inneren vorgeht. Eigentlich hätte sie ja gerne die Wahrheit gesagt, aber wovon sollte sie denn erzählen? Von ihrem dürstenden Verlangen nach dem braun gebrannten Gesicht mit den funkelnden Augen? Von ihrem beharrlichen Wunsch nach der verwegenen Berührung und dem süßen Geflüster?

Wie inniglich wünscht sie sich, den geliebten Schuhverkäufer wiederzusehen! Die Leidenschaft macht ihr so zu schaffen, dass sie es kaum

---

1 Nach Sure 17,1 des Korans.

erträgt. Sein süßes Bild schwebt ihr Tag und Nacht vor, sein süßes Wispern klingt ihr in den Ohren, und so manche Nacht sucht sein Geist sie bis in die frühen Morgenstunden heim.

Aber es ist unmöglich, ihn wiederzusehen; es sei denn, die verdammten Schuhe gingen kaputt. Eingehend inspiziert sie die Schuhe, doch die sind robust. Um sie abzutragen, bräuchte es ein ganzes Jahr. Ein ganzes Jahr?! Das ist zu lang! So lange hält sie es nicht aus!

Nach kurzer Überlegung kommt ihr eine Idee, und ihr Gesicht leuchtet freudig auf. Schnell rennt sie zur Mutter und fängt an zu heulen: «Mama, mein kleiner Bruder hat einen meiner neuen Schuhe mit in den Garten genommen und in den Bach geworfen. Jetzt ist er weggeschwommen!» Tränen strömen ihr aus den Augen. Die Mutter bestraft den zu Unrecht beschuldigten kleinen Sohn, der noch nicht sprechen kann, und verspricht der aufgewühlten Tochter, morgen zum selben Schuhladen zu gehen. Vielleicht kann der Schuster ja einen neuen Schuh herstellen, und wenn nicht, dann kauft sie ihr eben ein neues Paar.

Auf dem Weg zum Laden wird sie von süßen Hoffnungen und Träumen gekitzelt: «Letztes Mal pries er den Schöpfer, dieses Mal lasse ich ihn jauchzen und Halleluja singen.» Doch als sie den Laden betritt, wird ihr schlagartig bewusst, dass sie Pech im Leben hat. Er ist nicht da. Er ist geschäftlich unterwegs. An seiner Stelle bedient sie sein Vater.

Ja, zweifellos war sie von Pech verfolgt, von sehr viel Pech!

Denn am Abend ebendieses Tages erhielt ihr Vater von dem abscheulichen alten Mann mit der großen Nase und den Glupschaugen ein Beutelchen mit hundert Goldlira als Brautgabe für seine Tochter, von demselben alten Mann, der sie gescholten hatte, als sie den Saum ihres Umhangs lüpfte. Von ihrer Schönheit bezaubert, war er ihr bis zum Haus gefolgt. An jenem unglückseligen Abend war er voll Verlangen nach ihr gekommen und hatte um ihre Hand angehalten. Ihr Vater hatte ihn willkommen geheißen und versucht, ihn mit freundlichen Worten zu vertrösten. Aber der Alte wollte nicht gehen, bevor er nicht die Mitgift gezahlt hatte.

Dieser Tag bedeutete das Ende der Liebe in ihrem Leben!

Eins nach dem anderen gingen der Alten diese Bilder durch den Kopf. Als sie schließlich an dem enttäuschenden Ende angelangt war, schwammen ihre Augen in Tränen. Sie stieß einen tiefen Seufzer über ihre verlorene Jugend und über ihr langes Leben aus, das ihr nichtig und öde erschien. Verloren starrte sie in die Ferne, als lese sie im dicken Buch ihres Lebens, und schüttelte immer wieder den Kopf. Auf dem gegenüberliegenden Balkon tauchte eine verführerisch aussehende junge Frau auf. Sie putzte ihre Brille, setzte sie wieder auf und blickte angestrengt hinüber: «Du meine Güte! Das ist ja unsere Nachbarin Umm Antun. Ich hielt sie für ein junges Ding von zwanzig. Ohne ihren lila Schal hätte ich sie gar nicht erkannt... Umm Antun ist viel älter als ich, und trotzdem verpasst sie keine Gelegenheit, Rouge und Puder aufzutragen! Alle Frauen sind so, nur ich nicht! Warum habe ich kein einziges Mal so etwas gemacht?!»

Kaum war ihr dieser Gedanke gekommen, als sie schon ins Zimmer ihrer Enkelin eilte und sich an den kleinen Schubladen zu schaffen machte, in denen sich die Schminkutensilien befanden. Überwältigt stand sie vor all den Döschen und Flakons in unterschiedlichsten Größen und Formen, den fein gearbeiteten Instrumenten aus glänzendem Metall mit Griffen aus Elfenbein, den eleganten Lippenstiften, den hell- und dunkelroten, den blassen und den bläulichen; und da war noch dieses Gerät mit einem scherenartigen Griff und obendran einem Halbbogen. Einmal hatte sie gesehen, wie die Enkelin damit ihre Wimpern behandelte, und hämisch bemerkt: «Ich hoffe, dass du so oft deinen Augapfel berührst, bis du blind wirst! Nur um schön zu sein! Dieses Gerät ist gefährlich, das sollte man nie benutzen!» Nichts von alledem, was sie da inspiziert hatte, gefiel ihr, außer einem kleinen Fläschchen mit einer weißen, klebrigen Flüssigkeit. Unschlüssig drehte sie es in ihren Händen: «Das ist sicher die Flüssigkeit, die die Friseuse am Vorabend meiner Hochzeit auf mein Gesicht auftrug. Die hat einen magischen Wirkstoff.» Sie schmierte sich die Flüssigkeit aufs Gesicht und musterte sich dann im Spiegel: «Jetzt bin ich viel schöner als Umm Antun.»

Dann ergriff sie ein kleines Fläschchen mit einer glänzend roten Flüssigkeit, das verlockend schimmerte. Beim Öffnen stieg ihr ein scharfer Geruch in die Nase. Dennoch nahm sie davon und bestrich damit ihre Wangen und Lippen. Doch welch scheußliches Gesicht blickte ihr im Spiegel entgegen! Erschrocken von der Hässlichkeit, wich sie Schritt für Schritt zurück und stolperte dabei über die Marmorstatue, die ihre Enkelin neben dem Spiegel aufgestellt hatte. Sie stürzte zu Boden, riss die Statue mit sich, die ihr auf den Kopf fiel, und verlor das Bewusstsein.

Am nächsten Morgen erzählte die junge Enkelin ihren Freunden und Freundinnen im Reitclub von den Vorfällen und stieß dabei genüsslich den Rauch ihrer teuren Zigarette aus: «Ich weiß wirklich nicht, was gestern mit meiner armen Oma los war. Als ich morgens aus dem Haus ging, war sie gut drauf, sie verabschiedete mich mit blumigen Worten wie immer. Doch als ich von der Uni heimkam, merkte ich, dass sie in meiner Abwesenheit in meinem Zimmer gewesen war, was sie sonst nie tut. Sie hat mir die Statue der Venus des 20. Jahrhunderts zerbrochen, die ein befreundeter Bildhauer nach einem Bild von mir angefertigt hatte. Schade, denn das war wirklich ein außergewöhnliches Kunstwerk. Dann hat sie sich an meinen Schubladen vergriffen und alles durcheinandergeworfen. Sie hat ihr Gesicht mit Haaröl bestrichen und dabei die ganze teure Flasche aufgebraucht und ihre Wangen mit so viel Nagellack angemalt, dass man es nicht mehr von ihrem faltigen Gesicht abbekam. Dabei faselte sie die ganze Zeit etwas von einem jungen braun gebrannten Kerl mit dichten Augenbrauen und funkelnden Augen. Dann zeigte sie mir doch tatsächlich ihre altersschwachen Beine und fragte mich allen Ernstes, ob ich jemals schönere gesehen habe, und schob noch nach: ‹Bin ich nicht viel schöner als Umm Antun?›»

Ein boshafter Kommilitone fragte: «Wer weiß, vielleicht überkam sie gestern ein kühler Hauch von Erinnerungen an ihre Jugend, der ihr den Verstand geraubt hat?»

Da kicherten die Mädchen, und die jungen Männer brachen in schallendes Gelächter aus.

Taos Amrouche

DIE KNÖCHERNE FLÖTE

Vor langer, langer Zeit lebte einmal in einem Dorf, tief in der Kabylei, ein Vater mit seiner Frau und zwei Söhnen. Abderrahman, der älteste, war zehn Jahre alt, Hassen war gerade sieben Jahre alt. Hassen war schön, feingliedrig und grazil; aber im gleichen Maße, wie Hassen schön war, war Abderrahman hässlich, hinterhältig, mürrisch und unangenehm.

An den Winterabenden, wenn alle Türen geschlossen wurden und die Tiere mit der Familie unter einem Dach schliefen, setzte sich die Mutter ans Feuer, legte Hassens Kopf in ihren Schoß, streichelte ihn zärtlich und sang ihm die schönsten Wiegenlieder, die ihr gerade in den Sinn kamen. Draußen pfiff der Wind, und heftiger Schneesturm schlug gegen Türen und Fenster. Aber das so liebevoll gewiegte Kind schlief sanft unter dem bösen Blick seines Bruders ein.

Es war nicht so, dass die Mutter ihren ältesten Sohn nicht geliebt hätte. Sie brachte ihm die gleiche Fürsorge entgegen, aber sie verwöhnte ihn weniger, bedachte ihn kaum mit Zärtlichkeiten, weil sie dachte, er sei schon ein kleiner Mann, den sie auf das harte Leben vorbereiten wollte, das auf ihn wartete. Und, das muss man auch sagen, sie war nicht gerade entzückt von ihm. So ließ die Mutter, ohne es zu wissen, im Herzen ihres ersten Sohnes die Eifersucht keimen und wie eine böse, dornige, schwarze Pflanze wachsen.

Die Jahre gingen ins Land, und die Kinder waren nun schon groß genug, um die Viehherde zum Weiden auf die Bergkämme zu führen. Bei Sonnenaufgang zogen sie los, nahmen Gerstenbrot und helle Feigen, ein hart gekochtes Ei, manchmal auch Oliven, und eine Feldflasche voll Molke mit. So verbrachten sie ihre Tage in den Bergen, dem Himmel ganz nahe.

Der Älteste, Abderrahman, war wie ein Aloestock in die Luft geschossen; er war lang, dürr und so bleich wie die Angst. Er hatte eine tiefe Stirn, einen fliehenden Blick und eine Stimme, von der niemand wusste, welchen Ton oder welche Klangfarbe sie hatte, da er von so düsterem Gemüt war, dass er mit niemandem sprach. Manchmal ging seine Mutter auf ihn zu und sagte ihm dann nur: «Mein Sohn, deine Stirn ist so hart und knochig wie eine Baumwurzel. Dabei hast du doch Vater und Mutter, und es mangelt dir an nichts. Warum bist du nicht wenigstens ein bisschen wie dein Bruder? Sieh, wie anmutig der Herr ihn geschaffen hat: ‹Seine Schönheit kann über Schmuck nur lachen, sie erhellt alle Wege.›»

Die Mutter war so verblendet, dass ihr nicht bewusst war, dass sie mit diesen Worten Öl ins Feuer goss. Abderrahman verabscheute seinen Bruder bis aufs Blut. Hassen war zu blond, zu rosig und zu glücklich. Die unerbittliche Augustsonne, die selbst die Esel schier umbrachte, konnte seiner hellen Hautfarbe nichts anhaben; sie wirkte genauso frisch und zart wie immer, und seine grünen Augen leuchteten wie das saftige Gras auf den Feldern. Aber es waren vor allem seine Haare, die sein Bruder hasste, diese weichen und glänzenden Haare, über die seine Mutter immer noch gerne abends vor dem Feuer streichelte. Diese Überfülle an Schönheit und Anmut verletzte Abderrahman, und er litt sehr darunter. Der arme Hassen aber merkte nichts von alledem. So grob ihn sein Bruder auch behandelte, ihn sogar manchmal schlug und immer den größeren Teil des Proviants aufaß, er beklagte sich nie, sondern ließ immer weiter seine Lieder und sein Lachen in den Bergen erklingen, denn er war wie die Vögel, sorglos und voll Lebensfreude.

Eines Tages, als es gewitterte, kam der Älteste ohne seinen schönen Bruder nach Hause. Die verschreckten Ziegen waren aus der Herde ausgebrochen und hatten sich in den Bergen verstreut. Lange mussten die beiden Brüder in Wind und Regen sie rufen und suchen, trotz Blitz und Donner. Hatte der grollende und tobende Himmel endgültig das düstere Herz des großen Bruders erobert? … Denn es war an jenem Tag, dass Abderrahman seinen kleinen Bruder von einem Felsen stieß. Der liebliche Kopf zerschellte an gewaltigen Felsbrocken tief unten in einer Schlucht. Abderrahman stieg hinab, um den Leichnam mit Erde zu bedecken, wartete dann, bis das Gewitter nachgelassen hatte, und ging alleine nach Hause. Da seine Eltern erstaunt waren, dass er allein kam, erzählte er ihnen, dass er seinen Bruder bei all dem Durcheinander aus den Augen verloren hätte, dass er wahrscheinlich vom Fluss mitgerissen worden sei und ihm nun eine Felsspalte als Grab dienen würde. In Angst und Schrecken versetzt, riefen die Eltern Verwandte und Freunde zusammen. Ein Suchtrupp wurde gebildet und machte sich auf die Suche nach dem schönen Jüngling. Aber weder im Fluss noch in den Schluchten konnte man eine Spur von dem finden, der der Inbegriff von Schönheit und Anmut war.

Mit einem Schlag hatten Vater und Mutter ihre Freude verloren. Das Haus, das stets von der Fröhlichkeit und dem Glanz des Kindes erfüllt war, versank nun für immer in Trauer. Die Mutter wurde schwer krank, und wenn die Krankheit sie auch nicht dahinraffte, so blieb sie doch für immer von ihr gezeichnet. Der Vater, der mit seinem Schmerz tapferer umzugehen schien, wurde bald darauf blind. Der schuldhafte Bruder aber, der von Tag zu Tag finsterer dreinschaute, machte er sich Vorhaltungen, oder freute er sich im Gegenteil heimlich, dass er sich für immer des hübschen Wesens entledigt hatte, das er so sehr hasste?

Wer erinnerte sich nun noch an den kleinen Hassen? ... Viele Jahre waren seitdem vergangen, und auch der Schmerz der Eltern hatte etwas nachgelassen. Der schweigsame Junge war zum Mann geworden, lehnte es aber strikt ab, sich eine Frau zu suchen, und mied jede Gesellschaft. Sein kantiges, fahles Gesicht machte den Kindern Angst, sodass sie vor ihm fortliefen wie aufgeschreckte Hühner, sobald sie ihn sahen.

Aber es war vorherbestimmt, dass das Verbrechen Abderrahmans eines Tages aufgedeckt werden sollte und dass die unerbittliche Gerechtigkeit Gottes ihren Tribut einfordern würde.

Seit Langem schon hatte der Regen die Erde weggespült, die den Leichnam Hassens bedeckt hatte, und seine Knochen freigelegt. Die Sonne hatte sie gebleicht und der Wind verstreut. Tiere hatten sie weit fortgetragen. Schließlich war nur noch ein Knochen übrig: ein Unterarmknochen. Eines Tages entdeckte ein junger Hirte diesen sauberen, kreideweißen Knochen im Sonnenlicht, als er eine entlaufene Ziege in der Schlucht einfangen wollte. Er hob den Knochen auf und machte

sich daraus eine Flöte. Als er sieben Löcher gebohrt und das Ende an-
gespitzt hatte, wollte er darauf blasen. Kaum hatte er aber die Flöte an
den Mund gesetzt, da sang eine kristallklare Stimme:

«O Hirte, warum weckst du mich? ...
Seit zehn Jahren schlafe ich ...
Mein Bruder Abderrahman hat mich gestoßen
Von einem Felsen herunter
In den Abgrund.
Die staubige Erde
Hat meinen Körper bedeckt.»

Da ging der Hirte in das Dorf, um auf dem Platz die wunderbare
Stimme der Flöte ertönen zu lassen. Die Mutter war schon lange tot,
und der blinde Vater verließ nicht mehr das Haus. Aber der Schuldige,
der zufällig vorbeikam, sah, dass sein Verbrechen aufgedeckt war, und
floh auf der Stelle aus dem Dorf, das er nie wieder betreten würde.
Niemand weiß, was aus ihm geworden ist, aber das ganze Land, von
der Flöte in Kenntnis gesetzt, besang den tragischen Tod Hassens, des
Jünglings, den Gott mit allen Gaben und Reizen geschmückt hatte.

Marguerite Duras

DER MANN IM FLUR

Der Mann hätte im Dunkel des Flurs gegenüber der nach draußen geöffneten Tür gesessen.

Er betrachtet eine Frau, die ein paar Meter von ihm entfernt auf
einem Steinweg liegt. Um sie herum ein Garten, der in jähem Gefälle
in eine Ebene übergeht: breite, baumlose hügelige Gelände, Felder, die
einen Fluss säumen. Man sieht die Landschaft bis zum Fluss. Dahinter
dehnt sich, sehr weit, bis zum Horizont, eine unbestimmte Fläche, eine
stets diesige Unermesslichkeit, womöglich die des Meeres.

Die Frau hat einen Spaziergang oben am Rande des Abhangs gegenüber dem Fluss gemacht, und dann ist sie dahin wiedergekehrt, wo
sie nun, dem Flur gegenüber, in der Sonne liegt. Sie selbst kann den
Mann nicht sehen, sie ist vom Dunkel im Innern des Hauses durch das
blendende Sommerlicht getrennt.

Man kann nicht sagen, ob ihre Augen halb geöffnet oder geschlossen
sind. Man möchte meinen, dass sie sich ausruht. Die Sonne ist schon
sehr stark. Die Frau trägt ein helles Kleid aus heller Seide, vorn zerrissen, sodass man sie sehen kann. Unter der Seide war der Körper
nackt. Das Kleid wäre vielleicht in einem verschossenen, altmodischen
Weiß gewesen.

So hätte sie es mitunter gemacht. Mitunter hätte sie es auch ganz
anders gemacht. Immer anders. Das sehe ich von ihr.

Sie hätte nichts gesagt, sie hätte nichts betrachtet. Gegenüber dem im
dunklen Flur sitzenden Mann ist sie abgesondert unter ihren geschlossenen Lidern. Durch sie hindurch sieht sie das verwischte Licht des
Himmels dringen. Sie weiß, dass er sie betrachtet, dass er alles sieht. Sie
weiß es bei geschlossenen Augen, so wie ich, die ich zuschaue, es weiß.
Es ist eine Gewissheit.

Ich sehe, dass ihre Beine, die sie bislang halb angezogen in sichtlicher Lässigkeit hatte hängen lassen, ich sehe, wie sie sie durch eine bewusste, anstrengende Bewegung immer fester aneinanderschiebt. Wie sie sie so fest aneinanderpresst, dass ihr Körper sich dabei verformt und so nach und nach seinen gewohnten Umfang verliert. Und dann sehe ich, dass die Anstrengung plötzlich aufhört, und mit ihr auch jede Bewegung. Nun hat der Körper auf einmal die Gradheit eines endgültigen Bildes. Der Kopf ist auf den Arm zurückgesunken. Regungslos verharrt sie nun in dieser Schlafpose. Ihr gegenüber der schweigende Mann.

Vor ihnen die breiten, unwandelbaren hügeligen Gelände zum Fluss hin. Wolken kommen, schweben zusammen heran, folgen einander in gleichmäßiger Langsamkeit. Sie bewegen sich in Richtung der Flussmündung auf die unbestimmte Unermesslichkeit zu. Ihre fahlen Schatten liegen leicht auf den Feldern, auf dem Fluss.

Aus dem Hause auf der flachen Höhe kommt keinerlei Geräusch.

Sie hätte von Neuem begonnen, sich zu bewegen. Sie hätte das sehr langsam, langwierig getan vor dem, der zuschaut. Das Blau der Augen im dunklen Flur, die, wie sie weiß, in sie gebohrt das Licht trinken. Ich sehe, wie sie nun ihre Beine anhebt und sie vom übrigen Körper wegspreizt. Sie tut es genauso, wie sie sie aneinandergeschoben hat, mit einer bewussten, anstrengenden Bewegung, so nachdrücklich, dass ihr Körper, ganz im Gegensatz zu dem vorhergehenden Moment, sich ihrer Langwierigkeit wegen entstellt, sich bis zu einer möglichen Hässlichkeit verunstaltet. Sie hält wieder inne, offen so ihm gegenüber. Der Kopf ist immer noch vom Körper abgewandt auf den Arm gesunken. Nunmehr verweilt sie in dieser obszönen, bestialischen Pose. Sie ist hässlich geworden, sie ist geworden, wie sie als Hässliche gewesen wäre. Sie ist hässlich. Sie verharrt da, heute, in der Hässlichkeit.

Ich sehe die Enklave des Geschlechts zwischen den auseinandergezogenen Lippen, und dass der ganze Körper um sie herum in einem Brennen erstarrt, das sich steigert. Ich sehe nicht das Gesicht. Ich sehe, wie die Schönheit unentschlossen in der Nähe des Gesichts schwebt, aber ich bringe es nicht zuwege, dass sie darin aufgeht, bis sie ihr zu eigen wird. Ich sehe nichts als ihr abgewandtes Oval, die sehr reine, gespannte Fläche. Ich meine, dass die geschlossenen Augen grün sein dürften. Aber ich halte bei den Augen inne. Und selbst wenn es mir gelingt, sie lange in meinen zu bewahren, liefern sie mir doch nicht das ganze Gesicht aus. Das Gesicht bleibt unbekannt. Ich sehe den Körper. Ich sehe ihn ganz in einer aufdringlichen Nähe. Er trieft vor Schweiß, er liegt in einer Sonnenbeleuchtung von erschreckender Weiße.

Der Mann hätte noch gewartet.

Und dann hätte sie es erreicht. Die Sonne brennt so heiß, dass sie, um sie auszuhalten, schreit. Sie beißt sich an der Stelle des Ärmels, wo ihr Kleid schon zerrissen ist, und sie schreit. Sie ruft einen Namen. Und dass man komme.

Wir hören, dass man losgeht, sie und ich. Dass er sich bewegt hat. Dass er aus dem Flur getreten ist. Ich sehe ihn, und ich sage ihr, dass er kommt. Dass er sich bewegt hat, dass er aus dem Flur getreten ist. Dass seine Bewegungen zuerst ruckartig und kurz sind, als könne er nicht mehr gehen, und dann, dass sie langsam, ganz langsam, übertrieben langsam werden. Dass er kommt. Dass er da ist. Dass ich das Blau seiner Augen sehe, die über sie hinwegblicken, zum Fluss hin.

Er steht vor ihr, sein Schatten fällt auf ihre Gestalt. Durch ihre Lider hindurch muss sie das Dunkeln des Lichts wahrnehmen, die hohe Gestalt seines über ihr stehenden Körpers, in dessen Schatten sie gefangen ist. Die Unterbrechung des Brennens lässt den in den Kleiderstoff verbissenen Mund sich dehnen. Er ist da. Die Augen immer noch geschlossen, lässt sie ihr Kleid los, legt ihre Arme beiderseits an ihren Körper, in die Mulde ihrer Hüften, verändert die Spreizung ihrer Beine, biegt sie ihm zu, damit er noch mehr von ihr sehe, damit er mehr von ihr sehe als ihr aufgerissenes Geschlecht in seiner äußersten Möglichkeit, gesehen zu werden, damit er etwas anderes ebenfalls, gleichzeitig sehe, etwas anderes von ihr, das aus ihr hervorkommt wie ein sich erbrechender, viszeraler Mund.

Er wartet. Sie wendet ihr Gesicht mit den geschlossenen Augen wieder in die Richtung des Schattens und wartet ihrerseits. Dann tut er es seinerseits.

Er tut es zuerst auf den Mund. Der Strahl bricht sich auf ihren Lippen, auf den bloßen Zähnen, bespritzt die Augen, das Haar, und führt dann den Leib entlang hinab, überströmt die Brüste, schon langsamer kommend. Als er das Geschlecht erreicht, gewinnt er wieder an Kraft, bricht sich in seiner Hitze, mischt sich in ihr Loch ein, schäumt und versiegt dann. Die Augen der Frau öffnen sich ein wenig, blicklos, und schließen sich wieder. Sie sind grün.

Ich spreche zu ihr und sage ihr, was der Mann tut. Ich sage ihr ebenfalls, was aus ihr wird. Dass sie sehe, ist das, was ich wünsche.

Der Mann wälzt mit seinem Fuß ihre Gestalt auf den Steinweg. Das Gesicht ist auf den Boden gedrückt. Der Mann wartet und beginnt dann wieder, er wälzt den Körper hin und her, mit einer Brutalität, der er sich kaum enthalten kann. Er hält ein paar Sekunden inne, um sich wieder zu beruhigen, und dann beginnt er wieder. Er schiebt den Körper von sich, um ihn dann sanft wieder an sich zu ziehen. Der Körper ist folgsam, schmiegsam, er fügt sich diesen Behandlungen, als ob er ohnmächtig wäre, ohne sie zu spüren, möchte man meinen, er rollt auf die Steine und bleibt da, wo er hingerät, in der Pose liegen, die er am Ende der Bewegung hat.

Auf einmal hat es aufgehört.

Die Gestalt liegt da, halb nackt, fern von ihm. Der Mann betrachtet sie und tritt an sie heran. Dann setzt er, so als wolle er sie weiter hin und her wälzen, seinen Fuß auf sie, und plötzlich rührt er sich nicht mehr.

Er hätte seinen bloßen Fuß wahllos irgendwo auf die Gestalt gesetzt, in der Gegend des Herzens, und plötzlich hätte er sich nicht mehr gerührt. Die Wölbungen der Brüste sind weich und warm, man verfängt sich darin. Der Mann rührt sich nicht mehr.

Er hätte den Kopf erhoben und zum Fluss geschaut. Die Sonne ist starr und stark. Der Mann betrachtet, ohne zu sehen, mit großer Aufmerksamkeit, was sich seinen Augen bietet. Er sagt: «Ich liebe dich. Du.»

Der Fuß hätte auf den Körper gedrückt.

Eine Dauer währt fort, sie hat die Einheit der unbegrenzten Unermesslichkeit. Der Mann hätte die Angst nicht gespürt. Er schaut immer noch, ohne zu sehen, was sich seinen Augen bietet, das blendende Licht, die bebende Luft.

Sie liegt unter ihm, mit all ihrer Kraft, würde man sagen, auf das achtend, was gerade geschieht. Ohne eine Geste, während der in ihren

Arm beißende Mund an der Seide des Kleides innegehalten hätte, würde sie den Fortgang wahrnehmen, den Druck des Fußes auf das Herz. Die Augen wären erneut geschlossen gewesen über dem flüchtig gesehenen Grün. Unter dem bloßen Fuß der Schlamm eines Sumpfes, ein Summen von Wasser, dumpf, fern, fortdauernd. Die Gestalt ist aufgelöst, weich, wie zerbrochen, von erschreckender Regungslosigkeit. Der Fuß drückt noch mehr. Er dringt tiefer ein, bis auf die Knochen und drückt noch mehr.

Sie hat geschrien. Er hat einen Schrei gehört. Er hat Zeit zu hören, dass der Schrei nicht mehr aufhört, und auch zu hören, dass er schwächer wird. Und während er glaubt, noch Zeit zum Wählen zu haben, zögert der Fuß, löst sich dann schwer vom Körper und trennt sich unter dem Stoß des Schreis vom Herzen.

Ellen Kuzwayo

DAS LEBEN – EIN RÄTSEL

Die Hochzeit war ein lang erwartetes Ereignis im Hause Thikgoma.
Deshalb waren bereits am Vorabend jede Menge Leute zugegen – man
sprach mit lauten, freudigen Stimmen, gestikulierte auf diese und jene
Weise vielsagend herum und füllte den ganzen Raum mit Jubel und
Trubel.

Die besonders bevorzugten Familienmitglieder sorgten an der Fest-
kleidung der Braut für den letzten Schliff. Die einen stimmten die
Accessoires – Handschuhe, Blumenstrauß, Ohrringe, Halskette – aufeinander ab. Die anderen sorgten dafür, dass die Gewänder der Brautjungfern bis ins kleinste Detail perfekt und fertig fürs Ankleiden waren.

Den restlichen Verwandten waren Verpflegungsaufgaben zugewiesen
worden. Diese umfassten eine große Zahl an Pflichten, von der Planung
der Speisenfolge und der Erstellung von Listen, was alles noch eingekauft werden musste, bis zum Essenkochen und Zubereiten von Salaten
und Getränken für den Tag. Und dann war da noch das Einsammeln
von Töpfen, Geschirr und Besteck bei Freunden und Familienangehörigen – wie es im schwarzen Gemeinwesen, wo Teilen eine Lebensweise
ist, eben dazugehört.

Natürlich waren Monate im Voraus noch viele andere Vorkehrungen
getroffen worden. Gäste waren frühzeitig eingeladen, und das Festtags-
programm war zusammengestellt worden. Entertainer waren verpflichtet, ein öffentlicher Veranstaltungsort für die Abendfeierlichkeiten war
gebucht worden; ein Florist war ausgewählt worden, um den Saal zu
schmücken. Und die Familie der Braut hatte mit dem Priester den Ab-
lauf des Gottesdienstes und die Art der Predigt, die ihm vorschwebte,
durchgesprochen.

Die Hochzeit – der Brennpunkt all dieser Vorkehrungen – war jetzt
greifbar nahe, und der Abend war voll zielstrebiger Betriebsamkeit.

Gruppen junger Frauen saßen da und putzten Gemüse, während ein paar ältere Männer damit beschäftigt waren, die geschlachteten Tiere zu zerlegen. Die älteren Frauen waren fürs Säubern, Spülen und Kochen der Innereien und fürs Brauen des traditionellen Biers zuständig. An Letzterem machten sie sich bereits seit vier oder fünf Tagen zu schaffen – so lange dauerte es, Bier herzustellen.

Durch die Bank weg sah die jüngere Generation solche häuslichen Pflichten als altmodisch und uninteressant an. Sie hielt sich selbst gerne für kultiviert – und das bedeutete, dass sie auf die Sitten und Gebräuche ihrer Kultur wie auch auf die mit ihr verbundenen Werte herabsah.

Während all diese Aufgaben rund ums Anwesen erledigt wurden, blieben die älteren Familienmitglieder im Haus, um die Hochzeit und alles, was damit zusammenhängt, durchzusprechen.

Die Braut und ihre Brautjungfern widmeten sich indessen den Aufgaben, die ihre persönliche Aufmerksamkeit erforderten. Besonders der Braut ließ es keine Ruhe – und das war womöglich gar nicht weit entfernt von den Gedanken vieler Leute um und im Haus –, dass der Bräutigam nicht wie erwartet mit dem 10-Uhr-Zug angekommen war. Aber es gab noch einen weiteren Zug in der Nacht – um 12 Uhr; und die Schwester des Bräutigams versicherte der Braut und ihrer Familie, dass ihren Bruder auf dem Weg zur Hochzeit nichts aufhalten würde.

Der Braut, einer resoluten Person, war wohl bewusst, dass es heftige Konkurrenz seitens einer Rivalin gab – einer Frau, die schon da gewesen war, ehe sie Bassie kennengelernt hatte: ihren Verlobten. Makie erinnerte sich so mancher verstörenden und unfreundlichen Kommentare dieser Frau, als die zum ersten Mal hörte, dass Bassie sich in der Absicht verlobt hatte, Makie zu heiraten. Makie – Lehrerin in einer hiesigen Schule in Makeng – war auf dem Weg zur Arbeit gewesen, als sie das Pech hatte, Bassies früherer Freundin Pusetso zu begegnen. In dem Augenblick, da Pusetso Makie erkannte, stieß sie Kommentare aus wie: «Bassie wird niemals eine heiraten, wenn er mich nicht heiratet» und: «Nur über meine Leiche wird Bassie eine andere heiraten.»

Daraufhin hatte Makie mehrmals versucht, das Thema Bassie gegenüber anzuschneiden, um herauszufinden, wie er zu Pusetso stand. Aber jedes Mal hatte Bassie Makie davon abgebracht, sich über die Angelegenheit auszusprechen. Sein Schlusswort bei solchen Anlässen war immer gewesen: «Makie, wenn ich dich nicht heirate, heirate ich keine.» So richtig beruhigt fühlte sich Makie durch diese Worte nicht.

Und jetzt, da die Ankunft ihres Verlobten überfällig war, gingen Makie diese Vorfälle und Worte immer wieder im Kopf herum. Und ständig tauchten neue Gedanken auf, die sie beunruhigten. Da war, zum Beispiel, die Tatsache, dass Pusetso in ebender Großstadt arbeitete, in die Bassie gefahren war, um sich seinen Hochzeitsanzug schneidern zu lassen. Makie wusste nur zu gut, wie dreist und zum Äußersten entschlossen Pusetso war. Sie würde vor nichts zurückschrecken, um Bassie zurückzugewinnen – und könnte ihm sogar etwas antun, wenn sie feststellen würde, dass sie auf verlorenem Posten stand. Doch behielt Makie ihre Gedanken und Gefühle für sich.

Als Bassie auch nicht mit dem 12-Uhr-Zug ankam, bauten sich Spannungen zwischen den Mitgliedern der beiden Familien auf. Besonders verstimmt waren die Angehörigen der Braut. Sie mochten gar nicht an die Peinlichkeit, Demütigung und Schande denken, die sie erleiden würden, wenn kein Bräutigam erschiene. Für sie war Bassies Fernbleiben als Zurückweisung aller zu verstehen – und das galt als schwerwiegender Affront.

Der Jubel und Trubel, der die Familie der Braut eine Woche lang getragen hatte, schlug nun in tiefe Betrübnis um. Aus ausgelassenem Gelächter wurde nun leises Gewimmer. Die Familie konnte es nicht ertragen, ihren Gästen ins Gesicht zu blicken. Und so änderte sich die Stimmung überall im und um das Anwesen herum. Auch die Erwartungen der Gäste und Helfer waren zunichtegemacht. Wo vorher laute, freudige Stimmen gewesen waren, gab es jetzt betretenes, mürrisches Geflüster; wo vorher emsige Bewegung gewesen war, gab es jetzt schwere, schleppende Schritte. Und das Summen und Singen, das die Luft erfüllt hatte, wurde von einer tristen Stille abgelöst. Jung und Alt schienen gleichermaßen vom Unglück gelähmt zu sein. Die Leute sprachen nur, wenn sie es mussten, und selbst dann bloß im Flüsterton.

Als die Nacht so dahinkroch, konnte die Braut nicht länger an sich halten und brach in hemmungsloses Weinen, Schluchzen und Seufzen aus. Ihre Mädchen, anstatt sie zu trösten, weinten mit ihr. Die ganze Atmosphäre glich eher der einer Beerdigung als der einer Hochzeit.

Sogar die halbwüchsigen Brautjungfern schienen das Interesse an ihren schönen Gewändern verloren zu haben.

Als sich die Beziehungen zwischen den beiden Familien allmählich eintrübten, schritt Bassies älteste Schwester ein, die bei der Hochzeit ihren Familienverbund anführte, um zu verhindern, dass sich die Lage noch verschlimmerte. Sie sprach mit den gleichaltrigen Frauen auf Seite der Braut, tröstete sie und nahm sich ihrer an, so gut sie konnte. Sie zeigte sich tief besorgt um die Braut, die mittlerweile unter dem Einfluss starker Beruhigungsmittel stand und sich in ständiger Betreuung durch den Hausarzt befand.

Bassies Schwester traf schließlich einige rasche Entscheidungen. Sie berief ein Treffen der beiden Familien ein und verkündete ihnen, dass sie beabsichtige, ihren Bruder mit einem Mietwagen aus der etwa hundert Meilen entfernten Großstadt abzuholen. Sie wolle anderntags dann zeitig wieder zurück sein. Die Hochzeitsfeierlichkeiten indessen müssten verschoben werden – aber nur um einen Tag. Die Familie der Braut hörte sich ihre Pläne ohne Begeisterung an; sie hatte das Interesse an der ganzen Veranstaltung verloren. Was sie da vorschlug, klang für sie danach, ihren Bruder zu zwingen, die Hochzeit durchzuziehen, falls er seine Meinung geändert hatte. Sie waren nicht überzeugt, als Bassies Schwester ihre innige Überzeugung kundtat, dass ihr Bruder seine Meinung nicht geändert habe, sondern nur schwerwiegende Probleme aufgetreten seien.

Am Ende wischte Bassies Schwester sämtliche Entgegnungen und Einwände der Familie beiseite. Als Erstes holte sie ihren Bruder ans Telefon. Er versuchte sie davon zu überzeugen, dass sie die lange Reise nicht anzutreten brauche, er würde in dieser Nacht mit dem Zug ankommen, sagte er. Sie antwortete unerschütterlich, sie käme zu ihm nach Hause, um ihn zu einer bestimmten Uhrzeit abzuholen. Und dann brach sie zu ihrer langen Reise in die Großstadt auf.

Zu Hause in Fika-Tshetlha war das Leben fast zum Stillstand gekommen. Die Töpfe, die zur Bereitung des Festmahls am Morgen übers Feuer gerückt worden waren, standen wie Spottobjekte auf dem Herd herum. Den Leuten war es peinlich, sie anzuschauen. Aber die Helfer bereiteten weiterhin Essen zu und kochten, wenn auch mit unwilligen Händen.

Der starke Gemeinschaftsgeist, der das Dorf prägte, hielt die Türen der Familie für die entfernten Verwandten und Nachbarn offen. Und getreu diesem Geist überredeten ebendiese Verwandten und Nachbarn die engsten Angehörigen der Braut, ihnen zu gestatten, die gesamte Verantwortung für die Aufgaben und Pflichten zu übernehmen, die mit der Hochzeitsfeier einhergingen. Sie machten sich energisch ans Werk und taten zugleich ihr Bestes, die Laune der Familie zu heben. Um die Braut selbst kümmerte sich eine ihrer Brautjungfern, Mpule, die auch ihre Nichte und Vertraute war.

Schließlich traf Bassies Schwester bei seiner Wohnung ein – nur um dort gesagt zu bekommen, er sei zum Bahnhof unterwegs, um einen Zug zu besteigen und zu seiner Verlobten zu reisen. Seine Schwester kam nur ein paar Minuten vor Abfahrt des Zugs am Bahnhof an. Kaum hatte sie ihn gesichtet, stieg sie in sein Abteil, schnappte sich sein Gepäck und verfrachtete ihn ins Auto. Sie gab ihm keine Gelegenheit, irgendetwas zu erklären. Binnen Sekunden war das Auto auf dem Rückweg nach Fika-Tshetlha.

Als die Stunden sich hinzogen, wurden die Familien, Gäste und Helfer zunehmend unruhig und sorgten sich wegen der Ankunft des Autos. Die Mehrzahl der Leute bezweifelte, dass der Bräutigam mit seiner Schwester zurückkehre. Und dann waren da noch die Unkenrufer, deren lautstark und unmissverständlich geäußerte Ansichten noch für mehr Anspannung und Bangigkeit im Haus sorgten.

In ihrer Not, Aussichtslosigkeit und Enttäuschung begann die Familie der Braut, gegen Bassie und seine Familie zu intrigieren. Sie versuchte, Makie gegen den Mann aufzubringen, der ihr Bräutigam hätte sein sollen. Es ging heiß her, wenn Worte fielen wie «Er wird nie den Mut haben, sich uns zu stellen» und «Wenn er es wagt, Makie dies anzutun, bevor er sie heiratet, was wird er dann erst tun, wenn sie Mann und Frau sind?» Eine andere Stimme ließ sich hören: «Makie soll Bassie einfach vergessen – der taugt nichts.»

Der Wortwechsel war – gegen halb neun Uhr morgens – auf dem Höhepunkt, als der schwarze Buick daherkam. Er kroch stetig auf das Haupttor des Anwesens zu, Bassies Schwester neben dem Fahrer und Bassie neben seiner Schwester, alle auf dem Vordersitz. Ihre Ankunft wurde von gezischelten Beleidigungen und Flüchen aus Makies Verwandtschaft begleitet, es war ihnen unmöglich, Wut und Abscheu für sich zu behalten. Als sie Bassie aus dem Auto steigen sahen, waren sie kurz davor, sich mit Worten – wenn nicht mit Fäusten – auf ihn zu stürzen.

Zu jedermanns ungläubigem Entsetzen stieg Bassie mit einem bezaubernden Lächeln im Gesicht aus. Gepflegt wie immer, trug er eine ziemlich ungerührte, aber höfliche Miene zur Schau. Er begrüßte die Familie in gelassener und selbstbewusster Manier, schüttelte nacheinander all ihren Mitgliedern die Hand, während die anderen fassungslos zuschauten. Niemand hatte den Mut, ihm den Handschlag zu verweigern.

Bassies Gebaren änderte sich jedoch, als er sich Makies Nichte Mpule näherte. Nachdem er ihr die Hand geschüttelt hatte, fragte er mit bebender Stimme: «Wo ist deine Tante? Wie geht es ihr? Geh, sag ihr, ich bin hier und würde sie gerne sehen.» Die Fragen und Weisungen purzelten nur so aus ihm heraus und ließen der Nichte keine Gelegenheit, darauf zu antworten oder Rat oder Erlaubnis bei älteren Verwandten einzuholen.

Mpule erbebte vor Angst und Zweifeln. Sie sah ihre Verwandten an, als könne sie bei ihnen Hilfe oder Schutz angesichts der Weisungen Bassies erwirken. Als niemand ein Wort sagte, stürzte sie wie von einem Zauber ergriffen in das Zimmer, in dem die Braut sich aufhielt. Selbst da tat kein einziges Mitglied ihrer Familie etwas dergleichen. Ohne sich umzublicken, verkündete Mpule Bassies Ankunft und sagte Makie, er wolle sie sehen.

Bevor sie mit ihrem Bericht zu Ende gekommen war, hörte man ein sanftes Klopfen an der Tür. Als Mpule öffnete, kam Bassie geradewegs hereinmarschiert. Mpule verließ unverzüglich das Zimmer, Bassie schloss die Tür hinter ihr, und nur ein Schluchzer der Braut klang ihr noch in den Ohren. Danach kam kein Verwandter mehr in die Nähe des Zimmers. Was sich hinter der geschlossenen Tür abspielte, sollte auf immer das Geheimnis von Makie und Bassie bleiben. Niemand – nicht einmal jemand aus Makies engster Familie – wagte je zu fragen.

Auf mysteriöse Weise schien Bassies Verhalten – kühn und doch kontrolliert – all die Wut, all das Misstrauen und all die anderen schlechten Gefühle zu verscheuchen, die vor seiner Ankunft als Gewitterwolke über dem Haus gehangen hatten. Makies Familie war restlos überrumpelt. Sie hatten erwartet, dass Bassie sich an die Gebräuche und Sitten hält, die von einem Schwiegersohn Gehorsam und Respekt gegenüber seinen Schwiegereltern verlangten. Bassie hatte alles, was erwartet wurde, missachtet, aber er tat dies in einer extrem höflichen und selbstbewussten Art. Dieser Sachverhalt hinterließ die Angehörigen verwirrt und hilflos.

Vor diesem Hintergrund nahmen die Familien beider Seiten die Hochzeitplanungen und -vorbereitungen wieder auf. Es war, als ob man die Räder eines Wagens wieder in Bewegung setzen musste. Mit frischer Begeisterung wandten sich die Angehörigen und Helfer auf dem Thikgoma-Anwesen ihren je eigenen und gemeinschaftlichen Aufgaben zu. Und wieder spornte das Gefühl von Freude und Aufregung ihre Taten an.

Als sei sie von einem wilden Buschtelegrafen weitergetragen worden, machte die Neuigkeit in der ganzen Nachbarschaft, wo der Bräutigam eingetroffen war, die Runde, und die Hochzeit sollte ohne weitere Verzögerung stattfinden, was die Menschenmassen wachsen und anschwellen ließ. Die einen kamen hoch zu Pferd, die anderen in Pferdewagen und -kutschen. Weniger Wohlhabende kamen zu Fuß. Nur wenige kamen mit dem Auto – diese Gefährte waren in der schwarzen Gemeinschaft jener Tage eine Seltenheit. Wie alle Großveranstaltungen war auch diese nicht «nur für geladene Gäste»; alle Nachbarn, ob nah, ob fern, waren willkommen.

Fröhlichkeit, wildes Treiben und Lachen lösten die düstere Stimmung von zuvor auf. Dicker Rauch aus dem Herd, auf dem riesige Töpfe mit köstlichen Speisen brodelten, kündete weit und breit davon, dass die lang erwartete Feier begonnen hatte.

Die Stallarbeiter machten sich daran, für die Prozession zur Kirche ihre Pferde herauszuputzen und die traditionellen Hochzeitsbesätze an Tieren und Wagen anzubringen. Nur ganz allmählich und zunächst widerwillig wurden die älteren Familienmitglieder der Braut von der Aufregung erfasst, wie sie von den jungen Leuten beider Familien entfacht wurde. Doch dann, binnen kürzester Zeit, wurden die feinsten Kleider, Kostüme und Anzüge, speziell für diesen Anlass gekauft, unaufdringlich zur Schau gestellt. All dies vervollkommnete die schöne, heitere Stimmung des Tages.

Endlich, umgeben von singenden Menschenmassen und durchdringendem Freudengeheul, trat die Braut mit selbstbewusstem Schritt aus ihrem Haus, gefolgt von ihren prachtvoll gekleideten Brautjungfern – von denen eine jede von einem Ohr bis zum anderen lachte. Die Gelassenheit und Würde, mit der die Brautjungfern der Braut folgten und die Schleppe ihres Hochzeitskleids hochhielten, führte die Ereignisse des Vortags ad absurdum. Stolz und selbstbewusst halfen die Brautjungfern der Braut in den schön dekorierten Wagen.

Nun, es war ein überwältigender Anblick. Und der Wagen wurde von herrlich herausgeputzten Hengsten gezogen, jeder mit einem Schluck Brandy aufgepeppt. Nur die wohlhabenden Familien der Dorfgemeinschaft waren in der Lage, in dieser Aufmachung auszufahren. Die Tiere waren temperamentvoll, wedelten wie wild mit dem Schwanz, warfen ihre Mähnen von einer Seite auf die andere und stampften ungeduldig mit den Hufen. Doch waren sie von den ruhigen Händen des erfahrenen Kutschers alsbald unter Kontrolle gebracht. Und mit einem Ruck und einem schnellen Zug setzte sich das schmucke Gefährt in Bewegung.

Mit ebenso prächtigen Besätzen ausstaffiert, schlossen sich die anderen Wagen der Prozession zur Kirche an. Wenn es um Eleganz des Aufzugs ging, konkurrierten die Insassen in den Wagen mit jenen, die vor und nach ihnen kamen. Zehn, fünfzehn Minuten, nachdem die Wagen aufgebrochen waren, fuhren die Autos mit dem Bräutigam und seinem Gefolge los.

Des Bräutigams Gefolge war von der Schönheit und Feurigkeit der Pferde fasziniert, und man musste sich untereinander eingestehen, dass solch herrliche Tiere und Kutschen alle Motorfahrzeuge, wie auch immer diese geartet sein mochten, in den Schatten stellten. Die Hengste schienen diesen Gästen ruhig und sanftmütig – trotz der Wirkung eines kleinen Brandys. Die Anverwandten des Bräutigams waren die Mätzchen jener minderwertigen Rasse von Pferden und Eseln gewohnt, die die Nachbarn zu Hause hielten; in ihrem Landesteil besaßen nur die wohlhabenden Weißen Pferde dieser Art, die sie hier sahen. Die Familie der Braut ihrerseits war ungemein stolz auf ihre Pferde, und wie die Nachbarn in der Umgegend sahen sie Pferde als ihre natürlichen und gebräuchlichen Fortbewegungsmittel an. Und mit der allergrößten

Genugtuung bemerkten sie, dass ihnen seitens der Familie des Bräutigams Bewunderung und sogar Neid entgegenschlug.

Während man zur Kirche fuhr, wurden unter den Hochzeitsgästen mit gedämpften Stimmen die Ereignisse des Vortags erörtert. Obwohl rein äußerlich nun alles wieder gut war, hatte die Verunsicherung Spuren von Kummer und Zweifel hinterlassen. Viele Gäste und Verwandte sprachen kaum vernehmlich von ihren Befürchtungen, dass die Ehe ein tragisches Ende nehmen würde. Alle waren sich darin einig, dass man nichts anderes tun konnte als «abwarten und zusehen».

Am Ende der Zeremonie konnten es Bassies Verwandte kaum erwarten, die Braut voller Stolz zu ihrem schicken, über und über mit bunten Bändern geschmückten Auto zu geleiten. Inzwischen hatten sich mehrere Autos hintereinander aufgereiht, und die Abfahrt wurde von einem Durcheinander unterschiedlichster Töne angekündigt. Die Autos hupten allesamt, womit die Chauffeure die Frauen aus der Dorfgemeinde animierten, das Gehupe im Gleichklang mit ihrem Freudengeheul zu erwidern. Kaum hatten sich Braut und Bräutigam bequem im Auto niedergelassen, als es mit vollem Karacho losfuhr, verfolgt von den anderen. Zurück blieb nur eine fette Staubwolke von der ungeteerten Straße der Provinzsiedlung.

Wild fluchend – «Wie können sie es wagen, uns das anzutun?» und «Hätten sie nicht etwas sanfter losfahren können?» und «Wie rücksichtslos kann man denn sein?» – kämpften sich die Pferdewagen und -kutschen durch die Staubwolke. Die Empörung der Brautfamilie steigerte noch ihr Verlustempfinden darüber, dass die Braut ihrem Ehemann gefolgt war. Trotzdem geleitete sie den Rest der Gäste nach Hause, und die Kutscher scheuten keine Mühen, die Gangarten ihrer schönen und feurigen Pferde vorzuführen.

Im Laufe der Jahre wurde Bassie zu einem hoch angesehenen und geliebten Schwiegersohn in der Thikgoma-Familie, während Makie sich in Bassies Familie zu einer angesehenen, mündigen und heiß geliebten Schwiegertochter entwickelte. Unkenrufer hatten einen schweren Stand, und sie wurden immer kleinlauter und ungehaltener, als in schöner Regelmäßigkeit Jungen und Mädchen zur Welt kamen, Wellen von Freude und Lachen das Leben der neuen Familie bestimmten und Liebe und Eintracht die Angehörigen untereinander verbanden.

Fünfzig Jahre sind seit jenem verstörenden, heute längst vergessenen Tag vergangen, und das Paar verschickt zusammen mit seinen sechs Kindern und den engsten Familienmitgliedern die Einladungen für die Feier seiner goldenen Hochzeit.

Natalia Ginzburg
DAS ALTER

Nun werden wir allmählich das, was wir uns nie zu werden gewünscht haben, nämlich alt. Bislang haben wir das Alter weder herbeigewünscht noch darauf gewartet; und wenn wir versucht haben, es uns vorzustellen, so geschah es immer auf oberflächliche, undifferenzierte und zerstreute Weise. Es hat nie große Neugierde oder großes Interesse in uns geweckt. (In der Geschichte vom Rotkäppchen war die Großmutter die Gestalt, die uns am wenigsten interessierte, und es war uns vollkommen gleichgültig, dass sie heil aus dem Bauch des Wolfs herauskam.) Das Seltsame ist, dass wir auch jetzt, da wir selbst zu altern beginnen, keinerlei Interesse für das Alter verspüren. So geschieht etwas mit uns, was bis heute nie vorgekommen war: Bis heute schritten wir in den Jahren fort und waren stets beseelt von einer lebhaften Neugierde für die, die nach und nach unsere Altersgenossen wurden. Jetzt dagegen fühlen wir, dass wir in Richtung einer Grauzone vorrücken, wo wir Teil einer grauen Menge sein werden, deren Angelegenheiten weder unsere Neugierde noch unsere Fantasie werden entzünden können. Unser Blick wird immer noch auf die Jugend und die Kindheit gerichtet sein.

Das Alter wird im Wesentlichen das Ende des Staunens in uns bedeuten. Wir werden sowohl die Fähigkeit verlieren, zu staunen, als auch die, andere zu erstaunen. Wir werden uns über nichts mehr wundern, da wir unser Leben damit zugebracht haben, uns über alles zu wundern; und die anderen werden sich nicht über uns wundern, sowohl weil sie uns schon seltsame Dinge haben tun und sagen sehen als auch weil sie nicht mehr in unsere Richtung blicken werden.

Es wird uns passieren können, dass wir entweder im Gras vergessenes altes Eisen werden oder ruhmreiche Ruinen, die man mit Ehrfurcht besichtigt; vermutlich werden wir einmal das eine und einmal das andere sein, da das Schicksal äußerst launisch und wankelmütig ist; doch im einen wie im anderen Fall werden wir nicht erstaunt sein; unsere Vorstellungskraft, ein ganzes Leben alt, wird schon jedes mögliche Ereignis, jede Laune des Schicksals vorhergesehen und abgenutzt haben: Und niemand wird staunen, gleich ob wir altes Eisen sein werden oder illustre Ruinen: Es liegt kein Staunen in der Verehrung, die man den antiken Monumenten zollt, und noch weniger darin, wenn man im Vorbeigehen an ein Stück altes Eisen stößt, das im Gras vor sich hin rostet. Und im Übrigen besteht zwischen dem einen und dem anderen kein nennenswerter Unterschied: Denn im einen wie im anderen Fall fließt der warme Fluss der Tage an anderen Ufern.

Die Unfähigkeit, zu staunen, und das Bewusstsein, kein Staunen hervorzurufen, wird dazu führen, dass wir allmählich ins Reich der Langeweile eindringen. Das Alter langweilt sich und ist langweilig: Die Langeweile erzeugt Langeweile, verströmt Langeweile um sich, wie der Tintenfisch Tinte verströmt. So bereiten wir uns darauf vor, sowohl der Tintenfisch als auch die Tinte zu sein: Das Meer rund um uns wird sich schwarz färben, und jenes Schwarz werden wir sein: Ausgerechnet wir, die wir die schwarze Farbe der Langeweile ein Leben lang gehasst und gemieden haben. Eines der Dinge, die uns noch erstaunen, ist dies: unsere wesentliche Gleichgültigkeit beim Ertragen eines derartigen neuen Zustands. Diese Gleichgültigkeit wird dadurch hervorgerufen, dass wir nach und nach allmählich in die Unbeweglichkeit des Steins verfallen.

Dennoch sind wir uns bewusst, dass wir, bevor wir zu Stein werden, noch andere Stadien durchlaufen: Denn auch dies ist für uns noch ein Grund zur Verwunderung: die extreme Langsamkeit, mit der wir altern. Noch lange wahren wir die Gewohnheit, uns für «die Jugend» unserer Zeit zu halten: sodass wir, wenn wir von «jungen Leuten» reden hören, den Kopf umdrehen, als wäre von uns die Rede: eine Gewohnheit, die so tief verwurzelt ist, dass wir sie vielleicht erst dann verlieren, wenn wir ganz zu Stein geworden sind, das heißt am Vorabend des Todes.

Dieser Langsamkeit unseres Alterns widerspricht die rasende Schnelligkeit der Welt, die sich rund um uns dreht: die Geschwindigkeit, mit der sich Orte verwandeln und Jugendliche und Kinder heranwachsen: Wir allein sind langsam in diesem Strudel, unser Gesicht und unsere Gewohnheiten verwandeln sich im Schneckentempo: sowohl weil wir mit jeder unserer Fasern das Alter hassen und es auch dann noch ablehnen, wenn unser Geist sich ihm gleichmütig gebeugt hat; als auch weil der Übergang vom Tier zum Stein mühsam und beschwerlich ist.

Die Welt, die sich rund um uns dreht und verändert, weist nur noch blasse Spuren der Welt auf, die unsere gewesen ist. Wir liebten sie, nicht weil wir sie schön oder gerecht fanden, sondern weil wir unsere Kraft, unser Leben und unser Staunen für sie aufwandten. Was wir heute vor Augen haben, erstaunt uns nicht oder nur sehr wenig, es entgeht uns und erscheint uns unentzifferbar: Und wir verstehen darin nichts zu lesen als die wenigen und blassen Spuren dessen, was gewesen ist. Wir möchten, dass diese blassen Spuren nicht verschwinden, um auch in der Gegenwart noch etwas wiederzuerkennen, was uns gehörte; doch wir fühlen, dass uns bald, um diesen vielleicht sehr kindlichen und naiven Wunsch auszudrücken, sowohl die Kräfte als auch die Stimme fehlen werden.

Abgesehen von jenen schwachen Spuren ist die Gegenwart dunkel für uns, und wir wissen nicht, wie wir uns an eine solche Dunkelheit gewöhnen sollen; wir fragen uns, welche Art von Leben wir wohl führen werden, falls es uns je gelingt, unsere Augen an so viel Dunkelheit zu gewöhnen; wir fragen uns, ob wir uns in den künftigen Jahren nicht vorkommen werden wie eine Schar rasender Mäuse an den Wänden eines Brunnenschachts.

Wir fragen uns andauernd, wie wir im Alter unsere Zeit verbringen werden. Wir fragen uns, ob wir weiterhin das tun werden, was wir in unserer Jugend getan haben: ob wir zum Beispiel weiterhin Bücher schreiben werden. Wir fragen uns, welche Sorte Bücher wir wohl schreiben können in unserem blinden, mäusegleichen Umherirren oder später, wenn wir die Unbeweglichkeit des Steins erreicht haben werden. In unserer Jugend hatte man uns von der Weisheit und der heiteren Gelassenheit der Alten erzählt. Wir aber fühlen, dass es uns weder gelingen wird, weise zu sein, noch heiter und gelassen: Und außerdem haben wir nie die heitere Gelassenheit und die Weisheit geliebt, sondern wir haben immer den Durst und das Fieber geliebt, die unruhigen Nachforschungen und die Irrtümer: Doch in Kürze werden uns auch die Irrtümer verwehrt sein: Denn da uns die Gegenwart unverständlich ist, werden sich unsere Irrtümer wiederum auf jene verwaschenen Spuren der Zeit von früher beziehen, die nun bald ganz verschwinden werden; unsere Irrtümer über die Welt von heute werden sein wie Zeichen im Sand oder Mäuseracheln in der Nacht.

Die Welt, die wir vor uns haben und die uns unbewohnbar erscheint, wird dennoch bewohnt und von einigen der Wesen, die wir lieben, auch geliebt werden. Der Umstand, dass diese Welt für unsere Kinder und Kindeskinder bestimmt ist, hilft uns nicht, sie besser zu verstehen, sondern erhöht ganz im Gegenteil unsere Verwirrung. Weil die Art und Weise, wie es unseren Kindern gelingt, sie zu bewohnen und zu entziffern, uns dunkel ist; und sie sind ja seit ihrer Kindheit daran gewöhnt, uns offen zu sagen, dass wir noch nie etwas verstanden haben. Deshalb ist unsere Haltung unseren Kindern gegenüber demütig und manchmal auch feige.

Wir fühlen uns ihnen gegenüber wie Kinder in Gegenwart von Erwachsenen, während wir doch in Wirklichkeit in unseren ganz langsamen Alterungsprozess versunken sind. Jede Geste unserer Kinder erscheint uns die Frucht großer Klugheit und Umsicht, erscheint uns wie das, das wir auch immer tun wollten und, wer weiß warum, nie getan haben. Wir unsererseits bringen keine einzige auf die Gegenwart bezogene Geste zustande, weil jede unserer Gesten mechanisch in die Vergangenheit abstürzt.

So messen wir die ungeheure Distanz, die uns von der Gegenwart trennt, sehen, wie wir jede enge Bindung an die Gegenwart aufgelöst hätten, wenn wir nicht noch in die schmerzlichen Irrungen und Wirrungen der Liebe verwickelt wären. Und eine Sache erstaunt uns noch, uns, die wir immer seltener Anlass zur Verwunderung finden: zuzusehen, wie es unseren Kindern gelingt, die Gegenwart zu bewohnen und zu entziffern, während wir noch immer damit befasst sind, die durchsichtigen und klaren Worte zu buchstabieren, die unsere Jugend bezauberten.

Marie Vieux-Chauvet

DAS KIND DER WÄLDER

Aufmerksam legte Darius ein Ohr an den Stamm eines Mangobaums. Minutenlang stand er so, ohne sich zu rühren, dann seufzte er laut und sagte: «Du hast mir nicht geantwortet.»

Er setzte sich an den seichten Fluss, hielt die Füße ins klare Wasser, um sie zu waschen, und als dicht neben ihm eine Mango auf den Boden fiel, lächelte er.

«Danke», sagte er zu dem Mangobaum, «das ist nett von dir.»

Danach glitt er in den Fluss, denn er war vollkommen nackt, tastete nach den rutschigen Steinen unter seinen Füßen, roch an ihnen, öffnete die Hände und ließ die Steine wieder fallen. Auf das Geräusch, das sie dabei machten, antwortete er lachend: «Wie fröhlich ihr heute seid!»

Er redete mit dem Wasser und den Steinen, wie er auch mit dem Baum geredet hatte, und er war glücklich, weil er ihre Sprache so gut verstanden hatte.

Er streckte die Hände aus und fing ein Blatt auf, das der Wind aus Spaß um ihn herumwirbeln ließ. Er roch daran, und diesmal sagte er: «Das ist ein Honigbeerblatt, aber es ist verwelkt. Verwelkt, verwelkt», wiederholte er, um es zu necken.

Er stieg aus dem Wasser, suchte seinen Weg zwischen den Sträuchern; beim Gehen befragte er die Blätter, die seinen Körper streiften, und antwortete pfeifend den Vögeln. Eine Dornenranke zerkratzte ihm die Wange, er blieb stehen und rief voller Groll: «Du gemeines Ding, reize mich nicht. Heute habe ich keine Lust zu kämpfen.»

Und er ging weiter seines Weges.

Um ihn herum standen dicht gedrängt Tausende Bäume. An ihrem moschusartigen Duft erkannte er die Mangobäume und die Aprikosenbäume. Zu seinen Füßen wuchsen kleine, bunte Blumen; er bückte sich, um sie zu streicheln, und sprach zu ihnen wie zu kleinen Babys.

Die Blumen, die Bäume, der Fluss, das waren seine Freunde. Freunde, die er eines Tages kennengelernt hatte, als er allein in den Wald gegangen war und sich verlaufen hatte. Wie fern das alles inzwischen war … Er hatte geweint, gerufen, geschrien, doch niemand hatte ihn gehört. Die Hütte seiner Mutter lag weit weg, an der Straße, auch sie hatte ihn nicht gehört. Da hatte er die Arme um dicke Baumstämme geschlungen, hatte sich weinend an diese mächtigen Körper geklammert, und überrascht hatte er sie unter seiner Hand beben gespürt wie den Körper eines Christenmenschen. Dieser warme, seidig glatte junge Stamm roch nach Gummiharz, das war ein Geruch, den er kannte, denn er hatte ihn an den Armen seiner Mutter gerochen, wenn sie mit ihren Reisigbündeln aus dem Wald zurückkehrte. Und das Rauschen des Flusses war das Lachen seiner Mutter, wenn sie sich darüber freute, dass sie ihre Erbsen verkauft hatte. Seine Mutter … Nun erkannte er sie überall wieder: Er war nicht mehr allein, nein, ganz und gar nicht mehr allein, obwohl seine Augen nicht sahen.

Er war blind zur Welt gekommen. Das hatte man erst lange danach bemerkt. Sofort war seine Mutter mit ihm zum *houngan*[1] gelaufen, der auf der anderen Seite des Waldes lebte. Der *houngan* hatte Blätterarzneien und Gebete verschrieben, die aber leider keine Wirkung zeigten.

«Er hat einen Schleier vor den Augen, und erst wenn der Schleier zerreißt, wird er sehen», hatte der Vodou[2]-Priester daraufhin gesagt.

Seine Mutter hatte geweint.

Bis er fünf Jahre alt war, hatte sie ihm nicht erlaubt, sich von ihrem Zuhause zu entfernen. Wenn sie vom Markt zurückkam, saß er immer noch brav inmitten der kleinen Blumen, die sich um seinen nackten Körper wiegten. So wartete er auf sie, trotz des Hungers, der ihn plagte, denn er wusste nicht, dass die Bäume im Wald aus Liebe zu den Armen ihre Früchte herunterfallen ließen. Nachts lauschte er, an die Brust seiner Mutter geschmiegt, dem Klang der Trommeln und den Vodou-Gesängen, die er später vor sich hin summte. Die Jahre waren vergangen. Er war gewachsen. Mit jedem Tag wurde er selbstsicherer,

---

1 Vodou-Priester; fungiert vor allem in ländlichen Gebieten, wo die ärztliche Versorgung unzureichend ist, auch als Heiler.
2 Auf alten afrikanischen Traditionen und katholischen Einflüssen basierende «kreolische» Religion.

wagte sich tiefer hinein in den Wald und war glücklich bei dem Gedanken, dass dieser für ihn kein Geheimnis mehr barg. So hatte er eine neue Welt kennengelernt, eine Welt, ganz für ihn allein, die ihm, da er in ihr lebte, Hoffnungen, Freuden und Leiden bescherte.

Eines Abends, als er und seine Mutter schon im Bett lagen, stand er lautlos auf und verließ die Hütte.

Es machte keinen Unterschied. Für ihn war es immer dunkel, ob Tag oder Nacht. Glücklich wanderte er am Fluss entlang, rief lachend nach all seinen Freunden, streichelte zärtlich einige Bäume. Er musste sehr weit laufen, zu einer jungen Kokospalme, seiner besten Freundin, dachte er bei sich, denn sie war, wie er, noch ganz jung, und wenn er mit ihr redete, konnte er sie mit seinen Armen vollständig umschlingen. Während er vor sich hin ging, lächelte er, und um seine Anwesenheit zu verkünden, rief er laut: «Da bin ich, da bin ich …»

Ein plötzlicher Donnerschlag übertönte die Antwort, auf die er in der Stille gehorcht hatte.

Bald setzte strömender Regen ein. Innerhalb weniger Minuten verwandelte sich der bis zum Rand gefüllte Fluss unter lautem Protest in einen reißenden Strom. Es bekümmerte ihn, wie erbarmungslos der Regen und der Wind an den Ästen rüttelten und über den Fluss peitschten, und um sie zu trösten, rief er: «Ich bin hier, bei euch, habt keine Angst.»

Er ging vom Fluss zu den Bäumen, beschwor sie, tapfer zu sein, ruhig zu bleiben. Mit lautem Seufzen und gedehnten Klagelauten fielen Früchte neben seinen Füßen auf den Boden. Und der Fluss ließ mit schmerzlichem Grollen seinem Wasser freien Lauf. Als der Regen abgeklungen war, schob ein ungeduldiger Mond die Wolken beiseite und erhellte den Himmel. Er war so groß, dass man klar sah wie am helllichten Tag. Da schüttelten die Bäume die Tropfen ab und stießen freudige Rufe aus. Sie wurden wieder glücklich, und Darius wurde es mit ihnen. Doch ein Stück entfernt schleifte der Fluss, wie von entsetzlicher Wut erfasst, immer noch Steine mit sich. Darius ging zu ihm hin, beugte sich tief über ihn und begann auf ihn einzureden. Er tauchte die Hände in das Wasser und erschauerte, denn es war eiskalt wie der Tod. Als er sich noch ein wenig tiefer bückte, spürte er, wie er ganz sanft von Armen hinabgezogen wurde. Er glaubte, der Fluss sehne sich nach seiner Nähe, und schon vorab von dieser freundschaftlichen Umarmung verzaubert, ließ er sich vom Wasser forttragen, lange, lange, bis die Steine und Äste, die gegen seine Augen schlugen, den Schleier zerrissen, der sie bedeckte. Er hatte sich auf den Rücken gedreht; ein junger Baumstamm, nach dem er im Vorbeitreiben gegriffen hatte, drückte sich mit seinem ganzen Gewicht an ihn. Eine von einem Stein aufgewirbelte Welle spülte das Blut von seinem Gesicht, er öffnete die Augen und sah: Er sah, im Schein des Mondes, die Bäume, wie sie wirklich waren, das Wasser, den Himmel und die ganze Natur. Sie war schöner, als er sie sich jemals erträumt hatte. Da klammerte er sich an den jungen Stamm und begann verzweifelt gegen den Tod anzukämpfen.

«Hör auf», rief er dem Fluss zu, «hör auf, ich will nicht sterben.»

Doch der Fluss blieb taub, denn er verstand ihn nicht mehr.

Daraufhin wandte er sich an die Steine und Äste und flehte sie an, ihm zu helfen. Doch er wartete vergeblich auf eine Antwort.

Die Steine und die Äste verstanden ihn nicht mehr.

Er spürte, dass er, nun, da er sah, nicht mehr jener Bevorzugte war, der den Dingen eine Seele zu geben vermochte, und so betrachtete er noch ein letztes Mal die Bäume, den Mond, das Wasser, die Blumen. Dann rief er «Maman …», schloss die Augen, um nichts mehr von der Herrlichkeit der Welt zu sehen, und ließ sich widerstandslos dem Tod entgegentragen.

Han Suyin

WUNSCHLOS, FÜRDERHIN

Ich drehte den Radioapparat an, und dann ging ich zum Spiegel und betrachtete mich, mich, Bettina Jones. Ich trug einen braunen Rock, und ich zog ihn hinauf, um meine Beine zu betrachten.

«Du hast sehr hübsche Beine, Red», sagte Maras Stimme.

Auch sie war im Spiegel, hinter dem Bein, das ich wegstreckte, um es mir von der Seite anzusehen. Ich konnte sie genau über meinem Schienbein erblicken. «Möchte bloß wissen, was die langweilige Daphne hat, was ich nicht habe.»

«Ach, Red», sagte Mara, «sie ist solch ein langweiliges kleines Ding, wie du sagst. Du bist wirklich sehr schön, Liebling, du solltest dich bloß ordentlich frisieren und sehen, dass du zu ein paar Kleidern kommst.»

Mara hatte schon versucht, mir ein paar Kleider zu besorgen, da ich übrige Bezugscheine hatte, und mich anders zu frisieren. Aber ich hatte mich immer umgedreht und sie geküsst und gesagt: «Das ist doch nichts für mich, Liebling, du bist meine schönere Hälfte.» Aber jetzt sah ich mich selbst an und trat näher zum Spiegel, um meine Augen, die Augenbrauen, die Nase und den Mund zu betrachten. Ich rieb meine Wange. Meine Haut war ziemlich unrein gewesen, aber seit ich Mara kannte und besser aß und glücklicher war, hatte sie sich merklich gebessert.

Mara trat hinter mich und hob mein Haar in die Höhe. «Du solltest es abschneiden», sagte sie, «und eine Stirnfranse tragen, so etwa. Halt mal still, ich will es dir zeigen.»

Sie zog mir das Haar aus dem Gesicht und hielt die Mähne im Nacken zusammen, sodass ich die Wirkung sehen konnte.

«Schneide es ab», sagte ich, «du frisierst dich so gut, Mara.»

Wir schlangen ein Handtuch um meinen Hals, und sie schnitt, während ich zusah. Ich sah anders aus, als sie fertig war, aber es war nicht ganz das, was wir beide uns davon versprochen hatten.

«Es wäre besser, wenn du zu einem ordentlichen Friseur gingst», sagte Mara.

«Es ist doch schön», sagte ich und fingerte daran herum und rollte es über die Finger. Es sah ein bisschen komisch aus.

«Ach, Red», sagte Mara mitleidig, «ich kann mich selbst frisieren, aber bei dir kann ich's nicht so gut.»

«Es ist sehr hübsch», sagte ich, aber ich war nicht glücklich. Am nächsten Tag schickte sie mich zu einem Friseur in die Bond Street, und sie machten einen Rasiermesserschnitt und legten mir das Haar, aber mein Gesicht kam mir fremd vor, und das Ganze kostete einen Haufen Geld, zwölf Shilling.

Dann besorgte ich mir was zum Anziehen. Aber wenn ich die Sachen in den Geschäften anprobierte, fühlte ich mich nicht wohl. Am Ende kaufte ich ein hübsches Schottenkleid mit einem Ledergürtel, aber ich trug es nicht oft. Es war, wie Mara sagte: Sie wusste, was ihr passte, aber an mir sah es ganz anders aus. Und die Verkäuferinnen waren überhaupt keine Hilfe. Bei Harrods brachte uns eine schnippische Frau in Schwarz Kleider mit Rüschen und Schleifen, teure, anspruchsvolle Modelle ohne praktischen Wert. «Madam brauchen etwas Feminines», sagte sie.

«Luder», zischte ich, als sie uns den Rücken wandte.

Meist waren wir ganz schrecklich glücklich. Uns war, als sei uns etwas noch nie Dagewesenes, etwas wunderbar Neues geschehen, und wir wurden dieses Wunders nicht müde. Wir glaubten, dass nie andere empfunden hatten, was wir empfanden, außer den Dichtern, und die hatten für uns geschrieben. Ich hatte keine Gewissensbisse, empfand nichts von den Qualen, die ich mit Rhoda ausgestanden hatte, ich war sicher, dass es diesmal – endlich – das Wahre war. Ich hörte auf, in der Vergangenheit zu wühlen, und wir beide träumten von der Zukunft, von allem, was wir später gemeinsam tun wollten. Denn darüber bestand kein Zweifel, dass Mara und ich zusammengehörten, für all die Jahre, die da kommen würden. Das sagten wir beide.

Wieder kam Karl vom Kontinent zurück, aber jetzt kam er immer unangemeldet, als hegte er einen Verdacht. Glücklicherweise war es nicht Nacht, es war Abend, und Mara hatte die Wohnung noch nicht verlassen, als er auftauchte. Ich war nicht mit ihr gegangen, ich war nach Hause gegangen, um das Abendessen zu bereiten. Ich wartete und wartete auf sie, und sie kam nicht. Dann rief ich bei ihr an, und er war am Telefon und sagte: «Karl Daniels», so murmelte ich: «Falsch verbunden», mit verstellter Stimme und legte den Hörer auf.

Wieder war es eine entsetzliche Nacht, und am nächsten Morgen sah Mara grauenvoll aus. «Ich glaube, ich kann so nicht weiter», sagte sie.

«Was hat er gesagt?», fragte ich.

«Nichts, überhaupt nichts», sagte sie.

Aber er blieb nicht sehr lange, ein paar Tage nur, und dann war er wieder fort. In der Zwischenzeit musste sie seinen Verdacht zerstreut haben, denn er sagte ihr, er käme erst in ungefähr einem Monat wieder. Ich vermutete eine Falle, aber Mara sagte, nein, er habe ganz glücklich ausgesehen. Und dann in der Nacht weinte sie heftig, aber sie wollte mir nicht sagen, weshalb.

Es machte uns beide nervös, und manchmal blieb Mara eine Nacht über in ihrer Wohnung, einfach, weil sie ihn fürchtete.

«Wäre es nicht wunderbar, wenn wir wirklich heiraten und miteinander leben könnten?», sagte sie.

«Ja», sagte ich.

Wir hatten tatsächlich das Gefühl, verheiratet zu sein. Wir fühlten, dass wir zusammengehörten. Wenn Karl nicht hier war.

Anfang März begannen wir am Abend lange Spaziergänge zu unternehmen. Wir gingen den Fluss entlang und wanderten im Hyde Park umher. Im Zwielicht langer Dämmerungen schlenderten wir durch die Straßen, und eines Nachts, von einem Menschenstrom mitgezerrt, der sich in derselben Richtung bewegte, gingen wir zum Piccadilly Circus. Dort, an die Wände der Häuser gelehnt und gegen die geschlossenen Läden der Geschäfte in den Hauseinfahrten, standen viele Soldaten, Franzosen aus der freien Zone, Polen, aber hauptsächlich amerikanische GIs. Auf sie strömten Frauen zu, bis jeder der aufrecht dastehenden Männer umringt war, umspült von Frauen wie der Fels von Wellen, Frauen jeden Alters, jeder Größe, jedes Typs, und sie waren wie eine große, alles überrennende Flut, die auf und ab wogte und ringsher Wirbel zog, rundum, rundum. Und immer mehr kamen, trieben einher im Strom, der auch uns mitgeführt hatte, bis der Circus randvoll schien, und auf jeden Mann kamen vier, fünf und vielleicht mehr. Mara und ich schlenderten dahin, zogen den Kreis um Eros, der nicht mehr Eros war,[1] und wir waren fasziniert und entsetzt zugleich, denn in unseren Körpern war kein Verstehen für den Hunger der anderen, er schien uns seltsam, fremdartig, abnorm, entwürdigend und doch fesselnd in seiner Hässlichkeit, der wir entronnen waren, glücklich, entronnen zu sein.

Fernab der gierigen Schar verhielten wir den Schritt, und dann trollten wir uns wie Katzen, erfüllt vom katzenhaften Gefühl des Besserseins, des Freiseins, und wir ließen das Frauengewimmel und das Gemurmel und das Gelächter hinter uns und wandten keinen Blick zurück.

«Ich nehme an, das nennt man normal», sagte Mara. «Die Anormalen sind wir, Red.»

«Ich weiß es nicht», erwiderte ich. Das Wort «anormal» gefiel mir nicht.

«Ich nehme an, wir sind, was man lesbisch nennt», sagte Mara.

«Wenn wir das sind, so wurden wir, glaube ich, schon so geboren», sagte ich, «wir beide.»

«Ich wurde nicht so geboren», sagte Mara. «Zumindest glaube ich das. Jetzt aber, Red, will ich gar nicht anders sein, als ich bin.»

«Ich auch nicht», sagte ich.

Unsere kleine Welt des Zutrauens und der Zärtlichkeit, sie war uns Welt genug. Alles andere, jeder andere wich vor uns zurück, sie waren flüchtige Geister in einem Schemenspiel, das wir mitansahen, aber nichts, was sie taten, nichts, was sie sagten, betraf uns wirklich.

Wir waren glücklich, und die Leute ließen uns in Frieden.

Mara war überzeugt, dass sie niemals wieder einen Mann lieben würde. «Als ich Karl heiratete, glaubte ich, ich sei in ihn verliebt», sagte sie. «Aber er ist grässlich, und alle Männer sind so. Ich glaube nicht, dass ich mich jemals wieder von einem Mann anrühren lasse.»

Wir hüllten uns enger ein in die Liebe, die wir zueinander empfanden, und fühlten uns beschützt, sicher vor dem Hunger, der die Frauen auf den Piccadilly Circus trieb und zu den GIs. Doch gerade als wir uns am sichersten vor einer Veränderung fühlten, änderte sich alles.

1   Der 1893 eingeweihte Shaftesbury-Gedenkbrunnen trägt an der Spitze eine geflügelte Figur, die vom Volk als Bildnis des Eros interpretiert wurde, aber eigentlich dessen Bruder Anteros darstellen sollte, den griech. Gott der Gegenliebe und somit eine antike Entsprechung des christlichen Engels der Nächstenliebe.

Bis zu diesem Augenblick hatten wir einander nicht körperlich geliebt, nicht in jenem Sinn, in dem zwei Frauen zusammen die rituellen Gesten der Fortpflanzung und der Erfüllung nachahmen, bei denen eine die Schenkende, die andere die Empfangende ist. Ich weiß nicht, weshalb es so war – zwischen uns war immer Zurückhaltung gewesen und eine Art von Scheu, sanfte, zärtliche Scheu, ein tiefes Gefühl, das uns von der Erforschung unserer Körper abhielt. Jetzt aber waren wir zu viel beisammen, die Abende waren länger, ausgedehnt, ruhelos, von zögerndem, nicht enden wollendem Licht erfüllt. Die Begierde war in uns, und Mara war sehnsuchtsvoll, doch, wie ich glaubte, unwissend, und ich vollzog die möglichen, wenn auch beschränkten Liebkosungen nicht, die sie befriedigen hätten können. Ich brachte es nicht über mich. Vielleicht hatten die Erfahrungen mit Rhoda eine Bitterkeit in mir zurückgelassen, ein zu bewusstes Wissen, das ich jetzt nicht verwerten wollte. Ich schloss die Augen vor der aufbrechenden Vergangenheit, vor den Erinnerungen, die jetzt ihres Sinns entblößt waren und deshalb lächerlich und obszön wurden. Bewegungen, Streicheln, Gesten, die zu jener Zeit, als sie vollführt wurden, ekstatisch, ja selbst geheiligt schienen und die zumindest aufregend und lustvoll waren. Es tat mir weh, zu wissen, dass ich jetzt mit Mara einige dieser Gesten und Bewegungen wiederholen würde, denn obwohl mein Verstand protestierte und mir sagte, es sei nicht dasselbe, es sei überhaupt nicht dasselbe, wusste ich in meinem tiefsten Inneren, dass manches Mal, über ihrem Mund, über ihren geschlossenen Augen die Erinnerung an Rhoda mich überfallen würde, ein Geschmack nach Rhoda, und ich hatte Angst. So früh schon, noch ehe wir begonnen hatten, befleckte der Makel des Gewesenen unser Beisammensein; das Grauen vor der Wiederholung lag zwischen ihr und mir. Was ich einzigartig wollte, trug die Züge einer gelegentlich auftauchenden, immer hastig verscheuchten Ähnlichkeit mit einer jetzt zurückgewiesenen Erinnerung in sich. Ich schüttelte diese Dinge von mir ab. Entschlossen schlug ich Rhoda die Tür vor der Nase zu und tat sie mit einer endgültigen Erklärung ab: «Rhoda ist mit Tante Muriel befreundet und verbrachte die Feiertage bei uns, aber eigentlich war ich ihr schon entwachsen, bevor ich dich kennenlernte. Ich ging nach London und begann in Horsham zu studieren, und dann kam Andy.»

Ich hatte Mara von Andy erzählt, weil er so gut wie keine Rolle in meinem Leben spielte und weil ich nicht so tun wollte, als wüsste ich überhaupt nichts von Männern.

«Aber du mochtest Andy doch nicht? Du mochtest ihn nie. Und du mochtest Rhoda», sagte sie eines Tages aus heiterem Himmel. «Aber eines Tages wirst du vielleicht Andy mir vorziehen.»

«Nein, zum Teufel, nein, nein», sagte ich. «Das eine weiß ich ganz sicher – Andy bedeutet mir überhaupt nichts, und er wird mir nie etwas bedeuten.»

Sie glitt an meine Seite, und wieder fühlte ich in mir die Kraft, zu beschützen, empfand die Lust, beschützt zu sein; wir waren einander Zuflucht vor allem, was gewesen war. Aber das konnte nicht dauern. Nach einer kleinen Weile wurde mir der Friede zwischen uns unerträglich. Ich wurde reizbar, wütend darüber, dass unserem Handeln, unseren Worten keine Erfüllung beschieden war, von der wir träumten, ohne sie zu verwirklichen.

Und so erkannte ich, dass es mir bei Mara unmöglich sein würde, eine Männlichkeit vorzutäuschen, die ich in Wirklichkeit nicht besaß, dass ich gewiss nicht den Mann spielen könnte mit all den Kunstkniffen, die das Los und die Verdammnis jener sind, für die wir uns selbst hielten. Vor Mara, vor ihren klaren Augen konnten diese plappermäuligen Parodien der Lust nicht bestehen. Und ihr angstvolles, geflüstertes «Nein, nein» gebot mir Einhalt.

In einer qualzerrissenen Nacht, als ich sehnsuchtswund schrie «Ach Gott, ach Gott» und vor ungestillter Begierde mit den Füßen auf das Bettlaken hämmerte, erhob sie sich und flüsterte: «Leg dich zurück.» Und dann war es plötzlich nicht, wie es immer gewesen war, sondern das Gegenteil, denn bis jetzt hatte immer ich gegeben, ich als Liebhaber, mit Händen und Mund, und hatte den Beherrscher der Frau nachgeäfft; jetzt aber war es nicht so, ich war die Frau. Ich weiß nicht, welche Unschuld, welcher Instinkt Mara führte. Ich weiß nur, dass ich geliebt wurde, dass ich in mir selbst die Frau erkannte, die begehrenswerte Frau. «O Mara», sagte ich, «Mara.» Aber sie gestattete mir nicht, sie auf dieselbe Art zu lieben, und für immer verfolgte uns, wie alle halb getanen Dinge uns verfolgen, säumige, nie vollends befriedigte Erregung.

Aber es war eine so verschwindend kleine Unzulänglichkeit, dass wir uns leichten Herzens abfanden, wenn wir alles Übrige dagegenhielten: Den Frieden in unseren Herzen, der unabhängig war von der nahen, aber nicht vollkommenen körperlichen Erfüllung; die Sicherheit und das Vertrauen – das Gefühl, zu lieben und geliebt zu werden; Zärtlichkeit, die unser unzulängliches Liebesspiel schöner werden ließ, besser als alles, was wir bisher erlebt hatten; und diese Zärtlichkeit ließ uns davor zurückschrecken, mehr zu begehren, zu viel zu begehren. Die Begierde ohne Maß hätte uns nur zur Erforschung der körperlichen Bereiche der Befriedigung getrieben; Ekel und Übersättigung hätten sich eingestellt, und dann hätten wir uns dem Untergang geweiht. Deshalb hielten wir uns für wunschlos, fürderhin.

Carson McCullers
ATEM VOM HIMMEL

Ihr spitzes junges Gesicht starrte eine Zeit lang unzufrieden in das Blau des Himmels, das dort weicher war, wo es den Himmel säumte. Dann lehnte sie ihren Kopf mit zitterndem, offenem Mund aufs Kissen, zog den Panamahut über die Augen und lag unbeweglich in ihrem Liegestuhl aus gestreiftem Segeltuch. Flirrende Schattenmuster huschten über die Wolldecke, die ihren mageren Körper einhüllte. Bienengesumm tönte aus den Spiräenbüschen, die in der Nähe ihren weißen Blütenschaum versprühten.

Constance nickte nur kurz ein. Sie erwachte vom stickigen Geruch heißen Strohs – und von Mrs. Whelans Stimme. «Los jetzt! Hier ist deine Milch!» Aus dem schläfrigen Dunst tauchte eine Frage auf, die sie nicht hatte stellen wollen und an die sie nicht einmal bewusst gedacht hatte: «Wo ist Mutter?»

Mrs. Whelan hielt die gleißende Flasche in ihren molligen Händen. Als sie die Milch eingoss, schäumte es weiß im Sonnenschein, und Kristallperlchen betauten das Glas.

«Wo ...», wiederholte Constance und ließ das Wort auf ihrem flachen Atemhauch hinausgleiten.

«Fort! Irgendwo mit den andern Kindern. Mick hat heute früh wegen der Badeanzüge ein Theater gemacht. Ich vermute, dass sie in die Stadt gefahren sind, um welche zu kaufen.»

Was für eine laute Stimme! Laut genug, um die zarte Gischt der Spiräen zu stören, sodass Tausende winziger Blütchen wie in einem weißen Zauberkaleidoskop hinabschwebten, hinab und immer wieder hinab. Ein stilles Weiß. Ihr blieben zum Anschauen nur noch die nackten, stachligen Zweige.

«Deine Mutter wird sich schön wundern, wenn sie entdeckt, wo du heute Vormittag bist!»

«Nein, gar nicht!», flüsterte Constance, ohne zu wissen, weshalb sie es abstritt.

«Ich glaube doch! Der erste Tag, an dem du auf bist! Ich hab's jedenfalls nicht gedacht, dass der Doktor sich von dir beschwatzen lassen und dir erlauben würde, an die Luft zu gehen. Besonders, nachdem's dir gestern Abend schlecht gegangen ist.»

Sie starrte auf das Gesicht der Pflegerin, auf ihren weiß gekleideten, wulstigen Körper und auf die gelassen über dem Bauch gefalteten Hände. Und dann wieder auf das Gesicht – so rot und dick war es: Weshalb, o weshalb nur waren das Gewicht und die grelle Farbe nicht unbequem – weshalb hing es nicht manchmal müde auf die Brust hinunter?

Vor Abscheu zitterten ihre Lippen, und ihr Atem wurde flacher und ging schneller.

Kurz darauf sagte sie: «Wenn ich nächste Woche dreihundert Meilen weit reisen kann – die ganze Strecke bis nach Mountain Heights –, dann wird es wohl nichts schaden, wenn ich ein Weilchen auf meinem eigenen Gartenplatz sitze.»

Mrs. Whelan streckte die pummelige Hand aus, um dem Mädchen das Haar aus dem Gesicht zu streichen. «Aber, aber!», sagte sie ruhig. «Die Luft dort oben wird Wunder wirken. Sei nicht ungeduldig! Nach einer Lungenentzündung muss man's einfach langsam angehen lassen und vorsichtig sein.»

Constance biss die Zähne fest zusammen. «Lass mich nicht weinen, bitte», dachte sie. «Nie wieder lass sie mich ansehen, wenn ich weine! Nie wieder lass sie mich ansehen oder anfassen! Bitte, nicht ... Nie wieder!»

Als die Pflegerin dickbäuchig über den Rasen davongewackelt und ins Haus zurückgekehrt war, dachte Constance nicht mehr an Weinen. Sie beobachtete, wie hoch oben eine Brise die Blätter der Eiche jenseits der Straße mit einem Silberschimmer in der Sonne flattern ließ. Sie stellte sich das Glas Milch auf die Brust und beugte den Kopf leicht vor, um dann und wann daraus zu nippen.

Wieder im Freien. Unter dem blauen Himmel. Nachdem sie die gelben Wände ihres Zimmers so viele Wochen hindurch mit stechend heißen Atemzügen angehaucht hatte. Nachdem sie das schwere Fußende ihres Bettes beobachtet und gespürt hatte, wie es ihr die Brust eindrücken wollte. Blauer Himmel. Kühle Bläue, die man einsaugen konnte, bis man von der Farbe durchtränkt war. Sie starrte hinauf, bis heiße Nässe in ihren Augen aufquoll.

Sobald der Wagen aus der Ferne zu hören war, erkannte sie das Tuckern des Motors und wandte den Kopf jenem Straßenstück zu, das von dort, wo sie lag, einsehbar war. Das Auto schien gefährlich zu kippen, als es in den Zufahrtsweg einbog und mit geräuschvollem Ruck hielt. Das Glas der einen Scheibe hinten war zersprungen und mit schmierigem Klebeband ausgebessert worden. Darüber schwebte der Kopf eines Schäferhundes – mit lechzender Zunge und gespitzten Ohren.

Zuerst sprang Mick mit dem Hund heraus. «Sieh bloß, Mutter!», schrie sie mit einer kindlich kräftigen Stimme, die fast in ein Kreischen überging. «Sie ist *draußen*!»

Mrs. Lane trat aufs Gras und blickte ihre Tochter mit hohlwangigem, überanstrengtem Gesicht an. Nach einem langen Zug an ihrer Zigarette, die sie in ihren nervösen Fingern hielt, stieß sie luftige graue Rauchbänder aus, die durch den Sonnenschein kreiselten.

«Nun ...», kam ihr Constance matt zuvor.

«Hallo, Fremdling!», rief Mrs. Lane mit spröder Fröhlichkeit. «Wer hat dich denn ins Freie gelassen?»

Mick hängte sich an den vorwärtsstrebenden Hund. «Sieh bloß, Mutter! King will zu ihr! Er hat Constance nicht vergessen! Sieh bloß! Er kennt sie so gut wie jeden von uns. Nicht wahr, Boyoboyoboy?»

«Nicht so laut, Mick! Sperr den Hund in die Garage!»

Hinter Mick und der Mutter kam zögernd Howard daher, mit scheuem Ausdruck in seinem verpickelten vierzehnjährigen Gesicht: «Hallo, Schwester», brummelte er nach schlaksigem Zaudern. «Wie geht's?»

Die drei anzuschauen, wie sie dort im Schatten der Eichen standen, machte Constance viel müder, als sie sich seit dem ersten Augenblick im Freien gefühlt hatte. Besonders Mick: Mit ihren muskulösen kleinen Beinen versuchte sie King zu umklammern und hängte sich an seinen federnden Körper, der aussah, als wolle er sich im nächsten Augenblick auf Constance stürzen.

«Sieh bloß, Mutter! King ...»

Mrs. Lane zog nervös die eine Schulter hoch. «Mick und Howard, bringt das Tier sofort weg, hört ihr mich? Und sperrt ihn irgendwo ein!» Ihre schlanken Hände fuhren planlos umher. «So-fort!»

Die Kinder warfen einen Seitenblick auf Constance und zogen über den Rasen zur Vorderveranda.

«Nun», fragte Mrs. Lane, als sie weg waren. «Hast du dich einfach aufgerappelt und bist hinausgegangen?»

«Der Doktor hat – zu guter Letzt – gesagt, ich dürfe, und er und Mrs. Whelan haben den alten Rollstuhl unterm Haus hervorgeholt – und mir geholfen.»

Die Worte – so viele auf einmal – ermüdeten sie. Und als sie vorsichtig nach Luft rang und Atem schöpfen wollte, ging es wieder mit dem Husten los. Mit dem Kleenex in der Hand beugte sie sich seitlich über den Stuhl, bis der verkümmerte Grashalm, auf den sich ihr Blick konzentriert hatte, sich (wie die Ritzen im Fußboden neben ihrem Bett) unauslöschlich in ihr Gedächtnis eingegraben hatte. Als sie fertig war, stopfte sie das Kleenex in eine Schachtel neben dem Stuhl und schaute ihre Mutter an, die ihr den Rücken kehrte, neben dem Spiräenbusch stand und mit ihrer Zigarette gedankenlos die Blüten ansengte. Constance wandte den Blick von ihrer Mutter ab und sah in den blauen Himmel. Sie spürte, dass sie etwas sagen musste. «Ich wünschte, ich hätte eine Zigarette», sagte sie und passte die Silben ihrem flachen Atem an.

Mrs. Lane drehte sich um. Ihr Mund zuckte leise in den Mundwinkeln und weitete sich dann zu einem strahlenden Lächeln. «Das wäre ja noch schöner!» Sie warf die Zigarette ins Gras und trat sie mit der Spitze ihres Schuhs aus. «Ich glaube, ich gebe das Rauchen ein Weilchen auf. Mein Mund fühlt sich ganz wund und pelzig an, wie ein räudiges Kätzchen.»

Constance lachte matt. Jedes Lachen war eine große Leistung, die dazu beitrug, sie zu ernüchtern.

«Mutter?»

«Ja?»

«Der Doktor wollte heute Vormittag mit dir sprechen. Er möchte, dass du ihn anrufst.»

Mrs. Lane brach ein paar Spiräenblüten ab und zerdrückte sie zwischen den Fingern. «Dann gehe ich jetzt ins Haus und spreche mit ihm.

Wo ist diese Mrs. Whelan? Setzt sie dich einfach allein auf den Rasen, wenn ich weg bin, und überlässt dich den Hunden und ...»

«Pssst, Mutter! Sie ist im Haus. Heute ist ihr freier Nachmittag, verstehst du?»

«So? Nun, es ist noch nicht Nachmittag.»

«Mutter ...» Das Geflüster glitt achtlos auf ihrem Atem hinaus.

«Ja, Constance?»

«Kommst du ... kommst du wieder raus?» Sie blickte weg, als sie es sagte, blickte in den Himmel, der ein fiebrig brennendes Blau war.

«Wenn du es möchtest – komme ich.»

Sie sah ihrer Mutter nach, die den Rasen überquerte und in den Kiesweg einbog, der zur Haustür führte. Ihre Schritte waren so abgehackt wie die einer kleinen Glasfigur. Die mageren Fußknöchel stießen steif aneinander vorbei, die dünnen, mageren Arme pendelten hölzern, der zarte Hals war zur Seite gewandt.

Constance blickte von der Milch zum Himmel auf und wieder zurück auf die Milch. «Mutter!», sagten ihre Lippen, doch der Laut kam nur wie ein müdes Ausatmen heraus.

Mit der Milch hatte sie noch kaum begonnen. Zwei sahnige Tropfen rannen nebeneinander vom Rand herunter. Dann hatte sie also viermal getrunken. Zweimal auf die strahlende Sauberkeit, zweimal mit einem Schauder und geschlossenen Augen. Constance drehte das Glas um einen Zentimeter und schloss die Lippen über einer noch unbenutzten Stelle. Die Milch kroch ihr kühl und schläfrig die Kehle hinab.

Als Mrs. Lane zurückkehrte, trug sie ihre weißen, geflochtenen Gartenhandschuhe und hielt eine rostige, klimpernde Schere in der Hand.

«Hast du Doktor Reece angerufen?»

Der Mund der Frau bewegte sich kaum merklich in den Mundwinkeln, als hätte sie soeben geschluckt. «Ja.»

«Und?»

«Er hält es für das Beste, deine Reise nicht zu lange aufzuschieben. Das Herumsitzen hier ... Je eher du deine Ordnung hättest, umso besser wäre es.»

«Wann also?» Sie spürte, wie der Puls in ihren Fingerspitzen wie eine Biene über eine Blume zitterte – und gegen das kühle Glas vibrierte.

«Wie würde es dir übermorgen gefallen?»

Sie fühlte, wie sich ihr Atem in heißem, ersticktem Keuchen verkürzte. Sie nickte.

Vom Haus kamen Laute von Micks und Howards Stimmen. Sie schienen sich wegen der Gürtel ihrer Badeanzüge zu streiten. Micks Worte endeten in einem Gekreisch. Und dann verstummten die Laute.

Das war's, was sie fast zum Weinen brachte. Sie dachte an Wasser, blickte in seinen großen, nephritgrünen Wirbel hinab, spürte die Kühle auf ihren heißen Gliedern und schwamm klatschend mit langen, mühelosen Stößen hindurch. Kühles Wasser – von der gleichen Farbe wie der Himmel. «O, ich komme mir so schmutzig vor ...!»

Mrs. Lane hielt die Schere vor sich hin. Ihre Augenbrauen hoben sich zitternd aufwärts – über die weißen Blütenzweige, die sie in der Hand hielt.

«Ja, doch, ja! Ich war ewig nicht mehr in der Badewanne – seit drei Monaten nicht mehr! Ich hab's satt, kläglich mit einem Schwamm gewaschen zu werden – so kläglich!»

Ihre Mutter duckte sich, um ein Bonbonpapier vom Rasen aufzuheben, betrachtete es eine Sekunde lang einfältig und ließ es wieder aufs Gras fallen.

«Ich möchte schwimmen gehen – und all das kühle Wasser fühlen. Es ist nicht fair – nicht fair, dass ich's nicht darf!»

«Still!», flüsterte Mrs. Lane gereizt. «Still, Constance! Du musst dich nicht über Dummheiten aufregen!»

«Und mein Haar ...» Sie hob die Hand und berührte den fettigen Knoten in ihrem Nacken. «Nicht mit Wasser gewaschen – seit Monaten nicht, ekelhaft scheußliches Haar, das mich noch wahnsinnig macht! Alles kann ich aushalten, Lungenentzündung und Kanülen und Tb, aber ...»

Mrs. Lane umklammerte die Blumen so fest, dass sie sich schlaff zueinander bogen, als schämten sie sich. «Still!», wiederholte sie dumpf. «Das ist überflüssig.»

Der Himmel loderte grell – blaue Stichflammen. Die Luft abschnürend und mordend.

«Wenn wir's vielleicht kurz schnitten ...»

Die Gartenschere schnipste langsam zu. «Ja ... wenn ich soll, könnte ich's, glaube ich, abschneiden. Willst du es tatsächlich kurz haben?»

Sie drehte den Kopf seitwärts und hob matt die Hand, um die bronze-braunen Haarnadeln herauszuziehen. «Ja, richtig kurz! Schneid's alles ab!»

Das schwere Haar hing feucht und braun ein paar Zentimeter tiefer als das Kissen. Zaudernd beugte Mrs. Lane sich vor und packte eine Handvoll. Die in der Sonne blendend grelle Schere begann sich langsam hindurchzufressen.

Plötzlich tauchte Mick hinter dem Spiräenbusch auf. Sie war nackt, bis auf die Badehose, und ihr pummeliger kleiner Brustkasten glänzte seidig weiß in der Sonne. Dicht über ihrem kindlich runden Bauch waren zwei bogenförmige, weiche, rundliche Linien. «Mutter! Schneidest du ihr die Haare ab?»

Mrs. Lane hielt das abgeschnittene Haar vorsichtig in der Hand und betrachtete es einen Augenblick mit nervösem Ausdruck. «Gut gemacht!», sagte sie lebhaft. «Hoffentlich spürst du keine Flöckchen im Nacken?»

«Nein», sagte Constance und schaute ihre kleine Schwester an.

Das Kind streckte die offene Hand aus. «Gib es mir, Mutter! Ich kann ein süßes kleines Kissen für King damit ausstopfen. Ich kann ...»

«Auf keinen Fall lässt du sie das schmutzige Zeug anfassen!», stieß Constance zwischen den Zähnen hervor. Ihre Hand spielte mit den steifen losen Fransen im Nacken und sank dann müde abwärts, um am Gras zu zupfen.

Mrs. Lane bückte sich und entfernte die weißen Blumen von der Zeitung, auf die sie sie gelegt hatte, wickelte das Haar in die Zeitung ein und ließ das Paket hinter dem Stuhl der Kranken auf der Erde liegen.

«Ich nehm's mit, wenn ich hineingehe ...»

Die Bienen summten wieder durch die heiße Stille. Die Schatten waren dunkler geworden, und die kleinen Schattentaler, die unter den Eichen geflattert hatten, standen still. Constance schob die Wolldecke bis auf ihre Knie hinunter. «Hast du Papa erzählt, dass ich schon so bald weggehen muss?»

«Ja, ich habe mit ihm telefoniert.»

«Nach Mountain Heights?», fragte Mick und balancierte zuerst auf dem einen und dann auf dem andern nackten Bein.

«Ja, Mick.»

«Mutter, ist das nicht dort, wo du mal Onkel Charlie besucht hast?»

«Ja.»

«Ist das dort, von wo er uns mal vor langer Zeit die Kaktusbonbons geschickt hat?»

Feine Linien, grau wie Spinnweben, gruben sich in die blasse Haut um Mrs. Lanes Mund und ihre Augen. «Nein, Mick. Mountain Heights ist gleich jenseits von Atlanta. Das damals war Arizona.»

«Die schmeckten komisch», sagte Mick.

Mrs. Lane begann wieder, mit hastigem Schnipp-schnapp Blumen zu schneiden. «Ich – ich glaube, ich höre deinen Hund irgendwo jaulen. Geh und sieh nach! Geh und lauf hin, Mick!»

«Das ist nicht King, Mutter. Howard ist gerade mit ihm auf der Hofveranda und bringt ihm bei, Pfote zu geben. Bitte, lass mich hierbleiben!» Sie legte die Hände auf das sanft gerundete Bäuchlein. «Schau mal, Constance! Du hast noch nichts über meinen neuen Badeanzug gesagt. Steht er mir nicht gut?»

Das kranke Mädchen blickte auf die geschmeidigen, ungeduldigen Muskeln des Kindes, das vor ihr stand, und dann wieder gen Himmel. Zwei Worte formten sich lautlos auf ihren Lippen.

«Ui! Ich möcht bald, bald ins Wasser! Weißt du schon, dass man dies Jahr durch so ein Grabendings gehen muss, damit man keine schlimmen Zehen bekommt? Und 'ne neue Rutschbahn ist auch da!»

«Hör jetzt, Mick, geh sofort ins Haus!»

Das kleine Mädchen blickte die Mutter an und lief dann über den Rasen. Als sie auf dem Weg war, der zum Haus führte, blieb sie stehen, hielt die Hand über die Augen und schaute sich nach ihnen um. «Können wir bald gehn?», fragte sie eingeschüchtert.

«Ja. Holt eure Handtücher, und macht euch fertig!»

Einige Minuten lang sagten Mutter und Tochter nichts.

Mrs. Lane rückte sprunghaft von den Spiräenbüschen zu den fiebrig glühenden Blumen vor, die den Zufahrtsweg säumten, und schnippelte hastig Blumen ab, indes der dunkle Schatten zu ihren Füßen ihr mittäglich gedrungen folgte. Constance beobachtete sie und hatte die Augen wegen des grellen Lichts halb geschlossen, während ihre knochigen Hände auf dem dumpf pochenden, blubbernden Dynamo lagen, der ihre Brust war. Endlich gelang es ihr, die Worte mit den Lippen zu formen und auszusprechen. «Fahr ich da alleine rauf?»

«Natürlich, Liebling! Wir setzen dich einfach aufs Fahrrad und geben dir einen Schubs!»

Mit der Zunge zerdrückte sie einen Schleimfaden, damit sie ihn nicht ausspucken musste. Sie überlegte, ob sie die Frage wiederholen sollte. Es waren keine Blumen mehr übrig, die abgeschnitten werden konnten. Über die Blumen in ihrem Arm hinweg blickte die Frau seitlich auf ihre Tochter, und ihre blau geäderte Hand änderte den Zugriff um die Stiele. «Hör mal, Constance: Der Gartenclub hat heute eine Art Zusammenkunft. Mittagessen für alle im Club, und dann gehen sie zu jemandem in dessen Felsengarten. Da ich die Kinder sowieso hinbringe, dachte ich – macht's dir was aus, wenn ich auch gehe?»

«Nein», sagte Constance nach einer knappen Sekunde.

«Mrs. Whelan hat versprochen, hierzubleiben. Vielleicht morgen ...»

Sie sann immer noch über die Frage nach, die sie wiederholen sollte, aber die Worte klebten wie Schleimklümpchen in ihrem Hals, und sie merkte, dass sie weinen würde, wenn sie sie aussprach. Stattdessen sagte sie ohne besonderen Grund: «Schön ...»

«Nicht wahr, sie sind schön? Besonders die Spiräen – so zierlich und weiß.»

«Ich hab's erst gemerkt, dass sie blühen, als ich heute ins Freie kam.»

«Wirklich? Vorige Woche habe ich dir ein paar in einer Vase gebracht.»

«In einer Vase», murmelte Constance.

«Aber abends. Das ist die richtige Zeit, sie anzuschauen. Gestern Abend stand ich am Fenster, und der Mondschein lag auf ihnen. Du weißt ja, wie weiß die Blumen im Mondschein sind.»

Plötzlich schlug sie ihre blanken Augen zur Mutter auf. «Ich habe dich gehört», sagte sie halb vorwurfsvoll. «Auf dem Flur, wie du auf und ab getrippelt bist. Spät. Und im Wohnzimmer. Und mir schien, ich hörte die Haustür auf- und zugehen. Und als ich einmal husten musste, schien mir, ich sähe ein weißes Kleid, das wie ein Geist auf dem Rasen auf und ab ging, wie ein Ge...»

«Still!», sagte die Mutter mit einer Stimme wie zersplitterndes Glas. «Still! Sprechen ist so ermüdend.»

Die Zeit für die Frage war gekommen: als wäre ihr die Kehle von den reif gewordenen Silben aufgebläht. «Fahr ich allein nach Mountain Heights oder mit Mrs. Whelan oder ...»

«Ich fahr mit dir – mit der Bahn. Ich bringe dich rauf. Und ich bleibe ein paar Tage, bis du dich eingelebt hast.»

Ihre Mutter stand im Gegenlicht und fing ein wenig von dem grellen Licht ab, sodass sie ihr in die Augen sehen konnte. Sie hatten die gleiche Farbe wie der Himmel am kühlen Vormittag. Sie blickten sie jetzt merkwürdig still an, in einer dumpfen Ruhe. Blau wie der Himmel, ehe die Sonne ihn zu dunstigem Glanz versengt hat. Sie schaute sie mit zitternden, geöffneten Lippen an und horchte auf das Geräusch, das ihr Atem machte. «Mutter ...»

Die zweite Hälfte des Wortes wurde schon vom ersten Husten erstickt. Sie beugte sich über die Seite des Stuhls und spürte, wie die Hustenstöße aus einem unbekannten Teil ihres Körpers wie heftige Schläge auf ihre Brust hieben. Sie kamen hintereinander, alle gleich stark. Und als der letzte, lautlose Husten sich aus ihr gerungen hatte, war sie so müde, dass sie widerstandslos und schlaff auf der Armlehne hing und sich fragte, ob sie jemals wieder die Kraft haben würde, ihren schwindligen Kopf aufzurichten.

In der keuchenden Minute, die darauf folgte, flohen die Augen, die noch immer vor ihr waren, in die Weiten des Himmels. Sie blickte hin und atmete und kämpfte sich hoch, um nochmals hinzublicken.

Mrs. Lane hatte sich abgewandt. Doch dann erklang ihre Stimme verzweifelt heiter. «Leb wohl, Kindchen! Ich gehe jetzt. Mrs. Whelan wird gleich kommen. Du solltest lieber sofort ins Haus. Wiedersehn ...»

Als sie den Rasen überquerte, meinte Constance, ein leiser Schauder ließe ihre Schultern erbeben – eine Bewegung, nicht heftiger als die eines Kristallglases, das zu kräftig hingestellt wurde.

Als sie wegfuhren, stand Mrs. Whelan seelenruhig in Constances Blickrichtung. So erhaschte sie nur einen Blick auf Howards und Micks halb nackte Körper und die Handtücher, mit denen sie einander derb aufs Hinterteil klatschten. Dann auf King, der seinen Kopf lechzend über die zerbrochene Scheibe mit dem schmutzigen Klebeband steckte. Doch sie hörte das überdrehte Aufheulen des Motors und das hektische Durchziehen der Gänge, als der Wagen rückwärts aus der Zufahrt fuhr.

Und selbst nachdem sich das letzte Geräusch des Motors in der Stille verlor, war ihr noch immer, als sähe sie ihrer Mutter überanstrengtes weißes Gesicht, das sich über das Steuer beugte ...

«Was ist los?», fragte Mrs. Whelan gelassen. «Ich hoffe sehr, dass du nicht wieder Seitenschmerzen hast?»

Sie bewegte den Kopf auf dem Kissen zweimal hin und her.

«Lass nur! Wenn du wieder im Haus bist, fühlst du dich besser.»

Ihre Hände, die so schlaff und farblos wie Talg waren, sanken auf die heiße Nässe, die ihr die Wangen hinunterrann. Und ohne Atem schwamm sie in eine weite, gnadenlose Bläue hinein, gleich der des Himmels.

Magda Szabó

DER BOTE

Schmerzen hatte sie nie gehabt; dass sie sich an diesem Tag etwas stärker fühlte, merkte sie daran, dass ihre Gedanken nicht wirr, sondern folgerichtig waren wie früher. Seit Wochen hatte sie nun schon zwischen Kissen und Arzneien gelebt, wie ein alter Fischer am Ufer eines besonders reißenden Flusses; manchmal ließ sie die Hand in das glatte, glitzernde Wasser gleiten, und zwischen den bis zu den Knochen abgemagerten Fingern blieb für einen blitzartigen Augenblick ein Gedanke haften, doch der schwache Griff vermochte ihn nicht zu halten, die vibrierenden, schwebenden Begriffe schwammen weiter wie Fische – nach einer Sekunde hatte sie immer nur noch gewusst, dass ihr etwas eingefallen war, nicht mehr, was es war. Jetzt nahm sie die Blumen auf dem Nachttisch wahr, versuchte sie zu berühren, aber die Hand gehorchte dem Willen nicht, so betrachtete sie sie nur noch intensiver, lächelte, und die schweren Blumenköpfe brachten ihr auf einmal den Garten ihrer Kindheit in Erinnerung, Erdgeruch, das plätschernde Geräusch des Wassers beim Sprengen, die ganze alte versunkene Welt, in der Eltern und Geschwister im Schutze der Gewölbezimmer und den jährlich von neuem blendend weiß getünchten dicken Mauern gelebt hatten. Ihre Rosen waren berühmt gewesen, zur Blütezeit bekam jeder Gast ein paar geschenkt, und die Gartenschere, mit der sie geschnitten wurden, kreischte bei jedem Schnitt, als klagte sie im Namen der Blumen, dass man sie frühzeitig zum Verwesen verurteilte. Blumen, Gartengeruch, Verwesung …

Ihr Kopf zitterte, als wollte er sich gegen etwas verwahren. Einige Wörter ihrer Muttersprache hatten sie auch in ihrer gesunden Zeit erschreckt, eigentlich seit sie ihren Wortschatz bewusst gebrauchte. Ihre Vorstellungskraft war lebendig, bei dem Wort Verwesung dachte sie an Würmer, und für sie hatte das Wort auch einen Geruch, einen leichten lila Weihrauchgeruch, irgendwie gespalten, zu krausen Blütenblättern zerrissen, wie Chrysanthemen. Entsetzlich fürchtete sie sich vor dem Sterben.

Merkwürdig, dass ein Wort so ungut auf sie einwirken konnte, was hatte sie schließlich mit einem so traurigen Begriff zu tun. Sie war nicht zum ersten Mal in ihrem Leben krank. Der Arzt hatte versprochen, sie bald gesund zu machen, die paar Wochen Krankenhausbehandlung würde sie leicht ertragen. Wäre es etwas Ernstes, gäbe es Zeichen dafür, vor allem in der Haltung ihres Mannes; aber Kálmán war ruhig. Auch das Gesicht des Arztes war heiter, als er ihr mitteilte, dass er sie für einige Zeit ins Krankenhaus stecken wollte. Wenn es den geringsten Grund zur Sorge gäbe, würden sie sich anders benehmen, sie würden ihren Sohn aus dem Ausland heimrufen. Aber davon war ja keine Rede. Das beruhigte sie.

Also dann sollte das Sanitätsauto kommen. Noch nie war sie so, auf einer Tragbahre, transportiert worden; ein dummes Gefühl wird das sein; Kálmán packte, suchte Bücher für sie aus. Jetzt war ihr Kopf ganz klar; sie sah auch besser als in den letzten Tagen, in denen sie fast immer müde gewesen und die Gegenstände ihr verschleiert, wie hinter einer Nebelwand erschienen waren. Ihr Mann stand mit dem Rücken zum Bett, die Hände zögernd über dem Bücherregal. Er spürte, dass sie ihn anschaute, wandte sich um und lächelte; dann zog er einen dreibändigen Roman aus der Reihe. Die alte Frau schloss die Augen, es wäre ein Schreck für sie gewesen, hätte man ihr ein dünnes Bändchen mitgegeben.

Seltsam, wie viel Besucher kamen. Sobald der Arzt gegangen war, gab einer dem anderen die Klinke in die Hand. Zuerst kam Béla, ihr Schwiegersohn, und verursachte ihr Übelkeit; niemals, auch nicht an den größten Feiertagen, hatte sie ihm gestattet, sie zu küssen, er roch beständig nach Wein, pfui, ein Trinker. Arme Sári, mit so einem Nichtsnutz leben zu müssen. Bevor sie es recht bemerkte, war sein Schnurrbart schon auf ihrer Stirn. Sicher war er betrunken, so einer trinkt ja schon frühmorgens. Dann kam ihre Tochter; sie hatte verweinte Augen; verständlich, neben so einem Mann. Und dabei verteidigte sie ihn noch, hörte nicht auf, immer wieder zu behaupten, sie sei trotzdem glücklich, sie liebe diesen Trunkenbold. Schön. Aber wenn sie wirklich so glücklich war, warum liefen ihr dann auch jetzt die Tränen über die

Wangen? Sie war doch nie weinerlich gewesen, solange sie zu Hause lebte; jetzt war sie es wahrhaftig geworden. Diese Sári konnte nicht einmal an ihrem Sohn Freude haben, was war das für ein ungehobelter Flegel, dieser einzige Enkelsohn, der nach dem Essen gekommen war, sich neben sie setzte, sie anschaute, kein Wort sagte und mit seinen Fingern spielte. Andere Jungen erzählen von der Schule, der schluckte bloß, der war wie sein Vater, auch sein Adamsapfel war so widerlich eckig; stumm saß er da, und sie hörte doch so gern lustige Streiche aus der Schule. Dieser Junge war nicht immer so dumm gewesen. Als sie ihn fragte, warum er denn gar nichts sage, ob ihm etwas fehle, antwortete Sári für ihn, mit erstickter Stimme, so sehr war sie bemüht, ihn zu entschuldigen: Der Arme habe heute eine schlechte Note bekommen. Der Junge schwieg, schluckte nur, die blauen Augen, die er von der Mutter geerbt hatte, füllten sich mit Tränen. Na ja, wenn er schlecht geantwortet hatte, sollte er nur weinen. Die Prüfungen standen vor der Tür, und der lernte nicht. Unverantwortlich wie sein Vater.

Fürchterlich war der Lärm, es verschlug ihr den Atem, ihr Herz klopfte wild. Kálmán hockte vor dem Bücherschrank und hob die herausgefallenen Bücher auf. Wie ungeschickt, wie linkisch er war, der Ärmste. Du Lieber, dachte die alte Frau, seit Wochen plagst du dich mit mir, bedienst mich, deine Hände sind müde. Nichts für dich, die viele Arbeit, du bist doch schon über siebzig. – Sári ist in Stellung, sie hat ihn nie bei der Pflege ablösen können, wie erschöpft muss er sein. Ob er nicht auch krank ist und es nur nicht sagt? Der Gedanke, ihr Mann könnte krank sein, eventuell ernstlich krank, und einmal nicht mehr da sein, die verhassten Begriffe – die die alte Frau nicht einmal vor sich selbst aussprach – könnten ihn ihr entreißen, erfüllten sie mit Entsetzen; Stirn und Handflächen wurden feucht. Da saß aber ihr Mann auch schon neben ihr. Langsam beruhigte sie sich, an ihren Fingern spürte sie Kálmáns kühle Hände; dann hatte er ja kein Fieber, war nur erschöpft. Er würde sich ausruhen, während man sie im Krankenhaus in Ordnung brachte.

Erst als man sie wach rüttelte, wurde ihr klar, dass sie geschlummert hatte. Es war ein leichtes, frohes Erwachen, sie fühlte sich vollkommen frisch, wusste, sie wurde geweckt, weil der Wagen gekommen war, um sie abzuholen. Der Gedanke daran erschreckte sie nicht, freute sie eher, sie sehnte sich nach Genesung; munter und freundlich begrüßte sie die beiden Sanitäter. Sári sortierte Papiere, ihr Mann brachte den Koffer, sie wurde von den Sanitätern aus dem Bett gehoben, in eine Decke gehüllt und auf die Tragbahre gelegt. Auf einmal bekam das Zimmer ein völlig unwahrscheinliches Aussehen. Der Fußboden schien viel weiter von der Decke entfernt zu sein als sonst, die Möbel waren riesig groß und verzerrt. Sie konnte Sári unter den Rock sehen, das ließ sie erschauern, ein beschämendes Erlebnis.

Man trug sie fort. Jetzt fühlte sie sich wieder außerordentlich schwach; fast schwebend, nicht wie auf der Tragbahre liegend, sondern über ihr in der Luft, als halte irgendeine besondere Schwerkraft ihren eingewickelten Körper in der Schwebe. Die Stimmen klangen wieder so eigenartig scharf und hoch wie schon einige Male während ihrer Krankheit, nicht wie Menschenstimmen. Metallisch waren die Worte und hallten wider.

«Wie viele Zimmer sind das?», fragte der eine Sanitäter.

... Zimmer sind das ... sind das, echote es.

«Drei», antwortete Sáris Stimme, und auch die klang, als singe sie. Sie hatte auch «drei» sagen wollen, aber sie hatte keine Zeit mehr dazu. Die Tragbahre schwamm schon mit ihr im Flur und erreichte die Treppe.

«Wir sind fünf und wohnen in einem Loch», sagte der Sanitäter. / Loch, Loch, Loch, sagte das Echo. / «Ich könnte Ihnen meine Adresse hierlassen.» / lassen, lassen, lassen. /

Sie hob die Lider, als hätte man sie ihr aufgerissen. Sári legte beide Hände auf den Mund, um die Worte, die hervorbrechen wollten, zurückzudrängen. Jetzt sprach auch der andere Sanitäter, aber sein kurzes erregtes Wort hatte kein Echo mehr, auch keinen metallenen Klang mehr, er sprach, wie Menschen eben sprechen. «Na», sagte er verärgert und grob, und sein Gefährte mit der fünfköpfigen Familie schlug die Augen nieder und zuckte mit der Schulter.

Kálmán, der immer wusste, was sie sich wünschte, reichte ihr jetzt die Hand, und die Finger der alten Frau erfassten und drückten sie mit der Kraft eines Säuglings. Beide Flügel der Haustür standen weit offen; draußen hatten sich schon Menschen angesammelt. Eine Frau beugte sich neugierig über die Tragbahre, richtete sich wieder auf und sagte sachlich: «Eine alte Frau. Sie weint.»

Tove Ditlevsen

FÜR DICH SUMM ICH EIN WIEGENLIED

Ich fahre mit der Straßenbahn nach Charlottenlund statt mit dem Fahrrad, weil ich nicht weiß, in welchem Zustand ich nach Hause zurückkehren werde. Wir haben den 22. Dezember, und die Leute sind mit
Paketen in glänzendem Weihnachtsgeschenkpapier beladen. Vielleicht
ist an Heiligabend alles überstanden, und wir können bei meinen Eltern
feiern. Dann wird es das schönste Weihnachten, das ich je erlebt habe.
Ich sitze neben einem deutschen Soldaten. Eine schwergewichtige
Dame hat sich gerade demonstrativ mit ihren Paketen erhoben und
auf der gegenüberliegenden Seite Platz genommen. Mir tut der Soldat
leid, der zu Hause bestimmt eine Familie hat, bei der er jetzt viel lieber
wäre als in diesem fremden Land, das sein Führer unbedingt besetzen
musste. Zu Hause wartet Ebbe und bangt viel mehr als ich. Er hat mir
eine Taschenlampe gekauft, damit ich im Dunkeln die Hausnummern
finde. Wir haben in einem Buch nachgelesen, was es mit der Fruchtblase
auf sich hat. Wenn sie geplatzt ist, stand dort, geht das Fruchtwasser
ab, und die Geburt wird ausgelöst. Aber jetzt soll Blut kommen, nicht
Wasser, und wir sind genauso schlau wie zuvor.

Der Arzt empfängt mich im Flur, wo eine nackte Glühbirne von der
Decke baumelt. Er wirkt nervös und beleidigt. «Das Geld», sagt er
barsch und streckt die Hand aus. Ich gebe es ihm, und er deutet mit dem
Kopf auf das Sprechzimmer. Er ist ein halbes Jahrhundert alt, klein und
hölzern, und seine Mundwinkel hängen so weit nach unten, als hätte er
noch nie gelächelt. «Nehmen Sie da Platz.» Er deutet mit der Hand auf
die Liege mit den Beinhaltern. Ich steige darauf und blicke furchtsam
zu einem Tisch, auf dem eine Reihe funkelnder, spitzer Instrumente
liegt. «Tut das weh?», frage ich. «Ein bisschen», antwortet er, «aber nur
kurz.» Er spricht im Telegrammstil, als müsste er seine Stimmbänder
schonen. Ich schließe die Augen, und dann jagt ein heftiger Schmerz

durch meinen Körper, doch ich gebe keinen Mucks von mir. «Überstanden», sagt er. «Wenn Sie Blutungen oder Fieber bekommen, rufen Sie Dr. Lauritzen an. Kein Krankenhaus. Kein Wort über mich.»

Ich sitze in der Straßenbahn nach Hause und habe zum ersten Mal Angst. Warum ist alles so geheimnisvoll und kompliziert? Warum konnte er es nicht einfach gleich wegmachen? In meinem Inneren ist es so still wie in einer Kathedrale, kein Anzeichen dafür, dass ein mörderisches Instrument gerade die Hülle durchstochen hat, die das beschützen soll, was gegen meinen eigenen Willen leben will. Zu Hause sitzt Ebbe und füttert Helle. Er ist blass und nervös, und ich erzähle ihm, wie es lief. «Du hättest es nicht machen sollen», sagt er immer wieder, «du hast dein Leben in Gefahr gebracht, das ist doch alles nicht geheuer.» Wir liegen fast die ganze Nacht da, ohne ein Auge zuzudrücken. Es kommt kein Blut, kein Wasser, kein Fieber, und niemand hat mir erklärt, was in diesem Fall passiert. Dann gibt es Fliegeralarm. Wir tragen Helle in ihrem Bett in den Schutzraum hinunter, wobei sie nie aufwacht. Die Leute dösen vor sich hin. Ich unterhalte mich kurz mit der Nachbarin unter uns, die Kekse in ihr verschlafenes, unleidliches Kind hineinstopft. Sie ist eine junge Frau mit unauffälligen, verschwommenen Zügen, und vielleicht hat auch sie versucht, dieses Kind wegmachen zu lassen, oder ein späteres. Vielleicht haben schon viele Frauen erlebt, was ich jetzt erlebe, aber man spricht nicht darüber. Ich habe nicht einmal Ebbe erzählt, wie der Arzt in Charlottenlund heißt, denn wenn mir etwas zustößt, soll es ihm nicht zum Nachteil gereichen. Er hat mir in letzter Sekunde geholfen, und ich werde ihm gegenüber zutiefst loyal sein, obwohl er ein unangenehmer Mensch war.

Während wir dort unten sitzen, beginne ich zu frieren und knöpfe meine Barchent-Jacke bis zum Hals zu. Ich friere, dass mir die Zähne klappern. «Ich glaube, ich habe Fieber», sage ich zu Ebbe. Es gibt Entwarnung, und wir gehen wieder hinauf in die Wohnung. Ich messe meine Temperatur, das Thermometer zeigt 40 Grad. Ebbe ist außer sich vor Sorge. «Ruf den Arzt an», sagt er eindringlich, «du musst sofort ins Krankenhaus.» Durch das Fieber fühle ich mich wie beschwipst. «Nicht jetzt», sage ich lachend, «nicht mitten in der Nacht. Dann erfahren seine Frau und seine Kinder ja davon.» Das Letzte, was ich sehe, bevor ich einschlafe, ist Ebbe, der wie ein Besessener hin und her läuft und sich die Haare rauft. «Du liebe Güte», murmelt er verzweifelt, «du liebe Güte.» Dieser Hjalmar, denke ich noch, bringt dein Leben doch auch in Gefahr.

Am frühen Morgen rufe ich Dr. Lauritzen an und erzähle ihm, dass ich mittlerweile 40,5 Grad Fieber habe, aber weder Blut noch Wasser gekommen sind. «Das wird schon noch», verspricht er freundlich. «Fahren Sie sofort in die Klinik, ich melde Sie gleich dort an. Aber kein Wort zu den Krankenschwestern, haben Sie das verstanden? Sie sind schwanger, und jetzt haben Sie Fieber bekommen, das ist alles. Und machen Sie sich nicht solche Sorgen, das wird schon alles.»

Es ist eine gute Klinik in der Christian IX's Gade. Die Oberschwester, eine freundliche, mütterliche ältere Dame, empfängt mich. «Möglicherweise», sagt sie, «können wir das Kind nicht retten, aber wir werden alles in unserer Macht Stehende tun.» Diese Worte treiben mich fast in die Verzweiflung. Als ich in ein Zweibettzimmer gebracht werde, stütze ich mich auf den Ellbogen und betrachte die Frau in dem anderen Bett, die fünf oder sechs Jahre älter ist als ich und ein hübsches, offenes Gesicht hat. Sie heißt Tutti, und zu meiner Überraschung stellt sich heraus, dass Morten Nielsen der Vater des Kindes ist, das sie hätte haben sollen. Sie ist geschieden und von Beruf Architektin und hat eine sechsjährige Tochter. Nach einer Stunde habe ich das Gefühl, wir würden uns schon ein ganzes Leben kennen. Mitten im Zimmer steht ein kleiner Weihnachtsbaum mit klirrenden Glaskugeln und einem Stern auf der Spitze, was unter diesen Umständen völlig verrückt wirkt. «Als ich klein war», sage ich fiebrig dösend zu Tutti, «habe ich wirklich geglaubt, die Sterne hätten sechs Zacken.» Das Licht wird eingeschaltet, und eine Krankenschwester kommt mit zwei Tabletts für uns herein. Ich ertrage den Anblick und den Geruch von Essen nach wie vor nicht, deshalb rühre ich es nicht an. «Haben Sie Blutungen?», fragt sie. «Nein», antworte ich, woraufhin sie einen Eimer und ein paar Binden bringt, falls es im Laufe der Nacht so weit kommen sollte. Lieber Gott, denke ich, gib mir nur ein Tröpfchen Blut. Nachdem die Tabletts herausgetragen wurden, kommt erst Ebbe, und kurz darauf taucht Morten auf. «Guten Tag», sagt er erstaunt zu mir, «was um alles in der Welt machst du denn hier?» Dann setzt er sich auf Tuttis Bett, und sie umarmen sich und tuscheln miteinander. Ebbe hat zwanzig Chinintabletten dabei, die ihm von Nadja geliefert wurden. «Nimm sie nur, wenn es unbedingt nötig ist», sagt er. Nachdem er gegangen ist, erzähle ich meiner Zimmergenossin, dass Nadja einmal mit Chinin einen Fötus abgetrieben hat, woraufhin Tutti keinen Grund sieht, warum ich die Tabletten nicht schlucken sollte. Also tue ich es. Die Nachtschwester kommt herein, löscht die Deckenbeleuchtung und knipst die Nachtlampe an, die das Zimmer mit einem gespenstischen blauen Schein erfüllt. Ich kann nicht schlafen, und als ich etwas zu Tutti sagen will, höre ich meine eigene Stimme nicht mehr. Ich wiederhole es lauter und höre noch immer nichts. «Tutti», rufe ich panisch, «ich bin taub geworden.» Ich sehe, wie Tutti die Lippen bewegt, aber ich kann sie nicht hören. «Sag es lauter», bitte ich. Daraufhin brüllt sie: «Du brauchst nicht so zu schreien, ich bin ja schließlich nicht taub. Das kommt durch diese Tabletten, aber ich glaube, es geht auch wieder vorbei.»

In meinen Ohren rauscht es, und hinter diesem Rauschen wabert eine watteartige, schicksalhafte Stille. Vielleicht bin ich für den Rest meines Lebens taub geworden, für nichts und wieder nichts, denn ich blute immer noch nicht. Tutti steht aus dem Bett auf, kommt zu mir und schreit mir ins Ohr: «Sie wollen bloß Blut sehen, das ist alles, was sie brauchen. Jetzt lege ich meine gebrauchten Binden zu dir hinüber, und morgen früh zeigst du sie einfach nur vor. Dann werden sie endlich die Ausschabung machen.» – «Sprich lauter», rufe ich verzweifelt, und dann verstehe ich endlich, was sie sagt. Die ganze Nacht über kommt sie treu sorgend zu mir und legt ihre gebrauchten Binden in meinen Eimer. Als sie am Weihnachtsbaum vorbeigeht, schlagen die kleinen Glaskugeln gegeneinander, und ich weiß, dass sie klirren, doch ich kann es nicht hören. Ich muss an Ebbe und Morten denken, wie verloren sie in dieser Frauenwelt aus Blut und Übelkeit und Fieber wirkten. Und ich denke an die Weihnachten meiner Kindheit, wenn wir um den Baum tanzten und Partisanen- statt Kirchenlieder sangen. Ich denke an meine Mutter und ihr grässliches Bernsteinöl. Sie ahnt nicht, dass ich hier liege, denn sie konnte noch nie ein Geheimnis für sich behalten. Ich denke auch an meinen Vater, der schon immer ein wenig schwerhörig war, weil das in seiner Familie liegt. Als tauber Mensch muss man in einer vollkommen abgeschlossenen und isolierten Welt leben. Vielleicht brauche ich ein Hörgerät. Verglichen mit Tuttis barmherziger Tat ist meine Taubheit jedoch vollkommen unbedeutend. «Die wissen genau, was hier vor sich geht», brüllt sie mir ins Ohr, «sie müssen nur den Schein wahren.»

Am frühen Morgen sinken wir erschöpft in den Schlaf, bis uns die Krankenschwester wieder weckt. «Du liebe Güte, Sie haben aber geblutet», sagt sie mit geheuchelter Sorge und begutachtet die Ernte der Nacht im Eimer. «Jetzt ist das Kind nicht mehr zu retten, fürchte ich. Ich muss sofort den Oberarzt rufen.» Zu meiner Erleichterung stelle ich fest, dass ich wieder etwas höre. «Sind Sie sehr traurig?», fragt sie. «Ein bisschen», lüge ich und versuche, eine betrübte Miene aufzusetzen.

Im Laufe des Vormittags kommt der Oberarzt, und ich werde in den Operationssaal geschoben. «Seien Sie nicht unglücklich», sagt er fröhlich, «Sie haben ja zum Glück schon ein Kind.» Dann legt man mir eine Maske über das Gesicht, und meine Welt füllt sich mit Äthergeruch.

Als ich wieder erwache, liege ich mit einem sauberen, weißen Hemd im Bett. Tutti beugt sich lächelnd über mich. «Na», sagt sie, «bist du jetzt froh?» – «Ja», antworte ich, «was hätte ich nur ohne dich getan?» Das weiß sie auch nicht, meint aber, jetzt bräuchten wir uns keine Gedanken mehr darüber zu machen. Sie erzählt, dass Morten sie heiraten möchte. Sie ist sehr verliebt in ihn und bewundert seine Gedichte, die gerade erschienen sind und in allen Zeitungen begeistert besprochen wurden. «Abgesehen von dir», sagt sie taktvoll, «ist er das größte Talent unter den jungen Autoren.» Das finde ich auch, aber ich hatte nie ein besonders enges Verhältnis zu ihm. Ebbe kommt mit einem Blumenstrauß, als läge ich im Wochenbett, und ist heilfroh, dass das Ganze nun endlich überstanden ist. «In Zukunft müssen wir besser aufpassen», sagt er. Ich werde Engelmacher-Lauritzen bitten, mir noch einmal genau zu zeigen, wie man das Pessar richtig einsetzt. Trotzdem habe ich einen fürchterlichen Widerwillen gegen dieses Metallstück, den ich mein Leben lang nicht loswerde. Meine Temperatur ist sofort wieder in den normalen Bereich gesunken, und ich habe einen Wolfshunger, nachdem meine Übelkeit wie von Zauberhand verschwunden ist. Ich sehne mich nach Helles kleinem molligen Körper mit den Grübchen an Knöcheln und Knien. Als Ebbe sie zu mir hereinbringt, denke ich voller Schrecken: Was, wenn wir ihr den Zugang zum Leben verweigert hätten? Ich hebe sie aus dem Bett und spiele lange mit ihr. Sie bedeutet mir mehr denn je.

Abends kommt der Oberarzt in unser Zimmer, ohne Kittel und mit zwei Kindern an der Hand, die vielleicht 10 oder 12 Jahre alt sind. «Frohe Weihnachten», sagt er herzlich und drückt uns die Hand. Auch die Kinder reichen uns die Hand, und als sie gegangen sind, sagt Tutti: «Er ist so wahnsinnig nett. Wir können wirklich froh sein, dass es jemanden wie ihn gibt, der sich das traut.»

In der Weihnachtsnacht wache ich auf, hole Bleistift und Papier aus der Tasche und schreibe im schwachen Schein der Nachtlampe ein Gedicht:

Für dich, der Schutz bei einer suchte,
die allzu ängstlich war und voller Sorgen,
für dich summ ich ein Wiegenlied,
zwischen Nacht und Morgen –

Ich bereue meine Entscheidung nicht, aber in den dunklen Irrgängen meiner Seele bleiben trotzdem schwache Spuren zurück, wie von Kinderfüßen in feuchtem Sand.

Gwendolyn Brooks

SELBSTBESCHWICHTIGUNG

Sonia Johnson legte Handtücher und Seife zurecht. Sie schrubbte ihre Schüsseln. Sie mischte das Wasser.

Maud Martha wartete in aller Ruhe. Es war angenehm, den Kopf auszuschalten. Und hier in dem Kosmetiksalon fiel ihr das nicht schwer. Denn die Parfüms in den großen Behältern, die für zwölf Dollar fünfzig die Unze oder einen Dollar das Dram verkauft wurden oder für sieben Dollar fünfzig die Unze und für einen Dollar das Dram, die Kalender, die Hochglanzschilder, die die Vorzüge von Maiglöckchenparfüm priesen (Hausmarke), das eine oder andere schlaffe, lange Menschenhaar, der Stapel mit alten Ausgaben von *Vogue* und *Bazaar*, die Ohrringe und Haarspangen und perlenbestickten Taschen, die weißen Blusen – das Angebot an «Nebenartikeln» –, nichts davon drängte sich einem auf und sorgte für Unruhe. Man nahm es wahr und auch wieder nicht. Man konnte dasitzen und über Probleme nachdenken oder auch nicht. Denken oder nicht denken. Man musste nicht, wenn man nicht wollte.

«Wenn sie mich heute verbrennt – wenn sie mich an den Haaren zieht – wenn sie mich ‹Schatz› oder ‹Liebchen› nennt …»

Sonia Johnson teilte den Vorhang, der den Verkaufsraum von den Behandlungsräumen trennte. «Kommen Sie nach hinten, Kindchen.»

Aber in dem Augenblick schellte die Türglocke, und eine junge weiße Frau drängte sich herein. Sie trug einen Persianermantel und eine Persianerkappe mit einem schwarzen Seidenband, das auf der Rückseite raffiniert zu einem weichen Knoten verzwirbelt war.

«Ja», dachte Maud Martha, «es ist vertretbar. Es ist November. Es ist nicht kalt, aber schon kühl. Jetzt kann man seinen neuen Pelz tragen, ohne von allzu vielen Leuten ausgelacht zu werden.»

Die junge Weiße stellte sich Mrs. Johnson als Miss Ingram vor und sagte, sie habe neue Eaux de Toilette, eine Make-up-Grundierung, die «einfach unglaublich» sei, und einen neuen Lippenstift.

«Keine Make-up-Grundierungen», sagte Sonia. «Und kein Eau de Toilette. Das stellen wir selbst her.»

«Dieser neue Lippenstift, ein neuer Farbton», sagte Miss Ingram und zog ihn aus einem hübschen schwarzen Täschchen, «ist genau das Richtige für Ihre Kundinnen. Für ihren dunklen Teint.»

Sonia Johnson wirkte interessiert. Sie bemühte sich immer, zu den weißen Vertretern und Vertreterinnen freundlich und höflich zu sein. Manche Kosmetikerinnen waren barsch. Waren beinahe unverschämt. Sie freuten sich, dass diese Weißen ihnen ausgeliefert waren, wenn auch nur für ein paar Augenblicke. Sie ließen sie vor sich kriechen. Dann setzten sie die Peitsche ein. Und dann schickten sie die armen Geschöpfe wieder weg – ohne Bestellung. Und dann lachten sie und lachten und lachten, ein schreckliches Gelächter. Aber Sonia Johnson war nicht so. Sie war gern freundlich und höflich. Sie ließ gern Gnade walten. Sie wollte ihre Macht nicht ausnutzen. Ja, sie hatte das Gefühl, es war besser, sich Mühe zu geben, sich weit zurückzulehnen, das Zuhören mit einem leisen Lächeln zu würzen, einem kurzen, aufmerksamen Nicken, einem gut platzierten «Natürlich» oder «Aha». Sie war gegen dieses «Auge um Auge, Zahn um Zahn».

Maud Martha warf einen Blick auf Miss Ingrams schöne Beine, fragte sich, wo sie diese hauchdünnen Strümpfe herhatte, die gleichzeitig wie nackte Haut wirkten und auch wieder nicht, fragte sich, ob Miss Ingram wusste, dass es bei den «Negern» Teints gab, die heller waren als ihr eigener, und andere, braune, hellbraune, gelbbraune, cremefarbene, die keinen dunklen Lippenstift auftragen konnten, wenn sie ihre Selbstsicherheit behalten wollten. Maud Martha griff nach einer alten *Vogue* und blätterte darin.

«Wie heißt der Lippenstift?», fragte Sonia Johnson.

«‹Black Beauty›», sagte Miss Ingram schmallippig und entschieden. «Sie werden es bestimmt nicht bereuen, wenn Sie ihn in Ihr Sortiment aufnehmen, Madam.»

«Was ist der Verkaufspreis?»

«Anderthalb Dollar. Sagen wir, ich lasse Ihnen zehn da. In einer Woche komme ich wieder, und dann sind alle weg, und Sie werden mich auf Knien um mehr anflehen, das weiß ich jetzt schon. Ich lasse Ihnen zehn da.»

«Gut. In Ordnung.»

«Schön, Madam. So, dann notiere ich mir jetzt noch Ihren Namen und Ihre Adresse ...»

Sonia rasselte sie herunter. Miss Ingram schrieb sie auf. Dann klappte sie ihren Koffer zu.

«So, ich nehme jetzt nur fünf Dollar. Das ist doch angemessen, oder? Den Rest zahlen Sie erst, wenn alle verkauft sind. Hach, ich weiß genau, Sie werden hochzufrieden sein. Und Ihre Kundinnen auch, Mrs. Johnson.»

Sonia öffnete die Kassenschublade und nahm fünf Dollar für Miss Ingram heraus. Miss Ingram strahlte. Der Handel war unter Dach und Fach. Sie schob eine Strähne strohfarbenes Haar zurück, das aus der Persianerkappe herausgerutscht und auf ihre blassrosa Wange gefallen war.

«Ich bin wahnsinnig froh», gestand sie, «dass es endlich kalt ist. Ich mag die Kälte. Es war schrecklich, in dieser ewigen widerlichen August-hitze durch die Straßen zu ziehen. Und selbst der September war dieses Jahr ziemlich schwül, fanden Sie nicht?»

Sonia gab ihr recht. «Das stimmt.»

«Die Leute meinen immer, dass dieser Job ein Kinderspiel ist», ver-riet ihr Miss Ingram. «Aber so ist es nicht. Ich schufte wie ein Nigger, um ein paar Pennys zu verdienen. Ein paar lausige Pennys.»

Maud Marthas Kopf schoss hoch. Nicht auf Miss Ingram blickte sie; sie starrte angespannt auf Sonia Johnson. Sonia Johnson behielt ihr verständnisvolles Lächeln bei. Ihr Blick wandte sich wie magnetisch angezogen Maud Martha zu, aber sie zwang sich weiterhin zu lächeln. Maud Martha kehrte zu ihrer *Vogue* zurück. «Ich muss mich verhört haben», dachte sie. «Ich hatte wahrhaftig gemeint, die Frau hätte ‹Nigger› gesagt. Aber offenbar doch nicht. Denn das hätte ihr Mrs. Johnson bestimmt nicht durchgehen lassen. Nicht in ihrem eigenen Laden.» Maud Martha schlug die *Vogue* zu. Nun überlegte sie, was sie selbst gesagt hätte, wenn sie Sonia Johnson gewesen wäre und die Frau tatsächlich «Nigger» gesagt hätte. «Ich würde nicht fluchen. Ich würde nicht brüllen. Jede Wette, dass Mrs. Johnson beides täte. Und ich könnte es ihr nicht verdenken, wirklich nicht. Ich würde auf frostige Weise freundlich bleiben. Ich würde sie nicht zurückbeleidigen – jedenfalls nicht direkt –, sondern aufklären. Ich hätte ihr klargemacht ...» Maud Martha streckte sich. «Aber beleidigen würde ich sie nicht.» Maud Martha begann sich die Nadeln aus dem Haar zu ziehen. «Trotzdem bin ich froh, dass sie es nicht gesagt hat. Sie ist hübsch und freundlich. Wenn sie es gesagt hätte, wäre ich nervös und innerlich verkrampft, und ich hätte das Gefühl, ich müsste Mrs. Johnson helfen, das zu klären, ihr helfen, das auf irgendeine Weise zu bereinigen. Ich bin heute zu entspannt, um zu kämpfen. Manchmal ist Kämpfen reizvoll. Heute wäre es bloß die öde, ewige, leidige Pflicht.»

«So, ich wünsche Ihnen viel Erfolg mit ‹Black Beauty›», sagte Miss Ingram und lächelte müde, während sie den obersten Knopf ihres Persianermantels zuknöpfte. Sie ging rasch aus der Tür. Das Glöckchen klingelte charmant.

Sonia Johnson sah ihre Kundin mit nachdenklich zusammengekniffenen Augen an. Sie ging zu ihr hinüber, zog einen Stuhl heran. Sie setzte sich.

Langsam und monoton begann sie: «Verstehen Sie, ich hab sie nicht unterbrochen, weil – unsereiner muss aufhören, wegen solcher Wörter wie ‹Nigger› und dergleichen so empfindlich zu sein. Darüber denk ich oft nach, und dass so Wörter wie ‹Nigger› für manche Weißen gar nicht das bedeuten, was unsere Leute glauben, das sie bedeuten sollen. ‹Nigger› zum Beispiel bedeutet für sie etwas Schlechtes, etwas Sklavenhaftes oder Minderwertiges. Sie meinen damit nicht mich. Ich bin eine Negerin, kein ‹Nigger›. So wie sie das Wort verstehen, kann auch ein weißer Mann ein ‹Nigger› sein, genauso wie ein Farbiger. Warum soll ich mich also gegen so etwas mit Gewalt wehren? Unsereins muss aufhören, sich über jede Kleinigkeit aufzuregen, vor allem wenn sie nichts bedeutet ...»

«Sie wollen damit sagen», unterbrach sie Maud Martha, «dass diese Frau tatsächlich ‹Nigger› gesagt hat?»

«Jaja, das hat sie, stimmt schon, aber wie ich schon sagte ...»

«Aha. Erst dachte ich, sie hat es gesagt, aber dann kam ich zu dem Schluss, dass ich mich geirrt haben musste, weil Sie sie nicht zur Rede gestellt haben.»

«Aber das versuch ich Ihnen doch gerade zu erklären, Liebchen. Natürlich hätte ich aus der Haut fahren können und ihr sagen, sie soll sich verziehen, oder ich hätte ihren Daddy verfluchen können oder so was. Aber was bringt das, wenn sie wie gesagt mit dem Wort ‹Nigger› genauso gut einen der Ihren meinen kann wie jemanden von uns, und wenn es in Wirklichkeit uns gar nicht meint und wir in Wirklichkeit einfach zu empfindlich sind und so weiter? Was bringt das dann? Wozu soll man sich Feinde machen? Wozu soll man die ganze Zeit aus der Haut fahren?»

Maud Martha starrte Sonia Johnson unverwandt in die Augen, auf die Iris. Sie sagte nichts. Sie starrte nur weiter auf Sonia Johnsons Iris.

Susanne Kerckhoff

DIE VERBRANNTEN STERNE

Noch immer zupft das Licht des Mondes an der Harfe der Nacht. Es ist keine Nacht, weil das weiße Licht zu nördlich ist. Etwas Ungewisses zittert in dem schrägen, schmalen Licht des Radiogerätes. Er hat vergessen, das Ungewisse auszuschalten. Das Pausenzeichen pocht – wie Irrsinn.

Vor wenigen Stunden wusste ich noch nicht, dass ich ein Bett finden würde, das weich und kühl ist. Ich wusste nicht, dass meine Füße so still nebeneinander liegen würden und Ruhe haben. Ich irrte umher.

Manchmal wird die Not ganz unwirklich, und man sagt sich alles her: wo man geboren ist und wie man heißt. Tatsachen, die treiben: Ich müsste mit der Straßenbahn um fünf Uhr und zehn Minuten zur Fabrik fahren. Den Flur fegte ich immer aus. Ich hatte für diese Arbeit einen Besen, der schon kahl war wie ein Lebemann. Das unsanft verstoppelte Holz kratzte über die Dielen. Ich hatte mich schon an alles gewöhnt und vermisse es.

Gestern habe ich meine Sterne verbrannt. Wie es sich anhört: Ich habe meine Sterne verbrannt. Ich besaß mehrere von diesen gelben Sternen, für den Herbstmantel, für meinen Pelz, für mein Kostüm. Gestern habe ich sie verbrannt und bin getaucht. Unter Wasser muss ich leben. Ich darf gar nicht mehr wissen, wie ich heiße und wo ich geboren bin.

«Selbstverständlich kannst du kommen», haben drei gesagt. Bei Hugo geht es jetzt doch nicht an, weil der Sturmführer eingezogen ist. Christa blieb standhaft, aber sie wurde ganz weiß unter den Augen, als sie hörte, dass es nun nicht anders ist. Conny hat drei Kinder. Niemandes Schlaf will ich unruhig machen, weil ich heiße und geboren bin. Ich habe jetzt mein Haar mit Rot verwandelt. Ich bin einfach hinausgegangen. Ich habe mich dem Geschick wie ein Ball hingeworfen, und es wird mich werfen.

Eine junge Dame saß an einer Bar. Sie hatte rotes Haar, dunkelrot, und lange, lackierte Fingernägel. Sie trug ein schwarzes Kostüm.
«Whisky – aber nicht zu knapp!», sagt die Garbo.[1] Der grob gestrickte
Pullover mit dem Rollkragen würde nicht zu mir passen. Die streng geschnittene seidene Bluse ist recht. Ich fühlte selbst den nachgezogenen
Schwung meiner Lippen, wenn ich lächelte – fühlte ihn deutlicher als
irgendeiner, der mein Lächeln suchte. Mit dem Kommunisten drüben
will ich nichts zu schaffen haben, denn wie mich umlagert ihn Gefahr.
Wir haben uns nur mit den Blicken gestreift und dann fallenlassen.
Aber der schüchterne Junge, der neben mir steht – er wagt nicht, mich
anzusprechen. Ich bin zu sicher, bin die sicherste Dame der Welt und
betrachte mit unendlicher, katzenhafter Ruhe, wie die Lampe Reflexe
auf meine Nägel wirft, dass sie funkeln wie Rubine.

Ich habe ein Papier in der Tasche. Conny stahl es für mich. Ein Rot-
kreuzausweis. Barmherzig bin ich, verbinde Wunden und störe mich
nicht am Eitergeruch. Ich lege den Wöchnerinnen die Säuglinge an die
verschwollene Brust und höre ihr gelöstes, tierhaftes Sprechen von
Wehen und Zangen an. Ich habe Ausgang, Herr Doktor. Ich habe frei.
Ich bin Freiwild, und mein Leben ist für jeden eine Last. Stoßt den Ball,
dass er weiterrollt! Er ist bunt – – sehr rot. Ich atme die herbe Süßigkeit
meines Parfüms tiefer ein als der schüchterne Mann, der nun mit verlegener Heiserkeit fragt, ob ich mit ihm trinken will. Lässig schlage ich
die Augen auf und empfinde mein geborgtes Lächeln. Das Weiß meiner
Zähne verrät eine Leidenschaft, die sich im Verraten schon erschöpft.

Whisky – aber nicht zu knapp! Wo werde ich heute Nacht schlafen?
Behutsam klirrt ein Glas an das meine. Jetzt zittert meine Hand. Denn
ich begreife, dass der nahe ist, der mir helfen kann. Menschlich ist das
ungeschickte Rund seiner Schultern, menschlich die bittende Eleganz
seiner Krawatte.

Die junge Dame mit dem roten Haar ließ sich herab, in einer Nische
ein Glas Sekt zu leeren. Taktlose Diskretion knistert in dem grüngolde-
nen Vorhang, den der Kellner beiseiteschiebt, um den Eiskübel neben
das Tischchen zu setzen.

---

1 Eingangssatz in der dt. Version des US-Spielfilms *Anna Christie* (1930), in dem Hol-
lywooddiva Greta Garbo (1905–1990) die trinkfreudige Hauptfigur verkörpert.

Ich habe mich nicht damit aufgehalten, mir vorzustellen, wie alles sein wird, wenn ich unter Wasser schwimmen muss. Es wird weitergehen, bis es zu Ende ist oder weitergeht. Das war immer so – in allen Leben, die ich schon lebte. Ich trage sie mit mir, spüre sie immer. Einmal hat jemand von mir geträumt, ich sei Hochmeister auf der Marienburg[2] gewesen. Aber das ist ein Irrtum. Hochmeister war ich nie.

Dazu darf es nicht kommen: dass ein Knie an das meine rührt, dass eine vor Erwartung heiße Hand sich auf meine legt. Mit einem lächelnden Blick, in dem zu viel Wissen zittert, kann ich es verhindern. Ich will das andere, was hinter allem Begehren klopft: Caritas[3].

Soll ich dich denn von solchen Flächen her begreifen: vom Sekt – von Küssen – von einem verschobenen Achselband aus doppeltem Batist?

Als du klein warst, schickte deine Mutter dich zu Bett mit einer kurzen Wendung ihres Kopfes: los! Dann standest du in dem kleinen, kahlen Raum. Ein Weihwasserbecken aus weißem Steingut hing neben dem Lichtschalter, und das Wasser war graubraun und verstaubt. Du wusstest, dass es Mütter gibt, die ihren Kindern einen Kuss geben und mit ihnen beten. Freudlos baumelten deine wollenen, hartgestopften Strümpfe über dem Holzstuhl. Deine Knie rührten fast an dein Kinn. So bargst du dich in deiner winzigen Einsamkeit. Durch die Ritzen der Tür stahl sich der kalte Tabakduft aus Vaters Pfeife.

Jetzt bist du etwas geworden, vielleicht «Parteigenosse», jedenfalls «Arier». All deine Tode hat man beerdigt, deinen Ehrgeiz versiegelt, deine Träume verschlossen und dich ans Kreuz der Dinglichkeit geschlagen – dich und deine Liebesnächte aus dürftigem Rausch, an denen du hängst wie ein Reicher an seinen Silbermünzen. Über alldem hast du ganz vergessen, dass du gut bist. Aber ich sehe es. Nicht nur dein Haar, deine Haut ist blond. Wenn du trinkst, sind deine Lippen nur fünf Jahre alt.

Weil du im Begriff bist, dir Mut anzutrinken, einen Mut, den ich nicht will, muss ich dich erschrecken. Denn gleich kann es zu spät sein. Dein Atem geht schwer. Deine hellen Augen wollen leichtfertig sein, aber sie sind blau wie Blei.

---

2 Anführer des Deutschen Ordens, der seit 1309 seinen Sitz in der am Mündungsarm der Weichsel gelegenen Marienburg hatte.

3 Lat. «Nächstenliebe».

Die junge Dame sagte – und sie wusste, dass es ein Spiel mit dem Leben war: «Kann ich heute Nacht zu Ihnen kommen? Ich bin Jüdin – ich habe keine Bleibe.»

Salto mortale – warum bin ich nicht zu Conny gegangen? Conny hat drei Kinder.

Der Schaum ist im Sekt versickert. Der Mann ist «Arier», vielleicht Parteigenosse, SS-Anwärter, NSV-Blockleiter[4] – Conny müsste sich netter anziehen, sie soll sich mein blaues Kostüm umarbeiten lassen – Kellner, zahlen. Müdigkeit macht mutig – jetzt weiß ich es. Ach, ich wusste es schon längst! Tollheit aus Müdigkeit.

Diese tiefe Falte in dem taktlosen Vorhang, tief eingeschlagen, dunkel – wie Gram.

Conny spricht nur noch Berlin-Alexanderplatz – Ausdrücke wie ein Unteroffizier. «Das passt nicht zu dir.»

«Nein», sagte sie. «Aber es hilft.»

Die Bar hat sich gefüllt. Mein Kommunist ist fortgegangen. Gut so. Er würde mein Herz abziehen – von meiner Gefahr zu seiner Gefahr. Er würde mich stören.

Mein freundlicher Feind gibt der Garderobenfrau ein hohes Trinkgeld. Ich soll es sehen. Das soll Eindruck machen – auf mich. Ach Gott, wir armen Menschen! Recht und billig – Billigkeit. Conny spricht so schauderhaft, seit ihr Doktor nach Auschwitz verschleppt wurde. Es passt nicht zu ihr. Aber – wenn es hilft? Gott segne sie.

Ich weiß ohnedies, dass wir Fremde sind. Darum brauchst du meinen Weg nicht zu beschirmen, mit dieser zarten Geste, die meinen Arm stützt. Aus einer kaum bewussten Schicht unseres Wesens starren wir uns wie angstverschreckte Tiere an. Mit dem Silbergurt der Ritterlichkeit blendest du dich selbst, auch mich. Klar biegt die Rundung des Nachthimmels sich um die Sterne. Ich bin klein geworden wie ein Kind, das die weißen Stäbe seines Gitterbettchens umgreift. In den dunklen Häusern liegt Strenge. Schnitte begleiten uns wie das Verhängnis. Bäume lassen wir hinter uns stehen wie trostlos verlassene Lieben. Anklagend recken sie die entlaubten Äste empor.

---

4 Aufsichts- und Meldeperson der Nationalsozialistischen Volkswohlfahrt (NSV), am unteren Ende der NS-Parteihierarchie rangierend.

Über die Steine zu unseren Füßen tastet sich unser Gespräch. In eingeübten Wendungen tanzen Worte. Deine Stimme ist wie Bronze, Klang und Getön. Mein sprödes Silbenglas darf nicht daran schlagen, damit es nicht zerbricht. Du darfst auch nicht wissen, dass das Licht der Laterne, das deine Schuhe überspült, mein jäher Dank ist, der nicht anderen Ausdruck weiß, als deinen Fuß zu küssen.

Weil du jetzt von «Ausnahmen» sprichst, begreife ich, dass du mein Feind bist. Ich bin eine Ausnahme und sollte wie ein Schatten vor dir zurückweichen, deinen Arm, der mich stützt, in die Leere deiner Anschauungen fallen lassen. Müdigkeit macht frieren und ist ohne Stolz. Ich will eine Ausnahme sein und gewärmt werden, will Wände um mich, vier schwere Wände. Aber meine Verletzungen bluten eine unsichtbare Spur. Blut, schon geronnen, ehe es lebendig leuchtet.

Die Jüdin, die ihre Sterne verbrannt hatte, fand sich gegen ein Uhr nachts in der Wohnung des Oberingenieurs Heinz Grabowski, der, gebürtig aus Oberschlesien, zweiunddreißig Jahre zählte. Mit übereinandergeschlagenen Beinen saß sie im tiefen Sessel, nahe der Zentralheizung. Ihre Augen glänzten überwach, braune, mandelförmige Augen unter dem eleganten Schwung der Brauen, dem seidenen Ernst der Wimpern.

Aber du, geschäftiger Unruhe voll, hantierst mit Tassen und Tellern, wirfst Melodien aus dem Radio, schwingende, unfertig-warme. Dein grauer Anzug ist gehorsam in seiner kleinen Musterung, ehrerbietig dein zager Gang, der über den Teppich wiegt. Du wirbst. Gegen deinen Willen, der dich voreilig zum Ritter schlug. Du wirbst in deinem Suchen nach sehnsüchtiger Musik, die nach Stille schreit, wirbst in der dämmrigen Veränderung des Lichtes, indem du Kerzen aufzäumst und energisch den Schalter drehst, dass die Grelle schwindet.

Angst ist in dir, stolze Selbstachtung, Mut und angebrochene Nacht. Stimmung willst du bereiten – für mich? Du ahnst nicht, wie viel Müdigkeit leer die Achseln zuckt über Kerzenlicht und Tangowonnen. Filmmagnetismus wiegt nur dich, nicht mich. Um meine Knöchel liegen Fesseln, und ich habe viele Brüder und Schwestern. Mütter jammern zu Tausenden nach mir. Und der Krug, den Rebekka zum Brunnen trug, ist lange zerschellt. Scherben klirren. Aber du ziehst die lauten Pfeifen einer Orgel in einer Kirche, in die ich nicht gehöre. Ein sanfter Regen von Komplimenten dringt nicht in das Erdreich meiner Eitelkeiten, die es gewiss gibt. Aber nicht so. Nicht hier. Ich bin eine Ausnahme, weißt du. Ausnehmen – ich bin innerlich leer und ausgenommen. Ich spotte nicht über dein Werben, das du selbst nicht ganz begreifst. Ich bin traurig, weil ich nicht Minna heißen und dem Serum deiner Psychologie erliegen kann.

Wieder stehst du am Radio und drehst das suchende Rädchen. Du willst die Welt verändern, willst mich wandeln mit wandernder Melodie. Ich sehe deine hilflosen Schultern, erkenne das Ungewisse, Zerquälte an deiner Hand, die das Haar zurückstreicht. Dein Haar ist ein blonder, zerfallener Wald von Schwächen und Schablonen. Der Pfau schlägt sein glitzernd-buntes Rad, und der Tauber lockt mit gurrendem Du. Spott wäre arm. Über Gott, über Leben, über Tod ist nicht zu spotten. Wir bewegen nicht. Es bewegt uns.

Trockene Wärme summt auf mich ein. Sieh, ich bin traurig, weil ich zu viel Leben kenne und mitten im Tod stehe.

Gewichtig plauderst du über dich hinweg, sprichst von Geschäften und Geld. Dein teurer Apparat, der für dich um mich wirbt, hat teures Geld gekostet – ich dachte es mir. Ob mir die Wurst gemundet hat, fragst du mich. Es muss ein seltener Genuss für mich sein. Weil Juden kein Fleisch bekommen. Du stellst es fest.

Du wirst noch viel sprechen, armer Freund, flügellahmer Feind, der mich birgt – viel beziehungslose Sätze, die nicht Duft, nicht Farbe, nicht Wahrheit haben.

Übrigens glaube ich nicht an den Sturmführer, der in Hugos Haus gezogen sein soll. Der Sturmführer heißt Furcht. Furcht ist ein Dämon, und ich achte sie. Auch den, von dem sie Besitz ergreift. Warum trieb es mich, die Sterne zu verbrennen, anstatt ihnen zu folgen? Das Grübchen im Kinn meiner Tochter, die in England englisch wird? Auch das. Vieles andere. Aber auch das. Und auch: Furcht! Plötzlich hast du die Kerzen ausgelöscht. Es durchrieselt mich eisig von der Stirn bis zu der Spitze meiner Schuhe: Abwehr, fast Hass. Ich heiße nicht Minna und bin auch mit jäher Dunkelheit nach beziehungslosen Worten nicht bereit, mich zu vergeben. Aber jetzt gehst du zum Fenster – deine Entfernung befreit mich – du ziehst die Vorhänge zurück. Es ist Vollmond. Das ganze Zimmer liegt in kühlem Silber. Deine Gestalt ist eine Silhouette – dunkel wie Gram. Wieder fasst mich das Rühren vor dem unbeholfenen Feuerwerk deiner Werbungen – Grübchen im Kinn meiner kleinen Tochter –, aber auch du bist ein Kind. Es bleibt ja nichts, als neben dich zu treten, neben dich und neben mich selbst und neben das Eisige in mir. Ich kann nichts vergessen – aber du kannst vergessen. Ich kann nicht mehr stiller werden, als ich es schon bin. Aber du kannst es.

Einmal hattet ihr Nüsse im Haus. Ein Pfund Walnüsse mit gekerbter Schale und bitterer, faltiger Haut um das kernige Fleisch. Du knacktest sie auf, eine nach der anderen. Deine kleinen Finger gruben in den Kanten nach den labenden Stecknadelbrocken. Strafend kroch der Abend auf dich zu.

Schläge färbten deine mageren Beine mit blauen Flecken, deinen verkrümmten Rücken. Es waren nicht deine Nüsse, die du genossen hattest. Du hattest an Vater und Mutter, an deine Schwestern vergessen. Diese halbe Stunde naturnahen Glückes musstest du bitter bezahlen. Und der Hunger, der mit zerrender Leere bis zu deinem Hals würgte, machte dich noch einsamer, als du die Knoten der billigen Matratze unter dem groben Laken spürtest und jammernde Fragen wie spitze Nadeln in dein eigenes Herz stießest.

Dich von der Last der nahen Wünsche zu befreien, dein armes Werben zum Verstummen zu bringen, lasse ich mich stehen wie ein leer getrunkenes Glas. Ich heiße nicht, und ich bin nicht geboren worden. Ich habe nicht viele Leben gelebt, die mich bestimmen. Bestimmt werde ich durch einen Mann, ein Kind, das siegen will, weil es viel verlor und sich bestätigen muss, dass es mehr wert ist als eine Ameise, die mit winzigen Hölzern zum Sandbau beiträgt und ihr Leben veremsigt.

Wir haben das Mondlicht nicht mehr vertrieben. Es geistert durch dein Zimmer, das ich morgen verlassen muss. Daran habe ich selbst schuld. Nicht du. Ich hätte mich nicht ansaugen lassen dürfen von deinen Wünschen, die dir selbst nicht zu dem hohen Bilde passten, das von dir zu entwerfen du im Begriff warst. Ich hätte mich selbst leben müssen, mich nicht beiseitestehen lassen. Eis und unendliche Torheit. Man kann Eis brechen, aber es schmilzt nicht – es bröckelt nur in schweren Stücken und rissigen Kanten. Du liebst den Triumph nicht mehr, denn dein Sieg war zu leicht. Wie das Geschick mit mir spielt, hätte ich dich werfen müssen. Ich hätte mir eine lange Ruhe erobert, und dein Opfersinn wäre angestiegen, hätte dich erhöht und glücklicher gemacht.

Jetzt passe ich zu gut in dein Bild von den Frauen, die alle gleich sind. Vielleicht bin ich keine «Ausnahme» mehr, gewiss nicht. Ich habe deine Hilfe kalt bezahlt, ohne Güte, ohne Herz und ohne Leidenschaft. Weil das Eis nicht schmelzen kann, wenn man neben sich selbst steht. Im Getriebe der tragischen Welt – Gott, Leben und Tod – grinst Lächerlichkeit.

Das Pausenzeichen pocht seinen mechanischen Irrsinn. Es ist ein leises Glück, still zu liegen, die Füße nebeneinander zu ruhen. Zu wissen: Hierher kommt niemand, der um fünf Uhr morgens schwere Stiefel über Treppen stampfen lässt. Zu dem Parteigenossen Grabowski kommt man nicht. Ich schlafe mit einem deutschen Ehrenmann und genieße die Früchte seines rechtlichen Lebensweges.

Morgen früh werde ich gehen. Aber ich werde nicht umherirren. Ich habe ein Ziel: Conny. Ich weiß jetzt, dass man den Menschen ihre Opfer nicht entreißen darf. Wenn ich komme, werden Connys schräge Augen aufstrahlen, und mit ihren kindlichen, gelbgerauchten Händen wird sie meine Schultern umfassen. Sie wird meine Kleider bewundern und an meinen Lippen hängen. Denn für sie bin ich keine Ausnahme. Ich bin eine ganze verfolgte Menschheit. Und sie wird sich auf die Zehen stellen, aus ihren Armen ein Dach für die ganze verfolgte Menschheit zu schließen.

Doris Lessing
LUCY GRANGE

Die Farm lag fünfzig Meilen von der nächsten Stadt entfernt in einer Gegend, in der Mais angebaut wurde. Dicht vor der Haustür begannen die Maisfelder. Mehrere Morgen Land hinter dem Haus dienten in einem üppigen, bunten Durcheinander von Hühnerställen, Gemüsebeeten und Kürbispflanzen häuslichen Belangen. Selbst auf der Veranda standen Getreidesäcke und zahllose Hacken. Das Leben der Farm, das Leben ihres Mannes umspülte das Haus und hinterließ altes Eisen auf der Eingangstreppe, wo die Kinder Fahrer und Wagen spielten, oder eine Flasche mit Medizin für ein krankes Tier auf ihrem Toilettentisch zwischen den Fläschchen von Elizabeth Arden.

Man trat geradewegs von der Veranda dieser nüchternen backsteingemauerten, wellblechgedeckten Scheune von einem Haus in ein großes, geräumiges Wohnzimmer, in dem Vorhänge aus grünem und orangefarbenem Liberty-Leinen gedämpftes Licht einließen.

«Elegant?», fragten sich die Frauen der Farmer bei ihren Höflichkeitsbesuchen, während sie mit Lucy Grange über den Preis der Butter und der Schürzen für die Dienstboten sprachen und die Männer mit George Grange über die Farm. Sie kamen nie «einfach vorbei», um Lucy Grange zu sehen; sie riefen nie an, um sie einzuladen, «den Tag zusammen zu verbringen». Sie blätterten in den Büchern über Kinderpsychologie, Politik und Kunst; schuldbewusst blickten sie auf die Bilder an den Wänden, die sie ihrer Ansicht nach eigentlich hätten kennen müssen, und sagten: «Wie ich sehe, lesen Sie viel, Mrs. Grange.»

Jahrelang redeten sie untereinander über Lucy, ehe in ihren Stimmen etwas gutmütig Belustigtes mitschwang, das verriet, man hatte sie akzeptiert: «Ich überraschte Lucy im Gemüsegarten mit Handschuhen voller Fettcreme.» – «Lucy hat schon wieder ein Schnittmuster für ein neues Kleid in der Stadt bestellt.» Und noch später verkündeten sie mit selbstbewusst gestrafften Schultern, betont leerem Blick und diskret neutraler Stimme: «Männer finden Lucy sehr attraktiv.»

Man kann sich Lucy vorstellen, wenn die Frauen sie nach solchen gnädigerweise kurzen Besuchen verließen. Sie stand dann auf der Veranda und sah bitter lächelnd den ordentlichen, gesetzten Damen in ihren einfachen Kleidern nach – das Stück zu siebeneinhalb Shilling «geschneidert» von der Holländerin im Laden und lose über den schlaffen Brüsten geknöpft – mit dem ungepflegten Haar, das alle sechs Monate in der Stadt eine neue Dauerwelle bekam, und ihrer ein für alle Mal durch einen unbeholfenen roten Strich über den Mund dokumentierten Weiblichkeit. Man kann sich vorstellen, wie Lucy die Fäuste ballte und heftig zu den grünen Maisfeldern sagte, die sie mit ihren schaumweißen Spitzen umwogten wie das Meer: «Ich nicht. Ich ganz bestimmt nicht. Er soll sich nicht einbilden, dass ich jemals so werde!»

«Gefällt dir mein neues Kleid, George?»

«Keine Frau in dieser Gegend sieht so gut aus wie du, Lucy.» Es schien zumindest an der Oberfläche, als erwarte oder wünsche er nicht, dass sie so werden sollte…

Inzwischen bestellte sie weiterhin Kochbücher in der Stadt, erprobte neue Rezepte für Kürbis, grünen Mais und Huhn, pflegte ihr Gesicht vor dem Schlafengehen mit Nährcreme, baute hübsche Möbel fürs Kinderzimmer aus weiß lackierten Holzkisten – die Farm ging nicht allzu gut – und führte mit George Diskussionen darüber, dass Klein Bettys Husten vermutlich psychische Gründe habe.

«Du hast bestimmt recht, Liebes.» Und dann die wohlklingende, allzu kontrollierte Stimme: «Ja, Liebling. Nein, mein Schatz. Ja, natürlich spielen wir zusammen mit dem Baukasten. Aber erst musst du dein Mittagessen aufessen.» Dann schlug sie um, klang hart und schrill. «Hör mit diesem Lärm auf, Liebling! Ich kann es nicht ertragen. Geh nach draußen, geh und spiel im Garten und lass mich in Ruhe.»

Manchmal flossen die Tränen. Hinterher: «Aber George, hat deine Mutter dir nie gesagt, dass alle Frauen manchmal weinen? Es wirkt wie Medizin oder ein Ferientag.» Es folgten heiteres Lachen und fröhliche Erklärungen. George beeilte sich, in das Gelächter einzustimmen. Er mochte es, wenn sie fröhlich war. Und meist war sie das. So war sie zum Beispiel eine gute Schauspielerin. Um George von den Problemen der Farm abzulenken, imitierte sie die Polizeibeamten, die einmal im Monat durch den Distrikt reisten, um für Ruhe und Ordnung unter den Eingeborenen zu sorgen, oder die Beamten vom Landwirtschaftsministerium, die sie besuchten.

«Möchten Sie meinen Mann sprechen?»

Deshalb waren sie gekommen, doch sie bestanden selten darauf.

Sie blieben weit länger, als sie beabsichtigt hatten, tranken Tee und sprachen über sich selbst. Sie gingen und erklärten in der Bar im Dorf: «Mrs. Grange ist eine kluge Frau.»

Und Lucy führte George zuliebe vor, wie ein sonnenverbrannter junger Mann in Kakiuniform mit einer leichten Verbeugung ins Zimmer trat, sich verdutzt und überrascht umblickte, eine Tasse Tee trank, sich dreimal dafür bedankte, einen Aschenbecher umwarf, zum Mittagessen und zum Nachmittagstee blieb und sich mit einem linkischen Kompliment verabschiedete: «Es ist wirklich etwas Besonderes, einer Dame wie Ihnen zu begegnen, die ein so großes Interesse an den Dingen hat.»

«Du solltest mit uns armen Kolonisten nicht so hart sein, Lucy.»

Und schließlich kann man sich vorstellen, wie der Hausboy eines Tages zu ihr in den Hühnerstall kam, um zu sagen, im Hause warte ein *Baas* auf sie; und es war kein verschwitzter, durstiger Polizist, der fünfzehn Meilen auf dem Motorrad über die staubige Straße gefahren war, zu dem sie freundlich sein musste.

Es war ein Mann aus der Stadt, etwa vierzig oder fünfundvierzig, und wie ein Städter gekleidet. Beim ersten Anblick empfand sie heftigen Widerwillen. Er hatte ein grobes sinnliches Gesicht und wirkte wie ein geduldiger Geier, während seine durchdringenden Augen unter den schweren Lidern prüfend ihren Körper hinauf und hinunter wanderten.

«Möchten Sie vielleicht meinen Mann sprechen? Er ist heute Morgen draußen bei den Kühen.»

«Nein, ich glaube nicht. Ich hatte es zwar vor.»

Sie lachte. Es war, als habe er eine Schallplatte aufgelegt, die sie lange nicht gehört hatte und zu der ihre Füße den Takt schlugen. Sie hatte dieses Spiel seit Jahren nicht mehr gespielt. «Ich mache Ihnen Tee», sagte sie hastig und ließ ihn in ihrem hübschen Wohnzimmer allein.

Während sie die Tassen auf das Tablett stellte, zitterten ihre Hände. «Aber Lucy!», ermahnte sie sich kokett. Als sie sehr ernst und gefasst zurückkam, stand er vor dem Bild, das eine halbe Wand des Zimmers einnahm. «Man sollte annehmen, dass Sie hier genug Sonnenblumen haben», sagte er mit seiner dunklen, zu nachdrücklichen Stimme, die Lucy nach der Bedeutung hinter den Worten suchen ließ. Und als er sich umdrehte, durch das Zimmer ging, sich setzte, vorbeugte und sie prüfend ansah, unterdrückte sie einen Impuls, sich für das Bild zu entschuldigen: «Van Gogh *ist* vordergründig, aber sehr dekorativ», hätte sie vielleicht gesagt. Und sie spürte, dass dies auf den ganzen Raum zutraf: dekorativ, aber vordergründig. Doch sie war sich auf angenehme Weise bewusst, wie sie aussah: anmutig und kühl in ihrem grünen Leinenkleid, mit den strohblonden Haaren und dem sittsamen Knoten im Nacken. Mit großen ernsten Augen blickte sie zu ihm auf und fragte: «Milch? Zucker?», und sie wusste, dass ihre Mundwinkel sich vor Befangenheit spannten.

Als er sich nach drei Stunden verabschiedete, drehte er ihre Hand um und küsste sie leicht auf die Handfläche. Sie blickte auf den dunklen, fettigen Kopf und den roten, faltigen Nacken hinunter, blieb starr stehen und dachte an die nackten, faltigen Hälse von Geiern.

Dann richtete er sich auf und erklärte schlicht und freundlich: «Sie müssen hier sehr einsam sein, meine Liebe.» Lucy bemerkte erstaunt, dass in ihren Augen Tränen standen. «Man tut, was man kann, um das Beste zu machen.» Sie hielt den Blick gesenkt, und die Worte klangen unbeschwert. Innerlich weinte sie vor Dankbarkeit. Verlegen sagte sie schnell: «Sie haben noch nicht gesagt, weshalb Sie gekommen sind.»

«Ich biete Versicherungen an. Und außerdem habe ich die Leute über Sie reden hören.»

Sie stellte sich das Gerede vor und lächelte steif. «Sie scheinen Ihre Arbeit nicht sehr ernst zu nehmen.»

«Wenn Sie erlauben, komme ich wieder und versuche es noch einmal.»

Sie gab keine Antwort.

Er sagte: «Ich verrate Ihnen ein Geheimnis, meine Liebe. Einer der Gründe, weswegen ich mich für diesen Distrikt entschieden habe, sind Sie. In diesem Land gibt es nicht viele Menschen, mit denen man sich wirklich unterhalten kann. Deshalb können wir es uns nicht leisten, uns gegenseitig nicht ernst zu nehmen.» Er berührte sie mit der Hand an der Wange, lächelte und ging.

Seine letzten Worte klangen in ihren Ohren wie eine Parodie dessen, was sie oft gesagt hatte, und sie empfand heftigen Abscheu.

Sie ging in ihr Schlafzimmer und stand vor dem Spiegel. Sie legte die Hände an die Wangen und holte bestürzt tief Luft.

«Aber Lucy, was ist mit dir los?» Ihre Augen tanzten, ihr Mund lächelte unwiderstehlich. Doch sie hörte die Koketterie in ihrem «Aber Lucy» und dachte: «Ich verliere den Verstand. Ich muss den Verstand verloren haben, ohne es zu merken.»

Später ertappte sie sich dabei, dass sie in der Küche beim Kuchenbacken sang, und rief sich zur Ordnung. Mit geschlossenen Augen stellte sie sich das Gesicht des Versicherungsvertreters vor und wischte instinktiv die Handflächen am Rock ab.

Er kam nach drei Tagen. Als sie ihn vertraut lächelnd in der Tür stehen sah, dachte sie im ersten Moment wieder erschrocken: «Er hat ein Gesicht wie ein altes Tier. Wahrscheinlich hat er diese Arbeit gewählt, weil sie ihm so viele Möglichkeiten verschafft.»

Er erzählte von London, wo er vor Kurzem seinen Urlaub verbracht hatte; er sprach von Kunstgalerien und Theatern.

Gegen ihren Willen taute sie aus Hunger nach solchen Gesprächen auf. Sie konnte einen entschuldigenden Ton in der Stimme nicht unterdrücken, denn sie wusste, dass sie nach so vielen Jahren im Exil hier provinziell wirken musste. Sie mochte ihn, denn er stellte sich mit ihr im Verzicht auf Ansprüche auf eine Stufe, indem er sagte: «Ja, ja, meine Liebe, in einem Land wie diesem müssen wir alle lernen, uns mit Zweitklassigem abzufinden.»

Während er sprach, wanderten seine Augen aufmerksam umher. Er lauschte. Vor dem Fenster scharrten und kollerten die Truthähne. Im Zimmer nebenan machte sich der Hausboy zu schaffen; dann wurde es still, denn er war zum Mittagessen gegangen. Die Kinder hatten bereits gegessen und spielten unter Aufsicht des Kindermädchens im Garten.

«Nein», sagte sie sich. «Nein, nein, nein.»

«Kommt Ihr Mann zum Mittagessen zurück?»

«In dieser Jahreszeit bleibt er draußen. Er hat so viel zu tun.»

Er kam herüber und setzte sich neben sie. «Wollen wir uns gegenseitig trösten?»

Sie weinte in seinen Armen. Sie spürte, wie sie sich ungeduldig und erregt um sie schlossen.

Im Schlafzimmer hielt sie die Augen geschlossen. Seine Hand wanderte ihren Rücken auf und ab. «Was ist los, Kleines? Was ist los?»

Seine Stimme war wie ein Beruhigungsmittel. Sie hätte entschlafen und eine Woche lang in diesen anonymen, tröstenden Armen liegen können. Aber er warf über ihre Schulter hinweg einen Blick auf seine Uhr. «Sollten wir uns nicht lieber anziehen?»

«Natürlich.»

Sie saß nackt auf dem Bett und bedeckte sich mit den Armen. Hasserfüllt blickte sie auf seinen weißen, haarigen Körper und dann auf den roten Nacken mit den vielen Falten. Sie wurde übertrieben fröhlich. Im Wohnzimmer saßen sie nebeneinander auf dem großen Sofa und wurden ironisch. Dann legte er den Arm um sie; sie kuschelte sich an ihn und weinte wieder. Sie klammerte sich an ihn und spürte, wie er sich von ihr entfernte; ein paar Minuten später stand er auf und sagte: «Es wäre nicht gut, wenn dein Alter nach Hause kommt und uns so findet.»

Noch während sie ihn für den «Alten» hasste, umarmte sie ihn und sagte: «Du kommst doch bald wieder.»

«Ich könnte gar nicht anders.» Die Stimme schnurrte zärtlich über ihrem Kopf, und sie sagte: «Du weißt doch, ich bin sehr einsam.»

«Ich komme, sobald ich kann, Liebling. Ich muss Geld verdienen, das weißt du doch.»

Sie ließ die Arme sinken, lächelte und sah ihm nach, als er den ausgefahrenen, rostroten Weg zwischen den wogenden, meeresfarbenen Maisfeldern hinunter- und davonfuhr.

Sie wusste, er würde wieder kommen, und das nächste Mal würde sie nicht weinen. Wieder würde sie so dastehen und ihm nachsehen, ihn hassen und daran denken, dass er gesagt hatte: *In diesem Land lernen wir, uns mit Zweitklassigem abzufinden.* Er würde wieder kommen, wieder und wieder; und sie würde hier stehen, ihm nachsehen und ihn hassen.

Iris Murdoch

ETWAS BESONDERES. EINE GESCHICHTE

«Warum willst du ihn denn nun nich?», fragte Mrs. Geary. Sie schob die
Abendzeitungen auf der Theke zurecht.

Yvonne saß mitten im Laden rittlings auf einem Stuhl. Sie kippelte
bedenklich und rieb ihren kleinen Kopf wie ein Tier am Holz der Rückenlehne, die langen Beine abgespreizt, um sich vorm Umfallen zu
schützen. Auf die Frage antwortete sie nicht.

«Sie ist wieder mürrisch», sagte ihr Onkel, der an der Tür stand.

«Wer ist *sie*? Sie ist die Katze!», sagte Yvonne. Sie begann, heftig mit
dem Stuhl vor und zurück zu schaukeln.

«Mach den Stuhl nicht kaputt», sagte ihre Mutter. «Das ist unser
letzter von den ordentlichen, bis der Mann mit dem Rohr wiederkommt. Warum du ihn nich nehmen willst, hab ich gefragt.»

Dicht vor dem Laden ratterte die Tram nach Dublin vorbei, verdunkelte für einen Augenblick die Szene und ließ die kleinen Gegenstände
auf den höheren Brettern klirren und hüpfen. Es war ein heißer Abend,
und die Türen waren zum Staub der Straße weit geöffnet.

«Ach, hör auf, hör auf!», sagte Yvonne. «Ich *will* ihn nicht, ich *will*
nicht heiraten. Er ist nichts Besonderes.»

«Nichts Besonderes, was?», sagte ihr Onkel. «Er ist ein netter junger
Mann mit einer festen Arbeit, und er will dich heiraten, und so jung
bist du nicht mehr. Oder willst du dein ganzes Leben deiner Ma auf der
Tasche liegen?»

«Wenn du ihn nich heiraten willst, führ ihn auch nich an der Nase
rum», sagte ihre Mutter, «und hör auf, den Stuhl kaputt zu machen.»

«Kann ich nicht auch einfach mit einem Jungen befreundet sein»,
sagte Yvonne, «ohne dass ihr zwei auf mich losgeht? Ich bin vierundzwanzig, und ich weiß, was ich tue.»

«Genau, du bist vierundzwanzig», sagte ihre Mutter, «und Betty

Nolan und Maureen Burke haben in den letzten drei Jahren geheiratet, und die waren in der Schule unter dir.»

«Ich bin nicht so wie die beiden», sagte Yvonne.

«Das stimmt allerdings!», sagte ihre Mutter.

«Das machen diese Frauenzeitschriften», sagte ihr Onkel, «und die kleinen Romane, die sie ständig liest, die setzen ihr diese Ideen in den Kopf, am Ende will sie nur noch den Scheich von Arabien heiraten.»

«Ihr fällt so wenig ein, was sie mit ihrer Zeit anfangen könnte», sagte ihre Mutter, «ständig liegt sie in dem dunklen kleinen Zimmer auf dem Bauch und steckt die Nase in ein Buch, ein Wunder, dass ihr die Augen noch nich ausm Kopf gefallen sind.»

«Kann ich mein Leben bitte leben, wie ich es möchte», sagte Yvonne, «schließlich habe ich nichts anderes. Ich sehe nun mal nichts Besonderes in ihm, und dann heirate ich ihn nicht.»

«Er gehört zum auserwählten Volk», sagte ihr Onkel. «Ist das nicht besonders genug?»

«Fang nich wieder damit an», sagte ihre Mutter. «Sam ist ein netter junger Bursche und überhaupt nich wie die meisten Judenjungen. Die Kinder würde er nach der Kirche von Irland erziehen.»

«Immerhin», sagte ihr Onkel, «ist das besser als die anderen, die die ganze Zeit von dem kleinen Priester verfolgt werden und an den Türen der Kapelle mit ihren Hüten wackeln, sodass man nicht mal in Ruhe Straßenbahn fahren kann. Ich hab nichts gegen die Juden.»

«Unser Herr war Jude», sagte Yvonne.

«Sag nich solche Sachen!», sagte ihre Mutter.

«Unser Herr war der Sohn Gottes», sagte ihr Onkel, «also weder Jude noch Grieche.»

«Kommt heute Abend der Mann mit den Weihnachtskarten?», fragte Yvonne.

«Ja», sagte ihre Mutter, «auch wenn ich keinen Schimmer hab, warum wir mitten im Sommer mit Weihnachtskarten belämmert werden.»

«Dann warte ich noch, bis er kommt», sagte Yvonne. «Du nimmst immer nur die langweiligen.»

«Ich nehm die, die sich *verkaufen*», sagte ihre Mutter, «und wehe, du bist dann noch hier und spielst dich auf, wenn Sam kommt, hier ist so schon nich genug Platz.»

«Wenn du verheiratet wärst, hätteste damit nichts mehr zu tun», sagte ihr Onkel, «und dann würdest du dir auch kein Bett mit deiner Mutter teilen, wo du doch dauernd meckerst, was für ein schäbiges Loch das hier ist.»

«Es ist auch ein schäbiges Loch», sagte Yvonne, «aber sonst wär ich auch nur woanders in einem schäbigen Loch.»

«Ich bin's leid, dir das zu sagen», sagte ihre Mutter, «aber ihr könntet in eins dieser neuen kleinen Häuser hinter der Drumcondra Road ziehen. Der Mann von Macmullan's kennt den Mann, der die Liste führt.»

«Ich will kein neues kleines Haus», sagte Yvonne. «Ich *sag* doch, ich seh ihn so nicht, und jetzt ist gut!»

«Wenn du zum Heiraten auf die große Liebe wartest», sagte ihr Onkel, «wartest du zehn Jahre und machst dann eine törichte Partie. Du bist nicht Greta Garbo und kannst froh sein, dass überhaupt ein junger Bursche hinter dir her ist. Vernünftige Leute heiraten, weil sie verheiratet sein wollen, und nicht wegen irgendwelcher Gefühle in der Brust.»

«Sie hängt immer noch an dem Kerl aus England», sagte ihre Mutter, «dem Großen, Tony Thingummy hieß der.»

«Tu ich nicht!», sagte Yvonne. «Ich bin froh, dass ich den los bin!»

«Ich konnte dem seine Stimme nicht ertragen», sagte ihr Onkel. «Der hat den Mund immer so zusammengekniffen beim Reden, als würd er ein Theaterstück aufführen.»

«Sieht aus, als würden die Engländer in diesem Jahr schon wieder den Sweep gewinnen, oder?», fragte ihre Mutter.

«Er hat mir Blumen mitgebracht», sagte Yvonne.

«Blumen also!», sagte ihr Onkel. «Und er hat dir kleine Liedchen vorgesungen, hast du mal gesagt!»

«Ein fröhlicher Junge war das», sagte ihre Mutter, «so schön schmal und mit einer guten Ausstrahlung, aber jetzt isser weg. Und wart mal ab, was Sam dir noch so mitbringt.»

«Ach, du spinnst doch mit dieser Geschichte vom Diamantring», sagte ihr Onkel. «Verdrehst dem Kind noch den Kopf. Der Bursche ist genauso arm wie wir.»

«Niemand ist so arm wie wir», sagte Yvonne.

«Er ist Lohnarbeiter», sagte ihr Onkel. «Ich will nicht bestreiten, dass er vielleicht eines Tages seine eigene Schneiderei hat und sein eigener Herr ist. Kann ich mir bei ihm gut vorstellen, er ist ja nicht umsonst Jude. Aber gerade hat er jedenfalls keine schicke Anstellung und ist arm dran.»

«Die sind doch nie arm», sagte ihre Mutter. «Die tun nur so, damit ihnen die eigenen Leute nich das Geld wegnehmen.»

«Er kann jeden Moment kommen», sagte Yvonne. «Redet nicht über ihn, wenn er reinkommt, das ist kein gutes Benehmen.»

«Hört, hört, wer da über gutes Benehmen redet!», sagte ihr Onkel.

«Wisst ihr noch», sagte ihre Mutter, «wie wir ihn beim Ausverkauf vom armen Mr. Stacey getroffen haben und wie wir danach in ‹Sulla-van's Bar› gegangen sind und er zwei Runden ausgegeben hat?»

«Er hatte einen Blick auf Yvonne geworfen», sagte ihr Onkel, «deshalb hat er mit seinem Geld rumgewedelt. Ich wette, nach Hause musste er laufen.»

«Du bist mir einer», sagte ihre Mutter, «und du sagst, *ich* würde das Kind ermuntern!»

«Hab ich je gesagt, sie soll ihn wegen seinem Geld heiraten?», sagte ihr Onkel.

«Wirst schon sehen», sagte ihre Mutter. «So sind die. Wenn sie sich mit 'nem Mädchen verloben wollen, holen sie plötzlich den Diamant-ring raus, und das Mädchen sagt Ja.»

«Wenn, dann ist er ausm Pfandhaus», sagte ihr Onkel, «und liegt dann auch direkt wieder im Fenster.»

«Und was ist dann mit Julia Bateys Ring?», fragte ihre Mutter, «und wie heißen sie noch, die kleine Polly und ihre Schwester, haben beide Juden geheiratet, und es war bei beiden so. Plötzlich eines Abends ‹Ich will dir was zeigen›, sagt er, und da war der Ring, und ab da waren sie verlobt. Ich *sag* dir, so machen die das.»

«Hoffen wir mal, dass du recht hast», sagte ihr Onkel. «Vielleicht würde das ja dazu führen, dass die feine Dame sich entscheiden kann. Ein Diamantring, das wär natürlich was.»

«Ein Diamantring», sagte Yvonne, «wär jedenfalls mal was anderes.»

«Vielleicht hat er ihn ja heute Abend schon dabei!», sagte ihre Mutter.

«*Das* glaub ich nicht!», sagte Yvonne.

«Wo wollt ihr überhaupt hin?», fragte ihre Mutter.

«Keinen Schimmer», sagte Yvonne. «In die Stadt, schätze ich.»

«Geht doch zum Anleger», sagte ihr Onkel, «und seht zu, wie das Postschiff ausläuft. Wär besser für euch, als in stickigen Bars rumzusitzen oder an der Liffey rumzulaufen und den Gestank vom Fluss einzuatmen und beim Nachhausekommen nach Guinness zu riechen.»

«Außerdem liebt Sam das Meer, das weißt du ja», sagte ihre Mutter. «Er ist den ganzen Tag fast den Erstickungstod in dem drückenden Raum mit der Mangel gestorben.»

«In der Stadt ist es lustiger», sagte Yvonne. «Es ist alles dekoriert für Ireland At Home. Und in Kingstown sterbe ich noch den Langeweiletod.»

«Gut für dich», sagte ihr Onkel, «dass es Sam ist, der zahlt!»

«Mir gefällt es nicht, wenn ihr an diese schäbigen Orte geht», sagte ihre Mutter. «Das ist doch nicht, was Sam sich vorstellt, das willst doch du. Sam ist keiner, der träumend in Bars rumsitzt. Das gehört zu dem, was ich an ihm mag.»

«‹Kimball's› hat seinen Gesellschaftsraum neu gemacht», sagte Yvonne, «wie ein richtiges Wohnzimmer, mit Blumen und Kristallleuchtern. Vielleicht gehen wir da hin.»

«Das kostet aber extra!», sagte ihr Onkel.

«Das lass mal Sams Sorge sein!», sagte ihre Mutter. «So eine Erleichterung, dass es diese Gesellschaftsräume gibt heutzutage in den Pubs, da kann man dem Porter-Geruch entkommen, und als Dame kann man dort sitzen, ohne für was anderes gehalten zu werden.»

«Da ist ja der Mann mit den Weihnachtskarten!», sagte Yvonne und sprang von ihrem Stuhl auf.

«Ja, Mr. Lynch», sagte Mrs. Geary, «wie schön, Sie wiederzusehen, wer hätte gedacht, dass schon wieder ein Jahr um ist, es ist, als wärn Sie gestern erst hier gewesen.»

«Guten Abend, Mrs. Geary», sagte Mr. Lynch, «was für ein Segen, Sie so wohlauf zu sehen, und Miss Geary und Mr. O'Brien sind auch noch hier. Wandel und Niedergang, wohin man schaut. Ich hab gehört, die arme Mrs. Taylor aus Monkstown ist schon vor einem Jahr von uns gegangen.»

«Ja, die arme alte Ruschel», sagte Mrs. Geary, «aber nach siebzig Jahren kann man sich ja nich beklagen. Alles danach ist geliehen vom Herrn.»

«Unsere Zeit ist stets geliehen, Mrs. Geary», sagte Mr. Lynch, «und wer weiß, wann der große Gläubiger uns ruft? Wir sind wie das Gras, das heute blühet und morgen in den Ofen geworfen werdet.»

«Gehn wir nach hinten», sagte Mrs. Geary, «und Mr. O'Brien kümmert sich um den Laden.»

Yvonne und ihre Mutter gingen ins Hinterzimmer, gefolgt von Mr. Lynch. Das Hinterzimmer war sehr dunkel, nur durch ein Milchglasfenster erhellt, das zur Küche wies. In ihm hing der Schlafzimmergeruch nach alten Stoffen und Schweiß und Staub. Mrs. Geary machte Licht. Das gewaltige Doppelbett mit dem großen weißen Quilt und Knäufen und Stangen aus Messing, in dem sie und ihre Tochter schliefen, nahm das halbe Zimmer ein. Ein blankes Rosshaarsofa nahm den Großteil der anderen Hälfte ein, blieb noch Raum für einen kleinen, samtbezogenen Tisch und drei schwarze Stühle, die in einer Reihe vor dem hochragenden Kaminsims standen, darauf Fotografien und Messingtiere, die Richtung Decke stufenweise anstiegen. Mr. Lynch öffnete seinen Koffer und breitete die Weihnachtskarten auf dem verblichenen roten Samt aus.

«Das Rotkehlchen und der Schnee gehen gut», sagte Mrs. Geary, «und die Postkutsche ist beliebt und die bei Nacht erleuchtete Kirche.»

«Die traditionellen Themen der Weihnachtszeit», sagte Mr. Lynch, «finden allgemein Anklang.»

«O schau», sagte Yvonne, «das ist die schönste, die ich *je* gesehen habe! Die ist wirklich besonders.» Sie hielt sie in die Höhe. Ein Rahmen aus glänzend goldenem Karton umrahmte ein kleines Rechteck aus weißer Seide, auf die einige Rosen gestickt waren.

«Eine Neuheit», sagte Mr. Lynch, «die kommt auch etwas teurer.»

«Ist aber nich wie eine richtige Weihnachtskarte, so ausgefallen», sagte Mrs. Geary. «Ich finde immer, man will doch ein hübsches Bild und einen hübschen Vers. Es geht doch ums Gefühl.»

«Sam ist da», sagte Mr. O'Brien im Laden.

Sam stand im Rahmen der Ladentür und runzelte im elektrischen Licht die Stirn. Er war ein kleiner Mann, «stämmig» nannte ihn Mr.

O'Brien, und er konnte kaum als gut aussehend gelten. Er hatte ein blasses Mondgesicht und flattrige Hände, aber seine Augen waren dunkel, und sein dunkler buschiger Schopf war wie der prunkende Putz eines Vogels. Er trug seinen besten Anzug, der mitternachtsblau war mit grauen Streifen, und seine Krawatte war aus hellgelber Seide.

«Komm rein, Sam», sagte Mrs. Geary. «Yvonne ist schon lange fertig. Mr. Lynch, das ist Mr. Goldman.»

«Angenehm», sagten beide.

«Du bist ja mächtig schick heute Abend, Sam», sagte Mrs. Geary. «Wird wohl ein besonderer Abend?»

«Wir suchen gerade die Weihnachtskarten aus», sagte Yvonne. «Haben Sie auch welche mit Ochs und Esel drauf, Mr. Lynch?»

«Hier», sagte Mr. Lynch, «wir haben Ochs und Esel, und hier sehen wir unseren Herrn in der Krippe, daneben Seine Mutter, und hier die Heiligen Drei Könige mit ihren kostbaren Geschenken, und hier die Engel, die den armen Hirten bei Nacht erscheinen, und hier der Stern, der ihnen den Weg weist. Als Jesus in Bethlehem geboren wurde, einer Stadt in Judäa, zur Zeit des Königs Herodes ...»

«Mir gefällt immer noch die hier am besten», sagte Yvonne. «Schau, Sam, ist die nicht hübsch?» Sie hielt die Karte mit Goldrahmen hoch.

«Jetzt macht euch mal auf den Weg, ihr beiden», sagte Mrs. Geary, «und belästige Sam nich mit diesem Christenzeug.»

«Das macht mir nichts», sagte Sam. «Ich begehe Weihnachten genau wie Sie, Mrs. Geary. Ich betrachte es als eine Art Sinnbild.»

«So ist es recht», sagte Mr. Lynch. «Was trennt uns denn schließlich? Im Haus meines Vaters sind viele Wohnungen.[1] Wäre es anders, hätt ich es dir gesagt.»

«Ich hole nur meinen Mantel», sagte Yvonne.

«Sei nicht zu lange mit ihr unterwegs, Sam», sagte Mrs. Geary, «und jetzt Auf Wiedersehen und habt einen richtig schönen Abend.»

«Bis Spätersilie», sagte Yvonne.

Sie verließen die kühle, muffige Ladenluft und tauchten ein in die schwere warme duftende Sommerdämmerung. Yvonne warf den Kopf in den Nacken und stolzierte in ihren hochhackigen Schuhen dahin, auf

---

[1] Joh 14,2.

dem Gesicht den ausgeprägt bockigen Blick, den sie Sam zuliebe stets aufsetzte. Sie würde seinen Arm nicht nehmen, und sie gingen etwas ziellos die Straße hinunter.

«Wo sollen wir hin?», fragte Sam.

«Mir egal», sagte sie.

«Wir könnten ein bisschen am Meer spazieren gehen», sagte Sam, «und auf den Felsen hinten bei den Badestellen sitzen.»

«Da unten ist es zu windig, und ich kann in diesen Schuhen nicht auf die Felsen.»

«Gut, dann gehen wir in die Stadt.»

In diesem Augenblick war vom Meer her ein dröhnendes Geräusch zu hören, sehr tief und traurig. Und noch einmal, ein anhaltendes melancholisches Tönen, das langsam erstarb.

«Ah, das Postschiff!», sagte Sam. «Lass uns doch zuschauen, wie es ausläuft, es ist Ewigkeiten her, dass ich dabei zugeschaut habe.»

Sie gingen zügig bis zur Seemannskirche und bogen dort ab in die steife Brise. Im Abendlicht schimmerte die Szene vor ihnen wie eine farbige Postkarte. Das Postschiff hatte schon die Lichter an und bildete blasse, bewegliche Spiegelbilder im Wasser, das noch vom Tageslicht glänzte. Als sie näher kamen, setzte sich das Schiff ganz langsam in Bewegung, entfernte sich von dem breiten braunen Holzanleger und enthüllte Reihen um Reihen von Menschen, die zurückblieben und in der dunkelnden Luft ihre weißen Taschentücher schwenkten. Die Szene war vollkommen still. Über dem metallischen Wasser sammelte sich eine krause Wolke aus schwarzem Rauch, verdeckte das Schiff für einen Moment, dann hob sie sich und enthüllte, wie es zwischen den beiden Leuchttürmen, deren Strahlen genau in diesem Moment angezündet wurden, in die offene See glitt. Hinter ihnen ging über Howth Head ein großer blasser Mond auf.

«Der Mond hat entzündet heroben sein Licht», sagte Sam.

«Ich hab das Postschiff schon hundert Mal auslaufen sehen», sagte Yvonne, «und eines Tages bin ich selbst drauf.»

«Möchtest du denn gern nach England fahren?», fragte Sam.

Yvonne warf ihm einen übertrieben höhnischen Blick zu. «Will nicht jeder Mensch in Irland, der eine Seele hat, nach England fahren?», fragte sie.

Zurück gingen sie langsamer, vorbei an den goldenen Fenstern von
«Ross' Hotel», um die Tram nach Dublin zu nehmen. Als sie den Hügel
erklommen hatten, war das Schiff auf halbem Weg zum Horizont, seine
Rauchfahne ragte in die heraufziehende Nacht, und als sie bei Nelson's
Pillar ausstiegen, war das Tageslicht ganz verschwunden.

«Und wo möchtest du jetzt hin?», fragte Sam.

«Frag mich das doch nicht immer!», sagte sie. «Geh doch einfach
irgendwohin, und wahrscheinlich werde ich dir folgen!»

Sam nahm ihren Arm, und sie ließ ihn diesmal, und führte sie über
die O'Connell Bridge und weiter zur Uferstraße. Gleißend und ölig
floss die Liffey an ihnen vorbei, schwarz wie Guinness, auf dem Weg
in die Bucht von Dublin. Weit hatte sie es nicht mehr. Entlang der
Brüstung hingen in Abständen Metallkörbe voller Blumen von den
schmiedeeisernen Straßenlaternen, und ein an der Brücke aufgehängtes
Banner verkündete auf Englisch und auf Irisch, Irland sei für Besucher
At Home. Es vermischte sich der Geruch von Müll und Blütenstaub.

Sam drehte sie zum Fluss, offenbar in der Absicht, gefühlsbetont so
zu verweilen, sein Arm wand sich um ihre Taille. Über den Häusern
war der Mond aufgegangen. Aber Yvonne sagte bestimmt: «Da holt
man sich ja den Tod mit dem Abwassergestank hier. Gehen wir doch zu
‹Kimball's› und probieren den neuen Gesellschaftsraum aus.»

Sie gingen die Seitenstraße hinauf, die zu «Kimball's» führte. Es war
ein schmutziges, dunkles Sträßchen, an dessen fernem Ende Lichtschein
und lautes Stimmengewirr verrieten, wo sich das Gasthaus befand. Die
gewöhnliche Kneipe, die es bisher nur gegeben hatte, befand sich im
Keller, während sich auf Straßenhöhe «Kimball's Lebensmittelgeschäft»
befand, und darüber der bereits erwähnte Gesellschaftsraum. Von den
unteren Stufen drangen die Ausdünstungen von Menschen und Alkohol und das Klimpern eines Klaviers und erregte Männerstimmen.

Sam und Yvonne wandten sich zur Seite und gingen eine hell erleuchtete, mit Teppich belegte Treppe hoch, auf der es stark nach frischer
Farbe roch, und betraten den Gesellschaftsraum. Die Tür schloss sich
leise hinter ihnen. Hier war alles still. Yvonne ging über den schweren
Teppich und setzte sich auf ein dickes Chintzsofa und ordnete ihr Kleid.
In dem goldgerahmten Spiegel hinter der Theke sah sie das Spiegelbild von Sams Gesicht, der für sie einen Lime Gin bestellte und für

sich ein Guinness vom Fass. Für einen Moment konzentrierte sie ihre glühende Fantasie auf ihn, aber sie sah nur, wie er sich entschuldigend zum Barmann vorbeugte und wie absurd seine kleinen Füße dabei nach außen zeigten. Er gab die Bestellung mit leiser Stimme auf, als bitte er in der Apotheke um etwas wenig Angenehmes. Ein paar Paare saßen im Raum verstreut zusammengedrängt im gedämpften Licht und murmelten sich etwas zu.

Als Sam mit den Getränken kam, sagte Yvonne laut: «Man sollte meinen, man wäre in einer Kirche, nicht in einem Gasthaus!»

«Schh», machte Sam. Ein, zwei Leute guckten. Sam setzte sich dicht neben sie aufs Sofa und versuchte sich kleiner zu machen. Er rückte noch näher heran und rollte sich dabei ein wie ein Igel, um ihr so nah wie möglich zu kommen, ohne Anstoß zu erregen. Er stellte sein Glas auf den Tisch und begann im Geiste mühsam die lange Suche nach Worten, den einfachen Worten, die zu den wichtigeren führen würden. Seine blasse plumpe Hand streichelte Yvonnes knochige braune Hand. Ihre lag teilnahmslos da, auf eine Weise, die ihm vertraut war. Er drückte sie ein wenig und versuchte Yvonne an sich zu ziehen, tiefer ins Sofa. So saßen sie eine Weile schweigend, Sam suchend und festhaltend und Yvonne steif. Die gepolsterte Stille um sie herum tat ihrem Gespräch nicht gut. Der Barmann klirrte mit einem Glas, und alle im Raum fuhren auf.

«Hier werde ich herzkrank», sagte Yvonne. «Es ist, als gäben lauter Tote eine Party. Lass uns mal gucken, wie es unten ist. Ich war hier noch nie unten.»

«Da ist es nicht schön», sagte Sam. «Damen gehen da nicht runter. Lass uns doch wieder in die Henry Street gehen. Da ist dieses kleine Café, das dir so gefallen hat.»

«Das war ein alberner Ort!», sagte Yvonne. «Ich gehe in jedem Fall nach unten. Du kannst ja machen, was du willst.» Sie sagte es mit lauter Stimme, stand dann auf und ging festen Schrittes zur Tür. Sam, rot vor Verlegenheit, sprang ebenfalls auf, nahm einen hastigen Schluck von seinem Bier und folgte ihr nach draußen. Sie gingen die Stufen zur Straße hinunter und dann die Eisentreppe, die in den Keller führte. Der Lärm und der Gestank waren stärker als zuvor.

Auf halbem Weg nach unten zögerte Yvonne. «Besser, du gehst vor», sagte sie. Sam stolperte an ihr vorbei und drückte gegen die geschwärzte Tür der Kneipe. Er war diese Stufen auch noch nie hinuntergegangen.

Sie kamen in einen Raum mit sehr niedriger Decke, weiß gekachelten Wänden und gleißendem, nicht gedämpftem Licht. Der Boden war von verschüttetem Bier und Sägemehl schmierig und die Luft stickig. Der hämmernde, sich wiederholende Takt eines Klaviers, dessen Melodie im anhaltenden Dröhnen der Stimmen unterging, war eher zu spüren als zu hören. Viele Männer, die sich an der runden Theke in der Mitte aufhielten, drehten sich um und starrten Yvonne an, als sie eintrat. Zunächst sah es aus, als wären keine Frauen anwesend, aber als sich der Dunst hier und da verzog, war in den dunklen Nischen die eine oder andere auszumachen.

«Hier sind ja wohl Frauen!», rief Yvonne triumphierend.

«Aber keine netten», sagte Sam. «Was trinkst du?» Er hasste es, angesehen zu werden.

«Whisky», sagte Yvonne. Sie weigerte sich, sich zu setzen, und stand leicht schwankend da, eine Hand an den schmiedeeisernen Säulen, die die Theke umschlossen. Die Männer in der Nähe musterten sie unverschämt anerkennend und machten Bemerkungen. Sie errötete etwas, den Blick geradeaus gerichtet, die Augen leuchtend.

Für den armen Sam war es nicht leicht, an die Bar vorzudringen. Die Kunden, die ihm im Weg standen, hatten es nicht eilig, Platz zu machen, auch wenn sie ihn recht freundlich ansahen. Der Barmann, eine infernalische Version seines Kollegen von oben, bediente betont zunächst zwei, die nach ihm gekommen waren, und händigte Sam dann mit ironischer Höflichkeit seine Getränke aus.

«Das ist doch besser als da oben, oder nicht?», schrie Yvonne und griff nach ihrem Glas, als er wieder an ihrer Seite war.

«Das ist das Zeug, das dir den Hals umdreht!», bemerkte ein Mann mit durchdringender Stimme, der nah bei Yvonne stand.

«Deine Mutter oder wie auch immer», schrie Sam zurück und schob Yvonne umständlich zu einer Stelle mitten im Raum, wo er sich an ihrem Arm festhielt.

Sie versuchte seine Stimme auszublenden und sich dem Vergnügen hinzugeben, Teil einer so lauten, angetrunkenen Menge zu sein. Als sie die Hälfte ihres Whiskys getrunken hatte, hatte sie sichtlich großen

Spaß an der Sache. Sie schwamm nun in der wirren Flut aus Lärm und Bewegung.

Nach einer kurzen Weile gab es etwas ziemlich Spezielles zu beobachten: Ganz in der Nähe schien sich an der Theke eine kleine Szene zu entwickeln. Jemand wedelte mit den Armen und schrie mit wütender Stimme. Woraufhin der Wirt mit noch lauterer Stimme zu hören war: «Sie brauchen bloß noch mal die Hand heben, Mister, und Sie sitzen auf der Straße! Patsy, setz den Gentleman auf die Straße!»

Die Leute kamen schnell aus ihren Nischen, um den Spaß zu sehen. Das Klavier hielt abrupt inne, und das Stimmengewirr wurde schlagartig rau und abgehackt. Eine Frau mit einer roten Nelke im Haar und überwältigendem Parfüm stellte sich neben Yvonne, ihr nackter Arm berührte den Ärmel des Mädchens. Yvonne konnte sofort erkennen, dass sie keineswegs zur netten Sorte Frau gehörte, und sie entzog sich der Berührung. Die Frau starrte sie provozierend an.

«Wir sollten uns auf die Socken machen», sagte Sam zu Yvonne.

«Ach, sei still!», sagte sie und sah mit glänzenden Augen an ihm vorbei auf das sich entfaltende Drama.

Ein großer dünner junger Bursche, Patsys erklärte Beute, schwankte vor und zurück, immer noch die Faust schwingend, und versuchte sich an einer Aussage, die zweifellos eine Beleidigung oder Verwünschung war, sich aber als derart komplex erwies, dass er immer wieder anhob, ohne sich erfolgreich zu erklären. Sein Gegenspieler, ein dicker Mann, der seinem Akzent nach aus Cork stammte, begleitete diese Versuche mit anhaltenden schnaubenden Geräuschen und stieß ihn dann plötzlich heftig in den Magen. Der junge Mann wankte und taumelte mit extrem überraschtem Ausdruck zurück, von Lachen begleitet. Um das Gleichgewicht zu halten, drehte er sich geschickt auf dem Absatz um und fand sich von Angesicht zu Angesicht mit Yvonne wieder.

«Ah!», sagte der junge Mann. Er hatte sein Gleichgewicht wiedergefunden und war in der Bewegung des Umdrehens erstarrt, eine Hand ballettmäßig ausgestreckt, und gestattete einem Blick blödsinnigen Vergnügens seine Züge zu verwandeln. Wieder brandete Lachen auf.

«Ah!», sagte der junge Mann. «Ich dachte, alle Blumen wären verblüht, aber hier ist eine Rose in der Knospe!» Er schien die Sprache wiedergefunden zu haben.

Die Frau mit der roten Nelke schlug Yvonne auf die Schulter. «Komm schon, Kleines», rief sie, «gib dem netten Herrn eine gute Antwort!»

Der dünne junge Mann wandte sich ihr zu. «Lass du mal die junge Dame in Ruhe», schrie er, «die ist nicht wie du!» Und damit streckte er ruckartig die Hand aus, pflückte der Frau die rote Nelke aus dem Haar und steckte sie mit einem weiteren Ruck an die Brust von Yvonnes Kleid. Applaus brandete auf.

Yvonne sprang beiseite. Die Frau drehte sich schnell wie der Blitz und schlug dem jungen Mann ins Gesicht. Sogar noch schneller schnappte ihr Begleiter, ein brauner Mann mit einem Arm wie ein Affe, die Blume wieder von Yvonnes Brust, wobei er ihr einen Schubs versetzte, der sie gegen die Wand fliegen ließ. Kurz herrschte erfreute Stille. Inzwischen waren die Leute auf ihre Stühle gestiegen, um besser sehen zu können, und Reihen grinsender, unrasierter Gesichter blickten durch den Dunst nach unten. Yvonne war hochrot. Einen Augenblick lang lehnte sie aufrecht da, als wäre sie an die Fliesen genagelt. Dann nahm Sam sie bei der Hand und führte sie schnell aus der Kneipe.

Ehe die schweren Türen sich wieder schlossen, hörten sie noch den Schrei, der ihnen hoch auf die Straße folgte. «Oben ist es sicherer, Mister!», brüllte eine Frauenstimme.

Als Yvonne den Gehweg erreichte, entwand sie Sam ihre Hand und fing an zu rennen. Sie rannte wie ein Hase durch die dunkle und übel riechende Straße auf das offene Laternenlicht der Uferstraße zu, und hier holte Sam sie ein, an die Brüstung des Flusses gelehnt, keuchend und mit hängendem Kopf.

«O mein lieber Schatz, habe ich nicht …», hob Sam an; aber er wurde unterbrochen. Aus der diesigen Dunkelheit jenseits der Straßenlaternen löste sich eine dritte Gestalt. Es war der dünne junge Mann, ebenfalls auf der Flucht. Er griff Sam am Arm.

«Nehmen Sie's mir nicht übel, Mister», sagte der junge Mann, «nehmen Sie's mir nicht übel! Es war anerkennend gemeint, als aufrichtige Anerkennung, von einem Dichter Irlands – einem wahren Dichter, Mister …» Er stand da, sich noch immer mit einer Hand an Sam festhaltend, und sah Yvonne mit großen Augen an, während die andere Hand in seiner Manteltasche herumkramte.

«Ist schon gut», sagte Sam. «Es war ja nicht Ihre Schuld. Wir müssen

jetzt aber gehen.» Er begann behutsam, aber energisch, die klammern-
den Finger von seinem Arm zu lösen.

Der junge Mann ließ nicht locker. «Wenn ich nur mein verdammtes
Gedicht finden könnte», sagte er, «aufrichtige Anerkennung, bescheidene, aufrichtige Anerkennung, ein Tribut an ein Wunder der Natur,
eine schöne Frau ist ein Wunder der Natur, eine Blume ...»

«Ja, ja, schon gut», sagte Sam. «Es macht uns nichts, wir müssen
jetzt nur los, um unsere Tram zu kriegen.»

«... angemessene Würdigung», sagte der junge Mann. «Süßes für
die Süßen!» Er ließ Sam abrupt los und nahm eine elegante Haltung an.
Da sich die Pose als zu schwierig erwies, kippte er langsam nach vorn
gegen die Brüstung und stieß mit einem der metallenen Blumenkörbe
zusammen.

«Sagte ich Blumen?», rief er. «Und da sind sie! Blumen für sie, als
Geschenk, als Tribut ...» Er versenkte seine Finger in dem Korb und
holte eine Handvoll Geranien hervor zusammen mit einer Menge Erde,
die als Haufen zu Boden fiel und zum Teil Yvonnes Schuhe bedeckte.

«Also wirklich!», sagte Sam. Aber Yvonne hatte sich schon umgedreht und ging sehr schnell davon, mit schwingenden Armen, im Gehen
die Füße schüttelnd, um die Erde wieder loszuwerden. Sam folgte ihr
rasch, und der junge Mann folgte Sam weiterredend.

«Wie heißt sie?», rief er gekränkt. «Wie heißt sie, für die Rosen-
blätter vom Himmel fallen und mit o solch Augen und Lippen, das habe
ich mal in einem Gedicht geschrieben ...» Und während sie zu dritt im
Gänsemarsch und in immer schnellerem Tempo in Richtung O'Connell
Street gingen, pflückte der junge Mann die Blumen aus den Körben
und zog ihre Stiele durch die Finger, um eine Handvoll Blütenblätter
zu sammeln, die er hoch über Sams Kopf warf, damit sie auf Yvonne
herabregneten.

«Na, na, junger Mann», sagte der Polizist, der plötzlich dastand, als
die kleine Prozession sich der O'Connell Bridge näherte. «Ich muss Sie
wohl daran erinnern, dass für die Blumen, die Sie da schänden, öffentliche Gelder ausgegeben werden, Sie machen sich strafbar.»

«Die Natur hat es vorgesehen ...», hob der junge Mann an.

«Das mag sein», sagte der Polizist, «und ich sehe vor, Sie wegen
vorsätzlicher und böswilliger Sachbeschädigung anzuklagen.» Die

zwei Gestalten näherten sich einander. Sam und Yvonne zogen sich zurück.

Als sie an Hannahs Buchhandlung vorbeikamen, holte Sam sie ein. Ihr Gesicht war steinern. Er fragte sie, ob es ihr gut ging.

Zuerst wollte sie nichts sagen und wandte sich wild der Brücke zu, Richtung Westmoreland Street. Dann rief sie mit Überdruss in der Stimme: «Ach, sei still, ich hab genug, komm einfach mit zur Tram.»

Sam hob die Hände und breitete sie dann mit offenen Handflächen aus. Eine Zeit lang trottete er still hinter ihr her, sein Haarschopf wippte über den Augen. «Yvonne», sagte er dann, «geh noch nicht fort. Lass mich diese Sache vergessen machen. Du wirst mir nie verzeihen, wenn du fortgehst und diese Dinge zwischen uns stehen.»

Yvonne verlangsamte ihren Schritt und sah sich missmutig zu ihm um. «Ist ja nicht so, dass irgendwas wichtig wäre», sagte sie, «oder dass mich das überraschen würde. Es ist nur, ich dachte, das würde – ein besonders schöner Abend. Ich hab mich einmal mehr getäuscht, das ist alles!»

Sams Hände klatschten vor ihm zusammen und breiteten sich dann wieder aus. Er brachte sie jetzt dazu, stehen zu bleiben und ihn anzusehen. Sie waren schon ein Stück die Straße hinauf. «Das kann es immer noch sein», sagte er dringlich, «ein besonderer Abend. Verdirb ihn jetzt nicht, weil du sauer bist. Warte noch. Es ist noch nicht die letzte Tram.»

Yvonne zögerte und ließ zu, dass Sam ihren schlaffen Arm durch seinen schob. «Aber wo können wir denn um diese Zeit hin?»

«Mach dir darum keine Gedanken!», sagte Sam mit plötzlichem Selbstvertrauen. «Komm einfach mit mir mit, und wenn du ein braves Mädchen bist, gibt es was Besonderes, das ich dir zeigen muss.»

«Etwas – das du mir zeigen musst?», fragte Yvonne. Sie ließ sich von ihm Richtung Grafton Street führen. Als sie um die Ecke bogen, verschränkte Sam kühn seine Finger mit ihren und knetete ihre dünne Hand in seiner Handfläche. Sie erwiderte es mit ganz leichtem Druck. So gingen sie die ganze Straße entlang, verbunden in gewagter Haltung. Vor ihnen tauchte die dunkle Masse von Stephen's Green auf, und sie überquerten die Straße und gingen darauf zu. Ein paar Menschen waren noch in dem goldenen Schimmer vor dem «Shelbourne Hotel» versammelt, aber am anderen Ende des Platzes war niemand. Sich dicht am Geländer entlangstehend, zog Sam sie weiter.

«Ich bin kaputt, ich kann in diesen Schuhen nicht laufen», sagte Yvonne. «Wo ist denn das, wo du hinwillst?»

«Hier ist es», sagte Sam. Er blieb stehen und deutete plötzlich auf eine Lücke im Zaun. «Da fehlt ein Stück, da können wir durch, in den Park.»

«Das ist nicht erlaubt», sagte Yvonne, «er ist mittlerweile für die Öffentlichkeit geschlossen.»

«Du und ich sind nicht die Öffentlichkeit», sagte Sam. Verwegen steckte er die Füße durch das Loch und duckte sich auf die andere Seite. Dann zog er das Mädchen mit Autorität hinter sich her.

Sie stieß einen kleinen Schrei aus, als sie sich in einem Gewirr aus feuchtem Gestrüpp wiederfand. «Es ist schrecklich hier, meine Strümpfe reißen!»

«Gib mir wieder deine Hände», sagte Sam. Er griff nach ihren Händen und zog sie halb auf eine dunkle Wiese. Sie machte ein paar Schritte auf der feuchten, schwammigen Oberfläche und spürte dann den harten Schotter des Weges unter den Füßen. Sie traten in helles Mondlicht am Wasser. Der große Mond sah vom See zu ihnen auf, klar umrissen und beinah voll, ungemein leuchtend.

«Oh!», sagte Yvonne, und das geisterhafte Strahlen ließ sie für einen Moment verstummen. Sie standen Hand in Hand und sahen in den schwarzen Spiegel des Sees, hinter ihnen erstreckten sich ihre langen Mondschatten.

Yvonne sah sich unruhig um. «Sam», flüsterte sie, «ich bin hier nicht gern, jemand wird uns entdecken, bitte lass uns umkehren …»

«Ich tu dir nichts», sagte Sam, ebenfalls flüsternd, aber auf schmeichelnde, frohlockende, zärtliche Weise, «ich passe auf dich auf, ich werde immer auf dich aufpassen. Ich wollte dir nur was Schönes zeigen.»

«Und …?», fragte Yvonne. Sie folgte ihm ein paar Schritte, als er sich bewegte, und sah ihm ins Gesicht.

«Hier ist es», sagte Sam.

«Wo?»

«Hier, schau …» Er streckte die Hand nach etwas Dunklem aus.

Yvonne wich heftig von ihm zurück. Dort in der Dunkelheit schien ein Monster zu sein. Dann erkannte sie, dass es ein umgefallener Baum war, der neben dem See quer über dem Weg lag, die obersten Äste berührten gerade so das Wasser.

«Was ist das?», fragte sie angewidert.

«Ein umgefallener Baum», sagte Sam. «Ich weiß nicht, was für einer.»

Yvonne sah ihn an. Sie sah seine Augen fast katzenhaft leuchten in der Dunkelheit, im Licht des gespiegelten Mondes, aber sie blickten nicht sie an.

«Aber du wolltest mir doch was zeigen.»

«Ja, das hier, diesen armen Baum.»

Einen Augenblick lang war Yvonne stumm. Dann fing sie erstickt an zu sprechen. «Dafür hast du mich davon abgehalten, die Tram zu nehmen, und hast mich eine Meile laufen lassen und hab ich mir die Strümpfe zerrissen, für einen schmutzigen, fauligen, madigen alten Baum!» Ihre Stimme wurde lauter, und sie schlug wild mit der Hand, sodass ein Wirbel von Blättern über Sams rundes, mondbeschienenes Gesicht peitschte.

«Aber nein», sagte Sam jetzt recht ruhig an ihrer Seite, «sieh doch, Yvonne, sei mal einen Moment still und schau. Es ist so schön, auch wenn es tatsächlich traurig ist, wenn ein Baum so daliegt, auf dem Boden, ganz frisch, mit all den grünen Blättern, wie eine gepflückte Blume. Ich weiß, dass das traurig ist. Aber komm doch zu mir, dann sind wir ein Vogelpaar oben in den Ästen.» Gegen ihren Willen zog er sie zu sich zwischen die raschelnden Blätter, die in einem großen Fächer auf dem Weg lagen. Er küsste das Mädchen sehr sanft auf die Wange.

Yvonne befreite sich von seinem Griff und stolperte rückwärts, schlug sich die belaubten Zweige vom Hals. «War das alles?», fragte sie heftig. «War das alles, was du mir zeigen wolltest? Das ist nichts, und ich hasse es. Ich hasse deinen abscheulichen Baum mit dem Schmutz und den Würmern und Käfern, die mir ins Kleid fallen.» Sie fing an zu weinen.

Sam trat aus dem Laub und stand reumütig neben ihr, versuchte, ihre Hand zu fassen zu bekommen. «Ich wollte dir nur eine Freude machen», sagte er. «Es ist was Trauriges, das weiß ich, und nicht sehr aufregend, aber ich fand es schön und ...»

«Ich *hasse* es», sagte Yvonne und lief heulend über die Wiese von ihm fort. Sie gelangte vor ihm an das Loch im Zaun, und er musste hinter ihr herlaufen, als sie über den Weg eilte, einen an ihrem Rock hängenden Brombeerzweig hinter sich herziehend.

Sams Selbstvertrauen war dahin. «Yvonne», rief er, «nimm es mir nicht übel, Yvonne. Ich wollte nicht …»

«Ach, sei still!», sagte Yvonne.

«Nimm es mir nicht übel.»

«Ach, hör auf zu jammern!», sagte sie.

Noch während Sam Yvonne folgte, nach ihrem Arm griff und sie bat, ihm zu verzeihen, kam schlingernd die Tram nach Dun Laoghaire in Sicht. Yvonne stieg in die Tram und nahm, ohne sich nach ihm umzusehen, schnell die Treppe nach oben. Zurückgelassen stand Sam still auf dem Gehweg, die Hände in einer Geste der Vergeblichkeit erhoben.

Einmal in der Tram, vergoss Yvonne keine Tränen mehr. Als sie die Upper George Street erreichte, tastete sie in ihrer Tasche nach dem Hausschlüssel, den sie noch nicht lange hatte, und schloss die Tür zum Laden auf. Im Laden war es sehr still. Der vertraute Geruch nach Holz und altem Papier machte sich leise bemerkbar. Hinter ihr rumpelten die letzten Autos und Trams vorbei, und in der Dunkelheit vor ihr war der schwere Atem ihrer Mutter zu hören, die im Hinterzimmer schlief. Im Laden jedoch war es sehr still, und all die Sachen in den Regalen waren wachsam und ruhig wie lauschende Tierchen. Yvonne stand ruhig da, zehn Minuten lang, beinahe fünfzehn Minuten. Sie hatte in ihrem ganzen Leben noch nie so lange stillgestanden. Dann ging sie auf Zehenspitzen ins Hinterzimmer und begann sich im Dunkeln auszuziehen.

Ihre Mutter nahm wie üblich die tiefe Mitte des Bettes ein. Als Yvonne ihr Knie auf den Rand setzte, um ins Bett zu steigen, ächzte und schaukelte das ganze Gestell. Ihre Mutter wachte auf.

«Bist du es?», fragte Yvonnes Mutter. «Ich habe dich gar nich reinkommen hören. Und, wie lief der Abend? Was habt ihr gemacht?»

«Ach, nichts Besonderes», sagte Yvonne. Sie schwang ihre langen Beine unter die Laken und lehnte sich steif an das hohe kalte Kopfende.

«Das sagst du immer», sagte ihre Mutter, «aber irgendwas müsst ihr doch gemacht haben.»

«Wenn ich doch sage, nichts», sagte Yvonne.

«Was hatte Sam dir denn zu zeigen?»

«Nichts, nichts», sagte sie.

«Wiederhol doch nicht immer dieses Wort», sagte ihre Mutter. «Sag was anderes, oder hat es dir die Sprache verschlagen?»

«Hast du die Weihnachtskarte mit den Rosen genommen?», fragte Yvonne.

«Nein», sagte ihre Mutter, «nich für einen Zehner das Stück! Erzählst du noch irgendwas von deinem Abend, oder sollen wir jetzt schlafen?»

«Ja», sagte Yvonne, «ich werd Sam heiraten.»

«Dem Herrn sei Dank!», sagte ihre Mutter. «Also konnte er dich überzeugen.»

«Er hat mich nicht überzeugt», sagte Yvonne, «aber ich werd ihn nun heiraten, habe ich entschieden.»

«Hast du dich tatsächlich entschieden?», sagte ihre Mutter. «Also, da bin ich froh. Und warum, wenn ich fragen darf, hat Eure Majestät das gerade heute Abend entschieden?»

«Wegen nichts», sagte Yvonne, «wegen nichts, wegen nichts.» Sie kuschelte sich mit dem Kopf unter das Laken und schob sich mit der Hüfte in Richtung Bettmitte.

«Du gehst mir auf die Nerven!», sagte ihre Mutter. «Kannst du mir denn überhaupt nich sagen, warum?»

«Nein», sagte Yvonne. «Es ist traurig», fügte sie hinzu, «ach, es ist traurig!» Sie verstummte und wollte nichts mehr sagen.

Alles war still im Hinterzimmer und im Laden. Es würden nun bis zum nächsten Tag keine Trams mehr vorbeifahren. Yvonne Geary vergrub ihr Gesicht tief im Kissen, so tief, dass ihre Mutter nicht hören würde, wenn sie anfing zu weinen. Vor ihr lag die lange Nacht.

Andrée Chedid
BRÜDER IM LANGEN UNGLÜCK

Für Vénus Khoury-Ghata[1]

I.

Wir waren fünf an jenem Morgen. Fünf junge Soldaten zwischen achtzehn und zweiundzwanzig, trugen Helm, Stiefel, Kakiuniform, Ma-
schinengewehr. Unablässig spähten wir umher, würden den ganzen Tag
in den engen Gassen patrouillieren, hin und wieder mit der Gewehr-
spitze eine Tür aufstoßen, um die zu überraschen, die eine Gewalttat
vorbereiteten.

Wieder einmal lag eine bedrohliche Spannung über der Stadt. Bei
einem Bombenattentat hatte es am Abend zuvor einen Toten und sechs
Verletzte gegeben. Der Attentäter war von einer Patrouille erwischt und
gefangen genommen worden.

«Diese Schweine, das werden sie mir büßen!», tobte der Chef.

Mit großen, weit ausholenden Schritten ging er an der Spitze unserer
Gruppe, wollte zur nahen Vorstadt. Von Zeit zu Zeit drehte er sich um:
«Beeilt euch! Man muss ihnen sofort Angst einjagen. Dann machen sie
nicht gleich weiter.»

«Der Schuldige ist doch schon gefasst», bemerkte ich.

«Und hat im Verhör alles gestanden! Darum wissen wir, wo sein
Haus steht. Da gehen wir jetzt hin!»

«Wozu? Der Mann ist doch hinter Gittern!»

Ohne seine Schritte zu verlangsamen, blickte mich der Chef über
die Schulter an und schüttelte den Kopf. Er brauchte meine Einwände

1 Liban.-frz. Dichterin und Schriftstellerin, 1937 geboren.

nicht! Ein kleiner Mann, unser Hauptmann, der bei jedem Schritt seinen Oberkörper in die Höhe reckte. Den Gürtel hatte er zu eng geschnallt, sodass seine fetten Hüften unterhalb des eingezwängten Rückens hervorquollen. Der tief ins Gesicht gezogene Helm verbarg Stirn und Augen. Sein Kragen war immer zugeknöpft, nie krempelte er seine Ärmel hoch, nicht einmal, wenn er sich ausruhte, entblößte er den Hals oder die Arme. Es schien, dass ihm der fleischliche Teil seines Körpers, dem er nicht den militärischen Stempel aufdrücken konnte, lästig war und dass er, verschmolzen mit seiner Aufgabe, nichts anderes sein wollte als eine Uniform, eine Montur.

«David, hör auf, Fragen zu stellen. Gehorche den Befehlen wie die anderen auch», schleuderte er mir entgegen.

Während der Chef weitermarschierte, hämmerten seine Stiefel auf den Boden und wirbelten Staubwolken auf, in die wir uns in seinem Gefolge hineinstürzten. Plötzlich schrie er mit Donnerstimme: «Wohin führt es denn, wenn man zögert, diskutiert? Zu nichts! Glaub mir, David, eines Tages bist du derjenige, dem man Fragen stellt!»

Vor Empörung war er ganz außer Atem geraten. Er blieb einige Sekunden stehen und sah mich herausfordernd an: «Also, zu wem hältst du? Kannst du mir das sagen?»

«Mal zu dem, mal zu jenem ... Wo das Recht ist», murmelte ich. Aber er war schon weitergegangen, ohne meine Antwort abzuwarten. Meine Kameraden, die sich über dieses Wortgefecht amüsierten, sahen mich ohne Feindseligkeit an. Aber auch ohne zu verstehen, worauf ich hinauswollte.

Von unserem Einsatz befürchtete ich das Schlimmste: eine allgemeine Bestrafung aller Bewohner dieses Viertels; Repressalien gegen die Familie des Terroristen. Nur eine ungeschickte Geste, ein überflüssiges Wort – schon könnte es zu neuen Gewalttaten kommen. Wie würde das hier alles enden? Um mein Gewissen zu beruhigen, versuchte ich, unsere Vergeltungsmaßnahme zu rechtfertigen. «Panische Angst lässt uns so handeln», sagte ich mir. «Die gegenwärtige Angst hat sich unseren tausendjährigen Ängsten zugesellt. Der Gedanke an all die Abscheulichkeiten, die unser Volk seit Jahrhunderten erleiden musste, lässt auch mir das Blut in den Adern erstarren.» Ich war jung, ich wollte leben. Ich wusste nicht mehr, was ich denken sollte.

Hatten denn die Menschen auf der Gegenseite nicht auch Grund, Angst zu haben? Hatten sie denn kein Recht darauf, in Würde zu leben? Hatten sie nicht Ursache genug, sich gegen uns zu erheben, die wir gestern noch Opfer, heute aber diese furchtbaren Gegner waren? Mein Kopf war ganz müde von diesen Fragen.

Nach einer halben Stunde Fußmarsch waren wir am Rand der Vorstadt angelangt. An die zehn bewaffnete Soldaten lagen dort seit dem Vorabend im Hinterhalt, um dem kleinsten Aufstand zuvorzukommen oder ihn niederzuschlagen. Unser Chef ging auf sie zu und tauschte einige Worte mit ihnen. Der *Krieg der Steine,* den ich jedes Mal als dringenden Hilferuf empfand, war in einem Teil der besetzten Gebiete wieder aufgeflammt.

Bevor wir in die Vorstadt einmarschierten, schwang sich der Chef auf einen Steinhaufen, streckte seinen Oberkörper, den Hals, nahm eine militärische Haltung ein und musterte uns streng. «Folgt mir. Führt alle meine Befehle exakt aus. Das ist alles.»

Er richtete den Schirm seines Helms auf mich, seine Augen konnte ich nicht sehen. Niemals trug er, wie die meisten von uns, eine Sonnenbrille. Er trotzte der Sonne und den Sandstürmen, die in regelmäßigen Abständen diesen Landstrich gelb färbten. Seine Kiefer hatte er jetzt so fest aufeinandergepresst, dass seine Lippen kaum noch sichtbar waren. Ich hörte: «Und du, David, beherrschst deine Anwandlungen, oder du gehst!»

Ich war geblieben, bis zum Schluss; vielleicht deshalb, weil ich hoffte, bei Ausschreitungen oder Wutausbrüchen eingreifen zu können? Ich war weit davon entfernt, mir auch nur im Mindesten eine so qualvolle Situation vorzustellen wie die, die mich erwartete.

«Haltet eure Maschinenpistolen gut sichtbar. Man muss ihnen Angst einjagen, von Anfang an. Sonst müsst ihr die Zeche bezahlen!»

Mit runden Rücken und federnden Schritten gingen wir zwischen den kleinen Häusern hindurch. Aus allen Winkeln beobachteten uns Dutzende von Augenpaaren. Ich fühlte die Blicke wie Pfeile zwischen meinen Schultern, in meinem Nacken.

Im Innern des Viertels wurden die Gässchen immer enger. Ich erkannte das grünliche Haus wieder, dessen Balkon nun doch herab-

gefallen war, die ockerfarbene, jetzt ganz ausgebleichte Mauer, vor der
der Obsthändler seine Waren aufgebaut hatte, die Bank aus Zement,
auf der die Alten jeden Abend ihre Erinnerungen ausgetauscht hatten.
Ich erinnerte mich ganz genau an diese Gasse.

Früher, wenn ich schulfrei hatte, setzte mich meine Mutter bei Aziza
ab. Sie war Putzfrau in unserem Wohnhaus, Mama und sie waren sehr
gute Freundinnen. Das war vor ungefähr fünfzehn Jahren, ich mochte
vielleicht acht Jahre alt gewesen sein. Meine Mutter war Witwe und
arbeitete hart für unseren Lebensunterhalt.

Später, als sich die Situation verschärft hatte, war der Übergang von
einer Zone in die andere unmöglich geworden. Aziza erschien nicht
mehr in unserem Haus. Wir gingen nicht mehr zu ihr hinüber.

Während die Vergangenheit von mir Besitz ergreift, nähere ich mich
vorsichtig dem Haus. Hin und wieder möchte ich am liebsten stehen
bleiben, umkehren. Dann wieder wünsche ich mir, dass wir schneller
gehen. Ich sehe mich die Hand meiner Mutter loslassen und zu Amin
rennen, der in meinem Alter ist und vor der Tür des baufälligen Hauses
Himmel und Hölle spielt, während er auf mich wartet.

Später kommt Aziza und bittet uns herein. Sie wispert uns viele
zärtliche Worte zu, stopft uns voll mit Kuchen, die mit Datteln und
Nüssen gefüllt sind. Dann packt sie einen ganzen Haufen Naschwerk
für Mama in Zeitungspapier ein.

Das Brot, das Aziza backt, ähnelt riesigen, feinen, runden Servietten. Sie zerreißt es in große Stücke, legt Ziegenkäse, der in Olivenöl
schwimmt, darauf, rollt alles zusammen und hält es uns auf ihren
Fingerspitzen hin: «Beiß rein!» Und abwechselnd beißen wir hinein,
Amin und ich. Noch heute höre ich uns lachen, höre sie sagen: «Ihr habt
die gleichen kleinen Zähne. Ihre Abdrücke in meinem Brot kann man
nicht voneinander unterscheiden.»

Im Nebenzimmer schreien die vier Kleinen. Da es ihr Spaß macht,
wie wir uns freuen, lässt Aziza sie einige Minuten schreien. Dann läuft
sie hinüber, um sie zu beruhigen.

Genau auf Azizas Haus gehen wir zu. Ja, es ist ihres, noch baufälliger als
früher und für mich, der ich nun erwachsen bin, noch winziger. Große
Teile des Putzes sind abgefallen, die nackten Mauerstücke geben dem

Haus ein leprazerfressenes Aussehen. Der schwarze Stoff, der schon damals hinter den beiden Dachluken als Sonnenschutz aufgespannt war, ist von der Sonne verbrannt und nun ganz verschossen. Die Tür, die jedes Jahr neu gestrichen wurde, ist immer noch safrangelb.

Einer meiner Kameraden verrät mir: «Das ist das Haus des Terroristen. Der Chef will die Familie für den Toten von vorgestern büßen lassen. Sein Vater und seine Mutter sind in den Konzentrationslagern umgekommen. Und hier hat er während all der Kriege drei weitere Familienangehörige verloren. Man muss ihn verstehen; das kann er niemals verwinden!»

II.

Letzte Nacht haben sie Selim erwischt, gleich nach dem Attentat.

Diese niederschmetternde Nachricht verbreitete sich wie der Blitz. Mein jüngerer Bruder hatte bei Freunden Unterschlupf gefunden, ganz in der Nähe der Galerie, wo er die Bombe legte. Seit Monaten hatten wir ihn nicht mehr gesehen. Er änderte oft seinen Wohnsitz.

Nach dem Tod unseres Vaters vor drei Jahren tauchte Selim immer mal wieder für kurze Zeit bei uns auf, um seine Geschwister wiederzusehen und um unsere Mutter Aziza, an der er sehr hängt, in seine Arme zu schließen.

Nach außen hin lässt sich seinem ruhigen Gesicht nichts anmerken, aber über die von Pockennarben zerstörte Haut läuft oft ein Zittern. Dann sehen seine lockigen, dichten Haare aus wie ein Helm, auf seiner Stirn zeigen sich Falten, seine schwarzen Augen blitzen. Um seinen überschäumenden Zorn zurückzuhalten, beißt er sich auf die Lippen. Er zieht sich immer ordentlich an: eine abgenutzte, aber saubere Jeans, ein grünes, frisch gewaschenes T-Shirt und Turnschuhe, mit denen man schnell weglaufen kann.

Schon gegen die Resignation unseres Vaters lehnte Selim sich auf. Mir wirft er vor, um jeden Preis den Dialog zu suchen. Unsere Mutter fleht ihn an, sich zu beruhigen. Er will nicht auf sie hören: «Ihr lebt wie Larven. Aber ich, ich nehme das nicht hin. Ich nehme das nicht mehr hin!»

Vorgestern ist die Bombe explodiert: Es gab einen Toten und drei Schwerverletzte. Selim hat ein Geständnis abgelegt. Unsere Mutter ist tief getroffen und mit der ganzen Welt zerfallen. Ich leide wie sie, bin hin- und hergerissen zwischen der Liebe zu meinem Bruder und der Missbilligung seiner Tat – ein unschuldiger Mensch musste sterben. Dieser blinde, gewalttätige Kampf tötet mir den letzten Nerv. Ich will nicht, dass die Menschen unbedingt ihrem Tod zuvorkommen und nicht aufhören wollen, sich gegenseitig abzuschlachten.

«Du leidest und schweigst, aber die anderen handeln!», wirft mir mein Bruder vor. «Wir wurden von unserem Land gejagt, werden seit Jahrzehnten gedemütigt, auf ein endloses Warten reduziert... Was bleibt uns noch zu hoffen? Deine edelmütigen Gedanken, schön und gut! Aber wohin führen sie? Wohin?»

Wir streiten, werden handgreiflich. Sein Leib, seine Seele sind verkrampft und zerrissen – genauso wie mein Leib, meine Seele.

Plötzlich stürzt er fort, wirft uns noch einen letzten Blick voll Entrüstung und Zärtlichkeit zu. Und wieder hören wir Tage und Tage nichts von ihm.

Heute Nacht versuchen meine Mutter und die Kleinen zu schlafen. Es sind zehn Kinder, zu ihren eigenen Söhnen und Töchtern kommen die ihrer drei ältesten Kinder. Die Generationen überlagern sich.

Ich halte draußen Wache. Es wird allmählich heller, und ich atme freier: Am Tag gibt es weniger Patrouillen. Ich will gerade ins Haus gehen, um mich schlafen zu legen, da entdecke ich in einer Staubwolke fünf bewaffnete Männer, die sich mir nähern.

Den letzten Wegabschnitt legen sie im Laufschritt zurück. Ich finde keine Zeit mehr zu irgendeiner Reaktion. Sie stoßen mich zur Seite, wollen eintreten, ich höre: «... das Haus des Terroristen Selim ... Ja, das hier mit der gelben Tür. Man kann sich gar nicht vertun.»

Ich trete vor sie hin: «Mein Bruder wohnt hier nicht mehr. Gehen Sie nicht hinein! Sie erschrecken nur meine alte Mutter und die Kinder!»

«Waffen ... das Versteck ... Durchsucht alles!»

Zornig kommt einer der Männer auf mich zu: «Es gab einen Toten und Verletzte vorgestern ... Einen Toten! Verstehst du?»

Ich stelle mich vor die Tür, kann aber bald keinen Widerstand mehr

*leisten. Vier der Soldaten dringen ins Haus ein. Der fünfte hält mich
zurück, als ich ihnen folgen will. «Widersetz dich nicht. Das hat gar
keinen Zweck. Hab Geduld. Sie werden schnell wieder abziehen. Alles
wird gut, ich verspreche es dir.»*

*Er hat eine warme, fast freundschaftliche Stimme. Ich will mich
von ihm losreißen, niemandem vertraue ich. Ich versuche, ins Haus zu
kommen, meiner Mutter zu Hilfe zu eilen, aber der andere hält mich
fest: «Erkennst du mich nicht, Amin?»*

*Ihn erkennen? Ich will niemanden von dieser Bande erkennen!
Brutal stoße ich den Mann gegen die Mauer und stürze ins Haus.*

*Ich fühle ihn dicht hinter mir, er heftet sich an meine Fersen. Ich
renne ins Schlafzimmer. Inmitten aufgeschlitzter Matratzen und dem
auf dem Fußboden verstreuten Stroh, einem Haufen Decken, herum-
liegenden Kleidungsstücken und Schubladen aus unserem einzigen
Schrank, dem weißen Holzschrank, klammern sich die Kinder und die
Mutter aneinander, schreien, jammern.*

*Zu diesem unbeschreiblichen Lärm kommt das Hämmern auf die
Fliesen rund um den Ausguss, wo man ein Versteck zu entdecken hofft.*

«Ich bin David.»

*Wie habe ich in all dem Tumult diese Stimme hören können? «Keine
Waffen. Hier keine Waffen!», schluchzt meine Mutter.*

*«David…» Der Name trifft mich wie eine Ohrfeige. Ich drehe mich
um, will ihm meine Faust in die Fresse hauen.*

*Aber meine Mutter hat uns beobachtet. Plötzlich schiebt sie die
Kleinen beiseite, kommt mit schnellen Schritten zu uns herüber, zwingt
mich, zur Seite zu treten, und fasst den Soldaten bei den Schultern:
«Du! Du, David! Ich erkenne dich wieder! Du bist immer willkommen
gewesen in meinem Haus, du kannst das nicht zulassen. Du kannst es
nicht. Nicht wahr, David, du kannst es nicht zulassen?»*

*David legt seinen Arm um meine Mutter; er senkt den Kopf. Er
findet keine Worte.*

*Seinen Chef hat das Geschehen in Alarm versetzt. Er eilt herbei:
«Raus hier, David! Bezieh draußen Stellung!»*

«Ich kenne diese Familie. Es war meine Familie…»

*«Du behinderst uns hier. Geh raus! Das ist ein Befehl! Ich wieder-
hole: Geh raus!»*

Meine Mutter ergreift meine Hand: «Du siehst selbst, er kann nichts
machen, Amin. Das ist alles viel stärker als er, viel stärker als wir. Halt
ihn nicht zurück. Sag ihm, dass er aus dem Haus gehen soll.»
Entschlossen schiebe ich David zur Tür. «Geh.»
«Ja, geh, David», sagt meine Mutter. «Geh, mein Sohn, geh.»
«Früher oder später wirst du dafür zahlen, David!», bellt der Chef.

III.

Ich gehe auf und ab, draußen, wie ein wildes Tier im Käfig.

Der Chef hat die gelbe Tür hinter mir zugeschlagen. Der Lärm im
Innern dringt abgeschwächt, gedämpft zu mir heraus. Ich möchte die
Tür einschlagen, dieser Quälerei Einhalt gebieten. In diesem Augenblick fühle ich mich so fremd unter meinen Blutsbrüdern und so nah
den fremden Brüdern.

Aber jetzt, vor Azizas Hütte, zwinge ich mich zur Ruhe. Ich rede mir
ein, dass die Soldaten abziehen werden, wenn sie keine Waffen finden,
und die Familie mit der Angst davonkommen lassen. Und dann? Was
würde aus uns allen werden? Auf meine Fragen weiß ich keine Antwort.
Werde ich Aziza wiedersehen? Mit Amin reden? Werden sie uns
begreifen können? Werden sie die durch diese Kriege entstandenen
Verluste ermessen können? Kriege, die uns abwechselnd, die einen wie
die anderen, zu Henkern und Opfern, zu Jägern und Gejagten machen!
Werden wir eines Tages diese verfluchten Jahre auslöschen, diese ver-
wüstete, tote Zeit wieder aufholen können? Werde ich jemals wieder
ganz unbeschwert zu Aziza hinüberlaufen können? Wird sie mich empfangen dürfen? Werde ich eines Tages wieder das Brot mit Amin teilen,
wieder *mein Bruder* zu ihm sagen können?

Der Lärm verebbt. Die gelbe Tür wird geöffnet.

Der Chef erscheint auf der Schwelle. Mit freundlicher Stimme verkündet er, dass die Durchsuchung beendet sei. Dann fordert er alle Familienmitglieder auf, sich am unteren Ende der Gasse zu versammeln.

Amin führt sie dorthin. Sie gehen hintereinander, Aziza bildet den
Schluss. Ich wage kaum, den Kopf zu heben, aus Angst, ihren Blicken zu

begegnen. Ich tue es dennoch, ermutigt von dem Gedanken an unseren baldigen Abmarsch. Azizas Blick fällt auf mich, ohne jeden Hass, aber voll Mitleid.

Hinter der kleinen, verängstigten Truppe treten zwei Soldaten aus dem Haus, gehen ganz nah an mir vorbei, schauen weg. Der dritte ist noch nicht herausgekommen. Was macht er noch da drinnen?

Stille breitet sich aus. Eine schwere, lastende Stille.

Das Gesicht des Chefs ist glatt wie ein See nach dem Sturm. Er lächelt die Alte an. Er bückt sich, um eine Murmel aufzuheben, die einem Kind aus der Tasche gefallen ist. Er reicht ihm die Murmel, tätschelt ihm väterlich den Kopf. Ich schöpfe neue Hoffnung, atme auf.

Endlich erscheint der letzte Soldat auf der Türschwelle. Er gesellt sich zu uns; er sieht besorgt aus.

Das Haus wurde hochgerissen und explodierte.

Es zersplitterte. Zerbarst. Sank in sich zusammen, zerfiel in tausend Teile.

Auf die Detonation folgte ein Knistern, das Feuer prasselte.

Die mörderische Erschütterung hatte die Menschen des Viertels aufgeschreckt. Von allen Seiten liefen sie herbei.

Vom Haus blieb nichts als Asche und geborstene Mauern, aus denen zertrümmerte Möbel, Stofffetzen und bis zur Unkenntlichkeit zerstörte Gegenstände herausragten.

Nur die safrangelbe Tür lehnte wunderbarerweise unversehrt, aufrecht und mit weit geöffneten Flügeln an diesem Haufen qualmender Trümmer.

Clarice Lispector
PRAÇA MAUÁ

Der Nachtclub an der Praça Mauá hieß «Erótica». Und der Künstlername von Luísa war Carla.

Carla war Tänzerin im «Erótica». Ihr Mann, Joaquim, schuftete sich als Schreiner zu Tode. Und Carla «schuftete» auf zweierlei Weise: indem sie halb nackt tanzte und ihren Mann betrog.

Carla war sehr attraktiv. Sie hatte kleine Zähne und eine schmale Taille. Überhaupt war sie sehr zart gebaut. Sie hatte fast keinen Busen, aber einen wohlgeformten Hintern. Zum Schminken brauchte sie eine Stunde. Danach sah sie aus wie eine Keramikfigur. Sie war dreißig, wirkte aber viel jünger.

Sie hatte keine Kinder. Joaquim und sie kamen nicht zusammen. Er arbeitete bis zehn Uhr abends. Sie fing um Punkt zehn zu arbeiten an. Und schlief den ganzen Tag.

Carla war eine träge Luísa. Wenn es abends Zeit wurde für ihren öffentlichen Auftritt, fuhr sie in den Club und fing an zu gähnen, am liebsten hätte sie im Nachthemd in ihrem Bett gelegen. Auch aus Schüchternheit. So unglaublich es scheinen mag, Carla war eine schüchterne Luísa. Ja, sie zog sich aus, aber die ersten Momente beim Tanzen und Hüftenschwingen waren von Scham erfüllt. Erst einige Minuten später wurde sie «warm». Dann legte sie sich ins Zeug, ließ die Hüften kreisen, gab ihr Bestes. Richtig gut war sie beim Samba. Aber auch ein schön romantischer Blues brachte sie in Stimmung.

Sie war gehalten, mit den Gästen zu trinken. Für jede Flasche, die bestellt wurde, bekam sie eine Provision. Sie wählte immer die teuerste. Und tat, als würde sie trinken. Sie hatte es nicht so mit Alkohol. Aber die Gäste sollten sich betrinken und Geld ausgeben. Mit ihnen zu plaudern war kein Vergnügen. Sie betatschten sie, strichen ihr über die winzigen Brüste. Und sie in ihrem Glitzerbikini. Sehr attraktiv.

Dann und wann schlief sie mit einem Gast. Sie nahm das Geld, verwahrte es sorgsam in ihrem BH, und am nächsten Tag ging sie sich Kleider kaufen. Kleider hatte sie in Hülle und Fülle. Sie kaufte sich Bluejeans. Und Halsketten. Jede Menge Halsketten. Und Armreife, Ringe.

Manchmal tanzte sie, nur so zur Abwechslung, in Bluejeans und ohne BH, ihre kleinen Brüste schaukelten zwischen den schimmernden Ketten. Sie trug einen Pony und malte sich neben die zarten Lippen einen Schönheitsfleck, mit schwarzem Stift. Sie sah toll aus. An ihren großen Ohrringen baumelten manchmal Perlen, manchmal waren sie aus falschem Gold.

In ihren unglücklichen Momenten suchte sie Trost bei Celsinho, einem Mann, der kein Mann war. Die beiden verstanden sich gut. Sie erzählte ihm ihre Kümmernisse, klagte über Joaquim, klagte über die Inflation. Celsinho, ein populärer Transvestit, hörte sich das alles an und gab ihr Ratschläge. Sie waren keine Rivalen. Beide hatten jemanden für sich.

Celsinho stammte aus einer vornehmen Familie. Um seiner Berufung zu folgen, hatte er alles hinter sich gelassen. Er tanzte nicht. Aber er trug Lippenstift und künstliche Wimpern. Die Seeleute von der Praça Mauá beteten ihn an. Und er zierte sich. Erst im letzten Moment ließ er sich erweichen. Und in Dollar bezahlen. Das auf dem Schwarzmarkt getauschte Geld legte er bei Banco Halles an. Er hatte große Angst, irgendwann alt und mittellos dazustehen. Transvestiten gaben im Alter bekanntlich ein trauriges Bild ab. Um bei Kräften zu bleiben, schluckte er täglich zwei Briefchen Proteinpulver. Er hatte einen breiten Hintern und durch die jahrelange Einnahme von Hormonen ein Faksimile von Brüsten. Celsinhos Künstlername war Moleirão[1].

Moleirão und Carla brachten dem Inhaber des «Erótica» gutes Geld ein. Die Atmosphäre verraucht und alkoholgeschwängert. Auch die Tanzfläche. Es war hart, von einem betrunkenen Seemann zum Tanzen geschleppt zu werden. Aber was sollte man machen. Jeder hat eben sein Metier.

Celsinho hatte eine Vierjährige adoptiert. Er war ihr eine wahre Mutter. Er schlief nur wenige Stunden, um sich um das Mädchen küm-

---

1   Port. «Müller».

mern zu können. Der Kleinen fehlte es an nichts: Sie hatte von allem nur das Beste. Und ein portugiesisches Kindermädchen. Sonntags ging Celsinho mit Claretinha in den Zoo, in die Quinta da Boa Vista. Und die zwei aßen Popcorn. Und fütterten die Affen. Vor den Elefanten hatte Claretinha Angst. Sie fragte: «Warum haben die so eine große Nase?» Dann erzählte ihr Celsinho eine fantastische Geschichte von bösen und guten Feen. Oder ging mit ihr in den Zirkus. Und sie schleckten Knallbrause, alle beide. Celsinho wünschte sich für Claretinha eine glänzende Zukunft: einen vermögenden Ehemann, Kinder, Geschmeide.

Carla hatte eine siamesische Katze, die sie mit harten blauen Augen musterte. Aber Carla hatte kaum Zeit, sich um das Tier zu kümmern: Bald schlief sie, bald tanzte sie, bald war sie shoppen. Die Katze hieß Leléu. Und schlabberte mit ihrer feinen roten Zunge Milch.

Joaquim bekam Luísa kaum zu Gesicht. Sie Carla zu nennen, weigerte er sich. Joaquim war dick und klein gewachsen, hatte italienische Vorfahren. Den Namen Joaquim hatte ihm eine portugiesische Nachbarin gegeben. Er hieß Joaquim Fioriti[2]. Fioriti? Von einer Blume hatte er nichts.

Joaquims und Luísas Hausmädchen war eine übermütige Schwarze, die klaute, was sie konnte. Luísa aß kaum, achtete auf ihre Linie. Joaquim schlug sich den Bauch mit Minestrone voll. Das Hausmädchen wusste über alles Bescheid, hielt aber fein den Mund. Zu ihren Aufgaben zählte, Carlas Schmuck mit Brasso und Silvo[3] zu scheuern. Wenn Joaquim schlief und Carla bei der Arbeit war, legte das Hausmädchen, das Silvinha hieß, den Schmuck der Hausherrin an. Ihre Haut war von einem Schwarz, das ins Aschfarbene ging.

Und so geschah, was geschehen sollte.

Carla schüttete Moleirão gerade ihr Herz aus, als sie von einem hochgewachsenen Mann mit breiten Schultern zum Tanz aufgefordert wurde. Celsinho begehrte ihn. Und wurde grün vor Neid. Er war ein rachsüchtiger Mensch.

Als der Tanz vorbei war und Carla sich wieder zu Moleirão setzte, konnte der seine Wut kaum bezähmen. Und Carla ganz unschuldig. Sie

2 Port. «geblüht».
3 Markenpolituren zum Reinigen von Edelmetallen.

konnte ja nichts dafür, dass sie so anziehend war. Und der Große hatte ihr durchaus gefallen. Sie sagte zu Celsinho: «Mit dem würde ich ins Bett gehen, ohne was dafür zu nehmen.»

Celsinho sagte nichts. Es war fast drei Uhr morgens. Im «Erótica» drängten sich Männer und Frauen. Viele Mütter gingen dorthin, um sich zu vergnügen und etwas Geld zu verdienen.

Da sagte Carla: «Das ist so schön, mit einem richtigen Mann zu tanzen.»

Celsinho fuhr hoch: «Aber du bist keine richtige Frau!»

«Ich? Warum denn nicht?», sagte Carla erstaunt, die an diesem Abend ein langes schwarzes Kleid mit langen Ärmeln trug, in dem sie einer Nonne glich. Sie tat das absichtlich, um Männer zu erregen, die eine unbefleckte Frau wollten.

«Du», plärrte Celsinho, «du bist überhaupt keine Frau! Du weißt ja noch nicht mal, wie man ein Ei aufschlägt! Aber ich weiß es! Ich weiß es! Ich weiß es!»

Carla wurde mit einem Mal zu Luísa. Weiß, verdattert. Im Innersten ihrer Weiblichkeit getroffen. Verdattert starrte sie Celsinho an. Dessen Gesicht glich dem eines bösen Weibs.

Carla sagte kein Wort. Sie stand auf, drückte die Zigarette im Aschenbecher aus und ging, ohne irgendwem Bescheid zu sagen, auf dem Höhepunkt des Fests einfach fort.

Dann stand sie in Schwarz auf der Praça Mauá, um drei Uhr morgens. Wie die letzte Straßennutte. Einsam. Hoffnungslos. Es stimmte: Sie wusste nicht, wie man ein Ei briet. Und Celsinho war mehr Frau als sie.

Der Platz lag dunkel da. Und Luísa atmete einmal tief durch. Dabei betrachtete sie die Laternenpfähle. Den leeren Platz.

Und am Himmel die Sterne.

Marlen Haushofer

I'LL BE GLAD WHEN YOU'RE DEAD ...

Trinkst du mit mir einen Schluck Kognak? Nein? Na, dann nimm dir selber, was du magst, das heißt, es ist ja außer Kognak gar nichts da, nur Sodawasser, und im Eisschrank vielleicht noch Milch. Weißt du, ich brauche ja sehr wenig, so allein, und da hat es keinen Sinn, Vorräte anzulegen, außerdem: Ich bin nicht auf Gäste eingerichtet.

Du wunderst dich, dass mir Kognak neuerdings schmeckt. Das tut er genauso wenig wie früher, ich trink' ihn nur, weil er am raschesten wirkt und ich nicht viel davon brauche.

Schau mich nicht so entsetzt an, alle Welt trinkt, und ihr findet gar nichts dabei, wenn ich aber trinke, ist jeder entrüstet. Wirklich sehr komisch. Wer bin ich denn? Ein Wundertier oder ein Heiligtum, warum soll gerade ich mich nicht benehmen wie alle anderen Leute auch? Wozu der vorwurfsvolle Blick? Sag dir, sie hat genauso das Recht zu trinken wie ich, Gerti, Willi oder die ganze übrige Bande. Um die Wahrheit zu sagen, das geht mir auf die Nerven.

Warum ich so gereizt bin? Das ist ja komisch, gereizt! Freilich, du kannst nichts dafür. Denk nur daran, wie oft ich früher bei dir gesessen bin und dich angehört habe, stundenlang, tagelang, und habe nicht einmal piep dazu gesagt, habe nur dagesessen und hab' mir wie ein braver Esel deine Lasten aufladen lassen.

Heute rede einmal ich. Und ich würde es nicht einmal heute tun, wenn die Gelegenheit nicht gar so günstig wäre. Morgen steigst du ins Flugzeug, und wer weiß, ob ich dich noch einmal im Leben sehe. Und obendrein ist mir alles egal; du kannst diese Geschichte der Stewardess erzählen, den Leuten in Toronto, den kanadischen Pelzjägern und Holzfällern, wenn es die wirklich gibt, und dem großen Schneemann am Polarkreis. Na, na, sei nicht so entrüstet, machen wir uns doch nichts vor, du hast doch immer alles weitererzählt, was man dir anvertraut hat, du bist ja direkt berühmt dafür, wahrscheinlich wirst du diese Geschichte brieflich über halb Europa verbreiten. Vertrauen? Nie im Leben hab' ich zu dir oder einer anderen Freundin Vertrauen gehabt, ich hab' nur so getan, weil man uns immer eingeredet hat, Vertrauen wäre eine edle und notwendige Sache, dabei ist es einfach eine Dummheit, sonst gar nichts. Jedes Wort, das ich jemals gesagt habe, habt ihr weitergetragen, nicht aus Bosheit, einfach um euch hervorzutun. Es ist so angenehm, wenn man im Mittelpunkt steht, weil man die neuesten Neuigkeiten weiß.

Ich versteh' das sehr gut, es hat mich immer eine schreckliche Überwindung gekostet, eure Geheimnisse, die längst keine Geheimnisse mehr waren, zu hüten. Beinahe erstickt bin ich manchmal an meiner Verschwiegenheit.

Gib mir bitte die Flasche herüber, ja, wenn du keinen Kognak magst, musst du Sodawasser trinken. Ob ich den ganzen Tag trinke? Aber nein, das könnte ich gar nicht aushalten, nur am Abend brauch' ich ein paar Gläschen, wirklich, nur zwei oder drei, manchmal vielleicht vier, und sogar die merkt man mir schon an. Tu nicht so, ich hab' ja einen Spiegel und Augen im Kopf. Um die Augen herum sieht man es übrigens zuerst, man wird dort ein bisschen aufgeschwemmt, siehst du, hier und hier und da. Aber ich bin nicht süchtig, ich könnte es mir jederzeit abgewöhnen, wenn ich wollte, aber ich will nicht, weißt du. Wer schaut mich schon unter den Augen an, es macht ja auch gar nichts, solange ich sicher weiß, dass ich nicht die Anlage hab', süchtig zu werden. Ja, da hast du recht, das wäre schlimm, ich weiß zwar nicht, was daran für mich so schlimm wäre, aber man ist eben allgemein der Ansicht, und für die meisten Leute wird das wohl stimmen.

Aber nein, ich bin gar nicht so unglücklich, sehr glücklich natürlich auch nicht, eben, weder das eine noch das andere, wer ist denn schon in unserem Alter besonders glücklich. Nein, ausgehen tu' ich sehr wenig, nein, in Konzerte auch nicht, ich kann ja Platten spielen. Eigentlich bin ich abends immer daheim. Weißt du, ich mag nicht in die leere Wohnung heimkommen, mitten in der Nacht, ich fürchte mich vor leeren Räumen, immer schon, nur war ich früher nie allein, oder fast nie.

Nein, Gäste hab' ich sehr selten. Ich bin nicht witzig genug, um sie anzulocken, das war ich ja nie, nur angenehm und harmonisch, wie du das immer genannt hast. Manche Leute haben das gemocht, aber es hat eigentlich nur gewirkt, wenn Karl dabei war. Er hat alles gehabt, was mir gefehlt hat, sogar Witze hat er sich ganz leicht gemerkt. Ja, zusammen waren wir ein Paar, das die Leute angezogen hat. Wir haben viele Freunde gehabt. Wo die jetzt sind, möchtest du wissen; alle noch in der Stadt, keiner ist verzogen oder gestorben. Nur, sie kommen nicht mehr zu mir, und wie ich höre, auch nicht zu Karl. Es ist immer schwierig für die Freunde geschiedener Paare, sie wissen nie, wem sie jetzt treu bleiben sollen, so ziehen sie sich eben ganz zurück. Eigentlich sehr vernünftig. Schau dich doch um, was könnten sie denn hier bei mir finden? Es ist die alte Wohnung, aber man kann sich nicht mehr wohl-fühlen hier. Und Karl mit seiner Junggesellenbude! Jeden Abend sitzt er im Café und spielt Schach. Dabei verliert er fast immer. Woher ich das weiß? Nun, die Leute tragen mir natürlich zu, was er tut, er muss eine große Enttäuschung für sie sein, denn außer seinem Schachspiel gibt es über ihn nichts zu berichten. Ich brauche gar nicht zu fragen, sie freuen sich, mir irgendeine Neuigkeit bieten zu können. Nur ist es gar keine Neuigkeit. Ich hab' nie angenommen, dass er jetzt anfangen wird, sich zu amüsieren. Er spielt Schach, und ich trinke Kognak.

Du musst nicht dieses wehleidig taktvolle Gesicht machen. Es ist ja keine Schande, geschieden zu sein, zumindest nicht bei anderen, nur bei mir können sich die Leute nicht darüber beruhigen. Ich weiß auch, warum, weil sie nicht die leiseste Ahnung haben, wie es passiert ist. Und außerdem war ich immer eine Art Musterkind, ein Wesen ohne Fehl und Tadel, Liebling der alten Damen.

Sag jetzt nicht, dass du Karl ohnedies nie hast ausstehen können. Ich weiß genau, wie du auf ihn geflogen bist, einmal hast du sogar versucht, ihn mir abspenstig zu machen, damals, drei Monate vor meiner Hochzeit. Aber nein, ich war dir nie böse, ich hab' immer verstanden, dass auch andere Frauen ihn anziehend gefunden haben, viel weniger verstanden hab' ich, dass ihn das so kaltgelassen hat. Ich glaub', es wäre besser gewesen, er hätte sich auch einmal in eine andere verliebt. Aber fünfzehn Jahre lang hat er, soviel ich weiß, keine andere Frau angeschaut. Du meinst, das glauben alle Ehefrauen von ihren Männern, na, hast du je ein Wort über Karl gehört, und das müsstest du ja gehört haben, wie ich deine Freundinnen kenne. Siehst du, kein Wort, weil es wirklich nichts gegeben hat, worüber man hätte reden können. Und du wirst lachen, wir mögen uns noch immer.

Ja, warum, zum Teufel, sitz' ich wohl da und er hockt jeden Abend im Café und spielt Schach und meistens verliert er auch noch, was ich für eine Schande halte. Aber das nur nebenbei. Früher hat er nämlich wirklich nur sehr selten verloren, dabei war er damals gar nicht in Übung. Ich werde dir etwas sagen: Er verliert dauernd, weil er sich nicht konzentrieren kann und, genau wie ich, immerzu darüber nachdenkt.

Ich weiß schon, das möchtest du gern wissen, und wenn ich es dir erzähle, wirst du es sogar noch vom Mond aus verbreiten. Nur keine Entrüstung, bitte, ich erzähl' es dir ja trotzdem. Ich bitte dich gar nicht um Verschwiegenheit, man soll von den Menschen nicht verlangen, etwas zu lassen, was sie nicht lassen können. Nein, das ist von gar niemandem, nur von mir, soviel ich weiß. Manchmal fallen mir jetzt so weise Sprüche ein, weißt du, das muss vom Kognak kommen. Du kannst ja ein Rundschreiben verfassen: Die Ärmste sitzt bei Kerzenlicht und Kognak und denkt sich Aphorismen aus. Das wirst du, Gott behüte, nicht tun?

Jetzt dreh' ich aber den Strahler an, es wird kühl. Überhaupt ist es neuerdings viel kälter als früher. Ich hab' nie so viel gefroren wie in den letzten zwei Jahren. Ja, das ist auch ungefähr zwei Jahre her, das hat aber an sich nichts damit zu tun, ich bin seither einfach zu faul, um viel einzuheizen. Sonst besteht da gar kein Zusammenhang. Weißt du, dass die Ärzte sagen, wer in einem Jahr nicht über einen Verlust hinwegkommt, ist nicht ganz normal? Ich glaub', sie sagen es nur, um die Leute zum Vergessen anzueifern, jeder will ja unbedingt normal sein, obwohl ich nicht recht einsehen kann, warum. Worüber ich lachen muss? Über, du entschuldigst schon, über deinen gierigen Blick. Ich fang' ja schon an. Obwohl es außer uns niemand hört, möchte ich betonen, dass ich es nur erzähl', weil ich betrunken bin. Nicht sehr, gerade genug, um gewisse Hemmungen zu verlieren. Morgen wird es mir sehr leidtun, das weiß ich genau. Sei nicht schon wieder eingeschnappt, weißt du, wenn ich trinke, kann ich klarer denken; stimmt aber gar nicht, wie jedes Kind weiß, bildet man sich das nur ein. Für kurze Zeit kann ich's wirklich, aber es nützt auch nicht viel.

Vielleicht bin ich überhaupt zu dumm zum Denken. Du warst immer gescheiter als ich, fauler, aber intelligenter. Das hab' ich immer gewusst. Ich hab' dich nur nie beneidet, weil ich mir nicht erlaubt hab', neidisch zu sein. Neid ist ganz besonders abscheulich und verwerflich, haben sie mir immer gesagt, wie ich noch sooo winzig war, und ich Dummkopf hab' ihnen geglaubt. Überhaupt hab' ich ihnen jedes Wort geglaubt und bin ein so gutes, angenehmes Kind gewesen, na, du weißt es ja. Ich hab' ja auch keine Ursache gehabt, an ihren Worten zu zweifeln, immer ist alles gutgegangen. Später auch, mit Karl, er war immer zufrieden mit mir, und wir waren glücklich. Doch, bestimmt, er war auch glücklich. Na, entschuldige, das merkt man doch, wenn ein Mann nicht mehr glücklich ist, und schließlich, nicht wahr, hab' ich's ja auch gemerkt.

Das war knapp nachdem du zum letzten Mal bei uns warst, vor fünf Jahren, nein, vor vier Jahren. Damals haben wir roten Sekt getrunken, weil gerade nichts anderes im Haus war, am nächsten Tag war mir schlecht. Roten Sekt sollte man überhaupt niemals trinken, merk dir das, er ist Gift, reines Gift. Ja, wo war ich denn? Du bist also weggefahren, und ein paar Monate später hab' ich gemerkt, dass etwas nicht in Ordnung war. Ja, sofort hab' ich's gemerkt. Karl hat nämlich angefangen zu seufzen. Ja, zuerst hab' ich auch gelächelt, warum sollte ein Mann, der den ganzen Tag angestrengt arbeitet, am Abend nicht seufzen? Später hab' ich mich geärgert über diese Seufzerei. Er hat es nicht einmal gemerkt, ist nur still in seinem Sessel gesessen und hat geseufzt.

Was? Wie oft, ich hab' es nicht gezählt, findest du das so wichtig? Vielleicht durchschnittlich jeden Abend drei-, viermal. Das ist schon möglich, dass dein erster Mann mindestens zehnmal geseufzt hat und dein jetziger es auch tut, das gehört doch nicht zur Sache. Es ist eben ein Unterschied, wer seufzt. Und wenn Karl drei-, viermal geseufzt hat, so hat das mehr bedeutet, als wenn einer deiner Männer hundertmal seufzt.

Unsinn, was soll ich denn gegen deinen Mann haben? Ich kenn' ihn doch gar nicht. Von mir aus, sein Seufzen bedeutet auch irgendetwas. Soll ich jetzt weitererzählen oder nicht? Aber bitte, unterbrich mich nicht immer. Ja, geistesabwesend war er auch. Aber im Übrigen ganz freundlich, wie immer, nur gelacht hat er seltener und fast nie mehr einen Witz erzählt, wenn er mit mir allein war.

Zuerst hab' ich an Überanstrengung gedacht, oder an eine Krankheit, die in ihm steckt, aber er hat nicht mehr gearbeitet als sonst, und die Krankheit ist nie zum Ausbruch gekommen. Schließlich hab' ich sogar an eine andere Frau gedacht, aber es hat überhaupt keinen Hinweis gegeben, und er ist ja jeden Abend zu Hause gesessen, bis auf mittwochs, wo er im Schachclub war, aber das hab' ich auch überprüft, dafür schäm' ich mich noch heute. Keine andere Frau, nicht die Spur davon.

Ich hab' angefangen zu grübeln und bin schweigsam geworden. Es ist ihm gar nicht aufgefallen. Und dann hab' ich die Nerven verloren und hab' etwas sehr Dummes getan. Ich war immerhin schon fünfunddreißig, und wir haben kein Kind gehabt; bis dahin hat mir das nicht viel ausgemacht, ich war mit Karl so zufrieden, wirklich, mir hat nichts gefehlt. Aber dann hab' ich darüber nachgedacht. Ich sagte mir, wer weiß, vielleicht wünscht er sich einen Sohn und will nicht darüber reden. Männer sind ja manchmal so komisch. Was weiß ich schon, was in ihm vorgeht, wenn er so dasitzt und seufzt und in die Luft starrt? Bei einem Mann kann das alles bedeuten, von Hühneraugen bis zu Geldsachen und Gewissensbissen, warum nicht auch einen Sohn?

Ja, freilich hätte es auch ein Mädchen werden können. Das weiß ich doch, ich hab' halt an einen Sohn gedacht, weil Männer immer Söhne wollen. Das verstehst du nicht, wo sie doch ihr ganzes Leben lang mit den Söhnen streiten, ich versteh' es auch nicht, aber das hat ja mit meiner Geschichte nichts zu tun. Du bringst mich immer durcheinander, gib mir lieber noch einen Schluck, so, danke.

Also hab' ich einmal zart angeklopft wegen Kind und so, du verstehst schon. Du brauchst gar nicht so aufgeregt zu sein. Er war freundlich und lieb wie immer, aber sichtlich erstaunt: «Wenn du gern eins möchtest», hat er gesagt, «warum eigentlich nicht?»

Ein Kind war's also nicht, und weißt du, damals ist mir klar geworden, dass er ganz ohne Hoffnung war. Das war sehr schrecklich, ich weiß nicht, warum, vielleicht weil eine Frau nie so ganz ohne Hoffnung sein kann wie ein Mann. Das verstehst du nicht? Das verstehst du sehr gut, du willst es nur nicht wissen, aber du kannst mir glauben, so ist es. Ein Mann verliert die Hoffnung sehr leicht, und dann macht ihm nichts mehr Freude. Na, ich hab' ihn doch nur anzuschauen brauchen, um das zu wissen, ich bin ja nicht blind.

Du meinst, man sollte die Männer nie so genau anschauen, dann kann einem so etwas nicht passieren? Da kannst du schon recht haben, aber was sollte ich denn tun, ich hab' ihn eben angeschaut! Ich hab' gedacht: Es ist meine Pflicht als Ehefrau. Und nachdem ich diese Entdeckung gemacht hab', was für eine? Na, dass er so hoffnungslos war, oder ist das vielleicht keine Entdeckung? Also, das war sehr arg. Stell dir doch vor, ein Mann, der gesund ist, erfolgreich und geliebt, glücklich verheiratet mit einer angenehmen, harmonischen Frau. Jedenfalls war mir genauso wie damals, als mir Jakob den Ziegelstein an den Kopf geworfen hat. Zuerst ein scharfer Schmerz und dann so ein leeres, schwindliges Gefühl, das zwei Wochen nicht vergangen ist.

Plötzlich war alles ganz unsicher, und ich hab' meine Unbefangenheit verloren. Das war wie ein Albtraum. Vor jedem Satz hab' ich ein paar Minuten nachgedacht. Du kannst dir vorstellen, wie diese Sätze dann ausgesehen haben, direkt blödsinnig. Ein wildfremder Mensch hätte merken müssen, was mit mir los war, ein wildfremder Mensch schon, aber Karl hat nichts gemerkt. Der ist in seinem roten Sessel gesessen, ja, in dem roten, in dem du jetzt sitzt, und hat jeden Abend drei-, viermal geseufzt. Es ist wohl ganz natürlich, dass man auf einen Menschen wütend wird, der einen so quält. Aber ich hab' das nicht gekonnt. Weinen, schreien oder auf den Tisch schlagen hätte ich sollen, aber ich kann es eben nicht. Ich weiß, das ist nicht normal, aber wenn ich es jemals gekonnt hab', müssen sie es mir so früh ausgetrieben haben, dass ich mich nicht erinnern kann. Im Ernst, ich glaub', ich könnte nicht einmal schreien, wenn mich einer erwürgen will. Das glaubst du nicht? Na, ich kann's dir ja nicht beweisen, und es ist auch ganz egal.

Ich bin dann nur so neben ihm gesessen, hab' gelesen oder gestrickt und mir den Kopf zerbrochen über den nächsten Satz. Jede Kleinigkeit war auf einmal ein Problem. Zum Beispiel der Abschiedskuss, den ich ihm jeden Tag gegeben hab'. Und am Abend hab' ich mich plötzlich nicht mehr vor ihm ausziehen können und bin ins Badezimmer gegangen. Aber er hat noch immer nichts gemerkt, oder doch? Ich werd' es nie wissen, er trinkt ja nicht, und beim Schachspielen wird er nichts ausplaudern.

Dann war ich so verzagt und hab' an Scheidung gedacht. Aber wie ihm das beibringen? Dann waren wieder Momente, wo ich mir gesagt hab', sei nicht hysterisch, was ist geschehen, gar nichts, dein Mann seufzt gelegentlich, denk an die Leute, die wirklich Kummer haben. Übrigens, hast du schon bemerkt, wie wenig Trost einem der Kummer anderer Leute bietet? Ich glaub', wir müssen Licht machen, die Stehlampe hinter dir, bitte. Langweilt dich die Geschichte? Du kannst ja auf keinen Fall Nein sagen. Aber ich werd' mich kurzfassen. Weißt du, jetzt hört die anregende Wirkung auf, jetzt macht mich der Alkohol müde.

Ich überspringe die Zeit, in der sich gar nichts abgespielt hat, ungefähr ein Jahr. Schließlich hab' ich mich sogar ein wenig beruhigt, man gewöhnt sich ja an alles Mögliche, warum nicht an ein paar Seufzer. Ich leide ungern, und so hab' ich halt langsam aufgehört zu leiden. Das findest du vernünftig? Ich hab' das von dir erwartet.

Bis dann im Winter die Sache mit dem Rascal passiert ist. Lass mir Zeit, du wirst es ja hören. Karl hat manchmal Jazzplatten gespielt. Ich hab' diese Musik nicht so gern, aber er war immer rücksichtsvoll und hat leise gespielt, und ich hab' gelesen und nicht hingehört. Es war ein Band Kurzgeschichten, ich hab' sie alle vergessen, nur den einen Satz daraus werd' ich mir immer merken: *I'll be glad when you're dead, you rascal you.*[1]

Nein, natürlich ist das nichts Besonderes, du kennst eine Platte, auf der Armstrong das singt? Ja, ich kenn' sie auch, aber erst seit damals, denn gerade wie ich diesen Satz gelesen hab', hat Armstrong ihn gesungen. Ja, sehr komisch! Aber derartige Zufälle kommen vor. Ich hab' Karl das Buch gezeigt, und er hat gelacht, und ich war froh über den Gesprächsstoff, damit hat es ohnehin bei uns gehapert. Karl hat dann das Stück noch zweimal gespielt, und es war sehr lustig, weißt du, aber auf einmal ist mir seine Begeisterung auf die Nerven gegangen, und ich war froh, wie er endlich aufgehört hat. Das Buch hab' ich damals irgendwo hingesteckt, und es ist verschwunden. Nein, ich hab' tagelang gesucht, später, aber es ist wie vom Erdboden verschluckt. Du verstehst

---

1   Der Satz findet sich in der Short Story *Big Joe's Funeral* von Walter Dean Myers (1937–2014): *«Then they turned on the boom box they were carrying, and blasted a song called ‹I'll Be Glad When You're Dead, You Rascal You!› all over the park»*; der 1929 von Sam Theard (1904–1982) geschriebene Song wurde von Jazzgrößen wie Louis Armstrong (1931), «Red» Nichols, Cab Calloway und Sidney Bechet interpretiert.

nicht, wie man sich über einen so dummen Zufall aufregen kann; weißt du, über einen Zufall reg' ich mich auch nicht auf, aber zu viele Zufälle, was zu viel ist, ist einfach zu viel.

Ungefähr zwei Wochen später waren wir bei Leuten eingeladen, die du nicht kennst, egal wer, nein, ich sag' dir doch, du kennst sie nicht, was hast du denn davon, wenn ich den Namen sage. Nette Leute, ein bisschen verrückt, aber lustig, die waren damals ganz versessen aufs Tischrücken. Nein, ich nehm' so was nicht ernst, aber diese Leute haben es ernst genommen und alles ganz feierlich aufgezogen, und man hat sich nicht ausschließen können, warum auch, für mich war es ja nur ein Spiel. Zunächst war's der übliche Unsinn; der ständige Hausgeist hat sich gemeldet, ein Perser, und hat mit Mühe und Not ein paar Plattheiten von sich gegeben, dann wollten sie wissen, wo die Frau des Hauses ihren Schirm hatte stehen lassen, und der Perser hat behauptet, im Café Landsiedl, ich hab' nie erfahren, ob das gestimmt hat. Es war ein furchtbares Gewackel von dem Tisch, und ich wär' nie auf das Café Landsiedl gekommen, aber sie waren schon so geübt, dass sie ganz schnell mitlesen konnten. Ja, ja, mitlesen ist nicht richtig, aber wie soll ich's denn sonst ausdrücken, übersetzen vielleicht, bitte stör mich jetzt nicht. Ich war überhaupt damals schon am Einschlafen, und die Augen sind mir zugefallen. Karl hat mit seinem kleinen Finger meinen kleinen Finger gestreichelt, und da war mein Schlaf weg und ich sehr glücklich. Das war das letzte Mal, dass ich glücklich war, daran hab' ich noch gar nie gedacht. Ich hab' gewusst: Alles wird wieder gut werden, wir waren so vertraut wie früher miteinander.

Was sagst du? Nein, ich bin nicht eingeschlafen, entschuldige, ich hab' nur an etwas gedacht. Ja, was soll ich dir denn noch sagen? Auf einmal fängt dieser verdammte Tisch an zu klopfen und hört gar nicht mehr auf. Natürlich haben sie mitgeschrieben, und etwas ziemlich Unverständliches ist herausgekommen. Aber wie sie's mir gezeigt haben, hab' ich sofort gewusst, was es war. Sie hatten nur nicht mit einem englischen Satz gerechnet. Ich hab' so getan, als wüsste ich auch nichts damit anzufangen, dann haben sie es Karl gegeben, und er hat es gelesen und ganz schnell zu mir geschaut und dann den Kopf geschüttelt. Aber an dem Blick hab' ich gemerkt, dass er genauso verstanden hat wie ich. Du bist ein gescheites Kind, genau das hat der Tisch geklopft und nicht einmal, sondern immer wieder, wie ein Rasender, er war gar nicht zu halten, man hat das Spiel abbrechen müssen; das heißt, dann war es ja auch kein Spiel mehr.

Vier Monate später waren wir geschieden. Wir haben nie über den Vorfall geredet, was hätte man schon dazu sagen können? Ich hab' die Scheidung eingereicht, und Karl hat die ganze Schuld auf sich genommen, obwohl mir das ganz einerlei war.

Ja, ich kann mir denken, dass du es reinen Wahnsinn findest. Aber was hätten wir denn tun sollen, zwei Menschen, die nie miteinander gestritten haben, nicht ein böses Wort in fünfzehn Jahren. Hätten wir jeden Abend beisammensitzen sollen mit diesem schrecklichen Verdacht. Vielleicht kann man wirklich über alles reden, aber Karl und ich, wir haben es nicht gekonnt. Verstehst du denn nicht, einen Tisch haben wir gebraucht, dass er es in die Welt stampft und brüllt.

Seither bin ich ganz voll Hass und könnte alle umbringen, die ein sanftes, gutartiges Kind aus mir gemacht haben. Nein, ich könnte sie nicht umbringen, ich kann ja überhaupt nichts tun, nicht einmal schreien könnte ich, wenn mich einer umbringen will. Wenn ich nur wüsste, wo das Buch steckt. Weißt du, manchmal bilde ich mir ein, es hat nie ein Buch gegeben, und ich habe das alles nur geträumt. Ich hab' nur geträumt, oder die Botschaft war nicht für uns bestimmt. Ich male mir aus, wie ich ins Café geh' und Karl heimhole, und am Abend sitzen wir zusammen, er seufzt manchmal und ich lese, und es ist wie im Himmel. Dazu, weißt du, brauch' ich den Kognak, sonst kann ich mir das nicht vorstellen.

Mach dich nicht lächerlich, du kannst da gar nichts unternehmen, niemand kann in dieser Sache etwas tun.

Ja, ich versteh', du musst jetzt wirklich gehen; es wird zu spät für dich. Und lass die Tür nur ins Schloss fallen. Nein, ich hab' keine Angst, bestimmt nicht. Ein komisches Gefühl, wenn man sich vor gar nichts fürchtet. Weißt du noch, wie wir in der Schule immer von der Freiheit geschwärmt haben? Ich sag' dir, etwas Trostloseres als die Freiheit gibt es nicht.

Simin Daneshwar

DIE GEBÄRENDE

Der Abend dämmerte, als Akram, die ältere Schwester, müde aus ihrer Praxis im Süden der Stadt nach Hause zurückkam. Sie stellte ihre Tasche auf dem Tisch im Flur ab.

Mahin, die an dem Tisch gerade etwas schrieb, hob den Kopf, schaute in das blasse, erschöpfte Gesicht der Schwester und sagte: «Ich bin gleich fertig, gehen wir spazieren!»

Der Zand-Platz, der als öffentliche Promenade diente, lag südlich von ihrem Haus. Es war gegen Kriegsende,[1] und ihr Vater war kürzlich verstorben.

Mahin hatte, als ihr Vater starb, gerade an der Teheraner Universität studiert. So war sie nicht da gewesen, sondern hatte es aus der Ferne erfahren.

Nun war sie nach Schiraz zurückgekommen, eigentlich um im Besuch bei der Familie selbst Trost zu finden, insbesondere aber weil Teheran etwas Beängstigendes hatte. In der Stadt trieben sich überall Soldaten ohne Waffen und mit aufgeknöpftem Kragen herum, die in Blecheimern ihren Kram mit sich trugen, und das Silobrot[2] war hart wie Ziegelsteine.

Sie gingen in Richtung des Zand-Platzes los. Gegenüber ihrem Haus befand sich das Armeehauptquartier, in dem Lichter brannten. Mahin fragte: «Was machen die so spät abends noch?»

Akram sagte: «Momentan ist alles anders.» Dann: «Unser Bruder muss in den nächsten Tagen auftauchen, Gott gebe, dass er bald kommt!

---

1 Iran, das sich in der Hoffnung, die Herrschaft der Briten abschütteln zu können, mit Deutschland verbündet hatte, wurde am Ende des Zweiten Weltkriegs durch die Alliierten besetzt.

2 Abwertend für schlecht schmeckendes Brot, das aus den letzten im Silo vorhandenen Getreideresten gebacken wurde.

Sonst wird es schwer, in dieser Situation ohne Mann in so einem Haus fern der Stadt zu leben.»

Ohne sich weiter über das Haus zu beklagen, sagte Mahin: «Masdaresh ist voller Tatendrang, wenn er kommt, wird unser Leben wieder in Ordnung sein.» Mahin, die immer noch als Gast betrachtet wurde und der gegenüber man besonders aufmerksam war, merkte, dass ihre Mutter und ihre Schwester sie mit Hingabe umsorgten.

Der Zand-Platz lag im Dunkeln, die einzige öffentliche Beleuchtung konnte nicht mehr als einen kleinen Kreis im Zentrum erhellen. Mahin betrachtete ihre Schwester still in der Dunkelheit und versuchte, ihre Erschöpfung nicht anzusprechen.

Es war Akram selbst, die damit anfing: «Fragst du nicht, was mit mir ist?»

«Was ist mit dir?» Bei sich dachte sie: «Vielleicht bist du verliebt, Schwesterchen. Es wäre höchste Zeit. Du bist zweiundzwanzig. Aber du bist dermaßen beschäftigt, dass du gar nicht dazu kommst, dir zu überlegen...»

Akram war weit davon entfernt, die Gedanken ihrer Schwester zu erraten. Außerdem war es stockdunkel. Sie sagte: «Weißt du, seit ich aus Teheran zurückgekommen bin, habe ich die ganze Zeit durchgearbeitet. Das geht jetzt fast schon ein Jahr so. Aber ich sage dir: Ich bereue, dass ich Hebamme studiert habe. Die große Stadt Schiraz hat nur eine Hebamme. Immer wenn ich zu einer Gebärenden gerufen werde, habe ich das Gefühl, ich würde selbst gebären. Ich fühle die Wehen der Gebärenden richtiggehend mit. Und wir haben keine Ausrüstung. Ein Jammer.»

Mahin sagte: «Wenn man erschöpft ist, verabscheut man seine Arbeit. Meiner Meinung nach solltest du Urlaub nehmen.»

Akram ging nicht darauf ein; sie fuhr fort: «Aber Gott sei Dank ist in diesem Jahr keine unter meinen Händen gestorben. Das ist schon etwas! Ich habe nur eine Kranke, um die ich mir große Sorgen mache.»

«Was ist mit ihr?»

«Weißt du, wir haben einen Eid auf die Verschwiegenheit geleistet.»

Mahin blieb beharrlich: «Gut, so verschweig mir eben ihren Namen.»

Akram sagte: «Ich bin müde und bedrückt. Du hast ja bestimmt auch genug davon. Wie soll man denn in Provinzstädten Zerstreuung finden? Diese Patientin, die ich habe, beschäftigt mich sehr, aber was beschäftigt dich? Du sitzt die ganze Zeit nur zu Hause, ständig kommen die Verwandten, du bist jedes Mal wieder von Neuem gezwungen, zu trauern, und wenn du vom Weinen erschöpft bist und versuchst, dir weitere Tränen abzuringen, starren sie dich aus großen Augen an.»

Mahin fiel ihrer Schwester ins Wort: «Ich kann mich auch mit deinen Problemen beschäftigen. Wenn man jemandem von seinem Kummer erzählt, erleichtert das das Herz.»

«Ich weiß, ich weiß.»

«Ich habe mir gedacht», sagte Mahin lachend, «dass du vielleicht verliebt bist. Weißt du eigentlich, dass der größte Schmerz der Liebesschmerz ist?»

«Keine Ahnung, was du meinst.»

Mahin philosophierte weiter: «Wenn jemand verliebt ist, vergisst er seine ganze Müdigkeit, seinen Schmerz und seine Betrübnis.»

Akram sagte: «Du solltest eine Praxis eröffnen, mit einem Schild an der Tür: ‹Heilung schwacher Nerven durch Liebe›.»

Mahin wurde ernst und sagte: «Spotte ruhig. Aber das einzige Geschenk des Lebens ist die Liebe.»

«Ich spotte nicht», sagte Akram, «aber ich kenne nicht wie du diese romantische Liebe. Ich habe die Liebe an der Nabelschnur hängen gesehen. Ich habe die Liebe sogar wieder zusammengenäht. Ich habe die Liebe bluten sehen. Wie viel Arginin du auch gespritzt hast, es hat nicht aufgehört zu bluten. Ich habe die Liebe in der Angst gesehen, Angst vor den Eltern, Angst vor Frau und Kind, Angst vor Schwangerschaft. Ich habe die Liebe gesehen bei der Abtreibung. Ich habe die Liebe gesehen in einem Messer im Oberschenkel, und das bloß wegen eines läppischen Goldzahns.»

Mahin sagte: «Die letzte Liebe blutet auch. Welche dieser Krankheiten ist die gefährlichste?»

Akram lachte. «Willst du es unbedingt wissen?»

«Sehr gerne.»

Akram sagte: «Die Liebe, die blutet. Das Mädchen stammt aus einer sehr alten, achtbaren Familie. Was auch immer ich unternommen habe, um die Blutung zu stillen, sie hörte einfach nicht auf. Ich bin sicher, dass sie schwanger ist. Ich bin sicher, dass sie irgendetwas mit sich angestellt hat. Aber sie verschweigt es.»

Mahin sagte: «Du musst ihr Vertrauen gewinnen, sag ihr, dass ihr Leben in Gefahr ist … Frage ihre Mutter.»

«Sie hat eine Heidenangst vor ihren Eltern. Wenn die Lunte riechen, bringen sie sie um. Ich habe ihrer Mutter gegenüber mit Gesten und Andeutungen auf ihren Zustand hingewiesen. Aber sie ist nicht darauf eingegangen. Sie sagt nur die ganze Zeit: ‹Meine Tochter, meine Tochter!›, und lässt mich sie nicht untersuchen.»

«Schick sie doch ins Krankenhaus.»

Sie waren zurück. Vor dem Armeehauptquartier sahen sie einen in sich zusammengesunkenen Reiter. Da rief ihnen ihr Bruder etwas zu. Rasch gingen sie zu ihm hin. Er saß auf seinem Pferd, trug einen Turban auf dem Kopf und hatte eine Militärdecke um die Schultern gelegt. Mahin prustete vor Lachen und sagte: «Wie siehst du denn aus? Wahrscheinlich kommst du von den Qaschqai[3] und hast dich verkleidet, damit man dich nicht erkennt.»

Sie hatten sich seit drei Jahren nicht gesehen, und Mahin wunderte sich, warum er nicht vom Pferd absprang und sie umarmte, da sie zu Hause noch immer von allen besonders umsorgt wurde und man jeden Abend das Lieblingsessen aus ihrer Kindheit für sie zubereitete.

Der Bruder sagte: «Behaltet es für euch, in Firuzabad[4] habe ich Malaria bekommen. Jetzt zittere ich wie ein Weidenbaum. Mein Kopf platzt fast vor Schmerzen. Ich habe die Soldaten unter das Kommando des Sergeanten gestellt und mich mit diesem Pferd auf den Weg gemacht. Das arme Tier ist schweißnass.» Er legte seinen Kopf auf den Hals des Pferdes und küsste es. Dann sagte er: «Ich begebe mich zum Hauptquartier, erstatte Meldung, und dann komme ich nach Hause.»

Die Schwestern liefen los. Er rief ihnen nach: «Sagt der Mutter nichts davon, dass ich krank bin!», und warf Mahin den Turban zu. Mahin wickelte den Turban auf und fand seine Pyjamahosen darin.

Akram sagte: «Fass sie nicht an, bestimmt sind Läuse darin. Ich vermute, er hat Typhus.»

* * *

---

3   Volksstamm im Süden Irans.
4   Stadt in der Provinz Fars, südlich von Schiraz.

Mahins Lider waren noch nicht schwer geworden, als es an der Tür klopfte. Zudem klingelte es. Mit dem Türklopfer wurde an die Tür gehämmert. Dann mit Steinen und Ziegelsteinen ... Es klopfte und klopfte. Das Gebell des Hundes und das Klopfen an der Tür vermischten sich. Alle schliefen im Hof.

Mahin nahm den Gebetsschleier der Mutter, der neben ihrem Bett hing, warf ihn sich über den Kopf und eilte zur Tür. Die Mutter setzte sich in ihrem Bett auf und sagte: «Lass doch, ich gehe! Bemühe dich nicht! Ich möge für dich sterben, mein armes Kind!»

Aber Mahin und der Hund hatten schon die Tür erreicht. Das Pferd des Bruders war an einer Verankerung im Boden neben der Tür angebunden. Eine Waschschüssel voller Hafer und eine weitere voller Wasser standen dort. Als Mahin an dem Pferd vorüberging, stampfte es mit dem Huf auf.

Sie öffnete die Tür, und ein furchterregender Mann wollte hereinkommen. Mahin sagte: «Keine Bewegung! Der Hund reißt dich sonst in Stücke!»

Das Licht über der Eingangstür beleuchtete den Mann. Was für ein zügelloser Maulesel! Er war riesig groß. Auf dem Kopf trug er eine Filzkappe, hatte eine lange und weite schwarze Hose an, und ein weißer Strick hing darüber, der sie zusammenhielt. Sie hatte ihn noch nicht gefragt, was er wollte, da kam eine Frau mit Schleier dazu und begann zu flehen: «Ich muss die Frau Doktor sehen! Ich flehe Sie an! Meine Tochter stirbt! Seit drei Tagen kriecht sie wie eine Schlange vor Schmerz. Die Hebamme des Dorfes hat getan, was sie konnte. Die Hand des Kindes ist schon zu sehen.» Und sie schlug ihren Kopf gegen den Türrahmen.

Alle waren aufgewacht. Das Licht im Hof brannte. Akram war dabei, ihre Lockenwickler zu lösen.

Mahin fragte: «Willst du wirklich gehen?»

«Ich bin dazu verpflichtet.»

Die Mutter hatte zu flehen begonnen: «Es ist zehn Uhr! Es herrscht Ausgangssperre. Wo willst du hin? Warte bis morgen! Bis du wieder zurück bist, bin ich halb tot.»

«Ich muss, Mutter, ich bin dazu verpflichtet!»

Mahin war ebenfalls dabei, sich anzuziehen.

Mit der verschleierten Frau und dem Ungeheuer von Mann machten sie sich auf den Weg. Der Mond stand im Zenit, und die Sterne erhellten die Nacht. Mahin folgte ihnen mit der Tasche ihrer Schwester in der Hand auf der sandigen Straße. Außer ihren Schritten war kein Geräusch zu hören. Nicht einmal ein Hahn krähte. Es war kein einziger Fußgänger unterwegs, obwohl die Ausgangssperre erst ab zwölf Uhr galt.

Mahin wunderte sich, warum sie in nördlicher Richtung gingen. Hinter ihrem Haus gab es mehrere Gärten, dann erreichten sie die Wüste, die sich bis zu den Berghängen erstreckte.

Mahin rief ihre Schwester. Alle drei blieben stehen, wandten sich zu ihr um, und sie fragte: «Wo wohnen Sie eigentlich?»

«Kurz vor Bolurdi[5]», antwortete die Frau.

Mahin sagte: «Es wäre gut, wenn wir nicht wegen Ihnen den Soldaten in die Hände fallen würden.»

Die Frau sagte: «Ich opfere mich für dich, es ist nicht mehr weit! Die Frau Doktor hat gute Hände. Sie drückt noch einmal auf ihren Bauch, und die Schwangere kommt nieder. Dann gehen wir mit euch und bringen euch gesund und wohlbehalten nach Hause.»

* * *

Ganz außer Atem kamen sie an. Sie schoben den Leinenvorhang zur Seite und traten in ein kleines Zimmer, das offenbar der einzige Raum des Hauses war, ein richtiger Stall. Er war dunkel vor Rauch und Staub. Mahin erblickte allerlei Frauen, ohne zu wissen, wer von ihnen die Gebärende war. Der Boden war zur Hälfte kahl, zur Hälfte mit einer Bastmatte bedeckt, auf der Akram die Gebärende fand. Sie hatten sie aufgesetzt. Ihr Gesicht war gelb wie Kurkuma, ihr Kopf lag auf der Schulter, ihr Mund stand offen. Man sah, dass sie sich nicht mehr unter Kontrolle hatte. Sie schrie die ganze Zeit. Aber zwei Frauen hielten sie an ihren Schultern fest und stützten so ihren Rücken. Sie riefen ständig: «Sag doch: O Ali!»

Aber sie sagte nichts. Sie hatte keine Kraft mehr.

Vor ihr auf der Matte lag ein Lehmziegel, auf den ein kleines Gesicht

5   Ein alter Vorort im Süden von Schiraz.

aufgemalt war. Augen und Augenbrauen waren mit Holzkohle gemalt. Anstelle der Wangen und Lippen waren rote Brocken angeklebt. Sie hatten dies anscheinend in großer Eile gemacht. Es sollte ein Püppchen sein, das das Kind auf die Welt locken sollte. Es sollte dem Kind Hoffnung machen, aus dem Dunkel der Gebärmutter ans Licht der Welt zu treten. Neben dem Lehmziegel befand sich eine kleine Feuerschale, auf deren Flammen Weihrauch gestreut war.

Eine Frau stand vor der Gebärenden und streckte ihre Arme aus, als wolle sie das Kind auffangen. Einfach so.

Mahin musterte die Frau eingehend. Ihre Hände waren schrundig und schmutzig. Ihre Arme waren bis zu den Ellbogen nackt und mit merkwürdigen Gestalten tätowiert, die wie Eidechsen, nicht wie Skorpione aussahen.[6] Ihre Fingernägel waren mit Henna gefärbt, an einem Finger hatte sie einen Ring mit einem Stein. Sie trug ein wollenes Kopftuch, das sie mit einem Seidentuch mit grünem Saum festgebunden hatte. Sie sagte mit lauter Stimme: «O Khazar, o Alyass![7] Gib dieses Geschöpf frei!»

Darin bestand ihr einziges Bemühen, das Kind auf die Welt zu bringen, das nicht kommen wollte und das so viele Leute warten ließ. Einer der Wartenden, vielleicht war es der Bruder oder die Schwester der Gebärenden, war vor lauter Warten eingeschlafen und lag auf der Matte hinter der Gebärenden.

Die anderen standen nur da, unternahmen nichts, starrten einander an. Eine Holztruhe befand sich in der Ecke des Zimmers, darauf flackerte eine Öllampe. Das Glas war zerbrochen und wurde durch einen Streifen Zeitungspapier zusammengehalten. Auf dem einzigen Wandvorsprung standen ein schwarzer Messingtopf und ein Krug, dessen Hals einen Sprung aufwies. Die Zimmerwände waren aus Lehm und die Decke aus Holzstämmen. Zwischen diesen Holzstämmen lagen zerfetzte Bastmatten, durch die jedoch kein Lehm herunterbröckelte.

Mahin sah, dass ihre Schwester die Hand der Gebärenden, die sie gehalten hatte, losließ und sagte: «Sie ist ganz erschöpft.» Dann wandte

---

6 Skorpione als gefährliche Tiere wurden im Gegensatz zu harmlosen Eidechsen für Tätowierungen gewählt, die als Schmuck der Armen galten.

7 Zwei Heilige in der jüdischen und islamischen Religion.

sie sich an die Frauen und ordnete an, dass sie das Zimmer verlassen und den Samowar anheizen sollten. Die Frauen standen auf, verließen das Zimmer aber nicht.

Mahin wusste nicht, woher plötzlich die Frau gekommen war, die einen Koran über ihren Kopf hielt. Da ging sie zu Akram und sagte: «Ich opfere mich für dich, wo haben wir hier einen Samowar?»

Mahin nahm den Krug vom Wandvorsprung, und Akram zog ein Stück Seife aus ihrer Tasche. Als sie die Tür öffneten, hallte der ganze Hof vom Ruf des Muezzins wider. Akram nahm den Ziegelstein und die Weihrauchschale und warf sie in den Hof hinaus. Dann goss Mahin ihr Wasser über die Hände. Nachdem sie sie abgetrocknet hatte, sagte sie zu der laut betenden Frau mit dem Koran: «Los, hebe dieses kleine Kind auf!»

Die Frau warf einen Blick auf das Kind und sagte: «Es wird verwöhnt.»

Mahin nahm es auf den Arm. Der starke alkalische Geruch verursachte ihr Übelkeit. Eine der Frauen hatte die Öllampe von der Holztruhe genommen. Beinahe hätte Mahin das Kind auf die Holztruhe fallen lassen. Im Zimmer herrschten alle denkbaren Gerüche, aber es war der Alkaligeruch, der ihr zu schaffen machte. Nicht der Geruch von verdorbenem Fleisch, nicht der Weihrauchgeruch, nicht der Geruch der Gebärenden, nicht der Geruch von Tabak und Mist.

Akram hieß die Frau, sich auf der Matte hinzulegen. Ständig waren die Worte der Hebamme zu hören: «O Khazar, o Alyass!»

Um nicht würgen zu müssen, hob Mahin ihren Kopf und versuchte die Baumstämme an der Decke zu zählen, aber es war zu dunkel dafür.

Auf Akrams Anweisung hin zog sie die Taschenlampe heraus und leuchtete auf den Körper der Frau, die nun mit dem Rücken auf der Matte lag. Akram hatte ihre Handschuhe angezogen. Die Dorfhebamme erhob sich von ihrem Platz und lehnte sich an die Wand. Als Mahin sich kurz abwandte, um sich nicht übergeben zu müssen, sah sie, wie ihre Augen in der Dunkelheit glänzten. Was für ein Blick! Es war nicht der Blick einer Alten zu einer Jungen. Es war nicht der Blick einer Dummen zu einer Klugen. Es war der Blick des Wolfs auf ein Lamm.

Akram schwitzte. Sie gab der Gebärenden eine Spritze. Dann legte sie ihr die Hand auf den Bauch und drückte mit einer kreisenden Bewegung. Unter ihrer Hand erzitterte der Bauch der Frau. Akram saß fast zwischen ihren gespreizten Beinen. Sie hatte einen weißen Kittel an. Mahin hatte nicht mitbekommen, wann sie den Kittel angezogen hatte. Mahins Aufgabe war es, die Lampe zu halten. Eine kleine blutverschmierte Hand ragte aus der haarigen Tiefe hervor. Aus der Öffnung floss Blut. Mahin bekam es mit der Angst zu tun. Die Frauen flüsterten miteinander, und die Dorfhebamme mit Khazar und Alyass.

Sie fürchtete, das Kind könne nicht kommen und sie müsste bis zum Morgen dortbleiben. Sie hatte nicht bemerkt, dass ihre Schwester das Kind gedreht hatte. Sie sah, wie sie die Hand des Kindes zurückstieß, und obwohl alle Frauen zuschauten, sogar die Frau, die den Koran über dem Kopf hielt und ein Wunder erwartete, versuchte sie, ihren Blick abzuwenden. Sie hatte nicht mitbekommen, wie es ihre Schwester angestellt hatte, dass jetzt ein schwarzer Riss zwischen den Öffnungen auftauchte. War es Zauberei? Dann legte sie die Hand wieder auf den Bauch der Gebärenden und drückte. Was für ein Druck! Wie sie schwitzte und die Frau anschrie: «Pressen! Keine Angst! Pressen!»

Die Frau war am Ende ihrer Kräfte. Sie stöhnte: «O heiliger Gott!»

Akram sagte: «Wenn du nicht presst, erstickt es!»

Die Frau biss sich auf die Lippen. Sie hatte gestopfte braune Strümpfe an. Man hatte ihr die Strümpfe bis zu den Fußknöcheln heruntergezogen.

Da zog Akram es heraus.

Ein Stück rotes Fleisch bewegte sich über dem Bauch der Mutter. Sie hielt es an den Beinen fest. Wie hässlich es war! Die Mutter hob ihren Kopf ein wenig von der Matte hoch und schaute hin. Als das Kind schrie, legte Akram es auf den Bauch der Mutter, und die Mutter lachte, als habe jemand sie gekitzelt.

Akram stand auf. Ihr weißer Kittel war voller Blut. Selbst auf Mahins schwarzem Kleid klebten Blutspritzer. Akrams Hände und Arme waren blutig bis zu den Ellbogen. Die Frau mit dem Koran über dem Kopf kam und küsste Akrams blutige Hände.

Als die Geburt vorüber war, griff Mahin wieder nach dem Krug, in dem kein Tropfen Wasser mehr war. Akram fragte: «Wo sollen wir uns unsere Hände waschen?»

Niemand schenkte ihr Beachtung. Der riesige Mann, der sie abgeholt hatte, war im Zimmer aufgetaucht, und man hatte ihm das Kind übergeben. Der Mann lachte das Kind an. Die Frauen waren zusammengerückt und steckten die Köpfe zusammen. Mahin war sich sicher, dass sie über die Bezahlung ihrer Schwester berieten. Es sah aus, als führten sie das Gespräch mit der Dorfhebamme, die hektisch gestikulierte und zu sich sagte: «Nichts soll sie bekommen. Das lasse ich nicht zu.»

Schließlich trat die Frau, die den Koran über dem Kopf gehalten hatte, zu ihnen und sagte: «Sie können sich ihre Hände am Bach vor dem Haus waschen.» Nun hielt sie keinen Koran mehr über dem Kopf.

Sie verließen das Haus. Mit Mühe konnten sie sich auf den Beinen halten. Nachdem sie ihre Hände und Gesichter gewaschen hatten, fühlten sie sich etwas erfrischt. Von dem nächtlichen kalten Wasser konnten sie nicht genug bekommen. Sie ließen sich am Ufer des Bachs nieder. Sie waren allein an einem unbekannten Ort, am Ufer eines Bachs, von dem sie nicht wussten, woher er kam und wohin er floss. Akram war unbeschreiblich froh. Sie lachte.

Mahin sah zum Gebirge hin, einem Ungeheuer, das zum Himmel emporstrebte. Der Himmel streckte ihm freundschaftlich seine Hand entgegen. Sie dachte: «Was entspringt aus dieser Liebe? Die Sterne, die am Himmel leuchten? Die fruchtbare Erde? Die blühenden Bäume? Das im Bach plätschernde Wasser?»

Laut sagte sie zu Akram, die ihre nackten Füße ins Wasser streckte: «Hast du die Liebe gesehen?»

«Ja.»

«Wie?»

«In der Weihrauchschale. Auf dem Lehmziegel vor der Gebärenden. Liebe ...»

Mahin stand auf und sagte: «Nein. Das ist die Sicht eines erschöpften Menschen. In diesem schmutzigen Stall habe ich auch Liebe gesehen, die erblühte. Die Liebe im Lachen der Mutter, als du ihr das Kind auf den Bauch gelegt hast. Im Lachen des Mannes ...»

Als sie wieder ins Haus zurückkehren wollten, fanden sie die Tür verschlossen. Sie klopften an, aber es kam keine Antwort. Sie klopften weiter, aber es war kein Mucks zu hören. Als ob alle Bewohner des Hauses gestorben wären. Kein Laut. Nicht einmal Licht war zu sehen.

Sie nahmen einen Stein und hämmerten damit an die Tür. Aber niemand öffnete ihnen.

In dieser nächtlichen Stunde überfiel sie nun Furcht. Akram schrie: «Gebt mir wenigstens meine Tasche zurück!»

Es kam keine Antwort.

«Was wollt ihr denn damit anfangen?»

Nun flehte sie: «Mein Passierschein ist auch da drin! Gebt mir zumindest das Papier!»

Wieder Stille.

Es war nur der Laut ihres Klopfens an die Tür, der in der nächtlichen Stille von den Bergen widerhallte. Nur dies. Keiner kam. Mahin schrie: «Sie hat eurer Tochter das Leben gerettet! Gebt gefälligst ihre Tasche her!» Sie brach in Tränen aus, sie erschrak vor ihrer eigenen Stimme.

Ihre Schwester nahm sie in die Arme und sagte: «Lass sie. Sie sind arm. Hast du nicht gesehen, in welchem Zustand sie sich befanden? In welch zerschlissene Lumpen sie das Kind gewickelt haben?»

Sie liefen los. Mit vor Angst klappernden Zähnen fingen sie an zu rennen. Sie rannten und rannten. Sie rutschten aus und stießen sich an den Steinen, sie kamen ins Straucheln, aber sie rannten. Nun ging es darum, ihr eigenes Leben zu retten. Akram sagte: «Hab keine Angst. Wir sind gleich da.» Aber sie wusste so gut wie Mahin, dass sie log. Kein Stern, kein Stein und kein Telegrafenmast bewegten sich. Keiner zeigte Mitleid mit ihnen. Schließlich ließen sie sich völlig außer Atem auf einem Stein nieder. Akram sagte: «Wir fürchten uns ohne Grund. Hier ist niemand, vor dem wir Angst haben müssten.»

Mahin sagte: «Wenn dieses Ungeheuer von einem Mann kommt, falle ich vor Panik tot um.»

Akram sagte: «Keine Bange, der kommt nicht. Wir haben alles, was wir besitzen, dort zurückgelassen. Warum soll er noch kommen?»

Mahin sagte: «Nein, er kommt. Er kommt, um uns etwas anzutun. Ich habe seine Augen gesehen, sie leuchteten wie die eines Geiers.»

Sie begannen wieder loszurennen. Es waren nur ihre Schritte, die in der Nacht widerhallten und die Stille durchbrachen. Als sie den ersten Garten fast erreicht hatten, ertönte eine dröhnende Stimme: «Halt! Keine Bewegung!»

Mahin sagte: «Siehst du, Schwester? Er ist gekommen. Habe ich nicht gesagt, er kommt?» Sie setzte sich auf den Boden. Akram stand neben ihr. Ein Licht fiel auf sie. Es waren zwei Personen. Mahin rief froh: «Seid ihr es?»

Es waren ein Polizist und ein Militärpolizist. Der Militärpolizist sagte: «Los, geht vor uns! Was treibt ihr hier mitten in der Nacht?»

Akram erklärte: «Ich bin die Hebamme der Stadt.» Und sie erzählte die ganze Geschichte.

Der Militärpolizist sagte: «Du brauchst einen Passierschein! Wo ist dein Passierschein?»

Akram sagte: «Ich habe doch gesagt, dass sie uns den Passierschein, meine Tasche, die Lampe, kurzum alles, was wir hatten, genommen haben.»

Der Militärpolizist brach in Lachen aus, aber der Polizist blieb ernst. Nun waren sie bei sich zu Hause angekommen.

Mahin sagte: «Das da ist unser Haus. Du musst uns doch kennen. Wir sind in Trauer. Du siehst, dass wir Schwarz tragen. Unser Bruder ist auch Offizier. Lass uns reingehen! Unsere Mutter fällt vor Angst und Schrecken noch um.»

Der Militärpolizist sagte: «Kommt mit und erklärt das dem verantwortlichen Offizier auf der Wache. Mich geht das nichts an. Ich habe den Befehl: Wen ich sehe, den soll ich mitnehmen.»

Der Polizist war unsicher, aber er fürchtete den Militärpolizisten.

Sie kamen am Zand-Platz vorbei, ließen die breite Zand-Straße mit den geschlossenen Läden hinter sich. Der Polizist folgte ihnen schweigend. Der Militärpolizist lief mal vor ihnen, mal an ihrer Seite, ununterbrochen redend: «Ihr seid die dritten Kunden, die uns heute ins Netz gegangen sind.» Er fügte hinzu: «Sie werden euch bis morgen festsetzen.» Dann wurde er etwas freundlicher: «Gebt es zu, wo wart ihr? Wenn ihr ehrlich seid und wir auch etwas abbekommen, lassen wir euch ziehen.» Er zwinkerte ihnen zu.

Der Polizist schrie ihn an. Es war das erste Mal, dass er den Mund auftat: «Schäm dich! Gott habe ihren Vater selig …!»

Der Militärpolizist fragte: «Meinst du, sie sagen die Wahrheit?»

«Natürlich sagen sie die Wahrheit. Hast du nicht ihre schwarzen Kleider gesehen?»

«Damit kann ich nichts anfangen. Entweder haben sie einen Passierschein, oder sie müssen mitkommen und alles aufklären.»

Auf der Polizeiwache erkannte man sie. Der Wachoffizier ordnete an, dass Tee gebracht wurde. Was nicht geschah. Als sie ihre Geschichte fertig erzählt hatten, zog er ein Taschentuch heraus und wischte sich über die Augen. Dann verpasste er dem Militärpolizisten eine Ohrfeige.

Akram hinderte ihn daran, weiterzumachen. Mahin dachte: «Ich anstelle des Offiziers hätte ihn zusammengeschlagen.» Sie hatte immer von der Liebe geredet, aber in diesem Moment war ihr Herz leer und ohne jedes Mitleid mit anderen.

In einer Kutsche wurden sie nach Hause gebracht. Als sie in den Hof traten, sahen sie ihre Mutter weinend am Rand eines Blumenbeets auf dem Boden sitzen. Der Bruder hatte sich umgezogen. Dieses Mal hatte er sich den Gebetsschleier der Mutter um den Kopf gewickelt. Er war gerade dabei, das Pferd zu satteln. Als er sie erblickte, strich er dem Pferd über den Hals. Die Mutter stand auf und schloss sie in die Arme. Wie sie weinte!

* * *

Mahin hatte noch nicht das Bettlaken über sich gezogen, als es erneut an der Tür klingelte. Das Pferd des Bruders wieherte. Die Hähne eines fernen Nachbarn fingen zu krähen an. Ob sie zur falschen Stunde krähten oder ob wirklich die Morgendämmerung angebrochen war? Und wieder klingelte es an der Tür. Ununterbrochen.

Sie lief zur Haustür und öffnete. Dort stand eine schicke Frau mit einem gut aussehenden Diener. Die Frau grüßte, und der Diener zog seinen Hut. Die Frau sagte: «Wir sind gekommen, um die Frau Doktor zu holen, wir kommen von Herrn ... Frau Nassrin blutet wieder, sie ist bewusstlos geworden. Wenn Sie nicht mitkommen, ist das das Ende ...»

Patricia Highsmith

DIE TÄNZERIN

Sie tanzten wundervoll zusammen, wirbelten und glitten zu heißen Tangorhythmen und Walzerklängen über den Tanzboden dahin, hin und her. Im Alter von zwanzig beziehungsweise zweiundzwanzig Jahren wurden Claudette und Rodolphe ein Paar. Sie wollten heiraten, doch ihr Arbeitgeber fand, dass sie unverheiratet für die Kundschaft aufreizender seien. Also blieben sie unverheiratet.

Der Nachtclub, in dem sie auftraten, hieß «The Rendez-vous» und wurde von einer bestimmten ermatteten männlichen Klientel mittleren Alters als unfehlbare Hilfe bei Impotenz frequentiert. Sie müssen nur Claudette und Rodolphe tanzen sehen, sagte jeder. Journalisten, die ihre Texte aufpeppen wollten, beschrieben ihren Auftritt als sadomasochistische Nummer, weil es oft aussah, als wollte Rodolphe Claudette erwürgen. Er packte sie an der Kehle, trat einen Schritt vor und bog sie nach hinten, oder er trat selbst einen Schritt zurück – ganz egal – und hielt ihre Kehle gepackt, schüttelte sie manchmal so, dass ihr Haar flatterte. Die Zuschauer hielten den Atem an, seufzten und stöhnten und sahen wie gebannt zu. Die Trommelwirbel der dreiköpfigen Kapelle wurden lauter und drängender.

Claudette hörte auf, mit Rodolphe zu schlafen, weil sie dachte, der Entzug werde sein Begehren steigern. Es war ein Leichtes für sie, Rodolphe zu erregen, wenn sie mit ihm tanzte, und sich ihm dann mit einem Hüftschwung zu entziehen und unter dem Beifall, bisweilen unter dem Gelächter der Zuschauer die Bühne zu verlassen. Die Zuschauer konnten nicht wissen, dass Rodolphe allen Ernstes verlassen wurde.

Claudette war launisch, planlos, doch sie tat sich mit einem Dickwanst namens Charles zusammen, der gutmütig, großzügig und reich war. Sie schlief sogar mit ihm. Charles applaudierte stürmisch, wenn Claudette und Rodolphe miteinander tanzten, Rodolphe mit den

Händen um Claudettes graziösen weißen Hals, Claudette weit zurück-
geneigt. Charles konnte es sich erlauben zu lachen. Er würde später mit
ihr ins Bett gehen.

Da ihre Einkünfte gemeinsam erzielt wurden, stellte Rodolphe Claudette vor die Wahl, mit Charles Schluss zu machen oder ihn, Rodolphe,
als Partner zu verlieren. Jedenfalls als Partner, der seine Hände um ihre
Kehle legte, als werde er sie in einem Eifersuchtsanfall erdrosseln – die
Attraktion, derentwegen die Kunden kamen. Rodolphe war es ernst,
und Claudette versprach, nie wieder mit Charles zu schlafen. Sie hielt
ihr Versprechen, Charles verschwand allmählich aus ihrem Leben,
wurde seltener im «Rendez-vous» gesehen, ein griesgrämiger Trauer-
kloß, bis er seine Besuche ganz einstellte. Doch mit der Zeit merkte
Rodolphe, dass Claudette sich mit zwei, nein, drei anderen Männern
eingelassen hatte. Sie schlief mit ihnen, und das Lokal machte bessere
Geschäfte als zur Zeit des reichen Charles, denn er war schließlich nur
einer und hatte nur einen Freundeskreis, den er in «The Rendez-vous»
mitbringen konnte.

Rodolphe verlangte von Claudette, dass sie auf alle drei verzichtete.
Sie versprach es. Doch die Liebhaber oder ihre Boten mit Billetdoux[1]
und Blumen lungerten immer noch jeden Abend vor ihrer Garderobe
herum.

Rodolphe, der seit fünf Monaten keine Nacht mit Claudette verbracht hatte, dessen Körper sich jedoch jeden Abend vor zweihundert
Augenpaaren an den ihren presste – Rodolphe tanzte eines Abends
einen prachtvollen Tango. Er presste sich wie gewohnt an sie, und sie
neigte sich zurück.

«Noch einmal! Noch einmal!», riefen die Zuschauer, hauptsächlich
Männer, als Rodolphes Hände sich um ihre Kehle schlossen.

Claudette spielte im Tanz immer das Opfer, das Rodolphe liebte
und seinen tänzerischen Furor erlitt. Diesmal erhob sie sich nicht, als
er sie losließ. Und er half ihr nicht wie gewohnt auf die Beine. Er hatte
sie erwürgt, mit so festem Griff, dass sie nicht einmal schreien konnte.
Rodolphe verließ die kleine Bühne und überließ es anderen, Claudette
aufzuheben.

1 Frz. «süßer Zettel» für eine knappe Liebeserklärung.

Carmen Laforet

ROSAMUNDA

Endlich wurde es Tag. Das Abteil dritter Klasse roch nach Müdigkeit, Tabak und Soldatenstiefeln. Nun fuhr man aus der Nacht heraus wie aus einem großen Tunnel, und man konnte die zusammengekauerten Menschen auf den harten Bänken sehen, schlafende Männer und Frauen. Es war ein unbequemer Bummelzugwagen, und der Gang war vollgestopft mit Körben und Koffern. Durch die Fenster sah man die Felder und als silbrigen Streifen das Meer.

Rosamunda wachte auf. Immer noch gab sie sich einer angenehmen Täuschung hin, als sie durch die halb geschlossenen Wimpern das Licht sah. Dann merkte sie, dass ihr Kopf hintübergefallen an der harten Rückwand lehnte und dass ihr offen stehender Mund ganz trocken war. Sie richtete sich auf, setzte sich zurecht. Der Hals tat ihr weh – ihr langer, verwelkter Hals. Sie schaute sich um und stellte mit Erleichterung fest, dass alle ihre Reisegefährten noch schlummerten. Sie verspürte Lust, sich die eingeschlafenen Beine etwas zu vertreten – der Zug ratterte, pfiff. Ganz vorsichtig, um niemanden zu wecken, niemanden zu stören, «mit Feenschritten», dachte sie bei sich, ging sie hinaus bis auf die Plattform.

Es war ein strahlender Tag. Man spürte die frühmorgendliche Kühle kaum. Zwischen Orangenbäumen sah man das Meer. Gebannt stand sie da beim Anblick der dunkelgrünen Bäume und des schimmernden Wasserstreifens am Horizont.

«Die verhassten, verhassten Orangenbäume ... Die verhassten Palmen ... Das herrliche Meer ...»

«Was haben Sie gesagt?» Neben ihr stand ein Soldätchen. Ein bleicher Junge. Er schien gut erzogen. Er glich ihrem Sohn. Einem ihrer Söhne, dem, der gestorben war. Nicht dem, der noch lebte; dem, der noch lebte, gar nicht, in keiner Weise.

«Ich weiß nicht, ob Sie mich verstehen können», sagte sie ein wenig von oben herab. «Eben sind mir Verse von mir durch den Kopf gegangen. Aber wenn Sie wollen, rezitiere ich gerne ...» Der junge Mann war verblüfft. Er sah eine schon ältere, etwas vertrocknete Frau mit dunklen Ringen unter den Augen vor sich. Das Haar war gebleicht, sie trug ein grünes, ganz altes Jackenkleid. An den Füßen alte Tanzschuhe ... ja, ganz befremdliche, silberfarbene Tanzschuhe, und im Haar eine silberfarbene Schleife ... Er hatte sie schon seit einer Weile beobachtet.

«Haben Sie sich entschieden?», fragte Rosamunda ungeduldig. «Möchten Sie mich rezitieren hören, oder nicht?»

«Ja, von mir aus ...» Der Junge lachte nicht, Ihr Anblick flößte ihm Mitleid ein. Später vielleicht würde er lachen. Übrigens interessierte sie ihn, denn er war jung und neugierig. Er hatte erst wenig erlebt und Lust, Neues kennenzulernen. Hier war ein Abenteuer. Er schaute Rosamunda an und sah sie in Träumen versunken. Ihre Augen waren halb geschlossen. Sie betrachtete das Meer.

«Das Leben ist so schwer!»

Eine wunderliche Frau. Eben hatte sie das mit Tränen in den Augen gesagt.

«Wenn Sie wüssten, junger Mann ... Wenn Sie wüssten, was dieser Morgen für mich bedeutet, würden Sie mir verzeihen. Diese Fahrt nach Süden. Wieder nach Süden ... Wieder nach Hause zurück. Wieder in die beklemmende Enge meines geschlossenen Innenhofes zurück, zurück zum verständnislosen Ehegatten. Lächeln Sie nicht, mein Kind; Sie haben keine Ahnung, was für ein Leben eine Frau wie ich haben kann. Diese endlose Marter ... Sie werden sich fragen, warum ich Ihnen das alles erzähle, warum ich Lust habe zu Vertraulichkeiten, ich, eine so zurückhaltende Natur ... Nun, weil ich eben jetzt, da ich mit Ihnen spreche, festgestellt habe, dass Sie Herz und Gefühl haben, und weil dies mein Geständnis ist. Weil mich nach Ihnen, wie man so sagt, das Grab erwartet ... Mit keinem menschlichen Wesen mehr reden können ... mit keinem menschlichen Wesen, das mich versteht.»

Sie schwieg, vielleicht müde, eine Weile. Der Zug fuhr und fuhr ... Allmählich wurde die Luft warm und golden. Der Tag drohte fürchterlich heiß zu werden. «Ich will mit meiner Geschichte anfangen. Ich glaube, sie interessiert Sie ... Ja. Stellen Sie sich ein blondes junges Mädchen vor mit großen, blauen Augen, ein Mädchen mit einer leidenschaftlichen Liebe zur Kunst ... Mit dem Namen Rosamunda, haben Sie gehört? ... Haben Sie meinen Namen gehört, und wie gefällt er Ihnen?»

Der Soldat errötete bei diesem gebieterischen Ton. «Er gefällt mir gut ... ganz gut.»

«Rosamunda ...», fuhr sie fort, nach einem kleinen Zögern.

Ihr richtiger Name war Felisa; aber sie fand ihn abscheulich; warum, wusste niemand. In ihrem Innern war sie immer Rosamunda gewesen, seit ihren Jungmädchenjahren. Der Name Rosamunda war zu einer magischen Formel geworden, er errettete sie aus der Enge ihres Hauses und aus der Eintönigkeit ihres Lebens; der Name Rosamunda verwandelte den Grobian und Schweinigel von einem Bräutigam in einen Märchenprinzen. Der Name Rosamunda hatte für sie berückende Eigenschaften, sie war verliebt in ihn ... Aber wozu dem jungen Mann das alles erzählen?

«Rosamunda war ein großes Schauspieltalent. Sie brachte es zu Auftritten mit rauschendem Beifall. Außerdem dichtete sie. Schon in jungen Jahren kam sie zu beachtlichem Ruhm ... Stellen Sie sich vor, noch fast ein Kind und schon bewundert, vom Leben verwöhnt, und plötzlich eine Katastrophe ... Die Liebe ... Habe ich Ihnen schon gesagt, dass sie berühmt war? Sie war noch kaum sechzehn Jahre alt, und wo sie hinkam von Anbetern umringt. An einem ihrer Rezitationsabende begegnete sie dem Mann, der sie zugrunde richtete ... Meinem Mann, denn Rosamunda, Sie verstehen, bin ich. Ich heiratete, ohne zu wissen, was ich tat, einen brutalen, stumpfen und eifersüchtigen Mann. Jahrelang wurde ich von ihm eingeschlossen. Ich! ... Ein goldener Schmetterling wie ich ... Verstehen Sie?»

(Ja, sie hatte geheiratet, wenn nicht mit sechzehn Jahren, so doch mit dreiundzwanzig; aber schließlich und endlich ... Und es stimmte, dass sie ihn kennengelernt hatte, als sie einmal bei einer Freundin zu Hause Gedichte aufsagte. Er war Metzger. Aber konnte man diesem Jüngling solche Sachen erzählen? Tatsache war, dass sie viele Jahre lang schwer gelitten hatte. Nie hatte sie auch nur einen einzigen Vers hersagen dürfen, nie hatte sie ihre früheren Erfolge auch nur erwähnen dürfen – selbst wenn es nur erfundene Erfolge waren, denn so genau erinnerte sie sich nicht mehr; aber ... Ihr eigener Sohn sagte bisweilen zu ihr, sie verliere noch den Verstand vor lauter Grübeln und Weinen. Das war noch schlimmer als die Schläge und das Gepolter ihres Mannes, wenn er betrunken nach Hause kam. Sie hatte niemanden außer diesem einen Sohn, denn ihre Töchter waren dumm und frech und lachten sie aus, und der andere Sohn hatte wie sein Vater versucht, sie einzusperren.)

«Ich habe nur einen Sohn gehabt. Ein einziges Kind. Begreifen Sie? Ich gab ihm den Namen Florisel ... Er wurde ein bleicher, schmaler Junge, so etwa wie Sie. Vielleicht deswegen erzähle ich Ihnen das alles. Ich erzählte ihm von meinem herrlichen früheren Leben. Er allein wusste, dass ich noch ein altes Tüllkleid und alle meine Halsketten aufbewahrte ... Und er hörte mir zu ... unermüdlich, verzückt, wie Sie jetzt.»

Rosamunda lächelte. Ja, der junge Mann hörte ihr selbstvergessen zu.

«Dieser Sohn ist gestorben. Ich hielt es nicht mehr aus ... Er war das Einzige gewesen, was mich an jenes Haus band. Kurz entschlossen packte ich meine Sachen und fuhr in die große Stadt meiner Jugend und meiner Erfolge zurück ... Ach! Ich habe ein paar wundervolle und bittere Tage erlebt. Mit Begeisterung wurde ich empfangen und vom Publikum wieder beklatscht und angebetet ... Verstehen Sie meine Tragödie? Denn als mein Mann davon erfuhr, schrieb er mir betrübte und herzzerreißende Briefe: Er konnte nicht ohne mich leben. Er kann nicht, der Arme. Außerdem ist er Florisels Vater, und an der Wurzel meiner Erfolge nagte die bittere Erinnerung an den verlorenen Sohn.»

Der junge Mann sah, wie für Augenblicke Leben in die verfallene ausgedörrte Gestalt der Frau kam. Sie redete viel. Sie schilderte ein märchenhaftes Hotel, ein verschwenderisch geschmücktes Theater am Tag ihres «Comeback»; sie schilderte rauschende Beifallsstürme und ihre eigene Person, «eine erschöpfte Nymphe», in dem Augenblick, als sie sie entgegennahm.

«Und trotzdem kehre ich jetzt zu meiner Pflicht zurück ... Ich habe meine Schätze unter die Armen verteilt und kehre an die Seite meines Mannes zurück wie jemand, der ins Grab steigt.»

Rosamunda wurde wieder traurig. Sie trug lange, billige Ohrgehänge; sie baumelten im Zugwind ... Sie fühlte sich todunglücklich, eine *grande dame* ... Vergessen waren die schrecklichen Tage in der großen Stadt, als sie nichts zu essen hatte. Vergessen das Gespött ihrer Freundinnen über ihr Tüllkleid, ihren Glasperlenschmuck und ihre fantastischen Pläne. Vergessen der lange Speisesaal mit den gefegten Fichtenbrettertischen, wo sie inmitten von heiser hustenden Bettlern das Armenbrot aß. Ihre Tränen, ihre schreckliche Angst in all den Stunden tiefster Verlassenheit, als sie sogar das Geschimpfe ihres Mannes vermisste. Die Küsse, die sie auf seinen Brief drückte, in dem er ihr in seiner unbeholfenen und gleichzeitig autoritären Art im Gedenken an den toten Sohn verzieh und sie um Verzeihung bat.

Der Soldat schaute sie an. Was für eine wunderliche Person, mein Gott! Kein Zweifel, sie war nicht ganz richtig im Kopf, die Arme ... Jetzt lächelte sie ihn an ... Sie hatte zwei Zahnlücken.

Der Zug fuhr in einer kleinen Station ein und hielt. Es war Frühstückszeit, aus dem Imbisssaal duftete es appetitlich ... Rosamunda sah sich nach den Kringelverkäufern um.

«Darf ich Sie einladen, Señora?»

Im Kopf des Soldätchens fing eine lustige Geschichte sich zu spinnen an. Wenn er seinen Kameraden erzählte, dass er im Zug eine fabelhafte Frau getroffen habe und dass ...?

«Mich einladen? Sehr gern, junger Mann ... Vielleicht ist es das letzte Mal, dass mich jemand ... Und reden Sie mich nicht so respektvoll an, ich bitte Sie herzlich. Nennen Sie mich ruhig Rosamunda ... das nehme ich Ihnen keineswegs übel.»

Ilse Aichinger

DAS FENSTER-THEATER

Die Frau lehnte am Fenster und sah hinüber. Der Wind trieb in leichten Stößen vom Fluss herauf und brachte nichts Neues. Die Frau hatte den starren Blick neugieriger Leute, die unersättlich sind. Es hatte ihr noch niemand den Gefallen getan, vor ihrem Haus niedergefahren zu werden. Außerdem wohnte sie im vorletzten Stock, die Straße lag zu tief unten. Der Lärm rauschte nur mehr leicht herauf. Alles lag zu tief unten. Als sie sich eben vom Fenster abwenden wollte, bemerkte sie, dass der Alte gegenüber Licht angedreht hatte. Da es noch ganz hell war, blieb dieses Licht für sich und machte den merkwürdigen Eindruck, den aufflammende Straßenlaternen unter der Sonne machen. Als hätte einer an seinen Fenstern die Kerzen angesteckt, noch ehe die Prozession die Kirche verlassen hat. Die Frau blieb am Fenster.

Der Alte öffnete und nickte herüber. Meint er mich?, dachte die Frau. Die Wohnung über ihr stand leer und unterhalb lag eine Werkstatt, die um diese Zeit schon geschlossen war. Sie bewegte leicht den Kopf. Der Alte nickte wieder. Er griff sich an die Stirne, entdeckte, dass er keinen Hut aufhatte, und verschwand im Innern des Zimmers.

Gleich darauf kam er in Hut und Mantel wieder. Er zog den Hut und lächelte. Dann nahm er ein weißes Tuch aus der Tasche und begann zu winken. Erst leicht und dann immer eifriger. Er hing über die Brüstung, dass man Angst bekam, er würde vornüberfallen. Die Frau trat einen Schritt zurück, aber das schien ihn nur zu bestärken. Er ließ das Tuch fallen, löste seinen Schal vom Hals – einen großen bunten Schal – und ließ ihn aus dem Fenster wehen. Dazu lächelte er. Und als sie noch einen weiteren Schritt zurücktrat, warf er den Hut mit einer heftigen Bewegung ab und wand den Schal wie einen Turban um seinen Kopf. Dann kreuzte er die Arme über der Brust und verneigte sich. Sooft er aufsah, kniff er das linke Auge zu, als herrsche zwischen ihnen ein geheimes Einverständnis. Das bereitete ihr so lange Vergnügen, bis sie plötzlich nur mehr seine Beine in dünnen, geflickten Samthosen in die Luft ragen sah. Er stand auf dem Kopf. Als sein Gesicht gerötet, erhitzt und freundlich wieder auftauchte, hatte sie schon die Polizei verständigt.

Und während er, in ein Leintuch gehüllt, abwechselnd an beiden Fenstern erschien, unterschied sie schon drei Gassen weiter über dem Geklingel der Straßenbahnen und dem gedämpften Lärm der Stadt das Hupen des Überfallautos. Denn ihre Erklärung hatte nicht sehr klar und ihre Stimme erregt geklungen. Der alte Mann lachte jetzt, sodass sich sein Gesicht in tiefe Falten legte, streifte dann mit einer vagen Gebärde darüber, wurde ernst, schien das Lachen eine Sekunde lang in der hohlen Hand zu halten und warf es dann hinüber. Erst als der Wagen schon um die Ecke bog, gelang es der Frau, sich von seinem Anblick loszureißen.

Sie kam atemlos unten an. Eine Menschenmenge hatte sich um den Polizeiwagen gesammelt. Die Polizisten waren abgesprungen, und die Menge kam hinter ihnen und der Frau her. Sobald man die Leute zu verscheuchen suchte, erklärten sie einstimmig, in diesem Haus zu wohnen. Einige davon kamen bis zum letzten Stock mit. Von den Stufen beobachteten sie, wie die Männer, nachdem ihr Klopfen vergeblich blieb und die Glocke allem Anschein nach nicht funktionierte, die Tür aufbrachen. Sie arbeiteten schnell und mit einer Sicherheit, von der jeder Einbrecher lernen konnte. Auch in dem Vorraum, dessen Fenster auf den Hof sahen, zögerten sie nicht eine Sekunde. Zwei von ihnen zogen die Stiefel aus und schlichen um die Ecke. Es war inzwischen finster geworden. Sie stießen an einen Kleiderständer, gewahrten den Lichtschein am Ende des schmalen Ganges und gingen ihm nach. Die Frau schlich hinter ihnen her.

Als die Tür aufflog, stand der alte Mann mit dem Rücken zu ihnen gewandt noch immer am Fenster. Er hielt ein großes weißes Kissen auf dem Kopf, das er immer wieder abnahm, als bedeutete er jemandem, dass er schlafen wolle. Den Teppich, den er vom Boden genommen hatte, trug er um die Schultern. Da er schwerhörig war, wandte er sich auch nicht um, als die Männer schon knapp hinter ihm standen und die Frau über ihn hinweg in ihr eigenes finsteres Fenster sah.

Die Werkstatt unterhalb war, wie sie angenommen hatte, geschlossen. Aber in die Wohnung oberhalb musste eine neue Partei eingezogen sein. An eines der erleuchteten Fenster war ein Gitterbett geschoben, in dem aufrecht ein kleiner Knabe stand. Auch er trug sein Kissen auf dem Kopf und die Bettdecke um die Schultern. Er sprang und winkte herüber und krähte vor Jubel. Er lachte, strich mit der Hand über das Gesicht, wurde ernst und schien das Lachen eine Sekunde lang in der hohlen Hand zu halten. Dann warf er es mit aller Kraft den Wachleuten ins Gesicht.

Eileen Chang
STRASSENSPERRE

Der Straßenbahnfahrer steuerte die Straßenbahn. Unter der prallen Sonne wirkten die Schienen wie zwei glänzende Regenwürmer, die sich aus dem Wasser geringelt hatten und sich nun voranbewegten, indem sie sich abwechselnd streckten und wieder zusammenzogen – geschmeidig-glitschige lange Regenwürmer, die schier kein Ende nehmen wollten ... Der Straßenbahnfahrer fixierte die beiden sich windenden Geleise, verlor aber nicht den Verstand darüber.

Nur eine Straßensperre hätte sie je am Weiterfahren hindern können. Nun war sie da, die Straßensperre. Ein Geklingel hob an. Klingelingeling. All diese Klingeltöne wie lauter kalte Tröpfchen, die sich miteinander zu einer imaginären Linie verbanden und Raum und Zeit zerschnitten.

Die Bahn hielt an. Die Leute auf der Straße begannen zu rennen, von links nach rechts, von rechts nach links. Vor die Geschäfte wurden rasselnd die Gittertüren gezogen. Ein paar Matronen versuchten, sie wieder aufzuziehen, und riefen: «Lasst uns ein, nur für einen Moment! Hier sind doch Kinder und Alte!» Aber die Gitter blieben fest verschlossen. Die hinter den Türen und die vor den Türen starrten einander an, hasserfüllt ...

Die Leute in der Bahn nahmen das ziemlich gelassen. Sie hatten einen Sitz zum Sitzen, und war die Ausstattung auch ein bisschen primitiv, so war es hier immer noch deutlich komfortabler als bei den meisten von ihnen zu Hause. Auf der Straße kehrte allmählich wieder Ruhe ein, zwar keine absolute Stille, doch klangen die Stimmen der Menschen in der Ferne immer verschwommener, wie das Rascheln in dem mit Schilfblüten gefüllten Kopfkissen, das einen in den Schlaf begleitet.

Die gewaltige Stadt döste jetzt im Sonnenschein vor sich hin, ließ den Kopf auf die Schultern der Menschen gleiten und ihren Speichel langsam über deren Kleidung hinab auf die Erde fließen; ein unvorstellbares Gewicht lastete auf jedem ihrer Bewohner. Shanghai war wohl noch nie so ruhig gewesen – und das am helllichten Tag! Ein Bettler nutzte diese absolute Stille, um lauthals vor sich hin zu psalmodieren: «Gibt's hier denn wohl ehrwürdige Herren und Damen und Fräuleins, die Gutes tun und einen armen Teufel retten? Gibt's hier denn …» Doch bald hielt er inne, eingeschüchtert von der ungewohnten Ruhe.

Ein anderer Bettler, aus Shandong, war mutiger, durchbrach die Stille kurzerhand. Voll und kehlig klang es, als er sang: «Elend ist es auf der Welt für den Menschen ohne Geld.» Unvergänglich dieses Lied, von einem Jahrhundert ins nächste gesungen. Sein Rhythmus steckte den Straßenbahnfahrer an. Auch er stammte aus Shandong. Er tat einen tiefen Seufzer, lehnte sich mit verschränkten Armen gegen die Tür und stimmte in den Gesang ein: «Elend ist es auf der Welt für den Menschen ohne Geld.»

Einige Fahrgäste stiegen aus. Unter denen, die blieben, wurden vereinzelt ein paar Sätze gewechselt. In der Nähe der Tür fuhren Leute, die gerade aus dem Büro kamen, in ihrer Unterhaltung fort. Einer entfaltete mit einem Knall seinen Fächer und resümierte: «Zusammenfassend lässt sich sagen: Man kann ihm nichts vorwerfen. Wenn er in Schwierigkeiten kommt, dann nur, weil er sich nicht zu benehmen weiß.» Da schnaubte ein anderer und lachte kalt auf: «Sich nicht zu benehmen weiß? Aber wie er seine Vorgesetzten zu nehmen hat, das weiß er recht gut!»

Ein Ehepaar in mittleren Jahren, das eher wie ein älterer Bruder mit seiner jüngeren Schwester wirkte, stand, die Hände in der ledernen Halteschlaufe, mitten im Wagen. Plötzlich rief sie: «Pass auf, dass du dir nicht die Hose schmutzig machst!» Er schrak zusammen und hob die Hand mit dem Räucherfischpäckchen ein wenig an. Behutsam achtete er darauf, dass die öltriefende Papiertüte zwei Zoll Abstand zu seiner Anzughose hielt. Aber die Frau lamentierte weiter: «Weißt du, wie teuer heutzutage die Reinigung ist? Wie viel es kostet, eine Hose machen zu lassen?»

Lü Zongzhen, Buchhalter in der Huamao-Bank, saß in einer Ecke und dachte beim Anblick des Fisches daran, wie seine Frau ihm aufgetragen hatte, am Nudelstand in der Nähe der Bank spinatgefüllte

Teigtaschen zu kaufen. So waren sie nun mal, die Weiber! Für sie gab es die besten und günstigsten Teigtaschen immer in den verwinkeltsten und entlegensten Gassen! Verschwendeten keinen Gedanken darauf, wie viel Mühe das für ihn bedeutete. – Und wie peinlich: Ein so adretter Mann im westlichen Anzug, der eine Brille mit einem Karettschildkrötengestell trug, dazu eine lederne Aktentasche, lief hier mit in Zeitung eingewickelten dampfend heißen Teigtaschen durch die Straßen. Nun ja, sollte diese Straßensperre andauern und sich das Abendessen verzögern, könnten sie sich noch als nützlich erweisen. Er schaute auf seine Uhr. Erst halb fünf. Spielten ihm die Nerven einen Streich, wenn er jetzt schon Hunger verspürte? Vorsichtig schlug er die Zeitung an einer Ecke auf und warf einen Blick ins Innere.

Da lagen sie, einer neben dem anderen, schneeweiß und leicht nach Sesamöl duftend. Hier und da klebte Papier daran, das er behutsam entfernte. Zurück blieb auf ihnen jedoch der Abdruck von Schriftzeichen, alle seitenverkehrt wie in einem Spiegel, aber er war geduldig genug, um mit gesenktem Kopf eines nach dem anderen zu entziffern: *Todesanzeige … Antrag auf … Börsentendenzen … Einladung zur feierlichen Premiere …* alles ganz unentbehrliche Ausdrücke, und er hätte selber nicht sagen können, warum sie, kaum dass sich ihr Abdruck auf den Teigtaschen fand, so lächerlich erschienen. Vielleicht weil im Vergleich zu einer so wichtigen Sache wie dem Essen alles andere zum Witz wird? Doch Lü Zongzhen lachte nicht, dafür war er zu fein. Sein Blick wanderte vom Text auf den Teigtaschen zum Text in der Zeitung. Allerdings drohten, als er eine halbe Seite gelesen hatte und umblättern wollte, die Teigtaschen herauszufallen; wohl oder übel musste er die Lektüre beenden.

Während er gelesen hatte, hatten es ihm alle hier im Wagen gleichgetan: Wer eine Zeitung hatte, las darin, wer keine hatte, las Quittungen, las in irgendwelchen Satzungen, las Visitenkarten. Wer gar nichts Gedrucktes bei sich führte, las die Firmenschilder entlang der Straße. Irgendwie musste man ja diese schreckliche Leere füllen – sonst hätte sich der Verstand womöglich noch in Bewegung gesetzt. Und Denken tut weh.

Nur ein alter Mann, der Lü Zongzhen direkt gegenübersaß, rieb in einer Hand kichernd zwei blitzblanke Walnüsse gegeneinander; die so rhythmische wie unauffällige Bewegung ersetzte ihm das Denken. Er trug den Kopf kahl geschoren, seine Haut war gerötet, das Gesicht glänzte fettig, und der ganze Kopf sah selber wie eine Walnuss aus. Sein Hirn glich dem Walnusskern, süß, ein wenig feucht und doch ein bisschen fad.

Rechts von dem Alten saß Wu Cuiyuan; wie eine verheiratete junge Frau aus irgendeiner christlichen Sekte sah sie aus, war aber noch unverheiratet. Sie trug einen *qipao*[1] aus weißer importierter Baumwolle, der von einem sehr schmalen blauen Saum eingefasst war. Tiefblau und weiß – der Beigeschmack von Trauerkleidung. Dazu trug sie noch einen blau-weiß karierten kleinen Sonnenschirm bei sich. Um nur ja keine Aufmerksamkeit zu erregen, hatte sie ihr Haar zu einer Allerweltsfrisur gekämmt ... Es bestand aber keine übertriebene Gefahr, dass sie jemandem aufgefallen wäre. Sie war zwar nicht hässlich, doch hatte ihre Schönheit etwas Ambivalentes. Als fürchtete sie sich, fremder Schönheit zu nahe zu treten, blieb alles in ihrem Gesicht blass, schlaff und konturlos. Nicht einmal ihre Mutter hätte zu sagen gewusst, ob dieses Gesicht nun länglich war oder rund.

Zu Hause war sie eine gute Tochter, in der Schule eine gute Schülerin gewesen. Nach dem Examen hatte sie gleich eine Stelle an ihrer Universität akzeptiert, und zwar als Assistentin am Institut für Anglistik. Jetzt wollte sie die Zeit der Straßensperre nutzen, um Prüfungsbögen zu korrigieren. Der erste, den sie aufschlug, stammte von einem Mann, der eifernd die Sünden des Großstadtlebens anprangerte; voll gerechtem Zorn, in holperigen, grammatikalisch nicht ganz korrekten Sätzen schimpfte er auf «Frauen, die sich die Lippen rot schminken und sich verkaufen ... Vergnügungsstätten wie die *Große Welt* ... drittklassige Tanzhallen und Bars». Cuiyuan murmelte etwas vor sich hin, zog dann ihren Rotstift heraus und bewertete das Ganze mit der Note A.

Normalerweise ging ihr die Benotung leicht von der Hand, doch heute hatte sie zu viel Zeit zum Nachdenken, und unwillkürlich machte sie sich Gedanken, warum sie ihm wohl eine so gute Note gegeben hatte. Hätte sie sich das nicht gefragt, wäre alles in Ordnung gewesen; nun, da sie sich die Frage gestellt hatte, errötete sie. Denn dieser Stu-

---

1 Chin. «langes Kleid», traditionellerweise aus Satin.

dent war der einzige Mann gewesen, der den Mut gehabt hatte, sich ihr gegenüber so rückhaltlos über dieses Thema auszulassen.

Er sah in ihr den Menschen von Welt, sah sie wie einen Mann an, wie einen Vertrauten. Er respektierte sie. In der Universität hatte Cuiyuan immer das Gefühl, dass alle sie verachteten, angefangen vom Rektor über die Professoren und Studenten bis hinab zu den Bediensteten ... Vor allem die Studenten gerieten ihretwegen in Rage: «Es wird immer schlimmer hier an der Shenguang-Universität, mit jedem Tag schlimmer! Schlimm genug, dass ein Chinese hier Englisch unterrichtet, nun auch noch jemand, der nie im Ausland war!»

In der Universität wurde Cuiyuan gedemütigt, ja selbst zu Hause wurde sie gedemütigt. Die Wus waren eine moderne Musterfamilie mit religiösem Hintergrund. Man scheute keinen Aufwand, ermunterte die Tochter, eifrig zu studieren, sich Schritt für Schritt voranzuarbeiten, bis ganz hinauf auf die Spitze des Gipfels: eine gut zwanzigjährige Tochter, die schon an der Universität unterrichtete! Ein neuer Rekord für Frauen auf dem Felde der Berufstätigkeit! Trotzdem hatte ihr das Familienoberhaupt mit der Zeit immer weniger Aufmerksamkeit geschenkt; ihm wäre es lieber gewesen, sie hätte ihre Unterrichtsverpflichtungen nicht ganz so ernst genommen und sich stattdessen Zeit genommen, sich nach einem reichen Schwiegersohn umzusehen. Sie war eine gute Tochter, war eine gute Studentin gewesen. In ihrer Familie gab es nur gute Menschen; man wusch sich täglich, las die Zeitung und hörte, wenn man das Radio einschaltete, keine Shanghaier Lokalopern, keine Possen, Pekinger Singspiele oder dergleichen, sondern ausschließlich Sinfonisches von Beethoven oder Musik von Wagner, auch wenn man davon nichts verstand. Es gab wohl doch mehr gute als echte Menschen auf der Welt ...

Cuiyuan war nicht glücklich.

Das Leben war wie die Heilige Schrift, aus dem Hebräischen ins Griechische, aus dem Griechischen ins Lateinische, aus dem Lateinischen ins Englische, aus dem Englischen ins Hochchinesische übersetzt. Wenn Cuiyuan in ihr las, übersetzte sie sich das Hochchinesische noch einmal in den Shanghai-Dialekt. Wobei die Sprache unvermeidlich an Prägnanz verlor.

Sie legte den Prüfungsbogen beiseite und stützte das Gesicht in beide

Hände. Die Sonne brannte ihr auf den Rücken. Direkt neben ihr saß eine Amme, in den Armen ein Kind, dessen Fußsohlen sich fest gegen Cuiyuans Schenkel stützten. Die winzigen roten Schühchen mit dem Tigerkopfmuster hüllten geschmeidige und feste Füßchen ein ... zumindest das war echt.

Ein Medizinstudent holte einen Malblock hervor und besserte emsig an der Skizze eines Knochengerüsts herum. Die anderen Fahrgäste dachten, er skizziere den Mann ihm gegenüber, der gerade eingenickt war. Und da niemand etwas zu tun hatte, rückten sie, einer nach dem anderen, immer näher und standen, die Hände in die Hüften gestützt oder hinter dem Rücken verschränkt, um ihn herum und sahen ihm beim Zeichnen zu. Der Mann mit dem Räucherfisch in der Hand meinte leise zu seiner Frau: «Ich kann mich an diese jetzt so populären Kubisten und Impressionisten einfach nicht gewöhnen!» Und seine Frau flüsterte ihm ins Ohr: «Deine Hose!»

Gewissenhaft ergänzte der Medizinstudent den Namen eines jeden Knochens, jedes Nervs und jeder Sehne. Jemand, der auf dem Heimweg vom Büro war, bemerkte, das Gesicht halb hinter dem Fächer verborgen, leise erläuternd zu seinem Kollegen: «Da zeigt sich der Einfluss der chinesischen Malerei. Auch in der westlichen Malerei kommt es jetzt in Mode, den Bildern Schriftzeichen hinzuzufügen, wahrlich: Der Ostwind bläst gen Westen.»

Lü Zongzhen hielt sich da heraus. Einsam und verlassen saß er auf seinem angestammten Platz. Er entschloss sich, Hunger zu haben. Doch ausgerechnet in dem Moment, als alle wieder auseinandergegangen waren und er seelenruhig seine Spinatteigtaschen verspeisen wollte, fiel sein flüchtiger Blick auf einen Verwandten, den Sohn einer Cousine seiner Frau, der in der dritten Wagenklasse saß. Er war ihm durch und durch verhasst, dieser Dong Peizhi. Ein armer Schlucker voller hochfliegender Pläne, dessen ganzes Trachten darauf zielte, eine junge Dame mit etwas Vermögen zu freien. Lü Zongzhens Tochter war in diesem Jahr gerade dreizehn geworden, doch Peizhi schielte schon nach ihr, machte sich die dreistesten Hoffnungen und schaute nur umso häufiger bei ihnen zu Hause vorbei. Mit einem Auge behielt Lü ihn im Blick, verwünschte dabei heimlich sein Pech und fürchtete nur, der junge Mann könnte ihn sehen und die überaus günstige Gelegenheit nutzen, um ihm in dieser Angelegenheit zuzusetzen. Mit diesem Dong Peizhi im selben Raum eingeschlossen – ein Albtraum! Eilig raffte er Aktentasche und Teigtaschen zusammen, hastete wie ein Windstoß auf die gegenüberliegende Sitzreihe und ließ sich dort nieder.

Wie es der Zufall wollte, war es ausgerechnet Wu Cuiyuan, die nun neben ihm saß und ihn vor den Blicken dieses angeheirateten Verwandten schützte; ausgeschlossen, dass der ihn jetzt noch sehen konnte. Cuiyuan wandte ihm das Gesicht zu und streifte ihn mit einem leicht verärgerten Blick. Verdammt noch mal! Bestimmt dachte diese Frau, er führe was im Schilde, wenn er so einfach und ohne Grund den Platz wechselte. Er kannte diese Maske, die Frauen aufsetzen, wenn sie sich angemacht fühlen – dann erstarrt das Gesicht bis zur völligen Regungslosigkeit, kein Lächeln spielt um die Augen, kein Lächeln um die Mundwinkel, nicht einmal um die kleinen Vertiefungen neben den Nasenflügeln, und dennoch – irgendwo nistet zitternd ein feines Lächeln, das sich jederzeit über das ganze Gesicht ausbreiten kann. Wer sich selber für allerliebst hält, hält es nicht durch, nicht zu lächeln.

Zum Teufel mit ihm! Dong Peizhi hatte ihn schließlich doch entdeckt und kam nun auf die erste Wagenklasse zugesteuert, devot, sich von Weitem schon verbeugend, ein frisches Rot überzog sein schmales Gesicht. Er trug eine graue Robe aus Kattun, die ihm etwas von der Aura eines buddhistischen Mönches verlieh; ein Entbehrungen gewohnter junger Mann, der auf seinen tadellosen Ruf hielt, ein schlichtweg idealer Schwiegersohn mit glänzenden Perspektiven.

Blitzschnell entschloss sich Zongzhen, aus der bedrohlichen Situation seinen Vorteil zu ziehen und die Gunst der Stunde zu nutzen. Er streckte einen Arm aus, ließ ihn hinter Cuiyuans Rücken auf die Fensterbank sinken und tat so lautlos seine Absicht kund, mit ihr anzubändeln. Er wusste, dass er so Dong Peizhi nicht würde zum Rückzug bewegen können; in dessen Augen war er ohnehin ein zu jeder Schandtat bereiter alter Mann. Jeder über dreißig war für ihn ein alter Mann, und alle alten Männer waren verdorben bis in die Knochen. Wenn er ihn nun heute mit eigenen Augen bei einem derart primitiven Verhalten ertappte, würde er fraglos seiner, Zongzhens, Frau in allen Einzelheiten davon berichten – und es käme ihm, Zongzhen, nur zupass, wenn die sich darüber richtig ärgerte. Wer hatte sie denn aufgefordert, ihn mit solcher Verwandtschaft auszustatten?! Geschah ihr recht, wenn sie sich ärgerte.

Sonderlich sympathisch war ihm die Frau nicht, die nun neben ihm saß. Zwar waren ihre Arme weiß, aber weiß wie ausgequetschte Zahnpasta. Der ganze Mensch sah wie ausgequetschte Zahnpasta aus und hatte einfach keinen Pfiff.

Er lächelte sie an und sagte leise: «Wie lästig, diese Straßensperre! Wann sie wohl aufgehoben wird?» Cuiyuan erschrak und blickte ihn an. Als sie sah, dass sein Arm hinter ihr ruhte, erstarrte sie einen Moment, doch konnte Zongzhen es sich jetzt unmöglich gestatten, den Arm dort wieder wegzuziehen. Schließlich sah sein Neffe gerade mit leuchtenden Augen zu ihm herüber, um seine Lippen spielte ein verständnisvolles Lächeln. Würde er, so in der Klemme, das Bürschchen jetzt mit Blicken fixieren, würde es vielleicht verlegen den Kopf senken, mit der Grazie einer verschämten Jungfer. Oder ihm wissend zuzwinkern? Wer weiß.

Er knirschte mit den Zähnen und setzte zu einer erneuten Attacke auf Cuiyuan an. «Finden Sie's auch so langweilig? Könnten wir uns nicht einfach ein bisschen unterhalten? Wir ... plaudern wir doch!»

Unwillkürlich hatte seine Stimme einen flehenden Ton angenommen. Wieder erschrak sie und warf ihm einen Blick zu. Da erinnerte er sich, wie er Zeuge jenes winzigen Moments geworden war, in dem sie – ein Moment mit allen Qualitäten eines Theaterauftritts – in die Bahn gestiegen war, ein Theatereffekt, der sich eher zufällig ergeben hatte und den man ihr nicht gutschreiben konnte. Mit gedämpfter Stimme meinte er: «Wissen Sie, ich habe gesehen, wie Sie eingestiegen sind. Aus der Werbung, die da vorn an der Scheibe klebt, ist ein Stück herausgerissen. Durch die Lücke habe ich Ihr Profil gesehen, allerdings nur das Kinn.» Eine Milchpulverreklame, darauf das Bild eines dicken Kindes, und unter dem Ohr des Kindes war nun plötzlich das Kinn dieser Frau erschienen, schon ein bisschen einschüchternd, dieses Kinn, wenn man es genauer bedachte.

«Erst später, als Sie den Kopf senkten und aus Ihrer Handtasche Geld holten, sah ich Ihre Augen, die Brauen, das Haar.» Wenn er sie so zerlegte, so Detail für Detail betrachtete, hatte sie doch ihren ganz eigenen Charme.

Cuiyuan lächelte. Man sah dem Kerl nicht an, dass er so gut Süßholz raspeln konnte, sie hätte ihn eher für einen biederen Kaufmann gehalten. Sie musterte ihn noch einmal mit einem flüchtigen Blick. Die Sonne schien rot durch den Knorpel unterhalb seiner Nasenspitze. Die Hand, die auf dem in Zeitungspapier eingewickelten Paket ruhte, wirkte sensibel – ein echter Mensch! Nicht sehr redlich, auch nicht sehr intelligent, und doch: ein echter Mensch! Eine jähe Leidenschaft, ein jähes Glücksgefühl ergriff sie. Und das Gesicht von ihm abwendend, wisperte sie: «Hören Sie bitte auf damit!»

«Hm?» Zongzhen hatte längst vergessen, was er gesagt hatte. Er fixierte den Rücken seines Verwandten – der taktvolle junge Mann spürte, dass er hier überflüssig war, wollte seinen Onkel nicht verärgern, schließlich würde man später ja noch miteinander zu tun haben und konnte die schönen Bande der Verwandtschaft nicht blindlings durch einen raschen Schnitt zertrennen. So zog er sich überraschend in die dritte Wagenklasse zurück. Kaum war er dort verschwunden, zog Zongzhen seine Hand zurück, auch seine Ausdrucksweise wurde wieder seriöser. Mit einem Blick auf das Übungsheft auf ihren Knien versuchte er, ein Gespräch mit ihr anzuknüpfen: «Shenguang-Universität … Sie studieren an der Shenguang?»

Hielt er sie für so jung? Für eine Studentin? Sie lächelte und schwieg.

«Ich habe mein Examen an der Huaji gemacht. An der Huaji.» An ihrem Hals war ein kleines braunes Mal, wie der Abdruck eines Fingernagels. Unbewusst knetete er die Finger seiner Linken mit den Fingern der Rechten, hüstelte und schloss die Frage an: «Und was ist Ihr Fach?»

Cuiyuan merkte, dass sich seine Hand nicht länger hinter ihr befand. Sie führte diesen Wandel in seiner Haltung auf ihre korrekte Sprödigkeit zurück, die subtil auf ihn eingewirkt haben musste. Wie die Dinge standen, meinte sie aber, ihm eine Antwort zu schulden, und so sagte sie: «Geisteswissenschaften. Und Sie?»

«Handel», sagte er. Und da er plötzlich das Gefühl hatte, dass ihr Dialog ein bisschen zu neokonfuzianisch-bieder gerate, meinte er: «Damals hab ich an der Uni viel mitgemischt in der Studentenbewegung. Nach dem Examen hab ich mich dann darum gekümmert, dass ich was zu beißen hatte. Viel studiert hab ich da nicht.»

«Sie haben im Büro viel zu tun?»

«So viel, dass ich gar nicht mehr weiß, wo mir der Kopf steht. Morgens nehme ich die Straßenbahn ins Büro, nachmittags fahre ich mit der Straßenbahn heim, ohne dass ich sagen könnte, warum ich eigentlich ins Büro fahre und warum wieder zurück. Meine Arbeit interessiert mich nicht die Bohne. Man sagt ja, man tue das alles des Geldes wegen, aber ich weiß nicht mal, für wen ich dieses Geld verdienen sollte.»

«Jeder hat so seine familiären Verpflichtungen.»

«Sie wissen ja nicht – bei mir zu Hause – na ja, reden wir nicht davon!»

Insgeheim sagte sich Cuiyuan: «Dachte ich's mir doch! Seine Frau hat gar kein Mitgefühl mit ihm. Wie es aussieht, braucht ein Mann zusätzlich zu seiner Ehefrau noch eine Frau, die mit ihm fühlt.»

Zongzhen zögerte einen Augenblick, dann meinte er stockend und schrecklich verlegen: «Meine Frau – hat gar kein Mitgefühl mit mir.»

Cuiyuan runzelte die Stirn, ihr Blick verriet umfassendes Verständnis.

«Ich begreife einfach nicht», sagte Zongzhen, «warum ich täglich, wenn es so weit ist, wieder nach Hause fahre. Ja, wohin fahre ich denn? Im Grunde bin ich doch ein Obdachloser.» Er nahm die Brille ab, hielt sie gegen das Licht und wischte mit einem Taschentuch die Flecken ab. «Nun ja, man muss eben einfach so weiterleben, nur nicht nachdenken – man darf eben nur nicht drüber nachdenken!»

Cuiyuan empfand es als etwas obszön, wenn ein Kurzsichtiger in aller Öffentlichkeit die Brille absetzte, es war ihr, als entledigte er sich vor aller Welt seiner Kleider, ein Verstoß gegen alle guten Sitten.

«Ich ...», fuhr er fort, «Sie wissen ja nicht, was für eine Frau das ist!»

«Nun, Sie müssen sie doch anfangs ...»

«Ich war von Anfang an dagegen. Meine Mutter hat das in die Wege geleitet. Natürlich wollte ich selber meine Wahl treffen, aber ... sie war früher mal sehr schön ... und ich war damals so jung ... Sie wissen, junge Leute ...»

Cuiyuan nickte.

«Dass sie sich später so sehr verändern würde ... Selbst meine Mutter hat sich mit ihr zerstritten und wirft mir nun vor, dass ich sie geheiratet habe! Sie ... ist immer so aufbrausend und grob ... nicht einmal einen Grundschulabschluss hat sie.»

Cuiyuan musste unwillkürlich lächeln. «Dieses Zeugnis scheint Ihnen sehr viel zu bedeuten. Dabei ist, was Mädchen an Ausbildung mitbekommen, so großartig ja auch wieder nicht.» Sie wusste selber nicht, warum sie sich zu dieser Bemerkung hatte hinreißen lassen, mit der sie sich doch nur selber kränkte.

«Aber selbstverständlich», meinte Zongzhen, «als Nichtbetroffene können Sie sich leicht darüber mokieren, Sie haben ja eine tadellose Ausbildung genossen; Sie wissen ja nicht, was für eine Person sie ist ...» Er hielt einen Moment lang inne, schnappte nach Luft und nahm die Brille, die er sich eben wieder aufgesetzt hatte, erneut ab, um die Gläser zu putzen.

Cuiyuan sagte: «Finden Sie nicht, dass Sie übertreiben?»

Zongzhen hielt die Brille zwischen den Fingern und meinte mit einer Geste, die Ratlosigkeit verriet: «Sie wissen ja nicht, wie diese Frau ...»

«Doch, ich weiß, ich weiß», versicherte Cuiyuan eilig. Sie wusste, das Paar harmonierte nicht, und dafür konnte man unmöglich allein die Frau verantwortlich machen, er selber war ja auch ein wenig einfach gestrickt. Was er brauchte, war eine nachsichtige, versöhnliche Frau.

Auf der Straße entstand plötzlich Unruhe. Rumpelnd fuhren zwei Lastwagen, mit Soldaten beladen, vorbei. Zongzhen und Cuiyuan reckten gleichzeitig die Hälse und sahen hinaus, und dabei kamen sich beider Gesichter unversehens ganz nahe. Aus nächster Nähe sieht jedes Gesicht anders aus, angespannt, wie in einer Großaufnahme. Plötzlich war ihnen, als sähen sie einander zum ersten Mal. In Zongzhens Augen erschien ihr Gesicht wie die blasse, flüchtige Skizze einer Päonienblüte, wie Staubgefäße die zerzauste Strähne seitlich der Stirn.

Er blickte sie an, sie errötete. Als er sah, wie sie so über und über errötete, war er unübersehbar hocherfreut. Das ließ sie noch heftiger erröten.

Nie hätte Zongzhen für möglich gehalten, dass eine Frau seinetwegen erröten, lächeln, das Gesicht abwenden und wieder zu ihm hinblicken könnte. Hier war er nun ein Mann. Normalerweise war er Buchhalter, Vater von Kindern, Familienoberhaupt, Straßenbahnfahrgast, Kunde in Geschäften, Bürger. Aber für diese Frau, der alle Einzelheiten seines Lebens unbekannt waren, war er einfach nur ein Mann.

Sie waren nun verliebt. Er erzählte ihr vieles: wie es bei ihnen in der Bank zuging, mit wem er sich am besten verstand und wer ihm gegenüber nur freundlich tat, was es in seiner Familie an Zank und Streit gab, sein heimliches Leid, seine Ambitionen aus Studententagen ... Er konnte gar kein Ende finden, aber das verdross sie ganz und gar nicht. Schon immer haben verliebte Männer gern geredet, und immer haben verliebte Frauen ihnen gern zugehört. Anders als sonst sprechen Frauen nicht gern, wenn sie verliebt sind, denn ihr Unterbewusstsein sagt ihnen: Hat ein Mann eine Frau erst einmal gründlich verstanden, wird er sie nicht länger lieben.

Zongzhen kam zu dem Schluss, dass Cuiyuan eine liebenswerte Frau sei – weiß, zerbrechlich und wohltemperiert, wie Atem, den man in die Winterluft haucht. Will man sie nicht mehr, löst sie sich, sacht wie ein Hauch, im Winde auf. Sie ist ein Teil von dir, versteht alles und entschuldigt großzügig alles. Sagst du die Wahrheit, leidet sie für dich. Lügst du, so lächelt sie, als wollte sie sagen: «Wie du reden kannst!»

Für einen Moment verstummte er. Dann meinte er plötzlich: «Ich beabsichtige, mich neu zu verheiraten.»

Cuiyuan setzte unverzüglich eine bestürzte Miene auf und sagte: «Sie wollen sich scheiden lassen? Das ... aber geht denn das so einfach?»

«Ich kann mich nicht scheiden lassen. Ich muss an das Glück meiner Kinder denken. Meine Älteste ist in diesem Jahr dreizehn geworden und hat gerade erst mit einer sehr ordentlichen Leistung die Aufnahme zur Mittelschule bestanden.»

«Was hat das mit dem Problem von eben zu tun?», fragte sich Cuiyuan insgeheim und bemerkte kühl: «Oh, Sie planen also, sich eine Nebenfrau zu nehmen.»

«Ich bin bereit, sie der Ehefrau gleichzustellen. Ich ... sie wird sich in ein gemachtes Nest setzen können, alles wird seine Schicklichkeit haben.»

«Damit wird sie, fürchte ich, als Tochter aus gutem Hause nicht unbedingt einverstanden sein, oder? Allein die juristischen Unannehmlichkeiten ...»

Zongzhen seufzte. «Stimmt, Sie haben recht. Das steht mir nicht zu. Ich sollte an so was besser gar nicht denken ... bin auch zu alt dafür. Ich bin schon fünfunddreißig.»

«Heutzutage gilt das noch nicht als alt», meinte Cuiyuan mit Bedacht.

Zongzhen schwieg. Erst nach einer Weile fragte er: «Und ... wie alt sind Sie?»

Cuiyuan senkte den Kopf. «Fünfundzwanzig.»

Einen Moment lang zögerte Zongzhen, dann sagte er: «Sie sind noch ungebunden?»

Cuiyuan antwortete nicht.

«Sie sind es nicht. Das heißt, selbst wenn Sie einverstanden wären, wäre es doch Ihre Familie nicht, stimmt's?»

Cuiyuan presste die Lippen aufeinander. Ihre Familie. Alle so makellos. Wie sie sie hasste! Man hatte sie genug an der Nase herumgeführt, wollte, dass sie einen reichen Schwiegersohn heimbrächte. Zongzhen hatte kein Geld, stattdessen eine Frau – es würde sie auf die Palme bringen. Und es geschähe ihnen recht!

Die Zahl der Fahrgäste nahm wieder zu. Draußen kursierte wohl das Gerücht, die Straßensperre werde aufgehoben. Einer nach dem anderen stieg ein und setzte sich, sodass Zongzhen und Cuiyuan immer enger aneinandergepresst wurden, enger, immer enger.

Sie wunderten sich, wie sie eben noch so verwirrt gewesen sein konnten, dass sie nicht von selber näher aneinandergerückt waren. Zongzhen hatte das Gefühl, dass Cuiyuan sich allzu sehr darüber freute; es erschien ihm unverzeihlich, da nicht Einspruch zu erheben. Und so wandte er sich ihr mit leidgeprüfter Stimme zu und sagte: «Ausgeschlossen! Es ist ganz ausgeschlossen. Ich darf nicht zulassen, dass Sie mir Ihre Zukunft opfern. Sie stammen aus besseren Kreisen, haben eine großartige Ausbildung genossen ... Ich, ich habe auch nicht viel Geld, ich darf Sie nicht ins Unglück stürzen!»

Genau! Das leidige Geld! Er hatte ja recht. Schluss! Aus!, dachte Cuiyuan. Bestimmt würde sie später einmal heiraten, aber niemals einen Mann, der so nett wäre wie dieser hier, auf den sie getroffen war, als wären zwei Wasserlinsen aufeinander zugetrieben, zwei Leute in der Straßenbahn während einer Straßensperre ...

So natürlich und wie von selbst würde sich das nie wieder abspielen, so nie wieder. Ach dieser Kerl, dieser Esel! So ein Esel! Nur einen Teil seines Lebens hatte sie für sich gewollt, den, den sonst niemand an ihm zu schätzen wusste. Ohne Grund hatte er sein Glück mit Füßen getreten. Was für eine idiotische Verschwendung! Sie weinte. Aber es war nicht jenes kultivierte Weinen, wie es züchtige junge Mädchen zu weinen pflegen; es war, als spuckte sie ihm ihre Tränen ins Gesicht. Er war ein braver Kerl – wieder mal ein Braver zu viel auf der Welt! Warum ihm das noch erklären? Eine Frau, die, um einen Mann zu rühren, Zuflucht zu Worten nehmen muss, kann einem nur leidtun.

Zongzhen brachte vor Aufregung kein Wort hervor, rüttelte nur immer wieder an dem Sonnenschirm, den sie umklammert hielt. Sie beachtete ihn nicht. Da zog er an ihrer Hand und sagte: «Ich meine ... ich meine ... hier sind noch andere Leute! Nicht doch! Hören Sie auf zu weinen. Wir besprechen das alles gleich am Telefon. Sagen Sie mir Ihre Nummer.»

Cuiyuan reagierte nicht.

Er insistierte: «Sie müssen mir unbedingt Ihre Nummer geben.»

«75 369», platzte es aus ihr heraus.

«75 369?»

Wieder schwieg Cuiyuan.

«75 369», murmelte Zongzhen und suchte in allen Taschen nach seinem Füller, erfolglos. Cuiyuan hatte zwar einen Rotstift in ihrer Handtasche, aber den rückte sie absichtlich nicht heraus. Ihre Telefonnummer sollte er sich schon merken können, wenn sie ihm etwas bedeutete. Wenn nicht, dann liebte er sie auch nicht, dann gab es auch nichts mehr zu besprechen.

Die Straßensperre war aufgehoben. Die Klingel ertönte. Klingelingeling. All diese Klingeltöne wie lauter kalte Tröpfchen, die sich miteinander zu einer imaginären Linie verbanden und Raum und Zeit durchschnitten.

Jubelnd fegte eine Bö durch die große Stadt. Die Bahn setzte sich bimmelnd in Bewegung. Unvermittelt erhob sich Zongzhen, zwängte sich durch die Menge und war verschwunden.

Cuiyuan wandte sich ab und tat, als habe sie es nicht bemerkt. Er war fort. Damit war er für sie gestorben. Die Bahn beschleunigte. Im Abenddämmerlicht setzten Tofu-Verkäufer ihre Lasten auf dem Bürgersteig ab. Ein Wahrsager hielt mit beiden Händen sein mit den acht Diagrammen verziertes Kästchen in die Höhe und schwenkte es mit geschlossenen Augen hin und her. Eine mächtige Blondine, der ein großer Strohhut über den Rücken baumelte, entblößte ihre großen Zähne, lächelte einen italienischen Matrosen an und machte irgendeine scherzhafte Bemerkung. Indem Cuiyuan all diese Leute bemerkte, schenkte sie ihnen Leben, wenigstens diesen einen Moment lang. Und während die Bahn bimmelnd weitereilte, starben sie wieder, einer nach dem anderen.

Verdrossen schloss sie die Augen. Wenn er sie anriefe, verlöre sie bestimmt die Kontrolle über ihre Stimme und wäre sehr, sehr herzlich zu ihm; es wäre ja, als würde jemand lebendig, der schon einmal gestorben war.

Als in der Bahn die Lichter angingen, sah sie mit einem Blick, dass er in einiger Entfernung auf seinem ursprünglichen Platz saß. Sie zuckte zusammen. Er war also gar nicht ausgestiegen! Nun verstand sie: Alles, was während der Straßensperre passiert war, sollte gewissermaßen gar nicht stattgefunden haben. Ganz Shanghai war nur einmal eingenickt und in einen frivolen Traum versunken.

«Elend ist es auf der Welt für den Menschen ohne Geld!», sang der Fahrer aus voller Kehle, «elend ist es.»

Eine armselige konfuse Alte streifte bei ihrem Versuch, quer über die Fahrbahn zu laufen, das Führerhaus der Straßenbahn. «Blöde Sau!», schrie der Fahrer.

Lü Zongzhen gelangte noch gerade rechtzeitig zum Abendessen nach Hause. Während er aß, studierte er gleichzeitig das Zeugnis seiner Tochter, das eben mit der Post gekommen war. Zwar erinnerte er sich noch des Vorfalls in der Straßenbahn, aber Cuiyuans Gesicht war schon ein wenig verblasst; es war eben ein Gesicht, das ganz darauf angelegt war, vergessen zu werden. Er erinnerte sich nicht mehr, was sie gesagt hatte, doch seiner eigenen Worte erinnerte er sich genau, seines zärtlichen: «Wie alt sind Sie denn?», und wie er sie feurig beschworen hatte: «Ich kann nicht zulassen, dass Sie mir Ihre Zukunft opfern!»

Nach dem Essen ließ er sich ein heißes Tuch reichen und fuhr sich damit übers Gesicht, schlenderte ins Schlafzimmer und drehte das Licht an. Ein pechschwarzer Käfer krabbelte vom einen Ende des Raumes zum anderen und drückte, kaum dass das Licht angegangen war, auf halbem Weg den Bauch gegen die Dielen und rührte sich nicht. Stellte sich tot? Hing irgendwelchen Gedanken nach? Fand ja wohl sonst kaum Zeit zum Nachdenken, wenn er den ganzen Tag hin und her krabbeln musste. Aber am Ende bringt das Nachdenken doch nur Schmerzen.

Als Zongzhen das Licht löschte und nach dem Telefonhörer griff, war seine Handfläche feucht; Schweiß sickerte ihm in dicken Perlen aus dem Leib, kroch ihm wie ein Insekt juckend über die Haut. Er drehte noch einmal das Licht an. Der Käfer war verschwunden, in seinen Unterschlupf zurückgekehrt.

ANHANG

SCHREIBEN, UM NICHT ZU STERBEN

«Manch eine wird, das sage ich,
in künftigen Zeiten an uns denken.»
Sappho

Als im Mai 1952 in Niendorf an der Ostsee die fünfte Tagung der Gruppe 47 stattfindet, das wichtigste Dichterforum im Deutschland der Nachkriegszeit, sind neben Heinrich Böll, Paul Celan, Günter Eich, Walter Jens, Siegfried Lenz und vielen anderen als einzige Autorinnen Ingeborg Bachmann und Ilse Aichinger geladen. Wie üblich lesen die Schriftsteller einander aus neuesten Werken vor und kritisieren das Vorgelesene. Und wie üblich soll nach getaner Arbeit abends gefeiert werden. Man schwärmt aus – und findet sich in einem Etablissement wieder, in dem bei dämmriger Beleuchtung wenig bekleidete Damen Getränke servieren und sich die offerierten Geldscheine in ihre Strumpfbänder stecken. Man ist im Bordell gelandet, die Runde ist begeistert. Einzig die beiden jungen Dichterinnen reagieren verstört: «Sie hockten auf einer Couch, eng aneinandergeschmiegt, so als wären sie unversehens in einen Sturm gekommen», erinnert sich viele Jahre später Hans Werner Richter belustigt in seinen Memoiren.

Eine solche Szene wäre heute wohl undenkbar. Dabei verrät sich in ihr die Unruhe des Herrenclubs gegenüber dem Aufstieg der literarischen Frauen, der man in den 1950er-Jahren noch überall begegnen konnte, geradezu mustergültig. Dem demütigenden Seitenhieb auf die anwesenden Damen lässt sich eine gewisse männliche Paranoia jedenfalls nicht absprechen, schließlich wurde mit der Österreicherin Ilse Aichinger in jenem Jahr zum ersten Mal eine Autorin mit dem Preis der Gruppe 47 ausgezeichnet.

Inzwischen haben sich die Verhältnisse grundlegend verändert. Schriftstellerinnen sind in die Mitte des Literaturbetriebs gerückt. Niemand sollte sich mehr in Sofakissen drücken müssen, um ungewollt ausgrenzende Männerrituale irgendwie durchzustehen. Selbstverständlich gehen die wichtigen Literaturpreise in aller Welt heute ebenso an Schriftstellerinnen wie an Schriftsteller. Und sie sind natürlich in den Hauptprogrammen der Verlagshäuser und in den relevanten Autorenclubs vertreten. An der Spitze der größten Verlagshäuser stehen heutzutage Frauen.

«Ohne Frauen geht es nicht. Das hat sogar Gott einsehen müssen», scherzte Eleonora Duse um 1900. Dabei war die Ausgrenzung bis in die Lebenszeit der Schauspielerin hinein und freilich auch im Literaturbetrieb die Regel. Das ist inzwischen vielfach benannt und gut erforscht.

An der Frage, welche Rolle das Geschlecht für die Literatur spielt und ob es ein dezidiert weibliches Schreiben gibt, scheiden sich die Geister. Die These, dass männliches Schreiben eher politisch und weltbezogen sei, weibliches eher privat und emotional, wie dies noch bis in die 1990er-Jahre behauptet wurde, ist aus der Welt. Wetten, dass nicht einmal Profileser aus anonymisierten Texten das Geschlecht der Verfasser herauslesen können? Selbst Silvia Bovenschen, die große Vordenkerin und Feministin, ließ diese von ihr selbst aufgeworfene Frage nach den Merkmalen weiblicher Autorschaft letztlich unbeantwortet. Und wenn die Écriture féminine, vertreten durch die französischen Theoretikerinnen Hélène Cixous, Luce Irigaray und Julia Kristeva, von weiblichem Schreiben spricht, meint sie damit nicht etwa zwingend biologisch weibliche Autorschaft, sondern eine Literatur wider die männliche Tradition.

«Frauenliteratur gibt es nicht – genauso wenig wie Linkshänderliteratur oder Rothaarigenliteratur», definierte die schottische Autorin A. L. Kennedy vor ein paar Jahren, weil Schriftsteller so unterschiedlich seien wie alle Menschen und die Ausdrucksformen und ihre Interessen «so variabel und unvorhersehbar, wie jeder vernünftige Psychologe (und jeder vernünftige Mensch) erwarten dürfte».

Für das kulturelle Archiv hingegen spielt das Geschlecht durchaus eine Rolle. Die Kanons der Vergangenheit belegen eindrucksvoll, wie sehr literarische Bildung jahrhundertelang durch die männliche Sicht geprägt und zementiert wurde. Autorinnen in literaturgeschichtlichen Darstellungen sind, so der Heidelberger Literaturwissenschaftler Helmuth Kiesel 2004, «auf bestürzende Weise unterrepräsentiert». Damals habe der Diskurs die Frauen als «Mängelwesen» erscheinen lassen, unfähig zu künstlerischer Tätigkeit, heute würden im Archiv «zumeist nur ganz wenige Autorinnen namentlich genannt, und wenn es geschieht, wird ihr Schaffen im Telegrammstil mit wenigen Worten abgetan». In den hohen Kanon finden überwiegend männliche Autoren Eingang.

Natürlich. Es gab Jane Austen, es gab die Brontë-Schwestern, Mary Shelley, Emily Dickinson, George Sand, es gab hierzulande Karoline von Günderrode, Annette von Droste-Hülshoff oder Marie von Ebner-Eschenbach, die zugleich als Vorreiterin wie als Zeitgenossin in die weibliche Moderne herüberragt. Und doch blickten Generationen von Leserinnen und Lesern fast ausschließlich durch die männliche Linse auf Gott und die Welt.

Wie geschlechterideologisch voreingenommen die scheinbar so objektive Literaturgeschichtsschreibung ist und wie männlich dominiert nicht nur der literarische Kanon selbst, sondern der Prozess der Kanonisierung, zeigt sich an der posthumen «De-Kanonisierung» Aphra Behns. Obwohl sie mit ihren frivolen Sittenkomödien zur gefeierten Dramatikerin des 17. Jahrhunderts aufstieg und daneben als Lyrikerin, Romanautorin und Übersetzerin glänzte, war ihr nur ein kurzes Nachleben etwa bis zur Mitte des 18. Jahrhunderts beschieden. Danach verschwanden ihre Stücke allmählich von der Bühne, was durch den veränderten Publikumsgeschmack motiviert sein mochte, doch auch ihr Name wurde aus den literaturhistorischen Annalen gelöscht, während die Erinnerung an ihre männlichen Zeitgenossen aufrechterhalten wurde. Die Rehabilitierung und Wiederentdeckung im 20. Jahrhundert verdankt sie – wie sollte es anders sein – zwei Schriftstellerinnen, Vita Sackville-West und Virginia Woolf. Letztere schrieb: «Alle Frauen müssten gemeinsam Blumen auf Aphra Behns Grab streuen ... denn sie war es, die ihnen zuerst das Recht errang zu sagen, was sie denken.»

Nur gut fünfzehn Prozent der literarischen Vor- und Nachlässe im Deutschen Literaturarchiv Marbach stammen heute von Autorinnen, erwähnte die DLA-Direktorin Sandra Richter in einem Gespräch, um auf das «seit 1750 während Ungleichgewicht» nicht nur der Produktion, sondern auch in der Sammlung und Konservierung hinzuweisen. Was aus dem Weltreich der Literatur als bedeutsam gilt und also bewahrenswert, ist die Gretchenfrage für jedes kulturelle Archiv. Und wirft gleich mehrere Fragen auf: Wer wählt aus, wann wird ausgewählt und für wen? Welche Kriterien werden zugrunde gelegt, und wie steht es mit der Überlieferung der Texte?

In den 1970er-Jahren hat sich die Literaturgeschichte hierzulande erstmals systematisch darangemacht, schreibende Frauen zu erforschen auf ihrem, so die Literaturwissenschaftlerin Barbara Becker-Cantarino, «langen Weg zur Mündigkeit». Ihre Kolleginnen Renate von Heydebrand und Simone Winko konnten in ihrer Untersuchung *Geschlechterdifferenz und literarischer Kanon* 1994 belegen, dass es nicht etwa an der Qualität, sondern vielmehr am selektiv wirkenden «männlichen Blick» lag, dass Werke von Frauen viel geringere Chancen hatten, in den Kanon aufgenommen zu werden, als Werke von Männern.

Der sich in den letzten fünf Jahrzehnten vollziehende Umbruch hat den Horizont der Literatur aufs Vielfältigste erweitert. Es ist offensichtlich, dass, je mehr feminine Stimmen im kulturellen Gedächtnis präsent sind, umso mehr Genealogien und Vorbilder für die Gegenwart entdeckt werden können. Das bekannte Quartett der Moderne hieß die längste Zeit Proust, Kafka, Joyce, Beckett. Die Autorinnen Woolf, Stein, Barnes, Sarraute, denen lange Zeit im Vergleich eine verspätete, irgendwie zweifelhafte Modernität zugeschrieben wurde, sind mittlerweile in der ersten Garde einsortiert. Und die Literaturforschung will inzwischen nicht mehr nur auf weibliche Ausgrenzung hinweisen, sondern ebenso herausarbeiten, inwiefern Frauen als Künstlerinnen neben der Geschlechterordnung auch die Ästhetik einer männlichen Avantgarde infrage stellten.

Genau das ist das zentrale Anliegen dieser Anthologie: eigenständige weibliche Stimmen aus der Zeit um und nach 1900 aus mehr als fünfzig Ländern aller Kontinente zu versammeln und diese miteinander korrespondieren zu lassen, um so verschüttete Traditionslinien weiblicher Literaturen freizulegen. Im besten Fall könnte dies nicht nur zu Wiederentdeckungen, sondern auch zu Neubewertungen von Schriftstellerinnen führen, die unter der angloeuropäischen Dominanz innerhalb der traditionellen Weltliteraturgeschichte gleich zweimal übersehen

wurden – wegen ihres Geschlechts *und* wegen ihres an der vermeint-
lichen Peripherie liegenden Kulturkreises.

Die vorliegenden 101 Texte führen in ihrer Verschiedenheit ja vor
allem eines schlagartig vor Augen: wie eminent weiblich die literarische
Moderne war, nicht nur in Europa, sondern überall in der Welt. Gerade
in dieser Zeit des epochalen Wandels um 1900, als alle Gewissheiten
verloren gingen, tradierte Strukturen sich auflösten und Industrialisierung, Kapitalisierung und Urbanisierung, gefolgt von Frauenwahlrecht, neuen Medien und dem Kollaps der alten Eliten und Systeme
exzessive Modernisierungsprozesse entfachten, wurden die Künste
auf unvergleichliche Weise befeuert. Wie sehr dies auch und gerade
bei den Frauen ein neues künstlerisches Selbstbewusstsein hervorrief,
bezeugen diese literarischen Aufbrüche zu neuen Ufern. Im Zuge der
Veränderung, Dynamisierung und Individualisierung eroberten Autorinnen das literarische Sprechen für sich in zuvor nie da gewesenem
Ausmaß, und damit gleichsam den öffentlichen Raum. Der Wandel
der Geschlechterrolle im ausgehenden 19. Jahrhundert ist der vielleicht
sichtbarste Aspekt der gesellschaftlichen Modernisierung.

Noch für das Jahr 1873 beschrieb Hedwig Dohm, eine der ersten
feministischen Theoretikerinnen, den Status quo wie folgt: «Jedes
weibliche Individuum, das öffentlich auftritt, bezaubert die Männer, so
lange sie es versteht, sie zu amüsieren. Tritt die Frau aber öffentlich auf,
um ihnen Konkurrenz zu machen, oder sie gar zu belehren, so wird sie
zur Unnatur, zum Mannweib.»

Es galt also, sich aus der gesellschaftlich tolerierten Rolle der Künst-
lermuse zu befreien. Gearbeitet hatten Frauen schon im 19. Jahrhundert, nun aber erstritten sie ihr Stimmrecht, und das nicht nur politisch
an der Wahlurne, sondern auch in ihrer persönlichen und literarischen
Selbstbestimmung, die im öffentlichen Sprechen und Widersprechen
ihren wegweisenden Ausdruck fand.

Frauen haben sich zu allen Zeiten literarisch betätigt. Aus der griechischen Antike sind Verse der Dichterin Sappho überliefert, am Beginn
der japanischen Prosaliteratur stehen mit Murasaki Shikibu und Sei
Shōnagon gleich zwei Initiatorinnen, und in der arabischen Welt von
al-Andalus war die Ummayyaden-Dichterin Wallada bint al-Mustakfi,

Kalifentochter aus Córdoba, weithin bekannt. Im europäischen Mittelalter machte die Universalgelehrte Hildegard von Bingen von sich reden und in der Epoche des Humanismus die *poeta docta* Olympia Fulvia Morata, nicht zu vergessen die französischen Romancières Margarete von Navarra sowie Madame de La Fayette und eben Aphra Behn, die mit *Oroonoko* 1688 einen der ersten Romane in englischer Sprache schrieb und, dreißig Jahre vor Daniel Defoe, dem realistischen Erzählen den Weg bereitete. Dennoch blieben die Literatinnen bis zum Aufkommen des Bürgertums Mitte des 18. Jahrhunderts die großen Ausnahmen, schon allein, weil die Kulturtechniken des Lesens und Schreibens als Privileg einiger weniger vor allem Klerus, Adel und Beamtenschaft vorbehalten waren. Erst mit der Aufklärung wuchs das Anliegen nach Anerkennung weiblicher Bildungswünsche. Doch beschränkten schreibende Frauen selbst dann noch das Gespräch über ihre literarische Arbeit auf den privaten Kreis von Freundinnen und Familienangehörigen. Auch in der fiktiven Welt gibt es bis dahin kaum je intellektuell anspruchsvolle Konversation zwischen Männern und Frauen, wie sie George Eliot im Roman *Middlemarch* 1871 beschreibt. Darin kann die Heldin ihr Ideal jedenfalls in bescheidener Weise im Londoner Bildungsmilieu verwirklichen.

In der Romantik leisteten Frauen ihren Männern vor allem hilfreiche Dienste oder standen in deren Schatten wie die Ehegattinnen der Brüder Schlegel – die Dichterin Karoline von Günderrode stellt die große Ausnahme dar. War spätestens im Naturalismus die Emanzipation der Frauen nicht mehr aufzuhalten, so blieben sie doch bis ins späte 19. Jahrhundert nach wie vor von Männern abhängig, von Vätern, Ehemännern oder anderen männlichen Verwandten.

Die weibliche Schriftstellerei ging in den allermeisten Fällen mit materieller Einschränkung und gesellschaftlichem Außenseitertum einher. Nicht zuletzt deshalb wählten Frauen noch bis ins 19. Jahrhundert männliche Pseudonyme, wie die als George Eliot bekannt gewordene Mary Ann Evans, Aurore Dupin, die als George Sand reüssierte, oder die Brontë-Schwestern, und auch die in dieser Anthologie vertretene Mary Chavelita Dunne, die sich George Egerton nannte. Als Charlotte Brontë einige ihrer Gedichte an Southey einsandte, wurde ihr beschieden: «Literatur kann nicht das Geschäft eines Frauenlebens sein und sollte es nicht sein. Je mehr sie von den ihr zukommenden Pflichten beansprucht wird, desto weniger Muße wird sie dafür haben, selbst zur Unterhaltung oder Zerstreuung.»

Dass Colette noch von 1896 an ihre erfolgreichen «Claudine»-Romane unter dem Pseudonym ihres Ehemanns «Willy» veröffentlichte, die in der Ich-Form und mit vielen autobiografischen Details ausgerechnet die Geschichte einer jungen Frau aus der Provinz erzählen, ist von keiner geringen Komik. Gar nicht mehr komisch fand es Colette allerdings, als sie, die ihren notorisch untreuen Ehemann schließlich 1903 verließ, ihre Autorenrechte an ihn abtreten musste.

Als Frauen zur Jahrhundertwende das Schreiben schließlich als Beruf erlaubt wird, steigt die Zahl der Autorinnen rapide an: Zählte Carl Wilhelm Otto August von Schindel 1825 in seinem Lexikon *Die deutschen Schriftstellerinnen des neunzehnten Jahrhunderts* noch fünfhundert Autorinnen, kam Sophie Patakys *Lexikon deutscher Frauen der Feder* 1898 bereits auf mehr als fünftausend. Die Zahl der Schriftstellerinnen hat sich also innerhalb von knapp fünfundsiebzig Jahren verzehnfacht, während sich die Bevölkerungszahl im selben Zeitraum nur verdoppelte.

Begünstigt wird das weibliche Autonomiestreben durch Reformen des Erwerbs-, Ehe- und Scheidungsrechts, denn die neuen, wenngleich weiterhin beschränkten beruflichen Verdienstmöglichkeiten schaffen die Voraussetzungen dafür, dass sich Frauen solch unkonventionelles Verhalten leisten können. Die bereits nach 1900 in den medizinischen, psychologischen und gesellschaftskritischen Schriften der Zeit viel diskutierte Frage der Geschlechterbeziehung trifft auch bei männlichen Kollegen auf Resonanz: «Ich kann nur das schreiben, was sich bei mir mit starken Gefühlen verbindet, und das sind im Augenblick die Beziehungen zwischen Mann und Frau. Schließlich ist es das Problem dieser Zeit, der Aufbau einer neuen Beziehung, oder das Umgestalten der alten, zwischen Männern und Frauen», formuliert diese neue Realität der englische Dichter D. H. Lawrence 1914 in einem Brief.

Die Kritik ließ freilich nicht lange auf sich warten. Hatte schon Goethes Rede vom «Dilettantism der Weiber» die männliche Voreingenommenheit dokumentiert, unterstellte Theodor Wahl hundert Jahre später in seiner Schrift *Die weibliche Gefahr auf literarischem Gebiete*, Frauen schrieben nur aus Not oder Geldsucht und seien für den Massenbetrieb der Belletristik verantwortlich. Karl Hauer stieß in seinem Aufsatz *Weib und Kultur*, publiziert ebenfalls 1906 in Karl Kraus' Zeitschrift *Die Fackel*, ins gleiche Horn: «Kulturhemmend wirkt das Weib, sobald ihm ein geistiger und sozialer Einfluss eingeräumt wird.»

Das folgenreichste Pamphlet stammte von Karl Scheffler. In *Die Frau und die Kunst* sprach der Kunstkritiker 1908 der Frau ab, eigene Kunst schaffen zu können, weshalb sie die «geborene Dilettantin» sei; er warnte vor einer Frauenherrschaft in der Kunst: «Wo Weiber männlich werden, da müssen die Männer weibisch werden. Einmal weil die entartete, gebärunlustige Frau ein Geschlecht widerstandsloser, willensschwacher Männer zeugt; und dann, wie die Weiberherrschaft in der Kunst inmitten einer Männergeneration möglich ist, die ihr nicht Halt zu geben vermag.»

Der entnervte Ton, der freilich mit jener Schärfe korrespondiert, mit der die alten Konzepte und tradierten Rollenmuster auf der anderen Seite hinweggefegt wurden, verrät dabei unfreiwillig die große Verunsicherung der männlichen Literaturwelt zur damaligen Zeit – die Jahrhundertwende in all ihrer Endzeitstimmung ist auch eine Krise des maskulinen Selbstbewusstseins. Und die Frauenbewegung in den letzten Jahrzehnten des 19. und den ersten des 20. Jahrhunderts wird nicht zufällig als eine der großen narzisstischen Kränkungen beschrieben: Die Moderne hat den Mann endgültig vom Thron im Universum gestoßen.

Was aus okzidental-eurozentristischer Perspektive regelmäßig übersehen wird: Auch in Kulturkreisen fern der westlichen Welt begehrten Pionierinnen früh und energisch gegen althergebrachte patriarchale Strukturen auf. Im nordindischen Lucknow schilderte Rashid Jahan den Alltag von Muslimas und löste damit ein religiöses Erdbeben aus, und schon 1905 – ein ganzes Jahrzehnt vor Charlotte Perkins Gilmans *Herland* – entwarf die islamische Frauenrechtlerin Rokeya Sakhawat Hossain mit *Sultana's Dream* die erste moderne feministische Utopie. In Japan schlossen sich junge Frauen zur selben Zeit zum *Seitōsha*-Kreis zusammen und gründeten 1911 das feministische Zentralorgan *Seitō (Blaustrumpf)*. Die Aktivistin Hiratsuka Raichō (zu Deutsch: «Donnervogel») kämpfte mit ihren Mitstreiterinnen, zu denen auch die Schriftstellerin Itō Noe gehörte, gegen geschlechterspezifische Diskriminierungen, staatliche Zensur und vor allem gegen die Schikanen der Tokkō, der japanischen Geheimpolizei. Redaktionsdurchsuchungen, Beschlagnahmungen der Zeitschrift und Inhaftierungen der Verantwortlichen waren an der Tagesordnung. Eine ähnliche Sprengkraft entfalteten am Ende der Meiji-Ära und am Beginn der Taishō-Ära die Artikel von Yosano Akiko, Ikone der Tanka-Dichtung, über *Die essenzielle Gleichheit von Mann und Frau* (*Danjo no honshitsuteki byōdōkan*, 1916) oder *Die japanische Politik aus der Perspektive der Frauen betrachtet* (*Fujin yori mitaru Nihon no seiji*, 1917). Und schon damals war das Private auch politisch, wenn die dreizehnfache Mutter Yosano Akiko in den *Aufzeichnungen aus dem Wochenbett* (*Sanjoku no ki*, 1911) Leserinnen und Lesern intime Einblicke in ihr Privatleben gewährt.

In der Verunsicherung der Geschlechterrollen fanden die «Frauen der Feder» gleich vielfach ihre Themen. «Es ist noch nicht lange her, da galt eine schreibende Frau für ein komisches Monstrum. Ein Zwittergeschöpf, sie war eine stehende Lustspielfigur, charakterisiert durch Tintenfinger, Brille und erotische Unzulänglichkeit», schrieb 1929 die Autorin Gina Kaus. Nunmehr lautete das Schlagwort hierzulande «die Frauenfrage», in Amerika sprach man von «New Women». Allerorten wurden mit neuem Selbstbewusstsein weibliche Ansprüche auf geistige, ökonomische und politische Selbstständigkeit formuliert und die Anerkennung gleicher Rechte und Bildungschancen eingefordert.

In den USA durften Frauen schon seit 1833 studieren, in England von 1869 an, im Deutschen Kaiserreich war man erst im Jahr 1900 so weit – Ricarda Huch hatte für ihr Geschichtsstudium 1880 noch in die Schweiz ausweichen müssen, wo die Universität Zürich eine Vorreiterrolle im deutschen Sprachraum einnahm. In Österreich-Ungarn war die Philosophische Fakultät der Universität Wien die erste, deren Tore sich im Studienjahr 1897/1898 für weibliche Studierende öffneten. Drei Jahre später wurde das Studienverbot für Frauen an der Medizinischen Fakultät aufgehoben. Am längsten sollten sich die Herren der Juridischen Fakultät zieren, nämlich bis ins Studienjahr 1918/1919, ehe auch sie sich von dem lieb gewonnenen Phantasma einer «zerebralen Unterkapazität» von Frauen verabschieden mussten.

Im innereuropäischen Vergleich waren das Deutsche Reich und die

K.-u.-k.-Monarchie folglich Schlusslichter bei der weiblichen Bildungs-
gerechtigkeit. Entsprechend war der Aufholbedarf enorm. Marieluise
Fleißer und Anna Seghers studierten in den 1920er-Jahren dann schon
mit einer gewissen Selbstverständlichkeit. Bis zum Wintersemester
1931/1932 stieg der Frauenanteil an deutschen Universitäten auf sechzehn Prozent.

Für die Schriftstellerinnen jener Jahre hatte dies Auswirkungen auch
auf die eigenen Schreibstrategien, denn aufseiten der weiblichen Leserschaft waren sie mit bestimmten Erwartungen konfrontiert. Verlangt
wurde nach Lektüre über die eigene Lebenswirklichkeit. So entwickelten die Autorinnen Theorien zur Weiblichkeit und zum weiblichen
Schreiben. Einerlei nämlich, aus welcher Weltregion die hier in diesem
Band versammelten Erzählungen stammen, verbindet sie ein gemeinsamer Nenner: In der Beschreibung der Beziehungen von Frauen und
Männern sind sie von Skepsis und Konkurrenz geprägt, während die
Heldinnen häufig Einzelkämpferinnen voller Selbstzweifel und innerer
Hemmungen sind. Die Texte sind häufig in sich gebrochen und so
widersprüchlich wie die damalige Realität von Frauen.

Auffällig ist, wie oft Autorinnen auf autobiografische Erfahrungen
zurückgreifen. Die Literaturwissenschaft erklärt sich dies mit dem
Wunsch nach Authentizität: In ihrem eigenen Erzählen wollen sie nicht
weniger, als männliche Klischees von Weiblichkeit richtigstellen und
überschreiben.

Das weibliche Spezifikum, für die Fiktion aus dem eigenen Leben
zu schöpfen, mag zudem an einem gewissen Mangel an Alternativen
liegen. Denn am Beginn der Moderne haben die Frauen noch keinen
vergleichbaren Zugang zur «Welt» wie ihre männlichen Kollegen.
Indem sie ihre Stoffe aus sich herausspinnen, zielen sie nicht etwa auf
den klassischen Anspruch des Autobiografischen, vom Hineinwachsen
des Menschen in die Gesellschaft zu erzählen. Vielmehr bleiben ihre
Heldinnen meist außerhalb gesellschaftlicher Kontexte.

In diesem Sinne handeln die hier versammelten Texte auf einer
tieferen Ebene davon, wie Frauen sich damals kreative Freiräume eroberten, wie sie weibliches Denken und Fühlen auf je eigene Weise
literaturfähig machten und wie sie sich mit ihrer Erzählkunst auf dem
Feld der Hochliteratur – jahrhunderte-, ja jahrtausendelang eine Män-

nerdomäne – behaupteten: Spätestens um 1900 ist die Weltliteratur nicht mehr bloß ein Gruppenbild mit Dame. Frauen hatten sich ihren Anspruch auf Gleichberechtigung erfolgreich erkämpft und genossen als selbstständige, gebildete und studierte Frauen mehr Freiheit denn je. Spätestens nach dem Ersten Weltkrieg, der großen Epochenzäsur, tauchten die neuen Frauen – *flapper* nannten sie sich keck – überall in den Metropolen auf und feierten Aufbruch und Ausbruch aus traditionellen Rollen und Normen. In Berlin, New York oder Buenos Aires schnitten sie die alten Zöpfe ab und trugen stattdessen Bubikopf und Hosenanzug, hörten Jazz, tanzten und tranken, rauchten und schrieben, als gäbe es kein Morgen.

«Wir sehen heute unsere Frauen mit leichten, federnden Schritten durch den rasenden Tumult der Straßen schreiten, lächelnd und sicher, von Gefahr umspielt, Tennis spielend auf sonnigen Plätzen … oder furchtlos an den stampfenden Maschinen stehend und Hebel und Ventile handhabend, den Strom elementarer Kräfte lenkend mit ihrer in der Übung stark gewordenen Hand», so beschrieb Curt Moreck 1925 das Bild der «neuen Frau». Mit der Mode, den kurzen Haaren und der Aneignung des männlichen Habitus allein aber war es nicht getan. Die nach Autonomie strebenden Frauen drängten auf nichts weniger als die Bestimmung einer neuen weiblichen Identität. Und während die nach vierjährigem Gemetzel mit Millionen toter Soldaten von den Schlachtfeldern heimkehrenden Männer vielfach gezeichnet waren, was noch dazu folgenreich war für das Verhältnis der Geschlechter, übernahmen Frauen, nunmehr in der Überzahl, auch deshalb Tätigkeiten in der Schwerindustrie, als Straßenbahnführerin oder Schornsteinfegerin, die zuvor Männern vorbehalten waren.

Der Mann habe sich und seine Welt durch den Krieg blamiert, der Frau sei das klar geworden, weshalb sie ihr Geschick nun lieber selbst in die Hand nehme, «denn die Illusion des Helden, auf den sie sich verlassen kann, ist ihr verloren gegangen» – so erklärte der Dramatiker Carl Sternheim 1926 den neuen, selbstbewussten Frauentyp, dem er in *Die Schule von Uznach oder Neue Sachlichkeit* einen filmreifen Auftritt verschafft hatte. Beruflich begannen Frauen sich in großer Zahl zu emanzipieren, das Ideal einer freien Persönlichkeit aber blieb in weiter Ferne, denn in der traditionellen Geschlechterhierarchie ändert sich kaum etwas. Kein Wunder, dass ausgerechnet «der Lulutyp» zum Frauenideal jener Zeit wird, wie Gabriele Tergit damals im *Berliner Tageblatt* beobachtet, jenes männermordende Wesen, das einen «untrüglichen Instinkt» besitze und «die Männer für dumm halte» und dessen Gegenfigur die «tränenreichen Gretchens und Mariens» seien, die «ihre Tage im Wesentlichen mit Sitzengelassenwerden ausfüllen».

Um auch diese Lebenswirklichkeit zu dokumentieren, stellt dieser Band die Autorinnen in ausführlichen biografischen Abrissen selbst ins Scheinwerferlicht. Denn manche Lebensverläufe sind hinlänglich bekannt, viele andere jedoch kaum noch oder gar nicht mehr im literarischen Bewusstsein präsent.

So gesehen verfolgt die vorliegende Anthologie mehrere Ziele. Sie legt den Fokus auf Werke kanonischer Erzählerinnen, weshalb Kurzgeschichten und Erzählungen von Edith Wharton, Katherine Mansfield oder Doris Lessing in dieser Sammlung so wenig fehlen wie die von Emilia Pardo Bazán, Grazia Deledda, Nathalie Sarraute, Marina Zwetajewa, Sofja Tolstaja, Else Lasker-Schüler, Elizabeth Bowen, Tania Blixen, Clarice Lispector, Iris Murdoch oder Simone de Beauvoir. Virginia Woolfs Prosatext *Der Fleck an der Wand* von 1917, in dem sie mit Reflexionen und Assoziationen literarisch experimentiert, ist dabei nur ein wegweisendes Beispiel für die vielen avantgardistischen Möglichkeiten, die dem kurzen Genre Erzählung innewohnen. Dem steht Ilse Aichingers klassische Kurzgeschichte *Das Fenster-Theater*, geschrieben 1949, im Stil des psychologischen Realismus gegenüber, die heute in kaum einem Schulbuch für den Deutschunterricht fehlt und in rauer Eigenwilligkeit Generationen von Schülern mit dem Missverständnis vertraut macht, das aus Fehlkommunikation erwächst. In Eileen Changs Erzählung *Straßensperre* aus dem Jahr 1943 schließlich, in der eine Tochter aus gutem Hause glaubt, sich in einen verheirateten Mann unter ihrem Niveau verliebt zu haben, lässt sich studieren, welche Funken sich aus dem Krieg der Geschlechter schlagen lassen – und warum diese Autorin zu den interessantesten Erzählerinnen der Moderne Chinas zählt. Franziska zu Reventlows Satire *Das Jüngste Gericht*, 1897 im *Simplicissimus* publiziert und Auslöser einer Klage wegen Gotteslästerung, zeigt uns eine Autorin, die zur Jahrhundertwende provokant wie keine andere mit moralischen Konventionen ihrer Zeit gebrochen hat, während Else-Lasker Schüler in ihrer Prosa-meditation *Paradiese* aus dem Jahr 1928 so versponnen wie melancho-lisch-verspielt und rätselhaft von der Liebe und der Sehnsucht nach Arkadien erzählt.

An den experimentierfreudigen Beiträgen der Amerikanerinnen Gertrude Stein, Hilda Doolittle (H. D.) und Djuna Barnes, allesamt exzentrische Erscheinungen, die in keine Weiblichkeitsnorm ihrer Zeit passen und deren Wege sich im Europa der 1920er-Jahre kreuzen, wird offenbar, dass Avantgarde über eine fortschrittliche Position innerhalb der Künste hinaus immer auch eine nonkonformistische und libertäre Lebensform darstellte.

Neben diesen Ikonen der literarischen Moderne will der Band neue Aspekte von Schriftstellerinnen sichtbar machen, von denen manche zu den wichtigsten und meistgelesenen Autorinnen ihrer Zeit gehören. So erfuhr die Katalanin Mercè Rodoreda durch die Neuübersetzung ihres Romans *Der Garten über dem Meer* hierzulande zwar gerade erst wieder große Popularität. Aber welch ein Kontrast zu dieser Vergegen-wärtigung eines blühenden Sommergrüns in Romanform findet sich in Rodoredas verstörender Erzählung *Reise zum Dorf der Erhängten*, deren beklemmende Intensität sich auf wenigen Seiten entfaltet.

In Romanen der traurig-trunksüchtigen Jean Rhys war erstmals von den widrigen Lebensumständen der Frauen in den Kolonien zu lesen. Ihre berückende Beschreibung wuchernder Naturlandschaften voller Farben und jener karibischen Hitze, die alles ringsherum in den Schlaf zwingt, finden sich in ihrer Erzählung *Zeit für Cocktails,* deren Szenario sich aus der Erinnerung der Autorin an ihre Kindheit auf der westindischen Insel Dominica speist, die hier nun aber als glücklicher erscheint als ihr späteres Leben in Europa.

Die Lust der Argentinierin Silvina Ocampos an der durchtriebenen Reflexion zeigt das Ende ihres Prosastücks *Die Todsünde* über ein Mädchen, das sich auf die erste Kommunion vorbereitet: «Wie konn-test du das nur überleben?», heißt es da: «Nur ein Wunder kann es erklären: das Wunder der Barmherzigkeit.» Higuchi Ichiyō wiederum verknüpft in *Mond überm Dachfirst* die Sprach- und Stilformen ihrer Zeit so waghalsig mit der japanischen Tradition, dass es gerade die

Verbindung des Disparaten ist, die ihre Literatur bis heute so modern erscheinen lässt. Wie sehr sie dafür im Japan der Gegenwart verehrt wird, zeigt die Tatsache, dass sie 2004 als erste Frau in der Geschichte des Landes mit ihrem Porträt auf einem Geldschein verewigt wurde.

Es gilt, Frauen wie Halide Edib Adıvar neu zu lesen, die Dichterin, Revolutionärin und Parlamentarierin, die ihr Schreiben dem politischen Kampf für eine moderne Türkei widmete, oder die im heute ukrainischen Podhajce geborene Gabriela Zapolska, die zu ihrer Zeit auch in Deutschland breit rezipiert wurde und inzwischen praktisch unbekannt ist; es gilt, die Prosa von Sigrid Undset einer Revision zu unterziehen. Die Romane der norwegischen Literaturnobelpreisträgerin – die zu der Handvoll Frauen zählt, die seit 1901 mit der Auszeichnung überhaupt bedacht wurden – sorgten seinerzeit für Furore, heute liest sie praktisch niemand mehr. Womöglich steht der Wiederentdeckung entgegen, dass sie nicht zur Ikone des Feminismus taugt. Und doch lassen sich bei der Verfasserin von Romanen wie *Das getreue Eheweib* literarische Figuren entdecken, die ein so unabhängiges Leben führen, wie sie selbst dies tat.

Durch Unabhängigkeit von Konventionen zeichnet sich nicht minder Leben und Werk von Selma Lagerlöf aus, die zwei Frauen zugleich liebte, Sophie Elkan und Valborg Olander, über Jahrzehnte hinweg und natürlich im Geheimen. «Die queere Selma musste still sein und im Verborgenen lieben», so Mareike Fallwickl in ihrem Nachwort zur Neuausgabe des Romans *Charlotte Löwensköld*, «aber sie schrieb. Und kämpfte. Sie setzte sich für das Frauenwahlrecht ein, sie erreichte als Autorin einen immensen Erfolg. Sie wurde zum Vorbild für schreibende Frauen, die nach ihr kamen und sehen konnten, dass es möglich ist – gegen alle Widerstände.»

Schließlich Chawa Shapira, die so bemerkenswerte wie unbekannte Pionierin hebräischer Erzählprosa von Frauen, veröffentlichte 1909 ihren Sammelband *Kovetz Tziurim* in Warschau und schrieb im Vorwort selbstbewusst: «Unserer Literatur fehlt die Beteiligung der zweiten Hälfte der Menschheit: der des schwachen Geschlechts.»

Die Tatsache, dass selbst Ding Ling, eine der wichtigsten Schriftstellerinnen der chinesischen Republik, im 21. Jahrhundert nahezu unbekannt ist, dürfte sich den traurigen Umständen verdanken, dass sie unter Mao in Ungnade fiel und während der Kulturrevolution ihre Manuskripte vernichtet wurden. Simin Daneshwar wiederum, die als erste Prosaschriftstellerin Irans hervortrat, war gegenüber der Islamischen Republik so kritisch eingestellt wie zuvor gegenüber dem Schah. *Die Gebärende* zeigt sie als furchtlose Verfechterin weiblicher Emanzipation in der islamischen Welt.

Dass die Harlem Renaissance, die erste bedeutende Bewegung schwarzer US-amerikanischer Künstler der 1920er- und 1930er-Jahre, sich längst nicht nur auf den gleichnamigen New Yorker Stadtteil beschränkte und nicht nur von Autoren wie Langston Hughes oder Wallace Henry Thurman geprägt wurde, sondern ebenfalls von Autorinnen wie Dorothy West, Alice Dunbar-Nelson und Nella Larsen, auch das wird hier offenkundig. Zwar gewannen in jener Ära großer kultureller Kreativität und Offenheit Frauen an Einfluss, doch die gesellschaftlich akzeptierte Rolle war allenfalls die einer Salongastgeberin. Als Schriftstellerinnen wurden sie entweder ignoriert oder in den Hintergrund der Bewegung gedrängt. Dabei waren die hier vertretenen Exponentinnen samt ihren nicht minder bemerkenswerten Mitstreiterinnen aus der New Negro Renaissance – Anne Spencer, May Miller, Angelina Weld Grimké, Zora Neale Hurston oder Jessie Redmon Fauset – in Wahrheit ein wesentlicher Bestandteil der Harlem Renaissance, deren Werke über die Zeit, die Menschen und die Orte reflektierten, wie sie oftmals nur schwarze Frauen erzählen konnten.

Auch in der deutschen Literaturgeschichte gibt es zur Genüge Beispiele für bedenkliche Verhaltensweisen der Männer gegenüber weiblicher Produktivität. Der bekannteste Fall ist sicherlich der Schriftsteller und Dramatiker Bertolt Brecht, der sich Kreativität und Hingabebereitschaft von Mitarbeiterinnen wie Elisabeth Hauptmann, Margarete Steffin, Marieluise Fleißer oder Ruth Berlau in einer Weise zunutze machte, die den amerikanischen Literaturwissenschaftler John Fuegi von einer «Brecht-Werkstatt» sprechen ließ.

Die Auflösung alter Strukturen hat dabei Freiräume geschaffen und die Herausbildung je eigener Schreibstile ermöglicht, was allein schon im deutschsprachigen Raum ein überaus facettenreiches Bild abgibt und von der lyrischen Intensität einer Else Lasker-Schüler über den weit gespannten Erzählbogen einer Ricarda Huch bis zu den vielschichtigen Sprachwelten von Marie Luise Kaschnitz oder Anna Seghers reicht.

Wie oft und mitunter herzzerreißend diese Texte dabei von dem Elend erzählen, dem schreibende Frauen ausgesetzt waren, ihrem Kampf um Selbstermächtigung und ihren Demütigungen, auch das zeigt dieser Band unmissverständlich.

Der Schriftsteller und Literaturkritiker J.C. Squire beschrieb 1921 in der Einleitung zu *A Book of Women's Verse* die neue Situation im englischsprachigen Raum: «Heute kümmert uns die Unterscheidung zwischen männlichen und weiblichen Autoren kaum noch... Mit Tausenden schreibender Frauen, mit Gedichten von Frauen in jeder Zeitschrift, und mit Frauen in jeder Zeitungsredaktion, und in einer Zeit, da literarische Frauen sich in Clubs zusammentun und energische Romanautorinnen mit Verlagschefs verhandeln und mit männlichen Rivalen ihre Honorare diskutieren, betrachten wir ganz selbstverständlich das Schreiben als eine weibliche Beschäftigung.»

Nicht zuletzt verdankt sich die Zusammenstellung von 101 Short Storys dem Ehrgeiz, den gewohnten Rahmen zu sprengen und Autorinnen ins Blickfeld zu rücken, die in unserem auf die USA und Europa fokussierten Literaturbetrieb vielfach unsichtbar geblieben sind. Ob Adela Zamudio aus Bolivien, Olive Schreiner und Ellen Kuzwayo aus Südafrika, Adelaide Casely-Hayford und ihre Tochter Gladys aus Sierra Leone und Ghana, Taos Amrouche aus Tunesien, Rokeya Sakhawat Hossain aus dem heutigen Bangladesch, Kim Myeong-Sun aus Korea, María Luisa Bombal aus Chile, Marie Vieux-Chauvet aus Haiti oder die kanadische Häuptlingstochter Tekahionwake – *Prosaische Passionen* erschließt sich über ihre Stimmen ganze Welten weiblicher Schreibherrlichkeit. Und selbst an den Rändern Europas, in den kleinen Literaturen unseres Kontinents, warten jede Menge Neuentdeckungen auf Leserinnen und Leser: die Schottin Lorna Moon etwa, die als Drehbuchschreiberin Karriere in Hollywood machte, die Waliserin Kate Roberts, die auf Französisch schreibende Niederländerin Neel Doff, die Finnin Solveig von Schoultz, die Ukrainerin Olha Kobyljanska oder die Griechin Galatea Kazantzaki.

Was dabei nicht zu übersehen ist: Mary MacLane schreibt anders als Eileen Chang, Adela Zamudio schreibt anders als Natalia Ginzburg, Edith Wharton schreibt anders als Nella Larsen, Clarice Lispector schreibt anders als Carson McCullers, Marguerite Duras schreibt anders als Rashid Jahan, Djuna Barnes schreibt anders als Irmgard Keun, Selma Lagerlöf schreibt anders als Silvina Ocampo, Anaïs Nin schreibt anders als Dorothy West, Marguerite Yourcenar schreibt anders als May Ziadeh. Aber alle schrieben sie Kurzgeschichten.

Das Faszinosum des modernen Genres der *Short Story*, der Kurz- und Kürzestprosa liegt zweifellos in der Bündigkeit und der daraus zu gewinnenden Prägnanz. Was «Weltliteratur» ausmacht, entscheidet sich nicht immer erst auf der «Langstrecke» des Romans, oft entfaltet sie sich schon im Kleinen, weil die Kurzgeschichte kaum je das weite Feld der Beschreibung betritt, sondern durch die Kunst des Weglassens besticht, durch sprachliche Konzentration, und sie sich auf das Essenzielle stürzt. Im besten Fall vermag sie aus einem scheinbar beiläufigen Ereignis eine Dynamik zu entfesseln, die auch zur Darstellung der kompliziertesten inneren Vorgänge in der Lage ist und zu allem Möglichen führen kann, vom offenen Ende bis zum Absturz. Darin vor allem ist sie anthropologisch. Denn die Kurzgeschichte schwebt nie im «luftleeren Raum» (Wolfdietrich Schnurre), sondern zielt auf die herrschenden Verhältnisse, indem sie kritisiert, angreift und erschüttert.

Aus der Wahl der Gattung Kurzgeschichte ergibt sich für eine Anthologie nicht nur der Vorteil, aus dem riesigen Reservoir opulent schöpfen und eine Vielzahl an Texten versammeln zu können. Die abgeschlossene Form des Erzählens ermöglicht es darüber hinaus, das literarische Verfahren der Autorinnen anschaulicher und kompakter zu erschließen, als dies in Form von Romanauszügen gelingen könnte, die zwangsläufig künstlerische Leerstellen hinterlassen müssen.

Die bewusste Entscheidung für die Short Story und die Kurzprosa liegt schließlich in den Produktionsbedingungen weiblichen Schreibens begründet, die sich von jenen der männlichen Kollegen signifikant unterschieden. Literarisches Schöpfertum nebenher, ad hoc und zwischen Tür und Angel – bei Frauen keine Seltenheit, sondern lange Zeit die Regel. Die legendäre *«creaking door»*, von der Jane Austen häufig sprach, war mehr als nur ein Spaß. Denn auch Austen hatte wie die meisten Autorinnen des 19. Jahrhunderts kein eigenes Arbeitszimmer, in das sie sich hätte zurückziehen können. Ihre Romane entstanden an einem unscheinbaren Mahagonisekretär, der im Wohnzimmer der

Familie stand. Und um von neugierigen Blicken nicht überrascht zu werden, schrieb sie auf kleinen Blättern, die sie mit einem Stück Löschpapier schnell abdecken konnte. Die knarrende Schwingtür war das Signal, dass jemand kam – und es vorbei war mit den «leeren Stunden».

Kaum je hatten Autorinnen für ihr konzentriertes literarisches Arbeiten den von Virginia Woolf geforderten *Room Of One's Own.* Anna Seghers bekannte einmal: «Ich habe große Sehnsucht nach dieser ganz besonderen Art von Welt, in der man arbeiten und atmen und sich manchmal wie verrückt freuen kann.» Wie ihr ging es den allermeisten Autorinnen und Künstlerinnen, die sich ihren Freiraum für kreative Selbstentfaltung erst mühsam und gegen Widerstände aller Art erkämpfen mussten. Denn wie es bei Simone de Beauvoir so kühn wie treffend heißt: «Frauen, die nichts fordern, werden beim Wort genommen – sie bekommen nichts.»

Noch nach dem Zweiten Weltkrieg hat sich die österreichische Autorin Marlen Haushofer mit den widrigen Bedingungen ihres Schreiballtags herumschlagen müssen: «Da aber mein Alltag als Hausfrau um halb sieben beginnt und ich nicht jünger werde, können Sie sich vorstellen, dass mein früher Morgen einfach zu früh wurde und ich den ganzen Tag nicht aus dem Gähnen hinauskam. Seit ungefähr acht Jahren schreibe ich jetzt von drei bis sechs nachmittags. Das ist zwar nicht die ideale Zeit, und auch das ist nur möglich geworden, weil meine Kinder erwachsen sind und ich in diesen drei Stunden allein bin. Der Abend gehört der Familie.» Trotz der eingeschränkten Bedingungen hat die Österreicherin neben ihren Romanen Novellen und siebzig Kurzgeschichten verfasst. Nach ihrem Tod geriet sie völlig in Vergessenheit und wurde erst in den 1980er-Jahren wiederentdeckt.

«Mann oder kein Mann, Koch oder kein Koch?», so fragt sich Patricia Highsmith in einem Tagebucheintrag Ende Mai 1945, Voraussetzungen ihrer Schreibkarriere bedenkend, und bringt es in pragmatischer Umkehrung real existierender Geschlechterverhältnisse auf den Punkt: «Wir brauchen einen Mann, der unser Leben organisiert, sodass wir uns um nichts als um unsere Arbeit kümmern müssen, Freunde einladen und uns anschließend wieder an den Schreibtisch zurückziehen können. Wo findet man bloß so was?»

Dass Virginia Woolf schon um die Jahrhundertwende nach dem

Tod des Vaters mit ihren Geschwistern ein Haus im Londoner Stadtteil Bloomsbury beziehen und durch die kleine Erbschaft ein ziemlich ungebundenes Leben führen konnte, war die seltene Ausnahme und wäre wenige Jahrzehnte zuvor für eine junge Frau aus gutem Hause schlicht undenkbar gewesen. Der Kern dieser bis in die 1920er-Jahre existierenden Bloomsbury Group samt ihrer «Bloomsberries», wie sich ihre Mitglieder aus Künstlern, Intellektuellen und Wissenschaftlern nannten, hatte bedeutsamen Einfluss auf Englands kulturelle Modernisierung.

Die Künstlerenklave der US-amerikanischen Avantgarde, die etwa zur gleichen Zeit am linken Seineufer von Paris zusammenfand, gestaltete sich diffuser und wurde von Jean Rhys in ihrer ersten Kurzgeschichtensammlung *The Left Bank* 1927 nicht ohne Spott beschrieben: «Es ist Chelsea, London, mit einer großen Prise Greenwich Village, New York, und einer kleinen Prise Moskau, Christiana, und sogar Paris, um ein unpassendes Lokalkolorit zu schaffen.»

Weil Schriftstellerinnen zu allen Zeiten das Genre der Kurzprosa nutzten, ist in der Forschung die Frage aufgekommen, ob denn die Short Story dem Weiblichen am ehesten entspräche. Im Negativen wurde ganz im Sinne Karl Schefflers daraus abgeleitet, die kurze Form entspräche der beschränkten Weitsicht der Frauen. Doch schon in der Ära der New Women wurde die These ins Positive umgekehrt, in dem Sinne nämlich, dass die kurze Form eine willkommene Möglichkeit ist, weibliche Erfahrung auszuloten und subversive Kräfte wirksam werden zu lassen. In *The Secret Self. Short Stories by Women* wies die britische Literaturwissenschaftlerin Hermione Lee darauf hin, dass die beiden Blütezeiten der weiblichen Short Story – die von 1890 bis 1930 sowie Ende der 1960er-Jahre – mit den aktivsten Phasen des Feminismus zusammenfallen.

Eine Kurzgeschichte schreibt sich nicht nur ungleich leichter und schneller als ein Roman, eine Kurzgeschichte lässt sich auch leichter veröffentlichen. Als «demokratische» Literaturgattung mit vergleichsweise niedrigen Distributionshürden war sie den Autorinnen damals sehr willkommen. Eine Kurzgeschichte braucht keinen Buchverlag, um zu erscheinen, sondern kann durch Abdruck in den neuen Zeitschriften oder Zeitungen, die zu Beginn des 20. Jahrhunderts durch die Industrialisierung des Drucks überall in der Welt auf die Märkte drangen, ihre Wirkung auch jenseits der traditionellen Wege entfalten. So

erschienen die von Alfonsina Storni dem Alltag in Buenos Aires abge-
lauschten Geschichten in argentinischen Zeitschriften auf den «Seiten
für die Frau», eingezwängt zwischen Werbeanzeigen für Biskuits oder
Haarfärbemittel.

Dauerhafte Existenzsicherung aber garantierte vor allem das Buch,
weshalb damals neben neuen Zeitschriften allerorts auch kleinere
Verlage gegründet wurden – ebenfalls unter Beteiligung von Frauen:
Alice Toklas rief in Paris «Plain Edition» ins Leben, um die Texte ihrer
Freundin Gertrude Stein zu publizieren, und in London entwickelte
sich aus der bescheidenen Handdruckerei «Hogarth Press» von Leonard und Virginia Woolf ein ernst zu nehmendes Verlagshaus. Das
erste Buch, das dort erschien, enthielt die Erzählung *The Mark on the
Wall*. Virginia Woolf freilich ist auch in diesem Punkt ein Sonderfall.
Ihre vielen seit 1905 veröffentlichten Schriften und Stellungnahmen zur
Diskussion der Geschlechterfrage sind so umfassend und vielgestaltig,
dass in ihnen nahezu alle Ansätze der späteren Genderstudies vorweg-
genommen wurden.

Virginia Woolfs berühmtes Zitat, das sie vor fast hundert Jahren for-
mulierte, ging über das «Zimmer» hinaus, wenn sie außerdem auf ökonomische Unabhängigkeit drang: «Eine Frau braucht Geld ... wenn sie
Bücher schreiben möchte.» Anlass des 1929 veröffentlichten Texts war
ein Vortrag der Autorin an den Colleges in Newnham und Girton über
Frauen und Literatur. Darin hob sie hervor, dass Frauen «vielleicht das
meistdiskutierte Lebewesen im Universum» seien, diese Diskussionen
jedoch erstaunlicherweise nicht von ihnen, sondern von Männern
geführt würden. Und als hätte es noch einer Illustration dieses Sachver-
halts bedurft, erschien im selben Jahr in Deutschland der Sammelband
Die Frau von Morgen, wie wir sie wünschen mit Beiträgen von Robert
Musil bis Stefan Zweig, aber ohne jegliche Beteiligung einer Autorin.

Die Nordeuropäer mochten ihren modernen Durchbruch mit etwas
Verspätung erleben, dafür wurde der öffentliche und private Raum, als
Nora ihr Puppenheim verließ, nicht weniger radikal verändert und die
Rolle der Frau nicht weniger heftig diskutiert, zumal zu dieser Zeit der
Norden eine kulturelle Einheit bildete wie nie zuvor in der Geschichte.
Die weibliche Literatur reichte dabei von der schwedischen Erzählerin
Selma Lagerlöf und ihren durch Mythen und mündliche Überlieferun-

gen durchwirkten Stoffen über die streng realistischen Sujets der Dänin Tove Ditlevsen, die Themen wie Angst, erfahrene Lieblosigkeit und Erinnerung verhandelte, bis zu Tania Blixen, die das realistische Dekorum ablehnte und auf klassische Erzähltraditionen zurückgriff.

Erst recht nicht auf einen Nenner bringen lässt sich das literarische Afrika. Die arabisch-islamischen und christlichen Einflüsse sowie die der Kolonisation samt Aufteilung des Kontinents in englischsprachige und frankophone Regionen ließen so wenig einen homogenen Erfahrungshorizont entstehen wie die verschiedenen Erzähltraditionen, die sich hier niederschlagen: von denen der westlich inspirierten Kurzgeschichte bis hin zu den lokalen oralen Traditionen der zuvor meist schriftlosen Kulturen. Umso bemerkenswerter ist darum, wie in Afrika neben einer Olive Schreiner oder einer Nadine Gordimer auch *black voices* ihren eigenen Ton, ihre eigenen Motive und Erzählperspektiven entwickelten – die Kurzgeschichten von Mabel Dove Danquah, Adelaide Casely-Hayford oder Ellen Kuzwayo legen davon beredt Zeugnis ab –, ehe der darauffolgenden Generation schwarzafrikanischer Autorinnen, vertreten durch Ama Ata Aidoo, Mabel Segun, Bessie Head, Miriam Tlali, Grace Ogot oder Mariama Bâ, der internationale Durchbruch gelang. Das Schreiben von Pionierinnen der afrikanischen Moderne ging in der Regel Hand in Hand mit dem politischen Kampf um die Unabhängigkeit von fremden Kolonialherren, mit der Schaffung eines dekolonialistischen, emanzipatorischen Bewusstseins und mit der Betonung autochthoner afrikanischer Traditionen. Weibliche Konzepte von Africanism und Black Proudness wurden somit wegweisend für schwarze Emanzipations- und Bürgerrechtsbewegungen weltweit.

Lateinamerikanische Autorinnen wie Teresa de la Parra aus Venezuela, Adela Zamudio aus Bolivien oder Clarice Lispector aus Brasilien hingegen, die hier beispielhaft genannt seien, lassen sich in ihrem literarischen Umfeld mit der Situation der Autorinnen aus dem dominanten Westen in Beziehung setzen. Über Jahrhunderte mussten auch sie die marginalisierte Position im Literaturbetrieb und in der Literaturgeschichte hinnehmen. Geschlechtsspezifische Lebensumstände hinderten sie an der Hervorbringung eines repräsentativen Werks und der damit einhergehenden phänotypischen «Bedeutsamkeitsanmaßung», weshalb sie häufig keinen Zugang zum literarischen Kanon fanden und

Traditionslinien weiblichen Schreibens immer wieder unterbrochen wurden. Weibliche Spezifika vor dem Hintergrund der lateinamerikanischen Gesellschaften sind der Protest gegen den Machismus und gegen die ethnische Unterdrückung der Indios.

So führte etwa Alfonsina Storni einen stürmischen Kampf gegen das Leben in der Machogesellschaft Argentiniens, in der zu jener Zeit ausschließlich Status und Virilität zählten. Eine Frau, die wie sie ein uneheliches Kind hatte und die in ihren surrealistischen Geschichten männliches Überheblichkeits- und Imponiergehabe, aber auch weibliches Duckmäusertum angriff, war regelmäßig Anfeindungen ausgesetzt. Für die unkonventionelle Dichterin und Essayistin wurde das Erzählen zur Lebensnotwendigkeit: «Ich schreibe, um nicht zu sterben.»

Eine ähnliche existenzielle Verknüpfung von Schreiben und Leben findet sich in den Selbstauskünften vieler anderer Autorinnen: «Weil ich muss», bekannte etwa Jane Bowles. «Weil ich nichts anderes tun kann», verkündete die Britin Ruth Prawer Jhabvala. Die Irin Elizabeth Bowen sagte: «Ich fühle mich nur halb lebendig, wenn ich nicht schreibe.»

Die Chilenin María Luisa Bombal genoss als Tochter großbürgerlicher Verhältnisse zwar eine weitgehend freie und privilegierte Erziehung und konnte während ihrer Studienzeit in Paris den Surrealismus kennenlernen. Charakteristisch für ihr Werk aber ist die Erzählung *Der Baum*, insofern, als sie in der ihr eigenen fantasiezentrierten Realität über die isolierte Existenz einer Frau auf der Suche nach Liebe und Verständnis schreibt.

Wie sehr sich die sozialen und politischen Erfahrungswelten von Frauen von denen der Männer unterschieden, zeigt sich in den Themen und Perspektiven der Erzählungen. Wie sie über Mutterschaft schreiben oder über sexuelle Gewalt, über Begehren und Gebären, über das häusliche Leben, über Krankheiten, aber auch über die Schwierigkeiten, wenn Berufstätigkeit und Liebe einander ausschließen, oder welche Folgen durch den Wegfall tradierter Frauenrollen sichtbar werden, belegt, was Virginia Woolf ihren zeitgenössischen Autorinnen attestierte: dass in der Moderne die Frau erstmals zum Thema ihrer selbst wurde, nicht immer mit Lust, wie Woolf bemerkte, *«but always, always with interest»*.

So schildert Marlen Haushofers Kurzgeschichte *I'll Be Glad When*

You're Dead... eine krisenhafte Ehe aus der Sicht der Frau. Die Erzählung thematisiert und reflektiert zugleich auf sprachlicher Ebene, wie Kommunikation zum Erliegen kommt – eine Desillusionierung des Lebens ganz ohne moralische Attitüde.

Ohne Simone de Beauvoir und ihr einflussreiches Werk *Le deuxième sexe (Das andere Geschlecht)* ist die weibliche Emanzipation nicht denkbar. Dabei wird gelegentlich übersehen, dass sie neben ihrem neunhundertseitigen Standardwerk auch literarische Texte veröffentlicht hat wie die hier aufgeführte Erzählung *Monolog*. Sie ist Teil eines dreigliedrigen Erzählbandes, der Einblicke gibt in das Leben von Frauen an Wendepunkten ihrer Geschichte.

Katherine Mansfield, die neuseeländisch-britische Schriftstellerin und Königin der Short Story, die bereits mit vierunddreißig Jahren an Tuberkulose starb, gilt heute als eine der wirkungsmächtigsten Pionierinnen der weiblichen Literatur und der modernen Kurzgeschichte. Zwar wurde sie auch schon zu Lebzeiten von Zeitgenossen bewundert – Virginia Woolf notierte in ihrem Tagebuch, als sie von Mansfields Tod erfuhr, auf deren Begabung zum Schreiben eifersüchtig gewesen zu sein. Doch war die 1888 im fernen Wellington geborene Mansfield trotzdem in den britischen Künstlerkreisen eine Außenseiterin geblieben und wurde nicht zuletzt aufgrund ihrer kolonialen Herkunft nie wirklich anerkannt. Gesellschaftskritisch ist ihre Story *Ehe, ganz modern* insofern, als sie eine Art Pseudo-Bloomsbury-Group aufs Korn nimmt und sich darin zugleich deutlich herauslesen lässt, wie unwohl Katherine Mansfield sich in der literarischen Blase der Londoner Intellektuellen gefühlt haben muss. Denn wie sie findet auch ihr Protagonist William keinen Zugang zum elitären *way of life* jener Kreise, mit denen sich seine Frau Isabel neuerdings umgibt. Ein bisschen erinnert diese Satire auf den Bloomsbury-Kreis an die Gruppe 47, nur unter umgekehrten Vorzeichen. Jedenfalls liefert der schockierend-ernüchternde Schluss in Katherine Mansfields Short Story en passant auch einen Kommentar zur Rolle der Frau in der Literatur.

Elizabeth Hardwick hat über die Brontë-Schwestern luzide geurteilt, alle drei, Anne, Emily und Charlotte, hätten die Hoffnungslosigkeit ihrer Klasse – des verarmten Bildungsbürgertums um 1800 – wie auch ihre besondere Lage ge- und ertragen: «Wir sind erstaunt über das, was sie *nicht* hinzunehmen bereit waren. Sie lehnten die Knechtschaft der erstarrten Haltungen und Karrieren ab, die Sklaverei schlecht bezahlter Arbeit; sie reagierten mit Groll auf die unerträgliche Gleichgültigkeit oberflächlicher Menschen gegenüber den Anstrengungen und der Not jener, die gesellschaftlich weniger glücklich gestellt waren. Die Schwestern ergriffen die Entfaltung ihres Talents als eine ehrenvolle Lebensweise, und darin waren sie heroisch.» Es sollten noch einmal fast hundert Jahre vergehen, ehe Frauen die Entfaltung ihres schrift-stellerischen, dichterischen oder künstlerischen Ingeniums nicht mehr als «weiblicher Makel» oder überspannte Caprice angerechnet wurde. In der Moderne eroberten sie sich in allen Kulturen ihren Teil der literarischen Welt. Um und nach 1900 war der Heroismus mutiger Pionierinnen keine Ausnahmeerscheinung mehr, sondern wurde zum Kennzeichen einer neuen, selbstbewussten Generation von Schrift-stellerinnen.

Denn obwohl zahlenmäßig unterrepräsentiert im Literaturbetrieb der literarischen Moderne, kann nun von einer rein männlich dominierten Epoche keine Rede mehr sein. Was wäre die moderne Kurzgeschichte ohne die Desillusionierungskünste einer Katherine Mansfield? Wo stünde der moderne Roman ohne die Avantgarde-Volten einer Virginia Woolf und einer Nathalie Sarraute? Wo bliebe die moderne Lyrik ohne Anna Achmatowa und Marina Zwetajewa, ohne Gabriela Mistral, Juana de Ibarbourou, Yosano Akiko, Parvin E'tesami, ohne Else Lasker-Schüler, Nelly Sachs, Ingeborg Bachmann, Wisława Szymborska, H.D., Gwendolyn Brooks oder Audre Lorde? Und was würde dem populären Kriminalroman fehlen ohne die Werke einer Agatha Christie, was der Kinderliteratur ohne die rebellischen Geschichten Astrid Lindgrens? Einzig das Theater ist fast bis ans Ende des 20. Jahrhunderts fest in Herrenhand geblieben – als letzte Bastion männlichen Schöpfertums.

«Ohne Frauen geht es nicht.» Dass dieser Satz längst auch für die Weltliteratur gilt, ist das Verdienst und bleibende Vermächtnis der weiblichen Moderne – für die nicht bloß eine Handvoll Ikonen einste-hen, sondern 101 und mehr Erzählerinnen aus «aller Herren Länder».

Sandra Kegel

ZU DIESER AUSGABE

Schahrasad, Inbegriff weiblicher Erzählkunst und Erfinderin des Cliff-hangers, spann ihre Geschichten bekanntlich über *1001 Nacht*, um den Weltenherrscher König Schahriyar, der sie gefangen hielt, daran zu hindern, ihr den Garaus zu machen. Dabei steht das «1001» im Arabischen einerseits für die konkrete Zahl, andererseits für eine unvorstellbar hohe, gegen unendlich gehende Größenordnung. Auch das «101» im Untertitel der *Prosaischen Passionen* bezeichnet einerseits konkret die Anzahl der darin enthaltenen Prosastücke[1], andererseits verweist es auf etwas ungleich Größeres, nach oben Offenes. Denn die weibliche Moderne erschöpft sich nicht in 101 Erzählerinnen. Um nur ein paar Namen von Autorinnen zu nennen, die aus Gründen der unerlässlichen Beschränkung aussortiert wurden, de facto aber dazugehören: Sybille Bedford, Jane Bowles, Kay Boyle, Leonora Carrington, Ivy Compton-Burnett, Alba de Céspedes, Daphne Du Maurier, Sinaida Hippius, Zora Neale Hurston, Itō Noe, Carmen Lyra, Anna Maria Ortese, Ann Petry, Dorothy L. Sayers, Muriel Spark, Margaret Walker, Eudora Welty, Xiao Hong oder Giselda Zani. Elizabeth Bishop hat testamentarisch verfügt, dass ihre Prosa in keiner rein weiblichen Anthologie abgedruckt werden darf, deshalb fehlt auch sie.

Jedes Buch, selbst ein so umfangreiches wie das vorliegende, hat irgendwann ein Ende. Für die *Prosaischen Passionen*, die der Leitidee

---

[1] 94 der hier versammelten 101 Texte sind Kurzgeschichten oder – wie bei Gwendolyn Brooks, Tove Ditlevsen, Neel Doff und Out El-Kouloub – in sich geschlossene Prosastücke aus einem romanhaften Reigen von Erzählungen. Bei Marguerite Duras wurde vom Rechtegeber leider nur ein Teilabdruck der Kurzgeschichte genehmigt. Bei den Texten von Halide Edip Adıvar, Han Suyin, Teresa de la Parra, Sofia Tolstaja, Gabriela Zapolska und Marina Zwetajewa handelt es sich um Romanauszüge, die so gewählt wurden, dass sie als eigenständige Short Storys gelesen werden können.

einer möglichst vielstimmigen globalen Zusammenschau folgen, konnte das Kriterium der Beschränkung kein räumliches, sondern nur ein zeitliches sein. So wurde schließlich der Fokus auf die Geburtenjahrgänge 1850 bis 1921 gelegt. Die einzige Ausnahme von dieser Regel ist Sofja Tolstaja, die 1844 geboren ist und den Auftakt macht. Dass die Auswahl von 101 Short Storys mit dem Geburtsjahrgang 1921 endet – enden muss, um den stattlichen Band nicht zu sprengen –, erklärt, warum viele jüngere Exponentinnen der weiblichen Moderne und Nachmoderne leider (noch) nicht zu Wort kommen können: Grace Paley (1922–2007), Agustina Bessa Luís (1922–2019), Nadine Gordimer (1923–2014), Friederike Mayröcker (1924–2021), Flannery O'Connor (1925–1964), Ana María Matute (1925–2014), Harper Lee (1926–2016), Ingeborg Bachmann (1926–1973), Jane Gardam (1928–), Paule Marshall (1929–2019), Christa Wolf (1929–2011), Alice Munro (1931–), Toni Morrison (1931–2019), Sylvia Plath (1932–1963), Françoise Sagan (1935–2004), Inger Christensen (1935–2009) oder Lucia Berlin (1936–2004). Und auch viele Autorinnen aus dem globalen Süden müssten hier mit Storys vertreten sein, gäbe es da nicht den Zwang eines zeitlichen Schnitts: Efua Sutherland (1924–1996), Beryl Gilroy (1924–2001), Mariama Bâ (1929–1981), Grace Ogot (1930–2015), Mabel Segun (1930–), Flora Nwapa (1931–1993), Lauretta Ngcobo (1931–2015), Jean Arasanayagam (1931–2019), Adaora Lily Ulasi (1932–2016), Miriam Tlali (1933–2017) oder Bessie Head (1937–1986).

Der weltliterarische Kanon war noch nie eine feststehende, in Stein gemeißelte Einrichtung, und seine Aufnahmekriterien für Klassiker und Klassikerinnen waren immer schon diversen Konjunkturen und Revisionen unterworfen. Man muss keine Wahrsagerin sein, um abzusehen, dass der weltliterarische Kanon in Zukunft deutlich globaler und deutlich weiblicher werden wird. Zu dieser überfälligen kanonischen Horizonterweiterung will der vorliegende Band einen Anstoß geben. Ohne verlegerische Initiative keine Wahrnehmung durch Leserinnen und Leser. Und ohne Wahrnehmung keine angemessene Wertschätzung. Es ist zu hoffen, dass die *Prosaischen Passionen* dank positiver Resonanzen in absehbarer Zukunft eine Fortsetzung finden können.

Horst Lauinger, Manesse Verlag

DANKSAGUNG

Für ihre Bereitschaft, sachkundig und konspirativ an dieser Anthologie mitzuwirken, danken die Herausgeberin und der Manesse Verlag den Übersetzerinnen Bettina Abarbanell, Sabine Allafi, Lucy Bassenge, Bettina Blumenberg, Almuth Degener, Tanja Handels, Gesa Hasebrink, Nora Hauser, Sara Heigl, Marion Hertle, Beatrix Hesse, Ciani-Sophia Hoeder, Aurelia Jonas, Young-Sun Jung, Marion Kraft, Nathalie Lemmens, Barbara Linner, Katharina Martl, Silvia Morawetz, Andrea Ott, Dagmar Ploetz, Christiane Pöhlmann, Sigrid Ruschmeier, Nicole Seifert, Viola Siegemund, Ruth Stöbling, Uda Strätling, Leslie Tramontini, Melanie Walz und Irma Wehrli sowie den Übersetzern Mohammad Hossein Allafi, Eduard Klopfenstein, Wolfgang Schamoni, Benjamin Schwarz und Michael Stein.

Außerordentlich hilfreich war die tatkräftige Unterstützung bei der Lizenzklärung durch Theresa Lantenhammer sowie bei der Textrecherche und der Verifizierung der Autorinnenviten durch Margarete Ammer, Aimée Dornier, Katharina Hierling, Ruth Keen, Hildegard Elisabeth Keller, Ursula Keller, Konstantinos Kosmas, Petra Kössler, Marlena Roth, Tanja Plodek, Eva Profousová, Marietes Sales, Rafik Schami, Katrin Sorko, Linda Walz und Birgit Westermann. Auch ihnen gebührt der Dank des Verlags, ganz besonders jedoch Christine Liebl, die, zwanzig Jahre lang für dessen Pressearbeit verantwortlich, so vieles zum Guten gewendet und auch in turbulenten Zeiten nie «den Übermut verloren» hat.

AUTORINNENVITEN

Ilse **Aichinger** (1921–2016) wurde als Tochter einer Ärztin und eines Lehrers in Wien geboren und verbrachte die ersten Lebensjahre in Linz. Nach der Scheidung der Eltern 1927 kehrte sie mit Mutter und Zwillingsschwester nach Wien zurück, wo sie die Klosterschule besuchte. Im März 1938, mit dem Einmarsch Hitlers in Österreich, verlor die jüdische Mutter ihre Anstellung als Amtsärztin, die Praxis und die Wohnung. Die geplante Flucht der Familie scheiterte am Kriegsausbruch, nur die Schwester schaffte es, im Sommer 1939 mit dem Kindertransport nach England zu entkommen. Die Großmutter mütterlicherseits sowie Onkel und Tanten wurden 1942 deportiert und ermordet. Ihre Mutter überlebte nur, weil Ilse Aichinger sie nach Erreichen der eigenen Volljährigkeit im ehemaligen «Hotel Metropol» vis-à-vis vom Wiener Gestapo-Hauptquartier versteckte. Bis 1945 dienstverpflichtet und als «Halbarierin» nicht studienberechtigt, konnte sie sich erst nach Kriegsende für Medizin immatrikulieren. 1947 begann sie am Roman *Die größere Hoffnung* zu schreiben und brach das Studium ab. 1949 trat sie ins Lektorat des S. Fischer Verlags ein und beteiligte sich 1950 an der Gründung der Ulmer Hochschule für Gestaltung. 1951 las sie bei der Gruppe 47 und wurde im Jahr darauf für die *Spiegelgeschichte* ausgezeich-net. 1953 heiratete sie den Autor Günter Eich, im Jahr darauf kam Sohn Clemens zur Welt, 1957 Tochter Mirjam. 1972 starb ihr Mann. 1979 wurde sie mit dem Georg-Trakl-Preis, 1983 mit dem Franz-Kafka-Preis und 1984 mit dem → Marie-Luise-Kaschnitz-Preis ausgezeichnet. Sie lebte vorübergehend in Frankfurt am Main, bevor sie 1988 in ihre Geburtsstadt zurückkehrte, wo sie Ende der 1990er-Jahre nach eineinhalb Jahrzehnten Schaffenspause wieder zu schreiben begann. 1995 erhielt sie den Großen Österreichischen Staatspreis für Literatur. 1998 verunglückte ihr Sohn tödlich. Sie starb fünfundneunzigjährig in Wien.

Taos **Amrouche** (1913–1976) entstammt einer kabylischen Berber-Familie, die nach der Konversion zum Katholizismus von Algerien nach Tunesien geflohen war. Sie wuchs als einziges Mädchen mit sechs Brüdern in Tunis auf, wo sie ihre Schulbildung erhielt und 1934 ihren Abschluss machte. Kabyle und Französisch waren ihre Muttersprachen. 1935 ging sie zum Besuch der École Normale nach Sèvres und unterrichtete an einer Internatsschule in Radès. Ab 1936 sammelte sie mit ihrer Mutter, der Sängerin Fadhma Aït Mansour, und ihrem Bruder Jean Kabyle-Lieder. 1937 präsentierte sie ihr Repertoire in Paris, 1938 in München. 1939 erhielt sie ein Stipendium für die vergleichende Erforschung berberischer und spanischer Volksliedern an der Casa Velasquez in Madrid. Dort lernte sie den französischen Maler André Bourdil kennen, ihren späteren Ehemann. 1943 kam Tochter Laurence zur Welt. Mit ihrer Familie zog sie erst nach Tunis, dann nach Algier und 1945 nach Frankreich. Ihr autobiografisch inspiriertes Romandebüt *Jacinthe noir (Schwarzer Hyazinth)* erschien 1947 als eines der frühesten Werke, die von einer nordafrikanischen Autorin auf Französisch veröffentlicht wurden, wobei ihr Stil die mündliche Erzähltradition der kabylischen Berber widerspiegelte. 1960 veröffentlichte sie ihren zweiten Roman *La Rue des tambourins (Die Straße der Tamburine)*. Eine Sammlung von Berber-Legenden, Erzählungen, Liedern und Gedichten erschien 1966 mit dem Titel *La Grain magique* und unter ihrem Künstlernamen Marguerite-Taos. Sie engagierte sich für die bedrohte Kultur der Berber und gehörte 1966 zu den Gründern der Académie berbère. Ihr erstes Album *Chants berbères de Kabylie* (1967), eine Sammlung traditioneller kabylischer Lieder, begründete ihren Ruf als Sängerin. Sie starb dreiundsechzigjährig im südfranzösischen Saint-Michel-l'Observatoire.

Djuna Barnes (1892–1982), geboren in Cornwall-on-Hudson, New York, wuchs auf der elterlichen Farm auf und wurde vom Vater und von der Großmutter unterrichtet. Ihre erste formale Schulbildung genoss sie nach dem Umzug nach New York City 1912. Schon mit elf Jahren veröffentlichte sie Reportagen, Interviews und Illustrationen im *Brooklyn Eagle*. 1915 erschien ihr Sammelband *The Book of Repulsive Women*. 1917 heiratete sie

Courtenay Lemon, verließ ihn jedoch 1919 und ging 1920 als Korrespondentin nach Paris. Dort schrieb sie für Magazine wie *Vanity Fair, Charm* und *The New Yorker* und lernte Peggy Guggenheim sowie Natalie Barney kennen, zu deren lesbischem Zirkel Mina Loy, Janet Flanner, Solita Solano und → Gertrude Stein gehörten. Ab 1923 lebte sie mit der Bildhauerin Thelma Wood zusammen. *A Book* von 1923 (1929 als *A Night Among the Horses,* dt. *Eine Nacht mit Pferden,* neu aufgelegt), vereinte Skizzen, Lyrik, Prosa und einen Einakter. 1928 erschien die fiktionale Familiengeschichte *Ryder* und der *Ladies Almanack,* eine Satire auf Natalie Barney und ihren Kreis. Nach der Trennung von Thelma Wood übersiedelte sie 1931 auf den englischen Landsitz Peggy Guggenheims und begann am zweiten Roman *Nightwood (Nachtgewächs)* zu schreiben. T. S. Eliot sah darin ein Schlüsselwerk der Moderne. Anfang der 1940er-Jahre kehrte die Autorin nach New York zurück, wo sie vier Jahrzehnte in einem Ein-Zimmer-Apartment in Greenwich Village von Sozialhilfe und Peggy Guggenheims Zuwendungen lebte. Zu ihrem Spätwerk zählen das Versdrama *The Antiphon* (1958), der Kurzprosaband *Spillway* (1962) sowie zwei Essays, *Vagaries Malicieux* (1975). Sie wurde neunzig Jahre alt. Posthum erschienen *Creatures in an Alphabet* (1982) sowie *Smoke, and Other Early Stories* (1982).

Simone de Beauvoir (1908–1986) wurde als ältere von zwei Töchtern in Paris geboren. Sie entstammte einem nach dem Ersten Weltkrieg verarmten Adelsgeschlecht und absolvierte das katholische Mädcheninstitut Cours Desir. Nach dem Abitur studierte sie Philologie und Philosophie an der Sorbonne, am Institut Sainte-Marie und an der Elitehochschule École normale supérieure. 1929 begegnete sie Jean-Paul Sartre. Gemäß der Lehre des Existenzialismus führten sie eine offene Zweierbeziehung, die im Unterschied zur Ehe auf Lebenszeit durch einen befristeten Partnerschaftsvertrag bestimmt und alle zwei Jahre erneuert wurde. Nach Lehraufträgen an Lyzeen in Marseille und Rouen kehrte sie nach Paris zurück. Schon früh hatte sie sich an Novellen und Kurzgeschichten versucht, die erste, *Quand prime le spirituel (Marcel, Lisa, Chantal)*, blieb unveröffentlicht. 1939 entstand ihre Novelle *L'invitée (Sie kam und blieb)*, die, als sie 1943 publiziert wurde, ihre Karriere als freie Schriftstellerin begründete. 1947 unternahm sie eine USA-Reise, aus der ihr Bericht über *L'Amérique au jour le jour* entstand. Mit dem zweibändigen Traktat *Le deuxième sexe (Das andere Geschlecht)* wurde sie 1949 zur Vorreiterin der Sexismuskritik. Ihr politisches Engagement machte sie zur Galionsfigur der linksintellektuellen «Internationale». Sie verfasste Reisereportagen, Essays und eine Autobiografie in vier Bänden, ferner Romane und Erzählungen – von *Tous les hommes sont mortels* (1946, dt. *Alle Menschen sind sterblich*) über *Les Mandarins* (1954), für das sie den Prix Goncourt erhielt, bis *La femme rompue, suivi de Monologue et de L'âge de discrétion* (1968, dt. *Eine gebrochene Frau*). Sie starb sechs Jahre nach Sartre in Paris. Posthum erschien 2020 ihr Roman einer jugendlichen Frauenliebe *Les inséparables (Die Unzertrennlichen)*.

Eloïse Bibb Thompson (1878–1928) wurde als Eloïse Alberta Veronica Bibb in New Orleans geboren, wo sie eine katholische Mädchenschule besuchte und schon im Alter von siebzehn Jahren *Poems* (1895) veröffentlichte. Eines der sechsundzwanzig Gedichte ist ihrer Freundin gewidmet, der Schriftstellerin → Alice Dunbar-Nelson. Sie ließ sich an der New Orleans University und an der Oberlin Academy zur Lehrerin ausbilden und unterrichtete an einer öffentlichen Schule. 1903 trat sie in die Howard University ein und machte ihren Abschluss 1908 am Teachers' College. Bis 1911 leitete sie das Colored Social Settlement in Washington, D. C., dann heiratete sie Noah D. Thompson und zog mit ihm nach Los Angeles. 1914 reiste sie nach Wien, um sich einer Krebsbehandlung zu unterziehen. Wieder zurück, schrieb sie für die *Los Angeles Sunday Tribune*, die *Morning Sun* und das Magazin *Out West*, trat dem Catholic Women's Club of Los Angeles und den «Ink Slingers» (einem Literatenclub) bei und begann Theaterstücke zu schreiben. Gleich ihr erstes – *A Reply to the Clansman* –, eine Abrechnung mit Thomas Dixons Roman *The Clansman*, in dem der Ku-Klux-Klan verherrlicht wird, löste Kontroversen aus. Das Stück wurde wohlwollend rezensiert, aber nicht inszeniert. Auf die Bühne gelangten hingegen *Caught (Gefangen)*, uraufgeführt 1920 von den Playcrafters im Gamut Club, *Africans*, uraufgeführt 1922 am Los Angeles Grand Theatre, und *Cooped Up (Eingepfercht)*, das 1924 am New York City Lafayette Theatre in der Inszenierung der Ethiopian Art Players zu sehen war. Daneben schrieb die Autorin zwei Kurzgeschichten: *Masks (Masken)* und *Mademoiselle 'Tasie* erschienen 1925 und 1927 in *Opportunity*. Sie studierte an der Columbia University, der University of Southern California und 1927 an der New York University.

Kurz nach dem Umzug an die Ostküste erlag sie mit neunundvierzig Jahren ihrer Krebserkrankung.

Tania Blixen (1885–1962) wurde als Karen Christenze Dinesen in Rungstedlund nahe Kopenhagen geboren und wuchs mit vier Geschwistern auf. Ihr Vater beging Selbstmord, als sie zehn Jahre alt war. Nach dem Schulabschluss besuchte sie Fräulein Sode's Kunstschule sowie die Königlich Dänische Kunstakademie und studierte Malerei in Paris und Rom. 1907 erschien ihr Debüt *Eneboerne (Der Einsiedler)* unter dem Pseudonym Osceola. 1914 heiratete sie den schwedischen Baron Bror Blixen-Finecke und folgte ihm nach Britisch-Ostafrika (heute Kenia). Auf der Mbagathi-Farm am Fuße der Ngong-Berge fand sie ein neues Zuhause und ihre Berufung als Kaffeepflanzerin. Nachdem ihr Ehemann sie mit Syphilis angesteckt und sie sich einer Quecksilbertherapie unterzogen hatte, litt sie bis ans Lebensende an chronischen Schmerzen. 1921 verließ Bror sie, die Ehe wurde 1925 geschieden. 1924 war sie von ihrer großen Liebe, dem englischen Freigeist Denys Finch Hatton, schwanger und hatte eine Fehlgeburt. 1925 ging sie für ein Jahr nach Dänemark. Zurück in Afrika, erlitt sie eine zweite Fehlgeburt. 1929 zerbrach die Beziehung mit Denys, der 1931 bei einem Flugzeugabsturz starb. Kurz darauf ging die Kaffeeplantage bankrott, und sie kehrte nach Dänemark zurück. Dort, *Jenseits von Afrika,* schrieb sie ihr autobiografisches Lebensbuch, das ihr bei Erscheinen 1937 Weltruhm eintrug und 1985 mit Meryl Streep und Robert Redford in den Hauptrollen verfilmt wurde. Sie verfasste ihre Prosawerke auf Englisch und Dänisch. Weltberühmt wurde auch die

Erzählung *Babettes gæstebud (Babettes Gastmahl),* 2022 in Erstübersetzung aus dem dänischen Original erschienen. Die Gelegenheit, sie bei Vergabe des Literaturnobelpreises 1962 abermals zu übergehen, wurde durch die Todesnachricht im September desselben Jahres zunichtegemacht.

María Luisa Bombal (1910–1980) wurde als Tochter eines französischstämmigen Vaters und einer Mutter mit deutschen Vorfahren in Viña del Mar, Valparaiso, geboren und wuchs auf einem chilenischen Landgut am Río Malleco auf. Nach dem Tod des Vaters brachte die Mutter sie nach Paris, wo sie das Collège Notre Dame de l'Assomption und das Lycée La Bruyère besuchte sowie an der Sorbonne Philosophie und Literatur studierte. Mit zwanzig kehrte sie nach Südamerika zurück, schloss Bekanntschaft mit Pablo Neruda und ging mit ihm und seiner Frau 1933 nach Buenos Aires. Hier schrieb sie ihr Romandebüt *La Última Niebla (Der letzte Nebel),* das 1934 für Furore sorgte. Nach dem Scheitern der Ehe mit dem Luftfahrtpionier Eulogio Sánchez litt sie unter Depressionen und beging einen Selbstmordversuch. 1935 heiratete sie den homosexuellen Künstler Jorge Larco, von dem sie sich kurz darauf wieder scheiden ließ. Ab 1937 verfasste sie Drehbücher. 1938 erhielt sie für den Kurzroman *La Amortajada (Die Frau im Leichenhemd)* den Premio de la Novela de la Municipalidad de Santiago. 1939 folgten die Erzählungen *Las Islas Nuevas (Die neuen Inseln)* und *El Árbol (Der Baum).* Aufsehen erregte 1941 ihr Mordanschlag auf Eulogio Sánchez, den er überlebte. Dank seiner entlastender Aussage wurde sie vor Gericht freigesprochen. Sie ging in die USA und heiratete

1944 Fal de Saint Phalle y Chabannes. 1946 kam ihre Tochter Brigitte zur Welt. 1947 erschien der Roman *The House of Mist (Haus des Nebels)*, 1960 die Chronik *La Maja y el Ruiseñor (Die Maya und die Nachtigall)*. Nach dem Tod ihres Mannes 1969 zog sie 1971 wieder nach Buenos Aires und kehrte 1973 ins Haus ihrer Mutter nach Viña del Mar zurück. 1977 zeichnete sie die Academia Chilena de la Lengua für *La Historia de María Griselda (Die Geschichte von María Griselda)* aus. Sie starb in Santiago de Chile an einer Magenblutung.

Caroline Bond Day (1889–1948) wurde als Caroline Fagan Stewart in Montgomery, Alabama, geboren und besuchte das Tuskegee Institute. Den Bachelor erwarb sie 1912 an der Atlanta University und wechselte 1916 für ein Zweitstudium ans Radcliffe College, wo sie als eine der ersten Afroamerikanerinnen einen Abschluss in Anthropologie machte. In ihrer College-Zeit spielte sie in Shakespeare-Stücken mit und arbeitete als Schreibkraft für die YMCA und den *Circle for Negro Relief*. 1919 veröffentlichte sie in *The Crisis*, der Zeitschrift der National Association for the Advancement of Colored People, ihre erste Kurzgeschichte: *A Fairy Story*. 1920 heiratete sie Aaron Day, Jr. Sie wurde zur Dean of Women am Paul Quinn College in Waco ernannt und unterrichtete ab 1921 Englisch am State College of Texas. Neben der Anthropologie blieb das Theater ihr zentrales Wirkungsgebiet. 1925 listete sie etwa in *What Shall We Play?* Bühnenstücke auf, die mit schwarzen Schauspielerinnen und Schauspielern besetzt werden können. Für ihre Short Story *The Pink Hat (Der rosa Hut)* gewann sie 1926 den dritten Preis bei einem Wettbewerb der Zeitschrift *Opportunity*. Als schwarze Vorreiterin in einer von weißen, männlichen Wissenschaftlern dominierten Fachdisziplin besetzte sie 1929 eine Forschungsstelle für Anthropologie in Radcliffe. Auf bahnbrechende Weise befasste sie sich mit der gemischtethnischen Mittelschicht in den USA und der umstrittenen Thematik des *Race Crossing* (so ein Aufsatz von 1930). Sie machte ihren Master und veröffentlichte 1932 ihre Arbeit *A Study of Some Negro-White Families in the United States*. Weitere universitäre Stationen waren die Howard University und ab 1939 das North Carolina College for Negroes. An einem Herzklappenfehler leidend, starb sie mit nur achtundfünfzig Jahren.

Marita Odette Bonner (1899–1971) wuchs mit drei Geschwistern in Brookline, einem Bostoner Vorort, auf und besuchte die High School. Nach dem Abschluss schrieb sie sich 1918 am Radcliffe College in Cambridge ein. Weil Studierende schwarzer Hautfarbe nicht auf dem Campus wohnen durften, war sie gezwungen, von Brookline aus zu pendeln. Neben Komparatistik und Englisch studierte sie Germanistik und Komposition und begründete die Bostoner Ortsgruppe der schwarzen Studentinnenverbindung Delta Sigma Theta Sorority. 1922 begann sie, am Bluefield Colored Institute in West Virginia zu unterrichten, 1924 nahm sie eine Stelle an der rein schwarzen Armstrong High School in Washington, D. C. an. In ihrem Essay *Being Young – A Woman – And Colored* von 1925 benannte sie Diskriminierungen, denen Schwarze und insbesondere schwarze Frauen ausgesetzt waren, und appellierte an diese, mentale Stärke zu zeigen. Sie schloss sich einem schwarzen Künstlerzirkel an, der sich im Saturday Salon der Dramatikerin Georgia Douglas Johnson traf. Hier verkehrten neben Jean Toomer, Langston Hughes und Countée Cullen auch Exponentinnen der New Negro Renaissance, so Anne Spencer, May Miller, Angelina Weld Grimké, Zora Neale Hurston oder Jessie Redmon Fauset. Ihre Short Storys erschienen in *Crisis* und *Opportunity*, manche unter dem Pseudonym Joseph Maree Andrew. 1930 heiratete sie William Almy Occomy und ging mit ihm 1931 nach Chicago, wo sie zur gefeierten Autorin von Kurzgeschichten wurde. 1941 gab sie ihre Karriere als Schriftstellerin auf, um sich um ihre drei Kinder William Almy, Warwick Gale und Marita Joyce zu kümmern und in den Schuldienst zurückzukehren. Wenige Tage nach einem Wohnungsbrand starb sie an den Folgen der dabei erlittenen Rauchgasvergiftung.

Elizabeth Bowen (1899–1973), geboren als Elizabeth Dorothea Cole, entstammte einer anglo-irischen Landadelsfamilie und wuchs in der Grafschaft Cork und in Dublin auf. Nach der psychischen Erkrankung des Vaters übersiedelte sie 1907 mit ihrer Mutter nach England, verlor diese aber bereits als Dreizehnjährige und kam in die Obhut ihrer Tanten. Sie besuchte die Downe House School in Cold Ash, Berkshire, und studierte an einer Londoner Kunstschule, nahm Kontakt zur Bloomsbury Group auf und freundete sich mit der Autorin Rose Macaulay an, die ihr bei der Suche nach einem Verlag für ihren Erstling behilflich war: *Encounters*, eine Sammlung von Short Storys, erschien 1923. Im selben Jahr ging sie eine platonische Ehe mit Alan Cameron ein, die von diversen Affären, etwa mit dem irischen

Schriftsteller Seán Ó Faoláin und der US-Dichterin May Sarton, begleitet wurde. In Oxford und London entstanden die Romane *The Last September (Der letzte September)* von 1929, *To the North (Die Fahrt in den Norden)* von 1932 und *The Death of the Heart (Kalte Herzen)* von 1938. Auf Bowen's Court empfing sie in den 1930er-Jahren → Virginia Woolf, Eudora Welty, → Carson McCullers, → Iris Murdoch und die Historikerin Veronica Wedgwood. Von 1940 bis zum Ableben ihres Mannes 1952 wohnte sie in Dublin, danach zog sie auf ihren Landsitz zurück, den sie 1959 veräußern musste. Nach Jahren wechselnder Aufenthalte fand sie in Carbery, Hythe, ihr neues Zuhause. Ihr letzter Roman *Eva Trout, or Changing Scenes (Eva Trout)* von 1968 stand 1970 auf der Shortlist für den Man Booker Prize. Sie erlag in London ihrem Lungenkrebs. Neben zehn Romanen und dreizehn Erzählbänden hinterließ sie Essays, Kindheitserinnerungen (1942), ein Reisetagebuch *(A Time in Rome)* von 1960 sowie *Collected Impressions* (1950) und *Afterthought: Pieces About Writing* (1962).

Gwendolyn Brooks (1917–2000) wurde in Topeka, Kansas, geboren und wuchs in Chicago auf, wohin ihre Eltern wenige Wochen nach ihrer Geburt übersiedelt waren. Ihre Grundschulausbildung erhielt sie an der Forestville Elementary School und an der Hyde Park High School, wechselte an die Wendell Phillips High School und machte 1935 ihren Abschluss an der Englewood High School. Sie besuchte das Wilson Junior College und arbeitete als Schreibkraft. Ihr erstes Gedicht *Eventide (Abendstunde)* hatte sie mit dreizehn im Magazin *American Childhood* veröffentlicht, mit siebzehn erschienen regelmäßig

Gedichte in der Lyrikkolumne *Lights and Shadow* des *Chicago Defender*. 1939 heiratete sie Henry Lowington Blakely, bekannt als «*the Poet of 63rd Street*». Mit ihm bekam sie 1940 Sohn Henry und 1951 Tochter Nora. 1941 nahm sie an einem Lyrik-Workshop am South Side Community Art Center teil, wo sie vor Langston Hughes *The Ballad of Pearl May Lee* las. 1945 erschien ihr Gedichtband *A Street in Bronzeville (Eine Straße in Bronzeville)*, 1950 wurde sie für den Lyrikband *Annie Allen* als erste Schwarze mit dem Pulitzerpreis ausgezeichnet. 1953 folgte mit *Maud Martha* ihr einziger Roman. Sie engagierte sich in der US-Bürgerrechts- und Black-Arts-Bewegung, unterrichtete Amerikanische Literatur u. a. an der University of Chicago, der Columbia University und am Elmhurst College sowie Gangmitglieder der Blackstone Rangers in kreativem Schreiben. 1968 erschien *In the Mecca*. Für das Programmheft des Weltmeisterschaftskampfs zwischen Muhammad Ali und Joe Frazier im März 1971 schrieb sie das Gedicht *Black Steel (Schwarzer Stahl)*. 1976 wurde sie als erste Schwarze in die American Academy of Arts and Letters aufgenommen, 1990 wohnte sie der Einweihung des Gwendolyn Brooks Center an der Chicago State University bei. Sie erhielt über siebzig Auszeichnungen von Universitäten und Colleges weltweit.

Lydia Cabrera (1899–1991), als jüngstes von acht Kindern in Havanna geboren, wurde von Hauslehrern unterrichtet und besuchte ein privates Mädcheninstitut. In der Literaturzeitschrift ihres Vaters *Cuba y America* schrieb sie mit dreizehn eine wöchentliche Kolumne. 1927 traf sie auf dem panamerikanischen Journalistenkongress in Havanna die venezolanische Schriftstellerin → Teresa de la Parra, mit der sie sich anfreundete. In Paris studierte sie Malerei an der Academie Moderne unter Leitung von Fernand Léger sowie an L'École du Louvre, wo sie ihren Abschluss machte. Daneben hörte sie Vorlesungen zu den Religionswissenschaften. Teresa de la Parra, gleichfalls in Europa, weckte ihr Interesse an den afrokubanischen Überlieferungen ihrer Heimat. Ihr erstes Buch, eine Sammlung von zweiundzwanzig «Transpositionen» (verwandelnden Nacherzählungen), erschien 1936 zuerst auf Französisch und 1940 auch auf Spanisch: *Cuentos negros de Cuba (Schwarze Geschichten aus Kuba)*. Zurück in Havanna, folgte 1938 mit *¿Por Qué? Cuentos negros de Cuba (Warum? Schwarze Geschichten aus Kuba)* eine Fortsetzung mit achtundzwanzig Prosastücken. Ab dann widmete sie ihr Schaffen afrokubanischer Kultur, Folklore and Religion jenseits der erzählerischen Fiktion. *El Monte (Der Berg)* von 1954 ist eine anthropologische Studie der synkretistischen Santería-Religion, *Anagó: Lucumí Vocabulary (Das Anagó)* von 1957 eine Untersuchung des Yoruba-Idioms Lucumí. Ethnologischen Charakter hat ihre Schrift zum afrokubanischen Geheimbund der Abakuás *(La sociedad secreta Abakuá, narrada por viejos adeptos)*. Nach der kubanischen Revolution von 1959 verließ sie ihre Heimat für immer. Sie ging nach Madrid und von dort nach Miami. Sie starb hochangesehen und mit Ehrendoktortiteln ausgezeichnet in Miami, Florida.

Adelaide Casely-Hayford (1868–1959), geborene Smith, kam als zweitjüngstes von sieben Kindern eines Fante-Häuptlings und einer kreolischen Mutter mit jamaikanischen Maroon- und westafrikanischen Mandinka-Vorfahren in Freetown zur Welt. Der englische Name stammte vom Großvater väterlicherseits. Mit ihrer Familie übersiedelte sie 1872 aus der britischen Kolonie Sierra Leone nach England, wo sie das Jersey Ladies' College in St. Helier besuchte. Ihre Mutter starb, als sie sieben Jahre alt war. Nach dem College-Abschluss ging sie für drei Jahre nach Stuttgart, um am Konservatorium Musik zu studieren und Deutsch zu lernen. 1897 kehrte sie nach Afrika in die Gold Coast Colony (das heutige Ghana) zurück. Als Anhängerin der panafrikanischen Bewegung setzte sie sich intensiv mit der eigenen multiethnischen Identität und ihrem speziellen Status als «a black white woman» auseinander. 1903 heiratete sie in London den Rechtsanwalt Joseph E. Casely-Hayford, auch er ein Angehöriger der Black-British-Elite und im politischen Unabhängigkeitskampf engagiert. Im Jahr darauf brachte sie Tochter → Gladys zur Welt. Dauerhaft von ihrem Mann getrennt, wurde sie zur Initiatorin der Frauenrechts- und Racial-Pride-Bewegung ihres Heimatlandes. Sie war Präsidentin der Universal Negro Improvement Association und der Young Women's Christian Association. 1920 und 1925 unternahm sie Fundraising-Touren durch die USA, um Geld für die reformatorische Girls' Vocational School zu sammeln, die sie zusammen mit ihrer Schwester 1923 in Freetown eröffnete. Dort wurden die Schülerinnen darin bestärkt, ein positives, emanzipatorisches Bewusstsein als Afrikanerinnen zu entwickeln. Als Siebzigjährige gab sie die Leitung der Mädchenschule ab und begann Memoiren und Short Storys zu schreiben. 1950 starb ihre Tochter Gladys.

Gladys Casely-Hayford (1904–1950), Tochter von → Adelaide Casely-Hayford und eines ghanaischen Rechtsanwalts, wuchs in Freetown unter den «Creoles» auf, sprach Fanti und Englisch. Zur Behandlung einer Hüftfehlstellung reiste ihre Mutter mit ihr nach England, wo sie bis 1914 blieb. Zurück in Freetown, besuchte sie die Annie Walsh Memorial School, schrieb Gedichte und lernte Klavier. 1919 ging sie auf das Penrhos College in Nordwales und 1920 an die Copeland School in Brighton. 1924 wieder in Westafrika, arbeitete sie als Journalistin des Gold Coast Leader und unterrichtete 1926 an der Girls' Vocational School afrikanische Folklore und Literatur. 1927 wurde sie von ihrer Mutter auf einer Amerikareise unter dem Namen Aquah Laluah als «the grand-daughter of a native king» vermarktet, die US-Magazine Opportunity und Atlantic Monthly druckten ihre Gedichte ab. Sie publizierte Nacherzählungen afrikanischer Legenden in The Sierra Leone Weekly News und schloss sich 1929 in England als Tänzerin und Puppenmacherin afrikanischen Straßenmusikern an. Die Tournee führte sie 1930 nach Berlin und Stockholm. Mit ihrem Partner Big Boy, einem Musiker aus Kamerun, spielte sie Spirituals und Jazz. 1931 ging sie nach Oxford, um am Ruskin College zu studieren. Dort erlitt sie 1932 einen Zusammenbruch und wurde in die Psychiatrie von Littlemore eingewiesen. Nach der Entlassung kehrte sie nach Freetown zurück, wo sie 1935 Arthur Hunter heiratete. 1939 brachte sie in Accra ihren Sohn Kobina zur Welt. Als die Ehe scheiterte, zog sie nach Wilberforce und schrieb Gedichte, Dramen und Bühnenshows auf Krio und Englisch. 1948 erschien ihr Lyrikband Take Um So.

Zuletzt war sie als Lehrerin in Keta in der Volta-Region des heutigen Ghana tätig, wo sie siebenundvierzigjährig einer Malaria-Infektion erlag.

Willa Cather (1873–1947) kam als Wilella Sibert Cather auf einer Ranch in Gore, Virginia, zur Welt und wuchs als ältestes von sieben Kindern einer Baptistenfamilie auf. Nach dem Umzug nach Nebraska 1883 verbrachte sie ihre Jugend in Red Cloud. Ab 1890 studierte sie an der University of Nebraska, veröffentlichte Kurzgeschichten und Theaterkritiken. Nach dem Examen ging sie nach Pittsburgh, um am *Home Monthly* und am *Pittsburgh Daily Leader* mitzuarbeiten. 1900 begann sie klassische Literatur und Englisch zu unterrichten. 1905 veröffentlichte sie den Erzählband *The Troll Garden (Der Garten der Trolle)*. In New York schrieb sie ab 1906 für *McClure's Magazine* und wurde dessen Herausgeberin. 1911 kündigte sie, um als freie Autorin zu arbeiten und mit der Schriftstellerin Edith Lewis zusammenzuziehen. Ihr erster Roman, *Alexander's Bridge (Alexanders Brücke)*, erschien 1912, im Jahr darauf *O Pioneers! (Unter den Hügeln die kommende Zeit)*, den sie ihrer 1909 verstorbenen Freundin Sarah Orne Jewett widmete, 1915 folgte *The Song of the Lark (Das Lied der Lerche)* und 1918 *My Antonia (Meine Antonia)*. 1922 trat sie der Episkopalkirche bei und schrieb 1926 *My Mortal Enemy (Mein ärgster Feind)* und 1927 *Death Comes for the Archbishop (Der Tod kommt zum Erzbischof)*. Für *One of Ours (Sei leise, wenn du gehst)* gewann sie 1923 den Pulitzerpreis, für *Shadows on the Rock (Schatten auf dem Fels)* von 1931 den Prix Femina Americaine. Während der Arbeit an ihrem Roman *Lucy Gayheart*

(1935) suchte sie ein Handgelenksleiden heim. Am Schreiben gehindert, veröffentlichte sie nur noch einen weiteren Roman: *Sapphira and the Slave Girl* (1940). Mit Ehrendoktorwürden überhäuft und in die American Academy of Arts and Letters gewählt, starb sie in New York an einer Hirnblutung und wurde in New Hampshire beigesetzt.

Eileen Chang (1921–1995), als Zhang Ailing in Shanghai geboren, zog mit ihrer wohlhabenden Familie in die nordchinesische Hafenstadt Tianjin. Sie wurde zweisprachig erzogen und kam früh sowohl mit der chinesischen Tang-Dichtung als auch mit westlicher Bildung in Kontakt. 1924 wurde sie von der Mutter nach England mitgenommen und kehrte 1928 nach Shanghai zurück, wo sie ihren Namen anglisierte und die Mädchenschule St. Mary's Hall besuchte. Als Neunjährige schrieb sie ihre erste Kurzgeschichte. Nach der Scheidung der Eltern zog sie mit ihrem Bruder zum Vater und zur Stiefmutter. Ab 1939 studierte sie englische Literatur an der University of Hong Kong, wo sie Fatima Mohideen kennenlernte. Nach der japanischen Okkupation der britischen Kronkolonie ging sie nach Shanghai zurück. 1943 debütierte sie mit dem Roman *Qīngchéng zhī liàn (Liebe in einer gefallenen Stadt)*, gefolgt von den Erzählungen *Chenxiang xie, di yi lu xiang (Der Weihrauchkessel)* und *Jīnsuǒjì (Das goldene Joch)*, letztere in *Zazhi* erschienen. 1944, im Jahr ihrer Heirat mit dem politischen Aktivisten Hu Lancheng, wurde sie mit dem Novellenband *Chuanqi (Romanzen)* berühmt. 1947 wurde die Ehe geschieden. 1953 ging sie nach Hongkong, um als Übersetzerin für den United States Information Service zu arbeiten.

Den Wechsel in die englische Literatursprache vollzog sie mit ihrem Roman *The Rice Sprout Song (Das Reispflanzerlied)* von 1955. Von Schriftsteller Ferdinand Reyher schwanger, ließ sie das Kind auf dessen Wunsch abtreiben. Im Jahr darauf heiratete sie ihn, zog nach New Hampshire und wurde 1960 US-Staatsbürgerin. Von 1969 bis 1971 hatte sie einen Forschungsauftrag im Center for Chinese Studies in Berkeley inne. In den letzten Lebensjahren widmete sie sich in Los Angeles Übersetzungen klassischer chinesischer Werke.

Andrée Chedid (1920–2011) wurde als Andrée Saab in Kairo geboren. Ihre Vorfahren väterlicherseits waren maronitische Christen aus dem Libanon, mütterlicherseits griechisch-orthodoxe Christen aus Damaskus. Mit zehn lernte sie Englisch und Französisch, mit vierzehn ging sie nach Europa und studierte nach ihrer Rückkehr an der Amerikanischen Universität in Kairo Journalismus. Mit zweiundzwanzig heiratete sie den Medizinstudenten Louis Selim Chedid. 1943 erschien ihr erster Gedichtband *On the Trails of my Fancy (Auf den Spuren meiner Fantasie)* noch in englischer Sprache. 1946 ging sie mit ihrem Ehemann nach Paris, wo 1948 ihr Sohn Louis zur Welt kam. 1952 erschien *Le Sommeil délivré (Der verordnete Schlaf)*, 1960 der Roman *Le sixième jour (Der sechste Tag)*. 1966 wurde sie mit dem Prix Louise Labé ausgezeichnet. Der Durchbruch gelang ihr 1969 mit *L'Autre (Der Andere)*. Der Roman wurde vom ägyptischen Regisseur Youssef Chahine verfilmt. 1972 fand ihr Roman *La Cité fertile (Die fruchtbare Stadt)* Anerkennung, im selben Jahr erhielt sie den Prix de l'Aigle d'or für Dichtung. 1976 wurde sie für ihre Bücher *Fraternité de la parole (Gemeinschaft des Worts)* und *Cérémonial de la violence (Zeremonien der Gewalt)* mit dem Prix Mallarmé geehrt. 1984 erschien *Derrière les visages (Hinter den Gesichtern)*, 1994 *La femme de Job (Die Frau des Ijob)*. Die meisten ihrer Prosawerke spielen in Ägypten oder im Nahen Osten und thematisieren die ebenso faszinierende wie spannungsreiche Koexistenz unterschiedlicher Ethnien und Religionen. 1999 wurde ihr der Grand Prix der Société des Auteurs, Compositeurs et Éditeurs de Musique verliehen, 2002 erhielt sie den Prix Goncourt de la poésie. Neben Romanen und Erzählungen veröffentlichte sie Kinderbücher und Theaterstücke. Im Alter von neunzig Jahren starb sie in Paris.

Kate Chopin (1850–1904) kam als Katherine O'Flaherty in St. Louis, Missouri, zur Welt. Ihr Vater war irischer, ihre Mutter frankokanadischer Abkunft. Die prägenden Figuren ihrer Kindheit waren die Urgroßmutter mütterlicherseits, Victoria Charleville, und die Mutter, eine Englischlehrerin, die sie früh zum Lesen und Schreiben anhielt. Sie besuchte das Sacred Heart Convent, das sie 1868 abschloss, und heiratete 1870 Oscar Chopin, mit dem sie nach New Orleans ging und sechs Kinder bekam: Jean Baptiste, Oscar Charles, George Francis, Frederick, Felix Andrew und Marie Laïza. 1879 zog sie mit ihrer Familie nach Cloutierville, Louisiana. Der frühe Tod ihres Vaters, dreier Geschwister und ihres Mannes im Jahr 1882 hinterließen bleibende Spuren. Hoch verschuldet, kehrte sie 1884 nach St. Louis zurück, wo im Jahr darauf auch ihre Mutter starb. Ein elegisches Gedicht mit dem Titel *If It Might Be (Wenn es sein könn-*

te), erschien 1889 und brachte ihr Ruhm als Lyrikerin ein. Der literarischen Durchbruch gelang ihr mit Louisiana-Storys, die in *Vogue, The Century* und *The Atlantic* abgedruckt wurden. Ihr erster Roman, *At Fault (Schuldig)* von 1891 zeigt das Dilemma der modernen Frau zwischen Moral und Leidenschaft. Ihren zweiten Roman *Young Dr. Gosse* verbrannte sie und widmete sich der Short Story. Auf *Bayou Folk (Bayou-Leute)* von 1894 folgte 1897 der Erzählband *A Night in Acadie (Eine Nacht in Akadien)*. Ihr größter Erfolg gelang ihr 1899 mit dem Ehebruchroman *The Awakening (Das Erwachen)*, der allerdings auf massive moralische Vorbehalte männlicher Rezensenten stieß. Als sie 1900 einen dritten Kurzgeschichtenband unter dem Titel *A Vocation and a Voice (Eine Berufung und eine Stimme)* veröffentlichen wollte, fand sich kein Verleger mehr. Sie starb zweiundfünfzigjährig an den Folgen einer Hirnblutung. Ihr Werk geriet für viele Jahrzehnte in Vergessenheit und wurde erst 1969 wiederentdeckt.

Agatha Christie (1890–1976) wurde als Agatha Mary Clarissa Miller in Torquay in der südwestenglischen Grafschaft Devon geboren. Die Mutter war Britin, der Vater Amerikaner. Mit Bruder Louis und Schwester Margaret wuchs sie in wohlhabenden Verhältnissen auf. Mit elf veröffentlichte sie ihr erstes Gedicht in einer Lokalzeitung. Als junge Frau reiste sie mit ihrer Mutter nach Kairo. Ein Musikstudium in Paris brach sie 1914 ab und kehrte nach Großbritannien zurück, wo sie Oberst Archibald Christie heiratete und Kriegsversehrte pflegte. 1919 kam Tochter Rosalind Margaret Clarissa zur Welt. Mit *The Mysterious Affair at Styles (Das*

fehlende Glied in der Kette) betrat 1920 erstmals die Figur des belgischen Meisterdetektivs Hercule Poirot die weltliterarische Bühne. 1926 war ihr mit dem zweiten Kriminalroman *The Murder of Roger Ackroyd (Alibi)* der Durchbruch beschieden, zudem beschäftigte ihr tagelanges Verschwinden die Öffentlichkeit. Nach ihrer Scheidung reiste sie 1928 mit dem Orient-Express nach Bagdad und zu einer Grabungsstätte in Ur. Als sie 1930 nach Mesopotamien zurückkehrte, lernte sie den Archäologen Max Mallowan kennen und heiratete ihn. Der Roman *The Murder at the Vicarage (Mord im Pfarrhaus)* machte die Figur der Miss Marple berühmt. Buch um Buch wurde sie zur gefeierten «Queen of Crime», verfasste aber auch Spionagethriller wie *The Secret Adversary (Ein gefährlicher Gegner)* oder *Destination unknown (Der unheimliche Weg)* sowie als Mary Westmacott romantische Erzählungen. 1970 erschien der Weltverschwörungsthriller *Passenger to Frankfurt (Passagier nach Frankfurt)*, in dem genreuntypisch Heldinnen im Mittelpunkt stehen. 1971 wurde sie als Dame Commander of the Order of the British Empire in den Adelsstand erhoben. Mit *Postern of Fate (Alter schützt vor Scharfsinn nicht)* veröffentlichte sie 1973 ihren vierundsechzigsten Kriminalroman.

Sidonie-Gabrielle Colette (1873–1954) stammte aus dem burgundischen Provinznest Saint-Sauveur-en-Puisaye. 1889, als Sechzehnjährige, lernte sie den fast doppelt so alten Henry Gauthier-Villars kennen. Ihm folgte sie ins Paris der Belle Époque und heiratete ihn 1893. Er erkannte ihr Talent und drängte sie in die Rolle der fügsamen Literaturproduzentin. Die *Claudine*-Romane, von ihr geschrieben, erschienen unter seinem Pseudonym «Monsieur Willy» und brachten ihm Ruhm und Geld ein. Erst in ihren Dreißigern gelang ihr der Ausbruch aus dieser ausbeuterischen Beziehung. Sie hatte eine Affäre mit Natalie Clifford Barney, trat als Pantomimin und Varietékünstlerin auf und wurde 1909 mit dem autobiografischen Roman *La Vagabonde (Die Vagabundin)* für den Prix Goncourt nominiert. 1912 heiratet sie Baron Henry de Jouvenel des Ursins, den Chefredakteur von *Le Matin*, und schrieb Glossen und Reportagen. Viele weitere Erzählungen und Romane folgten: 1913 *L'Entrave (Die Fessel)*, 1919 *Mitsou, ou Comment l'esprit vient aux filles (Mitsou oder Wie den jungen Mädchen ein Licht aufgeht)*, 1920 *Chéri*, 1923 *Le Blé en herbe (Erwachende Herzen)* und 1932 *Le Pur et l'Impur (Diese Freuden)* bis hin zu *Julie de Carneilhan* von 1941, *Gigi* von 1944 und *Paradis terrestre (Himmel auf Erden)* von 1953. Während sie hierzulande lange als Unterhaltungsautorin galt, verehrte man sie in Frankreich als Schriftstellerin von Weltrang. 1949 wurde sie zur ersten Präsidentin der Académie Goncourt gewählt, 1953 zum Grand Officier der Ehrenlegion und zum auswärtigen Ehrenmitglied der American Academy of Arts and Letters ernannt. Marcel Proust schrieb, sie habe «das menschlichste Herz der modernen französischen Literatur». Als erste Französin erhielt sie ein Staatsbegräbnis und ein Ehrengrab auf dem Pariser Friedhof Père-Lachaise.

Simin Daneshwar (1921–2012) wurde in Schiraz im Südiran in einer wohlhabenden Familie geboren, besuchte die Englische Schule ihrer Heimatstadt und studierte bis 1941 persische Literatur in Teheran. Während ihres Studiums arbeitete sie bei Radio Teheran und der Zeitung *Iran,* wo sie unter dem Pseudonym Shiraziye Binam erste Kurzgeschichten veröffentlichte. Weitere Publikationen folgten in der Tageszeitung *Keyhan,* der Frauenzeitschrift *Banu* und im Magazin *Omid.* Eine Sammlung von sechzehn Kurzgeschichten erschien 1948 auch als Buch unter dem Titel *Atash-e khamoosh (Das erloschene Feuer).* Damit war sie die erste Iranerin, die einen eigenen Erzählband veröffentlichte. Ebenfalls im Jahr 1948 legte sie die Promotion ab. 1950 heiratete sie den Schriftsteller und Essayisten Jalal Al-Ahmad. Von 1952 bis 1954 studierte sie mit einem Fulbright-Stipendium an der Universität von Stanford. Von 1961 bis 1981 lehrte sie an der Fakultät für Schöne Künste der Universität Teheran als assoziative Professorin. Sie übersetzte westliche Klassiker wie George Bernard Shaw, Anton Tschechow, Arthur Schnitzler oder Alberto Moravia ins Persische. 1961 erschien ihr zweiter Erzählband *Schahri mesle behescht (Eine Stadt wie das Paradies).* 1968 wurde sie als erste Frau zur Vorsitzenden des neu gegründeten Schriftstellerverbandes Irans gewählt. 1969 brachte ihr Roman *Su wa Schun (Drama der Trauer)* den Durchbruch und wurde in viele Sprachen übersetzt. Im selben Jahr starb ihr Mann. Seither lebte sie als freie Schriftstellerin in Teheran. Von ihrer *Sargardāni*-Trilogie erschienen nur die ersten beiden Bände: 1992 *Dschazire-ye Sargardāni (Die wandernde Insel)* und 2001 *Sarebān-e Sargardān (Der herumwandernde Kameltreiber).* Nach einer Lungenentzündung 2005 verbrachte sie etliche Monate in einer Klinik. Sie starb im einundneunzigsten Lebensjahr in Teheran.

Grazia Deledda (1871–1936) wurde als fünftes von sieben Kindern in Nuoro geboren. Ihr Vater war Bürgermeister und Händler, die Mutter Analphabetin. Die Grundschule besuchte sie nur bis zur vierten Klasse. Sie sprach den sardischen Dialekt und brachte sich selbst Italienisch, Französisch und Latein bei, indem sie Werke der Weltliteratur und die Bibel las. 1887, mit siebzehn, erregte sie mit der Veröffentlichung ihrer ersten Erzählung *Sangue Sardo (Sardisches Blut)* in der römischen Zeitung *L'ultima moda* Aufsehen. Die Tatsache, dass sie, eine junge Sardin, sich als Literatin betätigte, brachte ihr reihenweise Anfeindungen ein, was sie aber nicht vom Schreiben abhielt. 1888 erschien die Kurzgeschichte *Memorie di Fernanda (Fernandas Erinnerung)*, 1892 ihr erstes Buch, der Roman *Fior di Sardegna (Blüten Sardiniens)*, 1895 gefolgt von *Racconti sardi (Sardinische Geschichten)* und 1896 *La via del male (Zia Maria)*. 1899 zog sie in die sardische Hauptstadt Cagliari, wo sie Maria Manca, die Herausgeberin der Zeitschrift *La donna sarda*, kennenlernte. 1900 heiratete sie Palmiro Madesani, mit dem sie nach Rom übersiedelte, während sie in ihrem umfangreichen erzählerischen Werk ihrer Heimatinsel verbunden blieb. Sie bekam zwei Söhne, Franz und Sardus. 1908 nahm sie am ersten italienischen Frauenkongress teil, der von Maria Montessori organisiert wurde. Der literarische Durchbruch gelang ihr 1913 mit dem Roman *Canne al vento (Schilf im Wind)*. 1920 erschien *La madre (Die Mutter)*, 1925 *La fuga in Egitto (Die Flucht nach Ägypten)*. 1926 erhielt sie als erste und bis dato einzige italienische Schriftstellerin den Literaturnobelpreis. In über sechzig Schaffensjahren verfasste sie fünfunddreißig Romane, an die dreihundertfünfzig Novellen und dreißig Kurzgeschichten. Im Alter von vierundsechzig Jahren erlag sie in Rom einem Krebsleiden.

Ding Ling (1904–1986), bürgerlich Jiang Bingzhi, entstammte einer Großgrundbesitzerfamilie in Linli, Provinz Huan. Ihr Vater starb, als sie drei Jahre alt war. Nach dem Abschluss an einer Mädchenschule ging sie zum Studium nach Changsha und floh 1920 nach Shanghai, um der Zwangsverheiratung mit ihrem Cousin zu entgehen. Ab 1923 in Peking ansässig, veröffentlichte sie 1927 ihre erste Erzählung unter dem Titel *Mèng Kē* (梦珂), im Jahr darauf *Shāfēi Nüshì de Rìjì* (莎菲女士的日記, dt. *Tagebuch der Sophia*), ein «subjektives» Frühwerk, das mit der Thematik der gegen Traditionen aufbegehrenden Frau Anschluss an die Vierte-Mai-Bewegung von 1919 sucht. In ihm schildert zum ersten Mal in der chinesischen Literatur eine Heldin ungeschönt weibliche Empfindungen. Mit Hu Yepín, den sie 1925 heiratete, und dem Schriftsteller Shen Congwen ging die Autorin 1929 zurück nach Shanghai. 1930 bekam sie einen Sohn, 1932 wurde sie Mitglied in der Kommunistischen Partei. Ab 1933 stand sie unter Hausarrest, 1936 gelang ihr die Flucht nach Yan'an, wo sie Mao Zedong traf und zum intellektuellen Kader der Revolutionsbewegung zählte. Da sie Kritik an der schlechten Behandlung von Frauen übte, so in der Erzählung *Wǒ zài xiá cūn de shí hòu* (我在霞村的时候, dt. *Meine Zeit im Dorf Xia*) von 1941 und im Artikel *Gedanken zum 8. März* (三八节有感), geriet sie in Misskredit. Für ihren Roman *Tàiyáng zhào zài Sānggānhé shàng* (太陽照在桑乾河上, dt. *Sonne über dem Fluss Sanggan*), erhielt sie 1951 in der

UdSSR den Stalinpreis. Als Herausgeberin der Kulturzeitung Chinas polemisierte sie gegen «bourgeoise» Abweichler, ehe sie 1955 selbst in Ungnade fiel, zur Zwangsarbeit auf einem Bauernhof verurteilt, gefoltert und ab 1970 inhaftiert wurde. Manuskripte ihrer unveröffentlichten Werke fielen der Vernichtung anheim. 1978 wurde sie entlassen und rehabilitiert. In ihrem Todesjahr wählte man sie zum Ehrenmitglied der American Academy of Arts and Letters.

Tove Irma Margit Ditlevsen (1917–1976) kam im Kopenhagener Arbeiterviertel Vesterbro zur Welt und litt während ihrer Kindheit unter Vernachlässigung und emotionaler Kälte. Mit vierzehn ging sie von der Schule ab, mit siebzehn zog sie bei den Eltern aus und arbeitete als Dienstmädchen und Büroaushilfe, ehe sie mit zwanzig den Journalisten und Schriftsteller Viggo Frederik Møller heiratete. 1939 debütierte sie als Dichterin mit zwei Lyrikbänden, *Pigesind (Mädchensinn)* und *Slangen i Paradiset (Schlangen im Paradies)*. Die erste Ehe scheiterte, wie auch die zweite, 1942 geschlossene mit Ebbe Munk, aus der 1943 ihre Tochter Helle hervorging. Anfang der 1940er-Jahre wurde sie mit zwei Romanen berühmt: 1941 mit *Man gjorde et barn fortræd (Man hat einem Kind Übles angetan)* und 1943 mit *Barndommens gade (Straße der Kindheit)*. Mit den Mitteln der schonungslosen Autofiktion beschrieb sie Verlust- und Versagensängste, das Scheitern von Beziehungen, Depressionen und das Abgleiten in die Alkohol- und Drogensucht. Daneben schrieb sie eine Ratgeberkolumne für ein Frauenmagazin und Kinderbücher. Nach der Scheidung 1945 heiratete sie Carl T. Ryberg. Sohn Michael kam

1946 zur Welt. Erst ihrer vierten Ehe mit Victor Andreasen war Dauer beschieden. 1954 wurde ihr Sohn Peter geboren. 1954 erschien der Roman *Vi har kun hinanden (Wir haben nur einander)*, 1960 gefolgt von *To som elsker hinanden (Zwei, die sich lieben)*, und 1966 von *Ansigterne (Gesichter)*. Zwischen 1967 und 1971 veröffentlichte sie ihre Autobiografie in drei Bänden, *Barndom (Kindheit)*, *Ungdom (Jugend)* und *Gift (Abhängigkeit)*. 1971 erhielt sie den Søren-Gyldendal-Preis. Nach einem gescheiterten Suizidversuch 1974 nahm sie sich zwei Jahre später mit einer Überdosis Schlaftabletten das Leben.

Neel Doff (1858–1942), eigentlich Cornelia Hubertina Doff, wurde im niederländischen Dorf Buggenum als drittes von neun Geschwistern geboren, die Mutter war Spitzenklöpplerin, der Vater Kutscher. Ihre Kindheit und Jugend waren geprägt von materieller Not und Gewalt. Sie musste für den Unterhalt der Familie sorgen, selbst Prostitution gehörte zum täglichen Kampf ums Überleben. Die Familie übersiedelte nach Amsterdam, dann nach Antwerpen. In Brüssel stand sie Malern und Bildhauern wie James Ensor, Félicien Rops oder Paul de Vigne Modell. Durch die Ehe mit Fernand Brouez, einem wohlhabenden Belgier, entkam sie ihrem Milieu und lernte lesen und schreiben. Nach Brouez' Tod im Jahr 1900 heiratete sie den Anwalt Georges Serigiers. Mit ihm zog sie 1907 nach Genk, wo sie mit zweiundfünfzig Jahren anfing, autobiografische Texte zu verfassen – auf Französisch, die Sprache der belgischen Bourgeoisie. Kurzgeschichten, vorab in Zeitungen abgedruckt, erschienen 1910 gesammelt als *Contes Farouches (Bittere Geschichten)* in Paris. Der Roman *Jours* de Famine et de Détresse *(Tage des Hungers und Elends)* von 1911, ein frühes Beispiel für weibliche Autofiktion, fand breite Resonanz und in Laurent Tailhade einen Fürsprecher für den Prix Goncourt. Als Frau, Ausländerin und ehemalige Prostituierte hatte sie jedoch keine realistischen Chancen. Mit den Romanen *Keetje* (1919) und *Keetje Trottin (Keetje die Botin)* von 1921 vollendete sie ihre Trilogie. Weitere Werke folgten: *Campine* (1923), *Angelinette* (1926) und *Elva, suivi de Dans nos bruyères (Das Mädchen Keetje Tippel)* von 1929. 1930 wurde sie in Belgien zum Offizier des Ordre de la Couronne ernannt. Ihre Bücher *Une Fourmi Ouvrière (Eine Arbeitsameise)* von 1935 und *Quitter Tout Cela! (Beenden Sie das alles!)* von 1939 fanden kaum noch Resonanz. Vereinsamt starb sie an Nierenversagen in Brüssel und hinterließ die Autorenrechte ihrer jüdischen Freundin Helen Temersen.

H.D. [Hilda Doolittle] (1886–1961) wurde in Bethlehem, Pennsylvania, geboren und besuchte das Liberal Arts College in Bryn Mawr, wo sie der Dichterin Marianne Moore und dem Dichter William Carlos Williams begegnete. 1905 schloss sie die High School in Philadelphia ab. Auf einer Europareise traf sie 1907 Ezra Pound, der sie förderte. 1911 siedelte sie nach London über, hatte Affären mit Frauen und Männern und heiratete 1913 den Schriftsteller Richard Aldington. 1915 wurde sie schwanger und erlitt eine Fehlgeburt. 1916 erschienen erste Gedichte in der *Transatlantic Review* und der *English Review*, ihr Lyrikband *Sea Garden (Meeresgarten)* ging in Druck, und sie arbeitete an der Zeitschrift *The Egoist* mit. Sie lernte D.H. Lawrence

und Cecil Grey kennen, mit dem sie 1919 die Tochter Frances Perdita bekam. Als sie an der Spanischen Grippe erkrankte, nahm sich die Schriftstellerin Annie Winifred Ellerman – Pseudonym: Bryher – ihrer an. Bis 1946 lebten H.D., Bryher und Robert McAlmon, ab 1921 deren Ehemann, in einer Dreierbeziehung, bereisten Griechenland, Ägypten und die USA und zogen 1929 nach Territet am Genfer See, dann nach La Tour-de-Peilz bei Vevey. In den 20er-Jahren schrieb H.D. an Erzählungen und am Romanzyklus *Magna Graeca*, bestehend aus *Palimpsest* (1921) und *Hedylus* (1928). 1933 wurde sie als erste Frau von der American Academy of Arts and Letters ausgezeichnet und zog für eine psychoanalytische Therapie bei Sigmund Freud nach Wien. Mitte der 1940er-Jahre erschien die Prosatrilogie: *The Walls do not Fall (Die Mauern stürzen nicht)*, *Tribute to the Angels (Hommage an die Engel)* und *The Flowering of the Rod (Blühender Stab)*. Zwischen 1952 und 1954 entstand *Helen in Egypt (Helena in Ägypten)*, ein episches Gedicht, geschrieben aus feministischer Perspektive. *Hermetic Definition (Heimliche Deutung)*, geschrieben 1961, erschien posthum wie auch der Roman *HERmione*.

Mabel Dove Danquah (1905–1984) wurde als Mabel Ellen Dove in Accra an der ghanaischen Goldküste geboren und besuchte zusammen mit ihrer Schwester die Annie Walsh Memorial School in Freetown, Sierra Leone. Nach dem Abschluss ging sie an den Anglican Convent in Bury St. Edmunds, Suffolk. Sie bereiste Europa und die USA, ehe sie nach Freetown zurückkehrte. Mit einundzwanzig wieder in Accra, fand sie Arbeit als Stenotypistin und wurde leitende Angestellte einer

Handelsfirma. Sie begann Beiträge für die West African Times zu schreiben und heiratete 1933 Joseph Boakye Danquah, mit dem sie sich im Unabhängigkeitskampf engagierte. Ihr literarisches Debüt feierte sie 1931 mit dem Erzählband *The Happenings of the Night (Nächtliche Ereignisse)*, 1934 gefolgt von *The Adventures of the Black Girl in her Search for Mr Shaw (Das Abenteuer des schwarzen Mädchens bei ihrer Suche nach Mr. Shaw).* Zwischen 1931 und 1934 verantwortete sie die Kolumne «Ladies Corner by Marjorie Mensah», in der sie die Ghanaerinnen ermutigte, stolz auf ihre kulturellen Traditionen zu sein. 1935 kam ihr Sohn Vladimir zur Welt. Sie schrieb Artikel in der *African Morning Post*, gezeichnet mit Dama Dumas, und in der *Nigerian Daily Times*, gezeichnet mit Ebun Alakija. Nach der Scheidung 1940 widmete sie sich verstärkt dem Schreiben. 1947 erschienen die Erzählungen *Anticipation (Vorwegnahme)* und *The Torn Veil (Der zerrissene Schleier).* 1948 wurde sie Herausgeberin der Tageszeitung *Accra Evening News.* 1952, noch vor Erlangung der Unabhängigkeit Ghanas, wurde sie ins Parlament gewählt und war damit die erste weibliche Abgeordnete in ganz Afrika. 1954 kandidierte sie erneut für die Nkrumah-Partei CPP. 1966 gab sie die Sammelbände *Invisible Scar (Die unsichtbare Narbe)* und 1969 *Evidence of Passion (Beweise der Leidenschaft)* heraus, ehe sie 1972 erblindete.

Alice Dunbar-Nelson (1875–1935), als Alice Ruth Moore in New Orleans geboren, war das jüngste von drei Kindern eines Seemanns und einer Näherin. Sie besuchte das städtischen Straight College. Ab 1892 studierte sie an der University of Pennsylvania, an der Cornell University und an der School of Industrial Arts, Philadelphia. Ein erster Band mit Gedichten, Skizzen und Kurzgeschichten, *Violets und Other Tales*, 1895 erschienen, begeisterte Paul Laurence Dunbar, den angesehensten schwarzen US-Dichter dieser Zeit. 1898 heirateten die beiden und zogen nach Brooklyn, wo Alice an der Public School unterrichtete. Nebenher arbeitete sie im Sekretariat der National Association of Colored Women. 1899 erschien *The Goodness of St. Rocque and Other Stories (Die Güte von St. Rocque).* Neben Gedichten, Short Storys wie *The Ball Dress (Das Ballkleid)*, Novellen – *Hope Deferred (Aufgeschobene Hoffnung)* – und Theaterstücken schrieb sie politische Artikel und Essays. Mit ihrem Mann zog sie nach Washington, D. C. Als sich das Paar 1902 trennte, ging Alice nach Wilmington, um an der Howard High School zu unterrichten. Ihrem Mann, der 1906 an Tuberkulose starb, widmete sie das Porträt *Paul Laurence Dunbar: Poet Laureate of the Negro Race* (1914). Außerdem gab sie zwei Anthologien heraus: *Masterpieces of Negro Eloquence* (1914) und *The Dunbar Speaker and Entertainer* (1920). 1916 heiratete sie Robert John Nelson, Herausgeber des *Wilmington Advocate.* Wegen ihres politischen Aktivismus 1920 aus dem Lehramt entlassen, stieg sie als Mitherausgeberin des *Advocate* ein und schrieb ab 1923 eine Kolumne im *Washington Eagle.* 1924 engagierte sie sich für die Gründung der Delaware Industrial School for Colored Girls, eine Schule für straffällig gewordene schwarze Mädchen. 1928 trat sie dem American Interracial Peace Committee bei. 1932 erkrankte sie an einem Herzleiden, dem sie in Philadelphia erlag.

Marguerite Duras (1914–1996) wurde als Marguerite Germaine Donnadieu in Gia Dinh, Cochinchina, dem heutigen Vietnam, geboren und wuchs in bescheidenen Verhältnissen auf. 1917 zog sie mit der Familie nach Hanoi, wo sie als Vierjährige von einem elfjährigen Vietnamesen missbraucht wurde. Ab 1920, mit der Übersiedelung nach Phnom Penh, wurde sie zu Hause unterrichtet. 1921 starb ihr Vater, die Mutter nahm sie 1922 für knapp zwei Jahre nach Frankreich mit. Nach Stationen in Vinh Long, Sa Đéc und Prey Nob, Kambodscha, kam sie mit fünfzehn auf ein Gymnasium in Saigon. Von der Mutter verkuppelt, begann sie eine Affäre mit einem älteren Chinesen, die sie im Roman *L'amant (Der Liebhaber)* verarbeitete. 1933 ging sie nach Paris, um Mathematik, Jura und Politik zu studieren. 1938 nahm sie eine Stelle im Kolonialministerium an. 1939 heiratete sie Robert Antelme, ihr Kind starb 1942 kurz nach der Geburt. Ihr Romandebüt *Les impudents (Die Schamlosen)* von 1943 erschien unter dem Pseudonym Duras. 1944 trat sie der Parti communiste français bei und engagierte sich in der Résistance. Ihr Mann wurde von der Gestapo verhaftet, ins KZ Buchenwald deportiert und nach Dachau verlegt, wo er im Mai 1945 befreit wurde. Nach der Scheidung war sie mit Dionys Mascolo liiert, 1947 wurde Sohn Jean geboren. 1950 erschien ihr Roman *Un barrage contre le Pacifique (Heiße Küste)*. Ab 1956 lebte sie mit Gérard Jarlot zusammen. 1958 erschien *Moderato cantabile*, 1966 der Roman *Le Vice-Consul (Der Vize-Konsul)*. Sie schrieb Essays und Drehbücher, etwa 1959 für Alain Resnais' *Hiroshima mon amour*. Als man Leberzirrhose bei ihr diagnostizierte, unterzog sie sich Entziehungskuren, wurde jedoch immer wieder rückfällig. Für *Der Liebhaber* erhielt sie 1984 den Prix Goncourt. 1986 erschien *La douleur (Der Schmerz)*. Sie starb im Pariser Hôpital Laennec.

Halide Edip Adıvar (1884–1964), als Halide Edip in Konstantinopel geboren, entstammte einer Oberschichtfamilie aus Beşiktaş. Ab 1895 besuchte sie das American College for Girls. Mit siebzehn heiratete sie Salih Zeki, mit dem sie zwei Söhne bekam, Ayetullah und Zeki. Ungewöhnlich für eine Frau im Osmanischen Reich ergriff sie einen Beruf und wurde Lehrerin. Während des jungtürkischen Aufstands gegen Sultan Abdülhamid II. trat sie 1908 als eine der ersten Muslima ans Rednerpult. 1909 reiste sie nach Ägypten und England und veröffentlichte ihren ersten Roman, *Seviyye ṭālib*, 1912 folgten *Handan* und *Yeni Turan (Das neue Turan)*. Als ihr Mann eine zweite Frau heiratete, bestand sie auf der Scheidung. Sie gründete einen Salon und wurde 1913 Generalinspektorin einer Schulstiftung. Aufsehen erregte 1914 ihr Protest gegen Deportation und Zwangsislamisierung armenischer Kinder. Ab 1916 leitete sie das Saint-Joseph-Waisenhaus in Ayntura. 1917 heiratete sie Abdülhak Adnan Adıvar und schloss sich 1920 Kemal Pascha an. In Anatolien zählte sie zur Führungsriege der Nationalbewegung, wurde zum Korporal befördert und war als Halide Onbaşı die Symbolfigur für alle im Türkischen Befreiungskrieg kämpfenden Frauen. Mit Gründung der Republik trat sie der liberal-republikanischen Oppositionspartei bei. Als diese 1925 verboten wurde, ging sie ins Exil nach England, 1929 nach Frankreich. Dort entstand ihr Roman *The Clown and his daughter*, in türkischer Fassung *Sinekli Bakkal (Die*

Tochter des Schattenspielers). 1931/1932 lehrte sie als Gastprofessorin an der Columbia University, 1935 auf persönliche Einladung Mahatma Gandhis an der Jamia Millia Islamia in Delhi. Nach Atatürks Tod rehabilitiert, wurde sie 1939 Anglistik-Professorin und erste Präsidentin der Englisch-Fakultät an der Universität Istanbul. Zwischen 1950 und 1954 war sie Abgeordnete im Parlament und schrieb – bis zu ihrem Lebensende einundzwanzig Romane.

George Egerton (1859–1945) war das männliche Pseudonym von Mary Chavelita Dunne, die als Tochter einer walisischen Mutter und eines irischen Vaters in Australien zur Welt kam. Ihre Kindheit verbrachte sie in der Nähe von Dublin und auf Reisen zwischen Neuseeland, Chile und Australien. Aufgrund finanzieller Kalamitäten brach die Familie auseinander, Chav wurde mit vierzehn nach Deutschland in die Schule geschickt. Ihre Ausbildung zur Krankenschwester absolvierte sie in London und New York. 1886 brannte sie mit Reverend Henry Higginson, einem älteren, verheirateten Herrn, nach Norwegen durch, bis zu dessen Tod 1889 lebten sie in wilder Ehe. Nach einer Affäre mit Knut Hamsun übersetzte sie dessen Roman *Sult (Hunger)* ins Englische. Zurück in England, heiratete sie George Egerton Clairmonte, zog mit ihm nach Cork und begann zu schreiben. 1893 erschien *Keynotes*, in denen erotisches Begehren von Frauen in bislang ungeahnter Offenheit geschildert wurde. Der Band machte sie zur Galionsfigur der «New Women», die das Recht der Frau auf ein selbstbestimmtes, lustvolles Sexualleben einforderten. 1894 folgte *Discords*. Das darin enthaltene *Virgin Soil (Jungfräulicher Boden)*

thematisierte erstmals die Vergewaltigung in der Ehe. 1895 kam George junior zur Welt. Als ihr Mann im selben Jahr das Dienstmädchen schwängerte, trennte sie sich von ihm. Kurz darauf lernte sie den fünfzehn Jahre jüngeren Theaterkritiker Reginald Golding Bright kennen, den sie 1901 heiratete. 1914 fiel ihr neunzehnjähriger Sohn im Ersten Weltkrieg. In den 1920er-Jahren war sie als Theateragentin für George Bernard Shaw und William Somerset Maugham tätig, ihr eigener Ruf als Autorin verblasste.

Florbela Espanca (1894–1930), mit vollem Namen Florbela d'Alma da Conceição Espanca, kam als Flor Bela Lobo in Vila Viçosa im Alentejo zur Welt, ihre Mutter war bei ihrer Geburt erst fünfzehn Jahre alt. 1897 wurde ihr Bruder Apeles geboren, mit dem sie eine innige Geschwisterliebe verband. Mit acht schrieb sie ihr erstes Gedicht: *A Vida e a Morte (Leben und Tod)*. 1908 starb ihre Mutter. Sie wurde im Liceu André de Gouveia in Évora aufgenommen und absolvierte 1913 ihre Abschlussprüfungen. An ihrem neunzehnten Geburtstag heiratete sie ihren Schulfreund Alberto Moutinho, mit dem sie nach Redondo ging und Englisch, Französisch und Geografie unterrichtete. 1917 machte sie das Abitur. Erste unveröffentlichte Gedichte *O livro D'el (Sein Buch)* waren ihrem Bruder gewidmet. Sie begann ein Jurastudium an der Universidade de Lisboa, wo sie bei über dreihundert Studierenden eine von sieben Frauen war. 1918 erlitt sie eine Fehlgeburt, kurz darauf eine weitere. 1919 erschien ihr erster Lyrikband *Livro de Magoas (Buch der Leiden)*. 1921 wurde sie von ihrem Mann geschieden. 1922 heiratete sie António Guimarães. Nach abermaliger Fehlgeburt ging 1923 auch die zweite Ehe zu Bruch. Einen Band mit Sonetten, *Livro de Sóror Saudade (Buch der Schwester Schwermut)* gab sie im Eigenverlag heraus. 1925 heiratete sie ein drittes Mal, diesmal den Arzt Mário Lage, der sie behandelte. 1927 starb ihr Bruder bei einem Flugzeugabsturz, was sie in der Dichtung *As Máscaras do Destino (Die Masken des Schicksals)* verarbeitete. Als bei ihr ein Lungenödem diagnostiziert wurde, verlor sie allen Lebensmut. Nach zwei gescheiterten Suizidversuchen konnte sie noch *Charneca em Flor (Blühende Heide)* fertigstellen. An ihrem sechsunddreißigsten Geburtstag nahm sie sich mit einer Überdosis Barbituraten das Leben. Ihr portugiesischer Landsmann Fernando Pessoa nannte sie *«alma sonhadora»*, seine Zwillingsseele.

Zelda Fitzgerald (1900–1948) wurde im Jahr 1900 als Zelda Sayre in Montgomery geboren und wuchs als jüngstes von sechs Kindern eines Richters am Alabama Supreme Court im privilegierten Südstaatenmilieu auf. Sie absolvierte eine klassische Ballettausbildung und machte mit achtzehn die Bekanntschaft von Francis Scott Fitzgerald. Dessen Heiratsantrag lehnte sie ab, überlegte es sich aber anders, als der Verehrer mit seinem Debüt *(This Side of Paradise)* einen Überraschungserfolg landete. 1920 ging sie mit ihm nach Frankreich, 1921 kam ihre Tochter Scottie zur Welt. Zurück in New York, wurden die Fitzgeralds zum umschwärmten Glamourpaar des Jazz Age. Die Ehe war allerdings durch chronische Alkoholprobleme Scotts, Gewaltausbrüche und Affären überschattet. Zudem musste Zelda ihren Traum, Tänzerin zu werden, aufgeben. Ein Engagement als Primaballerina an der Oper von Neapel lehnte sie aus familiären

Rücksichten ab. Im Juni 1925 veröffentlichte sie in der *Chicago Sunday Tribune* ihre erste Kurzgeschichte *Our Own Movie Queen* – aus Honorargründen unter dem Namen ihres Mannes. Bis in die 1930er-Jahre schrieb Zelda elf weitere Storys, in denen sie teilweise als Koautorin genannt wurde, ferner das Theaterstück *Scandalabra* (1932/1933) und den Roman *Save Me the Waltz (Ein Walzer für mich)* von 1932, der das Thema von F. Scotts *Tender Is the Night (Zärtlich ist die Nacht)* aus weiblicher Sicht vorwegnahm. Als 1930 Schizophrenie bei ihr diagnostiziert wurde, unterzog sie sich langwierigen Behandlungen in Nervenkliniken. Ihr Wunsch, ein eigenständiges Leben zu führen und die Scheidung zu erwirken, scheiterte am anhaltenden Widerstand F. Scotts, der 1940 starb. Im Alter von siebenundvierzig Jahren kam sie bei einem Brand im Highland Mental Hospital von Asheville, Carolina ums Leben.

Marieluise Fleißer (1901–1974) wurde in Ingolstadt geboren und besuchte erst die Klosterschule im Gnadenthal, dann das Mädchengymnasium der Englischen Fräulein. Nach dem Abitur studierte sie ab 1919 Theaterwissenschaft in München. 1923 entstanden *Meine Zwillingsschwester Olga* und *Meine Freundin, die Lange*, einige ihrer Prosastücke wurden in der *Magdeburgischen Zeitung* gedruckt. 1924 lernte sie Lion Feuchtwanger, 1926 Bertolt Brecht kennen. Im selben Jahr wurde ihr Stück *Fegefeuer in Ingolstadt* in Berlin uraufgeführt, wohin sie im Jahr darauf übersiedelte. 1928, nach der Rückkehr nach Ingolstadt, sorgte *Pioniere in Ingolstadt* für einen Theaterskandal. Mit Hellmut Draws-Tychsen bereiste sie 1929 Schweden, 1930 Andorra. 1931 erschien ihr Romandebüt *Mehlreisende Frieda Geier*, von den Nazis 1933 samt ihren Stücken auf die «Liste des schädlichen und unerwünschten Schrifttums» gesetzt. 1935 heiratete sie den Tabakwarenhändler Sepp Haindl. 1938 litt sie unter Halluzinationen und einer Nervenkrise. Während ihr Mann zur Wehrmacht einberufen wurde, 1943 leistete sie Kriegseinsatz als Hilfsarbeiterin. 1949 erschienen die Erzählungen *Er hätte besser alles verschlafen* und *Des Staates gute Bürgerin*. 1952 gewann sie für *Das Pferd und die Jungfer* den ersten Preis beim Erzählwettbewerb des Süddeutschen Rundfunks, 1953 den Literaturpreis der Bayerischen Akademie der Schönen Künste, deren Mitglied sie 1954 wurde. 1956 erhielt sie eine Stelle im BR-Hörfunk, 1958 starb ihr Mann. 1963 schrieb sie die Erzählung *Avantgarde*, 1964 gefolgt von *Der Rauch* und 1965 von *Die im Dunkeln*. 1966 wurde *Der starke Stamm* in Berlin uraufgeführt. 1971 erhielt sie Besuch von Elfriede Jelinek, die sie als «größte Dramatikerin des 20. Jahrhunderts» verehrte. Ein Jahr vor ihrem Tod wurde sie mit dem Bayerischen Verdienstorden ausgezeichnet.

Natalia Ginzburg (1916–1991) wurde als Natalia Levi in Palermo geboren, die Kindheit und Jugend verbrachte sie in Turin, wo sie das Liceo-Ginnasio Vittorio Alfieri besuchte. Mit achtzehn veröffentlichte sie ihre erste Erzählung, *I bambini (Die Kinder)* in der Zeitschrift *Solaria*. 1938 heiratete sie Leone Ginzburg, Professor für russische Literatur und Mitarbeiter im Verlag Einaudi. 1939 kam Sohn Carlo zur Welt, 1940 Andrea und 1943 Alessandra. Zwei Jahre lang lebte sie in Pizzoli in den Abruzzen, wohin ihr Mann, Anführer einer antifaschistischen

Untergrundzelle, geflüchtet war. Hier verfasste sie ihren Roman *La strada che va in città (Die Straße in die Stadt)*, den sie 1942 wegen der Rassengesetze unter dem Pseudonym Alessandra Tornimparte veröffentlichte. 1944 wurde ihr Mann von der Gestapo gefoltert und ermordet. Mit den Kindern ging sie zurück nach Turin, wo sie für Einaudi arbeitete. 1947 erschien ihr zweiter Roman, *È stato così (So ist es gewesen)*. 1950 heiratete sie Gabriele Baldini. 1952 veröffentlichte sie *Tutti i nostri ieri (All unsre Gestern)* und 1957 die Romane *Sagittario (Schütze)* und *Valentino*, Letzterer mit dem Premio Viareggio ausgezeichnet. Zwischen 1959 und 1961 lebte sie in London, wo ihr Mann das italienische Kulturinstitut leitete. Dort schrieb sie *Le voci della sera (Die Stimmen des Abends)*. 1963 erschien der Roman *Lessico famigliare (Mein Familien-Lexikon)*, für den sie den Premio Strega erhielt. 1969 starb ihr zweiter Mann. Sie schrieb an den Erzählbänden *Mai devi domandarmi (Nie sollst du mich befragen)* und *Vita immaginaria (Das imaginäre Leben)* sowie am Roman *Caro Michele* (1973). 1983 kandidierte sie als unabhängige Kandidatin für die Partito Comunista d'Italia und wurde ins Parlament gewählt. Im selben Jahr erschien *La famiglia Manzoni* und 1984 *La città e la casa (Die Stadt und das Haus)*. Kurz vor ihrem Tod wurde sie in die American Academy of Arts and Sciences gewählt. Sie starb in Rom.

Han Suyin (1916–2012) wurde als Zhōu Guānghú in Xinyang in der ostchinesischen Provinz Henan als Kind einer Belgierin und eines Hakka-Chinesen geboren. Nach dem Schulabschluss begann sie 1931 mit vierzehn Jahren als Schreibkraft am Peking Union Medical College zu arbeiten. Sie strebte eine medizinische Ausbildung an der Yenching University an, wechselte 1935 aber nach Brüssel. 1938 zurück in China, heiratete sie den General Tang Pachuang, mit dem sie ein Mädchen namens Yungmei adoptierte. Sie wurde Hebamme an einem US-Missionshospital in Chengdu, Sichuan. 1943 debütierte sie mit dem auf Englisch verfassten Roman *Destination Chungking (Manches Jahr bin ich gewandert)*. 1944 ging sie mit ihrer Tochter nach London, um am Royal Free Hospital Medizin zu studieren. Dort nannte sie sich Rosalie Matilda Kuanghu Chou und schrieb unter dem Pseudonym Han Suyin. 1947 fiel ihr Mann im Chinesischen Bürgerkrieg. 1951 wurde sie Assistenzärztin in Hongkong, wo sie ihren Roman *A Many-Splendored Thing (Alle Herrlichkeit auf Erden)* schrieb. Darin verarbeitet sie ihre Beziehung zum australischen Kriegskorrespondenten Ian Morrison, der 1950 in Korea erschossen wurde. Sie ging nach British Malaya, um auf einer Tuberkulosestation zu arbeiten. 1952 heiratete sie den britischen Offizier Leonard Comber. 1953 adoptierte sie eine zweite Tochter namens Hueiying. Ab 1955 lehrte sie an der Nanyang University in Singapur. 1958 erschien *The Mountain is Young (Wo die Berge jung sind)*, 1962 *Winter Love (Eine Winterliebe)*. Zudem schrieb sie eine zweibändige Autobiografie, *The Crippled Tree (Der große Traum)* und *A Mortal Flower (Die Blume Erinnerung)*, sowie Sachbücher über Mao Zedongs China, die Kulturrevolution und das neue Tibet. Für ihre Linientreue wurde sie von der Staatspartei mit dem Titel Alte Freundin des chinesischen Volkes geehrt. Als ihre zweite Ehe zerbrach, heiratete sie 1960 Oberst Vincent Ruthnaswamy, mit dem sie nach Bangalore ging.

Ihren Lebensabend verbrachte sie in Lausanne, wo sie fünfundneunzigjährig starb.

Marlen Haushofer (1920–1970) wurde als Marie Helene Frauendorfer im oberösterreichischen Molln geboren. Sie besuchte das Internat der Ursulinen in Linz und ab 1938 das Gymnasium der Kreuzschwestern, wo sie die Reifeprüfung absolvierte. 1939 wurde sie zum nationalsozialistischen «Reichsarbeitsdienst für die weibliche Jugend» nach Ostpreußen einberufen, wo sie den Vater ihres ersten Kindes kennenlernte. Ab 1940 studierte sie Germanistik und Kunstgeschichte in Wien. Im Juli 1941 brachte sie in Oberbayern ihren Sohn Christian zur Welt, den sie vorerst der Mutter einer Freundin in Herrsching am Ammersee überließ. Im November 1941 heiratete sie den Medizinstudenten Manfred Haushofer, 1943 kam ihr gemeinsamer Sohn Manfred zur Welt. Sie setzte das Studium in Graz fort, schloss es jedoch nicht ab. Nach Kriegsende holte sie ihren unehelichen Sohn zu sich und arbeitete als Assistentin in der Zahnarztpraxis ihres Mannes. Mit Mitte zwanzig publizierte sie erste Kurzprosa in Zeitungen. Nach der heimlichen Scheidung 1950 lebte sie weiter in der gemeinsamen Wohnung. 1952 erschien ihre Novelle *Das fünfte Jahr*. Die Lektüre → Simone de Beauvoirs fand ihren literarischen Niederschlag in einem Roman, in dem Frauen ungesühnt einen Mann ermorden. Auf Anraten ihres Förderers Hans Weigel vernichtete sie das Manuskript. 1954 erschien ihr Romandebüt *Eine Handvoll Leben*. 1953 erhielt sie den Staatlichen Förderungspreis für Literatur. 1958 heiratete sie ihren Mann erneut. Ihr Roman *Die Wand* erschien 1963. Mitte der 1960er-Jahre erkrankte sie an Knochenkrebs. 1966 publizierte sie den Erzählband *Lebenslänglich*, 1968 *Schreckliche Treue*, 1969 den Roman *Die Mansarde*, daneben Hörspiele, Kinder- und Jugendbücher. Nach einer missglückten Operation starb sie im Alter von neunundvierzig Jahren in Wien.

Patricia Highsmith (1921–1995), geboren als Mary Patricia Plangman in Fort Worth, Texas, verbrachte ihre Kindheit in Texas. Ihre Eltern trennten sich wenige Tage vor ihrer Geburt nach achtzehnmonatiger Ehe. Ihre Mutter zog mit ihr zu den Großeltern und heiratete erneut. Patricia hatte kein besonders gutes Verhältnis zu ihrem Stiefvater, dem Grafiker Stanley Highsmith, nahm später aber seinen Nachnamen an. Ihren leiblichen Vater lernte sie erst mit zwölf kennen. Im Alter von dreizehn Jahren übersiedelte sie gemeinsam mit ihrer Mutter und ihrem Stiefvater nach New York, wo ihre ersten Kurzgeschichten und Gedichte entstanden. Nach Abschluss der High School studierte sie am Barnard-Mädchen-College englische Literatur und Latein. Nebenbei belegte sie Kurse in Zoologie und Griechisch. Sie stürzte sich ins New Yorker Partyleben, hatte Affären mit meist deutlich älteren Frauen, arbeitete nebenher als Redakteurin der College-Zeitschrift und veröffentlichte Erzählungen. Ihren Lebensunterhalt verdiente sie sich aber vorerst mit Gelegenheitsjobs und als Comictexterin und Geschichtenentwicklerin. 1948 wechselte sie an die Künstlerakademie Yaddo. Hier schrieb sie große Teile ihres Romanerstlings *Strangers on a train (Zwei Fremde im Zug)*, dessen Verfilmung von Alfred Hitchcock 1951 sie weltberühmt machte. Zu ihrem größten Erfolg wurde der später gleichfalls ver-

filmte Roman *The Talented Mr. Ripley (Der talentierte Mr. Ripley)*. 1953 veröffentlichte sie unter dem Pseudonym Claire Morgan den Roman *The Price of Salt (Salz und sein Preis)*, in dem sie aus ihrer Biografie schöpfend die Geschichte einer lesbischen Liebe erzählt. 1963 übersiedelte sie nach Europa, führte ein unstetes Leben und blieb nie länger als wenige Monate an einem Ort. Am 4. Februar 1995 starb sie in Locarno in der Schweiz an einem Krebsleiden.

Higuchi Ichiyō (1872–1896) kam als Higuchi Natsuko als viertes von fünf Kindern in Chiyoda im Osten der Präfektur Tōkyō zur Welt und erwies sich als hochbegabte Schülerin, die schon früh die japanische Schrift lesen und schreiben lernte. Nach Beendigung der Hongō-Grundschule und einer Nähschule (die traditionelle Mädchenausbildung) besuchte sie das renommierte private Lyrikinstitut Haginoya, wo sie unter Leitung der Dichterin Nakajima Utako im Kanon der japanischen Literatur, in der Waka-Dichtung sowie in Kalligrafie unterrichtet wurden. Später arbeitete sie selbst dort als Lehrerin. Als ihr älterer Bruder und der Vater starben, wurde sie 1889 mit siebzehn Jahren zum Haushaltsvorstand und musste ihre Mutter samt Geschwistern ernähren. Das tat sie nach dem Vorbild ihrer Schriftstellerfreundin Miyake Kaho durch das Verfassen von Erzählungen, teils veröffentlicht unter den Pseudonymen Asaka no Numako und Kasugano Shikako. 1892 erschien im literarischen Almanach *Musashino* von Nakarai Tōsui ihre erste Kurzgeschichte *Yamizakura* (闇桜, dt. *Kirschblüten in der Finsternis*), gezeichnet mit «Ichiyō» («Ein Blatt»). Berühmtheit erlangte sie 1892 mit ihrer Erzählung

Umoregi (うもれ木, dt. *Meister Bitter*), gefolgt von *Yuki no hi* (雪の日, dt. *Ein Schneetag*), veröffentlicht in der Literaturzeitschrift *Bungakukai*. Als sie 1893 ein Geschäft für Haushaltsgeräte und Süßigkeiten eröffnete, fanden die Erfahrungen als Ladenbesitzerin Eingang in ihr Meisterwerk *Takekurabe* (たけくらべ, dt. *Die Liebe der kleinen Midori/Solange sie noch ein Kind war*) von 1895/1896, das ihr die Wertschätzung und Freundschaft Mori Ōgais eintrug. In nur wenigen Jahren wurde sie zur führenden Erzählerin der Meiji-Zeit und zur ersten professionellen Schriftstellerin Japans. An Tuberkulose erkrankt, starb sie im Alter von nur vierundzwanzig Jahren.

Rokeya Sakhawat Hossain (1880–1932) wurde als fünftes von sechs Geschwistern in Pairabondh im Distrikt Rangpur, Britisch-Indien, dem heutigen Bangladesch, geboren. Als Angehörige der Oberschicht lernte sie Arabisch und Persisch, ihr Bruder Ibrahim brachte ihr aber in geheimen nächtlichen Lektionen Bengalisch und Englisch bei. Mit sechzehn heiratete sie den urdusprachigen Khan Bahadur Sakhawat Hossain, der ihre schriftstellerischen Ambitionen förderte. Mit ihm ging sie nach Bhagalpur, wo sie 1902 ihren Essay *Pipasa (Durst)* veröffentlichte. Berühmtheit über die Grenzen ihrer Heimat hinaus erwarb sie sich mit der auf Englisch verfassten Erzählung *Sultana's Dream (Sultanas Traum)*, der ersten feministischen Utopie der Weltliteratur, erschienen 1905 in *The Indian Ladies' Magazine* und drei Jahre später in Buchform. Nach dem Tod ihres Mannes 1909 gründete sie mit dessen Erbe die Sakhawat-Mädchenschule, mit der sie 1911 nach Kolkata übersiedelte und in der 1915

vierundachtzig islamische Schülerinnen Aufnahme fanden. 1916 gründete die Reformerin den muslimischen Frauenbund Anjuman e Khawateen e Islam, der sich für die Rechte der Frau auf Bildung, Beruf und politische Partizipation einsetzte. Sie engagierte sich als Sozialarbeiterin, unterstützte Waisen und Witwen und wurde dank ihres Kampfs gegen das repressive Parda-System zur bedeutendsten islamischen Feministin ihres Landes. Auch in ihren überwiegend auf Bengalisch verfassten Romanen geht es um die Diskriminierung von Frauen, so in *Paddorag (Wesen des Lotos)* von 1924 oder *Oborodhbashini (Die Frau in Gefangenschaft)* von 1931. Kurz vor ihrem Tod übernahm sie den Vorsitz auf der Konferenz indischer Frauen. Sie starb an ihrem zweiundfünfzigsten Geburtstag in Kolkata. Der 9. Dezember ist in Bangladesch bis heute ihrem Andenken gewidmet.

Ricarda Octavia Huch (1864–1947) in Braunschweig in großbürgerlichen Verhältnissen geboren und aufgewachsen, verlor 1883 die Mutter, 1887 den Vater. Sie ging nach Zürich, um ihr Abitur zu machen und Philosophie, Philologie und Geschichte zu studieren. Nach Ablegung des Lehramts-Examens promovierte sie 1891 als eine der ersten Frauen. 1892 erschien ein Band mit Gedichten und die Novelle *Die Hugenottin*. In Bremen trat sie eine Stelle als Geschichts- und Deutschlehrerin an. Dort entstand die Novelle *Eine Teufelei. Nachgelassene Papiere des Staatsschreibers Potzmanterle*. 1898 heiratete sie Ermanno Ceconi und zog mit ihm nach Triest, 1899 kam ihre Tochter Marietta zur Welt. Der Band *Fra Celeste und andere Erzählungen* erschien, gefolgt vom Roman *Vita somnium breve*

(1903) und *Seifenblasen* (1905). 1906 ließ sie sich scheiden, um im Jahr darauf ihren Cousin Richard Huch zu ehelichen. 1907 erhielt sie den Ebner-Eschenbach-Preis – der erste an Frauen verliehene Literaturpreis. Als die Ehe mit Richard Huch zerbrach, ging sie 1912 nach München. Ab 1916 in Zürich, schrieb sie den Kriminalroman *Der Fall Deruga* (1917). 1918 kehrte sie nach München zurück, wo sie 1924 zur Ehrensenatorin der Universität ernannt wurde. Neben ihrem literarischen Werk fanden ihre Bücher zu religionsphilosophischen und historischen Themen (Dreißigjähriger Krieg, Romantik, Risorgimento) – bis dahin eine Männerdomäne – weithin Beachtung. Aus Protest gegen den Ausschluss jüdischer Mitglieder trat sie 1933 aus der Preußischen Akademie der Künste aus. Trotz einiger Gestapo-Verhöre blieb sie in Deutschland. 1943 erschien *Weiße Nächte*, 1944 ihr Lyrikband *Herbstfeuer*. 1946 sammelte sie Zeugnisse zum deutschen Widerstand gegen Hitler. Kurz vor ihrem Tod im Taunus eröffnete sie in Berlin den Ersten Deutschen Schriftstellerkongress.

Ulfat Idilbi (1912–2007) kam als Tochter einer alteingesessenen Damaszener Familie zur Welt und genoss eine für Mädchen ungewöhnlich umfassende Ausbildung bis hin zur Hochschulreife, begleitet durch Unterweisungen ihres Onkels Kazem Daghestani, eines Schriftstellers. Ein frühes politisches Erweckungserlebnis stellte für sie der Zerfall des Osmanischen Reichs und die Okkupation Syriens durch französische Interventionstruppen Anfang der 1920er-Jahre dar. Mit siebzehn Jahren begann sie ein Studium, das sie abbrechen musste, als ihre Eltern die Eheschließung für sie arrangierten. Sie begann zu schrei-

ben und eröffnete 1932 einen literarischen Salon, der zu einem Treffpunkt für Frauen und Männer aus der gesamten arabischen Welt wurde. Ihr Frühwerk widmete sie der syrischen Unabhängigkeitsbewegung und deren antikolonialistischen Kämpfen. Mit ihrem Mann bekam sie eine Tochter und zwei Söhne, daneben schrieb und veröffentlichte sie zahlreiche Prosawerke: 1947 *al-qarar al-akheer* (*Letzte Entscheidung*), 1954 *qisas shami* (*Damaszener Geschichten,*) und 1963 *uda'an ya sham* (*Adieu, Damaskus!*). In den 1970er-Jahren nahm sie einen Lehrauftrag an der geisteswissenschaftlichen Fakultät der Universität Damaskus wahr. In späteren Romanen, Erzählungen und Essays schildert sie vorzugsweise Frauenexistenzen im Spannungsfeld zwischen orientalisch-arabischer Tradition und westlicher Moderne, so 1974 in *youdHak ash-shaytan* (*Das Lachen des Teufels*), 1990 in *nafaHat dimashqi* (*Damaszener Parfüm*) und 1999 in *Hekayat jddi* (*Die Geschichte meines Großvaters*). Die größte Resonanz fand ihr 1980 erschienener Roman *Dimashq ya Basimat el Huzn* (*Damaskus – das Lächeln der Traurigkeit*). Die international angesehene Femme de lettres starb hochbetagt in Paris.

Rashid Jahan (1905–1952) kam in Aligarh, United Provinces (heute: Uttar Pradesh), als älteste von fünf Töchtern zur Welt und besuchte das Women's College an der Aligarh Muslim University. Mit vierzehn sympathisierte sie mit der Swadeshi-Bewegung und folgte dem *khaddar*-Appell Gandhis, nur handgesponnene Kleidung zu tragen. 1921 ging sie ans Isabella Thoburn College in Lucknow, 1924 ans Lady Hardinge Medical College nach Delhi, wo sie zur Gynäkologin ausgebildet wurde. Ihre erste, noch auf Englisch geschriebene Geschichte *When the Tom-Tom Beats* erschien im College-Magazin. Nach Studienende praktizierte sie im Auftrag der Provincial Medical Services als eine der ersten muslimischen Ärztinnen und kam mit tabuisierten Realitäten in Berührung: weibliche Sexualität, Vergewaltigung, Abtreibung. Inspiriert von → Virginia Woolf gab sie 1932 mit Gleichgesinnten den Band *Angaaray (Glut)* heraus, der einen Skandal auslöste. Religiöse Würdenträger verhängten die Fatwa, und die britische Kolonialverwaltung sah sich gezwungen, den Band wegen Verletzung religiöser Empfindungen auf den Index zu setzen. Die Entrüstung richtete sich vor allem gegen die Autorin, die in *Parde Ke Peeche (Hinter dem Schleier)* und *Dilli Ki Sair (Besuch in Delhi)* patriarchale Strukturen kritisierte. 1933 trat sie der Kommunistischen Partei bei, 1934 heiratete sie Sahibzada Mahmuduzzafar. Mit ihm ging sie nach Amritsar, 1937 nach Dehradun, gab das Magazin *Chingari* heraus und schrieb Hörspiele, Dramen und an die dreißig Storys, von denen die meisten verloren sind. Posthum erschienen *Andhe Ki lathi (Der Stock des Blinden)*, *Karibon Ka Bhagwaan (Der Gott der Armen)* oder *Istikhara (Gebete für Gerechtigkeit)*. 1949 wurde sie wegen subversiver Agitation inhaftiert. Zur Behandlung ihres Gebärmutterkrebses reiste sie 1952 nach Moskau, wo sie sechsundvierzigjährig starb.

Marie Luise Kaschnitz (1901–1974) kam als Marie Luise Freiin von Holzing-Berstett in Karlsruhe zur Welt, ihre Eltern entstammte alten badischen Adelshäusern. Ihre Kindheit verbrachte sie in Potsdam und Berlin, wo sie 1922 das Abitur machte. Nach einer Buchhandelslehre in Wei-

mar arbeitete sie in einem juristischen Verlag in München. 1925 heiratete sie den Archäologen Guido Freiherr Kaschnitz von Weinberg. Mit ihm ging sie nach Rom, wo sie eine Anstellung in einem Antiquariat fand, dann nach Königsberg und Marburg. 1928 kam ihre Tochter Iris Constanze zur Welt. Um 1930 begann sie zu schreiben, ihr Romandebüt *Liebe* erschien 1933, gefolgt von *Elissa* 1936. 1941 übersiedelte sie mit der Familie nach Frankfurt am Main. 1945 erschien der Essayband *Menschen und Dinge*, 1947 *Totentanz* (ihr erstes von über dreißig Hörspielen) und *Gedichte zur Zeit*, 1949 *Gustave Courbet. Roman eines Malerlebens*, 1950 der Lyrikband *Zukunftsmusik*, 1951 gefolgt von *Das dicke Kind und andere Erzählungen* und 1952 *Ewige Stadt*. 1955 erhielt sie den Georg-Büchner-Preis. Die Krebserkrankung ihres Mannes und sein Tod 1958 stürzte sie in eine mehrjährige Lebens- und Schaffenskrise. 1960 veröffentlichte sie den Kurzgeschichtenband *Lange Schatten*, 1962 *Dein Schweigen – meine Stimme*, 1966 *Ferngespräche* und 1966 *Der Deserteur*. 1967 wurde sie Mitglied des Ordens Pour le mérite für Wissenschaften und Künste. Neben der Erzählprosa widmete sie sich dem Hörspiel und der Lyrik. Der Gedichtband *Kein Zauberspruch* erschien 1972, im Jahr darauf *Das alte Thema*. Sie war Mitglied das PEN-Zentrums der Bundesrepublik Deutschland und der Deutschen Akademie für Sprache und Dichtung. Beim Schwimmen im Tyrrhenischen Meer zog sich die Zweiundsiebzigjährige eine Lungenentzündung zu, der sie in Rom erlag.

Galatea Kazantzaki (1881–1962), wurde als Galatea Alexiou in einer Verlegerfamilie in Iraklion auf Kreta geboren, kam schon früh mit Intellektuellenkreisen in Berührung und besuchte die französische Schule. Wie ihre jüngere Schwester Elli wollte auch sie Schriftstellerin werden. In jungen Jahren veröffentlichte sie Gedichte und Übersetzungen unter dem Künstlernamen Lalo de Castro. 1909 erschien in der Zeitschrift Ο νουμάς *(Die Nummer)* unter ihrem Klarnamen die Novelle *Ridi, pagliazzo (Lach, Clown)*. Wenig später lernte sie den Schriftsteller Nikos Kazantzakis kennen, der wie sie aus Kreta stammte. Ab April 1910 lebte sie mit ihm in Athen in wilder Ehe, bevor sie ihn im Oktober 1911 heiratete. Während ihrer Ehe benutzte sie das Pseudonym Petroula Psiloritis. Eine Anstellung in der städtischen Bibliothek verlor sie wegen ihrer «sozialistischen Ansichten» wieder. Um den Lebensunterhalt zu sichern, übersetzte sie gemeinsam mit ihrem Ehemann Texte aus dem Englischen, Französischen und Deutschen und verfasste Schulbücher. 1914 publizierte sie in einer Literaturzeitschrift in Alexandria ihre Erzählung Η άρρωστη πολιτεία *(Die sieche Stadt)*. 1916 beantragte sie die Scheidung, doch erst zehn Jahre später kam es zur endgültigen Lösung der Verbindung. Ihr Romandebüt Γυναίκες *(Frauen)* erschien 1933. 1936 heiratete sie den Dichter Marcos Avgeris. Sie schrieb Gedichte, Theaterstücke – Ενώ το πλοίο ταξιδεύει *(Während das Schiff segelt)* –, Essays sowie zwei Kurzgeschichtenbände: *11 π.μ.–1 μ.μ. (11 Uhr vormittags–1 Uhr nachmittags)* und Κρίσιμες στιγμές *(Kritische Momente)*. 1957 kam ihr Roman Άνθρωποι και υπεράνθρωποι *(Menschen und Übermenschen)* heraus, posthum erschien Ο κόσμος που πεθαίνει και ο κόσμος που έρχεται *(Die Welt, die vergeht, und die Welt, die kommt)*. Sie starb in Athen.

Susanne Kerckhoff (1918–1950) wurde als Susanne Harich in einer bildungsbürgerlichen Berliner Familie geboren. Als sie vier war, ließen sich die Eltern scheiden. Sie besuchte die Auguste-Viktoria-Schule, trat der 1933 verbotenen Sozialistischen Arbeiterjugend bei und legte 1937 ihr Abitur an der Bismarck-Schule in Charlottenburg ab. Im selben Jahr heiratete sie den Buchhändler Hermann Kerckhoff und bekam Sohn Hermann. 1938 kam Tochter Dina und 1945 Nachzügler Christian zur Welt. 1940 erschienen gleich zwei Romane von ihr, *Tochter aus gutem Hause* und *Das zaubervolle Jahr*. Zwischen 1941 und 1943 studierte sie Philosophie an der Friedrich-Wilhelms-Universität in Berlin. 1944 veröffentlichte sie ihren dritten Roman *In der goldenen Kugel*. Vor den Bombenangriffen floh sie mit den Kindern ins Emsland, wo sie als Dolmetscherin arbeitete. Nach Kriegsende trat sie der SPD bei. Ihr Lyrikband *Das innere Antlitz* erschien, 1947 gefolgt vom Roman *Die verlorenen Stürme*. In diesem Jahr siedelte sie in den Ostsektor über, verließ die SPD und wurde Mitglied der SED sowie des Schutzverbandes Deutscher Autoren. Einige Monate schrieb sie für die satirische Monatszeitschrift *Ulenspiegel*, dann wechselte sie zur *Berliner Zeitung*, wurde erst Redakteurin, im Oktober dann Feuilletonleiterin. Nach politischen Querelen mit der SED-Führung, die ihr Abweichlertum vorwarf, nahm sie sich mit zweiunddreißig Jahren das Leben. Nach dem Tod tauchte ihr Name viele Jahrzehnte weder in den Literaturgeschichten der DDR noch in denen der Bundesrepublik auf. Erst in den letzten Jahren wurde ihr Werk – etwa der halbfiktive Kurzroman *Berliner Briefe* – wiederentdeckt und ihr Schaffen gewürdigt.

Irmgard Keun (1905–1982), in Charlottenburg bei Berlin geboren, verbrachte ab 1913 ihre Kindheit und Jugend in Köln. Am Mädchenlyzeum Teschen erwarb sie die mittlere Reife und wechselte an eine Handelsschule im Harz. Sie arbeitete als Stenotypistin, nahm zwischen 1925 bis 1927 Schauspielunterricht und begann zu schreiben. Ihr Roman *Gilgi, eine von uns* machte sie 1931 über Nacht berühmt. Im Jahr darauf erschien *Das kunstseidene Mädchen*. Sie heiratete den Regisseur Johannes Tralow, von dem sie sich 1937 wieder scheiden ließ. Nach der Machtergreifung der Nationalsozialisten wurden ihre Bücher verboten, Anläufe, in den Reichsverband Deutscher Schriftsteller aufgenommen zu werden, scheiterten, was de facto einem Berufsverbot gleichkam. 1936 emigrierte sie nach Ostende. Gemeinsam mit dem österreichischen Schriftsteller Joseph Roth, mit dem sie eine Liebesbeziehung verband, reiste sie nach Paris, Wilna, Lemberg, Warschau, Wien, Salzburg, Brüssel und Amsterdam. Im Exil entstanden ihre Romane *Das Mädchen, mit dem die anderen Kinder nicht verkehren durften* (1936), *D-Zug dritter Klasse* und *Kind aller Länder* (beide 1938). *Nach Mitternacht* (1937) war eine Abrechnung mit Hitler-Deutschland. 1940, nach dem Einmarsch der Nazis in die Niederlande, floh sie mit gefälschten Papieren zurück nach Köln, wo sie untertauchte. Nach dem Krieg arbeitete sie als Journalistin, Feuilletonistin, Hörfunk- und Kabarettautorin. 1951 kam ihre uneheliche Tochter Martina zur Welt. Verarmt, medikamenten- und alkoholabhängig, wurde sie 1966 in eine psychiatrische Anstalt eingewiesen. Nach der Entlassung 1972 lebte sie wieder in Köln. Mit der Verleihung des → Marieluise-Fleißer-Preises erfuhr sie 1981, ein Jahr vor ihrem Tod an Lungenkrebs, eine späte Würdigung.

Kim Myeong-Sun (1896–1951) kam in Pyeongyang als uneheliche Tochter des wohlhabenden Geschäftsmanns Kim Huikyeong und einer Konkubine und ehemaligen Gisaeng zur Welt. Dass ihre Mutter eine Dame der Halbwelt war, prägte als Stigma ihr Leben und Werk. Seit 1908 besuchte sie Mädchenschulen in Seoul und ab 1913 in Tokio, ab 1916 das Seongmyeong-Gymnasium in Seoul. 1917 veröffentlichte sie ihre erste Kurzgeschichte, *Uisimui sonyeo (Ein geheimnisvolles Mädchen)*, mit der sie bei einem Literaturwettbewerb den ersten Preis gewann. 1918 ging sie wieder nach Japan, um Musik und Literatur zu studieren, und stieß zur Avantgardegruppe *Changjo (Schöpfung* oder *Kreativität)*. 1920 erschien ihr erstes Gedicht. Es folgten Kurzgeschichten, zum Teil unter den Pseudonymen Mangyangcho und Tansil. 1921 zurück in der Heimat, propagierte sie in Essays und Artikeln die Emanzipation der «Neuen», der «modernen Frau» *(Sin yeoseong)*. 1924 sorgte ihr Romandebüt *Tansiliwa Juyeongi (Tansil und Juyeong)* für Aufsehen. 1925 erschienen ihre gesammelten Werke unter dem Titel *Saengmyeong ui gwasil (Früchte des Lebens)*. Nachdem sie als Reporterin der Tageszeitung *Maeil sinbo* gearbeitet hatte und eine kurze, wenig erfolgreiche Filmkarriere zu Ende ging, kam 1932 ihre literarische Produktion endgültig zum Erliegen. In Tokio hielt sie sich mit dem Abfassen von Kindergeschichten und Gedichten über Wasser. Ihr letztes Lebensjahrzehnt verbrachte sie in bitterer Armut und seelisch zerrüttet. Mit fünfundfünfzig Jahren starb sie im Tokioter Aoyama-Hospital, einer psychiatrischen Anstalt. Sie hinterließ zehn Gedichtbände, neun Romane und Kurzprosa. Neben Na Hye-seok und Kim Il-yeop gilt sie heute als Pionierin der koreanischen Frauenliteratur.

Olha Julianiwna Kobyljanska (1863–1942) wurde als viertes von sieben Kindern in Gura-Humora in der damals zu Österreich-Ungarn gehörigen Bukowina geboren und wuchs mehrsprachig auf. Väterlicherseits hatte sie ukrainische, mütterlicherseits polnisch-deutsche Vorfahren. Ihre Kindheit verbrachte sie in Suczawa und Kimpolung. Nach dem Besuch der deutschsprachigen Volksschule bildete sie sich selbst weiter, las neben deutschen auch skandinavische und russische Klassiker. Erste Erzählungen und Skizzen erschienen ab 1880 auf Deutsch in *Westermanns Monatsheften* und in der *Ruthenischen Revue*. 1889 zog sie nach Dymka zu den Großeltern mütterlicherseits, 1891 nach Czernowitz. Prägende Begegnungen und Freundschaften mit Sofia Okunevska, Wassyl Stefanyk, Natalija Kobrynska, Ivan Franko, Mykhailo Kotsiubynsky und Ossyp Makowej, mit dem sie liiert war, veränderten ihre politische Einstellung. 1895 zählte sie zu den Gründerinnen der ruthenischen Frauenbewegung in der Bukowina und schrieb ihre Werke fortan auf Ukrainisch, darunter die Romane *Liudyna (Eine Person)* von 1891, *Valse mélancholique* (1894) und *Zarivna (Die Prinzessin)* von 1895. Mit weiteren Werken wie *Aristokratka (Die Aristokratin)* von 1896, *Zemlia (Land)* von 1902 oder *Nioba (Niobe)* von 1905 festigte sie ihren Ruf. 1901 lernte sie die ukrainische Dichterin Lesia Ukrainka kennen. Als ihr berühmtester Roman gilt *V nediliu rano zillia kopala (Am Sonntagmor-*

gen sammelte sie Kräuter) von 1909. Zwischen 1927 und 1929 erschien in Charkiw eine neunbändige Werkausgabe. Sie starb hochbetagt in Czernowitz. Zwei Jahre nach ihrem Tod wurde in Czernowitz ein Olha-Kobyljanska-Museum eröffnet. Vor dem dortigen Stadttheater steht außerdem ein ihr gewidmetes Bronzedenkmal.

Out el-Kouloub (1892–1968), als Qut al Demerdashiyya in Kairo geboren, entstammte einer Beamten- und Großgrundbesitzerfamilie mit glänzenden Beziehungen zum osmanischen Hof. Sie wurde im traditionellen Harem von Gouvernanten erzogen, genoss die Standesprivilegien der Oberschicht und sprach fließend Arabisch, Türkisch und Französisch. 1922 wurde sie mit dem Rechtsanwalt Mustafa Bey Muktar verheiratet und bekam vier Sönne und eine Tochter mit ihm. Nach der Scheidung (laut anderen Quellen: nach dem Tod ihres Mannes) setzte sie durch, dass die Kinder ihren Namen trugen und nicht den des Vaters. 1933 bereiste sie Europa und lebte einige Jahre in Frankreich, bevor sie 1939 nach Ägypten zurückkehrte. In Frankreich war 1934 ihr Romandebüt erschienen, *Au hasard de la pensée (Der Zufall der Gedanken)*, 1937 gefolgt von *Harem* und 1940 von *Trois contes de l'amour et de la mort (Drei Geschichten von Liebe und Tod)*. Mit ihren realistischen Schilderungen von Frauenschicksalen wurde sie zu einer Vorreiterin eines islamischen Feminismus. In ihrem Erfolgsroman *Ramsa* erzählt sie die Emanzipationsgeschichte einer Heldin, die in prekären Verhältnissen – als Tochter einer aus Serbien nach Ägypten verschleppten Sklavin – zur Welt kam. Als angesehene Mäzenatin und Intellektuelle eröffnete sie in Kairo einen literarischen

Salon, zu dem auch Frauen Zutritt hatten, und kämpfte für die Abschaffung des Hijab als Symbol der Unterdrückung der arabischen Frau. Zu ihrem erzählerischen Spätwerk zählen *La Nuit de la Destinee (Schicksalsnacht)* von 1954 und *Hefnaoui Le Magnifique (Der großartige Hefnaoui)* von 1961. Nach der Machtergreifung des Nasser-Regimes, das ihre Familie enteignete, verließ sie ihr Land 1954 für immer. Sie ging mit ihren Kindern nach Rom und starb während einer Österreichreise in Graz.

Ellen Kuzwayo (1914–2006), geboren als Ellen Kate Cholofelo Nnoseng Motlalepule, wuchs in Thaba Nchu in der südafrikanischen Provinz Freistaat auf und lebte bis zu ihrem zehnten Lebensjahr bei den Großeltern mütterlicherseits. Danach zog sie zur Familie des Vaters nach Johannesburg. Sie besuchte die Missionarsschule in Thaba Patchoa, das Adams College in Amanzimtoti und das Lovedale-Institut in Fort Hare. 1936 schloss sie ein Lehramtsstudium ab und gründete 1940 in Phokeng die erste High School für Jungen und Mädchen. 1941 heiratete sie Ernest Moloto, mit dem sie die Söhne Bobo and Justice bekam. Als ab 1943 auch Frauen Vollmitglieder des ANC werden konnten, begann ihre politische Karriere. 1944 begründete sie neben Nelson Mandela die ANC Youth League mit. Nach der Trennung von ihrem ersten Mann heiratete sie 1950 Godfrey Kuzwayo, mit dem sie 1951 Sohn Bakone bekam. Nach Einführung des Apartheid-Systems 1948 Repressalien ausgesetzt, musste sie 1952 ihre Lehrtätigkeit in Transvaal aufgeben und begann 1955 eine Ausbildung an der Jan Hofmeyr School of Social Work. Sie engagierte sich in der Frauenarbeit und veröffentlichte

1960 die Studie *The role of the African woman in towns*. Zwischen 1976 und 1982 gehörte sie dem Soweto Committee of Ten an. Nach dem Schüler- und Studentenaufstand wurde sie 1977 für zehn Monate im Johannesburg Fort inhaftiert. Für ihre Autobiografie *Call Me Woman (Mein Leben)* von 1985 – mit einer Einführung von Nadine Gordimer und einem Vorwort von Bessie Head – erhielt sie als erste Schwarze den CNA Literary Award. Ebenfalls als erste Schwarze wurde ihr 1987 die Ehrendoktorwürde einer südafrikanischen Hochschule, der University of the Witwatersrand, verliehen. 1990 erschien ihr Erzählband *Sit Up and Listen*, 1998 folgte *African Wisdom*. 1994 wurde sie als ANC-Abgeordnete ins Post-Apartheid-Parlament gewählt.

Carmen Laforet Díaz (1921–2004) kam in Barcelona zur Welt. Bereits im Alter von zwei Jahren verlor sie die Mutter und zog mit ihrem Vater auf die Kanarischen Inseln, wo sie aufwuchs und zur Schule ging. Mit achtzehn Jahren, kurz nach dem Ende des Spanischen Bürgerkriegs, kehrte sie in ihre Geburtsstadt zurück. Sie begann ein Philosophiestudium an der Universität Barcelona, wechselte aber mit einundzwanzig zu den Rechtswissenschaften in Madrid über. 1944 veröffentlichte sie ihren ersten Roman: *Nada (Nichts)*, für den sie den Premio Nadal erhielt und der neben *Don Quijote de la Mancha* und *Cien años de soledad (Hundert Jahre Einsamkeit)* zu einem der meistübersetzten spanischsprachigen Romane aller Zeiten wurde. 1946 heiratete sie den Literaturkritiker Manuel Cerezales, mit dem sie fünf Kinder hatte: Marta, Cristina; Silvia, Manuel und Agustín. 1951 konvertierte sie zum Katholizismus. Sie veröffentlichte insgesamt acht Romane, darunter *La isla y los demonios (Die Insel und die Dämonen)* aus dem Jahr 1950 und *El Piano* von 1952, Kurzgeschichten *(La llamada, La Niña y otros relatos)*, Bilderbücher und Reiseberichte. Für die Novelle *La mujer nueva (Die Wandlung der Paulina Goya)* bekam sie 1955 den Premio Menorca und 1956 den Premio verliehen. In den 1960er-Jahren kündigte sie die Roman-Trilogie *Tres pasos fuera del tiempo* an, die unvollendet blieb. Zu Lebzeiten erschien nur *La insolación (Der Sonnenstich)* von 1963 und posthum der zweite Teil *Al volver la esquina (Der Gang um die Ecke)*. Nach der Trennung von ihrem Mann im Jahr 1970 zog sie sich ganz aus der Öffentlichkeit zurück. Der 1981 publizierte Essay *Mi primer viaje a USA* reflektiert die Erfahrungen einer Amerikareise von 1965. In den letzten Lebensjahrzehnten litt sie an Alzheimer und Depressionen. Sie starb im Alter von zweiundachtzig Jahren in Madrid.

Selma Ottilia Lovisa Lagerlöf (1858–1940) wurde als zweitjüngstes von sechs Geschwistern in der schwedischen Provinz Värmland geboren. Gegen den Willen ihres Vaters ging sie mit dreiundzwanzig Jahren nach Stockholm, wo sie ein Mädchengymnasium besuchte und anschließend eine Ausbildung zur Lehrerin absolvierte. Ihre erste Stelle trat sie in Landskrona an und veröffentlichte 1891 mit *Gösta Berlings saga* ihr Romandebüt. Dessen Erfolg ermöglichte es ihr, sich fortan ganz dem Schreiben zu widmen. Dank eines Reisestipendiums des Königs bereiste sie das südliche Europa, Ägypten und Israel. Ihren Ruhm festigte sie 1897 mit *Antikrists mirakler (Die Wunder des Antichrist)*, dem Auswandererepos *Jeru-*

salem (1902/1903) und 1906 der Kindergeschichte über Nils Holgersson *(Nils Holgerssons underbara resa genom Sverige)*. Sie engagierte sich in der schwedischen Suffragettenbewegung und sorgte 1911 auf dem internationalen Frauenkongress in Stockholm mit ihrer Rede *Hem och stat (Heim und Staat)* für Aufsehen. Mit Sophie Elkan und Valborg Olander verband sie eine langjährige gleichgeschlechtliche Dreiecksbeziehung. 1907 wurde ihr die Ehrendoktorwürde der Universität Uppsala verliehen, 1909 erhielt sie als erste Frau den Literatur-Nobelpreis, und 1914 wurde sie als erstes weibliches Mitglied in die Schwedische Akademie aufgenommen. Das Preisgeld ermöglichte es ihr, den elterlichen Hof Mårbacka zurückzukaufen. Nach dem Roman *Kejsarn av Portugallien (Der Kaiser von Portugallien)* von 1914 schrieb sie an der zwischen 1925 und 1928 erschienene Löwenskölds-Trilogie: *Löwensköldska ringen (Der Ring des Generals)*, *Charlotte Löwensköld* und *Anna Svärd (Anna, das Mädchen aus Dalarne)*. 1933 wirkte sie in einem Komitee zur Rettung jüdischer Emigranten aus Nazi-Deutschland mit. Noch in ihrem Todesjahr war sie Nelly Sachs bei deren Flucht nach Schweden behilflich.

Nella Larsen (1891–1964) wurde in Chicago als Nellie Walker als Tochter einer Dänin und eines multiethnischen Afrokariben aus der Kolonie Dänisch-Westindien (heute: Amerikanische Jungferninseln) geboren. Als der leibliche Vater die Familie verließ, heiratete die Mutter erneut. Vom Stiefvater Peter Larsen stammt Nellas Name. Zwischen 1895 und 1898 besuchte sie mit Mutter und Halbschwester Lizzie Dänemark, eine Zeit, die sie in *Playtime:*

Three Scandinavian Games (1920) schilderte. 1907 begann sie ein Studium an der Fisk University, Nashville. Nach Abbruch des Studiums ließ sie sich 1914 am Lincoln Hospital, Manhattan, zur Krankenschwester ausbilden. Ab 1915 arbeitete sie am Tuskegee Institute, Alabama, kehrte ans Lincoln Hospital zurück und nahm 1918 eine Stellung am New Yorker Bureau of Public Health an. 1919 heiratete sie den afroamerikanischen Physiker Elmer Imes. 1921 assistierte sie als Freiwillige bei der «Negro art»-Ausstellung an der New York Public Library, absolvierte eine Ausbildung zur Bibliothekarin und schloss 1923 als erste Schwarze die NYPL School ab. 1925 schrieb sie die Short Storys *Freedom (Freiheit)* und *The Wrong Man (Der falsche Mann)*. Sie verkehrte mit Autorinnen und Autoren der Harlem Renaissance und arbeitete an ihrem Romandebüt *Quicksand (Treibsand)* von 1928, für das sie den Preis der Harmon Foundation erhielt. Im Jahr darauf erschien *Passing (Seitenwechsel)*, 1930 *Sanctuary*, eine weitere Short Story. Dank eines Guggenheim-Stipendiums konnte sie Europa bereisen und lebte auf Mallorca und in Paris. Nach ihrer Scheidung 1933 zog sie sich zurück, litt an Depressionen. Seit 1941 arbeitete sie als Nachtkrankenschwester und Angestellte im Pflegedienst. Als man die Zweiundsiebzigjährige in ihrem Apartement in der Lower East Side tot auffand, nahm kaum jemand Notiz davon. Erst nach ihrem Tod wurde ihr schmales Werk wiederentdeckt.

Else Lasker-Schüler (1869–1945) entstammte dem assimilierten, liberalen jüdischen Bürgertum, kam im westfälischen Elberfeld nahe Wuppertal als Elisabeth Schüler zur Welt und galt unter sechs Geschwistern als Wunderkind. 1890 erlebte sie den Tod der Mutter als Vertreibung aus dem Paradies. 1894 heiratete sie den Berliner Arzt Berthold Lasker, nahm Zeichenunterricht und erlebte in Künstlerkreisen ihre intellektuelle Erweckung. 1899 kam ihr Sohn Paul zur Welt, 1903 wurde die Ehe geschieden. 1901 veröffentlichte sie ihren ersten Gedichtband *Styx*, 1906 ihr erstes Prosawerk, *Das Peter Hille-Buch*, 1909 ihr poetisches Milieustück *Die Wupper*. Mit ihrem zweiten Mann Herwarth Walden stand sie an der Spitze der Avantgarde und schrieb sich mit ihrer Lyrik und Prosa in die erste Reihe der literarischen Moderne und des Expressionismus. Nach ihrer Scheidung von Walden lernte sie Gottfried Benn und Franz Marc kennen, mit denen sie innige Künstlerfreundschaften verbanden. 1919 erschien *Malik. Eine Kaisergeschichte*, 1921 die Erzählung *Der Wunderrabbiner von Barcelona*. Unterstützt von Gönnern führte sie in den 1920er-Jahren eine bescheidene Existenz als freie Künstlerin. Als ihr Sohn Paul 1927 an Tuberkulose starb, durchlebte sie eine schwere seelische Krise. 1933 emigrierte sie nach Zürich, erhielt von der dortigen Fremdenpolizei aber Berufsverbot und nur eine befristete Aufenthaltsgenehmigung. 1938 wurde ihr die deutsche Staatsbürgerschaft aberkannt. Bei Ausbruch des Zweiten Weltkriegs auf Besuch im «Hebräerland» Palästina, verwehrten ihr die Schweizer Behörden das Rückreisevisum. So verbrachte die Exilantin ihre letzten Lebensjahre, verarmt und vereinsamt, in Jerusalem, wo sie sich für eine friedliche Verständigung von Juden und Arabern einsetzte und 1943 ihr lyrisches Vermächtnis *Mein blaues Klavier* veröffentlichte.

Doris Lessing (1919–2013) wurde im persischen Kermānschāh als Doris May Tayler geboren und wuchs ab 1924 auf einer Maisfarm in Südrhodesien (dem heutigen Simbabwe) auf. Dort ging sie auf die Dominican Convent High School und auf die Girls High School in Salisbury (Harare), die sie mit vierzehn abbrach, um erst als Kindermädchen, dann als Schreibkraft und Telefonistin zu arbeiten. 1939 heiratete sie Frank Charles Wisdom und bekam mit ihm 1939 Sohn John, 1941 Tochter Jean, die bei der Scheidung 1943 beim Vater blieben. 1945 ehelichte sie den deutschen Emigranten Gottfried Lessing, mit dem sie 1947 Sohn Peter bekam. Diesen nahm sie nach ihrer zweiten Scheidung 1949 mit nach England, wo sie im Jahr darauf ihren ersten Roman *The Grass Is Singing (Afrikanische Tragödie)* veröffentlichte. 1952 erschien mit *Martha Quest* der erste Teil des fünfbändigen Romanzyklus *Children of Violence (Kinder der Gewalt)*. 1954 wurde sie mit dem Somerset Maugham Award ausgezeichnet. Sie trat in die Kommunistische Partei ein und verließ sie nach dem sowjetischen Einmarsch in Ungarn 1956 wieder. Der Durchbruch als Autorin gelang ihr 1962 mit der Veröffentlichung von *The Golden Notebook (Das goldene Notizbuch)*, einem Klassiker des modernen Feminismus. Darin reflektierte sie neben den großen welthistorischen Themen – Krieg, Kolonialismus, Klassengesellschaft – intimste Erfahrungen wie den weiblichen Orgasmus und die Menstruation. Mit dem fünfbändigen Romanzyklus *Canopus in Argos: Archives* (1979–1983) drang sie in die Männerdomäne Science-Fiction ein. Neben Romanen verfasste sie Short Storys, Theaterstücke, Gedichte, Essays, politische Reportagen, Reiseberichte und

eine zweibändige Autobiografie. 1974 erhielt sie die Ehrenmitgliedschaft der American Academy of Arts and Letters, 2007 wurde sie mit dem Literaturnobelpreis ausgezeichnet.

Clarice Lispector (1920–1977), jüngste von drei Töchtern jüdischer Eltern, wurde als Chaja Pinkussowna Lispektor im ukrainischen Tschetschelnyk geboren und wuchs nach der Flucht der Familie vor dem Pogromen des Russischen Bürgerkriegs in Recife im Nordosten Brasiliens und in Rio de Janeiro auf. Mit neun verlor sie die Mutter. Sie studierte Jura, begann zu schreiben und arbeitete als Lehrerin und Journalistin. Gegen den Wunsch ihrer Familie ehelichte sie 1943 den Katholiken Maury Gurgel Valente, der eine Diplomatenkarriere einschlug. Bereits ihr erster Roman *Perto do coração selvagem (Nahe dem wilden Herzen)* sorgte 1944 für Aufsehen, da er mit allen Regeln konventionellen Erzählens brach. Mit ihrem Gatten ging sie 1945 erst nach Neapel, wo sie den zweiten Roman *O Lustre (Der Lüster)* schrieb, nach Bern und 1952 schließlich nach Washington. 1949 kam ihr Sohn Pedro zur Welt, 1953 Paulo. Als Diplomatengattin führte sie ein ebenso glamouröses wie selbstständiges, ja rebellisches Leben. Nach ihrer Scheidung im Jahr 1959 zog sie mit ihren Söhnen nach Rio de Janeiro, arbeitete als Journalistin und Übersetzerin und verfasste sieben weitere Romane, über achtzig Kurzgeschichten, daneben Drehbücher, Kinderbücher, Essays und Kolumnen, wobei die Grenzen zwischen Fiktion, Autobiografie und Journalismus fließend waren. Als sie 1967 mit einer Zigarette und Beruhigungsmitteln im Bett einschlief, geriet ihre Wohnung im 13. Stock in Brand.

Sie wurde von herabstürzenden Trümmern verletzt und erlitt schwere Verbrennungen, sodass sie ihre Schreibhand nur noch unter Schmerzen gebrauchen konnte. Von Krankheit und Tablettenkonsum zerrüttet, starb die mittlerweile weltberühmte Autorin einen Tag vor ihrem siebenundfünfzigsten Geburtstag in Rio de Janeiro an Krebs.

Mary MacLane (1881–1929) wurde in Winnipeg, Kanada geboren, ihre Familie zog aber bald nach Fergus Falls und dann nach Butte, wo sie eine rudimentäre Schulbildung genoss. 1898 verfasste sie erste Beiträge für die Schülerzeitung und begann noch als Jugendliche, an ihrer Autobiografie zu schreiben, der sie den Titel *I Await the Devil's Coming (Ich erwarte die Ankunft des Teufels)* gab. Der Verlag Herbert S. Stone & Co. brachte sie 1902 allerdings unter dem Titel *The Story of Mary MacLane* heraus. Ihr Debüt wurde zum Bestseller. Sie inszenierte sich und ihr Werk mit einer Chuzpe, die für eine Neunzehnjährige aus der Bergbauregion Montana bis heute verblüfft. Reporter aus allen Teilen der USA pilgerten nach Butte, dessen Baseballteam sich später in «The Mary MacLanes» umbenannte. Bei rebellischen Frauen wurde scherzhaft «MacLaneism» diagnostiziert. Und die *Literary World* erklärte, sie sei bloß «eine ziemlich schlichte, ungezogene, trotzige junge Frau», gleiche einer Karikatur, «erfunden von einem böswilligen Journalisten, um das schlechtestmögliche Bild einer Frau zu zeichnen». Ihre offen gelebte Bisexualität provozierte nicht minder wie ihr Feminismus. Sie schloss Freundschaft mit Inez Haynes Irwin und Harriet Monroe, ging 1903 nach Rockland, Massachusetts, und 1908 nach New York.

In einem Interview mit der Journalistin Zona Gale für die *New York World* prophezeite sie, sie werde noch drei Bücher schreiben, mit fünfundzwanzig «nichts sein», doch fünfzig Jahre nach ihrem Tod werde man ihr Debüt für ein Meisterwerk halten. Tatsächlich schrieb sie noch zwei Bücher – *My Friend Annabel Lee* (1903) und *I, Mary MacLane: A Diary of Human Days* (1917) – und drehte einen Stummfilm: *Men Who Have Made Love To Me* (1918). Sie starb 1929 mit achtundvierzig Jahren in Chicago, vermutlich an Tuberkulose, und war bald nach ihrem Tod vergessen. 1993 begann die Wiederentdeckung ihres Werks.

Katherine Mansfield (1888–1923), geboren in Wellington als Kathleen Mansfield Beauchamp, wuchs in der Kolonialwelt Neuseelands zwischen Maori-Bräuchen und Cellospiel auf und begann schon im Mädchenalter zu schreiben. 1897 gewann ihre Geschichte *A Sea Voyage (Eine Seereise)* einen Preis. Kaum volljährig, übersiedelte sie mit den Schwestern zum Schulbesuch nach London. Als «Katherine Mansfield» veröffentlichte sie 1904 fünf Geschichten im *Queen's College Magazine*. 1908 wurde sie von einem Jugendfreund schwanger. Nach einer Blitzhochzeit in Schwarz mit ihrem Gesangslehrer brachte sie die Mutter nach Bad Wörishofen, wo sie eine Fehlgeburt erlitt. Eine Infektion nach akuter Bauchfellentzündung und der Operation des infizierten Eileiters im Jahr 1910 machte sie zur lebenslang Leidenden. 1911 lernte sie ihren Lebensmenschen John Middleton Murry kennen und veröffentlichte ihren ersten Band mit Kurzgeschichten, *In a German Pension (In einer deutschen Pension)*. 1913 schloss das Paar enge Bekanntschaft mit

Frieda von Richthofen und D. H. Lawrence. 1915 kam Katherines Bruder Leslie in Frankreich bei einer Handgranatenübung ums Leben. 1916 traf sie → Virginia Woolf, in deren Hogarth Press sie zwei Jahre später ihre Erzählung *Prelude* veröffentlichte. 1917 wurde ein Krankheitsherd an der rechten Lunge entdeckt, die Diagnose lautete auf Lungentuberkulose. Ihr weiteres Werk entstand auf Reisen und Kuraufenthalten in San Remo, Ospedaletti, Menton und Montreux. 1920 erschien *Bliss and Other Stories (Wonne und andere Erzählungen)* und 1921 *The Garden Party and Other Stories (Die Gartenparty u. a. E.)*. Mit nur vierunddreißig Jahren starb sie in Gurdjieffs Institut für die harmonische Entwicklung des Menschen bei Fontainebleau. Ihr schmales Werk zählt zur modernen Weltliteratur.

Carson McCullers (1917–1967) wurde als Lula Carson Smith in Columbus, Georgia, geboren. Den Lebenstraum, an der Juilliard School of Music zu studieren und Konzertpianistin zu werden, musste sie wegen wiederkehrender Anfälle von Gelenkrheumatismus begraben. Nach dem High-School-Abschluss übersiedelte sie nach New York, jobbte als Kellnerin und Sekretärin und belegte an der Columbia University Psychologie-, Philosophie- und Creative-Writing-Kurse. Ihre erste Story *Wunderkind* wurde Ende 1936 im Magazin *Story* veröffentlicht. Nach der Heirat ging sie mit ihrem Mann Reeves McCullers nach North Carolina, wo sie 1939 ihre Romane *Reflections in a Golden Eye (Spiegelbild im goldnen Auge)* und *The Mute* in Angriff nahm – letzterer erschien 1940 unter dem Titel *The Heart is a Lonely Hunter (Das Herz ist ein einsamer Jäger)* und machte die Autorin schlagartig

berühmt. Ihre obsessiven Empfindungen für Frauen wie → Annemarie Schwarzenbach, die sie in New York kennenlernte, oder → Katherine Anne Porter blieben unerwidert. In den 1940er-Jahren verschlimmerte sich ihr Gesundheitszustand, neben rheumatischer Herzschwäche litt sie unter den Folgen eines Schlaganfalls. Nach der Scheidung 1941 schloss sie sich der Künstlerkommune February House, Brooklyn Heights, an und schrieb 1943 die Novelle *The Ballad of the Sad Café (Die Ballade vom traurigen Café)*. 1945 heiratete sie ihren Mann abermals und reiste mit ihm nach Paris, erlitt weitere Schlaganfälle, die zur halbseitigen Lähmung führten, und unternahm einen Suizidversuch. 1953 nahm sich Reeves das Leben. 1961 erschien der Roman *Clock Without Hands (Uhr ohne Zeiger)*, 1964 der Gedichtband *Sweet as a Pickle and Clean as a Pig (Süss wie 'ne Gurke und rein wie ein Schwein)*. Sie starb an der Folgen eines neuerlichen Schlaganfalls in Nyack, New York.

Maria Messina (1887–1944) wurde in Alimena südöstlich von Palermo geboren und wuchs in Messina auf. Obwohl der Vater Schulinspektor war, besuchte sie nie eine öffentliche Schule, sondern lernte mit ihren Brüdern oder brachte sich ihr Wissen als Autodidaktin bei. Nach zahlreichen Umzügen der Familie auf dem süd- und mittelitalienischen Festland wurde sie 1911 in Neapel sesshaft. Mit zweiundzwanzig Jahren begann sie eine mehrjährige Korrespondenz mit dem veristischen Schriftsteller Giovanni Verga, der sie zum Schreiben ermutigte. Ab 1909 erschienen erste Kurzgeschichtenbände, etwa *Pettini fini (Feine Kämme)* oder *Piccoli gorghi (Kleine Rinnsale)*, und Kinderbücher. 1912 gewann sie mit *La Mèrica (Amerika)* bei einem Schreibwettbewerb des Frauenmagazins *La Donna* die Goldmedaille. 1914 druckte die florentinische *Nuova Antologia* ihre Novelle *Luciuzza* ab. Im selben Jahr machten sich Anzeichen von Multipler Sklerose bei ihr bemerkbar, ab da schrieb sie gegen die rasant ablaufende Zeit an und kehrte nach Sizilien zurück. In Mistretta entstanden binnen weniger Jahre ein umfangreiches Novellenwerk und sechs Kurzromane: 1920 *Alla deriva (Die Drift)* und *Primavera senza sole (Frühling ohne Sonne)*, 1921 *La casa nel vicolo (Das Haus in der Gasse)*, 1923 *Un fiore che non fiorì (Eine Blume, die nicht blühte)*, 1926 *Le pause della vita (Lebensbrüche)* und 1928 *L'amore negato (Jede Einsamkeit ist anders)*. Danach musste sie ihre schriftstellerische Karriere vorzeitig beenden und sich aus gesundheitlichen Gründen aus der Öffentlichkeit zurückziehen. Sie erlag ihrem Leiden in Pistoia. 1945 wurde bei einem Bombenangriff ihr Archiv zerstört, was dazu führte, dass sie in Vergessenheit geriet. Dank Leonardo Sciascia setzte im späteren 20. Jahrhundert die Wiederentdeckung ihres Werks ein.

Lorna Moon (1886–1930) wurde als Nora Helen Wilson Low in Strichen, Aberdeenshire, geboren. Ihre Ausbildung erhielt die Tochter einer Gastwirtsfamilie an der örtlichen Episkopalschule. 1907 wurde sie vom Handelsreisenden William Hebditch schwanger und verließ mit ihm nach heimlicher Eheschließung Schottland in Richtung Übersee. In Alberta, Kanada, brachte sie 1908 ihren Sohn William zur Welt. 1913 ließ sie sich von ihrem Mann scheiden und heiratete Walter Moon, mit dem sie im selben Jahr in Winnipeg Tochter Mary Leonore bekam. 1918 zog sie nach Minneapolis, wo sie

als Journalistin arbeitete. 1921 wurde sie von Hollywood-Mogul Cecil B. DeMille für sein Studio engagiert. Sie verließ ihren Mann, ging nach Kalifornien und machte sich dort als Scriptgirl einen Namen. Auf Komödien spezialisiert, stieg sie zur bestbezahlten Drehbuchautorin der späten Stummfilmära auf und schrieb für Weltstars wie Greta Garbo, Gloria Swanson, Lon Chaney oder Norma Shearer. Nach einer Affäre mit Regisseur William Churchill de Mille wurde sie 1922 abermals schwanger. Da die Ärzte im Zuge einer Routineuntersuchung Tuberkulose diagnostizierten, musste sie das Kind in einem Sanatorium zur Welt bringen. Bei ihrer Rückkehr wurde die Elternschaft aus Angst vor einem Skandal vertuscht und ihr Sohn Richard heimlich von Onkel und Tante adoptiert. 1925 erschien die Short-Story-Sammlung *Doorways in Drumorty (Pforten in Drumorty)*. 1926 wechselte sie zu Metro-Goldwyn-Mayer, musste im Frühjahr 1927 aber erneut ins Sanatorium. In den letzten zwei Lebensjahren schrieb sie an ihrem Roman und erlebte 1929 gerade noch dessen Erscheinen. *Dark Star (Finsterer Stern)*, auf Anhieb ein Kritiker- und Verkaufserfolg, wurde unter dem Titel *Min and Bill* verfilmt. Im Alter von vierundvierzig Jahren starb sie in einem Sanatorium in Albuquerque, New Mexico.

Elsa Morante (1911–1985) entstammte einer römischen Arbeiterfamilie und wuchs mit ihren vier Geschwistern im Stadtteil Testaccio auf. In Monteverde Nuovo besuchte sie ab 1922 das Virgilio-Gymnasium, verließ nach dem Abitur ihr Elternhaus und begann ein Literaturstudium, das sie abbrechen musste. Sie las Plato, Freud und Simone Weil, arbeitete als Nachhilfelehrerin für Latein und Italienisch und schrieb Artikel und Geschichten für Kinder, die in Magazinen abgedruckt wurden. 1935 erschien ihr Debütroman *Qualcuno bussa alla porta (Jemand klopft an der Tür)*. 1936 lernte sie den Romancier Alberto Moravia kennen, den sie 1941 heiratete. Im selben Jahr erschien ihr erster Erzählband *Il gioco segreto (Das heimliche Spiel)*, gefolgt von *Le straordinarie avventure di Caterì dalla Trecciolina (Die wunderbaren Abenteuer von Katinka mit dem Zopf)*. Mit Moravia, der wie sie aus einer halbjüdischen Familie stammte, floh sie im Spätsommer 1943 vor den Faschisten aufs Land, wo sie Short Storys von → Katherine Mansfield ins Italienische übersetzte, und kehrte im Sommer 1944 nach Rom zurück. In → Natalia Ginzburg fand sie eine Freundin und Förderin ihres Schaffens. 1948 wurde sie für ihren Roman *Menzogna e Sortilegio (Lüge und Zauberei)* mit dem Premio Viareggio, 1957 für *L'isola di Arturo (Arturos Insel)* mit dem Premio Strega geehrt. 1953 folgte der Prosaband *Lo scialle andaluso (Der andalusische Schal)*. Nach ausgedehnten Auslandsreisen, auf denen sie 1959 in den USA den Maler Bill Morrow kennengelernt hatte, trennte sie sich 1962 von Moravia. 1974 trug ihr der Roman *La Storia* höchste Anerkennung ein. Ihre letzten Lebensjahre waren überschattet von Krankheit und Depression. Nach einem Unfall ans Bett gefesselt, unternahm sie 1983 einen Suizidversuch und starb in einer römischen Klinik an einem Herzinfarkt.

Jean Iris Murdoch (1919–1999) wurde in Phibsborough bei Dublin als einziges Kind einer Irin und eines Briten geboren und wuchs in Chiswick auf. Ab 1925 besuchte sie die Froebel Demonstration School, ab 1932 die Badminton School nahe Bristol. Mit neunzehn begann sie am Somerville College Geschichte, Philosophie und klassische Philologie zu studieren. 1938 trat sie der Communist Party bei. 1942 legte sie ihr Examen mit Auszeichnung ab, nach Kriegsausbruch nahm sie eine Stelle am Londoner Schatzamt an. 1945 engagierte sie sich in der UN-Flüchtlingshilfe in Brüssel, Innsbruck und Graz, wo sie in einem Flüchtlingslager arbeitete. 1947 ging sie ans Newnham College in Cambridge, wo sie Ludwig Wittgenstein kennenlernte. 1948 wurde sie Philosophietutorin am St. Anne's College in Oxford. 1954 erschien ihr Romandebüt *Under the Net (Unter dem Netz)*. 1956 lernte sie John Baley kennen und führte mit ihm über vierzig Jahre eine offene Ehe. Sie schrieb Gedichte, Dramen, über fünfundzwanzig Romane und eine einzige Short Story, hier in deutscher Erstübersetzung. Wegweisend waren obendrein ihre Gender Studies. Die Positionen ihres theoretischen Hauptwerks *The Sovereignity of Good (Die Souveränität des Guten)*, erschienen 1970, sind von Kant, Sartre und Simone Weil beeinflusst. Zu ihren bekanntesten Romanen zählen *The Bell (Das Wasser der Sünde)* von 1958, *The Unicorn (Das Einhorn)* von 1963, *The Nice and the Good (Lauter feine Leute)* von 1968, *An Accidental Man (Ein Mann unter vielen)* von 1971, *The Black Prince (Der schwarze Prinz)* von 1973 und *Henry and Cato* (1976). 1975 wurde sie in die American Academy oft Arts and Letters aufgenommen, 1976 zum Commander of the Order of the British Empire ernannt. 1978 erhielt sie für *The Sea, the Sea (Das Meer, das Meer)* den Man Booker Prize. 1993 verlieh ihr Cambridge die Ehrendoktorwürde. 1995 traten Symptome von Alzheimer auf. Sie starb achtzigjährig in Oxford.

Irène Némirovsky (1903–1942) wurde als Irina Lvivna Nemirovska in Kiew geboren. Die Tochter eines jüdisch-ukrainischen Bankiers erlernte dank ihrer Gouvernante Französisch als zweite Muttersprache. Vor den Wirren der Russischen Revolution floh sie 1917 mit ihrer Familie erst nach Finnland und im Jahr darauf über Schweden nach Paris. An der Sorbonne begann sie ein Studium der französischen Literatur, das sie mit Auszeichnung abschloss. 1921 begann sie zu schreiben und heiratete 1926 den aus Weißrussland stammenden, durch die Revolution ebenfalls staatenlos gewordenen jüdischen Bankier Michel Epstein. 1929 kam Tochter Denise zur Welt. Im selben Jahr veröffentlichte sie ihren Roman *David Golder*, der sie schlagartig zum Star der Pariser Literaturszene machte, 1930 folgten *Le Bal (Der Ball)* und *Le malentendu (Das Missverständnis)*. 1937 wurde Tochter Élisabeth geboren, 1939 konvertierte sie mit ihren Kindern zum Katholizismus und veröffentlichte die Romane *Le Vin de solitude (Die süße Einsamkeit)* sowie *Jézabel*. Als der Zweite Weltkrieg ausbrach und die Deutschen auf Paris zumarschierten, brachte sie die Töchter in die Provinz in Sicherheit. Nach der Kapitulation Frankreichs waren aufgrund der antisemitischen Gesetze der Vichy-Regierung auch die Eltern gezwungen, Paris zu verlassen. Während der Nazi-Besatzung erhielt Irène als Staatenlose mit jüdischen Vorfahren Publikationsverbot. In dieser Zeit schrieb sie Erzählungen und arbeitete an einem großen Roman über die Okkupation. Am 13. Juli 1942 wurde die Neununddreißigjährige verhaftet und nach Auschwitz deportiert, wo sie an Typhus starb; ihr Mann wurde ebenfalls in Auschwitz in den Gaskammern ermordet. 2005 entzifferte Tochter Denise das Manuskript, das als *Suite française* zur literarischen Sensation wurde.

Anaïs Nin (1903–1977), Tochter eines kubanisch-spanischen Konzertpianisten und einer Dänin, wurde als Angela Anaïs Juana Antolina Rosa Edelmira Nin y Culmell in Neuilly-sur-Seine geboren. Als sie elf Jahre alt war, verließ der Vater die Familie, die Mutter übersiedelte mit ihr und den Geschwistern nach New York. Nach dem Schulabbruch arbeitete sie als Model. 1923 heiratete sie in Havanna den Bankier Hugo Guiler und ging mit ihm Mitte der 1920er-Jahre nach Paris, wo sie Henry Miller kennenlernte und eine langjährige Affäre mit ihm begann. Intime Beziehungen unterhielt sie auch mit Antonin Artaud, Gonzalo Moré und dem Freud-Schüler Otto Rank, bei dem sie Psychoanalyse studierte. 1936 erschien ihr surrealistischer Prosaband *The House of Incest (Haus des Inzests)*. 1939 floh sie vor den Nationalsozialisten in die USA. In New York praktizierte sie mehrere Monate als Psychoanalytikerin, wobei sie mit ihren Patienten auf der Analysecouch schlief. Unter dem Titel *Winter of Artifice* erschienen drei Novellen. 1947 heiratete sie insgeheim den siebzehn Jahre jüngeren Rupert Pole. Mit ihrem ersten Mann lebte sie in New York, mit dem zweiten in Los Angeles zusammen. 1944 brachte sie den Kurzgeschichtenband *Under a Glass Bell* heraus, 1954 den Roman *A Spy in the House of Love* und 1961 *Seduction of the Minotaur*. Zu ihrem Weltruhm trugen neben den Prosaschriften ihre Tagebücher bei, in denen sie unverhüllt über weibliche Sexualität, Leidenschaft und Promiskuität schrieb. 1974 wurde sie in die American Academy of Arts and Letters gewählt. Kurz nach ihrem Tod in Los Angeles erschienen Auftragsarbeiten aus Pariser Tagen, erotische Storys, unter dem Titel *Delta of Venus*, deren deutsche Übersetzung *Das Delta der Venus* 1983 als pornografisch und jugendgefährdend beschlagnahmt wurde.

Silvina Ocampo Aguirre (1903–1993), geboren in Buenos Aires, wuchs mit sechs Schwestern, darunter die spätere Schriftstellerin Victoria, in einer Künstlerfamilie der Oberschicht auf. 1908 brach sie mit ihrer Familie zu einer zweijährigen Europareise auf. Bei Gouvernanten und Hauslehrern erlernte sie neben Spanisch auch Französisch, Englisch und Italienisch. Als Jugendliche erhielt sie in Paris Malunterricht bei Fernand Léger und Giorgio de Chirico. Zurück in Argentinien, begann sie zu malen, folgte dann aber ihrer Neigung zum Schreiben. Ihre Erzählungen erschienen in der Literaturzeitschrift *Sur*. Durch Jorge Luis Borges lernte sie 1934 den Schriftsteller Adolfo Bioy Casares kennen. Das Paar war dreiundfünfzig Jahre miteinander verheiratet. Ihr einziger zu Lebzeiten erschienener Roman *Los que aman, odian (Der Hass der Liebenden)* aus dem Jahr 1946 war eine Gemeinschaftsarbeit. Sie veröffentlichte drei Theaterstücke, sechs Kinderbücher, elf Lyrik- und sechzehn Erzählbände. Zudem übersetzte sie Emily Dickinson ins Spanische. Als Erzählerin debütierte sie 1937 mit der Sammlung *Viaje olvidado (Vergessene Reise)*, 1948 gefolgt von *Autobiografía de Irene*. 1953 erhielt sie für *Los nombres (Die Namen)* den Segundo

Premio Nacional de Poesía, im Jahr darauf für *Espacios métricos (Metrische Räume)* den Premio Municipal. 1954 adoptierte sie Marta, die außerehelich gezeugte Tochter ihres Mannes. 1959 kehrte sie mit *La furia y otros cuentos (Die Furie und andere Erzählungen)* zur Kurzprosa zurück. Zu ihrem Spätwerk zählen der Prosaband *Cornelia frente al espejo (Cornelia vor dem Spiegel)* von 1988 und *Las reglas del secreto (Die Regeln der Geheimhaltung)* von 1991. An Alzheimer leidend, starb sie mit neunzig Jahren in Buenos Aires. Posthum erschien 2006 *Las repeticiones (Wiederholungen)* und der Roman *La torre sin fin (Der endlose Turm)*.

Emilia Pardo Bazán (1851–1921) wurde im galicischen La Coruña als Tochter einer Adelsfamilie geboren, ihr vollständiger Name lautete Emilia Condesa de Pardo Bazán y de la Rúa-Figueroa. Sie besuchte das Colegio Francés in Madrid und veröffentlichte mit sechzehn erste Gedichte. Mit siebzehn ehelichte sie Don José Antonio de Quiroga y Pérez de Deza und ging mit ihm nach Santiago de Compostela. 1868, nach der Abdankung Isabellas II., zog sie mit ihm nach Madrid. 1876 kam Sohn Jaime zur Welt, dem sie den gleichnamigen Gedichtband widmete. Ihr erster Roman *Pascual López* erschien 1879 im Geburtsjahr ihrer Tochter Blanca, ihr zweiter Roman *Un viaje de novios (Eine Hochzeitsreise)* 1881 in dem ihrer Tochter Carmen. Zwischen 1882 und 1892 verband sie eine geheime Liebesaffäre mit Benito Pérez Galdós. 1882 veröffentlichte sie den Roman *La Tribuna* sowie ihr naturalistisches Manifest *La cuestión palpitante (Die brennende Frage)*, das heftig diskutiert wurde. Als ihr Mann ihr daraufhin nahelegte, mit dem Schreiben aufzuhören, trennte sie sich 1884 von ihm und ging nach Frankreich. Abermals für Aufsehen sorgte 1886 ihr Roman *Los pazos de Ulloa (Das Gut von Ulloa)*. Zurück in Spanien, gründete sie 1890 die Zeitschrift *El Nuevo Teatro Crítico*, schrieb Artikel gegen patriarchale Prädominanz und kuratierte 1892 eine *Biblioteca de la mujer (Bibliothek der Frau)*. Die Aufnahme in die Männerbastion der Real Academia de la Lengua Española, um die sie sich mehrfach bewarb, blieb ihr verwehrt, dafür öffneten sich ihr 1906 die Pforten des Ateneo de Madrid. 1916 wurde sie als erste Spanierin auf einen Lehrstuhl an der Madrider Universidad Central berufen. Sie schrieb knapp zwanzig Romane – mit *La gota de sangre (Der Blutstropfen)* den ersten Kriminalroman Spaniens –, Essays, Dramen und um die sechshundert Erzählungen.

Dorothy Parker (1893–1967) kam als Dorothy Rothschild in Long Branch, New Jersey, als Tochter eines deutsch-jüdischen Vaters und einer schottischen Mutter zur Welt, die sie schon mit vier Jahren verlor. Sie besuchte Privatschulen in New Jersey und New York, wohin sie 1911 zog, und schlug sich mit Gelegenheitsjobs durch, etwa als Pianistin in einer Tanzschule, ehe sie zu schreiben begann. 1916 verkaufte sie erste Gedichte an die *Vogue* und an *Vanity Fair*, wo sie 1917 Theaterkritikerin wurde. Sie heiratete den Börsenmakler Edwin Pond Parker und wurde zur zentralen Figur des exquisiten Algonquin Hotel Round Table. Ihre erste Short Story *Such a Pretty Little Picture (So ein hübsches kleines Bild)* erschien 1922. Ihr Gedichtband *Enough Rope* (1926) wurde zum Bestseller. Auf einer Europareise lernte sie Ernest Hemingway kennen. Bereits 1924

hatte sie ihren Mann verlassen, 1928 wurde ihre Ehe geschieden. Jahrelang schrieb sie die «The Constant Reader»-Kolumne im *New Yorker*. 1929 erhielt sie für *Big Blonde (Eine starke Blondine)* den O.-Henry-Preis für die beste Kurzgeschichte des Jahres, 1930 erschien der Erzählband *Laments for Living (Lebensklagen)*, 1933 *After Such Pleasures (Nach all den Freuden)*. Sie ging als Drehbuchschreiberin für MGM nach Hollywood und lernte auf einer zweiten Europareise 1932 Alan Campbell kennen, den sie heiratete. 1935 erlitt sie eine Fehlgeburt. 1936 gehörte sie zu den fünf Gründungsmitgliedern der Hollywood Anti-Nazi League und ging als Bürgerkriegs-Korrespondentin nach Spanien. 1947 ließ sie sich von Campbell scheiden, heiratete ihn 1950 erneut. Von McCarthys Agenten als Kommunistin eingestuft, wurde sie in Hollywood arbeitslos und zog nach New York. 1961 nochmals in Hollywood, kehrte sie nach knapp drei Jahren an die Ostküste zurück. Sie starb in Manhattan. Ihren Nachlass vermachte sie Martin Luther King und der National Association for the Advancement of Colored People.

Teresa de la Parra (1889–1936), mit bürgerlichem Namen Ana Teresa Parra Sanojo, wurde als Tochter eines venezolanischen Diplomaten in Paris geboren. Als Zweijährige kehrte sie mit der Familie nach Venezuela zurück, wuchs auf einer Hazienda nahe Tazón auf und wurde auf die Klosterschule Sagrado Corazón ins spanischen Godella geschickt. 1910 ging sie nach Caracas, wo sie unter dem Pseudonym Fru-Fru 1915 in *El Universal* erste Kurzgeschichten veröffentlichte. Ihre Erzählung *Mama X* wurde von *El Luchador* prämiert. 1923, nach der Rückkehr nach Paris, nahm sie ihren Künstlernamen an und las neben französischen und spanischen Klassikern Autorinnen wie → Colette und Ana de Noailles. Sie schrieb ihr *Diario de una caraqueña en el lejano oriente*, in dem sie wie im 1924 in Paris erschienenen Romandebüt *Ifigenia, diario de una señorita que escribió porque se fastidiaba (Tagebuch einer jungen Dame, die sich langweilt)* die systematische Entmündigung kluger, kultivierter Frauen thematisierte. Die brachte ihr die Freundschaft Gabriela Mistrals ein. Eine überarbeitete Romanfassung folgte 1928. 1927 vertrat sie Venezuela auf dem panamerikanischen Journalistenkongress in Havanna, wo sie über die lange verheimlichte emanzipatorische Bedeutung von Frauen für Lateinamerika und den Unabhängigkeitskampf Simón Bolívars sprach *(La influencia oculta de las mujeres en el Continente y en la vida de Bolívar)*. In Kuba freundete sie sich mit → Lydia Cabrera an. 1929 folgte mit *Memorias de Mamá Blanca* ihr zweiter Roman. Nachdem 1931 Tuberkulose diagnostiziert worden war, verbrachte sie die letzten Lebensjahre in Sanatorien und starb im Alter von sechsundvierzig Jahren in Madrid. 1974 wurde ihr Leichnam nach Caracas überführt und 1989 im Panteón Nacional de Venezuela bestattet.

Charlotte Perkins Gilman (1860–1935) kam als Charlotte Anna Perkins in Hartford, Connecticut, zur Welt. Die Tochter einer Gelegenheitsarbeiterin und eines Buchhändlers wuchs in von Armut geprägten Verhältnissen auf und zog mit der Mutter und ihrem Bruder nach Providence, als der Vater die Familie verließ. Nach mehreren Schulabbrüchen besuchte sie 1878 die Rhode Island School of De-

sign, ohne sie abzuschließen. Die 1884 geschlossene Ehe mit dem Kunstmaler Charles Walter Stetson scheiterte nach nur vier Jahren, die 1885 geborene Tochter Katherine blieb vorerst beim Vater. 1888 debütierte sie als Dichterin mit dem Lyrikband *Art Gems for the Home and Fireside*. Sie ging nach Pasadena und fand in der Schriftstellerin Helen Campbell eine Freundin und Förderin. 1896 vertrat sie Kalifornien auf der Jahrestagung der National American Woman Suffrage Association in Washington, D.C. 1892 gelang ihr mit der Erzählung *The Yellow Wallpaper (Die gelbe Tapete)* der literarische Durchbruch. 1898 erschien ihr theoretisches Hauptwerk *Women and Economics: A Study of the Economic Relation Between Men and Women as a Factor in Social Evolution*, in dem das Recht der Frauen auf freie Berufswahl und wirtschaftliche Unabhängigkeit proklamiert wird. 1900 heiratete sie ihren Cousin George Gilman, einen Rechtsanwalt. 1911 erschien *The Man-Made World or Our Androcentric Culture*. Zwischen 1909 und 1916 gab sie die Zeitschrift *Forerunner* heraus, wo 1910 ihr erster Roman *What Diantha Did (Diantha und der Wert der Hausarbeit)* veröffentlicht wurde, gefolgt von *Moving the Mountain (Berge versetzen)*, einem utopischen Roman, und wo sie in Dutzenden Artikeln gegen den Androzentrismus der «Man-Made World» anschrieb. 1915 erschien das feministisch-utopische «Lehrstück» *Herland*. Sie gründete die Women's Peace Party, zog 1922 nach Norwich, wo ihre Autobiografie entstand, und 1934 nach Pasadena, Kalifornien. An Brustkrebs erkrankt, beging sie Selbstmord.

Katherine Anne Porter (1890–1980) kam als Callie Russell Porter 1890 in Indian Creek, Texas, zur Welt. Nach dem frühen Tod der Mutter 1892 wuchs sie bei ihrer Großmutter auf. Mit deren Tod begann 1901 ein Nomadendasein, das sie durch Texas und Louisiana führte. Mit sechzehn brach sie die Schule ab und heiratete John Henry Koontz, den gewalttätigen Erben eines texanischen Ranchers. Nach Fehlgeburten und jahrelangen Misshandlungen floh sie 1914 nach Chicago, wo sie als Filmstatistin anheuerte. 1915 ließ sie sich scheiden und änderte ihre Vornamen. 1917 begann sie ihre Karriere als Journalistin. 1918 erkrankte sie schwer an der Spanischen Grippe. 1920 zog sie nach Mexiko, wo 1922 ihre erste Story *María Concepcion* entstand, im Sammelband *Flowering Judas (Blühender Judasbaum)* von 1930 enthalten. 1926 heiratete sie Ernest Stock, trennte sich aber bald darauf wieder. Was ihr von ihm blieb, war eine Gonorrhö, in deren Folge sie sich die Gebärmutter entfernen lassen musste. 1932 reiste sie mit dem Schiff von Vera Cruz nach Deutschland. Von Eugene Pressly, den sie 1930 geheiratet hatte, ließ sie sich 1938 scheiden, um den zwanzig Jahre jüngeren Albert Russel Erskine zu heiraten. 1939 erschien der Novellenband *Pale Horse, Pale Rider (Fahles Pferd, fahler Reiter)*. 1944 folgte der Short-Story-Band *The Leaning Tower (Der schiefe Turm)*. Ihren Lebensunterhalt musste sie sich jedoch als Drehbuchautorin für Hollywood verdienen. Ab 1948 lehrte sie an diversen US-Universitäten. 1962 wurde sie für die Erzählung *Holiday* mit dem O. Henry Award ausgezeichnet. Nach zwei Jahrzehnten Schreibarbeit erschien 1962 ihr Roman *Ship of Fools (Das Narrenschiff)*, dessen Verfilmung sie finanziell

unabhängig machte. 1966 erhielt sie für ihre *Collected Stories* den Pulitzerpreis und den U. S. National Book Award. Als Neunzigjährige starb sie in Silver Spring, Maryland.

Gabriela Preissová (1862–1946) wurde als Gabriela Sekerová in Kutná Hora geboren und wuchs im mittelböhmischen Plaňany, in Prag und im südmährischen Hodonín auf, wo sie ab 1873 die Mädchenschule besuchte. 1877 erschien ihr Erstling *Čeledín a dcera ze statku (Der Diener und die Tochter des Hofs)*, 1887 der Roman *Akrobatka (Ein Akrobat)*, 1895 der Erzählband *Korutanské povídky (Kärntner Geschichten)*. Ihr naturalistisches Drama aus dem mährischen Bauernleben *Její Pastorkyňa (Ihre Ziehtochter)*, 1890 in Prag uraufgeführt, diente Leoš Janáček als Textvorlage für dessen Oper *Jenůfa*, uraufgeführt 1904. 1880 heiratete sie Jan Preisser, 1882 kam ihr Sohn Richard zur Welt, 1889 Dimitrij und 1892 Gabriel. Mit der Familie übersiedelte sie nach Prag, 1891 nach Šternberk und 1895 nach Oslavany, dazwischen bereiste sie Russland. Von 1898 bis 1900 lebte sie auf dem Gut ihres Mannes in Südkärnten, ehe sie wieder nach Prag zurückkehrte. Früh verwitwet, heiratete sie 1908 Oberst Adolf Halbaerth, zog mit ihm nach Pula und unternahm Reisen nach Italien und Frankreich. Während des Ersten Weltkriegs pflegte sie russische Kriegsgefangene, weshalb sie von den k. k.-Behörden des Hochverrats bezichtigt wurde. Nach Kriegsende Staatsbürgerin der Tschechoslowakei, lebte sie in Prag und in den Sommermonaten in Chlum u Třeboně. 1925 wurde sie in die Tschechische Akademie der Wissenschaften und Künste aufgenommen. Sie

veröffentlichte Prosa, Theaterstücke und
Opernlibretti. Den Schlusspunkt ihres erzählerischen Spätwerks bildeten die Romane *Zlatý hoch (Goldjunge)* von 1930
und *Zatoulaná píseň (Verirrtes Lied)* von
1932. 1944 besuchte sie ein letztes Mal die
Mährische Slowakei. Vier Tage nach ihrem 84. Geburtstag starb sie an den Folgen eines Unfalls.

Franziska zu Reventlow (1871–1918) entstammte einem holsteinischen Uradels-
geschlecht und kam als Fanny Liane Wil-
helmine Sophie Auguste Adrienne Gräfin
zu Reventlow im Schloss vor Husum zur
Welt. Die standesgemäße Erziehung im
Altenburger Mädchenstift, einer höheren Töchterschule, scheiterte an «nicht
zu bändigender Widerspenstigkeit» der
Schülerin. Stattdessen schloss sie 1892
eine Lehrerinnenausbildung ab. Nach
wiederholten Auseinandersetzungen mit
ihrer Familie um Fragen geziemender Moral und zulässiger Freiheiten für eine junge Dame brach sie den Kontakt ab und
ging als Studentin einer privaten Mal-
schule 1895 nach München. Ihre 1894 geschlossene Ehe mit dem Hamburger Ge-
richtsassessor Walter Lübke wurde 1897
geschieden. Kurz danach kam der uneheliche Sohn Rolf zur Welt, den sie alleine
aufzog, den Namen des Kindsvaters gab
sie nie preis. 1903 erschien *Ellen Olest-
jerne*, eine autobiografische Emanzipationsgeschichte. 1912 folgten die «Amou-
resken» *Von Paul zu Pedro* und im Jahr
darauf der Schwabinger Schlüsselroman
Herrn Dames Aufzeichnungen. Ihr Dasein
als schillernde Bohèmienne und «Skandal-
gräfin» wurde überschattet durch notorische Geldnot, Krankheit und gescheiterte künstlerische Ambitionen. Der erhoffte
Durchbruch als Malerin blieb ihr eben-

so verwehrt wie eine Karriere als Schauspielerin. Den Lebensunterhalt für sich
und ihren Sohn verdiente sie mit Übersetzungen französischer Gesellschaftsroma-
ne und dem Verfassen von Humoresken,
zudem als Sekretärin, Versicherungsmak-
lerin, Glasmalerin, Gelegenheitsköchin
und Prostituierte. Im Herbst 1909 kehrte sie München den Rücken und übersiedelte nach Ascona, wo sie ihren letzten,
posthum veröffentlichten Roman *Der
Selbstmordverein* schrieb, der unvollendet
blieb. 1911 ließ sie sich auf eine Schein-
ehe mit dem Kurländer Alexander von
Rechenberg-Linten ein, 1916 zog sie nach
Muralto. Nach einem unglücklichen Sturz
mit dem Fahrrad wurde sie in eine Klinik
in Locarno eingeliefert, wo sie im Alter
von siebenundvierzig Jahren ihren Kopf-
verletzungen erlag.

Jean Rhys (1890–1979) wurde als Ella
Gwendolen Rees Williams in Roseau,
Dominica, geboren und wuchs mit zwei
Brüdern und einer Schwester auf dem Fa-
miliengut auf. Die Tochter einer Kreo-
lin und eines Walisers kam mit sechzehn
nach Europa, wo sie die Perse School for
Girls in Cambridge besuchte und 1909
eine Schauspielausbildung an der Londoner Royal Academy of Dramatic Art
begann, die sie 1910 nach dem Tod des
Vaters abbrechen musste. Sie heuerte als
Revuegirl an und tingelte durch die Provinz. Der Liaison mit dem Börsenmakler Lancelot Grey Hugh Smith folgte ein
Schwangerschaftsabbruch. Sie arbeitete
als Rezeptionistin, Aktmodell und während des Ersten Weltkriegs als Servier-
kraft in einer Armeekantine, wo sie Jean
Marie Lenglet, ihren ersten Mann, kennenlernte. Mit ihm ging sie nach Amsterdam und bereiste Wien, Budapest, Brüs-

sel und Paris. Sohn William Owen starb 1920 drei Wochen nach der Geburt. 1922 bekam sie Tochter Maryvonne. In Paris lernte sie Ford Madox Ford kennen und hatte eine Affäre mit ihm und seiner Geliebten Stella Bowen. In seiner Zeitschrift publizierte sie 1924 die erste Kurzgeschichte *Vienne* unter dem Pseudonym Jean Rhys. 1929 erschien der Romanerstling *Postures (Quartett)*. 1933 ließ sie sich von Lenglet scheiden, um den Literaturagenten Leslie Tilden-Smith zu heiraten. *After Leaving Mr Mackenzie (Nach der Trennung von Mr. Mackenzie)* von 1931 war ihr zweiter Roman, es folgten 1934 *Voyage in the Dark (Reisen in der Nacht)* und 1939 *Good Morning, Midnight (Guten Morgen, Mitternacht)*. Ihr Privatleben war von Alkoholproblemen und Gewaltexzessen überschattet. Nach dem Tod ihres Manns heiratete sie 1947 ihren Rechtsbeistand Max Hamer. 1949 erlitt sie einen psychischen Zusammenbruch. 1966 erschien der bereits 1939 begonnene Roman *Wide Sargasso-Sea (Die weite Sargassosee)*, für den sie mit dem W. H. Smith Literary Award ausgezeichnet wurde. Sie starb in Exeter.

Kate Roberts (1891–1985) wurde in Rhosgadfan bei Caernarfon, Nordwales, als älteste Tochter eines Steinbrucharbeiters geboren. Sie besuchte die County School und das University College of North Wales in Bangor. Ab 1914 unterrichtete sie als Lehrerin in der Dolbadarn Elementary School. Nach ihrem Übertritt an die Ystalyfera County School im Jahr 1915 wechselte sie zwei Jahre darauf an die County Girls' School in Aberdare, Südwales, wo sie bis zu ihrer Heirat mit dem Drucker Morris T. Williams 1928 unterrichtete. 1917 machte sie der Schmerz über den Tod ihres jüngsten Bruders David im Ersten Weltkrieg zur Schriftstellerin. Stilistisch ließ sie sich von Anton Tschechow und → Katherine Mansfield inspirieren. 1922 publizierte sie ihre erste Kurzgeschichte, geschrieben in ihrer walisischen Muttersprache, 1925 ihr erstes Buch, die Sammlung *O gors y bryniau (Aus dem hohen Moorland)*. Wie ihr Mann engagierte sie sich in der 1925 gegründeten Nationalpartei, die den Autonomiestatus für Wales forderte, und schrieb Artikel für die politische Wochenzeitung *Y Faner*, deren Herausgeberin sie später wurde. Über die Jahre folgten weitere Erzählbände, so *Ffair Gaeaf a Storïau Eraill (Wintermarkt und andere Erzählungen)* oder *Te yn y Grug (Picknick auf der Heide)*. 1935 kaufte sie zusammen mit ihrem Mann die Verlagsdruckerei Gwasg Gee in Denbigh. *1936* erschien ihr Debütroman *Traed mewn Cyffion (Füße im Block)*, *1956* ein zweiter Roman *Y Byw Sy'n Cysgu (Die Lebenden schlafen)* und 1960 schließlich die Autobiografie *Y Lôn Wen (Der weiße Weg)*. Als 1946 ihr Mann starb, leitete sie für zehn Jahre den Betrieb. 1950 wurde sie mit der Ehrendoktorwürde der University of Wales ausgezeichnet. Im Alter von vierundneunzig Jahren starb sie in Denbigh.

Mercè Rodoreda (1908–1983) wurde in Barcelona geboren und besuchte das Colegio de Lourdes, das sie als Neunjährige abbrechen musste. Mit zwanzig heiratete sie ihren Onkel Joan Gurguí, 1929 kam ihr Sohn Jordi zur Welt. Als nach wenigen Jahren die Ehe scheiterte, kehrte sie zu ihrer Mutter zurück. 1932 veröffentlichte sie ihr Romandebüt *Sóc una dona honrada? (Bin ich eine ehrenwerte Frau?)*. Es folgen vier weitere Romane, von denen sie sich später distanzierte. Nur den

1938 erschienenen, mit dem Premio Joan Crexells ausgezeichneten Roman *Aloma* brachte sie 1968 erneut heraus. Während des Spanischen Bürgerkriegs stand sie in Diensten der katalonischen Selbstverwaltung. Die Machtergreifung Francos machte sie Ende Januar 1939 zur Exilantin. Sie floh ins südfranzösische Perpignan und von dort nach Roissy-en-Brie südlich von Paris, wo sie den Schriftsteller Joan Prat kennenlernte. Mit ihm verband sie eine lebenslange Liaison. Nach dem Einmarsch der deutschen Wehrmacht floh sie nach Bordeaux. Schließlich lebte sie vierundzwanzig Jahre in der Nähe von Genf, wo sie ihr 1962 erschienenes Hauptwerk *La plaça del Diamant (Auf der Plaça del Diamant)* schrieb – wie all ihre Werke auf Katalanisch, ihrer von den Falangisten geächteten Muttersprache. 1958 erschien ihr Erzählband *Vint-i-dos-contes (Zweiundzwanzig Erzählungen)*, für den sie den Premio Víctor Català erhielt. 1967 folgte *Jardí vora el mar (Der Garten über dem Meer)*, 1974 der Roman *Mirall trencat (Der zerbrochene Spiegel)*. Nach Francos Tod kehrte sie 1978 nach Katalonien zurück und ließ sich in Romanyà de la Selva nieder. Hier schrieb sie *Viatges i flors (Reise ins Land der verlorenen Mädchen)* und *Quanta, quanta guerra (Weil Krieg ist)*, für das sie 1980 den Premi d'Honor de les Lletres Catalanes gewann. Sie starb in Girona an Krebs.

Nathalie Sarraute (1900–1999), geboren als Natascha Ilinitschna Cerniak in Iwanowo-Wosnessensk, Russisches Reich, war die Tochter einer Schriftstellerin und eines Chemikers. Nach der Trennung der Eltern verbrachte sie ihre Kindheit erst in Paris und zwischen 1906 und 1909 in St. Petersburg. Danach zog sie endgültig zum Vater nach Frankreich und besuchte das Lycée Fénelon. Sie studierte Anglistik in Paris, Geschichte und Soziologie in Oxford und Berlin, schließlich Jura in Paris, wo sie nach Abschluss des Studiums als Rechtsanwältin arbeitete. 1925 heiratete sie den Juristen Raymond Sarraute und brachte drei Töchter zur Welt, 1927 Claudia, 1930 Anne und 1933 Dominique. Von 1932 bis 1937 schrieb sie an ihrem Prosaband *Tropismes (Tropismen)*, der 1939 erschien. Während der deutschen Besetzung von Paris als «Halbjüdin» denunziert, versteckte sie sich in der französischen Provinz. Nach Kriegsende wieder in Paris, erschien eine Reihe experimenteller Prosawerke, mit denen sie zur Vorreiterin des «nouveau roman» wurde: 1948 *Portrait d'un inconnu (Porträt eines Unbekannten)*, 1953 *Martereau*, 1959 *Le Planétarium (Das Planetarium)*, 1962 *Les Fruits d'or (Die goldenen Früchte)* – 1964 mit dem Prix international de littérature ausgezeichnet –, 1968 *Entre la vie et la mort (Zwischen Leben und Tod)*, 1972 *Vous les entendez? (Hören Sie das?)* und 1976 *Disent les imbéciles (Sagen die Dummköpfe)*. Ab den 1960er-Jahren verfasste sie Theaterstücke wie *Le Silence (Die Stille)* oder *Pour un oui, pour un non (Nichts und wieder nichts)*. 1983 veröffentlichte sie das autobiografische Werk *Enfance (Kindheit)*, 1989 den als Summe ihres Schaffens titulierten Dialogroman *Tu ne t'aimes pas (Du liebst dich nicht)* und 1995 *Ici (Hier)*. Hochbetagt starb sie in ihrer Wohnung im 16. Arrondissement.

Chawa Schapira (1876–1943) wurde im Schtetl der westukrainischen Stadt Slawuta geboren. Ihre Mutter stammte aus einer Haskalah-Familie in Chişinău, ihr Vater aus einer chassidischen Unternehmerfamilie. Mit drei Brüdern und einer Schwester erhielt sie eine fundierte Ausbildung in säkularen Fächern sowie Talmud-Unterricht. Neben Hebräisch lernte sie bei Privatlehrern Jiddisch, Latein, Tschechisch, Französisch, Deutsch, Polnisch und Russisch. 1895 heiratete sie Limel Rosenbaum, 1897 wurde ihr Sohn Pinchas geboren. Als sich ihr Verhältnis eintrübte, fand sie Zuflucht im Haus von Jizchok Leib Peretz, in dessen Salon sie die Bekanntschaft von Mendele Moicher Sforim, Scholem Alejchem und Schalom Asch machte. In Franzensbad lernte sie 1899 Ruben Brainin kennen und begann mit ihm eine Affäre. Ihre erste Kurzgeschichte *Ha-Shoshanah (Die Rose)* erschien 1901 unter dem Pseudonym Em kol chaj («Mutter jedes Lebewesens»). 1903 verließ sie ihren Mann und ging nach Wien, während der Sohn beim Vater blieb, dann zum Philosophiestudium nach Bern. Nach der Promotion 1910 kehrte sie nach Slawuta zurück. Der Sammelband *Kovetz Tziurim* erschien 1909 in Warschau. Als Delegierte der Warschauer Zeitung *Haynt* besuchte sie 1911 Palästina. Ab 1912 in Berlin, schloss sie sich der zionistischen Bewegung an. Bei Ausbruch des Ersten Weltkriegs ging sie nach Kiew, um der Internierung als feindliche Ausländerin zu entgehen, floh vor Pogromen nach Odessa, 1919 nach Munkatschewe und 1921 nach Prag. Seit 1929 tschechoslowakische Staatsbürgerin, heiratete sie Josef Winternitz, den jüdischen Gemeindevorsteher von Prag. 1937 emigrierte ihr Sohn in die USA, sie selbst blieb nach der NS-Okkupation 1939 im deutschen «Protektorat Böhmen». Im September 1942 wurde sie in eine psychiatrische Klinik eingewiesen und von dort nach Theresienstadt deportiert, wo sie am 28. Februar 1943 starb.

Solveig von Schoultz (1907–1996) erblickte als Solveig Segerstråle im mehrheitlich schwedischsprachigen Städtchen Borgå (finnisch: Porvoo) an der Südküste Finnlands das Licht der Welt. Sie wuchs als jüngstes von acht Geschwistern auf, studierte nach dem Lyzeum Lehramt am Nykarleby Seminarium und legte 1926 ihre Examensprüfungen ab. 1930 heiratete sie den Rechtsanwalt Sven von Schoultz, mit dem sie zwei Töchter bekam, 1934 Ursula, 1936 Barbara. Sie arbeitete als freie Journalistin für die Lokalzeitung *Borgåbladet* und schrieb das Jugendbuch *Petra och silverapan (Petra und das Silberäffchen)*. 1937 trat sie eine Stelle als Lehrerin am Mädcheninstitut Laguska Skolan in Helsingfors an und arbeitete an ihrem ersten Gedichtband *Min timme (Meine Stunde)*, der 1940 erschien. 1943 folgte *Den bortvända glädjen (Die abgewandte Freude)*, 1945 *Eko av ett rop (Echo eines Rufs)*. Außer Lyrik verfasste sie fünfzehn Hörspiele, vier Fernsehspiele, drei Bühnenstücke, einen Roman und etliche Bände mit Erzählprosa, außerdem Beiträge für die finnlandschwedische feministische Zeitschrift *Astra*. Ein erster Novellenband *Ingenting ovanligt (Nichts Ungewöhnliches)* erschien 1947, dem Jahr, in dem sie mit dem Svenska Dagbladets litteraturpris ausgezeichnet wurde, ein zweiter *Den blomstertid (Die Blütezeit)* 1958. 1961 ließ sie sich scheiden und heiratete den finnischen Komponisten Erik Bergman. Nach fünfunddreißig Berufsjahren quittierte sie den Schuldienst und widmete sich ganz dem Schreiben. Der Novellenband *Kolteckning ofullbordad (Die unvollendete Kohlezeichnung)* erschien 1983. 1984 ehrte man sie mit dem Edith Södergran Pris, 1986 mit der Ehrendoktorwürde der Universität Helsinki. In ihrem Todesjahr erschienen Memoiren sowie das lyrische Vermächtnis *Molnskuggan (Wolkenschatten)*.

Olive Schreiner (1855–1920), als neuntes von zwölf Kindern einer deutsch-englischen Missionarsfamilie im Basutoland (dem heutigen Lesotho) geboren, wuchs in materieller Armut und kultureller Ödnis auf. 1881 ging sie nach England, um eine Ausbildung als Krankenschwester zu beginnen, musste ihr Berufsziel, Ärztin zu werden, wegen eines Asthmaleidens aber aufgeben. 1883 erschien *The Story of an African Farm (Die Geschichte einer afrikanischen Farm)* unter dem männlichen Pseudonym Ralph Iron und wurde ein internationaler Überraschungserfolg. Erst die zweite Auflage trug 1891 den Klarnamen der Autorin. 1889 kehrte sie zurück in die Kapkolonie und heiratete 1894 den Farmer Samuel Cronwright. 1895 bekam sie eine Tochter, die kurz nach der Geburt starb, mehrere Fehlgeburten folgten. In ihrem 1897 publizierten Buch *Trooper Peter Halket of Mashonaland (Peter Halket im Mashonaland)* attackierte sie Cecil Rhodes' imperialistische Politik und zog sich so die Feindschaft des Empires zu. Im Zweiten Burenkrieg wurde sie mehrere Jahre in britischen Gefangenenlagern interniert. Mit Artikeln und Reden wurde die Sozialistin, Pazifistin und Feministin eine der einflussreichsten Stimmen des südlichen Afrika. 1907 trat sie der Women's Enfranchisement League bei und setzte sich dafür ein, das Wahlrecht auch für schwarze Frauen zu erstreiten. 1909 erschien *Closer Union*, in dem sie mehr Rechte für Schwarze einforderte. Ihre 1911 erschienene Schrift *Woman and Labour (Frau und Erwerbsarbeit)* prägte die Emanzipationsbewegung maß-

geblich. Heute gilt die frühe Exponentin südafrikanischer Literatur und weiblichen Schreibens als Vorläuferin moderner Klassikerinnen wie → Tania Blixen oder → Doris Lessing. 2003 wurde sie posthum mit dem südafrikanischen Order of Ikhamanga in Gold ausgezeichnet.

Annemarie Schwarzenbach (1908–1942), aus der Familie eines wohlhabenden Zürcher Seidenfabrikanten stammend, wuchs auf dem elterlichen Landgut bei Horgen auf, studierte ab 1927 in Zürich und Paris Geschichte und promovierte mit nur dreiundzwanzig Jahren. Im selben Jahr erschien ihr Roman *Freunde um Bernhard*, ein literarisches Zeugnis ihrer Freundschaft mit Erika und Klaus Mann, deren antifaschistische Gesinnung sie teilte. Ab 1933 unterstützte sie deren Exilzeitschrift *Die Sammlung*. Mit der Fotografin Marianne Breslauer bereiste sie Spanien, gefolgt von einem ersten Aufenthalt in Persien und einer Stippvisite in Moskau. 1934 erschien *Winter in Vorderasien*. 1935 heiratete sie auf ihrer zweiten Persienreise den homosexuellen französischen Diplomaten Claude-Achille Clarac, wobei sie aus ihrer eigenen lesbischen Neigung kein Hehl machte. Um ihre Morphiumsucht in Griff zu bekommen, kehrte sie zurück in die Schweiz, wo sie in der Entzugsklinik *Das glückliche Tal* schrieb, das 1940 erschien. Im Sommer 1939 brach sie zusammen mit der Ethnologin Ella Maillart mit dem Automobil nach Afghanistan auf, gefolgt von weiteren Abenteuerreisen rund um den Globus. Ihr Reisebericht *Unsterbliches Blau. Reisen nach Afghanistan* erschien posthum 2003. Im Sommer 1940 ging sie in die USA, engagierte sich für das Emergency Rescue Committee und lernte in New York → Carson McCullers kennen, die sie als Autorin schätzte, deren Avancen sie jedoch zurückwies. Depressionen und Suizidversuche führten in den USA zu Zwangseinweisungen in psychiatrische Anstalten. Nach einer Reise in den Kongo kehrte sie Juni 1942 in die Schweiz zurück und zog sich bei einem Fahrradsturz eine Kopfverletzung zu. Eine Fehldiagnose in Verbindung mit Fehlbehandlungen führten zu ihrem frühen Tod mit nur vierunddreißig Jahren.

Anna Seghers (1900–1983), in Mainz als Netty Reiling geboren, entstammte einer jüdischen Kaufmannsfamilie aus Rheinhessen. Ab 1907 besuchte sie eine Privatschule und wechselte an die höhere Mädchenschule in Mainz. Im Ersten Weltkrieg leistete sie Kriegshilfsdienst. Nach dem Abitur 1920 studierte sie in Köln und Heidelberg Geschichte, Kunstgeschichte und Sinologie. Ihre erste Erzählung *Die Toten auf der Insel Djal* erschien 1924 in der *Frankfurter Rundschau*. Im Jahr darauf heiratete sie den ungarischen Soziologen László Radványi und zog mit ihm nach Berlin, wo 1926 Sohn Peter und 1928 Tochter Ruth zur Welt kamen. Ihre Erzählung *Grubetsch* (1927) erschien erstmals unter ihrem Kunstnamen. Für ihre Erzählung *Aufstand der Fischer von St. Barbara* wurde ihr 1928 der Kleist-Preis verliehen. Im selben Jahr trat sie in die KPD ein. 1932 erschien ihr Debütroman *Die Gefährten*. 1933 wurde sie von der Gestapo verhaftet, ihre Bücher fielen der Bücherverbrennung zum Opfer. Mit der Familie floh sie nach Paris, wo sie als Redakteurin an Emigrantenzeitschriften mitarbeitete. 1940 wurde ihr Mann in einem südfranzösischen Lager interniert. Sie beantragte die Ausreise und ging mit ihrer Familie ins Exil nach Mexiko Stadt (lite-

rarisiert im Roman *Transit* von 1944), wo sie den Heinrich-Heine-Klub gründete. Der Roman *Das siebte Kreuz* von 1942 machte sie weltberühmt. Kurz darauf erhielt sie Nachricht von der Ermordung ihrer Mutter im polnischen Lager Piaski. 1946 erschien die Erzählung *Der Ausflug der toten Mädchen*. 1947 kehrte sie nach Berlin zurück, erhielt den Georg-Büchner-Preis und übersiedelte 1950 in den Ostteil der Stadt. 1952 wurde sie Vorsitzende des Schriftstellerverbands der DDR. Es entstanden Essays, Hörspiele, Romane und Erzählungen wie *Brot und Salz* (1958), *Überfahrt* (1971) oder *Drei Frauen aus Haiti* (1980).

Margarete Steffin (1908–1941), geboren in Rummelsdorf, stammte aus einer kommunistischen Proletarierfamilie. Bereits als Kind schrieb und schauspielerte sie. Sie arbeitete als Kontoristin und Buchhalterin, bildete sich in Abendkursen und fand ihre weltanschauliche Heimat in der Arbeiterkulturbewegung der Weimarer Republik. Früh erkrankte sie an Tuberkulose. Als Laiendarstellerin spielte sie 1932 in der Berliner Uraufführung in Bertolt Brechts Stück *Mutter* mit, dabei lernte sie den Autor kennen. Als sich ihr Leiden verschlimmerte, vermittelten Brecht und Hanns Eisler ihr einen Kuraufenthalt in einem Lungensanatorium auf der Krim. Im Herbst 1932 begann ihre Liebesbeziehung zu Brecht. 1933 verbrachte sie mehrere Monate in einem Tessiner Sanatorium und ging im Juni nach Paris, wo sie Walter Benjamin kennenlernte. Im Sommer 1934 gründete sie eine Exil-Agentur zur Vermittlung literarischer Texte an linke Zeitungen. Den Herbst verbrachte sie mit Brecht in Südfrankreich und begleitete ihn in die Emigration nach Dänemark,

Schweden und Finnland. Trotz etlicher Kuraufenthalte in der Sowjetunion verschlimmerte sich ihr Gesundheitszustand. Im Moskauer Club ausländischer Arbeiter verfasste sie ihr Stück *Wenn er einen Engel hätte*, gefolgt von *Geisteranna*. 1936 heiratete sie zur Erlangung der dänischen Staatsbürgerschaft Svend Jensen Juul. Sie war nicht nur Brechts Konspirantin, der sie zur «kleinen Lehrmeisterin aus der Arbeiterschaft» stilisierte und bei *Mutter Courage und ihre Kinder, Furcht und Elend des Dritten Reichs* und *Der aufhaltsame Aufstieg des Arturo Ui* als Co-Autorin auswies, sondern auch Adressatin etlicher Liebessonette. Kurz vor der Emigration in die USA erlag sie mit dreiunddreißig Jahren ihrem Tuberkuloseleiden.

Gertrude Stein (1874–1946) wurde als jüngstes von fünf Kindern einer wohlhabenden Familie in Allegheny, Pennsylvania geboren. Ihre Ausbildung erhielt sie u. a. am Radcliffe College. Ab 1897 studierte sie an der Johns Hopkins School of Medicine, brach das Studium aber ab und ging auf Reisen. Eine lesbische Dreiecksaffäre, in die sie verwickelt war, gestaltete sie in *Q. E. D.* (1903). 1904 übersiedelte sie mit ihrem Bruder Leo nach Paris und sammelte moderne Kunst von Cezanne, Matisse und Picasso. 1905/1906 verfasste sie *Three Lives (Drei Leben)*. 1907 verliebte sie sich in Alice Toklas, die ab 1910 mit ihr und Leo zusammenlebte. Zwischen 1906 und 1911 schrieb sie an ihrem tausendseitigen Hauptwerk *The Making of Americans* (1925), zwischen 1910 und 1912 an *Tender Buttons (Zarte knöpft)*, erschienen 1914. Nach der Trennung vom Bruder 1913 blieb Toklas als Lebensmensch an ihrer Seite. 1917 lieferte sie mit ihrem Automobil Medikamente an La-

zarette. Nach Kriegsende wurde sie zur Ziehmutter der *Lost Generation*, freundete sich mit Ernest Hemingway an und empfing etliche künstlerischen Größen in ihrem Salon: von John Dos Passos bis Jean Cocteau und Tristan Tzara. Auf Einladung von Edith Sitwell hielt sie in Cambridge und Oxford Vorträge zur Poetik ihres Schreibens: *Composition As Explanation* (1926 publiziert in Leonard und → Virginia Woolfs Hogarth Press) und *How to Write* (1931). Aus Geldnot verfasste sie ein populäres Buch. *The Autobiography of Alice B. Toklas* erschien 1933. Die mit dem Komponisten Virgil Thomson geschaffene Oper *Four Saints in Three Acts* wurde 1934 ausschließlich mit schwarzen Sängerinnen und Sängern uraufgeführt. Beim Einmarsch Hitlers in Paris floh sie nach Südfrankreich. Nach Kriegsende schuf sie mit der Oper *The Mother of Us All* (1949) ein feministisches Werk. Sie starb in Neuilly-sur-Seine an Krebs.

Alfonsina Storni (1892–1938) kam als drittes Kind von Schweizer Eltern in Sala Capriasca, Lugano, zur Welt. Als sie vier Jahre alt war, wanderte ihre Familie nach Argentinien aus. Sie wuchs in San Juan am Fuß der Anden und nach 1901 im urbanen Rosario auf. Nach dem Erwerb eines Lehrdiploms übersiedelte sie in die argentinische Hauptstadt, wo sie 1912 ihren Sohn Alejandro zur Welt brachte. Zeitlebens blieb sie ledig und war voll berufstätige Mutter, erst als Korrespondentin einer Handelsfirma, später als Journalistin. Ihr erster Gedichtband, *La inquietud del rosal (Die Ungeduld des Rosenstrauchs)*, erschien 1916. Dank dieses eindrucksvollen Debüts gewann sie praktisch als einzige Frau Zugang zu den Künstler- und Intellektuellenkreisen von

Buenos Aires. 1922 erhielt sie zwei renommierte Literaturpreise, 1925 folgte der Lyrikband *Ocre (Ocker)*. Neben Gedichten publizierte sie unter dem Pseudonym Tao Lao wöchentliche Crónicas, Zeitungskolumnen, Erzählungen. Literaturkritiken und Stellungnahmen zu gesellschaftspolitischen Fragen. Nach der Uraufführung ihres Bühnenstücks *El amo del mundo (Der Herr der Welt)* 1927 widmete sie sich als Dozentin und Autorin vermehrt dem Theater für Kinder und Erwachsene. Zwei Europareisen in den Jahren 1930 und 1934 führten sie nach Spanien, Italien, Frankreich und in die Schweiz. 1937 reiste sie nach Chile und 1938 nach Montevideo, wo sie von der dortigen Universität gemeinsam mit ihrer Freundin Gabriela Mistral und der uruguayischen Lyrikerin Juana de Ibarbourou eingeladen wurde, einen Vortrag zu halten. An Brustkrebs erkrankt, entschied sich mit sechsundvierzig Jahren in auswegloser Lage für den Freitod, indem sie sich in Mar del Plata ins Meer stürzte.

Sui Sin Far (1867–1914), die Tochter eines Engländers und einer Chinesin aus Shanghai, kam als Edith Maude Eaton in Macclesfield, Cheshire, zur Welt. Ihre Mutter, Seiltänzerin und «lebendes Ziel» eines chinesischen Messerwerfers, war 1855 bei einem Gastspiel von protestantischen Missionaren aus prekären Verhältnissen gerettet worden. Edith, zweites von vierzehn Kindern, genoss in Hudson, London und Montreal nur eine rudimentäre Schulbildung, weil sie als Schreibkraft die Familie unterstützen musste. Erste Geschichten und Gedichte wurden in *Montreals Dominion Illustrated Magazin* abgedruckt. Die schriftstellerische Ambition verband sie mit ihrer jüngeren Schwester

Winnifred, die unter dem Künstlernamen Onoto Watanna berühmt werden sollte. Mit achtzehn heuerte sie als Schriftsetzerin beim *Montreal Star* an. Ab 1890 veröffentlichte dort und im *Daily Witness* anonyme Artikel über die lokale chinesische Gemeinschaft. 1891 ging sie als Korrespondentin nach Ontario, 1896 als Berichterstatterin für *Gall's News Letter* nach Kingston, Jamaika. Zu jener Zeit begann sie, ihre Arbeiten mit einem chinesischen Pseudonym («Narzisse») zu zeichnen. In Reportagen und Kurzgeschichten schilderte sie das Los chinesischer Einwanderer, die im Land der unbegrenzten Möglichkeiten ihr Glück suchten, von der weißen Mehrheit jedoch als Illegale und «Chinks» («Schlitzaugen») verunglimpft wurden. Nach Aufenthalten in San Francisco, Los Angeles und Seattle ging sie nach Boston, um als Anwaltssekretärin zu arbeiten. 1909 erschien ihre Autobiografie *Leaves from the Mental Portfolio of an Eurasian*, 1912 ein Zyklus von Kurzgeschichten, der unter dem Titel *Mrs. Spring Fragrance (Mrs. Frühlingsduft)* als Roman vermarktet wurde. Mit neunundvierzig Jahren starb sie in Montreal.

Magda Szabó (1917–2007) kam als Tochter einer calvinistischen Beamtenfamilie in Debrecen (damals Österreich-Ungarn) zur Welt und besuchte das örtliche Gymnasium. Sie absolvierte ein Lehramtsstudium für Latein, klassische Philologie und ungarische Literatur und promovierte. Ab 1940 unterrichtete sie an Mädchenschulen in Debrecen und Hódmezővásárhely. 1945 trat sie eine Stelle im Ministerium für Religions- und Unterrichtsfragen an. 1947 heiratete sie den Schriftsteller Tibor Szobotka, debütierte mit ihrem Lyrikband *Bárány (Lamm)* und wurde mit dem

prestigeträchtigen Baumgarten-Preis ausgezeichnet. 1949 folgte der Band *Vissza az
emberig (Zurück zum Menschen)*. 1949
wurde sie als «Feindin der kommunistischen Partei» aus dem Staatsdienst entlassen und mit einem Publikationsverbot
belegt. So konnten ihre zwischenzeitlich
entstandenen Romane erst spät, dafür in
rascher Abfolge erscheinen: 1958 *Freskó
(Das Fresko)*, 1959 *Az őz (Die andere Es-
ther)*, 1960 *Disznótor (Das Schlachtfest)*,
1961 *Erika*, 1962 *Álarcosbál (Masken-
ball)* und *Születésnap (Geburtstag)*. Ab
den 1960er-Jahren wurde sie auch in
Deutschland verlegt, ihr erster Lektor
hierzulande war Hermann Hesse. Daneben schrieb sie Dramen wie *Béla Kirá-
ly (König Béla)*, das Kinderbuch *Tündér
Lala (Lala, der Elfenprinz)* und Kurzgeschichten, etwa 1969 *Katalin utca (Ka-
talinstraße)* und 1978 *Abigél*. Mittlerweile
von der Staatsführung rehabilitiert, wurde
ihr der Kossuth-Preis zuerkannt, Ungarns
renommierteste Auszeichnung für Künstler. 1993 ernannte man sie zum Mitglied
der Europäischen Akademie der Wissenschaften. Ihr 1987 erschienener Roman
Az ajtó (Hinter der Tür) wurde ein internationaler Erfolg, 2003 mit dem Prix Femina étranger ausgezeichnet und von Regisseur Istvan Szabó verfilmt. Sie starb in
Kerepes bei Gödöllő.

Tekahionwake (1861–1913) erblickte als
jüngstes von vier Kindern eines Mohawk-
Häuptlings und einer Engländerin im In-
dianerreservat Six Nations of the Grand
River nahe Brantford im Südwesten On-
tarios das Licht der Welt. Ihr Kolonial-
name lautete Emily Pauline Johnson. Sie
wurde im Bewusstsein einer kulturell
hochstehenden indigenen Identität erzogen. Nach dem Besuch einer indianischen

Tagesschule wechselte sie 1875 an die
Brantford Central School, die sie 1877
verließ. Schon früh schrieb sie Gedichte.
1889 erschienen zwei davon in der Anthologie *Songs of the Great Dominion*. Ihren
Durchbruch als Lyrikerin feierte sie 1892
anlässlich einer Lesung im Young Men's
Liberal Club in Toronto. Ihre Gedichte
The song my paddle sings und *Ojistoh*
erreichten landesweite Berühmtheit. Als
poetische «Naturbegabung» bewundert,
tourte sie mit großem Erfolg durch Ontario. In den folgenden eineinhalb Jahrzehnten trat sie in ganz Nordamerika auf,
1894 auch in Großbritannien. Ihr cha-
rakteristisches Lederkostüm bestand aus
einer Assemblage indianischer Elemen-
te, darunter echte Skalps, Erbstücke ihres Urgroßvaters Tekahionwake, dessen
Mohawk-Namen sie übernahm. Ihr erster Gedichtband *The White Wampum
(Das weiße Wampum)* erschien 1895, gefolgt von *Canadian Born* 1903 und *When
George Was King* 1908. Sie engagierte
sich für die indigenen Völker Kanadas
und teilte die Anliegen der New-Women-
Bewegung. Mit achtundvierzig Jahren an
Krebs erkrankt, zog sie sich nach Vancouver zurück, wo sie an den *Legends
of Vancouver* (1911) schrieb. Darin verarbeitete sie Geschichten des Squamish-
Häuptlings Su-á-pu-luck, den sie während
einer Englandtournee 1903 kennengelernt
hatte. 1912 erschien ihre Gedichtsamm-
lung *Flint and Feather (Feuerstein und
Feder)*, in ihrem Todesjahr die zwei Kurzgeschichtenbände *The Shagganappi* und
The Moccasin Maker.

Sofja Andrejewna Tolstaja (1844–1919),
geborene Behrs, wuchs in Moskau als
Tochter eines deutschstämmigen Kaiser-
lichen Hofarztes auf. 1861 legte sie das

Hauslehrerinnenexamen ab – damals der höchste Bildungsabschluss für Frauen, denen im Zarenreich ein Universitätsstudium noch verwehrt war. Im Alter von achtzehn Jahren heiratete sie den wesentlich älteren, bereits bekannten Schriftsteller Lew Tolstoi. Vor ihrer Hochzeit hatte sie selbst geschrieben, nun aber gab sie die eigenen literarischen Ambitionen auf und widmete sich ganz der schöpferischen Arbeit ihres Mannes. Unermüdlich übertrug sie die oftmals fast unentzifferbaren, mit unzähligen Korrekturen übersäten Manuskripte Tolstois in Reinschrift, allein *Krieg und Frieden* siebenmal. Den größten Teil ihres Ehelebens verbrachte die rasch wachsende Familie auf ihrem Landgut Jasnaja Poljana. Von dreizehn Kindern starben fünf, bevor sie das Schulalter erreicht hatten. Sofja Tolstaja führte ihr Leben lang Tagebuch, begann aber erst spät wieder eigene literarische Texte zu verfassen, darunter kleinere Erzählungen und Prosagedichte. Ihren ersten Roman Чья вина? *(Eine Frage der Schuld)* schrieb sie 1893 als Antwort auf Tolstois autobiografisch gefärbte *Kreutzersonate*, entstanden unmittelbar nach der Silbernen Hochzeit und von Tolstaja als öffentliche Demütigung empfunden – ein Akt der Emanzipation, der erst fünfundsiebzig Jahre nach ihrem Tod in Russland veröffentlicht wurde. Ihr zweiter Roman Песня без слов *(Lied ohne Worte)* entstand zwischen 1897 und 1900 und ist in Russland bis heute nicht veröffentlicht worden. Auf Deutsch erschienen zudem *Meine Ehe mit Leo Tolstoi* (1928), *Kurze Autobiografie der Gräfin Sofja Andrejewna Tolstaja* (2008) und zuletzt zwei Bände ihrer Tagebücher (2016/2017).

Sigrid Undset (1882–1949) wurde als älteste von drei Töchtern eines Norwegers und einer Dänin in der ostdänischen Hafenstadt Kalundborg geboren. 1884 ging die Familie nach Kristiania (das heutige Oslo), wo sie eine Privatschule besuchte und vom Vater in der altnordischen Sprache unterrichtet wurde. Dessen Tod 1893 zwang sie, ihre Ausbildung nach der Mittelschulreife abzubrechen und sich und die Familie zehn Jahre lang als Schreibkraft durchzubringen. Als ihr Erstling, ein historischer Roman, von Verlagen abgelehnt wurde, schrieb sie mit *Fru Magda Oulie* 1908 ein Buch über Ehe und Ehebruch. 1911 glückte ihr mit dem Künstlerinnenroman *Jenny* der Durchbruch. 1912 heiratete sie den norwegischen Maler Anders Castus Svarstad, den sie in Rom kennengelernt hatte, und ging mit ihm nach London. 1913 schenkte sie Sohn Anders, 1915 Tochter Maren Charlotte, «Mosse» genannt, das Leben, einem geistig behinderten Mädchen. 1917 erschienen die Romane *Fru Hjelde* und *Hariet Waage*. 1919 zog sie nach Lillehammer, wo Sohn Hans zur Welt kam. Bei ihrer Rückkehr nach Kristiania zerbrach die Ehe. Mit der Mittelaltertrilogie *Kristin Lavransdotter (Kristin Lavranstochter)* von 1920, für die ihr 1928 der Literaturnobelpreis verliehen wurde, und der vierbändigen Heldensaga *Olav Audunssøn* von 1927 kehrte sie zu ihren erzählerischen Anfängen zurück. Im November 1924 konvertierte sie zum Katholizismus und wurde Laiendominikanerin. Ihr Roman *Ida Elisabeth* erschien 1932, *Den trofaste hustru (Das getreue Eheweib)* 1936. Nachdem Mosse im Januar 1939 verstorben und Anders im April 1940 im Kampf gefallen war, floh die überzeugte Antifaschistin mit dem elfjährigen Hans vor den Nationalsozialisten nach Schweden, dann über die Sowjetunion und Japan in die USA. Nach Kriegsende kehrte sie in die befreite Heimat zurück, wo sie im siebenundsechzigsten Lebensjahr starb.

Marie Vieux-Chauvet (1916–1973) wurde in Port-au-Prince auf Haiti geboren. Ihr Vater war haitianischer Politiker, die Mutter, eine Lehrerin, stammte von den ehemals spanischen, seit 1898 zu den Vereinigten Staaten gehörigen Jungferninseln. Sie besuchte l'Annexe de l'École Normale d'Institutrices, wo sie 1933 ihren Abschluss machte. Kurz darauf heiratete sie Aymon Charlier, einen Arzt, mit dem sie zwei Kinder bekam. Sie ließ sich aber vier Jahre später scheiden. Ihren zweiten Mann, Pierre Chauvet, heiratete sie 1942. Ihr erstes Prosastück trug den Titel *Ti Sò La Chouette (Ti Sò, die Eule)*. Ab 1946 trat sie mit *La Légende des fleurs (Die Legende der Blumen)* und mit *Samba. Mise en scène vers* als Theaterautorin in Erscheinung. Als François Duvalier 1957 die Präsidentschaftswahlen für sich entschied und sich als Papa Doc zum Diktator aufschwang, bedeutete das für sie massive Einschränkungen. Ihr erster Roman *Fille d'Haïti (Töchter Haitis)* erschien 1954 unter dem Pseudonym Colibri und wurde mit dem Prix de l'Alliance Française ausgezeichnet. Es folgten weitere Romane, 1957 *La Danse sur le Volcan (Tanz auf dem Vulkan)* und 1960 *Fonds des Nègres (Wiedersehen in Fonds des Nègres)*, für Letzteren wurde sie mit dem Prix France-Antilles geehrt. Sie war das einzige weibliche Mitglied in der Autorenvereinigung Les Araignées du Soir («Die Spinnen des Abends»). Die Trilogie *Amour, Colère, Folie (Liebe, Wut, Wahnsinn)* von 1969 erschien dank Fürsprache → Simone de

Beauvoirs und ist eine hochpolitische Auseinandersetzung mit den diktatorischen Verhältnissen in ihrer Heimat. Schließlich musste sie ins US-Exil gehen und lebte bis zu ihrem Tod durch einen Hirntumor in New York. Dort heiratete sie den Amerikaner Ted Proudfoot und schrieb ihren letzten Roman, *Les Rapaces (Die Raubvögel)*, der 1971 erschien.

Dorothy West (1907–1998), Tochter eines Schwarzen, der sich vom Sklaven zum vermögenden Geschäftsmann hochgearbeitet hatte, wuchs in Boston auf und verbrachte die Sommerferien auf dem Familienanwesen auf Martha's Vineyard, Massachusetts. Dort absolvierte sie die Girls' Latin School. Schon mit vierzehn konnte sie in der *Boston Post* ihre erste Short Story *Promise and Fulfillment (Versprechen und Erfüllung)* unterbringen. 1926 begann sie an der Boston University zu studieren und wechselte an die Columbia University School of Journalism. Mit ihrer Kurzgeschichte *The Typewriter (Die Schreibmaschine)* belegte sie den zweiten Platz im *Opportunity*-Erzählwettbewerb. Mit siebzehn ging sie nach New York und arbeitete als Hilfsermittlerin in Harlem, wo sie sich der Harlem Renaissance anschloss. Dort gab man der Frühreifen den Spitznamen «The Kid». Es entstanden ihre Storys *Prologue to a Life* (1929), *Funeral* (1930) oder *The Black Dress* (1934). 1932 gehörte sie zu einer Künstlergruppe, die in einem Filmprojekt *Black and White* die Rassenbeziehungen in Alabama dokumentieren wollte. Mit Langston Hughes ging sie für ein Jahr in die Sowjetunion. Zurück in den USA, gründete sie 1934 das Magazin *Challenge*. Obwohl es renommierten schwarzen Stimmen wie Margaret Walker oder Ralph Ellison ein Podium bot, verunglimpfte man die Herausgeberin für ihre moderate Position als «*pale pink tongue*». Sie verfasste weiter Storys wie *Mammy* (1940), ehe sie sich mit *The Living Is Easy* (1948) an ihren ersten Roman wagte. Ende der 1940er-Jahre kehrte sie auf Martha's Vineyard zurück, schrieb Kolumnen und den Roman *The Wedding (Die Hochzeit)*, der 1995 erschien und dem Andenken ihrer Freundin Jackie Kennedy gewidmet ist. Zwei Jahre vor ihrem Tod wurde ihr für das Lebenswerk der Anisfield-Wolf Book Award verliehen.

Edith Wharton (1862–1937) wurde als Edith Newbold Jones in eine New Yorker Upperclass-Familie geboren. Ihre Kindheit verbrachte sie auf einer Grand Tour durch Frankreich, Italien und Deutschland, unterrichtet von Hauslehrern. 1872 kehrte sie mit der Familie in die USA zurück und gab als Sechzehnjährige ihre Jugendgedichte im Selbstverlag heraus. 1882 starb ihr Vater. 1885 heiratete sie den Bankier Edward Robbins Wharton und zog mit ihm erst nach Rhode Island, dann nach Lenox, Massachusetts. 1897 gab sie nach eingehender Beschäftigung mit Architektur und Inneneinrichtung ihr Buch *The Decoration of Houses* heraus. Mit dem Kurzgeschichtenband *The Greater Inclination (Das Haus der Freude)* kehrte sie 1899 zur Literatur zurück. 1900 folgten *The Touchstone (Der Prüfstein)*, 1905 *The House of Mirth (Das Haus der Freude)*, 1911 *Ethan Frome* und 1912 *The Reef (Das Riff)*. Die kinderlose Ehe wurde von etlichen Affären überschattet, sie selbst hatte eine solche in Paris mit ihrer großen Liebe Morton Fullerton. Nach der Scheidung 1913 übersiedelte sie endgültig nach Frankreich, wo sie bis zu ihrem Tod lebte. Während des Ersten Weltkriegs

schrieb sie Reportagen für US-Zeitungen und kümmerte sich um belgische Flüchtlinge und Waisenkinder, wofür sie 1916 in die Französische Ehrenlegion aufgenommen wurde. Nach Kriegsende entstand in ihren Domizilen im nordfranzösischen St. Brice-sous-Forêt und im südfranzösischen Hyères ihr Hauptwerk *The Age of Innocence (Zeit der Unschuld)*, das 1921 mit dem Pulitzerpreis ausgezeichnet wurde. 1923 nahm sie in Yale die Ehrendoktorwürde entgegen, 1926 wurde sie in die American Academy of Arts and Letters aufgenommen. Ende der 1920er-Jahre erschienen weitere große Romane wie *Twilight Sleep (Dämmerschlaf)* und *Hudson River Bracketed (Ein altes Haus am Hudson River)*. Sie liegt auf dem Cimetière des Gonards in Versailles unweit ihres Freundes Walter Berry bestattet.

Virginia Woolf (1882–1941), als Adeline Virginia Stephen in London geboren, entstammte dem großbürgerlichen Milieu Englands. Sie erhielt Privatunterricht von Hauslehrern und ihrem Vater, dem bekannten viktorianischen Gelehrten Sir Leslie Stephen. Schon früh erwachte in ihr der Wunsch, Schriftstellerin zu werden. 1905 begann ihre Mitarbeit am *Times Literary Supplement*. Nach dem Tod der Eltern verband sie ein enges Verhältnis zum älteren Bruder Thoby, der 1906 ebenfalls starb. Ihr Leben und Schreiben standen schon früh im Zeichen einer schweren manisch-depressiven Erkrankung und wiederkehrender psychischer Krisen. 1913 unternahm sie ihren ersten Selbstmordversuch mit Schlaftabletten. Im Jahr davor hatte sie Leonard Woolf geheiratet, mit dem zusammen sie 1917 *The Hogarth Press* gründete. Während des Ersten Weltkriegs entstand die Erzählung *The Mark* *on the Wall (Das Mal an der Wand)* und das traditionell erzählte Romandebüt *The Voyage Out (Die Fahrt hinaus)* von 1915. Ihr Heim wurde zu einem Treffpunkt der Künstler und Literaten der Bloomsbury Group. Außerdem unterhielt sie Künstlerinnenfreundschaften zu Molly MacCarthy, → Katherine Mansfield oder Vita Sackville-West – mit Letzterer verband sie eine mehrjährige Liebesbeziehung. In den 1920er-Jahren folgten die Meilensteine der literarischen Avantgarde, 1924 *Mrs. Dalloway* und *To the Lighthouse (Die Fahrt zum Leuchtturm)*, 1928 *Orlando* und 1931 *The Waves (Die Wellen)*, die ihr internationales Renommee einbrachten. Neben den großen Romanen veröffentlichte sie zahlreiche Erzählungen und Essays. Einen Schlüsseltext der modernen Frauenbewegung schrieb sie 1929 mit *A Room of One's Own (Ein Zimmer für sich allein)*. Bedroht von einer neuerlichen Verdunkelung ihres Gemüts, setzte sie ihrem Leben durch einen Sprung in den Fluss Ouse ein Ende.

Yosano Akiko (1878–1942), geborene Hō Shō, kam als Tochter einer Kaufmannsfamilie in der Präfektur Ōsaka zur Welt und schloss ihre schulische Ausbildung 1894 ab. Im Alter von fünfzehn Jahren hatte sie bereits den größten Teil des klassischen japanischen Kanons gelesen, interessierte sich aber auch für moderne literarische Tendenzen der Meji-Ära. In den 1890er-Jahren nahm sie den Künstlervornamen Akiko an. 1895 veröffentlichte sie erste Tankas in einer Zeitschrift und 1901 ihren bahnbrechenden Lyrikband *Midaregami (Wirres Haar)*. Sie zog nach Tōkyō zu Yosano Tekkan, einem angesehenen Dichter, heiratete ihn und unterstützte ihn bei der Herausgabe seines Literatur-

magazins. Ihre Gedichte, die die Öffentlichkeit wegen der expliziten Erotik schockierten, festigten ihren Ruf als führende Poetin Japans. Ihr singuläres Verdienst besteht in der Erneuerung der *Waka*-Dichtung, wobei sie alte Schönheitsideale mit einem expressiven Duktus verband. Während des Russisch-Japanischen Kriegs 1904/1905 schrieb sie ein bewegendes, gegen den Krieg gerichtetes *shintaishi*-Gedicht an ihren Bruder Chūzaburō, der im Feld stand. Außerdem übertrug sie das *Genji Monogatari* der Murasaki Shikibu aus dem mittelalterlichen ins zeitgenössische Japanisch. Sie gebar dreizehn Kinder, von denen eines tot zur Welt kam und ein zweites kurz nach der Geburt starb. 1912 nach Erscheinen ihrer Kurzgeschichtensammlung *Kumo no iroiro (Wolken)* reiste sie nach Wladiwostok und fuhr mit der Transsibirischen Eisenbahn nach Paris zu ihrem Mann. Ab 1910 wandte sie sich in Essays wie *Otoko to onna (Männer und Frauen)* gegen das überkommene Weiblichkeitsideal der tugendhaften, an Heim und Herd gebundenen Frau. 1921 gründete sie eine fortschrittliche Koedukationsschule. Bis an ihr Lebensende veröffentlichte sie fünfzehn Essaybände sowie an die 50 000 Tanka. Sie starb während des Zweiten Weltkriegs in Tōkyō.

Marguerite Yourcenar (1903–1987) kam als Marguerite Antoinette Jeanne Marie Ghislaine Cleenewerck de Crayencour in Brüssel zur Welt. Da die Mutter, eine belgische Adelige, bei ihrer Geburt starb, wuchs sie in der Obhut ihrer Großmutter auf. Mit ihrem Vater pendelte sie zwischen dem Familien-Château in Saint-Jans-Cappel und Lille und erhielt Unterricht von Privatlehrern. Ab 1913 sah sie auf Bildungsreisen ganz Europa.

Als sie zu schreiben begann, wählte sie ein Anagramm ihres Namens Crayencour als Nom de plum. Ihr literarisches Debüt erschien 1921 unter dem Titel *Le Jardin des Chimères (Der Garten der Chimären)*, 1929 gefolgt vom Briefroman *Alexis ou le Traité du vain combat (Alexis oder der vergebliche Kampf)*, 1934 von *Denier du rêve (Eine Münze in neun Händen)* und 1936 von *Feux (Feuer)*, einem Prosagedicht, das ihrer unglücklichen Liebe André Fraigneau gewidmet ist. Dessen Homosexualität verhalf ihr zur Erkenntnis ihrer eigenen lesbischen Neigung. 1937 lernte sie die US-Professorin Grace Frick kennen, in der sie ihre Lebensgefährtin fand. 1939 übersiedelte sie in die USA und bezog eine Farm auf Mount Desert Island vor der Küste Maines. Ab 1942 hatte sie einen Lehrstuhl für Romanistik und Komparatistik am Sarah Lawrence College, New York, inne. 1947 nahm sie die amerikanische Staatsbürgerschaft an. Mit *Mémoires d'Hadrien (Ich zähmte die Wölfin)*, fiktiven Memoiren des Kaisers Hadrian, erlangte sie 1951 Weltruhm. 1968 erhielt sie für *L'Œuvre au noir (Die schwarze Flamme)* den Prix Femina verliehen. 1970 wurde sie in die Königliche Akademie der französischen Sprache und Literatur Belgiens und 1980 als erste Frau in die Académie francaise aufgenommen. Neben Erzählprosa schrieb sie Dramen, Gedichte, Essays, Kinderbücher und übersetzte Literatur aus dem Englischen und Altgriechischen. Sie reiste bis ins hohe Alter durch Europa, Asien und Afrika und starb in Bar Harbor, Maine.

Adela Zamudio (1854–1928), mit vollständigem Namen Paz Juana Plácida Adela Rafaela Zamudio Rivero, wurde im bolivianischen Cochabamba als Toch-ter einer kreolischen Oberschichtfamilie geboren und wuchs mit drei Brüdern und einer Schwester auf. Ihre Ausbildung erhielt sie in der Klosterschule San Alberto. Als Autodidaktin begann sie zu malen und zu schreiben und veröffentlichte mit fünfzehn ihr erstes Gedicht *Dos Rosas (Zwei Rosen)* unter dem Pseudonym Soledad («Einsamkeit»). In *Nacer Hombre (Als Mann geboren)* kritisierte sie die Zurücksetzung der Frau im Patriarchat, in *Quo Vadis* die katholische Kirche. Dass sie selbst keine Beziehung einging und nicht heiratete, wurde als unmissverständlicher Protest gegen das traditionelle weibliche Rollenverständnis wahrgenommen. 1887 erschien in Buenos Aires ihr erster Lyrikband *Ensayos Poéticos (Poetische Versuche)*. Neben Lyrik schrieb sie Dramen, Märchen und Kurzgeschichten wie *La inundación (Die Überschwemmung)*, *Noche de fiesta (Nacht des Festes)*, *El velo de la Purísima (Der Schleier der Purísima)* oder *El diamante (Der Diamant)*. 1890 absolvierte sie die Examina, ging in den Schuldienst und wurde 1895 zur Direktorin des Liceo de Señoritas ernannt. Sie wandte sich gegen das elitäre Erziehungssystem und plädierte für öffentliche Schulen, die Jungen und Mädchen gleichermaßen offenstehen sollten. Als Vertreterin der Generación de 1880 trat sie für die Trennung von Kirche und Staat ein, forderte Frauenrechte und eine demokratische Verfassung. 1913 erschien in Paris ein weiterer Lyrikband, *Ráfagas (Sturmböen)*, und in La Paz ihr Briefroman *Íntimas (Vertraute)*. Im Ruhestand engagierte sie sich für karitative Zwecke und starb an einer Bronchitis. Ihr Geburtstag am 11. Oktober wird in ihrer Heimat bis heute als Día de la Mujer Boliviana – als bolivianischer Tag der Frau – begangen.

Gabriela Zapolska (1857–1921) wurde als Maria Gabriela Stefania Korwin-Piotrowska im galizischen Podhajce bei Łuck (damals Österreich-Ungarn, heute Ukraine) geboren. Die Tochter einer Balletttänzerin und eines wolhynischen Adelsmarschalls studierte im Lemberg (Lwiw) am Institut Sacré Coeur und an der Iwan-Franko-Universität. Aus der von der Familie arrangierten Ehe, die sie als Neunzehnjährige mit dem Gardisten Konstanty Śnieżko-Błocki eingehen musste, brach sie aus und übersiedelte 1879 nach Warschau, wo sie sich einer Laienschauspieltruppe anschloss. 1881 wurde sie schwanger und veröffentlichte die erste Kurzgeschichte *Jeden dzień z życia róży (Ein Tag im Leben einer Rose)*. Als Schauspielerin mit festem Engagement in Krakau wählte sie ihr Pseudonym, publizierte ihre Texte allerdings auch unter männlichen Decknamen wie Józef Maskoff und Walery Tomicki. Vom Naturalismus Zolas beeinflusst, schrieb sie ihren Dienstmädchenroman *Kaśka Kariatyda (Käthe, die Karyatide)*, der 1887 erschien. 1888 reichte sie nach einem Selbstmordversuch die Scheidung ein. Zwischen 1889 und 1895 hatte sie Engagements am Théâtre Libre und am Théâtre de l'Œuvre in Paris. Der schriftstellerische Durchbruch gelang ihr 1896 mit dem Roman *Wodzirej (Aristokraten)*. 1902 gründete sie in Krakau eine Schauspielschule, verfasste Theaterkritiken und Artikel für weibliche Gleichberechtigung. 1904 heiratete sie den Maler Stanisław Janowski, von dem sie sich 1910 wieder scheiden ließ. Neben Romanen wie *Sezonowa miłość (Sommerliebe)* von 1905 schrieb sie satirische Theaterstücke, etwa *Moralność pani Dulskiej (Die Moral der Frau Dulski)* von 1906. 1924 erschienen ihre Werke auf Deutsch

in neun Bänden. Ihr literarisches Erbe umfasst mehr als vierzig Dramen, dreiundzwanzig Romane, hundertachtzig Erzählungen, ein Filmskript sowie tausendfünfhundert Briefe. Sie starb in Lwiw.

May Ziadeh (1886–1948) kam als Mary Elias Ziadeh in Nazareth zur Welt. Die Tochter einer christlichen Palästinenserin und eines Libanesen, der als Lehrer im osmanischen Schuldienst stand, kam mit vierzehn Jahren nach Aintoura auf ein französischsprachiges Mädchenkonvent. Mit sechzehn verfasste sie erste Zeitungsartikel. 1908 übersiedelte sie mit ihren Eltern nach Ägypten und wurde auf Bahithat Al-Badia aufmerksam, die erste Muslima, die gegen die Entmündigung ihres Geschlechts kämpfte. Unter dem Pseudonym Isis Copia veröffentlichte sie 1911 den Lyrikband *Fleurs de rêve (Traumblumen)*, lernte dann Arabisch und verkürzte ihren Geburtsnamen zu May. 1915 eröffnete sie in Kairo einen literarischen Salon, der zum Treffpunkt von Frauen und Männern der gesamten arabischen Welt wurde. 1917 schloss sie ihr Studium der modernen Literaturen ab. Sie weigerte sich, den Schleier zu tragen, und wurde zur Schlüsselfigur der Nahda, der arabischen Renaissance. Neben Übersetzungen aus dem Französischen, Englischen und Deutschen veröffentlichte sie Essays, Gedichte, Erzählungen und Romane: *Bâhithat el-Bâdiya (Sucher in der Wüste)*, *Zulumât wa Ichâ'ât (Demütigungen und üble Nachreden)*, *Bayna l-Jazri wa l-Madd (Zwischen Ebbe und Flut)* oder *Kalimât wa Ichârât (Worte und Zeichen)*. Ihren Seelenverwandten fand sie im Dichter Khalil Gibran, einem Libanesen, der in den USA lebte und mit dem sie ab 1912 über neunzehn Jahre hinweg in brieflichem Austausch stand, ohne ihn je zu treffen. Als 1930 ihr Vater starb, 1931 Khalil Gibran und 1932 auch noch ihre Mutter, fiel sie in eine tiefe Depression. In den Libanon zurückgekehrt, ließ die Familie ihres Vaters sie für verrückt erklären und in die geschlossene Anstalt von Al Osfouriya einweisen. Nach Protesten wurde sie 1938 ins US-Hospital von Beirut verlegt und im Jahr darauf entlassen. Sie ging nach Kairo, wo sie im Alter von fünfundfünfzig Jahren starb.

Marina Iwanowa Zwetajewa (1892–1941) wurde in Moskau als Tochter einer Pianistin mit polnisch-deutschen Vorfahren und eines russischen Kunstprofessors geboren. Da sich die Familie wegen einer Erkrankung der Mutter ab 1902 an verschiedenen Orten Europas aufhielt, lernte sie Deutsch, Italienisch und Französisch. Von 1904 bis 1905 besuchte sie eine Privatschule in Freiburg im Breisgau und begann 1908 ein Literaturstudium an der Pariser Sorbonne. Ihren ersten Lyrikband Вечерний альбом *(Abendalbum)* veröffentlichte sie mit achtzehn Jahren als Privatdruck in Moskau. 1912 heiratete sie den Offizierskadett Sergej Efron, 1913 kam ihre Tochter Ariadna zur Welt. Auf eine Affäre mit Ossip Mandelstam, dem sie 1916 Версты *(Meilensteine)* widmete, folgte eine Amour fou mit Sofia Parnok,

der sie im Zyklus Подруга *(Die Freundin)* und Ошибка *(Der Fehler)* ein Denkmal setzte. Ihre 1917 geborene Tochter Irina starb 1920 an Unterernährung, ihr Mann kämpfte im Bürgerkrieg auf der Seite der Weißen und musste fliehen. Unter dem Eindruck des Bürgerkriegs verfasste sie sechs Versdramen und lyrische Erzählungen, etwa Царь-Девица *(Das Mädchen des Zaren)* und Лебединый стан *(Schwanenlager)*. 1922 ging sie nach Berlin ins Exil, von dort weiter nach Prag, wo 1925 ihr Sohn Georgij geboren wurde, und schließlich nach Paris. Als Dichterin isoliert, begann sie Briefwechsel mit Boris Pasternak, Rainer Maria Rilke und der tschechischen Dichterin Anna Tesková. Im Prosawerk Повесть о Сонечке *(Die Erzählung von Sonetschka)*, verfasst 1937, gestaltete sie ihre Liebe zur Schauspielerin Sonja Holliday. 1939 entschloss sich die Familie zur Rückkehr in die UdSSR. Ihr Mann und ihre Tochter wurden verhaftet, Sergej erschossen, Ariadna zu langer Haft verurteilt. 1940 traf sie in Moskau die Dichterin Anna Achmatowa. Als im Juni 1941 deutsche Truppen einmarschierten und Bomben auf Moskau fielen, wurde sie mit Georgij nach Jelabuga in der Tatarischen Volksrepublik evakuiert. Mit ihren Kräften am Ende, erhängte sie sich neunundvierzigjährig.

QUELLENVERZEICHNIS

ED ... Erstdruck des Originals / EÜ ... Erstübersetzung / NÜ ... Neuübersetzung
Die mit * versehenen dt. Titel stammen vom Verlag.

ILSE AICHINGER «Das Fenster-Theater» – geschrieben 1949, ED 1953 im Sammelband *Der Gefesselte*, Frankfurt am Main: S. Fischer Verlag, S. 83–85. © 1953/1991 by S. Fischer Verlag, Frankfurt am Main.

TAOS AMROUCHE «La flûte osseuse» – ED 1996 in *Le grain magique*, Paris: La Découverte; «Die knöcherne Flöte» – dt. EÜ von Monika Moster in *Die Zauberkugel*, Mainz: Kinzelbach, S. 71–74. © 1998/2022 by Verlag Donata Kinzelbach, Mainz.

DJUNA BARNES «Aller et retour» – ED 1921 in der Sammlung *A Book*; «Aller et retour» – dt. NÜ von Karin Kersten in *Leidenschaft. Neun Erzählungen*, Berlin: Wagenbach, S. 25–34. © 1986 Verlag Klaus Wagenbach, Berlin.

SIMONE DE BEAUVOIR «Monologue» – ED 1968 in der Sammlung *La Femme rompue*, Paris: Édition Gallimard; «Monolog» – dt. EÜ von

Ulla Hengst in *Eine gebrochene Frau*. © 1969/2022 by Rowohlt Verlag, Hamburg.

ELOÏSE BIBB THOMPSON «Masks» – ED 1927 im Oktober 1927 in *Opportunity*, 5/10, S. 300–302; «Masken» – dt. EÜ von Marion Hertle. © 2022 by Manesse Verlag in der Penguin Random House Verlagsgruppe GmbH, Neumarkter Straße 28, 81673 München [ab hier immer kurz: by Manesse Verlag].

TANIA BLIXEN «To gamle herrers historier» – ED 1957 in *Sidste fortællinger*, København/engl. «Tales of Two Old Gentlemen» in *Last Tales*, New York & London. © Karen Blixen & Gyldendalske Boghandel, Copenhagen 1957. Published by agreement with Gyldendal Group Agency; «Zwei alte Herren erzählen sich Geschichten» – dt. EÜ von Wulfheinrich von der Mülbe. © 1959 Deutsche Verlags-Anstalt, Stuttgart in der Penguin Random House Verlagsgruppe GmbH, Neumarkter Straße 28, 81673 München; 1986/2022 by Manesse Verlag.

MARÍA LUISA BOMBAL «El arbol» – ED 1939 in *Sur*, Buenos Aires. © 1976 Editorial Orbe, Santiago de Chile; «Der Baum» – dt. EÜ 1986 von Thomas Brons in *Die neuen Inseln*. Erzählungen, Frankfurt am Main/Berlin, S. 41–54.

CAROLINE BOND DAY «The Pink Hat» – ED im Dezember 1926 in *Opportunity*, 4/48, S. 379–380; «Der rosa Hut» – dt. EÜ von Bettina Abarbanell. © 2022 by Manesse Verlag.

MARITA BONNER «The Hands: A Story» – ED im August 1925 in *Opportunity*, 3/30, S. 171–173; Frye Street and Environs. The Collected Works of Marita Bonner, eds. Joyce Flynn and Joyce Occomy Stricklin; «Die Hände. Eine Geschichte» – dt. EÜ von Ciani-Sophia Hoeder. © 2022 by Manesse Verlag.

ELIZABETH BOWEN «The Evil that Men Do» – ED 1923 in *Encounters*, Sidgwick & Jackson, London. © Reproduced with permission of Curtis Brown Ltd, London, on behalf of the Literary Executors of the

Estate of Elizabeth Bowen. Copyright 1923 © Elizabeth Bowen; «Was Menschen Übles tun» – dt. EÜ 2007 von Sigrid Ruschmeier in *Sommernacht. Short Stories*, ausgewählt von Elsemarie Maletzke, Frankfurt am Main: Schöffling & Co, S. 34–43. © der Übersetzung 2022 by Manesse Verlag.

GWENDOLYN BROOKS «Self-solace» – ED 1953, Auszug aus *Maud Martha* (Kap. 25), Harper & Brothers Publishers, New York. © The Estate of Gwendolyn Brooks, 1953; «Selbstbezichtigung» – dt. EÜ von Andrea Ott. © 2022/2023 by Manesse Verlag.

LYDIA CABRERA «Suandénde» – ED 1936 im Erzählband *Contes nègres de Cuba*, Paris: Édition Gallimard; in span. EÜ 1940 in *Refranes de negros viejos* (kuban. Ausgabe: La Habana, Edition CR, 1955); «Suandénde» – dt. EÜ von Susanne Lange in *Die Geburt des Mondes*, Schwarze Geschichten aus Kuba, S. 144–148. © Lydia Cabrera, 1940. © Suhrkamp Verlag Frankfurt am Main 1999. Alle Rechte bei und vorbehalten durch Suhrkamp Verlag Berlin.

ADELAIDE CASELY-HAYFORD «Mista Courifer» – ED 1960 in *African Treasury: Articles, Essays, Stories, Poems*, selected by Langston Hughes, Crown Publishers, Michigan; «Mista Courifer» – dt. EÜ von Marion Kraft. © 2022 by Manesse Verlag.

GLADYS CASELY-HAYFORD «The Magic Calabash» – ED unbekannt; ed. by Yema Lucilda Hunter, *An African Treasure. In Search of Gladys Casely-Hayford 1904–1950*, Sierra Leonean Writers Series, 2nd Revised Edition, Kanda, Accra, Ghana 2015, S. 136–145; «Die magische Kalebasse» – dt. EÜ von Nora Hauser. © 2022 by Manesse Verlag.

WILLA CATHER «Tommy, the Unsentimental» – ED im August 1896 in *The Home Monthly*, VI, Pittsburgh, Pennsylvania, S. 6–7; «Tommy, die Unsentimentale» – dt. EÜ von Bettina Blumenberg. © 2022 by Manesse Verlag.

EILEEN CHANG 封鎖 [«Fengsuo»] – geschrieben 1943, ED 1944 im Kurzgeschichtenband *Chuanqi*, Shanghai; «Straßensperre» – dt. EÜ von Wolf Baus in E.C., *Gefahr und Begierde*, aus dem Chinesischen von Susanne Hornfeck und Wolf Baus, S. 55–79. © 2008 Claassen Verlag in der Ullstein Buchverlage GmbH, Berlin.

ANDRÉE CHEDID «Les frères du long malheur» – ED 1992 in *À la Mort, à la Vie*: Nouvelles, Paris: Flammarion; © Editions Flammarion, Paris, 1992; «Brüder im langen Unglück» – dt. EÜ 1998 von Sigrid Köppen.

KATE CHOPIN «The Story of an Hour» – ED am 6. Dezember 1894 in der *Vogue*, New York City unter dem ursprünglichen Titel «The Dream of an Hour»; unter dem endgültigen Titel am 5. Januar 1895 in *St. Louis Life*, St. Louis, Missouri; «Die Geschichte einer Stunde» – dt. NÜ von Bettina Blumenberg. © 2022 by Manesse Verlag.

AGATHA CHRISTIE «The Water Bus» – ED 1965 [u. d. Namen Agatha Christie Mallowan] in der Erzählsammlung *Star Over Bethlehem and other stories*, London: Collins; «Die Fahrt auf der Themse» – dt. EÜ 1969 von Lia Franken. © 2022 Hoffmann und Campe GmbH, Hamburg.

COLETTE «J'ai chaud» – ED 1922 in *Le voyage égoïste*, Paris: Edition d'art Edouard Pelletan; «Mir ist heiß» – dt. EÜ von Roseli und Saskia Bontjes van Beek in *Sonntagslaune und andere Erzählungen*, Wien: Zsolnay. © 1988 by Paul Zsolnay Verlag, Wien.

SIMIN DANESHWAR «Zaieman» – ED 1961 in *Schahri mesle behescht [Eine Stadt wie das Paradies]*, Teheran; «Die Gebärende» – dt. NÜ von Sabine und Mohammad Hossein Allafi. © 2022 by Manesse Verlag.

GRAZIA DELEDDA «Il muflone» – ED 1894 in *Racconti sardi*, Sassari: Libreria Dessi; «Der Mufflon» – dt. EÜ von Lisa Rüdiger in *Italienische Erzähler von Camillo Boito bis Goffredo Parise*, hg. v. Federico Hindermann, Zürich: Manesse, S. 223–228. © 1991/2022 by Manesse Verlag.

DING LING 自殺日記 [Zìshā Rìjì] – ED im Dezember 1928 im Kurz-
geschichtenmagazin *Xiaoshuo yuebao*, Shanghai; «Tagebuch einer
Selbstmörderin» – dt. EÜ von Yang Enlin u. Konrad Herrmann in D. L.,
Hirsekorn im blauen Meer, Erzählungen, Köln: Pahl-Rugenstein.

TOVE DITLEVSEN *«Gift»* – ED 1971, København: Gyldendal; «Für
dich summ ich ein Wiegenlied» [Auszug] aus T. D., *Abhängigkeit*,
Berlin: Aufbau, S. 82–89. © Aufbau Verlage GmbH & Co. KG, Berlin
2021.

NEEL DOFF «Prostituée» – ED 1911, Auszug aus *Jours de Famine et
de Détresse*, Paris: Bibliothèque-Charpentier; «Prostituiert» – dt. EÜ
aus der frz. Originalfassung von Lucy Bassenge. © 2022 by Manesse
Verlag.

H. D. «Ear Ring» – ED 1936 [u. d. Pseudonym D. A. Hill] in *Life and
Letters To-Day*, 14/4 (Sommer 1936), S. 116–128; «Ohrring» – dt. EÜ
von Uta Strätling. © 2022 by Manesse Verlag.

MABEL DOVE DANQUAH «Anticipation» – ED 1947 in der Kurzgeschichtensammlung *Anticipation*, Cambridge: The Lutterworth
Press; «Erwartung» – dt. EÜ von Olaf Richter in *89 Autoren erzählen
die schönsten Kurzgeschichten aus aller Welt*, Bd. 2. © für die Übersetzung: Reader's Digest – Deutschland, Schweiz, Österreich 1974.

ALICE DUNBAR-NELSON «A Story of Vengeance» – ED 1895 [u. d.
Namen Alice Ruth-Moore] in *Violets and other Tales*, The Monthly
Review, Boston, S. 98–105; «Eine Geschichte von Rache» – dt. EÜ von
Marion Hertle. © 2022 by Manesse Verlag.

MARGUERITE DURAS «L'Homme assis dans le couloir» – ED 1980,
Les Édition de Minuit, Paris; «Der Mann im Flur» [Auszug] – dt.
EÜ von Elmar Tophoven. © Verlag Brinkmann & Bose Berlin 1982,
S. 5–12.

HALIDE EDIP ADIVAR «Sinekli Bakkal» – ED 1935, Oktober 1935–
März 1936 [in Fortsetzungen] in der Zeitschrift *Haber*, İstanbul, als
Buch 1936 bei Ahmet Halit Kitabevi, İstanbul; «Rabia»* [Auszug] –
dt. EÜ aus dem Türkischen von Sara Heigl. © 2022 by Manesse Verlag.

GEORGE EGERTON «An Empty Frame» – ED 1893 in *Keynotes*,
London: Elkin Mathews & John Lane, The Bodley Head; «Ein leerer
Rahmen» – dt. EÜ von Ilona Traub in G. E., *Schlüsselerlebnis*. Erzäh-
lungen, Frankfurt am Main/Berlin: Ullstein 1991, S. 89–94.

FLORBELA ESPANCA «O soneto» – ED 1927 in *Satânica*, Novelas,
Lisboa; «Das Sonett» – dt. EÜ von Gesa Hasebrink. © 2022 by Manesse Verlag.

ZELDA FITZGERALD «Southern Girl» – ED im Juli 1929 in *College
Humor*; «Ein Südstaatenmädchen» – dt. EÜ von Eva Bonné in Z. F.,
Himbeeren mit Sahne im Ritz, München: Manesse, S. 49–65. © 2016/
2022 by Manesse Verlag.

MARIELUISE FLEISSER «Weg in die Landschaft» – ED am 20. März
1927 in: *Magdeburgische Zeitung*, Nr. 144, Beitrag zur Beilage *Erlebnis des Frühlings*; M. F., *Die List*. Frühe Erzählungen. Hg. u. mit einem
Nachwort versehen von Bernhard Echte. © Suhrkamp Verlag Frankfurt am Main 1995. Alle Rechte bei und vorbehalten durch Suhrkamp
Verlag Berlin.

NATALIA GINZBURG «La vecchiaia» – ED im Dezember 1968 in *La
Stampa*, Torino; wieder in N. G., *Mai devi domandarmi*, Torino: Giulio
Einaudi editore s. p. a. 1989; «Das Alter» – dt. EÜ von Maja Pflug in
N. G., *Nie sollst du mich befragen*. Erzählungen, Berlin: Wagenbach,
S. 27–31. © 1992, 2003, 2008 Verlag Klaus Wagenbach, Berlin.

HAN SUYIN *Winter Love* – ED 1962, London: The Alden Press; Reproduced with permission of Curtis Brown Ltd, London, on behalf of
the Trustees of Han Suyin. Copyright 1962 © Han Suyin; «Wunschlos,

fürderhin»* – dt. EÜ von Brigitte Kahr; Auszug aus *Eine Winterliebe*, Genf/Hamburg: Verlag Helmut Cossodo, S. 118–128.

MARLEN HAUSHOFER «I'll Be Glad When You're Dead ...» – ED 1956 im Sammelband *Die Vergißmeinichtquelle*, Bergland Verlag, Wien; wieder in M. H., *Gesammelte Erzählungen*, Hildesheim: Claassen, S. 323–334. © 1992 Claassen Verlag, Hildesheim/2020 Ullstein Verlag.

PATRICIA HIGHSMITH «The Dancer» – Erster handschriftlicher Entwurf unter dem Titel «The Dancers» als fünfte Misogyny-Story am 13. Februar 1969 im Notebook (Ergänzung am 7. März). «*Original Manuscript*» sowie zwei frühere Fassungen; «Die Tänzerin» – ED 2004 in P. H., *Kleine Mordgeschichten für Tierfreunde / Kleine Geschichten für Weiberfeinde*, aus dem amerikanischen Englisch übersetzt von Melanie Walz, herausgegeben von Paul Ingendaay und Anna von Planta, Zürich: Diogenes, S. 293–295. Copyright © 2004 Diogenes Verlag AG Zürich.

HIGUCHI ICHIYŌ «軒もる月 [Noki moru tsuki/o]» – ED im April 1895 in der Tageszeitung 毎日新聞 *[Mainichi shinbun]*, Tokio; «Mond überm Dachfirst» – dt. EÜ von Michael Stein im Sammelband *Mond überm Dachfirst. Erzählungen*, München: Manesse, S. 23–35. © 2008/2022 by Manesse Verlag.

ROKEYA SAKHAWAT HOSSAIN «Sultana's Dream» – ED 1905 in *The Indian Ladies Magazine. A Monthly Journal Conducted in the Interests of the Women of India*, Vol. V, ed. by Kamala Satthianadhan, M. E. Press: Madras; «Sultanas Traum» – dt. NÜ von Beatrix Hesse. © 2022 by Manesse Verlag.

RICARDA HUCH «Die Maiwiese» – ED 1899 im Erzählband *Fra Celeste und andere Erzählungen*, Leipzig: Hermann Haessel Verlag, S. 86–124.

ULFAT IDILBI نسمة الصبا – ED 1963 im Band وداعا يا دمشق *[Leb wohl, Damaskus]*, Damaskus, S. 76–88; «Hauch der Jugend» – dt. NÜ von Leslie Tramontini. © 2022 by Manesse Verlag.

RASHID JAHAN «Dilli ki sair» – ED 1932 im Band *Angāre*, hg. v. Sajjad Zaheer, Lucknow, S. 93–97; «Ein Ausflug nach Delhi» – dt. EÜ von Almuth Degener. © 2022 by Manesse Verlag.

MARIE LUISE KASCHNITZ «Ein Mann, eines Tages» – ED 1952 in M.-L. K., *Ferngespräche*, S. 207–215. © Insel Verlag Frankfurt am Main 1966. Alle Rechte bei und vorbehalten durch Insel Verlag Berlin.

GALATIA KAZANTZAKI «Άνδρες» – ED 1934 im Erzählband Άνδρες, Athen. © Kastaniotis Editions S. A., Athen; «Männer» – dt. EÜ von Maria Bogdanou in *Frauen in Griechenland*, Erzählungen, München, S. 31–47.

SUSANNE KERCKHOFF «Die verbrannten Sterne» – ED 1947 im Erzählband *Ende und Beginn. Sechs Erzählungen von Gegenwart und Zeit*, Wedding-Verlag, Berlin, S. 79–90.

IRMGARD KEUN «Die fleckenlose Moral» – ED im Juni 1933 in *Kölnische Illustrierte Zeitung* 8, Nr. 23, 581. Copyright © 2022 by Martina Keun-Geburtig, Mainz Laubenheim.

KIM MYEONG-SUN 의심의 소녀 [«Uisimui sonyeo»] – EA im November 1917 in der Zeitschrift *Changjo*, Nr. 11, Pyeongyang; «Ein geheimnisvolles Mädchen» – dt. EÜ von Young-Sun Jung. © 2022 by Manesse Verlag.

OLHA JULIANIWNA KOBYLJANSKA «Жебрак» – ED des ukrain. Originals unbekannt; «Die Bettlerin» – dt. EÜ von Klementine Hankewycz in *Ruthenische Revue*, Wien, 1. Jg. (1903), Nr. 1, S. 63–64.

OUT EL-KOULOUB «Ramza» – ED 1958, préface d'Henri Guillemin, Paris: Édition Gallimard; «Unbezwungen» [Auszug] – dt. NÜ von Lucy Bassenge. © 2022 by Manesse Verlag.

ELLEN KUZWAYO «Life – a riddle» – ED 1990 in *Sit Up and Listen*, London: The Women's Press, S. 25–34. © 1990 The Women's Press, London; «Das Leben – ein Rätsel» – dt. EÜ von Nora Hauser. © 2022 by Manesse Verlag.

CARMEN LAFORET «Rosamunda» – ED 1970 in dem Prosaband *La niña y otros relatos*, Madrid: Editorial Magisterio Español; «Rosamunda» – dt. EÜ von Erna Brandenberger in *Fueron Testigos / Sie waren Zeugen*, Cuentos Modernos/Moderne spanische Erzählungen, München: dtv, S. 167–177. © 1993 Deutscher Taschenbuch-Verlag, München.

SELMA LAGERLÖF «*En fiskarhustrus roman*» – ED 1894 aus *Osynliga länkar*, Alb. Bonniers tryckeri; «Roman einer Fischersfrau» – dt. NÜ 2022 von Katharina Martl. © 2022 by Manesse Verlag.

NELLA LARSEN «The Wrong Man» – ED Januar 1926 in *Young's Magazine*, New York; «Der falsche Mann» – dt. EÜ von Katharina Martl. © 2022 by Manesse Verlag.

ELSE LASKER-SCHÜLER «Paradiese» – ED 1932 in der Sammlung *Konzert*. Prosa, Berlin: Rowohlt Verlag.

DORIS LESSING «Lucy Grange» – ED 1957 im Erzählband *The Habit of Loving*, New York: Thomas Y. Crowell Company, S. 71–76; «Lucy Grange» – dt. EÜ von Manfred Ohl u. Hans Sartorius in D.L., Erzählungen, Bd. 3: *Die schwarze Madonna*, Stuttgart: Klett-Cotta. © 1951–1964 by Doris Lessing. Klett-Cotta, Stuttgart 1985.

CLARICE LISPECTOR «Praça Mauá» – ED 1974 im Erzählband *Via crucis do corpo*, Rio de Janeiro; Copyright © 1940, 1941, 1944, 1960, 1964 by the Heirs of Clarice Lispector; «Praça Mauá» – dt. EÜ von Luis Ruby im Erzählband *Ich und Jimmy*. © der dt. Übersetzung 2019/2020 by Penguin Verlag in der Penguin Random House Verlagsgruppe GmbH, Neumarkter Straße 28, 81673 München.

MARY MacLANE «A Working Diaphragm» – ED 1917 in *I, Mary MacLane. A Diary of Human Days*, Frederick A. Stokes Company, New York, S. 121–126; «Ein gebrauchsfertiges Diaphragma» – dt. NÜ von Nora Hauser. © 2022 by Manesse Verlag.

KATHERINE MANSFIELD «Marriage à la Mode» – ED 31. Dezember 1921 in *The Sphere: An Illustrated Newspaper for the Home*, London; «Ehe, ganz modern» – dt. NÜ von Irma Wehrli aus *Die Gartenparty. Short Storys*, München: Manesse. © 2022 by Manesse Verlag.

CARSON McCULLERS «Breath from the Sky» – geschrieben zwischen 1934 u. 1935; ED im Oktober 1971 in *Redbook Magazine*, New York, und in *The Mortgaged Heart*; «Atem vom Himmel» – dt. EÜ aus Carson McCullers: *Gesammelte Erzählungen*, aus dem Amerikanischen von Elisabeth Schnack, Zürich: Diogenes, S. 295–311. Copyright der dt.-sprachigen Ausgabe © 2004 Diogenes Verlag AG Zürich.

MARIA MESSINA «La porta chiusa» – ED 1918 in der Sammlung *Le briciole del destino*, Milano: Fratelli Treves; «Die geschlossene Tür» – dt. EÜ von Christiane Pöhlmann. © 2022 by Manesse Verlag.

LORNA MOON «The Sinning of Jessie MacLean» – ED 1925 im Erzählband *Doorways in Drumorty*, Indianapolis: The Bobbs-Merrill Company, S. 14–22; 1926 London: Jonathan Cape; «Die Sünde der Jessie MacLean» – dt. EÜ von Silvia Morawetz. © 2022 by Manesse Verlag.

ELSA MORANTE «Rendezvous» – ED am 20. Dezember 1939 in der Zeitschrift *Oggi*, 1941 im Erzählband *Il giocosegreto*, Garzanti, Mailand; «Rendezvous» – dt. EÜ von Maja Pflug in *Eine frivole Geschichte über die Anmut und andere Erzählungen*, Berlin: Klaus Wagenbach, S. 37–40. © 2003 Verlag Klaus Wagenbach GmbH, Berlin.

IRIS MURDOCH «Something Special. A Story» – ED 1957 in *Winter's Tales No. 3*. Reproduced with permission of Curtis Brown Group Ltd, London on behalf of the Beneficiaries of The Estate of Iris Murdoch.

TERESA DE LA PARRA *Ifigenia, diario de una señorita que escribió porque se fastidiaba* – ED Paris 1924/1928; «Freiheit»* [Auszug aus: *Tagebuch einer jungen Dame, die sich langweilt*] – dt. EÜ von Petra Strien-Bourmer, München: Manesse, S. 212–227. © 2008/2022 by Manesse Verlag.

CHARLOTTE PERKINS GILMAN «If I Were a Man» – ED Juli 1914 in *Physical Culture*, No. 32, S. 31–34; «Wenn ich ein Mann wäre» – dt. EÜ von Melanie Walz. © 2022 by Manesse Verlag.

KATHERINE ANNE PORTER «The Jilting of Granny Weatherall» – ED 1930 in *Flowering Judas*, Harcourt, Brace and Company, S. 121–136; Copyright © 1930 and renewed 1958 by Katherine Anne Porter (compilation copyright). Used by permission of HarperCollins Publishers; «Granny Weatherall, die Sitzengelassene» – dt. NÜ von Aurelia Jonas. © 2022 by Manesse Verlag.

GABRIELA PREISSOVÁ «Smrt z lásky» – ED 1910 im Prosaband *Miniaturky*, Prag: Jan Otto; «Liebestod» – dt. EÜ 1932 von Anna Auředníček in *Dreissig tschechische Erzähler*, Darmstadt: Darmstädter Verlag, S. 38–41.

FRANZISKA ZU REVENTLOW «Das Jüngste Gericht» – ED im Januar 1897 in *Simplicissimus. Satirische Wochenzeitschrift*, 1. Jg., Nr. 41, München: Albert Langen, S. 2–3.

JEAN RHYS «Mixing Cocktails» – ED 1927 in *The Left Bank*, London: Jonathan Cape. © 1985 by the Estate of the late Jean Rhys; «Zeit für Cocktails» – dt. EÜ von Benjamin Schwarz. © 2022 by Manesse Verlag.

KATE ROBERTS «Dychwelyd» – ED 1970 in der Zeitschrift Y *Traethodydd* Nr. CXXV; 1972 im Kurzgeschichtenband *Gobaith a storïau eraill [Hoffnung und andere Geschichten]*, Denbigh: Gwasg Gee. © 2022 by Cyng. Dafydd Meurig; «Heimkehr» – dt. EÜ von Wolfgang Schamoni [entstanden im Januar 2014 während eines Aufenthalts im «Tŷ Newydd National Writers' Centre» in Llanystumdwy, Gwynedd auf Einladung von *Literature Exchange Wales* im Rahmen einer «Schwob residency at Tŷ Newydd»]. © 2022 by Manesse Verlag.

MERCÈ RODOREDA «Viatge al poble dels penjats» – ED 1980 in der Sammlung *Viatges i flors*, Barcelona: Edicions 62; «Reise zum Dorf der Erhängten» – dt. EÜ 1981 von Angelika Maas in M.R., *Reise ins Land der verlorenen Mädchen*. Poetische Prosastücke. Katalanisch und deutsch. Übertragung von Angelika Maass. Nachwort von Carme Arnau. Übersetzung des Nachworts von Alf Ammon, S. 335–337. © Mercè Rodoreda. © der deutschen Ausgabe Suhrkamp Verlag Frankfurt am Main 1981. Alle Rechte bei und vorbehalten durch Suhrkamp Verlag Berlin.

NATHALIE SARRAUTE «Tropismes» No. 15 – ED 1938, Les Editions de Minuit, Paris; «In seiner Faust»* aus N.S., *Tropismen* – dt. EÜ von Max Hölzer, Stuttgart: J.G. Cotta'sche Buchhandlung Nachfolger GmbH, S. 44–46. Die deutsche Ausgabe erschien zuerst im Verlag Günther Neske, Pfullingen 1959. © Les Editions de Minuit. Klett-Cotta, Stuttgart 1989.

CHAWA SCHAPIRA החולמת – ED 1909 in קבץ ציורים *[Kovetz Tziurim]*, Warschau: Edelshtein; «Die Träumende» – dt. EÜ von Barbara Linner. © 2022 by Manesse Verlag.

SOLVEIG VON SCHOULTZ «Havsbastu» – ED 1983 in *Kolteckning, ofullbordad*. © Schildts Förlag, Esbo/Finnland 1983; «Sauna am Meer» – dt. EÜ von Gisbert Jänicke in *Skandinavische Erzähler*, hg. v. Aldo Keel, Zürich: Manesse, S. 553–572. © 1998/2022 by Manesse Verlag.

OLIVE SCHREINER «In a Far-Off World» – ED 1890 in der Sammlung *Dreams*, Matjesfontein, Cape Colony, South Africa; «In einer fernen Welt» – dt. NÜ von Viola Siegemund. © 2022 by Manesse Verlag.

ANNEMARIE SCHWARZENBACH «Eine Bekanntmachung» – geschrieben 1934/1935 als Teil der Novellensammlung *Der Falkenkäfig*; ED 1989 in A. S., *Bei diesem Regen*, Basel: Lenos Verlag.

ANNA SEGHERS «Der Baum des Odysseus» – geschrieben um 1940, ED 1946 unter A. S., *Die drei Bäume* in *Neues Deutschland* (Mexiko), 5/6, S. 12; hier aus: A. S., *Werkausgabe. Das erzählerische Werk*, Bd. 2, Erzählungen 1933–1947/Bd.-Bearb. Silvia Schlenstedt. Aufbau Verlag, Berlin 2011, S. 97–98. © Aufbau Verlage GmbH & Co. KG, Berlin 2011.

MARGARETE STEFFIN «Konfutse versteht nichts von Frauen» – geschrieben nach dem Januar 1941, ED 1991 in M. St., *Konfutse versteht nichts von Frauen. Nachgelassene Texte*, hg. v. Inge Gellert, Rowohlt: Berlin, S. 111–119.

GERTRUDE STEIN «The Gentle Lena» – geschrieben 1905/1906, ED 1909 in G. S., *Three Lives. Stories of The Good Anna, Melanctha and The Gentle Lena* [im Selbstverlag]; «Die sanfte Lena» – dt. EÜ von Irma Wehrli. © 2022 by Manesse Verlag.

ALFONSINA STORNI «Cuca» – ED am 11. April 1926 in *La Nazión*, Buenos Aires; «Cuca» – dt. EÜ von Hildegard Elisabeth Keller in A. S., *Cuca*. Geschichten, hg. u. m. einem Nachwort v. Hildegard E. Keller. Geleitwort von Elke Heidenreich, Zürich: Edition Maulhelden No. 4 [Bd. 2 der dt. Werkausgabe], S. 97–108. © 2020/2021 Edition Maulhelden/Hildegard E. Keller, Zürich.

SUI SIN FAR «The Americanizing of Pau Tsu» – ED 1912 in S. S. F., *Mrs. Spring Fragrance*, Chicago: A. C. McClurg & Co., S. 144–161; «Die Amerikanisierung von Pau Tsu» – dt. EÜ von Tanja Handels. © 2022 by Manesse Verlag.

MAGDA SZABÓ «Az üzenetküldő» – ED 1967 in M. S., *Alvók Futása*, Budapest. © The Estate of Magda Szabó; «Der Bote» – dt. EÜ von Henriette Schade in *Lauf der Schlafenden*, Frankfurt am Main 1969, S. 63–68.

TEKAHIONWAKE «A Pagan in St. Paul's Cathedral» – ED 1913 [posthum] in T., *The Moccasin Maker*, Toronto: William Briggs, S. 63–68; «Eine Heidin in St. Paul's Cathedral» – dt. EÜ von Nora Hauser. © 2022 by Manesse Verlag.

SOFJA TOLSTAJA Чья вина? (По поводу Крейцеровой Сонаты Льва Толстого) – geschrieben 1892/1893, ED 1994; «Eine ganz überflüssige Bekanntschaft»* – Auszug aus: *Lied ohne Worte*, dt. EÜ von Ursula Keller, München: Manesse, S. 58–68. © 2010/2022 by Manesse Verlag.

SIGRID UNDSET «Småpiker» – ED 1918 in der Novellensammlung *De kloge jomfruer*, Oslo: H. Aschehoug & Co. (W. Nygaard); «Mädchen» – dt. EÜ von Ruth Stöbling. © 2022 by Manesse Verlag.

MARIE VIEUX-CHAUVET «Ti-Moune Nan Bois» – ED im September 1957 in der Monatszeitschrift *Optique*, Heft 7, Port-au-Prince, S. 57–60; Copyright © 2022 by Zellige; «Das Kind der Wälder» – dt. EÜ von Nathalie Lemmens. © 2022 by Manesse Verlag.

DOROTHY WEST «The Black Dress. A Short Short Story» – ED im Mai 1934 in *Opportunity*, 12/5; «Das schwarze Kleid. Eine Kürzestgeschichte» – dt. EÜ von Ciani-Sophia Hoeder. © 2022 by Manesse Verlag.

EDITH WHARTON «The Verdict» – ED im Juni 1908 in *Scribner's Magazine*, Vol. XLIII, No. 6, New York, S. 689–693; «Das Verdikt» – dt. EÜ von Bettina Blumenberg. © 2022 by Manesse Verlag.

VIRGINIA WOOLF «The Mark on the Wall» – ED 1917 in V. W., *Two Stories*, London: Hogarth Press; «Der Fleck an der Wand» – dt. NÜ von Melanie Walz. © 2014/2022 by Manesse Verlag.

YOSANO AKIKO 素人芝居 [«Shirōto shibai»] – ED 1912 in der Erzählsammlung *Kumo no iroiro*; «Laientheater» – dt. EÜ von Eduard Klopfenstein [anhand der Gesamtausgabe: *Teihon Yosano Akiko zenshū*, Bd. 11 *(shōsetsu)*, Kōdansha 1980, S. 457–470]. © 2022 by Manesse Verlag.

MARGUERITE YOURCENAR «Le premier soir» – ED Dezember 1929 in der *Revue de France*, 9. Jg., Bd. 6, Nr. 23; wieder in *Conte bleu.* © Édition Gallimard 1993; «Der erste Abend» – dt. EÜ von Andrea Spingler in *Das blaue Märchen und andere Geschichten*, Stuttgart/München: Deutsche Verlagsanstalt, S. 18–42. © 1994/2022 by Deutsche Verlagsanstalt in der Penguin Random House Verlagsgruppe GmbH, GmbH, Neumarkter Straße 28, 81673 München.

ADELA ZAMUDIO «El primer tren» – geschrieben um 1920; ED 1943 [posthum] in *Cuentos breves*, La Paz: Editorial Juventud; «Die erste Eisenbahn» – dt. EÜ von Dagmar Ploetz. © 2022 by Manesse Verlag.

GABRIELA ZAPOLSKA *Sezonowa miłość* – ED 1905 Warschau: Józefa Skorskiego; «Ganz der Vater!»* [Auszug aus: *Sommerliebe*] – dt. EÜ von Karin Wolff, München: Manesse, S. 10–15. © 2008/2022 by Manesse Verlag.

MAY ZIADEH حكاية السيدة التيلهاحكاية – ED 1929; abgedruckt im Band سوانح فتاة *[Gedanken einer jungen Frau]*, Beirut, S. 73–78; «Die Geschichte einer Frau mit Geschichte» – dt. EÜ von Leslie Tramontini. © 2022 by Manesse Verlag.

MARINA ZWETAJEWA Повесть о Сонечке [«Powest o Sonetschke»] – ED [d. 1. Teils *Pawlik und Jura*] 1938 in *Russkije Sapiski*, Paris; «Nie geküsst» – Auszug aus *Die Erzählung von Sonetschka*, dt. NÜ von Christiane Pöhlmann [übersetzt aus: *Powest o Sonetschke. Sbornik.* Asbuka, St. Petersburg 2000]. © 2022 by Manesse Verlag.

INHALT

Penguin Random House Verlagsgruppe FSC® N001967

Originalausgabe
Copyright © der Erzählungen und Übersetzungen siehe Quellenverzeichnis.
Copyright © 2022 der Zusammenstellung und des Nachworts by Manesse Verlag
in der Penguin Random House Verlagsgruppe GmbH,
Neumarkter Straße 28, 81673 München
Copyright © 2022 der Kommentierung und der Autorinnenviten
by Horst Lauinger, München

Diese Buchausgabe wurde von Greiner & Reichel in Köln
aus der Sabon LT Pro gesetzt, von der Druckerei GGP Media GmbH in Pößneck
auf FSC-zertifiziertem Papier gedruckt und gebunden.

Umschlag und Vorsatz gestaltete das Münchner Favoritbüro
unter Verwendung von Motiven von © Sarah Jarrett / Arcangel Images
Printed in Germany 2023
ISBN 978-3-7175-2546-2

www.manesse-verlag.de

BEI MANESSE

Jane Austen
STOLZ UND VORURTEIL
Übersetzung: Andrea Ott
Nachwort: Elfi Bettinger

Tania Blixen
BABETTES GASTMAHL
Übersetzung: Ulrich Sonnenberg
Nachwort: Erik Fosnes Hansen

Tania Blixen
JENSEITS VON AFRIKA
Übersetzung: Gisela Perlet
Nachwort: Ulrike Draesner

Charlotte Brontë
JANE EYRE
Übersetzung: Andrea Ott
Nachwort: Elfi Bettinger

Willa Cather
SCHATTEN AUF DEM FELS
Übersetzung: Elisabeth Schnack
Nachwort: Sabina Lietzmann

Grazia Deledda
SCHILF IM WIND
Übersetzung: Bruno Goetz
Nachwort: Federico Hindermann

Mary Shelley
FRANKENSTEIN
Übersetzung: Alexander Pechmann
Nachwort: Georg Klein

Marie Vieux-Chauvet
TÖCHTER HAITIS
Übersetzung: Natalie Lemmens
Nachwort: Kaiama L. Glover

Edith Wharton
ZEIT DER UNSCHULD
Übersetzung: Andrea Ott
Nachwort: Paul Ingendaay

Yosano Akiko
MÄNNER UND FRAUEN
Übersetzung und Nachwort: Eduard Klopfenstein

PROSAISCHE PASSIONEN
DIE WEIBLICHE MODERNE
IN 101 SHORT STORYS
Auswahl und Nachwort: Sandra Kegel

DIE FLÜGEL MEINES SCHWEREN HERZENS
LYRIK ARABISCHER DICHTERINNEN
VOM 5. JAHRHUNDERT BIS HEUTE
Arabisch – Deutsch
Übersetzung: Khalid Al-Maaly und Heribert Becker
Nachwort: Khalid Al-Maaly

In Vorbereitung:

Gwendolyn Brooks
MAUD MARTHA
Übersetzung: Andrea Ott
Nachwort: Daniel Schreiber

Marie Vieux-Chauvet
DER TANZ AUF DEM VULKAN
Übersetzung: Natalie Lemmens
Nachwort: Kaiama L. Glover

Yosano Akiko
WIRRES HAAR / MIDAREGAMI
Übersetzung und Nachwort: Eduard Klopfenstein